Martin und Thomas Barkemeier

Indien – der Norden mit Mumbai

„Indien ist eine kulturelle Einheit inmitten von Vielfalt,
ein Bündel von Widersprüchen, zusammengehalten
von starken, unsichtbaren Fäden.
Um sie herum ist die flüchtige Eigenart einer alten Legende;
ihr Geist ist von etwas verzaubert.
Sie ist ein Mythos, ein Traum und eine Vision,
und doch sehr real und gegenwärtig."

Jawaharlal Nehru

Impressum

Martin und Thomas Barkemeier
Reise Know-How Indien – der Norden mit Mumbai

erschienen im
Reise Know-How Verlag Peter Rump GmbH
Osnabrücker Str. 79
33649 Bielefeld

9., neu bearbeitete und komplett aktualisierte Auflage 2017

Gestaltung
Umschlag: G. Pawlak, P. Rump (Layout); Caroline Tiemann (Realisierung)
Inhalt: Günter Pawlak (Layout); Caroline Tiemann (Realisierung)
Fotonachweis: Martin (mb) und Thomas (tb) Barkemeier, www.fotolia.de (Autorennachweis jeweils am Bild),
Titelfoto: Thomas Barkemeier
Karten: Bernhard Spachmüller, Catherine Raisin, Thomas Buri, der Verlag

Lektorat
Caroline Tiemann

Druck und Bindung
Media-Print, Paderborn

ISBN 978-3-8317-2850-3
Printed in Germany

Dieses Buch ist erhältlich in jeder Buchhandlung Deutschlands, der Schweiz, Österreichs, Belgiens und der Niederlande.
Bitte informieren Sie Ihren Buchhändler über folgende Bezugsadressen:

Deutschland
Prolit GmbH, Postfach 9, D-35461 Fernwald (Annerod) sowie alle Barsortimente

Schweiz
AVA Verlagsauslieferung AG
Postfach 27, CH-8910 Affoltern

Österreich
Mohr Morawa Buchvertrieb GmbH
Sulzengasse 2, A-1230 Wien

Niederlande, Belgien
Willems Adventure, www.willemsadventure.nl

Wer im Buchhandel trotzdem kein Glück hat, bekommt unsere Bücher auch über unseren
Büchershop im Internet: www.reise-know-how.de

842ra tb

Wir freuen uns über Kritik, Kommentare und Verbesserungsvorschläge, gern auch per E-Mail an info@reise-know-how.de.

Martin und Thomas Barkemeier

INDIEN – DER NORDEN MIT MUMBAI

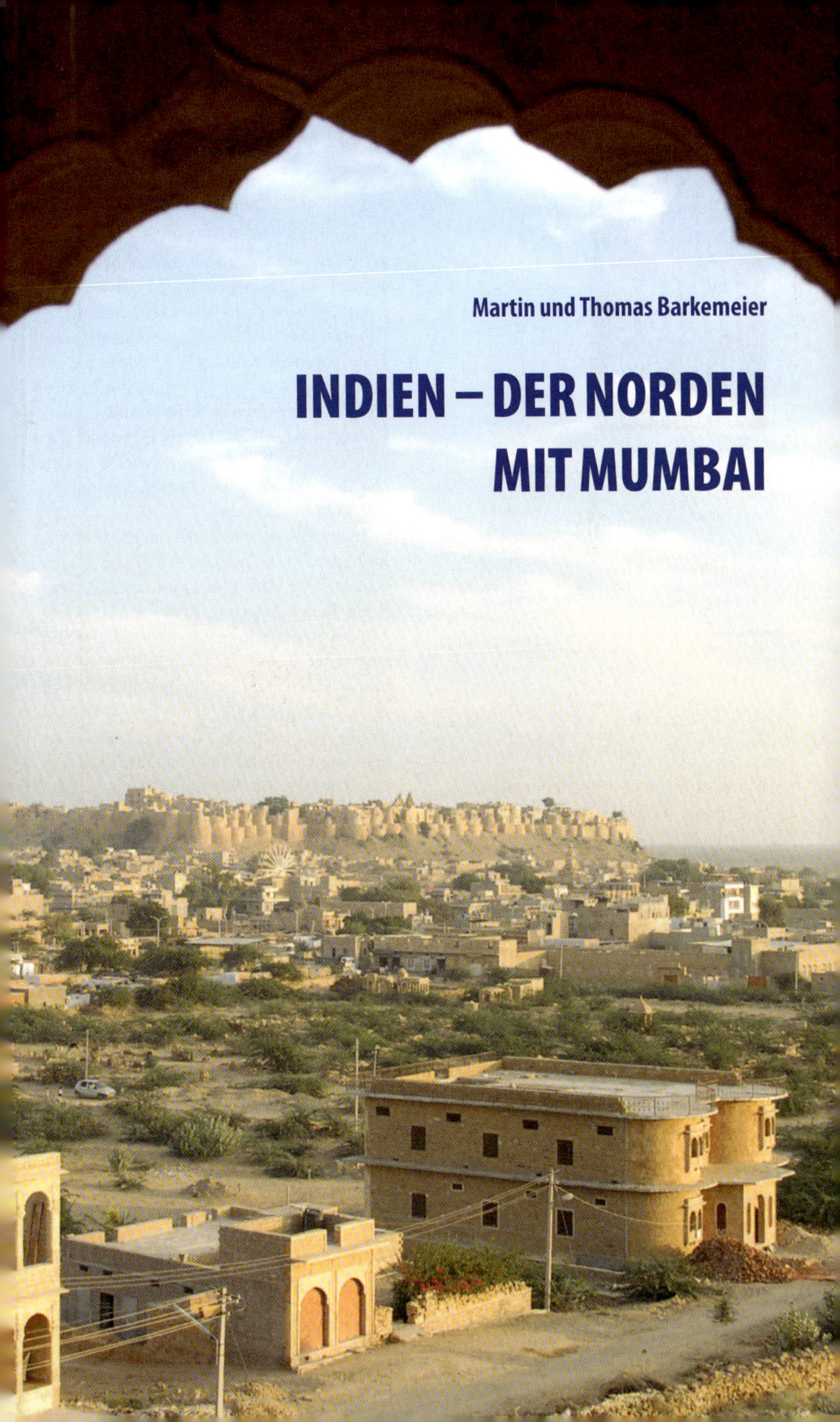

Vorwort

Indien ist im wahrsten Sinne des Wortes ein erstaunliches Land. Es beherbergt mehr als eine Milliarde Menschen, hat 23 offiziell anerkannte Sprachen und sieben verschiedene Religionen. Fast die Hälfte aller als bitterarm eingestuften Menschen der Erde lebt in Indien, gleichzeitig ist es Heimat von mehreren Dollar-Billionären. Indien heißt Kontrast: Internetcafés neben Ochsenkarren, Jeans neben Saris, Kastengesellschaft neben Spaßgesellschaft, spirituelle Weltabgewandtheit neben religiösem Fanatismus.

Indien ist überwältigend – im Positiven wie im Negativen. Es entzieht sich in seiner Vielschichtigkeit und Widersprüchlichkeit jeglicher Pauschalisierung. Kein Land ist in seinen Lebensäußerungen so exzessiv und von einer derart elementaren Sinnlichkeit. Alles ist immer gleichzeitig richtig und falsch – und genau darin liegt seine Stärke.

Allein die territoriale Größe mit einer Ausdehnung von 3.200 km von Nord nach Süd bzw. 3.000 km von West nach Ost macht deutlich, dass Indien ein Land von kontinentalen Ausmaßen ist: Übertragen auf Europa, entspricht dies einer Fläche vom Nordkap bis nach Belgrad und von Brüssel bis Moskau.

Doch selbst bei der hier vorgenommenen Unterteilung in Nord- und Südindien (eigener Band) sind die beiden Landesteile für sich genommen so mannigfaltig wie der Vielvölker-Kontinent Europa. Dies gilt insbesondere für den Norden, der von den Bergen des Himalaya über die Wüsten Rajasthans bis zu den Palmenküsten Gujarats jede nur erdenkliche Landschaftsform aufzuweisen hat. Mindestens ebenso vielfältig ist das Völkergemisch, wobei die Unterschiede zwischen den Punjabis im Norden, den Gujaratis im Westen und den Bengalen im Osten ebenso gravierend sind wie die zwischen Letten, Franzosen, Deutschen und Italienern. Bedenkt man zudem, dass hier 13 eigenständige Sprachen gesprochen werden, wird verständlich, dass man es im Grunde bei Nordindien mit mehreren Ländern in einem zu tun hat.

So bietet der Norden des Landes für jeden Geschmack etwas. Während Kulturinteressierte auf den Spuren einer Jahrtausende alten Zivilisation wandeln können, bieten sich für Natur- und Wanderfreunde Trekkingrouten ganz unterschiedlicher Länge und Schwierigkeit an. Tierfreunde können in den über 50 Nationalparks auf Pirsch gehen, Fotofans bietet sich von den farbenfrohen Festen Rajasthans bis zum meistfotografierten Bauwerk der Erde, dem Taj Mahal, eine unbegrenzte Auswahl an Motiven. Die indische Küche zählt zu den abwechslungsreichsten der Erde. Indien ist obendrein eines der preisgünstigsten Reiseländer – eigentlich lässt sich kaum ein faszinierenderes Reiseziel denken.

Dies ist jedoch nur eine Seite der indischen Realität. In keinem anderen Land liegen Schönheiten und Scheußlichkeiten derart nah beieinander. Bezaubernde Landschaften, märchenhafte Paläste und friedvolle Religiosität auf der einen Seite, Dreck, Bettler, Menschenmassen und religiöser Fanatismus andererseits verwirren viele Touristen. Hinzu kommen die Reisestrapazen, die der Individualreisende auch heute noch auf sich nehmen muss, trotz unübersehbarer Verbesserungen in der Infrastruktur während der letzten Jahre. Die scheinbar nicht enden wollenden Zug- und Busfahrten, Staub, Lärm und Hitze, eine schwerfällige Bürokratie sowie die Kluft zwischen unermesslichem Reichtum und namenlosem Elend zehren an den Nerven.

Indien ist kein leichtes Reiseland, man muss es sich erarbeiten. Hierzu bedarf es Zeit und Geduld. In jedem Fall zwingt es zur Auseinandersetzung, auch mit sich selbst. Wer sich dieser Herausforderung stellt und so unvoreingenommen wie möglich reist, ohne die sonst übliche Gewohnheit, alles sofort etikettieren und bewerten zu müssen, wird immer wieder in dieses widersprüchliche und lebensvolle „Sehnsuchtsland Indien“ zurückkehren wollen. Begeben wir uns auf die Reise durch ein Land, welches uns fast zu jeder Minute lehrt, dass eine der schönsten Fähigkeiten des Menschen das Staunen ist.

Martin und *Thomas Barkemeier*

322ra tb

Inhalt

Unser Tipp: ...
... steht für spezielle Empfehlungen der Autoren: abseits der Hauptpfade, persönlicher Geschmack.

Nicht verpassen!

Die Highlights der Region erkennt man an der **gelben Hinterlegung.**

Exkurse

560in mb

9 Vor der Reise 598

10 Praktische Reisetipps A–Z 618

11 Land und Leute 670

12 Anhang 742

Steckbrief Indien

- **Staatsname:** Republik Indien
- **Regierungsform:** Parlamentarische Demokratie
- **Verwaltungsgliederung:** 28 Bundesstaaten
- **Amtssprachen:** Hindi und Englisch
- **Unabhängigkeit:** 15. August 1947
- **Fläche:** 3,29 Mio. km²
- **Bevölkerung:** 1,2 Mrd.
- **Bevölkerungswachstum:** 1,5 %
- **Bevölkerungsdichte:** 382 Einw./km²
- **Alphabetisierungrate:** 72 %
- **Lebenserwartung:** 70 Jahre
- **Durchschittsalter:** 25 Jahre
- **Religionen:** 80,5 % Hindus, 13,5 % Muslime, 2,3 % Christen, 2 % Sikhs, 0,8 % Buddhisten, 0,5 % Jains

Karten

Übersichtskarten

Stadt- und Lagepläne

Hinweise zur Benutzung

Bahnverbindungen

Zusätzlich zu den Hinweisen zu Verkehrsverbindungen in den jeweiligen Ortsbeschreibungen findet sich eine detaillierte **Auflistung wichtiger Bahnverbindungen** im Anhang.

Preise

Mehr noch als bei anderen Ländern steht ein Reiseführer Indien in der Gefahr, dass die genannten Preise im Moment der Drucklegung schon wieder überholt sind. Unglücklicherweise gilt dies besonders für den Tourisbereich. Vor allem im Hotelwesen, aber auch bei öffentlichen Verkehrsmitteln ist in den nächsten Jahren mit saftigen Aufschlägen zu rechnen. Obwohl die meisten der hier genannten Preise auf dem Stand vom Sommer 2016 beruhen, liegt man sicher nicht falsch, wenn man ein paar Prozente hinzurechnet. Eintrittspreise werden nur dann aufgeführt, wenn sie mindestens 10 Rs betragen.

Abkürzungen

AC	Air Condition (Klimatisierung)
ATM	Automatic Teller Machine (Geldautomat)
Av.	Avenue
Bldg.	Building
del.	Deluxe-Bus
Exp.	Expresszug/-bus
GPO	General Post Office (Hauptpost)
ISD/STD	Telefonamt
ITDC	ind. Tourismusorganisation
ord.	Ordinary (einfacher) Bus
Rd.	Road (Straße)
Rs	Rupies
St.	Street (Straße)

Preiskategorien der Unterkünfte

Die in diesem Buch beschriebenen Unterkünfte sind in folgende Preiskategorien unterteilt. Die Preise gelten jeweils für ein Doppelzimmer:

① bis 1.000 Rs
② 1.000–2.000 Rs
③ 2.000–5.000 Rs
④ 5.000–10.000 Rs
⑤ über 10.000 Rs

Indische Begriffe und Schreibweisen

Es ist verwirrend: Selbst in Indien gibt es **verschiedene Schreibweisen** für einen Ortsnamen, entweder mehr oder weniger korrekt der offiziellen Transkription oder der englischen Schreibweise folgend. Im Deutschen wiederum wird beispielsweise der *Maharadscha* immer häufiger in der englischen Weise geschrieben: *Maharaja*. Daher wird in diesem Buch die linguistisch korrekte Transkription für Begriffe aus dem Hindi übernommen. Nur gelegentlich, vor allem bei Namen und bei bekannten Begriffen, wird die englische Schreibweise benutzt.

Häufig benutzte indische Begriffe sind in einem **Glossar** im Anhang des Buches erklärt, **geografische Begriffe** stehen in einem Kasten im Kapitel „Land und Leute: Geografie“.

Ladakh und Kashmir

Das einstige Himalaya-Königreich Ladakh im äußersten Norden des Landes gehört zwar politisch zu Indien, ansonsten hat es jedoch kaum etwas mit dem Mutterland gemeinsam. In diesem Buch wird das Gebiet nicht behandelt. Im Reise Know-How Verlag ist jedoch ein Reiseführer unter dem Titel „Ladakh & Zanskar“ von *Jutta Mattausch* erschienen, in dem auch die Trekkingmöglichkeiten in Ladakh eingehend beschrieben werden.

1 Delhi | S. 18

Lange Zeit als grau und langweilig verschrien, hat sich die Hauptstadt Indiens in den letzten Jahren mächtig ins Zeug gelegt. Neben den beeindruckenden Monumenten der britischen Kolonialherrschaft wie dem Raj Ghat und dem Rashtrapati Bhawan sowie großartigen Bauwerken der islamischen Herrschaft wie dem Roten Fort und Humayuns Grab repräsentiert Dilli, wie es inzwischen offiziell heißt, mit seinen glitzernden Hochhäusern, riesigen Shopping Malls und innovativen Restaurants das moderne, junge, in die Zukunft strebende Indien.

2 Rajasthan | S. 74

Wie keine andere Region verkörpert Rajasthan das Image des romantischen Indien. Kamele vor der Silhouette der untergehenden Sonne, uralte Karawanenstädte, Frauen mit brokatüberzogenen Saris und Männer mit bunten Turbanen sind alltägliche Bilder im zu großen Teilen von der Wüste Thar eingenommen nordwestlichen Bundesstaat. Unumstrittener Star dieses „Lawrence-von-Arabien-Klischees" ist die abgelegene Wüstenstadt Jaisalmer (S. 186), die einer mittelalterlichen Filmkulisse entsprungen zu sein scheint. Mit seiner orientalischen Altstadt, grandiosen Palästen sowie Elefanten, die gemächlich entlang der quirligen Basare wandeln, ist die Hauptstadt Jaipur (S. 80) der sehenswerte Dreh- und Angelpunkt einer Reise durch Rajasthan. Die gewaltige Trutzburg Chittorgarh (S. 140), die gut erhaltene rajputische Fürstenstadt Bundi (S. 133) und Ranakpur (S. 164) mit seinem bezaubernd schönen Jain-Tempel sind ebenso beeindruckend. Die Region verfügt mit den drei Nationalparks Keoladeo, Sariska und Ranthambore (S. 104, 109, 110) und dem von geradezu lieblichen Landschaften geprägten Süden auch über hochrangige Naturschönheiten. Diese das Auge und die Seele ansprechende Sinnlichkeit findet ihren Höhepunkt in Udaipur (S. 145), für viele die romantischste Stadt ganz Indiens. Weitere Highlights sind der hinduistische Pilgerort Pushkar (S. 120) und das Shekhawati (S. 208). In dieser Wüstenrandzone mit ihren imposanten Palästen, über und über verziert mit einzigartigen Wandmalereien, ist der Charme einer untergegangenen Epoche noch quicklebendig. Rajasthan ist heute zu Recht der mit Abstand meistbesuchte Bundesstaat Indiens.

3 Der Norden | S. 220

Je weiter man sich von Delhi nach Norden begibt, desto näher kommt man dem Himalaya. Zunächst geht die Reise durch die „Kornkammer Indiens", die flachen, vom Getreideanbau geprägten Bundesstaaten Punjab und Haryana. Während Chandigarh (S. 225), die Hauptstadt Haryanas, mit ihrer futuristischen Architektur einen Besuch lohnt, gehört der Goldene Tempel von Amritsar (S. 233), das Mekka der Sikhs, zu einem der beeindruckendsten Sakralbauten Indiens. Himachal Pradesh, der kleine Gebirgsstaat im Norden, ruft mit seiner frischen Bergluft und von Blumen überzogenen Tälern Erinnerungen an die Schweiz wach. Der mit Abstand bekannteste Ort ist das jedes Jahr von Tausenden von Touristen besuchte Dharamsala (S. 245), wegen der hier ansässigen Tibeter häufig als „Little Tibet" bezeichnet. Seit seiner Flucht Ende der 1950er Jahre ist der Ort Sitz des Dalai Lama. Mit dem Corbett-Nationalpark (S. 286) und Rishikesh (S. 270) finden sich zwei sehr lohnenswerte Ziele in Uttarakhand, dem an Nepal angrenzenden Bundesstaat im Himalaya-Vorgebirge. Seit die Beatles Rishikesh in den 1960er Jahren als Ort der Erleuchtung besuchten, folgen ihnen westliche Touristen in die „Yoga Capital of the World". Wer spirituelle Atmosphäre weit originärer erleben möchte, sollte sich ins nahe Haridwar begeben (S. 278).

4 Uttar Pradesh | S. 294

Mit seinen 215 Mio. Einwohnern gehört Uttar Pradesh, wäre es ein unabhängiger Staat, zu den bevölkerungsreichsten Ländern der Erde. Den größten Teil nehmen die fruchtbaren Flussebenen des Ganges ein, die seit alters her bedeutende Siedlungsräume bildeten. Alle großen Epochen und Herrscher haben hier ihre architektonischen Spuren hinterlassen. Besonders beeindruckend ist die ewige Stadt Varanasi (S. 336), in der sich die Gläubigen durch ein Bad im Ganges die Reinwaschung ihrer Sünden erhoffen. Kein Indienreisender sollte sich einen Besuch dieses „magischen Ortes" entgehen lassen. Das nicht weit entfernte Sarnath (S. 353), in dem Buddha die erste öffentliche Predigt nach seiner Erleuchtung hielt, ist Ziel von Buddhisten aus aller Welt. Schließlich ist das großartigste Monument der muslimischen Eroberer, das Taj Mahal in Agra (S. 298), eines der eindrucksvollsten Bauwerke weltweit.

5 Der Osten | S. 356

Allein schon wegen ihrer geografischen Entfernung zu den touristischen Hochburgen des Landes gehören die östlichen Teile Indiens nicht zu den meistbesuchten Regionen. Doch wer genug Zeit hat, findet in den Bundesstaaten Bihar, Westbengalen und Odisha außergewöhnliche Orte, welche die langen Reisewege lohnen. Im wirtschaftlich nach wie vor unterentwickelten Bihar wandelt man auf den Spuren Buddhas. Hier verbrachte der Religionsstifter einen Großteil seines Lebens. Bodhgaya (S. 371), wo er nach siebentägiger Meditation unter einem Bodhi-Baum die Erleuchtung erlangte, ist jedes Jahr Ziel Tausender buddhistischer Pilger aus der ganzen Welt. Westbengalen gehört zu den ältesten und bis heute am dichtesten besiedelten Regionen des Subkontinents. Am augenfälligsten äußerst sich dieser Zivilisationsdruck in der Hauptstadt Kolkata (S. 378), die auf den ersten Blick alle Negativbilder Indiens auf sich zu vereinen scheint. Gleichzeitig finden sich hier jedoch einige der beeindruckendsten Kolonialbauten der britischen Vergangenheit und wohl kaum eine andere indische Stadt strahlt eine derartige Lebensfreude aus. Mit seiner idyllischen Bergwelt, klarer Luft und einer äußerst friedvollen Atmosphäre bietet das 600 km nördlich gelegene Darjeeling (S. 407) ein ideales Kontrastprogramm dazu. Hauptattraktion des sich südlich von Westbengalen erstreckenden Bundesstaates Odisha sind die Tempelanlagen von Bhubaneshwar (S. 424), die kilometerlangen Strände von Puri (S. 432) und der Sonnentempel von Konark (S. 438). Immer größerer Beliebtheit erfreuen sich Exkursionen von diesen Orten aus zu Odishas Adivasi-Stämmen, der zurückgezogen lebenden Urbevölkerung.

6 Madhya Pradesh | S. 442

Der Bundesstaat Madhya Pradesh mit seiner in Teilen recht zerklüfteten Landschaft ist das geografische Kernland Indiens. Seine flächenmäßige Ausdehnung bringt es mit sich, dass die einzelnen Sehenswürdigkeiten oftmals weit auseinander und zudem in abgelegenen Regionen liegen. Hier ist neben den herrlichen Tempelanlagen des kleinen Dorfes Khajuraho (S. 459) im Norden und dem Kanha-Nationalpark (S. 472) im Südosten vor allem die spektakulär auf einem aus der Ebene aufragenden Tafelberg gelegene Festungsstadt Mandu (S. 494) im Südwesten von Madhya Pradesh zu nennen. Besondere Tipps für Individualreisende sind die nicht weit entfernten Pilgerorte Maheshwar und Omkareshwar (S. 499, 500). Weit weniger aufwendig, weil nur knapp eineinhalb Zugstunden südlich von Agra gelegen, ist der Besuch der imposanten Festungsanlage von Gwalior (S. 448). Die archäologischen Ausgrabungsstätten von Sanchi (S. 481) in der Nähe der Bundeshauptstadt Bhopal (S. 476) gehören zu den schönsten buddhistischen Stätten der Erde.

7 Gujarat | S. 502

Will man abseits der Touristenpfade ein faszinierendes Stück Indien erleben, ist Gujarat ein echter Tipp. Während das östliche Kernland mit dem Ballungsgebiet Ahmedabad (S. 507) vom rasanten wirtschaftlichen Boom der letzten Jahre geprägt ist, entfaltet sich die ethnische und kulturelle Besonderheit des Bundesstaates, je weiter man in Richtung Westen fährt. Hier spannt sich der Bogen von der südeuropäisches Ambiente ausstrahlenden, ehemaligen portugiesischen Kolonie Diu (S. 521) mit ihren schönen Palmenstränden über den Sasan-Gir-Nationalpark (S. 532), das letzte Rückzugsgebiet des asiatischen Löwen, bis zur romantischen Wüstenstadt Bhuj (S. 546). Hinzu kommt, dass Gujarat die Heimat der Jains ist. Nirgendwo sonst in Indien findet sich eine derartige Konzentration an heiligen Stätten dieser Religionsgemeinschaft. Schließlich ist der sehr karge, im äußersten Westen gelegene Rann of Kutch (S. 552) die Heimat einer Vielzahl vornehmlich von der Viehzucht lebender Ethnien, die für ihr hochwertiges Kunsthandwerk Weltruhm genießen.

8 Mumbai | S. 556

Mumbai ist eine der faszinierendsten Metropolen der Erde. Laut, hektisch, bitterarm und zugleich märchenhaft reich, dreckig, geldbesessen und tief religiös, modern und archaisch, mitreißend und abstoßend – die ganze Widersprüchlichkeit des Indischen Subkontinents spiegelt sich in dieser größten und wirtschaftlich bedeutendsten Stadt des Landes. Beim Wandern entlang der Uferpromenade Marine Drive und der stets menschenüberfüllten Straßen, vorbei an so beeindruckenden Zeugen der kolonialen Vergangenheit wie dem Gateway of India, dem Taj Mahal Hotel oder dem Hauptbahnhof Victoria Terminus, spürt man hautnah den Puls der „Maximum City“.

Routenvorschläge Nordindien

Routenvorschläge

Indien ist nicht nur ein Land mit kontinentalen Ausmaßen, sondern auch derart reich an kulturellen und landschaftlichen Höhepunkten, dass sich der Reisende immer wieder vor die Qual der Wahl gestellt sieht. Einerseits möchte man so viel wie möglich sehen, andererseits aber nicht durch das Land hetzen und reinen „Abhak-Tourismus“ betreiben. Letztlich ist dieses Problem nicht zu lösen, es sei denn, man hat mehrere Monate Zeit oder entschließt sich, das Land häufiger zu besuchen. Am sinnvollsten ist es, sich auf eine Region zu konzentrieren, um diese in einer Art **Baukastensystem** mit weiteren Gebieten zu kombi-

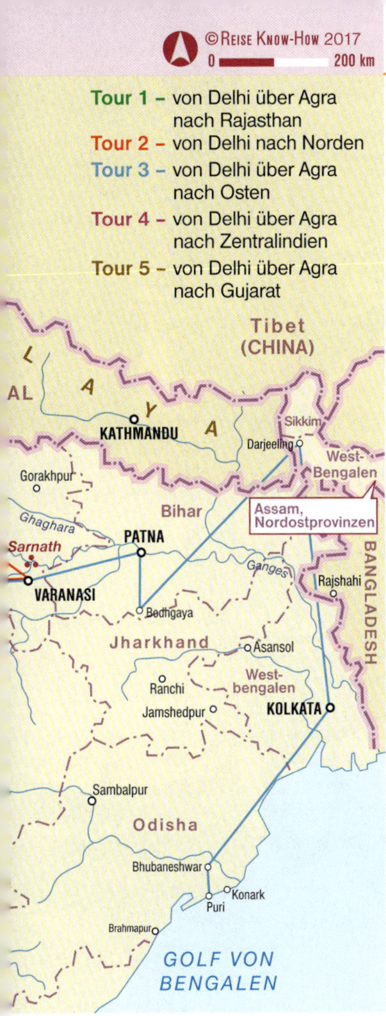

nieren. Genau dies versuchen die fünf hier vorgeschlagenen Reiserouten.

Da für fast alle Indientouristen der Besuch des **Taj Mahal** ein „Muss" darstellt, ist Agra außer bei Tour 2 in allen Routen integriert. Bei der Reiseplanung sollte man bedenken, dass Individualreisen in Indien eine zeitraubende Angelegenheit sind. Eine Durchschnittsgeschwindigkeit von 40 km/h auf Indiens Straßen ist schon viel. Das gleiche gilt für die Bahn, abgesehen von den modernen Zügen wie etwa dem Shatabti-Express. Dementsprechend viel Zeit sollte man einplanen.

Außer Tour 2 ist keine der angegebenen Reiserouten in weniger als einem Monat zu schaffen. Doch wer mit der in Indien stets hilfreichen Reisephilosophie „Man reist doch nicht, um anzukommen" unterwegs ist, dem kann all dies eigentlich nichts anhaben.

Tour 1 – von Delhi über Agra nach Rajasthan
Delhi – Agra – Ṣariska-Nationalpark – Jaipur – Puskhar – Jodhpur – Jaisalmer – Mt. Abu – Ranakpur – Udaipur – Chittorgarh – Bundi – Ranthambore-Nationalpark (– Khajuraho: Anschluss an Tour 3 und 4)

Tour 2 – von Delhi nach Norden
Delhi – Amritsar – Dharamsala – Manali – Shimla – Chandigarh – Corbett-Nationalpark – Lucknow (– Varanasi: Anschluss an Tour 3)

Tour 3: von Delhi über Agra nach Osten
Delhi – Agra – Gwalior – Khajuraho – Varanasi – Patna – Bodhgaya – Darjeeling – (Sikkim) – Kalkutta – Bhubaneshwar – Puri

Tour 4 – von Delhi über Agra nach Zentralindien (Madhya Pradesh):
Delhi – Agra – Gwalior – Bhopal – Khajuraho – Kanha-Nationalpark – Jabalpur – Bhopal – Sanchi – Indore – Mandu (– Ahmedabad: Anschluss an Tour 5)

Tour 5 – von Delhi über Agra nach Gujarat
Delhi – Agra – Jaipur – Udaipur – Ahmedabad – Bhavnagar – Palitana – Diu – Sasan-Gir-Nationalpark – Junagadh – Porbandar – Dwarka – Bhuj (– Jaisalmer: Anschluss an Tour 1)

823ra tb

1 Delhi

Die zweitgrößte Stadt Indiens besteht im Grunde genommen aus zwei Städten: der alten Mogul-Hauptstadt Old Delhi und dem von den Briten angelegten New Delhi. So vereint die Metropole in ihrem Kern zwei völlig unterschiedliche Welten und zieht ihren Reiz aus dem Kontrast: „the best of both worlds".

< Kofferträger am Bahnhof von Delhi

METROPOLE MIT ZWEI GESICHTERN

Delhi, Neu-Delhi, Alt-Delhi oder vielleicht sogar Dilli? Dass Namen mehr als nur Schall und Rauch sind, verdeutlicht Indiens Hauptstadt beispielhaft. Der Oberbegriff Delhi umfasst die gesamte Metropole mit ihren etwa 23 Millionen Einwohnern. Politisch und historisch korrekt heißt die nach Mumbai zweitgrößte Stadt des Landes seit ein paar Jahren wieder Dilli (s.u.: „Geschichte"). Um was für eine Stadt handelt es sich aber dabei? Um dies beurteilen zu können, kommt es entscheidend darauf an, in welchem Teil der Metropole man sich aufhält.

NICHT VERPASSEN!

- **Rotes Fort** – die gewaltige Sandsteinfestung der Moguln am Ufer des Yamuna | 26
- **Jamia Masjid** – die größte Moschee Indiens mit ihren 40 Meter hohen Minaretten | 28
- **Humayun-Mausoleum** – Prototyp der Mogul-Mausoleen und schönstes Bauwerk der frühen Mogul-Epoche | 34
- **Nizamuddin** – originär islamischer Stadtteil mit Grabstätten historischer Persönlichkeiten | 37

Diese Tipps erkennt man an der gelben Hinterlegung.

Die alte und die neue Stadt

Wie kaum eine andere Stadt setzt sich Delhi aus zwei gänzlich unterschiedlichen Stadtteilen zusammen. Da ist einmal **Old Delhi,** angelegt und geprägt von den Moguln, denen es vom 12. bis zum 18. Jh. als Hauptstadt diente und die hier mit dem Roten Fort und der Jamia Masjid zwei imposante architektonische Beispiele ihrer imperialen Macht hinterließen. Mit seinen engen, verwinkelten Altstadtgassen voller kleiner Geschäfte, seinen Märkten und Menschenmassen ist Old Delhi eine typisch indisch anmutende Stadt.

Einen krassen Gegensatz hierzu bildet **New Delhi,** das von den Briten mit der 1911 erfolgten Verlegung der Hauptstadt Britisch Indiens von Kalkutta nach Delhi am Reißbrett konzipierte wurde. Mit seinen weitläufigen Alleen, großzügigen Parkanlagen und modernen Verwaltungsgebäuden wirkt es äußerst großzügig, sachlich und nüchtern.

Dieser Kontrast macht auch den Reiz der Stadt gerade für diejenigen Besucher aus, die zum ersten Mal nach Indien kommen. Man gewinnt einen Einblick in das vom prallen Leben scheinbar berstende Old Delhi, kann sich jedoch danach wieder in die Ruhe und Überschaubarkeit New Delhis zurückziehen.

In dieser hochinteressanten Mischung aus alt und neu, aus islamischen und europäischen Einflüssen liegt einer der Hauptanziehungspunkte Delhis. Gleichzeitig ist es mit seinen immer mehr das Stadtbild bestimmenden Hochhäusern, den modernen Einkaufszentren, einer U-Bahn und den immer größere Ausmaße annehmenden Verkehrsstaus ein Spiegelbild des modernen Indien. Lange als grau und langweilig verschrien, hat sich Delhi in den letzten Jahren mächtig ins Zeug gelegt. Die Stadt hat sich herausgeputzt und kommt schick und modern daher.

So ergibt sich unter dem Motto „The best of both worlds" die Möglichkeit einer allmählichen Annäherung an den indischen Alltag. Besonders günstig ist es, an einem Samstag in Delhi anzukommen, um am Sonntag, dem einzigen Tag der Woche, an dem die Blechlawine weniger das Stadtbild bestimmt, an einer der vom Tourist Office durchgeführten Stadtrundfahrten teilzunehmen. Der Montag bietet sich an, um die gerade in Delhi besonders zügig und effizient zu erledigenden Dinge wie Zugticketerwerb oder Taxianmietung, Sim-Kartenkauf und Geldwechsel zu erledigen. Falls genügend Zeit bleibt, sollte man die hervorragenden Einkaufsmöglichkeiten nutzen, da die Auswahl hier so vielfältig wie in keiner anderen Stadt Indiens ist. So lässt sich das Angenehme mit dem Nützlichen verbinden.

Es muss angesprochen werden: Trotz vieler Maßnahmen wie der Umstellung aller staatlichen Busse, Taxis und Motorrikshas auf Gasbetrieb, Bau eines breit gefächerten Metro-Netzes und neuerdings auch temporären Fahrverboten zu Spitzenzeiten des Smogs verschlimmert sich die **Luftverschmutzung** in Indiens Hauptstadt von Jahr zu Jahr. Da beim Bevölkerungszuwachs kein Ende abzusehen ist, wird sich dieser Zustand in nächster Zeit kaum zum Positiven verändern. Dementsprechend muss man sich damit abfinden oder, wie viele Touristen inzwischen, den Aufenthalt möglichst kurz halten.

Orientierung

Trotz seiner enormen Ausdehnung ist Delhi eine recht übersichtliche Stadt. Signifikant ist die Unterteilung in das typisch indische **Old Delhi** und das weiträumige, eher europäisch anmutende **New Delhi.** Die Straßen Desh Bandhu Gupta und Jawaharlal Nehru Marg, gleich nördlich des **Bahnhofs** von New Delhi, markieren die Grenze zwischen den beiden Stadtteilen. Das **Rote Fort** und die **Jamia Masjid** mit der alten Prachtstraße Chandni Chowk bilden die Wahrzeichen von Old Delhi, welches im Kern mit der von *Shah Jahan* im 17. Jh. erbauten siebten Hauptstadt übereinstimmt. **Pahar Ganj,** ein besonders bei Individualtouristen beliebtes Basar-Viertel mit unzähligen Hotels, welches sich westlich an die New Delhi Railway Station anschließt, bildet eine Art Puffer zwischen New und Old Delhi.

Dreh- und Angelpunkt von New Delhi ist der vor einigen Jahren in **Rajiv Chowk** umbenannte, kreisrunde **Connaught Place,** von dem acht Ausfallstraßen in alle Himmelsrichtungen abzweigen. Der nach Süden abzweigende Janpath, die bekannteste Verbindungsstraße, führt in das Anfang dieses Jahrhunderts von den Briten angelegte Regierungsviertel. **Rajpath,** eine breite, von weitläufigen Grünanlagen gesäumte Prachtstraße, verbindet den auf einem Hügel erbauten **Präsidentenpalast Rashtrapati Bhawan** mit dem All India War Memorial oder **India Gate,** wie es üblicherweise genannt wird, einer Art Arc de Triomphe von Delhi. Verglichen mit dem ebenso quirligen wie chaotischen Old Delhi wirkt dieser Bereich wie eine gepflegte Gartenstadt. Dies gilt insbesondere für die sich südlich an das Regierungsviertel anschließenden feinen Wohngegenden wie Lodi Colony, Defense Colony und Haus Khas. Hier befindet sich auch eine Reihe von exquisiten Hotels, Restaurants und Geschäften.

Westlich davon liegt das elegante **Diplomatenviertel Chanakyapuri,** wo die meisten Botschaften angesiedelt sind. Noch einmal 10 km weiter südwestlich befindet sich der **Indira-Gandhi-Flughafen** (vom Connaught Place zum Flughafen sind es 15 km).

Südwestlich Delhis in dem ehemaligen Dorf **Gurgaon** und damit eigentlich schon außerhalb der Stadtgrenzen in Haryana ist in atemberaubender Geschwindigkeit eine **neue Stadt** aus Stahl, Glas und Beton mit 2,3 Mio. Einwohnern entstanden, deren Hochhäuser ein neues Wirtschafts- und Finanzzentrum vor den Toren der Stadt bilden. Hier haben inzwischen fast alle **Fluggesellschaften** ihre Büros.

Delhi
©Reise Know-How 2017
0 1 km
Unterkunft
1 Tibetan Colony (Wongdhen House, Peace House, Lhasa House, White House)
2 The Maidens
4 Bajaj Indian Home Stay
7 Master G.H.
9 Shanti Home
11 ITC Maurya
21 Zenith Inn
23 Chhoti Haveli
Essen und Trinken
11 Bukhara Rest.
17 Gourmet Gallery, Tasveer, Whispering Bamboo
19 Geoffrey's
20 Gunpowder, Kunzum Travel Café
24 Olive
Yamuna
Mahatma Gandhi Road
Metrolinie 1
Metrolinie 2
Metrolinie 3
Metrolinie 4
Metrolinie 5 (im Bau)
Grand Trunk Road
Ring Road
Raja Ram Kohli Marg
Lala Hardev Sahai Marg
OLD DELHI
PAHAR GANJ
Rotes Fort
Raj Ghat
Feroz Shah Kotla
Kashmiri Gate
Chandni Chowk
Chawri Bazaar
Old Delhi Railway Station
New Delhi Railway Station
Sarai Rohilla Railway Station
Connaught Place
Rajiv Chowk
Lakshmi Narayan Tempel
Seelampur
Shastri Park
Vishwa Vidyalaya
Vidhan Sabha
Civil Lines
Tis Hazari
Pulbangash
Pratap Nagar
Shastri Nagar
Inderlok
Kanhaiya Nagar
Keshav Puram
Netaji Subash Place
Kirti Nagar
Shadipur
Patel Nagar
Rajendra Place
Karol Bagh
Jhandewalan
RK Ashram Marg
New Delhi
ITO
Barakhamba Road
Mandi
Patel Chowk
Yamuna Bank
Desh Bandhu Gupta Rd.
Ras Bihari Marg
Pusa Rd.
Shankar Rd.
Patel Rd.
Baba Kharak Singh Marg
30
38
48
54

Nachtleben
- 2 Cavalry Bar
- 8 24/7
- 11 Jazz Bar
- 12 My Kind of Place
- 17 On the Rocks, Lizard Lounge
- 20 TLR

Verkehr
- 3 Inter State Bus Terminus (ISBT)
- 6 Jhandewalan Cycle Market
- 10 ISBT Sarai Khale Khan

Einkaufen
- 5 Karol Bagh Market
- 13 Dilli Haat Market
- 14 INA Market
- 15 South Extension Market I
- 16 South Extension Market II
- 18 Ansal Plaza
- 25 Select Citywalk Mall

Geschichte

Etwas salopp formuliert, könnte man sagen, dass Delhi gar nicht anders konnte, als zur bedeutendsten Stadt des indischen Subkontinents aufzusteigen. Die seit Anfang des 10. Jh. vom Norden her einfallenden islamischen Eroberer aus Zentralasien mussten zwangsläufig durch dieses schmale Nadelöhr zwischen der Wüste Thar im Südwesten und den Himalayaketten im Nordosten, um in die fruchtbare Ebene des Ganges und Yamuna, die unmittelbar südlich von Delhi beginnt, zu gelangen. Aus dieser quasi naturbedingten **Schlüsselposition** leitet sich auch ihr ursprünglicher **Name Dilli** (Schwelle) ab. Hatte man diese Stadt erobert, war man gleichzeitig Herr über die strategische Schlüsselstellung des Landes und hatte damit den entscheidenden Grundstein seiner Macht gesetzt. Da ist es nur geschichtlich korrekt, wenn die Stadt im Zeichen ihrer linguistischen Entkolonialisierung seit ein paar Jahren wieder offiziell ihren alten Namen trägt.

Obwohl sie als Indraprastha bereits im „Mahabharata" erwähnt wurde, erlangte die Stadt erst mit der Eroberung durch den afghanischen Feldherrn *Mohammed-e-Ghur* (1150–1206 n. Chr.), der hier seine neue **Hauptstadt** errichtete, wirkliche historische Bedeutung. Auffälligstes Zeugnis dieser Epoche ist die 13 km südlich der heutigen Stadt gelegene Siegessäule Qutb Minar, die der erste Sultan Delhis errichten ließ. Dies war jedoch nur die erste von insgesamt sechs weiteren Hauptstädten, die die islamischen Herrscher während der folgenden sieben Jahrhunderte im Großraum Delhi errichteten.

Allah-ud-Dhin, dritter Herrscher der Khalji-Dynastie und Sultan Delhis von 1296 bis 1321, gründete mit **Sirri** die zweite Hauptstadt. Die ersten drei Herrscher aus der darauffolgenden Thuglaq-Dynastie, einem ursprünglich aus der Türkei stammenden Volk, errichteten zwischen 1321 und 1388 mit **Thuglaqabad, Jahanpanah** und **Firuzabad** die Hauptstädte drei bis fünf. Es vergingen weitere 200 Jahre, bis der afghanische Feldherr *Sher Shah* (1540–45), der den zweiten Großmogul *Humayun* besiegt hatte, mit **Purana Qila** die sechste Hauptstadt innerhalb der Grenzen Delhis errichten ließ. 1638 legte *Akbars* Enkel *Shah Jahan* mit dem Bau des Roten Forts und der zwölf Jahre später errichteten Jamia Masjid, der größten Moschee Indiens, den Grundstein für **Shahjahanbad,** die siebte Hauptstadt, deren Grenzen mit denen des heutigen Old Delhi übereinstimmen. Da er jedoch von seinem Sohn *Aurangzeb* 1658 abgesetzt und gefangengenommen wurde, konnte er seinen ursprünglichen Plan, die Hauptstadt von Agra nach Delhi zu verlegen, letztlich nicht verwirklichen.

Nach dem fehlgeschlagenen Versuch Aurangzebs, die Grenzen des Reiches auch auf Südindien zu erweitern, verfiel die Macht der Moguln zunehmend. Das hierdurch entstandene **Machtvakuum** nutzten wiederum beutehungrige Feldherrn aus dem Norden, um die Schatzkammer Delhi zu plündern. So entführte der Perser *Nadir Shah,* nachdem er die Stadt 1739 erstürmt hatte, den unermesslich wertvollen Pfauenthron aus dem Roten Fort. Sein Nachfolger *Ahmed Shah Durani* überfiel die ehemalige Mogul-Hauptstadt sogar dreimal innerhalb weniger Jahrzehnte.

Nach einem kurzen Intermezzo durch die Marathen schwangen sich schließlich die **britischen Kolonialherren** 1803 als die neuen Statthalter Delhis auf. Vom 11. Mai bis 17. Dezember 1857 war Delhi dann ein letztes Mal Mittelpunkt blutiger Machtkämpfe, als die Stadt von meuternden indischen Soldaten während der ersten Unabhängigkeitsschlacht in ihre Gewalt gebracht wurde. Nach erheblichen Verlusten auf beiden Seiten konnten die Briten noch einmal die Oberhand behalten.

1911, nachdem sie die Hauptstadt Britisch Indiens von Kalkutta nach Delhi verlegt hatten, begannen sie damit, **New Delhi,** die achte und vorläufig letzte Hauptstadt, innerhalb weniger Jahre aus dem Boden zu stampfen. Dabei gehört es zu den vielen ironischen Kapiteln der Weltgeschichte, dass sie gerade zu einem Zeitpunkt mit dem Bau der Stadt begannen, als Gandhis Bewegung der Nichtzusammenarbeit die Grundlagen ihres Imperiums zunehmend in Frage stellte.

Unmittelbar nach Erlangung der **Unabhängigkeit** stand zur Debatte, ob die Hauptstadt der Republik nicht an einen anderen, zentraler gelegenen Ort verlegt werden sollte. Delhi liegt nur 350 km von der pakistanischen Grenze entfernt, und die enormen Spannungen zwischen diesen beiden Erzfeinden, die sich später in zwei Kriegen entluden, ließen diese geografische Nähe äußerst problematisch erscheinen. Außerdem benötigte das indische Punjab eine neue Hauptstadt, da dessen frühere Hauptstadt Lahore nach der Teilung des indischen Subkontinents nun zu Pakistan gehörte. So hätte es sich angeboten, das von den Flüchtlingen aus Westpunjab überschwemmte Delhi zur neuen Landeshauptstadt des Punjab zu erklären. Letztlich ließ man jedoch wegen der zu erwartenden Kosten und aus Traditionsgründen von den Plänen ab und stampfte stattdessen die postmoderne Retortenstadt Chandigarh als neue Hauptstadt des Punjab aus dem Boden. Die meisten der Flüchtlinge blieben jedoch in Delhi und gelten bis heute als die führenden Geschäftsleute der Hauptstadt.

Modernes Delhi: Connaught Place

004ra mb

Sehenswertes

Rotes Fort

„Wenn es ein Paradies gibt, ist es hier, ist es hier, ist es hier." Diesen Spruch ließ *Shah Jahan* in der Mitte des von ihm erbauten und 1648 nach neunjähriger Bauzeit fertig gestellten **Lal Qila** oder Roten Forts anbringen. Zweifellos gehört diese gewaltige **Festungsanlage** aus rotem Sandstein am östlichen Ufer des Yamuna zu den Prunkstücken des Mogul-Reiches.

Vom unvorstellbaren Reichtum und märchenhaften Glanz, den die Gebäude einmal ausstrahlten, ist heute jedoch nur wenig erhalten geblieben. Bei den wiederholten Beutezügen nach dem Tod des letzten Großmogul *Aurangzeb* 1707 wurde alles mitgenommen, was nicht niet- und nagelfest war. Die mangelhafte Instandhaltung seitens der indischen Behörden ist ein weiterer Grund für den reichlich verblichenen Glanz vergangener Tage. So verlassen die meisten der täglich über 10.000 Besucher dieses meistbesuchte Bauwerk Delhis weit weniger euphorisch, als sie es beim Anblick der von außen imposanten Anlage betreten hatten.

Obwohl das Fort mit einer Breite von 360 m und einer Länge von 1,2 km weitaus größer ist als jenes in Agra, wirkt es mit seiner riesigen, fast 2,5 km langen, von geschwungenen Zinnen und Türmen umlaufenen Festungsmauer wegen seiner flachen Lage eher zierlich und elegant. Dieser Eindruck bestätigt sich im Inneren, wurde das Rote Fort doch von Shah Jahan großzügig und wie aus einem Guss geschaffen, während sein Äquivalent in Agra während der Regierungszeit mehrerer Herrscher entstand und viele ineinander verschachtelte Gebäude aufweist. Insgesamt wirkt das Lal Qila eher wie eine befestigte Palastanlage und unterscheidet sich so von den Trutzburgen früherer Jahre.

Hierin spiegelt sich das gewachsene **Selbstbewusstsein der Großmoguln,** die es sich im Bewusstsein ihrer über ein Jahrhundert gefestigten Machtposition nun leisten konnten, neben den militärischen Notwendigkeiten auch ihre künstlerischen Ambitionen zu verwirklichen. Hierzu trug vor allem der für Shah Jahan so charakteristische, von Eleganz und Harmonie geprägte Kunstgeschmack mit seiner Vorliebe für weißen Marmor als Baumaterial bei, der seine perfekteste Ausprägung im fünf Jahre später fertiggestellten Taj Mahal fand. Nur etwa 20 % der Anlage sind heute der Öffentlichkeit zugänglich, der große Rest wird von öffentlichen Verwaltungen und der indischen Armee beansprucht.

Der Zugang zum Lal Qila erfolgt durch das **Lahore Gate,** benannt nach der heute in Pakistan gelegenen Hauptstadt des ehemaligen Punjab. Von hier führt der Weg in den Arkadengang **Chatta Chowk.** Früher diente dieser kleine Basar den Hofdamen als willkommene Abwechslung in ihrem sonst recht eintönigen, von der Außenwelt abgeschlossenen Leben. Waren damals Juwelen und Saris die begehrtesten Kaufobjekte, werden heute entsprechend der veränderten Käuferschicht Getränke, Filme und Souvenirs feilgeboten. Was geblieben ist, sind die fürstlichen Preise.

Das sich anschließende dreigeschossige **Trommelhaus** (Nagaar Khana) bildete das Eingangstor zum eigentlichen Palastbereich. Sein Name rührt daher, dass hier täglich fünfmal zu festgesetzten Zeiten eine Willkommensmelodie gespielt wurde. Alle Besucher mussten ihre Elefanten oder Pferde zurücklassen, bevor sie ins Palastinnere weitergehen durften. Die deutlich erkennbaren Blumenornamente an den roten Sandsteinwänden waren früher mit Goldfarbe bemalt. Im oberen Stock ist heute das **Indian War Museum** untergebracht.

Die offene **Gartenanlage** zwischen dem Trommelhaus und der dahinter gelegenen öffentlichen Empfangshalle **Diwan-e-Am** war einst von einem Gebäudekarree eingefasst, das jedoch den erbitterten Kämpfen des Februaraufstands 1857 zum Opfer fiel. Auf einem Marmorthron sitzend, der von einem hübschen Dach überspannt wird, hielt der Herrscher öffentliche Audienzen ab und nahm Beschwerden entgegen. Die sehr schönen Einlegearbeiten, die die Wände hinter dem Thron schmücken und von dem florentinischen Künstler *Urstin de Bourdeaux* stammen sollen, wurden erst 1903 auf Befehl des Vizekönigs *Lord Curzon* wieder hier platziert, nachdem sie zuvor mehrere Jahre in London ausgestellt waren.

Hat man den Diwan-e-Am hinter sich gelassen, gelangt man auf eine große **Rasenfläche,** an deren östlichem Ende sich von Süd nach Nord mit dem Rücken zur Fortmauer fünf Gebäude reihen.

Im **Mumtaz Mahal,** einem aus sechs Räumen bestehenden Marmorpalast, der früher den Haremsdamen diente, ist heute ein archäologisches Museum aus der Mogul-Zeit untergebracht. Nur die wenigsten Besucher schenken den zum Teil hervorragenden, aber leider auch vernachlässigten Exponaten der einzelnen Großmoguln von *Babur* bis *Aurangzeb* genügend Beachtung.

In der Mitte des auf einer erhöhten Plattform gelegenen **Rang Mahal,** der ebenfalls für die Konkubinen des Herrschers erbaut wurde, steht ein Marmorbrunnen der von den Wassern des sogenannten Paradiesflusses gespeist wurde. Dieser mit Rosenwasser gefüllte Nahir-e-Bihisht zog sich vom Rang Mahal bis zum Hammam im Norden durch alle Gebäude. Auch von den ursprünglich die Innenwände schmückenden Wandbemalungen – daher sein Name „Palast der Farben" – ist kaum etwas erhalten.

Der **Privatpalast** (Khas Mahal) diente dem Herrscher als Schlaf-, Wohn- und Gebetshaus. Vom sich an die östliche Wand anschließenden achteckigen **Turm** (Muthamman Burj) zeigte sich *Shah Jahan* jeden Morgen, bevor er seine Amtsgeschäfte aufnahm.

Am meisten Fantasie, um die ehemalige Pracht wieder hervorzuzaubern, benötigt der Besucher in der Halle der Privataudienz **Diwan-e-Khas.** Hier ließ Shah Jahan auch jenen eingangs zitierten Spruch anbringen. Das ehemalige Schmuckstück des Forts, den legendären **Pfauenthron** aus purem Gold, Juwelen und einen dahinter platzierten Papagei aus reinem Smaragd entführte der Perser *Nadir Shah* nach seiner Erstürmung Delhis im Jahre 1739. Er diente seitdem den Schahs von Persien als Thron.

Aus dem Brunnen der nördlich die Palastreihe abschließenden **königlichen Bäder** (Hammam) soll einst Rosenwasser gesprudelt sein. Erwähnenswert ist noch die von Shah Jahans Nachfolger *Aurangzeb* erbaute **Perl-Moschee** (Moti Masjid) mit ihren drei ursprünglich kupferverzierten Kuppeln. Aurangzeb war es auch, der seinen Vater kurz vor Vollendung der Bauarbeiten absetzte und im Roten Fort von Agra einkerkerte. Seinem Traum vom Paradies war damit ein abruptes Ende beschieden.

Öffnungszeiten: Geöffnet ist das Fort täglich außer Mo von Sonnenauf- bis Sonnenuntergang, Eintritt 250 Rs, Video 25 Rs. Die im Fort befindlichen Museen, deren Eintritt im Ticketpreis enthalten ist, sind 9–17 Uhr geöffnet. Der im Kassenbereich erhältliche, sehr lohnenswerte Audio-Guide kostet 113 Rs. Eine interessante, wenn auch etwas bombastische, einstündige Sound- und Lightshow (Di–Fr 60 Rs, Sa und So 80 Rs), die die ereignisreiche Geschichte des Roten Forts nachzeichnet, findet tgl. um 19.30 Uhr (Nov. bis Jan.), 20.30 Uhr (Feb. bis Apr.) bzw. 21 Uhr (Mai bis Aug.) in englischer Sprache statt.
Metrostation: Chandni Chowk.

Sunehri Masjid

Wenige Meter südlich des Roten Forts an der Netaji Subash Marg war auch die Sunehri Masjid Schauplatz der von religiöser Intoleranz geprägten Geschichte Delhis. Auf dem Dach der im 18. Jh. erbauten **Moschee** soll der persische Feldherr *Nadir Shah* 1739 nach der Eroberung der Hauptstadt gestanden haben, um das Massakrieren der Bevölkerung durch seine Soldaten zu beobachten.

Jamia Masjid

Keine Kosten und Mühen scheute *Akbars* Enkel *Shah Jahan* während seiner dreißigjährigen Amtszeit, um seine große Leidenschaft, die Architektur, mit gewaltigen Bauwerken in die Tat umzusetzen. Ob die enormen Kosten, die dieses Hobby verschlang, nicht für sinnvollere Zwecke hätten eingesetzt werden können, bleibt dahingestellt, doch unzweifelhaft verdankt die Nachwelt dem fünften und vorletzten Großmogul einige der großartigsten Monumente der Mogul-Herrschaft. Hierzu zählt zweifelsohne auch die aus rotem Sandstein gefertigte Jamia Masjid, die *Shah Jahan* nach sechsjähriger Bauzeit und einem Kostenaufwand von 1 Mio. Rupien 1650 einweihen konnte.

Unübersehbar überragt diese nur knapp einen Kilometer südwestlich des Roten Forts gelegene, **größte Moschee Indiens** die quirligen Basarviertel Old Delhis. Durch ihre herausragende Platzierung auf einem kleinen Felsen wirkt sie noch imposanter, als sie es mit ihren 40 m hohen Minaretten ohnehin schon ist.

Eine breite Freitreppe, von deren Stufen sich einem ein schöner Blick zurück auf das Fort bietet, führt zu ihr empor. Hat man das gewaltige Eingangstor durchquert, befindet man sich im 90 x 90 m großen Innenhof, der über 20.000 Gläubigen Platz bietet. Das Bild der auf der Westseite gelegenen 21 x 27 m großen Gebetshalle mit ihren aus schwarzem und weißem Marmor gestalteten Kuppeln und ihren elf Bögen erinnert in seiner Mischung aus Größe und Leichtigkeit an das Taj Mahal.

Für 100 Rs besteht die Möglichkeit, das südliche Minarett zu besteigen, von wo sich ein **beeindruckender Blick** über New Delhi und Old Delhi bietet. Allerdings auch nur dann, wenn der Zugang nicht mal wieder aus Sicherheitsgründen gesperrt ist oder, was mindestens ebenso häufig der Fall ist, der Smog die Aussicht vernebelt. Hier holen zwei der größten Probleme des neuzeitlichen Indien die große Mogul-Vergangenheit wieder ein: Terrorismus und Umweltverschmutzung.

■ **Öffnungszeiten:** Grundsätzlich empfiehlt sich der Besuch der von 8 Uhr bis Sonnenuntergang geöffneten Moschee (Zugang nur durch die Tore 1 und 3) am Vormittag, da Nicht-Moslems am Nachmittag während der Gebete häufig vor verschlossenen Türen stehen. Frauen haben zum Minarett (geöffnet 9–17.30 Uhr) – aus welchen Gründen auch immer – nur in Begleitung eines Mannes Zutritt, der sich jedoch gegen ein kleines Trinkgeld finden lässt. Der Eintritt zur Moschee ist offiziell, wie üblich in Indien, frei, jedoch wird eine obligatorische Kamera- bzw. Videogebühr von je 300 Rs verlangt, die auch zu zahlen ist, wenn man nicht fotografieren möchte. Der Zutritt zum Minarett kostet zusätzlich 100 Rs. Gelegentlich werden an den Toren trotz angemessener Kleidung den ganzen Körper bedeckende Umhänge verkauft. Dies scheint eher als Einkommensquelle zu dienen, als religiöse Zwecke zu erfüllen.

■ **Metrostation:** Chawri Bazaar.

Raj Ghat

Nur wenige Gehminuten vom Roten Fort und der Jamia Masjid entfernt liegt in einer sehr schön gepflegten, langgestreckten Parkanlage am Ufer des Yamuna die **Gedenkstätte** für die politischen Führer des unabhängigen Indiens. *Jawaharlal Nehru,* Indiens erster Premierminister, wurde 1964 im Shanti Vani (Friedenspark) verbrannt, seine Tochter *Indira Gandhi* und ihre beide Söhne *Rajiv* und *Sanjay Gandhi* etwas weiter südlich. Ein schlichter, schwarzer Marmorblock am südlichen Ende des Parks markiert die Stelle, an der *Mahatma Gandhi,* Indiens große Seele, nach seiner Ermordung 1948 beigesetzt wurde. Jeden Freitag, dem Wochentag seines Todes, findet im Raj Ghat eine kleine Gedenkfeier statt. Wie jedoch die das angenehm bescheidene Monument überragenden riesigen Schornsteine eines nahen Kraftwerks nur allzu deutlich dokumentieren, wird hier eines Mannes gedacht, dessen Ideale im heutigen Indien kaum noch etwas gelten.

› Jamia Masjid

Gegenüber befindet sich das **National Gandhi Museum** (Tel. 2331 1793, Eintritt frei) mit Erinnerungsstücken und Fotos aus dem Leben *Gandhis*.

Nur wenig nördlich des Raj Ghat ist im **Shanti Vana** *Jawaharlal Nehru*, der erste Premierminister Indiens, begraben. Dessen Tochter *Indira Gandhi* und ihr ebenfalls einem Attentat zum Opfer gefallener Sohn *Rajiv* sind dort in eigenen Grabstätten am Ufer des Yamuna bestattet.

Öffnungszeiten: Raj Ghat tgl. 6–18 Uhr, National Gandhi Museum tgl. außer Mo 9.30–17.30 Uhr.

Feroz Shah Kotla

Vom Raj Ghat etwa 500 m weiter Richtung Süden auf der anderen Seite der Mahatma Gandhi Road finden sich die Überreste jener fünften Hauptstadt **Firnzabad,** die *Feroz Shah* aus der Thuglaq-Dynastie 1354 errichten ließ. Viel ist jedoch heute nicht mehr zu bewundern, da die Steine des Forts in späteren Jahrhunderten als Baumaterial für andere Bauwerke verwendet wurden. Neben den Überresten einer großen Moschee und eines schönen Brunnens ist die 13 m hohe Verdiktsäule Kaiser Ashokas zu sehen, die Feroz Shah im 14. Jh. von Ambala im heutigen Punjab hierher transportieren ließ.

Öffnungszeiten: Sonnenauf- bis Sonnenuntergang, Eintritt 100 Rs, Video 25 Rs.

Connaught Place (Rajiv Chowk)

Hat man die beschriebenen Sehenswürdigkeiten hinter sich gelassen, gelangt man zu dem am nördlichen Ende New Delhis gelegenen

434in mb

Connaught Place, dem ökonomischen und touristischen **Zentrum der Stadt.** Zum Gedenken an den bei einem Attentat ums Leben gekommenen früheren Ministerpräsidenten wurde er in Rajiv Chowk umbenannt, die meisten verwenden jedoch weiterhin den alten Namen. Zunächst fällt es schwer, sich auf dem riesigen, kreisrunden Platz mit seiner Einheitsarchitektur zurechtzufinden.

Am besten orientiert man sich an der Aufteilung in zwölf Blöcke, wobei die Buchstaben A bis F den inneren Kreis und die von G bis N den äußeren bezeichnen. Eine weitere Orientierungsmöglichkeit bieten die insgesamt acht **sternförmig** vom Platz in alle Himmelsrichtungen verlaufenden Straßen.

Schon die exakte Einteilung lässt erkennen, dass man sich nicht mehr im chaotischen, typisch indischen Old Delhi, sondern im von den Briten am Reißbrett genauestens durchgeplanten New Delhi befindet. Wie es sich für das an Klarheit und Effizienz orientierte mitteleuropäische Denken gehört, ist hier alles wohlgeordnet, alles an seinem Platz. Auch die unzähligen noblen Geschäfte, Banken und Restaurants wirken eher europäisch denn indisch, alles ist nur vom Feinsten. *It's a rich man's world,* und so finden sich hier fast ausschließlich westliche Touristen und Mitglieder der indischen Mittel- und Oberschicht.

Auf den Gehwegen unterhalb der Arkadengänge des inneren Zirkels finden sich zahlreiche **Bücher- und Zeitschriftenstände,** bei denen es nicht nur z.T. erstaunlich anspruchsvolle Literatur zu kaufen gibt, sondern auch Zeitschriften und Magazine aus Europa. Häufig wird man von **Straßenhändlern** angesprochen, die einem von Sonnenbrillen über Taschentücher bis zum Flugticket scheinbar alles verkaufen können.

Touristisch wichtig ist der südlich vom Connaught Place verlaufende **Janpath.** An dieser Straße finden sich das Tourist Office, unzählige Verkaufsstände und einige Hotels.

Metrostation: Rajiv Chowk.

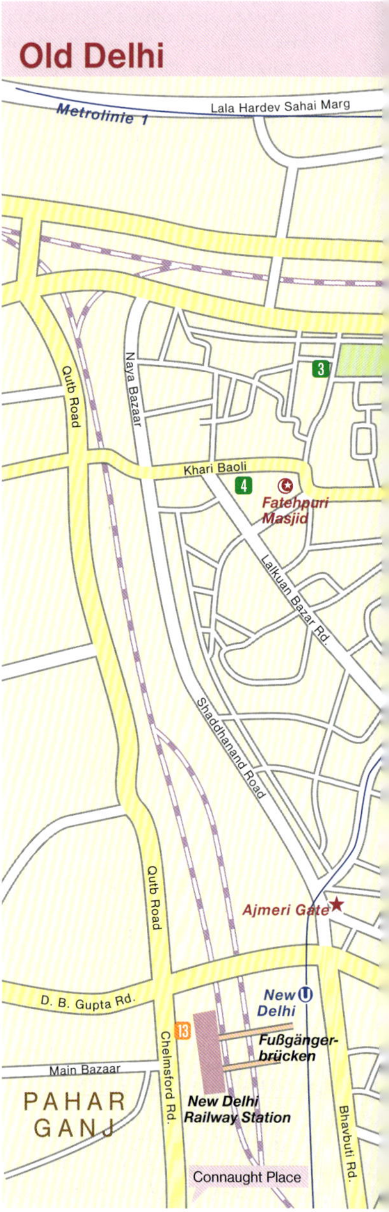

0 200 m
© Reise Know-How 2017
Kashmiri Gate
Gokhale Marg
Ritz Cinema
Yamuna
Metrolinie 5 (im Bau)
Zorowar Singh Marg
Old Delhi Railway Station
Fußgängerbrücke
Chandni Chowk
Shyama Prasad Mucherjee Marg
Salimgarh Fort
Mahatma Gandhi Park
M. Sarai Rd.
H. C. Sen Marg
Königl. Bäder
Sound- and Lightshow
Tickets Rotes Fort
Moti Cinema
Moti Masjid
Vijay Ghat
Town Hall
Lahore Gate
Diwan-e-Am
Rang Mahal, Khas Mahal, Diwan-e-Khas
Chandni Chowk
Sisganj Gurdwara
Chatta Chowk
Digambara Jain Tempel
Rotes Fort (Lal Qila)
Mumtaz Mahal
Indian War Museum
Kinari Bazaar
Esplanade Rd.
Netaji Subash Marg
Dariba Kalan
Nai Sarak
Chel Puri
(Ring Rd.)
Mahatma Gandhi Rd.
Metrolinie 2
Jamia Masjid
Sunehri Masjid
Shanti Van Rd.
Shanti Vana
Netaji Subash Park
Chowri Bazaar Rd.
Kasturba Hosp. Rd.
Chawri Bazaar
Bazar Chitli Qabar
Sita Ram Bazar
Bazar Matia Mahal
Netaji Subash Marg
Metrolinie 5 (im Bau)
Ansari Road
Asaf Ali Road
Delite Cinema (Start der DelhibyCycle-Touren)
Turkman Gate
Asaf Ali Road
Delhi Gate
Raj Ghat
Vivekanand Rd.
Jawaharlal Nehru Road
National Gandhi Museum
Gandhi Darshan
NEW DELHI
Connaught Place
Dances of India
Feroz Shah Kotla
Unterkunft
9 Hotel Rehanam Palace
10 Bombay Orient
15 Hotel Broadway
Essen und Trinken
5 Haldiram's
8 Jalebiwala
11 Karim's, Al-Jahawar
12 Moti Mahal Restaurant
16 Chor Bizarre
Verkehr
1 Interstate Bus Terminus (ISBT)
2 Prepaid Autoriksha Stand
13 Prepaid Stand Rikshas und Taxis
14 Hotel Broadway (Start der Heritage Walks Tours)
Einkaufen
3 Cloth Bazaar
4 Gewürzmarkt
7 Kinari Bazaar

Spaziergang vom Roten Fort zur Jamia Masjid

Eine pralle Mischung berstender Geschäftigkeit, inbrünstiger Religiosität und der chaotischen Fülle des indischen Alltagslebens – all dies bietet der etwa 3 km lange Spaziergang vom Haupteingang des Roten Forts entlang der alten Prachtstraße **Chandni Chowk** und ihrer Seitenstraßen zur großen Freitagsmoschee, der Jamia Masjid, zwei Stunden „Indien pur", die man sich nicht entgehen lassen sollte.

Hat man die täglich von Tausenden stinkender und hupender Fahrzeuge befahrene Netaji Subash Marg lebend überquert, trifft man an der linken (südwestlichen) Ecke des Chandni Chowk auf den **Digambara-Jain-Tempel.** Die Statue von *Mahavira,* dem Gründer der Religionsgemeinschaft, steht im bunt ausgeschmückten ersten Stock. Auf dem Tempelgelände findet sich auch ein **Vogel-Krankenhaus,** welches das (alle Lebewesen betreffende) höchste Glaubensgebot der Jains, Gewaltlosigkeit und Nächstenliebe, auf beeindruckende Weise in die Tat umsetzt.

Bei den gleich nebenan unter den Arkaden des Chandni Chowk von Straßenverkäufern angebotenen Devotionalien und Blumen decken sich die Gläubigen für den Besuch des **Gauri-Shankar-Tempels** ein. Im Inneren des Shiva-Tempels tritt einem die bunte Vielfalt der indischen Götterwelt entgegen. Auf dem weißen Marmorstuhl im Innenhof soll sich der hochverehrte Hindu-Heilige *Bhagwat Swaroup* fünfzig Jahre aufgehalten haben. Ein Foto und seine Sandalen erinnern an den Geistlichen.

Weiter entlang des Chandni Chowk, der in der Mogulzeit von einem Kanal durchzogen und von repräsentativen Kaufmannshäusern und Gärten flankiert war, vorbei an der Esplanade Road, zweigt gegenüber dem von großen Filmplakaten überragten Kumar-Kino die kleine **Gasse Dariba Kalan** ab. Der Name („Straße des unvergleichlichen Diamanten") ist noch heute aktuell, werden hier doch seit *Shah Jahans* Zeiten in erster Linie **Gold und Juwelen** verkauft. Die Verarbeitung der nach Gewicht berechneten Steine lässt meist zu wünschen übrig, doch für das „eye shopping" ist die Gasse sicherlich interessant.

Wieder zurück zum heutzutage von Menschen, Verkehr und Abgasen überfluteten Chandni Chowk, ist der **Sikh-Tempel Sisganj Gurudwara** bereits das dritte Gotteshaus von unterschiedlichen Religionsgemeinschaften, welches man auf kurzer Strecke finden kann – ein anschauliches Beispiel für den ethnischen und religiösen Schmelztiegel Alt-Delhis. Dass dieses unmittelbare Nebeneinander verschiede-

Agrasen ki Baoli

Nahe den Bürobauten des modernen Delhi wirkt der **Stufenbrunnen** Agrasen ki Baoli wie ein aus der Zeit gefallenes Relikt. Das eindrucksvolle Zeugnis antiker Baukunst aus dem 14. Jh. nahe dem Connaught Place ist über die Hailey Rd./Hailey Lane südlich der Tolstoy Marg erreichbar.

Jantar Mantar

Ein etwa zehnminütiger Fußweg entlang der Sansad Marg (Parliament Street) vom Connaught Place führt zur ersten der insgesamt fünf **Sternwarten** (von 9 Uhr bis Sonnenuntergang geöffnet), die der begeisterte Astronom *Jai Singh II.* (1699–1743), Maharaja von Jaipur, 1724 errichten ließ. Die in einem hübner Religionsmeinschaften immer wieder Anlass für blutige Auseinandersetzungen war, zeigt die Tatsache, dass das Gotteshaus an jener Stelle errichtet wurde, wo der 10. Sikh-Guru auf Anweisung Aurangzebs exekutiert worden war. Die von tiefer Religiosität gekennzeichnete Atmosphäre im Inneren des Tempels, in dem ohne Unterbrechung aus dem heiligen Buch der Sikhs rezitiert wird, lohnt auf jeden Fall einen Besuch.

Der schräg gegenüber gelegene Fountain Chowk verdeutlicht, dass auch die Europäer ihre Herrschaft auf Gewalt gründeten. Hier ließen die Briten 1857 zum Zeichen ihres Sieges und des Endes der Mogul-Dynastie zwei Körper zur Schau stellen: die des Sohnes und des Enkels des letzten Mogul-Herrschers, beide waren von ihnen getötet worden.

Folgt man dem mit bunt ausstaffierten Geschäften flankierten, südlich vom Chandni Chowk abzweigenden **Kinari Bazaar,** der ersten Adresse in Delhi für Hochzeits-Accessoires, bis zum Ende, so befindet man sich wieder auf etwa halber Länge des Dariba Kalan, von wo es nur noch wenige Minuten zur **Jamia Masjid** sind.

schen Palmenhain gelegenen, überdimensionalen rosaroten Beobachtungsinstrumente bilden mit ihrer archaischen Ausstrahlung einen interessanten Kontrast zu den umliegenden modernen Hotel- und Bürobauten. Auffälligstes, weil größtes Instrument des Observatoriums ist, wie schon in Jaipur zu sehen, die steil aufragende Sonnenuhr (Prince of Dials). Wer an detaillierteren Informationen zu den einzelnen Bauwerken interessiert ist, sollte sich einer der regelmäßig stattfindenden Gruppenführungen anschließen.

- **Eintritt:** 100 Rs, Video 25 Rs.
- **Metrostation:** Patel Chowk.

Regierungsviertel

Wer die Sansad Marg weiter Richtung Südwesten geht, stößt schließlich nach gut 2 km auf den **Rajpath.** Diese von breiten Grünflächen gesäumte **Prachtstraße** verbindet mit dem India Gate am östlichen und dem Rashtrapati Bhawan am westlichen Ende die beiden Hauptgebäude des von den Engländern in den 1920er Jahren aus dem Boden gestampften Regierungsviertels. Kaum eine andere Hauptstadt hat eine derart eindrucksvolle Darstellung imperialer Macht aufzuweisen wie Delhi, die vor kolonialem Selbstbewusstsein nur so strotzt. Wie für die Ewigkeit scheinen die imposanten, aus gelbem Sandstein erbauten Regierungsbauten gebaut zu sein. Wie schnell sich jedoch das Blatt der Geschichte manchmal wendet und überkommene Machtstrukturen quasi über Nacht von nationalen Unabhängigkeitsbewegungen hinweggespült werden, zeigte sich nur eineinhalb Jahrzehnte nach Beendigung der Bauarbeiten. Die Ewigkeit währte letztlich nur 16 Jahre, als sich die englischen Hausherren 1947 unvermittelt in ihrem Mutterland wiederfanden und dafür die indischen Nationalisten in die Räume der Kolonialgebäude einzogen.

So residiert in dem palastähnlichen **Rashtrapati Bhawan** heute auch nicht mehr der englische Vizekönig, sondern der indische Staatspräsident. An den von einer gewaltigen Kuppel gekrönten, 340 Räume umfassenden Prachtbau schließt im Westen ein 130 ha großer Mogul-Garten an, für dessen makellose Pflege zu Zeiten der britischen Kolonialherrschaft über 400 Gärtner verantwortlich zeichneten. Leider muss man sich mit einem Blick durch das schmiedeeiserne Tor begnügen, da der Präsidentenpalast ganzjährig unter Ausschluss der Öffentlichkeit steht. Die Zufahrt zum Palast wird zu beiden Seiten von staatlichen Regierungsgebäuden flankiert, die das Innen-, Außen- und Finanzministerium beherbergen.

Von hier führt die Straße leicht abwärts auf den imposanten Rajpath, Bühne großer Staatsempfänge und vor allem der einzigartigen Parade zum Unabhängigkeitstag am 26. Januar jedes Jahres.

Am östlichen Ende steht das **All India War Memorial,** besser bekannt unter dem Namen **India Gate.** Die Wände dieses 42 m hohen Triumphbogens tragen die Namen von 85.000 Soldaten, die im Ersten Weltkrieg ihr Leben ließen. Der Blick zurück durch diesen indischen Arc de Triomphe über den Rajpath auf den in der Ferne kaum zu erkennenden Präsidentenpalast vermittelt noch einmal einen Eindruck sowohl vom ehemaligen Glanz als auch dem Scheitern des britischen Raj.

Metrostation: Central Secretariat. Der Rajpath ist bequem durch die Metrolinie 2 von Connaught Place und Old Delhi aus zu erreichen. Geht man in östlicher Richtung und dann vom India Gate die Tilak Marg nach Nordosten, ist man von dort mit Metrolinie 3 (Station Pragati Maidan) schnell wieder am Connaught Place und, eine Station weiter, am Westrand von Pahar Ganj (Metrostation RK Ashram Marg).

Purana Qila (Altes Fort)

Südöstlich vom India Gate an der Mathura Rd. finden sich auf einem Hügel die Überreste des vom afghanischen Feldherrn *Sher Shah* erbauten alten Forts, welches archäologischen Funden zufolge an der Stelle des alten Indraprashtra errichtet worden sein soll. Betritt man die Festungsanlage durch das südliche, zweigeschossige Humayun-Tor, stößt man auf einen achteckigen roten Sandsteinturm, den Sher Mandal. Dem zweiten Großmogul *Humayun* (1520–1556) wurde dieser Bau, den er später in eine Bibliothek umfunktionierte, 1556 zum Verhängnis, als er auf einer der Treppenstufen ausrutschte und sich dabei so schwere Verletzungen zuzog, dass er wenig später verstarb. Ein später errichteter **See** vor dem Fort lädt zum Tretbootfahren ein.

In unmittelbarer Nähe steht die 1541 von Sher Shah errichtete **Qila-e-Kuhna-Moschee,** herrlich kombiniert aus rotem Sandstein mit schwarzem und weißem Marmor. Der im Innern reich verzierte Bau befindet sich in einem erstaunlich guten Zustand und gilt als hervorragendes Beispiel des Übergangs vom Lodi- zum Mogul-Baustil.

Eintritt: 100 Rs, Video 25 Rs. Eine Sound- und Lightshow (80 Rs) beginnt je nach Jahreszeit zwischen 19.30 und 21 Uhr.

Metrostation: Pragati Maidan.

National Zoological Garden

Gut 100 m südlich des Eingangs zum Purana Qila, ebenfalls im Viertel Sunder Nagar (etwas östlich der Mathura Rd.), befindet sich der Eingang des Zoos, der sich über ein Fläche von 86 ha erstreckt. Für indische Verhältnisse in recht gutem Zustand, haben die Tiere meist genügend Platz in Indiens größtem Zoo.

Öffnungszeiten: tgl. außer Fr 9–16.30 Uhr, Oktober bis März bis 16 Uhr, Eintritt 200 Rs, Kamera 50 Rs, Video 200 Rs, www.nzpnewdelhi.gov.in.

Metrostation: Pragati Maidan.

Humayun-Mausoleum

Nur knapp 2 km südlich vom Purana Qila befindet sich das Grabmal *Humayuns*, welches im Auftrag seiner Frau 1565, neun Jahre nach seinem Tod, vollendet wurde. Das Mausoleum mit seiner 43 m hoch aufragenden Marmorkuppel gilt als **Prototyp der Mogul-Mausoleen** und schönstes Bauwerk der frühen Mo-

▷ Das Zugangstor des Purana Qila

gul-Epoche. Das nach einem ähnlichen Plan erbaute Taj Mahal zeigt diesen Baustil in seiner Hochblüte ein Jahrhundert später. Es gibt sogar Kunstkenner, die die harmonischen Proportionen von *Humayuns* Grab der verfeinerten Eleganz des Taj Mahal vorziehen.

Bei der Rückkehr aus seinem persischen Exil hatte *Humayun* eine große Zahl von Architekten in seinem Gefolge, die der bis dahin stark von hinduistischen Einflüssen geprägten Baukunst ganz neue, **islamische Elemente** verliehen. Besonders deutlich wird dies am

005ra mb

825ra tb

Portalbogen beziehungsweise der rein dekorativen Zwecken dienenden Blendnische. Auch die bis dahin von den hinduistischen Baumeistern in Anlehnung an ihre jahrtausendealte Tradition vornehmlich verwendeten Architrave, Pfeiler und Konsolen werden nun zunehmend von selbsttragenden Bögen ersetzt. Daneben fällt die später für die Mogul-Architektur so charakteristische zentrale Bedeutung der das Hauptgebäude umgebenden **Gartenanlage** ins Auge. Dieser erste Mogulgarten auf indischem Boden verleiht dem Bau trotz seiner Größe etwas Leichtes und Verspieltes.

Hier wurde auch erstmals eine **Scheinkuppel** (in Persien schon seit dem 13. Jh. bekannt) errichtet. Die auf einem hohen Tambour ruhende Kuppel leitet den Blick auf den Zentralbau, welcher ansonsten durch die stark ausgeprägten Eckbauten viel von seiner Wirkung verloren hätte. Wie die Chattris an den Eckpunkten des Obergeschosses zeigen, wurden von der Witwe *Humayuns* beim Bau des Grabmals jedoch auch einige typisch hinduistische Bauelemente verwendet, die der Auflockerung des quadratischen Sandsteinbaus dienen.

Von der Terrasse der Grabstätte, in der neben seiner Frau noch über 100 weitere Mitglieder der Familie beigesetzt sind, bietet sich ein schöner Blick ins Umland. Besonders stimmungsvoll ist ein Besuch am späteren Nachmittag, wenn die Abendsonne den Prachtbau in weiches Licht hüllt.

Kurz vor Verlassen der Parkanlage lohnt noch ein Besuch des links vom Hauptweg hinter einer Mauer gelegenen Grabmals von *Isa Khan*, eines einflussreichen Mitglieds des Hofstaates von *Humayun*.

Öffnungszeiten: Sonnenauf- bis Sonnenuntergang, Eintritt 250 Rs, Video 25 Rs. Ein neues Besuchszentrum sollte inzwischen fertiggestellt sein.

Metrostation: JL Nehru Stadium.

Humayun-Mausoleum

Nizamuddin

Auf der gegenüberliegenden Seite des Humayun-Grabes führt eine Straße in einen Ortsteil, der einen ganz eigentümlichen Charakter bewahrt hat: Tief verschleierte Frauen huschen durch die schmalen Gassen, das Murmeln von Koranschülern ist zu hören, die Metzger verkaufen Rindfleisch. Eindrucksvoll auch die Qawwali-Gesänge der Sufis nach den Abendgebeten am Freitag. Nizamuddin (Hazrat-Nizam-ud-din-Aulia) heißt dieser faszinierende Stadtteil, der sich um das **Grab** des muslimischen Heiligen *Shaik Nizam-ud-din-Chisti* gruppiert, der hier 1325 verstarb.

Das Zentrum der Chisti-Verehrung, einer Familie von Heiligen und Höflingen, die ursprünglich aus dem Iran stammen und im 12. Jh. nach Indien kamen, liegt in Ajmer. Das Originalgrab existiert zwar nicht mehr (der heutige marmorne Kuppelbau stammt aus dem Jahre 1562), doch nach dem Tode des Heiligen entwickelte sich das gesamte Areal zu einer Art moslemischem „Prominentenfriedhof", sodass sich dort heute viele weitere **Grabstätten bedeutender Persönlichkeiten** finden. So etwa das Grab von *Shah Jahans* Tochter *Jahanara,* die ihrem Vater auch während der Zeit seiner Gefangenschaft durch seinen Sohn Aurangzeb im Roten Fort in Agra zur Seite stand.

Im Norden des Stadtteils liegt der noch heute hoch verehrte Urdu-Dichter *Ghalib* (1797–1869) begraben. Das älteste Gebäude ist die 1325 von *Ala-ud-Din-Khalji* erbaute rote **Sandsteinmoschee Jamaat Klana.** Ebenfalls aus dem 14. Jh. stammt ein großer Stufenbrunnen am Nordtor.

Safdar-Jang-Mausoleum

Als architektonischen Schwanengesang des im Zerfall begriffenen Mogul-Imperiums könnte man diese südöstlich der Diplomatenenklave Chanakyapuri an der Aurobindo Marg gelegene Grabstätte bezeichnen. Der 1753 vom *Nawab von Audh* für seinen Vater *Safdar Jang* errichtete zweigeschossige Grabbau weist mit dem ihn umgebenden weitläufigen, von Wasserläufen durchzogenen Park, dem terrassenförmigen Unterbau, schönen Marmorintarsien und bemaltem Stuck sowie dem Kuppeldach alle typischen Elemente der Mogul-Architektur auf. Doch insgesamt fehlt ihm die sonst so charakteristische Leichtigkeit und so scheint sich in ihm schon der nahende Untergang der 250-jährigen Dynastie zu spiegeln.

■ **Öffnungszeiten:** tgl. von Sonnenauf- bis Sonnenuntergang, Eintritt 100 Rs, Video 25 Rs.
■ **Metrostation:** Jor Bagh.

Lodi-Gärten

Einen interessanten Kontrast zum Mausoleum Safdar Jangs bilden die in den nur wenige Meter entfernten Lodi-Gärten gelegenen **Grabstätten** der Sayyid- (1451–1526) und Lodi-Dynastien (1414–1451), den beiden Herrscherhäusern Delhis vor der Machtübernahme der Mogul-Dynastie. Die Mausoleen weisen bereits deutliche Merkmale der späteren Mogul-Architektur auf. Unübersehbar sind z.B. die Ähnlichkeiten des Grabmals *Mohammed Shahs* (1434–1444), Herrschers der Sayyid-Dynastie, mit dem gut 100 Jahre später erbauten **Bara Gumbad,** einer Grabstätte mit angeschlossener Moschee. Hier beeindrucken v.a. die schönen Stuckarbeiten, farbige Ziegel und die auffälligen Koraninschriften. Weitere Gräber sind die von Mohammed Shahs Vorgänger *Mubarak Shah* (1433) sowie diejenigen *Sikander Lodis* (1517) und *Ibrahim Lodis* (1526). Hübsch auch die vielen umherstolzierenden **Pfauen und Schmetterlinge.**

■ **Öffnungszeiten:** tgl. von 6 bis 20 Uhr.
■ **Metrostation:** Jor Bagh oder Khan Market.

Hauz Khas

Die **Parkanlage** Hauz Khas ist eine herrliche Oase der Ruhe im hektischen Delhi mit einer

New Delhi

Vielzahl von Vögeln und Nischen zum Entspannen. Mit seinen Sehenswürdigkeiten und dem direkt anschließenden Tierpark sowie dem **Hauz Khas Village** (siehe „Einkaufen“) sollte es einen Ausflug wert sein (am Wochenende sehr überlaufen).

Einst diente der im 13. Jh. von *Allauddin Khilji* gebaute, **künstliche See,** nach dem Hauz Khas benannt ist, dem Siri Fort, der zweiten Hauptstadt Delhis, als Wasserspeicher. Neben dem See erhebt sich der von Feroz Shah im 14. Jh. in Auftrag gegebene Kuppelbau der Madrasa (Religionsschule) und **Feroz Shahs Grabmal,** dessen heutige Ruine einst mit goldenen Kuppeln und reich verziertem Stuck gekrönt war. Einige weitere Grabmäler der Tughlaq- und Lodi-Ära sind auf der Anlage verteilt.

Metrostation: Hauz Khas oder Green Park.

Unterkunft
- 6 Devna, La Sagrita
- 10 Youth Hostel
- 17 B Nineteen
- 20 Eleven
- 22 K One One

Essen und Trinken
- 4 Chicken Inn, Pindi
- 9 Latitude, Sidewok, Rampur Kitchen, Amici, Café Turtle
- 11 New Sikkim House
- 12 Basil & Thyme
- 15 Lodi The Garden Restaurant
- 16 Ploof
- 21 Karim's

Nachtleben
- 1 Aqua Bar
- 5 Rick's
- 11 RPM

Verkehr
- 3 Bikaner House (Rajasthan Roadways)
- 14 Air India Büro
- 19 Prepaid Stand Autorikshas
- 23 Metropole Tourist Service

Einkaufen
- 7 Antiquitätenläden, Sunder Nagar Market, Mittal Tea House
- 8 Khan Market, FabIndia, Full Circle Bookstore, Good Earth, Anokhi
- 13 Santoshti Shopping Complex
- 18 Anokhi

Lakshmi-Narayan-Tempel

Der knapp 2 km westlich vom Connaught Place gelegene Lakshmi-Narayan-Tempel ist nicht zuletzt deshalb Bestandteil der vom Tourist Office angebotenen Stadtrundfahrt, weil er einer der ganz wenigen typisch nordindischen Tempelbauten ist. Der aus rotem Sandstein errichtete, 1938 von *Mahatma Gandhi* eingeweihte Tempel gefällt nicht nur wegen seiner harmonischen Formgebung, sondern auch durch die Vielzahl bunter Götterstatuen. Neben den beiden Hauptgottheiten Narayan (Vishnu in seiner Form als Weltenhüter) und dessen Frau Lakshmi (Göttin des Wohlstands) findet man unter anderem Shiva und Parvati sowie den Glücksgott Ganesha. Der häufig für das Bauwerk verwendete Name Birla-Mandir rührt von seinem Stifter, dem Industriellen *Birla*, her.

Bahai House of Worship

Architektonisch äußerst spektakulär wirkt dieser 1986 in Form einer Lotusblüte erbaute **Tempel** inmitten von neun Wasserbecken, etwa 9 km südöstlich vom Connaught Place im Bezirk Kalkaji gelegen. In Indien leben fast ein Viertel der weltweit 4,4 Mio. Anhänger der Bahai-Religion, die Mitte des 19. Jh. vom Perser *Baha-ullah* (pers.: Glanz Gottes) gegründet wurde. Entsprechend der Glaubensphilosophie des Bahaismus, die keine Unterschiede oder Vorurteile gegenüber Rasse und Geschlecht kennt, finden sich im sehr anmutigen Tempelinnern Menschen aller Nationen, die in friedvoller Atmosphäre beten und meditieren.

- **Öffnungszeiten:** tgl. außer Mo 9 bis 17.30 Uhr, fotografieren ist innerhalb des Tempelgeländes nicht erlaubt, Tel. 26444029.
- **Metrostation:** Kalkaji Mandir.

Gurdwara Bangla Sahib

Etwa einen Kilometer südwestlich des Connaught Place an der Ashoka Rd. ist dieser **Tempel** ein schönes Beispiel der **Sikh-Baukunst,** wartet er doch mit den charakteristischen goldenen Kuppeln und dem typischen quadratischen Tempelteich auf, dessen Wasser heilende Kräfte zugesprochen werden. Beindruckend ist die spirituelle Atmosphäre dieses ansonsten eher unscheibaren Gotteshauses. Auch westliche Besucher sind hier willkommen (bei dezenter Bekleidung), die eine fachkundige Einführung in die Sikh-Religion erhalten, wenn sie sich beim Informationsbüro melden.

- **Öffnungszeiten:** tgl. von Sonnenauf- bis Sonnenuntergang.
- **Metrostation:** Patel Chowk.

Grabmal und Säule am Qutb Minar

826ra tb

Qutb Minar

Unser Tipp: Den Grundstein islamischer Herrschaft über Indien, die schließlich über sieben Jahrhunderte andauern sollte, legte der vom Sklaven zum Feldherrn aufgestiegene *Qutb-ud-Din-Aibak,* als er 1193 auf den Trümmern der von ihm eroberten Rajputen-Festung Lalkot seine neue Hauptstadt errichtete. Nach dem Tode seines Herrn, des afghanischen Eroberers *Muhammed-e-Ghur,* gründete er sein eigenes Sultanat und markierte damit den Beginn des Sultanats von Delhi, welches bis zum Aufkommen der Großmoguln Mitte des 16. Jh. die führende Macht Nordindiens darstellte. Als Zeichen seines historischen Erfolges über den letzten in Delhi regierenden Hindu-Fürsten *Prithviraj Chauhan* errichtete er den Qutb Minar, eine 72,50 m hohe, sich nach oben verjüngende **Siegessäule** aus rotem Sandstein, 13 km südlich vom heutigen Stadtzentrum.

Er selbst erlebte jedoch nur die Fertigstellung des ersten von heute fünf durch vorspringende Balkone unterteilten Stockwerken. Das zweite und dritte wurde von seinem Schwiegersohn und Nachfolger *Iltutmish* (1210–1235) hinzugefügt. *Firoz Shah* aus der Thuglaq-Dynastie war es schließlich, der das stolze Bauwerk 1368 vollendete, indem er zwei weitere Stockwerke aufsetzte, nachdem die Spitze zuvor durch einen Blitzeinschlag beschädigt worden war.

Leider darf der an der Basis 15 m, an der Spitze jedoch nur 2,50 m Durchmesser aufweisende, 73 m hohe Turm nicht mehr bestiegen werden, seitdem vor einigen Jahren mehrere Schulkinder bei einer im Innern ausgebrochenen Panik ums Leben kamen. Hier findet im Oktober/November täglich zwischen 18.30 und 20 Uhr eine informative **Sound- and Lightshow** statt, Eintritt 250 Rs. Ebenfalls im Oktober/November ist auf dem Gelände das **Qutb Festival.**

Sechs Jahre früher als beim Qutb Minar wurde bereits mit dem Bau der zu Füßen der Siegessäule liegenden **Quwat-ul Islam-Masjid** (Macht-des-Islam-Moschee) begonnen. Zum Bau dieses ersten islamischen Sakralbaus auf indischem Boden verwendete der wenig zimperliche Feldherr Materialien von insgesamt 27 zuvor zerstörten Hindu- und Jain-Tempeln. Hieraus erklärt sich auch die zunächst recht merkwürdig anmutende Tatsache, dass viele der verwendeten Säulen mit Hindu-Göttern verziert sind.

Kunsthistorisch besonders interessant ist auch die nicht zu übersehende Handschrift der am Bau der Moschee beteiligten Hindu-Steinmetze. Statt der in der persischen Architektur Verwendung findenden Spitzbögen, Kuppeln und Gewölbe bauten die hinduistischen Architekten in der ihnen seit Jahrtausenden bekannten Kragtechnik, in der vor allem Architrave, Konsolen und Pfeiler die bestimmenden Elemente sind. Die Vermischung der beiden Stilrichtungen sollte sich später zu einem ganz eigenen, dem sogenannten **indo-sarazenischen Baustil** entwickeln, dessen beste architektonische Beispiele heute in Ahmedabad (Gujarat) zu sehen sind.

Die Moschee erfuhr im Laufe der Jahrhunderte vielfache **Erweiterungen,** wobei sich vor allem *Ala-ud-din* auszeichnete, der neben

824ra tb

dem großen Innenhof im Osten auch das beeindruckende Alai Darwaza, den heutigen Haupteingang der Anlage, hinzufügte. Er war es auch, der, den gewachsenen Ausmaßen der Moschee entsprechend, eine zweite, größere Siegessäule (Alai Minar) hinzufügen wollte. Der Basisdurchmesser von 27 m lässt darauf schließen, dass eine gewaltige Höhe von etwa 150 m geplant war. Bei seinem Tode war jedoch erst eine Höhe von 27 m erreicht. Seine Nachfolger wagten es nicht, dieses waghalsige Bauvorhaben zu Ende zu führen und so findet sich der klägliche Rest seiner Großmannssucht heute etwas nördlich der Moschee.

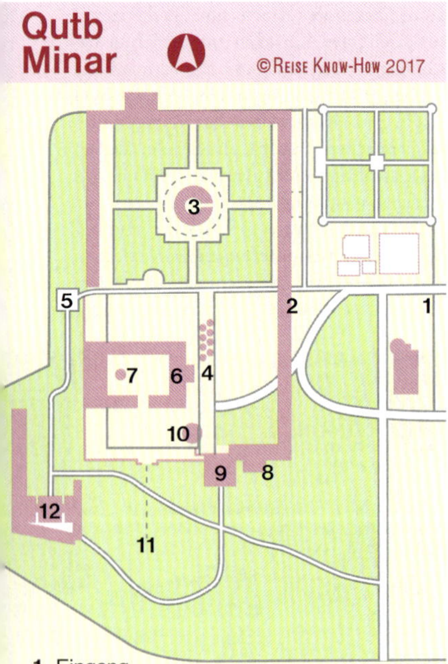

1 Eingang
2 Erweiterung Ala-ud-din-Khalji
3 Alai Minar
4 Erweiterung Iltutmish
5 Mausoleum von Iltutmish
6 Quwwat-ul-Islam-Moschee
7 Eisen-Säule
8 Mausoleum von Imam Zamin
9 Alai Dawarza
10 Qutb Minar
11 Aussichtspunkt
12 Grabmal von Ala-ud-din-Khalji

Das wohl schönste Gebäude der Anlage ist das **Grabmal von Iltutmish,** des Schwiegervaters und Nachfolgers von *Qutb-ud-Din-Aibak.* Der Kenotaph des von 1210 bis 1235 regierenden Iltutmish steht in der Mitte einer 9 m² hohen Grabkammer, deren hohe Wände mit wunderschönen Reliefs, Inschriften, Arabesken und geometrischen Mustern verziert sind. Die größte Aufmerksamkeit bei den täglich Tausenden von Besuchern erregt die im Hof der Moschee stehende 7 m hohe **eiserne Säule.** Herkunft und genaues Entstehungsdatum sind unbekannt, auch wenn vermutet wird, dass sie ursprünglich in Bihar zur Zeit des Gupta-Königs *Chandragupta* (375–413 n. Chr.) vor einem Vishnutempel gestanden haben soll. Bis heute ist ungeklärt, warum die Säule eineinhalb Jahrtausende ohne einen Rostflecken überstehen konnte. Kein Wunder also, dass diesem rätselhaften Objekt magische Kräfte zugesprochen werden.

■ **Öffnungszeiten:** tgl. von Sonnenauf- bis Sonnenuntergang, Eintritt 250 Rs, Video 25 Rs, Audioguide 100 Rs. Das Wochenende sollte, wenn möglich, wegen starken Zulaufs als Besuchszeit gemieden werden. Eine Riksha vom Connaught Place sollte nicht mehr als 250 Rs für Hin- und Rückfahrt mit einstündiger Wartezeit kosten.
■ Per **Metro** bis zur Station Qutb Minar. Von dort zum ca. 1 km entfernten Qutb Minar per Riksha (20 Rs).

Mehrauli Archaeological Park

Der Mehrauli Archaeological Park im Südwesten Delhis beherbergt auf ca. 200 ha über 100 historisch bedeutsame Bauwerke verschiedener Epochen aus 1000 Jahren. Neben Überresten der zweiten der sieben Gründungsstädte Delhis liegen teils verfallene Grabmale, Paläste und Moscheen weit verstreut über das südlich an Qutb Minar angrenzende, baumbestandene Gelände. Das imposanteste Gebäude stellt die **Jamali-Khamali-Moschee** dar, neben der sich das Grab des Sufi-Dichters *Khamali* befindet (beide im 16. Jh. errichtet), das auf Nachfrage betreten werden kann. Besondere Beachtung verdienen die mit den Versen des Dichters geschmückten Wände und die Decke. Westlich der Moschee beeindruckt der **Rajon-ki-Baoli,** ein von einer weiten Treppenanlage gesäumter Stufenbrunnen aus der Regierungszeit *Sikander Lodis,* der zu Beginn des 16. Jh. errichtet wurde. Wenig entfernt ist auch der **Gandhak-ki-Baoli** ein architektonisches Meisterstück.

Öffnungszeiten: tgl. von Sonnenauf- bis Sonnenuntergang.

Metro: Qutb Minar. Von dort ca. einen halben Kilometer entlang der Anuvrat Marg nach Norden bis zu einer schmalen Gasse auf der linken Seite, wo ein Hinweisschild den Zugang markiert.

Tughlaqabad

Das großräumige, von mächtigen Festungsmauern umgebene Ruinengelände beinhaltet die spärlichen Überreste der 3. Stadt Delhis. Da der Erbauer *Ghiyas-ud-din-Thuglaq* (1321–25) noch vor Beendigung der Bauarbeiten starb, ist die **Festungsstadt** mit einem Gesamtumfang von 6 km nie richtig genutzt worden. Zwar ist heute keines der ursprünglichen Gebäude mehr erhalten, doch es ist gerade der Kontrast zwischen dem auf einem Felshügel gelegenen Ruinenareal mit dem bei klarer Sicht deutlich in der Ferne sichtbaren Delhi, welches den eigentlichen Reiz der Anlage ausmacht.

Gegenüber dem Eingang zum Ruinengelände ist das über einen Damm zu erreichende **Mausoleum von Ghiyas-ud-din-Thuglaq,** ein elegant-quadratischer Kuppelbau aus rotem Sandstein, einen Abstecher wert. Von den Mauern der Grabanlage lässt sich ein Ausblick auf die Festung Adilabad genießen, die von seinem Sohn erbaut wurde.

Öffnungszeiten: 8.30–17.30 Uhr, Eintritt 100 Rs, Video 25 Rs. Vom Janpath per Riksha zum etwa 12 km südlich des Connaught Place gelegenen Geländes für Hin- und Rückfahrt mit Wartezeit ca. 400 Rs.

Am besten mit der **Metro** (Station Tughlaqabad) zu erreichen. Von dort per Riksha höchstens 80 Rs.

Begumpur

Weitere Sehenswürdigkeiten liegen etwa 15 km südlich vom Connaught Place nicht weit von der Sri Aurobindo Marg. Die vielkuppelige **Begumpur Masjid** thront mit ihrem riesigen Innenhof auf einer Plattform. Die von *Feroz Shah Tughlaqs* erstem Minister geschaffene Moschee ist heute verlassen. Die Frontseite ragt hoch auf, die Hofseiten sind durch Arkadenbögen gegliedert.

Nördlich der Moschee sind die Überreste des Palastes **Bijai Mandal** von Jahanpanah, der vierten Stadt Delhis des Herrschers *Muhammed bin Tughlaq,* leicht zu erreichen. Von dem Ende des 14. Jh. erbauten, achteckigen Bauwerk bietet sich ein Rundblick auf das Dorf Begumpur und die Moschee.

Etwa 2 km südöstlich von Begumpur im Stadtteil Khirki Village ist die **Khirki Masjid** interessant, weil sie eine der wenigen geschlossenen Moscheen im Norden Indiens ist. Die nach ihren auffälligen Steingitterfenstern benannte (*Khirki* bedeutet Fenster), festungsartig anmutende Moschee wurde im 14. Jh. erbaut. Vier Lichthöfe erhellen den von Säulen getragenen Innenraum.

Museen und Gedenkstätten

Nationalmuseum

Touristenfreundlich südlich des Connaught Place gelegen, bietet das Nationalmuseum neben dem Prince of Wales Museum in Mumbai und dem Indian Museum in Kolkata die umfangreichste **Sammlung indischer Kunst.** Die Kunstgegenstände sind hervorragend präsentiert, in den Räumen gibt es sehr informative Erklärungstafeln zu den einzelnen Kunstepochen und -stilen. Die Palette ausgestellter Objekte reicht von vorgeschichtlichen archäologischen Funden bis zu Kostümen der heute noch in Indien lebenden Stammesangehörigen.

Wie immer wirkt ein solch breit gefächertes Angebot zunächst eher erschlagend als informativ, und so bietet es sich an, mit einem bestimmten Epochen- oder Stilschwerpunkt die Ausstellungsräume zu begehen. Hier würden sich z.B. die großartigen buddhistischen Skulpturen aus dem 6.–8. Jh. anbieten oder die exquisit ausgestattete Abteilung der Miniaturmalereien. Wer Zeit hat, sollte öfter kommen. Häufig werden Filmvorführungen zu unterschiedlichen Kunstepochen gezeigt.

■ **Öffnungszeiten:** tgl. außer Mo 10–17 Uhr, Eintritt 300 Rs, Audio-Guide (auch in Deutsch erhältlich, Ausweis notwendig) 400 Rs, Kamera 300 Rs, Video nicht erlaubt, Janpath, Tel. 23019272, www.nationalmuseumindia.gov.in.
■ **Metrostation:** Central Secretariat.

National Rail Museum

Nicht nur Eisenbahnfans dürften beim Besuch des südlich der Diplomatenenklave Chanakyapuri gelegenen **Eisenbahnmuseums** ihre helle Freude haben. Indien ist berühmt für seine exotischen Lokomotiven und auf dem 4,5 ha großen Gelände gibt es einige der skurrilsten Exemplare zu bewundern. Kinder können Bootfahren und den Toy Train besteigen.

■ **Öffnungszeiten:** täglich außer Mo 9.30–17.30 Uhr (Okt.–März), April bis September bis 19 Uhr, Eintritt Erw./Kind 20/10 Rs, Video 100 Rs, Tel. 26881816.

Tibet House

Speziell für jene, die Dharamsala, den Exilsitz des *Dalai Lama* in Himachal Pradesh, oder „Little Tibet" Ladakh auf ihrer Reiseroute haben, lohnt sich ein Abstecher zum in der Nähe der Lodi-Gärten gelegenen Tibet-Haus. In dem kleinen Museum wird eine interessante Sammlung **tibetanischer Ritualobjekte** ausgestellt. Sehr schöne kunsthandwerkliche Souvenirs aus Tibet verkauft ein Laden im Erdgeschoss.

■ **Öffnungszeiten:** tgl. außer So 10–13 und 14–17 Uhr, 10 Rs, Fotografieren verboten, Tel. 24611515, 1 Lodi Rd.
■ **Metrostation:** JL Nehru Stadium.

Gandhi-Smriti-Museum

Anhand von gleichermaßen beeindruckenden wie bedrückenden Utensilien wird hier das von Opferbereitschaft und Wahrhaftigkeit geprägte Leben des „Vaters der Nation" auf eindrucksvolle Weise nachgezeichnet. Man sieht das blutverschmierte Leinentuch, das **Mahatma Gandhi** am Tag seiner Ermordung trug, sowie den von einem Pavillon überdachten Ort, wo er starb, dazu viele Fotos, Zeitungsausschnitte und Filmvorführungen. Im angeschlossenen Haus wohnte *Gandhi* die letzten 4½ Monate seines Lebens bis zu seiner Ermordung am 30.1.1948. Die Zimmer mit seinem berühmten Spinnrad, seiner Brille und seinen Sandalen sind seitdem unverändert geblieben.

■ **Öffnungszeiten:** tgl. außer Mo und jeden 2. Sa des Monats 10–17 Uhr, Kamera frei, Video nicht erlaubt.
■ **Metrostation:** Racecourse.

Indira Gandhi Memorial

In der ehemaligen Residenz *Indira Gandhis* findet sich in erschreckender Parallelität zum Schicksal *Mahatma Gandhis* an der Safdarjang Rd. der Sari, in den die in Indien gleichermaßen verehrte wie verhasste Tochter *Jawaharlal Nehrus* am Tag ihrer Ermordung gekleidet war. Mindestens ebenso beeindruckend wirkt das Foto, welches ihren 1991 ebenfalls ermordeten Sohn *Rajiv Gandhi* in einem Flugzeug über dem Himalaya zeigt, wie er die Asche seiner verstorbenen Mutter verstreut. Die Stelle, an der *Indira Gandhi* im Garten ihrer Residenz von zwei Leibwächtern ermordet wurde, ist mit einer von Soldaten flankierten Gedenktafel markiert.

■ **Öffnungszeiten:** täglich außer Mo 9.30–16.45 Uhr.
■ **Metrostation:** Racecourse.

National Gallery of Modern Art

Dieses beim Jaipur House südöstlich des India Gate gelegene Museum beherbergt die umfangreichste **Sammlung moderner Kunst** in Indien. Neben den verschiedenen Malschulen seit dem 19. Jh. findet sich im sehr schönen Garten auch eine große Skulpturensammlung. Eine der überraschendsten Entdeckungen bilden die Gemälde des weltberühmten bengalischen Dichters und Nobelpreisträgers *Rabindranath Tagore*. Im neuen Flügel werden erstklassige Werke moderner indischer Maler ausgestellt.

- **Öffnungszeiten:** tgl. außer Mo 10–17 Uhr, Eintritt 150 Rs, Foto/Video nicht erlaubt, Tel. 23382835, ngmaindia.gov.in.
- **Metrostation:** Khan Market.

Vorsicht vor Nepp im Taxi!

Viele Touristen machen gleich zu Beginn ihrer Indienreise eine äußerst unangenehme Erfahrung mit Delhis **Taxifahrern.** Vor allem bei Ankunft in der Nacht versuchen manche Fahrer, die Übermüdung und Unerfahrenheit der Neuankömmlinge auszunutzen. Unter dem Vorwand, das angegebene Hotel sei geschlossen, ausgebucht, abgebrannt oder derzeit nicht anzufahren, da Unruhen in der Stadt herrschten etc., wird man zu teuren und weit außerhalb gelegenen **Hotels** chauffiert, von denen die Fahrer Kommission erhalten. Man sollte deshalb nur die Prepaid-Taxis benutzen und, falls man während der Fahrt nochmals zu einer anderen Hotelwahl überredet werden sollte, ausdrücklich darauf hinweisen, dass man zum Hotel seiner Wahl gefahren werden will und ansonsten die Fahrt nicht bezahlt bzw. den Prepaid-Gutschein nicht aushändigt.

Praktische Tipps

Ankunft

Indira-Gandhi-Flughafen

Meist schon im Flugzeug wird dem Reisenden vom Bordpersonal eine **Embarkation Card** ausgehändigt, auf der die persönlichen Daten einzutragen sind. Bei einigen Airlines geschieht dies nicht. In dem Fall ist das dort ausliegende Formular nach dem Aussteigen vor der Passkontrolle an Metallpulten auszufüllen. Bei dem Punkt „Adress in India“ sollte man das erste Hotel in Delhi angeben. Hat man noch keines reserviert, empfiehlt es sich einfach den Namen eines First-Class-Hotels in Delhi einzutragen – das macht sich immer gut und erspart späteres Nachfragen.

Dieser Formularteil wird bei der Passkontrolle einbehalten. Im unteren Abschnitt des Formulars wird die Gepäckmenge abgefragt. Dieser Abschnitt der Erklärung ist erst nach dem Einsammeln des Gepäcks und vor dem Verlassen der Abfertigungshalle bei einem dafür zuständigen Beamten abzugeben. (Dieses wie auch das Abgeben des verbliebenen Teils der Boarding Card bei einem Beamten ist jedoch nicht immer erforderlich.)

Wer zu spät kommt, den bestraft das Leben. Dass die Regel auch auf Indien zutrifft, erfährt der Neuankömmling gleich bei der **Passkontrolle,** wenn er sich ans hintere Ende einer langen Schlange von Wartenden einreiht und selten weniger als eine halbe Stunde warten muss, ehe er an einem der vielen Schalter angelangt ist.

Wem es gelingt, zu den ersten am Schalter zu gehören, der hat neben der schnelleren Passkontrolle danach den zusätzlichen Vorteil, sein Geld ohne langes Anstehen bei einem der drei nebeneinander gelegenen **Bankschalter** in der Abfertigungshalle wechseln zu können. Alle sind 24 Std. geöffnet und die Kurse sind nur geringfügig schlechter als in der Stadt (die State Bank of India verlangt im Gegensatz zu Thomas Cook, das zudem schlechtere Raten hat, keine Kommission). Allerdings sollte man sein Wechselgeld nachzählen, da es leider allzu oft vorkommt, dass die Angestellten die Unerfahrenheit und Übermüdung der Touristen auszunutzen versuchen!

Die **Kofferbänder** sind oft überfüllt, sodass es häufig nicht einfach ist, sein Gepäckstück zu finden, besonders, wenn mehrere Maschinen innerhalb kurzer Zeit gelandet sind, was nachts häufig vorkommt. Da die Bediensteten oft jene Gepäckstücke, die beim ersten Umlauf von ihren Besitzern nicht eingesammelt wurden, neben das Laufband stellen, sollte man auch dort auf die Suche gehen.

Nach Verlassen der Abfertigungshalle gelangt man in die Ankunftshalle, wo ein **Informationsschalter des Touristenbüros** untergebracht ist. Leider ist es auch hier keine Seltenheit, dass die Bediensteten Hotels fälschlicherweise als ausgebucht angeben, nur um Unterkünfte zu vermitteln, von denen sie eine Kommission kassieren. So macht es Sinn, das Wunschhotel schon vorher zu kennen.

Fahrt in die Innenstadt

In der Ankunftshalle sollte man sich nicht aus der Ruhe bringen lassen, sondern sich zu den Prepaid-Schaltern von Delhi Traffic Police begeben (auf der rechten Seite der Ankunftshalle). Dort werden die günstigsten Tarife für die **Prepaid-Taxis** (im Voraus zu zahlen) angeboten und die Sache geht (meist) ohne Nepp über die Bühne. Eine Fahrt mit dem Taxi zum Connaught Place oder Pahar Ganj kostet etwa 350 Rs, nachts zwischen 23 und 5 Uhr 25 % mehr. Auf dem im Voraus bezahlten Gutschein sollte die Nummer des Taxis bzw. die Parkbuchtnummer, wenn auch oft schlecht leserlich, vermerkt sein. Mit diesem geht man zu den Taxis vor der Ankunftshalle und zeigt den Zettel vor. Man sollte den Gutschein außer zum Vorzeigen an der Kontrollstelle beim Verlassen des Flughafens nicht vor dem Erreichen des Fahrtziels aus der Hand geben, sonst kann es passieren, dass man nicht bis zum gewünschten Ziel gefahren wird, da der Fahrer mit dem Schein das Geld ja indirekt schon kassiert hat.

Wer komfortabler ins Zentrum fahren möchte, kann vor dem Ankunftsterminal des internationalen wie auch des nationalen Flughafenteils eines der klimatisierten und saubereren Taxis von **MegaCabs** (Tel. 41414141) besteigen, die mit etwa 700 Rs jedoch auch teurer sind.

Hat man seinen Abholservice vom Flughafen schon mit dem jeweiligen Hotel oder einem Reisebüro arrangiert, warten die Fahrer mit dem Namensschild des Abzuholenden in der Ankunftshalle. Manchmal ist dem Fahrer der Zutritt aber nicht gestattet, dann ist er meist außerhalb der Halle zwischen den Gates 4 und 6 zu finden. Im Abholungsfall kommt häufig noch der Preis für das Parkticket (140 Rs) und die Zugangsgebühr zum Flughafen für den Fahrer (80 Rs) zum Fahrpreis hinzu.

Zwischen Flughafen und **Inter State Bus Terminus (ISBT)** beim Kashmiri Gate verkehren in etwa 40-minütigem Abstand klimatisierte **Busse von DTC** (Delhi Transport Corporation, 75 Rs). Sie halten beim Ausgang des internationalen Ankunfts-Terminals 3. Auf ihrer Route ins Zentrum passieren sie Ashoka Road, Parliament Street, Connaught Place, die Ostseite der New Delhi Railway Station, das Rote Fort und Kashmiri Gate. Weitere Linien verkehren nach Vasant Kunj, Vasant Vihar und Saket im Süden Delhis. Auch zwischen Terminal 3 und 1 verkehren Busse.

Die neue **Metrolinie** (s.u.) vom internationalen Flughafen zur **New Delhi Railway Station** ist nicht überlastet, operiert derzeit aber nicht nachts, sodass viele Nachtankömmlinge oder -abflieger Bus oder Taxi nehmen müssen. Sie fährt ca. alle 15 Minuten und kostet 80 Rs – der bequemste und schnellste Weg (ca. 40 Min.), ins Stadtzentrum zu gelangen.

Information

■ **Vorwahl:** 011

Alle im Folgenden aufgeführten Touristenämter sind, wenn überhaupt, nur sehr bedingt zu empfehlen. Die Miene der meist recht mürrisch dreinschauenden Bediensteten scheint sich nur aufzuhellen, wenn sie meinen, dem unwissenden Neuankömmling eine viel zu teure Rundfahrt per Mietwagen oder ein Hotel vermitteln zu können – selbstverständlich sind sie daran finanziell beteiligt. Wir haben diverse Klagen von Lesern erhalten, die übervorteilt wurden. Dementsprechend sollte man diese Ämter nur aufsuchen, wenn man genau weiß, was man will und wieviel es in etwa kosten darf – den kostenlosen Stadtplan gibt es auch woanders ...

■ Das **Büro von India Tourism** (88 Janpath, Tel. 23320005/8, www.incredibleindia.org) ist Mo–Fr von 9 bis 18 Uhr und Sa von 9 bis 14 Uhr geöffnet. Filialen finden sich am nationalen (Tel. 25675296) und internationalen Flughafen (Tel. 25691 171, 24 Std. geöffnet).

■ **Delhi Tourism (DTTDC)** ist am Verkauf der Stadtrundfahrten interessiert und weniger ein Informationsbüro. Das Hauptbüro befindet sich an der Baba Kharak Singh Marg um den Emporium Complex (Tel. 23363607, delhi tourism.nic.in, tgl. 7–21 Uhr), dort ist auch das Central Reservation Office für die Rundfahrten. Zusätzlich gibt es Filialen am Nizamuddin-Bahnhof und am Indira-Gandhi-Flughafen (Tel. 25675609, 8–21 Uhr).

Vorsicht: Leider geben sich auch viele Reisebüros, etwa durch ihre Namensgebung (wie Tourist Information o.Ä.), den Anschein, offizielle Informationsstellen zu sein. So wird man gelegentlich auf der Straße von meist jungen Männern angesprochen, die den unerfahrenen Touristen in eines der vermeintlichen Informationsbüros locken wollen. Jedoch verdienen nur die oben genannten dieses Prädikat, bei den anderen handelt es sich um **private Reisebüros.** Auch die häufig an den Scheiben der Reisebüros zu lesende Bezeichnung „Recognized by Government of India" oder Ähnliches hat keinerlei Bedeutung.

■ Über aktuelle Veranstaltungen, Konzerte und Lifestyle etc. informiert **www.whatshot.in/delhi.**

Touristenämter der Bundesstaaten

Die einzelnen Bundesstaaten Indiens besitzen in Delhi eigene Touristenbüros, die meisten rechts und links neben dem Eingang des Janpath Hotel etwas südlich vom Connaught Place. Das Büro von **Haryana Tourism** findet sich im Chanderlok Bldg. am Janpath (Tel. 23324910, Erdgeschoss, hinterer Gebäudeteil). Mehrere weitere Büros in der Umgebung sind private Reisebüros. Das Büro für **Punjab, Jammu & Kashmir** findet sich weiter südlich an der Copernicus Marg (B-Block, Business Centre, Punjab Bhawan, Tel. (0)9711318544, Metrostation Mandi House).

Stadtverkehr

Aufgrund des sich seit Jahren abzeichnenden Verkehrskollapses in Delhi wurden in den letzten Jahren einige einschneidende Veränderungen vorgenommen, die das Chaos organisieren sollen. So ist die **neue Metro** bereits in allen wichtigen Abschnitten in Betrieb. Zudem werden allerorten **neue Straßen** und vor allem sogenannte **flyovers** errichtet, die die neuralgischen Punkte in Delhis ständig dichter werdendem Verkehr überbrücken, was die Fahrzeiten bereits in vielen Fällen reduziert hat. Dies gilt auch für die Strecke zu den Flughäfen.

Immer häufiger sieht man **Verkehrsampeln** an ansonsten kaum zu überquerenden Straßen, etwa dem äußeren Ring des Connaught Place. Außerdem wurden alle motorbetriebenen öffentlichen Verkehrsmittel Delhis, also Busse, Taxis und Rikshas, in den vergangenen Jahren auf Staatskosten von Benzin- bzw Dieselbetrieb auf **Gasbetrieb** umgestellt (erkennbar bei Taxis am grünen Streifen bzw. Grünbemalung bei Rikshas, die früher schwarzgelb waren, die weißen Touristentaxis fahren meist noch mit Diesel/Benzin). Dies hat einmal wegen des geringeren Literpreises für Gas die Preise stabil gehalten oder reduziert und zudem die Luftqualität Delhis merklich verbessert.

> Im wöchentlich erscheinenden **Delhi diary** (15 Rs) findet sich neben einem umfangreichen Adressenteil auch ein sehr interessanter Veranstaltungskalender mit allen wichtigen Ereignissen im Bereich Kunst und Kultur. Das Heft ist, wie auch der etwas aufwendigere, monatlich erscheinende **Delhi City Guide** (20 Rs), an vielen Kiosken erhältlich.

Metro

Seit 2010 ist in Delhi eine Metro in Betrieb, deren Streckennetz noch weiter ausgebaut wird. Vorteil dieses für die kurz vor dem Verkehrsinfarkt stehende Metropole dringend notwendigen Verkehrsmittels ist natürlich neben dem **geringen und festgesetzten Fahrpreis** auch die Unabhängigkeit von den meist überfüllten Straßen und der **hervorragende Zustand,** was sie zu einer sinnvollen Alternative zu anderen öffentlichen Verkehrsmitteln macht. Aufgrund der verschärften **Sicherheitsbestimmungen** werden Metro-Benutzer an allen Zugangsbahnhöfen beim Betreten kontrolliert, d.h. es werden die Taschen durchleuchtet und man muss einen Metalldetektor passieren. Zwei Waggons jedes Zuges sind **für Frauen reserviert,** erkennbar an der rosa Markierung auf den Bahnsteigen.

Touristisch wichtig sind derzeit einige Linien vom Connaught Place (Rajiv Chowk) Richtung Norden (Linie 2), wobei auch Old Delhi (Bahnhöfe Chawri Bazaar und Chandni Chowk), die Old Delhi Railway Station sowie der Inter State Bus Terminus (Station Kashmiri Gate) gekreuzt werden. Auch am östlichen Zugang zur New Delhi Railway Station (Station New Delhi) befindet sich ein Metro-Bahnhof, von dem auch die Linie zum Flughafen startet. Dieselbe Linie verläuft Richtung Süden bis zum Rajpath (Station Central Secretariat). Richtung Südosten verläuft die Linie 3 etwa zum Bahnhof Pragati Maidan nahe dem Purana Qila, Bahnhof Mandi House nördlich des India Gate und RK Ashram Marg an der Panchkuian Rd. an der Westseite von Pahar Ganj. Zur Recherchezeit wurde an ei-

Connaught Place
0 100 m
New Delhi Railway Station, Pahar Ganj
Old Delhi
Pahar Ganj Westside (400 m)
Basant Lane
Chelmsford Rd.
State Entry Road
Vivekanand-Road (Minto Road)
Deen Dayal Upadhyaya Marg
Panchkuian-Road
Metrolinie 3
Connaught Circus
PVR Plaza Cinema
Middle Circle
Radial Road 4
Thomas Cook
Radial-Road-5
Indira Chowk
Rajiv Chowk
Radial-Road-3
Radial Road 6
Shaheed Bhagat Singh Marg
Rajiv Chowk
Hauptbüro Hop-On-Hop-Off-Sightseeing
DTTDC
Radial Road 2
Radial-Road-7
Barakhamba-Road
Baba Kharak Singh Marg
PVR Rivoli
Metrolinie 2
Palika Bazaar
Radial Road 1
(600 m)
Regal Cinema
Hanuman Road
Connaught Lane
Kasturba Gandhi Marg
Sansad-Marg
India Tourism
Thomas Cook
Janpath
Jantar Mantar
DHL Hauptbüro
British Council
Connaught Lane
Tolstoy Marg
Tolstoy Marg
Agrasen ki Baoli
Chanderlok Building
Metrolinie 5
Janpath
Max Mueller Bhavan
Haryana Tourism
India Gate
Jantar Mantar Road
Janpath Lane

Unterkunft
2 Jukaso Inn
8 Hotel Alka Classic
14 Palace Heights Hotel
40 Hotel Imperial

Essen und Trinken
1 Haldiram's
4 Veda Restaurant
8 Vega Restaurant
9 Saravana Bhavan, McDonald's
11 Wenger's
13 Zen Restaurant
14 Zaffran Restaurant
15 Berco's
17 United Coffee House
19 The Host
20 Café Public Connection
25 Indian Coffee House
28 Rajdhani
29 Starbucks
30 Amber Restaurant
32 Cha Bar
33 Parikrama Restaurant
34 Pizza Hut
37 Saravana Bhavan, McDonald's
40 Hotel Imperial, French Pastry Shop

Nachtleben
1 Pegasus Bar
10 Rodeo Bar
18 QBA
20 Café Public Connection
26 Aqua Bar
39 The Tavern, Bar 1911

Verkehr
3 Kumar Tourist Taxi Service
6 Jet Airways
16 Nepal Airlines
20 Café Public Connection
21 Autoriksha-Prepaid-Stand
23 Student Travel Information Centre (STIC)

Einkaufen
7 Marques & Co, Rikhi Ram
18 M Ram & Sons
22 FabIndia
24 State Emporiums
31 Amrit Bookstore
32 Oxford Bookstore
35 Nepali Market
36 Janpath Market
38 Central Cottage Industries Emporium

nem weiteren Teilstück der Linie 5 von Central Secretariat über Janpath und Mandi House (bis dorthin bereits fertiggestellt) nach Norden über Jama Masjid bis Kashmiri Gate gebaut. Auch dieser neue Teilabschnitt wird eine für Touristen nützliche Linie sein.

Besonders zu den Hauptverkehrszeiten zwischen 8 und 10 sowie 17 und 18 Uhr sind die meisten Metrolinien so **überlastet,** dass man sardinenmäßig eingequetscht ist. Mindestens dann sollte man auf Gepäck verzichten.

Der **Fahrpreis** beträgt zwischen 8 und 40 Rs, je nach Länge der Fahrtstrecke, für die meisten touristisch interessanten Ziele sind es nicht mehr als 14 Rs. Die Metro beginnt ihren Dienst um 6 Uhr morgens, die letzten Züge fahren, je nach Linie, zwischen 22 und 23 Uhr. Ein- bzw Drei-Tages-Tourist-Cards kosten 150 bzw. 300 Rs (plus 50 Rs Pfand, die bei Rückgabe zurückgezahlt werden).

Die **Express-Metrolinie** zwischen New Delhi Railway Station und internationalem Flughafen ist die billigste (80 Rs) und schnellste (knapp 40 Minuten Fahrtzeit, da keine weiteren Zwischenstopps) Verbindung zwischen Flughafen und Innenstadt. Die Linie verkehrt zwischen 5 und 1 Uhr etwa im 15-Minuten-Takt. Informationen zum letzten Stand der Dinge gibt's unter **www.delhimetro rail.com** und telefonisch: 23417910, 155370.

Bus

Als eine der wenigen Städte Indiens verfügt Delhi über ein gut ausgebautes Stadtbussystem. Für einige Rupien (zwischen 15 und 25 Rs) erreicht man die meisten Ziele. Mit dem Airport Express Bus kostet es 75 Rs zum Flughafen. Die **roten, klimatisierten Busse** sind recht komfortabel. Jedoch muss man für die Ersparnis von einigen Rupien besonders zur Hauptverkehrszeit in den meist überfüllten Bussen mit einem Stehplatz vorlieb nehmen. Zudem ist man selbstverständlich beliebtes Beuteobjekt für die in Delhi recht aktiven Taschendiebe. Für jene, die sich davon nicht abschrecken lassen, hier einige nützliche **Busrouten:**

- **Connaught Place nach:** Qutb Minar (505), Rotes Fort (29, 77, 104), Chanakyapuri, der Botschaftsenklave (620, 604, 632), Bahnhof Hazrat Nizamuddin (454, 966).
- **New Delhi Railway Station nach:** Rotem Fort (51, 760), Connaught Place (10, 110).
- **Old Delhi Railway Station nach:** Qutb Minar (502), Connaught Place (29, 77).
- **ISBT-Busbahnhof nach:** Qutb Minar (503, 533), Connaught Place (104, 139, 272).
- **Janpath nach:** Qutb Minar (505).
- Zwischen Flughafen und Connaught Place verkehren **Flughafenbusse** (s.o.: „Fahrt in die Innenstadt" und unten: „Weiterreise").

Autoriksha und Taxi

Der Neuankömmling kann gleich in Delhi die für ganz Indien so charakteristische Weigerung der Riksha- und Taxifahrer studieren, den **Taxameter** einzuschalten. Man kann natürlich beharrlich darauf bestehen, doch meist hilft das auch nichts, d.h. der Preis ist Verhandlungssache, außer man befindet sich an einem der wenigen **Prepaid-Schalter,** wo Fixpreise das Feilschen unnötig machen. Für **Autorikshas** befindet sich ein solcher auf der Südseite des Connaught Place (bei Zugang 2 zum Palika Bazaar), nahe der Abzweigung zur Sansad Marg und vor der New Delhi Railway Station (rund um die Uhr geöffnet). Einige **Preise** vom Prepaid Counter am Connaught Place: von dort zum Roten Fort, zur Old Delhi Railway Station, nach Karol Bagh und Humayuns Mausoleum mit der Autoriksha ca. 70 Rs, zum Bahai Tempel 120 Rs, nach Hauz Khas 100 Rs, zu Safdarjang's Mausoleum 85 Rs, zum National Museum, Purana Qila 70 Rs, zum Roten Fort 60 Rs, zur New Delhi Railway Station und nach Pahar Ganj 40 Rs.

Als Richtschnur: Mit dem **Taxi** kostet es jeweils etwa das Doppelte. Zwischen 23 und 5 Uhr sind nochmal 25 % aufzuschlagen. Da die Tarife alle paar Monate den allgemeinen Preissteigerungen angeglichen werden, sollte man sich über den neuesten Stand im bereits erwähnten „Delhi City Guide" erkundigen, wo die Preistabelle abgedruckt ist. Ein **Prepaid-Schalter für Taxis** befindet sich z.B. im nördlichen Bereich des großen Vorplatzes der New Delhi Railway Station. Dieser kann natürlich auch von jenen benutzt werden, die etwa in Pahar Ganj eine Unterkunft nehmen.

Gleich in Delhi sollte man es sich zur Regel machen, was für ganz Indien gilt: vor Fahrtantritt sicherzugehen, dass der Fahrer auch wirklich das **Fahrtziel** verstanden hat. Oft fahren sie einfach los, ohne richtig hingehört zu haben, was am Ende viel Zeit, Geld und Nerven kostet.

Mehrere per **Telefon** bestellbare Taxiunternehmen bieten ihre Dienste für meist 20 Rs pro Kilometer an: MegaCabs (Tel. 41414141, www.megacabs.in), Quick Cabs (Tel. 45333333, www.quickcabs.in), Easy Cabs (Tel.

43434343, www.easycabs.in), Meru Cabs (Tel. 4422 4422). Bei ihnen ist handeln nicht notwendig, da sie mit Taxameter fahren. Nach der telefonischen Bestellung erhält man eine SMS mit der Registriernummer des Fahrers und eine weitere zur Bestätigung des ausgemachten Termins. Auch Online-Bestellung ist möglich.

Mietwagen, -motorräder

Wer die zahlreichen Sehenswürdigkeiten des hektischen Delhi möglichst stressfrei erleben möchte, sollte sich zum Preis von ca. 20 € pro Tag einen Mietwagen nehmen.

- **Metropole Tourist Service,** 224 Defence Flyover Market, Jangpura, New Delhi 110024, Tel. 24310313, (0)9810 277699, www.metrovista.co.in, 7–19 Uhr. Nicht klimatisierte Fahrzeuge für ca. 1.300 Rs/Tag. Bei diesem alteingesessenen, verlässlichen Vermieter können auch Rundreisen nach Rajasthan und in andere Regionen organisiert werden.
- Dasselbe gilt für den preiswerten und ebenfalls verlässlichen **Kumar Tourist Taxi Service,** Connaught Place, K-Block, nahe dem York Hotel, Tel. 23415930, 41513270, 9–21 Uhr. Einige Preisbeispiele für entferntere Ziele: Agra 6.000 Rs, Jaipur 7.500 Rs, Amritsar 12.000 Rs.
- **Hertz,** Ansal Chambers-I., GF 29, No. 3, Bhikaji Cama Place, New Delhi 110 066, Tel. 26877188 (Wagen zum selbst fahren) und am Flughafen (Tel. 1243014724).
- Für Wagemutige, die im indischen Verkehr unabhängig per Motorrad unterwegs sein wollen, sei der **Jhandewalan Cycle Market,** etwa 500 m westlich von Pahar Ganj, empfohlen, wo sowohl gebrauchte als auch neue Zweiräder feilgeboten werden.

Fahrradriksha

In New Delhi inkl. Connaught Place sind Fahrradrikshas verboten. Viele warten an der Ecke Connaught Place, H-Block/Chelmsford Road, um zum New Delhi Railway Station und Pahar Ganj zu fahren. Für die kurze Strecke zahlen Einheimische nicht mehr als 10 Rs, Touristen mindestens das Doppelte. Für längere Strecken sind im weitläufigen Delhi Autorikshas, Taxis und die Metro zur Fortbewegung sinnvoller.

Stadtführungen

Da die meisten Touristen nur kurze Zeit in der Hauptstadt Indiens bleiben und zudem die Hauptsehenswürdigkeiten recht weit über das Stadtgebiet versteut liegen, ist eine Stadtrundfahrt sicherlich die bequemste Möglichkeit, in kurzer Zeit viel zu sehen. Bei den im folgenden Abschnitt genannten Preisen sind die Eintrittsgelder zu den Sehenswürdigkeiten nicht enthalten.

Delhi Tourism & Transport Development Corporation (DTTDC, Baba Kharak Singh Marg, ca. 100 m westlich des Connaught Place, Tel. 23365358, 23363607, www.delhitourism.nic.in, 7–21 Uhr, am internationalen Flughafen: 25675609, 8–21 Uhr) bietet täglich außer Mo zwei Stadtrundfahrten in klimatisierten Bussen an. Beide zusammen kosten 415 Rs, jeweils nur eine Hälfte 260 Rs. Die **Vormittagstour** von 9 bis 13.30 Uhr führt durch New Delhi zum Gandhi Smriti, Laxmi-Narayan-Tempel, Bahai-Tempel (außer sonntags, dann stattdessen Sadar-Jung-Grabmal) und Qutb Minar. Das Regierungsviertel mit dem Rashtrapati Bhawan und India Gate wird nur im Vorbeifahren gestreift.

Die **Nachmittagstour** (14.15–17.45 Uhr) durch Old Delhi umfasst Lal Qila (Rotes Fort), Jama Masjid (Blick vom Roten Fort), Raj Ghat und Humayun's Grab. Shakti Sthal und Feroz Shah Kotla werden nur im Vorbeifahren besichtigt. Da montags viele der sonst angefahrenen Sehenswürdigkeiten geschlossen sind, werden dann andere wie Purana Qila und Qutb Minar besucht. Auch diese Tour ist jeweils als Vor- oder Nachmittagstour zu den gleichen Preisen buchbar, die Vormittagstour beginnt um 10 Uhr. Weitere Ausflüge zeigt die Internetseite des DTTDC. Eintrittspreise zu den Sehenswürdigkeiten und eventuelle Gebühren für Kamera/Video sind nicht im Preis enthalten. Die Touren starten an der Baba Kharak Singh Marg.

Eine **Hop-on-Hop-off-Tour** vom DTTDC im klimatiserten „Ho Ho Dilli Dekho Bus" verkehrt täglich außer Mo im 40-Minuten-Takt zwischen 8.50 und 19 Uhr und passiert alle wichtigen Sehenswürdigkeiten Delhis (800 Rs, wer ein zwei Tage gültiges Ticket möchte, bezahlt 999 Rs). Tickets sind an einem einzeln stehenden Kiosk vor dem Hauptgebäude des DTTDC erhältlich.

Außerdem gibt's dreimal wöchentlich eine **Tagestour** (7 bis 22 Uhr, inkl. Frühstück und Abendtee) nach **Agra** im klimatisierten Bus (1.300/1.150 Rs Erw./Kind, auch hier sind die Eintrittspreise extra zu zahlen) mit Taj Mahal, Rotem Fort in Agra sowie Sikandra. Eine kombinierte, dreitägige **Agra-Jaipur-Tour** inkl. Fathepur Sikri per Bahn findet zweimal wöchentlich (Di und Fr um 7 Uhr) statt und kostet inkl. Unterkunft und Verpflegung 5.600/5.000 Rs (Erw./Kind). Tickets für die genannten Touren können auch am Flughafen (Tel. 2575609, 8–21 Uhr) gekauft werden. Über weitere mehrtägige Touren informiert das Internet.

Etwa zweistündige **Fußwanderungen** (100 Rs, Bezahlung vor Ort, Start Sa und So um 8 Uhr) von Intach Delhi Chapter (Tel. 24641304, 41035557, www.intachdelhichapter.org) unter kundiger Führung durch verschiedene Teile Delhis, die „Heritage Walks", sind eine interessante Erfahrung. Neben Old Delhi werden auch andere Stadtviertel wie Hauz Khas, Nizamuddin oder Lodi-Gärten im Süden Sa bzw. So erwandert. Außerdem können Wunschtouren arrangiert werden, diese müssen etwa eine Woche im Voraus angemeldet werden.

Frühmorgens, wenn der Verkehr dies noch nicht unmöglich macht, startet **DelhibyCycle** (Tel. (0)9811 723720, www.delhibycycle.com) mehrere **Fahrradtouren:** einmal die „Shah Jahan Tour" (inkl. *chai* und *Mughal breakfast,* Dauer gut 3 Std.) durch die Gassen von Old Delhi, dann die „Yamuna Tour", die auch eine Bootsfahrt auf dem Yamuna einschließt. Desweiteren die „Raj Tour", die sowohl Old Delhi als auch New Delhi umfasst. Alle Fahrradausflüge kosten 1.850 Rs. Treffpunkt: 6.30 Uhr an der Asaf Ali Rd. vor dem Delite Cinema am Südrand von Old Delhi nahe dem Turkman Gate.

Außerdem werden zum gleichen Preis 2x tgl. etwa 15 km weite **Radausflüge** durch Süd-Delhi u.a. inkl. Khan Market, Lodi Garden und durch das faszinierende Viertel Nizamuddin angeboten. Diese Tour startet vor der Polizeistation an der Mathura Road.

Das **Hope Project** (T127 Hazrat Nizamuddin, Tel. 24353006, www.hopeprojectindia.org) offeriert 90-minütige **Fußwanderungen durch Nizamuddin** im Südosten Delhis. Da hier Einblicke in wenig touristische, traditionelle Gebiete gewährt werden, ist zurückhaltende Kleidung angeraten. Nimmt man freitags teil, sollte man sich im Anschluss beim Dargarh die faszinierenden abendlichen Qawwali-Gesänge der Sufis nicht entgehen lassen. Die Erlöse der Wanderungen unterstützen das Hope Project.

Ein weiteres Charity Project ist **Salaam Baalak Trust** (Gali Chandiwali, Pahar Ganj, Tel. 23584164, (0)9910 099348, www.salaambaalaktrust.com/street_walk_delhi.asp, Mo–Sa ab 10 Uhr) in Pahar Ganj. Das Besondere dieser zweistündigen Ausflüge ebenfalls per pedes ist der Umstand, dass sie von **ehemaligen Straßenkindern** geleitet werden, die, vom Trust ausgebildet, einen Einblick in ansonsten von Touristen nicht erlebbare Lebensumstände geben. Slums werden nicht betreten. Auch hier geht der Erlös auf Spendenbasis an die Organisation.

Ebenfalls ehemalige Straßenkinder führen mit ihrem vom Salaam Baalak Trust unterstützten Projekt **Street Connections** (Tel. (0)8447347689, www.streetconnections.co.uk) zu versteckten Orten in Old Delhi. Am Ende des etwa dreistündigen Spaziergangs steht eine Schutzunterkunft der Straßenkinder. 500 Rs, Start an der Jamia Masjid.

Unterkunft

Wie bei allen Hauptstädten, liegt auch das Preisniveau der Unterkünfte in Delhi über dem Landesdurchschnitt. Andererseits ist die Auswahl an Unterkünften derart groß, dass, selbst wenn man spätabends eintrifft, meist problemlos eine Übernachtungsmöglichkeit zu finden ist.

Drei Hotelgegenden lassen sich unterscheiden. Das **Basarviertel Pahar Ganj** (Metrostation RK Ashram Marg oder New Delhi, von dort über die Gleisbrücken der New Delhi Railway Station) mit der direkt gegenüber dem New-Delhi-Bahnhof beginnenden Main Bazaar Road als Hauptstraße, an der auf einer Länge von ca. 2 km sicherlich 300 billige und inzwischen auch höherklassige Herbergen liegen, und deren nördlich und südlich abgehenden Gassen ist das in der Traveller-Szene beliebteste Hotelviertel.

Entscheidet man sich für eine Unterkunft am **Connaught Place** (Metrostation Rajiv Chowk), dem kommerziellen Zentrum New Delhis, oder dem nach Süden verlaufenden Janpath, einer teuren Wohngegend, hat man den enormen Vorteil, in unmittelbarer Nähe der Banken, vieler Geschäfte und Restaurants der gehobenen Kategorie und der Touristenbüros zu wohnen und sich so die langen Anfahrtswege sparen zu können. Andererseits fehlt hier die typisch indische Atmosphäre wie in Pahar Ganj und die Preise liegen auch deutlich höher.

Die meisten First-Class-Hotels finden sich im Süden der Stadt, etwa in der Nähe des noblen **Diplomatenviertels Chanakyapuri** auf halber Strecke zwischen Connaught Place und Flughafen. In den letzten Jahren sind viele pensionsartige, meist komfortable bis luxuriöse Unterkünfte mit wenigen Zimmern hinzugekommen.

Die meisten Hotels bieten einen **Abholservice** vom Flughafen oder Busbahnhof an, um sicherzugehen, dass die Gäste auch zu ihrem Hotel gebracht werden. Dieser Service ist jedoch meist teurer als die Fahrt mit einem normalen Taxi, da der Fahrer auf die Ankommenden warten muss und die Gebühr fürs Parken (140 Rs) sowie den Eintritt (80 Rs) in das Ankunftsgebäude zu entrichten hat. Jeder muss also selbst entscheiden, ob er bereit ist, den Aufpreis zu zahlen, um sicher zum Hotel geleitet zu werden.

Untere Preiskategorie

Connaught Place (Stadtplan S. 48)

Am und um den Connaught Place finden sich nur wenige billige Unterkünfte. Da diese wenigen in teils extrem schlechtem Zustand sind und, verglichen mit den preisentsprechenden in Pahar Ganj, überteuert, kann hier keines empfohlen werden.

Pahar Ganj (Stadtplan S. 54)

Aufgrund der starken Konkurrenzsituation bekommt man sehr viel für seine Rupien, meist schon Bad und Farb-TV ab etwa 500 Rs, obwohl gerade in dieser Kategorie die Preise in den letzten Jahren anziehen. Für die meisten Unterkünfte dürfte die Metrostation RK Ashram Marg näher sein als New Delhi. Hier eine kleine Auswahl:

■ Nicht nur wegen des beliebten und guten, jedoch aussichtslosen Restaurants mit köstlichen Kuchen sowie guter Traveller-Kost (morgens und abends Buffet zu 300/450 Rs und à la carte) ist das in einer kleinen Seitengasse gelegene **Ajay Guest House**①-② (Main Bazaar, Tel. 2354 3125, 41541226, www.ajayguesthouse.com) eine beliebte Backpacker-Unterkunft. Nach umfangreichen Renovierungen ist es wieder eine der besten Bleiben im unteren Preisbereich. Alle Zimmer haben eigenes Bad, LCD-TV, kostenloses WiFi und mehrere AC.

■ Auch im schräg gegenüber gelegenen, preisähnlichen **Anoop Hotel**①-② (Main Bazaar, Tel. 23589366, 4154 1390, www.anoophotel.com) wurden die meisten Zimmer renoviert. Dennoch sind sie eher zweckmäßig als gemütlich. So kann das Anoop nur als Ausweichadresse des Erstgenannten fungieren. Manche Zimmer sind in besserem Zustand als andere, also umschauen. Leider funktioniert WiFi nur in der Lobby. Angenehm ist das pflanzenbestückte Dachrestaurant mit Ausblick und durchschnittlicher Traveller-Kost.

■ 50 m eine Seitengasse von der Rajguru Rd. hinein und damit recht ruhig gelegen ist das **City Palace Guest House**①-② (Tel. (0)9818840169, (0)9250500603) mit angenehmen, recht sauberen Zimmern und Bad sowie LCD-TV noch etwas preiswerter und damit eine gute Billigwahl. Allerdings ist der Service nicht berauschend.

■ Weniger die eher durchschnittliche Zimmerqualität als vielmehr der bemühte Service machen das von zwei äußerst freundlichen und bemühten Brüdern geleitete, alt eingessene, noch preisgünstigere **Hotel Namaskar**① (Tel. Gali Chandi Wali, 23583456, (0)9811018114, www.hotelnamaskar.com) zu einer noch guten Billigadresse. Die hellen, jedoch etwas schmucklosen Räume mit LCD-TV sind akzeptabel. Auch das überall bereitstehende, gefilterte Trinkwasser sowie die Möglichkeit, Gepäck umsonst zu lagern, trägt zum positiven Gesamteindruck bei. Schließlich kann man für einen kleinen Aufpreis Zugtickets reservieren lassen und günstige, verlässliche Mietwagen-Arrangements abschließen.

■ Knapp 100 m entfernt die abends ruhigen Gassen hinein, vermietet das preisgleiche **Glow Inn**① (Gali Chandi Wali, Tel. 41893623, (0)9213952783) bessere, erstaunlich komfortable Zimmer mit LCD-TV und WiFi – eine klasse Billigwahl.

■ Ein gutes Preis-Leistungs-Verhältnis unter 1.000 Rs bietet auch das **Major's Den Guest House**①-② (Lakshmi Narayan St., Tel. 23629599, (0)9899423411). Von den meisten wird diese kleine Gasse, die nur wenige Meter vom Metropolis rechts abzweigt, übersehen. Neben der für Pahar Ganj relativ ruhigen Lage überzeugt das Haus durch sein freundliches Management und die einfachen, aber sauberen Zimmer. Gepäcklagerung und *safe deposit* sind möglich.

■ Eine Preisklasse höher angesiedelt ist das große **Hotel Shelton**②-③ (Main Bazaar, Tel. 23580575-7, sheltonh@rediffmail.com) im Zentrum von Pahar Ganj. Eine Vielzahl unterschiedlicher und erstaunlich preiswerter AC- und Non-AC-Zimmer, alle sehr gut in Schuss, teils geräumig und mit Balkon und Badewanne, großen LCD-TVs und WiFi machen es zu einer der besten Unterkünfte in Pahar Ganj. Sehr angenehm sitzt man im Dachrestaurant **Kitchen Café** mit schönem Ausblick, ein luftiger Ort für Frühstück und italienische Kost.

■ Persönlicher wirken die Zimmer des **Cottage Yes Please**②-③ (Laxmi Narayan St., Tel. 23562100/300, 43081300, www.cottageyesplease.com), nahe Main Bazaar, eine Gasse von der Rajguru Rd. hinein. Die hellen Zimmer in diesem luftigen Haus sind mit allem Nötigen wie Kühlschrank, selbstverständlich WiFi und LCD-TVs ausgestattet und sehr preiswert. Die Klimaanlage wird

Pahar Ganj (Delhi)

Unterkunft
1 Amax Inn
2 Hotel Shiva Intercontinental
3 Hotel Grand Godwin
4 Ajanta Hotel
5 Hotel Krishna
11 Hotel Namaskar
12 Glow Inn
13 City Palace Guest House
14 Metropolis Guest House
15 Cottage Yes Please
17 Metropolis Tourist Home
19 Major's Den Guest House
20 Jyothi Mahal Guest House
21 Anoop Hotel
26 Ajay Guest House
27 Hotel Shelton

Einkaufen
25 Bücherstand

Nachtleben
17 Metropolis Tourist Home
22 Sam's Bar
25 My Bar

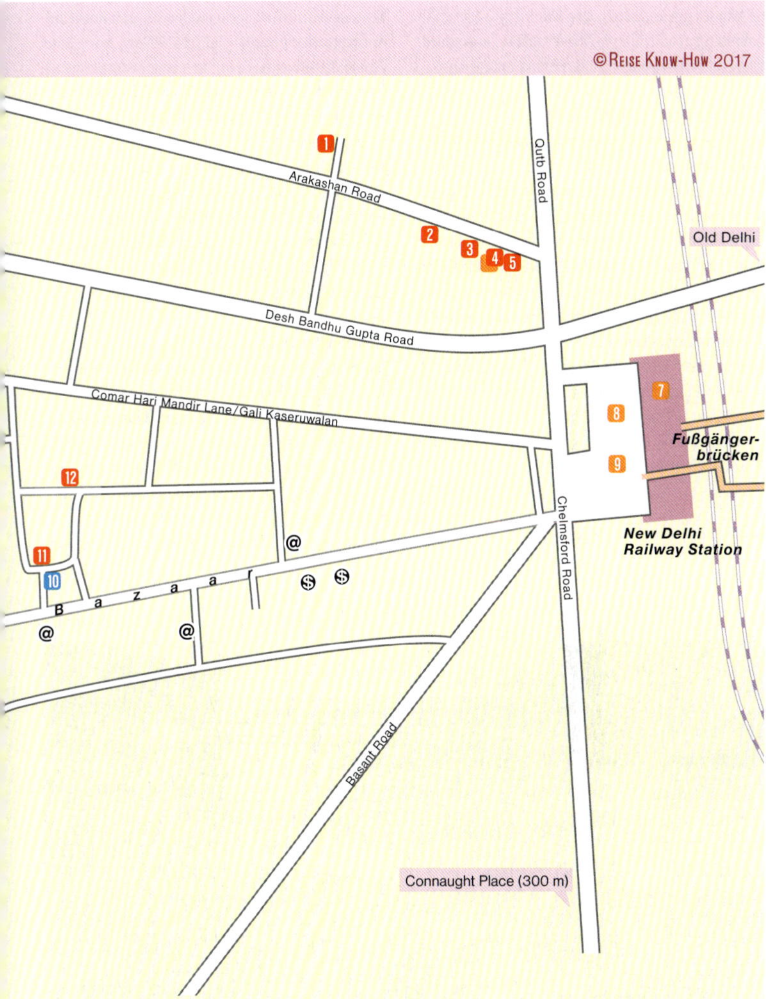

Essen und Trinken
10 Everest Bakery
16 Malhotra Restaurant
17 Metropolis Tourist Home
18 Madan Café
21 Anoop Hotel
23 Dachrestaurants
24 Club India Café & Restaurant
26 Brown Bread Bakery, Lord's Café
27 Kitchen Café
28 Restaurant Tadka

Verkehr
4 Capital City Tours & Travels
7 International Tourist Bureau
8 Prepaid Taxi Stand
9 Rikshas, Taxis, Kleinbusse

auf Wunsch eingeschaltet, dann wird's etwas teurer. Allerdings gilt es auch hier die Zimmer auf ihre unterschiedliche Lautstärke zu prüfen. Reservierung empfohlen.

Arakashan Road (Stadtplan S. 54)

Eine große Ansammlung von Budget-Hotels befindet sich knapp 1 km nördlich von Pahar Ganj, in der parallel zur Desh Bandu Gupta Rd. verlaufenden Arakashan Road. In den letzten Jahren sind, ähnlich wie im Main Bazaar, weit über 50 Unterkünfte eröffnet worden, von denen aber nur einige am Ostende der Straße überzeugen können (im untersten Preisbereich bekommt man um den Main Bazaar mehr fürs Geld). Hier wohnen vornehmlich einheimische Handelsvertreter und das Preisniveau liegt etwas höher als im Main Bazaar. Die folgenden Hotels, alle mit TV, bieten eine gute Alternative, insbesondere wenn es im Main Bazaar zu Engpässen kommen sollte. Die nächstgelegene, aber mit gut 1 km Entfernung nicht wirklich nahe Metrostation ist New Delhi.

■ Ausgesprochen angenehm wohnt sich's im **Hotel Shiva Intercontinental**② (Tel. 23519996/7, www.hotelshivaintercontinental.co.in): geräumige, ansprechende Zimmer mit WiFi-Verbindung, aus den Fenstern der oberen Stockwerke bieten sich weite Ausblicke. Das Dachrestaurant ist jedoch wenig einladend.

■ Wenn auch teilweise recht klein, hat das **Amax Inn** ①-② (Tel. 23543813, (0)9811262629, www.amaxinn.com) blitzsaubere Zimmer, WiFi nur in der Lobby und eine kleine Dachterrasse zu günstigem Preis. Zu finden in einer Gasse, die von der Arakashan Rd. nördlich abgeht, deshalb verhältnismäßig ruhig.

Old Delhi (Stadtplan S. 30)

Von westlichen Individualreisenden nur sehr selten genutzt, bietet das lebhafte, muslimisch geprägte Old Delhi und speziell der Bereich um die Jamia Masjid nur wenige passable und preiswerte Unterkünfte, die auch westliche Touristen aufnehmen. Hier wird Wert auf der entsprechende Kleidung und angemessenes Verhalten gelegt.

■ Endlich eine gute, preiswerte Unterkunft im Zentrum von Old Delhi – und das gleich gegenüber der Jamia Mas-

Main Bazaar in Pahar Ganj

504in mb

jid, die von den breiten, durchgängigen Balkonen bestaunt werden kann: Saubere, geräumige Zimmer mit Bad in perfekter Lage vermietet das **Hotel Rehanam Palace** ①-② (1025 Pai Walan, Jama Masjid, gegenüber Gate 5 eine Durchfahrt bis zum Fahrstuhl, ab 1. Stock, Tel. 43686255, www.hotelrehanampalace.com).

■ Ebenfalls ganz nahe der Jamia Masjid, jedoch ohne Ausblick, liegt auch das gute und freundliche **Bombay Orient**①-② (Bazar Matia Mahal, Tel. 43101717), verglichen mit den Unterkünften in Pahar Ganj ist es jedoch etwas überteuert. Dennoch sind die einfachen Zimmer mit Bad, die teureren mit AC, TV und Kühlschrank, noch preisgerecht. Das **Karim Restaurant** liegt gegenüber an der lebendigen Marktgasse.

Im Norden Delhis (Stadtplan S. 22)

■ Außerhalb des Üblichen wohnt man im als **Tibetan Colony** bekannten Bezirk im Norden Delhis an den Ufern des Yamuna mit Delhi-untypischer, ruhiger Atmosphäre in dieser Enklave tibetanischer Mönche, deren Umgebung für Sauberkeitsfanatiker jedoch ein Problem werden könnte. Die zumeist geräumigen Zimmer der einzelnen Unterkünfte sind einfach eingerichtet und sehr preiswert. Einige der Gasthäuser locken zudem mit Dachrestaurants mit Traveller-Kost, teilweise tibetanischer Küche und Blick auf den Yamuna. Empfohlen seien **Wongdhen House** ①-② (Tel. 23816689) oder **Peace House**①-② (Tel. 2393 9415). Beim zweiten steigen die Preise mit dem jeweiligen Stockwerk. Weitere Unterkünfte sind **Lhasa House** ① (Tel. 23939888) und **White House**①-② (Tel. 2381 3999). Durch die neue Metro (Linie 2, Station Vidhan Sabha, knapp 2 km entfernt) ist die Enklave inzwischen akzeptabel an die südlichen touristischen Viertel Delhis angebunden.

Chanakyapuri (Stadtplan S. 38)

■ Im ruhigen Diplomatenviertel Chanakyapuri südwestlich des Zentrums vermietet das **Youth Hostel**①-② (5 Nyaya Marg, Chanakyapuri, Tel. 26116285, 26781969, www.yhaindia.org, YHA-Mitgliedschaft 100 Rs/Jahr, Preise inkl. Frühstück) neben guten und preiswerten Schlafsaalbetten (nur für Männer) auch einfache, teils klimatisierte Zimmer, und ist damit eine der wenigen akzeptablen Unterkünfte im Billigbereich außerhalb von Pahar Ganj. WiFi nur im Lobbybereich, Fächer für Wertsachen sind vorhanden.

Mittlere Preiskategorie

In dieser Preiskategorie ist das Angebot in Pahar Ganj sehr groß. Ebenso groß ist die Konkurrenz – gut für den Reisenden, bekommt er doch sehr viel fürs Geld. Saubere Zimmer mit Flachbildschirm-TV, gepflegte Badezimmer, gute Matratzen und ebensolcher Service sowie WiFi in den Zimmern sind der Normalfall.

Pahar Ganj (Stadtplan S. 54, Metrostation RK Ashram Marg)

■ Erstaunlich viel Komfort für erstaunlich wenig Geld bieten die hellen, gemütlichen und angenehm eingerichteten Zimmer des **Metropolis Guest House**②-③ (15 Krishna Market, Tel. 23585032, www.metropolisguest house.com). Obwohl dieses am westlichen Rand gelegene, im Heritage-Stil gebaute Haus nur 50 m vom Trubel des Main Bazaar entfernt liegt, ist es hier trotz der zentralen Lage recht ruhig. Auch das 100 m entfernte „Mutterhaus" **Metropolis Tourist Home**③ (Main Bazaar, Tel. 23561782, (0)9910067855, www.metropolistouristhome.com) ist nach Komplettrenovierung eine hervorragende Bleibe, zumal das Dachrestaurant weiterhin erstklassige Küche serviert.

■ Im Stil eines rajasthanischen Haveli kommt das **Jyothi Mahal**③ (Nalwa St., Tel. 23580523-6, www.jyothimahal.net, Preise inkl. Frühstück) daher. So bestimmen Rundbögen und viel Schmuckdekor das Bild, dazu stilentsprechendes Mobiliar und Marmorböden. Die geräumigen Zimmer, manche mit Balkon zur meist ruhigen Gasse, um einen offenen, begrünten Innenhof angelegt, in dem auch die Mahlzeiten eingenommen werden, sind ein besonderes Angebot in Pahar Ganj.

Arakashan Road (Stadtplan S. 54)

■ Eine hervorragende Mittelklassewahl an der nördlich von Pahar Ganj verlaufenden Arakashan Rd. ist das zentral klimatisierte **Hotel Grand Godwin International**③ (Tel. 23546891-8, (0)8860081999, www.godwinhotels.com). Die gepflegten Zimmer sind geschmackvoll eingerichtet, die teuren haben Kühlschrank, alle eine gute WiFi-Verbindung.

■ Als eines der ersten Hotels dieser Region ist das 40 Jahre alte **Ajanta Hotel**③ (Arakashan Rd., Tel. 4235000, (0)9818544466, www.ajantahotel.com) immer noch eines der besten in der Mittelklasse. Angenehme Zimmer, alle mit Kühlschrank, exzellenter Service und ein hervorragendes, dekorativ eingerichtetes Restaurant (gutes Frühstücksbuffet ab 6.30 Uhr für 200 Rs) sowie eines auf dem Dach. Wer nur einen Zwischenstopp in Delhi einlegt und für diese Zeit ein Zimmer möchte, kann auch 12 Stunden einchecken für 1.000 Rs. Zudem verlässliche Dienstleistungen wie Taxianmietung und Tourarrangements für ganz Indien bei **Capital City Tours & Travels** (Tel. 29562097, www.tourism-india.com).

■ Fast nebenan vermietet das **Hotel Krishna**③ (45 Arakashan Rd., Tel. 47646464, www.hotelkrishnadelhi.com) blitzsaubere Zimmer mit großen Fenstern und WiFi. Das Frühstücksbuffett kostet 280 Rs.

Connaught Place (Stadtplan S. 48):

■ Eine ordentliche Unterkunft ist das **Hotel Alka Classic**③-④ (P-Block, Tel. 23344328, (0)9810525070, www.hotelalka.com). Während die teureren Zimmer, einige mit holzgetäfelten Wänden, einen guten Eindruck machen, wirken die billigeren *standard rooms* leicht verwohnt und sind damit überteuert. Exzellent ist das vegetarische **Vega Restaurant** im Erdgeschoss.

■ Auf der gegenüber liegenden Seite des Connaught Place vermietet das leicht teurere, voll klimatisierte **Jukaso Inn**③ (Tel. 23415450, (0)7834899681, www.jukaso.com) schnörkellose, saubere Zimmer mit WiFi. Als hübsche Ergänzung lädt die begrünte Terrasse zum Ausruhen ein.

Old Delhi (Stadtplan S. 30)

■ Am südlichen Rand Old Delhis schon 1956 erbaut, wirkt das traditionsreiche **Hotel Broadway**③ (Asaf Ali Rd., Tel. 43663600, www.hotelbroadwaydelhi.com) ein wenig aus der Zeit gefallen und vermittelt auch im Innenbereich viel vom Charme alter Zeit. Einige der komfortablen Zimmer sind holzgetäfelt, andere kleine Pop-Art-Kunstwerke. Die rückwärtigen Zimmer sind leiser und gewähren einen Blick nach Old Delhi. Gediegen und erstklassig sind auch Bar und Restaurant.

Jangpura (Stadtplan S. 38)

■ Das in Süd-Delhi gelegene **K One One**③-④ (K11 Jangpura Extension, Tel. 43592583, (0)9810793322, www.parigold.com, Metrostation Jangpura) bietet Safe, kostenlose Computerbenutzung, Trinkwasser und Dachterrasse. In den vier großzügigen, modernen und klimatisierten Apartmentzimmern mit Balkon fühlt man sich eher wie in der eigenen Wohnung, denn in einem Hotel. Frühstück und WiFi ist im Preis inbegriffen.

Im Westen Delhis (Stadtplan S. 22)

■ Ca. 5 km westlich des Connaught Place verfügt das **Master Guest House**③ (Pamposh Rd., R-500 New Rajendra Nagar, nahe Sri Ganga Ram Hospital, Tel. 28741089, (0)65479947, www.master-guesthouse.com, Metrostation Rajendra Place) über drei gemütlich eingerichtete Zimmer mit erstklassigem Bad. Auch der hübsch dekorierte, von Bäumen umgebene Dachgarten, die ruhige Lage und das zuvorkommende Ehepaar, das die Pension leitet, sprechen für das Master Guest House. Preise inkl. Frühstück und WiFi, Reservierung empfohlen.

■ Ebenfalls etwas Besonderes ist **Bajaj Indian Home Stay**③-④ (8A/34 WEA, Karol Bagh, Tel. 25736509, (0)9811297604, www.bajajindianhomestay.com, Metrostation Karol Bagh) im Westen der Stadt. Das herrlich stilgerecht einem Haveli nachempfundene Guest House hat acht äußerst gemütliche Luxuszimmer, die mit allen Annehmlichkeiten inkl. WiFi ausgestattet sind. Das Frühstücksbuffett ist inklusive. Immer noch preisgerecht, obwohl die Preise angezogen haben.

Obere Preiskategorie

Connaught Place (Stadtplan S. 48)

■ Das nach Jahren des Dahinvegetierens gänzlich runderneuerte **Palace Heights Hotel**④ (26/28 D-Block, Tel. 43582610, 45460000, www.hotelpalaceheights.com) ist mit seiner absolut zentralen Lage am inneren Ring des Connaught Place, etwas erhöht vom Straßenlärm, seinen geschmackvoll eingerichteten Zimmern sowie dem sehr guten hauseigenen **Zaffran Restaurant** eines der besten teuren Hotels am Connaught Place.

■ Das traditionsreiche **Hotel Imperial**⑤ (Janpath Rd., Tel. 23341234, 41501234, www.theimperialindia.com) in unmittelbarer Nähe zum Connaught Place gilt seit vielen Jahren als eine der besten Adressen in Delhi. Nach einer Multi-Million-Dollar-Renovierung gehört es auch preislich zu den Top-Hotels der Stadt. Wegen seiner überschaubaren Größe, des Kolonialstil-Ambientes und seiner schönen Lage inmitten eines gepflegten Gartens ist es eines der empfehlenswertesten First-Class-Hotels.

New Delhi Zentrum (Stadtplan S. 38)

■ Von Delhis Zoo im Osten, dem Purana Qila nördlich und einer begrenzenden Mauer im Westen, welche von der lauten Mathura Rd. abschirmt, ist das Wohnviertel Sunder Nagar, nur wenig südöstlich des India Gate, eine grüne und mit kleinen Parks geschmückte Insel der Ruhe. Hier vermieten einige Villenbesitzer komfortable Zimmer. Die schönsten Beispiele sind das **Devna**④ (10 Sunder Nagar, Tel. 41507176, (0)9811276231, www.tensundernagar.com) und das nur wenig teurere **La Sagrita**④ (14 Sunder Nagar, Tel. 24358572, 41507013, www.lasagrita.com), einige Häuser weiter in derselben Straße. Während das Erstgenannte mit antiken Möbeln und viel dunklem Holz gediegene Kolonialzeit anklingen lässt, wirken die angenehmen, teils riesigen Zimmer des Zweitgenannten, manche zum Garten mit großen Fenstern, moderner und offener. Bei beiden ist selbstverständlich WiFi inklusive.

Nizamuddin (Stadtplan S. 38)

■ Im herrlich authentischen Viertel Nizamuddin im Südosten Delhis kann man beim **B Nineteen**④ (B-19 Nizamuddin East, Tel. 41825500, (0)987088629, www.bnineteen.com) mit Blick auf Humayuns Grab ins Schwärmen geraten. Die herrlich dekorierten Zimmer und die begrünte Dachterrasse in fantastischer Umgebung sind zwar teuer, aber jede Rupie wert. Auf jeder Etage eine Gemeinschaftsküche ist praktisch, vor allem wenn man länger bleibt. Kaum eine Chance ohne Reservierung.

■ Etwa 10 Gehminuten von Humayuns Grab und noch weniger vom Bahnhof Nizamuddin ist auch **Eleven**④ (11 Nizamuddin East, Tel. (0)9811088966, www.elevendelhi.com, Frühstück inkl.) eine weitere klasse Herberge in dieser faszinierenden Ecke Delhis. Die modern-gemütlich eingerichteten Zimmer mit elektronischem Safe, der freundliche und hilfsbereite Manager, mehrere geschichtsträchtige Bauwerke in unmittelbarer Nähe, die grüne Umgebung, Internet und WiFi umsonst sowie die moderaten Preise tun ein Übriges, um sich in dieser Oase der Ruhe wohlzufühlen.

Andere Gegenden (Stadtplan S. 22)

■ **The Maidens**④-⑤ (7, Sham Nath Marg, Tel. 2397 5464, www.maidenshotel.com, Preise inkl. Frühstück, nahe Metrostation Civil Lines) nördlich von Old Delhi ist ein wunderbares altes Hotel im Kolonialstil inmitten eines riesigen Parks. Wen die zweifelsohne recht ungünstige Lage nicht stört, der findet hier eines der schönsten Hotels dieser Preiskategorie und kann zudem im hauseigenen Swimmingpool baden. Traditionsreich ist die **Cavalry Bar** mit Kolonialflair.

■ Wer immer schon einmal in einem solargeheizten Swimmingpool seine Runden drehen wollte, sollte sich im **ITC Maurya**⑤ (Sadar Patel Marg, Diplomatic Enclave, Tel. 26112233, www.itchotels.in) einmieten. Es ist eines der mondänsten Hotels Indiens und für seine hervorragenden Restaurants bekannt. In den „Upper Crust Lounges" steht sogar ein persönlicher Butler zur Verfügung – wer's braucht. Berühmt als beste Speisestätte Delhis ist das **Bukhara Restaurant.**

Flughafennahe Hotels (Stadtpl. S. 22)

Delhis Flughafen und seine Umgebung werden seit einigen Jahren neu erbaut. In der 4 km vom Flughafen entfernten **Aerocity** (dort eine Metrostation mit Flughafenanbindung) haben die meisten großen Hotelketten Häuser der Mittelklasse (Ibis) und Luxushotels (Marriott und Radisson) errichtet, die hier jedoch nicht beschrieben werden.

■ Wenig südlich des Flughafens in Gurgaon ist das hervorragende **Zenith Inn**④-⑤ (Tel. 0124-43000774/6, www.zenithinn.com, Preise inkl. Frühstück) eine ideale Unterkunft für den Mittelklasse-Geldbeutel, falls man in Delhi nur die Flugzeuge wechseln will. Supersaubere Komfortzimmer mit WiFi, Kühlschrank und Minibar sowie freundlicher, bemühter Service in diesem modernen Bau.

■ Näher zur Stadt zwischen Flughafen und New Delhi im Stadtteil Vasant Kunj ist das **Chhoti Haveli**③ (Tel. 26124880, (0)9818337566, www.chhotihaveli.com) in ruhiger Lage eine sehr preiswerte Pension, zumal Frühstück, Internet und WiFi sowie Trinkwasser inklusive ist. Äußerst gemütliche, geräumige Zimmer und viele Pflanzen vermitteln Wohlbefinden.

■ Gut 6 km nördlich des Flughafens ist **Shanti Home**④ (A-1/300, Janakpuri, Tel. 41533366, www.shantihome.com) ein luxuriöses Boutique-Hotel mit angenehm gestalteten Zimmern. Natürlich ist auch hier WiFi inklusive. Weitere Annehmlichkeiten sind Massage und Fitnessraum. Das Dachrestaurant offeriert neben vorzüglichen Speisen auch Kochkurse.

Besonders bei den Hotels der oberen Preiskategorien kann es sich durchaus lohnen, nach **special offers** zu fragen. Sind die jeweiligen Hotels nicht ausgebucht, lassen sich zum Teil Nachlässe von bis zu 40 % heraushandeln.

Essen und Trinken

Pahar Ganj (Stadtplan S. 54, Metrostation RK Ashram Marg)

Mehrere Straßenrestaurants am Main Bazaar und Umgebung wie das Madan Café sind etwas laut und schmuddelig. Sie haben alle ein ähnliches, dem Geschmack von Backpackern angepasstes Angebot, also indische, chinesische und westliche Küche. Der Durchschnittspreis pro Hauptgericht liegt bei 80–150 Rs.

■ Eine der besten Adressen für gutes vegetarisches Essen in Pahar Ganj ist das in der von der Rajguru Marg abgehenden Gasse gelegene **Malhotra Restaurant** (100–600 Rs, 7–23 Uhr). Hervorragende vielfältige, vorwiegend indische Küche, aber auch Frühstück, Burger und europäische Gerichte zum angemessenen Preis sorgen für starken Zulauf.

■ Durch Glas von der quirligen und lauten Ramdwara Rd. geschützt, ist das cleane **Restaurant Tadka** (12–23 Uhr, 100–200 Rs) eine gemütliche und gute Adresse für vegetarische indische (Thalis 140 Rs) und italienische Küche.

■ Recht gut, jedoch auch etwas teuer sind die beiden Restaurants im **Metropolis Tourist Home** (300–1.000 Rs). Im Erdgeschoss befindet sich ein voll klimatisiertes Lokal mit Bar. Auf der Dachterrasse kann man unter freiem Himmel speisen. Während im Erdgeschoss besonders die chinesische Kost zu empfehlen ist, sollte man im Dachrestaurant einmal eines der diversen Hühnchengerichte probieren.

■ Besonderer Beliebtheit bei Rucksacktouristen erfreuen sich das **Lord's Café** und das billige **Madan Café** für den kleinen Geldbeutel (30–60 Rs). Dem Publikum entsprechend, enthält die sehr umfangreiche Speisekarte die übliche, billige (80–150 Rs) Traveller-Küche.

■ Ein weiterer Favorit der Traveller-Szene ist das mit vielen Pflanzen aufgehübschte Dachrestaurant des **Anoop Hotel.** Neben der netten Atmosphäre und den weiten Ausblicken über die Stadt lockt auch hier eine umfangreiche Speisekarte.

■ Wer das pulsierende Leben von Pahar Ganj aus etwas erhöhter Perspektive betrachten möchte, dem sei die Terrasse des modern gestalteten **Club India Café & Restaurant** beim Gemüsemarkt empfohlen. Das Restaurant serviert zwar nur durchschnittliche Traveller-Kost, doch ist der Ausblick auf die quirlige Gasse des in Innen- und Außenbereich geteilten Restaurants klasse. Zwei weitere auf der gegenüberliegenden Seite des Tootie Chowk haben ein ähnliches Angebot.

■ Die von Tibetern geführte **Everest Bakery** hat zwar derzeit keinen Bäcker mehr, serviert aber nach Umzug in die Nähe des Namaskat Guest House immer noch köstliche, auch tibetanische Küche zu kleinem Preis.

■ Von mehreren German Bakeries ist die **Brown Bread Bakery** im Ajay Guest House am besten, zumal viele leckere Kuchen auf süßhungrige Gaumen warten.

▷ Impressionen vom Main Bazaar

Connaught Place (Stadtplan S. 48)

Das Preisniveau der Restaurants am Connaught Place ist höher als in Pahar Ganj oder Old Delhi, setzt sich ihre Klientel doch vorwiegend aus indischer Mittelschicht und Touristen zusammen.

■ Hervorragende vegetarische indische Küche (auch Dosas und Thalis) zum kleinen Preis (60–120 Rs) serviert das **Saravana Bhavan** am Janpath etwas südlich des Connaught Place. Es ist daher gut besucht, wohl auch, weil es eine Ausnahme vom oben Gesagten darstellt und sehr preiswert ist (80–150 Rs). Eine Filiale gibt es am Connaught Place (P-Block, Außenring beim Hotel Alka).

■ Eine Filiale des Stammgeschäfts von **Haldiram's** in Old Delhi findet sich am Connaught Place (L-Block). Indisches Fast-Food und Süßes sind preiswert und gut.

■ Wer etwa 3.000 Rs für ein Hauptgericht zahlen kann, sollte unbedingt einmal auf der Gartenterrasse des **Hotel Imperial** speisen, vielleicht tut's ja auch ein Bier (300 Rs). Obwohl nur wenige Gehminuten vom Connaught Place entfernt, fühlt man sich hier wie in einer Oase der Ruhe. Auch die drei anderen Restaurants im Haus sind hervorragend. Im **French Pastry Shop** des Hotels werden recht günstig feinste Backwaren feilgeboten.

■ Das sich drehende **Parikrama Restaurant** (Tel. 23721616) an der Kasturba Rd. bietet vom 24. Stockwerk aus atemberaubende Aussichten über die Stadt. Die Umdrehung dauert eineinhalb Stunden. Recht gute indische und chinesische Küche (ca. 400–1.000 Rs pro Hauptgericht), zwischen 15.30 und 19.30 gibt's nur Snacks.

■ Eine Riesenauswahl an köstlichen Kuchen und Plätzchen hat man im exquisiten **Wenger's** (11–20 Uhr), A-Block, und inzwischen auch Pizza zum Mitnehmen. Naschkatzen sollten sich hier eindecken, ist es doch eine der besten Bäckereien ganz Indiens.

■ Tiefer muss man im alteingesessenen Restaurant **The Host,** F-Block, in die Tasche greifen, wo man für um die 500 Rs pro Person sehr gut indisch und chinesisch schlemmen darf.

■ Nicht nur wegen der exzellenten Mughlai- und nordindischen Speisen (400–1.200 Rs), sondern auch wegen des gelungenen kitschigen Dekors mit Ornamentspiegeln und Kronleuchtern sollte man dem **Veda Restaurant** (H-Block, Tel. 43582830, 12–24 Uhr) einen Besuch abstatten. Als etwas störend werden manche die recht laute Musik des DJs empfinden. Auch Freunde des Hochprozentigen haben hier reiche Auswahl.

■ Chinesische Köstlichkeiten bietet auch das **Zen Restaurant,** B-Block, ebenfalls in vielseitiger und guter Qualität (ca. 250–650 Rs pro Hauptgericht). Auch hier ist fürs alkoholische Wohl gesorgt. **Berco's** im E-Block ist ähnlich.

■ Eine gute Wahl ist auch das dem Palace Heights Hotel angeschlossene **Zaffran Restaurant** (D-Block, 12–15.30 und 19–24 Uhr, 450–800 Rs) mit schmackhafter Mughlai-Küche, vegetarischen und nichtvegetarischen Gerichten. Einziger Nachteil wie so oft bei indischen Restaurants ist die gnadenlose Klimaanlage.

■ Sehr angenehm sitzt man im **Amber Restaurant** im N-Block bei einem Bier, Cocktail oder Mahl (150–500 Rs).

■ Hervorragende rajasthanische und Gujarat-Küche sowie erstklassige Thalis (400 Rs) serviert das alteingesessene **Rajdhani** (Connaught Place, Tel. 4350 1200, 12–16 und 19–0 Uhr) auf zwei hübsch dekorierten Etagen.

■ Gegenüber Delhi Tourism (DTTDC) und den Emporiums fühlt man sich im **Indian Coffee House** (auf dem Dach des Gebäudes, Baba Kharak Singh Marg) in eine andere Zeit versetzt. Hier scheint sich in den letzten Jahrzehnten kaum etwas verändert zu haben. Billige indische Snacks, Kaffee und Süßes sind weiterhin klasse. Am Rand des Daches und im anschließenden Baum lauern die letzten verbliebenen Affen am Connaught Place auf Brosamen.

UNSER TIPP: Unser Lieblingslokal in Delhi ist das **United Coffee House** (Tel. 23416075, 400–1.000 Rs, von 12 Uhr bis Mitternacht geöffnet) im E-Block des Connaught Place. Mit seinen stuckverzierten Decken, plüschigen Sofas und süßlicher Hintergrundmusik wähnt man sich eigentlich eher in einem Wiener Kaffeehaus. Ein idealer Ort, um bei einem der vielen schmackhaften Gerichte (die riesigen vegetarischen und nicht-vegetarischen Kebabs werden gelobt) oder auch einer Tasse Tee den Tag in aller Ruhe ausklingen zu lassen.

503in mb

Old Delhi (Stadtplan S. 30)

■ Viele kleine Restaurants rund um die Jamia Masjid bieten Hühner-Kebabs, Fisch und weitere einfache und billige Gerichte. Hervorzuheben ist das traditionsreiche **Karim's** (Gali Kababyan, 12–15 und 18–0 Uhr, 50–450 Rs), ein alteingesessenes und stadtbekanntes Restaurant. Hier wird vorwiegend Mughlai-Küche serviert, empfohlen sei *butter nan*. Es liegt etwas zwischen den vielen Geschäften in den Gassen versteckt, also einfach fragen, jeder dort kennt es. Gleiche Küche, heller und preiswerter ist **Al Jahawar** nebenan. Eine köstliche Filiale von Karim's gibt's im Stadtteil Nizamuddin (Jha House Basti) im Süden Delhis.

■ An der Netaji Subash Marg lockt auch das **Moti Mahal Restaurant** (Tel. 23273661, 100–250 Rs) mit delikat zubereitem Huhn. Tgl. außer Di wird Live-Musik geboten. Besonders am Wochenende reservieren!

■ Das **Chor Bizarre** (Asaf Ali Rd., Tel. 23272821, 7.30–10, 12–15.30 und 19.30–23.30 Uhr, 300–700 Rs) beim Hotel Broadway hat seinen Namen zurecht, fungiert doch z.B. ein Himmelbett als Tisch. Die Thalis (um 400 Rs) und die raffiniert nach Mughlai-Art zubereiteten Huhn-Gerichte lassen das Wasser im Mund zusammenlaufen. Reservieren!

■ Immer gut besucht ist das preiswerte **Haldiram's** (9.30–22.30 Uhr, 80–200 Rs) am Chandni Chowk. Im Erdgeschoss gibt es schmackhafte indische Snacks wie Samosas, Süßigkeiten und Eis zum Mitnehmen oder an Standtischen, im Obergeschoss können auch umfangreichere Gerichte (Burger, Pizzen, Suppen, Dosas) an Tischen verzehrt werden.

■ Ebenfalls am Chandni Chowk liegt das hervorragende, stadtbekannte Restaurant **Jalebiwala.** Hier werden neben indischer und chinesischer Kost Steak und *sizzlers* serviert. Man sollte die köstlichen, süßen *jalebis,* eine sehr fettig gebackene Ei-/Weizen-/Milchsüßigkeit versuchen.

■ In den Bahnhöfen Old Delhi und Nizamuddin stehen Filialen der rund um die Uhr geöffneten Kette **Comesum Multicuisine Food Plaza** zur Verfügung.

New Delhi Zentrum (Stadtplan S. 38)

■ Eins der besten Restaurants der Stadt für Meeresfrüchte ist **Ploof** (Tel. 24649026, Main Market, Lodi Colony, nicht weit vom Safdar-Jang-Mausoleum, Metrostation Jor Bagh, 12–15 und 19–23 Uhr). Ausgezeichnete Qualität zu entsprechenden Preisen (ca. 250–600 Rs pro Hauptgericht), u.a. köstlich zubereiteter Hummer und Lachs, sind die Gaumenfreuden.

■ Empfehlenswerte Restaurants am Khan Market (Metrostation Khan Market) sind das **Café Turtle,** ein hervorragender Ort, um bei einem Kaffee oder Tee auszuruhen (über dem Full Circle Bookstore), **Latitude,** ein weiteres preiswertes Café, **Amici** mit klasse Pizzen und Burgern, das stylische **Sidewok** mit asiatischer Küche oder auch das gute **Rampur Kitchen** mit köstlichem Tandoori.

■ Ein Ausflug ins Diplomatenviertel Chanakyapuri findet im **New Sikkim House,** Panchsheel Marg, seinen (chinesischen oder tibetanischen) kulinarischen, nicht mal teuren Abschluss. Teurer und herrlich gespreizt ist es im **Basil & Thyme** (Chanakyapuri, Santoshti Shopping Complex, Metrostation Racecourse), etwa bei leckerem Blaubeer-Crêpe.

■ Wunderbar entspannen kann der Flaneur außer in den wunderschönen Lodi-Gärten auch im **Lodi The Garden Restaurant** (Lodi Rd., Metrostation Jor Bagh, 11–23.30 Uhr, Hauptgericht 300–650 Rs) nebenan. Architektonisch gelungen ist der Holzbau mit Terrasse in den rundum angenehmen Garten eingebettet, in dem unter Bäumen ebenfalls gespeist werden kann. Hier wird allerdings zwischen 15.15 und 19.15 Uhr nicht bedient. In dieser Zeit gibt's auch im Haus nur Snacks und Burger. Nicht ganz billig, aber erstklassig, auch die Cocktailkarte ist lang.

■ Ist ein Bus nach Rajasthan vom Bikaner House ausgebucht und man muss auf den nächsten warten, verkürzt ein köstlich zubereitetes Huhn im nur einige Meter südlich auf dem Gelände des Pandora Market gelegenen **Chicken Inn** (12–1 Uhr nachts, 140–400 Rs) oder bei **Pindi** mit Mughlai-Küche (150–350 Rs, bis 2 Uhr geöffnet)) die Zeit.

Andere Gegenden (Stadtplan S. 22)

■ Als beste Speiseadresse der Stadt gilt das **Bukhara Restaurant** (Sadar Patel Marg, Tel. 26112233) des Hotels ITC Maurya. Es serviert nordindische Küche auf höchstem Niveau, wofür mit ca. 800–2.500 Rs pro Hauptgericht nicht mal sonderlich tief in den Geldbeutel gegriffen werden muss. Auch *Clinton* und *Obama* hat's hier schon geschmeckt. Ohne Reservierung (zwischen 19 und 20 Uhr möglich) hat man kaum eine Chance.

■ Westlich des Qutb Minar lockt **Olive** (Kalka Dass Marg, Mehrauli, Metrostation Qutb Minar, Tel. 26642552, 12 Uhr bis Mitternacht, 500–1.300 Rs) mit etwas Besonderem: Im Stil eines Havelis oder Landhauses gehalten mit gediegenem Interieur, dem man im positiven Sinn die Zeit ansieht, sowie einem luftigen, baumbestandenen Innenhof gibt's vorwiegend italienische Küche vom Feinsten sowie einige Spezialitäten wie das sonntägliche Buffet (zwischen 12.30 und 14.30 Uhr). Am Freitagabend wird neben dem Mahl auf Wunsch eine Massage serviert und jeden letzten Mittwoch des Monats ab 20 Uhr wird ein Flohmarkt veranstaltet. Das Restaurant befindet sich etwa 200 m westlich des Qutb Minar, auf ein Schild mit der Aufschrift „One Style mile" achten.

■ Eine gute Möglichkeit, die vielfältige Küche der verschiedenen Regionen Indiens auf kleinem Raum und zu kleinem Preis kennenzulernen, bietet der Kunsthandwerksmarkt **Dilli Haat** (Metrostation INA) im Süden der Stadt, auf dessen gemütlichem, baumbestandenem Areal viele **Freiluftrestaurants** ihre preiswerten Spezialitäten anbieten.

■ Eine Vielzahl von Restaurants mit vielfältiger Küche und Cafés mit klasse Frühstück verwöhnen den Gaumen im Hauz Khas Village (Metrostation Hauz Khas) im Süden Delhis. Im 3. Stock des Einkaufsparadieses Hauz Khas residiert **Gunpowder** (12–15 und 19.30–23 Uhr, 100–300 Rs). Der Aufstieg wird belohnt mit herrlichen Blicken über die grüne Oase und den See darunter und vorzüglichen südindischen und speziell auch keralischen Speisen. Die *parathas* sind ein Gedicht. Das Selbstbedienungscafé **Kunzum Travel Café** (T-41, GF, Hauz Khas, 11–19.30 Uhr) kredenzt neben dem offensichtlichen und Kuchen auch Magazine und Reiseliteratur, ist also der ideale Ort zum Austausch von Erfahrungen mit anderen Travellern und zum Relaxen, WiFi umsonst.

Mit den Gaumenfreuden kann man einen Shoppingausflug in die Boutiquen, Galerien und Designershops in den Gassen oder die Entspannung im Park um das Firoz-Shah-Grabmal wunderbar verbinden.

■ Eine Filiale der guten Schnellrestaurantkette **Saravana Bhavan** findet sich am ISBT-Busbahnhof.

Nachtleben

Obwohl Delhi noch weit von Mumbais nächtlichem Vergnügungsangebot entfernt ist, der unangefochtenen Nummer eins auf diesem Gebiet, entstehen auch in der Hauptstadt mehr und mehr Bars, Nachtclubs und Diskotheken sowie Multiplexkinos.

Bars

■ In letzter Zeit sind am Main Bazaar, Pahar Ganj, mehrere meist eher dunkle Bars, gelegentlich mit lauter Musik, eröffnet worden. Am angenehmsten ist es aber wohl immer noch in der Bar (7–23 Uhr) des altbekannten **Metropolis Tourist Home.**

■ Ebenfalls am Main Bazaar ist **My Bar** ein typisches Beispiel für die dunklen, meist mit lauter Musik garnierten Schlürfplätze in Pahar Ganj – mit einer guten Mischung aus Travellern und Einheimischen. Ähnliches gilt für die nahegelegene **Sam's Bar** im Hotel Vivek.

■ Wie ein eigenartiges Überbleibsel aus den 70ern wirkt die **Rodeo Bar** (Connaught Place, 1. Stock, A-Block, bis Mitternacht geöffnet, mit umfangreicher Cocktail-Karte), die sich mit einem leicht skurrilen Wildwest-Interieur schmückt. Die **Pegasus Bar,** L-Block, tendiert zur englischen Pub-Kultur.

■ Ebenfalls am Connaught Place ist die recht teure **QBA** (1. Stock, 42 E-Block, Tel. 45173333) die derzeit wohl schickste Trinkstätte rund um den Platz. Bei moderner Einrichtung inkl. Polstersofas zum Versinken und einem Restaurant im Obergeschoss (ab 19 Uhr) fiele das Aufstehen schwer, wenn der Service besser wäre.

■ Ganz ähnlich, aber moderner, stimmt's einen Block weiter südlich bei **Café Public Connection** (1. Stock, F-Block, 12–1 Uhr, WiFi kostenlos) auch mit dem Service. Die großzügige Mischung aus Bar auf der einen und Restaurant auf der anderen Seite befriedigt die meisten Bedürfnisse von Alkoholfreunden (viele Biersorten inkl. Erdinger Weißbier, einer reichhaltigen Whiskey-, Cocktail- und Weinkarte), bietet aber auch erstaunlich preiswerte Speisen. Sheesha Flavours für 800–1.400 Rs.

■ Wie der Name schon nahelegt, hat **24/7** rund um die Uhr geöffnet. Die Bar des The Lalit Hotel (Maharaja Rajit Singh Marg, Metrostation Barakhamba Road) etwas östlich vom Connaught Place ist also was für späte oder ganz frühe Schluckspechte.

■ In, schick und teuer ist die **Aqua Bar** (11–1 Uhr) im The Park Hotel (Sansad Marg, nicht weit vom Connaught Place) am Pool.

■ In Süd-Delhis South Extension II ist die relaxte **Lizard Lounge** (E-5, bis 0 Uhr geöffnet), ein Ort der Ruhe, um bei einem Bier oder einem Edelwein (hier kann's richtig teuer werden) den Marktbummel nebenan ausklingen zu lassen. Auch als Restaurant ist das Lizard Lounge mit ausgefallener internationaler Küche hervorragend.

■ **Rick's** im Taj Mahal Hotel (Mansingh Rd., südlich des India Gate) wurde modern gestylt, abends Livemusik.

■ **TLR** in 31 Hauz Khas Village (2. Stock, 11–1 Uhr, www.tlrcafe.com, Metrostation Hauz Khas) ist neben einer angesagten Bar und einem Restaurant auch Bühne für Konzerte und Jam-Sessions, an den meisten Abenden ab 21 Uhr. Hier sollte reserviert werden, Tel. 46080533.

436in mb

Nachtclubs und Discos

Die angesagtesten Discos finden sich vorwiegend in den Luxushotels und den betuchteren Vierteln im Süden der Stadt. In vielen Nachtclubs/Discos ist neben einem Eintrittsgeld eine Getränkesteuer von 30 % zu berappen. Wenn man denn eingelassen wird, viele gewähren nur Paaren und Frauen den Zutritt, einzelne Männer haben's gelegentlich schwer. Außerdem ist auf entsprechende Kleidung zu achten. Auch hier wechselt die Beliebtheit der In-Plätze sehr schnell, sodass man sich am besten in Tageszeitungen oder online bei Delhi Diary (www.delhidiary.in), Little Black Book (www.littleblackbookdelhi.com) oder Brown Paper Bag (www.bpbweekend.com/delhi) informiert. Aktuelle Konzertinfomationen liefert Wild City (www.thewildcity.com).

■ Eine der seit Langem angesagtesten Discos ist das **My Kind of Place** (Sardar Patel Marg, Mi–Sa 18.30–1 Uhr) im Hotel Taj Palace.

■ Das vibrierende **RPM** (12–1 Uhr) über dem Laissez Faire Restaurant, Malcha Marg in Chanakyapuri, ist bei der reicheren und jungen indischen Klientel beliebt.

■ Jeden Abend wird in der **Jazz Bar** im ITC Maurya, Sardar Patel Marg, wie auch im **The Tavern** im Hotel Imperial am Janpath, dies auch ein Restaurant, cooler Jazz celebriert. Im Imperial lockt zudem die **Bar 1911,** benannt nach dem Ernennnungsjahr Delhis zur kolonialen Hauptstadt, mit der umfangreichsten Auswahl an Cocktails (ab 1.000 Rs) und sonstiger Hochprozenter.

Kinos

Um den Überblick über das kaum überschaubare Tagesprogramm von Delhis unzähligen Kinos zu erlangen, sollte man die schon im Abschnitt „Nachtclubs und Discos" genannten Zeitungen und Magazine zu Rate ziehen. Für die Multiplex-Kinos der PVR-Kinokette, deren cinematografische Vergnügungstempel über die Stadt verteilt sind, ist natürlich auch die Website (www.pvrcinemas.com) hilfreich. Ein typischer Vertreter ist das **PVR Rivoli** (Baba Kharak Singh Marg) am Außenring des Connaught Place. Hier werden, wie in allen PVR-Kinokomplexen, auch englischsprachige Bollywood-Filme gezeigt. Englischsprachige Versionen sind u.a. auch im **PVR Priya Cinema** (Tel. (0)981 0708625) in Vasant Vihar und im **Ritz** am Kashmiri Gate zu erleben. Aus der Mitte des 20. Jh. stammt das **Delite Cinema** am südlichen Rand Old Delhis (Asaf Ali Rd.). Obwohl vor einigen Jahren renoviert, ist viel vom alten Charme geblieben und das Delite damit ein idealer Ort für typisches Bollywood-Kino.

◁ Das alltägliche Durcheinander

Kulturelle Veranstaltungen

Das kulturelle Leben in Indiens Hauptstadt ist vielfältig. Den kulturellen Veranstaltungskalender entnimmt man am besten den Tageszeitungen (und deren Wochenendbeilagen wie „brides sought"), „First city" (30 Rs), dem „Delhi diary" (25 Rs) und „City Guide City Scan".

Kulturzentren

■ Im traditionsreichen **India International Centre** (40, Max Mueller Marg, Tel. 24619431, www.iicdelhi.in, Metrostation Jor Bagh), im **Triveni Kala Sangam** (Tel. 23718833) an der Tansen Marg (Metrostation Mandi House) sowie in der **Sangeet Natak Academy** (Rabindra Bhawan, Copernicus Marg, Tel. 23387246, www.sangeetnatak.org, Metrostation Mandi House) finden regelmäßig Musik- und Tanzveranstaltungen (Kathakali und Bharatnatyam und folkloristischer Tanz) wie auch Lesungen, Filmvorführungen, Kunstausstellungen und Theateraufführungen statt.

■ **Max Mueller Bhavan** – benannt nach dem großen deutschen Indologen (1823–1900) – heißt die indische Version des Goethe-Instituts. Jede Woche organisiert es sehr interessante kulturelle Veranstaltungen wie Autorenlesungen, Konzerte und Filmvorführungen. 3, Kasturbha Gandhi Marg, Tel. 23329506. Mo–Sa 11 bis 18 Uhr.

■ Die Kulturinstitute anderer Länder wie **Alliance Francaise** (Tel. 26258128), **British Council** (Tel. 23711401), **Italian Cultural Centre** (Tel. 26871901) und **Japan** bzw. **Russian Cultural Centre** (mit dem *Eisenstein Film Club*) und viele weitere bieten Ähnliches.

■ Gelegentlich werden Aufführungen auch vor der eindruckvollen Kulisse auf dem Gelände des Qutb Minar dargeboten, eine solche Gelegenheit sollte man sich nicht entgehen lassen.

Tanz

■ **Hauz Khas** (Tel. 23718833, Metrostation Hauz Khas) ist ein herrlicher Ort, bei einem Abendessen oder auch nur einem Drink unter freiem Himmel eine Tanz- oder Musikveranstaltung zu genießen.

■ Bei **Dances of India** (Parsi Anjuman Hall, Bhahadur Shah Zafar Marg, Tel. 23289464, 26234689) werden jeden Abend ab 18.45 Uhr etwa einstündige Bharatnatyam- und Kathakali-Tänze aufgeführt (400 Rs).

Musik, Theater

■ Besonders nördlich des India Gate gibt's einige innovative Theater wie das **Kamani Auditorium** (1 Copernicus Marg, Tel. 4350 3351/2, www.kamaniauditorium.org, Metrostation Mandi House). Neben Theateraufführungen spielt hier gelegentlich das Delhi Symphony Orchestra. Das **Abhimanch Auditorium** (National School of Drama, Bahawalpur House, 1 Bhagwan Das Rd., Tel. 23382821, 2741, Metrostation Mandi House) zeigt interessante Theater-, Musik- und Tanzdarbietungen.

■ Zentral am Connaught Place/Sansad Marg ist **Attic** (Tel. 23746050, www.theatticdelhi.org) im Gebäude des Regal Cinema ein Ort für Ausstellungen sowie klassische Konzerte, Lesungen und Gespräche.

Einkaufen

Ob am Connaught Place, in den Gassen Old Delhis oder in den edlen Boutiquen im Süden der Stadt – außer in Mumbai findet sich nirgendwo eine derartige Angebotsvielfalt wie in Indiens Hauptstadt.

Emporiums

■ Die beste Übersicht über die schier unermessliche Vielfalt der indischen Handwerkskunst kann man sich im **Central Cottage Industries Emporium** verschaffen, das sich an der Ecke Tolstoy Marg/Janpath (im Chanderlok Bldg., tgl. 10–19 Uhr) befindet. Auf einer Verkaufsfläche von mehreren tausend Quadratmetern findet sich hier auf vier Etagen nahezu alles, was an Skulpturen, Schmuck, Kleidung, Teppichen, Malerei, Möbeln und vielem mehr in Indien hergestellt wird. Selbst wer nichts kaufen will, kann sich in Ruhe umschauen, ohne die sonst übliche Anmacherei. Hier gilt: *Fixed Price,* was einem den Stress des Feilschens erspart. Das Preisniveau liegt etwas über dem Landesdurchschnitt, doch dafür hat man die Garantie, dass alles echt ist.

■ Alle Bundesstaaten Indiens verkaufen in ihren **State Emporiums** (Mo–Sa 11–19 Uhr) entlang der Baba Kharak Singh Marg, ca. 100 m von äußeren Ring des Connaught Place, die typischen Kunsthandwerksartikel ihrer Region. Man findet in Delhi Taxifahrer, die einen gratis zu den State Emporiums bringen, weil sie dort Provision kassieren. Also eventuell das ebenfalls dort befindliche DTTDC Office als Fahrtziel angeben.

Janpath

■ Kräftiges Feilschen ist bei den zahlreichen **Geschäften** zwischen Connaught Place und Imperial Hotel am Janpath unbedingt erforderlich.

■ In einer kleinen Seitengasse, die westlich vom Janpath abzweigt, bieten auf dem **Janpath Market** (Mo–Sa 10.30–19.30 Uhr), auch Tibet Market genannt, viele Händler ihre bunten Decken, Taschen und Kleider sowie etwas weiter südlich auch Schmuck von eher geringer Qualität den Touristen zum Kauf an. Aufgrund der hier stark vertretenen Kundschaft aus den nahegelegenen Luxushotels sind die Preise astronomisch hoch. Man sollte höchstens ein Drittel des genannten Ausgangspreises zahlen.

Connaught Place

Die **Nobelgeschäfte** am und um den Connaught Place finden ihre Kundschaft vorwiegend in der indischen Mittelschicht, dementsprechend hoch sind auch die Preise. Dafür erhält man jedoch Top-Qualität. Auch viele internationale Marken haben hier ihre Fachgeschäfte.

Umschauen sollte man sich z.B. in einem der vielen **Schuhgeschäfte,** die sich vor allem um den inneren Kreis des Platzes gruppieren. Gut gearbeitete, modische Halbschuhe, die in Westeuropa nicht unter 100 Euro zu haben sind, kosten hier nur die Hälfte. Markenschuhe von Reebok, adidas etc. sind jedoch nicht billiger als in Europa.

Will man sich etwas schneidern lassen, ist dies beim alteingesessenen **M Ram & Sons** (E-Block, Tel. 2341

6558, Mo–Sa 10–20 Uhr) innerhalb von 24 Stunden möglich.

Außerdem gibt es eine Reihe exzellenter **Buchläden,** in denen man neben anspruchsvoller Literatur auch großformatige Bildbände über Indien findet. Schick, wenn auch etwas eng sind die neuen Verkaufsräume des **Oxford Bookstore** (1. Stock, N-81 Connaught Place, 10–21.30 Uhr, So 11–21.20 Uhr) mit reichhaltiger Auswahl. Die angeschlossene **Cha Bar** ist ein beliebter Treffpunkt. Auch der 1936 eröffnete **Amrit Bookstore** im N-Block hat eine sehr große Auswahl an Prosa, Reiseführern, Philosophie und Bildbänden.

Am Connaught Place findet sich auch die wohl größte Auswahl an brandaktuellen **Zeitungen und Magazinen** aus Europa in ganz Indien. So erhält man bei den unzähligen Händlern, die ihre Zeitschriften auf den Bürgersteigen auslegen, manchmal sogar Stern oder Spiegel etc.

Musikinstrumente handelt seit 1918 **Marques & Co** (14 G-Block, Mo–Sa 10.30–13 und 14–18.30 Uhr). Von Tablas (ab 6.000 Rs) bis zu modernen Gitarren reicht Auswahl. Nicht weit entfernt ist **Rikhi Ram** (www.rikhiram.com, Mo–Sa 11.30–20 Uhr) die richtige Adresse für Sitars, Tablas, Harmoniums und viele andere Instrumente.

Pahar Ganj

Das andere große Einkaufsviertel für Touristen ist Pahar Ganj mit dem **Main Bazaar,** jener quirligen Einkaufsstraße, die sich direkt gegenüber dem Bahnhof von New Delhi auf einer Länge von etwa 2 km erstreckt. Hier reihen sich Hunderte von randvollen kleinen Läden aneinander, die vom Shampoo über ein Vorhängeschloss bis zum Sari und teurem Schmuck alles verkaufen. Ein typisches orientalisch anmutendes Basarviertel, in dem man sich stundenlang treiben lassen kann. Zwischen 10 und 21 sind die meisten Geschäfte geöffnet, Mo viele geschlossen. Während am Connaught Place viele Geschäfte am Sonntag geschlossen sind, ist dies am Main Bazaar einer der geschäftigsten Tage.

Der kleine, namenlose **Bücherstand** an der Main Bazaar Rd. hat ein erstaunlich reichhaltiges Angebot an neuen und Secondhand-Büchern, die später, falls gewünscht, zum halben Kaufpreis zurückgenommen werden.

Etwa einen Kilometer westlich von Pahar Ganj ist der **Karol Bagh Market** (tgl. außer Mo 10–19 Uhr, Metrostation gleichen Namens) eine weniger touristische Alternative zu Pahar Ganj. Hier gibt es neben Kleidung, Schuhen und Gebrauchsgütern auch Gewürzgeschäfte und viele kleine Restaurants mit typisch indischen Snacks.

Chandni Chowk

Die seit Generationen bekannte und traditionsreichste „Shoppingmeile" Delhis ist der prächtige Chandni Chowk in Old Delhi mit dem Roten Fort am östlichen Ende. *Chandni Chowk* heißt Silbermarkt, doch neben **Schmuck- und Silberläden** finden sich auch unzählige Geschäfte, die alle Arten von indischen **Gebrauchswaren** anbieten.

Herrlich zum Umherstreifen sind auch die umliegenden Straßen und engen Gassen Old Delhis, wo immer noch die alte Ordnung erkennbar ist, nach der die jeweiligen Zünfte ihre Waren im selben Bezirk feilbieten. Viele Geschäfte öffnen erst gegen 11 Uhr ihre Pforten. Im Nordwesten der Altstadt ist der **Gewürzmarkt** an der Kahri Baoli wie auch die Straße selbst (keine 100 m nördlich dem Westende des Chandni Chowk beginnend) unbedingt besuchenswert. Etwas nördlicher kann man auf dem **Kleidermarkt** (Cloth Bazaar) neues Tuch erstehen.

Dilli Haat

Gute Qualität für **Kunsthandwerk** aus allen Regionen Indiens bietet der **Freiluftmarkt Dilli Haat** im Süden der Stadt an der Aurobindo Marg (Riksha vom Connaught Place etwa 80 Rs, Metrostation INA). Die dort ausstellenden Händler werden nach Wettbewerben in ihren jeweiligen Heimatorten ausgesucht (entsprechend gute Qualität wird feilgeboten) und zweimal monatlich ausgetauscht. Die verlangten Preise auf diesem durch das Eintrittsgeld von 10 Rs ruhigeren Marktes sind nicht so überhöht wie auf den „freien" Märkten, dennoch sollte man auch hier feilschen. Weitere Annehmlichkeit: Die Küche vieler Regionen Indiens kann in den vielen **Freiluftrestaurants** auf dem Areal zu günstigen Preisen gekostet werden.

Der Markt ist tgl. zwischen 11 und 22 Uhr geöffnet und abends und an den Wochenenden am besten besucht. Ein Ausflug dorthin lässt sich gut mit einem Abstecher zum gegenüber gelegenen, hektischen, leicht chaotischen **INA Market** verbinden, auf dem nahezu alles zu haben ist. Besonders dort auf Wertsachen Acht geben!

Khan Market

Südlich des India Gate ist der ruhige Khan Market (Mo–Sa 10.30–20 Uhr, Metrostation Khan Market) besonders bei der indischen Mittelschicht und dem Personal der umliegenden Botschaften beliebt. Entsprechend sind die Preise für die angebotenen Waren – neben modischer **Kleidung, Schmuck, Kunsthandwerk, CDs** und **DVDs** auch **Lebensmittel aus aller Welt** – höher als bei den vorgenannten.

FabIndia unterhält eine Filiale auf dem Khan Market (Central Hall, oberhalb der Shops 20 und 21, www.fabindia.com, 10–22 Uhr). Moderne, erstklassige Kleidung und weitere Textilien in gehobener Preislage sind auch nach der Reise noch tragbar. Filiale bei Greater Kailash I (GK I, 7 N-Block Market, tgl. außer Di).

Designer-Haushaltswaren verkaufen **Good Earth,** (www.goodearth.in, 11.30–20.30 Uhr) und **Anokhi** (tgl. 10–20 Uhr, www.anokhi.com), die neben modern gestylten Gebrauchsgütern auch schicke Kleidung und bedruckte Tücher anbieten. Weitere Filialen im südlichen Delhi: Nizamuddin East (Metro JNL Stadium), Greater Kailash (N-Block Market, Metro Kailash Colony) und Santoshi Shopping Complex (Metro Racecourse).

Eine besondere Erwähnung verdienen die besonders reichhaltig ausgestatteten **Buchhandlungen,** die u.a. handwerklich aufwendig hergestellte Bände zum Bruchteil des in Europa üblichen Preises verkaufen. Genannt seien **Bahri Sons** (www.booksatbahri.com) und der sehr angenehme **Full Circle Bookstore** (9.30–21.30 Uhr, www.fullcirclebooks.in).

Hauz Khas Village

Kunsthandwerk, indische Schneiderkunst, Designerkleidung, Möbel oder auch Wein werden im Hauz Khas Village (Mo–Sa 11–19 Uhr, Metrostation Hauz Khas) zu gehobenen Preisen verkauft. **Galerien, Boutiquen** und **Antiquitätenläden** laden zum Bummeln ein. Falls man etwas Größeres findet, wird dies zuverlässig ins Heimatland versendet. Vielfältige Restaurants und Cafés mit hübschen Ausblicken ins Grüne sowie der sich anschließende **Park Hauz Khas** (siehe „Sehenswertes") eignen sich wunderbar, um im hektischen Delhi zwischen Fort, Tempeln und See auszuspannen. Am Wochenende regt der Delhi Drummer Circle zum Mittanzen ein.

Shopping Malls und weitere luxuriöse Märkte

In den letzten Jahren entstanden im gesamten Stadtgebiet von Delhi, wie überall in den größeren Städten Indiens, entsprechend der zunehmenden Kaufkraft der Mittelschicht teils riesige Shopping Malls. Ein Trend geht dahin, die Malls vorwiegend an den Bahnhöfen der neuen Metro, im Süden Delhis und in Vorstädten wie Gurgaon oder Faridabad, die sich im rasanten Umbruch befinden, zu errichten.

Eine der Malls, die es schon vor der Metro gab, ist **Ansal Plaza** (an der Khel Gaon Marg, geöffnet bis 22.30 Uhr, Metrostation Green Park). Neben Gebrauchskleidung internationaler Marken werden auch Parfüm und Schmuck feilgeboten. Obwohl auch hier eher die betuchtere Klientel anvisiert wird, sind die Preise im Durchschnitt bis 50 % geringer als in Europa. Auch fürs leibliche Wohl ist gesorgt: Neben Fast Food gibt's mit **Geoffrey's** ein hervorragendes Restaurant mit reichhaltiger Getränkekarte.

Ist das nötige Kleingeld vorhanden, kann man in den ruhigen Straßen der **Enclave Sunder Nagar** (Mathura Rd., Mo–Sa 10.30–19.30 Uhr) südlich des Purana Qila mehrere exquisite Läden mit indischem und nepalesischem Kunsthandwerk, Antiquitäten und nachgebildeten Antikmöbeln genauer unter die Lupe nehmen. Beim Kauf sollte man jedoch an die Ausfuhrbeschränkungen für Antiquitäten denken. Die meisten der hier dargebotenen „Antiquitäten" sind jedoch handwerklich gut gemachte Imitate. Zudem sei auf die hervorragenden Teeshops auf dem Markt, etwa **Mittal Tea House,** hingewiesen.

Die gleiche kaufkräftige Kundschaft bedient der **Santoshti Shopping Complex** im Diplomatenviertel Chanakyapuri (Mo–Sa 10–19 Uhr, Metrostation Racecourse). Neben Gemälden bekannter indischer Künstler (im Art Indus) werden Parfüm, Teppiche und hochwertige Kleidung offeriert. Hier sind weitere Filialen von Anokhi und Good Earth (siehe Khan Market) ansässig. Zigarrenliebhaber finden bei Kastro's ihr kostspieliges Paradies.

Auch die **South Extension Markets I** (Lajpat Nagar) **und II** (an der Ring Road) in Delhis Süden (Metrostation Lajpat Nagar) sind, obwohl über eine größere Fläche verteilt, hier aufgeführt, da sie eine ähnliche Kundschaft ansprechen und die international bekannten Marken hier ihre Geschäfte haben. Neben Kleidung werden Schmuck, Schuhe und Taschen verkauft. Wer nach dem Einkauf noch Geld hat, kann in der modernen **Gourmet Gallery** (South Extension II) im Restaurant **Tasveer** bei indischer oder im

Whispering Bamboo bei chinesischer Kost neue Kraft tanken. Alkoholisch lässt sich der Tank bei **On the Rocks** auffüllen.

Eine der typischen, etwas gesichtslosen Shopping Malls im Süden Delhis ist die vollklimatisierte **Select Citywalk Mall** (Press Enclave Marg, Saket) mit Luxusgeschäften vieler westlicher Marken, etwa von FabIndia und Good Earth, Buchläden, mehreren teuren Restaurants und einem PVR-Kino.

Kunsthandwerksmesse Surajkund Crafts Mela

Am südlichen Stadtrand nahe der Ausfallstraße nach Agra findet alljährlich vom 1. bis 15. Februar eine der größten Kunsthandwerksmessen Indiens statt, die Surajkund Crafts Mela im gleichnamigen Stadtbezirk, wo **Holz-, Metall- und Keramikhandwerk** sowie **Textilien** präsentiert werden, ergänzt durch musikalische und folkloristische Darbietungen. Essensstände helfen bei Hunger. Geöffnet ist der Markt von 9.30 bis 17.30 Uhr, Eintritt 20 Rs. Zu erreichen außer mit Taxi oder Riksha auch per Stadtbus 460 vom Connaught Place/Ecke Vivekanand Rd.

Hände weg vom Schwarztausch!

Obwohl vorm Schwarztausch immer wieder gewarnt wird, lassen sich gerade in **Pahar Ganj** Traveller häufig von den vermeintlich günstigen Wechselkursen verführen und tauschen bei Personen, die sie mit „You want to change money?" ansprechen. Bei fast allen handelt es sich um Betrüger, sodass man am Ende nicht mit mehr, sondern weniger Rupien als beim offiziellen Wechseln dasteht oder wertloses **Falschgeld** in Händen hält. Diese illegalen Schwarztauscher sind derart raffiniert, dass man zunächst gar nicht mitbekommt, dass man übers Ohr gehauen wird. Deshalb gerade in Pahar Ganj nochmals die Warnung: Hände weg vom Schwarztausch!

Bank

An **Wechselstuben** und Banken mit diesem Service herrscht vor allem am Connaught Place und in Pahar Ganj kein Mangel, ansonsten ist es schwierig, offiziell Geld zu tauschen. **ATMs (Geldautomaten)** sind im gesamten Stadtgebiet reichlich und auch am Flughafen vorhanden.

Auch in Delhi sind die meisten Banken, wie üblich in Indien, Mo bis Fr von 10 bis 14 und Sa von 10 bis 12 Uhr geöffnet, die unten genannten privaten Wechselstuben haben aber wesentlich längere Öffnungszeiten.

- Zuverlässig ist die Filiale von **Thomas Cook** am Connaught Place (C-Block, 1. Stock, Mo–Sa 9.30–18 Uhr). Eine weitere findet sich am Flughafen (24 Std. geöffnet). Die Wechselkurse sind jedoch nicht die besten. Hier kann auch per Moneygram in wenigen Minuten von/an jedem/n Ort der Welt Geld transferiert werden.
- Ebenfalls am Connaught Place lockt die kleine Wechselstube von **Pankhuri Enterprises** (A-Block, tgl. 10–19.30 Uhr), wo gelegentlich noch geringfügig gehandelt werden kann. Nebenan tauscht die **ICICI-Bank** von 8 bis 16 Uhr.
- In Pahar Ganj sind **N.B. Forex** und **Baluja Forex** (tgl. 9–19.30 Uhr) am Main Bazaar für Bargeld sowie Visa- und Mastercard (3–4 % Gebühr für Plastikkarten) zuständig. Mehrere weitere finden sich am Main Bazaar, die alle nahezu gleiche Kurse bieten und meist tgl. bis etwa 20 Uhr geöffnet sind. Die Wechselstube schräg gegenüber dem Anoop Hotel (Metalltreppe hinauf) hat gute Wechselkurse.

Post

- Recht günstig liegt das **Postamt am Connaught Place** (6-A, Mo–Sa 8–19 Uhr).
- Die **Hauptpost (GPO)** befindet sich etwa 500 m westlich des Connaught Place am Ende der in einen Kreisverkehr mündenden Baba Kharak Singh Marg (Mo–Sa 10–13 und 13.30–16 Uhr). Wer sich dorthin postlagernd etwas schicken lassen will, muss folgende Adresse angeben: Name, Poste Restante, GPO, New Delhi 110001, India.

Wer von der Hauptpost ein **Paket** verschicken möchte, muss dies vorher vorschriftsmäßig in ein weißes Leinentuch verpacken und einnähen lassen. Diese Prozedur erledigt für ein Entgelt von 50–100 Rs (je nach Paketgröße) ein vor dem General Post Office platzierter Näher.

■ Ein **DHL-Büro** findet sich südlich vom Connaught Place an der 11 Tolstoy Marg, Vandana Bldg. (Mo–Sa 9–21 Uhr, Tel. 23737587).

Telefonieren

Für die Reisenden, die sich in Indien keine eigene SIM-Karte kaufen, der Hinweis: In den wenigen verbliebenen **Telefonbüros** mit der Aufschrift **ISD/STD,** die meist an ein Internetcafé angeschlossen sind, kostet eine Minute nach Europa um 10 Rs. Dies ist an einer Anzeige, die während des Gesprächs mitläuft, zu kontrollieren. Man sollte jedoch vor dem Telefonieren unbedingt nach dem Minutenpreis fragen, da einige Anbieter zuätzliche Gebühren verlangen. Oft kann man in Internetcafés mit Breitbandverbindung mittels Net-to-phone oder **Skype** billiger telefonieren. Die meisten sind in den Gassen um Main Bazaar in Pahar Ganj angesiedelt.

Internet

Internetsurfen kostet in den meisten **Internetcafés** 20–30 Rs/Std. In Pahar Ganj findet man viele einige Meter die Seitengassen des Main Bazaar hinein. Inzwischen haben fast alle Breitbandverbindungen. Manche **Restaurants** und viele **Hotels,** auch der unteren Preisklassen, verfügen über mehr oder weniger sichere und schnelle, oft kostenlose WiFi-Verbindungen, einige nur in der Lobby des Hotels, andere auch in den Zimmern.

■ Am Connaught Place steht nur noch das **Sunny Cyber Café** (N-Block, mittlerer Ring, 10–19 Uhr) fürs Internetsurfen zur Verfügung.

Visumverlängerung

Für eine Visumverlängerung muss man sich zum **Foreigners Regional Registration Office** (**FRRO,** 2. Stock, East Block 8, Secor, Rama Krishna Puram, Tel. 26195530, Mo–Fr 9.30–17.30 Uhr) im Süden Delhis begeben. Anträge werden aber eher selten bewilligt.

Medizinische Versorgung

■ Im Falle einer ernsten Erkrankung sollte man bei der **Botschaft** nach einer Arztadresse fragen.

■ Positive Erfahrungen haben viele Reisende mit dem **East West Medical Centre** (B-28 Greater Kailash I, New Delhi 110048, 37 Prithviraj Marg, Tel. 24699229, 2469 0429, www.eastwestrescue.com) im Süden der Stadt gemacht. Die Behandlung hier ist sicherlich nicht billig, doch bei der Gesundheit sollte man bekanntlich als Letztes sparen. Reisekrankenversicherungen werden akzeptiert und es wird mit der Deutschen Botschaft kooperiert, falls das nötig ist.

■ Weitere gute Adressen sind das **Apollo Hospital,** Mathura Rd. (Tel. 298710901, Notfall: 29872001/2012, www.apollohospdelhi.com, Metrostation Jasola Apollo), und das **All India Institute of Medical Sciences,** Ansari Nagar (Tel. 26588500/700, www.aiims.edu, Metrostation AIIMS).

■ Wer Zahnschmerzen und zudem ein gut gefülltes Portemonnaie hat, kann sich an folgende Adresse wenden: **Diplomatic Dental Centre,** B-71, Paschimi Marg, Vasant Vihar, N.D.-57 (Tel. 26147008).

■ Eine günstig gelegene, 24 Std. geöffnete Apotheke ist **Apollo Pharmacy** am Connaught Place, G-Block, beim Hotel The Marina.

Reisebüros

Speziell in der Umgebung der Tourist Offices bzw. um den Connaught Place treiben sich viele **Schlepper** herum, die einem Rundreisen per Mietwagen oder Billigflugtickets nach Nepal oder Europa andrehen möchten. Da sich viele schwarze Schafe darunter befinden, sollte man sich keinesfalls auf deren Werben einlassen. Je verlockender die Angebote klingen, desto größer ist die Gefahr, dass es sich um Betrügereien handelt.

■ Eine verlässliche Reiseagentur für Rundfahrten in ganz Indien sowie Flug- und Bahnticketbeschaffung und Autoanmietungen ist **Capital City Tours & Travels** (Tel. 29562097, (0)9990 001122, www.touring-india.com) mit ihrem Büro im Ajanta Hotel in der Arakashan Rd. nahe New Delhi Railway Station.

■ Eine gute, wenn auch etwas teurere Adresse ist das **Student Travel Information Centre (STIC,** G-55 Connaught Place, Tel. 462 06600, www.stictravel.com, 9.30–

18 Uhr geöffnet), wo Studentenermäßigungen erhältlich sind. Hier kann man seinen Studentenausweis erneuern lassen.

■ Im Pahar-Ganj-Viertel ist **Hans Travel Service** (Tel. 23327629) mit Filialen in mehreren Hotels seit Jahren eines der renommiertesten Reisebüros.

■ In Pahar Ganj und rund um den Connaught Place wird man ständig von jungen Männern angesprochen, die umherstreifende Touristen zu einem der Reisebüros in der Nähe locken wollen, welche auf **All-Inclusive-Touren nach Kashmir** spezialisiert sind. Es ist schwer, hier die Spreu vom Weizen zu trennen. Man sollte sich jedoch nur auf Erfahrungen anderer Reisender mit Reiseagenturen verlassen und die jeweilige Sicherheits- und Klimasituation vergegenwärtigen.

Weiterreise

Flug

Von Terminal 3 des neuen Flughafens **Indira Gandhi International Airport** (Tel. 0124-3376000, www.newdelhiairport.in) starten alle **nationalen und internationalen Flüge.**

Es macht keinen Sinn, Preise für **Inlandsflüge** anzugeben, da diese zum Teil erheblich schwanken. Bei vielen Fluggesellschaften ist die Buchung über die Websites billiger (siehe hierzu Kapitel „Reisetipps A–Z: Verkehrsmittel, Inlandsflüge"). **Check-In** für Inlandsflüge ist mindestens eine Stunde vor Abflug. Über aktuelle innerindische Flugverbindungen aller Airlines informiert www.yatra.com und www.cleartrip.com.

■ Ein **Taxi** zum Flughafen sollte für etwa 350 Rs zu bekommen sein, nach 23 Uhr kostet es 25 % mehr. Fahrten mit Taxis oder **Minibussen,** die von den Hotels für 300 Rs angeboten werden, fahren meist mit 3 bis 6 Fahrgästen los. Informationen zur **Metroverbindung** zwischen Flughafen und Innenstadt siehe „Stadtverkehr".

Einkaufsstraße in Old Delhi

006ra mb

Vom **Inter State Bus Terminus (ISBT)** verkehren Busse der Delhi Transport Corporation zum **Abflugterminal 3** des Flughafens über Kashmiri Gate, vorbei am Roten Fort, LNJB Hospital, New Delhi Railway Station (Gate 2 auf der Ostseite des Bahnhofs, nach Überqueren der Gleisbrücken vom Stadtteil Pahar Ganj aus erreichbar), Connaught Place über Parliament Street und Ashoka Rd.

Internationale Fluggesellschaften

- Außer **Nepal Airlines** (Connaught Bldg., E-9 Connaught Place, Mo–Fr 9.30–18 Uhr, Sa und So bis 16 Uhr, Tel. 41517121, (0)9811530789, www.nepalairlines.com.np) haben alle internationalen Airlines ihre Büros in Gurgaon und/oder am Flughafen.

Nationale Fluggesellschaften

- **Air India,** Safdarjang Airport, Aurobindo Marg, Tel. 24622220, 1407, 9–17.30 Uhr, www.airindia.in.
- **Jet Airways,** G-Block, Connaught Place, Tel. 3989333, 1800-225522, am Flughafen 25675404, Mo–Sa 9–21, So 9–18 Uhr, www.jetairways.com.
- **Spice Jet,** Tel. 1800-180-3333 (gebührenfrei), (0)9871803333, www.spicejet.com.
- **Jagson Air,** Vandana Bldg., 11 Tolstoy Marg, Tel. 23721593, Mo–Sa 9.30–18 Uhr.
- **Indigo Airlines,** Level 1, Tower C, Global Business Park, MG Road, Gurgaon, Tel. (0)9910383838, www.goindigo.in.

Bahn

Bahnfahrkarten sollten im speziell für Touristen eingerichteten **International Tourist Bureau** im 1. Stock des New-Delhi-Bahnhofs (rund um die Uhr geöffnet, Tel. 234 05156) gekauft werden. Zwar kann es auch im Tourist Bureau bis zu einer Stunde dauern, bis man an der Reihe ist. Doch dafür geht dort mithilfe der Wartenummer, die man am besten schon beim ersten Betreten des Raumes aus den dort hängenden Automaten zieht, alles wesentlich übersichtlicher und ruhiger über die Bühne. Man besorgt sich dann ein Reservierungsformular und füllt es beim Warten in den gemütlichen Polstersitzen aus. Hat man dabei Schwierigkeiten oder benötigt Informationen, sind die Bahnmitarbeiter sehr hilfsbereit. Die Zeit zwischen etwa 13.45 und 14.30 Uhr ist weniger empfehlenswert zum Ticketkauf, da von 14 bis 14.15 Uhr mehrere Schalter Mittagspause machen. Neben dem Eingang hilft ein Auskunftsschalter bei Fragen.

Jeder Ausländer hat beim Kauf eines Zugtickets seinen **Reisepass** vorzulegen. Wer in **Rupien** zahlen will, muss gelegentlich seinen Umtauschbeleg vorlegen. Zahlt man in **Euro oder Dollar,** wird der Restbetrag wiederum in Rupien ausgezahlt. Ist die weitere Reiseroute bereits genauestens durchgeplant, kann man **alle nötigen Fahrkarten** gleich hier erwerben, da es in anderen Städten oft ungleich aufwendiger ist, Tickets zu bekommen.

Wichtig ist es, darauf zu achten, von welchem Bahnhof der Zug losfährt. Außerdem sollte man sich rechtzeitig auf den Weg zum jeweiligen Bahnhof machen. Vom zentral gelegenen **New-Delhi-Bahnhof** dürfte es keine Probleme geben, aber speziell während der Hauptverkehrszeiten sollte man etwa eine Stunde Anfahrt von Connaught Place oder Pahar Ganj zur **Old Delhi Railway Station** veranschlagen. Einige wenige Züge fahren auch vom **Nizamuddin-Bahnhof** im Süden New Delhis und von **Sarai Rohilla** im Nordwesten ab. Wichtige **Verbindungen** finden sich im Anhang.

Erwähnt werden soll noch der von Delhi startende Luxuszug **Palace on Wheels,** der eine einwöchige Rajasthan-Rundreise unternimmt, sowie der **The Royal Orient,** der sehenswerte Ziele in Rajasthan und Gujarat anfährt. (Genaueres zu beiden Zügen im Kapitel „Reisetipps A–Z, Verkehrsmittel".)

Ticket-Service im Guest House

Wer sich das Anstehen für Zugtickets ersparen will und nicht auf jede Rupie schauen muss, dem sei der von vielen Guest Houses in Pahar Ganj angebotene Ticket-Service empfohlen. Für eine Gebühr von etwa 100 Rs pro Ticket wird einem der gewünschte Fahrschein besorgt, vorausgesetzt, es stehen noch Plätze zur Verfügung.

Bus

Wegen der hervorragenden Anbindung und des bequemeren Reisens setzen fast alle Touristen von Delhi aus die Fahrt mit dem Zug fort. Allerdings werden vom riesigen **Inter State Bus Terminus** (**ISBT,** Metrostation Kashmiri Gate) ca. 1 km nördlich der Old Delhi Railway Station beim Kashmiri Gate alle größeren Städte Nordindiens mit **Direktbussen** angefahren. Die einzelnen Bundesstaaten besitzen im vor Kurzem renovierten Bahnhofsgebäude ihre eigenen Büros, in denen man zwischen ca. 10 und 17 Uhr sein Ticket bis zu sieben Tage im Voraus buchen kann.

Die Abfahrtszeiten wichtiger Ziele von staatlichen Bussen sind unten angegeben. Da die Abfahrtszeiten der Busse Änderungen unterliegen, sollte man sich vor Ort nochmals beim Auskunftsschalter am ISBT unter Tel. 23860290 erkundigen. Zu einigen wichtigen Zielen wie Udaipur (Abf. tgl. 18 Uhr, über Jaipur) setzt DTC auch klimatisierte Volvo-Luxusbusse ein.

Neben der **Delhi Transport Corporation** (DTC, Tel. 23370210, www.dtc.nic.in) haben noch weitere Bundesstaaten Büros am ISBT-Busbahnhof: **Haryana Roadways** (Tel. 23868271, www.hatrans.gov.in), **Punjab Roadways** (Tel. 23868694, www.punbusonline.com), **Rajasthan Roadways** (Tel. 23864470, www.rstc.rajasthan.gov.in), **Uttar Pradesh Roadways** (Tel. 23235367, www.upsrtc.com).

Auch die meisten Guest Houses und Reiseagenturen in Pahar Ganj und um den Connaught Place verkaufen Fahrscheine für Luxusbusse privater Anbieter, z.B. nach Dharamsala (13 Std., 1.200 Rs) oder Agra (5 Std., 800 Rs). Man sollte sich jedoch vergewissern, ob diese wirklich in der Nähe der Unterkunft losfahren.

Wichtige Verbindungen vom ISBT (wenn nicht anders angegeben)

- **Agra:** halbstdl., 5 Std., 350 Rs, Super-Del. 500 Rs
- **Amritsar:** stdl., 10 Std., 500–650 Rs
- **Ajmer:** stdl., 9 Std., Exp. 400 Rs
- **Dharamsala/McLeod Ganj:** 15 Std., 650 Rs
- **Jaipur:** stdl., 5 Std., 350 Rs Sup.-Del., 470 Rs AC
- **Jodhpur:** 5 Busse, 13 Std., 400 Rs Exp., 500 Rs Del.
- **Ramnagar (Corbett-Nationalpark):** 5 Busse (6.45, 7.45, 9.10, 18.30, 20 Uhr), 6 Std., 170 Rs

Einige Busverbindungen auch nach Rajasthan, etwa nach Bharatpur sowie nach Agra, starten vom **Sarai Khale Khan ISBT** (Tel. 24358092, Rajasthan Roadways Tel. 24353731) im Südosten Delhis nahe dem Nizamuddin-Bahnhof. Über aktuelle Verbindungen informieren u.a. die Internetseiten www.goibibo.com oder www.redbus.in.

Vom **Bikaner House** (Pandara Rd., Metrostation Khan Market) südlich des India Gate fahren mehrere Luxusbusse von Rajasthan Roadways/Rajasthan State Transport Corp. nach **Jaipur** (stdl. Abfahrten, 5–6 Std. Fahrtzeit, Del/AC/Volvo 350/500/850 Rs), **Jodhpur** (1 Bus, 12 Std., Del./Super-Del./Volvo-Bus 500/820/1.500 Rs), **Ajmer** (3 Busse, 9 Std., Del./Volvo 400/1.100 Rs), **Udaipur** (1 Bus, 14 Std., Super-Del./Volvo 850/1.650 Rs). Von Jaipur luxuriöse Anschlussbusse zu Zielen in Rajasthan (siehe Jaipur, Weiterreise). Genaue Abfahrtszeiten und Verfügbarkeit von Plätzen können bei Rajasthan Roadways (Tel. 23383469, Bikaner House, und am ISBT, Tel. 2386 4470) erfragt werden. Frauen fahren mit Rajasthan Roadways generell 30 % günstiger.

030ra mb

Old Delhi – Köstlichkeiten am Straßenrand

2 Rajasthan

Der zweitgrößte Bundesstaat im Nordwesten des Subkontinents scheint alle Bilder vom Märchenland Indien in sich zu vereinigen. Schon in historischen Reiseberichten wird von der landschaftlichen Schönheit, dem sagenumwobenen Reichtum der Rajputen und den exotischen Farben geschwärmt.

[<] Keramikverkauf in der Altstadt von Jaipur

Rajasthan

SULEIMAN RANGE
1264
Jampur
Indus
Jatoi
Shahr Sultan
Lodhran
Bahawalpur
Harunabad
Raisinghnagar
Uch Sharif
Rajanpur
Ahmadpur East
Yazman
Anupgarh
PAKISTAN
Rojhan
Khanpur
Kashmor
Indus
Rahimyar Khan
Sadiqabad
WÜSTE THAR
Indira Gandhi Nahar
202
Bikaner
206
Devi Kund
Daharki
Mirpur Mathelo
206
Deshnok
196
Nokha
207
Nagaur
200
Lodhruva
200
Bada Bagh
Phalodi
185
Khimsar
201
Sam Sand Dunes
186
201
JAISALMER
Khuri
Pokaran
Mundawa
184
Osian
Rajasthan
184
Mandore
174
JODHPUR
Pipar
Salawas
Bilara
Rohet
Pali
Sojat
Barmer
Balotra
Bassi
975
166
Deogarh
Umarkot
233
Ahore
Jalor
164
Ranakpur
Sadri
162
Kumbhalgarh
Rajsamand
Nathwara
Bhinmal
1316
Sirohi
Pindwara
PAKISTAN
Sanchore
167
Mount Abu
162
Eklingji
ARAVALLI
Abu Road
Udaipur
Tharad
145
Deesa
Palanpur
RANN OF KUTCH
Khedbrahma
518
Siddhapur
Patan
Unjha
685
Vadnagar
167
Radhanpur
Harij
Visnagar
Dungarpur
518
546
LITTLE RANN
Modhera
Mahesana
Himatnagar
Bhuj
Bhachau
Modasa
Anjar
Kali
517
Gandhidham
Viramgam
Kalol
Gandhinagar

Hanumangarh
Sirsa
Fatehabad
Tohana
Narwana
Karnal
Deoband
Muzaffarnagar
Najibabad
Uttar
Pradesh
Suratgarh
Rawatsar
Hisar
Jind
Panipat
Shamli
Bijnor
Nohar
Bhadra
Hansi
Gohana
Baraut
MEERUT
Haryana
Sonipat
Rohtak
Modinagar
Bhiwani
18
Hapur
Taranagar
Rajgarh
DELHI
GHAZIABAD
Charkhi Dadri
Kotla
New Delhi
Bulandshahr
Sardarshahr
Gurgaon
Pilani
FARIDABAD
Churu
214
Bissau
Chirawa
209
Khurja
Ramgarh
Rewari
216
Ratangarh
211
Fatehpur
Jhunjhunu
Palwal
Dungargarh
SHEKHAWATI
Mandawa
218
Narnaul
Yamuna
Chhapar
Nawalgarh
ALIGARH
Sujangarh
Lakshmangarh
Kotputli
106
Kosi Kalan
Ladnun
217
Hathras
1052
775
Alwar
108
Vrindavan
Sikar
Jalesar
Didwana
Deeg
317
Mathura
298
109
Shahpura
Sikandra
AGRA
Sariska-Nationalpark
101
Bharatpur
104
319
Makrana
Kuchaman
80
Chomu
Keoladeo-Vogelschutzpark
Fatehpur Sikri
98
JAIPUR
Amber
Abhaneri
Parbatsar
Phulera
101
Dausa
Saganer
Dhaulpur
562
Hindaun
Merta
886
120
115
Kishangarh
Gangapur
Ambah
Lalsot
Pushkar
Ajmer
110
Karauli
Bari
Morena
Nasirabad
Nawai
Ranthambore-Nationalpark
Malpura
Joura
Aitaran
Banas
Chambal
448
Beawar
Tonk
Sabalgarh
GWALIOR
Sawai Madhopur
Kekri
Todaraisingh
Bijainagar
Madhya
Pradesh
Deoli
Shahpura
Lakheri
Sheopur
RANGE
133
Bhilwara
Bundi
Chambal
Shivpuri
145
Gangapur
Mangrol
129
Fort Begu
KOTA
132
Kolaras
Baran
140
Badoli
Kapasan
Chittorgarh
Rana Pratap Sagar
Parbati
Bamor
Guna
Chhabra
Chanderi
Nimbahera
Jhalawar
Neemuch
Gandhi Sagar
Ashoknagar
Bhindar
Rampura
Aklera
Bari Sadri
Bhawani Mandi
Bina-Etawa
Salumbar
Chachaura-Binaganj
Sironj
Mandsaur
Khilchipur
Biora
Basoda
Alot
485
Agar
Narsingarh
Banswara
Jaora
481
Vidisha
Berasia
476
Sanchi
485
Nagda
Shajapur
BHOPAL
Ratlam
Udayagiri-Höhlen
Ujjain
Shujalpur
Sehore

RAJASTHAN – IM REICH DER MAHARAJAS

NICHT VERPASSEN!

- **Jaipur** – die orientalisch anmutende Pink City mit ihrem sehenswerten Stadtpalast | 80
- **Amber** mit seiner beeindruckenden Palastalage | 98
- **Ranthambore** – einer der schönsten Nationalparks Indiens | 110
- **Pushkar** – hinduistischer Wallfahrtsort und Schauplatz des Pilgerfestes Pushkar Mela | 120, 122
- **Bundi** – rajputisches Kleinod mit verwinkelten Altstadtgassen | 133
- **Chittorgarh** – Trutzburg und Sinnbild der rajputischen Unabhängigkeit | 140
- **Udaipur** – romantische Stadt am Pichola-See | 145
- **Ranakpur** – Traum in Marmor | 164
- **Meherangarh Fort** in Jodhpur – eine märchenhafte Palastanlage | 175
- **Jaisalmer** – die Karawanenstadt in der Wüste Thar | 186
- **Kamelsafaris** durch die Wüste | 198
- **Mandawa** – ein Städtchen wie aus einer mittelalterlichen Filmkulisse | 211
- **Ramgarh** – Wüstendorf mit schönen Wandmalereien | 214
- **Nawalgarh** mit seinen über hundert Havelis | 218

Diese Tipps erkennt man an der gelben Hinterlegung.

Mit Gold und Juwelen geschmückte Paläste, Kamelkarawanen vor der Silhouette der untergehenden Sonne inmitten unendlicher Wüstenlandschaften, Frauen mit brokatüberzogenen Saris und Männer mit bunten Turbanen, uralte Karawanenstädte und einzigartige Festtagsumzüge mit geschmückten Elefanten, Gauklern und Musikern – das ehemalige Rajputana, Land der Königssöhne, weckt Fantasien von Tausendundeiner Nacht. Legendär ist der Stolz der Bewohner, die von sich behaupteten, von der Sonne, dem Mond und dem Feuer abzustammen.

Rajasthan gestern und heute

Der nach der Unabhängigkeit aus über 20 selbständigen Fürstentümern neu gegründete Bundesstaat Rajasthan ist mit seinen 57 Mio. Einwohnern trotz unübersehbarer Fortschritte besonders durch den Tourismus weiterhin **eine der rückständigsten Regionen Indiens.** Grund dafür ist vor allem die jahrhundertelange Ausplünderung der Bevölkerung durch verschwendungssüchtige Fürsten.

Neben der im Landesdurchschnitt immer noch besonders in den ländlichen Regionen **geringeren Alphabetisierungsrate** von 81 % der Männer und nur 53 % der Frauen ist eine weitere entscheidende Ursache für die schleppende wirtschaftliche Entwicklung des Landes in den ungünstigen geografischen Bedingungen zu finden. Über 57 % der Gesamtfläche Rajasthans nimmt die landwirtschaftlich nur sehr begrenzt nutzbare **Wüste Thar** ein. In dieser äußerst regenarmen westlichen Region Rajasthans, in der der Monsun oft jahrelang ganz ausbleibt, muss über die Hälfte der Bevölkerung ihren kargen Lebensunterhalt durch **Viehzucht** verdienen, wobei das Kamel ein immer noch übliches Arbeitstier ist.

Begrenzt wird die Wüste Thar im Osten durch das **Aravallis,** die älteste Gebirgskette der Erde, die Rajasthan in der Mitte durchschneidet und als natürliche Klimascheide fungiert. Die im Osten und Süden des Gebir-

302ra tb

ges gelegenen Landesteile sind weitaus regenreicher als der karge Westen und können als Ackerland genutzt werden. Dort werden vornehmlich Hirse, Mais und Weizen angebaut. Das einzige bedeutende Industriegebiet Rajasthans konzentriert sich im Südosten um die Stadt Kota.

Dabei ist es gerade die bis heute geringe industrielle Erschließung und das dadurch bedingte Überleben traditioneller Lebensformen, die die eigentliche Faszination Rajasthans vor allem bei westlichen Touristen ausmacht. Natürlich ist der in Indien deutlich spürbare Wandel auch am Land der Königssöhne nicht spurlos vorbeigegangen, doch noch immer bieten sich dem Besucher Bilder unvergleichlicher Schönheit. So ist Rajasthan heute zu Recht der mit Abstand **meistbesuchte Bundesstaat Indiens,** wobei die Zahl der zu besichtigenden Ziele schier unerschöpflich ist. Letztlich ist es fast egal, ob man sich nun in die märchenhafte Wüstenstadt Jaisalmer aufmacht, ins romantische Udaipur, zum atemberaubenden Meharangarh Fort nach Jodhpur oder in die touristisch noch relativ unentdeckte und gerade deshalb um so faszinierendere Shekhawati-Region – hier wie dort gilt: Rajasthan ist märchenhaft schön.

Tee und Gebäck am Ende eines langen Tages in der Wüste

Rajasthan per Mietwagen

Unser Tipp: Wegen der geringen Entfernungen der einzelnen Städte eignet sich Rajasthan besonders gut, um mit einem Mietwagen (inkl. Fahrer) erkundet zu werden. Auf diese Weise kann man nicht nur relativ viele Orte innerhalb kurzer Zeit besuchen, sondern auch in den landschaftlich schönen Gebieten anhalten lassen, wo es einem gerade gefällt. Mit 15.000 Rs für eine 14-tägige Rajasthan-Tour mit Delhi als Ausgangs- und Endpunkt halten sich die Kosten durchaus in Grenzen, zumal dann, wenn man sie sich mit mehreren Personen teilt. Ausführliche Informationen zu Mietwagen finden sich im Kapitel „Praktische Reisetipps A–Z" unter „Verkehrsmittel".

Jaipur

– rosarote Schönheit

Rosarote Märchenpaläste, mit Menschen und Waren überfüllte Basare, Elefanten und Kamele, die gemächlich durch die quirligen Straßen marschieren – in Jaipurs **orientalisch anmutender Altstadt** ist das Klischee vom malerischen Indien Wirklichkeit. Die **Hauptstadt Rajasthans** mit ihren ca. 3,5 Mio. Einwohnern ist aufgrund der geografischen Nähe zu Delhi und einer hervorragenden touristischen Infrastruktur die nach Delhi und Agra meistbesuchte Stadt Indiens. Die verspielte **Mogularchitektur der „Pink City"** mit eher in Ocker-Orange als Rosa getauchten Häuserfassaden, zusammen mit den weitläufigen, boulevardähnlichen Straßen voll orientalischer Lebensfülle fasziniert Reisende seit jeher. „Fast könnte man glauben, diese Stadt sei der üppigen Fantasie eines Dichters entsprungen", notierte der Italiener *Luciano Magrini,* der Jaipur in den 1920er Jahren besuchte.

Shilpa Shastra und Prinz *Albert* sind dafür verantwortlich, dass Jaipur heute **eine der beeindruckendsten Städte Indiens** ist. Shilpa Shastra ist nicht etwa ein rajputischer Herrscher, sondern ein altes indisches Lehrbuch der Baukunde und *Albert* nicht irgendein britischer Adliger, sondern der spätere König *Edward VII.*

Als sich *Sawai Singh II.* nach dem Tod *Aurangzebs* (1707) und dem dadurch eingeleiteten Niedergang der Mogulherrschaft dazu entschloss, das alte, 700 Jahre als Hauptstadt dienende Amber zu verlassen und seine neue Metropole elf Kilometer weiter südöstlich zu errichten, wollte er seine neugewonnene Unabhängigkeit auch dadurch dokumentieren, dass er sie entsprechend den Regeln des Shilpa Shastra errichten ließ. Von der Lage der Stadt über die Breite der Haupt- und Nebenstraßen bis zur Zuordnung der verschiedenen Kasten auf die einzelnen Stadtteile ist dort jedes Detail genauestens festgelegt. So entstand eine für indische Verhältnisse im Grunde ganz untypische **Reißbrettstadt** mit sehr breiten, rechtwinklig aufeinander zulaufenden Straßen, die in neun Blöcke unterteilt ist und von einer sechs Kilometer langen, zinnengekrönten Stadtmauer umschlossen ist.

Als Prinz *Albert* anlässlich eines Staatsbesuchs 1876 nach Jaipur kam, wurden ihm zu Ehren alle Häuser der Altstadt mit der Begrüßungsfarbe Rosa-Orange gestrichen. Seither ist die Altstadt nahezu unverändert geblieben – und wird es auch bleiben, da sie unter Denkmalschutz steht.

Um etwaigen Enttäuschungen vorzubeugen, sollte man sich im Klaren sein, dass in den Außenbezirken all die negativen Aspekte einer indischen Großstadt wie Luftverschmutzung, Lärm und Zweckbauten das Bild bestimmen. Der Charme der Stadt entfaltet sich, abgesehen von einigen Prachtbauten und den Jaipur umgebenden Forts, hauptsächlich in der ummauerten Altstadt. Als Ruheort der Stadt entwickelt sich der **Ram Bagh/Central Park** mit großen Rasenflächen, in dem Jogger mit robusten Lungen eine Laufstrecke finden.

Geschichte

Flagge zeigen, das bedeutet bei den Maharajas von Jaipur mehr als bei allen anderen Herrschergeschlechtern Rajasthans auch heute noch, ihre Besonderheit zu dokumentieren. Als Zeichen der Anwesenheit des Herrschers flattert über dem Stadtpalast von Jaipur zusätzlich zur üblichen mit dem Herrschaftssymbol versehenen Flagge ein weiterer kleiner Wimpel, genau ein Viertel so groß: *Sawai* – ein und ein Viertel, ein Ehrentitel, der *Jai Singh II.*, dem Gründer Jaipurs, bei seinem Antrittsbesuch vom Großmogul *Aurangzeb* in Delhi auf Grund seiner besonderen Leistungen verliehen wurde und der den Führungsanspruch gegenüber den anderen Rajputenstaaten begründen sollte.

Doch schon lange vorher waren die **Kachwahas von Amber,** deren Herrschergeschlecht *Sawai Udai Singh II.* entstammte, durch besonders enge Beziehungen zu den Moguln zu Ehre und Wohlstand gelangt. Während andere Rajputenstaaten durch fortwährende Unabhängigkeitskämpfe gegen die Herrscher von Delhi geschwächt wurden (Chittorgarh, Udaipur), war es *Raja Biharimal* aus dem Hause Amber, der 1556 als erster Rajputenfürst seine Tochter Kaiser *Akbar* zur Frau gab, wofür er und all seine Nachfolger mit lukrativen Posten als Generäle bzw. Gouverneure belohnt wurden. So entwickelten sich die Kachwahas schnell zu einem der mächtigsten Rajputengeschlechter, und die Palastanlage in Amber vermittelt auch heute noch einen lebendigen Eindruck ihres scheinbar unermesslichen Wohlstandes.

Daran sollte sich auch nach dem Niedergang der Moguln nichts ändern und so konnte *Sawai Jai Singh II.* an dem von Astrologen festgelegten Datum vom 27.11.1727 den Grundstein für seine neue Hauptstadt Jaipur legen. Auch weiterhin verstanden es die Kachwahas durch geschickte Diplomatie, ihre führende Stellung unter den Rajputenfamilien zu wahren. So standen sie Mitte des 18. Jh. bei der Niederschlagung der indischen Unabhängigkeitsbewegung ebenso auf seiten der Briten wie während des Zweiten Weltkrieges, als der Maharaja von Jaipur als Major in Italien kämpfte. Erst zwei Jahre nach der Unabhängigkeitserklärung wurde Jaipur Mitglied der Indischen Union.

Sehenswertes in der Altstadt

Im Grunde ist die in ihrer Architektur seit der Gründung vor fast 300 Jahren kaum veränderte Innenstadt von Jaipur ein einziges Gesamtkunstwerk. Dementsprechend gehört das Schlendern durch die von pulsierendem Leben erfüllten Gassen zu einem der schönsten Erlebnisse in der Stadt. Besonders beeindruckend wirkt die Altstadt am Spätnachmittag, wenn die Häuserfassaden mit ihren winzigen Fenstern, bogenförmigen Eingängen, geschwungenen Balkonen und Kuppeldächern im Licht der tief stehenden Sonne in einem satten Ocker-Orange erstrahlen.

Unübersehbar ist jedoch auch die in letzter Zeit rasant voranschreitende Verwestlichung und Modernisierung im täglichen Leben der Inder. So gehört das bis vor wenigen Jahren selbstverständliche Bild der vorbeiziehenden Kamelkarren mit ihren stolzen, turbangeschmückten Antreibern inzwischen fast der Vergangenheit an. Dafür bestimmen neben den nach wie vor die Straßen verstopfenden Fahrradrikshas immer mehr Pkw, Motorroller und Busse die Szene. Dazu passt es, dass neben traditionellen Produkten wie Gewürzen, Schmuck, Textilien, Gemüse und Obst zunehmend Fernseher, Handys, Klimaanlagen und Autoersatzteile angeboten werden. Dieses Nebeneinander von alt und neu verdeutlicht den für ganz Indien charakteristischen Wandlungsprozess von einer agrarischen Dorfgesellschaft zu einer mobilen, zukunftsorientierten Industrie- und Dienstleistungsgesellschaft.

Rundgang

Im Labyrinth der Altstadtgassen verliert man schnell die Orientierung. Wer sich zunächst einen Überblick verschaffen möchte, bevor er sich treiben lässt, dem sei der folgende Rundgang empfohlen. Beginnen wir beim **Singh Pol,** einem jener sieben Eingangstore der Altstadt, welches noch bis zum Anfang dieses Jahrhunderts abends verschlossen wurde. Das sieben Meter hohe und drei Meter dicke Tor hinterlässt mit seinen Türmchen, Balkonen und Schießscharten einen burgähnlichen Eindruck. Mit der rosafarbenen Bemalung und dem bunten Treiben drumherum bildet es ein hübsches Fotomotiv.

Entlang des sich nördlich anschließenden **Khajane Walon Ka Rasta** finden sich zahlreiche **Marmorgeschäfte** und Werkstätten. Die ursprüngliche Einteilung der Altstadt in sogenannte *mohallas*, in denen, ähnlich den mittelalterlichen Zünften in Europa, bestimmten

Handwerks- und Händlerschichten spezielle Viertel zugeteilt waren, ist hier noch gut zu erkennen.

Begibt man sich an der Kreuzung des **Chand Pol Bazar** nach rechts, so gelangt man nach wenigen Hundert Metern zum breiten **Chhoti Chaupar.** Dies ist eine von drei großen Kreuzungen, an denen die Hauptstraßen der Altstadt aufeinander treffen. Die an den Straßenständen von der Dorfbevölkerung der Umgebung feilgebotenen Früchte und die Blumenhändler bieten ein farbenprächtiges Bild.

Unser Tipp: Ein idealer Ort, um dieses einzigartig bunte, chaotische Treiben aus erhöhter Perspektive zu beobachten, ist ein kleiner, als solcher kaum erkennbarer Tempel an der nordwestlichen Ecke des Platzes **Chhoti Chaupar.** Über zwei Treppenaufgänge gelangt man zu einer Plattform (10 Rs Eintritt), von der aus sich eine faszinierende Aussicht bietet.

Neben der oberhalb der Stadt gelegenen Festung Nahargarh Fort fällt der Blick auf das **Iswari Minar Swarga Sal,** das westlich vom Tripolia Gate gelegene, höchste Gebäude innerhalb der Altstadt. Das **Minarett** kann zwischen 9 und 16.30 Uhr über eine Wendeltreppe bestiegen werden (Eintritt 20 Rs, Zugang entweder hinter den Geschäften des Chand Pol Bazar in eine Gasse 50 m westlich des Minaretts oder durch das Atishpol, den Zugang zum City Palace 150 m östlich des Minaretts, von dort nach Westen). Herrliche Ausblicke über ganz Jaipur belohnen die Mühe. Erbauer dieses „Minarettes, das den Himmel durchstößt" war *Maharaja Iswari Singh*. Ganz im Gegensatz zu seinem Vater *Jai Singh*, dem Gründer Jaipurs, ging er als schwächlicher Herrscher in die Stadtchronik ein, der seinem Leben durch Selbstmord mittels Schlangebiss ein Ende setzte, um dem Zugriff durch die anrückende Marathen-Armee zu entgehen. Bei seiner Einäscherung 1853 ließen sich 21 Ehefrauen auf dem Scheiterhaufen mitverbrennen.

Kurz hinter dem Minarett gelangt man durch das Tripolia Gate nach wenigen Hundert Metern zum Observatorium Jantar Mantar (s.u.). Zurück zum Tripolia Bazar, entlang zahlreicher Geschäfte, deren Angebotspalette von Küchenutensilien über Eisenwaren bis zu kleinen Götterfiguren reicht, gelangt man zum **Badi Chaupar.** In der Mitte dieser großen Kreuzung befindet sich ein bereits von Jai Singh angelegter Springbrunnen, der von einem unterirdischen Leitungssystem gespeist wurde. Geht man nach links, also in nördlicher Richtung vom Badi Chaupar, so steht man nach wenigen Metern vor der Fassade des Palastes der Winde (Hawa Mahal, s.u.). Lange wird man hier jedoch wegen der aufdringlichen Bettler und Händler kaum verweilen.

Die Gassen entlang des südlich vom Badi Chaupar verlaufenden **Johari Bazar** sind die traditionelle Heimat der berühmten **Gold- und Silberschmiede.** Über 50.000 Menschen sollen auch heute noch in der Edelsteinverarbeitung Jaipurs, die weltweiten Ruhm genießt, arbeiten. Allerdings befinden sich unter den hier ansässigen Juwelieren auch zahlreiche schwarze Schafe, die sich besonders auf ahnungslose westliche Touristen spezialisiert haben. Also Vorsicht! Wer sich zwischendurch ein wenig stärken will, der sollte sich am Stand vor dem LMB-Restaurant mit einem leckeren *samosa* oder *pakora* verköstigen. Der Johari Bazar wird flankiert von unzähligen Stoffgeschäften, die mit ihren großen, bunten, zur Straße hängenden Decken und Tüchern besonders farbenprächtig erscheinen.

Äußerst fotogen ist auch das am südlichen Ende des Johari Bazar gelegene **Sanganeri Gate.** Biegt man vor dem Stadttor nach rechts, gelangt man zu den besonders bei Rajputenfrauen beliebten Geschäften entlang des **Bapu Bazar** mit vielen Seiden-, Sari- und Schmuckgeschäften. Vorbei am **New Gate,** bei welchem sich auf der anderen Seite der M.I. Road zwei weitere Sehenswürdigkeiten befinden – der Ram Niwas Garden und das darin gelegene Central Museum (s.u.) – führt der Weg über den **Nehru Bazar** zurück zum Singh Pol, dem Ausgangspunkt des Rundgangs.

012ra mb

Palast der Winde (Hawa Mahal)

Obwohl kaum mehr als eine **Fassade,** hinter der sich nur ein **Treppenaufgang** verbirgt, gilt der Palast der Winde heute als das Wahrzeichen Jaipurs und gehört zu den meistfotografierten Gebäuden Indiens. Wie ein überdimensionaler, steinerner Fächer wirkt der Hawa Mahal, und tatsächlich hat er neben dem Aussehen auch einige Funktionen des Fächers wie die des Verbergens übernommen. Das 1799 von *Maharaja Pratab Singh II.* errichtete, fünfstöckige, mit 953 Nischen und Fenstern versehene Bauwerk diente einzig und allein dazu, den Haremsdamen den Ausblick auf die pompösen Festumzüge zu ermöglichen, ohne selbst gesehen zu werden. Damit ist der Palast der Winde wohl das beste Symbol für den verschwenderischen Lebensstil der Rajputenfürsten. Ein Luftschloss im wahrsten Sinne des Wortes mit seinen winddurchzogenen Erkern und Balkonen (daher der Name, der eine weitere Anlehnung an die Idee des Fächers erkennen lässt), das auch durch den Ausblick auf die sich darunter ausbreitende Altstadt bzw. auf die weitläufige, ein Siebtel der gesamten Altstadtfläche einnehmende Palastanlage beeindruckt.

Auf der dem Hawa Mahal gegenüberliegenden Straßenseite versuchen einige clevere Geschäftsleute, die günstige Lage ihrer Läden zu versilbern, indem sie Touristen das Dach ihres Geschäftes als ideale Aussichts- und Kameraplattform angeblich kostenlos zur Verfügung stellen – selbstverständlich nicht, ohne später um so nachdrücklicher auf einen Besuch ihres „very, very cheap and nice" Geschäftes zu drängen.

Der Eingang zum Palast der Winde liegt etwas versteckt auf dessen Rückseite und ist nicht leicht zu finden. Man erreicht ihn, indem man zunächst zur links des Palastes gele-

Sanganeri Gate

Jaipur

Unterkunft
1 Om Niwas
2 Shahpura House
3 Hotel Meghniwas
4 Hotel Madhuban
5 Anuraag Villa
6 Tara Niwas
8 Alsisar Haveli
9 Ganpati Vishnu Guest House
10 Prity Guest House
11 Saba Haveli
14 Jai Niwas
15 Hotel Arya Niwas
16 Jwala Niketan, Karni Niwas
23 Sunder Palace
25 Hotel Pearl Palace
26 Pearl Palace Heritage
27 Jai Mahal Palace Hotel
41 The Oberoi Raj Vilas
42 Hotel Diggi Palace
43 Narain Niwas Palace Hotel
44 Rambagh Palace

Einkaufen
18 Jodhpur Tailors
25 Silver Shop, Inde Rooh
29 Mojari
30 Anokhi, Crossword
34 Khadi Ghar
37 Rajasthali
46 Gaurav Tower

Essen und Trinken
13 Midtown Restaurant
15 Arya Niwas
22 Baskins & Robbins
24 Chocolate Boutique
25 Peacock Restaurant
30 Little Italy, Anokhi Café
31 Four Seasons
32 Handi, Copper Chimney
34 Lassiwala
35 Indian Coffee House
36 Restaurant Natraj, Jal Mahal Café, Surya Mahal, Bake Hut
38 Ganesh Restaurant
39 LMB
44 Rambagh Palace
45 Indian Spice

Verkehr
7 Central Bus Station, Riksha Prepaid Stand
12 Busse nach Amber
19 Ganpati Tower (Travel Care, Jet Airways)
20 Railway Reservation Office
21 Rajasthan Royal Tour
40 Rajasthan Auto Center
46 Air India

genen Hauptkreuzung geht, sich dort nach rechts wendet und nach wenigen Metern wieder nach rechts in eine kleine, von einem Torbogen überspannte Gasse einbiegt. Nach etwa 30 Metern liegt auf der rechten Seite der Eingang.

Öffnungszeiten: tgl. außer Mo und Fr 9–17 Uhr, Eintritt 50 Rs, Audioguide 110 Rs, Führer 200 Rs, Tel. 2618862. Wer die Fassade gänzlich im Sonnenlicht erleben möchte, sollte im Winter vor 10 Uhr morgens kommen.

Freiluftobservatorium Jantar Mantar (Weltkulturerbe)

Die vielen beim Bau Jaipurs zu verzeichnenden Abweichungen gegenüber den Vorschriften des Shilpa Shastra rühren in erster Linie daher, dass die Stadt beim Tode *Jai Singhs* noch nicht fertiggestellt war und seine Nachfolger sich wenig um dessen Konstruktionspläne kümmerten – angeblich sollen sie später als Packpapier zweckentfremdet worden sein.

Für eine zentrale Veränderung war der Stadtgründer allerdings selbst verantwortlich, ließ der begeisterte Astrologe doch in der Mitte der Stadt nicht, wie im Shilpa Shastra vorgegeben, einen Tempel, sondern eine Sternwarte errichten. Von den insgesamt fünf von *Udai Singh* errichteten Observatorien ist dieses zwischen 1728 und 1734 erbaute, im Jahr 1901 restaurierte das beeindruckendste. Es gilt zudem als das größte steinerne Observatorium der Erde.

Einen seltsam faszinierenden Eindruck vermitteln die einzelnen, verstreut liegenden kubischen Konstruktionen, erscheinen sie doch futuristisch und archaisch zugleich. Überhaupt ist der von der Anlage ausgehende ästhetische Reiz weitaus höher einzuschätzen als der wissenschaftliche Wert der meisten **aus Marmor und Sandstein gefertigten Messinstrumente.** So fußte ein grundsätzlicher Konstruktionsfehler in der fälschlichen Annahme, dass mit der Größe der Geräte auch deren Messgenauigkeit zunehmen würde. Das genaue Gegenteil ist jedoch der Fall, wie sich vor allem beim größten Instrument der Anlage, der über 30 Meter hohen **Sonnenuhr,** zeigte, da deren Schatten zu weit und dementsprechend ungenau gestreut wird. Sehr genaue Informationen vermittelte dafür das ausgeklügelte, futuristisch anmutende Jai Prakash Yantra.

Da die Funktionsweise der einzelnen Instrumente auf Informationstafeln erklärt wird, ist es nicht nötig, die Dienste eines Führers in Anspruch zu nehmen. Im Bedarfsfall kann

020ra mb

man sich einer der vielen Gruppenführungen anschließen. Schließlich werden vor dem Observatorium diverse Bücher angeboten, die detailliert jedes einzelne Instrument erklären.

Öffnungszeiten: tgl. von 9 bis 16.30 Uhr, Eintritt 200 Rs inkl. Kamera, Audioguide 150 Rs. Ein empfehlenswerter Guide kann für 200 Rs gebucht werden.

Stadtpalast

Kaum anschaulicher könnte das gewandelte machtpolitische Selbstbewusstsein der Rajputen nach dem durch Aurangzebs Tod eingeleiteten Niedergang der Mogulherrschaft zutage treten als beim Vergleich zwischen dem alten Palast der Kachwahas in Amber und dem neuen, von Udai Singh errichteten in Jaipur. Nun hatte man es nicht mehr nötig, seine Palastanlagen auf einem Bergrücken zu erbauen, sondern konnte sich in der Ebene ansiedeln. Nicht mehr der festungsartige, wehrhafte Unterbau, sondern das ebenerdige Nebeneinander der einzelnen Gebäudeteile kennzeichnete von nun an alle neuerbauten Rajputenpaläste.

Dabei zeigt sich, wie geschmacksbildend der **Mogulstil** nach über fünfhundertjähriger Fremdherrschaft auf die Maharajas gewirkt hatte. Darüber hinaus vermittelt der Rundgang durch die verschiedenen Räume, Hallen, Säle und Innenhöfe des Stadtpalastes von Jaipur einen lebhaften Eindruck vom legendären Reichtum der Herrscherfamilien Rajasthans.

Zunächst betritt man mit dem **Mubarak Mahal** („Willkommenspalast") einen großen, quadratischen Innenhof, in dessen Mitte ein schönes zweistöckiges Marmorgebäude steht, welches früher als königliches **Gästehaus** diente. Heute werden hier vornehmlich Kleider und Schmuck der königlichen Familie ausgestellt. Die über und über mit Gold und Edelsteinen besetzten Gewänder zeigen anschaulich den märchenhaften Reichtum der Herrscher von Jaipur. Schwer zu tragen hatte im wahrsten Sinne des Wortes der Maharaja *Madhu Singh I.*, der mit seinen 250 kg Lebendgewicht eine Gürtelweite von 1,80 Metern benötigte. Was zu viel ist, ist zu viel, und so starb der dicke Herrscher bereits im Alter von 32 Jahren.

Die frühere **Residenz der Maharani,** im Südwesten des Hofes gelegen, beherbergt heute das bestausgestattete **Waffenmuseum** ganz Indiens. Wer die Vielfalt der unter Verwendung edelster Materialien bis ins letzte Detail filigran gearbeiteten Waffen gesehen hat, kann sich im Grunde alle weiteren Waffenschauen in den anderen Palastanlagen Rajasthans schenken.

Ein von zwei Marmor-Elefanten flankiertes **Bronzetor** führt vom Mubarak Mahal in einen zweiten Hof mit einer **privaten Audienzhalle** in der Mitte (Diwan-e-Khaz), in welcher der Maharaja seine Minister empfing. Geschmückt wird sie von den zwei größten Silbergefäßen der Welt, je 345 kg schwer, die der Maharaja *Madhu Singh II.* in mehrjähriger Arbeit unter enormem Kostenaufwand einzig und allein zu dem Zweck fertigen ließ, 9.000 Liter Gangeswasser zur Krönung *Edwards II.* nach England zu transportieren. Wie sich die Zeiten ändern: Heute begnügt sich der Herrscher von Jaipur mit Leitungswasser, das freilich aus goldenen Wasserhähnen fließt.

Links von der Audienzhalle führt ein Tor zum **Pitam Niwas Chowk,** einem kleinen Innenhof mit reich verzierten, die vier Jahreszeiten symbolisierenden Toren. Darüber erhebt sich der siebengeschossige, mit seinen vorspringenden Erkern und Pavillons deutlich von Mogularchitektur geprägte **Chandra Mahal,** in dem sich heute die Privatgemächer der Maharaja-Familie befinden. Ein ca. 45-minütiger Rundgang (zwischen 9.30 und 17 Uhr möglich) durch bestimmte Teile dieses ansonsten nicht zugänglichen Palastbereichs kostet 2.500 Rs.

Wieder zurück zum Diwan-e-Khaz, findet sich auf der rechten Seite der Eingang zur öf-

◁ Hawa Mahal, der Palast der Winde – Jaipurs Wahrzeichen

fentlichen Audienzhalle (Diwan-e-Am) mit monumentalen Kronleuchtern, Wandbehängen und Elefantensänften (*haudas*) in der Mitte. Sie beherbergt auch eine handgeschriebene Miniaturkopie der kompletten „Bhagvad Gita“ und anderer heiliger hinduistischer Schriften. Diese sollte im Falle des Falles vor dem Zugriff des islamischen Herrschers *Aurangzeb* versteckt werden können, der mit hinduistischen Heiligtümern nie zimperlich umgegangen ist.

■ **Öffnungszeiten:** tgl. von 9.30 bis 16.45 Uhr, Tel. 4088888, Eintritt 400 Rs inkl. Audioguide und Kamera, Video 200 Rs. Die zwei Tage gültige Eintrittskarte berechtigt auch zum Besuch des Jaigarh Fort oberhalb des Amber Fort.

Außerhalb der Altstadt

Ram-Niwas-Park und Central Museum

Verlässt man die Altstadt durch das Saganer Gate und überquert die Mirza Ismail Road, gelangt man zu dem ausgedehnten Ram-Niwas-Park. Zwar ist das Areal nicht gerade sonderlich einfallsreich gestaltet, doch dafür bietet es genug Platz, Ruhe und frische Luft zum Ausruhen. Für indische Verhältnisse relativ tierfreundlich ist der auf dem Parkgelände beheimatete **Zoo** gestaltet.

Im Süden des Ram-Niwas-Parks steht die **Albert Hall,** ein beeindruckendes Gebäude im indo-sarazenischen Stil, das wie so viele andere Prunkbauten Jaipurs aus Anlass des Besuches des Prince of Wales erbaut wurde. Heute beherbergt es das **Central Museum,** in dem neben archäologischen Funden und hübschen kunsthandwerklichen Arbeiten aus Rajasthan (Tonarbeiten, Schmuck, Kostüme) auch persische Teppiche aus dem 17. Jh. und eine ägyptische Mumie ausgestellt sind.

■ **Öffnungszeiten** des Museums: tgl. 9.30 bis 17 Uhr, Tel. 2570099, Eintritt 300 Rs, Audioguide 171 Rs, Fotografieren verboten.

SRC Museum of Indology

Das Museum für Indologie am Ende einer von der Nehru Rd. abgehenden Straße (Gangwell Park, Prachyavidia Path) beherbergt ein wildes Sammelsurium von Artefakten und Gebrauchsgegenständen, die einen Einblick in das **Jaipur vergangener Jahrhunderte** erlauben. Von Streichholzschachteln über Miniaturmalereien und Kunsthandwerk bis zu religiösen Texten und einer Handschrift *Aurangzebs* reicht die Palette dieser einzigartigen Sammlung eines Privatiers, die durch die faktenreiche Führung noch gewinnt.

■ **Öffnungszeiten:** 8–18 Uhr, Eintritt 100 Rs.

Nahargarh Fort zum Sonnenuntergang

Unser Tipp: 1734 ließ *Jai Singh* das spektakulär auf einem Felsrücken platzierte **„Tigerfort“** als eine Art überdimensionalen Wachturm 200 m über der Stadt errichten. Von hier konnten eventuell anrückende Feinde frühzeitig gesichtet und bekämpft werden. Wenn auch von den einzelnen Bauten der 1868 restaurierten und erweiterten Festungsanlage kaum Sehenswertes erhalten geblieben ist, so lohnt der Ausflug (entweder über die 8 km lange Zufahrt oder einen 2 km langen, gewundenen Fußweg) allein wegen des sehr schönen Panoramablickes auf Jaipur und Umgebung. Wer sich etwa eine Stunde vor Sonnenuntergang einfindet, erlebt, wie die Millionenstadt sich nach und nach in ein **Lichtermeer** verwandelt. Das ganze wird untermalt von den in der Ferne ertönenden Gesängen der Muezzine – magisch!

■ **Öffnungszeiten:** 10–17.30 Uhr, Eintritt 200 Rs, Tel. 5148044. Die angeschlossene Cafeteria ist 10.30–22.30 Uhr geöffnet. Weibliche Besucher sollten sich dort zu später Abendstunde nicht allein aufhalten.

Praktische Tipps

Information

- **Vorwahl:** 0141
- Von den zahlreichen Touristenbüros Jaipurs ist das rund um die Uhr geöffnete **RTDC Office** (Tel. 2200778, 24 Std. erreichbar, www.rajasthantourism.gov.in) auf Bahnsteig 1 im Bahnhof das beste. Hier ist auch die informative „City Guide Map Jaipur" mit einem sehr übersichtlichen Stadtplan, zahlreichen Adressen und einer knappen Beschreibung der wichtigsten Sehenswürdigkeiten erhältlich. Außerdem ist man bei der Vermittlung von Unterkünften bei Familien *(Paying Guest Houses)* behilflich.
- Etwas schleppend geht es beim **RTDC Tourist Reception Centre** (Sardar Patel Marg, Tel. 5155137, Mo–Fr 9.30–18 Uhr) zu. Weitere Zweigstellen beim Amber Fort (Tel. 2530264), am Busbahnhof und am Flughafen (Tel. 2722647).
- Weniger empfehlenswert ist das **IndiaTourism-Büro** auf dem Gelände des Hotels Khasa Kothi (Tel. 2372200, Mo–Fr 9.30–18, Sa 9.30–13.30 Uhr).
- Staatlich geprüfte **Stadtführer** können über das RTDC Office am Bahnhof oder über IndiaTourism gebucht werden. 8 Std. kosten für bis zu 4 Pers. 400 Rs, 4 Std. 280 Rs bzw. 530/400 Rs bei bis zu 15 Pers.
- Eine verlässliche und preiswerte Reiseagentur für Rundreisen in Rajasthan ist **Rajasthan Royal Tour** (New Loco Hasanpura, nahe G.M. Nursing Home, Tel. 2220146, (0)9929139781, www.rajasthanroyaltour.com).
- Über aktuelle Veranstaltungen, Konzerte und Lifestyle etc. informiert **www.whatshot.in/jaipur.**

Touristenpolizei

- Als speziell für Touristen zuständige Polizei ist die **Tourist Assistance Force** am Bahnhof, am Busbahnhof, an mehreren Sehenswürdigkeiten und am Flughafen stationiert.

Stadtverkehr

Riksha

- Vom Bahnhof zum Hawa Mahal, zur M.I. Rd. oder zur Albert Hall sollte es mit der Fahrradriksha etwa 50 Rs kosten, mit der Autoriksha höchstens 80 Rs. Zum 13 km vom Zentrum entfernten Flughafen sind bis zu 250 Rs zu zahlen. Für eine halb-/ganztägige Stadtrundfahrt sollten 350/500 Rs anfallen, wofür jedoch feilschen nötig ist. Nach Galta kostet es 140 Rs, wer über die schönere Südroute anreist, zahlt 50 Rs mehr. Ganz früh morgens und spät abends zahlt man um 25 % mehr.

Jaipurs Rikshafahrer gelten neben denen in Agra und Varanasi als die unangenehmsten Vertreter ihrer insgesamt nicht gerade hoch angesehenen Zunft. Auch bei ihnen meint man, eine Registrierkasse in den Augen rattern zu sehen, wenn sie einen der zahlreichen Touristen erspähen. Man sollte grundsätzlich jene meiden, die sich auf westliche Besucher spezialisiert haben und sich gar nicht mehr am normalen Fahrbetrieb beteiligen. Vor allem bei der Ankunft am Bahnhof wird man von ihnen bedrängt, da sie sich eine saftige Hotelkommission versprechen, meist mit dem Angebot: „10 Rs anywhere". Oft weigern sie sich standhaft, eine Unterkunft anzufahren, die nicht am florierenden Schleppergeschäft beteiligt ist. Am Bahnhof und Busbahnhof sollte man auf jeden Fall auf die **Prepaid-Schalter** zurückgreifen, obwohl zumindest der am Busbahnhof auch nicht immer ganz zuverlässig ist. Ganz umgehen kann man das Problem kaum und so tut man gut daran, sich vor der Ankunft auf die nervige Anmache durch Rikshafahrer einzustellen.

Taxi

- Alle Fahrten in der Innenstadt kosten nicht mehr als 100 Rs. Am Bahnhofsvorplatz können die Preise auch für weiter entfernte Ziele oder Stadtrundfahrten (s.u.) ausgehandelt werden. Nervenschonender ist meist die Buchung über die jeweiligen Hotels oder Mericar (s.u.), zumal dies eine sichere Abwicklung und bessere Fahrzeuge wahrscheinlich macht. Im Terminal des Flughafens ist der Prepaid-Schalter ebenfalls nervenschonend.
- Telefonisch bestellbare Taxiservices: **Jain Taxi Services** (Tel. (0)9314561919), **Pink City Radio Taxi** (Tel. 2205000).

Unser Tipp: Viele Rupien lassen sich durch das zwei Tage gültige **Kombi-Ticket** sparen, das für 1.000 Rs (Studenten 200 Rs) Zutritt zu Hawa Mahal, Jantar Mantar, Albert Hall/Central Museum, Nahargarh Fort und Amber Fort gewährt. Es ist bei allen erwähnten Sehenswürdigkeiten erhältlich.

■ Am **Busbahnhofseingang** steht ein Prepaid-Counter für Taxis.

■ Will man mit dem Touristentaxi **Jaipur und Umgebung** erkunden, sollte man für 4 Std. mit einem nicht klimatisierten Kleinwagen 800 Rs, für 8 Std. 1.400 Rs rechnen. Für AC-Modelle wird es etwas teurer. Als verlässlich hat sich **Mericar** (Tel. 4188888, www.mericar.in, 24 Std. erreichbar) erwiesen. Mericar und andere sind selbstverständlich auch für Fahrten innerhalb von Jaipur zu buchen. Die ersten 2 km kosten bis 80 Rs, danach 15 Rs pro Kilometer. Nachtfahrten kosten 25 % mehr, Bergstrecken schlagen mit zusätzlich 200 Rs zu Buche.

Metro

■ Zurzeit wird eine Metrolinie in Jaipur gebaut, die von den Außenbezirken über den Bahnhof bis zur Station Rd. oberirdisch verläuft und von dort in West-Ost-Richtung die Altstadt unterquert. Zur Recherchezeit war sie bis zum Chand Pol bereits in Betrieb. Eine weitere Linie wird Jaipur in Nordwest-Südost-Richtung durchschneiden, die Altstadt jedoch nur südlich streifen. Über den aktuellen Stand informiert www.jaipurmetrorail.info.

Motorradmiete

■ Nahe dem Sanganeri Gate in der Altstadt vermietet, repariert und verkauft das **Rajasthan Auto Centre** (Sanjay Bazaar, Tel. 2568074, (0)9829188064, Mo–Sa 10–20, So bis 14 Uhr, www.royalenfieldsalim.com) Motorräder (natürlich auch Enfield-Maschinen) zwischen 400 und 600 Rs/Tag.

Stadtrundfahrt

Sämtliche Touren der staatlichen Tourismusorganisation **Rajasthan Tourism Development Corporation (RTDC)** starten vor dem Bahnhof und nehmen an den staatlich geführten RTDC-Hotels Teej und Gangaur sowie am Tourist Office am Busbahnhof weitere Gäste auf. Alle genannten Preise beinhalten nicht die Eintrittskosten für die Sehenswürdigkeiten.

■ Vom Bahnhof starten täglich um 8, 11.30 und 13.30 Uhr jeweils fünfstündige **Rundfahrten** von RTDC (Rajasthan Tourism Development Corporation, Tel. 22020778), die zum Preis von 300 Rs alle bedeutenden Sehenswürdigkeiten innerhalb Jaipurs wie etwa Hawa Mahal, Stadtpalast, Jantar Mantar sowie das 11 km entfernte Amber Fort beinhalten. Ohne die recht lange Mittagspause der Ganztagestour wirken diese Touren jedoch etwas gehetzt.

■ Die **Ganztagestour** von 9 bis 18.30 Uhr (350 Rs) schließt außerdem noch die Besichtigung der königlichen Gräber in Gaitor, des sehenswerten Jaigarh Fort, des Birla-Planetariums sowie des Nahargarh Fort ein, wo auch eine Mittagspause (jedoch erst recht spät gegen 14.30 Uhr) eingelegt wird. Sicherlich eine gute und zudem relativ preiswerte Möglichkeit, um die vielfältigen Sehenswürdigkeiten der Stadt in kurzer Zeit zu besuchen. Allerdings wirkt alles etwas gehetzt und natürlich wird auch der übliche Stopp in einem Laden eingelegt. Die genannten Preise beinhalten nicht die Eintrittspreise und Kamera-/Videogebühren.

Die Busse beider Stadtrundfahrten nehmen am Tourist Information Bureau am Busbahnhof noch weitere Interessierte auf. Auch hier können Tickets erstanden werden.

■ Zudem wird eine vierstündige **Abendtour Pink City by Night** (18.30–22.30 Uhr) angeboten, die die meist angestrahlten wichtigsten Sehenswürdigkeiten inkl. Amber Fort passiert. Sie beinhaltet ein Abendessen im Nahargarh Fort, das im Preis von 450 Rs enthalten ist.

■ Neben den genannten, vom RTDC durchgeführten Touren sind ca. achtstündige Ausflüge mit dem dem **Pearl Palace Hotel** angeschlossenen Reisebüro (Tel. 2373700, (0)9829404055) sehr lohnenswert. Diese stehen auch Nicht-Gästen des Hotels offen. Neben ca. achtstündigen Ausflügen im klimatisierten Minibus (höchstens 10 Teilnehmer, 350 Rs ohne Eintrittsgelder und Verpflegung, aber inkl. kundigem Führer und Abholung im jeweiligen Hotel, falls in der Stadt) können auch **Taxis** und kundige **Guides** zu einem fairen Preis arrangiert werden. Eine einzigartige Gelegenheit, Jaipur und Umgebung zu erkunden, bieten die individuell zugeschnittenen Sightseeing-Fahrten für bis zu drei Personen (3.000 Rs mit Guide) mit einem perfekt restaurierten **amerikanischen Jeep,** Baujahr 1942. Geplant sind außerdem Fahrten mit einer speziell umgebauten, komfortablen **Riksha** für den gleichen Zweck.

Unser Tipp: Für fitte Frühaufsteher bietet **Cyclin' Jaipur** (Tel. 28060965, www.cyclinjaipur.com) die außergewöhnliche Chance, die versteckten Ecken und Gassen, Essensstände, kleinen Tempel und Märkte **per Rad** kennenzulernen, bevor der Verkehr dieses Unterfangen zur Qual machen würde. Im recht hohen Preis von 1.800 Rs für etwa vier Stunden sind jedoch Guide, Frühstück, Erfrischungen und, bei Bedarf, Helm inklusive (Start um 6.30 Uhr am Karnot Mahal, Ramganj Chaupar).

Unterkunft

Aufgrund der großen Zahl an Unterkünften und der damit verbundenen Konkurrenz bekommt man in Jaipur in jeder Preisklasse besonders viel fürs Geld. Hier nur eine Auswahl der besten.

■ Die Tourist-Informationen am Bahnhof sowie in der M.I. Rd. haben Informationen über Unterkünfte in Familien *(Paying Guest Houses)*. Gelobt wurde hierbei von Lesern das **Prity Guest House**①-② (Kamalkatta Colony, Tal Katora Rd., Tel. 2633509, mit WiFi) in zentraler Altstadtlage nahe dem Jai Niwas Garden und nördlich vom Stadtpalast. Mit der sehr hilfsbereiten Familie werden die Mahlzeiten eingenommen. Da nur 3 Zimmer mit Bad zur Verfügung stehen, sollte man resevieren. Recht weit im Westen der Stadt sind auch **Rajputana Paying Guest House** (Tel. (0)9929113297) und **Jaipur Friendly Villa** hervorragend und freundlich.

Unser Tipp: Das mit Abstand beste Preis-Leistungs-Verhältnis in dieser Kategorie bietet das liebevoll geführte **Hotel Pearl Palace**①-③ (Hari Kishan Somani Marg, Tel. 2373700, 2373752, (0)941 4236323, www.hotelpearlpalace.com) mit erstklassigem Service (inkl. kostenloser Abholung vom Bahnhof oder Busbahnhof) in einer ruhigen Gasse nahe der Ajmer Rd. Es verfügt über sehr saubere, meist bunt bemalte und bestens ausgestattete AC- und Non-AC-Zimmer mit TV und WiFi, einige mit Balkon. Das erstklassige, toll gestaltete Dachrestaurant **Peacock** ist die angenehmste Speiseadresse der Stadt (siehe „Essen und Trinken"). Mietwagen/Taxis werden zu fairen Preisen vermittelt, interessante Stadtrundfahrten angeboten (s.o.). Da meist ausgebucht, sollte man unbedingt reservieren. Ein Platz im kleinen Schlafsaal mit eigenem abschließbaren Fach kostet nur wenige Rupien.

■ Als gute Ausweichadresse ist das etwa 100 m entfernte **Sunder Palace**② (Sanjay Marg, Tel. 2360178, (0)982 8012795, www.sunderpalace.com) zwar nicht ganz so gut, aber immer noch eine hervorragende Adresse. Die geräumigen, liebevoll gestalteten Zimmer sind sauber, die Korbmöbel auf der herrlichen Terrasse laden zum Relaxen ein. Auch hier gibt's WiFi und weitere Annehmlichkeiten.

■ Näher zur Altstadt gelegen sind die einfachen Zimmer mit TV des **Jwala Niketan**① (Motilal Atal Rd., Tel. 5108303, (0)9829174857), eine ruhige Gasse neben dem Hotel Neelam hinein: wenig billiger, jedoch weit weniger komfortabel. Auch wegen der entspannten Atmosphäre dieser familiengeführten Unterkunft ist es dennoch eine der besten billigen Optionen der Stadt. Kleine Terrassen laden zum Ausruhen ein. Essen ist im nahen Mohan Restaurant oder mit der Familie möglich.

■ Der ansonsten gute Nachbar **Karni Niwas**② (C-5, Motilal Atal Road, Tel. 2365433, (0)9929777488, www.hotelkarniniwas.com) mit geräumigen, sauberen Zimmern (non-AC/AC), ebenfalls mit Terrassen, vielen Pflanzen und grünem Innenhof ist inzwischen etwas teuer geworden.

■ Als einzige akzeptable Billigadresse inmitten der Altstadt vermietet das **Ganpati Vishnu Guest House**① aufgrund der Lage überteuerte, aber saubere, nach hinten sogar recht ruhige Einfachzimmer mit TV und Gemeinschaftsbad. Zur Recherchezeit wurden komfortablere Räume mit Terrasse nach vorn zur quirligen Straße eingerichtet.

■ Ausgesprochen angenehm wohnt man trotz seiner inzwischen 94 Zimmer im makellos sauberen, teils klimatisierten **Hotel Arya Niwas**②-③ (Tel. 4073450, 2372456, (0)9829040549, www.aryaniwas.com) in einer kleinen Seitengasse der Sansar Chandra Rd. Das professionell und freundlich geführte Hotel, wegen des großen Erfolgs inzwischen durch einen Zusatzflügel erweitert, bietet eine Menge Annehmlichkeiten wie die Möglichkeit zum Geldwechseln, WiFi, Internetcafé, Dachterrasse, ein luftiges Restaurant mit sehr leckeren vegetarischen Gerichten zu niedrigen Preisen und einen hübschen kleinen Garten zum Speisen und Draußensitzen (abends oft klassische indische Musik). Auch für Nicht-Gäste zu empfehlen.

■ Vom selben Anbieter gibt es ein weiteres Schnäppchen: die von einem gepflegten Garten umgebenen Zimmer (alle klimatisiert und mit WiFi) des **Jai Niwas**①-② (Gopinath Marg, Tel. 2363964, (0)9829040897, www.jainiwas.com). Wegen seiner Lage, 50 m von der Straße durch eine Zufahrt entfernt, ist es hier sehr ruhig. Das angeschlossene Restaurant mit Gartenbereich ist preiswert und gut.

■ In einer ruhigen Straße im Stadtbezirk Bani Park gelegen, vermietet das luftige **Anuraag Villa**②-③ (Devi Marg, Tel. 2201679, 2206884, www.anuraagvilla.com) in einem eleganten Kolonialgebäude sehr hübsch eingerichtete, geräumige Zimmer, alle mit TV und WiFi. Im Garten auf einer Rasenfläche unter Bäumen und in einem überdachten Bereich werden die erstklassigen Mahlzeiten eingenommen. Auch die Hilfsbereitschaft ist hervorzuheben. Alle, besonders jedoch die Non-AC-Zimmer, sind erstaunlich preiswert.

Unser Tipp: Ins Schwärmen kann man beim im Haveli-Stil erbauten **Pearl Palace Heritage**③-④ (54 Gopari

Bari, Lane No. 2, nahe Ajmer Rd., Tel. 2375242, (0)941 4066311, www.pearlpalaceheritage.com) kommen, dem luxuriösen, aber preislich ebenfalls sehr moderaten Ableger des nahegelegenen Pearl Palace Hotel. Mit Liebe fürs Detail dekoriert und mit herrlichen Wandmalereien, Säulen und Fresken ausgestattet, ist jedes der geräumigen Zimmer ein Schmuckstück. Mit Originalmaterialien und alten Handwerkstechniken wurden sie jeweils dem Stil eines indischen Bundesstaates nachempfunden. Alle Räume haben Balkon und geschickt integriertes, modernes Equipment. Ein ebenso aufwendig gestaltetes Restaurant wurde zur Recherchezeit gebaut.

Unser Tipp: Eine ausgezeichnete Unterkunft ist das von einem ruhigen Garten mit tollem Pool und vielen Bougainvilleen umgebene Kolonialgebäude des **Hotel Meghniwas**③-④ (S.J.S. Highway, Tel. 4060100, (0)931 4507008, www.meghniwas.com, Preise inkl. Frühstück) in Bani Park. Geschmackvoll eingerichtete Zimmer, ein gutes Restaurant am Pool und die nette Atmosphäre dieser familiengeführten Villa runden das Bild ab.

■ Nicht weit entfernt ebenfalls im Bezirk Bani Park findet sich das ansprechende **Hotel Madhuban**③ (Behari Marg, Tel. 220 0033, www.madhuban.net) mit hübsch möblierten AC- und Non-AC-Zimmern und Restaurant. Zur ruhigen, familiären Atmosphäre trägt auch der große Garten des Hauses mit Mini-Pool bei.

■ Wer sein eigenes Reich benötigt, sollte eines der komfortablen und großen, modernen sowie überraschend preiswerten Zimmer des **Om Niwas**③ (Kaushalya Path, Durga Marg, Tel. 5109090, (0)9829040793, www.omniwas.com) im ruhigen Bani Park wählen, dessen Apartments auch für Tagesgäste anmietbar sind. Bei längerem Aufenthalt werden zunehmend Discounts gewährt. Selbstverpfleger können in den gut ausgestatteten Küchen brutzeln, aber auch à la carte ist möglich. Der Dachgarten lädt zum Abendtrunk mit Weitblick ein.

■ Noch etwas weniger kosten die qualitativ einfacher gehaltenen, etwas lauteren Zimmer des nicht weit entfernten **Tara Niwas**②-③ (Shiv Marg, Tel. 2206823, (0)9829040623, www.taraniwas.com) mit Terrassen, Restaurant im gepflegten Garten wie auch Gemeinschaftsküche. Kostenloses WiFi und ein Internetcafé sind ebenfalls vorhanden.

■ Eine ganz eigene Welt entfaltet sich nach dem Durchschreiten des Eingangstors des **Narain Niwas Palace Hotel**④ (Narain Singh Rd., Tel. 2561291, www.hotelnarainniwas.com), wo der großzügige Garten des Kolonialpalastes mit herrlichem Pool Ruhe ausstrahlt und Pfauen über die Wege stolzieren – ein Platz mit Atmosphäre. Seltsamerweise ist WiFi in den Zimmern nicht vorhanden.

■ Großzügig ist der ehemalige Palast des zentral nahe der Altstadt gelegenen **Alsisar Haveli**④-⑤ (Sansar Chandra Marg, Tel. 2368290, 510 7157, www.alsisar.com) mit vielen Terrassen und Erkern. Dem Baustil entsprechend möblierte Zimmer sind luftig und komfortabel, die in den oberen Etagen vorzuziehen. Da die Zimmer alle unterschiedlich ausfallen, sollte man sich umschauen, bevor man wählt. Morgens und abends Buffet möglich. Verlockend ist der recht große Pool im Gartenbereich.

Unser Tipp: Eines der schönsten Hotels Jaipurs ist das bezaubernde **Shahpura House**④-⑤ (Devi Marg, Tel. 4089100, www.shahpura.com) im Bezirk Bani Park. Die ehemalige Residenz einer Adelsfamilie vereint alle Vorzüge eines Heritage-Hotels: typisch rajputische Architektur, in diesem Falle mit Shekhawati-Einflüssen, Individualität, Tradition, Liebe zum Detail, Sauberkeit, kleinem Pool und Dachterrasse – eine Oase im quirligen Jaipur, wenn auch inzwischen etwas teuer geworden. Herrlich auch das reich dekorierte Restaurant mit Bar (lange Wein- und Cocktailkarte), abends ist das Dachrestaurant (Hauptgericht 500–600 Rs) geöffnet.

■ Wer in einem 200 Jahre alten Haveli wohnen möchte, findet im von außen riesig wirkenden **Saba Haveli**④ (Ganga Pol, nahe Zarovar Gate, Tel. 2630521, (0)9414 069073, www.sabahaveli.com) eine komfortable, stilvolle Bleibe im Nordosten der Altstadt mit Garten und eindrucksvoller Speisehalle mit Außenveranda im weiträumigen Innenhof.

■ Seine herrliche Lage inmitten eines großen, sehr schön gepflegten Gartens am Ende einer kleinen Seitengasse der Sawai Ram Singh Marg machen das **Hotel Diggi Palace**④-⑤ (Shivaji Marg, Tel. 2373091, www.hoteldiggipalace.com) zu einer preisgerechten Adresse. Es handelt sich um einen ehemaligen Palast, wobei nur der frühere Wohntrakt der Bediensteten in ein Hotel umgewandelt wurde. Die mit Wandmalereien geschmückten Zimmer mit Terrassen und Sitznischen zum Garten sind gemütlich. Es gibt auch einfachere Zimmer, die den nur etwas geringeren Preis jedoch nicht rechtfertigen. Eine stilvolle und vor allem friedvolle Unterkunft. In der Anlage findet jedes Jahr im Februar das berühmte **Jaipur Literature Festival** statt.

■ Das fantastische **The Oberoi Raj Vilas**⑤ (Gooner Rd., Tel. 2680101, www.oberoihotels.com/oberoi_rajvilas) ist nicht nur das mit Abstand beste Hotels Jaipurs, sondern gehört mit all seiner Pracht zu einem der eindrucksvollsten Hotels ganz Indiens. Architektonisch eine sehr harmonische Synthese rajputischer und islamischer Elemente, bietet es mit seinen 71 Suiten, teils mit Privatpool, und geräumigen Edelzelten einen dem königlichen Preis entsprechenden Luxus. Das Resort liegt eingebettet in einer weitläufigen Parklandschaft gut 5 km außerhalb.

■ Neben dem Lake Palace Hotel in Udaipur symbolisiert der **Rambagh Palace**⑤ (Bhawani Singh Rd., Tel. 2211919, www.tajhotels.com), der 1974 in ein 5-Sterne-Luxushotel umgewandelte ehemalige Palast der Maharajas von Jaipur, wie kaum ein anderes Gebäude das Klischeebild vom Märchenland Indien. Selbst die billigsten Zimmer in diesem eleganten Marmorbau, der in einem weitläufigen Parkgelände steht, sind sicher nichts für Budget-Traveller. Doch selbst wer nicht über das nötige Kleingeld verfügt, sollte sich einen Drink auf der majestätischen Terrasse mit Blick auf die im Garten stolzierenden Pfauen gönnen. Auch ein persönlicher Butler ist rund um die Uhr möglich.

■ Weniger gewaltig, dafür etwas intimer kommt das herrliche **Jai Mahal Palace Hotel**⑤ (Jacob Rd., Tel. 6601111, www.tajhotels.com) daher. Der ehemalige Palast der Maharajas von Jaipur verbindet den nostalgischen Charme vergangener Tage mit dem Luxus der Neuzeit.

031ra mb

Essen und Trinken

■ Ausgezeichnete, frisch zubereitete Barbecue-Gerichte serviert das gemütliche Restaurant **Handi** (12–15.30 und 18.30–23 Uhr, Hauptgerichte zwischen 140 und 300 Rs) an der M.I. Road schräg gegenüber der Hauptpost. *Chicken tikka tandoori* und das vegetarische *stuffed kulfa* werden empfohlen.

■ Erstklassige rajasthanische Gerichte serviert das nur wenige Meter von der Hauptpost entfernte, elegante Restaurant **Copper Chimney** (M.I. Rd., Tel. 2372275, 12–15.30 und 18.30–23 Uhr). Neben weiteren indischen Gerichten gibt es auch westliche und chinesische Speisen sowie Bier. Pro Gericht sollte man 150 bis 450 Rs veranschlagen.

■ Seit 1949 verwöhnt **Niro's** (M.I. Rd., Tel. 2374493, 10–23 Uhr) die Gaumen der Pink City. Gleichbleibend superb ist vor allem die indische Küche (400–600 Rs pro Hauptgericht) in dieser Institution der Stadt.

■ Sicher eines der besten Restaurants Jaipurs ist das **Four Seasons** (Subash Marg, Tel. 2373700, 12–15.30 und 18.30–23 Uhr, 100–200 Rs, kein Alkohol). Das zweigeschossige Restaurant ist angenehm eingerichtet und hat eine lange Speisekarte mit rajasthanischen und und anderen vegetarischen Gerichten, z.B. Pizza.

Unser Tipp: Das wohl gelungenste Restaurant der Stadt ist das Dachrestaurant **Peacock** (7–23 Uhr) des Hotel Pearl Palace mit eigenwilligen, selbst entworfenen Möbeln, vielen Schmuckelementen und Pflanzen, gutem Service und weitem Rundumblick auf Jaipur. Erstklassige vegetarische und fleischliche Küche (indisch, chinesisch, italienisch etc.) zum kleinen Preis (150 Rs für gute Thalis, 100–300 Rs pro Hauptgericht) in luftiger Höhe lockt allabendlich (dann hübsch mit Lichterketten illuminiert) viele Besucher, sodass oft kaum ein Platz zu finden ist. So sollte man besser reservieren. Völlig unaufdringlich ist auch der Schmuckladen auf dem Dach.

■ Erstaunlicherweise gibt es nicht sonderlich viele Restaurants in der Altstadt. Eines der bekanntesten ist das seit 1954 existierende Restaurant des **LMB Hotel** (11.30–15.30 und 19–23 Uhr, 200–450 Rs pro Gericht) am Johari Bazar. Der Grund für die Attraktivität ist neben der ungewöhnlichen Fünfziger-Jahre-Einrichtung das schmackhafte, durchweg vegetarische Essen. Besonders

< Typische Altstadtfassade in Jaipur

empfehlenswert die riesigen *Rajasthan thalis*, die auch für zwei Hungrige locker reichen. Die allzu offensichtlich auf ein dickes Trinkgeld spekulierenden Kellner wirken jedoch nicht gerade appetitfördernd. Sehr gut ist allerdings der Imbissstand am Eingang mit köstlichen *somosas, pakoras*, Süßigkeiten und diversen Eissorten.

■ Neu ist das **Midtown** (11–23 Uhr, mit WiFi), einen Durchgang genau gegenüber dem Turm des Iswari Minar Swarga Sal hinein (Treppe in den 3. Stock). Im sauberen, etwas clean wirkenden Ambiente werden Pizza (240–300 Rs), Pasta, Thalis und weitere indische Gerichte (um 200 Rs) sowie Eis kredenzt, die man auch auf dem Dach mit weitem Ausblick Richtung Tiger Fort verzehren kann.

■ Ebenfalls nicht ganz einfach zu finden, da auf der Stadtmauer am New Gate platziert, serviert das **Ganesh Restaurant** unter freiem Himmel billige, aber köstliche vegetarische Gerichte (60–120 Rs) in luftiger Höhe. Eine schmale Treppe hinauf, durchfragen.

■ Im vegetarischen **Surya Mahal** (M.I. Rd., Tel. 236 2811, 100–180 Rs, 8–23 Uhr) kann man aus der umfangreichen Speisekarte zwischen südindischen, chinesischen und europäischen Gerichten zu sehr moderaten Preisen wählen. Auch das nahe, etwas teurere **Natraj** (9–23 Uhr) ist zu empfehlen.

■ Hinter dem Surya Mahal sorgt die köstliche **Bake Hut** (Arvind Marg) für den Gebäck-Nachtisch. Weiter westlich Richtung Bahnhof sind die Törtchen, Pralinen und Kekse der **Chocolate Boutique** (68 Gopalbari, Gasse parallel zur Sanjay Marg, Mo–Sa 10–20.30 Uhr, So nur abends) einfach köstlich.

■ Unbedingt probieren sollte man die köstlichen Lassis im **Lassiwala** an der M.I. Road., Shop 312 ist das Original (ab 7.30 geöffnet, halbe/ganze Portion 18/36 Rs). Es gibt inzwischen aufgrund des Erfolgs viele Nachahmer dieser mehr als stadtweit bekannten Institution.

■ Eine kleine Filiale von **Baskins & Robbins** (Sanjay Marg/M.I. Rd.) versorgt mit köstlichem Eis. Näher an der Altstadt wässern die Eiskreationen des **Jal Mahal Café** (M.I. Rd., bis 12 Uhr geöffnet) gegenüber von Lassiwala den Mund.

■ Billig speist man im wunderbar altmodischen **Indian Coffee House** (tgl. 8–21 Uhr), einen Durchgang von der M.I. Road hinein, kleine südindische Speisen und Snacks (*idli, dosas* etc.) und natürlich Kaffee.

■ Trotz Erwähnung im Unterkunftsteil sei hier nochmals auf das schöne Restaurant bzw. die grünen, baumbestandenen Rasenflächen des Selbstbedienungsrestaurants vom **Arya Niwas** hingewiesen, das recht preiswert ist.

■ Wem mal wieder nach Pizza und Pasta in moderner Umgebung zumute ist, der sollte das **Little Italy** (Prithviraj Marg, KK Square, 3. Stock, Tel. 4022444, 12–23 Uhr) etwas südlich der M.I. Rd. aufsuchen. Die wohl beste italienische (und andere internationale) Küche der Stadt (400–600 Rs für ein Hauptgericht) lohnt den Abstecher, zumal eine recht lange Weinkarte und Bier locken.

■ Hervorragende „organische" Snacks, Sandwiches, Pizza, Kuchen, Salate und frisch gepresste Säfte serviert das dem **Anokhi** angeschlossene Café (KK Square, 2. Stock, Prithviraj Marg, 10–19.30 Uhr) ein Stockwerk tiefer.

■ Nach ausgiebigen Shopping-Touren in Malviya Nagar im Süden der Stadt ist das **Indian Spice** eine der besten Adressen für gehobene indische Küche. Das exquisit gestaltete AC-Restaurant im Gaurav Tower bietet ebensolche Gerichte zum fairen Preis.

■ Wer sich an einem fürstlichen Abendessen im mondänen Hotel **Rambagh Palace** laben möchte, sollte neben genügend Kleingeld (2.000–3.000 Rs pro Person) auch das angemessene Outfit dabei haben. Besucher in ausgefransten Jeans und Gummischlappen werden nicht eingelassen. Bezahlbar ist der Lychee-Mint-Lassie mit 225 Rs – ein Gedicht. Auch ein Besuch der Polobar (Bier ca. 400 Rs, Cocktail ca. 500 Rs) ist nicht ganz billig.

Einkaufen

Neben (für manche sogar noch vor) Delhi ist Jaipur als touristische Shopping-Metropole beliebt. Dabei ist es sicherlich auch das historische Flair der Altstadt von Jaipur, das vor allem viele gutbetuchte Pauschalreisende zum Kauf animiert. So lassen sich viele gern vom Glanz der prunkvoll ausgestatteten Geschäfte verführen und zahlen astronomisch hohe Preise, zumal die Händler von Jaipur zu den pfiffigsten ihrer Branche zählen. Wer sich also auf einen Kauf einlässt, sollte hart verhandeln können.

Eine Touristenfalle ist der gelegentlich in Jaipur von Männern, die Touristen auf der Straße in ein Gespräch ziehen, mit großen Gewinnaussichten angebotene **Transport** (oder Ankauf und Wiederverkauf im Heimatland) von **Edelsteinen.** Egal, mit welchen Tricks es probiert wird, auf jeden Fall ist dies eine Falle und abzulehnen.

Kommt man über Rikshafahrer oder von Reiseagenturen und Hotels vermittelt zu einem der Geschäfte, kann man sicher sein, eine heftige Kommission mitzubezahlen.

■ Gerade deshalb sollte man sich vorher einen Überblick über Angebot und Preise verschaffen. Der beste Ort hierfür ist das stattliche und staatliche **Rajasthali** (Tel. 2367176, Mo–Sa 11–19.30 Uhr) an der Mirza Ismail Rd. gegenüber dem Ajmeri Gate. Wie üblich ist das Angebot riesig und die Preise fixed, d.h. nicht verhandelbar. Wer sich für spezielle Objekte interessiert, sollte die Preise notieren und damit in die entsprechenden Läden der Altstadt gehen.

■ Berühmt ist Jaipur über die Grenzen Indiens hinaus für seine juwelenverarbeitende Industrie, in der über 30.000 Menschen beschäftigt sein sollen. Wer sich auskennt, kann sagenhaft günstig einkaufen, wer nicht, wird ebenso sagenhaft übers Ohr gehauen. Eine Vielzahl verlockender **Juweliergeschäfte** findet man in der Haldion-ka-Rasta, einer kleinen Gasse neben dem Johari Bazar, beim Siredeori Bazar beim Badi Chaupar und in der Gopalji-ka-Rasta in der Nähe des Tripolia Bazar.

■ Will man sicher gehen, dass der Schmuck, den man kaufen möchte, echt ist, findet man Hilfe im **Gem Testing Laboratory** (Tel. 2568221, Mo–Sa 10–17 Uhr, www.gtljaipur.info) im Rajasthan Chamber Bhawan (2. Stock) an der M.I. Rd. beim New Gate. Wer bis 12 Uhr sein Testobjekt abgibt, erhält am Nachmittag zwischen 16 und 17 Uhr das Ergebnis. Für den Test sind mindestens 1.000 Rs zu zahlen, soll das Ergebnis am selben Tag zurückkommen, kostet es 1.600 Rs.

■ Am Bapu Bazar und am sich westlich anschließenden Nehru Bazar entlang der südlichen Stadtmauer westlich des Sanganeri Gate und am Kishan Pol Bazar werden **Textilien, Saris und Stoffe,** bei den erstgenannen auch **Parfüm,** die berühmten flachen, *jootis* genannten **Rajasthani-Schuhe,** und **Edelsteine** feilgeboten.

■ Erstklassiges **Rajasthani-Schuhwerk** für erstaunlich wenig Geld (400–800 Rs) verkauft **Mojari** (Shiv Heera Marg, Mo–Sa 11–18 Uhr, www.mojari.com), eine Gasse von der Sardar Patel Rd. hinein. Träger von Übergrößen werden jedoch nicht fündig. Das UN-gestütze Projekt sichert bis zu 3.500 Arbeitern aus ländlichen Regionen ihre Existenz.

■ Eine weitere Möglichkeit, guten Gewissens zu shoppen, besteht bei **Anokhi** (KK Square, 2. Stock, Mo–Sa 9.30–20 Uhr, So 11–19 Uhr, www.anokhi.com) an der Prithviraj Marg, wo qualitativ hochwertige **Textilien** verkauft werden. Die Produkte werden nahe Jaipur unter ethisch einwandfreien Bedingungen hergestellt. Ein kleines Café (s.o.) ist ebenfalls erstklassig.

■ Günstig an der M.I. Road gelegen, verkauft **Khadi Ghar** (Mo–Sa 10–19.30 Uhr) zu Festpreisen **handgewebte Kleidung** sowie kleinteiliges **Kunsthandwerk.**

■ Maßgeschneidert wird bei den **Jodhpur Tailors** (Motilal Atal Rd., Ksheer Sagar Hotel, nahe der Station Rd., Mo–Sa 9–20.30 Uhr, So bis 17 Uhr, www.jodhpurtailors.com). Ein Hemd kostet um 800 Rs, ein Anzug zwischen 8.000 und 17.000 Rs.

■ Entspannt einkaufen in Jaipur: Im Hotel Pearl Palace (siehe Unterkunft) ist das zu fairen Festpreisen und ohne Nepp möglich. Bei **Inde Rooh** (Soul of India, www.inderooh.com) gibt's hübsch designte Kleidungsstücke, im **Silver Shop** (tgl. 7–22 Uhr) neben dem Dachrestaurant des Hauses eine vielfältige, schöne Schmuckkollektion.

■ Im Vorzeigebezirk **Malviya Nagar,** etwa 6 km südlich der Altstadt, kann man das boomende Indien bestaunen und natürlich shoppen, was das Zeug hält. Neben dem riesigen, futuristischen **World Trade Center** werden hier ununterbrochen protzige Shopping Malls und Wohnkomplexe aus dem Boden gestampft. Viele der großen internationalen Marken haben etwa im **Gaurav Tower** ihre Geschäfte. Eine Riksha aus der Innenstadt sollte nicht mehr als 90 Rs, ein Taxi höchstens 170 Rs kosten.

■ Jaipur ist auch ein guter Ort, um seine Reisebibliothek ein wenig aufzufrischen, gibt es hier doch einige hervorragende **Buchhandlungen.** Die umfangreichste Auswahl hat **Crossword** (KK Square, 11 Prithviraj Marg, tgl. 11–21.30 Uhr). Neben einer großen Auswahl an Fiction, Biografien und Sachbüchern (auch kurzfristige Bestellungen möglich) werden DVDs und CDs verkauft.

Bank

Neben **ATMs** (Geldautomaten) gibt es eine Vielzahl von Banken und Exchange-Countern, großteils an der M.I. Rd.

■ **Thomas Cook** ist gleich zweimal vertreten: eine kleine Wechselstube schräg gegenüber dem Hawa Mahal und das Hauptbüro im Jaipur Tower an der M.I. Rd. (Mo–Sa 9.30–17.30 Uhr, Tel. 2360940, 2360801). Hier ist mittels Moneygram Geldtransfer aus dem Ausland möglich, Kreditkarten werden akzeptiert.

■ Der Nachbar **Weizman Forex** (Jaipur Tower, Mo–Sa 9–18.30 Uhr) hat bessere Wechselraten.

■ Auch an der rechten Seite des Ganpati Plaza (M.I. Rd.) gibt's eine **Wechselstube.**

■ In der Altstadt wechseln **AMS Forex** (11–20 Uhr) gegenüber dem LMB Hotel und **Mercury Travels** (10–18 Uhr) 50 m weiter südlich nur Bares.

Medizinische Versorgung

■ Das beste Krankenhaus ist das private **Santokba Durlabhji Memorial Hospital** (Bhawani Singh Road, Tel. 2566251-8, www.sdmh.in) mit 24-Std.-Notaufnahme.
■ Für die Notaufnahme und für Unfälle muss man sich im großen staatlichen und meist überlaufenen **Sawai Mansingh Hospital** (SMS Hospital, Sawai Ram Singh Rd., Tel. 2518222, 2518597) bis 15 Uhr in die CT- und MRT-Abteilung, nach 15 Uhr in die Notfallabteilung nebenan begeben.
■ In den meisten Krankenhäusern gibt es 24 Stunden geöffnete **Apotheken,** viele gegenüber dem Sawai Mansingh Hospital.
■ **Notfall-Nummern** in Jaipur: Polizei: 100, Krankenwagen: 102.

Post und Telefon

■ Das **GPO Jaipur** gilt als eine der zuverlässigsten Adressen Rajasthans, um Post in Empfang zu nehmen oder Pakete zu verschicken (Eingang hierfür auf der Rückseite des Gebäudes). Vor dem Gebäude sitzt meist ein Mann, der für das entsprechende Entgelt (je nach Paketgröße etwa 50 bis 100 Rs) das zu verschickende Paket ordnungsgemäß verpackt und versiegelt.
■ **DHL** (Tel. 2361159, G-7A der Geeta Enclave, Mo–Sa 9.30–20 Uhr, www.dhl.co.in) hat in der Vinobha Marg nahe M.I. Rd. hinter der Standard Chartered Bank eine günstig gelegene Filiale.

Internet

Viele Hotels, Guest Houses und einige Restaurants/Cafés offerieren kostenloses WiFi oder haben ein kleines Internetcafé.
■ Günstig gelegen entlang der M.I. Road sind **Modern Internet,** eine Gasse gegenüber dem Natraj Restaurant hinein, und **Dhoom Cyber Café,** wenig weiter östlich im Innenhof, die außerdem Net-to-Phone-Telefonverbindungen anbieten. Hier gibt's auch Filme und Memory Cards. Nahe dem Busbahnhof kann bei **Mewar Cyber Café** gesurft werden.
■ In der Altstadt bieten sich **Shree Ram Communications,** nicht weit vom LMB Hotel zwischen den Toren 81 und 82 die Gasse 50 m hinein, und schräg gegenüber der Town Hall nördlich des Hawa Mahal **Cyber Galaxy** zum Surfen an.

Kinos

■ Wer sich einmal einen der verschwenderisch inszenierten indischen Filme in einem adäquat opulenten Ambiente zu Gemüte führen möchte, für den ist das herrliche **Raj Mandir** eine der besten Adressen Indiens. Es ist einer jener stuckverzierten, riesigen Kinopaläste, wie es sie in Europa leider schon lange nicht mehr gibt. Trotz eines Fassungsvermögens von mehreren Tausend Personen ist es oft ausverkauft, besonders bei Aufführung ganz neuer Filme. Vorführungen um 12.30, 15.30, 18.30 und 21.30 Uhr, Reservierungen 10–18 Uhr ab eine Stunde vor Aufführungsbeginn bis zu 7 Tage im Voraus (Tel. 2379372, www.therajmandir.com). Ohne Reservierung sind Tickets ab 45 Minuten vor Aufführungsbeginn mit viel Glück und Durchsetzungsvermögen an der Kasse zu ergattern, Ticketpreise zwischen 60 und 150 Rs.
■ Inzwischen haben die Multiplex-Kinos von **Inox** (z.B. Jhotwara Rd., www.inoxmovies.com) in der City Plaza Mall nördlich des Bani-Parks und an der Ajmer Road sowie das **Entertainment Paradise** (Jawahar Circle, Tel. 242777, gut 5 km südlich vom Stadtzentrum im Einkaufsbezirk Malviya Nagar) dem Traditionshaus den Rang abgelaufen.

Sport und Erholung

■ Für eine gute, entspannende Massage und andere Anwendungen ist **Kerala Ayurveda Kendra** (F30 Jamnalal Bajaj Marg, 8–12 und 16–20 Uhr, Tel. 5106743, (0)931 4643574, www.keralaayurvedakendra.com) bekannt. Einstündige, fachkundige Massagen kosten um 900 Rs inkl. Transport vom/zum Hotel. Anmeldung erforderlich. Eine Filiale in Bani Park (D 259 Devi Marg, Tel. 4006060, 9–21 Uhr) ist etwas einfacher ausgestattet, aber ebenso professionell.
■ An Meditation Interessierte sollten sich zum **Dhamma Vipassana Meditation Centre** (Tel. 2680220), etwa

3 km von Jaipur entfernt in Galta, begeben, wo 10-Tages-Kurse auf Spendenbasis angeboten werden.

■ Viele der Mittelklasse- und Luxushotels bieten die Möglichkeit, für 200 bis 400 Rs in ihren **Pools** zu schwimmen. Preiswert und schön sind der Pool des Hotel Meghniwas, der zentral gelegene Gartenpool des Alsisar Haveli oder der herrliche Gartenpool des Narain Niwas Palace Hotel.

Feste

■ Das **Teej-Fest** wird jedes Jahr im Juli/August zu Beginn des Monsuns gefeiert und ist der Hochzeit von Shiva und Parvati gewidmet. Vor allem die Rajputen-Frauen feiern das Fest mit farbenprächtigen Umzügen, Gesang und Tanz.

■ Das **Jaipur Literature Festival** hat sich im Lauf der Jahre zu einem internationalen Event entwickelt. Fünf Tage Ende Januar lesen und diskutieren indische und internationale Autoren, vorwiegend im Hotel Diggi Palace (s.o.) kostenlos aus ihren Werken.

■ Mit einer Vielzahl von Veranstaltungen (klassischer Tanz und Musik, Lesungen und Ausstellungen) setzt sich der **Rajasthan Day** zum Ziel, die Traditionen Rajasthans wachzuhalten (jedes Jahr 21.–30.3. im gesamten Stadtgebiet und im Amber Fort).

An- und Weiterreise

Flug

■ Für die Taxifahrt zum 13 km entfernten **Flughafen** werden ca. 450 Rs, für das Abholen vom Flughafen 500 Rs verlangt.

■ **Flugtickets: Travel Care** (Tel. 2371832, www.travelcareindia.com) im Erdgeschoss des Jaipur Tower, tgl. außer So 10–19 Uhr, ist ein verlässliches Reisebüro.

■ **Air India,** Nehru Place, Tonk Road, flughafennah, Tel. 2743500, am Flughafen: 2721 333, www.airindia.com.

■ **Jet Airways,** Jaipur Tower, M.I. Rd., Zimmer 119, Mo–Sa 9.30–18 Uhr, Tel. 5112225, Flughafen: Tel. 2725025, 1800225522, www.jetairways.com.

■ **IndiGo,** Tel. am Flughafen: 2743500, 5119993, www.goindigo.com. Täglich oder mehrmals wöchentlich Flüge von Jaipur nach Delhi, Mumbai und Ahmedabad.

■ **SpiceJet,** Tel. (0)987103333, www.spicejet.com. Ein Flug tgl. nach Delhi.

Bahn

■ Im **Railway Reservation Office** auf der linken Seite des Bahnhofsgebäudes (Inquiry Tel. 131) ist Schalter 769 u.a. für Touristen vorgesehen. Das Gebäude ist Mo–Sa 8–20 Uhr (15 Min. Pause um 14 Uhr) und So 8–14 Uhr geöffnet. Hier können Tickets nur bis mindestens 5 Stunden vor Abfahrt gebucht werden. Für Buchungen am Tag der Abfahrt muss man sich zum Schalter 10 im nördlichen Teil von Bahnsteig 1 begeben (geschlossen jeweils 6–6.30, 14–14.30 und 20–22.30 Uhr) oder ein nicht zu empfehlendes, unreserviertes Ticket an einem der vielen normalen Schalter im Bahnhofsgebäude kaufen.

■ In die **Shekhawati-Region** fahren derzeit nur langsame Passenger-Züge.

■ Wichtige **Verbindungen** sind im Anhang aufgelistet.

Bus

■ Zur Recherchezeit im Komplettumbau befindlich, sollte der **Busbahnhof an der Station Road** nach Fertigstellung in neuem, übersichtlichem Glanz erstrahlen. Vor dem Umbau existierten ein speziell für Luxusbusse reservierter Bereich und Schalterhäuschen, beides sollte auch danach wieder bereitstehen. Eine frühzeitige Buchung im Reservierungsbüro von **Rajasthan Roadways** (RSRTC, Tel. 5116032, tgl. 7–21 Uhr) ist empfehlenswert, da die Nachfrage meist sehr groß ist. Über tagesaktuelle Verbindungen informiert www.redbus.in.

■ Nach **Delhi** (5 Std., Non-AC/AC 230/580 Rs, AC-Volvo 830 Rs) fahren tgl. 31 Deluxe- und stündlich AC-Volvo-Busse, teils zum Bikaner House, teils zum ISBT in Delhi. Zahlreiche Verbindungen bestehen u.a. nach **Jodhpur** (alle 2 Stunden, 7½ Std., Exp./Del./AC 275/330/580 Rs, AC 6.30 und 18.15 Uhr, 8 AC-Volvo-Verbindungen 720 Rs), **Agra** (11 Busse, 5½ Std., Express-/AC-Busse 430 Rs, alle über Bharatpur (4 Std.), viele Exp.-Verbindungen zwischen 6.30 und 0 Uhr; für alle Busse nach Agra muss der volle Preis gezahlt werden, auch wenn man nur bis Bharatpur oder Fatehpur Sikri fahren will, außerdem AC-Volvo- Busse um 0.10, 8.30 und 18.20 Uhr, 535 Rs), **Ajmer** (13 Busse, 2½ Std., 130 Rs, AC 270 Rs, AC-Volvo, 10 Busse, 290 Rs), **Chittorgarh** (6 Verb., 6½ Std., Exp./AC 240/590 Rs, Volvo-AC um 11, 21.30 und 23 Uhr, 1.000 Rs), **Udaipur** (8 Busse, 10 Std., 320 Rs, AC-Volvo um 16.30, 21.30 und 23 Uhr, 830 Rs), **Bundi und Kota** (5 bzw. 5½ Std., Exp.-Busse stündlich, 210/230 Rs, AC-Deluxe-Busse 280/300 Rs), **Nawalgarh** und **Jhunjhunu** (4/5 Std., halbstündig Express-Busse um 16.30 Uhr, 115 bzw. 150 Rs, AC-Del.-Busse um 5.10 und 16.40 Uhr, alle via Sikar) und **Bikaner** (nur einfache Exp.-Busse stündlich zwischen 5 und 22 Uhr, 8 Std., 230 Rs) über Sikar. Nach **Sawai Madhopur** (Ranthambore, 6 Std., Exp.-Busse, 115 Rs) AC-Verbindung um 17.30 Uhr, ansonsten über Tonk (halbstündige Verbindungen). Kein Direktbus nach Mandawa (Shekhawati), umsteigen in Mukundgarh.

■ Nur ein Direktbus (ohne Umsteigen in Ajmer, 3 Std., 125 Rs,) nach **Pushkar** um 13 Uhr.

■ Weitere **Auskünfte:** Rajasthan Roadways Tel. 5116 032 (Reservierungen), für Deluxe-Busse Tel. 2204445, 5116031, für Exp.-Busse Tel. 2207906, 5116043/4, außerdem das hilfsbereite Tourist Information Bureau im Bahnhofsgebäude und die Filiale am Busbahnhof.

Taxi

■ Viele Hotels wie das Pearl Palace und die RTDC-Büros vermitteln Taxis. Diese verlangen für Fernfahrten je nach Fahrzeugtyp 9 bis 15 Rs/km, wobei meist eine Pauschale für die ersten 250 km obligatorisch ist. Hinzu kommen bei mehrtägigen Fahrten die Übernachtungskosten für den Fahrer (um 200 Rs) und ggf. Gebühren für das Überschreiten von Bundesstaatengrenzen. Falls man an einem Zielort abgesetzt werden und nicht mit zurückfahren möchte, ist die Rückfahrt zum Ausgangsort dennoch zu zahlen.

Umgebung von Jaipur

Amber

Es gibt kaum einen Besucher Jaipurs, der nicht die nur 11 km nördlich gelegene **Palastanlage** von Amber (auch *Amer* genannt) besucht. Amber war für über sechs Jahrhunderte die Hauptstadt der Kachwahas, bevor sich *Jai Singh II.* 1727 entschloss, seine neue Residenz in Jaipur zu errichten.

Wohl niemand wird diesen Ausflug bisher bereut haben, ja vielen gilt das Fort als die schönste Festung ganz Indiens. Spektakulär ist allein schon der erste Anblick nach der Ankunft, wenn sich die auf einem steilen Berghang gelegene Trutzburg in den Wassern des ihr zu Füßen gelegenen kleinen Sees spiegelt.

Amber Fort – ein lohnendes Ausflugsziel von Jaipur

022ra mb

Durch den **Mogulgarten Dil-e-Aram** führt ein steiler, gewundener Kopfsteinpflasterweg zum **Suraj Pol,** dem Haupttor der sehr weiträumigen Anlage.

Hat man das Suraj Pol passiert, befindet man sich in einem weiträumigen, von Souvenirläden, Erfrischungs- und Essensständen gesäumten **Innenhof,** in dem früher die Besucher des Regenten ihre Pferde und Elefanten zurückließen. Von hier führt eine breite Treppe zu einem zweiten Hof mit dem **Audienzsaal** (Diwan-e-Am), in dem der Maharaja die offiziellen Empfänge abhielt. Um dieses Schmuckstück aus Marmor vor dem Zugriff des neidischen Mogulkaisers *Jehangir* zu bewahren, soll es *Jai Singh I.* einst mit einer Gipsschicht überzogen haben.

Durch das wunderschön ornamentierte **Ganesha-Tor** (Ganesha Pol) führt der Weg zu den erneut auf einer höheren Ebene angesiedelten **Privatgemächern** der Herrscherfamilie.

Besondere Aufmerksamkeit bei den täglich Tausenden von Besuchern erregt u.a. der kleine, gänzlich mit kleinen Spiegeln ausgeschmückte **Jai Mandir** und der daneben gelegene **Shak Mandir.** Mit seinen filigranen Marmorgitterfenstern gewährt der Shak Mandir einen weiten Blick in das von den Aravalli-Bergketten eingeschlossene Amber-Tal. Den dem Jai Mandir gegenüber gelegenen **Saal der Freuden** *(Sukh Niwas)* durchfloss einst ein Bach. Inmitten der Paläste, Pavillons, Terrassen und Galerien findet sich ein blühender kleiner **Garten.** Auch hier manifestiert sich der Versuch der durch räuberische und grausame Feldzüge zu Macht und Reichtum gelangten Herrscher, ihr Privatleben in einer Ruhe ausstrahlenden Umgebung zu verbringen.

Für die meisten Touristen galt über viele Jahre der **Ritt auf dem Rücken eines Elefanten** hinauf zur Burg als eine der Hauptattraktionen Ambers. Vergessen wurde dabei, dass dies bei der sengenden Hitze für die mit bis zu vier schweren Personen beladenen Elefanten und bis zu fünf Ritten pro Tag nichts anderes als Tierquälerei war. 2005 entlud sich der jahrelang ertragene Schmerz eines Elefanten, indem er einen zufällig vor ihm stehenden einheimischen Reiseleiter gegen eine Mauer schleuderte. Der Tod des Reiseleiters machte landesweit Schlagzeilen und warf ein Schlaglicht auf das Leid der Elefanten. Seither darf jeder Vierbeiner nur noch dreimal pro Tag zur Burg hinaufschnaufen und das auch nur noch mit zwei statt vier Passagieren. Daher stehen nicht immer Elefanten bereit, auch in der Mittagszeit werden keine Ritte durchgeführt (7–10.30 und 15.30–17 Uhr). Preis für zwei Personen 1.100 Rs. Am Beginn des Aufstiegs warten außerdem Jeeps, die den Fußlahmen für 300 Rs (bis zu 5 Personen, mit einstündiger Wartezeit und Rückfahrt) zum Fort bringen. Ein Aufstieg zu Fuß dauert je nach Kondition etwa 10–15 Min.

■ **Geöffnet** ist der Palast tgl. 9–18 Uhr, Eintritt 500 Rs inkl. Kamera und Video. Ein Audioguide kostet 150 Rs. Am Eingang können **Guides** gebucht werden, 90 Min. kosten 300–400 Rs/4 Pers.

■ **Anfahrt:** Von Jaipur fahren ständig Busse und Kleinbusse für 14 Rs vom Badi Chaupar (ab der nordwestlichen Kurve des Platzes), ein paar Meter vom Hawa Mahal entfernt, in knapp einer halben Stunde nach Amber (etwa Linie 29). Vom Central Bus Stand fährt Buslinie 4 nach Amber. Der letzte Bus zurück nach Jaipur gegen 20 Uhr. Eine Riksha sollte für die Hin- und Rückfahrt mit Wartezeit ca. 400 Rs, ein Taxi 700 Rs kosten, die einfache Fahrt etwa 250/400 Rs.

Jaigarh Fort

Unser Tipp: Wer nach der Besichtigung des Palastes noch genügend Ausdauer besitzt, sollte sich das oberhalb von Amber gelegene Jaigarh Fort nicht entgehen lassen. Die meisten Gebäude in der 1726 von *Jai Singh* errichteten Festungsanlage sind verfallen, doch auch die Ruinen vermitteln noch einen interessanten Eindruck der ehemaligen Pracht. Zurzeit lässt der Schwiegersohn des Maharajas einige Gebäude restaurieren. Im Übrigen wird man für den ca. 15-minütigen Anstieg mit **herrlichen Ausblicken** in die Umgebung belohnt. Man entgeht hier oben dem Touristenrummel der Palastanlage. Eine kleine Cafeteria bietet sich für Snacks und Getränke an.

Im östlichen Bereich der Anlage findet sich die ehemalige **Kanonengießerei,** die nach Rückkehr von *Man Singh I.,* General in *Akbars* Armee, von einer Reise nach Kabul errichtet wurde. Dort erwarb er die Kenntnisse zum Bau der Kanonen, von denen einige noch heute im Museum des Forts zu besichtigen sind. Die größte, eine 50 Tonnen schwere, *Jaivan* genannte Kanone, ist im Südteil des Forts zu besichtigen. Sie gilt als **größte Kanone der Welt** und hat eine Reichweite von 20 km, kam allerdings, bis auf einen Probeschuss, nie zum Einsatz.

Nördlich von Museum und zwei hinduistischen Tempeln, dem Sri Ram Hari und dem Kal Bhairava, gelangt man zum Palastbereich, von dessen Gärten und Pavillons sich ein herrlicher Blick auf Amber und Amber Fort bietet. Im Mittelpunkt des nationalen Interesses stand das Fort Mitte der 1970er Jahre, als es die damalige Ministerpräsidentin *Indira Gandhi* weiträumig absperren ließ. Hunderte von Polizisten durchsuchten die Katakomben, um das dort angeblich gelagerte, auf mehrere Zigmillionen Rupies, Juwelen und Gold geschätzte Vermögen der Kachhawas von Amber zu konfiszieren. Gefunden wurde nichts.

■ **Geöffnet** ist der Palast tgl. 9–17 Uhr, Eintritt 85 Rs, Kamera/Video 50/200 Rs. Ein Guide kostet 200 Rs. Das Ticket für den Stadtpalast berechtigt auch zum Besuch des Jaigarh Fort innerhalb von zwei Tagen.

Royal Gaitor

Die **Grabstätten von Gaitor** (Chattris, 9–16.30 Uhr, Eintritt 10 Rs, Kamera/Video 10/20 Rs), etwas nördlich der Stadtmauern Jaipurs, wirken wie kleine **Marmorkunstwerke** in der schönen Gartenlandschaft. In der seit dem 18. Jh. auch als Verbrennungsstätte der Herrscher von Jaipur genutzten Anlage beeindruckt besonders der mit mythologischen Szenen verzierte Kenotaph des Stadtgründers *Jai Singh II.* (50 m rechts vom Eingang eine steile Treppe hinauf), dessen weiße Marmorkuppel auf 20 skulptierten Säulen ruht. Zudem bietet sich hier ein schöner Blick über die Gesamtanlage. Es führt ein Weg zu einem Ganesh-Tempel mit Swastika-Symbol.

Jal Mahal

Auf der Fahrt von Jaipur nach Amber liegt nach ca. 6 km auf der rechten Straßenseite das **„Wasserschloss" Jal Mahal.** Heute ist es als solches jedoch kaum mehr zu identifizieren, da der das Jal Mahal umgebende See die meiste Zeit im Jahr ausgetrocknet ist. Doch auch so vermittelt das Bauwerk immer noch viel von seiner ursprünglich romantischen Atmosphäre.

Nebenan gelegen, ist die **Maharani ki Chattri** das Pendant zum Royal Gaitor, beherbergen die marmornen Kenotaphe mit prächtigen Blumenmotiven doch die sterblichen Überreste der Frauen der Herrscher von Jaipur.

Sisodia-Gärten

Vorbei am hübschen Vidhyadhar's Garden, der zu Ehren des Architekten Jaipurs errichtet wurde, führt die Straße Richtung Agra zum zierlichen, mit Wandmalereien geschmückten **Sisodia-Rani-Palast** (8–20 Uhr). Auch diese verspielte Palastanlage inmitten gepflegter, terrassenförmig angelegter Gärten stammt aus der Regierungszeit *Jai Singhs.* Der offensichtlich nicht gerade knauserige Herrscher ließ das Schloss für seine zweite Frau erbauen. Heute ist es eines der beliebtesten Ausflugsziele in der Umgebung von Jaipur und an Wochenenden von Einheimischen überlaufen.

Galta

Drei Kilometer östlich von Jaipur findet sich die **Schlucht** von Galta, die stufenförmig abfällt und von vielen kleinen Tempeln und sieben von einer natürlichen Quelle gespeisten Wasserbecken durchzogen ist: ein Ort mit ganz besonderer sakraler Atmosphäre. Die unzähligen Tempelaffen werden von den Pilgern eifrig gefüttert, da man sich von ihnen Glück verspricht. Der hoch oberhalb der Schlucht gelegene **Tempel** zu Ehren des Sonnengottes Surya aus dem frühen 18. Jh. ist von Norden aus über einen 2 km langen steilen Anstieg zu erreichen. Die schöne, längere Südzufahrt per Auto führt, vorbei an Sisodia Gardens und durch eine naturbelassene Landschaft mit vielen Tieren, ebenfalls nach Galta.

■ **Geöffnet** von 6 bis 19 Uhr. Gelegentlich wird am Eingang eine Foto-/Videogebühr von 50/150 Rs erhoben.

Chokhi Dhani

Eine gelungene Mischung aus Unterhaltung und dem Erleben des traditionellen Lebens Rajasthans ist im 18 km südlich von Jaipurs Zentrum gelegenen Chokhi Dhani zu erfahren. In diesem einem **rajasthanischen Dorf** nachempfundenen **Vergnügungsgelände** werden neben kulinarischen Genüssen (Rajasthani-Thalis im Eintrittspreis enthalten, weitere Freiluft-Restaurants im Umfeld) Tanzvorführungen, Puppenspiel, Zauberei, Kunststücke sowie Kamel- und Elefantenausritte nicht nur Kinder faszinieren. Die Wochenenden sollte man wegen des starken Zulaufs meiden.

■ **Öffnungszeiten:** 18–23 Uhr, Eintritt Erw./Kind 600/300 Rs inkl. Rajasthani-Thali. Chokhi Dhani ist am komfortabelsten per Taxi zu erreichen. Die Hin- und Rückfahrt inkl. Wartezeit sollte nicht mehr als 850 Rs kosten.

Saganer

Dieses kleine, 16 km südlich von Jaipur gelegene Städtchen mit einem verfallenen Palast und einigen schönen, nicht zugänglichen Jain-Tempeln ist überregional für die hier ansässigen **Papier- und Textildruckereien** bekannt. Eine besondere Spezialität der Familienbetriebe Saganers ist der **Blockdruck,** wobei die verschiedenen Muster in Holz geschnitzt und von Hand auf der ganzen Länge der Stoffbahn gedruckt werden. Inzwischen ein weltweit exportierender Hersteller ist **Salim's Paper** (Gramodyog Rd., www.handmadepaper.com). Hier und in weiteren Shops im Ort können deren Produkte auch gekauft werden. Bei **Sakshi** (Laxmi Colony, Geschäft 8.30–20.30 Uhr, Fabrik 9–18 Uhr) kann der Besucher auch selbst Hand anlegen. Ein beliebtes Souvenir sind die verwendeten Druckblöcke, die meist nicht viel größer als ein normaler Stempel sind. Man sollte sich den Weg zum Flussufer nicht entgehen lassen, wo die fertigen Stücke in der Sonne trocknen. (Busse vom Ajmeri Gate starten alle 5–10 Min. nach Saganer, 12 Rs, eine Std. Fahrtzeit.)

Bharatpur

– ein Muss für Ornithologen

Wegen des 2 km südlich vom Stadtzentrum gelegenen **Keoladeo-Vogelschutzparks** gilt Bharatpur heute als Mekka für Ornithologen aus aller Welt. Im 17. und 18. Jh. war es die Hauptstadt eines einflussreichen Regionalreiches, dessen Herrschaftsbereich zeitweise bis an die Grenzen Delhis und Agras reichte.

Noch heute beherrscht das mächtige, von einem Wassergraben umschlossene **Fort** die ansonsten uninteressante Stadt. Seinen Namen Lohagarh („Eiserne Festung") hat es sich verdient, da es erfolgreich verschiedenen Angriffen der Mogulheere und später der Briten trotzte. Die beiden großen Festungstürme Jawahar Burj und Fateh Burj sowie zwei von einem erfolgreichen Beutezug aus Delhi mitgebrachte Eingangstore sind die beeindruckendsten Bauelemente des ansonsten deutliche Spuren des Verfalls aufweisenden Forts.

Eines der insgesamt drei Palastgebäude innerhalb der Festungsmauern beherbergt allerdings ein ebenfalls wenig umsorgtes, aber interessantes **Museum.**

- **Öffnungszeiten:** tgl. außer Fr 10–16.30 Uhr, Eintritt 3 Rs, Kamera/Video 10/20 Rs.

Praktische Tipps

Information

- **Vorwahl:** 05644
- Den Besuch im **Tourist Reception Centre** (Mo–Sa 10–17 Uhr, jeder 2. Sa geschlossen, Tel. 222542) am Saras Circle ist bis auf die Aushändigung eines Stadtplans und für Informationen über Bus- und Bahnzeiten nur hilfreich, wenn man etwas insistiert. Wesentlich umfangreichere Informationen zum Vogelpark bekommt man am Eingang desselben, wo auch eine informative Broschüre zum Keoladeo-Nationalpark erhältlich ist.

Stadtverkehr

Bharatpur ist eine sehr weitläufige Stadt. So liegt der Bahnhof 2 km nördlich des Zentrums und 4 km vom Nationalpark entfernt, der Busbahnhof unangenehme 5 km.

- Mit der **Autoriksha** kostet die Fahrt vom Bahnhof zum Nationalpark für Einheimische maximal 40 Rs, vom Busbahnhof 30 Rs, verlangt wird von Touristen jedoch meist das Doppelte.
- Ähnliches gilt für die **Fahrradrikshas,** die für die gleiche Strecke eigentlich nicht mehr als 30 Rs verlangen dürften. Meist hat man nur dann eine Chance auf den lokalen Fahrpreis, wenn man ein vom Rikshafahrer empfohlenes Hotel wählt, da dieser dann Kommission kassiert.
- Am geeignetsten zur Erkundung des Vogelparks sind die von vielen Hotels verliehenen **Fahrräder** (Preis ca. 50 Rs pro Tag).

Unterkunft, Essen und Trinken

Die meisten Unterkünfte der unteren und mittleren Preiskategorie gruppieren sich um die Verkehrskreuzung **Saras Circle** 400 m östlich vom Parkeingang. Deshalb sollte man aus Richtung Agra und Fatehpur Sikri kommend auf jeden Fall schon an der Kreuzung zum Keoladeo-Nationalpark (Saras Circle) aussteigen, da man sich dann den weiten Rückweg vom Busbahnhof zum Nationalpark sparen kann, für den zudem immer weit überhöhte Rikshagebühren verlangt werden. Von der Kreuzung aus sind die meisten der aufgeführten Unterkünfte zu Fuß erreichbar.

- Das hübsche kleine **Spoonbill Hotel & Restaurant** ① (Tel. 223571, www.hotelspoonbill.com) ist nicht mehr das neueste, hat aber entsprechend preiswerte, recht an-

sprechende, teils klimatisierte Zimmer im Angebot. Das Open-Air-Lokal wird von einem pensionierten General und seinem Sohn betrieben, der köstliches Essen zu günstigen Preisen serviert.

■ Mehr fürs gleiche Geld gibt's im hübschen und relativ ruhigen, weil ein wenig von der Hauptstraße zurückversetzten **Falcon Guest House**①-② (Tel. 223815, (0)941 4877747, www.falconguesthouse.com) mit Gartenrestaurant. Alle Zimmer, teils mit AC, TV und Badewanne, haben einen Balkon.

■ Von einer Wechselstube mit Internetcafé zu einer empfehlenswerten Unterkunft hat sich das **Royal Guest House**① (Tel. (0)9414315 457, www.royalguesthouse bharatpur.com) gewandelt. Geld wechseln und surfen (auch in den Zimmern mittels WiFi) kann man immer noch, zusätzlich stehen nun saubere Zimmer zur Verfügung.

■ Das **Birders Inn**③ (Tel. 227346, www.birdersinn.com, Preise inkl. Frühstück) hat schöne und ruhige, nach hinten gelegene AC- und Non-AC-Zimmer, einen hübschen baumbestandenen Garten mit Sitzgelegenheiten und ein gutes (und recht teures) Restaurant.

■ Den Vogel schießt das **Laxmi Vilas Palace Hotel**④ (Tel. 223523, www.laxmivilas.com) ab. Dieser alte Palast mit sehr schön antik möblierten, teils klimatisierten, riesigen Zimmern mit viel Atmosphäre inmitten einer friedvollen Gartenlandschaft bietet viel fürs Geld. Neben Spa und ayurvedischer Massage kann man im großen Swimmingpool plantschen. Einziger Nachteil: Es liegt etwas ab vom Schuss.

Bank und Internet

■ Etwas östlich von der Kreuzung Saras Circle beim Vogelpark bietet sich das **Royal Forex** (10–22 Uhr) im Royal Guest House zum Wechseln von Bargeld und Abheben per Kreditkarte an. Angeschlossen ist ein schnelles **Internetcafé** mit guter Ausrüstung und STD-Laden.

An- und Weiterreise

Bahn

Bharatpur liegt verkehrsgünstig an der Strecke von Delhi nach Mumbai sowie an der Strecke Delhi – Agra – Jaipur – Jodhpur – Ahmedabad und bietet dementsprechend eine vielfältige Auswahl an Zugverbindungen. Der Bahnhof selbst ist jedoch 2 km nördlich von Bharatpur und damit 4 km vom Vogelpark entfernt (50 Rs per Autoriksha). Wichtige Verbindungen finden sich im Anhang.

Bus

Bharatpur liegt an der Hauptstraße zwischen Agra und Jaipur.

■ Alle Busse von und nach **Fatehpur Sikri** bzw. Agra passieren die Hotelgegend um den Saras Circle. Es empfiehlt sich, hier auszusteigen, da man ansonsten später den gut 2 km langen Weg vom Busbahnhof (30 Rs per Auroriksha) wieder zurückfahren muss – wenig sinnvoll.

■ Stündliche Verbindungen bestehen nach: **Agra** (1½ Std., 57 Rs, halbstündlich Tag und Nacht, über Fathepur Sikri, 45 Min., 25 Rs), **Jaipur** (4½ Std., 140 Rs, halbstündlich), **Deeg** (1 Std., 30 Rs, jede Stunde bis 20 Uhr) und **Mathura** (1½ Std.) sowie **Delhi** (5 Std., 150–180 Rs, halbstündlich 6–19 Uhr, danach bis 23 Uhr stündlich). Außerdem gibt's drei Busse nach **Gwalior, Jodhpur** und **Udaipur** sowie weitere nach **Alwar** (115 Rs, 4 Std., stündlich bis 20 Uhr), Vrindavan und Lucknow. Die genauen Abfahrtszeiten können im Tourist Reception Centre in Erfahrung gebracht werden.

Keoladeo-Ghana-Nationalpark

Das Gebiet des 29 km² großen Nationalparks liegt in einer natürlichen Senke, die sich während der Monsunzeit im Sommer mit Wasser füllt. So sammelten sich hier seit jeher **Wasservögel**, die für die Maharajas von Bharatpur willkommene Beuteobjekte waren. An manchen Tagen sollen bis zu 4.000 Vögel ihrer Schießwut zum Opfer gefallen sein. Um ihrem Hobby ganzjährig frönen zu können und nicht, wie zuvor, nach der Regenzeit, wenn mit dem zurückgehenden Wasserspiegel auch die Vögel abzogen, mit leeren Händen dazustehen, ließen die Herrscher von Bharatpur künstliche Bewässerungskanäle und Dämme errichten. Das so von Menschen gestaltete Feuchtgebiet entwickelte sich rasch zu einem Magnet für die Vogelwelt.

Heute zählt es zu den bedeutendsten **Vogelschutzgebieten** überhaupt und ist Teil des **UNESCO-Welterbes.** Etwa 370 Vogelarten wurden bisher in Bharatpur beobachtet, davon allein über 100 Zugvogelarten aus nordasiatischen Gebieten wie Japan und Sibirien. Speziell in den Wintermonaten November bis Mai und während der Brutzeit in den Monsunmonaten von Juli bis Mitte September sind die beiden großen seichten **Seen** mit den kleinen Bauminseln in der Mitte des Parks Heimatstätte von Zehntausenden von Kormoranen, Reihern, Fasanen, Löfflern, Gänsen, Adlern, Enten und Störchen sowie unzähligen anderen Vogelarten. Wenn man weiß, dass allein die über 2.000 Störche täglich etwa fünf Tonnen Futter benötigen, erstaunt es immer wieder, welch enorme Fischmenge die seichten Gewässer in sich bergen.

Die mit Abstand beste Jahreszeit zum Besuch des Parks sind die Wintermonate Oktober bis Februar. Zwischen März und September ist nur ein Bruchteil der Vögel vor Ort.

Öffnungszeiten: im Sommer 6–18 Uhr, im Winter 6.30–17 Uhr, Eintritt 400 Rs pro Person (gilt allerdings nur für einen Eintritt pro Tag). Fotokameras sind gebührenfrei, für eine Videokamera müssen happige 400 Rs berappt werden. Guides kosten 150 Rs/Std. bis 5 Personen, ab 6 Personen 120 Rs. Im Park gibt es beim Keoladeo-Tempel einen Kiosk mit Tee/Kaffee und Snacks. Bei vielen Hotels sowie am Parkeingang sind Ferngläser für bis zu 100 Rs auszuleihen.

Fortbewegung innerhalb des Parks

Das von einer mitten durch die beiden Seen führenden Dammstraße durchzogene Gebiet ist ideal, um mit dem **Fahrrad** erkundet zu werden. Um speziell an Feiertagen und Wochenenden den Besuchermassen zu entgehen, sollte man vornehmlich auf den Nebenstraßen und im südlichen Teil des Parks auf Erkundungstour gehen, da man dort oft stundenlang kaum Menschen begegnet. Zur Abenddämmerung ist besonders die Gegend um den Keoladeo-Tempel interessant, da die großen Wasservögel dort ihre Schlafplätze haben. Fahrräder werden sowohl am Parkeingang als auch in den meisten Unterkünften vermietet. Statt bei den Händlern vor dem Eingang sollte man sein Fahrrad besser direkt an der Kasse des Nationalpark buchen, da sie hier billiger sind (Fahrrad/Mountainbike 25/50 Rs). Da die Nachfrage speziell während der Hauptreisezeit sehr groß ist, empfiehlt es sich, schon einen Tag vorher seinen Drahtesel zu reservieren. Man sollte versuchen, ein gut gewartetes, relativ neues Rad zu ergattern, da einige Drahtesel alt, rostig und schwer fahrbar sind. Wasserflasche nicht vergessen! Wer sich länger im Park aufhalten möchte, sollte sich außerdem ein „Fresspaket" vom Gasthaus schnüren lassen.

Achtung: Weibliche Besucher, die sich per pedes oder Fahrrad in abgelegenere Teile des Parks begeben möchten, sollten nicht allein unterwegs sein, sondern zur Sicherheit einen Guide engagieren.

Eine andere Möglichkeit zur Parkerkundung sind die zahlreichen am Parkeingang und um den Tourist Bungalow auf Gäste wartenden **Fahrradrikshas.** Allerdings besitzen nur die mit einem gelben Schild an der Vorderseite ausgestatteten Rikshas die Lizenz für den Nationalpark. Viele Rikshafahrer sind äußerst freundliche Zeitgenossen und verfügen über erstaunliche Fachkenntnisse. Der große Nachteil der Rikshas, die hinter dem Fahrer zwei Personen Platz bieten, besteht jedoch darin, dass sie auf dem asphaltierten Hauptweg bleiben müssen, während man mit dem eigenen Fahrrad jeden schmalen Seitenweg benutzen kann. Für eine Rikshafahrt (die Fahrer kommen umsonst in den Park) sollte man zuzüglich Eintrittspreis pro Stunde mit nicht mehr als 100 Rs rechnen. Einer von vielen am Parkeingang wartenden Riksha-Fahrern namens *Dilip* (di lip_knpbtp@yahoo.co.in) wurde von zahlreichen Lesern empfohlen.

Alternativ kann man am Eingang eine **Bootstour** auf einem der Seen buchen (200 Rs pro Stunde für 2-Sitzer, 100 Rs für 4-Sitzer). Dabei kommt man besonders nah an die Tiere heran, weshalb man sich sehr zurückhaltend verhalten sollte. Dies ist jedoch nur bei hohem Wasserstand möglich.

Neu ist die Fortbewegung mit batteriebetriebenen **Rikshas und Minibussen,** die auch jenseits des ersten Checkpoints fahren dürfen. 90-minütige Ausfahrten kosten 250 Rs.

Alwar

Die Ende des 18. Jh. von einem ehemaligen Vasallen Jaipurs, der sich unabhängig gemacht hatte, erbaute Stadt wirkt trotz ihrer Größe recht beschaulich, liegt verkehrsgünstig zwischen Delhi und Jaipur und besitzt einen der schönsten Rajputenpaläste Rajasthans. Das am Rande des **Aravalli-Gebirges** gelegene Alwar wird von nur wenigen Touristen besucht. Wer von hier, wie die meisten der wenigen Besucher, zum nur 35 km südwestlich gelegenen **Sariska-Nationalpark** aufbricht, sollte die Gelegenheit nutzen, um den 3 km außerhalb des Stadtzentrums gelegenen Palast zu besichtigen.

Stadtpalast

Unser Tipp: Eher in einem italienischen Rokokoschloss denn in einem Rajputenpalast wähnt man sich, sobald man über die Mitteltreppe in den **Innenhof** des Palastes gelangt ist. In einer gelungenen Synthese aus strenger Symmetrie und verspielter Formgebung finden sich elegant verzierte und ornamentierte Pavillons, geschwungene Bengaldächer, offene Säulenhallen, freilaufende Treppenaufgänge, durchbrochene Marmorfenster, winzige Erker und Balkone. Eine passendere Filmkulisse für die ausufernden, von Herz, Schmerz und wehenden Kostümen geprägten Hindi-Filme lässt sich kaum denken. Ganz deutlich stehen die Bauten unter dem Einfluss des späten Rajputenstils, der stark vom manierierten Mogulgeschmack beeinflusst wurde.

Prunkstücke des im oberen Stockwerk beheimateten **Museums** sind eine innerhalb von 15 Jahren angefertigte Ausgabe des „Kalisthan", eine Sammlung moralischer Erzählungen des 1292 verstorbenen Dichters *Shadi,* sowie eine 24 Meter lange Rolle mit einer Abschrift der „Bhagavad Gita". Daneben verdient auch die Sammlung hervorragender Miniaturmalereien Beachtung. Insgesamt gehört das Museum zu einem der interessantesten Rajasthans, wenn es auch wegen der Unterschiedlichkeit seiner Ausstellungsobjekte zunächst etwas verwirrend erscheint.

Geht man vom Museum entlang einer kleinen Balustrade um das Gebäude herum, bietet sich eine beeindruckende Aussicht auf den dahinter gelegenen, künstlich angelegten **Palastteich** mit seinen Pavillons und Badetreppen. Wer sich vor der reichlich schmalen und wenig Vertrauen erweckenden Umrundung scheut, kann auch von der hinteren linken Ecke des Vorhofs über eine Treppe zum See gelangen. An dessen Südseite steht der marmorne **Chattri** von *Raja Bakhtawar Singh,* dem Herrscher Alwars von 1781 bis 1815. Die Gedenkstätte bildet mit dem umlaufenden Balkon und dem halbkreisförmigen Bengaldach noch einmal ein Beispiel des als indischer Rokoko bezeichneten Baustils Alwars.

Nordwestlich des Sees führt ein schmaler, steiler Weg auf den sich dahinter befindenden **Hügel,** der von den Überresten einer mittelalterlichen Festung gekrönt wird. Da hier ein Radiosender installiert wurde, ist die Besteigung jedoch nur mit einer speziellen Genehmigung erlaubt. Außer einer allerdings sehr beeindruckenden **Aussicht** auf die Stadt gibt es hier kaum etwas zu bewundern.

- **Öffnungszeiten:** tgl. außer Fr 10–16.30 Uhr.

Fort Bala Quila

Das riesige, 5 x 1,6 km große Fort Bala Quila, 300 m über der Stadt, wurde als eines der wenigen in Rajasthan schon vor der Zeit der Moguln in der Regierungszeit von *Nikumbh Rajputen* im 9. Jh. v. Chr. erbaut. 15 große und 51 kleinere Türme sowie 6 Zugangstore zeigen die Ausmaße der heute verfallenen Anlage. Nach mehreren Eroberungen fiel sie 1775 in die Hände von *Pratab Singh,* dem Begründer des Staates Alwar. Leider kann das Fort, das heute durch einen Radiosendemast verunstaltet ist, nur mit spezieller Genehmigung vom Superintentent of Police (Tel. 2337453) besichtigt werden. Man genießt jedoch eine Rundum-Aussicht nach einem Aufstieg, der beim Collectorate Office beginnt.

Praktische Tipps

Information

- **Vorwahl:** 0144
- Das **Touristenbüro** (Tel. 2347348) in der Stadtmitte gegenüber dem Company Park ist tgl. außer So 10–17 Uhr geöffnet. Neben Informationen zur Stadt selbst werden bereitwillig Auskünfte zum 35 km südlich gelegenen Sariska-Nationalpark erteilt. Außerdem können **Hotelreservierungen** für Sariska vorgenommen werden.

Stadtverkehr

- Der Stadtpalast, die Hauptsehenswürdigkeit Alwars, liegt etwa 3 km vom Bahnhof entfernt. Die Fahrt mit der **Autoriksha** sollte nicht mehr als 45 Rs, mit der **Fahrradriksha** 30 Rs kosten.

Bank

- Geld wird in der **State Bank of Bikaner & Jaipur** nahe dem Busbahnhof gewechselt.

Unterkunft, Essen und Trinken

Nur sehr wenige westliche Touristen übernachten in Alwar selbst. Das macht durchaus Sinn, weil sich in der Umgebung einige attraktive Alternativen anbieten. Dementsprechend hält sich die Auswahl an akzeptablen Unterkünften in Grenzen.

- Am angenehmsten wohnt man im **Alwar Hotel**③ (Tel. 2700012, www.alwarhotel.com) mit seinem gepflegten, Ruhe ausstrahlenden Garten, großen Zimmern und einem guten Restaurant.
- Nur wenige Meter vom Bahnhof entfernt liegt das **Aravali Hotel**①-② (Tel. 2373684) mit einer großen Auswahl qualitativ sehr unterschiedlicher Zimmer. Die Räume nach hinten sind wegen der ruhigeren Lage vorzuziehen. Im Erdgeschoss befindet sich eine düstere Bar, deren arktische Temperaturen leider die lautstarke Stimmung der Gäste nicht abmildert. Das Restaurant ist hingegen gut.
- Empfehlenswert ist das weiter südlich gegenüber dem Stadion gelegene **Phool Bagh Palace Hotel**②-③ (Tel. 2347253). Die Preise sind angemessen.
- In unmittelbarer Bahnhofsnähe liegt das **Hotel Natraj**② (Tel. 2447355). Die Zimmer sind zwar recht spartanisch, doch für eine Nacht akzeptabel. Das große Plus des Natraj ist sein ausgezeichnetes Restaurant.
- Für eine Nacht o.k. ist das **New Tourist Hotel**①-② am Manu Marg (Tel. 2322047). Die Zimmer sind zwar einfach, aber dafür ist das angeschlossene Restaurant gut und preiswert.
- Das bei Siliserh, ca. 20 km südwestlich von Alwar, gelegene **Hotel Lake Palace**②-③ (Tel. 2886322) bietet eine gute Möglichkeit, um für relativ wenig Geld in einem zum Hotel umgewandelten Maharaja-Palast zu wohnen. Das Haus liegt an einem kleinen See wenige Kilometer abseits der Straße, die zum Sariska-Park führt.
- **Narula's** mit vielseitiger Küche (indisch, chinesisch, westlich) und schönem Ambiente an der Road No. 2 ist empfehlenswert.
- Seit 60 Jahren serviert das **Prem Pavitri Bhojnalaya** beim Busbahnhof köstliche, rein vegetarische Speisen zu Preisen von kaum mehr als 2 €. Die Speisekarte ist zwar eher schmal, doch dafür schmeckt jedes Gericht vorzüglich – indischer geht's nicht. Die mehr als einfache Einrichtung muss man allerdings in Kauf nehmen.

An- und Weiterreise

- **Bahnverbindungen** s. Anhang.
- Direkte Busverbindungen u.a. alle 30 Min. zum **Sariska-Nationalpark** (ca. 1 Std.), nach **Bharatpur** (ca. 3½ Std./Exp.), nach **Deeg** (ca. 2½ Std./Exp.), **Jaipur** und **Mathura** (ca. 3 Std./Exp.) und **Delhi** (4 Std./Exp.).

Deeg

Für den Durchreisenden stellt sich dieser 34 km nördlich von Bharatpur gelegene Ort nur als verstaubtes Provinznest mit einem etwas zu groß geratenen Busbahnhof dar. Doch der hier Mitte des 18. Jh. vom Herrscher von Bharatpur errichtete **Sommerpalast Suraj Mahal** ist auf jeden Fall einen Besuch wert. Ebenso wie der Stadtpalast von Alwar repräsentiert er einen Baustil, der in seiner stark manieristischen Prägung der Spätzeit der Palastarchitektur zuzuordnen ist. Das beeindruckende Äußere des Palastes diente als Hintergrund bei der Verfilmung von *Hermann Hesses* Roman „Siddharta". Bis in die 1970er Jahre wurde der Palast von dem Maharaja bewohnt.

Gopal Bhawan

Hat man den Palastbezirk von Norden her durch das Singh Pol betreten, befindet man sich in einem sehr schönen, durch vier Wasserläufe gegliederten **Mogulgarten.** Die Beschwingtheit, die das hierin eingebettete Hauptgebäude der Anlage, der Gopal Bhawan, mit seiner verspielten Architektur ausstrahlt, wird durch dessen von vier Pavillons am Ende der Kanäle flankierten Garten aufgenommen und zusätzlich verstärkt. Insgesamt 500 Fontänen wurden zu speziellen Festen in Betrieb gesetzt und erzeugten mit ihren gefärbten Wassern, künstlich erzeugten Geräuschen und geheimnisvoller Beleuchtung während der Nacht ein einzigartiges Schauspiel. Vor dem Gopal Bhawan steht, herausgehoben auf einer separaten Marmorplatte, eine **Marmorschaukel.** *Suraj Mall,* der Erbauer des Palastes, soll sie 1763 von einem Beutezug aus dem Roten Fort in Delhi mitgebracht haben. Besonders eindrucksvolle Bilder bieten sich, wenn die Rajputen-Frauen in ihren bunten Kleidern zum Wasserholen kommen.

Von den Decken des sich zur Gartenseite öffnenden Gopal Bhawan hängen sogenannte **Pahannas,** lange, reich verzierte Stoffbahnen. Sie dienten nicht nur als dekorativer Blickfang, sondern hatten durchaus praktischen Nutzen. Über Schnüre konnten sie von Dienern bewegt werden und wurden so als manuelle, überdimensionierte Windfächer für die unter der Sommmerhitze leidenden Herrschaften eingesetzt.

Die diversen Räume des **Hauptgebäudes** beeindrucken vor allem durch ihre exquisite Möblierung. Allerdings wirkt vieles etwas heruntergekommen und renovierungsbedürftig.

Besonders beeindruckend wirkt der Palast durch den an seiner Südseite angrenzenden **Gopal Sagar,** einen kleinen, künstlich angelegten See. Speziell mit den beiden flankierenden Pavillons wirkt er wie ein kleiner Wasserpalast. Sehr schön, wenn auch weniger verspielt wirkt der südlich des Teichs von Suraj Mahalls Stiefvater errichtete **Purana Mahal** mit schönen Rajputen- und Mogulwandmalereien im Inneren.

- **Eintritt:** 100 Rs, tgl. außer Fr 10–17 Uhr.

An- und Weiterreise

- Fast stündliche **Busverbindungen** nach Alwar (3 Std.), Bharatpur (1½ Std., alle 30 Min.), Mathura (1 Std.) und 1 Direktbus nach Agra über Mathura (3½ Std.).

Sariska-Nationalpark

Weil die Tigerpopulation durch Wilddieberei im Sariska-Nationalpark ausgerottet war, entschloss sich die Regierung in einer Art Wiedergutmachungsaktion für den enormen Image-Schaden, fünf Tiger aus anderen Nationalparks in Sariska anzusiedeln. Inzwischen sollen es 13 sein, doch die Chancen, welche zu sehen, sind in dem weitläufigen Gebiet sehr gering.

Auch wenn man keinen Tiger sichtet, ist der 1979 mit einer Kernzone von 498 km² dem Project Tiger zugeordnete Park wegen seiner zahlreichen anderen Wildtiere und seiner landschaftlichen Schönheit einen Besuch wert. Wer allerdings in seiner Zeit begrenzt ist, sollte den Ranthambore-Nationalpark vorziehen, zumal dort wesentlich bessere Unterkünfte zur Verfügung stehen. In Sariska bieten sich gute Chancen, einen der rund 60 im Park lebenden **Leoparden** zu sichten, denen das felsige Gelände ideale Lebensbedingungen bietet. Besonders faszinierend ist der Anblick der Tiere, wenn sie durch die Ruinen des malerisch auf einem Berg gelegenen Kanwari-Forts (gut 20 km vom Forest Reception Centre entfernt) streifen. Hierfür ist das Mitführen eines Fernglases empfehlenswert, da die gefleckten Großkatzen in den Felsen eine nahezu perfekte Tarnfarbe besitzen und nur schwer aus der Ferne auszumachen sind.

Auch die verlassene Stadt **Bangarh** aus dem 17. Jh. ist einen Abstecher wert. Sie kann außer mit Jeeps auch mit einem der den Nationalpark durchfahrenden Busse zum nahegelegenen Dorf Golaba erreicht werden.

Weitere den Park bevölkernde Tiere sind **Sambarhirsche, Antilopen,** die bevorzugten Beutetiere für den Tiger, sowie **Schakale, Füchse** und **Wildschweine.** Die am Rande des Schutzgebietes gelegenen Seen bei Tekla sind im Winter ein Sammelplatz für viele Arten von **Wasservögeln.** Überdies ist Sariska eines der besten Gebiete, um Indiens Nationalvogel, den **Pfau,** zu beobachten. Die Balzzeit beginnt wenige Wochen vor Eintritt der Regenzeit im Mai/Juni und setzt sich bis Juli/August fort. Daher wird dem wunderschönen Tanz der Pfauenhähne die Kraft zugeschrieben, den Regen herbeizurufen.

Besichtigung

Wie für die anderen Nationalparks Indiens stellen auch für Sariska die Monate Oktober bis März die **Hauptreisezeit** dar. Zwischen Dezember und Januar sowie an Wochenenden ist eine Vorbestellung für die Parkunterkünfte unbedingt vonnöten. Da die Hauptstraßen im Park asphaltiert sind und somit auch während der **Regenzeit** befahren werden können, ist Sariska ganzjährig geöffnet, Oktober bis März tgl. 7–16 Uhr, April bis September 6–16.30 Uhr.

Jeeps für die jeweils morgens von 7 bis 9.30 Uhr oder nachmittags von 15 bis 17.30 Uhr bzw. als Ganztagestour durchgeführte **Parkbesichtigung** können beim Forest Reception Centre (Tel. 0144-2841333) an der Jaipur Rd. gegenüber vom Sariska Palace für 1.050 Rs (2½ Stunden) bis 3.200 Rs (ganzer Tag, max. 5 Personen) gemietet werden. Hinzugerechnet werden muss noch die **Eintrittsgebühr** pro Fahrzeug (250 Rs) und pro Person (450 Rs). Teilt man sich den Jeep mit 5 Personen, kostet die Besichtigung also ca. 1.100 Rs. Die Videokameragebühr beträgt weitere 200 Rs, Fotokamera ist frei.

Unterkunft

Interessierte sollten bedenken, dass in der unmittelbaren Nähe des Parks keine empfehlenswerten Unterkünfte zur Verfügung stehen, sodass man entweder von Alwar oder den in der Umgebung gelegenen Alternativen anreisen muss.

■ Der staatliche **RTDC Tiger Den**①-② (Tel. 0144-2841342) ist die einzige Unterkunft in unmittelbarer Parknähe. Einfache, schmucklose und nicht moskitosichere Zimmer mit Balkon in einem wenig ansprechenden Gebäude können nicht wirklich empfohlen werden.

■ Abgesehen von den allerdings auch nur bedingt zu empfehlenden Hotels in Alwar bietet sich das 20 km vom Park entfernte **Alwar Bagh**④ (Tel. 0144-2885231, www.alwarbagh.com) als Alternative an. Ein Heritage Hotel ist es zwar nur dem Namen nach, da die Gäste im Neubau neben dem Palast wohnen, doch die Zimmer sind sehr geräumig und die gesamte Anlage umgibt eine friedvolle Stimmung. Der Service lässt allerdings zuweilen zu wünschen übrig. Touren zum Sariska-Park können hier gebucht werden.

An- und Weiterreise

Der Eingang zum Nationalpark liegt an der Hauptverkehrsstraße zwischen Alwar und Jaipur und entsprechend unproblematisch sind die Verkehrsverbindungen mit dem **Bus.** Allerdings sind die am Forest Reception Centre vorbeifahrenden Busse oft bis zum Bersten gefüllt. Zum gut eine Stunde entfernt gelegenen **Alwar** ist das erträglich, die knapp vierstündige Fahrt zum 160 km südöstlich gelegenen **Jaipur** ist da schon problematischer. Als Alternative könnte man zunächst zum 50 km entfernten Verkehrsknotenpunkt **Shahpura** fahren und dort in einen weniger besetzten Bus umsteigen. Alle Busse nach Jaipur passieren übrigens die nur 11 km nördlich gelegene Festungsstadt **Amber.**

Ranthambore-Nationalpark

– einer der schönsten Nationalparks Indiens

In seltener Einmütigkeit zählen Naturliebhaber diesen 1957 gegründeten Nationalpark zu einem der schönsten Indiens. Der ehemals nur 392 km² große Wildpark wurde später auf 1.300 km² erweitert, um den Lebensraum des Tigers zu vergrößern. Die geologische Prägung der 275 km² großen Kernzone des Schutzgebietes mit ihren schroffen Felswänden und steilen Hängen haben die Wildnis in Ranthambore über Jahrhunderte vor einer Umwandlung in Ackerland bewahrt. So konnte sich im von kleinen, krokodilbevölkerten Flüssen und Seen durchzogenen Park eine wunderschöne Naturoase entwickeln, die eine einzigartige Faszination ausstrahlt.

Das inmitten des Parks gelegene **Fort,** von dem sich ein schöner Ausblick über die eindrucksvolle Parklandschaft bietet, weist noch heute deutliche Spuren vergangener Kämpfe auf und dokumentiert damit, dass das Gebiet in früheren Jahrhunderten kein unberührtes Naturparadies, sondern ein hart umkämpftes Schlachtfeld war. Die bereits im 10. Jh. errichtete Trutzburg als Mittelpunkt eines lokalen Herrscherhauses wurde mehrfach erobert, so z.B. 1301 durch den Sultan von Delhi und 1569 durch die Truppen *Akbars.* Später wurde aus dem wildreichen Gebiet das Jagdgebiet der Maharajas von Jaipur.

Ranthambore wurde als einer der ersten Nationalparks dem **Project Tiger** angeschlossen, wobei die Parkverwaltung konsequenter als irgendwo sonst den speziellen Lebensbedürfnissen dieser scheuen Wildkatzen Rechnung trug. Seit dem landesweit Aufsehen erweckenden Skandal wegen gefälschter Zahlen der Tigerpopulation (s. Exkurs „Project Tiger“) schätzt man die Tigerpopulation in

Ranthambore inzwischen wieder auf 60 Tiere. Die Raubkatzen sind derart an die Touristenbusse gewöhnt, dass die Chancen, einen Tiger zu Gesicht zu bekommen, recht groß sind. Ranthambore lohnt wie kaum ein anderer Nationalpark einen Besuch, ist es doch gerade die Vielfältigkeit von Natureindrücken und verfallenden Gebäuden, die den besonderen Charme ausmacht. Besonders häufig sind die **Sambarhirsche** als Hauptbeutetiere des Tigers zu beobachten. Weitere anzutreffende Säugetiere sind die indischen Gazellen, **Chinkaras, Schakale** und **Antilopen.** Äußerst selten werden **Streifenhyänen** und **Leoparden** gesichtet. Darüber hinaus haben über 270 Vogelarten das Gebiet zu ihrer Heimat gemacht. Neben **Geiern** und **Adlern** zählen **Zugvögel** wie der Schwarzstorch, die Streifengans und der Fischadler zu den meistgesehenen Arten.

Besichtigung

Beliebteste **Reisezeit** für Ranthambore sind wegen des milden Klimas die Wintermonate November bis Februar, allerdings sinken die Nachttemperaturen dann manchmal bis zum Gefrierpunkt. Mit Tagestemperaturen von bis zu 40 °C heiß und dementsprechend weniger populär ist die Zeit zwischen März und Juni. Allerdings sind diese Monate für Tierbeobachtungen günstig, weil sich das Leben im Park dann weitgehend an den Seen konzentriert. Während der Monsunzeit vom 1. Juli bis 1. Oktober bleibt das Reservat geschlossen, da die unbefestigten Wege aufweichen und nicht befahrbar sind.

Man kann eine Safari (3 Std.) in einem **offenen Bus** (10–20 Personen, 1.250 Rs p.P.) oder per **Jeep** mit maximal 5 Personen (1.350 Rs p.P.) unternehmen. Es gibt drei Möglichkeiten, die Safaris zu reservieren: persönlich beim **Forest & Project Tiger Office** (Tel. 223402), etwa 500 m vom Bahnhof der Stadt Sawai Madhopur, gegen einen Aufpreis über das jeweilige Hotel oder online über www.rajasthanwildlife.in. Da es bei der Online-Buchung immer wieder zu Komplikationen kommt und die Buchung vor Ort sehr zeitaufwendig und bürokratisch ist, lohnt sich der recht bescheidene Aufschlag für die Buchung über das Hotel vor Ort. Während der Hauptsaison sind die Jeeptouren jedoch oft ausgebucht. Über die Verfügbarkeit der jeweiligen Touren kann man sich auf der oben genannten Webseite informieren. Abfahrt: Okt.–Feb. 7 Uhr und 14.30 Uhr, März–Juni 6.30 Uhr und 15.30 Uhr. Video 400 Rs, fotografieren frei.

Information

■ **Vorwahl:** 07462

■ Das **Tourist Reception Centre** (Tel. 220808, Mo–Sa 10–17 Uhr, 30 Min. Pause um 13 Uhr) befindet sich in **Sawai Madhopur** im RTDC Vinayak Tourist Complex, es gibt noch einen Ableger im Bahnhof (Mo–Sa 10–17 Uhr, Tel. 2220808).

Stadtverkehr

■ Der **Bahnhof von Sawai Madhopur** liegt 12 km vom Eingang zum Nationalpark entfernt. Sobald man den Zug verlassen hat, wird man von Riksha-, Tempo- und Tongafahrern umringt, die einen „for two Rupies only" zu einem Hotel ihrer Wahl fahren wollen – um dann die saftige Kommission zu kassieren. Die Hotels in der Stadt sind alle zu Fuß erreichbar. Vom Bahnhof zum Park sollte es, egal mit welchem Transportmittel, auf keinen Fall mehr als 60 Rs kosten. Fahrräder verleihen einige Läden vor dem Bahnhof zum Preis von etwa 40 Rs pro Tag.

Unterkunft

Einfache Unterkunftsmöglichkeiten finden sich in **Sawai Madhopur,** während die besseren an der Straße zum Nationalpark bzw. in der Umgebung des Parks liegen.

■ Die wohl beste Unterkunft im unteren Preissegment ist das **Green Valley**①. Das von einem kleinen Garten umgebene, recht neue Haus verfügt über einfache, aber freundliche Zimmer, eine nette Atmosphäre und gutes Essen. Selbstverständlich können von hier auch Touren zum Park gebucht werden. Insgesamt ein sehr gutes Preis-Leistungsverhältnis.

■ Besser ist das bei der Bahnüberführung gelegene **Hotel Pink Palace**①-② (Tel. 220722).

■ Empfehlenswert ist auch das nach 1,5 km folgende Hotel **Ankur Resort**④ (Tel. 220792). Es überzeugt durch saubere, gepflegte Zimmer, wobei besonders die Cottages zu empfehlen sind, und eine angenehme Atmosphäre. Teil

Rettung in letzter Sekunde – Project Tiger

Das Thema Umweltschutz schafft es in die Schlagzeilen der indischen Presse ungefähr so häufig wie Cricket in Deutschland. So kam es auch einem Erdbeben gleich, als Ende 2005 alle großen Tageszeitungen nur ein Thema kannten: Die weltberühmte Tigerpopulation des Landes ist am **Aussterben.** Die Naturschutzbürokratie musste eingestehen, dass in einem der größten Nationalparks, dem **Sariska,** kein Tiger mehr lebt. Die Behörden hatten dies jahrelang vertuscht.

Unter dem Druck von Naturschützern und der Presse, die Reporter in andere Parks ausschwärmen lässt, entpuppen sich Indiens offizielle Tigerstatistiken als **Bilanzskandal** mit ungeahnten Ausmaßen. Über Jahre hatten die Behörden die Öffentlichkeit mit **geschönten Zahlen** ruhig gestellt, denen zufolge Indiens Tigerbestände stabil seien. Premierminister *Manmohan Singh* machte die Aufarbeitung des Skandals zur Chefsache, indem er den Leiter des Sariska-Nationalparks und mit ihm sieben weitere führende Angestellte feuerte, Krisensitzungen einberief und die Bundespolizei in die Parks schickte, um die Wahrheit herauszufinden.

Pessimisten befürchten, dass es für Indiens Tiger bereits zu spät ist. Sicher ist lediglich, dass die offizielle Zahl von 3.723 Großkatzen im ganzen Land aus der Luft gegriffen ist. Naturschützern zufolge sind es im besten Fall 1.500, vielleicht aber viel weniger.

Indiens Nationalseele wurde von einem Skandal erschüttert, in dem sich all jene negativen Seiten des indischen Alltags spiegeln, gegen die immer mehr Inder rebellieren: **Korruption, eine abgehobene Bürokratie und verbreitete Armut,** gegen die staatlicherseits wenig unternommen wird. Für Normalbürger stehen die Schuldigen außer Zweifel: Es sind die Beamten. Die jahrelange, systematische Täuschung des Landes durch seine Bürokraten ist symptomatisch für deren größtes Manko in den Augen ihrer Untertanen: Ihnen fehlt jedes Verantwortungsgefühl als „Volksdiener". Jahrelang genügte es dem Apparat, den wachsenden Schwund an Tigern seelenruhig zu verwalten, statt Alarm zu schlagen oder einzuschreiten. Viel zu wenige, chronisch unterbezahlte und unbewaffnete Aufseher sind den **Wilderern** nicht gewachsen. Und die Anreize, sich von Wilderern bestechen zu lassen, statt sich ihnen unter Lebensgefahr entgegenzustellen, sind groß: Ein **Tigerfell** ist bis zu 50.000 Dollar wert – das Hundertfache des durchschnittlichen Jahreseinkommens eines Inders.

Die meisten toten Tiere finden den Weg nach **China.** Dort schürt schnell steigender Reichtum die Nachfrage nach Tigerorganen, die in der traditionellen Medizin als **potenzsteigernde Substanzen** gelten. Die Kombination aus Chinas Aberglauben und Kaufkraft mit indischer Laxheit und Korruption konfrontiert das ambitionierte „Project Tiger" mit der realen Gefahr des Scheiterns.

Ins Leben gerufen wurde das Projekt 1973 von Premier *Rajiv Gandhi* – schon damals geboren aus der Furcht, dass der König des Urwalds vom Aussterben bedroht sei. Dabei handelt es sich um eine der weltweit größten Rettungsaktionen, die je zum Erhalt einer Tierart durchgeführt wurden. Ziel war es jedoch nicht, nur den Tiger, sondern auch seine gesamte **Biosphäre** zu schützen, zu der neben Elefanten und Nashörnern auch seine Beutetiere wie Gazellen und Sambarhirsche gehören.

Die zunächst neun ausgesuchten Tierschutzgebiete sind bis heute auf 23 mit einer Gesamtfläche von über 20.000 km² erweitert worden, wobei die meisten und bekanntesten von ihnen

▷ Bei der Jagd auf die seltenen Wildkatzen waren weder die Briten noch die Maharajas besonders zimperlich

wie etwa Corbett, Sariska, Ranthambhore und Kanha in Nordindien liegen. Jedes dieser Schutzgebiete besteht aus einer gänzlich geschützten Kernzone und einer Pufferzone, in der den Bewohnern der Umgebung eine eingeschränkte Nutzung wie das Weiden ihres Viehs und das Sammeln von Feuerholz erlaubt ist.

Doch selbst für den Fall, dass man dieser Gefahrenmomente Herr werden sollte, hängt der zukünftige Erfolg des Project Tiger von der Eindämmung des nach wie vor größten Problems des Landes ab – dem rasanten **Bevölkerungswachstum.** Seit dem Start der Rettungsaktion vor fast 30 Jahren ist die indische Bevölkerung um weitere 350 Millionen auf heute ca. eine Milliarde angewachsen. Die meisten Einwohner sind auf Brennholz, Gras für ihr Vieh und Wasser angewiesen. Je mehr die Pufferzonen der Schutzgebiete von Kühen, Büffeln, Schafen, Ziegen und Kamelen abgegrast werden, desto häufiger treiben die Leute ihr Vieh in die noch weitgehend unberührten Kernzonen. Offiziell ist dies verboten, doch die Dorfbewohner berufen sich verständlicherweise auf ihr jahrtausendealtes Gewohnheitsrecht. Zwar verehren sie den Tiger als Inbegriff des Majestätischen, Erhabenen und Machtvollen, doch im täglichen Überlebenskampf sehen sie in ihm in erster Linie ein gefährliches Raubtier, welches ihr höchstes Gut, das Vieh, tötet. In den letzten Jahren kam es immer wieder zu Übergriffen, da die Tiger ihrerseits wegen der zunehmenden Nahrungsverknappung in die angrenzenden Dörfer einfielen.

In der Erkenntnis, dass nur eine Verbesserung der Lebensbedingungen der Parkanwohner den Schutz der Tiger-Refugien gewährleisten kann, wurde daraufhin von Regierungsseite ein Bündel von Maßnahmen beschlossen. Hierzu zählen Projekte zur Verbesserung der Weidequalität, die Anlage leistungsfähiger Bewässerungssysteme und die Zucht ertragreicher Kühe, damit diese heiligen Tiere mehr Milch geben. So bestätigt auch der neueste Skandal die Einsicht, dass es nicht reicht, Mensch und Tier durch hohe Mauern voneinander zu trennen, sondern dass das Überleben des Tigers letztlich vom Wohlergehen des größten „Raubtieres" der Erde abhängt – des Menschen.

rajx_269

der schön begrünten Anlage ist ein hauseigener Pool. Der Service lässt hingegen zu wünschen übrig.

■ Das große Plus des **Hotel Sanctuary Resort**②-③ (http://hotelsanctuaryresort.com) ist der ihn umlaufende, weitläufige Garten, der ebenso zum Entspannen einlädt wie der Pool. Die Zimmer sind funktional und das hauseigene Essen ist gut. Leider ist auch hier wie so oft in Ranthambore der Service das Manko.

■ Eine Topadresse ist das etwa 4 km vom Bahnhof Sawai Madhopur entfernte **Tiger Safari Resort**②-④ (Ranthambore Rd., Tel. 221137, www.tigersafariresort.com). Die geschmackvoll eingerichteten und sauberen Zimmer (besonders Nr. 114 ist zu empfehlen) mit Wandbemalungen, das gute Dachrestaurant mit Ausblick sowie der aufmerksame Service bieten ein ausgezeichnetes Preis-Leistungs-Verhältnis.

■ Wunderschön in den Bergen, 2 km von der Hauptstraße entfernt, liegt das RTDC-Hotel **Jhoomar Baori Castle** ③ (Tel. 220495). Das ehemalige Jagdschloss des Maharajas von Jaipur verfügt über einen sehr stilvolen Aufenthaltsraum sowie eine Dachterrasse mit fantastischem Ausblick. Leider wirken die Zimmer vernachlässigt und auch das Personal macht einen uninteressierten Eindruck.

■ Mit seinen stilvoll eingerichteten Zimmern, der weitläufigen Gartenanlage, dem tollen Pool und dem exzellenten Service ist das **WelcomHeritage Ranthambore Forest Resort**⑤ (Tel. 221120/22, www.welcomheritage hotels.com) eine der besten Unterkünfte.

■ Das **Khem Villas**⑤ (Tel. 252099, www.khemvillas.com) vereint so gut wie alle Eigenschaften einer hervorragenden Safari-Lodge. Die Lage inmitten einer von Grasland und Wald umgebenen Naturlandschaft, in der sich die einheimischen Tiere zu Hause fühlen, die fast ausschließlich mit Naturmaterialien eingerichteten Zimmer, Bungalows und Zelte sowie der sich um den Erhalt des Ranthambore-Parks bemühende Besitzer sind vorbildlich. Eine Eco-Lodge im allerbesten Sinn.

■ Über einen romantischen Touch verfügt die knapp 500 m weiter Richtung Park gelegene **Sawai Madhopur Lodge**⑤ (Tel. 220541, www.vivantabytaj.com). Das von einem schönen Garten umgebene Anwesen war früher im Besitz des Maharajas von Jaipur und dementsprechend luxuriös sind auch die Räume ausgestattet. Versteht sich, dass auch die Preise fürstliches Niveau besitzen. Darin enthalten sind jedoch alle Mahlzeiten.

■ Die mit Abstand luxuriöseste, beste (und teuerste) Unterkunft ist das von der noblen Oberoi-Gruppe geführte **Vanyavilas**⑤ (Tel. 223999, www.oberoihotels.com). Wer in den mit allem Luxus ausgestatteten Zelten inmitten herrlicher Landschaft übernachtet, wird sich in alte Kolonialzeiten zurückversetzt fühlen, wird er doch ständig von einer Schar von Bediensteten verwöhnt.

Bank

■ Geld wird in der **State Bank of Bikaner and Jaipur** (Mo–Fr 10–14 Uhr, Sa 10–12 Uhr) in der Altstadt von Sawai Madhopur gewechselt.

An- und Weiterreise

Bahn

Sawai Madhopur liegt an der Breitspurstrecke von Delhi nach Mumbai und der Meterspur nach Jaipur und Bikaner, daher viele Auswahlmöglichkeiten, oft jedoch ungünstige Abfahrtszeiten. Das Reservierungsbüro im Bahnhofsgebäude ist Mo–Sa 8–20 und So 8–14 Uhr geöffnet.

■ Eine schnelle Verbindung nach **New Delhi** über **Bharatpur** bietet der 2903 Golden Temple Mail: Abf. 12.40 Uhr, Bharatpur an 15.15 Uhr, Mathura 16.10 Uhr, New Delhi an 18.35 Uhr. Als Nachtverbindung bietet sich der 9091 Dehra Dun Exp. an: Abfahrt Sawai Madhopur 21.30 Uhr, Ankunft Delhi Hazrat Nizzamuddin 5.15 Uhr.

■ Täglich mehrere Züge von und nach **Jaipur** in 3 Std., z.B. der 2465 Ranthambore Exp.: Abf. **Sawai Madhopur** 14.35 Uhr, Ank. Jaipur 16.45 Uhr. Der Zug fährt um 17.05 Uhr weiter nach Jodhpur, Ank. 22.35 Uhr. Andere Richtung 2466 Intercity Exp.: Abf. in Jaipur 10.55 Uhr, Ank. Sawai Madhopur 13.15 Uhr. Dieser aus Jodhpur kommende Zug (Abf. dort um 5.55 Uhr) fährt weiter nach Kota, Ujjain und Indore.

■ Nach **Udaipur** empfiehlt sich der 2963 Mewar Exp.: Abf. 23.35 Uhr, Ank. 7 Uhr.

■ **Mumbai** wird über Nacht mit dem 2956 Jaipur Mumbai Central erreicht: Abfahrt 16.10 Uhr, über Kota (an 17.25 Uhr), Ankunft 7.45 Uhr. Dieser Zug startet um 14.10 Uhr in Jaipur, kann also nicht viel Verspätung ansammeln.

Bus

Generell sind die Zugverbindungen vorzuziehen, da schneller und bequemer.

■ Tgl. mehrere Busse nach **Jaipur** (4½ Std.), **Kota** (4 Std.), **Bundi** (3½ Std.) und **Gwalior** (6 Std.). **Agra** und **Delhi** besser mit Umsteigen in Jaipur.

Ajmer

– das Mekka Indiens

Der bedeutendste **Wallfahrtsort der Muslime** in Indien liegt umschlossen von kargen Bergen in einem Hochtal auf 486 m Höhe am Rande eines künstlichen Sees. Seit Jahrhunderten strömen die Pilger aus allen Teilen des Landes zum Grab eines muslimischen Heiligen, der hier im 13. Jh. gewirkt haben soll und seine letzte Ruhestätte fand. Schon die letzten Mogulherrscher *Akbar, Jehangir* und *Shah Jahan* nahmen die beschwerliche Reise zum „Mekka Indiens" auf sich, um am Grab des Sufi für die Erfüllung ihrer Wünsche zu beten. In den engen, verwinkelten, stets von Pilgermassen gesäumten Gassen mit ihren von muslimischen Kaufleuten geführten Geschäften fühlt man sich unversehens in eine arabische Basarstadt in Tunesien oder Marokko versetzt. Trotz seiner pittoresken Altstadt, einer sehr schönen Moschee und dem landschaftlich reizvoll gelegenen See Ana Sagar ist die Stadt für den westlichen Reisenden kaum mehr als ein Tagesausflug vom nur 11 km entfernten Pushkar.

Sehenswertes

Dargarh

Egal, zu welcher Jahreszeit man nach Ajmer kommt, die Altstadtgassen scheinen 365 Tage im Jahr erfüllt von Pilgerströmen, die alle nur ein Ziel zu kennen scheinen: Dargarh, den **Grabbezirk Khwaja-ud-din-Chistis.** Geboren 1145 n. Chr. in Persien, soll er mit den Truppen *Muhammed-e-Ghurs* 1191 n. Chr. nach Indien gekommen sein und fortan bis zu seinem Tode 1236 n. Chr. vornehmlich als Missionar des muslimischen Glaubens tätig gewesen sein. Die tiefe Verehrung, die dieser *Sufi* auch heute noch erfährt, findet ihren Ausdruck in einer Stimmung reger Geschäftigkeit und tiefer Frömmigkeit, die den Bereich um das gewaltige, die umgebenden Häuser weit überragende silberne Eingangstor prägen. Nachdem man Schuhe ausgezogen und seinen Kopf mit einem der überall erhältlichen Muslimkäppchen bedeckt hat (Taschentuch reicht auch), reiht man sich ein in den Strom der Richtung Zentrum ziehenden Pilger.

Zwei große Kessel mit Feuerstellen begrenzen den zu passierenden **Vorhof.** Hier werden die von den reichen Pilgern gespendeten Reisgerichte zubereitet, die danach kostenlos verteilt werden. Daneben fällt eine von *Akbar* während einer seiner vielen Pilgerfahrten gestiftete **Sandsteinmoschee** ins Auge.

Die religiöse Inbrunst der Pilger erreicht ihren Höhepunkt beim Betreten des inmitten des Haupttores gelegenen weißen **Marmorschreins,** in dem der Sarkopharg des Heiligen steht. Viel Zeit zum Schauen bleibt im mit silbernen Platten ausgeschlagenen Heiligtum nicht, denn, eingezwängt zwischen den ekstatisch Betenden, wird man schnell zum Ausgang gedrängt.

Mindestens so beeindruckend wie der Schrein ist die von Shah Jahan aus Marmor errichtete **Moschee** mit sehr schönen persischen Inschriften entlang der Vorderseite.

Gezeichnet von den Strapazen der oft tagelangen Anfahrt, sitzen die Pilger unter den schattenspendenden Bäumen im **Innenhof** und lauschen den Gesängen der verschiedenen die Taten der Heiligen verherrlichenden Sänger. Gelegentlich wird Touristen die fried-

Ganzjährig, aber vor allem während der großen muslimischen Feiertage sind Ajmers Straßen und heilige Stätten von **Menschenmassen** gekennzeichnet. Im Jahresdurchschnitt besuchen allein den Dargarh jeden Tag 125.000 Pilger. Dementsprechend **laut, eng und hektisch** ist das Treiben. Wer Ruhe und Entspannung vorzieht und Personen, die unter Klaustrophobie leiden, sollten den Ort besser meiden. Im Übrigen sollte man stets auf seine **Wertsachen** achten, da das Getümmel Taschendiebe anzieht.

volle Stimmung durch aggressive Spendeneintreiber verleidet, die einem vom Eingang bis zum Sarkopharg nachstellen.

■ **Geöffnet:** Juli bis März 5–21 Uhr, April bis Juni 4–21 Uhr, wegen Gottesdiensten jeweils 15–16 und Do 14.30–15.30 Uhr geschlossen.

Adai-din-ka-Jhopra-Moschee (Zweieinhalb-Tage-Hütte)

Wendet man sich nach Verlassen des Dargarh nach links, erreicht man nach etwa 300 m Anstieg auf der Hauptbasarstraße eine Moschee, die Ende des 12. Jh. aus den Überresten eines Jain-Tempels errichtet wurde. Der recht merkwürdige Name des Bauwerks, Zweieinhalb-Tage-Hütte, soll sich der Legende nach auf dessen kurze Bauzeit beziehen. Von den Minaretten sind nur noch die Stümpfe erhalten, doch der eigentliche Reiz der Moschee liegt in der siebenbögigen, mit Schrift- und Ornamentverzierungen versehenen Bogenfassade, die vor die von jeweils unterschiedlich verzierten insgesamt 124 Pfeilern gestützte Haupthalle gesetzt wurde.

Obwohl architektonisch von großer Bedeutung (die Moschee gilt als eines der bedeutendsten Beispiele des frühen indo-arischen Baustils), kann der Ort in keiner Weise an die von tiefer Religiosität geprägte Atmosphäre des Dargarh heranreichen. Dafür wird man jedoch auch nicht ständig von Spendeneintreibern belästigt.

Von hier führt ein sehr steiler, drei Kilometer langer Anstieg zum im 12. Jh. erbauten **Taragarh Fort** (Sonnenauf- bis Sonnenuntergang geöffnet), von wo sich eine beeindruckende Aussicht auf Ajmers exponierte Lage in den Aravalli-Bergen genießen lässt.

Akbars Fort

Etwas versteckt am Ostrand der Altstadt liegt der von *Akbar* anlässlich einer seiner vielen Pilgerfahrten 1772 erbaute Palast, in dem er dem britischen Gesandten *Sir Thomas Rowe* seine erste Audienz als britischem Gesandten erteilte, ein Vorgang heute etwa vergleichbar mit der Akkreditierung von ausländischen Diplomaten. Der Palast beherbergt neben einigen Verwaltungseinrichtungen das städtische **Museum** (tgl. außer Fr 10–16.30 Uhr), in dem neben der üblichen Waffensammlung u.a. Skulpturen und Gemälde ausgestellt sind. Obwohl das älteste Museum Rajasthans, gehört es sicherlich nicht zu den besuchenswertesten. Alles wirkt reichlich dunkel und lieblos.

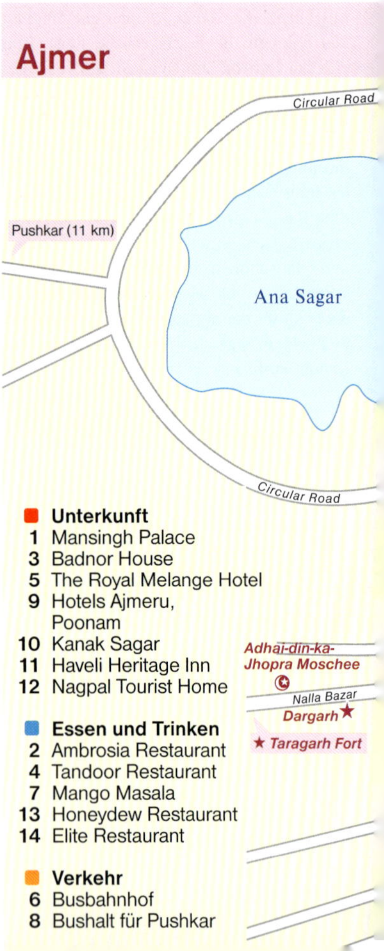

Nasijan-Tempel

Weithin sichtbar ist der große, aus rotem Sandstein gefertigte, jainistische Nasijan-Tempel (tgl. 8.30–16.30 Uhr). Nur ein kleiner Teil des 1865 erbauten zweigeschossigen Gebäudes ist zugänglich, wobei das in der zweiten Etage ausgestellte vergoldete Modell einer jainistischen Idealwelt die meiste Aufmerksamkeit bei den Besuchern hervorruft. Der freundliche Sohn des Hausmeisters erklärt auf Wunsch die einzelnen Figuren.

Ana Sagar

Im Nordwesten der Stadt an der Straße nach Pushkar liegt dieser im 12. Jh. durch die Aufstauung des Luni-Flusses entstandene **kleine See.** Seine ursprüngliche Funktion als Wasserreservoir für Ajmer konnte er nur bedingt erfüllen, da er während der Sommermonate zeitweilig vollständig austrocknete. Dafür erfreute sich der See vornehmlich bei Mogulkaiser *Shah Jahan* aufgrund seiner idyllischen Lage großer Beliebtheit, und so ließ dieser

1637 an den Ufern des Sees sehr schön ins Landschaftsbild eingepasste Marmorpavillons errichten.

Heute gehört der hierum errichtete **Daulat Bagh** mit seinen teilweise recht kitschigen Freizeiteinrichtungen zu einem der beliebtesten Ausflugsziele der Stadt. Vom angrenzenden Hügel lassen sich speziell bei Sonnenuntergang herrliche Ausblicke in die Umgebung genießen. Auch Tretboote können ausgeliehen werden.

Praktische Tipps

Information

- **Vorwahl:** 0145
- Auskunftsfreudig und freundlich ist der Leiter des im Khadim Tourist Bungalow beheimateten **Touristenbüros** (Tel. 2627426, Mo–Sa 8–12 und 15–18 Uhr, So geschlossen). Stadtpläne und Hotellisten für Ajmer und Pushkar werden kostenlos ausgegeben und Fragen bereitwillig beantwortet.
- Auch das **Tourist Reception Centre** im Bahnhof (Mo–Sa 10–17 Uhr, um 14 Uhr 30 Min. Pause) ist hilfsbereit.

Stadtverkehr

- Ajmer lässt sich im Innenstadtbereich problemlos **zu Fuß** besichtigen.
- Entlang den Hauptstraßen, etwa zwischen dem Hauptbahnhof und dem 2 km entfernten Busbahnhof, verkehren **Tempos,** mit der Autoriksha kostet es ca. 50 Rs.

Unterkunft

Ajmer verfügt über ein breites Spektrum an Unterkunftsmöglichkeiten, doch viele dienen vornehmlich als Übernachtungsstätte für muslimische Pilger. Generell sind die Hotels im nur 10 km entfernten Pushkar vorzuziehen. Beachten sollte man auch die bei den meisten Hotels geltende 24-Std.-Check-Out-Regel. Wichtig könnte Ajmer als Ausweichstätte während der Pushkar Mela sein.

- Eine gute Wahl im Budget-Bereich findet sich mit dem **Hotel Ajmeru**② (Tel. 2431103) in einer kleinen Straße links hinter dem Hotel Payal, die durch die Stadtmauer von der Hektik der Hauptstraße abgeschottet wird. Viele Zimmer haben AC und TV.
- Alternativ kommt gleich nebenan das saubere und helle **Poonam**①-② (Tel. 2621711) in Frage.
- In Bahnhofsnähe bietet das **Nagpal Tourist Home**①-② (Tel. 2429503) eine Reihe von sauberen Zimmern unterschiedlicher Ausstattung, meist mit TV.
- **The Royal Melange Hotel**③ (Jaipur Rd., Tel. 2630146) ist im an akzeptablen Mittelklasse-Unterkünften nicht gerade gesegneten Ajmer eine der besseren Adressen, mit sauberen, geräumigen Zimmern und angeschlossenem Restaurant.
- Um einen kleinen Innenhof angelegt, sind die Zimmer des familiären **Haveli Heritage Inn**②-③ (Tel. 2621607, www.haveliheritageinn.com) eine gute Wahl. Wie der Name schon andeutet, handelt es sich um ein über 100 Jahre altes Kaufmannshaus. Köstlich sind auch die von der Besitzerin gekochten einheimischen Gerichte.

Unser Tipp: Wohl noch etwas besser ist das **Badnor House**③ (Civil Lines, Tel. 2627579, www.badnorhouse.com). Jedes der fünf Zimmer ist mit viel Liebe zum Detail eingerichtet. Die Besitzerfamilie kümmert sich rührig um das Haus und die Gäste. Der hübsche Garten und die schöne Terrasse tragen zum sehr positiven Gesamteindruck dieser wohl empfehlenswertesten Unterkunft in Ajmer bei.

- Im Bhansa Complex findet sich das **Kanak Sagar**③-④ (Tel. 5100427, 2621427). Die meist geräumigen Zimmer, alle klimatisiert mit TV und Balkon, sind ihr Geld wert (besonders die nach hinten).
- Wie ein kleiner Palastklotz mit einer großen Satellitenschüssel auf dem Dach kommt das **Mansingh Palace** ③ (Tel. 2425956) daher. Das an der Umgehungsstraße um den Ana Sagar Richtung Pushkar gelegene, von außen recht ansehnliche Hotel verfügt über alle Annehmlichkeiten eines Mittelklasse-Hotels wie AC, Kabel-TV, Restaurant und Pool.
- Ziemlich genau auf halber Strecke zwischen Ajmer und Pushkar liegt das majestätische **The Gateway Resort**④ (Pushkar Bypass Road, Tel. 6620000, https://gateway.tajhotels.com/en-in/the-gateway-hotel-ajmer). Wie üblich bei der Taj Group kommt die weitläufige Hotelanlage in allerdings recht abgelegener Lage mit allen erdenklichen Annehmlichkeiten daher und bietet die mit Abstand luxuriöseste Unterkunft in der Region. Wegen der

scheinbar nur recht geringen Auslastung werden häufig erhebliche Nachlässe gewährt.

Essen und Trinken

Gegenüber dem Bahnhof findet sich eine Reihe von einfachen Restaurants, die vor allem die schwere Mughlai-Küche servieren.

■ Bahnhofsnah ist besonders das **Honeydew Restaurant** neben dem Nagpal Tourist Home empfehlenswert. Von einheimischen über chinesische bis zu westlichen Gerichten steht eine breite Auswahl zur Verfügung (Hauptgerichte 150–350 Rs). Das etwas weiter südlich an der gleichen Straße gelegene **Elite Restaurant** ist stadtbekannt für seine köstlichen Thalis (ca. 120 Rs).

■ Eine große Auswahl an einheimischen wie internationalen Gerichten zu günstigen Preisen bietet das **Mango Masala** am Sardar Patel Marg. Im Grunde handelt es sich bei dieser Adresse um mehrere Restaurants in einem. Die Auswahl reicht von vegetarischem einheimischen Essen über Pizza bis zu Kaffee und Kuchen. Gewöhnungsbedürftig ist das etwas ausgefallene Ambiente.

■ Sehr stilvoll und nach Sonnenuntergang richtig romantisch speist man im **Ambrosia Restaurant** (Nagina Bagh, Ashok Marg, Tel. 2425095, www.ambassadorajmer.com). Das Dachterrassenrestaurant des Ambassador Hotel bietet köstliche einheimische wie internationale Gerichte. Man kann in einem AC-Raum oder (viel stimmungsvoller) im Freien mit schönen Ausblicken auf die Aravalli-Berge sitzen. Einzig der zuweilen etwas schleppende Service trübt den insgesamt ausgezeichneten Gesamteindruck.

■ Das östlich des Busbahnhofs gelegene **Tandoor Restaurant** ist wegen der in einem ruhigen Garten in kleinen Strohhütten platzierten Tische und des guten Essens (Hauptgericht ca. 150–200 Rs) auf jeden Fall einen Abstecher Wert.

Bank und Internet

■ Neben der **Bank of Baroda** (Mo–Fr 10–15 Uhr, Sa 10–12.30 Uhr) und der **State Bank of India,** die Bargeld zu recht guten Raten eintauscht, gibt es zahlreiche **ATMs** im Innenstadtbereich.

■ Außerdem gibt es mehrere Internetcafés, z.B. das **J.M.D.** im Bhola Hotel und das **Satguru Internet.**

An- und Weiterreise

Bahn

Ajmer liegt an der Hauptstrecke Delhi – Jaipur – Ahmedabad, und so bieten sich viele günstige Verbindungen in beide Richtungen. Das Reservierungsbüro ist Mo–Sa 8–20 Uhr, So bis 14 Uhr geöffnet. Da kaum Tourist-Quota-Tickets vorrätig sind, sollte man unbedingt frühzeitig reservieren.

Bus

■ Häufige Verbindungen nach **Jaipur** (2½ Std., 220 bzw. 600 Rs für Exp./Del.), **Bharatpur** (6 Std., 350 Rs), **Bikaner** (6 Std., 200 Rs), **Bundi** (5 Std., 250 Rs), **Chittorgarh** (4 Std., 180 Rs), **Delhi** (8 Std., 300/600 Rs für Exp./Del.), **Jodhpur** (4½ Std., 300/450 Rs), **Jaisalmer** (10 Std., 400/550 Rs), **Kota** (6 Std., 250 Rs), **Udaipur** (5–6 Std., 300/1.100 Rs) und **Agra** (9 Std., 400 Rs). Weitere Infos unter Tel. 2429398.

■ Außerdem viele weitere Abfahrten mit **privaten Luxusbussen.** Die privaten Busunternehmer sitzen fast alle an der Kutcheri Road.

■ Die Busse nach **Pushkar** fahren häufig vom Busbahnhof (Fahrkarten am Extraschalter), sowie fast alle 20 Min. von einem kleinen Extrastand an der Kreuzung beim Nasiyan-Tempel.

Unser Tipp: Etwa 90 km von Ajmer entfernt auf dem Weg nach Jodhpur thronen auf einem alten Staudamm, umgeben von den Feldern der örtlichen Bauern, die 11 **Luxuszelte des Chhatra Sagar**⑤ (nahe dem Dorf Nimaj im Distrikt Pali, Tel. 02939-230118, www.chhatrasagar.com). Die geschmackvoll im Wüstenstil eingerichteten Zelte bieten allen notwendigen Luxus. Die traditionelle Rajasthani-Küche (im Preis inbegriffen) wird auf dem Staudamm mit der entsprechenden prachtvollen Aussicht serviert. Geleitete Ausflüge in die vogelreiche Umgebung und zu den vom Tourismus unbeeinflussten Menschen der Region sind per pedes und Jeep möglich. Alles in allem ein ganz besonderes Angebot.

Pushkar

– hinduistischer Wallfahrtsort

Kennzeichnet die Altstadt Ajmers eine Atmosphäre hingebungsvoller, ja zum Teil ekstatischer Religiosität, so beeindruckt der nur 11 km entfernte, über den steil ansteigenden Schlangenpass zu erreichende uralte **hinduistische Wallfahrtsort** Pushkar mit seiner geruhsamen, fast schon weltentrückten Gelassenheit. Bereits in den hinduistischen Epen wird der kleine Ort um den **heiligen See** als Wallfahrtsort erwähnt, und Anfang des 5. Jh. berichtete der chinesische Reisende *Fa Hsien* von den Pilgerscharen, die hierher aus ganz Indien anreisten. Selbst die großen Mogulherrscher *Akbar* und *Shah Jahan* sollen ihrer Pilgerreise nach Ajmer einen Besuch in Pushkar angeschlossen haben. Erst der fanatische *Aurangzeb* ließ fast alle der bis dahin über 100 den See säumenden Tempel zerstören.

Im erzähl- und fantasiefreudigen Indien werden Name und Ursprung eines solch religionsträchtigen Ortes selbstverständlich mit einer **Legende** ausgeschmückt. Danach soll dem Schöpfer des Universums Brahma auf der Suche nach einem geeigneten Opferplatz eine Lotusblüte *(pushkar)* aus der Hand geglitten sein. An der Stelle, wo die Blüte den Bo-

den berührte, öffnete sich eine Quelle und ließ einen See entstehen. Diesen Ort nannte er Pushkar.

Tatsächlich regt dieser wie eine Oase inmitten der Wüste gelegene winzige Ort mit unzähligen Tempeln, Ghats und seinen stufenförmig ansteigenden, weiß gekalkten Häuserfronten die Fantasien indischer Pilger genauso an wie die der westlichen Besucher. So ist es kein Wunder, dass viele **Rucksacktouristen** und Aussteiger auf der Suche nach dem ewigen Indien Pushkar neben Rishikesh, Puri und Goa zu ihrem Lieblingsort erkoren haben. Leider verwechseln viele dabei die heiter gelassene Atmosphäre der Stadt mit uneingeschränkter Freizügigkeit und verletzen damit die strikten Moralvorstellungen der Inder. Vor allem unter der einheimischen Bevölkerung führt dies zunehmend zu Verärgerung. Allerdings bedroht auch eine in den letzten Jahren immer deutlicher zu Tage tretende Kommerzialisierung die spirituelle Atmosphäre Pushkars.

Die weltentrückte Atmosphäre des Wallfahrtsortes lockt viele Rucksacktouristen an

315ra tb

Sehenswertes

Ghats

Pushkars Charme beruht auf der meditativ-spirituellen Atmosphäre, die das Leben in der Kleinstadt kennzeichnet. Im wahrsten Sinne des Wortes am nächsten kommt man dieser Atmosphäre, wenn man entlang der insgesamt 52 Ghats spazieren geht, die sich um den See gruppieren. Hier erlebt man das spirituelle Indien noch ganz hautnah. So bieten sich einem immer wieder beeindruckende Bilder zeitloser Schönheit, etwa wenn die Frauen in ihren leuchtenden Saris im Angesicht der aufgehenden Sonne ins Wasser eintauchen oder alte, hagere Männer mit goldglänzenden Messingbehältern ihre Kulthandlungen vollziehen. Die meisten Ghats wurden von den verschiedenen Regionalfürsten angelegt und befinden sich in einem guten Zustand.

Allerdings sollte man beim Besuch der Ghats ein äußerst **zurückhaltendes Verhalten** an den Tag legen. So sollte man Arme und Beine bedeckende Kleidung tragen, die Schuhe ausziehen, nicht rauchen und das strikte Fotografierverbot beachten.

Brahma-Tempel

Wer sich vom geheiligten Ort Pushkar uralte Tempelanlagen verspricht, wird allerdings eher enttäuscht sein. Trotz der in vielen Epen und historischen Reiseberichten belegten, über Jahrtausende zurückreichenden spirituellen Bedeutung des Ortes ist wegen der Zerstörungswut *Aurangzebs* kaum ein Tempel älter als 300 Jahre. Als bedeutendster Sakralbau Pushkars gilt der Brahma-Tempel, der in seiner heutigen Form 1809 von einem Minister des Maharajas von Gwalior errichtet wurde. Zwar ist er nicht, wie immer wieder behauptet wird, der einzige Tempel zu Ehren dieser höchsten hinduistischen Gottheit in ganz Indien, doch die silberne, in den Boden eingelegte Schildkröte am Tempeleingang sowie die viergesichtige Brahmastatue mit den golden leuchtenden Augen im Allerheiligsten lohnen durchaus einen Besuch. Im Übrigen bieten sich von den umlaufenden Mauern der Tempelanlage schöne Aussichten in die Umgebung.

Saraswati-Tempel

Unser Tipp: Frühmorgens bzw. nachmittags sind die besten Zeiten, um den etwa einstündigen, steilen Aufstieg zum südwestlich auf der Spitze des Ratna Gir (Juwelenhügel) gelegenen Saraswati-Tempel in Angriff zu nehmen. Dieser zu Ehren von Brahmas Gattin (und gleichzeitig Tochter) erbaute Tempel ist Ziel ungewöhnlich vieler Männer, da ein hier erbrachtes Opfer garantieren soll, dass die Ehemänner nicht vor ihren Frauen sterben. In Anbetracht des kärglichen Daseins indischer Witwen dürfte dieser Wunsch auch im Sinne der meisten Frauen liegen. Egal, ob dieser Wunsch nun in Erfüllung geht oder nicht, einmal sollte man, ganz diesseitig orientiert, den **großartigen Blick auf den Pushkar-See** genießen, der wie ein schwarzer Diamant inmitten der von Bergketten umsäumten Wüstenlandschaft liegt.

Gayatri-Tempel

Wer sich den doch recht anstrengenden Aufstieg zum Saraswati-Tempel ersparen möchte, kann alternativ den Gayatri-Tempel (auch **Pap-Mochani-Tempel** genannt) auf der gegenüber liegenden (nördlichen) Seite von Pushkar besteigen. Der knapp 20-minütige Aufstieg beginnt bei dem kleinen Kali-Tempel hinter dem Busbahnhof. Oben angekommen, bietet sich auch von hier ein herrlicher Blick über Pushkar und Umgebung.

Pilgerfest Pushkar Mela

Jedes Jahr im November windet sich eine unüberschaubare Menschenmasse von Pilgern, Touristen und internationalen Kamerateams von Ajmer aus über den Schlangenpass ins sonst so verschlafene Pushkar, um **eines der faszinierendsten Feste Asiens** zu erleben. Pushkar Mela (Pushkar-Fest) heißt das Zauberwort, welches die kleine Wüstenoase während der letzten Tage bis zur November-Vollmondnacht *(Kartik Purnima)* zum größten Wallfahrtsort ganz Indiens werden lässt. Den Höhepunkt des Festes stellt für die indischen Pilger ein Sünden erlassendes **Bad im heiligen Pushkar-See** in der Vollmondnacht dar.

200.000 Rajputen in ihren verschwenderisch bunten Kleidern und bis zu 20.000 Kamele lassen vor der Wüstenkulisse das so oft bemühte Klischee vom Märchenland Indien ganz real erscheinen. Wie auf einem Laufsteg präsentieren sich die jungen, noch unverheirateten Frauen in ihrer ganzen Schönheit, ist doch die Pushkar Mela nicht nur Pilgerfest, sondern auch Heiratsmarkt und Volksfest, bei dem die strengen Konventionen des wenig abwechslungsreichen Dorflebens für einige Tage abgeschüttelt werden. Unter die Pilger mischen sich Zauberer, Sadhus, Wahrsager, Akrobaten, Musikanten, Sänger, Gurus, Gaukler und Gauner. Von dieser einzigartigen Lebensfülle werden die das Fest besuchenden westlichen Touristen, und das sind jedes Jahr immerhin mehrere Tausend, fast gänzlich absorbiert.

Während die ersten vier Tage des Festes hauptsächlich dem Viehmarkt vorbehalten sind (wobei die ersten Tage wegen der größeren Zahl der Händler am interessantesten sind), ist der zweite Teil der Pushkar Mela vorwiegend den religösen Zeremonien gewidmet.

Man sollte, wenn möglich, schon einige Tage vor Beginn anreisen, da man dann die einzigartige Atmosphäre besser auf sich wirken lassen kann.

■ Die **nächsten Termine** der immer von Halbmond bis Vollmond stattfindenden Pushkar Mela:
2017: 28.10.–1.11.
2018: 15.–23.11.

Praktische Tipps

Information

■ **Vorwahl:** 0145
■ Das **Tourist Information Bureau** (Mo–Fr 10–17 Uhr sowie jeden 1. und 3. Sa) ist hilfsbereit.

Unterkunft

Pushkars jahrzehntelange Beliebtheit gerade bei Rucksacktouristen hat dazu geführt, dass besonders viele Billigunterkünfte zur Verfügung stehen. Die folgende Auflistung beinhaltet nur eine kleine Auswahl. Die Entfernungen innerhalb des kleinen Ortes sind derart gering, dass man sich problemlos mehrere Unterkünfte anschauen kann, bevor man sich entscheidet. Zu beachten ist, dass die Tarife während des achttägigen Pushkar-Festes im November um ein Vielfaches erhöht werden.

■ Das **Hotel Om**①-② (Tel. 2772672, www.hotelompushkar.net) ist ein alter Favorit in der Travellerszene. Es verfügt über einen schönen Innenhof und einen hübschen, kleinen Garten sowie über einen kleinen Swimmingpool. Von ganz billigen und einfachen Schlafstätten bis zu schönen, recht großen Balkonzimmern ist alles zu haben.

■ Ruhige Atmosphäre, einen Garten zum Sitzen und gute, billige Zimmer mit Terrasse, teils mit Gemeinschaftsbad, bietet das **Shyam Krishna Guest House**① (Tel. 2772461) neben dem Venus Restaurant.

■ Ein Tipp für den untersten Preisbereich ist das etwas abseits der Hauptstraße in der verwinkelten Altstadt gelegene **Hotel Shanti Palace**① (Tel. 2772422). Das von zwei sympathischen Brüdern geführte Haus vermittelt mit seinen überhängenden Erkern die Atmosphäre eines romantischen kleinen Palastes. Ein weiteres Plus ist das gemütliche Dachterrassenrestaurant. Die Zimmer sind allerdings sehr einfach. Noch günstiger ist das nur 30 m weiter gelegene **Hotel Sunrise**①.

■ Seinem Namen alle Ehre macht das sympathische **Lake View Guest House**① (Tel. 2772106, www.lakeviewpushkar.com), liegt es doch direkt am See und bietet von der großen Dachterrasse schöne Ausblicke auf die Bade-Ghats. Obwohl es zu den ältesten Hotels Pushkars zählt, ist es immer noch ein Favorit der Traveller-Szene. Allerdings sind viele Zimmer sehr klein und ohne Fenster, zudem verfügt keines über ein eigenes Bad.

■ In einem mit einem uralten Baum und vielen weiteren Bäumen und Beeten versehenen Garten liegt das **Raghav Resort**① (Tel. 2772207, raghupareek@ya hoo.com) desselben Besitzers. Auch die Zimmer und der Dachgarten sind ihr Geld wert, ideal für Kinder.

■ In der Nähe hiervon und vom Marwar-Bushalteplatz befindet sich das populäre **White House**①-② (Tel. 2772147, www.pushkarwhitehouse.com). Das Hotel verfügt über Zimmer unterschiedlicher Größe und ein empfehlenswertes Dachrestaurant. Auch Massage ist möglich (s.u.). Ebenso empfehlenswert ist das nur einen Steinwurf entfernte **Maharaja**①-② (Tel. 2773527).

Leider wird einem die friedvolle Atmosphäre an den Ghats durch dort auf westliche Touristen lauernde, vermeintliche **Brahmanen** allzu oft verdorben. Ständig wird man von ihnen zu sogenannten *pujas* eingeladen, bei denen unter anderem Mantras nachgesprochen werden. Am Ende wird einem ein gelb-rotes Bändchen ums Handgelenk gebunden (weithin als „Pushkar Passport" bekannt), was selbstverständlich mit der Bitte um eine Spende einhergeht. Die Höhe wird zunächst mit „as you like" benannt, doch 10 oder 20 Rs sind dem Priester dann doch zu wenig. 200 Rs sollten es schon mindestens sein, häufig werden bis zu 1.000 Rs verlangt. Das ganze hat mit Religiosität nichts zu tun und ist reine **Geschäftemacherei.** Dementsprechend sollte man keine moralischen Skrupel haben, sich auf eine solche Prozedur gar nicht erst einzulassen. Auch die Mädchen und Frauen, die die Haut der Touristen mit **Henna-Verzierungen** bemalen wollen, können unangehm werden, wenn sie ihr Ziel nicht erreichen.

Pushkar

■ Von außen ein wenig steril wirkt das in der Nähe des Brahma-Tempels gelegene **Hotel Navratan Palace**①-② (Tel. 2772981, 2772145). Dennoch ist es mit seiner Lage unmittelbar am See, dem freundlichen Personal, der Gartenanlage und einem eigenen Pool eines der guten Hotels der Stadt. Die teureren Zimmer haben AC und TV.

■ Auch direkt am See liegt der **Bharatpur Palace**①-② (Tel. 2772320, bharatpur-palace@yahoo.com). Besonders die oberen, allerdings recht einfachen Räume bieten speziell morgens herrliche Aussichten auf das sich direkt darunter ausbreitende bunte Treiben am Ghat.

■ Nordwestlich des Sees, durch die ansteigenden Gassen Pushkars führt der Weg zum etwas versteckt gelegenen **Hotel Paramount Palace**①-③ (Tel. 2772428, palacehotelparamount@hotmail.com). Von badlosen Einzelzimmern bis Balkonzimmern mit schöner Aussicht reicht die Bandbreite des guten Angebots, und das in etwas abgelegener, ruhiger und friedvoller Lage. Auch ein Dachrestaurant ist vorhanden.

■ Im Ostteil des Dorfes an der Heloj Road findet sich mit dem **Venus Holiday Resort**①-② (Tel. 2773217, www.hotelvenuspushkar.com) eine saubere Unterkunft. Helle, recht große Zimmer mit Balkon und weitem Ausblick, einige klimatisiert, sind ihr Geld wert.

■ Deutlich in die Jahre gekommen, aber immer noch empfehlenswert ist die Anlage des **New Park**② (Panch Kund Rd., Tel. 277464, www.newparkpushkar.com) mit großer Dachterrasse, einem Restaurant und Swimming-

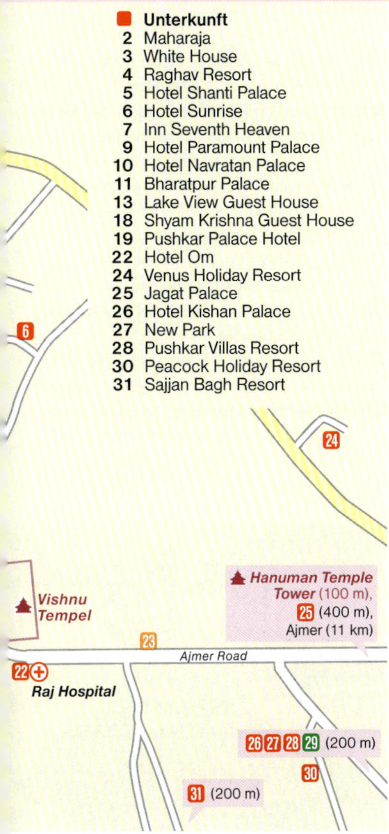

pool. Hübsche, wenn auch renovierungsbedürftige Zimmer mit AC, Kühlschrank und TV sowie Balkonausblick runden die Sache ab.

Immer mehr Hotels werden südöstlich des Sees in großteils recht unberührter bzw. von Rosenfeldern bedeckter Landschaft gebaut, was zwar nicht unbedingt der Landschaft, aber den Gästen durch eine sehr ruhige Atmosphäre zugute kommt. Die meisten liegen preislich im Mittelklassebereich.

Unser Tipp: Pushkars beste Unterkunft im Mittelklassebereich ist das sehr gelungen renovierte Haveli **Inn Seventh Heaven**③ (Tel. 5105455, www.inn-seventh-heaven.com). Alle liebevoll und unterschiedlich gestalteten Zimmer, einige mit schöner Aussicht, sind jeden Penny wert. Außerdem trägt der schönste Dachgarten des Dorfes mit gutem Restaurant zum dem Namen entsprechenden Gesamteindruck bei.

■ Das **Sajjan Bagh Resort**③ (Vamdev Rd., Tel. 2773821, (0)9414006150, www.sajjanbagh.com), etwa 200 m von der Hauptstraße entfernt, offeriert einzeln stehende, zweigeschossige Bungalows, deren schön eingerichtete Zimmer teils klimatisiert sind, sowie saubere Doppelzimmer. Insgesamt ein gutes Preis-Leistungs-Verhältnis.

■ Während die ehemals schöne Unterkunft des **Peacock Holiday Resort**①-③ (Tel. 2772414, www.peacock-pushkar.com) unter den Jahren gelitten hat und einer Rundumrenovierung bedürfte, ist das **Pushkar Villas Resort**③ (Panch Kund Rd., Tel. 2772688/9, www.pushkarvillas.com) desselben Besitzers in der Nähe das Mehr an Geld wert. Alle Zimmer mit AC und TV, kleiner Rundpool.

■ Erwähnt werden soll noch, dass der Manager des Tourist Office in Jaipur (Tel. 0141-2200778) **Privatzimmer** in Pushkar vermitteln kann, auch während der Engpass-Zeit der Pushkar Mela.

■ Ein typisches Beispiel für die in letzter Zeit neu eröffneten hervorragenden Unterkünfte der höheren Preiskategorie ist das ausgezeichnete **Hotel Kishan Palace**③ (Tel. 2773056, www.kishanpalacepushkar.com). Saubere, helle und hübsch eingerichtete Zimmer und ein ausgezeichnetes Dachterrassenrestaurant machen es zu einer der besten Unterkünfte der Stadt.

■ Eines der teuersten Hotels Pushkars ist der **Jagat Palace**④ (Tel. 2772952, www.hotelpushkarpalace.com), etwas vor den Toren des Dorfes. Hinter einer hohen Mauer lockt ein bis ins kleinste Detail mit Steingravierungen einem alten Palast sehr gelungen nachempfundenes Hotel. Die Zimmer sind individuell eingerichtet, alle haben einen Balkon. Leider sind die Betten sehr hart und der Service ist recht unmotiviert. Im herrlich gepflegten Garten steht ein Swimmingpool zur Verfügung.

■ Die Bewertung des **Pushkar Palace Hotel**④ (Tel. 2773001, www.pushkarpalace.com) fällt nicht leicht. Auf der einen Seite besticht die ehemalige Residenz des Maharaja von Kishangarh durch seine tolle Lage an der Westseite des Pushkar-Sees und auch der begrünte Innenhof und die hübsch eingerichteten Zimmer tragen zum angenehmen Ambiente bei. Jedoch sind die Zimmer teilweise recht klein geraten und auch der Service lässt zuweilen zu wünschen übrig.

Zeltdörfer

Während der Pushkar Mela bieten viele Privatunternehmer Zelte zur Übernachtung an, die vor den Toren des Dorfes zu kleinen Zeltstädten anwachsen. Hier besteht eine Vielzahl preislich und qualitativ sehr unterschiedlicher Angebote von ca. 1.000 Rs bis 300 US$. Für weitere Infos wende man sich an das Tourist Office. Einige Anbieter:

- Einfach und verhältnismäßig billig ist **Bhadrawati Royal Camps**③ (Tel. (0)9414220301).
- Teuer bis richtig teuer und mit mehr Komfort sind **Sajjain Desert Camps**④ (Tel. 2773821), **Raj Resorts** (Tel. (0)9829 052814), **Royal Desert Camp** (Tel. 2772957), 125 US$, und **Royal Tent** (Tel. 2300603), 200–300 US$.

Essen und Trinken

Die Auswahl ist riesig und reicht von Müsli über Spaghetti, Apfelstrudel und braunem Brot bis zu guter indischer Küche. Wer in Pushkar nicht auf den Geschmack kommt, ist selbst schuld. Das gilt allerdings nur für Vegetarier, denn ganz Pushkar is(s)t **ausschließlich vegetarisch. Auch alkoholische Getränke sucht man vergebens.**

Es gibt unzählige Garten- und Dachterrassenrestaurants, wobei der große Renner die von vielen Restaurants angebotenen **Buffets** zum Mittag- und Abendessen sind. Doch meistens flaut die Schlacht um die oft nur lauwarmen Buffets nach den ersten Tagen erheblich ab, weil alles recht ähnlich schmeckt.

Man sollte bei Joghurt am Morgen vorsichtig sein, mehrere Traveller berichteten über Magenprobleme. Bei den gerade in Pushkar so beliebten **Bhang Lassis,** einer Mischung aus Joghurtgetränk, Eiswasser und Marihuana-Extrakten, ist vor allem bei heißem Wetter Vorsicht geboten – vielen bekommt die Mixtur nicht, was Übelkeit und Erbrechen zur Folge haben kann.

- Nur allzu oft muss man die Lage mit recht flauem Essen und schlechtem Service bezahlen. Das **Venus Restaurant** ist eines jener vielen Roof-Top-Restaurants, von denen sich ein interessanter Blick auf das Treiben der Straße bietet. Das einheimische wie europäische Essen ist hingegen auf den Traveller-Geschmack zugeschnitten.

Unser Tipp: „Honig & Gewürze" ist der treffende Name des bei Westlern zu Recht sehr beliebten **Honey & Spice.** So ist das mit Honig versetzte Müsli ein Frühstückshit und die einheimischen Gerichte weisen eine angenehme Würze auf. Gesunde Küche ohne den in Pushkar sonst so scheinbar unausweichlichen „Seeblick" machen das Honey & Spice zu einem der besten Restaurants in Pushkar. Allerdings nur bis 18 Uhr geöffnet.

- Gegenüber dem Vishnu-Tempel lockt das **Moon Dance Café** mit gleichbleibend guter italienischer, mexikanischer und indischer Kost (Hauptmahlzeiten 50–120 Rs), die auf Matratzen liegend oder auf bequemem Mobiliar im Garten eingenommen werden kann. Als Nachtisch sollte man einen der köstlichen Kuchen probieren.
- Sehr empfehenswert ist auch das mit Pflanzen dekorierte **Raju Terrace Garden Restaurant,** ein typisches Traveller-Restaurant mit schöner Atmosphäre und romantischer Aussicht auf den See.
- Beliebtester Treffpunkt zu Sonnenuntergang ist das direkt neben dem Pushkar Palace Hotel gelegene **Sunset Café.** Bei Apfelstrudel, Käsekuchen, Croissants und Zimtbrötchen, Kaffee oder Tee bietet es tatsächlich eine perfekte Kulisse, um den Tag zu beenden. Allerdings versu-

chen hier inzwischen auch eine Menge Händler, Schlangenbeschwörer und Musikanten von der Beliebtheit des Platzes zu profitieren.

■ Wesentlich ruhiger, wenn auch ohne Sicht auf den See sitzt man im wenige Meter entfernten Garten des **Bro-Sis Restaurant.**

■ Wer sich nach all dem Traveller-Food mal wieder nach guter einheimischer Küche in lokalem Ambiente sehnt, ist im **Shri Vankatesh** am Chooti Bazaar genau richtig. Hier schmecken die Thalis noch wirklich indisch und auch die anderen Gerichte sind super-lecker und günstig.

Unser Tipp: Nicht nur wegen der schönen Atmosphäre auf dem Dach, sondern auch wegen des ausgezeichneten Essens (inklusive sehr guter Pizza!) ist das sehr stilvoll eingerichtete Dachterrassenrestaurant des **Inn Seventh Heaven** eine der besten Adressen der Stadt für leckeres Essen und angenehmes Ambiente.

Einkaufen

Praktisch jedes Haus entlang der Hauptstraße beherbergt im Erdgeschoss ein Geschäft, welches um die Gunst der Touristen buhlt. Besonders im Angebot sind die hübschen **Rajasthani-Kleider** und knallig bunten Hosen und Hemden im Flower-Power-Look – Goa lässt grüßen. Bevor man sich zum Großeinkauf entschließt, sollte man sich jedoch fragen, ob man das, was in Indien in und modern aussieht, auch zu Hause tragen würde. Die große Auswahl an Geschäften auf engstem Raum bietet den

☐ Die Pushkar Mela macht die kleine Wüstenoase Pushkar jedes Jahr im November zum größten Wallfahrtsort Indiens

304ra tb

Vorteil, dass man problemlos Angebot und Preise vergleichen kann. Dies ist um so ratsamer, weil Pushkar oftmals bei weitem nicht so billig ist, wie es auf den ersten Blick erscheinen mag. Viele Verkäufer machen sich die lockere Atmosphäre zunutze, indem sie den meist jungen Individualtouristen sehr schnell und elegant einen Tee, „big friendship" und „very special price" anbieten. Nach einigen Tagen stellt der gutgläubige Käufer fest, dass er für das gleiche Souvenir einige Shops weiter nur die Hälfte hätte zahlen müssen.

Wer sich Zeit nimmt und vergleicht, wird sicherlich einige gute und billige Sachen finden. Besonders groß ist die Auswahl an **Silberschmuck** und großen, oft mit kleinen Spiegelchen verzierten **Stoffdecken,** die sich gut als Bettüberwurf und Wandteppich eignen. Mehrere **Musikläden** bieten eine große Auswahl an anspruchsvoller klassischer indischer und meditativer Musik. Weniger zu empfehlen sind jedoch die Raubkopien bekannter westlicher Rock- und Popgruppen, da sie oft von miserabler Qualität sind. Wer seine ausgelesenen Bücher gegen neue eintauschen möchte, kann dies bei einem der zahlreichen sehr gut bestückten **Second-Hand-Bookshops** tun, z.B. Vijay Bookhouse nahe der Post.

Bank

Wer Geld wechseln möchte, sollte dies bei einem der privaten Geldwechsler tun, da es dort recht gute Raten gibt und zügig geht, allerdings werden auf Kreditkarten meist recht heftige 3–5 % Gebühr erhoben.

■ Eine gute Adresse ist **King's Good Music Zone** (Varath Ghat, Tel. 2772465, hier gibt's natürlich auch CDs), wo auch für Visa- und Mastercard Geld ausgezahlt wird.

■ Verlässlich ist auch die **LKP-Forex-Filiale** an der Hauptstraße, allerdings werden bei dieser Kette immer etwas schlechtere Raten als im indischen Durchschnitt ausgezahlt.

■ Die **State Bank of Bikaner and Jaipur** (Mo–Fr 10–17 Uhr, Sa 10–12 Uhr) wechselt ebenfalls Geld. Darüber hinaus gibt es eine große Zahl an Geldautomaten.

Medizinische Versorgung

■ Im Hotel Om findet sich das **Pushkar Raj Hospital** (Tel. 2772928, 2772672), das tgl. zwischen 8 und 20 Uhr geöffnet ist.

Aktivitäten

Schwimmen und Massage

■ Wer im heißen Pushkar ein wenig Abkühlung sucht, darf im Pool des **Jagat Palace** für 300 Rs/Tag plantschen.

■ Eine gute Massage gibt's von **Deepak** (Tel. 2772147) im bzw. auf dem Dach des White House, der auch im Inn Seventh Heaven arbeitet.

Kamel- und Pferdesafaris

Unser Tipp: Die äußerst attraktive, abwechslungsreiche Umgebung Pushkars mit hübschen Dörfern macht die Region zu einem mindestens ebenso attraktiven „Kamelsafarigebiet" wie Jaisalmer. Inzwischen gibt es in Pushkar etliche Reisebüros, die Kamel- und Pferdesafaris von einigen Stunden bis hin zu mehreren Tagen anbieten. Viele von ihnen befinden sich in der Panch Kund Road. Als Richtwert für eine viertägige Kamelsafari können 1.300 Rs pro Tag veranschlagt werden, was drei Mahlzeiten und ein Kamel pro Teilnehmer beinhaltet. Wasser muss man selbst mitbringen. Im Gegensatz zu Jaisalmer ist es hier noch möglich, tagelang unterwegs zu sein, ohne einem „Weißgesicht" zu begegnen. Wer also eine kleine Gruppe zusammenbekommt, sollte die entsprechenden Angebote vergleichen.

An- und Weiterreise

Bahn

■ Gegen eine Durchschnittsgebühr von 130 Rs kann man in einigen Reisebüros Fahrscheine für Züge ab **Ajmer** kaufen. Verbindungen von dort siehe Anhang.

Bus

■ Die beste An- und Abreise ist die über das nahegelegene **Ajmer,** da es von dort mehr Bus- und auch Bahnverbindungen gibt. Busse nach Ajmer (Fahrtzeit 20 Min.) fahren zumindest alle halbe Stunde vom Pushkar-Busbahnhof. Per Autoriksha kostet die Fahrt etwa 100 Rs, mit dem Taxi etwa 150 Rs.

■ Das kleine Pushkar hat zwei Busbahnhöfe. Während vom südlichen **Ajmer Busstand** nahe dem Hotel Om die Busse hauptsächlich Ajmer zum Ziel haben (1x stdl. sowie um 14.20 Uhr ein Express-Bus nach Jaipur und 2 Busse nach Chittorgarh um 8.20 und 12.30 Uhr sowie einige Privatanbieter in der Saison nach Udaipur), fahren die meisten Busse vom nördlichen **Callede Marvar Busstand** hauptsächlich in Richtung Norden und Westen, aber auch nach Ajmer und Jaipur (6 Busse, der 16.45-Uhr-Bus ist ein Deluxe-Bus). Weitere Ziele: Bharatpur (8½ Std.), Bikaner (7 Std., 12 Busse), Delhi (9 Std.), Jodhpur (4½ Std.), Kota (über Bundi) und Udaipur. Genaue Abfahrtszeiten sind auch im Tourist Office zu erfragen.

■ In Pushkar verkaufen einige Reisebüros Tickets von **privaten Busgesellschaften.** Man sollte versuchen, einen Direktbus von Pushkar zu bekommen, ansonsten muss man in Ajmer umsteigen. Der Zubringerbus von Pushkar zur Abfahrtsstelle in Ajmer ist zwar im Fahrpreis enthalten, doch kostet die ganze Prozedur viel Zeit. Bei einigen Anbietern ist dies auch ein (meist recht vollgepackter) Jeep. Da viele private Gesellschaften Busse mit Video-Dauerberieselung einsetzen, sollte man seine Augenklappen und Ohrstöpsel griffbereit halten.

Kota

Obwohl Bundi und Kota nur 37 Kilometer voneinander entfernt sind, scheinen Welten zwischen den beiden Orten zu liegen. Während im verschlafenen Bundi die Zeit seit dem Mittelalter stehen geblieben zu sein scheint, ist im benachbarten Kota in den letzten Jahrzehnten das Atomzeitalter ausgebrochen.

Das gilt nicht nur im übertragenen, sondern im wörtlichen Sinn, ist die Stadt doch Standort eines Kernkraftwerkes, das zusammen mit den Wasserkraftwerken des Chambal-Flusses, der trotz seiner Verschmutzung noch Krokodile beherbergt, die **Industriebetriebe** der Distrikthauptstadt mit Energie versorgt. Asiens größte Düngemittelfabrik mit ihren weithin sichtbaren Schornsteinen ist nur ein Symbol für die wirtschaftliche Prosperität dieses Industriezentrums Rajasthans.

Da sich die Industriebetriebe vornehmlich in den Außenbezirken angesiedelt haben, erscheint die **Innenstadt** mit ihren vielen Parks und Gärten sowie einem großen künstlichen See trotzdem angenehm. Insgesamt hat die sehr weitläufige Stadt touristisch weit weniger zu bieten als Bundi, unter dessen Oberherrschaft sie bis zum Jahr 1625 stand, als sie durch Verfügung des Mogulherrschers *Jehangir* den Status eines selbständigen Fürstentums erhielt. Auf jeden Fall besuchenswert ist Kota während des **Hadoti-Festivals** im Februar, wenn anlässlich eines dreitägigen Volksfestes Musikanten, Tänzer und Akrobaten durch die Stadt ziehen.

Sehenswertes

Stadtpalast

Nach der Unabhängigkeit von Bundi begann *Rao Madho Singh* mit dem Bau dieses an den Ufern des Chambal-Flusses gelegenen Palastes. Zwar kann er bei weitem nicht mit der spektakulären Ansicht des Palastes von Bundi konkurrieren, bietet dafür jedoch den großen Vorteil, dass ein Teil zum **Rao Madho Singh Museum** (Tel. 2385040, tgl. außer Fr 10–16.30 Uhr, Eintritt 100 Rs, Kamera/Video 50/100 Rs) umgewandelt wurde. Gebrauchsgegenstände der Herrscherfamilien, Fotos, Waffen und Mobiliar sind zu besichtigen.

Ebenso wie in Bundi flankieren zwei steinerne Elefanten das Haupteingangstor (Hathi Pol). Insgesamt zeichnet sich das Palastmuseum durch hervorragende englische Erläuterungen aus und bietet neben den üblichen Waffen-, Jagdtrophäen- und Münzabteilungen einen vorzüglichen Einblick in die Bundi-Malschule. Bereits die große Eingangshalle (Chitrashala) schmücken **Wandmalereien** des 17. Jh., wobei auch hier, wie in Bundi, vornehmlich Szenen aus dem Leben Krishnas dargestellt sind. Die schönsten Wandmalereien finden sich jedoch in den nicht zum Museum gehörenden Räumen des Palastes. Für einen Extraobulus von 20 Rs werden diese in einer speziellen Führung gezeigt. Die Erklärungen des vor sich hinschlurfenden Wärters sind zwar wenig hilfreich („Here you see another room"), doch die wunderschönen Wandmalereien, vor allem im Arjun Mahal und Bada Mahal, sind allemal das Geld wert.

Im Übrigen bieten die verschiedenen Balkone und Terrassen interessante **Aussichten** auf die nähere Umgebung. Nördlich vom Palast erstrecken sich die Überreste der urwüchsigen, dicht bewaldeten Flusslandschaft, auf der anderen Uferseite erheben sich die hohen Fabrikschornsteine des Industrieviertels.

■ **Öffnungszeiten** des Stadtplastes: tgl. außer Fr und an Feiertagen 10–17 Uhr, Zugang zum Palast von der Südseite durch das Naya Darwaza (Neues Tor).

Chambal Gardens

Dem Fluss weiter in südwestlicher Richtung folgend, ist besonders der **von vielen Krokodilen bevölkerte Teich** in den Chambal Gardens ein Anziehungspunkt. Von hier starten Boote zu Rundfahrten auf dem Fluss, von denen nach Verlassen des sich unmittelbar anschließenden Industriegebietes eine reiche Fauna, etwa viele Vogelarten und Krokodile, und Flora zu erspähen sind. Die Ausfahrten dauern normalerweise nur 20 Minuten (50 Rs), was eigentlich zu kurz ist. Nach Verhandeln sollte eine einstündige Bootsfahrt nicht mehr als 250 Rs kosten.

Kishor Sagar

Zwischen dem Palast und dem Tourist Bungalow befindet sich ein großer, im 14. Jh. künstlich angelegter See mit dem fotogenen, 1740 erbauten Pavillon Jag Mandir in der Mitte, der aber leider für die Öffentlichkeit geschlossen ist. Gut besucht sind dafür die ganz in der Nähe in einem schönen Park gelegenen, kürzlich restaurierten Chattris der Fürsten von Kota.

Dussehra-Festival

Das Festival zu Ehren des Sieges Ramas über Ravana wird in Kota jeweils im Oktober besonders prunkvoll gefeiert. **Die nächsten Termine:** 30.9.2017, 19.10.2018, 8.10.2019, 2.10.2020.

Praktische Tipps

Information

- **Vorwahl:** 0744
- Die Angestellten des **Tourist Office** (Tel. 2327695, Mo–Sa 10–17 Uhr, jeden 2. und 4. Sa des Monats geschlossen) im RTDC Chambal Tourist Bungalow sind sehr hilfsbereit.

Stadtverkehr

Kota ist sehr weitläufig, zudem verteilen sich die für die Touristen wichtigen Bereiche wie Bahnhof, Busbahnhof und der Stadtpalast auch noch von Norden bis Süden. Man ist also auf öffentliche Verkehrsmittel angewiesen. Da Englisch kaum verbreitet ist, sollte man sich vor Fahrtbeginn vergewissern, dass der Rikshafahrer das gewünschte Ziel auch tatsächlich verstanden hat, andernfalls landet man eventuell am anderen Ende der Stadt.

- **Minibusse und Tempos** verkehren u.a. zwischen Busbahnhof und Bahnhof.
- **Autorikshas** sieht man erstaunlich wenig. Falls man eine erhascht, sollte die Fahrt vom Busbahnhof zum Bahnhof etwa 60 Rs, zum Tourist Bungalow und zum Stadtpalast jeweils 50 Rs kosten.

Unterkunft, Essen und Trinken

- Die beste Unterkunft in Bahnhofsnähe ist das neu errichtete **Hotel Geeta**② (Tel. 2460660). Alles macht einen sauberen und gepflegten Eindruck, die gekachelten Badezimmer und die gute Lage sind weitere Pluspunkte.
- Mit seinen geräumigen, freundlichen Zimmern, der zentralen Lage und dem angeschlossenen Restaurant bietet das **Hotel Surya Plaza**③ (Tel. 5100550, www.suryaplaza.com) an der Kotri Gumanpura Rd. ein gutes Preis-Leistungs-Verhältnis.
- Ein gutes Hotel der unteren Mittelklasse ist das an der Straße zwischen Bahnhof und Innenstadt gelegene **Hotel Raf-les**②-③ (Station Rd., Tel. 2460277), alle Zimmer mit AC. Das professionell geführte Haus verfügt über einen Swimmingpool, WiFi im ganzen Haus und ein gutes Restaurant.
- Eine gute Wahl ist das **Hotel Sukhdam Kothi**③ (Tel. 2320081, www.sukhdamkothi.com). Die geräumigen Zimmer in dem inmitten eines Gartens gelegenen Kolonialhaus aus der Mitte des 19. Jh. sind allerdings recht bescheiden eingerichtet. Zu empfehlen ist das angeschlossene Restaurant.
- In dem von dem britischen Stararchitekten *Swinton Jacob* zu Beginn des 20. Jh. im indosarazenischen Stil entworfenen **WelcomHeritage Umed Bhawan Palace**④ (Tel. 2325262, www.welcomheritagehotels/umedbhawan-kota.com) im Norden der Stadt fühlt man sich ins britische Raj zurückversetzt. Eingebettet in eine weitläufige Gartenanlage, wirken die langen Arkadengänge, die riesigen Empfangszimmer, Speisesäle und Schlafzimmer ebenso beeindruckend wie die umherstreifenden Pfauen.

Bank

- Die **State Bank of India** am Chawni Chowk und die **State Bank of Jaipur and Bikaner** wechseln Geld. Darüber hinaus bieten sich diverse **ATMs** zum Bargeld Abheben an.

An- und Weiterreise

Bahn

Kota liegt an der Breitspurlinie Mumbai – Delhi, dementsprechend viele Züge fahren tgl. nach Jaipur und Delhi.

- Nach **Delhi** (Hazrat Nizzamuddin) benötigt der 2953 Rajdhani Exp. 5½ Std.: Abf. Kota 5.30 Uhr, über **Sawai Madhopur** (Ranthambore-Nationalpark, an 6.36 Uhr), **Mathura** (an 9 Uhr), Delhi an 10.50 Uhr, oder der 2903 Golden Temple Mail: Abf. 11.25, Ank. in Delhi Hazrat Nizzamuddin um 18.35 Uhr (Zug fährt weiter bis Amritsar). Andere Richtung der 2904 Golden Temple Mail: Abf. New Delhi 7.55 Uhr, über Mathura (ab 10.25 Uhr), Ank. in Kota um 14.45 Uhr. Der Zug fährt weiter bis **Mumbai** (Ank. 5.40 Uhr). Eine weitere gute Verbindung nach Mumbai ist der 2956 Jaipur Mumbai Central Exp.: Abf. 17.35 Uhr, Ank. 7.45 Uhr.
- Nach Sawai Madhopur (Ranthambore-Nationalpark) und Delhi z.B. der 9019A NMH Kota Exp.: Kota (Abf. 19.45 Uhr), **Sawai Madhopur** (an 21.25 Uhr), **Bharatpur** (an 0.55 Uhr), **New Delhi** (an 6.05 Uhr), **Delhi** (6.30 Uhr).
- Nach **Jaipur** (Ank. 12.45 Uhr) fährt z.B. der 2955 Mumbai Central Jaipur Exp.: 8.50 Uhr über **Sawai Madhopur** (an 10.05 Uhr), viele weitere Verbindungen.
- Mit dem 281B Halighati Exp. in 11 Std. bis Agra: 19.30 Uhr ab Kota über **Ranthambore-Nationalpark** (23.35 Uhr), **Fatehpur Sikri** (4.49 Uhr), **Agra** (6.05 Uhr).
- Außerdem tgl. zwei Verbindungen nach **Bundi** und **Chittorgarh,** z.B.: Abf. 9.05 Uhr, Bundi an 9.36 Uhr, Chittorgarh an 12.05 Uhr mit dem 9020A Dehra Dun Exp.

Bus

- Alle 15 Min. fahren Busse nach **Bundi** (45 Min. Fahrtzeit, 250 Rs), halbstündige Verbindungen nach **Ajmer** (6 Std., 250 Rs) und **Jaipur** (6 Std., 250 Rs). Außerdem Busse nach **Chittorgarh** (4 Std., 250 Rs), **Udaipur** (5–7 Std., 300–800 Rs) und **Jodhpur** (11 Std., 500 Rs).

Umgebung von Kota

Badoli

55 km südwestlich von Kota an der Straße zum Rama-Pratap-Stausee finden sich mehrere **Shiva-Tempel,** die zu den ältesten noch erhaltenen Tempelanlagen Rajasthans zählen. Obwohl sie zum Teil aus dem 8. und 9. Jh.

400in mb

stammen, weisen sie noch besonders detailliert und gut erhaltene Skulpturen auf. Die Bildhauer versahen die Nischen an den Tempelmauern mit außergewöhnlich schönen Einzelfiguren, die Shiva u.a. als kosmischen Tänzer Natraja zeigen. Das Hauptheiligtum, der über 20 m hohe Ghateshwara-Tempel, ist mit schönen Affenskulpturen geschmückt.

Anreise

■ Etwa stündliche Busverbindungen zwischen Kota und Baroli, 1½ Std. Fahrtzeit. Man sollte den Fahrer bitten und erinnern, am Ausstiegspunkt Bescheid zu sagen. Per Taxi inkl. Rückfahrt sollten 700 Rs genügen.

Bundi

– rajputisches Kleinod

Im Südosten Rajasthans zwischen den Hügeln des Aravalli-Gebirges gelegen, scheint sich dieses kleine Städtchen hinter der Flanke des sie begrenzenden Bergrückens vor den Veränderungen der Neuzeit verstecken zu wollen. Der Wind of Change, der in den letzten Jahren auch das Bild vieler indischer Städte merklich verändert hat, scheint an der ehemaligen Hauptstadt eines kleinen Fürstentums vorbeigezogen zu sein. Beim Durchstreifen der verwinkelten Altstadtgassen, die durch den teils blauen Anstrich der Häuser an Jodhpur erinnern, fühlt man sich um Jahrzehnte zurückversetzt.

Überragt wird die Stadt von der sich am Berghang hochziehenden, riesigen **Palastanlage** und dem auf dem Gipfel erbauten **Fort.** Erst 2005 gewährte die Herrscherfamilie den Zugang zum größten Teil der Anlage, einige andere Sehenswürdigkeiten der Stadt sind nur von außen zu bewundern.

Für jeden, der ein Stück unverfälschtes Indien kennenlernen möchte, ist diese scheinbar so weltentrückte Stadt ein idealer Ort für einen mehrtägigen, entspannenden Aufenthalt, um die Atmosphäre besonders der Altstadt mit ihren gewundenen Gassen und Torbögen, die vielen Tempel und die Märkte genießen zu können.

Geschichte

1241 gründete *Rao Deva,* Anführer der **Hara-Chauhana-Rajputen,** die zuvor aus Delhi und danach aus Ranthambore vor den muslimischen Invasoren flüchten mussten, an der strategisch günstigen Stelle am Rande des Aravalli-Gebirges seine neue Hauptstadt. Zunächst gelang es ihm und seinem Sohn und Nachfolger *Rao Samar* durch Erfolge über benachbarte Fürstentümer (u.a. Kota), das Herrschaftsgebiet erheblich zu erweitern. Doch schon bald wurden sie erneut von den weiter nach Süden vorrückenden Truppen des Sultans von Delhi besiegt, dem gegenüber sie nun tributspflichtig wurden. Mitte des 15. Jh. mussten sie sich den Mewaris unterwerfen, die während der Regierungszeit *Rana Kumbhas* vom benachbarten Chittorgarh aus weite Teile Rajasthans eroberten.

Nachdem *Akbar* die riesige Festung Chittorgarhs 1568 erobert hatte, fanden sich die *Hara Chauhana* unversehens erneut von den Moguln beherrscht. 1625 erklärte *Akbars* Nachfolger *Jehangir* das bis dahin zum Fürstentum Bundi gehörige Kota zum eigenständigen Rajputenstaat, womit Bundi einen schmerzlichen Gebiets- und Bedeutungsverlust erlitten hatte.

Nachdem das Fürstentum 1818 unter die Oberhoheit der Engländer geriet, kämpften seine Truppen während des 2. Weltkrieges auf Seiten der Kolonialmacht im Burmafeldzug. Am 25. März 1948 wurde Bundi Teil der Indischen Union.

[<] Der Bundi Palace besteht aus ineinander verschachtelten Gebäudeteilen unterschiedlicher Baustile, die über etwa 500 Jahre hinweg nach und nach hinzugefügt wurden

Sehenswertes

Bundi Palace (Chitrashala)

Es ist immer wieder erstaunlich zu sehen, wie es sich selbst die Herrscher kleiner und unbedeutender Fürstentümer wie etwa Bundi leisten konnten, solch riesige und aufwendige Palastanlagen zu erstellen. Das kleine Städtchen scheint fast erdrückt zu werden vom gewaltigen, an den Berghang gebauten Palast (Garh Palace) und dem darüberliegenden Taragarh Fort. So dokumentierte der Herrscher auch architektonisch seine uneingeschränkte und allumfassende Macht über seine Untertanen.

Schon *Rudyard Kipling* zeigte sich beim Anblick des Palastes vor über 100 Jahren überwältigt: „Der Palast in Bundi ist, selbst in vollem Tageslicht, ein Palast, wie Menschen ihn sich in ihren Träumen bauen – eher das Werk von Elfen als von Menschen. Er ist in und an den Berg gebaut, gigantisch, Terrasse über Terrasse, und dominiert die ganze Stadt wie eine Lawine aus Mauerwerk, die jeden Augenblick hinabgleiten und die Schlucht blockieren kann."

Es überrascht, wieviele eigenständig **rajputische Stilelemente** der verwitterte Palastbau trotz der jahrhundertelangen Mogulherrschaft aufweist. Hierin, wie in vielen anderen Aspekten zeigen sich auffällige Parallelen zum Palastbau der Mewaris von Udaipur. Auf einem festungsartigen, fensterlosen und wenig attraktiven Unterbau erhebt sich ein Neben- und Übereinander ineinander verschachtelter Wohn- und Repräsentationsbauten. Sie wurden von den verschiedenen Herrschergenerationen über einen Zeitraum von fast fünf Jahrhunderten dem ersten, 1342 von Rao Deva errichteten Gebäudekomplex hinzugefügt. Trotz seiner enormen Ausmaße und unterschiedlicher Baustile wirkt der Palast durch die vielen vorspringenden Erker, Balkone, Kuppeldächer und Pavillons nicht im geringsten schwerfällig.

Trotz der zunächst scheinbar undurchsichtigen Anordnung der verschiedenen Bauten lassen sich bei näherem Hinsehen fünf verschiedene Gebäudekomplexe unterscheiden. Von links nach rechts sind dies der **Queens Palace** (eine der größten zusammenhängenden Einheiten, der Palast der Fürstin), daneben der **Phool Mahal** (Blumenpalast), auf dessen Wandgemälden u.a. eine imposante königliche Prozession zu bewundern ist, dann der **Bada Mahal** (Wolkenpalast) mit den drei übereinander hängenden Balkonen und den am besten erhaltenen Wandgemälden mit geometrischen Mustern, Pfauen und Krishna-Darstellungen, daran anschließend der an seinem großen, von zwei Pavillons gekrönten Balkon erkenntliche, recht baufällige **Ratan Daulat** (Edelsteinpalast), die **öffentliche Audienzhalle** (Diwan-i-Am) mit einem weißen Marmorthron und schließlich auf der äußersten rechten Seite der 1644 erbaute, nach seinem Erbauer *Rao Raja Chattra Shabiji* benannte, **Chattra Mahal.**

Bei der außergewöhnlichen Schönheit, die der Palast ausstrahlt, stimmt es traurig, die teilweise fortgeschrittenen **Verfallserscheinungen** einzelner Gebäude zu sehen. Mögen die aus Mauern, Treppen und Dächern herauswachsenden Sträucher und Bäumchen noch einen gewissen Reiz vermitteln, ist es umso bedauerlicher, wie die wunderschönen, in ganz Indien einmaligen **Wandmalereien** des Chattra Mahal verkommen.

Die Motive der vollständig mit **Miniaturmalereien** der Bundi-Schule bedeckten Wände und Decken vermitteln einen guten Einblick in das höfische Leben von vor 300 Jahren. Wie in einem Film ziehen Bilder des Maharajas bei der Jagd, bei gefährlichen Schlachten, feierlichen Umzügen und Vergnügungen mit seinen Konkubinen am Betrachter vorbei. Der eigentliche Liebling der unbekannten Maler war jedoch offensichtlich der Gott Krishna, der in allen Aspekten seines verspielten Lebens dargestellt wird. Natürlich fehlt dabei auch nicht jene für das Krishna-Bild so prägende Szene, in der er den im Yamuna badenden Jungfrauen die Kleider stiehlt.

Um den im 18. Jh. von *Rao Ummed Singh* erbauten **Chitrashala** (Ummed Mahal) zu erreichen, wende man sich nach Durchschreiten des Elefantentors (Hathi Pol) nach links und steige den Hang hinauf. Oberhalb des Rang-Vilas-Hofgartens sind mehrere Räume mit herrlichen Malereien und Fresken verziert. Die hinteren Räume bilden den Sheesh Mahal, der trotz schlechten Zustands einige sehenswerte Details bereithält.

Der Weg hinauf zum Palast verläuft über sehr unebenes Steinpflaster. Dies sollte einkalkulieren, wer nicht gut zu Fuß ist. Das Fotografieren mit Blitz ist in den Räumen mit Wandmalereien verboten.

Öffnungszeiten: tgl. 8–18 Uhr, Eintritt 200 Rs, Kamera 50 Rs, Video 100 Rs. Ein lizensierter Guide verlangt für eine ca. 1½-stündige Führung 350 Rs. Auch das Ticket für das Taragarh Fort ist hier zu kaufen.

Taragarh Fort

Das oberhalb des Palastes liegende, über einen steilen Aufstieg entlang des Berges zu erreichende Taragarh Fort (Sternenfestung), mit dessen Bau *Rao Deva,* der Gründer Bundis, 1354 begann, erlaubt einen sehr schönen Panoramablick vom Palast über den quadratischen, in der Mitte mit einem Tempel für den Wassergott Varuna versehenen **See Nawal Sagar** hin zur Stadt und in die nähere Umgebung. Außer einigen auf die Stadt gerichteten Kanonen, zwei immer noch Wasser haltenden Reservoirs aus dem Mittelalter, frechen Affen und verfallenen, pflanzenüberwucherten Bauten hat das Fort keine Sehenswürdigkeiten zu bieten. Etwas entfernt am südöstlichen Rand der Anlage steht die riesige **Kanone Garbh Gunjam** auf der im 16. Jh. erbauten Bastion Bhim Burj.

Öffnungszeiten: tgl. 8–17 Uhr, Eintritt 100 Rs, Kamera 50 Rs, Video 100 Rs.

Raniji-ki-Baori

Bekannt ist Bundi auch für seine einstmals über fünfzig **Tiefbrunnen** *(baori),* von denen die meisten nicht mehr existieren und die verbliebenen aufgrund des gesunkenen Grundwasserspiegels meist kein Wasser mehr führen. Der eindrucksvollste von ihnen ist nach seiner Erbauerin, der Frau des Maharajas, *Raniji-ki-Baori,* benannt. Ein mit Pavillons bestandener Park umgibt den Eingang zu diesem 1699 erbauten Baori. Mit seinen reich verzierten Torbögen und schönen Wandreliefs sieht der 46 Meter in die Tiefe führende Treppenschacht eher wie der Eingang zu einer unterirdischen Palastanlage aus. Man kann sich unschwer vorstellen, welch lebhaftes Treiben sich früher, als der Baori neben seiner Funktion als Wasserquelle auch noch beliebter Treffpunkt war, entlang der 70 Treppenstufen abspielte. Leider ist der Brunnen heute mit einem massiven Gittergerüst abgedeckt, sodass man sich mit einem Blick in die Tiefe begnügen muss.

Weitere schöne Exemplare sind die beiden Brunnen am See des Nagar Sagar Kund gleich vor der Stadtmauer am **Chogan Gate.** Hier sollte man sich einen Spaziergang durch die umgebenden lebendigen Gassen und Märkte nicht entgehen lassen.

Phool Sagar

Außen vor bleibt man beim etwa vier Kilometer außerhalb der Stadt gelegenen, Anfang der 1940er Jahre erbauten **Palast** am von einem hübschen Garten umgebenen Phool Sagar. Während des zweiten Weltkrieges fungierte der Maharaja von Bundi als persönlicher Sekretär *Lord Mountbattens* im Burmafeldzug und die gefangengenommenen italienischen Soldaten wurden in der Nähe Bundis untergebracht. Quasi als Freizeitbeschäftigung ließ sie der Maharaja in seinem neuen Palast einige **Wandmalereien** ausführen, womit der Phool Sagar wohl der einzige Palast Indiens sein dürfte, den neben Darstellungen Bundis auch italienische Landschaftsgemälde zieren. Von November bis Februar ist der See Heimat vieler Vogelarten, die beobachtet werden können.

Weitere Sehenswürdigkeiten

Nördlich der Stadt in der Nähe des Jait Sagar liegt in landschaftlich reizvoller Umgebung mit dem **Shikar Burj,** die heute gern als Ausflugsziel indischer Familien dient, die palastähnliche königliche „Jagdhütte" aus dem 18. Jh. Wenige hundert Meter weiter befindet sich eine weitere Parkanlage (Shar Bagh) mit den Kenotaphen der Herrscher von Bundi. Besonders gelungen sind die Elefantenfriese entlang der Basis des Hauptkenotaphs.

Der in der Regierungszeit von *Rao Raja Vishnu Singh* 1773 erbaute **Sukh Mahal** (tgl. 10–17 Uhr) diente den Herrschern von Bundi als Sommerpalast. Der pittoresk am See gelegene, vor einigen Jahren renovierte Bau diente auch *Rudyard Kipling* während seines Aufenthaltes in Bundi Ende des 19. Jh. als Unterkunft. Angeblich soll ein unterirdischer Tunnel den Sukh Mahal mit dem Taragarh Fort verbinden.

Einen Besuch lohnt auch der ca. einen Kilometer südlich der Altstadt gelegene **Chauras Khambon ki Chattri,** eine Ende des 17. Jh. von *Rao Raja Anirudh Singh* für den Sohn seiner Amme errichtete Totengedenkstätte. Der aus 84 zum Teil hübsch verzierten Säulen gefertigte Bau dient auch als Tempel, wie der Shiva Lingam verdeutlicht.

Das **Maharao Raja Bahadur Singh Museum** (9–13 und 14–17 Uhr, Eintritt 50 Rs, Kamera 50 Rs) im Moti Mahal, dem heutigen Wohnsitz der Herrscherfamilie, gewährt Einblick in die fürstliche Lebensweise der letzen Jahrhunderte.

Festivals

Wer im Juli/August in der Region ist, sollte das **Teej-Fest,** mit dem die Wiedervereinigung von Parvati und Shiva am Beginn des Monsuns gefeiert wird, in Bundi verbringen. Zwar wird es in allen Städten Rajasthans gefeiert, doch in Bundi hat es eine besondere Note. Hauptattraktion ist die **Prozession** der aufwendig dekorierten Statue der Göttin Teej in einer Sänfte vom Naval Sagar zum Azad Park. Die von Tausenden Zuschauern begleitete Prozession wird von prachtvoll geschmückten Elefanten, Kamelen, Musikkapellen und Akrobaten flankiert. Abends treten die Künstler in den hell erleuchteten Gassen der Altstadt auf.

Auch das im Oktober/November gefeierte **Bundi Utsav** mit Musik, Tanz, Feuerwerk und vielen weiteren Attraktionen zieht viele Besucher an.

Praktische Tipps

Information

- **Vorwahl:** 0747
- Das **Tourist Office** (Mo–Fr 10–18 Uhr, um 13.30 Uhr 30 Min. Pause, Tel. 2443697) ist sehr hilfsbereit. Es befindet sich leider etwas außerhalb des touristischen Zentrums südlich des Busbahnhofs an der Kota Rd.
- In Bundi gibt es mit *Billu* einen selbsternannten lokalen Reiseführer, der **Führungen** durch den Palast, zum Stufenbrunnen und (am besten mit dem Fahrrad) in die hübsche Umgebung macht: Billu Guide, gegenüber dem Wasserturm, Indra Market/Azad Park.

Stadtverkehr

- Bundi ist klein, und zudem liegt ein Reiz der Stadt gerade darin, die verwinkelten **Altstadtgassen** zu Fuß zu erkunden. Wer dennoch die gut 1 km lange Strecke vom Busbahnhof zum Palast mit der Riksha zurücklegen will, sollte dafür nicht mehr als 30 Rs zahlen.
- Der **Bahnhof** liegt 5 km außerhalb. Per Riksha sind es max. 100 Rs, abends und nachts 50 Rs mehr.
- **Taxis** können über die Unterkünfte für ca. 1.500–2.000 Rs pro Tag gemietet werden.
- Viele Verleiher, z.B. **Shiv Cycle,** und Unterkünfte vermieten **Fahrräder. Motorroller** und -räder kosten ca. 200–300 Rs.

Unterkunft, Essen und Trinken

UNSER TIPP: Das **Haveli Uma Megh** ①-② (Tel. 244 2191) besticht in erster Linie durch seine herrlich friedvolle Lage am Nawal-See. Die zum See ausgerichteten, mit Wandmalereien dekorierten Zimmer sind hell, geräumig und preisgünstig, die anderen hingegen recht dunkel. Eine Oase der Ruhe und Entspannung ist das im großen Garten ansässige Restaurant. Die Besitzer können Fahrräder besorgen und geben gute Tipps für Ausflüge.

■ Eine weitere gute Billigadresse ist das **Hadee Rani Guest House**①-② (Sadar Bazar, Tel. 2442903, hadeerani pg@yahoo.com) mit preiswertem exzellenten Restaurant. Auch die billigen, individuell gestalteten Zimmer in diesem ganz in Blau gehaltenen Privathaus sind geräumig. Das alte Haveli liegt etwas weiter östlich Richtung Stadtzentrum.

■ Das **RN Haveli**①/③ (Tel. 2443278, (0)978 4486854, rnhavelibun di@yahoo.com) wird von einer engagierten Frau mit ihren beiden Töchtern geleitet. Die hübsch eingerichteten Zimmer dieses weitläufigen Haveli mit Garten und die köstliche vegetarische Küche sind bemerkenswert. Die klimatisierten Zimmer sind allerdings etwas überteuert.

■ Das in einem alten Haveli untergebrachte **Kasera Heritage View**②-③ (Tel. 2444679, (0)9983790314, www.

kaseraheritageview.com) wird von einer freundlichen Familie geleitet. Man sollte sich in eines der Zimmer mit Palastblick einmieten. Empfehlenswert ist auch das hauseigene Dachrestaurant. Ganz ähnlich in Preis und Leistung und dementsprechend auch empfehlenswert ist das **Kasera Paradise**③ (Tel. 2444679, (0)9929170982, www.kaseraparadise.com) in der Nähe. In beiden sind die meiste Zeit Abschläge auf die Zimmerpreise auszuhandeln.

■ Alternativ bietet sich das **Haveli Katkoun**②-③ (Tel. 2444311, havelikatkoun.free.fr) an, dem man seine Geschichte von außen nicht mehr ansieht. Im Innern wirken die geräumigen Zimmer jedoch gediegen. Schon recht preiswert beginnend, sind es die ruhige Lage, das baumbestandene Gartenrestaurant und die nette Atmosphäre, die den Reiz des Hauses ausmachen. Für die klimatisierten Zimmer im Obergeschoss, teils mit Blick auf den Palast, muss man etwas tiefer in die Tasche greifen.

■ Das **Bundi Haveli Hotel**③ (Tel. 2447861, (0)9460 447777, www.hotelbundihaveli.com) bietet große, helle, geschmackvoll eingerichtete Zimmer. Das hübsche Innenhofrestaurant und die Dachterrasse zum Cappuccino-Trinken mit Rundumblick sowie Internetzugang und sorgsamer Service machen es zu einer hervorragenden Komfortadresse.

■ Außergewöhnlich schön und sympathisch ist das direkt unterhalb des Palastes gelegene **Haveli Braj Bhushanjee**③ (Tel. 2442322, (0)9783355866, www.kiplings bundi.com). Das knapp 200 Jahre alte viergeschossige Haus ist im Besitz einer freundlichen Familie, welche die Räume geschmackvoll im typischen Rajasthani-Stil renoviert hat. Die Übernachtung ist in den meisten Zimmern allerdings recht teuer. Das gleiche gilt für das hervorragende Essen, welches in dem sehr stilvollen Restaurant im Erdgeschoss oder abends mit Blick von der Dachterrasse über den sich direkt über dem Haveli erhebenden Palast serviert wird. Dort befindet sich auch ein kleiner Laden, in dem man hübsche Souvenirs erwerben kann. Insgesamt die beste Adresse in Bundi.

Mit dem nebenan gelegenen, preiswerteren **Badi Haveli**③ (Tel. 2442322), in dem besonders die nach hinten gelegenen Zimmer herrliche Blicke auf Ort und Landschaft gewähren, bildet es einen Doppelkomplex, der auch durch den begrünten Innenhof mit Bourgainvilleen harmonisch wirkt.

■ Obwohl die meisten Zimmer nicht besonders geräumig sind, rechtfertigt das **Bundi Vilas**④ (Tel. 5120694, (0)9414175280, www.bundivilas.com, Preise inkl. Frühstück) durch seine warme Ausstrahlung und geschmackvolles Design die Erwartungen an dieses 300 Jahre alte Haveli. Es ist über einen kurzen Anstieg von der Straße aus zu erreichen.

■ Das **Hadoti Palace Bundi**④ (Kota Rd., Tel. 2443333, www.hadotipalace.com), ein weiß gestrichener, vermeintlicher Kolonialbau in einem Außenbezirk von Bundi, wirkt auf den ersten Blick recht beeindruckend. Tatsächlich handelt es sich dabei um einen Neubau, der mit Pool und vielen weiteren Annehmlichkeiten sicherlich die luxuriöseste Unterkunft in Bundi ist. Dennoch wirkt die ganze Anlage etwas „blutleer" und die abseitige Lage trägt auch nicht viel zur Atmosphäre bei.

■ Von den zahlreichen Dachterrassenrestaurants sei das angenehme **Rainbow** (Behru Gate, Tel. (0)9887210334) erwähnt. Die einheimischen Speisen sind gut, aber das wirkliche Plus sind die freundliche Familie, die relaxten Sitzmöglichkeiten und die tolle Musik.

Bank und Internet

■ Geldwechsel ist nur in einer privaten **Wechselstuben,** meist in Reisebüros, etwa in der Charbhuja Rd., möglich. Ein **Geldautomat** der Axis Bank findet sich an Sadan Bazaar etwas nordwestlich des Chokan Gate.

■ Internetsurfen bieten einige Internetcafés im touristischen Teil unterhalb des Palastes wie **Roksha Tours & Travels,** das auch ein hilfsbereites, zuverlässiges Reisebüro ist, ein weiteres im **A & R Café** oder das **Cyber World** neben dem Kasera Heritage View.

An- und Weiterreise

Bahn

Das Reservierungsbüro ist Mo–Fr 8–20 Uhr und So 8–14 Uhr geöffnet. Wer sich den weiten Weg zum Bahnhof, 5 km vom Ortszentrum entfernt, sparen will, kann natürlich auch im touristischen Zentrum bei einem der Reisebüros gegen einen kleinen Aufpreis sein Ticket ordern.

■ Tgl. zwei Verbindungen nach **Chittorgarh** (z.B.: 29020 Dehradun Exp., Abf. 9.38 Uhr, Ank. 12.05 Uhr) sowie nach Sawai Madhopur (Ranthambore N.P.) und Delhi, z.B. 29019A NMH Kota Exp.: Bundi ab 17.35 Uhr, über **Kota** (an 18.15 Uhr), **Sawai Madhopur** (an 21.10 Uhr), **Mathura** (an 2.25 Uhr) nach **Delhi Hazrat Nizamuddin** (an 5.12 Uhr).

024ra mb

- Mit dem 59811 Halighati Exp. in 12 Std. bis Agra: 17.50 Uhr ab **Bundi,** über **Kota** (an 20.20 Uhr), **Ranthambore-Nationalpark** (Ank. 23.28 Uhr), **Fatehpur Sikri** (4.50 Uhr), **Agra Fort** (an 6 Uhr).
- Von **Kota** aus gibt's viele weitere Bahnverbindungen.

Bus

Aus Richtung Ajmer und Jaipur kommend, kann man auch schon am Nawal Sagar den Bus verlassen, falls man in diesem Bereich seine Unterkunft wählen möchte. Man erspart sich so den Rückweg vom Busbahnhof. Von dort sind es nur etwa 100 m zu den ersten Unterkünften.

- Jede Viertelstunde fahren Busse nach **Kota** (45 Min., 60 Rs), alle halbe Stunde nach **Ajmer** (4½ Std., 250 Rs), um 8.30 Uhr auch ein Direktbus nach **Pushkar** und **Jaipur** (300 Rs, 5 Std., halbstündig). Zwei Abendbusse nach Chittorgarh in 4 Std. (230 Rs), vier Busse nach **Sawai Madhopur** (Ranthambore, 130 Rs, 4½ Std.), **Jodhpur** (400 Rs, 7 Std., 3 Busse), **Udaipur** (360 Rs, 7 Std., 2 Abendbusse) und **Delhi** (500 Rs, 11 Std., 3 Busse).

Umgebung von Bundi

6 km nördlich befinden sich **Akoda und Thikarda,** zwei Dörfer, in denen Einheimische handwerkliche Produkte (vorwiegend Töpferwaren) feilbieten. Hierbei ist eher der Weg dorthin durch die liebliche Landschaft, evtl. mit Fahrrad, das eigentlich reizvolle.

22 km westlich auf dem Weg nach Jaipur sollte man einen Zwischenstopp bei **Hindoli** einlegen. Dort ist neben einem verfallenen Bergfort der große See besuchenswert.

34 km südlich von Bundi beeindrucken einige **Felsmalereien** an einem Flussufer, die über 15.000 Jahre alt sein sollen. Da sie nicht ganz leicht zu finden sind, sollten Interessierte einen Guide engagieren.

Das Elefantentor am Bundi Palace

Chittorgarh

Wie kein anderer Ort repräsentiert die sich 150 Meter aus der Ebene erhebende **Festungsanlage** von Chittorgarh die von Heldentum und Kampfesmut geprägte Geschichte Rajasthans. Nirgends sonst scheint die Vergangenheit so nah wie in ihren Palästen, Tempeln und Siegestürmen. Dass dabei gerade dieser Ort nicht etwa durch ruhmreiche Siege, sondern durch vernichtende Niederlagen in die Geschichtsbücher eingegangen ist, wirft ein bezeichnendes Licht sowohl auf die von achthundertjähriger Fremdherrschaft geprägte Geschichte Nordindiens als auch auf das Selbstverständnis der Rajputen, für die die Erhaltung ihrer Ehre letztlich immer mehr bedeutete als der Tod.

Geschichte

Bei der für die indische Geschichtsschreibung so bezeichnenden Vermischung von historischer Realität und Legenden verwundert es nicht, dass die Anfänge der legendenumwobenen Felsenfestung in die **indische Mythologie** zurückversetzt werden. Danach soll die Gründung auf den König *Bhima* aus dem Mahabharata zurückgehen. Tatsächlich wird der für Verteidigungszwecke geradezu ideale Tafelberg schon früh besiedelt und befestigt worden sein. Historisch nachweisbar ist erst *Bappa Rawal,* Ahnherr der **Sisodias von Mewar,** der das Fort Anfang des 8. Jh. unter seine Kontrolle brachte.

Für weitere sechs Jahrhunderte verliert sich dann wieder die historische Spur, bis die vom Norden vorstoßenden **islamischen Invasoren** Chittorgarh erreichten. Nach der indischen Geschichtsschreibung belagerte *Ala-ud-din-Khalji,* der Sultan von Delhi, die Festung, weil er *Padmini,* die schöne Gemahlin des Herrschers, begehrte. Das klingt allemal romantischer als kriegerische Machtpolitik zur Erweiterung des eigenen Territoriums, die der eigentliche Grund für die Belagerung gewesen sein dürfte.

Ihre aussichtslose Lage vor Augen, kleideten sich die Männer in ihre safrangelben Hochzeitsroben, öffneten die Stadttore und stürmten dem zahlenmäßig weit überlegenen Feind und dem sicheren Tod entgegen, während die Frauen den Freitod auf dem Scheiterhaufen suchten. Noch zwei weitere Male sollte sich dieser grausame, **Jauhar** genannte Ritus wiederholen, der den Mythos von den selbst im Tode unbeugsamen Rajputen begründete.

Doch zunächst eroberten die Sisodias von Mewar Chittorgarh zurück und entwickelten sich zum **führenden Herrscherhaus Rajasthans.** Vor allem während der Regierungszeit *Maharana Kumbhas* (1433–1468) entstanden viele der heute nur noch in Ruinen vorhandenen Bauwerke.

Doch schon wenige Jahre später (1535) nahm der rasche Aufstieg ein ebenso abruptes wie grausames Ende, als der Sultan von Gujarat, *Bahadur Shah,* die Festung stürmte und beim *Jauhar* über 32.000 Krieger abgeschlachtet wurden und 13.000 Frauen auf dem Scheiterhaufen starben. Dieses **ungeheure Blutopfer** erscheint um so sinnloser, wenn man weiß, dass die Eroberer die gerade unter schwersten Opfern eroberte Festung schon zwei Wochen später wegen der aus Norden anrückenden Truppen *Humayuns,* des Sultans von Delhi, fluchtartig wieder verließen. Der noch minderjährige Thronfolger *Udai Singh* konnte nur deshalb gerettet werden, weil seine Amme ihn für ihren eigenen Sohn ausgab und diesen töten ließ.

Dreiunddreißig Jahre später wurde Chittorgarh erneut, diesmal von den **Truppen Akbars,** belagert. *Udai Singh* verließ die Stadt und legte ihre Verteidigung in die Hände seiner beiden Feldherren *Jaimal* und *Patta.* Nach über viermonatiger Belagerung wurde 1568 die Festung eingenommen; ein letztes Mal bestiegen die Frauen die Scheiterhaufen. Nachdem die Festung gefallen war, ließ *Akbar,* der in der Geschichtsschreibung wegen seiner vermeintlich toleranten Führung gern als der neben *Ashoka* größte Kaiser Indiens dargestellt wird, 30.000 wehrlose Bauern wegen ihrer Unterstützung für die Rajputen hinrichten. Damit war die Widerstandskraft Chittorgarhs endgültig gebrochen, denn von nun an sollte die Festungsanlage nie wieder besiedelt werden.

Udai Singh jedoch, der wegen seiner frühzeitigen Flucht von den die romantischen Ehrbegriffe ungefragt übernehmenden Historikern als Feigling gebrandmarkt wurde, gründete noch im gleichen Jahr seine neue Hauptstadt Udaipur und führte von dort aus den Widerstand der stolzen Sisodias von Mewar gegen die islamischen Invasoren fort.

Sehenswertes

Beim Durchstreifen der winddurchzogenen Tempel- und Palastruinen des Forts erscheint einem die von Blut und Feuer geschriebene Geschichte auf einmal erschreckend präsent.

Schon beim steilen Aufstieg aus der Ebene über die kurvenreiche Straße ist fast jedes der insgesamt **acht zu passierenden Tore** mit den dramatischen Ereignissen der verschiedenen Schlachten eng verbunden. Neben dem **Padan Pol,** dem ersten Tor, wurde in Gedenken an *Rawal Bagh Singh,* der 1543 bei der zweiten Schlacht gegen den Sultan von Gujarat die Festung anstelle des noch unmündigen Herrscher verteidigte und fiel, ein Gedenkstein errichtet. Zwischen dem **Bhairon Pol,** benannt nach dem Feldherrn *Bhairon Das,* der hier ebenfalls während dieser Schlacht starb, und dem **Hanuman Pol** stehen zwei Chattris. An dieser Stelle soll *Jaimal,* einer der beiden von Udai Singh vor seiner Flucht zur Verteidigung des Forts bestimmten Feldherren, zusammen mit seinem Gefolgsmann *Kalla* gefallen sein.

Ein weiteres Chattri findet sich gegenüber dem Haupttor, dem **Ram Pol,** an der Stelle, wo *Patta,* der neben Jaimal zweite Feldherr, in der Schlacht gegen *Akbar* gestorben sein soll. Ein mit sehr schönen Inschriften verzierter Gedenkstein erinnert an diesen Helden der rajputischen Geschichte, dessen heldenhafter Mut noch heute in vielen Volksliedern überliefert ist. Steigt man beim Ram Pol auf die Außenmauern bietet sich ein schöner Überblick über Chittorgarh und Umgebung. Die ringförmige Asphaltstraße entlang der Festungsmauer führt zu den insgesamt über 50 verschiedenen Gebäuden, von denen im Folgenden die wichtigsten beschrieben werden sollen.

Wendet man sich hinter dem Ram Pol nach rechts, liegt nach etwa hundert Metern auf der rechten Straßenseite der im 13. Jh. erbaute **Rana-Kumbha-Palast,** der, obwohl nur noch in Ruinen erhalten, einen lebendigen Eindruck von der Schönheit rajputischer Architektur vermittelt. Ebenso wie der Stadtpalast von Udaipur besitzt er ein Tripola- und ein Badi-Pol, und nicht nur wegen dieser Namensgleichheit meinen Kunsthistoriker deutliche Ähnlichkeiten zwischen beiden Palästen erkannt zu haben. Die Sisiodas von Mewar haben den Verlust Chittorgarhs nie verwunden und wollten so wohl zumindest architektonisch die Erinnerung an ihre alte Hauptstadt aufrechterhalten. *Udai Singh,* der spätere Gründer Udaipurs, soll in diesem Palast geboren worden sein, und in einem der zahlreichen unterirdischen Gewölbe soll Padmini, derentwegen *Ala-ud-din-Khalji* angeblich Chittorgarh belagert haben soll, den Feuertod auf dem Scheiterhaufen gesucht haben. Legenden regen bekanntlich die Fantasie an, und so deutet jeder Führer bedeutungsvoll auf eine andere Stelle, wenn es um die genaue Lokalisierung des Tatortes geht.

Die Straße weitergehend, gelangt man an eine Kreuzung, auf deren linker Seite der relativ modern wirkende, Anfang des 20. Jh. errichtete **Fateh-Prakash-Palast** steht, der in ein **archäologisches Museum** umgewandelt wurde. Zu sehen gibt es unter anderem eine Waffensammlung, Skulpturen und Stupas (täglich außer Fr 10–17 Uhr).

Biegt man, vom Rana-Kumbha-Palast kommend, an der Kreuzung rechts ab, erreicht man nach wenigen Metern einen auf der linken Straßenseite liegenden Tempelkomplex. Zunächst betritt man den von einer hohen Tempelmauer umschlossenen **Kum-**

bha-Shyam-Tempel, der 1449 auf den Grundmauern eines schon im 9. Jh. erbauten, später jedoch von den Moguln zerstörten Tempels errichtet wurde. Im Sanktotum des Tempels findet sich eine Statue, in der Vishnu in seiner Verkörperung als Eber dargestellt wird. Im gleichen Komplex schließt sich südlich der **Tempel der Mirabai** an, benannt nach einer Rajputenprinzessin aus Nagaur, die Anfang des 16. Jahrhunderts an den Hof der Könige von Mewari verheiratet wurde. Nach dem Tod ihres Ehemannes gab sie sich ganz ihrer Liebe zum Gott Krishna hin, dem sie viele Gedichte und Balladen widmete, von denen heute noch einige in Rajasthan gesungen werden. Der Tempel selbst stammt wohl aus dem 15. Jh. und muss ihr so nachträglich gewidmet worden sein. Im Tempelinneren findet sich eine Darstellung *Mirabais* an der Seite Krishnas. Gegenüber steht ein kleines Chattri mit den Fußabdrücken ihres Gurus, der angeblich ein *Harijan* gewesen sein soll.

In unmittelbarer Nähe hierzu steht der 38 Meter hohe **Siegesturm** (Vijay Stambha), das wohl schönste Bauwerk der gesamten Festungsanlage. Der neungeschossige Turm wurde anlässlich des Sieges über die Sultane von Gujarat und Malwa errichtet und 1468 nach siebenjähriger Bauzeit für einen Kostenaufwand von 9 Mio. Rs fertig gestellt. Über eine sehr schmale Treppe mit 157 Stufen ist der von außen fast gänzlich mit detaillierten Szenen aus den beiden großen Hindu-Epen Ramayana und Mahabharata verzierte Sandsteinturm zu ersteigen. Bei der nach einem Blitzeinschlag notwendig gewordenen Renovierung der Turmspitze blieb die Treppe unberücksichtigt, sodass der Aufgang im achten Stock endet. Einige offensichtlich lebensmüde Besucher versuchen dennoch immer wieder, mit halsbrecherischen Kletterübungen auch noch das letzte Stockwerk zu erklimmen, wobei es schon zu einigen schweren Unfällen gekommen ist.

Auf dem Weg zum nur wenige Meter entfernten Samideshwara-Mahadeo-Tempel passiert man einen kleinen, mauerumgrenzten Platz. Bei Ausgrabungsarbeiten wurde hier eine dicke Ascheschicht entdeckt, die von der zweiten **Jauhar** stammen soll, bei der sich 1554 über 13.000 Frauen verbrannten.

Im **Samideshwara-Mahadeo-Tempel,** der zunächst im 11. Jh. vom Maharaja von Malwa errichtet und 1428 vom *Rana Makhal* in einen Shiva-Tempel umgebaut worden sein soll (darum auch unter dem Namen Makhalji-Tempel geführt), findet sich eine sehr schöne Trimurti-Darstellung.

Hinter dem Tempel führt eine steile Treppenflucht hinunter zu einem malerisch, direkt am Felsrand gelegenen **Teich.** Er wird aus einer unterirdischen Quelle gespeist, deren Wasser aus einer als Kuhkopf gestalteten Felsspalte fließt, weshalb er **Gaumukh Kund** (Kuhkopfbrunnen) genannt wird.

Nach etwa anderthalb Kilometern entlang der Hauptstraße in Richtung Süden gelangt man an den romantischsten Ort der Festungsanlage. Umgeben von einer sehr gepflegten Gartenanlage stehen die Überreste von **Padminis Palast,** und inmitten des angrenzenden Sees liegt malerisch ein nur per Boot zu erreichendes Wasserschloss. Der Legende zufolge soll hier *Sultan-Ala-ud-din-Khalji,* auf den Treppenstufen des Palastes schmachtend, das Spiegelbild der sich im Schloss aufhaltenden Padmini gesehen haben. Das klingt nicht nur zu schön, um wahr zu sein, sondern ist es auch ganz sicher nicht, denn „Padminis Palast" wurde nachweislich erst Jahrhunderte nach ihrem Tod erbaut. Heutzutage müsste sich der Sultan mit dem Spiegelbild eines Affen zufriedengeben, denn selbige haben inzwischen die Palastanlage komplett besetzt.

Von hier geht es wieder zurück nach Norden, diesmal jedoch entlang der östlichen Festungsmauer. Vom **Suraj Pol** bietet sich ein beeindruckender Blick auf die flache, dünn besiedelte Landschaft. Etwa auf Höhe des Kumbha-Palastes findet sich mit dem **Kirthi Stambha** (Ruhmesturm) das zweite Wahrzeichen Chittorgarhs. Ein reicher jainistischer Kaufmann ließ den 22 Meter hohen Turm Anfang des 14. Jh. zu Ehren des ersten Tirthankaras, *Adinath,* errichten. Auch dieser Turm ist von der Basis bis zum obersten, sieb-

Chittorgarh
0 500 m
© Reise Know-How 2017
Unterkunft
3 The Padmini Haveli
4 Kirti Plaza Hotel
21 Hotel Amrit Manthan
Essen und Trinken
4 Kirti Plaza Hotel
21 Hotel Amrit Manthan
Verkehr
5 Taxistand
6 Busbahnhof
Sehenswürdigkeiten
1 Lokhota Pol
2 Rattan Singh Palast
7 Ram Pol
8 Singa-Chowri-Tempel
9 Fateh-Prakash-Palast
10 Kirthi Stambha und Mahavira-Tempel
11 Rana-Kumbha-Palast
12 Suraj Pol
13 Kumbha-Shyam-Tempel, Mirabai-Tempel
14 Siegesturm
15 Neelkanth-Mahadur-Tempel
16 Padan Pol
17 Chattris Jaimal und Kalla
18 Samideshwara-Mahadeo-Tempel
19 Kalika-Mata-Tempel
20 Padminis Palast
Ajmer (180 km)
Kota (160 km), Bundi (150 km)
Udaipur (110 km)
Indore (300 km)
Festungsmauer
Festungsmauer
ALTSTADT
City Road
Fort Road
Gambhari
Gaumukh Kund
Bahnhof

ten Stockwerk mit unzähligen Figuren verziert. Ebenso wie der direkt daneben liegende **Mahavira-Tempel** wurde der Ruhmesturm vor wenigen Jahren aufwendig renoviert, was seinen hervorragenden Zustand erklärt.

Auf der Straße weiter nach Norden befinden sich keine weiteren Sehenswürdigkeiten, sodass man die nach Westen abzweigende Straße benutzen sollte, um wieder zum Ausgangsort der Tour zurückzukehren.

■ **Eintritt:** 200 Rs, geöffnet von Sonnenauf- bis Sonnenuntergang. Eine von Lesern als sachkundig und engagiert empfohlene Führerin für das Fort ist Frau *Sukhwal* (Tel. 01472-243245, (0)919414110090). Zum Sonnenuntergang findet eine etwa 30-minütige **Sun & Lightshow** statt, bei der die ereignisreiche Geschichte des Forts dramatisch in Szene gesetzt wird. Eintritt 200 Rs.

Praktische Tipps

Information

■ **Vorwahl:** 01472

■ Das von freundlichen und hilfsbereiten Mitarbeitern geführte **Touristenbüro** (Tel. 241089) befindet sich direkt gegenüber dem Bahnhof und ist Mo–Sa von 10 bis 17 Uhr geöffnet. Zwischen 13 und 14 Uhr gönnen sich die gestressten Beamten eine Mittagspause.

Stadtverkehr

■ Vom Bahnhof bis zum Fuß des Forts sind es 6 km. Selbst vom Busbahnhof ist es noch ein langer Weg, zumal der lange Aufstieg und der 7 km lange Rundweg im Fort mitgerechnet werden müssen. **Zu Fuß** dauert die Besichtigung aller Sehenswürdigkeiten der Anlage mindestens 4 Stunden, Hin- und Rückweg nicht mitgerechnet.

■ **Autorikshas** berechnen, egal ob vom Bahnhof oder Busbahnhof, einen Preis von 250–300 Rs für die dreistündige Besichtigung aller Sehenswürdigkeiten. Man sollte sich auf eine zweistündige Fahrt nicht einlassen, da dann viel zu wenig Zeit bleibt, selbst drei Stunden sind noch knapp bemessen. Wer 50 Rs mehr bezahlt, kann dann alles gemütlich in vier Stunden besichtigen.

■ Zwischen Busbahnhof und Stadt verkehren **Tongas.**

Unterkunft, Essen und Trinken

■ Eines der besten Preis-Leistungs-Verhältnisse bietet das **Kirti Plaza Hotel**② (Tel. 24967) ganz in der Nähe vom Busbahnhof. Neben den geräumigen, sauberen Zimmern verfügt das Haus über ein Restaurant mit schmackhaften einheimischen Speisen für um die 120 Rs pro Hauptgericht.

■ Neu errichtet und picobello in Schuss ist das **Hotel Amrit Manthan**② (Tel. 242452, www.hotelamritmanthan.com) an der Nimbahera Rd. Das zentral klimatisierte Haus bietet mit seinen 51 modernen Zimmern, Swimmingpool und hauseigenem Restaurant viel fürs Geld.

Unser Tipp: Im an akzeptablen Unterkünften nicht gerade reich gesegneten Chittorgarh sticht das **The Padmini Haveli**③ (www.thepadminihaveli.com, Tel. 241251) heraus. Gute Lage (innerhalb der Fort-Mauern, inmitten des traditionellen Dorfes), Ambiente (mit viel Liebe zum Detail umgebautes altes Kaufmannshaus), sehr freundliche Besitzer und leckeres, wenn auch überteuertes vegetarisches Essen, welches zusammen mit den anderen Gästen im Innenhof eingenommen wird.

■ 34 km östlich von Chittorgarh liegt mit dem **Bijaipur Castle**③-④ (Tel. 276351, http://castlebijaipur.co.in) ein weiteres Beispiel der für Rajasthan so typischen Palasthotels. Auch dieses zeichnet sich durch verwinkelte Höfe, Terrassen und Aussichtstürme aus. Die Zimmer reichen von recht einfach bis fast luxuriös, weshalb man vorher eine Inspektion vornehmen sollte. Auch das Dorf ist einen Besuch wert.

Bank und Internet

■ Die **State Bank of Bikaner and Jaipur** wechselt nur Bargeld. Am ATM der **State Bank of India** werden alle wichtigen internationalen Kreditkarten bis auf AmEx klaglos akzeptiert.

■ Mit 50 Rs noch recht teuer ist Internetsurfen in der Stadt. Halbwegs fix geht's bei **Sanwariya Computers** neben dem Hotel Meera und im **Mahavir Cyber Café** am Collectorate Circle (bis 22 Uhr).

An- und Weiterreise

Bahn

- Eine gute Nachtverbindung nach **Delhi:** 2964 Mewar Exp.: Abf. Chittorgarh 20.50 Uhr, über **Kota** (an 23.30 Uhr), **Sawai Madhopur** (an 1 Uhr), Bharatpur (3 Uhr), an Delhi (Nizamuddin) 6.15 Uhr. Umgekehrt der 2963 Mewar Exp.: Delhi (Nizamuddin) ab 19 Uhr, über **Bharatpur** ab 21.42 Uhr, **Sawai Madhopur** ab 23.45 Uhr, Chittorgarh an 4.45 Uhr. Dieser Zug fährt um 4.55 Uhr weiter nach **Udaipur** (Ank. 7 Uhr).
- Nach **Jaipur** bietet der 2966 UDZ GWL SUP Exp. (Abf. 0.35 Uhr, Ank. 6 Uhr) eine gute Verbindung. Der Zug fährt weiter über Bharatpur (an 9 Uhr), Agra (an 10.15 Uhr) bis Gwalior (an 12.45 Uhr).
- Nach Agra auch der 281B Halighati Exp.: Abf. 14.15 Uhr, über **Bundi** (an 17.13 Uhr), **Kota** (an 19 Uhr), **Ranthambore-Nationalpark** (an 23.05), **Fatehpur Sikri** (an 4.49 Uhr), **Agra** (an 6.05 Uhr).

Bus

- Verbindungen nach **Bundi** (4 Std., 230 Rs), **Ajmer** (4 Std., 230 Rs), **Jaipur** (5½ Std., 300 Rs), **Jodhpur, Udaipur** (3 Std., 300 Rs) und **Delhi** (11 Std., 1.200 Rs).

Umgebung von Chittorgarh

Fort Begu

Unser Tipp: Das **Dörfchen Begu,** 60 km nordöstlich von Chittorgarh gelegen, bietet die Möglichkeit, abseits der Touristenströme in einem noch kaum von westlichen Reisenden entdeckten **Palasthotel** zu wohnen. Das erst vor wenigen Jahren in ein Hotel umgewandelte **Fort Begu**⑤ (Tel. 9460920444, www.fortbegu.com) befindet sich in einer Festungsanlage aus dem 15. Jh. und verfügt über gerade einmal vier Zimmer. „Klein, aber fein" ist hier jedoch nicht das Motto, sind doch die Zimmer ebenso geräumig wie gemütlich und geschmackvoll eingerichtet und die Anlage äußerst weitläufig. Das Essen ist absolut köstlich und der Besitzer kümmert sich zusammen mit seinem Sohn rührend um die wenigen Gäste. Neben sehr interessanten Führungen durch die Fortanlage lohnen auch ein Gang durchs Dorf und Ausflüge in die Umgebung.

Udaipur

– die romantischste Stadt Indiens

„Ich stand entzückt und schaute auf das majestätische Panorama, das sich zu meinen Füßen ausbreitete. Ich hatte niemals gehofft, etwas so Schönes zu sehen. Es glich einer der Märchenstädte aus Tausendundeiner Nacht."

Ein gutes Jahrhundert ist vergangen seit dieser Liebeserklärung eines französischen Reisenden an Udaipur, doch geblieben sind die fast einhellig euphorischen Beschreibungen für diese seither im Altstadtkern fast unverändert gebliebene Stadt am Pichola-See. **„Venedig des Ostens"** wird sie genannt und gilt als der romantischste Ort ganz Indiens.

Vor allem dem harmonischen Zusammenspiel von Altstadt, Palast, See und Bergkulisse verdankt die Stadt ihre elegante Schönheit. Die Stadt wechselt ihr Gesicht wie keine andere mit dem sich verändernden Lichteinfall, und zu jeder Tages- und Nachtzeit ist der Blick von den Dächern der Altstadt atemberaubend schön. Morgens erstrahlt die Stadt im leuchtenden Weiß ihrer Häuser, der Sonnenuntergang hinter den sanften Hügeln des Aravalli-Gebirges taucht den See und die Stadt in ein majestätisches Violett und nachts scheint das Lake Palace Hotel inmitten des im Mondlicht schimmernden **Pichola-Sees** zu schweben.

So ist Udaipur inzwischen neben Jaipur und Jaisalmer die **am meisten besuchte Stadt Rajasthans,** wobei aufgrund der entspannten Atmosphäre, der sehr interessanten Ausflugsziele in der Umgebung und der in jeder Kategorie qualitativ außergewöhnlich guten Unterkunftsmöglichkeiten die meisten Touristen weit länger bleiben als ursprünglich geplant. Nachteil dieser Beliebtheit ist natürlich, wie in anderen Städten mit ähnlich starkem touristischen Zulauf, dass typisch indisches Alltagsleben, zumindest aus dem Altstadtbereich, nahezu vollständig verdrängt ist.

Geschichte

Gleichzeitig mit der dritten und letzten Eroberung der Mewar-Hauptstadt Chittorgarh durch *Akbar* 1568, der noch einmal über 30.000 Menschen zum Opfer fielen, begann die Geschichte Udaipurs. *Udai Singh,* Herrscher der Mewaris, hatte sich schon vor der Erstürmung der Festung abgesetzt und begann noch im gleichen Jahr mit dem Bau seiner neuen, nach ihm benannten Hauptstadt, die strategisch günstig zwischen Hügeln und einem See angesiedelt war.

Udai Singh war der Anführer des ältesten rajputischen Geschlechts, der **Sisodias von Mewar,** die ihre Abstammung auf die Sonne zurückführten. Der sich daraus ableitende besondere Stolz und Unabhängigkeitswille der Mewaris hatte sich schon in ihrer selbst in der Niederlage unbeugsamen Haltung in Chittorgarh bewiesen und war auch mit dem Verlust ihrer ehemaligen Hauptstadt nicht erloschen.

Nichts war den Mewaris wichtiger als die **Reinhaltung ihres Stammbaums,** die Töchter durften nur innerhalb des eigenen Clans verheiratet werden. So musste es zwangsläufig zum Konflikt kommen, als sich *Pratap,* der Sohn und Nachfolger *Udai Singhs,* entschieden weigerte, eine seiner Töchter mit der Familie *Akbars* zu verheiraten. *Akbars* Wunsch, durch diese „politischen Heiraten" die feindlichen Rajputenstaaten an sich zu binden, waren zuvor alle wichtigen Rajputenfamilien in Anbetracht der Machtverhältnisse widerwillig nachgekommen.

Doch Stolz war, wie sich in Chittorgarh wiederholt gezeigt hatte, letztlich für die Sisodias von Mewar von größerer Bedeutung als der mögliche Untergang, und so wurde auch dieser Konflikt nicht diplomatisch, sondern auf dem **Schlachtfeld** entschieden. Am 21. Juni 1576 standen sich die Truppen *Akbars* und *Prataps* bei Halighat, 48 km nördlich von

840ra tb

Udaipur, gegenüber. Wieder siegte *Akbar,* wieder gab es ungeheure Verluste und wieder gingen die Mewaris wegen ihrer tapferen Gegenwehr in die Geschichtsbücher ein. Pratap, der die Schlacht überlebte und bis zu seinem Tode 1597 große Teile Mewars zurückeroberte, ist in einem Park Udaipurs ein Denkmal gewidmet. 1614 musste jedoch *Prataps* Sohn und Nachfolger *Amar Singh I.* endgültig die Vorherrschaft der Moguln anerkennen.

Die Unabhängigkeit war zwar verloren, doch dafür setzte in den folgenden, vergleichsweise

friedlichen Jahren eine rege Bautätigkeit ein. Der Palast wurde erheblich erweitert, der Jagdish-Tempel erbaut und eine erste Blütezeit von Kunst und Kultur setzte ein.

Ein jähes Ende fand diese Periode, als der fanatische Moslem *Aurangzeb* mit seinem Heer durchs Land zog und alles an hinduistischer Kultur und Architektur zerstörte, was ihm in die Hände fiel. Mit seinem Tod begann jedoch auch der endgültige **Niedergang der Mogulherrschaft.** Die wiedergewonnene Unabhängigkeit von den Moguln spiegelte sich auch deutlich in der Architektur, die nun wieder vom Rajputenstil geprägt wurde.

1818 schließlich mussten sich die Mewari der **britischen Oberherrschaft** unterwerfen, seit 1948 ist Mewar mit der Capitale Udaipur Teil der Indischen Union.

⌃ Der Stadtpalast von Udaipur thront über dem Pichola-See. Ein Teil ist noch immer Residenz des Maharajas, ein anderer kann besichtigt werden

Udaipur
0 500 m
©Reise Know-How 2017
Unterkunft
4 Trident Hotel
5 Udai Vilas
6 Taj Lake Palace Hotel
8 Rang Niwas Palace Hotel
Essen und Trinken
1 Berry's
3 Natraj Lodge
Verkehr
2 Jet Airways
7 Busbahnhof
Nathwara (48 km), Kumbalgarh (85 km), Ranakpur (90 km), Ajmer (300 km)
Shilpgram (3 km)
Fateh Sagar Road
Saheliyon-ki-Bari
Fateh Sagar
Moti Margi Rd.
Sukhadia Circle
Moti Magri
Bootsverleih
Rock Garden
Saheli Road
Nehru Park
Stadion
Bharatiya Lok Kala Museum
Hauptpost
Ahar
Fateh Sagar Road
Chetak Circle
Chetak Cinema
Rani Road
Hospital Road
Court Choraya Circle
Ashok
Ahar-Toten-gedenk-stätten (2 km)
Hathia Pol
Shastri Circle
Nagar Rd.
Ashwani Road
Delhi Gate
Sajjan Garh, Monsun-Palast (7 km)
Swaroop Sagar
Shivai Vari Rd.
Clocktower
Brahmapol Rd.
Town Hall
Gangaur Ghat
Brahm-Puri-Halbinsel
Ashoka Cinema
Airport Road
Jagdish Tempel
Suraj Pol
Flughafen (25 km), Chittorgarh (110 km)
Bagu Bazar
Vintage & Classic Car Collection
Hanuman Ghat
Stadtpalast
Udai Pol
Lake Palace Road
Gefängnis
Sajjan Niwas Gardens
Ausschnitt Altstadt
Station Road
Pichola-See
Jag Mandir
Sunset Point
Bahnhof
Dungarpur (110 km)

Sehenswertes

Stadtpalast

Die wahren Ausmaße dieses **größten Palastes Rajasthans** lassen sich nur von der Seeseite erkennen. Über einen Zeitraum von vier Jahrhunderten verwirklichten hier die verschiedenen Herrschergenerationen ihre von oftmals recht unterschiedlichen Stilepochen beeinflussten Wohn- und Repräsentationsbauten. So entstand am östlichen Ufer des Pichola-Sees ein langgestreckter **Palastkomplex,** der eigentlich aus vier Hauptpalästen und vielen kleinen Zusatzgebäuden besteht. Nur für sich genommen wirkt der Palast im Grunde wenig attraktiv, doch durch seine pittoreske Hanglage über dem Pichola-See und das zarte Weiß seiner Wände, die sich harmonisch in die umgebende Altstadt einfügen, entsteht ein äußerst harmonischer Gesamteindruck.

Auch heute noch dient ein Teil des Palastes als Residenz des Maharajas; der Südflügel wurde in ein Luxushotel umgewandelt, sodass nur das **City Palace Museum** zugänglich ist.

Man betritt den Palast durch das **Badi Pol,** welches zum großen **Innenhof** führt, auf dessen linker Seite sich acht Torbögen finden, unter denen sich früher die Maharajas in Gold aufwiegen ließen, um es danach unter der Bevölkerung zu verteilen. Zu verschenken haben die Maharajas heute nichts mehr, und so findet sich im Innenhof nun ein Restaurant mit überhöhten Preisen. Zur Rechten zeigt sich sozusagen die Schokoladenseite des Palastes. Mit seinen unzähligen Erkern, Balkonen, Gesimsen und Pavillons diente sie oft als Filmkulisse und unterscheidet sich so auffällig von der strengen, festungsartigen Seefassade. Die so wechselhafte, immer auf Eigenständigkeit bedachte Geschichte der Sisodias von Mewar spiegelt sich auch in ihrer Palastarchitektur, die sich in ihrer eher eckigen und kantigen, kräftige Konturen betonenden Linienführung deutlich unterscheidet von der verspielten, runde und gewölbte Formen bevorzugenden Mogularchitektur, die etwa die Palastanlagen von Jaipur und Alwar auszeichnen.

Marmorbetten, Glas- und Porzellansammlungen, Jagdtrophäen und mit Goldfarbe ausgeführte Wandmalereien zieren die unter Verwendung edelster Materialien eingerichteten Zimmer. So beeindruckend diese Pracht der Maharajas dem Besucher auch erscheinen mag, so sollte man nicht ganz vergessen, dass es die hungernden Bauern waren, die zu hohen Abgaben an Steuern und Naturalien gezwungen wurden und mit ihren krummen Rücken das dekadente Leben einer verschwindend kleinen Oberschicht finanzieren mussten.

Öffnungszeiten: tgl. 9.30–16.40 Uhr, Eintritt 250 Rs.

Pichola-See

Die Verärgerung eines reichen Kaufmanns über die seine Handelswege blockierenden Überschwemmungen in der Monsunzeit ließ ihn Mitte des 15. Jh. einen Damm errichten. Durch das aufgestaute Wasser entstand der Pichola-See, an dessen östlichem Ufer 200 Jahre später der aus Chittorgarh vertriebene *Udai Singh* seine neue Hauptstadt Udaipur gründete. Zu jener Zeit war die umgebende Landschaft noch mit dichtem Wald bewachsen, doch durch die seither betriebene intensive Abholzung ist davon heute kaum noch etwas übrig geblieben.

Ähnlich wie der Palast wurde auch der See über die Jahrhunderte von den verschiedenen Herrschern mehrfach erweitert und ist heute etwa 4 km lang und 3 km breit. Genau lässt sich das nicht festlegen, da der See äußerst flach ist und während der Trockenzeit bis auf die Hälfte schrumpft.

Malerisch inmitten des Sees liegen zwei jeweils **mit einem Palast bebaute Inseln.** Mit dem Bau des heute nur noch in Ruinen erhaltenen Palastes auf der größeren der beiden, dem **Jag Mandir,** wurde unter der Regentschaft *Karan Singhs* Anfang des 17. Jh. begonnen. Der Palast diente dem späteren Kaiser *Shah Jahan* 1623 als Zufluchtsort, als er nach einer Revolte gegen seinen Vater fliehen musste. Beim Bau des sieben Jahre später unter seiner Regentschaft begonnenen Taj Mahal sollen Ideen des symmetrischen Kuppelpalastes des Jagdish Mandir mit eingeflossen sein. Über 200 Jahre später diente die Insel erneut als Zufluchtsort, als hier 1857 während des Sepoy-Aufstandes europäische Frauen und Kinder Schutz vor den meuternden indischen Soldaten suchten. Heute suchen und finden Touristen hier herrliche Ausblicke auf den See und den Stadtpalast sowie die Möglichkeit, bei überteuerten Speisen und Getränken in einem der Restaurants Geld auszugeben.

Wer es noch etwas edler mag, kann auch gleich die ganze Insel nebst internationalen Showgrößen für seine Hochzeitsgala mieten. Es ist keine Seltenheit, dass die Industriellenfamilien Indiens hier ihre Söhne und Töchter inklusive *Shakira* und *Shah Ruk Khan* als Beiprogramm für mehrere Millionen Dollar vermählen – man gönnt sich ja sonst nichts.

Nachts bietet die Silhouette des angestrahlten Ruinenpalastes einen reizvollen Kontrast zu der in glänzendem Weiß erstrahlenden Marmorfassade des die benachbarte Jag-Niwas-Insel gänzlich bedeckenden **Lake Palace Hotel.** Der 1746 fertig gestellte ehemalige Sommerpalast der Maharajas von Udaipur gilt heute als eines der besten Hotels der Welt und diente vor allem wegen seiner einmaligen Lage in vielen Filmen als Kulisse. Der traumhafte Blick von hier auf den Palast und die ihn umgebende Altstadt vermittelt einen Eindruck vom märchenhaften Lebensstil der Maharajas. Ein englischer Kolonialbeamter, der ihn aus nächster Nähe miterlebte, schreibt: „Hier lauschten sie den Erzählungen des Sängers und verschliefen ihren mittäglichen Opiumrausch. Die kühle Brise des Sees wehte den zarten Duft von Myriaden von Lotusblüten heran, die das Wasser bedeckten. Und wenn sich die Wirkung des Gifttrankes gelegt hatte, öffneten sie ihre Augen auf eine Landschaft, zu der nicht einmal ihre Opiumträume etwas Gleichwertiges erfinden konnten. Diese Szenerie bildete den Rahmen für die Zerstreuungen, denen sich zwei Generationen von Sisodia-Prinzen und Herrschern hingaben, indem sie das Geklirr der Waffen gegen die Trägheit eines wollüstigen Lebens eintauschten."

■ Eine einstündige **Bootsfahrt** vom Rameshwar Ghat jeweils zur vollen Stunde kostet 400 Rs (Kinder 5–12 Jahre 200 Rs), die letzte Fahrt zum Sonnenuntergang um 17 Uhr üppige 750 Rs.

Jagdish-Tempel

Mit seinen 32 steil ansteigenden, oben von zwei Elefanten flankierten Treppenstufen und den ihn umgebenden meterhohen Mauern wirkt der nur 150 Meter unterhalb des Palasteinganges gelegene **Vishnu-Tempel** von außen eher wie eine Festungsanlage. Vielleicht war dies mit ein Grund dafür, dass dieser 1651 von *Jagad Singh I.* erbaute Tempel als einer der wenigen der Zerstörungswut *Aurangzebs* entging. In einer Zeit, als fast alle Tempel Nordindiens vom Mogulstil geprägt waren, setzten die so auf ihre Unabhängigkeit bedachten Sisodias ein Zeichen, indem sie den Jagdish-Tempel mit dem für damalige Verhältnisse enormen Kostenaufwand von 1,5 Mio. Rs in rein indo-arischem, d.h. vorislamischem Stil errichten ließen. Vor der Säulenhalle befindet sich ein Schrein mit der Abbildung eines Garudas, dem Reittier Vishnus. Im Tempelinneren wird Vishnu in Gestalt des Jagannath, des Herrn der Welt, dargestellt. Beachtenswert sind auch die Steinmetzarbeiten an den Außenwänden. Wer genau hinschaut, erkennt auch einige erotische Darstellungen. Der Tempel ist von 14 bis 16 Uhr geschlossen.

Bagore-ki-Haveli/ West Zone Cultural Centre

Nach dem Stadtpalast ist das **Haveli-Museum** im Bagore-ki-Haveli das interessanteste Museum Udaipurs. Neben einer Ausstellung durchaus sehenswerter zeitgenössischer Bilder und Skulpturen sind es vor allem die Gebrauchsgegenstände, die einen lebendigen Einblick in die Lebensbedingungen vor 100

835ra tb

Jahren bieten. In einer nachgebauten Küche werden beispielsweise Geschirr und Besteck präsentiert, Musikinstrumente sowie ein Diwan mit Schachbrett und Figuren sind im Konferenzzimmer ausgestellt. In Räumen für die Frauen und das Personal sind weitere Dinge des früheren Alltagslebens zu sehen.

Angenehm sind die überall vorhandenen und leicht verständlichen englischen Erläuterungen. Das mehrere Jahrhunderte alte Kaufmannshaus besitzt zudem ein ansprechendes Ambiente. Nicht entgehen lassen sollte man sich den sehr schönen Blick vom Obergeschoss auf die Waschfrauen beim Ghat.

In einem anderen Trakt des Bagore-ki-Haveli ist das **West Zone Cultural Centre** (Tel. 2422567, wzcccom_jp1@sancharnet.in) untergebracht, das sich um die Förderung der darstellenden Künste, besonders im Verschwinden begriffener, traditioneller Kunstformen im westlichen Indien, kümmert. Dies soll z.B. durch die Organisation von Festivals wie Shilpgram Utsav (s.u.) erreicht werden.

Jeden Abend um 19 Uhr findet Dharohar, eine **Musik- und Tanzvorführung,** statt (siehe „Unterhaltung").

Öffnungszeiten: tgl. 10–17 Uhr, Eintritt 30 Rs, Fotogebühr 30 Rs.

Der Jag Mandir auf einer Insel im Pichola-See

Bharatiya Lok Kala Museum

Dieses inmitten der Neustadt nahe dem Chetak Circle gelegene **ethnologische Museum** vermittelt einen interessanten Einblick in die vielfältige Kultur Rajasthans. Gezeigt und auf englischen Begleittexten gut erklärt werden **Kleider, Gebrauchsgegenstände und Musikinstrumente.** Bekannt ist das Museum vor allem für seine **Puppensammlung,** die Puppen aller Kontinente beinhaltet. Wer das Museum im Rahmen der morgendlichen Stadtrundfahrt besucht, kommt in den Genuss einer kurzen Vorführung.

■ **Öffnungszeiten:** tgl. 9 bis 17.30 Uhr, Eintritt 50 Rs, Kamera 10 Rs, Video 50 Rs. Längere Vorführungen finden täglich um 12 und 18 Uhr statt (50 Rs).

Fateh Sagar

„The City of Lakes“ wird Udaipur auch genannt. Und tatsächlich ist es der gerade im sonst so kargen Rajasthan auffällige Wasserreichtum in Verbindung mit der fast schon tropisch anmutenden Vegetation, der mit zum besonderen Flair der Stadt beiträgt. So findet sich nördlich des Pichola-Sees und mit ihm durch zwei kleinere Seen verbunden der an seinem östlichen Ufer von schönen Parkanlagen flankierte **See** Fateh Sagar. Ursprünglich 1678 von *Maharaja Jai Singh* angelegt, wurde er während der Regierungszeit *Maharajas Fateh Singh* auf seine heutige Größe erweitert.

Auf der in der Mitte des Sees liegenden Insel wurde anlässlich des Geburtstags des ersten indischen Präsidenten am 14. November 1967 der **Nehru-Park** eröffnet, der mit seinen verschiedenen kirmesähnlichen Freizeiteinrichtungen und einem in Form eines Bootes gebauten Restaurant zu einem beliebten Ausflugsziel indischer Familien gehört.

Moti Magri

Ein landschaftlich sehr schöner Weg durch eine elegante Parkanlage mit einem vom Finanzminister Udai Singhs angelegten japanischen Felsengarten führt vom Ufer des Fateh Sagar auf den „Perlenhügel“, von wo sich ein sehr schöner Ausblick auf Udaipur und die umliegende Landschaft bietet. Als Hauptattraktion gilt hier jedoch ein bronzenes **Reiterstandbild** *Pratap Samaks,* der durch seinen heldenhaften Mut in der Schlacht von Haldighat gegen die Truppen *Akbars* in die Geschichtsbücher einging.

Saheliyon-ki-Bari

Nördlich des Moti Magri befindet sich das „Haus der Freundinnen“. Dieser im 18. Jh. zwischen Rosenbeeten angelegte Park mit seinen Wasserspielen, Pavillons, Lotusteichen und lebensgroßen Steinelefanten war ein **Lustgarten,** in dem die Maharajas sich mit ihren Konkubinen trafen. Je nach Jahreszeit konnte sich hier der Potentat im Monsun-, Sommer-, Holi- und Regenwald vergnügen. Wenn per Handklatschen scheinbar wie von Geisterhand die Wasserfontänen sprudeln, so hat – ganz profan für 5 Rs – ein Parkbediensteter am Wasserhahn gedreht. Leider machen die Anlagen in letzter Zeit einen recht vernachlässigten Eindruck. Eintritt: 20 Rs.

Ahar

Allein schon wegen des sehr harmonischen optischen Eindrucks lohnt ein Ausflug zu den 2 km östlich der Stadt gelegenen **Totengedenkstätten** der Sissodias von Mewar. Die über 250 schneeweißen Kenotaphe erinnern mit ihren ebenso weißen Kuppeldächern an die Erinnerungsstätten der Herrscher von Amber in Jaipur.

Monsun-Palast

Der spektakulär auf einer Bergspitze westlich des Pichola-Sees gelegene Palast ist zwar über die Jahrhunderte ziemlich verfallen, doch die grandiose **Aussicht** speziell zum Sonnenuntergang lohnt einen Ausflug.

■ Mit dem Scooter kostet die Fahrt inklusive Wartezeit von einer Stunde etwa 400 Rs. Hinzu kommt eine Eintrittsgebühr von 300 Rs. Dann geht es weiter mit bereitstehenden Taxis (100 Rs).

Shilpgram

Das drei Kilometer nordwestlich des Fateh-Sagar-Sees gelegene **Freilichtmuseum,** das vom West Zone Cultural Centre gemanagt wird, beherbergt auf einer Fläche von 80 ha insgesamt 27 originalgetreu aufgebaute Häuser aus den Staaten Rajasthan, Gujarat, Maharashtra und Goa. Neben der interessanten Architektur und der kunstvollen Verzierung der in traditioneller Lehmbauweise errichteten Häuser beeindrucken die hier lebenden Bewohner mit ihrer farbenfrohen Kleidung sowie Musik- und Tanzdarbietungen. Ein weiteres Plus sind die lokalen **Handwerker,** denen man beim Herstellen von traditionellem Kunsthandwerk zuschauen kann. Selbstverständlich gibt es auch Möglichkeiten zum Shoppen. Vom 21. bis 30. Dezember findet alljährlich das **Shilpgram Utsav** statt, ein mit Musik-, Tanz- und Theateraufführungen sowie vielerlei Verkaufsständen mit Kunsthandwerk aufwartendes **Festival.** Informationen über das Programm und den Termin erhält man über das Tourist Office in Udaipur. Leider wird die an sich schöne Anlage mit ihrer lobenswerten Idee der Bewahrung einheimischer Stammeskultur nicht hinreichend instandgehalten. Es kommt nicht selten vor, dass nur ein paar Häuser geöffnet sind. Auch die Sauberkeit lässt zuweilen zu wünschen übrig.

■ **Öffnungszeiten:** tgl. 11–19 Uhr, Eintritt 100 Rs, Kamera 50 Rs, Rikshafahrt ca. 120 Rs, Tel. 2431304.

Sajjan Niwas Gardens

Der große, hübsch angelegte Sajjan Niwas Gardens bietet eine gute Möglichkeit zum Verschnaufen oder mit Einheimischen ins Gespräch zu kommen. Allerdings sind die dahindösenden Tiere des kleinen Zoos bemitleidenswert.

Vintage & Classic Car Collection

Cadillac, Rolls Royce oder Ford in Indien? Dem Maharaja war und ist nichts zu teuer, um seinem Autohobby zu frönen. Schön, dass nun auch Normalbürger seine in der Tat beeindruckende Sammlung von über 20 **Oldtimern** nahe dem Sajjan Niwas Gardens besichtigen können. Wer den Besuch noch mit einem köstlichen vegetarischen Mittag- oder Abendessen verbinden möchte, kann das angeschlossene Restaurant aufsuchen.

■ **Öffnungszeiten:** tgl. 9–21 Uhr, Eintritt 150 Rs, mit Mittagessen (11.30–15 Uhr) oder Abendessen (7.30–22 Uhr) 250 Rs.

Die besten Orte zum „Seele baumeln lassen"

Unser Tipp: Im Zuge der in den letzten Jahren immer beängstigendere Ausmaße annehmenden Motorisierung und Kommerzialisierung im Altstadtbereich scheint die vermeintlich „romantischte Stadt Indiens" immer mehr auf der Strecke zu bleiben. Dennoch lassen sich auch heute noch genügend Oasen der Ruhe finden, so zum Beispiel beim **Blick vom Jag Mandir** über den Pichola-See auf den Stadtpalast, beim Müßiggang unter den schattigen Bäumen des Ambrai Restaurant am südlichen Ende der **Brahm-Puri-Halbinsel** oder beim Sundowner in einem der zahlreichen **Dachterrassencafés** in der Altstadt. „Seele baumeln lassen" statt in Hektik die Sehenswürdigkeiten abhaken – das gilt in Udaipur noch mehr als anderswo.

Udaipur Altstadt
0
100 m
Shilpgram (4 km)
Chandpol
Uhrturm
Fußgänger-
brücke
Brahm-
Puri-
Halbinsel
Gangaur Ghat Road
Gangaur
Ghat
Bagore ki
Haveli
Jagdish-
Tempel
Pichola-
See
Bhattiayani Chotta Rd.
Tripola
Gate
Palastmauer
Eintritts-
kartenschalter
City Palace
Museum
Stadtpalast
Palast-
vorplatz
Thomas
Cook
Bootsableger für
Lake Palace Hotel
Ablegestelle für
Lake Pichola Bootstouren
südl. Einfahrt
Stadtpalast

Unterkunft
2 Amet Haveli
3 Wonder View Palace
4 Lake Pichola Hotel
5 Udai Kothi
7 Dream Heaven Guest House, Karohi Haveli
9 Nukkad Guest House
11 Jheel Guest House
12 Anjani Hotel
13 Gangaur Palace
15 Baba Palace
17 Lal Ghat Guest House
20 Jagat Niwas Palace Hotel, Kankarwa Haveli
22 Aashiya Haveli
23 Jaiwana Haveli
24 Mewar Haveli
27 Fateh Prakash Palace
28 Shiv Niwas Palace
33 Little Garden Guest House

Essen und Trinken
1 Ambrai Restaurant, Anand Bar
6 Millets of Mewar
8 Jasmin
10 Savage Garden
14 Café Edelweiss, Sunrise
15 Baba Palace
16 O'Zen Restaurant
18 Natural City View Restaurant
19 Rainbow Restaurant
26 Sunset View Terrace
29 Gallery Restaurant
30 Pali Khana Restaurant
31 Whistling Teal
32 Lotus Café

Einkaufen
21 Janak Arts
25 Landmark Shoppers Paradise (Internet, Bücher, Süßigkeiten)

Praktische Tipps

Information

- **Vorwahl:** 0294
- Das **Touristenbüro** findet sich im Fateh Memorial Building in der Nähe des Suraj Pol (Tel. 2411535, 2521971) und ist täglich außer sonntags von 10 bis 17 Uhr geöffnet. Die Bediensteten sind recht freundlich und, wenn man insistiert, auch auskunftsfreudig.
- Zwei weitere Informationsschalter befinden sich am **Bahnhof** (gleiche Öffnungszeiten) und am **Flughafen** (Tel. 2655433, Öffnungszeiten nur während der Flugstunden).

Stadtverkehr

- Die **Rikshafahrer** Udaipurs sind kräftig im Kommissionsgeschäft tätig, sodass man nach der Ankunft am besten nur Jagdish-Tempel als Fahrtziel angibt, da sich die allermeisten Unterkünfte in unmittelbarer Nähe befinden. Vom Busbahnhof zum Jagdish-Tempel sollte es eigentlich nicht mehr als 40 Rs kosten, vom Bahnhof ca. 50 Rs. Verlangt wird jedoch meist das Doppelte.
- Mehrere kleine Geschäfte in der Altstadt, wie zum Beispiel Heera Bicycle Store, vermieten **Fahrräder** für ca. 70–100 Rs, bzw. Motorräder ab 350 Rs pro Tag. Zwar ist die Altstadt etwas hügelig, doch die Umgebung Udaipurs bietet sich geradezu an, mit dem Fahrrad erkundet zu werden.

Stadtrundfahrt

- Täglich eine **Stadtrundfahrt** veranstaltet das Touristenbüro von 8.30 bis 13 Uhr vom Kajiri Tourist Bungalow (Tel. 2410501) aus. Die Exkursion kostet 150 Rs (zuzüglich Eintrittsgelder) und umfasst – neben dem üblichen Abstecher in ein Emporium – Moti Magri, Sahelion-ki-Bari, Lok Kala Mandal, Fatheh Sagar, Jagdish-Tempel und den Stadtpalast. In der Hauptsaison ist eine Voranmeldung unbedingt erforderlich.
- Eine weitere vom Touristenbüro organisierte **Exkursion** führt jeden Nachmittag von 14 bis 19 Uhr nach **Eklingji, Nathdwara** und **Haldi Ghati.** Da insgesamt drei Fahrtstunden im Bus verbracht werden müssen, sollte man sich eine Teilnahme gründlich überlegen.

■ Als **Stadtführer** kann der geprüfte und gut Englisch sprechende *Narayan Singh Karwar* (Tel. (0)9828144055, narayansingh78@yahoo.co.in) empfohlen werden.
■ Ein weiterer empfehlenswerter Anbieter für jene, die Udaipur im Rahmen einer von einem geschulten lokalen Reiseleiter durchgeführten Tour kennenlernen möchten, ist **Udaipur Walking Tours** (www.udaipurwalkingtours.com).

Unterkunft

Kaum eine Stadt Nordindiens hat eine derart große Auswahl hervorragender Hotels zu bieten wie Udaipur. In jeder der aufgeführten Kategorien finden sich Unterkünfte, die für den jeweiligen Preis einen erstklassigen Gegenwert offerieren. Die meisten der genannten Hotels sind umgebaute Altstadthäuser, Villen oder Paläste und fügen sich so nahtlos in das traditionelle Stadtbild ein. Fast alle besitzen eine Dachterrasse, von wo aus man speziell am Morgen beziehungsweise zum Sonnenuntergang den einzigartigen Blick über die Altstadtdächer auf den Pichola und die liebliche Umgebung in aller Ruhe genießen kann. In der folgenden Auflistung werden deshalb auch, bis auf einige Ausnahmen, nur die in der Altstadt und um die beiden Seen gelegenen Hotels berücksichtigt, da die zahlreichen Unterkünfte in der hektischen Neustadt nichts von der einzigartigen Atmosphäre zu vermitteln vermögen.
■ Ein Klassiker der ersten Stunde ist das nach wie vor beliebte **Lal Ghat Guest House**②-③ (Tel. 2525301, www.lalghat.com) mit sehr schönem Blick auf den angrenzenden Pichola-See. Trotz eines Erweiterungsbaus herrscht eine gemütliche Atmosphäre, auch das Restaurant ist zu empfehlen.
■ Eine der beliebtesten Traveller-Unterkünfte in der Jagdish-Gegend ist das **Gangaur Palace**③ (Tel. 2422303, www.ashokahaveli.com). Die Zimmer variieren von einfach und klein bis großräumig-stilvoll. Vor allem das Dachterrassenrestaurant mit herrlichem Blick über die Altstadt und den Pichola-See sowie die zentrale Lage tragen zur Popularität des Hauses bei.
■ Das **Anjani Hotel**②-③ (Tel. 2421770, www.anjanihotel.com) bietet auf drei Etagen eine große Auswahl an Zimmern von recht unterschiedlicher Qualität. Die billigeren sind oft etwas dunkel in die Ecken gezwängt, während die teureren Zimmer schöne Aussichten bieten. Erwähnenswert sind der Swimmingpool und das Dachrestaurant.
■ Eine der beliebtesten Unterkünfte für Reisende mit kleinem Geldbeutel ist das **Nukkad Guest House**①-② (Tel. 2411403). Die Zimmer sind dem Preis entsprechend einfach, aber sauber, die Atmosphäre ist freundlich und das gute hauseigene Restaurant preiswert. Insgesamt ein sehr gutes Preis-Leistungsverhältnis.
■ Die einzig empfehlenswerte Billigunterkunft auf der kleinen, West- und Ostufer verbindenden Brahm-Puri-Halbinsel ist das **Dream Heaven Guest House**①-② (Tel. 2431038, www.dreamheaven.co.in). Die Zimmer, die teureren mit Seeblick, sind durchschnittlich, aber die Atmosphäre und das schöne Dachrestaurant sind zu empfehlen.
■ Direkt am Jagdish-Tempel kann das **Baba Palace**①-② (Tel. 2427126, www.hotelbabapalace.com) mit sauberen, teils klimatisierten und mit TV und Badewanne bestückten Zimmern sowie einem guten Dachrestaurant mit Rundblick über die Stadt aufwarten.
■ Durch seine sehr attraktive Lage direkt am See bei den Ganghaur-Ghats überzeugt das **Jheel Guest House**②-③ (Tel. 2421352, www.jheelguesthouse.com). Die meisten Zimmer haben einen kleinen, die Ghats und den See überblickenden Balkon, und selbst eine Badewanne fehlt nicht. Auf der Dachterrasse befindet sich ein gutes, rein vegetarisches Restaurant.
■ Zu Recht sehr populär ist das **Rang Niwas Palace Hotel**②-③ (Tel. 2523890/1, www.rangniwaspalace.com) an der Lake Palace Road, wie der Name vermuten lässt, ein ehemaliger kleiner Palast, geführt vom sympathischen Bruder des Maharajas. Dieses um einen schönen Innenhof mit Pool angelegte, zweigeschossige Hotel besteht aus dem alten Flügel und einem nach hinten versetzten modernen Gebäudekomplex sowie einem kleinen, in einem Extragebäude untergebrachten Restaurant, das allerdings eher mäßig ist. Die Zimmer im Obergeschoss sind größer und besser ausgestattet als die im Untergeschoss, die im hinteren Bereich ruhiger als die der Straße zugewandten.
■ Hübsch eingerichtete Zimmer (alle mit AC) mit tollen Badezimmern, dazu ein sehr hilfsbereiter Service und ein Dachterrassenrestaurant mit schöner Aussicht machen das **Mewar Haveli**③ (Tel. 2521140, www.mewarhaveli.com) zu einer der besten Adressen der mittleren Preiskategorie.
■ Sehr empfehlenswert ist das mitten in der Altstadt gelegene **Jaiwana Haveli**③ (Tel. 2411103, www.jaiwana

haveli.com). Einige Zimmer haben viele Fenster mit Seeblick, die teuren AC, zudem kostenloses WiFi. Besonders schön ist Zimmer Nr. 10 mit herrlichem Seeblick. Auch hier gibt's ein allerdings recht teures Dachrestaurant. Eine gute Alternative ist das daneben gelegene **Aashiya Haveli**③.

■ Ein Homestay im besten Sinne ist das kleine, aber feine **Little Garden Guest House**③ (Tel. 28276365, www.littlegardenguesthouse.com) inmitten der lebendigen Gassen der Altstadt. Die nur zwei liebevoll renovierten und geräumigen Zimmer des Privathauses sind eine Oase der Ruhe in der ansonsten lebensvollen Umgebung, die Gastgeber nicht nur äußerst liebevoll und bemüht, sondern auch sehr hilfsbereit und kundig in der Stadtgeschichte Udaipurs.

■ Äußerst pittoresk unmittelbar am Ufer des Pichola-Sees liegt das stilvolle **Jagat Niwas Palace Hotel**③-④ (Tel. 2422860, www.jagatniwaspalace.com). Der herrliche, begrünte Innenhof in diesem alten Herrschaftshaus lädt ebenso zum Verweilen ein wie die Liegen in den Nischen und das gute Dachrestaurant.

■ Billiger ist das **Kankarwa Haveli**③ (Tel. 2411457, www.kankarwahaveli.com) gleich nebenan, ganz ähnlich im Aufbau. Hier gibt es viel Atmosphäre, einfache, aber geschmackvoll eingerichtete Zimmer, viele davon mit schönem Ausblick, den besonders das tolle Dachrestaurant bietet.

Unser Tipp: Ein sehr gutes Preis-Leistungs-Verhältnis bieten wegen der schönen Ausblicke die Eckzimmer des **Wonder View Palace**③ (Tel. 2432494, www.wonderviewpalace.com) auf der Brahm-Puri-Halbinsel neben dem Lake Pichola Hotel. Besonders Zimmer Nr. 104 und 203 sind zu empfehlen.

■ Eine der besten Unterkünfte dieser Preiskategorie ist das **Udai Kothi**④ (Tel. 2432810-2, www.udaikothi.com) auf der Brahm-Puri-Halbinsel. Die schönen, wenn auch nicht überragenden Zimmer, das gute Dachrestaurant und der architektonisch gelungene Swimmingpool auf dem Dach des Hauses sind jede Rupie wert.

■ Leicht verwohnt ist das etwa 100 Jahre alte **Lake Pichola Hotel**③-④ (Tel. 2431197, www.lakepicholahotel.com) auf der Brahm-Puri-Halbinsel direkt am See. Die mit schönen alten Holzmöbeln, AC, Fernseher und Balkon ausgestatteten Zimmer haben Palastsicht und tragen zur sehr angenehmen Atmosphäre bei. Die Dachterrasse ist ideal zum Erholen.

■ Ausgezeichnet ist das **Karohi Haveli**④ (Tel. 3290228, www.karohihaveli.com), ebenfalls auf der Brahm-Puri-Halbinsel. Von der schönen Lage mit toller Aussicht auf den Pichola-See und den Stadtpalast über die sehr geschmackvoll eingerichteten Zimmer (besonders Nr. 201 und 205 sind zu empfehlen), zwei exzellente Restaurants bis zum sehr geschulten Service – für diese Preiskategorie ist das Patrizierhaus aus dem 19. Jh. eine sehr gute Wahl!

■ Im Besitz des Maharajas von Udaipur befindet sich das **Shikar Bari Hotel**④ (Tel. 2583200/1). Das ehemalige Jagdschloss liegt 5 km südlich der Stadt inmitten einer weitläufigen Gartenanlage. Hier werden auch Pferde-Safaris zu allerdings sehr fürstlichen Preisen angeboten.

■ Ganz nah am See, am südlichen Ende der Brahm-Puri-Halbinsel, hat das **Amet Haveli**④ (Tel. 2431085, www.amethaveliudaipur.com) 20 Zimmer parat. Alle sind sehr hübsch möbliert und bieten einen schönen Blick auf Stadtpalast und See. Außerdem liegt das gemütliche **Ambrai Restaurant** um die Ecke.

■ Die Zimmer im **Trident Hotel**⑤ (Tel. 2432200, www.tridenthotels.com/udaipur) auf der Brahm-Puri-Halbinsel sind gut, aber nicht überragend, dafür verfügt das bei Gruppen sehr beliebte Haus über eine weitläufige Gartenanlage mit einem schönen Pool.

■ Traumhaft wie ein schwimmendes Schiff inmitten des Pichola-Sees gelegen, ist das **Taj Lake Palace Hotel**⑤ (Tel. 2528800, www.tajhotels.com). Das spektakulärste Hotel Indiens repräsentiert den märchenhaften Lebensstil der Maharajas wie kein anderes Gebäude. Inmitten verschwenderisch verzierter Kuppeln, Säulen und Spiegel fühlt man sich wie in eine andere Zeit versetzt. Wegen der sehr hohen Nachfrage sollte man Monate im Voraus buchen.

■ Das **Shiv Niwas Palace**⑤ (Tel. 2528016, crs@udaipur.hrhindia.com) nimmt den südlichen Teil des Stadtpalastes ein. Vom Ambiente und der Lage her sicherlich eine tolle Unterkunft, doch viele Zimmer sind ihr Geld bei weitem nicht wert. Im selben Komplex befindet sich das kleine, aber feine **Fateh Prakash Palace**⑤ (Tel. 2528008, sales@udaipur.hrhindia.com) mit nur neun exquisit ausgestatteten Zimmern.

■ Ähnlich wie das Amarvilas in Agra gibt's auch in Udaipur vor den Toren der Stadt ein von der Außenwelt durch Mauern und Leerflächen abgeschirmtes Superluxusresort. Im **Udai Vilas**⑤ (Tel. 2433300, www.oberoihotels. com) haben alle Zimmer neben jeglichen sonst denkbaren Bequemlichkeiten einen eigenen Swimmingpool, die teureren auch Ausblick auf die Stadt in der Ferne.

Essen und Trinken

Dachgartenrestaurants sind der Renner, kaum ein Hotelbesitzer, der nicht diese zusätzliche Einnahmequelle genutzt hätte und seinem Hotel oder Guest House ein Freiluftrestaurant aufs Dach gesetzt hätte. Leider hinkt die Qualität des Essens dabei nur allzuoft weit hinter der Aussicht her. Im von Anfang an zum Scheitern verurteilten Wunsch, es allen Nationalitäten recht machen zu wollen, kommt am Ende ein Einheitsbrei heraus, bei dem man kaum noch zwischen *Alu Gobhi* und Lasagne unterscheiden kann.

Unser Tipp: Viele Restaurant Udaipurs werben zu Recht mit ihrer schönen Aussicht. Doch nirgendwo sitzt man derart „weltvergessen" direkt am See unter Bäumen mit herrlichem Blick auf den Stadtpalast bzw. das Lake Palace Hotel wie im **Ambrai Restaurant** (Tel. 2431085) am südlichen Ende der Brahm-Puri-Halbinsel. Ein idealer Ort zum „die Seele baumeln Lassen". Hier stimmt nicht nur das Ambiente, auch das Essen ist köstlich, wenn auch mit Preisen von 100 bis 200 Rs über dem Durchschnitt. Beliebt ist das Ambrai speziell am Abend – Voranmeldung unbedingt erforderlich! Wer nicht sofort einen Platz bekommt, kann die Wartezeit sehr stilvoll in der angeschlossenen **Anand Bar** verbringen.

■ Das **Natural City View Restaurant** oberhalb des Gangaur Ghat zählt zu Recht zu den beliebtesten Adressen unter den unzähligen Dachterrassenrestaurants. Die ausladende Terrasse bietet insbesondere bei Sonnenuntergang herrliche Ausblicke und auch das Essen kann sich sehen lassen. Das köstliche Thali kostet 120 Rs. Nachteilig ist der fehlende Bierausschank, auch ist das Restaurant wegen seiner Popularität relativ laut und jeden Abend wird per Video, wie auch in vielen anderen Lokalitäten, derselbe James-Bond-Film gezeigt: „Octopussy".

■ Direkt am See sitzt man im **Rainbow Restaurant.** Wer ganz nach oben will, sollte das Dachrestaurant des **Baba Palace Hotel** wählen. Nirgendwo hat man solch tolle Aussicht über Udaipur und Umgebung.

■ Relaxed und gleichzeitig stilvoll mit Blick auf den See und das Gangaur Ghat ist das zu Recht sehr beliebte **Jasmin** bei der Fußgängerbrücke auf der Brahm-Puri-Halbinsel. Die Speisekarte ist ebenso ambitioniert wie weit gefächert (von indisch bis Thai), die Preise (100–200 Rs) für das Gebotene sind sehr moderat.

Unser Tipp: Gesundes, leckeres Essen zu günstigen Preisen in nettem Ambiente – kein Wunder, dass das **Millets of Mewar** (https://milletsofmewar.com) zu den Favoriten der Travellerszene gehört. Ob nun köstliche einheimische Gerichte, Pizza, Sandwiches, Kaffee oder Eiscreme – alles ist gleichermaßen schmackhaft.

■ Seit Jahren zu Recht eine der beliebtesten Adressen bei Travellern ist das kleine **Café Edelweiss** an der Straße zum Gangaur Ghat. Ausgezeichneter Kaffee, leckere Sandwiches und Kuchen sind der Renner. Im Übrigen auch ein schöner Ort zum *people watching*.

■ Ein beliebtes Frühstücksrestaurant ist auch das nahe gelegene **Sunrise.** Man sollte auch einmal die sehr schmackhaften einheimischen Gerichte versuchen. Vom Dach des frisch renovierten Hauses gibt es mit die schönsten Ausblicke auf den See.

■ Recht edel und teuer (Sandwiches 250 Rs) ist das **Pali Khana Restaurant** auf dem Palastvorplatz.

■ Neben dem oben erwähnten Ambrai Restaurant ist das **Gallery Restaurant** im 3. Stock des Shiv Niwas Palace Hotel der beste Ort, um bei prächtiger Aussicht seinen Nachmittagstee zu genießen. Zwar ist die offizielle Teatime (Tee 300 Rs) von 15 bis 17 Uhr, doch wird auch bedient, wer bereits ab 14 Uhr erscheint, was den zusätzlichen Vorteil hat, dass man dann noch die freie Sitzplatzauswahl hat. Zum Sonnentuntergang sollte man sich dann nach unten auf die **Sunset View Terrace** begeben, wo man den Tag stilvoll bei einem Drink und Livemusik ausklingen lassen kann.

■ Mit seiner innovativen Speisekarte mit interessanten einheimischen wie internationalen Gerichten (100–200 Rs) gehört das stilistisch sehr gelungene **Savage Garden,** etwas zurückversetzt vom Chandpol, zu den besten Restaurants Udaipurs.

■ Viele positive Bewertungen bekommt das ausgezeichnete **Whistling Teal.** Auch hier stimmt die Mischung aus köstlichen indischen wie internationalen Gerichten (60–200 Rs), gemütlichem Ambiente im Garten und ausgezeichnetem Service.

■ Etwas weniger edel und dementsprechend günstiger (100–200 Rs) geht es in dem ganz in der Nähe gelegenen **Lotus Café** zu. Neben den leckeren Gerichten trägt auch die Musik dazu bei, dass es eines der beliebtesten Traveller-Restaurants der Stadt ist.

■ Wegen seiner „uncoolen" Lage und Einrichtung nur von wenigen Westlern besucht ist **Berry's** am Chetak Circle. Wer mehr Wert auf hervorragende Küche ohne Schnickschnack legt, ist hier gut aufgehoben. Es gibt auch einen Zustellservice: Tel. 2429027.

■ Ebenfalls vornehmlich von Einheimischen besucht ist die Rajasthan-weit für schmackhafte Thalis (50 Rs) bekannte **Natraj Lodge** beim New Bapu Bazaar nahe dem Udai Pol, hinter dem Ashoka-Kino.

■ Irgendwo zwischen trendy und traditionell ist das nette **O'Zen Restaurant** ganz in der Nähe des Eingangs zum Stadtpalast einzuordnen. Man hat die Wahl zwischen einheimischen und westlichen Speisen, wobei die Hauptgerichte zwischen 250 und 450 Rs kosten.

Einkaufen

Die stetig zunehmende Touristenzahl hat dazu geführt, dass gerade im Altstadtbereich um den Jagdish-Tempel fast jedes verfügbare Häuschen in einen Souvenirladen umgebaut wurde. Mehr Quantität geht auch hier auf Kosten der Qualität, und generell lässt sich sagen, dass man in Jaipur und Pushkar besser und billiger einkaufen kann.

Mit am beliebtesten unter Travellern sind die in unzähligen kleinen Läden oder *Art Galleries,* wie sie sich unter Suggerierung künstlerischer Exklusivität nennen, angebotenen **Miniaturmalereien.** So unterschiedlich wie Qualität und dargestellte Motive sind die Preise. Weit entscheidender als die Größe des Bildes ist deren Detailgenauigkeit und das Material auf dem sie aufgetragen wurden. Bei **Janak Arts** (12 Lal Ghat, Tel. 2415373) können dreistündige Einführungskurse (200 Rs) in die Miniaturmalerei besucht werden. Es ist erstaunlich, was so alles auf einen Fingernagel passt.

Bei Touristen sehr beliebt sind die vor allem an der Straße vom Jagdish-Tempel zum Palasteingang angebotenen **Puppen.** Nicht zuletzt wegen des in Udaipur ansässigen Museums Bharatiya Lok Kala mit seiner landesweit berühmten Puppenabteilung und Vorführungen gibt es eine große Auswahl zum Teil sehr schöner Puppen. Bevor man sich zum Kauf entschließt, sollte man sich aber Gedanken zum Transport machen, denn die vielgliedrigen Puppen sind äußerst zerbrechlich und kaum zum Verschicken geeignet.

Gut bestückt ist der **Kiosk** am Gleis Nummer 1 auf dem Bahnhof. Aktuelle internationale Bestseller finden sich hier ebenso wie angesehene Sachliteratur zu Indien und europäische Zeitungen.

Ein umfangreiches Sortiment an Romanen und Zeitschriften hat auch **Landmark Shoppers Paradise.**

Bank

■ Die meisten Banken, die neben den privaten Geldwechslern um den Jagdish-Tempel Bargeld wechseln und Kreditkarten annehmen, finden sich passenderweise an der Bank Rd. zwischen Delhi Gate und Udia Pole.

■ Der dem Jagdish-Tempel nächstgelegene **ATM** ist von der UTI-Bank, er findet sich zwischen diesem und dem Palastzugang und nimmt die wichtigen Kreditkarten außer AmEx an. Die meisten ATMs finden sich an der Bank Rd.

Post und Internet

■ Die **Hauptpost** befindet sich am Chetak Circle hinter dem Kino. Näher am Jagdish-Tempel liegen, auf halber Strecke zwischen Hathi Pol und Stadtpalast, ein kleines Postamt und eine Filiale gleich neben dem Ticketbüro des Palastes (Mo–Sa 10.30–17 Uhr).

■ Von den vielen Internetcafés im Altstadtbereich ist das **Landmark Shoppers Paradise,** das auch Bücher, Zeitschriften und Süßigkeiten verkauft, eines der schnellsten.

Notrufnummern

■ **Ambulanz:** 102
■ **Polizei:** 100
■ **Tourist Police:** 2412693

Unterhaltung, Aktivitäten

■ Am günstigsten gelegen und qualitativ ausgezeichnet sind die allabendlichen, **Dharohar** genannten, traditionellen Rajasthani-Musik- und Tanzvorführungen im Bagore-ki-Haveli (siehe „Sehenswertes", Beginn um 19 Uhr, Eintritt 60 Rs, Kinder 30 Rs, Kamera 10 Rs, Video 50 Rs, Tel. 2423610 nach 17 Uhr).

■ Im Museum Bharatiya Lok Kala wird tgl. zwischen 18 und 19 Uhr eine allerdings eher durchschnittliche **Puppenshow** aufgeführt (Eintritt 40 Rs).

■ Wenn man dran glaubt oder einfach nur zum Vergnügen, kann man sich im Innenhof des Gangaur Palace von *Akhand Pratap Singh* (onlywayisom@indiatimes.com) **aus der Hand lesen lassen,** Kostenpunkt 200 Rs.

■ Besonders die teureren Hotels verfügen über **Swimmingpools.** Um drin zu plantschen, muss man zwischen

100 und 200 Rs. zahlen, wobei der tolle Pool auf dem Dach des Udai Kothi (130 Rs) besonders lohnt.

Medizinische Versorgung

- Das **Krankenhaus** von Udaipur (Hospital Rd., Tel. 2528811) liegt in der Altstadt nahe dem Chetak Circle zwischen dem Shaheli Marg und der Ashwani Road.
- Eine private Klinik ist z.B. das **Soni Hospital,** 4 Sahelion-ki-Haveli, Tel. 2528811-9). Ein Bereitschaftsarzt ist *Dr. Shailender Singh* (Tel. 2410212, (0)9829040312.
- Wer sich einmal für wenig Geld massieren lassen oder ein Heilkräuterbad nehmen will, sollte die **Ayurvedische Klinik** an der Ambamata Rani Rd. aufsuchen.

An- und Weiterreise

Flug

- Ein Taxi vom 25 km nordöstlich des Zentrums gelegenen **Dabok-Flughafen** kostet ca. 600 Rs. Billiger ist es mit einem der öffentlichen Busse, die etwa 500 m vor dem Flughafengelände entlang der Hauptstraße fahren.

836ra tb

Air India, 222/16 Mumal Towers, Saheli Marg, Tel. 2410999, Flughafen: 2655453.

Jet-Airways, Tel. 2561105, am Flughafen: 2656288.

Bahn

Die Bahnverbindungen sind teilweise eingeschränkt wegen Spurverbreiterungen auf einigen Strecken.

Die beste Verbindung nach **Delhi** bietet der tgl. fahrende 2964 Mewar Exp. (ab Udaipur 18.30 Uhr, Chittorgarh an 20.35 Uhr, Bundi an 22.46 Uhr, Kota an 23.45 Uhr, Sawai Madhopur an 1 Uhr, Bharatpur an 3.15 Uhr, Delhi (Nizamuddin) an 6.15 Uhr). In der anderen Richtung (Zug-Nr. 2963) geht es von Delhi (Nizamuddin) um 19 Uhr über Mathura (ab 21.15 Uhr), Bharatpur (ab 21.42 Uhr), Kota (ab 1.40 Uhr) und Chittorgarh (ab 5 Uhr) nach Udaipur (an 7 Uhr).

Jaipur wird am besten mit der Nachtverbindung 2966 Udaipur City Jaipur Exp. erreicht: Abf. 22.20 Uhr, Chittorgarh (an 23.35 Uhr), Sawai Madhopur (an 4.40 Uhr), Ank. Jaipur 7.10 Uhr. Der Zug fährt weiter bis Bharatpur (an 9 Uhr), Agra (an 10.15 Uhr) und Gwalior (an 12.15 Uhr). Umgekehrt der 2965 Jaipur Udaipur City Exp.: Abf. Jaipur um 22.40 Uhr, über Ajmer (ab 0.50 Uhr), Chittorgarh (ab 4.10 Uhr), Ank. Udaipur um 6.10 Uhr.

Nach **Mt. Abu** geht es schneller per Bus.

Bus

Die aktuellen **Abfahrtszeiten** von Udaipur erfragt man besser beim Tourist Office als am chaotischen Busbahnhof (Tel. 2484191). Die meisten Guest Houses um den Jagdish-Tempel verkaufen Tickets für **Luxusbusse,** die etwa doppelt so teuer sind wie staatliche Busse. (Diese fahren die gleichen Ziele sowie Bundi/Kota, Jaisalmer, Junagardh und Rajkot an.) Gerade auf längeren Strecken dürfte sich diese Mehrausgabe lohnen, doch sollte man zunächst fragen, ob die Busse auch in der Nähe der Guest Houses oder vom Busbahnhof starten.

Fahrtziele staatlicher Busse und Zeiten (in Std.): **Agra** (13 Std., 1 Bus, Star Line 14.45 Uhr), **Ajmer** (Pushkar, 7 Std., ca. 25 Busse zwischen 5 und 23.30 Uhr), **Bikaner** (15 Std., 1 Bus, Star Line 16.30 Uhr), **Chittorgarh** (2½ Std., ca. 20 Busse zwischen 6 und 22 Uhr), **Delhi** (14 Std., Delhi Transport Corporation (DTC) fährt jeden Abend um 18 Uhr mit einem klimatisierten Luxusbus für 790 Rs nach Delhi), **Indore** (10 Std.), **Jaipur** (7½ Std., ca. 20 Busse), **Jodhpur** (7 Std.), **Ranakpur** (3 Std.).

Wer nach **Mt. Abu** (5 Std.) reisen will, sollte sich zunächst erkundigen, ob der jeweilige Bus auch bis auf das Hochplateau oder nur bis Abu Road fährt, von wo aus es noch einmal 27 km steilen Anstiegs sind.

Im „schwimmenden" Lake Palace Hotel kann man den märchenhaften Lebensstil der Maharajas nachempfinden – das spektakulärste Hotel Indiens ist jedoch nicht gerade preiswert

Umgebung von Udaipur

Falls sich mehr als vier Personen zusammenfinden, bieten viele Reisebüros in Udaipur **Ganztagestouren** in die Umgebung an – eine gute Gelegenheit, um stressfrei die zahlreichen sehenswerten Orte zu besuchen. Bewährt hat sich hier Gangaur Tours & Travels (Tel. 2411476, gangaur@hotmail.com) in der Gangaur Ghat Road. Der Preis beträgt für einen Tagesausflug mit dem Taxi etwa 1.500 Rs.

Eklingji

Bei einem Halbtagesausflug zu den 22 km nordöstlich von Udaipur gelegenen Tempelanlagen von Nagada und Eklingji ist schon die Fahrt über den 784 m hohen Chirwa-Ghata-Pass mit schönen Ausblicken auf das **Aravalli-Gebirge** ein Erlebnis für sich. Kurz vor Eklingji biegt an einem kleinen Stausee eine Nebenstraße links ab und führt zu den Tempeln von **Nagada.** Neben dem ältesten, nur noch in Ruinen erhaltenen jainistischen Adbhutji-Tempel steht ein Hindu-Tempelkomplex aus dem 11. Jh. mit dem geheimnisvollen Namen *Sas Bahu* (Schwiegermutter – Schwiegertochter), der vor allem wegen seiner schönen Steinreliefs an den Außenwänden gefällt.

Im nur einen Kilometer entfernten **Eklingji** findet sich inmitten des Tempelkomplexes ein ursprünglich 754 erbauter Tempel, mit einem schönen, viergesichtigen Shiva-Bildnis aus schwarzem Marmor im Allerheiligsten. In seiner heutigen Form entstand der von hohen Mauern umschlossene weiße Marmortempel im 16. Jahrhundert. Eklingjis besonderer Reiz liegt in der pulsierenden religiösen Atmosphäre, die diesen Ort auszeichnet. Sobald sich die Pforten zum Tempel geöffnet haben (4.45–7.30 Uhr, 10.30–13.30 und 17.30–19.30 Uhr, Eintritt frei), setzt eine marktschreierische Betriebsamkeit ein, und die Blumen-, Schriften- und Süßigkeitenverkäufer versuchen, ihre Produkte unters Volk zu bringen. Man sollte diesen Ausflug nachmittags unternehmen, um sowohl an einer Tempelzeremonie teilnehmen zu können als auch gegen Sonnenuntergang in das dann golden leuchtende Udaipur zurückzukehren.

Anreise

- Wer nicht im Rahmen der vom Touristenbüro angebotenen Exkursion nach Eklingji fahren möchte: Stündlich fährt ein – allerdings fast immer brechend voller – **Bus** vom Busbahnhof.

Unterkunft

- Eine schöne, wenn auch nicht billige Unterkunft ist das auf einem kleinen Berg oberhalb von Nagada gelegene **Heritage Resorts**③-④ (Tel. 0294-2440382).

Kumbhalgarh

Äußerst pittoresk krönt die gewaltige Burg, einem Vogelhorst ähnlich, einen sich steil über die Ebene erhebenden Felsen. Die von einem mächtigen Mauerring von insgesamt 12 km Länge umgebene Anlage war die nach Chittorgarh **zweitgrößte Festung Rajasthans.** Im Gegensatz zur Heldenstadt der Rajputen, die insgesant dreimal von den vereinten Mogulheeren erobert wurde, konnte das 1458 von *Rana Kumbha* angelegte Fort nur ein Mal, Ende des 16. Jh., von den islamischen Eroberern erstürmt werden.

Obwohl Teile der Anlage Anfang des letzten Jahrhunderts renoviert wurden, ist in den einzelnen Räumen, abgesehen von einigen Wand- und Fliesenmalereien, nichts zu sehen. Die eigentliche Faszination Kumbhalgarhs ist der grandiose Gesamteindruck.

Die Räumlichkeiten sind fast völlig leer und die Farbe bröckelt von den Wänden. Wer sich zum Aufstieg entscheidet, sollte Trinkwasser und einen kleinen Snack mitnehmen.

Der steile Aufstieg zur Burg durch die z.T. mit dicken Eisendornen gegen Elefantenangriffe versehenen Tore lohnt aber auch aus einem anderen Grund: Von dem auf 1.100 m Höhe gelegenen Palast bietet sich eine sehr schöne **Aussicht** auf die wild zerklüftete Landschaft des **Kumbhalgarh-Reservats** (Eintritt 100 Rs, Jeep 65 Rs, Guide 200 Rs). Dieses 578 km^2 große Tierschutzgebiet ist ein Rückzugsgebiet des vom Aussterben bedrohten indischen Wolfes. Außerdem ist er Heimat von Leoparden, Bären und Antilopen. Unterkunft und Jeeptouren werden im Shirika Lake Hotel (Tel. 02934-285078) in Ranakpur arrangiert. Für den Zugang zum Park benötigt man eine Erlaubnis des Forest Department im nahen Kelwara.

Öffnungszeiten: 8–18 Uhr, Eintritt zur Festung 200 Rs.

Anreise

Da Kumbhalgarh individuell nur unter sehr großem Zeitaufwand erreicht werden kann, besucht man das Fort am besten im Rahmen eines der von vielen Reisebüros in Udaipur angebotenen **Tagesausflüge** in Kombination mit den Jain-Tempeln in Ranakpur oder aber im Rahmen einer Tagestour mit dem **Taxi,** wofür man ungefähr 1.700 Rs veranschlagen sollte (200 Rs mehr, wenn man zudem noch Nagada besichtigen möchte).

Wer es dennoch **auf eigene Faust** versuchen will, muss zunächst mit einem Bus zu dem kleinen Dorf Saira fahren (ca. 2½ Std.). Von dort ist es noch einmal eine Stunde mit einem weiteren Bus zum Städtchen Kumbhalgarh, welches etwa 2 km von dem eigentlichen Fort entfernt liegt. Auch von und nach Ranakpur geht der Weg über Saira.

Gegen Angriffe mit Elefanten wurden die Tore mit Eisendornen gesichert – die Festung von Kumbhalgarh ist nur ein einziges Mal, im ausgehenden 16. Jh., erstürmt worden

791ra tb

Unterkunft

(Vorwahl: 02954)

■ Verglichen mit dem beeindruckenden Äußeren wirken die recht spartanischen Zimmer des **The Kumbhal Castle**③ (Fort Rd., Tel. 292041, www.thekumbhalcastle.com) recht nüchtern. Angesichts der schönen Aussichten und des verhältnismäßig günstigen Preises ist es dennoch eine empfehlenswerte Unterkunft.

■ Mit dem **Hotel The Aodhi**⑤ (Tel. 242341, www.hrhhotels.com/royal_retreats/the_aodhi_hotel/index.aspx) findet sich 2 km von der Burg entfernt eine ausgezeichnete Unterkunft. Die in einen Hang gebaute Anlage allein lohnt schon einen Ausflug in diese Gegend. Vom freundlichen Management werden u.a. auch Ausflüge zu Pferd angeboten. Die Zimmer verfügen alle über eine eigene Terrasse mit Ausblick über den hauseigenen Swimmingpool hinweg ins weite Tal. Ein weiterer Vorteil ist die Nähe zum Kumbalgarh Fort. Für den schönen Spaziergang sollte man mit Fotostopps etwa 30 Minuten veranschlagen.

■ In Größe und Lage kann es das **Kumbha Bagh** (4 Parshuram Mahadev Temple Rd., Village Udawar, Tel. 26463724, www.trulyindiahotels.com) fast schon mit der eigentlichen Burg von Kumbhalgarh aufnehmen. Hoch oben auf einem Hügel gelegen, bieten die weiträumigen Zimmer der mit Pools und Wiesen ausgestatteten Anlage alle einen beeindruckenden Blick ins Tal und aufs Fort. Trotz ihrer Größe eine gelungene Anlage.

Ranakpur

– Traum in Marmor

Zusammen mit dem Dilwara-Tempel in Mount Abu gehören die **Tempel** von Ranakpur zum schönsten, was die **Jain-Kunst** je hervorgebracht hat und damit zu den beeindruckendsten Sakralbauten Nordindiens. Bereits der erste Eindruck der Marmorbauten vor der Bergkulisse, zusammen mit den großen schattenspendenden Bäumen, den lilafarbenen Bougainvilleas, den frechen Affen und den umherstolzierenden Pfauen, nimmt einen sofort für den Ort ein.

Raj018 tb

Verglichen mit den 200 Jahre früher entstandenen Tempeln von Dilwara bei Mount Abu wirkt der im 15. Jh. nach 60-jähriger Bauzeit fertig gestellte Haupttempel wesentlich größer. Hierin spiegelt sich die veränderte machtpolitische Situation unter dem Mitte des 15. Jh. regierenden *Rana Kumbha* wieder. Nachdem der muslimische Bildersturm, dem so viele hinduistische und jainistische Heiligtümer zum Opfer gefallen waren, Ende des 14. Jh. abflaute und das Reich Rana Kumbhas mit der Hauptstadt Chittorgarh auf dem Höhepunkt seiner Macht stand, besann man sich auf die alte Stärke. Dieses neue Selbstbewusstsein äußert sich in der Monumentalität der Tempel von Ranakpur, die nicht zuletzt auch die Größe und Macht Rana Kumbhas symbolisieren sollen.

Der bedeutendste Tempel des von einer Mauer umschlossenen Komplexes ist der dem Ersten Furtbereiter der Jains, *Adinath,* gewidmete **Chaumukh-Tempel.** Da er an einem westlichen Hügelhang liegt, wurde der Sockel unter dem westlichen Haupteingang deutlich erhöht. Den Türschwellen mit ihren böse Geister abwehrenden Dämonenmasken *(kirthimukhas)* sind ebenso wie in Dilwara halbrunde „Teppiche" zur Reinigung der Seele von negativen Eigenschaften vorgelagert. Daneben sind die bei allen Jain-Heiligtümern im Eingangsbereich zu findenden Muschelhörner zu sehen, deren Klang als heilig gilt und der Silbe „Om" besonders nahe kommen soll.

Die Ausmaße (62x60 m) und Höhe des Heiligtums erinnern den Besucher im Innern zunächst an eine gotische Kathedrale. Der für den Bau verwendete Marmor aus den Steinbrüchen von Sonana und Sewadi reicht nicht an die Wärme und Leuchtkraft des Marmors von Dilwara heran. Die Kultfigur im Innern ist mit vier Gesichtern *(chaumukh)* dargestellt, die Himmelsrichtungen und damit den Kosmos beherrschend. Ursprünglich wurde er, wie die meisten anderen Bauten Ranakpurs, im 15. Jh. errichtet. Da jedoch auch hier die religiöse Intoleranz *Aurangzebs* wütete, sind viele der heute so makellos erscheinenden Bauten das Resultat kunstvoller Restaurationsarbeiten. Die quadratisch um das Sanktotum verlaufenden 86 Schreine beinhalten Statuen untergeordneter Gottheiten. Durch die vier den Hof begrenzenden Eckschreine erhält der Bau zugleich die Form eines *pancharatha* (fünfschreiniger Tempel), eine bei den Hindus besonders häufig anzutreffende Tempelgrundform.

Ebenso wie bei der Anlage von Dilwara fasziniert die überwältigende Vielfalt an ungemein **detailgenau gemeißelten Skulpturen.** Jeder Zentimeter scheint mit grazilen Tänzerinnen, Göttern, Tieren und Blumenmotiven verziert zu sein. Diese vitale Lebensfreude bildet einen spannungsreichen Kontrast zu den scheinbar weltentrückt in den jeweiligen Nischen sitzenden Jain-Figuren mit ihren gespenstisch silbrigen Augen. Von den insgesamt 1.444 vom Sockel bis zur Spitze ornamentierten Marmorsäulen, auf denen die 29 Dächer der Tempelhallen ruhen, gleicht keine der anderen. Beim näheren Betrachten ist leicht zu erkennen, dass die einzelnen Figuren nicht immer höchstes Ansehen genießen. Sie sollten nicht den Eigenwert betonen, sondern dienten ausschließlich dekorativen Zwecken. Einen besonderen Blickfang bildet die Kuppeldecke der Haupthalle, die in verschwenderischer Ausstattung die sechzehn Göttinnen der Weisheit (Vidyadevi) zeigt.

UNSER TIPP: Vom Tempelvorplatz führt rechts ein kurzer Pfad auf einen mit kleinen Tempeln durchsetzten **Hügel,** von dem sich ein sehr schöner **Blick über den Tempel** und die dahinter liegenden Aravalli-Berge bietet.

Geöffnet ist der Tempel für Nicht-Jains offiziell tgl. von 12 bis 17 Uhr. So genau scheint es jedoch niemand zu nehmen, sodass man meist auch schon früher eingelassen wird. Eintritt frei, Kamera 50 Rs, Video 150 Rs.

[<] Die Tempel von Ranakpur sind Meisterwerke der Jain-Kunst und beeindrucken durch ihren reichen Skulpturenschmuck

Heritage Hotel in Deogarh

Unser Tipp: Vor die undankbare Aufgabe gestellt, unter der Vielzahl sehr schöner Heritage-Hotels Rajasthans das schönste auswählen zu müssen, würden wir uns letztlich für das entzückende **Deogarh Mahal** (Tel. 02904-252777, 253333, www.deogarh mahal.com) entscheiden. Das in ein Hotel umgewandelte Schloss hat all das zu bieten, was das Wohnen in diesen traditionsreichen Häusern zu einem unvergesslichen Erlebnis macht.

Da ist zunächst einmal der in der Mitte der touristischen Hochburgen Jodhpur, Ajmer, Chittorgarh und Udaipur gelegene Ort selbst. Durch seine Lage auf 700 Metern Höhe herrscht ein **angenehmes Klima,** welches dazu einlädt, die auffallend sauberen, mittelalterlich anmutenden Marktstraßen zu durchstreifen und die liebliche, von Hügeln und Seen geprägte Landschaft zu erwandern. Darüber hinaus ist das 1670 vom lokalen Herrscher *Rawat Dwarka Dasji* erbaute **Schloss** in geradezu vorbildlicher Weise restauriert worden. Jeder der insgesamt 50 Räume ist anders geschnitten und mit viel Liebe zum Detail restauriert worden, von den Teppichen über die Nachttischlampen bis zu den herrlichen Miniaturmalereien an den Wänden und Decken, für die Deogarh in ganz Rajasthan bekannt ist. Die hervorragende Küche, das freundliche, wenn auch zuweilen ungeschulte Personal, der architektonisch sehr gelungene Swimmingpool und die Dachterrassen runden das Bild dieses von den sympathischen Söhnen des *Rawat* geführten Kleinodes ab. Die Zimmer kosten zwischen 110 und 230 US$.

Anreise

■ Jeder der ständig zwischen Udaipur und Jaipur entlang der N8 verkehrenden Busse hält nahe dem kleinen Ort. Von dort aus sind es gerade noch einmal 10 km per Bus oder Taxi (ca. 80 Rs) bis Deogarh.

Unterkunft, Essen und Trinken

(Vorwahl: 02934)

Ranakpur ist eher auf indische Touristen bzw. westliche Tourgruppen zugeschnitten. So sind die Übernachtungsmöglichkeiten im unteren Preissegment nicht nur begrenzt, sondern auch qualitativ wenig ansprechend.

■ Hübsche, kleine Bungalows in einem friedvollen Garten machen das **Shivika Lake Hotel**①-② (Tel. 285078, shivikala ke@rediffmail.com) zur besten Adresse im unteren Preisbereich. Leider lässt der Service etwas zu wünschen übrig.

■ Das ursprünglich ausschließlich als Restaurant dienende **Roopam Hotel & Restaurant**② (Tel. 223921) an der Ranakpur Rd. vermietet sechs recht hübsche Bungalows in der grünen Gartenoase, in der man Papageien, viele weitere Vogelarten und stiebitzende Affen beobachten kann. Man sollte die einzelnen Zimmer jedoch checken, da nicht alle den saubersten Eindruck machen. Im Restaurant à la carte und Buffet.

■ Etwa 10 km entfernt von der Tempelanlage in den Bergen Ranakpurs, bietet das **Aranyawas**③-④ (Tel. 0294-2524163, www.aranyawas.com) eine hübsche Mischung aus naturbelassener Friedfertigkeit und modernem Ambiente im Landhausstil. Die sehr geräumigen Zimmer verfügen jeweils über eine Aussichtsterrasse, auch ein hübscher Pool ist vorhanden. Die gesamte Anlage macht einen gepflegten, ruhigen Eindruck, das Personal ist sehr freundlich.

■ Die schönste Unterkunft Ranakpurs ist das ganz in der Nähe gelegene, großzügig angelegte **Ranakpur Hill Resort**③-④ (Tel. 286411, www.ranakpurhillresorts.com), ein im Rajasthani-Stil errichtetes Hotel mit liebevoll eingerichteten Zimmern (alle mit AC) und Swimmingpool. Sollten die 15 Zimmer belegt sein, was in der Hochsaison häufig der Fall ist, stehen drei komfortabel eingerichtete Zelte zur Verfügung.

■ Der gut 10 km von Ranakpur gelegene, im 17. Jh. erbaute **Palast von Ghanerao**③-④ (Tel. 02934-284035, www.ghaneraoroyalcastle.com) besticht durch seinen mittelalterlichen Charme und die verspielte Architektur mit Kuppeldächern und offenen Balkonen. Die 20 Zimmer sind ebenso gemütlich wie einfach.

Unser Tipp: Verglichen mit dem Palast von Ghanerao ist das etwa 10 km entfernte, zwischen Jodhpur und Udaipur gelegene **Rawla Narlai**④ (Tel. 0291-237410, http://rawlanarlai.com) eine Klasse besser. Das mit viel Liebe zum Detail restaurierte Schloss liegt inmitten eines verschlafenen Ortes, umgeben von mächtigen Felsen, und vermittelt das klassische Rajputen-Feeling. Man hat die Wahl zwischen den einfachen Zimmern im Altbau des ursprünglich aus dem 17. Jh. stammenden Gebäudes und den modernen Räumen im Anbau. Ein hübscher Pool und diverse Ausflugsmöglichkeiten in die Umgebung machen den Aufenthalt im Rawla Narlai zu einem Vergnügen.

■ Nicht entgehen lassen sollte man sich die köstlichen Thalis, die jeden Mittag in der Essenshalle des **Dharamsala** gleich links am Haupteingang ausgegeben werden.

An- und Weiterreise

■ Die häufigsten Verbindungen bieten sich vom 98 km südöstlich gelegenen **Udaipur,** wo tgl. fünf **Express-Busse** in 2½ Std. nach Ranakpur fahren.

■ Einige, aber nicht alle **Deluxe-Busse Udaipur – Jodhpur** legen einen Zwischenstopp in Ranakpur ein.

■ Schließlich bieten viele Reisebüros bei entsprechender Nachfrage in Udaipur einen **Tagesausflug per Minibus** an, der u.a. Kumbhalgarh und Ranakpur beinhaltet. Kumbhalgarh ist 50 km von Ranakpur entfernt.

Dungarpur

Der Weg lohnt sich, könnte man sagen, wenn man an den im äußersten Südwesten Rajasthans an der Grenze zu Gujarat und Madhya Pradesh gelegenen Ort Dungarpur denkt. Neben dem verschlafenen Charme des nur selten von Touristen besuchten Städtchens lockt vor allem das schöne Heritage Hotel.

Unterkunft

■ Ganz spartanisch kann man im **Pratibha Palace**① (Shastri Colony, Tel. 230775) unterkommen.

Unser Tipp: **Udai Bilas Palace**④-⑤ (Tel. 02964-230808, www.udaibilaspalace.com), dieses im Besitz des örtlichen Prinzen befindliche Anwesen liegt sehr pittoresk an einem kleinen See und gilt als eines der schönsten Heritage Hotels der Region. Eine ideale Unterkunft, um den ländlichen Charme Rajasthans in einem sehr schönen Ambiente kennenzulernen. Besonders gelungen ist der scheinbar in den See übergehende, hauseigene Pool und die im *Car Museum* untergebrachte Bar – eine tolle Synthese von Tradition und Moderne. Gerade weil der Udai Bilas Palace abseits der üblichen Reiserouten liegt, lohnt ein Abstecher in diesen wundervollen Palast!

Anreise

■ Täglich mehrere Busse von **Udaipur,** die für die 110 km lange Strecke etwa 3 Stunden benötigen. Langsamer, aber gemütlicher ist der kleine Zug, der die Strecke in 5 Stunden bewältigt.

Mount Abu

Auf einem der für das Dekhan so charakteristischen Inselberge liegt in über 1.200 m Höhe *Rajasthan's only hillstation.* Und tatsächlich durchweht Mount Abu ein Hauch von europäischer Nostalgie, gemischt mit der Vitalität der indischen Mittel- und Oberschicht, für die der Ort ein bevorzugtes **Ferienziel** während der heißen Sommermonate ist. Der Poloplatz in der Mitte des Ortes fehlt ebensowenig wie die christliche Kirche und die Villen im Kolonialstil, die äußerst malerisch in die Berge rund um den kleinen idyllisch gelegenen Nakki-See stehen.

Früher hatten hier die Maharajas von Rajasthan ihre Wohnsitze. Eine der spektakulärsten **Villen,** mit einzigartigem Ausblick über die mit ihren Palmenhainen, Orchideen und ihrer bunten Blumenpracht fast schon mediterran wirkende Landschaft, diente dem britischen Gouverneur von Rajasthan in den Sommermonaten als Amtssitz. Mit dem Abzug der Kolonialherren 1947 rückten die sich kaum weniger snobistisch benehmenden, auf englischen Eliteschulen ausgebildeten indischen Verwaltungsbeamten nach.

Sehr beliebt ist der Ort aufgrund seiner romantischen Atmosphäre vor allem bei jungvermählten Paaren, die sich hier zum ersten Mal näherkommen, in der Hoffnung, dass ihre Eltern die richtige Wahl getroffen haben.

Mount Abu hat jedoch weitaus mehr zu bieten als ein angenehmes Klima und liebliche Landschaft. Schon lange vor der Ankunft der britischen Kolonialherren besaß der Ort eine besondere Bedeutung als **Pilger- und Wallfahrtsort,** und auch heute noch sind die vielen Felsenhöhlen vor allem südlich des Nakki-Sees von Eremiten und Sadhus bewohnt. Schon im großen Heldenepos „Mahabharata“ wird die Entstehungsgeschichte Mount Abus mit Shiva in Verbindung gebracht.

Für die Rajputen liegt hier der Legende nach der Geburtsort ihres Clans, und für die Jains ist der Mount Abu einer ihrer vier heiligen Berge. Mit der Dilwara-Tempelanlage errichteten sie eines der schönsten Bauwerke ganz Indiens. Von der spirituellen Atmosphäre dieses Ortes inspiriert, siedelte sich hier schließlich die weltweit vertretene hinduistische Gruppierung der Brahma-Kumaris an.

Obwohl von nur wenigen westlichen Touristen besucht, ist Mount Abu aufgrund seines angenehmen Klimas, seiner fast schon mediterran anmutenden, lieblichen Landschaft, die zu Spaziergängen einlädt, und der einzigartigen Tempel von Dilwara für jeden, der etwas Abstand und Ruhe sucht, ein idealer Ort.

Dies gilt allerdings nicht für die Zeit der großen hinduistischen Feiertage wie Diwali im November, zu Weihnachten/Neujahr und während der heißen Sommermonate Mai bis Juli. Dann stürmen Tausende von indischen Touristen den Ort – von Ruhe und frischer Luft kann keine Rede mehr sein.

Sehenswertes

Nakki-See

Während des Tages bildet der kleine, malerisch von Bergkegeln umgebene Nakki-See den Mittelpunkt des touristischen Treibens. Seinen Namen bezieht der See von einer Sage, wonach er von den Göttern nur mit ihren Fingernägeln *(nakki)* ausgegraben worden sein soll. Der See ist entlang der ihn umgebenden, kaum befahrenen Straße gemütlich in einer halben Stunde zu umwandern, wobei sich schöne Ausblicke auf Mount Abu und die tropisch wuchernde Natur bieten.

Die in der Mitte des Sees aufragenden bizarren Felsformationen haben die Fantasie der Inder offensichtlich nachhaltig angeregt, denn die ihnen zugedachten Namen sind doch nur recht schwer mit ihrem Aussehen in Verbindung zu bringen. Einzige Ausnahme bildet der *Toad Rock,* denn er erinnert tatsächlich auffallend an eine Kröte auf dem Sprung ins Wasser. Am kleinen, in den See hineingebauten Steg können Tret- und Ruderboote gemietet werden.

Sunset Point

Jeden Nachmittag gegen 17 Uhr setzt sich die halbe Stadt, einem Pilgerzug gleich, in Bewegung, um zum zwei Kilometer entfernten Sunset Point zu gelangen. Ausgangspunkt ist das obere Ende der zum See hinunterführenden Straße. Eine ganze Kolonie kitschig bunt geschmückter Pferde und Kamele (nicht zu vergessen die Bollerwagen) wird dort von ihren Besitzern bereitgestellt, um die weniger Gehfreudigen gegen Bezahlung zum Aussichtspunkt zu transportieren. Die weltabgeschiedene Ruhe während des Tages verwandelt sich dann in einen jahrmarktsähnlichen Trubel. Die Aussicht in die flache Ebene ist sicherlich sehr beeindruckend, doch der Sonnenuntergang verschwimmt allzu häufig im diesigen Horizont.

Interessant und wirklich beeindruckend ist so auch weniger das Objekt der Verehrung selbst, sondern sind die Betrachter. Den Blick nicht nach Westen, sondern nach Osten wendend, offenbart sich einem ein beeindruckendes Bild: Das vielfältige und bunte Spektrum der indischen Bevölkerung scheint hier wie in einem Mikrokosmos vereint in der Verehrung der göttlichen Sonne. Wie auf einem Vogelhorst sitzen die in ihre bunten Saris und Anzüge gekleideten indischen Urlauber auf den steilen Treppenstufen und Terrassen und so bieten sich immer wieder interessante Fotomotive.

Achaleshwar-Mahadev-Tempel

Über 200 Treppenstufen muss man erklimmen, bis man zu dem an einem Berghang gelegenen kleinen Shiva-Tempel gelangt, von wo sich ein herrlicher Ausblick auf das wildzerklüftete Hochplateau des Mount Abu bietet. Um den Ursprung des sich am Fuße des Berges befindenden Tempels rankt sich eine hübsche **Legende:** Als der Mount Abu kurz nach seiner Errichtung noch recht wackelig am Abgrund gestanden hat, soll ihn Shiva durch einen energischen Fußtritt in die heutige, stabile Lage gebracht haben. Dabei verlor Shiva jedoch seinen großen Zeh, und selbiger wird nun in Form eines Felsens am Tempel verehrt. Das sich unter dem Felsen-Zeh abzeichnende Loch, so wird einem versichert, soll bis zum Mittelpunkt der Erde führen. Achtung beim Betreten des sehr niedrigen Tempels – „please watch your head"! Im Tempelhof ist ein sehr schöner Nandi (Shivas Reittier, ein Bulle) aus dem 15. Jh. zu sehen.

Dilwara-Tempel

Unser Tipp: **„Ein Traum in Marmor"** sind die Jain-Tempel im fünf Kilometer nordöstlich von Mount Abu gelegenen Dilwara einmal euphorisch und treffend zugleich genannt worden. Doch wer nach einer hübschen Wanderung schließlich am Tempelgelände anlangt, mag zunächst ein wenig enttäuscht sein, weist doch von außen wenig auf die angebliche Pracht des Ortes hin. Eher versteckt zwischen Felsenhügeln und Mangohainen liegen die insgesamt vier Tempel, und auch ihre Fassaden wirken recht schmucklos.

Um so überwältigender ist dann allerdings der Eindruck im Inneren des **Vimala-Tempels,** des ältesten und bedeutendsten der Tempelgruppe. Man weiß gar nicht, wohin man zuerst schauen soll, so überreich sind die Wände, Säulen, Dächer und Arkaden mit kunstvoll aus dem weiß schimmernden, scheinbar durchsichtigen Marmor gehauenen Figuren besetzt. Derart fein sind die Musikanten, vollbusigen Tänzerinnen und Göttergestalten in ihren eleganten Körperhaltungen aus dem Marmor gemeißelt, dass man meint, sie würden schweben. Wenn man dann noch die beinahe jeden Ast und jedes Blatt in all seinen Feinheiten erfassenden Blumen- und Blütenmotive sieht, die sich um die einzelnen figürlichen Darstellungen ranken, kann man ermessen, warum 2.700 Arbeiter und Kunsthandwerker 14 Jahre benötigten, um dieses einmalige Kunstwerk zu erstellen.

Angeblich soll der Bauherr, ein Minister des Königs von Gujarat, nach der Fertigstellung des Tempels im Jahre 1031 so beglückt gewesen sein, dass er die Handwerker mit Silber entsprechend dem Gewicht des während der Bauarbeiten angefallenen Staubes entlohnte.

Trotz der zunächst verwirrenden Vielfalt von Figuren, Hallen und Innenhöfen ist der Aufbau des Tempels im Grunde recht einfach. Im Mittelpunkt steht die Cella mit dem Jain-Heiligen, dem der jeweilige Tempel geweiht ist, in diesem Falle *Adinath*, dem ersten Furtbereiter. Die daran anschließende Vorhalle mit ihren wunderschön geschnitzten Säulen führt in einen großen rechteckigen Innenhof, der von 52 aneinandergereihten Zellen umgeben ist, in denen sich jeweils identisch aussehende Skulpturen der Tirthankaras finden. Die dem Sanktuarium vorgelagerte Zwischenhalle beherbergt eine kleine silberne Pagode, die die himmlische Predigthalle des Tirthankara nach seiner Erleuchtung symbolisieren soll.

Bei aller Vielfalt innerhalb des 33 m langen und 14 m breiten Tempels ragt doch der einzigartige **Tanzpavillon** als Höhepunkt der Anlage heraus. Die acht Säulen des von drei Seiten frei zugänglichen *ranga-mandapa* sind mit floralen, geometrischen und figuralen Motiven überreich verziert und durch geschwungene, bis ins kleinste Detail verzierte Bögen miteinander verbunden. In der Mitte hängt ein Pendentif in Form einer Lotosblüte, ein immer wiederkehrendes Motiv, welches sowohl mikrokosmisch die Erleuchtung des Einzelnen als auch makrokosmisch das All als Ganzes darstellen soll. Wie ein Strahlenkranz umgeben 16 Wissensgöttinnen auf Konsolen das Mittelmotiv.

Die beiden **benachbarten Tempel,** 200 Jahre später entstanden, folgten, von kleinen Abweichungen abgesehen, ihrem Vorbild. Nur der vierte, im 16. Jh. als letzter hinzugefügte **Chaumukh-Tempel** unterscheidet sich deutlich von den drei anderen, reicht jedoch auch bei weitem nicht an deren Niveau heran.

■ **Öffnungszeiten:** Der Tempelkomplex ist für Nicht-Jains täglich von 12 bis 18 Uhr geöffnet. Leider gilt für diesen wunderschönen Tempel ein **striktes Fotografierverbot!** Händler auf dem Weg zum Tempel verkaufen Fotos davon – handeln ist angebracht! Die Anfahrt mit Taxi kostet 50 Rs.

Balley's Walk

Wer sich der Massenbewegung zum Sunset Point nicht anschließen möchte, dem bietet sich als Alternative ein wunderschöner, etwa anderthalbstündiger **Spaziergang** durch weitgehend unberührte Natur an. Der nach einem britischen Offizier, der im 19. Jahrhundert auf diesem Weg spurlos verschwand, Balley's Walk benannte Weg beginnt am nordöstlichen Ende des **Nakki-Sees.** Nach den ersten recht steilen fünf Fußminuten verläuft der Trampelpfad kontinuierlich und ohne große Höhenunterschiede um den Berg. Man sollte früh genug aufbrechen, um die sich unterwegs immer wieder bietenden grandiosen Aussichten in die steil abfallende Ebene in aller Ruhe genießen zu können. Zur Regenzeit ist der Weg zugewachsen und nur schwer passierbar.

Praktische Tipps

Information

■ **Vorwahl:** 02974

■ Das **Tourist Office** (Tel. 243151) liegt günstig direkt gegenüber dem Busbahnhof. Zu Individualreisenden ist man jedoch leider weit weniger freundlich als zu gutsituierten Touristen.

Stadtverkehr

■ Mt. Abu ist eine Stadt, die erwandert werden kann, zumal die Entfernungen gering sind. Autorikshas stehen dementsprechend auch nicht zur Verfügung, dafür jedoch eine Fortbewegungsart, die mir nirgendwo sonst in Indien begegnet ist: **Bollerwagen.** Vornehmlich beim Busbahnhof stehen meist ältere Herren mit diesen kleinen Blechkisten, um entweder das Gepäck oder einen selbst zum Hotel zu schieben. Wem's gefällt ...

■ **Taxis** fahren zum Einheitspreis von 50 Rs.

Stadtrundfahrt

■ Das **Tourist Office** bietet jeweils morgens von 8.30 bis 13 Uhr und nachmittags von 13.30 bis 17 Uhr eine Stadtrundfahrt an, die auch die relativ weit außerhalb gelegenen Sehenswürdigkeiten wie Achalgarh und Guru Sikhar einschließt. Eine sehr gute Gelegenheit, um die landschaftlich sehr schöne Umgebeung Mt. Abus zu erleben. Die Nachmittagstour ist allerdings vorzuziehen, da dann mehr Zeit für den erst ab 12 Uhr für Nicht-Jains geöffneten Dilwara-Tempel zur Verfügung steht und zudem der Sonnenuntergang vom Sunset Point gegen 18 Uhr vielversprechender erscheint als am Vormittag ... In den

Monaten März bis Juni ist die Nachfrage besonders groß, sodass man möglichst schon einen Tag vorher buchen sollte. Neben dem Tourist Office bieten noch mehrere private Veranstalter Rundfahrten an.

Unterkunft

Die Auswahl ist mit über 100 Hotels und Guest Houses enorm. Dennoch kann es in der Hauptsaison zwischen Mai und Juli sowie zum Diwali-Fest im November und um Weihnachten zu Engpässen kommen. Speziell zum fünftägigen Diwali explodieren die Preise förmlich. Für ein Zimmer, welches normalerweise 1.000 Rs kostet, muss man dann 3.000 bis 4.000 Rs zahlen.

Außerhalb der Saison stehen dagegen viele Hotels leer. Viel hängt vom persönlichen Verhandlungsgeschick ab, und so können die folgenden Preisangaben der Nebensaison auch nur eine Orientierungshilfe sein. Da Mount Abu nur selten von Westlern oder Geschäftsreisen-

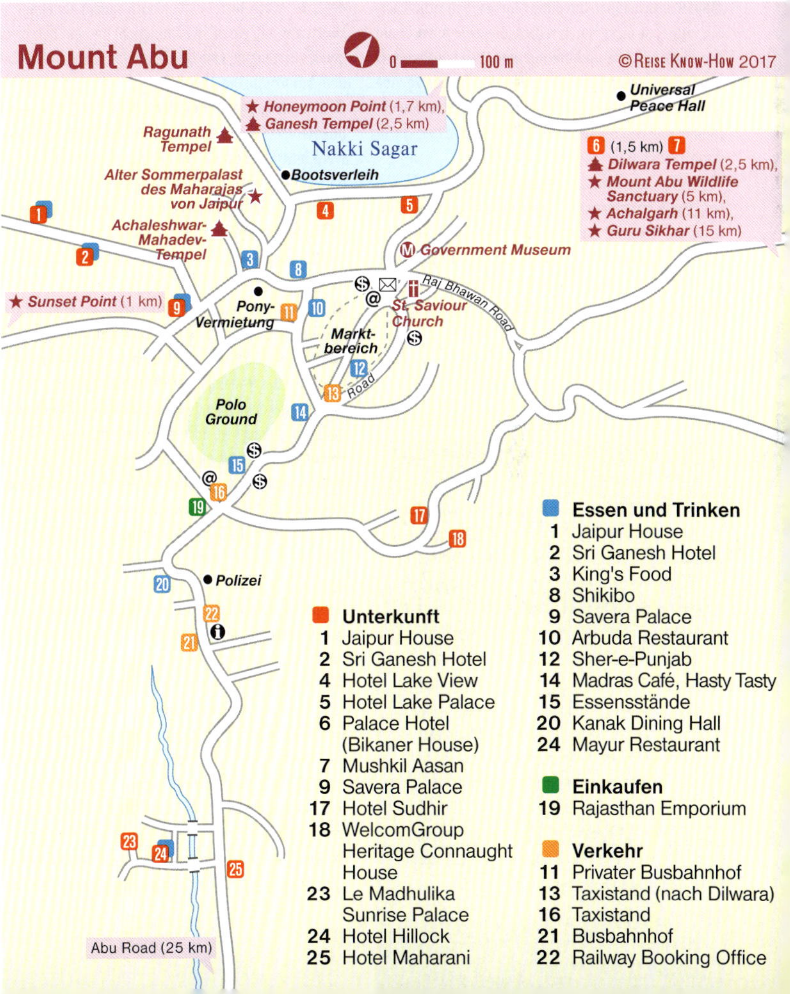

den besucht wird, liegt der Hotelstandard bis auf wenige Ausnahmen unterhalb des ansonsten in Touristenorten gebotenen Niveaus. Dies gilt speziell im unterem Preissegment.

■ Das mit Dachgarten, Internet, Gästeküche sowie gutem Restaurant versehene **Sri Ganesh Hotel**① (Tel. 237292, lalit_ganesh@yahoo.co.in) ist beliebt. Die Zimmer sind allerdings von sehr unterschiedlicher Qualität.

■ Das **Hotel Sudhir**①-② (Tel. 243120) in einer ruhigen Seitenstraße bietet eine passable Alternative.

■ Was die See-Nähe betrifft, ist das direkt oberhalb des Nakki-Sees gelegene **Hotel Lake View**①-② (Tel. 238659) unschlagbar. Um diese Lage würden sich sicherlich viele First-Class-Hotels reißen, denn die Aussicht auf den hübschen See und die ihn umgebenden Berge ist wirklich nur traumhaft zu nennen. Die hervorragende Aussicht kompensiert die schmucklose Ausstattung der Zimmer und den renovierungsbedürftigen Allgemeinzustand allerdings nur bedingt.

■ Für jene, die nicht unmittelbar am See wohnen müssen, gibt es im unteren Preissegment keine bessere Adresse als das **Mushkil Aasan**②-③ (Tel. 235150, www.hotelmushkilaasan.com). Das von einer sehr freundlichen Familie geführte Haus verfügt über 9 saubere Zimmer mit einladendem umlaufenden Garten in friedvoller Lage, etwa 1 km vom Nakki-See entfernt. Köstlich ist auch das hauseigene, einheimische Essen.

■ Empfehlenswert und in der Nebensaison ausgesprochen preiswert ist das **Hotel Lake Palace**③ (Tel. 237154, savshanti@hotmail.com), die ehemalige Sommerresidenz eines Maharajas. Die Lage unmittelbar am See, der hübsche Garten und das freundliche Personal – alles zusammen in Verbindung mit dem niedrigen Preis machen es zu einer empfehlenswerten Adresse.

■ Unter gleichem Management läuft das an der Straße zum Sunset Point gelegene **Savera Palace**③-④ (Tel. 238354). Zwar verfügt es nicht über den stilvollen Charme des Lake Palace, bietet dafür jedoch andere Annehmlichkeiten wie z.B. einen Swimmingpool und ein hervorragendes Restaurant. Eine besonders von Familien mit Kindern bevorzugte Unterkunft.

■ Eines der besten Hotels der Stadt ist das äußerst gepflegte und freundliche **Hotel Hillock**④ (Tel. 238463, www.hotelhillock.com). Die Zimmer sind hell und geräumig, das Personal sehr freundlich und bemüht, und zudem verfügt das Hotel über ein sehr gutes Restaurant.

■ Etwas preiswerter ist das ebenfalls sehr empfehlenswerte, gegenüber dem Hillock gelegene **Hotel Maharani**③ (Tel. 238510).

■ Wer es eher etwas romantischer mag, dem sei der oberhalb des Hillock gelegene **Le Madhulika Sunrise Palace**③ (Tel. 238775) empfohlen. Der ehemalige Sommerpalast des Maharajas von Bharatpur ist zwar etwas in die Jahre gekommen und könnte eine Generalüberholung ganz gut gebrauchen, doch das Flair vergangener Schönheit gibt dem ganzen einen speziellen Reiz.

■ Das nostalgisch schöne **Palace Hotel (Bikaner House)**④ (Tel. 238673, www.palacehotelbikanerhouse.com) war einst die Sommerresidenz des Maharajas von Bikaner. Die großen Zimmer, die weiträumige Gartenanlage und die schöne Lage ganz in der Nähe der Dilwara-Tempel sind die Hauptpluspunkte des Palace. Wer ein Anhänger des untergegangenen Raj ist, wird sich hier wohl fühlen, Freunde moderner Hotelanlagen eher nicht.

■ Nur wenige Minuten zu Fuß vom Stadtzentrum entfernt liegt das **WelcomGroup Heritage Connaught House**④-⑤ (Tel. 238560, www.jodhanaheritage.com), die ehemalige Sommerresidenz des Maharajas von Jodhpur. Während die Zimmer im Hauptgebäude wegen ihres kolonialen Ambientes zu gefallen wissen, verfügen jene im Neubau über eine schöne Terrasse mit Ausblick.

■ Aus Maharaja-Zeiten stammt das **Jaipur House**③-④ (Tel. 235176, www.royalfamilyjaipur.com) oberhalb der

Wer einmal mit einem ebenso engagierten wie informierten und zudem äußerst vertrauenswürdigen und sympathischen Führer die sehr attraktive Landschaft in der Umgebung Mt. Abus kennenlernen möchte, findet mit **Guide Charles** eine ideale Person. Er bietet von Halbtages- (380 Rs) über Eintagestouren (800 Rs) bis zu Treks mit Übernachtung in einem Dorf in der Umgebung (1.500 Rs inkl. drei Mahlzeiten) eine Vielzahl von Touren an, bei denen man einen tiefen Einblick in die Lebensbedingungen der einheimischen Bevölkerung erhält. Charles, der sehr gut Englisch spricht, wird immer wieder von Lesern empfohlen, die beeindruckende Touren mit ihm erlebt haben. Er ist über das Lake Palace Hotel zu kontaktieren, seine Tel.-Nr.: 237154, www.mount-abu-treks.blogspot.com, www.facebook.com/charles.guide.

Stadt mit toller Aussicht auf See, Stadt und Umgebung. Besonders schön sitzt es sich im Garten des auch Nicht-Gästen zugänglichen Dachrestaurants. Leider halten die Zimmer (viele etwas klein geraten und renovierungsbedürftig) und der wenn überhaupt durchschnittliche Service nicht, was das Äußere verspricht.

Essen und Trinken

Ebenso groß wie bei den Unterkünften ist auch die Auswahl beim Essen. Weniger erfreulich ist das Preisniveau, welches erheblich über dem Landesdurchschnitt liegt, unabhängig von Haupt- und Nebensaison.

- Nicht nur wegen seiner günstigen Lage etwas oberhalb des Busbahnhofs, sondern vor allem aufgrund seiner guten und für Mt.-Abu-Verhältnisse preiswerten südindischen Küche erfreut sich die **Kanak Dining Hall** großer Beliebtheit.
- Klassisch nordindische Küche in einfachem Ambiente bietet das **Sher-e-Punjab-Hotel** beim Gemüsemarkt. Besonders lecker ist das *chicken special*.
- Im **Madras Café** kann sowohl an der Straße wie auch innen oder auf dem Dach gespeist werden. Gute, aber überteuerte Fruchtsäfte, Eis und Kaffee gibt's im **Hasty Tasty** vor dem Madras Café.
- Mit köstlichem Kaffee, Sandwiches, Shakes und Eiscreme in coolem Ambiente hat sich das **Shikibo** zu einem der angesagtesten Cafés von Mt. Abu entwickelt.
- Ausgezeichnet ist das **Mayur Restaurant** im 1. Stock des Hotel Hillock. Ausgezeichnete Thalis sowie chinesische Gerichte machen es zum besten Hotel-Restaurant der Stadt.
- **Kings' Food** bietet kulinarisch nichts Außergewöhnliches, dafür ist es ein guter Ort, um bei einem nachmittäglichen Kaffee das bunte Treiben an sich vorbeiziehen zu lassen.
- Günstig und lecker und das auch noch in angenehmer Umgebung isst man im **Arbuda Restaurant.** Das Open-Air-Restaurant bietet Gerichte von 80 bis 250 Rs.
- Gar nicht zu verachten sind die vielen kleinen **Essensstände** entlang der Hauptstraße mit diversen Snacks, z.B. frisch zubereiteten Omelettsandwiches.
- Aussicht und Essen sind gleichermaßen vorzüglich auf der Terrasse des **Jaipur House.** Selbst wer nicht 250–450 Rs für ein Gericht ausgeben will, sollte zumindest einmal auf einen Drink vorbeischauen und den Ausblick auf den See genießen.

Bank und Internet

- Die **State Bank of Bikaner & Jaipur** wechselt Bares (hier gibt's auch einen ATM für die wichtigen Kreditkarten bis auf AmEx), die **Union Bank of India** nimmt die meisten Kreditkarten.
- **Internet:** In der Nähe des Marktes ist das **Yanj-Ya Cyber Zone** am besten, hier kann man auch CDs oder DVDs brennen. Auch **Shree Krishna Cyber** (9–22 Uhr) ist schnell genug.

An- und Weiterreise

Mt. Abu selbst kann **nur per Bus bzw. Taxi** angefahren werden. Der **nächstgelegene Bahnhof** ist Abu Road am Fuße des Tafelberges, 27 km entfernt. Von dort fahren ständig Busse, die den steilen Anstieg in etwa einer Stunde bewältigen. Da sie jedoch oftmals hoffnungslos überfüllt sind, bieten sich Taxen als Alternative an. Preis ca. 350 Rs, maximal 5 Personen. Egal wie man ankommt, jeder muss beim Passieren der Einlassschranke eine **Gebühr** von 10 Rs zahlen. Generell sind Busverbindungen vorzuziehen, da dann das umständliche und zeitaufwendige Umsteigen in Abu Road entfällt.

Bahn

Das **Railway Booking Office** in Mt. Abu findet sich über dem Tourist Office (Tel. 221205, 8–20 Uhr geöffnet). Hier können Reservierungen für Züge ab Abu Rd. vorgenommen werden. Wichtige Verbindungen sind im Anhang aufgelistet.

Bus

- Eine Vielzahl von privaten Busgesellschaften bieten Fahrten zu fast allen größeren Städten Rajasthans und Gujarats an. Die Abfahrtszeiten liegen meist um 8.30 Uhr früh für längere Entfernungen. Sechs Busse tgl. nach **Udaipur** (5½ Std.). Nach **Jaipur** (12 Std.) und **Ajmer** (10 Std.) zwei Busse tgl. Nach **Jodhpur** (7 Std.), **Jaisalmer** (11 Std.) und **Delhi** (18 Std.) jeweils ein Bus.

Jodhpur

– die blaue Stadt

Mit dem fantastischen Meherangarh Fort, dem Umaid Bhawan, einem gewaltigen, erst Mitte des 20. Jahrhunderts fertig gestellten Palast, und der schönen Altstadt gehört Jodhpur zu den besuchenswertesten Städten Rajasthans und rechtfertigt einen mehrtägigen Aufenthalt, bevor man sich von hier auf den langen Weg in die alte Karawanenstadt Jaisalmer an der Grenze zu Pakistan begibt.

„Stadt des Lichts" wird die zweitgrößte Stadt Rajasthans auch genannt. Und tatsächlich bekommt man hier einen ersten Eindruck vom einzigartigen Licht- und Farbenspiel der **Wüste Thar,** an deren Rand die ehemalige Hauptstadt des Marwar-Reiches liegt. Besonders beeindruckend ist das **Indigo-Blau** vieler Häuser in der Altstadt. Ursprünglich als Farbe den Brahmanen vorbehalten, ist es heute zu einem der markantesten Merkmale der „blauen Stadt" geworden.

Geschichte

1459 sah sich *Rao Jodha* (1451–92), Anführer der **Rathor,** eines der bedeutendsten Fürstengeschlechter Rajasthans, angesichts der von Delhi anrückenden islamischen Invasoren gezwungen, seine Hauptstadt vom wenig befestigten Mandore, das seit 1395 als Hauptstadt gedient hatte, ins nur acht Kilometer südlich gelegene Jodhpur zu verlegen. Hier wurde umgehend mit dem Bau des Meherangarh Fort begonnen. Schnell konnten die Rathors aus dem Hause Marwar ihre Machtbasis erweitern, woran vornehmlich *Rao Bi Katshi*, einer der Söhne *Rao Singhs*, mit der Gründung der großen Festungsstadt Bikaner im Norden 1488 großen Anteil hatte. *Jodhas* Enkel *Ganga* musste jedoch nach mehreren Niederlagen (an der Seite Chittorgarhs) gegen den ersten Großmogul *Babur* die **Oberherrschaft der Moguln** anerkennen.

Er trat, wie so viele andere Rajputenfürsten auch, in die Dienste der Herrscher von Delhi. So eroberte *Raja Singh* (1594–1619) im Auftrage *Akbars* große Teile Gujarats und des Dekhan. Jodhpurs Lage an der den Handel zwischen Delhi und den Hafenstädten Gujarats verbindenen Karawanenroute war der eigentliche Grund für den Aufstieg der Rathors zu einem der bedeutendsten Rajputengeschlechter. *Raja Singhs* Enkel *Jaswant Singh* (1635–78) führte die Truppen *Shah Jahans* gegen dessen aufsässigen Sohn *Aurangzeb*, dem es schließlich 1679 gelang, Jodhpur zu annektieren. Im nun folgenden dreißigjährigen **Befreiungskampf** verbündeten sich die Rathors von Marwar mit den Sissodias von Udaipur, und ein Jahr nach dem Tod *Aurangzebs* im Jahre 1707 bestieg mit *Ajid Singh* wieder ein Rathor den Thron Jodhpurs.

1818 schließlich erkannten die Marwaris unter *Man Singh* die **britische Oberherrschaft** offiziell an, konnten jedoch, zumindest nominell, ihre Unabhängigkeit bewahren. Dies erwies sich schon 1857 als nützlich, als sich die indischen Truppen in der britischen Armee erhoben und auch in der Legion von Jodhpur Meuterei ausbrach. Die Maharajas, den Briten für die gesicherte Position zu Dank verpflichtet, standen ihrem Vertragspartner zur Seite, und so konnte der Aufstand schließlich niedergeschlagen werden. Auch in den beiden Weltkriegen unterstützte Jodhpur die Kolonialherren. So verwundert es nicht, dass Jodhpur nur widerstrebend am 30. März 1949 der Indischen Union beitrat.

⊡ Blick vom Meherangarh-Fort auf Jodhpur, die zweitgrößte Stadt Rajasthans

Sehenswertes

Meherangarh Fort

„Von Titanen erbaut" erschien das gewaltige, inmitten der Altstadt von Jodhpur gelegene Meherangarh Fort schon *Rudyard Kipling*. Tatsächlich dokumentiert der Anblick dieser im wahrsten Sinne des Wortes alles überragenden **Palastanlage** auch architektonisch die uneingeschränkte und allumfassende Herrschaft der Rajputenfürsten. Wer mochte es angesichts dieser geradezu erdrückenden Macht schon wagen, gegen die Potentaten zu rebellieren?

Vor die schwierige Aufgabe gestellt, unter all den faszinierenden Festungsanlagen Rajasthans die beeindruckendste auszuwählen, würde das Meherangarh Fort in Jodhpur sicherlich am häufigsten genannt. Geradezu märchenhaft, wie diese riesige, aus einem 120 Meter hohen Felsen scheinbar herauswachsende Palastanlage im Abendlicht rosarot über der Stadt erstrahlt. Genauso beeindruckend ist der morgendliche Blick von den bis zu 32 Meter hohen Festungsmauern auf die Altstadt mit ihren tiefblau bemalten Brahmanenhäusern.

Jedes der insgesamt **sieben Festungstore,** die während des steilen, serpentinenartigen, von hohen Mauern begrenzten Aufstiegs zum Palast zu durchqueren sind, trägt Spuren der ereignisreichen Geschichte des Hauses Mewar. Die farblich markierten Einschläge beim Lakkan-Tor stammen aus den Kanonenkugeln der Truppen Jaipurs, die Anfang des 19. Jh. vergeblich versuchten, das Fort zu erobern. Das heute als Eingangstor zum Fort dienende Jaya Pol (Siegestor) ließ *Maharaja Man Singh* anlässlich dieses Sieges 1809 errichten.

Ein im wahrsten Sinne des Wortes markantes (und makabres) Beispiel des **Sati-Kultes** findet sich mit den 32 Handabdrücken zu beiden Seiten des mit Eisenstacheln übersäten Loha Pol. Hier hinterließen die Prinzessinnen der verschiedenen Maharajas eine letzte Erinnerung, bevor sie sich auf dem Scheiterhaufen

306ra tb

ihres verstorbenen Mannes mitverbrennen ließen. Obwohl von den Briten schon Anfang des 19. Jh. verboten, soll sich noch 1953 die letzte Sati aus dem Königshaus von Jodhpur selbst verbrannt haben.

Ähnlich verwinkelt wie der Aufstieg zum **Palast** sind die Treppen und Gänge innerhalb des vor allem durch seine sehr schönen Ornamentierungen beeindruckenden Sandsteinpalastes. Die filigranen Steinmetzarbeiten an den überhängenden Erkern und Balkonen gehören zu den schönsten Rajasthans, ebenso wie die Ausstattung der einzelnen Räume des Palastes mit antiken Möbeln, vergoldeten Sänften, Kostümen, Musikinstrumenten, Kinderwiegen, Waffen und Schmuckvitrinen. Besonders beeindruckend sind dabei die Miniaturmalereien in Umaid Vilas.

Nach Beendigung des Rundganges sollte man auf jeden Fall den einzigartigen **Ausblick** von den mit Kanonen bestückten südlichen Festungsmauern auf die sich weit ausbreitende Altstadt Jodhpurs genießen.

■ **Geöffnet** ist der Palast tgl. 9–13 und 14–17.30 Uhr. Der Eintritt beträgt 500 Rs, Kameragebühr 100 Rs, Video weitere 200 Rs. Ein meist fachkundiger Guide, ebenfalls am Tickethäuschen zu buchen, kostet 100 Rs.

Audioführung durch das Fort

Unser Tipp: Ganz ausgezeichnet und unübertroffen in Indien ist die im Preis inbegriffene Audioführung durch das Fort (auch auf Deutsch). Anhand von über 30 ausgewählten Objekten wird der Besucher mit fundierten Informationen durch den Palastkomplex geleitet. Außerdem erhält man hochinteressante Hintergrundinformationen zu Themen wie dem Gebrauch von Opium oder dem Sati-Kult. Darüber hinaus erzählt der derzeit regierende Maharaja von Jodhpur von seinen Erfahrungen während der Krönungszeremonie und berichtet über weitere Erlebnisse seiner fünfzigjährigen Herrschaft.

Ziplining über Jodhpur

Unser Tipp: Sightseeing mal anders – aus der **Vogelperspektive.** Alles, was man hierfür benötigt, ist ein wenig Abenteuerlust und ein bisschen Kleingeld. Belohnt wird man mit einem einzigartigen Erlebnis! Beim Ziplining hängt man angegurtet an einem **Stahlseil** und „fliegt" etliche Meter über den Boden hinweg. In Jodhpur wurde eine riesige (insgesamt über 1 km lange) Anlage installiert: Entlang sechs miteinander verbundener Stahlseile schwebt man an der Nordseite des **Meherangarh Fort** über Paläste, Festungsmauern und Seen hinweg und kommt ob all der grandiosen Aussichten aus dem Staunen gar nicht mehr heraus. Besonders empfehlenswert am Morgen und am späteren Nachmittag, wenn das Licht einen besonderen Farbtupfer setzt. Das Ganze macht einen sehr professionellen und sicheren Eindruck. Mit 1.899 Rs (Kinder 1.599 Rs) für den gesamten Rundkurs ist dieses einmalige Erlebnis jede Rupie wert. Bei Online-Buchung unter www.flyingfox.asia erhält man Ermäßigung und sollte spätestens 30 Minuten vor „Flugbeginn" erscheinen.

Jaswant Thada

Wer der vom Fort in die Stadt führenden Straße folgt, erreicht nach wenigen Hundert Metern eine Abzweigung nach links, die zum **Grabmal** des 1895 verstorbenen *Maharajas Jaswant Singh II.* und aller weiteren nach ihm verstorbenen Herrscher von Jodhpur führt. Die leuchtend weißen Marmorpavillons wecken eher Assoziationen an einen Palast denn an eine Grabstätte und bieten zudem ein hervorragendes Fotomotiv mit dem Meherangarh Fort im Hintergrund.

■ **Öffnungszeiten:** tgl. 10 bis 17 Uhr. Eintritt 30 Rs, Kamera/Video 25/50 Rs.

Altstadtbummel

Unser Tipp: Obwohl sie selten von Touristen besucht wird, gehört ein Bummel durch die Altstadt um den sehr lebhaften Gewürz- und Obstmarkt **Sardar Market,** in dessen Mitte der imposante, von den Briten erbaute **Uhrturm** aufragt, zu einem Jodhpur-Aufenthalt unbedingt dazu. Wer das Meherangarh Fort nicht über den Hauptausgang, sondern durch das selten benutzte Südwesttor verlässt, gerät mitten in die von dunkelblau bemalten Häusern bestandenen Gassen entlang der Novechokiya Rd. Ein etwa 30-minütiger Spaziergang voller faszinierender Eindrücke führt von hier entlang einer kleinen Gasse, die bei einem Obstmarkt links vom Hauptweg abzweigt, vorbei an alten Havelis und Tempelanlagen zum Uhrturm. Wer sich für **Gewürze** interessiert, sollte im Shop 209-B des sehr kenntnisreichen *Mahonlal Verhonal* nahe dem Uhrturm vorbeischauen (Tel. 2615846, www.mvspices.com).

Umaid-Bhawan-Palast

Beim Blick vom Meherangarh Fort über die Stadt fällt sofort ein in südöstlicher Richtung auf einer Anhöhe liegendes, riesiges **Palastgebäude** auf. Ausmaß, Baustil, Baujahr – alles erscheint an diesem fünf Kilometer vom Stadtzentrum entfernten Gebäude äußerst ungewöhnlich. Als Anfang der 1920er Jahre nach mehrjährigen Missernten die Bauern ohne Brot und Beschäftigung waren, gab Maharaja *Umaid Singh* als eine Art riesige Arbeitsbeschaffungsmaßnahme den Auftrag zum Bau eines neuen Palastes.

Sicherlich ebenso ausschlaggebend war wohl auch hier, wie bei den meisten Rajputenfürsten Anfang des 20. Jh., der Wunsch, die meist mehrere Jahrhunderte alten Residenzen zu verlassen, um sie gegen neue, den Ansprüchen der Neuzeit genügende Paläste einzutauschen. Über 3.000 Arbeiter und Handwerker benötigten 15 Jahre zur Fertigstellung dieses von einer riesigen Doppelkuppel gekrönten Sandsteinpalastes, der mit seinen 195 mal 103 m und 348 Zimmern wahrlich majestätische Ausmaße aufweist.

Besonders im Bereich um den Uhrturm werden westliche Reisende oft von gut gekleideten jungen Männern angesprochen, häufig sogar in gutem Deutsch. Was folgt, ist eine **Einladung in eines der blauen Häuser,** damit man einen Einblick in die traditionelle Wohnweise gewinnen kann, wie es heißt. Klingt gut, sollte aber auf keinen Fall angenommen werden. Viele, die es taten, beklagten hinterher, dass sie in agressiver Weise zur Zahlung eines hohen Eintritts- und Verpflegungsgeldes aufgefordert wurden.

Das vom prominenten englischen Architekten *H. W. Lancaster* entworfene Monstrum erinnert an eine Mischung aus Buckingham Palace und Petersdom. Ein Teil des Gebäudes dient als eines der luxuriösesten Hotels Indiens. Der derzeit amtierende Maharaja von Jodhpur „begnügt sich" mit dem kleinen, nur etwa 80 Zimmer umfassenden Südtrakt.

Einige Räume des Palastes wurden in ein allerdings nicht sonderlich interessantes **Museum** umgewandelt, wobei die umfangreiche **Uhren- und Porzellansammlung** ins Auge fällt. Während Toilettengänge im übrigen Indien nicht gerade zu den touristischen Höhepunkten zu zählen sind, vermittelt das stille Örtchen im Umaid Bhawan einen lebendigen Ausdruck majestätischen Lebensstils der Maharajas selbst in den profanen Dingen des Lebens.

■ **Geöffnet** ist das Museum tgl. außer Fr von 9 bis 17 Uhr, Eintritt 100 Rs.

Umaid Gardens

Ganz hübsch zum Verschnaufen sind die baumbestandenen **Parkanlagen** des Umaid Gardens im Zentrum. Auch ein kleiner **Zoo** ist vorhanden. Das im Park befindliche **Sardar Government Museum** (Sa–Do 10–16.30

Jodhpur

Unterkunft
1 Singhvi's Haveli
2 Cosy Guest House
3 Raas
4 Yogi Guest House
6 Achal Niwas Paying Guest House, Hotel Haveli
7 Pal Haveli
8 Havellee Inn Pal
10 Balsamand Lake Palace
11 The Blue House
14 Govind Hotel
20 Hotel Ajit Bhawan
22 Umaid Bhawan Palace
24 Ratan Vilas
25 Taj Hari Mahal Palace

Essen und Trinken
5 Jhankar Choti Haveli
6 Jharokha
7 Indique
8 Panorama
9 Nirvana Café
17 Kalinga Restaurant
18 Midtown Restaurant
21 On the Rocks

Verkehr
13 Busbahnhof
15 Railway Reservation Office
19 Taxistand
23 Air India

Einkaufen
12 Sardar Market
16 Saryodava Bookshop

10 (5 km), Mandore (7 km), Osian (63 km)
Meherangarh Fort
Haupteingang
Fahr-stuhl
Eingang Museum
Aussicht
Meherangarh Fort
1 Jaya Pol
2 Chhatri Kiratsingh Sodha
3 Ded Kandra Pol
4 Imritia Pol
5 Loha Pol
6 Daulat Khana Chowk
7 Singhar Chowk
8 Zenana
9 Nagnechia Tempel
10 Fateh Pol
11 Chamunda Devi Tempel
Fateh-See
Gulab-See
Mertia Gate
Clocktower
Jama Masjid
Zoo
Sardar Government Museum
Umaid-Garten
High Court
Nai Sarala Road
High Court Road
Fußgängerbrücke
Raika Bagh Bahnhof
Circuit House
Jaipur (300 km), Ajmer (200 km)
Ratanada Road
Gavshala Rd.
Airport Road
Umaid Bhawan Palace & Museum
Bhatia Circle
Ratanada Circle
Luni (30 km)
Flughafen (3 km), Sardar Samand (40 km)

Uhr) mit antiken Waffen, Skulpturen, alten Manuskripten, Miniaturmalereien und leicht angestaubten ausgestopften Tieren ist nicht sonderlich besuchenswert.

Marwar Festival

Alljährlich findet das Marwar Festival statt, mit **rajasthanischem Tanz, Musik und Kamelumzügen.** Das Festival wird auch in Osian, 65 km nördlich von Jodhpur, abgehalten. Während dieser Zeit gibt es zusätzliche, vom Tourist Office organisierte Busse von Jodhpur dorthin.

- **Der nächste Termin:** 4./5.10.2017

Praktische Tipps

Information

- **Vorwahl:** 0291
- Das **Touristenbüro** (Tel. 2545083) befindet sich an der Highcourt Rd. am Umaid Gardens und ist tgl. außer So 8–20 Uhr geöffnet.

Stadtverkehr

- Die Preise für die von Touristen am häufigsten befahrenen Strecken vom Bahnhof zum Clocktower, Meherangarh Fort und Umaid Bhawan Palace sollten per **Autoriksha** nicht mehr als 50/80/150 Rs kosten. Verlangt wird vom reichen Sahib natürlich wesentlich mehr.

Stadtrundfahrt

- Das **Tourist Office** (Tel. 2545083, High Court Rd.) führt täglich zwei Stadtrundfahrten von 9–13 und 14–18 Uhr durch. Neben dem Meherangarh Fort, dem Umaid-Bhawan-Palast und dem Jaswant Thada sind darin auch die Mandore-Gärten 9 km außerhalb enthalten. Preis pro Person 90 Rs, ohne Eintrittsgelder, Abfahrt vom Tourist Bungalow.

Unterkunft

Die gute Nachricht: Jodhpur verfügt über eine große Auswahl an Unterkünften aller Preiskategorien. Besonders zu empfehlen sind die in der Altstadt angesiedelten, zu Hotels umgewandelten Havelis. Die schlechte Nachricht: Hier treibt das Kommissionsunwesen der **Rikshafahrer** besondere Blüte. Mit irreführenden Hinweisen (Hotels ausgebucht, schlechtes Essen) werden grundsätzlich nur jene Hotels angefahren, von denen die Fahrer eine saftige Kommissionen (bis zu 50 %) kassieren. Viele der hier aufgeführten Unterkünfte beteiligen sich nicht am Kommissionsgeschäft und werden so von den Rikshafahrern nicht angefahren – es lohnt ein Anruf beim Hotel, welches dann einen kostenlosen Abholservice arrangiert. Im Übrigen befinden sich die allermeisten Hotels in der Altstadt in Gehdistanz zum Uhrturm, sodass man dem Rikshafahrer einfach „Clocktower" als Fahrtziel angibt und von dort sein auserkorenes Ziel zu Fuß ansteuert.

- Eine der schönsten Adressen in der pittoresken Altstadt ist das **Singhvi's Haveli**①-④ (Tel. 2624293, www.singhvihaveli.com). Das in einem restaurierten Haveli angesiedelte Haus bietet in Größe und Ausstattung unterschiedliche Räume. Alle Zimmer sind ihren Preis wert, doch wer mal fürstlich zu erschwinglichen Preisen logieren möchte, sollte sich in der Maharani Suite einquartieren. Das gemütliche Dachrestaurant bietet köstliche und preiswerte Gerichte. Ein idealer Ort, um die besondere Atmosphäre der Altstadt von Jodhpur in aller Ruhe auf sich wirken zu lassen.
- Ganz in der Nähe findet sich mit dem **Cosy Guest House**①-② (Novechokiya Rd., Tel. 2612066, (0)982 9023390, www.cosyguesthouse.com) eine weitere sehr empfehlenswerte Billigunterkunft. Nahe dem rückwärtigen Eingang zum Fort gelegen, bietet es saubere, hübsch eingerichtete und preiswerte Zimmer mit TV und schöner Atmosphäre.
- Viel für wenig Geld bietet auch das **Hotel Haveli**①-③ (Tel. 2614615, www.hotelhaveli.net). Allerdings sollte man sich in einem Zimmer zum Innenhof einmieten, da die nach außen gelegenen Räume sehr unter dem Straßenlärm leiden. Von den nach vorn gelegenen und dem sehr beliebten Dachrestaurant bieten sich schöne Ausblicke auf das Fort und die blau strahlende Stadt. Auch ein Internetcafé ist vorhanden.
- Das alteingesessene **The Blue House**②-③ (Tel. 2621396, www.bluehousejodhpur.com) mitten in der Altstadt, mit Restaurant, bietet sehr unterschiedliche Zim-

mer, von fensterlosen EZ mit Gemeinschaftsbad bis zu großen, klimatisierten Räumen mit TV.

■ Schöne Zimmer mit Bad und die familiäre Atmosphäre machen das **Achal Niwas Paying Guest House**①-② (Tel. 2618004, achalniwas_gh@yahoo.com) in der gleichen Ecke zu einer Empfehlung.

■ Wer Wert auf Atmosphäre legt, sollte sich in **Yogi Guest House**①-③ (Tel. 2643436, www.yogiguesthouse.com) einmieten. Obwohl etwas versteckt in einer kleinen Gasse gelegen, ist es recht leicht zu finden, da mehrere Schilder den Weg weisen. Das über 400 Jahre alte Haus verfügt über Zimmer mit Gemeinschaftsbad, AC-Räume mit Balkon und TV sowie ein gutes Dachrestaurant. Einziger Nachteil des ansonsten sehr zu empfehlenden Hauses ist der oftmals bemängelte Service.

■ Das **Govind Hotel**① (Tel. 2622758, www.govindhotel.com) an der Station Road im 2. Stock über einer Bankfiliale hat saubere Zimmer, manche mit TV, manche ohne Fenster. Dafür bietet sich vom guten Dachrestaurant ein toller Blick auf das Meherangarh Fort. Ein billiger Ticket-Service für Bus und Bahn, Internet im Haus, Kamelsafaris im Angebot sowie der sehr hilfsbereite Manager machen es zur besten Wahl dieser Preiskategorie außerhalb der Altstadt. Da dieses Haus nicht von Rikshafahrern angefahren wird (es wird keine Kommission gezahlt), sollte man den nahegelegenen Bahnhof oder das Rail Reservation Office gegenüber dem Hotel als Fahrtziel angeben. Auch privates Wohnen im komfortablen neuen Haus des Besitzers ist möglich.

Unser Tipp: Die wohl schönste Unterkunft in der Altstadt ist das entzückende **Pal Haveli**④ (Tel. 2439615, www.palhaveli.com). Das Mitte des 19. Jh. vom Baron von Pali errichtete Herrscherhaus besticht neben seiner stilvollen Atmosphäre durch seine gemütlichen, im typischen Rajputenstil eingerichteten Zimmer und ein ausgezeichnetes Restaurant. Besonders zu empfehlen am Abend bei Kerzenlicht und herrlicher Aussicht über die Stadt. Einzig die steilen Treppenstufen zwischen den einzelnen Etagen sorgen in diesem Kleinod für Schweißperlen.

■ Eine fast so schöne und wegen des niedrigeren Preises sehr attraktive Alternative bietet das in der Nähe des Uhrturms gelegene **Havellee Inn Pal**③ (Tel. 2612519, www.haveliinnpal.com). Das traditionsreiche Kaufmannshaus überzeugt mit seinen romantischen Zimmern und dem tollen Dachterrassenrestaurant.

■ Sehr weitläufig und friedlich wohnt es sich im südlich der Altstadt gelegenen **Ratan Vilas**③-④ (Tel. 2614418, www.ratanvilas.com). Auch hierbei handelt es sich um eine stilvolle Villa mit hervorragendem Service und ausgezeichnetem Restaurant.

■ Schön ist die Anlage des **Hotel Ajit Bhawan**④ (Tel. 2511410, www.ajitbhawan.com) an der Straße zum Flughafen. Die 20 stilvoll eingerichteten Bungalows liegen in einem gepflegten Garten mit Swimmingpool und sehenswerter Oldtimer-Sammlung. Jeden Abend findet eine Musik- und Tanzvorführung im typisch rajasthanischen Stil statt.

■ Das strahlend weiße **Taj Hari Mahal Palace**⑤ (Tel. 2439700, www.vivantatajhotels.com) ist das Flaggschiff der Taj-Gruppe und bietet inmitten einer weitläufigen Gartenanlage riesige Zimmer mit luxuriösen Bädern und einen sehr schönen Pool. Einzig das Essen entspricht nicht ganz den Erwartungen.

■ Das von der renommierten Taj-Gruppe gemanagte **Umaid Bhawan Palace**⑤ (Tel. 2510101, www.tajhotels.com) gehört zu den beeindruckendsten Palasthotels der Erde. So ist es auch keine Seltenheit, dass es als Kulisse für in- wie ausländische Filme dient und *Prince Charles* von England ein ebenso häufiger wie gern gesehener Gast ist. Die 64 Suiten sind mit allem Luxus ausgestattet. Ein Augenfang ist allein schon der Swimmingpool.

Unser Tipp: Architektonisch am ambitioniertesten und gleichzeitig gelungensten ist das **Raas**⑤ (Tel. 2636455, www.raasjodhpur.com). Mitten in der Altstadt und verborgen hinter einem typisch rajputischen Eingangstor öffnet sich ein Boutique-Hotel internationaler Klasse. Diese Oase der Ruhe besticht durch ihren minimalistischen Stil inmitten traditioneller Baustruktur. Alle 37 Zimmer sind mit modernsten Annehmlichkeiten ausgestattet. Das Restaurant ist ausgezeichnet und ein Spa angeschlossen.

In der Umgebung

■ Das ehemalige Lustschlösschen **Balsamand Lake Palace**④ (Tel. 0291-2545991, www.welcomeheritagehotels.in) des Maharajas von Jodhpur ist 8 km von Jodhpur entfernt. Es liegt inmitten einer großzügigen Parklandschaft idyllisch an einem künstlichen See und wurde vor kurzem in eine luxuriöse Unterkunft umgewandelt.

■ **Luni:** Ein stilvolles Heritage Hotel findet sich in dem kleinen Dorf Luni, etwa 30 km südlich von Jodhpur. Das dortige **Fort Chanwa**④ (Tel. 0291-2532400, www.fortchanwa.com) ist eine geglückte Umwandlung von historischen Gebäuden in ein hübsches Hotel unter Beibehaltung der typisch rajputischen Atmosphäre. Die 45 Zimmer sind von äußerst unterschiedlicher Qualität und sollten zunächst inspiziert werden. Das Hotel verfügt über einen Pool und organisiert Jeep- oder Kamelsafaris zu den umliegenden Bishnoi-Dörfern.

■ **Sardar Samand:** Eine weitere Möglichkeit, in einem Heritage Hotel ein paar Tage der Erholung einzulegen, bietet das an den Ufern des gleichnamigen Sees gelegene **Sardar Samand Palace Hotel**⑤ (Tel. 0291-2545591, www.sadarsamand.jodhanaheritage.com), ein 1933 als Jagdschloss des Maharajas von Jodhpur im Bauhaus-Stil errichteter Palast.

Idealer Zwischenstopp – Manvar Desert Camp

Unser Tipp: Ein idealer Ort für einen Zwischenstopp auf halber Strecke **zwischen Jodhpur und Jaisalmer** bietet die sehr hübsche Anlage des **Manvar Desert Camp**④ (Tel. 0291-2511600, www.manvar.com). Obwohl die meisten Besucher nur einen kleinen Snack bzw. ein Getränk zu sich nehmen, um dann ihre Fahrt fortzusetzen, lohnt sich auch eine Übernachtung in den hübschen, geschmackvoll eingerichteten Lehm-Bungalows. Die gesamte Anlage wurde im typisch rajputischen Stil errichtet und überzeugt durch ihre Ruhe und das freundliche Personal. Im Übrigen bietet sich die wüstenartige Umgebung für **Safaris per Kamel oder Jeep** an. Hierbei erhält man einen hochinteressanten Eindruck der Lebensverhältnisse der Dorfbewohner und kann auf vom Massentourismus noch recht unberührten Sanddünen den Sonnenuntergang bewundern. Im etwa 10 km vom Resort entfernten **Camp** kann man sich in luxuriösen Zelten einmieten.

Essen und Trinken

Eine besondere Spezialität Jodhpurs ist der *makhani lassi* (Butter-Lassi), ein wunderbar cremiges und gleichzeitig erfrischendes Getränk, erhältlich in vielen Restaurants und an Getränkeständen.

■ Was im allgemeinen eher nicht zu empfehlen ist, macht in Jodhpur durchaus Sinn: Essen im Hotel. Die allermeisten Unterkünfte speziell in der Altstadt verfügen über sehr gemütliche **Dachterrassenrestaurants.** Wer möchte nicht bei Kerzenlicht unter dem Sternenhimmel sitzen, mit Blick auf das majestätisch angestrahlte Fort, und dazu klassischer indischer Musik lauschen – das Ganze zu erstaunlich günstigen Preisen? Bei manchen dieser *rooftop restaurants* verspricht das Ambiente wesentlich mehr als das Essen letztlich halten kann. Einige verbinden jedoch Ambiente mit feiner Küche. Zu nennen sind unter anderem das ausgezeichnete **Indique** auf dem Pal Haveli, das **Jharokha** (Hotel Haveli) mit seiner köstlichen vegetarischen Küche und das romantische **Panorama** auf dem Havellee Inn Pal.

■ Ein Liebling der Traveller-Szene ist das **Jhankar Choti Haveli** in der Nähe des Uhrturms. Mit der umfangreichen Speisekarte von indisch über chinesisch bis europäisch scheint für jeden Geschmack etwas dabei zu sein, bei günstigen Preisen (120–230 Rs), freundlichem Service und toller Aussicht.

■ Ein weiterer Favorit der Individualreisenden ist das **Nirvana Café** in der Ghandi Street. Der eigentliche Clou ist seine Lage inmitten eines bunten Hindutempels. Die Speisekarte ist umfangreich, die Aussicht von der Dachterrasse beeindruckend, das Essen jedoch dem wenig würzigen Geschmack der westlichen Klientel angepasst.

■ Weder Schnickschnack noch tolle Aussicht auf irgendwas, dafür authentische indische Gerichte zu günstigen Preisen (130–250 Rs) bietet das **Midtown Restaurant** in der Nähe des Bahnhofs.

■ Sehr gut isst man auch im **Kalinga Restaurant** (AC). Dass es sich hierbei um ein authentisch indisches Restaurant handelt, sieht man daran, dass es sich bei den Einheimischen großer Beliebtheit erfreut. Mit Gerichten zwischen 170 und 400 Rs ist es jedoch relativ teuer.

■ Für indische Verhältnisse richtig angenehm sitzt es sich im direkt an das Ajit Bhawan angrenzenden und unter gleichem Management befindlichen Restaurant **On the Rocks.** In diesem Gartenrestraurant, zu dem auch eine allerdings recht dunkle Bar gehört, ist die indische Küche sehr schmackhaft. Alles in allem fast schon eine „Finedining-Adresse" mit allerdings auch entsprechenden Preisen.

Bank, Post und Internet

■ Die **State Bank of India** (Tel. 2543649, Mo–Fr 10–14 und 15–16 Uhr, Sa 10–13 Uhr) im Gerichtsviertel und die **Bank of Baroda** (Mo–Fr 10–15 Uhr, Sa 10–12.30 Uhr) nahe dem Sojati Pol wechseln Bares. Gegenüber steht ein UTI-Bank-ATM für alle gängigen Karten außer AmEx. Weitere **ATMs** gibt es 50 m rechts vom Govind Hotel in der Station Rd. (ICICI-Bank) sowie einige an der Airport Rd. (an deren Anfang beim Circuit House auch ein LKP-Forex-Büro zu finden ist), wobei der dortige ATM der idbi-Bank auch AmEx-Karten annimmt.

■ Die **Hauptpost** nahe dem Bahnhof hat kleinere Ableger in der Altstadt sowie nördlich des High Court an der Mertia Gate Rd. (Mo–Fr 9–15 Uhr, Sa 9–12 Uhr).
■ Im Hotelbereich der Altstadt finden sich viele **Internetcafés.** Auch am Clocktower und vor dem Bahnhof gibt's Surfmöglichkeiten.

Medizinische Versorgung

■ Das staatliche **M.G. Hospital** (Tel. 2639851, 2636437, 2636438) wie auch besonders das private **Goyal Hospital** (Residency Rd. gegenüber Rotary Hall, Tel. 2432144, www.goyalhospital.org) werden empfohlen.

Jeeptouren

Unser Tipp: Fast alle Hotels, Guest Houses und das Tourist Office bieten sogenannte **Village Safaris** in die Umgebung von Jodhpur an (einige, wie das Govind Hotel, zusätzlich Kamelsafaris). Sie sind besonders für jene interessant, die ansonsten keine Möglichkeit haben, das ländliche Rajasthan zu besuchen. Besichtigt werden verschiedene Dörfer, wobei die Bishnoi besonders sehenswert sind. Die meisten Angebote kosten um die 500 Rs pro Person. Enthalten sind die Jeeptour sowie Mittagessen und Tee. Allerdings sollte man vor Fahrtbeginn sicherstellen, dass auch tatsächlich genügend Zeit für die Besichtigung der Dörfer zur Verfügung steht. Nicht selten kommt es vor, dass ein Großteil der Zeit mit dem Bewältigen der Entfernungen im Jeep verbracht wird.
■ **Marwar Eco Cutural Tours & Travels** (Tel. 5123095, (0)9414418596, marwar.ngo@gmail.com, www.nativeplanet.org/tours/india), die sich zum Ziel setzen, rajasthanische Kultur zu bewahren, bieten eine Vielzahl von Ausflügen zu den Volksstämmen der Umgebung wie auch in andere Teile Rajasthans und natürlich Kamelsafaris an. Genaueres auf der detaillierten Website.

An- und Weiterreise

Flug

■ Der **Flughafen** liegt nur 5 km vom Stadtzentrum entfernt. Mit dem Taxi sollte es nicht mehr als 250 Rs kosten, mit der Autoriksha max. 150 Rs.
■ **Air India,** 2 West Patel Nagar, Circuit House Rd., Tel. 2510758, Flughafen: 2512617.

Bahn

Das **Reservierungsgebäude** liegt etwa 200 m nördlich des Hauptbahnhofs neben der Hauptpost und ist Mo bis Sa 8–20 Uhr geöffnet, So 8–14 Uhr. Schalter 786 ist Touristen vorbehalten.
■ Es kommt des öfteren vor, dass der aus Delhi kommende 4059 Delhi Jaisalmer Exp. nach **Jaisalmer** (Abf. Jodhpur 5.15 Uhr, Ank. Jaisalmer 11 Uhr) mehrere Stunden Verspätung hat bzw. ganz abgesagt wird. Deshalb sollte man die im Anhang aufgeführten Verbindungen nach Jaisalmer vorziehen.
■ **Mt. Abu** ist, schon weil die Züge nur bis Abu Rd. fahren, wesentlich schneller mit dem Bus zu erreichen.

Bus

Der leicht chaotische staatliche Busbahnhof findet sich östlich der Innenstadt, während die Busbahnhöfe der Privatanbieter (ehemals am Bahnhof) ca. 2 km weiter nach Südwesten verlegt worden sind. Dennoch befinden sich die meisten ihrer Büros weiterhin in Bahnhofsnähe. Im Folgenden werden staatliche Busverbindungen erwähnt.
■ Viele Verbindungen täglich nach **Jaipur** (7 Std., 240–400 Rs), **Ajmer** (4 Std., 200–400 Rs) und **Bikaner** (5 Std. 200–350 Rs).
■ Nach **Udaipur** 6–7 Std., 250/350 Rs. Wer von Jodhpur nach **Ranakpur** fahren möchte, erkundige sich am besten am Busbahnhof nach der genauen Abfahrtszeit, da einige Busse von und nach Udaipur via Ranakpur fahren.
■ Von den 15 Bussen, die täglich nach **Jaisalmer** fahren, ist der morgens um 6 Uhr vom privaten Busbahnhof abfahrende Deluxe-Bus einer der bequemsten und schnellsten (5½ Std., 350/650 Rs).
■ Weitere Verbindungen gibt es nach **Mt. Abu, Kota** (über Bundi) und **Chittorgarh.**

Umgebung von Jodhpur

Mandore

Vorbei am Maha Mandir, einer Siedlung mit einem großen Shiva-Tempel, führt die Straße ins 8 km nördlich gelegene Mandore. Der Ort war für ein halbes Jahrhundert **Hauptstadt der Marwaris,** bevor diese ihre Residenz nach Jodhpur verlegten. Bei Einheimischen ist Mandore mit seinen Rosenbeeten, Wasserläufen, frei umherlaufenden Pfauen und alten Bäumen, in denen sich die Affen austoben, ein beliebtes Ausflugsziel. Inmitten der Gärten am Fuße des alten Forts stehen die äußerst fotogenen Gedenkstätten der ehemaligen Herrscher von Marwar. Die schönsten Chattris wurden *Maharaja Jaswant Singh* und *Maharaja Ajit Singh* gewidmet. In der sogenannten Heldenhalle stehen 16 überlebensgroße, aus dem Fels gemeißelte, bunt bemalte Skulpturen, die historische Figuren und lokale Gottheiten darstellen sollen.

Anreise

■ **Busse** fahren die 9 km lange Strecke zwischen Jodhpur und Mandore den ganzen Tag, der letzte zurück nach Jodhpur etwa um 21.30 Uhr.

Unterkunft

UNSER TIPP: Eine Oase der Ruhe ist das sehr gelungene **Mandore Guest House**② (Tel. 0291-2545620, www.mandore.com), ganz in der Nähe der Mandore-Gärten. Individuell gestaltete Bungalows in typischem Rajputenstil, umgeben von einer gepflegten Gartenanlage, zusammen mit den sehr freundlichen Angestellten machen das Haus zu einer hervorragenden Adresse.

Osian

Der heute in der Hitze der Wüste Thar vor sich hin dösende Ort war vom 8. bis 12. Jh. eine lebhafte Handelsstadt am Kreuzungspunkt wichtiger Karawanenstraßen. Aus jener Zeit haben sich 16 sehr schöne **Hindu- und Jain-Tempel** erhalten. Die ältesten Sakralbauten stehen auf einer erhöhten Terrasse am Ortsrand und sind in der Tradition des Gupta-Baustils konstruiert. Am beeindruckendsten ist ein sehr fein ornamentierter **Sonnentempel** aus dem 8. Jh. Der in der Nähe befindliche **Stufenbrunnen** war ursprünglich Teil eines Sommerpalastes, von dem jedoch nur noch bescheidene Ruinen erhalten geblieben sind.

Zum **Tempel Sachiya Mata** (Tempel der Wahrhaftigen Mutter), der aus dem 12. Jh. stammt, pilgern vor allem junge Ehepaare und kinderlose Frauen, um bei dieser Fruchtbarkeitsgottheit um die Erfüllung ihres Kinderwunsches zu beten. Besonders gelungen ist der von schön verzierten Torbögen (Toranas) überspannte Treppenaufgang zu dem auf einem Hügel errichteten Tempel. Oben angelangt verdienen die gut erhaltenen Götterfiguren an den Außenwänden der diversen Shikaras Beachtung. Dies gilt insbesondere für die nur selten zu findende Darstellung Shiva und Vishnus in der gemeinsamen Figur der Hari-Hara.

Auch in Osian beeindruckt der große, dem Stifter der Jain-Religion *Mahavira* gewidmete **Jain-Tempel** (7–20.30 Uhr, Eintritt 10 Rs, Kamera 100 Rs) mit einer Fülle an Skulpturenschmuck. Die Götterfiguren, Tempeltänzerinnen, Blumen und Elefantenfriese erinnern an die großartigen Tempelanlagen von Dilwara und Ranakpur. Hauptunterschied der vom Grundriss traditionell gestalteten Anlage ist das ausschließlich als Baumaterial verwandte rote Sandstein.

[>] Figurenschmuck am Jain-Tempel von Osian

Jeweils Ende Oktober findet hier wie auch in Jodhpur das **Marwar Festival** statt, siehe Jodhpur.

Unterkunft

- Der Tempelpriester der Jain-Tempel vermietet 20 Zimmer in seinem **Guest House**① (Tel. 02922-273296).
- Viel Komfort gibt's beim **Camel Camp**④ (Tel. 0291-2437023). Die auf einer Düne platzierten Zelte belohnen mit angenehmem Wohnkomfort und Blick über den Ort.

Anreise

- Von Jodhpur fahren halbstündig **Busse** in 1½ Std. ins 65 km entfernte Osian. Per **Taxi** von Jodhpur müssen inkl. Rückfahrt etwa 600 Rs bezahlt werden.

Khimsar

Ein schöner Ort, um abseits der ausgetretenen Touristenpfade einige Tage der Ruhe und Entspannung im ländlichen Rajasthan zu verbringen, ist der kleine Ort Khimsar, 60 km nördlich von Jodhpur. Khimsar selbst ist ein unscheinbares Dorf, wäre da nicht jenes zum Hotel umgebaute **Fort,** welches zu einem der schönsten **Heritage-Hotels** der Region zählt. Von dem im 17. Jh. erbauten Burghotel Royal Castle lassen sich interessante Ausflüge in die wüstenartige Umgebung unternehmen. Besonders beliebt sind nachmittägliche **Safaris** zu den in der Gegend vorkommenden Antilopen-Herden und den hier besonders zahlreichen Bishnoi-Dörfern. Kehrt man nach dem von der Spitze einer Sanddüne genossenen Sonnenuntergang nach Khimsar zurück, wird einem die zeitlose Schönheit des Ortes bewusst.

841ra tb

Unterkunft

■ Das Heritage Hotel **Royal Castle**④-⑤ (Tel. 01585-262345, www.khimsar.com) ist um einen sehr schönen Swimmingpool herum angelegt. Zum Ausklang des Tages sollte man sich das allabendlich auf den Festungsmauern mit folkloristischer Untermalung angebotene rajasthanische Abendessen nicht entgehen lassen.

■ Der umtriebige Besitzer des Royal Castle hat sieben Kilometer vom Fort entfernt das sehr gelungene **Khimsar Dunes Village**④-⑤ (gleiche Angaben) errichtet. Die 16 äußerst geschmackvoll im Country-Stil eingerichteten Lehmhütten sind um einen kleinen, von Dünen eingerahmten See platziert – eine ideale Kombination aus Wüstenoase und elegantem Wohnen!

Anreise

■ Alle Busse von **Jodhpur** nach Nagaur passieren auch Khimsar. Sie fahren stündlich zwischen 8 und 20 Uhr.

Jaisalmer

– die goldene Stadt

Goldene Stadt, Traum aus Tausendundeiner Nacht, – solche und ähnliche Vergleiche werden immer wieder bemüht, um den unvergleichlichen Charme dieser inmitten der **Wüste Thar** weitab der nächsten größeren Ansiedlung gelegenen Stadt zu beschreiben. Tatsächlich fällt es schwer, beim Anblick dieser uralten **Karawanenstadt** nicht ins Schwärmen zu geraten. Wie eine Fata Morgana erhebt sich das auf einem achtzig Meter hohen Felsen gelegene und von einer mit 99 Wehrtürmen versehenen Mauer umgebene Fort aus der hitzeflimmernden Wüste.

Dieser Eindruck wird noch verstärkt, betritt man die unterhalb des Forts von einer

712ra tb

Stadtmauer eingegrenzte Altstadt. Der allgegenwärtige Wüstenstaub scheint sich hier wie ein Konservierungsmittel über die gänzlich aus gelbbraunen Sandsteinen kunstvoll gefertigten Häuser gelegt zu haben. In den engen Gassen, zwischen den farbenfroh gekleideten Nomaden der umgebenden Wüste, glaubt man sich tatsächlich in eine orientalische Märchenstadt versetzt.

Wenig scheint sich hier seit dem Mittelalter verändert zu haben, als die Kamelkarawanen nach tagelangen, anstrengenden Märschen durch die unbarmherzige Wüste einen langersehnten Zwischenstopp einlegten, bevor sie sich wieder auf den Weg Richtung Vorderer Orient machten, um dort ihre wertvollen Stoffe, Gewürze, Elfenbein und Opium zu verkaufen. Fast nichts, sollte man besser sagen, denn unter das bunte Gemisch der Wüstenvölker hat sich eine typische Erscheinung des 20. Jh. gemischt – der ob all dieser Pracht staunende und allzeit kamerabereite westliche Tourist.

Kein Wunder, dass die jährlich Tausenden von einheimischen wie internationalen Touristen ihre Spuren hinterlassen haben. „Rotenburg ob der Tauber Indiens" ist ein durchaus zutreffender Vergleich, verbergen sich doch hinter den pittoresken Häuserfassaden anstatt kleiner, lokaler Geschäfte inzwischen mehr und mehr Reisebüros, Hotels und Souvenirläden. Gleichzeitig hat das durch den Tourismus in die Stadt fließende Kapital zur Restaurierung vieler vom Verfall bedrohter Patrizierhäuser und Tempel geführt. Insgesamt ist es bei allem Wandel eher erstaunlich, wieviel traditioneller Charme sich in der Goldenen Stadt erhalten hat.

◁ Das Fort von Jaisalmer erhebt sich wie eine Fata Morgana über der uralten Karawanenstadt

Geschichte

Ähnlich wie die *Rathors* von Jodhpur sah sich 1156 auch der Rajputenfürst *Jaisal* vom Geschlecht der *Bhati* wegen der zunehmenden muslimischen Bedrohung gezwungen, seine mangelhaft befestigte Hauptstadt Lodhruva zu verlassen, um 18 km östlich davon auf einem steil aus der Wüste aufragenden Felsen seine neue Hauptstadt zu errichten. Langsam entwickelte sich Jaisalmer zu einem bedeutenden Stützpunkt an der Karawanen-Route zwischen Indien und dem Vorderen Orient.

Strategisch wie wirtschaftlich wurde die Stadt zu einem begehrten Objekt der muslimischen Eroberer. Nach mehrjähriger Belagerung eroberten 1315 die Truppen *Ala-ud-Din-Khalis* die Stadt. Zuvor hatten sich die Bewohner der Stadt, im Angesicht der Hoffnungslosigkeit ihrer Lage, zu dem selbstmörderischen Ritual des *Jauhar* entschlossen. Nach nur zwei Jahren gaben die Eroberer jedoch die Festung wieder auf, und die Bhatis konnten in ihre alte Festung zurückkehren. Weiterhin jedoch blieb Jaisalmer umkämpft, und noch zwei weitere Male zogen ihre Bewohner das grausame Jauhar-Ritual der Unterwerfung vor. Zwischenzeitlich versank die Stadt in Anarchie, wurde zeitweise sogar ganz aufgegeben und verkam zur Geisterstadt.

Erst als sich die Bhatis Mitte des 16. Jh. dem Großmogul unterwarfen und *Maharawal Bhim* den 1562 geschlossenen Vertrag der Verheiratung einer seiner Töchter an den Mogulhof besiegelte, trat eine längere Phase des Friedens und **Wohlstands** ein, von dem auch heute noch einige der einzigartigen **Havelis,** der Kaufmannshäuser, zeugen.

1819 schloss auch Jaisalmer unter seinem Herrscher *Rawal Akshey Singh* einen Vertrag mit der East India Company. Doch mit dem Aufkommen Bombays als Umschlagplatz des Seehandels begann Mitte des 19. Jh. der **Niedergang** Jaisalmers. Die alten Handelsrouten verloren mehr und mehr an Bedeutung, zumal das von den Engländern rasch ausgebaute Schienennetz, an das Jaisalmer nicht angeschlossen wurde, die vorher von den Kamel-

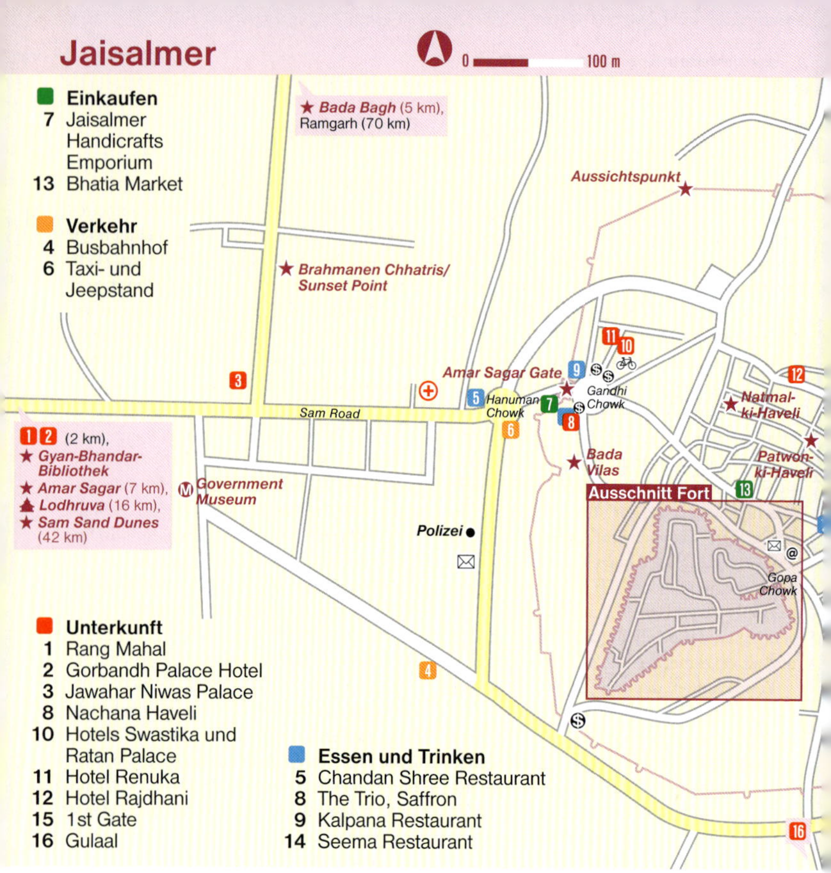

karawanen durchgeführten Transporte schneller und sicherer abwickelte. Ganz ähnlich wie im Shekhawati, verließen daraufhin die reichen Kaufleute die Stadt und siedelten sich im aufstrebenden Bombay an. Von den 1850 noch über 30.000 Einwohnern in Jaisalmer, bewohnten 100 Jahre später nur noch wenige Tausend Menschen die scheinbar vergessene Stadt. Durch die Abtrennung Pakistans 1947 und den damit einhergehenden Verlust des Hinterlandes schien das Schicksal Jaisalmers endgültig besiegelt.

Doch noch einmal sollte sich das Schicksal der so launischen indischen Geschichte zugunsten Jaisalmers wenden. Die beiden **indisch-pakistanischen Bruderkriege** ließen die besondere strategische Bedeutung der Stadt als Vorposten zum Erzfeind Pakistan wieder in den Vordergrund treten. 1968 wurde Jaisalmer ans Schienennetz angebunden, die Straßenverbindungen ausgebaut und eine Militärbasis in der Nähe der Stadt stationiert. Mit dieser **verkehrstechnischen Anbindung** an den Rest Rajasthans kamen auch die ersten Touristen, und heute ist der Tourismus die Haupteinnahmequelle der Stadt – Tendenz: rapide steigend.

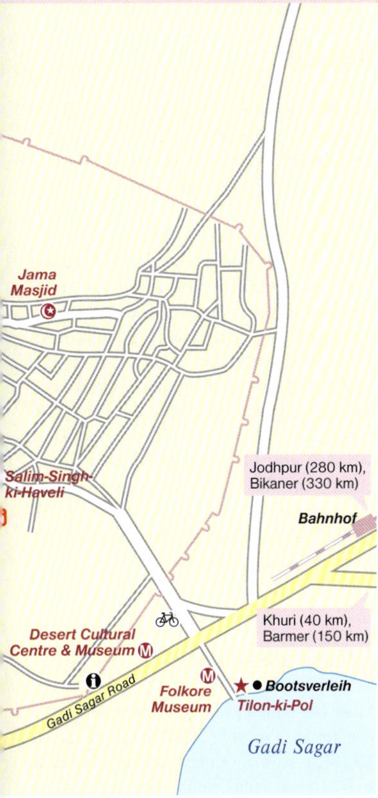

Das Fort

Im Gegensatz zu allen anderen Festungsanlagen Rajasthans beherbergte das auf dem 120 m langen und 500 m breiten **Trikuta-Felsen** gelegene Fort zunächst nicht nur den Herrscherpalast, sondern auch alle weiteren Wohn- und Geschäftshäuser der Stadt. Erst Anfang des 17. Jh., als der Platz innerhalb des Forts erschöpft war, mussten sich neuansiedelnde Bürger ihre Häuser unterhalb des Forts errichten. Der damals in Jaisalmer herrschende Wohlstand zog schnell viele Handelsleute in die entlegene Wüstenstadt, sodass diese Neustadt bald größer war als der ursprüngliche Ort.

Auch in Jaisalmer wurde der Aufstieg zum Fort aus verteidigungstechnischen Gründen im Zickzackkurs angelegt. Entlang einer windungsreichen, von einigen Souvenirläden flankierten Zufahrt gelangt man schließlich durch das mit reich verzierten Balkonen versehene Hawa Pol auf den großen **Palastvorplatz.** Von dem auf einer Empore neben dem Palasteingang platzierten Marmorthron aus hielt der Rawal von Jaisalmer die Paraden, Feste und Militärzeremonien ab.

Alle Wege innerhalb der Festungsanlage führen zu den das Fort umlaufenden **drei Mauerringen,** von wo man besonders bei Sonnenuntergang einen herrlichen Ausblick genießt.

Raj Mahal (Stadtpalast)

Der siebenstöckige, reich verzierte Stadtpalast Raj Mahal besteht aus fünf Gebäudeteilen, die über einen Zeitraum von fünf Jahrhunderten entstanden. Die Wände der Innenräume sind zum Teil mit schönen Malereien versehen, jedoch hat der Palast im Inneren, gerade verglichen mit vielen anderen Rajputenresidenzen, wenig zu bieten. Dafür bietet sich von oben ein sehr schöner Blick über die Altstadtdächer auf die sich anschließende Wüste.

■ **Öffnungszeiten:** 9–18 Uhr, im Eintrittspreis von 150 Rs sind ein Audioguide und Kameragebühr enthalten, Video kostet zusätzlich 150 Rs.

Gassen des Forts

Wenn man vom Palast über den Vorplatz schaut, sieht man hinten rechts eine kleine Straße, die in die extrem engen, kaum Sonnenlicht gestattenden Gassen des Forts führt. Hier scheint sich seit Jahrhunderten nichts verändert zu haben. Offene stinkende Kanäle, Ratten, Hunde und Kühe bestimmen das mittelalterlich anmutende Bild. Viele der oft verfallenen Häuser stehen leer, da die Bewohner in den letzten Jahren aufgrund der dort herrschenden besseren hygienischen Verhältnisse in die unterhalb des Forts gelegene Neustadt gezogen sind.

Jain-Tempel

Besonders deutlich wird der Platzmangel bei den fünf Jain-Tempeln, die von den in Jaisalmer stark vertretenen Jains zwischen dem 14. und 16. Jh. erbaut wurden. Die Tempel sind derart ineinander verschachtelt, dass sie wie ein einziges Bauwerk wirken. Wie so oft bei Jain-Heiligtümern zeichnen sich auch diese durch ihre ungemein **reiche Ornamentierung** aus. Blumenornamente, Tänzerinnen, Liebespaare und Tiere bedecken Säulen, Wände und Decken. In den Nischen des Korridors, der das Tempelinnere umgibt, sitzen unzählige, immer gleich aussehende Tirthankaras.

■ **Öffnungszeiten:** tgl. 8–12.30 Uhr, Eintritt 10 Rs, Foto- und Videogebühr 50/100 Rs.

Gyan-Bhandar-Bibliothek

Unterhalb des **Sambhavanath-Tempels,** in dem das mit vollbusigen Tempeltänzerinnen verzierte Tempeldach auffällt, findet sich in einem engen unterirdischen Raum die Gyan-Bhandar-Bibliothek mit wertvollen, z.T. auf Palmblättern geschriebenen **Jaina-Manuskripten.** Von hier soll ein 16 km langer Tunnel zur alten Hauptstadt Lodhruva führen.

■ **Öffnungszeiten:** 8 bis 17 Uhr.

[>] Die Havelis in Jaisalmer zeichnen sich durch besonders filigrane Steinmetzarbeiten an den Sandsteinfassaden aus

Havelis

Jaisalmer ist ein einziges Freilichtmuseum voller Lebensfülle und exotischer Eindrücke. An jeder Straßenecke bieten sich dem Besucher neue unverwechselbare Motive, und er weiß gar nicht, wo er zuerst hinschauen soll. Dennoch stellen die von reichen Geschäftsleuten erbauten **Wohn- und Geschäftshäuser** die eigentliche Kostbarkeit Jaisalmers dar. Es gibt diese Havelis zwar auch in anderen Orten Rajasthans, vor allem in der Shekhawati-Region, doch nirgendwo sonst sind sie so betörend schön wie in Jaisalmer. Im weichen und damit leicht zu bearbeitenden Sandstein Jaisalmers haben die muslimischen Handwerker wahre Wunderwerke filigraner Baukunst hervorgebracht, und man muss schon zweimal hinschauen, um zu erkennen, dass es sich tatsächlich um **Steinmetzarbeiten** und nicht um Holzschnitzkunst handelt.

Salim-Singh-ki-Haveli

Eines der auffälligsten Kaufmannshäuser ist das um 1815 erbaute Salim-Singh-ki-Haveli. Der recht schmale Unterbau wird von einem weit auskragenden Obergeschoss mit unzähligen pavillonartigen Kuppeldächern überragt. *Salim Singh Mota* war von 1784 bis 1824 Premierminister, übte jedoch de facto die Macht im Fürstentum aus. Zur Herrschaftssicherung schreckte der Tyrann auch vor der Ermordung zweier seiner Konkurrenten nicht zurück. Um seine herausragende Stellung auch architektonisch zu dokumentieren, plante er, eine Brücke von seinem Haveli zum Palast zu bauen. Schließlich wurde er von dem bis dahin von ihm abhängigen Maharaja ermordet.

■ Das Haveli ist für einen Obolus von 20 Rs (Video 15 Rs) zwischen 8 und 18 Uhr zugänglich. Ein schöner Blick bietet sich auch vom Dach des gegenüber gelegenen Souvenirshops. Dass der Ladeninhaber für diesen Service nachher eine Besichtigung in seinem Geschäft erwartet, ist selbstverständlich – „just for looking" natürlich.

Natmal-ki-Haveli

Auch das 1885 erbaute Natmal-ki-Haveli gehörte einem ehemaligen Premierminister und noch heute wohnen hier dessen Nachkommen. Zwei Brüder waren für die Steinmetzarbeiten verantwortlich. Jeder übernahm einen Flügel des Hauses, und obwohl kein Motiv dieses ungemein detailreich verzierten Gebäudes zweimal vorkommt, wirkt der Bau insgesamt äußerst harmonisch (Eintritt 20 Rs).

Patwon-ki-Haveli

Unser Tipp: Das mit Abstand beeindruckendste Haveli ist jedoch das von einem Gold- und Silberhändler errichtete Patwon-ki-Haveli. Eigentlich sind es fünf Havelis, die der Kaufmann zwischen 1800 und 1860 für seine fünf Söhne errichten ließ. Kaum zu zählen sind die unvergleichlich **reich verzierten Erker, Pavillons und Balkone** der einen ganzen Straßenzug einnehmenden Häuserfassade. Das Patwon-ki-Haveli wurde zu einem kleinen **Basar** umgebaut. Den Innenhof schmücken riesige Wandbehänge. Qualität und Preise sind hier gleichermaßen hoch. Besonders gegen Sonnenuntergang ist der Anblick vom Dach über die Altstadt auf das Fort unvergesslich.

Öffnungszeiten: 9–19 Uhr, Eintritt 120 Rs, Kamera-/Videogebühr 50/120 Rs.

Weitere Sehenswürdigkeiten

Palast Bada Vilas

Etwas südlich des Haupteingangstors zur Stadt, dem Amar-Sagar-Tor, findet sich der Ende des letzten Jahrhunderts erbaute Palast Bada Vilas der Herrscher Jaisalmers mit dem schönen, pagodenartigen **Tarsia-Turm** in der

307ra tb

Mitte. Der Palast ist noch heute Sitz der Maharajas von Jaisalmer und nicht für die Öffentlichkeit zugänglich.

Gadi Sagar

Etwa einen Kilometer südöstlich der Stadt liegt dieser 1367 zur Wasserversorgung angelegte **See.** In seiner Mitte steht ein hübscher kleiner Pavillon, und speziell frühmorgens bietet dieser von vielen Tempeln umstandene See ein idyllisches Bild.

Das mächtige, sehr hübsche **Eingangstor,** welches die kleine Straße zum See überspannt, soll ursprünglich von einer in Jaisalmer geborenen Konkubine während einer ihrer alljährlichen Pilgerreisen erbaut worden sein. Da jedoch auch Angehörige des Hofes den See regelmäßig zu ihren Opferhandlungen aufsuchten und das Passieren des Tores als Schande empfanden, sollte es abgerissen werden. Daraufhin ließ die Konkubine ein Götterbild am Tor anbringen und funktionierte es so zu einem Heiligtum um, das natürlich nicht abgerissen werden konnte. Forthin mussten sich die Hoheiten gezwungenermaßen einen anderen Zugang zum See suchen.

■ Zwischen 8 und 21 Uhr können **Ruderboote, Tretboote** und **Shikaras** (Zweisitzer-Gondeln) ausgeliehen werden. Wer auf den See hinausfährt, wird mit sehr schönen Aussichten belohnt. Alle Boote 50 Rs p.P. für 30 Min., in der Nachsaison billiger.

Folklore-Museum und Desert Cultural Centre

Einen kurzen Besuch lohnt das 1984 von dem pensionieren Lehrer *N.K. Sharma* gegründete Folklore-Museum. Das an der Zufahrt zum Gadi Sagar gelegene Haus bietet in seinen sechs Räumen eine über die Jahre liebevoll zusammengestellte Sammlung **rajputischen Kunsthandwerks.** Besondere Beachtung findet dabei die Region um Jaisalmer. Gezeigt werden u.a. traditionelle Kleidungsstücke, Stickereien, Miniaturmalereien, Opiumbehälter, alte Münzen, Briefmarken, Musikinstrumente und Porträts der Herrscherfamilie von Jaisalmer. Mit dem Besuch erhält man nicht nur einen interessanten Einblick in die Kultur West-Rajasthans, sondern unterstützt auch das Lebenswerk des liebenswerten Herrn Sharma. Übrigens gibt es hier auch einen tollen Fotoblick aufs Fort, speziell bei Sonnenauf- und Sonnenuntergang. In einem zweiten Museum von Herrn Sharma, dem **Desert Cultural Centre,** sind Exponate rajasthanischer Kultur zu besichtigen. Jeden Abend finden Puppenvorführungen statt (in Englisch 18.30–19.10, Eintritt 30–50 Rs, Kamera 20 Rs, Video 50 Rs). Danach sind jeweils 20 Minuten für den Museumsbesuch vorgesehen.

■ **Öffnungszeiten Folklore-Museum:** 9–13 und 15–18 Uhr, Eintritt 10 Rs.
■ **Öffnungszeiten Desert Cultural Centre:** 10–14 und 16–17 Uhr, Eintritt 10 Rs, Eintritt: 30–50 Rs, Kamera 20 Rs, Video 50 Rs.

Praktische Tipps

Information

■ **Vorwahl:** 02992
■ Das **Tourist Office** (Gadi Sagar Rd., Tel. 252406) befindet sich recht ungünstig etwa 1 km südöstlich der Altstadt Jaisalmers nahe Gadi Sagar. Geöffnet ist es tgl. außer So von 8 bis 17 Uhr.
■ Das Tourist Office führt täglich von 9 bis 12 Uhr sowie von 15 bis 19 Uhr (Sunset Tour) **Wüstenausfahrten** per Jeep (150 Rs pro Person, Minimum 5 Pers.) durch. Außerdem werden **Halb- und Ganztages-Kamelsafaris** angeboten.

Stadtverkehr

In Jaisalmer muss jeder Besucher an einer „Mautstelle" vor der Einfahrt in die Stadt 20 Rs **Eintrittsgebühr** zahlen. Jaisalmer ist so klein, dass man alle Sehenswürdigkeiten zu Fuß erreichen kann. Auch vom Bahnhof in die Altstadt sind es kaum mehr als 15 Minuten.

■ **Fahrräder** können an vielen Stellen ausgeliehen werden, sind allerdings im hügeligen Innenstadtbereich nur bedingt von Nutzen.

■ Eine **Rikshafahrt** vom Bahnhof zum Forteingang sollte nicht mehr als 60 Rs kosten, zum Gandhi Chowk höchstens 80 Rs.

Unterkunft

In kaum einer anderen Stadt Nordindiens herrscht ein derart verbissener Wettbewerb um die zahlungskräftigen westlichen Touristen wie in Jaisalmer. Das erfährt der Besucher meist schon kurz vor der Ankunft, wenn er im Bus oder Zug von unzähligen **Schleppern** umringt wird. Am Bahnhof angekommen, wartet dann auch noch eine ganze Armada von Jeeps mit unübersehbaren Transparenten des jeweiligen Hotels auf die noch unentschlossene Kundschaft. Hat man sich erst einmal zu einer Jeepfahrt in die Stadt überreden lassen, wird man von einer Unterkunft zur nächsten gekarrt, bis man sich schließlich genervt irgendwo einquartiert hat, wo man eigentlich gar nicht hinwollte. Zudem darf man noch eine saftige Kommission für die Schlepper zahlen. Im Grunde ist es völlig unnötig, sich auf die ganzen Lockangebote von „free transport" bis „best and cheapest hotel in Jaisalmer" einzulassen, da die Wüstenstadt klein genug ist, um sich in Ruhe nach einem genehmen Hotel umzuschauen.

Der enorme **Konkurrenzkampf** hat für den Kunden auf der anderen Seite natürlich den positiven Effekt, dass das Preisniveau relativ niedrig ist. Andererseits sind viele Hotelbesitzer, die übrigens oft gar nicht aus Jaisalmer stammen, sondern nur während der Hauptsaison von Oktober bis März die Häuser von Einheimischen gemietet haben, unter einem derartigen Kostendruck, dass sie ihre Gäste unbedingt auf die von ihnen angebotenen Kamelsafaris verpflichten wollen. Es hat sogar schon Fälle gegeben, in denen Touristen, die sich darauf nicht einlassen wollten, zum Verlassen des Hotels aufgefordert wurden.

Es ist sicherlich nicht leicht, die schwarzen Schafe immer gleich zu erkennen, doch sollte man mit den hier gegebenen Vorüberlegungen in Ruhe aussuchen. Im Folgenden kann nur eine kleine Auswahl der insgesamt über 100 Hotels und Guest Houses gegeben werden. Die Preise sind gerade in Zeiten geringer Auslastung des jeweiligen Hotels verhandelbar.

Viele Billigunterkünfte finden sich in zwei kleinen Gassen, die gegenüber der State Bank of India am Amar Sagar Gate/Gandhi Chowk abzweigen. Zunächst Unterkünfte außerhalb des Forts:

■ Trotz seiner sehr einfachen Zimmer populär ist das alteingesessene **Hotel Renuka**①-② (Chain Pura St., Tel. 252757, hotelrenuka@rediffmail. com). Das Haus ist im Besitz eines sehr bemühten Ehepaares und bietet vom Dachterrassenrestaurant eine schöne Aussicht. Auch die angebotenen Kamelsafaris werden allgemein gelobt.

■ Der Erfolg des Renuka hat die Familie dazu veranlasst, in der gleichen Straße mit dem **Ratan Palace**① (Tel. 253615) eine zweite Unterkunft zu eröffnen. Die geräumigen, sauberen Zimmer inklusive heißer Dusche bieten ein ausgezeichnetes Preis-Leistungs-Verhältnis.

■ Viele positive Bewertungen erhält auch stets das **Hotel Swastika**① (Tel. 252483) am oberen Ende der Chain Pura Street. Man kann wählen zwischen sauberen Zimmern mit Bad und Schlafsaal.

■ Etwas weit weg vom Schuss, aber dafür um so angenehmer wohnt man im **Hotel Rajdhani**① (Tel. 252746) in der Nähe des Patwon-ki-Haveli. Die Zimmer haben eine heiße Dusche und man kann sich in aller Ruhe auf die Atmosphäre Jaisalmers abseits des großen Touristenstroms einlassen. Zudem bietet sich speziell am Nachmittag vom Dach des Hauses ein schöner Blick auf das Fort.

Mehr Atmosphäre bieten natürlich die innerhalb des Forts gelegenen Unterkünfte, auch wenn dann naturgemäß der Blick aufs Fort wegfällt. Der Blick in die Ferne ist aber oft umso imposanter.

■ Ein gutes Preis-Leistungs-Verhältnis bieten die 7 Zimmer (4 mit angeschlossenem Bad) des **Hotel Temple View**②-③ (Tel. 252832, jaisalmertempleview@hotmail. com). Alle sind liebevoll eingerichtet, besonders zu empfehlen die teureren mit Blick auf den Jain-Tempel.

■ Ganz in der Nähe haben schon die billigen der teilweise sehr schön eingerichteten Zimmer des 450 Jahre alten **Desert Haveli**①-② (Tel. 251555) mit gemütlichem Dachrestaurant tolle Ausblicke zu bieten – sicher eine der besten Billigadressen Jaisalmers.

■ Die billigste Unterkunft im Fort selbst bietet das reichlich versteckt direkt an der Fort-Mauer gelegene **Deepak Rest House**① (Tel. 252665, hoteldeepak@rediff.com). Die verschachtelten und verwinkelten Räume vermitteln einen gemütlichen Eindruck. Von den insgesamt 14 Zimmern, die meisten mit Gemeinschaftsbad, ist die Nr. 9 das schönste, weil es über einen eigenen kleinen Balkon ver-

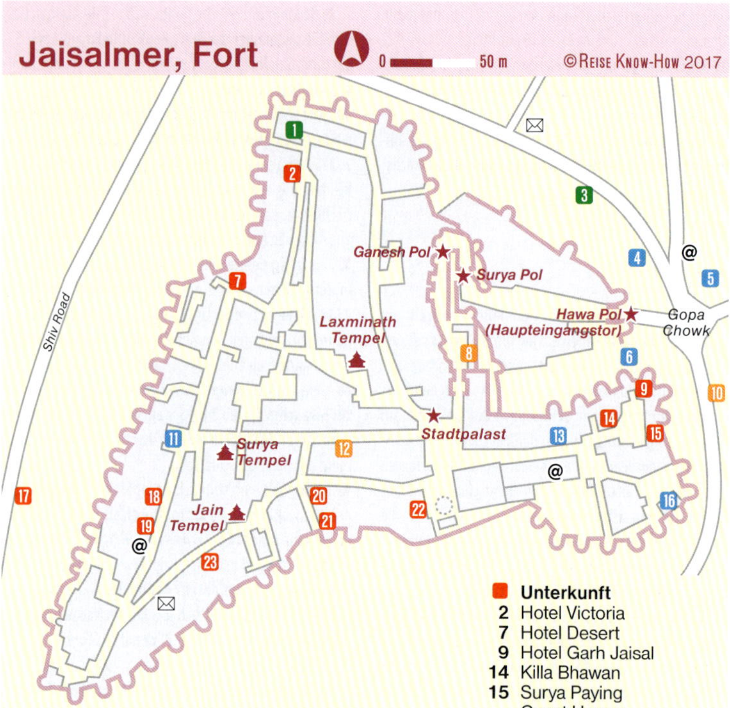

Essen und Trinken
4 Bhang Shop
5 Fort View
6 Killa
11 Ristorante Italiano Om
13 Free Tibet, Jaisal Italy
16 Surya Restaurant

Verkehr
8 KK Travels
10 Adventure Travel Agency
12 Ganesh Travels

Einkaufen
1 Hari Om Jewellers
3 Gemüsemarkt

Unterkunft
2 Hotel Victoria
7 Hotel Desert
9 Hotel Garh Jaisal
14 Killa Bhawan
15 Surya Paying Guest House
17 Shahi Palace
18 Desert Boys Guest House
19 Deepak Rest House
20 Hotel Shreenath Palace
21 Desert Haveli
22 Hotel Paradise
23 Hotels Suraj, Temple View

fügt. Im Schlafsaal kann man ebenfalls nächtigen und unter freiem Himmel auf dem Dach bekommt man den tollen Sternenhimmel fast geschenkt.

■ Ebenfalls sehr preiswert sind die Zimmer, teils mit Gemeinschaftsbad, des **Hotel Desert**① (Tel. 250602, ajitdeserthotel@yahoo.com), dennoch mit weiten Ausblicken in die Wüste.

■ Das am südwestlichen Ende des Palastvorplatzes gelegene **Hotel Paradise**③ (Tel. 252674, hotelparadise_jsm2001@yahoo.co.in) ist eine der alteingesessenen und erfolgreichsten Unterkünfte im Fort. Die Qualität, Größe, Ausstattung und Aussicht der 24 um einen großen Innenhof angelegten Zimmer variiert recht stark, wobei die teureren auch die empfehlenswerteren sind. Insgesamt macht die Anlage einen weitläufigen und großzügigen Eindruck.

■ Eine der schönsten Unterkünfte dieser Preisklasse im Fort ist das **Desert Boys Guest House**①-③ (Tel.

253091, www.desertboysguesthouse.com). Die individuell und sehr gemütlich gestalteten Zimmer mit Bad, Balkon und weitem Blick in die Ferne sowie ein gutes Dachrestaurant sind die Pluspunkte.

■ Mit weiten Ausblicken aus den Fenstern in der Fortmauer, schönen und sauberen Zimmern sowie einem luftigen Dachrestaurant kann das 700 Jahre alte Haveli des **Surya Paying Guest House**①-② (Tel. 252558, adventurecamel@yahoo.co.in) aufwarten – viel für wenig Geld.

■ Das vielfach gelobte, von vier Brüdern geführte **Shahi Palace**①-② (Shiv Rd., Tel. 255920, www.shahipalacehotel.com) bietet geschmackvoll eingerichtete Zimmer, eine ruhige Lage an der westlichen Außenmauer des Forts und tolle Aussichten vom Rooftop. Gute Kritiken erhalten auch die vom Haus angebotenen Kameltouren.

■ Äußerst familiär und romantisch geht es in den beim Jain-Tempel im Fort gelegenen Hotels **Suraj**①-② (Tel. 251623, www.hotelsurja.com) und **Shreenath Palace**② (Tel. 252907, shreenath52907@hotmail.com) zu. Beide sind um 400 Jahre alte Rajasthan-Häuser, deren große Zimmer mit Holzdecken, Wandgemälden und kleinen Erkern sehr stilvoll eingerichtet sind. Der günstige Zimmerpreis im Shreenath erklärt sich durch die Tatsache, dass keines der Zimmer (alle mit Balkon) über ein eigenes Bad verfügt, was allerdings kaum störend wirkt, da die Gemeinschaftsbäder sehr sauber sind und beide Hotels meist nur wenige Gäste beherbergen.

■ Eine der schönsten Adressen innerhalb der mittleren Preiskategorie ist das im Nordwesten des Forts gelegene **Hotel Victoria**③-④ (Tel. 252150, www.hotelvictoria-jaisalmer. com). Es überzeugt mit hübsch eingerichteten Zimmern, tadellosen Badezimmern und einer angenehmen Atmosphäre.

■ Die ruhige und gleichzeitig zentrale Lage etwas zurückversetzt vom Gandhi Chowk, das atmosphärereiche, fast 300 Jahre alte Haveli und die traditionelle Einrichtung der 14 um einen Innenhof angelegten Zimmer machen das Hotel **Nachana Haveli**④ (Tel. 252110, www.nachanahaveli.com) zu einer der besten Adressen in dieser Preiskategorie.

■ Zu Recht blendende Kritiken erhält das in den Außenmauern des Forts angesiedelte **Hotel Garh Jaisal**④ (Tel. 253836, www.hotelgarhjaisal.com). Die insgesamt nur sieben Zimmer sind im traditionellen Stil mit Erkern und Spiegeldecken sowie typisch rajputischem Mobiliar und kräftigen, erdenen Farben eingerichtet. Der Service ist sehr zuvorkommend und vom Dachterrassenrestaurant bietet sich ein herrlicher Blick.

■ Wen der ca. 10-minütige Fußweg in die Altstadt nicht stört, der findet mit dem **Gulaal**④ (Bera Rd., Tel. 251450, www.thegulaal.com) eine sehr gelungene Anlage. Das neu errichtete Haus gefällt mit seinen großen, freundlichen Zimmern, einem Pool, dem sehr hilfreichen Personal und ausgezeichnetem Gesamtzustand.

Unser Tipp: Von außen kommt das unterhalb der Fortmauern gelegene **1st Gate**④ (Tel. 254462, www.1stgate.in) noch traditionell daher, doch im Inneren erinnert es mit seinem coolen und doch freundlichen Stil eher an ein Designerhotel. Diese gelungene Mischung nebst dem gepflegten Gesamteindruck, dem freundlichen Service und dem guten Dachterrassenrestaurant mit u.a. ausgezeichneten italienischen Gerichten machen es zu einer sehr empfehlenswerten Unterkunft.

■ Die mit Abstand beste Wahl innerhalb des Forts ist das hervorragende **Killa Bhawan**⑤ (Tel. 2251204, www.killabhawan.com). Die Kombination aus sehr geschmackvoll eingerichteten Zimmern, diversen mit lokalem Kunsthandwerk dekorierten Erkern und Lounge-Plätzen, der Lage und dem ausgezeichneten Service sind fabelhaft und jede Rupie wert.

■ Einige der besten hochklassigen Unterkünfte befinden sich westlich von Jaisalmer. Etwa 1 km westlich der Stadt bietet der alte, sehr schön restaurierte **Jawahar Niwas Palace**⑤ (Tel. 252288, www.jawaharniwaspalace.co.in) mit prunkvoll ausgestatteten Zimmern Luxus vom Feinsten. Auf der Negativseite steht der nicht gerade saubere Pool (200 Rs für Nicht-Gäste) und das einen recht verschlafenen Eindruck machende Personal.

■ Von den Resorts macht das **Rang Mahal**⑤ (Tel. 250907-9, www.hotelrangmahal.com) ca. 2 km westlich von Jaisalmer den überzeugendsten Eindruck. Die großzügige Anlage, mit Coffee Shop, Traveldesk, Internetcafé, Billard, großem Pool und hervorragenden Buffets, ist trotz der Größe oft ausgebucht, also reservieren.

■ Das um einen schönen Swimmingpool (200 Rs für Nicht-Gäste) angelegte **Gorbandh Palace Hotel**⑤ (Tel. 251511) nebenan bietet ähnliche Ausstattung zu fast gleichem Preis. Die 64 Zimmer des Sandsteinbaus haben traditionelle rajasthanische Architekturmerkmale und sind über verschiedene Gebäudetrakte verteilt.

■ Ähnlich in Preis und Ausstattung ist das ca. 3 km südlich Jaisalmers gelegene **Fort Rajwada**⑤ (Tel. 253233, www.fortrajwada.com).

Essen und Trinken

Dem Ansturm westlicher Touristen folgte der Siegeszug westlicher Essgewohnheiten. Das hat zu dem kuriosen Ergebnis geführt, dass es heutzutage wesentlich einfacher ist, Müsli, Spaghetti, Pizza und Kuchen zu bestellen als authentisches indisches Essen. Insgesamt steht die hohe Zahl an Restaurants in keinem Verhältnis zur Qualität der Gerichte. Andererseits hat man die Auswahl zwischen einer Reihe sehr schön gestalteter Lokale, wobei sich besonders die Dachgartenrestaurants großer Beliebtheit erfreuen. Die größte Ansammlung empfehlenswerter Restaurants findet sich am Gandhi Chowk beim Amar Sagar Gate.

■ Am auffälligsten sind dabei die in unmittelbarer Nachbarschaft gelegenen **The Trio** und **Saffron.** In beiden preislich etwas höher anzusiedelnden Restaurants mit Blick aufs Fort werden bei abendlicher Live-Musik köstliche Gerichte serviert.

■ Keine Live-Musik und keine großartigen Ausblicke bietet das **Kalpana Restaurant,** ebenfalls am Gandhi Chowk gelegen. Dafür gibt es sehr leckeres und preiswertes Essen, sodass sich das Lokal in den letzten Jahren zu einem der Favoriten in der Traveller-Szene entwickelt hat.

■ Trotz seiner Lage mitten im Fort bietet das kleine Dachterrassenrestaurant **Free Tibet** eine friedliche, gemütliche Atmosphäre mit tollen Ausblicken und köstlichen *momos* zu günstigen Preisen.

■ Eine gute Restaurantadresse ist das etwas versteckt im 1. Stock gelegene **Seema Restaurant** gegenüber dem Salim-Singh-ki-Haveli (Blick auf eben dieses und aufs Fort). Besonders zu empfehlen sind das superleckere, frisch gebackene Brot aus dem eigenen Lehmofen und das *palak paneer.*

■ Wenn schon europäisch, warum dann nicht gleich authentisch italienische Küche in gemütlichem Ambiente mit tollen Ausblicken vom Fort? Das bietet das **Jaisal Italy,** in dem man die Wahl hat zwischen dem traditionell eingerichteten Innenraum und der Terrasse.

■ Wer im „touristendominierten" Jaisalmer authentisch indisch essen möchte, ist im beim Hanuman Chowk gelegenen **Chandan Shree Restaurant** richtig. Hier gibt es weder Müsli noch Pfannkuchen, dafür leckere Thalis, Rotis und *Gulab Jamun* zu vernünftigen Preisen (100–200 Rs).

Unser Tipp: Das „Schloss", wie **Killa** (Gopa Chowk, First Gate, Tel. (0)9460585147) übersetzt heißt, bietet gelungene einheimische wie internationale Küche in stilvollem Ambiente mit traditioneller Live-Musik am Abend (200–500 Rs).

■ Endlich mal was anderes als Curries? Dafür Pizza, Pasta und köstlichen Kaffee? Dann ist man im **Ristorante Italiano Om** im Fort richtig. Der freundliche Besitzer und die schöne Aussicht von der kleinen Terrasse tragen zum guten Gesamteindruck bei. Ach ja – Curries gibt's auch ...

■ Das **Surya Restaurant** in der südöstlichen Ecke des Forts ist vor allem wegen der gemütlichen Atmosphäre zu empfehlen. Am schönsten sitzt (liegt) es sich auf dem kleinen Balkon mit herrlichem Blick über die Stadt. Das Essen ist eher durchschnittlich.

■ Allein die tolle Aussicht im Dachrestaurant im **Fort View Hotel** lohnt einen Besuch, auch wenn das Essen eher durchschnittlich ist.

■ Zu erwähnen ist noch der staatlich zugelassene (!) **Bhang-Shop** am Gopa Chowk. Lassis mit „Schuss" kosten zwischen 60 und 80 Rs. Auch Kekse und anderes Süßes sind geladen, also Vorsicht.

Einkaufen

Der Tourismusboom zog neben Hotels und Restaurants auch unzählige Souvenirshops im Schlepptau nach Jaisalmer. An Shopping-Versuchungen besteht also kein Mangel, wobei sich die bis zu 3x5 m großen, mit **Spiegelchen verzierten Decken** als besondere Verkaufsschlager erwiesen haben. Eine vielfach gelobte Adresse ist **Jaisalmer Handloom** an der Court Rd., nur wenige Schritte vom Gandhi Chowk entfernt.

Gern gekauft wird auch der schwere **Silberschmuck** der Nomaden, der sich allerdings wohl eher als Dekorationsobjekt denn zum Tragen eignet. Man sollte sich jedoch vor dem Kauf versichern, dass dem Silber nicht ein großer Teil anderer Metalle wie Kupfer beigemischt ist. Ein seit Jahren verlässliches Geschäft für feine Silberarbeiten ist **Hari Om Jewellers** in der nördlichen Ecke des Forts.

Verhältnismäßig billig, zumindest wenn man in den Läden abseits der Hauptstraße kauft, kann man **Kleidungsstücke aus Kamelleder** wie z.B. Hüte, Gürtel und Schuhe erstehen. Ein hübsches, zudem preiswertes Souvenir sind die vielfach leuchtend bunten **Turbane.** Auf jeden Fall sollte man kräftig feilschen und selten glauben, welche Qualitäten den Produkten zugeschrieben werden.

Wer sich zunächst einen Überblick über das Kunsthandwerk Rajasthans verschaffen möchte, sollte sich im **Jaisalmer Handicrafts Emporium** am Amar Sagar Gate umschauen.

Bank, Post, Internet

■ Die **Bank of Baroda** am Gandhi Chowk und die **State Bank of Bikaner & Jaipur** (Mo–Fr 10–14 und 15–16, Sa 10–12.30 Uhr) tauschen Geld. Darüber hinaus gibt es eine Reihe von **ATMs,** die meisten um den Gandhi Chowk.

■ Briefe und Karten gibt man am besten beim kleinen **Postamt** am Gopa Chowk direkt im Zentrum ab. Eine weitere Filiale (Mo–Sa 10–15 Uhr) gibt's innerhalb des Forts nahe dem Desert Boys Guest House.

Zwei Touristen beklagten sich darüber, dass ihre in Jaisalmer aufgegebenen Pakete auch nach 5 Monaten noch nicht in der Heimat eingetroffen waren. Vielleicht liegt's an der Abgeschiedenheit der Wüstenstadt. Man wartet also besser bis Jaipur oder Delhi mit dem Verschicken von Souvenirs.

■ Als typischer Traveller-Ort ist Jaisalmer natürlich gut mit Internetcafés versorgt. Ein gutes ist das **Joshi Cybercafé** am Gopa Chowk, das praktischerweise auch eine German Bakery betreibt.

Fest

Ebenso wie das Elefantenfest von Jaipur ist auch das jedes Jahr im Januar/Februar stattfindende **Desert Festival** in Jaisalmer eine Erfindung cleverer Tourismusmanager und beruht nicht auf einem traditionellen Hintergrund. Turban-Wettbinden und Tauziehen sind denn auch nur alberne Entgleisungen, doch ansonsten sind die Kamelrennen und vor allem die herrlich geschmückten Wüstenbewohner schon einen Besuch wert.

Der nächste Termin: 8.–10.2.2017.

An- und Weiterreise

Bahn

■ Das Reservierungsbüro am Bahnhof (Tel. 252354, 251301) ist 8–20 Uhr geöffnet.

■ Mit dem 4060 JSM DEE Exp. ab Jaisalmer um 17.15 Uhr, **Osian** (an 21.05 Uhr), **Jodhpur** (an 21.45 Uhr), **Jaipur** (an 4.50 Uhr), Alwar (an 7.17 Uhr) bis **Delhi** (an 11.05 Uhr).

■ Nachts verbindet der 4809 JSM JU Exp. Jaisalmer (Abf. 23.15 Uhr) mit **Jodhpur** (Ank. 5.20 Uhr). Von Jodhpur der 4810 JUJSM Exp.: Jodhpur ab 23 Uhr, über Osian (an 0.04 Uhr), Jaisalmer an 5 Uhr.

■ Der aus **Delhi** (Abf. 17.40 Uhr am Vortag) kommende, in Jodhpur um 5 Uhr haltende 4059 DEE JSM Exp. sollte, wenn möglich, nicht benutzt werden, da er oft viele Stunden Verspätung hat bzw. ganz ausfällt.

Bus

■ Obwohl der **Busbahnhof** in der Nähe des Bahnhofs liegt, starten alle Busse auch vom City Bus Stand an der Kreuzung vor dem Amar Sagar Gate. Wer sich den zeitaufwendigen Weg zum Busbahnhof zum Buchen des Tickets sparen möchte, kann gegen einen Aufpreis von ca. 30 Rs pro Fahrschein auch über das jeweilige Hotel buchen.

■ Nach **Jodhpur** (6 Std., 100/125 Rs semi-/deluxe) fahren tgl. 8 Express-Busse zwischen 5.30 und 22.30 Uhr.

■ Nach **Udaipur** (12 Std., 400/900 Rs) und **Chittorgarh** (15 Std., 500 Rs) nur wenige Direktbusse. Alternative: in Jodhpur umgesteigen, dort viele Anbindungen.

■ Mit einem der tgl. 3 Express-Busse (6.30, 14 und 20.30 Uhr) benötigt man 6 Std. nach **Bikaner** (270 Rs).

■ Nach **Jaipur** (500 Rs) über **Jodhpur** und **Ajmer** (9 Std., 400 Rs) sind es mit dem Deluxe-Bus 12 Std.

■ Nach **Mt. Abu** (11 Std.) tgl. ein Direktbus um 5.30 Uhr.

■ Nach **Bikaner** tgl. 3 Busse (6 Std., 300/550 Rs).

■ Privatanbieter bieten dieselben Strecken an, allerdings ist häufig ein Umsteigen in Jodhpur nötig, wo man dann evtl. ein Problem mit der Anerkennung des weiter geltenden Tickets haben kann.

Umgebung von Jaisalmer

Eine gute Möglichkeit, die zahlreichen Sehenswürdigkeiten in der näheren und weiteren Umgebung von Jaisalmer im Rahmen einer Tagestour zu erleben, bieten die von diversen Reisebüros angebotenen **Jeeptouren.**

Amar Sagar

Die hübsche Gartenanlage im Nordwesten Jaisalmers mit einem kleinen Palast, Tempeln und Chattris stammt aus dem 17. Jh. Der dazugehörige **See** ist nur wenige Monate im Jahr mit Wasser gefüllt. Bis zum nächsten Monsun, wenn sich die Senke wieder auffüllt, werden Seerosen und Gemüse gezogen. Am besten erhalten sind die nach einem aufwendigen

Kamelsafaris in die Wüste Thar

Mehrtägige Kamelsafaris in die Wüste Thar mit Ausgangs- und Endpunkt **Jaisalmer** gehören für die allermeisten Individualtouristen zu den Höhepunkten, ja fast schon zum Muss einer Nordindienreise. So findet sich denn auch unter den westlichen Besuchern Jaisalmers kaum jemand, der nicht auf dem Rücken eines dieser klassischen Wüstentiere losreiten wollte. Wer dabei aber vom klassischen Lawrence-von-Arabien-Klischee der menschenleeren, sich endlos bis zum Horizont erstreckenden Sanddünen ausgeht, wird am Ende in dieser Beziehung enttäuscht sein. Damit die Reise tatsächlich ein unvergessliches Erlebnis wird, gilt es vor der Buchung einige wichtige Dinge zu beachten.

Zunächst muss man sich im klaren sein, dass Kamelsafaris in Jaisalmer Big Business sind. Der Wettbewerb ist dementsprechend verbissen, und unter den zahlreichen Anbietern befinden sich einige schwarze Schafe. Am besten, man erkundigt sich unter bereits von einer Safari zurückgekehrten Reisenden nach ihren Erfahrungen. Derartige aktuelle Informationen aus erster Hand sind unbezahlbar. Fragen sollte man z.B. nach Menge und Qualität des Essens (immer nur *dhal* und Reis oder eine abwechslungsreiche Küche), nach der täglich zurückgelegten Strecke (es gibt Fälle, in denen man gerade drei Stunden pro Tag reitet und den Rest des Tages nichts zu tun hat) oder der Übernachtungsart (unter freiem Himmel – welche Qualität hat der Schlafsack – oder im Zelt). Generell gilt: Je mehr man zahlt, desto mehr Gegenwert erhält man auch. Man kann z.B. nicht erwarten, für einen Preis von 600 Rs pro Tag, von dem das Hotel oder Guest House auch noch eine Vermittlungsgebühr von 30 % einbehält, täglich drei Festmahle serviert zu bekommen. Um die 1.000 Rs pro Tag muss man mindestens für eine anständige Safari zahlen, mit Zeltübernachtung bis ca. 1.300 Rs. Bei allem, was darunter liegt, muss man mit schlechtem, einfallslosem Essen und missgelaunten, weil unterbezahlten Kameltreibern rechnen. Die Kameltreiber bekommen aller-

dings immer am wenigsten ab. Ein Trinkgeld am Ende der Tour ist also sicherlich angebracht.

Unbedingt vor Antritt der Safari sollte man sicherstellen, dass man auch wirklich allein auf dem Kamel sitzt. Das sollte eigentlich eine Selbstverständlichkeit sein, doch bei einigen Billiganbietern mussten sich auch schon zwei Touristen ein Kamel teilen.

Da inzwischen die seit vielen Jahren immer wieder begangenen Routen sehr stark frequentiert werden und man kaum noch die Atmosphäre eines einsamen Wüstenausritts genießen kann, sind viele Anbieter dazu übergegangen (und werben auch damit), zusätzlich zum Üblichen auch „unberührte" Wüstenabschnitte aufzusuchen. Allerdings muss diese Unberührtheit gelegentlich mit Eintönigkeit der Landschaft und weniger Sehenswürdigkeiten bezahlt werden, sodass einige Teilnehmer dieser Touren schon nach zwei Tagen leicht gelangweilt waren. So muss also immer ein Kompromiss zwischen Vielfalt der Landschaft mit Sehenswürdigkeiten in ausgetretenen Pfaden und Unberührtheit in eintöniger Umgebung gefunden werden. Auch hier hört man sich am besten bei zurückgekehrten Teilnehmern um.

715ra tb

Eine der am häufigsten durchgeführten Safaris dauert zweieinhalb Tage und beginnt am Mittag des ersten Tages mit einer Jeepfahrt zu den **Sam-Sand-Dünen,** wo man meist mit Hunderten von anderen Touristen einen Sonnenuntergang in einer Bilderbuchkulisse erlebt. Während der folgenden zwei Tage, in denen man verlassene Wüstenstädte und Tempelanlagen wie **Amar Sagar, Lodhruva** und **Mul Sagar** passiert, wird das Bild jedoch eher von karstigen, weit weniger spektakulären Landschaften bestimmt. Speziell in der Hauptreisesaison (von November bis März) ist es eher die Regel als die Ausnahme, gelegentlich anderen Karawanen zu begegnen.

Wer beabsichtigt, eine längere Safari zu unternehmen, sollte auf jeden Fall vorher einmal probereiten. **Kamelreiten** sieht romantisch aus, ist jedoch sehr **anstrengend,** besonders für den Rücken und dessen Verlängerung. Es gibt nicht wenige, die deswegen nach euphorischem Beginn bereits am zweiten Tag aufgeben. Gerade deshalb ist es besonders wichtig, eine weiche Sattelauflage wie etwa einen Wollpullover mitzunehmen. Selbiger ist auch für die oft sehr kühlen Nächte unter freiem Himmel nützlich. Außerdem sollte man eine Wasserflasche, Wasserentkeimungstabletten, eine Kopfbedeckung (Turban ist ideal), Taschenlampe und Sonnencreme auf die Tour mitnehmen. Das wichtigste jedoch ist gutes Sitzfleisch.

■ Einen guten Ruf in der Traveller-Szene haben **Trotters** (www.trottersjaisalmer.net), welche von Halbtagestouren bis zu mehrwöchigen Kamelsafaris eine breite Palette anbieten. Auch die vom Hotel Renuka in Jaisalmer veranstalteten Safaris (s. Unterkunft) werden von Travellern gelobt. Die verlässlichsten und aktuellsten Infos über Seriosität und Leistungen der Anbieter erhält man vor Ort bei gerade von einer Safari zurückgekehrten Reisenden.

Restaurationsvorhaben im alten Glanz erstrahlenden **Jain-Tempel** mit ihrem immer wieder beeindruckenden Skulpturenreichtum (Eintritt 20 Rs, Kamera 50 Rs, Video 100 Rs).

Bada Bagh

Die 5 km nördlich, inmitten einer kleinen Oase gelegenen Kenotaphe der Herrscher von Jaisalmer lohnen vor allem am späteren Nachmittag einen Besuch, wenn die Abendsonne die aus gelbem Sandstein gefertigten Pavillons in ein sanftes Licht hüllt. Im Übrigen bietet sich ein schöner Blick auf die am Horizont auftauchende Altstadt von Jaisalmer. Die **Grabsteine** der verstorbenen Adligen zeigen neben einem stolz reitenden Rajputenkrieger auch die – selbstverständlich wesentlich kleiner dargestellten – Umrisse der mit ihm auf dem Scheiterhaufen verbrannten Frauen (Eintritt 30 Rs, Kamera 10 Rs, Video 20 Rs).

Lodhruva

Von Lodhruvas ehemaliger Größe als der Hauptstadt der Bhati-Herrscher, bevor sie nach Jaisalmer umzogen, zeugt nur noch ein sehr schön restaurierter **Jain-Tempel.** In seinem Inneren verbirgt sich mit einem Wunschbaum, dem *Kalpavriksha*, eine seltene Kostbarkeit. Zu diesem aus Kupfer gefertigten Baum mit Blättern, Früchten und Vögeln pilgern viele Jains, um für die Erfüllung ihrer Wünsche zu beten. Ansonsten scheinen die aus alten Reiseberichten überlieferten Paläste, Tempel und zwölf Stadttore des 16 km nordwestlich von Jaisalmer gelegenen Lodhruva über die Jahrhunderte im Wüstenstaub versunken zu sein.

Die Totengedenkstätte der Herrscher von Jaisalmer in Bada Bagh

790ra tb

Sam Sand Dunes

Sanddünen bis zum Horizont, in goldenes Licht gehüllt vom Schein der untergehenden Sonne – wer diesem **Wüsten-Klischee** frönen will, muss sich zu den 42 km südwestlich von Jaisalmer gelegenen Sam Sand Dunes aufmachen, wo das klassische Lawrence-von-Arabien-Klischee mit kilometerlangen Sanddünen die kamerabewehrten Touristen erwartet. Allerdings sollte man sich vorher darüber im Klaren sein, dass Hunderte anderer den gleichen Wunsch haben. Dementsprechend marktschreierisch geht es dort zu: Aufdringliche Kameltreiber sind zugegen, die einen zum Ritt in den Sonnenuntergang überreden wollen, Musiker, die um die Wette fiedeln und singen sowie Verkäufer, die alles – von traditioneller Kleidung über Musikinstrumente bis zu Miniaturmalerei – verkaufen wollen. Da muss man schon weit laufen, um sich dem jahrmarktähnlichen Trubel zu entziehen.

Khuri

Das 40 km südwestlich von Jaisalmer gelegene Khuri war lange Zeit eine friedvolle Wüstenoase abseits ausgetrampelter Touristenpfade. Tatsächlich bietet das von **halbnomadischen Bewohnern** aus der Rajputenfamilie der Sodhas bewohnte Dorf einen interessanten Einblick in die Bau- und Wohnweise eines **traditionellen Wüstendorfes** im Westen Rajasthans. Von einer Lehmmauer umgeben, stehen die meisten Häuser inmitten eines kleinen Hofes, der mit einer zementartigen Masse ausgelegt ist, dessen Hauptbestandteil Kuhdung ist. Sehr hübsche geometrische Ornamente verzieren die Eingänge der weiß gekalkten, runden **Lehmbauten.**

Leider hat sich Khuri in den letzten Jahren zu einem zweiten Sam Sand Dunes entwickelt. Auch wenn die Touristenzahlen bei weitem noch nicht so hoch sind, ist die ursprüngliche Atmosphäre einem ungehemmten Profitdenken gewichen. Niemand wird den Einwohnern übelnehmen, dass sie am Touristeninteresse profitieren wollen, doch wer nach Khuri kommt, um unverfälschtes Dorfleben zu sehen, ist hier falsch. Auch aufdringlich bettelnde Kinder erhöhen nicht das Vergnügen. Wer das weiß und darauf eingestellt ist, kann noch immer Gewinn aus dem Besuch ziehen. Besonders der Ritt auf einem Kamel durch die Sandwüste zu den in der Umgebung aufragenden **Sanddünen,** von wo sich ein herrlicher Blick auf die untergehende Sonne bietet, ist für viele ein unvergessliches Erlebnis.

Unterkunft

■ Als eine typische Übernachtungsmöglichkeit steht das vom freundlichen Herrn *Singh* geführte **Badal House**① (Tel. 03014-274042) zur Verfügung. Wie bei allen anderen Unterkünften handelt es sich um Lehmhütten, die um einen Innenhof angelegt wurden. Besonders stimmungsvoll schläft es sich auf dem Dach des Hauses unter dem herrlichen Sternenhimmel. Gelobt werden auch die hier buchbaren Ein- oder Mehrtages-Kamelsafaris.

■ Alternativen sind **Sodha Guest House**① (Tel. 03014-274003) oder **Rajputana Desert Resorts**①, die über einfach ausgestattete Rundhütten verfügen, sowie **Mama's Guest House**① (Tel. 03014-274023) im Dorfkern.

■ Zwei der in den letzten Jahren eröffneten höherklassigen, aber immer noch preiswerten Unterkünfte sind das **Mangalam Desert Resort**② (Tel. (0)9414206048, www.mangalamresortjaisalmer.com) und das **Registhan Guest House**② (Tel. (0)97848005, www.registhanguesthouse.com). Auch hier wird das in Khuri übliche „Paket" aus Unterkunft in Hütte oder Zelt, Mahlzeiten und Kamelsafari, meist begleitet von einer „Cultural Show", angeboten. Insgesamt hübsch gemacht, wenn auch sehr touristisch.

An- und Weiterreise

■ Vier meist gerammelt volle **Busse** am Tag legen die Strecke (35 Rs) von und nach Jaisalmer in gut 1 Std. zurück.

Bikaner

Lange Zeit lag die 1488 nach ihrem Begründer *Rao Pikaji*, einem Sohn des Herrschers von Jodhpur, benannte Stadt noch im touristischen Abseits, doch inzwischen profitiert sie quasi als Trittbrettfahrer von der enormen Popularität der 300 km westlich gelegenen Wüstenstadt Jaisalmer. Viele Reisende legen hier, von Delhi oder Shekhawati kommend, einen Zwischenstopp ein und so sind die Touristenzahlen in den letzten Jahren kontinuierlich gestiegen.

Tatsächlich hat sie mit dem schönen **Fort** und der in ganz Indien einmaligen, etwa 10 km außerhalb liegenden **Kamelzuchtfarm** auch zwei Sehenswürdigkeiten zu bieten. Insgesamt jedoch wirkt die sehr weitläufige Stadt recht spröde. Allerdings findet auch hier ein sehenswertes **Camel Festival** statt (www.camelfestival.com).

Sehenswertes

Junagarh Fort

Mag Bikaner auch nicht zu den schönsten Städten Rajasthans gehören – der Stadtpalast ist zweifelsohne einer der schönsten überhaupt. Zwei besondere Merkmale unterscheidet das Fort von den meisten anderen Palästen Rajasthans: Es liegt weder erhöht auf einem Bergrücken oder Felsplateau, noch war die Anlage Ausgangspunkt für die sich daran ansiedelnde Stadt, denn sie wurde erst über 100 Jahre nach der Stadtgründung erbaut.

Man betritt die von einem Wassergraben und einer 986 m langen, 20 m hohen und bis zu 9 m breiten Mauer umgebene **Palastanlage** durch das von zwei riesigen Elefanten flankierte Suraj Pol. An den nächsten beiden Toren (Daulat Pol und Karan Pol) finden sich ähnlich wie im Meherangarh Fort in Jodhpur die Handabdrücke der Frauen, die ihren fürstlichen Ehemännern nach deren Ableben auf dem Scheiterhaufen mehr oder weniger freiwillig folgten und so zu **Satis** wurden.

Durch eine kleine Unterführung betritt man den Eingangshof zum Palast. Im nun folgenden Gewirr der unzähligen Empfangsräume, Höfe, Hallen, Schlafräume, Dachterrassen und Tempel wäre der Besucher hoffnungslos verloren, und so wird man von gut ausgebildeten Führern durch die Palastanlage geleitet.

Begonnen wurde mit dem Bau der Palastanlage Ende des 16. Jh. unter *Raja Singh* (1571–1611), der zu einem der mächtigsten Heerführer *Akbars* zählte. Er und seine Nachfolger, die als letzte treue Vasallen auf Seiten des letzten, verhassten Mogulherrschers *Aurangzeb* standen, steckten ihr in Kriegszügen angesammeltes Vermögen in den weiteren Ausbau dieses Palastes.

Besonders sehenswert sind **Phul Mahal** und **Chandra Mahal** (Blumen- und Mondpalast) aus dem 18. Jh. mit ihren sehr schönen Spiegelintarsien und Wandmalereien. Interessant ist auch der **Hari Mandir,** der Haupttempel des Palastes, in dem die fürstlichen Hochzeiten und Geburten zelebriert wurden.

■ **Öffnungszeiten:** 10 bis 16.30 Uhr, Eintritt 300 Rs (inkl. Museum).

Ganga Golden Jubilee Museum

Dieses etwa 2 km östlich des Forts beim Gandhi-Park gelegene Museum befindet sich in einem Rundbau, der zur Hälfte von Verwaltungsbüros belegt ist. Im Innern finden sich ein buntes Sammelsurium von **archäologischen Funden** aus der Harappa- und Gupta-Periode. Als Einzelstücke fallen ein Seidenumhang des Mogulherrschers *Jehangir* sowie eine Miniatureisenbahn mit reich ausgeschmückten Wohn-, Arbeits- und Schlafwaggons ins Auge. Englischsprachige Erläuterungen finden sich leider nirgends, der recht lange Anfahrtsweg lohnt nur für wirklich kulturhistorisch interessierte Besucher.

■ **Öffnungszeiten:** tgl. außer Fr 10–16.30 Uhr.

Jain-Tempel

Der Jain-Tempel stellt eine Besonderheit dar. Ungleich allen anderen bekannten Jain-Tempeln besitzt er keine plastische Ausschmückung, keine Skulpturen. Er ist im Inneren jedoch, ähnlich den Miniaturen in Bundi, mit fantastischen, ausgezeichnet erhaltenen Aufputzmalereien geschmückt. Auch kann der „Turm" bestiegen werden, was ebenfalls ungewöhnlch ist.

Lalgarh-Palast / Sri Sadul Museum

Etwa 3 km nördlich der Stadt liegt dieser zwischen 1902 und 1926 von Maharaja *Ganga Singh* erbaute Palast, der wegen seiner festungsartigen Architektur und seines Baumaterials auch *Red Fort* genannt wird. Äußeres Erscheinungsbild, Bauzeit, Ambiente und heutiger Verwendungszweck des Gebäudes erinnern stark an den Umaid Bhawan in Jodhpur.

Das Bauwerk beeindruckt durch seine exquisite Innenausstattung und perfekte Bearbeitung. Der Lalgarh-Palast ist heute in drei Bereiche unterteilt: die Privaträume des Maharajas, ein Hotel und das Sri Sadul Museum im 1. Stock (Mo–Sa 10–17 Uhr, Eintritt 50 Rs, Video 150 Rs). Bekannt aus vielen anderen Rajputenpalästen sind die Waffen- und Trophäensammlung, wirklich beeindruckend ist jedoch die ausgezeichnete **Fotogalerie,** die einen hervorragenden Einblick sowohl in das private wie öffentliche Leben der Maharajas zur Zeit der britischen Besatzung gewährt.

- **Öffnungszeiten:** tgl. außer Mi 10–17 Uhr, Eintritt 20 Rs.

Kamelsafaris

Unser Tipp: Bikaner hat sich in den letzten Jahren zu einer interessanten Alternative zu Jaisalmer für Kamelsafaris entwickelt. Das Angebot reicht auch hier von ein bis zwei Übernachtungen bis zu ein- (Kichan) oder sogar zweiwöchigen (Jaisalmer) Safaris. Der Durchschnittspreis pro Tag beläuft sich auf 1.500 Rs pro Person. Entsprechend dem deutlich geringeren Touristenaufkommen gibt es wesentlich weniger Agenturen als in Jaisalmer. Das hat jedoch den großen Vorteil, dass die wenigen Agenturen zum größten Teil sehr verlässlich sind. Zwei der empfehlenswertesten:

- **Camel Man,** Tel. 2231244, www.camelman.com; **Vinayak Desert Safari,** Tel. 2202634, www.vinayakdesertsafari.com.

Praktische Tipps

Information

- **Vorwahl:** 0151
- Das **Touristenbüro** (Tel. 2544125, tgl. außer So von 9 bis 17 Uhr) befindet sich in der Nähe des Pooram Singh Circle und wird von einem freundlichen und hilfsbereiten Angestellten geleitet.

Stadtverkehr

- Vom 3 km nördlich des Stadtzentrums gelegenen Busbahnhof bis zum Bahnhof sollte es mit der **Autoriksha** um die 70 Rs kosten, vom Bahnhof zum Junagarh Fort maximal 50 Rs und ebenso viel zum Tourist Bungalow.
- **Tempos** verkehren auf den Hauptstrecken zwischen Bahnhof, Altstadt und Busbahnhof.
- Für ca. 50 Rs pro Tag kann man sich gegenüber vom Bahnhof **Fahrräder** leihen. Eine sehr gute Alternative für das flache Bikaner.

Unterkunft

- Eine gute Wahl im unteren Preissegment ist das familiäre **Vinayak Guest House**② (Tel. 2202634, (0)941 4430948, vinayakguesthouse@gmail.com). Neben den sechs eher einfachen, aber preiswerten Zimmern ist besonders der hilfsbereite und äußerst freundliche Betreiber, der auch individuelle Touren in die Wüste organisiert, zu erwähnen. Da er keine Komission zahlt, wird seine Bleibe ungern von Riksha-Fahrern angefahren, so holt er seine Gäste auch selbst vom Bahnhof ab.

Bikaner
0 200 m
©Reise Know-How 2017
1 (500 m),
Lalgarh Palace/
Sri Sadul Museum (1,6 km)
Hanumangarh (240 km)
Lalgarh Bahnhof
Unterkunft
1 Meghsar Castle
3 Laxmi Niwas Palace
4 Karni Bhawan Palace
5 Harasar Haveli
6 Vinayak Guest House
8 Bhairon Vilas
14 Hotel Bhanwar Niwas
15 Tanisha Heritage Haweli
Jaisalmer (330 km)
Junagarh Fort
Suraj Pol
Gandhi-Park
Devi Kund (8 km),
Jaipur (320 km)
Kern Road
Ratan Behai Tempel
Zoo
Ganga Golden Jubilee Museum
Kota Gate
Altstadt und Bazarviertel
Bikaner Bahnhof
Polizei
Pooran Singh Circle
Ambedkar Circle
Gefängnis
PBM Hospital
GS Road
Jain-Tempel
Havelis mit Wandmalereien
Essen und Trinken
7 Gallops
9 Garden Cafe
10 Amber Restaurant
11 Heeralal's Restaurant
13 Deluxe Restaurant
Verkehr
2 Busbahnhof
12 Taxistand
Gopeswar-Tempel
Deshnok (30 km),
Jodhpur (250 km)

■ Ähnlich in Preis und Leistung ist das mitten im Zentrum gelegene **Tanisha Heritage Haweli**② (Asasniyon ka Chowk, Tel. 25662). Die um einen Innenhof auf verschiedenen Ebenen gelegenen Zimmer sind erfreulich groß und geschmackvoll eingerichtet. Ein weiteres Plus sind die köstlichen vegetarischen Gerichte.

■ Mit dem **Meghsar Castle**①-③ (Tel. 2527315) findet sich eine für den Preis gut geführte Unterkunft an der Gajner Rd. im Norden der Stadt. Neben großen, wenn auch etwas altmodischen Zimmern verfügt es über ein Gartenrestaurant und Internet-Anschluss.

■ Ein sehr empfehlenswertes Mittelklassehotel ist das **Harasar Haveli**①-③ (Tel. 2209891, www.nivalink.com/harasar) in der Nähe der Karni Singh am Stadion. Da die verschiedenen Zimmer in Größe und Ausstattung stark variieren, sollte man sich zunächst mehrere anschauen. Die Dachterrasse mit Blick auf die Stadt und leckerem indischen Essen bietet sich zum Verweilen an.

■ Eine ausgezeichnete Wahl in der mittleren Preiskategorie ist das in einem alten Pratizierhaus untergebrachte **Bhairon Vilas**③-④ (Tel. 2544751, www.hotelbhaironvilas.com) an der Westseite des Forts. Die stilvoll eingerichteten Zimmer in dem fast 200 Jahre alten Gebäude, das hervorragende hauseigene Restaurant und die Atmosphäre einer untergegangenen Epoche – das alles zu einem vergleichsweise günstigen Preis!

■ Mitten im Altstadtzentrum liegt das stilvoll renovierte **Hotel Bhanwar Niwas**④ (Tel. 261880, www.bhanwarniwas.com). Die 26 Zimmer sind mit erlesenem Mobiliar ausgestattet und jedes für sich eine Augenweide. Das in einem schönen Marwari-Haveli untergebrachte Heritage Hotel ist die mit Abstand beste Unterkunft in der Altstadt.

■ Eine gute Wahl ist das in den 1940er Jahren vom Maharaja im Art-déco-Stil errichtete **Karni Bhawan Palace** ④ (Tel. 2524701, www.hrhhotels.com). Das in einem weitläufigen Garten gelegene, rot-weiße Gebäude hat 20 hübsch eingerichtete, allerdings auch in die Jahre gekommene Zimmer. Wirklich erfreulich sind das sehr engagierte Management und das hilfsbereite Personal.

■ Das **Laxmi Niwas Palace**④ (Tel. 2202777, www.laxminiwaspalace.com) ist ein selbst für rajasthanische Verhältnisse überdimensionales Palasthotel. Das stilvoll restaurierte ehemalige Herrscherhaus bietet sehr weitläufige Suiten, teils aus mehreren Zimmern bestehend. Alles atmet noch den Geist des untergegangenen Raj und wirkt zum Teil ein wenig altbacken, doch für Liebhaber alter Palasthotels ist dies sicher die erste Adresse in Bikaner.

Essen und Trinken

■ Hübsches Ambiente in schönem Garten, mittelmäßiges Essen – so lässt sich das bei Travellern sehr beliebte **Garden Café** neben dem Handicraft Emporium beschreiben. Serviert werden snackähnliche indische Gerichte, ein Internetcafé ist angeschlossen.

■ Ob vor oder nach dem Besuch des Forts – das beim Eingangstor gelegene **Gallops** ist bei Touristen wegen seiner relaxten Atmosphäre ein Hit. Man hat die Wahl zwischen der Terrasse im Freien und AC im Inneren. Das Essen ist jedoch deutlich dem Touristengeschmack angepasst und zudem recht teuer (300–500 Rs).

■ **Heeralal's Restaurant** direkt gegenüber dem Bahnhof ist seit vielen Jahren eines der populärsten vegetarischen Restaurants Bikaners. Während es im Erdgeschoss eher wie in einer Kantine zugeht, sitzt man im ersten Stock recht angenehm und kann sich an den köstlichen einheimischen wie einigen chinesischen Gerichten laben (100–300 Rs).

■ Mit dem **Deluxe Restaurant** (südindische Küche) und dem vegetarischen **Amber Restaurant** finden sich zwei gute und günstige, bei Einheimischen (immer ein gutes Zeichen) beliebte Restaurants mit authentisch indischem Essen in der Station Rd.

Bank und Internet

■ Die **State Bank of Bikaner & Jaipur** (Ambedkar Circle, Mo–Sa 12–16 Uhr) und die **Bank of Baroda** (Mo–Fr 10–14, Sa 10–12.30 Uhr) wechselt Bares. Die **ATMs** der Corporation Bank und der ICICI-Bank verarbeiten die wichtigen Kreditkarten bis auf AmEx.

■ Internet bei **New Horizon,** eine Straße an der Station Rd. hinein, und **Reliance Webworld** an der Station Rd.

An- und Weiterreise

Bahn

Verbindungen finden sich im Anhang. Zurzeit keine Verbindungen nach Delhi.

Bus

Der staatliche Busbahnhof befindet sich etwa 3 km nördlich der Stadt. Wer also aus dem Süden anreist, sollte sich schon vor Erreichen des Busbahnhofs absetzen lassen. Diverse private Busgesellschaften haben sich an der Südseite des Forts angesiedelt.

- Da es zurzeit keine Bahnverbindungen nach **Delhi** gibt, muss auf Busse zurückgegriffen werden. Von den täglich drei Verbindungen (Exp. 11 Std.) passieren zwei **Jhunjhunu** im Shekhawati. Diese verlassen Bikaner um 11 und 14.30 Uhr.
- Viele Verbindungen nach **Ajmer** (7 Std., mehrere über Pushkar), **Jaipur** (7 Std., über Fatehpur und Sikar) und **Jodhpur** (6 Std., alle Jodhpur-Busse halten am Rattentempel von Deshnok).
- Weitere Verbindungen u.a. nach **Udaipur** (12 Std., Abf. 18.30 Uhr), **Agra** (12 Std., Abf. 5 Uhr) und **Jaisalmer** (8 Std., 2 Direktbusse um 5.30 und 12.15 Uhr).
- Eine Verbindung täglich um 17.45 Uhr nach **Amritsar** (15 Std.).

Umgebung von Bikaner

Devi Kund

Die von einer Mauer eingegrenzten **Totengedenkstätten** für die Herrscher von Bikaner, 8 km östlich der Stadt, wirken mit ihren verspielten Kuppeldächern aus Ziegeln, Sandstein oder Marmor und den sie stützenden reich ornamentierten, freistehenden Säulen eher wie heitere Sommerpavillons. Am beeindruckendsten ist der weiße Marmorchattri von *Maharaja Sardhul Singh* (1943–49).

Anreise

- Mit der **Autoriksha** sollte die Hin- und Rückfahrt etwa 150 Rs kosten.

Kamelzuchtfarm

Das knapp 10 km nördlich Bikaners gelegene, staatliche **National Research Centre on Camels** ist das einzige seiner Art in Asien und führt die Tradition des legendären Kamelkorps Ganga Rissala fort, mit dem Maharaja *Ganga Singh* im Ersten Weltkrieg an der Seite der Engländer gegen die Türken kämpfte. Auch heute noch werden Kamele für die Einheit der Border Security Force gezüchtet, doch vornehmlich kommen die Wüstentiere bei **Paraden und Filmaufnahmen** zum Einsatz.

- **Geöffnet** 14–18 Uhr, Eintritt 20 Rs, Kamera/Video 30/50 Rs, Infos: nrccamel@nic.in.

Anreise

- Für Hin- und Rückfahrt mit der **Autoriksha** inkl. einstündiger Wartezeit sollte man mit ca. 250 Rs rechnen, mit dem Taxi 400 Rs.

Karni-Mata-Tempel (Rattentempel) in Deshnok

Einer der bizarrsten Tempel Nordindiens findet sich an der Straße nach Jodhpur, 36 km südwestlich von Bikaner. Abscheu und Neugierde zugleich sind wohl – zumindest für Westler – die beherrschenden Gefühle beim Gang durch die sehr schöne, von Maharaja *Ganga Singh* gestiftete, silberbeschlagene Eingangstür. Ein ekelerregender Gestank und tausendfaches Gequieke beherrschen das Innere des einer Inkarnation der Göttin Durga geweihten Tempels. Hervorgerufen wird diese wenig einladende Atmosphäre von Tausenden von **Ratten und Mäusen,** die im Tempelkomplex verehrt und gefüttert werden. Als besonders glücksverheißend gilt der Anblick der äußerst seltenen weißen Ratten. Manche Reisende finden einen Ausflug interessant, andere weniger.

- **Geöffnet** 4–22 Uhr.

Anreise

- **Bahn:** Der 2308a Bikaner Howrah Superfast verbindet mit Jaipur: Abf. 18.58 Uhr, über Nagaur (an 20.16 Uhr), Kuchaman (an 23.36 Uhr) bis Jaipur (Ank. 1.40 Uhr.) Zwei **Busse** stündlich fahren vom Busbahnhof in Bikaner nach Deshnok (Fahrtzeit ca. 1 Std.). Mit dem **Taxi** sind es für Hin- und Rückfahrt inkl. Wartezeit ca. 1.500 Rs.

Nagaur

Auf dem Weg von Bikaner Richtung Jodhpur erreicht der Reisende nach 110 km die vom Tourismus unberührte, alte **Rajputenstadt** Nagaur. Nur im Januar/Februar, wenn hier ein viertägiger, großer **Kamelmarkt** stattfindet, zu dem Tausende farbenfroh gekleideter Wüstenbewohner strömen, lassen sich in der malerischen Altstadt, die von einer mächtigen Schutzmauer umschlossen ist, einige Westler blicken. Zu diesem Zweck errichtet das Tourist Office eine Zeltstadt für die Unterbringung von Pauschaltouristen. Viele ziehen die **Nagaur Fair** der wesentlich bekannteren Pushkar Fair wegen ihrer ursprünglicheren Atmosphäre vor. Doch selbst wenn man das von jahrmarktähnlichen Vergnügungen begleitete Fest nicht erleben kann, lohnen die malerische Altstadt und das unter anderem aus Spenden des Ghetty-Fonds und des Maharajas von Jodhpur herrlich restaurierte **Ahichatragarh Fort** (Eintritt 50 Rs, Kamera-/Videogebühr 25/100 Rs) mit einem reich bemalten Palastkomplex im Innern unbedingt einen Besuch.

Unterkunft

Unser Tipp: Sie möchten im Stil einer Rajputenprinzessin leben? Dann gibt es in ganz Rajasthan kaum eine bessere Adresse als das vorzügliche **Ranvas**④ (Tel. 291-25723217, www.ranvasnagaur.com). Hierbei handelt es sich um ein weiteres Meisterstück des Maharajas von Jodhpur, der die zehn ursprünglich für die Prinzessinnen des Maharajas gebauten Havelis äußerst stilvoll zu einem Boutique-Hotel umbauen ließ. Neben der architektonisch gelungenen Symbiose zwischen Moderne und Tradition besticht das Hotel mit seinen diversen Terrassen und Innenhöfen, einem schön gestalteten Pool sowie zwei hervorragenden Restaurants. Da es sich innerhalb des **Ahichatragarh Fort** befindet, kann man hier in aller Ruhe auch nach dem offiziellen Besuchsverkehr die weiträumige Palastanlage besuchen.

- Das **Megh Mount**①-② (www.meghmount.com) ist ein neu eröffnetes Hotel in den Außenbezirken, das zwar keinen Designerpreis gewinnen wird, doch mit seinen geräumigen Zimmern, einem Pool und einem Restaurant ein gutes Preis-Leistungsverhältnis bietet.

An- und Weiterreise

- **Bahn:** Eine Tagesverbindung nach Jaipur ist der 2467 Bikaner Jaipur Exp.: Abf. in Nagaur um 6.43 Uhr, über Kuchaman (an 9.27 Uhr), Ank. in Jaipur um 11.35 Uhr. Derselbe Zug in umgekehrter Richtung nach Bikaner ist der 4888 Barmer Kalka Exp., der Nagaur um 14.08 Uhr verlässt und über Deshnok (an 15.26 Uhr) um 16.40 Uhr in Bikaner eintrifft.
- Es verkehren stündlich **Busse** von und nach Jodhpur, Fahrtzeit etwa 3 Std.

768ra tb

▷ Kamele – noch immer ein verbreitetes Transportmittel in der Wüste Thar

SHEKHAWATI – CHARME EINER UNTERGEGANGENEN EPOCHE

Der Name der Wüstenrandzone zwischen Delhi, Bikaner und Jaipur beruht auf dem Rajputenherrscher Rao Shekhaja, der hier 1471 ein kleines Fürstentum gründete. Die Marwaris, wie die Bewohner dieser Region genannt werden, häuften mit der ihnen eigenen Kombination aus Geschäftstüchtigkeit und Sparsamkeit recht schnell einen bescheidenen Wohlstand an. Hierbei schlugen sie vor allem aus der geografisch sehr günstigen Lage ihrer Provinz Nutzen, die am Knotenpunkt bedeutender Handelsrouten lag, die bis nach China, Afghanistan und Persien führten. Durch den intensiven Handel mit Gold, Juwelen, Seide und anderen wertvollen Gütern reich geworden, versuchten sich die einzelnen Kaufmannsfamilien durch den Bau prunkvoller Wohn- und Geschäftshäuser, den sogenannten Havelis, gegenseitig zu übertrumpfen.

Reisen im Shekhawati

Alle in diesem Abschnitt aufgeführten Städte liegen relativ nahe beieinander, mit Maximalentfernungen von 60 km, und werden häufig von **Direktbussen und Sammeljeeps** angefahren, sodass auf deren Erwähnung im Folgenden verzichtet wird. Ideal zur Erkundung der Shekhawati-Region ist natürlich ein **Mietwagen oder Taxi.** Die Preise hierfür sind Verhandlungssache, es geht los bei etwa 1.500 Rs pro Tag, abhängig von Fahrzeugtyp, Klimatisierung und gefahrenen Kilometern. Bei kürzeren Entfernungen ist auch eine **Riksha** akzeptabel.

Unterwegs im Shekhawati, der Wüstenrandzone zwischen Delhi, Bikaner und Jaipur

317ra tb

Leider verkehren innerhalb des Shekhawati und zu den umliegenden Regionen derzeit nur langsame **Bahnverbindungen** und nur seltene Verbindungen nach Delhi und Bikaner. Von und nach Jaipur bestehen bis zu sechs Bahnverbindungen täglich mit Sikar, Fatehpur, Nawalgarh und Jhunjhunu. In den meisten Fällen sind Bus-, Jeep- oder Taxifahrten vorzuziehen.

Jhunjhunu

Jhunjhunu, die Distrikthauptstadt, verfügt als eine der größten Städte des Shekhawati mit mehreren Hotels, einer Bank sowie dem einzigen und zudem hervorragenden Touristenamt der Region über eine vergleichsweise gute touristische Infrastruktur. Sie liegt relativ zentral, sodass alle weiteren Städte innerhalb kurzer Zeit zu erreichen sind, und ist zudem nur sieben Stunden Zugfahrt von Delhi entfernt. Schließlich berherbergt die Stadt einige der beeindruckendsten Gebäude im Land der bemalten Havelis. Man nimmt an, dass die Stadt mit dem ungewöhnlichen Namen von den Jats gegründet wurde. Mitte des 15. Jh. wurde sie von *Muhammed Khan*, dem Anführer der Kamikhani-Nawabs, eingenommen, die das herrschende Geschlecht Jhunjhunus blieben, bis 1730 *Sardul Singh*, ein Rajputenfürst, der zu seiner Zeit der ranghöchste Minister am Hofe der Nawabs war, einen Putsch durchführte. Seither ist Jhunjhunu Distrikthauptstadt und einer der wohlhabendsten Orte der Region.

Sehenswertes

Den besten Überblick über die Stadt verschafft man sich von einem festungsähnlichen muslimischen Gebäudekomplex **Badalgarh** unterhalb des hoch aufragenden Kana-Hügels. Ursprünglich Ende des 17. Jh. vom Nawab *Fazl Khan* als Stallung für seine Pferde und Kamele gebaut, denen im Krieg die entscheidende Bedeutung beikam, umschließen die massiven Mauern heute neben mehreren Mausoleen muslimischer Heiliger, einer Moschee und einer Koranschule auch das Grab des Sohnes von *Major Henry Foster*, der Mitte des 19. Jh. nach Jhunjhunu geschickt wurde, um die immer einflussreicher werdenden lokalen Räuberbanden zu eliminieren.

Weiter unterhalb des Grabbereichs steht mit dem **Khetri Mahal** einer der architektonisch beeindruckendsten Bauten des ganzen Shekhawati. Errichtet wurde der elegante Palast 1760 von *Bhopal Singh*, einem Enkel *Sardul Singhs*. Eine Rampe führt im Zickzack durch die verschiedenen Stockwerke, sodass der Hausherr mit seinem Pferd bis zum Dach reiten konnte. Als eine Art natürlicher Klimaanlage wurden anstelle von Wänden meist Marmorsäulen verwendet, sodass der Wind frei zirkulieren konnte. Während die ockerfarbenen Fresken um das Eingangstor und im Innenhof des um 1735 von Sardul Singh errichteten Gopinath-Tempel aus der Frühphase stammen, wurden jene im Inneren, in der Nähe des Schrein erst Ende des 19. Jh. aufgetragen. Das sehr hübsche, um zwei Innenhöfe angelegte Haveli von *Nurudin Farooqi* ist eines der schönsten muslimischen Kaufmannshäuser der Region. Im Unterschied zu den meisten anderen Gebäuden sind hier keine Menschen, sondern nur dekorative Muster und Blumen abgebildet.

Lokal berühmt ist der **Rani-Sati-Tempel,** der einer der Kaufmannsklasse entstammenden Frau gewidmet ist, die 1595 nach dem Tod ihres Mannes zur Sati wurde.

Eines der schönsten Kaufmannshäuser Jhunjhunus ist das **Kaniram Narsinghdas Tibrewala Haveli** aus den achtziger Jahren des 19. Jh. Neben Fresken, die Handwerker bei der Arbeit, Handelsleute und Züge zeigen, findet sich auch ein Europäer mit einem kleinen Hund auf seinem Schoß. Das **Modi Haveli,** einige Meter weiter entlang der Basarstraße, weist schöne Motive an den Außenwänden auf. Während diese 1896 gemalt wurden,

müssen die Autoszenen im Innenhof späteren Datums sein.

Besuchenswert ist auch der sehr große **Sri-Bihariji-Tempel,** bei dem besonders die an der Südwand aufgemalten Szenen aus dem Ramayana beeindrucken. Den größten **Stufenbrunnen** der Stadt (Mertanyi Baori) ließ die Witwe Sardul Singhs, *Mertanyi*, 1750 erbauen. Insgesamt 159 Stufen führen zu dem 32 m tiefen und 17 m breiten Baori hinunter. Zweifelsohne ein imposanter Anblick, doch dass der schöne Schein trügerisch sein kann, verdeutlichen neben dem durch diverse Exkremente hervorgerufenen Gestank die Aufzeichnungen eines britischen Beamten, der 1831 über die Wasserqualtät Folgendes zu berichten wusste: „Jene, die das giftige Wasser getrunken hatten, mussten sich innerhalb von zwei Stunden übergeben und starben wenig später." Also: Micropur nicht vergessen!

Praktische Tipps

Information

- **Vorwahl:** 015972
- Das **Tourist Office** (Tel. 232909, tgl. außer So 10–17 Uhr geöffnet) befindet sich an der Straße nach Mandawa und damit ungünstig, weil recht weit vom Zentrum entfernt.

Stadtverkehr

- Zwischen Stadtzentrum, Busbahnhof und Bahnhof pendeln sowohl Tempos als auch viersitzige Autorikshas. Eine Autoriksha kostet ca. 20 Rs vom Stadtzentrum zum Busbahnhof und 40 Rs zum Bahnhof.

Unterkunft

- Recht komfortabel ist das **Shekhawati Heritage**② (Tel. 237134, 235727, (0)9887385177, www.hotelshekhawati.com), etwa 300 m westlich vom Busbahnhof eine kleine Straße von der Station Rd. abgehend etwa 100 m hinein. Die 20 sauberen Zimmer in ruhiger Lage bieten einen guten Gegenwert.
- Das **Fresco Palace**③ (Tel. 395233, (0)9414902905, www.hotelfrescopalace.com) im Stadtzentrum bietet saubere und geräumige Zimmer, allerdings trotz des Namens ohne besondere Wandmalereien. Dafür sind alle Zimmer klimatisiert und verfügen über einen Flachbildschirm.
- Die beste Unterkunft ist das **Jamuna Resort**④ (Tel. 232871, 512696). Die Anlage besteht aus zehn im traditionellen Stil erbauten Bungalows, die teureren mit Klimaanlage. Zur angenehmen Atmosphäre trägt neben dem gepflegten Garten auch der Swimmingpool bei. Sehr empfehlenswert ist das angeschlossene Restaurant.

Bank und Internet

- Die **State Bank of India** (Tel. 232327) und die **State Bank of Bikaner & Jaipur** (Tel. 232628), beide in der Station Rd., wechseln Bargeld. Erstere hat einen ATM für die wichtigsten Kreditkarten.
- An der Station Rd. schräg gegenüber dem Busbahnhof ist das **Internetcafé Shalimar** (1. Stock, 9–21 Uhr).

An- und Weiterreise

- Abgesehen von den vielen **Bussen** in die benachbarten Orte des Shekhawati bestehen fast stündliche Verbindungen von und nach **Delhi** (7 Std.), **Jaipur** (4 Std.) und **Bikaner** (5½ Std.). Nach Delhi fährt der letzte Bus um 23.30 Uhr. Da sich die Anfahrt über Gurgaon und die südlichen Stadtteile Delhis besonders in den Abendstunden wegen starken Verkehrs lange hinzieht, sollte man in Delhi baldmöglichst den Bus verlassen und in Riksha, Taxi oder, falls eine Haltestelle in der Nähe ist, am besten in die Metro umsteigen.

Mandawa

Das 24 km westlich von Jhunjhunu gelegene Wüstenstädtchen Mandawa ist die **meistbesuchte Stadt** des Shekhawati. Wie immer in solchen Fällen sind auch hier die negativen Spuren des Tourismus nicht zu übersehen. Gleichzeitig hat sich Manadawa noch einiges vom alten Charme bewahrt. Beim Wandern durch die teils ungepflasterten Gassen wähnt man sich in einer mittelalterlichen Filmkulisse und kann die zahlreichen dekorierten Havelis wie ein Bilderbuch an sich vorbeiziehen lassen. Alle Sehenswürdigkeiten des kleinen Ortes sind zu Fuß erreichbar. Abends sollte man in Mandawa moskitogeschützt sein.

Sehenswertes

Den Mittelpunkt der Stadt bildet das inzwischen in ein stilvolles Hotel umgebaute **Fort.** Die Bauarbeiten begannen im Jahr der Stadtgründung 1760, doch die meisten Gebäudeteile stammen aus der Mitte des letzten Jahrhunderts. Selbst wer hier nicht wohnt, sollte sich die hübschen Räume anschauen und das **kleine Museum** im Haus besuchen. Im Übrigen bietet sich vom Dach des Hotels ein schöner Blick auf Mandawa.

Unter den zahlreichen Handelshäusern der Stadt ragt das **Gulab Rai Ladia Haveli** heraus. Über und über ist es mit vielfältigen, teilweise erotischen Szenen bemalt. Das um 1870 erbaute Schmuckstück ist in den verwinkelten Altstadtgassen südwestlich des Forts nicht leicht zu finden, doch im touristisch bereits recht erfahrenen Mandawa warten viele Tourist Guides darauf, einen herumzuführen. Allerdings sind sie offensichtlich von den vornehmlich italienischen und französischen Pauschaltouristen derart verwöhnt, dass sie recht abenteuerliche Summen verlangen. Mehr als 150 Rs pro Stunde sollte man dennoch nicht zahlen, da man sonst das Gehaltsgefüge durcheinanderbringt.

Das ebenfalls reich bemalte **Lakshminarayan Ladia Haveli** gleich nebenan weist vor allem religiöse Szenen auf. Zwei weitere sehr schöne Havelis finden sich entlang der Basarstraße mit dem 1910 erbauten **Bansidhar Nerwatia Haveli** und dem älteren **Akhramka Haveli** (1880). Bei der Motivsuche finden sich u.a. Flugzeuge, Fahrräder, Teleskope und ein Junge beim Telefonieren. Aber auch traditionellere Bilder wie Kamele, Pferde und Jagdszenen sind zu sehen.

Im Südwesten Mandawas ist das **Jhunjhunuwala Haveli** einen Abstecher wert. Besonders der überaus reich mit Goldmalerei ausgestattete Empfangsraum beeindruckt.

Von der ursprünglichen Stadtmauer ist kaum noch etwas erhalten geblieben, und so existiert mit dem **Sonilia Gate** nur noch eines der ehemals vier Stadttore. Der Raum in der Spitze des Tores ist mit Wandmalereien des letzten großen Freskenmalers des Shekhawati, *Balu Ram*, geschmückt. Sehr eindrucksvoll wirken auch die unmittelbar neben dem Tor platzierten Chattris lokaler Geschäftsleute.

Praktische Tipps

Unterkunft

(Vorwahl: 01592)

- Die einzige preiswerte Bleibe Mandawas ist das **Hotel Shekhawati**①-③ (Tel. 223036, www.hotelshekhawati.com), in dem jedes Zimmer mit Wandmalereien verziert ist. Die billigen Zimmer sind jedoch recht einfach ausgestattet, erst die teuren klimatisierten sind angenehm, aber leider überteuert. Nicht sonderlich empfehlenswert ist das hauseigene Restaurant, dieser Eindruck wird jedoch durch den tollen Rundblick vom Dach gemildert. Hier gibt's einen kleinen Innenbereich gegen zu starke Sonnenstrahlen oder Moskitos am Abend.
- Stilvoll ist das in einem 120 Jahre alten Haveli untergebrachte **Heritage Mandawa**③-⑤ (Tel. 223742/3, 325177, www.hotelheritagemandawa.com). Auch hier sind die recht günstigen Zimmer mit Wandmalereien verziert, die großen Suiten sind weit teurer. Das obere Stock-

402in mb

▷ Ein Haveli in Mandawa

werk ist vorzuziehen, ist es im Erdgeschoss doch recht dunkel. Schmackhafte Mahlzeiten gibt's entweder à la Carte oder vom Buffet (Frühstück/Mittag- und Abendessen 175/300–400 Rs). Der hilfsbereite Manager ist bemerkenswert.

UNSER TIPP: Die im Gesamtbild stimmigste Adresse Mandawas ist das herrlich restaurierte, eher kleine **Chobdar Haveli**③-⑤ (nahe Gulab Rai Ladia Haveli, Tel. (0)9314432690, (0)9414369567, http://hotelchobdarhaveli.com) im Südwesten des Ortes. Nicht sonderlich aufwendig, aber sehr stilsicher instandgesetzt, sind die komfortablen, unterschiedlichen Zimmer mit erstklassigen Bädern sehr angenehm. Die Mahlzeiten werden im Innenhof oder auf kleinen Terrassen eingenommen. Auch durch den freundlichen, familiären Service und das gute Essen die harmonischste Unterkunft der Stadt.

■ Das **Mandawa Haveli**④-⑤ (Tel. 223088, www.hotelmandawa.com) ist ein geschmackvoll eingerichtetes, 180 Jahre altes Kaufmannshaus und für viele die Unterkunft des Ortes, die am meisten Raj-Feeling hat. Das im Jahr 2000 zum Hotel umgebaute Haus verfügt über zehn mit schönen Wandmalereien verzierte Zimmer. Der exzellente Service, die familiäre Atmosphäre und die friedliche Ruhe runden das äußerst positive Bild ab.

■ Erste Adresse im Ort ist das prächtige **Castle Mandawa**⑤-⑥ (Tel. 223124, www.castlemandawa.com). Sicherlich eine sehr stilvolle Adresse, doch die Zimmer variieren stark, die teureren haben Kühlschrank, die billigeren Einzelzimmer sind recht klein. Schön ist das Abendessen unter freiem Himmel bei Live-Musik. Auch der große Gartenpool ist bemerkenswert.

■ Eine nahezu preisgleiche, sehr schöne Alternative für den Fall, dass das Castle durch Pauschaltouristengruppen belegt ist, bietet das unter gleichem Management stehende Hotel **Mandawa Desert Resort**⑤ (Tel. 223123, 223151, www.castlemandawa.com). Die etwas außerhalb auf einem Hügel gelegene, schön gestaltete Anlage verfügt über einen Pool mit Blick in die Steppe und strahlt eine angenehm, friedvolle Atmosphäre aus. Man sollte eine Übernachtung in den stilvollen Lehmbungalows einem Zimmer im Haupthaus vorziehen.

Essen und Trinken

■ Am Main Market in einem von Mauern versteckten Innenhof lockt das **Paawana** mit authentischer indischer Küche in fröhlicher Atmosphäre. Die Preise liegen zwischen 120 und 250 Rs, ein Thali kostet 120 Rs. Leider ist's etwas fliegenreich.

■ Freundliche Bedienung und gute Küche sind die Merkmale des **Monica Restaurant** (Shekhawat Haveli Ward No. 5, Tel. (0)9928207523) auf dem Dach eines hübsch bemalten Havelis, eine von der Hauptstraße südlich abgehende Gasse etwa 100 m hinein. Es gibt einen überdachten Innenbereich auf dem Dach. Hauptgericht etwa 200 Rs inkl. Kingfisher-Bier, tgl 9–22.30 Uhr.

■ Besonders bei Touristen findet das **Bungli Restaurant** (Hauptgericht 150–300 Rs) nahe dem Goenka Chowk reichlich Zulauf. Das Freiluftrestaurant mit Grasdach serviert schmackhafte indische Gerichte. Besonders das Tandoori kann empfohlen werden. Hier gibt's auch Bier.

Bank und Internet

■ Die **State Bank of Bikaner & Jaipur** wechselt Bares Mo–Fr 10–16, Sa 10–13 Uhr.

■ Am Subash Chowk versorgt **SN Computers** (8–18.30 Uhr) und gegenüber der State Bank of Bikaner & Jaipur **Gayatri Travels** (8–20 Uhr) mit schnellen Verbindungen.

An- und Weiterreise

■ Jhunjhunu ist der nächste **Bahnhof** mit Verbindungen nach Jaipur, Sikar und Nawalgarh.

■ Häufige **Busverbindungen** u.a. nach Jhunjhunu, Fatehpur (zwischen 7.30 und 20.35 Uhr, auch vom Goenka Chowk), Mukundhgarh (zwischen 6.15 und 18.30 Uhr) und Nawalgarh (umsteigen in Mukundhgarh) und einige Direktverbindungen zwischen 9 und 16.15 Uhr nach Bikaner (3½ Std.). Im Zentrum am Subash Chowk wird ein- und ausgestiegen.

■ Am Subash Chowk warten **Jeeps** auf Kundschaft, die nach Jhunjhunu fahren, wenn sie voll sind (50 Rs, 20 Rs pro Gepäckstück). Jeeps nach Fatehpur starten am Goenka Chowk.

Ramgarh

Ein britischer Offizier, der 1841 von Mandawa nach Ramgarh reiste, beschrieb seine erste Begegnung mit Ramgarh wie folgt: „Der erste Eindruck von Ramgarh, wenn man es etwa eine halbe Meile vor der Ankunft über den Sanddünen erspäht, ist einzigartig und scheint alle Träume von Tausendundeiner Nacht Wahrheit werden zu lassen. Die einzelnen mit hübschen Motiven bemalten Häuserwände zusammen mit den Torbögen und Chattris vor dem Hintergrund der Wüste ergeben eine einzigartig entrückende Kulisse." Würde der Kolonialbeamte heute noch einmal das kleine Wüstendorf besuchen, er bräuchte seine Worte nicht zu revidieren. Noch heute sind die Touristen vom unverfälschten Charme der 1791 von einer wohlhabenden Kaufmannsfamilie, den *Poddars*, gegründeten Stadt begeistert. Diese waren vom 20 km nördlich gelegenen Churu hierher übergesiedelt, nachdem der Thakur den für sie besonders lohnenden Woll-Handel mit einer Steuer belegt hatte. In ihrem Stolz gekränkt, legten sie mit dem Bau besonders prachtvoller Havelis ihren Ehrgeiz daran, Churu in den Schatten zu stellen. Dieses Vorhaben ist ihnen voll und ganz gelungen. Kein anderer Ort des Shekhawati, ja wahrscheinlich der ganzen Erde, weist eine derartige Konzentration an (leider nicht in gutem Zustand befindlichen) **Wandmalereien** auf wie das kleine Ramgarh, das nicht einmal über ein Hotel verfügt.

Berühmt ist das Städtchen darüber hinaus für die Vielzahl der hier hergestellten, meist kunstvoll verzierten **Holzmöbel.**

Sehenswertes

In der Nähe des Busbahnhofs stehen die **Grabstätten** der *Poddars* (Ram Gopal Poddar Chattris), die verschwenderischsten Chattris aller Kaufmannsfamilien im Shekhawati. Leider wurden sie vor einigen Jahren mit einem hässlichen Metalltor verschlossen, sodass die schönen, das Kuppeldach zierenden Fresken mit Motiven aus dem Ramayana nicht zu sehen sind. Man kann dafür die Wandmalereien in den schräg gegenüber liegenden Gedenk- und Grabstätten besichtigen.

Genaues Hinschauen lohnt auch bei den auf den ersten Blick vielleicht nicht so spektakulären Läden entlang der Main Bazaar Road, speziell in der Nähe des Bushalteplatzes. Das ganz in der Nähe beim Churu Gate gelegene kleine **Poddar Haveli** besticht vor allem durch seine kräftigen Naturfarben, die zur Zeit seiner Fertigstellung 1850 besonders beliebt waren.

Auffällig leuchtend helle Farben haben sich durch den geringen Lichteinfall auch im Keller des etwas weiter nördlich gelegenen **Ram-Lakshman-Tempels** erhalten.

Eines der herausragensten und größten Havelis war im Besitz der äußerst wohlhabenden Familie der *Tarachand Ghanshyamdas*. Entsprechend dem Baujahr 1853 dominieren auch hier in Ocker gehaltene Wandmalereien die Fassade.

Ein ebenso krasses wie betrübliche Beispiel für die Rücksichtslosigkeit, mit der die **Gier nach Antiquitäten** befriedigt wird, zeigt ein kleines Haveli im Nordwesten Ramgarhs in der Nähe des Churu Gate. Hier wurden die filigran verzierten Fensterrahmen und die Eingangstür einfach herausgebrochen. Bleibt nur zu hoffen, dass solch schändliche Taten durch das Ansteigen des Tourismus in der Shekhawati-Region in den nächsten Jahren nicht noch mehr zunehmen.

Praktische Tipps

Unterkunft

■ Mit dem sehr schön restaurierten **Ramgarh Fresco**③ (10/19 Subhash Chowk, Tel. 01571-240595, www.hotelramgarhfresco.com) gibt es eine empfehlenswerte Unterkunft. Die Zimmer sind nicht luxuriös, dafür jedoch groß und mit viel Liebe fürs Detail eingerichtet. Das Essen ist köstlich und die Bediensteten sind sehr freundlich. Der

Havelis – die Paläste der Kaufleute

Das Wort Haveli, eine Bezeichnung für die manchmal fast wie kleine **Paläste wirkenden Häuser rajasthanischer Kaufleute,** stammt aus dem persischen Sprachraum und bedeutet so viel wie „umschlossener Platz". Damit ist auch schon das Gestaltungsprinzip dieser in Rajasthans Wüstenstädten und in der Shekhawati-Region zu findenden Bauten benannt, gruppierten sie sich doch um einen bzw. zwei Innenhöfe. Die größten unter ihnen weisen sogar vier dieser umschlossenen Plätze auf und sind bis zu sechs Stockwerke hoch. Die Gebäude erfüllten sowohl die kaufmännischen Erfordernisse – Lagerung und Schutz der wertvollen Ware – als auch die Abschottung des Wohnbereichs vor der Hitze und dem Staub der Wüste. Darüber hinaus dienten die Havelis der Repräsentation.

Die Wände sind außen und innen reich mit **Fresken** geschmückt. Kulturhistorisch interessant ist dabei der in der Mitte des 19. Jh. deutlich auszumachende Wandel in der Motivwahl. Waren es zunächst vornehmlich religiöse Darstellungen aus der **indischen Mythologie** sowie bäuerliche Szenen, so wurden diese allmählich von typisch westlichen Motiven wie Autos, Zügen und Telefonen verdrängt. Ungefähr zeitgleich mit diesem Wandel benutzten die Maler ab 1860 nicht mehr vornehmlich gelb-braune Naturfarben, sondern aus Deutschland importierte, chemisch hergestellte Anilinfarben mit einem bläulichen Grundton.

Selbst bei Außentemperaturen von über 40 °C herrscht in den um den Innenhof angelegten Räumen ein angenehmes, erfrischendes Klima. Die zur Straße hin gelegenen Repräsentationsräume sind meist zweigeschossig gestaltet, während die Privaträume oft winzig klein sind.

401in mb

Besitzer bietet den Besuchern gern kostenlos einen Stadtrundgang durch Ramgarh an.

An- und Weiterreise

- Die meisten Direktverbindungen per Bus bestehen von **Fatehpur** und **Mandawa.** Von **Jhunjhunu** kann man zunächst bis **Bissau** fahren und von dort die restlichen 10 km mit einem weiteren Bus.

Fatehpur

Fatehpur, 10 km westlich von Mandawa, wurde ähnlich wie Jhunjhunu von 1451 bis 1731 von muslimischen Nawabs aus dem Hause *Kamikhani* regiert, ehe der letzte Nawab, *Sadar Khan,* von *Shiva Singh,* dem rajputischen Herrscher Sihars, besiegt wurde. Die jahrhundertealte muslimische Vergangenheit ist auch heute noch sehr lebendig. Die Stadt gehört sicherlich nicht zu den attraktivsten des Shekhawati, ist aber dennoch einen Zwischenstopp wert, zumal die schönsten Havelis auf engem Raum zusammenliegen.

Klein, aber fein ist das um einen einzigen Innenhof errichtete **Mahaver Prasad Goenka Haveli.** Mehr noch als die Wandbemalungen an der Fassade beeindrucken die religiöse Themen aufnehmenden Wandgemälde im Innenraum. Verstärkt wird der Eindruck noch durch die hübschen Spiegelverzierungen, mit denen die Wände geschmückt sind. Leider ist das Haveli oft verschlossen und so nicht zu besichtigen.

Ein besonders anschauliches Beispiel für die sich im Lauf der Zeit auffällig wandelnde Motivwahl der Künstler, weg von religiösen Themen hin zu neuzeitlichen Erfindungen wie Autos, Telefonen und Flugzeugen, ist das **Jagannath Singhamia Haveli.** Während die Malereien auf der Rückseite aus der Zeit um 1850 stammen, wurden die Bilder auf der Fassade und im Vorhof Ende des 19. Jh. aufgetragen.

Kulturhistorisch interessant ist auch ein Bild im Vorhof des **Ram Gopal Ganeriwala Haveli.** Das Motiv – Krishna in einer Tanzszene – ist identisch mit einem Aufkleber, mit dem eine mit Indien Handel treibende Baumwollfabrik aus Manchester in England Werbung betrieb.

Das **Gopiram Jalan Haveli** unterstreicht mit seinen Fresken aus dem Jahr 1912, wie sehr die Motivwahl jener Zeit von europäischen Ereignissen bestimmt war. So kann man sich u.a. über die Bilder einer europäischen Hochzeitsfeier amüsieren und die Krönungszeremonie von *George V.* miterleben.

Unser Tipp: Nach umfangreichen Restaurierungsmaßnahmen erstrahlt das **Haveli Nadine Prince** (Tel. 01571-233024, www.cultural-centre.com) wieder im einstigen Glanz. Das 1802 errichtete Haveli wurde in eine Galerie mit Kulturzentrum (tgl. 10–18.30 Uhr, Eintritt 300 Rs) umgewandelt, in dem ständig einige Künstler arbeiten. Das angeschlossene **Art Café** ist ein angenehmer Ort für einen Snack.

An- und Weiterreise

- Vom östlich der Stadt gelegenen Bahnhof fahren drei **Züge** tgl. nach Churu (einer davon weiter nach Bikaner) und in umgekehrter Richtung nach Sikar (zwei weiter bis Jaipur).
- Von den zwei nahe beieinander gelegenen Busbahnhöfen halbstündliche bis stündliche Verbindungen nach Sikar, Churu, Nawalgarh, Ramgarh, Mandawa und Jhunjhunu. Außerdem **Busse** nach Jaipur, Bikaner (3½ Std.) und Delhi (7 Std.).

Alltagsleben im Shekhawati

027ra mb

Sikar

Da das 1687 von *Daulat Singh* gegründete Sikar recht schnell vom 115 km entfernten Jaipur zu erreichen ist und zudem über gute Bus- und Bahnverbindungen nach Bikaner und Delhi verfügt, wird es von einigen Shekhawati-Reisenden als Verkehrsknotenpunkt genutzt. Es gehört zwar nicht gerade zu den attraktivsten Orten der Region, besitzt aber dennoch einige interessante Bauwerke.

Auffällig viele Handelshäuser sind mit **blauen Fresken** geschmückt. All diese Havelis können erst nach 1860 bemalt worden sein, da die synthetische blaue Farbe in jenen Jahren von Deutschland nach Indien gelangte. Begierig wurde sie von den statusbewussten Kaufmannsfamilien verwendet, konnte man so doch beweisen, dass man seiner Zeit ein Stück voraus war. Ein besonders schönes Beispiel hierfür bietet das **Din Dayal Biyani Haveli.** Die **Jubilee Hall** ließ *Ras Raja Madho Singh* 1897 zur Feier der fünfzigjährigen Thronbesteigung *Queen Victoria's* errichten.

Sein Vorgänger, *Pratap Singh*, ließ 1845 den Palast erbauen, der heute im Besitz eines Geschäftsmannes ist, dem der hervorragende Zustand des Gebäudes zu verdanken ist. Besonders gelungen ist der heute als Büroraum genutzte **Chini Mahal** („Zuckerpalast"), der mit außergewöhnlich schönen Porzellankacheln geschmückt ist, auf denen vornehmlich höfische Motive zu sehen sind.

Während das fast vollständig verfallene **Fort** wegen der guten Aussicht von den Mauern einen Besuch lohnt, kann Sikar den besterhaltenen **Stufenbrunnen** des ganzen Shekhawati aufweisen. Das um 1750 erbaute Prachtexemplar ist zwar nicht bemalt, wurde dafür jedoch mit einigen hübschen Steinreliefs versehen. Allerdings ist der Baori im Straßengewirr nur sehr schwer zu finden.

Unterkunft, Essen und Trinken

- Im **Hotel Natraj**② gleich beim Bahnhof kann man zwischen einer Reihe von EZ/DZ wählen.
- Außer dem **Restaurant im Natraj** gibt es in der Bahnhofsgegend eine Reihe weiterer kleiner Lokale.

An- und Weiterreise

- Täglich drei **Bahnverbindungen** von Sikar über Fatehpur nach Churu. Nach Jhunjhunu über Nawalgarh fünf Züge täglich, von denen der 9735 am Nachmittag eine Express-Verbindung ist. Nach Jaipur sechs Züge.
- Ständige **Busverbindungen** von und nach Jhunjhunu (2 Std.), Jaipur (2 Busse, 2,5 Std., 7.15 und 7.45 Uhr), Ajmer (5 Busse), Agra (9.45 und 13.45 Uhr), Delhi über Jhunjhunu (zwischen 5.30 und 22.30 Uhr, 9 Std.), Nawalgarh und Mandawa. Churu und Ramgarh werden 6-mal tgl. zwischen 8 und 19.30 Uhr angefahren. Außerdem Verbindungen nach Bikaner (zwischen 5.30 und 0.15 Uhr).

Nawalgarh

Nach Mandawa und Ramgarh ist das etwa auf halber Strecke zwischen Sikar und Jhunjhunu in einer weiten, spärlich bewachsenen Ebene gelegene Nawalgarh die besuchenswerteste Stadt der Region. Mit **über 100 Havelis** ist es eine der traditionsreichsten Städte des Shekhawati und verfügt gleichzeitig über eine erstaunliche Zahl sehr schöner Hotels. Gegründet wurde es 1737 vom fünften Sohn *Sardul Singhs*, dem Herrscher Jhunjhunus und bedeutendsten Machthaber des Shekhawati in jenen Jahren. Viele der in den Gründerjahren errichteten Bauten wie das Fort, der Gopinath-Tempel und die Stadtmauern haben sich bis heute in erstaunlich gutem Zustand erhalten.

Das **Bala Qila Fort** beherbergt heute eine Filiale der Bank of Baroda und sein Innenhof dient als der lokale Marktplatz. Die vier Dungaichi Havelis wurden alle um 1890 erbaut und weisen einige interessante Fresken auf, von denen viele von Binja gemalt wurden, einem der berühmtesten Maler seiner Zeit, der aus Mukundgarh stammte.

Eine außergewöhnlich große Vielfalt an Szenen weist auch das **Anandilal Paddar Haveli** (Eintritt 50 Rs) auf, welches erst recht spät, nämlich 1920, mit Tempera-Malereien verziert wurde. Die Palette der dargestellten Szenen reicht von Tempelprozessionen, prächtigen Festtagsumzügen und Badeszenen bis zu Autos, Zügen und Flugzeugen. Vor allem Fotografen sollten sich dieses außergewöhnliche, heute als Schule dienende Gebäude nicht entgehen lassen, erstrahlen doch alle Wandmalereien nach einer umfangreichen Restauration in hellen Farben. Auch wenn Traditionalisten diese „Modernisierung“ der alten Fresken nicht gutheißen mögen, so ist das Haveli doch ein nachahmenswertes Beispiel, wie das großartige Erbe der Shekhawati-Region bewahrt werden kann.

Viele reich bemalte **Kaufmannshäuser** flankieren die vom Roop Niwas Palace Guest House westlich zum Bowari Gate führende Straße. Zwei besonders auffällige Beispiele sind die beiden um 1900 bemalten Havelis **Chokhani** und **Jodharaj Patodia.**

Das hübsche **Shyamnarayan Bansidhar Bhagat Haveli** an der gleichen Straße besticht nebem seiner reich bemalten Fassade mit einigen sehr kunstvollen und detaillierten Fresken im Vorhof. Der aus dem Fenster schauende Mann im **Goenka Haveli** ist ein besonders in Nawalgarh gern verwendetes Motiv – sollte er nicht zurückgrüßen, so ist dies also kein Ausdruck von Unfreundlichkeit.

Umfassend renoviert ist das in ein Museum umgewandelte **Dr. Ramnath A Podar Haveli** (geöffnet 8–18 Uhr, Eintritt 100 Rs) im Osten des Dorfes. Das farbenfrohe **Museum** zeigt Ausstellungsstücke des Handwerks der Rajasthani-Kultur.

Praktische Tipps

Stadtverkehr

- Eine **Riksha** von der Hauptstraße ins Dorf sollte nicht mehr als 50 Rs kosten, zu den Unterkünften, die östlich vom Dorf liegen, nicht mehr als 80 Rs.
- Nahe der Ausfallstraße nach Dundlodh werden beim **Fahrradverleih Atlas** Drahtesel für 50 Rs/Tag und 5 Rs/Std. vermietet.

Unterkunft, Essen und Trinken

(Vorwahl: 01594)

■ Die Zimmer im **Ramesh Jangid's Tourist Pension**②-③ (Tel. 224060, www.touristpension.com) sind angenehm, doch genauso wie das schmackhafte vegetarische Essen leicht überteuert. Leider scheint man sich nur dann um die Gäste zu kümmern, wenn der häufig auf Reisen befindliche Besitzer anwesend ist. Die Mahlzeiten in dieser bei westlichen Touristen mit weniger üppigem Geldbeutel beliebtesten Adresse werden vorzugsweise gemeinsam im Innenhof zu festen Zeiten eingenommen.

■ Ein idealer Ort zum Entspannen, wenn man nicht viel Wert auf Komfort legt, ist **DS Bungalow**①-② (Tel. (0)9828828116, (0)9983168916) am östlichen Rand des Dorfs. Das freundliche Ehepaar *Bunty* und *Pinky* vermietet 5 Einfachzimmer mit Blick auf die zum Haus gehörenden Felder. Die herzliche Atmosphäre, die Ruhe und das gute Essen sind eine rundum gelungene Billigwahl.

■ In traditionellem Baustil sind die Lehm-Stein-Bungalows mit Grasdach des **Apani Dhani**③ (Tel. 222239, www.apanidhani.com) inmitten von Feldern ein herrliches Refugium. Auch die preisgleichen Komfortzelte mit Bad sind ihr Geld wert. Die nach ökologischen Kriterien angebauten Früchte werden auch für die erstklassigen Speisen verwendet.

■ Recht angenehm ist das **Heritage Thikana**②-③ (Tel. 222152, (0)9414082791, www.heritagethikana.com) beim Bawri Gate. Wie der Name schon andeutet, handelt es sich um ein altes Haveli mit sehr geschmackvoll eingerichteten Zimmern und Wandbemalungen in gemütlicher Atmosphäre. Im Übrigen betätigt sich die sehr freundliche Besitzerin Frau *Jyoti Basotia* auch als ausgezeichnete Köchin. Serviert wird auf dem Dach. Kamel- und Jeepsafaris werden arrangiert.

■ Das stilvolle **Roop Niwas Kothi**④-⑤ (Tel. 222008, 224152, www.roopniwaskothi.com), ca. 1 km östlich des Dorfes, ist eine exzellente Wahl. Das ehemalige Landhaus des Fürsten von Nawalgarh ist eines der besten Hotels der Region. Das von einem schönen Garten umgebene Haus bietet komplett zeitentsprechend eingerichtete, sehr große Zimmer, die nicht luxuriös, aber komfortabel sind. Mehrere Terrassen und ein Swimmingpool (300 Rs für Besucher) laden zum Relaxen ein.

Unser Tipp: 18 herrlich restaurierte, komfortable Zimmer mit antikem Mobiliar und moderner Ausstattung wie AC und Flat-Screen-TV im Kulwala Ki Haveli machen das **WelcomHeritage Koolwal Kothi**③-④ (Tel. 225817, (0)9829167214, www.welcomheritagehotels.com) der WelcomHeritage Group zu einer der stimmigsten Bleiben des Ortes. Umgeben von weiteren, leicht verfallenen Havelis und viel Grün ist dies der ideale Ausgangspunkt für Wanderungen im Ort oder in der Umgebung.

■ Das **Jhorkahka Restaurant** (12–15 und 19–23 Uhr, Hauptgericht 250–300 Rs) des Hotels Grand Haveli ist eine stilvolle Adresse, um indische und internationale Küche zu genießen. Auch rustikale Zimmer werden vermietet.

■ Mehrere kleine **Billigrestaurants** im Dorfzentrum und der tägliche **Gemüsemarkt** versorgen zum kleinen Preis.

Bank und Internet

■ Ein ATM der **State Bank of India** findet sich südwestlich des Ortskerns. Er akzeptiert die meisten internationalen Karten.

■ Die beste Ausrüstung zum Internetsurfen hat **Sri Balaji Cyber** (10–20 Uhr), leider etwas ungünstig an der Hauptstraße beim Bushalt gelegen. Bei **Touch & Try** gegenüber dem Uhrturm und dem Podar College (bis 20 Uhr) gibt's schnelle Breitbandverbindungen. Auch im Dorfzentrum nahe der Bank of Baroda ist ein **Cyber Café.**

An- und Weiterreise

■ Vom 2,5 km entfernten Bahnhof nach Jhunjhunu und in umgekehrter Richtung nach Jaipur (über Sikar) tgl. 6 **Züge.**

■ Vom 2 km westlich gelegenen Busbahnhof alle 30 Min. **Busse** nach Jhunjhunu (zwischen 8.15 und 20.45 Uhr, 1½ Std., via Dundlodh), Mandawa, Sikar und Jaipur (zwischen 6 und 20.15 Uhr), 1 Bus nach Ajmer (5 Std.), 5 Verbindungen nach Jodhpur zwischen 9.15 und 23 Uhr. Nach Fatehpur Busse zwischen 7.30 und 19.15 Uhr, wobei die Verbindungen um 11.45, 13.30 und 19.15 Uhr Mandawa passieren. Busse nach Mukundhgarh und Jhunjhunu starten etwa alle Stunde zwischen 8.15 und 20.45 Uhr von einem anderen Halteplatz näher am Dorf, etwas westlich vom Hotel Koolwal Kothi. Nach Mandawa bis Mukundgarh City (nicht Mukundgarh Mandi) fahren und dort einen Bus nach Mandawa besteigen.

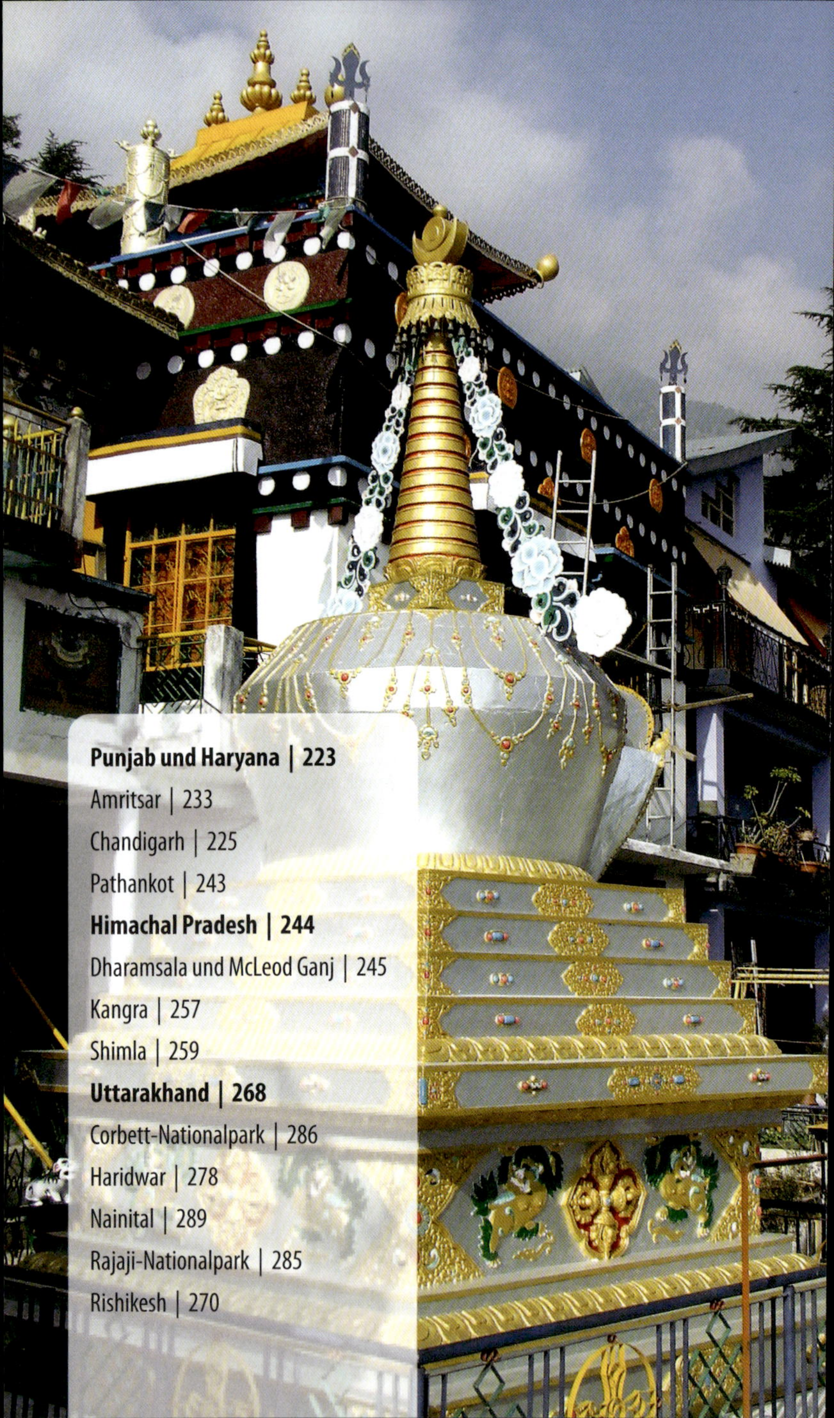

3 Der Norden

Im Norden Indiens nähert man sich dem Dach der Welt. Der am Fuße der Himalayariesen gelegene Gebirgsstaat Himachal Pradesh ist die Heimat tibetanischer Buddhisten, Dharamsala der Exilsitz des Dalai Lama. Im Punjab steht mit dem Goldenen Tempel von Amritsar das oberste Heiligtum der Sikhs.

Buddhistisches Kloster in McLeod Ganj

Norden

1:4.500.000
0 50 km

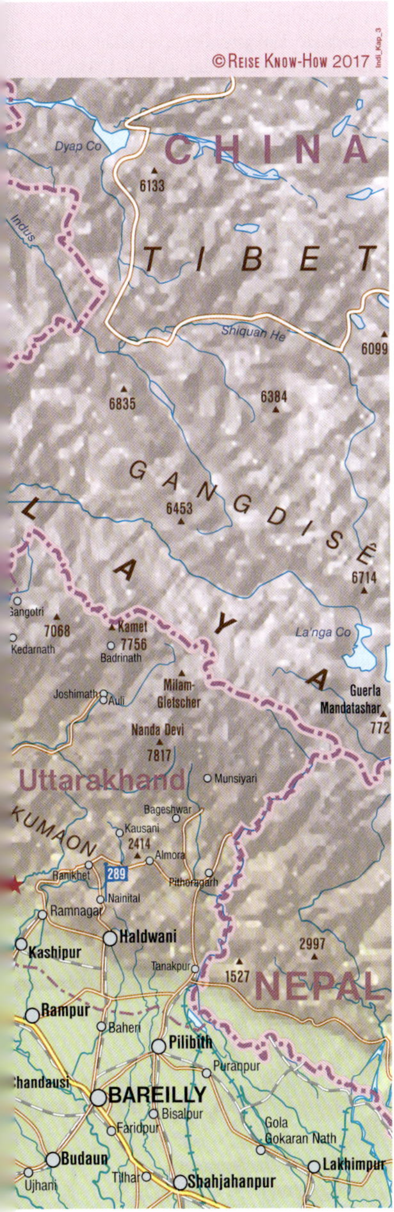

PUNJAB UND HARYANA – IM LAND DER SIKHS

Wie keine andere Region des indischen Subkontinents mussten die beiden Nachbarstaaten Punjab und Haryana (auch Hariyana) unter der von Gewalt und Blutvergießen geprägten Geschichte Indiens leiden. Die Trennungslinie zwischen dem muslimischen Pakistan und dem hinduistischen Indien verlief mitten durch das historische Punjab. Touristisch stellt die Region eher einen

NICHT VERPASSEN!

- Der **Goldene Tempel in Amritsar** – oberstes Heiligtum der Sikhs | 234
- Die theatralische **Grenzschließungszeremonie** in Wagah an der pakistanischen Grenze | 237
- **Dharamsala und McLeod Ganj** – Exilsitz des Dalai Lama | 245
- **Shimla** – die schönste der ehemaligen britischen Hill Stations am Rande des Himalaya | 259
- Eine **Fahrt mit dem Toy Train** von Kalka nach Shimla | 264
- **Rishikesh** – wo die Beatles einst meditierten | 270
- **Corbett-Nationalpark** – das meistbesuchte Tigerreservat Indiens | 286

Diese Tipps erkennt man an der gelben Hinterlegung.

weißen Fleck auf der Landkarte Indiens dar. Außer dem beeindruckenden Goldenen Tempel von Amritsar und der Hauptstadt Chandigarh mit seinem Rock Garden bietet der Doppelstaat kaum Erwähnenswertes, und so dient er den meisten auch nur als Durchgangsstation auf dem Weg nach Himachal Pradesh oder Pakistan.

Punjab und Haryana gestern und heute

Im 3. Jahrtausend v. Chr. lagen hier die Stadtkulturen von Mohenjo Daro und Harappa, und seit dem 1. Jh. n. Chr. war der Punjab das Durchgangsgebiet der von Norden einfallenden Reiterstämme auf ihrem Weg in die fruchtbare Gangesebene. Die Massaker während der Teilung des Landes im Jahre 1947, als Millionen von Moslems, Sikhs und Hindus flüchten mussten, bildeten den bisherigen traurigen Tiefpunkt der an blutigen Schlachten reichen Geschichte der Region.

Schon wenige Jahre später holte den Punjab die Vergangenheit wieder ein, als er 1966 im Mittelpunkt des **1. indo-pakistanischen Krieges** stand. Diesmal erreichten die in ihren Autonomiebestrebungen immer selbstbewusster auftretenden **Sikhs** eine Abspaltung des hinduistisch dominierten Südens. Der neugegründete Staat Haryana wurde allerdings wie Punjab von Chandigarh aus regiert. Ein nicht unbedeutender Teil des Sikh-Staates wurde gleichzeitig dem nördlich angrenzenden Himachal Pradesh zugeordnet.

Die ständig zunehmende Diskriminierung der Sikhs durch die Zentralregierung in Delhi ließ schließlich Mitte der 1980er Jahre den schon lange schwelenden religiös-politischen Extremismus voll zum Ausbruch kommen, als fanatische Sikh-Fundamentalisten den Goldenen Tempel von Amritsar besetzten und die Gründung eines unabhängigen Sikh-Staates Khalistan forderten. Mehrere Jahre war die Hauptstadt Amritsar völlig von der Außenwelt abgeschnitten, **bürgerkriegsähnliche Zustände** bestimmten erneut das Bild. Mit der zweimaligen Erstürmung des Goldenen Tempels, der heiligsten Stätte der Sikhs, durch indische Truppen in den Jahren 1984 und 1988 wurden die vorerst letzten Kapitel in der Geschichte dieses krisengeschüttelten Bundesstaates geschrieben. Seither hat sich die Situation deutlich entspannt.

In Anbetracht all dieser Schicksalsschläge muss es um so mehr erstaunen, dass es den Punjabis gelungen ist, ihr Land zum **wohlhabendsten Bundesstaat Indiens** zu entwickeln. So liegt das Pro-Kopf-Einkommen der Punjabis mehr als doppelt so hoch wie im Landesdurchschnitt. Ein Grund für diesen Erfolg liegt in der äußerst diesseits orientierten, tatkräftigen Lebenseinstellung der Sikhs.

Der zweite Grundpfeiler des punjabischen Wirtschaftswunders wurde während der britischen Kolonialzeit zwischen 1870 und 1930 gelegt, als die fünf den Punjab durchlaufenden Flüsse Ravi, Beas, Satlej, Chenab und Jhelum in einem gewaltigen Bewässerungsprojekt zur Versorgung des ohnehin fruchtbaren Bodens genutzt wurden. Heute sind 90 % des gesamten landwirtschaftlich nutzbaren Bodens künstlich bewässert, womit der flächenmäßig unbedeutende Punjab zur führenden Agrarregion des Landes aufstieg. Die **Kornkammer Indiens** produziert 34 % des indischen Weizenertrages und knapp 30 % der indischen Molkereierzeugnisse. Nicht zuletzt diese Schlüsselposition lässt die Zentralregierung so unnachgiebig auf jegliche Unabhängigkeitsbewegung reagieren.

[>] Skulpturenkunst in Chandigarh: Rock Garden

Chandigarh

– Indiens Traum von der Moderne

Ob man Chandigarh, die **Hauptstadt Punjabs und Haryanas,** als ein einziges großes Missverständnis oder als klassisches Beispiel westlicher Arroganz bezeichnet, ist eine Temperaments- oder eine Interpretationsfrage. Weithin unbestritten ist jedoch, dass die Stadt das Ergebnis einer gigantischen Fehlplanung darstellte.

Dabei hätten die Ausgangsbedingungen kaum günstiger sein können. Wann ergibt sich schon einmal die einmalige Gelegenheit, eine Stadt von Grund auf neu zu entwerfen und den Wünschen, Anforderungen und Traditionen eines Landes entsprechend zu erbauen? Genau vor diese reizvolle Aufgabe sah sich die indische Regierung gestellt, als nach der Teilung Indiens 1947 die vormalige Hauptstadt des Punjabs, Lahore, im neugegründeten Staat Pakistan lag.

Indiens erster Ministerpräsident *Jawaharlal Nehru* bestimmte die der Stadtplanung zugrundeliegende Maxime, als er sagte: „Lassen Sie uns eine völlig neue Stadt erbauen, die die Freiheit Indiens, losgelöst von den Traditionen der Vergangenheit, symbolisiert, ein Symbol unseres uneingeschränkten Glaubens an die Zukunft." Ganz im Sinne dieser Philosophie wurde der weltberühmte **Architekt Le Corbusier** mit dem Bau der Stadt beauftragt, und er entwarf eine Metropole, die konsequent vom westlichen Prinzip der Effizienz, Geradlinigkeit und Logik bestimmt wurde.

Bis ins Detail genau wurde alles geplant. *Le Corbusier* teilte die Stadt in insgesamt **30 rechteckige Viertel** ein, von denen jedes mit allen lebensnotwendigen Einrichtungen versehen wurde. Breite, baumbestandene Alleen bildeten die Begrenzung der Betongebäude. Kommunale Einrichtungen wie Busbahnhof und Einkaufszentrum wurden in der geografischen Mitte der rechtwinklig angelegten Stadt platziert. Verwaltungseinrichtungen wie Parlament und Gerichtshof entstanden am nordöstlichen Ende des Quadrats.

Doch was am Zeichentisch im fernen Europa Sinn machte, wirkte in der indischen

001in mb

Wirklichkeit **künstlich.** Die großen Rasenflächen zwischen den einzelnen Wohnvierteln, ursprünglich als Freizeit- und Erholungsareale gedacht, verkamen schnell zu Abfallhalden und öffentlichen Toiletten. Der Beton alterte schnell ins Schwärzliche. Gerade weil alles an dieser Reißbrettmetropole genauestens geplant war und klar festgelegte Grenzen hatte, war es zum Scheitern verurteilt: das perfekte Gegenteil zur chaotischen, bunten und widersprüchlichen Lebenswirklichkeit Indiens.

Doch die Zeiten ändern sich. War Chandigarh zunächst all das, was Indien nicht war, steril und organisiert, ein steingewordenes Monument für die Unmöglichkeit, die jahrtausendealten Traditionen durch westliche Lebens- und Wertvorstellungen zu ersetzen, so wird das ursprüngliche Scheitern dieses Experiments heute durch die boomende Wirtschaft des Landes in einen **Erfolg** verwandelt. Die breiten Straßen Chandigarhs sind eben nicht dauernd verstopft wie im rest-

Der Norden: Punjab und Haryana

Chandigarh – Sector 17

©Reise Know-How 2017
0 100 m

Unterkunft
1 Hotel Mountview
3 Sood Dharamshala
5 Taj Chandigarh
7 Hotel Shivalikview
25 Hotel Jullundur
27 Hotel Divyadeep
28 Hotel Satyadeep
32 Hotel Aquamarine

Einkaufen
6 fabIndia
8 Music World
11 1469
13 Sindhi Sweets II
15 Phulkari
16 English Bookshop
17 Sindhi Sweets
23 Fotoläden
33 Sector 22 Market

Essen und Trinken
2 Mermaid Fast Food
4 Copper Chimney
10 Indian Coffee House
13 Sindhi Sweets II
14 Ghazal
17 Sindhi Sweets
24 Pomodoro Restaurant
28 Bhoj
29 Barista Creme
30 Singh's Chicken, Tahal Singh
31 Aroma's Coffee Shop

Nachtleben
9 Piccadilly Blue Ice Bar & Rest.

Verkehr
18 Prepaid-Rikshastand
19 Rail Reservation Office
20 Interstate Bus Terminus
21 Prepaid-Taxistand
22 Busbahnhof
26 Prepaid-Taxistand

lichen Indien, Parkplätze sind genügend vorhanden, die Infrastruktur unterstützt die Ansiedlung von Unternehmen, die Chandigarh zu einem bedeutenden Standort der Computerindustrie machen. Dies wiederum führt zu einer erhöhten Kaufkraft der Mittelschicht, die ihr Alltagsleben zunehmend effizient gestaltet, was in Chandigarh besser geht als in den meisten Großstädten Indiens. So passt sich das heutige Chandigarh seinem misslungenen, von westlichen Werten bestimmten Ursprungskonzept mehr und mehr an.

Sehenswertes

Capitol Complex

Es ist bezeichnend, dass das Scheitern der Architektur *Le Corbusiers* heute nirgends deutlicher zutage tritt als bei dem als eigentliches Prunkstück der gesamten Stadt gedachten Capitol Complex. Die drei Hauptgebäude in diesem großflächigen Viertel sind den drei Gewalten zugeordnet: Regierungsgebäude (Secretariat), Parlament (Assembly/Vidhan Sabha) und Höchstes Gericht (High Court). Das **Regierungsgebäude,** der mit über 40 m Höhe und 150 m Länge größte Bau Chandigarhs, wirkt dabei am trostlosesten und erinnert in seiner gnadenlosen Zweckarchitektur mit Hunderten von aneinandergereihten Räumen fatal an eine überdimensionale Legebatterie für Hühner. Einzig die vielen vor dem Gebäude umherlaufenden Sikhs verleihen mit ihren bunt leuchtenden Turbanen dem Komplex wenigstens etwas Farbe und Leben.

Kaum anziehender wirkt das unmittelbar daneben gelegene **Parlamentsgebäude.** Daran ändert auch das von Le Corbusier bemalte riesige Eingangstor mit seinen bunt naiven Zeichnungen nichts.

Gänzlich verloren wirkt die einsam im weiten Niemandsland zwischen Parlaments- und Gerichtsgebäude gelegene **Open Hand.** Diese aus rostigen Stahlplatten gefertigte „Offene Hand" ist als Symbol des Gebens und Nehmens im Vielvölkerstaat errichtet worden. In Anbetracht der zahlreichen blutigen Auseinandersetzungen auf dem indischen Subkontinent wirkt sie inzwischen wie ein Monument der Unfähigkeit, die weiter auseinanderklaffenden Interessen der einzelnen Bevölkerungsteile zu vereinen.

■ Der Komplex ist an Werktagen von 9 bis 17 Uhr **geöffnet.** Wer ihn besuchen will, benötigt für das Secretariat und das Vidhan Sabha als Zugangserlaubnis einen *Introductorial Letter,* der im **High Court Tourist Office** nach Vorlage des Ausweises erhältlich und für eine ca. 1½ Stunden dauernde Führung gültig ist, die auch die Open-Hand-Skulptur beinhaltet.

Rock Garden

Unser Tipp: Eine künstliche Welt ganz anderer Art stellt der südöstlich vom Gerichtsgebäude in einem kleinen Wäldchen angelegte Rock Garden dar. Ebenso einzigartig und bizarr wie der Park selbst ist seine Entstehungsgeschichte. Ende der 1950er Jahre begann der Straßeninspekteur *Nek Chand* in der Umgebung seiner kleinen Hütte Abfälle der Industriegesellschaft zu sammeln und daraus **Tier- und Menschenskulpturen** zu basteln. Hierzu dienten ihm so unterschiedliche Materialien wie Kacheln, Neonröhren, Armreifen, Kohlebricketts, Badewannenabflüsse, Fahrradrahmen, Ölfässer und Tonkrüge, die er mit einer Lehmmischung zusammenfügte. Schließlich hatte *Nek Chand* über 2.000 seiner skurrilen Objekte gesammelt, was selbstverständlich auch von offizieller Seite nicht unbemerkt blieb. So entstand die Idee zum Bau einer kleinen eigenen Kunstwelt, in der die Skulpturen beheimatet sein sollten. 1965 begann man mit dem Bau des heutigen Rock Garden, der elf Jahre später offiziell eingeweiht wurde. Seither wuchs der mit einer etwa zwei Meter hohen Mauer aus alten Ölfässern begrenzte Park ständig an. Die 14 durch kleine Brücken und Tunnel miteinander verbundenen Höfe stellen mit ihren Wasserfällen, Pavillons, künstlichen Dörfern und unzähligen Tier- und Menschenskulpturen eine Fantasiewelt dar.

002in mb

Zwischen dem Rock Garden und dem Sukhna Lake verkehren Elektrobuggies.

Öffnungszeiten: Okt. bis März 9–18 Uhr, April bis Sept. 9–19 Uhr, Eintritt 20 Rs.

Government Museum und Art Gallery

Den Sektor 10 bestimmte *Le Corbusier* zum Freizeit- und Erholungsviertel, und so ließ er hier inmitten eines großzügigen Parks das Museum und die angeschlossene Kunsthalle errichten. Als Ausstellungsobjekte finden sich u.a. Miniaturmalereien und Stickereien der dörflichen Landbevölkerung, Gemälde des russischen Malers *Nicholas Roerich*, prähistorische Funde, buddhistische Gandhara-Skulpturen sowie moderne Gemälde.

Öffnungszeiten: Di–So 10–17 Uhr.

Weitere Sehenswürdigkeiten

Im **Chandigarh Architecture Museum** (Jan Marg, Sektor 10-C, tgl. außer Mo 10–16.30 Uhr) zeigen Fotos, Modelle, Architekturzeichnungen und Briefe die Geschichte der Planung und Errichtung Chandigarhs.

Hintergrundinformationen zum selben Thema vermittelt das **Le Corbusier Centre** (Sektor 19-B, Madhya Marg, tgl. außer Mo 10–18 Uhr), in dem Zeichnungen, Fotos und die Korrespondenz *Le Corbusiers* während der Planungsphase der Stadt gezeigt werden.

In der **National Gallery of Portraits** hinter der **State Library** (Sektor 17-B, tgl. außer Mo 10–17 Uhr, Führungen um 11 und 15 Uhr)

⌃ Nek Chand erschuf mit dem Rock Garden eine skurrile Kunstwelt

geben Fotos und Gemälde Zeugnis von der indischen Unabhängigkeitsbewegung.

Die Wiesen am **Sukhna Lake** sind ein beliebter Ausflugsort indischer Familien. Essens- und Getränkestände sowie ein Spielplatz stehen bereit. Auf dem See kann man Paddelboote ausleihen (8.30–17.30 Uhr, 2-/4-Sitzer für 30 Min. 50/100 Rs).

Unser Tipp: Der schönste der vielen Gärten Chandigarhs ist der **Rose Garden** (10–21 Uhr) in Sektor 16, in dem neben Rosen auch viele medizinisch verwertbare Pflanzen wachsen, mit seiner **Musical Fountain,** die meist am frühen Abend „aufspielt". Außerdem ist der **Bougainvillea Garden** (8–17 Uhr) in Sektor 3 besonders zur Blütezeit einen Besuch wert. Ein Mahnmal erinnert an die Soldaten, die seit der Unabhängigkeit an den Grenzen Indiens ihr Leben verloren.

Praktische Tipps

Information, Stadtrundfahrt

- **Vorwahl:** 0172
- Das **Chandigarh Tourist Centre** (Sektor 17, Tel. 2704614, tgl. 9–17 Uhr) liegt etwas versteckt im 1. Stock des Busbahnhofs.
- Das Büro veranstaltet eine halbtägige/ganztägige **Stadtrundfahrt im Doppeldeckerbus** mit offenem Dach (50/75 Rs, 10–13 und 14.30–17.30 Uhr, für den Transport zur jeweils nächsten Sehenswürdigkeit zahlt man 10 Rs, Start vor dem Hotel Shivalikview, Kartenkauf im Bus, Tel. 2703839). Während der Tour kann man ein- und aussteigen (hop-on, hop-off). Eine gute Wahl, um im weitläufigen Chandigarh die Hauptsehenswürdigkeiten zu sehen.
- Wer die Stadt im Vorbeifahren oder als Tagesausflug mit Gepäck besucht und dieses während des Aufenthalts abgeben möchte, findet im Busbahnhof in Sektor 17 mit dem rund um die Uhr geöffneten **Bus Station Luggage Office** die passende Möglichkeit. Es werden nur verschlossene Gepäckstücke angenommen.
- Über aktuelle Veranstaltungen, Konzerte und Lifestyle etc. informiert **www.whatshot.in/chandigarh.**

Stadtverkehr

- Vor dem Busbahnhof befindet sich ein **Autorikshastand** mit einem Prepaid-Schalter, wo jedoch nur für den Innenstadtbereich Fixpreise gelten. Die meisten Strecken kosten bis 50 Rs, zum Rock Garden sind es 49 Rs, zum ISBT-Busbahnhof 56 Rs. Für weitergehende Fahrten, etwa zum Bahnhof (ca. 80 Rs) oder Flughafen (ca. 150 Rs) muss gehandelt werden. Auch vor dem Rock Garden steht ein Prepaid-Häuschen. Hier wird das Schild mit den Fixpreisen jedoch versteckt.
- Für jene, die sich nicht der vom Touristenbüro angebotenen Stadtrundfahrt anschließen und die Stadt per **Taxi** erkunden möchten: 4/8 Stunden kosten 800/1.300 Rs. Es gibt einige Prepaid-Schalter im Stadtgebiet, etwa hinter dem Busbahnhof und in Sektor 22 Ecke Udyog/Himalaya Marg. Taxistand Aroma (Tel. 2700433) nahe dem Hotel The Aroma. Zudem gibt es einige Taxiservices, etwa Modern Taxi Service (Tel. 2704621, 2703681), Mega Cabs (Tel. 4141414).
- Chandigarh verfügt über ein für indische Verhältnisse überraschend gut organisiertes innerstädtisches **Busnetz.** Der Busbahnhof für städtische Verbindungen schließt westlich an den Busbahnhof für überregionale Busverbindungen an, beide in Sektor 17. Zwischen diesen und dem zweiten überregionalen Mohani Busstand (oder ISBT) in Sektor 43 verkehren viertelstündig Busse (etwa die Linien 24a, 30 und 202), wobei Bus 202 außerdem auch den Rock Garden anfährt. Die Buslinien 22 und 203 fahren zum Bahnhof, Busse Nr. 1 und 18 in die Nähe des Regierungsviertels. Bus Nr. 38 sowie die AC-Linie 201 (zwischen 7.30 und 18 Uhr) verbinden die beiden Busbahnhöfe in Sektoren 17 und 43 mit dem Flughafen.

Unterkunft

Chandigarh ist ein teures Pflaster, und so finden sich auch kaum Billigunterkünfte.

- Eine dieser wenigen billigen Bleiben ist **Sood Dharamshala**① (Sektor 22-D, von der Dakshin Rd. eine Gasse neben dem Hotel Samrat hinein, Tel. 2703711, 2715871), in dem Schlafsäle und Zimmer eine akzeptable Wahl sind. Leider werden nicht immer Ausländer als Gäste aufgenommen, also im Bedarfsfall versuchen.
- **Hotel Divyadeep**③ (22-B, 1. Stock, Tel. 2705191) ist für Chandigarh-Verhältnisse schon ein richtiges Schnäppchen. Die Zimmer haben zwar keine Fenster, sind jedoch

sauber und geräumig und haben LCD-TV. Unter gleicher Verwaltung, ist das **Satyadeep**③ (22-B, Tel. 2703103) ganz ähnlich in Preis und Komfort, jedoch der Service weniger zuvorkommend.

■ Gleich um die Ecke ist das **Hotel Jullundur**③ (Sektor 22-B, Tel. 2706777, wwww.jullundurhotel.com, Zimmer mit WiFi) eine Preis- und Qualitätsstufe höher einzuordnen und eine gute Wahl in der unteren Mittelklasse.

■ Zentral gelegen ist das moderne **Hotel Shivalikview** ④ (17-E, Tel. 2700001, www.citcochandigarh.com) mit geräumigen und hellen AC-Zimmern (selbstverständlich mit WiFi). Dem großen Hotel sind zwei Restaurants, ein 24-Stunden-Coffeeshop, Gym und ein Pool im Garten angeschlossen.

Unser Tipp: Mit geräumigen und gemütlichen Zimmern mit WiFi, großen Flachbildfernsehern und weiteren Annehmlichkeiten ist das recht neue, zentral klimatisierte **Hotel Aquamarine**③-④ (Himalaya Marg, Sektor 22-C, Tel. 5014000, www.hotelaquamarine.com) eine hervorragende, vergleichsweise preiswerte Wahl im Zentrum.

■ Das moderne **Taj Chandigarh**⑤ (17-A, Tel. 6613000, www.tajhotels.com) bietet neben dem für die Taj-Gruppe üblichen erstklassigen Service mit Swimmingpool, Fitnessraum, Spa, mehreren erstklassigen Restaurants und Bar, riesigen HD-TVs und WiFi in den großen Zimmern mit Panoramafenstern eine Vielzahl von Annehmlichkeiten.

Essen und Trinken

Die Auswahl ist erfreulich vielfältig, von Fast Food bis zu exzellenter Mughlai-Küche reicht die Bandbreite. Ein weiterer Vorteil ist, dass viele Restaurants sich auf die Sektoren 17 und 22, die Geschäfts- und Shoppingviertel um den Busbahnhof, konzentrieren.

■ Fast jeden Geschmack müsste **Aroma's Coffee Shop** (Sektor 22-C) befriedigen, vereinigt es unter seinem Dach doch mehrere Fastfood-Restaurants: Neben Frühstück inkl. Croissants und Nutella werden italienische, chinesische und indische Kost, Burger, Grill-, Huhn- und Schweingerichte, Fisch, Smoothies, Kuchen und Eis angeboten. Hauptgerichte 180–350 Rs.

■ Sehr indisch, sehr lecker und zudem sehr preisgünstig isst man im alteingesessenen **Bhoj,** einem rein vegetarischen Restaurant unter dem Hotel Divyadeep (Sektor 22-B, 7.30–22.30 Uhr, 100–200 Rs).

■ Halb Restaurant, halb Bar ist das gestylte **Piccadilly Blue Ice Bar & Restaurant** (Sektor 17-E, 11–23 Uhr) für die coole, indische Mittelschicht. Die Speisekarte ist ein Allerweltsladen, von europäisch und amerikanisch bis Thai und indisch, auch Fischgerichte. Die Preise sind recht gesalzen (300–600 Rs).

■ Auch im modernen Chandigarh ist das antiquierte **Indian Coffee House** eine gute Wahl für einen Kaffee und kleine indische Gerichte wie *idli* und *dosas* für wenige Rupien in relaxter Atmosphäre.

■ Mal wieder Appetit auf köstliche Pizza, Nudelgerichte, Risotto oder Tiramisu? Und das in stilvollem Ambiente mit umfangreicher Weinkarte und freundlicher Bedienung? Dann auf ins **Pomodoro Restaurant** (Sektor 22-B, Hauptgericht 300–550 Rs).

■ Wer köstlichen Kaffee mit für ein Café erstaunlich guten Gerichten (100–200 Rs) verbinden möchte, ist im **Barista Creme** (Sektor 17, 1. Stock) richtig.

■ Stadtbekannt für seine süßen Köstlichkeiten ist **Sindhi Sweets** (Sektor 17). Im Erdgeschoss gibt's Süßes und Nüsse, Mandeln und teils scharfe Knabbereien, im Untergeschoss können preiswerte Snacks genossen werden. Auch eine Filiale etwas weiter nördlich im selben Sektor ist verlockend.

■ Mit seiner ausgezeichneten indischen Küche (auch Huhn- und Lammgerichte) ist das **Ghazal** seit Jahrzehnten ein beliebter Treffpunkt der Mittel- und Oberschicht. Neben der hervorragenden Mughlai-Küche (200–400 Rs) gibt es einige chinesische und westliche Gerichte. Im Hinterraum ist die Bar gut bestückt (Sektor 17-C, Tel. 2704448, 11.30–23.30 Uhr).

■ Die besten Hühnchen-Gerichte serviert **Singh's Chicken.** Sehr populär ist auch das gleich daneben gelegene **Tahal Singh.** Die Tandoori-Gerichte sind ausnahmslos superlecker und kosten zwischen 80 und 250 Rs.

■ In der Nähe der meisten Museen versorgt der **Stop n' Stare Food Point** mit Kaffee, Tee, Lassie und indischen Snacks zu kleinem Preis (10–18 Uhr).

■ Am Sukhna Lake steht in ruhiger, grüner Lage das **Mermaid Fast Food Restaurant & Bar** zur Verfügung.

Einkaufen

Chandigarh eignet sich gut zum Shoppen, da viele indische Händler wie internationale Firmen ihr vielfältiges Angebot auf verhältnismäßig kleinem Raum vor allem in Sektor 17-E um den Udyog Path sowie auf den beiden anschließenden Seiten der Sektoren 22 und 9 angesiedelt haben.

■ Fixpreise gelten im **Phulkari** (Sektor 17-E, Mo–Sa 10.30–20 Uhr, www.phulkarimart.com), dem staatlichen Punjab Government Emporium. Kunsthandwerk, Möbel, Decken und Schmuck zu leicht überhöhten Preisen.
■ Erstklassige Kleidung und Accessoires verkauft **fabIndia** (Sektor 17-A, 10.30–20.30 Uhr, www.fabindia.com).
■ Ebensolche erstklassige und hübsche Textilwaren mit punjabischem Einschlag gibt's bei **1469** (Sektor 17-D, 10.30–21.30 Uhr, www.1469workshop.com). Außerdem Schmuck, ebenfalls mit punjabischer Note.
■ Eine hervorragende Möglichkeit, seine Reiseliteratur aufzufrischen, ist der **English Bookshop** (Sektor 17-E) mit großer Auswahl an Romanen und Sachbüchern.
■ Eine Mixtur aus Kleidung, Haushaltswaren und Essen bietet der **Sector 22 Market** unter freiem Himmel.

Nachtleben

■ Für ein Bier (200 Rs) oder sonstige alkoholische Kurzweil sorgt die **Piccadilly Blue Ice Bar** (Sektor 17-E, 11–24 Uhr). Hier sollte man nicht in Badelatschen erscheinen.

Kultur

■ Die beiden Kinos **Cinepolis** (TDI Mall, 32 Jan Marg, Sektor 17) und **Neelam Theatre** (E-Block, Sektor 17) zeigen gelegentlich englischsprachige Filme, ansonsten typische Bollywood-Kost. Die Website www.filmipop.com zeigt das aktuelle Programm.
■ Wer mehr das traditionelle Indien mag, kommt bei klassischer indischer Musik, Tanz und Theateraufführungen im **Tagore Theatre** (Sarovar Path, Sector 18-B, Tel. 2724278, www.timescity.com informiert über aktuelle Veranstaltungen) auf seine Kosten.

Bank, Post und Internet

■ Die **Punjab National Bank** (Hall 2, Sektor 17-B) wechselt Bargeld. Bei **Thomas Cook** (Sektor 9) und **UAE Exchange** (beide Mo–Fr 10–18, Sa bis 16 Uhr) ist auch Geldtransfer per Moneygram möglich. **ATMs** finden sich überall im Stadtgebiet, verstärkt in Sektoren 17 und 22.
■ Die **Hauptpost** (Mo–Sa 9–17 Uhr) sowie eine Filiale beim Rail Reservation Office mit Speed-Postschalter sind in Sektor 17.
■ Von den wenigen Internetcafés im Innenstadtbereich scheinen **Deepnet** im Sector 22-B und **e-net** (Sektor 17-E, Treppe links neben dem Indian Coffee House hinauf, 10.30–19.30 Uhr) die schnellsten zu sein.

Medizinische Versorgung

■ Ein gutes Krankenhaus ist das **Silver Oaks Hospital** (Sector 63, Tel. 5097112), 6 km außerhalb.
■ Gegenüber dem Busbahnhof finden sich mehrere **Apotheken.**

An- und Weiterreise

Flug

■ Chandigarhs **Flughafen,** 9 km vom Zentrum entfernt, ist für internationale Flüge erweitert worden. Derzeit bestehen innerindische Verbindungen nach Delhi, Mumbai und Srinagar. Die **Taxifahrt** zum Flughafen kostet 500 Rs.

Bahn

■ Chandigarhs Bahnhof ist ca. 4 km vom Stadtzentrum entfernt. Bahntickets kann man auch in dem im 1. Stock des Busbahnhofs untergebrachten **Rail Reservation Office** (Mo–Sa 8–20 Uhr, So bis 14 Uhr) kaufen. Schalter 941 ist für Touristen zuständig.
■ Wer mit dem Toy Train (in knapp 5 bis knapp 6 Std., je nach Zugtyp) nach **Shimla** hochtuckern möchte, muss zunächst mit dem Bus (ISBT Sektor 43, 1 Std., 30 Rs, die meisten Busse nach Shimla passieren Kalka) oder Taxi ins 25 km nördlich gelegene **Kalka** fahren. Abfahrtszeiten der Züge von dort siehe Shimla, An- und Weiterreise.
■ Nach **Delhi** z.B. mit dem 14096 Himalayan Queen: Abfahrt 17.28 Uhr, New Delhi an 22.20 Uhr. Außerdem der 12926 Paschim Exp.: Abfahrt 11.35 Uhr, Ankunft in New Delhi 16.30 Uhr.

Bus

■ Es gibt zwei überregionale Busbahnhöfe in Chandigarh: den zentral in Sektor 17 gelegenen **Inter State Bus Terminus** (ISBT, Tel. 2704005) sowie den außerhalb in Sektor 43 gelegenen **Mohani Busstand** (der jedoch ebenfalls unter dem Namen *Inter State Bus Terminus* firmiert, Tel. 2611571). Zwischen diesen verkehren rote AC-Busse (20 Rs) des lokalen Busbahnhofs.

■ Hervorragende Verbindungen nach **Amritsar** (5 Std., 230 Rs, zwischen 4 und 19.30 Uhr vom ISBT in Sektor 43), **Delhi** (ISBT Sektor 17, 5 Std., 220–260 Rs), außerdem Luxusbusse nach Delhi von Haryana Roadways und Punjab Roadways zum Kashmiri Gate (520 Rs) und Indira Gandhi International Airport (620 Rs), **Haridwar/Rishikesh** (ISBT, Sektor 17, 7/8 Std., regelmäßige Verbindungen zwischen 6.50 und 20.30 Uhr, 240 Rs, zwei Direktverbindungen bis Rishikesh um 10.30 und 20 Uhr), **Dharamsala** für McLeod Ganj (ISBT Sektor 43, bis mittags viele Busse und einer um Mitternacht, 8 Std., 295 Rs), **Jaipur** (ISBT Sektor 17, 5 Busse von Rajasthan Roadways: 7.15, 17.07, 19.10, 20.10 Uhr (460–550 Rs) und 21.15, wobei der letzte ein AC-Volvo-Luxusbus ist (1.300 Rs), **Pathankot** (ISBT Sektor 43, 5 Std., 250 Rs) sowie **Shimla** (ISBT Sektor 43, alle 15 Min., die meisten über Kalka, 4 Std., 330 Rs, Del.-Busse um 5.15, 9.30 und 12.40 Uhr).

Umgebung von Chandigarh

Pinjore Gardens

UNSER TIPP: Der ursprünglich im 17. Jh. von *Nawab Fidai Khan* gestaltete, auch **Yadavindra** genannte Mughal-Garten (Eintritt 20 Rs, tgl. 7–22 Uhr) ist auf sieben Ebenen angelegt, um den herrlichen **Wasserspielen** ihr ideales Spielfeld zu geben. Sie sind leider meist nur noch an den Wochenenden zu bewundern. Die mit viel Baumbestand sonnengeschützten Pinjore-Gärten dienten ursprünglich den Mughal-Herrschern und ihren jeweiligen Harems als Erholungsort, heute sind sie ein bei der Bevölkerung beliebter **Picknick- und Ausflugsort.** In der Ferne schimmert das Shivalik-Gebirge in der Sonne. Weitere Attraktionen sind ein kleiner Zoo und ein japanischer Garten. Inmitten eines der Teiche versorgt das Jal Mahal als Café und Bar mit dem Nötigsten. Verkaufs- und Essensstände sind ebenfalls vorhanden.

Jedes Jahr in der ersten Dezemberhälfte (das genaue Datum ist beim Tourist Centre in Chandigarh zu erfahren) findet hier das **Pinjore Heritage Festival** statt, bei dem Künstler aus ganz Indien klassische indische Musik darbieten.

Unterkunft, Essen und Trinken

■ Wer im Stil der Mughals nächtigen will, kann dies im staatlich geleiteten **Budgerigar Motel**③ (Tel. 01733-231877) in tadellosen Zimmern mit Balkon tun. Auf dem Gelände im Rang Mahal versorgt ein **Restaurant** (10–19 Uhr, 80–220 Rs) mit Verpflegung und Alkoholischem.

Anreise

■ Die Pinjore Gardens sind von Chandigarh mit einem der häufig fahrenden **Busse** nach Kalka und Shimla vom ISBT in Sektor 43 und weniger häufig vom ISBT in Sektor 17 in knapp einer Stunde zu erreichen.

■ Per **Taxi** sollte die gut 20 km lange Fahrt inklusive Wartezeit um 700 Rs kosten.

Amritsar – Sikh-Metropole

Der Goldene Tempel von Amritsar ist nach dem Taj Mahal nicht nur das bekannteste, sondern auch **eines der beeindruckendsten Bauwerke Indiens.** Leider ist Amritsar, wenn man einmal von diesem Highlight und den umliegenden Altstadtgassen sowie einigen anderen Tempeln absieht, wie Agra eine wenig ansehnliche Stadt. Vor allem der Bereich zwischen dem Bahnhof und der Innenstadt ist selbst für indische Verhältnisse extrem hektisch und laut. Auch die Luftverschmutzung scheint den bereits unangenehm hohen Pegel nordindischer Städte noch zu übertreffen.

Mehr noch als die perfekte architektonische Gestaltung ist es eine Aura des Geheimnisvollen, die den Ruf des Goldenen Tempels begründet. Hierzu hat sicherlich auch die fast völlige Abschottung Amritsars in den achtziger Jahren beigetragen, als das oberste Heiligtum der Sikhs zum Zentrum des **Kampfes radikaler Fundamentalisten** für einen eigenen Staat Khalistan wurde. Die zweifache Erstürmung des Goldenen Tempels in den Jahren 1984 und 1988 durch indische Truppen und die damit unmittelbar zusammenhängende Ermordung *Indira Gandhis* durch zwei Mitglieder ihrer Sikh-Leibgarde machten weltweite Schlagzeilen. Seit sich Anfang der neunziger Jahre die Lage leicht entspannt hat, dürfen auch westliche Touristen wieder nach Amritsar reisen.

Nicht jedoch der Goldene Tempel, wie man vermuten könnte, sondern der ihn umgebende **Amrit Sagar** (Teich des Nektars der Unsterblichkeit) stand am Anfang der Geschichte Amritsars. 1577 machte ihn der vierte Guru der Sikhs, Guru *Ram Das,* zum Mittelpunkt der immer umfangreicher werdenden Sikh-Gemeinde und benannte den Wallfahrtsort nach diesem Gewässer, dem heilende Kräfte zugesprochen werden. Erst sein Sohn und Nachfolger Guru *Arjun Das* legte den Grundstein zu dem heutigen Goldenen Tempel, als er Ende des 16. Jahrhunderts in der Mitte des Sees einen Tempel mit dem Namen Hari Mandir errichten ließ. Obwohl die Einweihungszeremonie von dem muslimischen Heiligen *Miramaj,* einem engen Freund Guru Arjun Das, durchgeführt wurde, war die Tempelanlage in den folgenden Jahrhunderten mehrfach Schauplatz islamischer Eroberungen. So legte der afghanische Feldherr *Ahmed Shah Durani* Stadt wie Tempel 1761 in Schutt und Asche. Doch schon drei Jahre später hatten die tiefgläubigen Sikhs ihr Heiligtum wieder errichtet. Dem „Löwen von Punjab“, Maharaja *Ranjit Singh,* der die Marathen besiegt hatte und ein eigenständiges Fürstentum im Punjab mit der Hauptstadt Amritsar errichtet hatte, blieb es schließlich durch die Verschalung der oberen Stockwerke und des Dachgeschosses mit vergoldeten Kupferplatten vorbehalten, dem Tempel sein charakteristisches Aussehen und den berühmten Beinamen zu verleihen.

☒ Der Goldene Tempel

Sehenswertes

Goldener Tempel

Nachdem man Schuhe und Strümpfe abgegeben, eine Kopfbedeckung im Eingangsbereich ausgeliehen (kostenlos) und durch das große **Haupteingangstor** den eigentlichen Tempelbereich betreten hat, bietet sich ein Bild, das selbst dann, wenn man es schon unzählige Male auf Fotos gesehen haben sollte, immer wieder von neuem fasziniert. Inmitten des silbrig schimmernden Amrit Sagar spiegelt sich die Silhouette des marmorgoldenen **Hari Mandir,** flankiert vom Weiß des den Tempelbezirk umlaufenden Gebäudecarrés und den bunt gekleideten Pilgern. Untermalt wird dieser harmonische Anblick von den über Lautsprecher verbreiteten Gesängen der Ragis, hoch verehrten Sängern, die aus dem „Guru Granth Sahib“, dem heiligen Buch der Sikhs, zitieren – eine einzigartige Atmosphäre.

Umso verständlicher ist die Empörung der Sikhs, als der Goldene Tempel Mitte der 1980er Jahre durch die indischen Truppen fast vollständig zerstört wurde. Die indische Armee ließ ganze Häuserzeilen der den Tempelbezirk umgebenden Altstadt abreißen, um sich ein freies Schussfeld für den entscheidenden Angriff zu verschaffen.

Umrundet man den See, vom Haupteingang aus kommend, im Uhrzeigersinn, so gelangt man zunächst zu einem von einem Baum flankierten **Bade-Ghat.** Der Legende nach soll an dieser Stelle ein an Lepra erkrankter Pilger durch ein Bad im See geheilt worden sein, und so tun es ihm heute Hunderte von Pilgern nach.

Die heute nur noch verstümmelt erhaltenen **Ramgarhia-Minarette** waren im vorelektronischen Zeitalter mit jeweils einem Ragi besetzt, die die Rezitationen aus dem „Guru Granth Sahib“ über den Tempelbezirk hinaus in die Altstadt weiterverbreiteten. In den beiden dahinter gelegenen riesigen Speisesälen werden täglich bis zu 80.000 (!) Pilger und Besucher jedweder Kasten- und Religionszugehörigkeit nach den Gebetszeiten kostenlos verpflegt. Wer daran teilnimmt, sollte ein Spende nicht vergessen.

Gegenüber dem Darshan Deori, dem kuppelüberdachten Eingangstor zur Brücke, welche zum Goldenen Tempel führt, findet sich der **Akal Takht,** der Sitz der Tempelverwaltung, in dem sich zwischen 1982 und 1984 der radikale Fundamentalist *Jarnail Singh Bhindranwale* mit seinen Anhängern verschanzt hatte. Dieses Gebäude wurde bei der Operation Blue Star im November 1984 vollständig zerstört, wurde inzwischen aber wiedererrichtet. Im Erdgeschoss des Goldenen Tempels liegt unter einem rosafarbenen, mit Juwelen bedeckten Tuch das „Guru Granth Sahib", aus dem die davor platzierten Ragis ununterbrochen rezitieren. Während einer Prozession wird die **Bibel der Sikhs** jeden Morgen um 4 Uhr und abends um 22.30 Uhr in einer goldenen Schatulle über die Brücke vom Akal Takht zum Hari Mandir bzw. zurück geleitet.

Die sich nach allen vier Himmelsrichtungen öffnenden **Eingangstore** des Tempels sollen die Offenheit und Toleranz der Sikhs symbolisieren, wonach jeder Gläubige, egal welcher Religionsgemeinschaft und Nationalität, im Tempel willkommen ist. Mit ihren wunderschönen Marmoreinlegarbeiten im Erdgeschoss und den gänzlich mit goldfarbenen Blumenmotiven verzierten Wänden und Erkern stellt der Hari Mandir ein klassisches Beispiel hinduistisch-muslimischer Architektur dar.

Beim Uhrturm an der Nordwestseite der den Tempel umgebenden Gebäude zeigt das **Sikh Museum** (7–19 Uhr, im Winter 8–18 Uhr, Eintritt frei) die wechselvolle Geschichte der Sikhs.

Öffnungszeiten: 24 Std. geöffnet, Eintritt frei. Das Informationsbüro (Tel. 2553954) im Seitentrakt des nordwestlichen Zugangs ist 8–19 Uhr geöffnet. Der Tempelbereich ist neben dem Haupteingang durch drei weitere Tore zu betreten. Mehr Infos zum Goldenen Tempel unter www.aboutgoldentemple.com.

037in tb

Besuch des Goldenen Tempels

Rein, rum, Fotos machen und weg – leider ist dies die Art und Weise, wie viele westliche Touristen Amritsar erleben. Auch wenn die Stadt selbst tatsächlich „zum Weglaufen" ist, sollte man sich für die einzigartige Atmosphäre im und um den Goldenen Tempel Zeit nehmen und **mindestens eine Übernachtung** einplanen.

Unser Tipp: Zu jeder Tageszeit, doch speziell zum Sonnenaufgang, Sonnenuntergang und danach, wenn das Gold in unterschiedlichen Tönungen erscheint, entfaltet die Tempelanlage eine spirituelle Energie, die lange nachwirkt. Besonders beeindruckend ist die jeden Tag gegen 19.45 Uhr stattfindende *Aarti*.

Verhaltensregeln für den Goldenen Tempel

Vor Betreten der Tempelanlage ist der **Kopf zu bedecken.** Tücher sind an den jeweiligen Eingängen oder an den zum Tempel führenden Straßen für 10 Rs erhältlich.

Der Tempel darf nur **barfuß** betreten werden. Stände zum Abgeben der Schuhe und Socken sind an jedem Zugang vorhanden. Dahinter durchschreitet man zur Fußwaschung ein Wasserbecken.

Fotografieren ist nur vom Prozessionsweg um den heiligen See erlaubt, im Tempel selbst jedoch verboten.

Wer sich **Ausruhen** möchte, kann am Rand des Amrit Sarovar sitzen, sollte jedoch nicht seine Füße ins Wasser tauchen. Es wird das Verschränken des Beine erwartet.

Selbstverständlich sind das **Rauchen** und der Genuss von **Alkohol** in der Tempelanlage nicht erlaubt.

Gurdwara Baba Atal

Dieser markante, achteckige Turm, 100 m südwestlich des Goldenen Tempels, wurde im Jahr 1784 zu Ehren von *Baba Atal Rai*, des Sohnes des sechsten Sikh-Gurus *Har Gobind*, errichtet. Laut Legende hat er 1629 ein Mädchen wiederbelebt und sich dann selbst das Leben genommen, da er in Gottes Plan eingegriffen hatte. Die neun Stockwerke des Turms stehen für die neun Lebensjahre des Jungen.

Jallianwala Bagh

Nur wenige hundert Meter entfernt vom Goldenen Tempel führt eine schmale Gasse zu einer gepflegten **Parkanlage.** Dieser heute so friedvolle Ort war am 13. April 1919 Schauplatz eines der grausamsten Ereignisse des indischen **Unabhängigkeitskampfes.** An diesem Tag ließ ein britischer General 150 seiner Soldaten sieben Minuten lang wahllos in eine Menschenmenge von ca. 5.000 Indern schießen, die hier friedlich für die Freilassung eines ihrer wenige Tage zuvor festgenommenen Anführers demonstrierten. Das **Massaker** forderte 400 Menschenleben und über 1.000 Verwundete. Noch heute sind in einigen Mauern Einschusslöcher zu erkennen.

Dem Ereignis kam für den weiteren Verlauf der indischen Geschichte zentrale Bedeutung zu. Das menschenverachtende Vorgehen der britischen Besatzungstruppen führte den bisher gemäßigten Vertretern der indischen Unabhängigkeitsbewegung, zu denen auch *Mahatma Gandhi* gehörte, deutlich vor Augen, dass nur eine zwar friedvolle, dafür jedoch um so kompromisslosere Haltung zum Erfolg führen konnte. So schweißte das tragische Ereignis von Jallianwala Bagh die bis dahin unentschlossene und zerstrittene Unabhängigkeitsbewegung zu einem entschlossenen Kampfbund zusammen und hatte somit entscheidenden Anteil daran, dass die britischen Besatzungstruppen letztendlich in die Knie gezwungen werden konnten. *Richard Attenborough* räumte diesem Ereignis in seinem preisgekrönten Film „Gandhi" großen Raum ein. Die Anlage ist heute als **Erinnerungsstätte** gestaltet, in dem neben einem kleinen Pavillon mit Fotos und Zitaten von Augenzeugen auch der inzwischen überdachte **Brunnen** zu sehen ist, in dem über hundert Menschen starben, nachdem sie auf der panikartigen Flucht vor dem Kugelhagel hineingesprungen waren.

Durgiana Mandir

Dieser kleine **Hindu-Tempel** (Sonnenauf- bis Sonnenuntergang geöffnet) wird von den Sikhs etwas spöttisch als ärmliche Kopie des Goldenen Tempels bezeichnet. Tatsächlich ist die Ähnlichkeit verblüffend, liegt doch auch dieses Mitte der 1920er Jahre erbaute Heiligtum inmitten eines kleinen Teiches, ist aus Marmor gestaltet und wird von einer goldenen Kuppel gekrönt. Doch nicht nur aufgrund der übergroßen Hindu-Gottheiten im Tempelinnern, sondern auch wegen des vernachlässigten Zustands der Gesamtanlage sind Verwechslungen ausgeschlossen. Kurz nach Öffnung und kurz vor der Schließung des Tempels werden Andachtslieder gesungen.

Ram Bagh

Unser Tipp: Dieser weitläufige, gut gepflegte **Park** bietet sich nicht nur als willkommenes Refugium an, um die laute und hektische Altstadt hinter sich zu lassen oder sich von der hektischen Mall Rd. zu erholen. Er beherbergt auch das interessante **Maharaja Ranjit Singh Panorama** (tgl. außer Mo 10–16.45 Uhr) im hübschen ehemaligen Sommerpalast *Maharajas Ranjit Singhs* (1780–1838), der den Mogulherrschern große Teile von Indiens Nordwesten abtrotzte und so den Grundstein des Sikh-Reichs legte. Nicht so sehr die aus Rajputen-Museen schon hinlänglich bekannten Waffen- und Münzsammlungen, sondern die Ausstellung schöner **Miniaturmalereien** machen einen Besuch lohnenswert.

Mata-Tempel

Eine merkwürdig-faszinierende Mischung aus moderner Heiligenverehrung, Disneyland und Kommerz ist der im Nordwesten der Stadt gelegene Mata-Tempel (5–23 Uhr, Ranika-Bagh, versteckt in den Gassen nordwestlich des Bahnhofs, die Albert Rd. nach Norden, erste Straße links, am Ende auf der linken Seite). Der Prozessionsweg führt vorbei an Blumengirlanden, bunten Glasfenstern, Marmorverzierungen und Marmorstatuen über diverse Treppen, durch Wasserwege, Tunnel und Höhlen zur Statue der hier verehrten Lal Devi. Unter den täglich Tausenden von Pilgern finden sich besonders viele Frauen, die sich Kinder wünschen.

Altstadtgassen

Ein Spaziergang durch die teils engen Gassen vor allem nördlich des Goldenen Tempels mit vielen kleinen Geschäften bzw. Basaren und einigen alten, leider oft verfallenden Wohn- und Geschäftshäusern ist eine interessante Erfahrung indischen Alltagslebens.

Grenzschließungszeremonie in Wagah

Ein herrliches Schauspiel ist die täglich mit großem Pomp vollzogene Grenzschließung zwischen **Pakistan** und Indien im 30 km westlich gelegenen **Grenzort Attari** (ca. 16.15 Uhr im Winter, 17.15 Uhr im Sommer). Beim erstaunlich präzise aufeinander abgestimmten Exerzier- und Imponiergehabe auf beiden Seiten wird selbst das Einholen der jeweiligen Landesflagge zelebriert. Beide Seiten achten peinlichst genau darauf, dass die eigene Flagge nicht zu schnell eingeholt wird und damit tiefer als die der Gegenseite sein könnte. Die theatralische, bisweilen karikaturistische Züge annehmende **Exerzierkunst** der Grenzsoldaten lockt täglich viele Menschen nach Attari/Wagah. Den Höhe- und Endpunkt der 20-minütigen Zeremonie bildet das schwungvolle **Zuschmettern der Grenztore.**

Da die Zeremonie zunehmend Besucher anzieht, sollte man mindestens eine Stunde vor Beginn eintreffen, um die Chance auf einen Platz zu wahren. Entsprechend hektisch geht es am Eingang zu. Männer stellen sich links, Frauen in die rechte Schlange an. Ist das Zugangstor überwunden, legt sich die Aufregung. Ausländischen Touristen werden die günstigen Sitze hinter den VIP-Plätzen zugewiesen, weshalb man seinen Pass mitführen sollte.

Wer mit Taxi oder Bus ankommt, wird einige Hundert Meter vom Zugang entfernt am *customs post* ausgelassen. Kameras sind zur Zeremonie zugelassen, Taschen und größere Gegenstände müssen jedoch abgegeben werden, hierfür stehen Schließfächer zur Verfügung (50 Rs).

Anfahrt

- Die meisten Besucher reisen per **Taxi** an, entweder über das jeweilige Hotel (um 600 Rs) oder an der Straße in Amritsar selbst organisiert (um 1.000 Rs inkl. Wartezeit). Außerdem fahren vom südwestlichen Zugang zum Tempel beim Prepaid-Stand **Sammeltaxis** (120 Rs) zur Grenze. Dort sollte man spätestens um 15 Uhr erscheinen, man wird von den Fahrern angesprochen.
- Billigste Variante sind öffentliche **Busse** von Amritsar (30 Rs), wobei noch die Rikshafahrt vom Busbahnhof in Wagah bis zum *customs post* hinzukommt. Dies ist für die Rückfahrt nicht notwendig, da mehrere Busse direkt von der Grenze nach Amritsar zurückfahren.

Praktische Tipps

Information

■ **Vorwahl:** 0183

■ Sehr freundlich und umfassend beraten wird man im **Informationsbüro** rechts vom östlichen Zugangstor zum Goldenen Tempel auch zu Fragen, die über die Sikh-Religion hinausgehen.

■ Sehr informativ ist die Website www.sikhs.org, die detaillierte Informationen zur Geschichte des **Sikhismus** liefert.

Stadtverkehr

■ Speziell die am Bahnhof wartenden Auto- und Fahrradrikshafahrer versuchen, ihr Einkommen als **Schlepper** für diverse Hotels aufzubessern und können dabei z.T. unangenehm aufdringlich werden. Während Rikshas an beiden Ausgängen des Bahnhofs warten, sind **Taxis** nur auf der nördlichen Hauptausgangsseite zu haben. Für die Fahrt zum Goldenen Tempel sollten per **Fahrradriksha** etwa 50 Rs, mit der **Autoriksha** 80 Rs gezahlt werden.

■ Am südöstlichen Zugang zum Tempel kann man am **Prepaid-Taxistand** das lästige Handeln umgehen, es gelten Festpreise.

■ Zwischen Bahnhofsvorplatz und Goldenem Tempel verkehren zwischen 4 und 21 Uhr regelmässig **Busse** der Tempelverwaltung, die die Reisenden kostenlos zum Heiligtum bringen. Die gelben Busse starten ca. alle 45 Min., wenn sie meist mehr als voll sind.

Unterkunft

Da Amritsar abgesehen vom Goldenen Tempel und großteils nahe gelegenen anderen Sehenswürdigkeiten wenig Aufregendes zu bieten hat, beschränkt sich die Hotelauswahl vorwiegend auf diese Region.

■ Großer Beliebtheit bei Individualtouristen erfreuen sich die von der Tempelverwaltung ausländischen Besuchern zur Verfügung gestellten Räume innerhalb des **Pilgerheims Sri Guru Nanak Niwas** unmittelbar neben dem Goldenen Tempel. Hierbei handelt es sich um saubere Mehrbettzimmer mit Gemeinschaftsdusche. Es wird eine Spende erwartet. Wer ein Schließfach in den Schlafsälen benutzen möchte, benötigt ein eigenes Schloss. Daneben stehen auch noch im benachbarten **Newahal Rest House**① einige einfache Zweibettzimmer (Non-AC/AC 300/500 Rs) zur Verfügung. Fast alle loben die freundliche und tolerante Atmosphäre. Erwartet wird allerdings ein dem heiligen Ort entsprechendes Auftreten. Hierzu zählt u.a. eine zurückhaltende Kleidung und der Verzicht auf Alkohol- und Nikotingenuss. Zur Anmeldung und Unterbringung melde man sich beim Informationsbüro rechts vom Haupteingang zum Goldenen Tempel.

■ Nur gut 200 m vom Goldenen Tempel entfernt, ist das **M Plaza**② (Purana Lakka Mandi, Tel. 5002459, (0)99 14647777) eine weit bessere Wahl. Besonders die 6 rückwärtigen Zimmer, alle mit LCD-TVs, ab 1. Stock mit großen Fenstern zum Jallianwala Bagh, sind ein hervorragender Deal. WiFi ist nur in der Lobby vorhanden.

■ Eine hübsche Wahl in den ruhigeren Gassen östlich und ganz nah am Tempel ist das **Sukhmani Hotel**②-③ (Mahan Singh Rd., Tel. 5092070, (0)8725075395, www.sukhmanihotel.com) mit sauberen, hellen Zimmern mit WiFi.

■ In derselben Gasse befinden sich weitere gute bis akzeptable Unterkünfte in ähnlicher Preislage, so das **Hotel Sitara Niwas**②-③ (Tel. 2534568, www.sitaraniwas.com) und das **Hotel Grace**② (Tel. 2559355, (0)981 5274355, www.hotelgrace.net), dessen hellere Zimmer den Aufpreis wert sind, alle mit kostenlosem WiFi.

753ra tb

■ Ebenfalls nur einen Steinwurf vom Tempel entfernt und dennoch ruhig in einer nördlich an dessen Gelände anschließenden Straße gelegen, sind die hellen, gemütlichen Zimmer des **Mercury Inn**②-③ (Bazar Maai Sewa Wala, Tel. 2540716, 5006000, www.sonachihotels.com), mit LCD-TV und WiFi, teils mit Balkon, hervorragend.

Unser Tipp: Trotz seines „Standortnachteils" gut 3 km außerhalb des Zentrums im Nordwesten ist **Mrs. Bhandari Guest House**②-③ (10 Cantonment, Tel. 2228509, www.facebook.com/bhandariguesthouse) eine der besten Unterkünfte der Stadt. Das von einer netten Familie geleitete Haus ist von einem schönen, weitläufigen Garten mit vielen Sitzgelegenheiten und Hängestühlen umgeben und die Zimmer machen einen gemütlichen Eindruck. Camper können hier ihr Zelt für 200 Rs pro Person aufschlagen. Auch ein kleiner Swimmingpool ist vorhanden. Vom Bahnhof ist kostenlose Abholung möglich, per Riksha kostet es 60 Rs.

■ Erstaunlich preiswerte, gute Mittelklasse sind die geräumigen, makellosen Zimmer mit WiFi und großen Flachbildfernsehern im komfortablen, zentral klimatisierten **Hotel City Heart**②-③ (Golden Temple Rd., Tel. 2554511, www.hotelcityheartamritsar.com). Das für Hotelgäste inklusive Frühstücksbuffet kostet ansonsten 200 Rs.

■ Noch etwas komfortabler ist das neue **City Park**③ (Tel. (0)7696035151, www.hotelcityparkamritsar.com) vom selben Anbieter, keine 100 m entfernt, eine Gasse schräg gegenüber hinein. Schnörkellose und gemütliche Zimmer mit allen Annehmlichkeiten.

Essen und Trinken

■ Wer sich mit ein wenig Reis, Dhal und Chapati bescheidet, der kann an den drei kostenlosen Pilgerspeisungen in der öffentlichen Küche des Goldenen Tempels **Guru-Ka-Langar** teilhaben. Eine kleine Spende wäre sicherlich angebracht.

■ Tempelnah ist wohl **Neelam's** (Golden Temple Rd., 9–23 Uhr, Hauptgerichte 100–200 Rs) die akzeptabelste Adresse für indische vegetarische Kost. Das zur Abendzeit meist stark frequentierte Restaurant ist sauber und ganz gemütlich. Zudem lassen sich leicht Kontakte zu anderen Travellern knüpfen.

■ Erstaunlich viele Fastfood-Restaurants locken den Hungrigen in Amritsar. Eins der bekanntesten ist wohl **Brother's Dhaba** (Town Hall Chowk, 7.30–0.30 Uhr, 100–200 Rs). Nicht sehr weit vom Goldenen Tempel wird Appetit auf indische Snacks, Burger, Pizzas, Shakes und Eiscreme gestillt.

Hari Mandir in Amritsar: nicht der einzige vergoldete Tempel, aber der eindrucksvollste

■ Eine weitere erstklassige Speisestätte ist das **Bharawan da Dhaba** nebenan (Town Hall Chowk, 8–24 Uhr, 100–200 Rs), das schon seit 1912 punjabische Küche wie *kulcha* serviert. Für Schlankheitsbewusste gibt's auch halbe Portionen.

■ Recht schmackhafte bodenständig nordindische Kost serviert das **Sindhi Coffee House** beim Ram Bagh.

■ Vielseitige indische und chinesische Schnellküche gibt's bei **Friend's Dhaba** an der Queen's Road.

■ Ideal, um sich für den Abend oder lange Zug- und Busreisen mit Verpflegung einzudecken, ist die **New Dry Fruit Corner.** Hier gibt's Nüsse, Sultaninen, Kerne, Kekse und andere Trockenware.

■ Das **Crystal** (Tel. 2225555, 11–23.30 Uhr, www.crystalrestaurant.in), Amritsars kulinarische Top-Adresse an der Cooper Rd., bietet eine große Auswahl köstlicher Gerichte und ebensolcher Weine. Im mit Stuck und Spiegelwänden geschmückten Ambiente ist das Fish Curry ebenso lecker wie das Butter Chicken. Hauptgerichte kosten 300–600 Rs. Offiziell gibt es zwei Crystal, das im Erdgeschoss und das in Familienrivalität geführte darüber, welches moderner eingerichtet ist – beide sind gleich gut. Besonders am Wochenende sind sie gerammelt voll, dann kann man schon mal bis zu 30 Minutem auf sein Essen warten.

Medizinische Versorgung

■ Im Notfall gut versorgt ist man im modernen, privaten **Fortis Hospital** (Ranjit Rd., Tel. 3012222, Notfall (0)991513330, www.fortishealthcare.com), 7 km nordöstlich des Goldenen Tempels. Eine rund um die Uhr geöffnete **Apotheke** ist angeschlossen.

Post und Internet

■ Die **Hauptpost** (Mo–Fr 7–15 Uhr, Sa bis 14 Uhr) liegt auf der Nordseite der Stadt an der Court Rd.

■ Viele Hotels verfügen über WiFi-Verbindung, mindestens in der Lobby. Ansonsten gibt es kaum noch Internetcafés in Amritsar. Am günstigsten für die meisten Touristen gelegen ist das **Guru Arjun Dev Niwas Net Café** (im Gebäude hinter dem Hauptzugang zum Goldenen Tempel, 6–1 Uhr).

Bank

■ Ganz nah am Tempel wechselt eine Filiale der **HDFC-Bank** (Mo–Fr 9.30–15.30 Uhr) Bargeld. Dort ist auch ein ATM vorhanden. Dasselbe machen eine weitere Filiale dieser Bank und die **ICICI-Bank** (Mo–Fr 9–18 Uhr, Sa bis 14 Uhr), beide im RS Tower (Hall Bazaar) an der Hauptstraße Richtung Bahnhof.

An- und Weiterreise

Flug

■ Amritsars Flughafen, der **Sri Guru Ram Das Jee International Airport,** befindet sich 15 km nordwestlich des Zentrums. Für eine Taxifahrt sollte man nicht mehr als 500 Rs zahlen, per Autoriksha 250 Rs.

Bahn

■ Das Bahnreservierungsbüro am Goldenen Tempel ist Renovierungsmaßnahmen zum Opfer gefallen. Dementsprechend muss man sich, falls man nicht online oder über ein Reisebüro einen Fahrschein erwirbt, zum **Reservierungsbüro am Bahnhof** begeben (Mo–Sa 8–20 Uhr, So bis 14 Uhr).

Bus

■ Der **Inter State Bus Terminus (ISBT)** befindet sich ca. 2 km nördlich des Goldenen Tempels. Tickets mit Reservierung können an dessen Hauptzugang gekauft werden. Häufige Verbindungen nach **Chandigarh** (5.30 und 14.30 Uhr, 5 Std., Non-AC/AC 240/460 Rs, von dort Anschluss nach Shimla) und **Pathankot** (3 Std., 100 Rs). Nur 2 Busse morgens um 5.30 und 7.30 Uhr nach **Shimla** (10 Std.). Nach **Dharamsala** ein Bus um 13 Uhr (7 Std., 235 Rs), aber einfacher erst per Bahn nach Pathankot und von dort per Bus.

■ Nach **Delhi** dauert es 10 Std., (420 Rs, ein staatlicher Bus startet am Hauptzugangstor zum Goldenen Tempel beim Reservierungsbüro um 22 Uhr, 650 Rs), die Fahrt ist allerdings mit dem Zug wesentlich bequemer. Die Busse der meisten Privatanbieter nach Delhi starten vom Gandhi Gate und von der Cooper Road nahe dem Bahnhof. Komfortable Nachtverbindungen kosten um 800 Rs. Außerdem nach **Chandigarh** (600 Rs) und sogar nach **Jaipur** (16 Std., um 900 Rs).

Taxi

■ Einige **Fixpreise** für Taxifernfahrten (Non-AC) am Prepaid-Schalter neben dem Hauptzugang zum Goldenen Tempel: Chandigarh 3.200 Rs, Delhi 6.500 Rs, Dharamsala/McLeod Ganj 3.400/3.500 Rs, Haridwar 7.500 Rs, Shimla 5.500 Rs.

Pathankot

Viele nutzen diesen ansonsten völlig uninteressanten Ort als **Durchgangsstation** auf dem Weg von Delhi nach Kashmir, Dharamsala und zu weiteren Zielen in Himachal Pradesh, da hier mehrere wichtige Bahnlinien enden. Für diese Züge kauft man ein *general ticket* und besteigt möglichst frühzeitig den Zug, um einen Sitzplatz zu bekommen. Außerdem startet von Pathankot die **Schmalspurbahn** nach Kangra bei Dharamsala (s.u.).

Unterkunft

■ Akzeptabel für Hängengebliebene ist das **Comfort Hotel**② (Gurdarspur Rd., Tel. 0186-2226403) neben dem Busbahnhof.

■ Die beste Bleibe ist das **Venice**②-③ (Tel. 0186-2225122, www.venicehotelindia.com) an der Dhangu Road mit Coffee Shop und Bar.

An- und Weiterreise

Bahn

■ Von **Delhi** über 20 Züge tgl. in etwa 7 Std. mit dem 12413 All Jat Exp. (Abf. 22.30 Uhr, Ank. 6.10 Uhr). Von Pathankot nach Delhi derselbe Zug (14633, Abf. 20.05 Uhr, Ank. New Delhi 3.55 Uhr). Für diese Züge kauft man ein *general ticket* und besteigt möglichst frühzeitig den Zug, um einen Sitzplatz zu bekommen. Diese Züge kommen aus bzw. fahren weiter bis Jammu Tawi.

■ Nach **Amritsar** 10 Bahnverbindungen tgl., z.B. Pathankot ab 17.20 Uhr, Amritsar an 20.25 Uhr (54616 Pathankot Amritsar Pass). Die andere Richtung derselbe Zug: 54613 Amritsar Pathankot Pass, Amritsar ab 6.45 Uhr, Pathankot an 9.45 Uhr. Für diese Züge kauft man ein *general ticket* und besteigt möglichst frühzeitig den Zug, um einen Sitzplatz zu bekommen.

■ Eine besondere Art, Richtung **Dharamsala** zu gelangen, bietet die **Schmalspurbahn** von Pathankot zum Bahnhof Kangra Mandir (35 Rs) bei Gaggal, etwa 20 km von McLeod Ganj entfernt. Abfahrtszeiten der Schmalspurbahn z.B. 6.45, 10, 13.20 und 15.50 Uhr. Allerdings sollte man genügend Zeit einplanen, da die Fahrt abhängig vom Zug 4½ bis 5½ Std. dauert und die meisten von dort noch nach **McLeod Ganj** hinauffahren wollen. Mit dem Taxi kostet das etwa 500 Rs. Ansonsten von Gaggal mit dem Bus nach Dharamsala.

Bus:

■ Vom neuen Busbahnhof viele Verbindungen nach **Amritsar** (3 Std., 105 Rs), **Chandigarh** (6 Std., 270 Rs), **Shimla** (3 Std., zw. 5.20 und 16.30 Uhr, 110 Rs).

■ Nach **Dharamsala** tgl. 5 Busse zwischen 5 und 21.30 Uhr (4 Std., 140 Rs). Kommt man mit dem um 9.15 Uhr in Amritsar startenden 4633 Ravi Exp. fahrplanmässig in Pathankot an, sollte der 12.30-Uhr-Bus nach Dharamsala leicht zu erreichen sein. Wer einen der Busse nach Dharamsala verpasst, kann auch einen der häufigen Busse nach Gaggal nehmen und etwas vor Gaggal an der Kreuzung nach Dharamsala aussteigen. Vorher den Schaffner bitten, Bescheid zu geben, wenn diese Kreuzung erreicht wird. Sie befindet sich kurz hinter dem gut erkennbaren Zufahrtsschild zum Gaggal-Flughafen. Umsteigen in einen der vielen passierenden Busse hinauf zum noch 11 km entfernten Dharamsala. Einige Direktbusse bis nach **McLeod Ganj** (4½ Std., 160 Rs) fahren nur morgens zwischen 5.15 und 10.30 Uhr.

■ Zwischen Bahnhof und Busbahnhof, ca. 400 m voneinander entfernt (höchstens 20 Rs per Fahrradriksha), warten **Taxis** auch für Fernziele auf Kundschaft. Wenn man mehrere Reisende zusammenbekommt, eine durchaus überlegenswerte Alternative. Wer sich aufs Handeln versteht, kann eine Fahrt nach Dharamsala für 4.000 Rs ergattern.

HIMACHAL PRADESH – BESUCH BEIM DALAI LAMA

Der mit 55.673 km² kaum zwei Prozent der indischen Gesamtfläche einnehmende Bundesstaat Himachal Pradesh umfasst eine der landschaftlich schönsten Regionen Indiens. Der am Fuße der Himalayariesen gelegene Gebirgsstaat wird von blühenden Tälern durchzogen, die Erinnerungen an die Schweiz wachrufen. Westliche Touristen reisen vornehmlich nach Dharamsala, dem Exilsitz des Dalai Lama mit einer umfangreichen tibetanischen Gemeinde. Bei den Indern wie den ausländischen Touristen gleichermaßen beliebt ist Shimla, die Hauptstadt des Bundesstaates Himachal Pradesh. Obwohl inzwischen auch die negativen Auswirkungen des Tourismus unübersehbar sind, ist der koloniale Charme der Hill Station auf gut 2000 Metern Höhe noch spürbar.

Himachal Pradesh gestern und heute

Schon die britischen Kolonialherren hatten diese mitteleuropäisch anmutende Region zu ihrem Urlaubsziel Nr. 1 erkoren und hier die meisten ihrer übers ganze Land verstreuten **Hill Stations** gegründet. Jedes Jahr im März, wenn sich in den Ebenen die Quecksilbersäule der 40-Grad-Marke näherte, machte sich ein ganzer Troß britischer Kolonialbeamter nebst Tausender von Bediensteten auf den Weg in die **Luftkurorte.** Zur Königin unter den Hill Stations stieg dabei das auf 2.200 m Höhe gelegene Shimla auf, die Sommerresidenz des britischen Vizekönigs.

Der heutige Staat Himachal Pradesh bildete sich erst 1948 aus dem Zusammenschluss von 30 kleinen Bergstaaten des ehemaligen Punjab. 1966, nach dem erneuten Auseinanderfallen des Punjab durch die Gründung Haryanas, erfuhr der Bundesstaat eine territoriale Erweiterung, als ihm die Distrikte Kullu, Kangra und Lahaul/Spiti angegliedert wurden.

Speziell seit der Eskalation der Gewalt in Kashmir entwickelt sich der **Tourismus** neben der Landwirtschaft zur Haupteinnahmequelle des nur 6,9 Mio. Einwohner zählenden Unionsstaates Himachal Pradesh. Noch immer sind es die von den Briten angelegten Luftkurorte, die mit ihrem angenehmen Klima, britischem Flair, schönen Ausblicken auf die nahen Himalayaberge und die sie umgebende liebliche Landschaft die meisten Urlauber anlocken. Heute sind es die Mitglieder der indischen Mittel- und Oberschicht, die die Mehrzahl der Urlauber stellen.

> Hotels mit Himalaya-Kulisse in McLeod Ganj

Dharamsala und McLeod Ganj

Vom gemächlichen Bergkurort hitzegeplagter britischer Kolonialbeamter über den Zufluchtsort des aus Tibet geflohenen Dalai Lama zum Treffpunkt erleuchtungshungriger Rucksacktouristen aus Europa und Amerika – so liest sich komprimiert die kurze, dafür um so ereignisreichere Geschichte dieses am Fuße des Dhauladhar-Gebirges gelegenen Städtchens. Von der ersten Periode ist heute kaum noch etwas erhalten geblieben, da die von den Engländern 1855 gegründete Hill Station 50 Jahre später durch ein verheerendes Erdbeben fast vollständig zerstört wurde. Zu neuem Leben erwachte Dharamsala jedoch 1960, als der **Dalai Lama,** das religiöse Oberhaupt Tibets, und mit ihm Hunderttausende seiner Landsleute ein Jahr nach der Flucht vor den chinesischen Besatzern das Angebot der indischen Regierung annahmen und hier ihr neues und, wie sie hoffen, nur vorübergehendes Domizil aufschlugen.

Im Zuge der **Hippiebewegung** in Europa und Amerika entdeckten viele zivilisationsmüde Blumenkinder diesen vermeintlich spirituellen Ort als Gegenwelt zum rationalen, hochtechnisierten Westen, und so entstand eine skurrile Mischung aus billigen, einfachen Unterkünften, Traveller-Restaurants mit Müsli- und Kuchenangeboten, Meditationsschulen, Ganja-Parties und Flohmärkten inmitten eines von zehntausend Tibetern bewohnten Bergdorfs. **Little Lhasa,** wie Dharamsala bei den Indern auch oft genannt wird, entwickelte sich so mehr und mehr zum **Little Goa Nordindiens.**

Dabei ist es im Grunde irreführend, von einem Dharamsala zu sprechen, verbergen sich dahinter doch zwei völlig unterschiedliche

004in mb

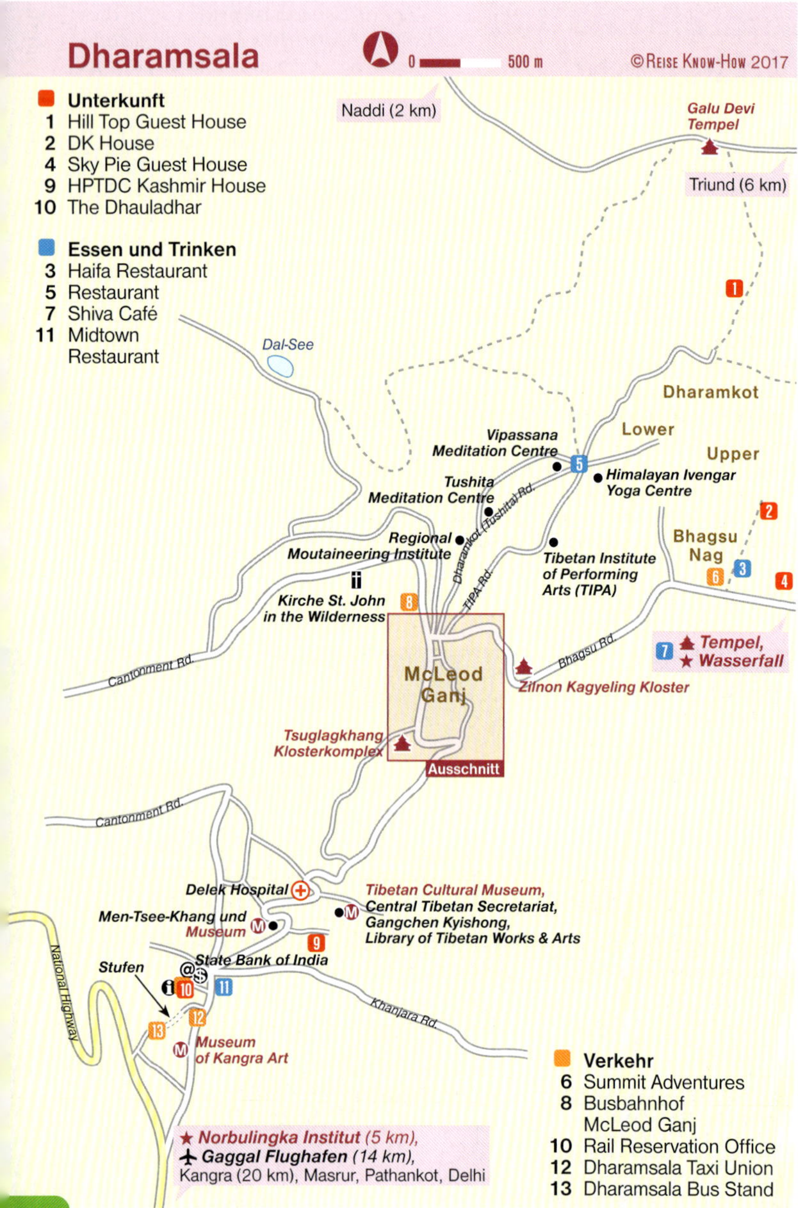
Dharamsala
0 500 m
©Reise Know-How 2017
Unterkunft
1 Hill Top Guest House
2 DK House
4 Sky Pie Guest House
9 HPTDC Kashmir House
10 The Dhauladhar
Essen und Trinken
3 Haifa Restaurant
5 Restaurant
7 Shiva Café
11 Midtown Restaurant
Naddi (2 km)
Galu Devi Tempel
Triund (6 km)
Dal-See
Dharamkot
Lower
Upper
Vipassana Meditation Centre
Himalayan Ivengar Yoga Centre
Tushita Meditation Centre
Dharamkot (Tushita) Rd.
Regional Moutaineering Institute
Tibetan Institute of Performing Arts (TIPA)
TIPA Rd.
Bhagsu Nag
Kirche St. John in the Wilderness
Cantonment Rd.
McLeod Ganj
Tempel, Wasserfall
Bhagsu Rd.
Zilnon Kagyeling Kloster
Tsuglagkhang Klosterkomplex
Ausschnitt
Cantonment Rd.
Delek Hospital
Tibetan Cultural Museum, Central Tibetan Secretariat, Gangchen Kyishong, Library of Tibetan Works & Arts
Men-Tsee-Khang und Museum
National Highway
Stufen
State Bank of India
Khanjara Rd.
Museum of Kangra Art
Norbulingka Institut (5 km), Gaggal Flughafen (14 km), Kangra (20 km), Masrur, Pathankot, Delhi
Verkehr
6 Summit Adventures
8 Busbahnhof McLeod Ganj
10 Rail Reservation Office
12 Dharamsala Taxi Union
13 Dharamsala Bus Stand

Städte. Da ist einmal das in 1.250 m Höhe gelegene eigentliche Dharamsala mit der quirligen Lebendigkeit einer typisch indischen Stadt. Über eine steil ansteigende kurvenreiche Straße gelangt man in das 600 m höher gelegene **Upper Dharamsala,** auch **McLeod Ganj** genannt. Obwohl das Taxi kaum 15 Min. benötigt, um die Strecke zu bewältigen, scheinen die beiden Stadtteile Welten zu trennen.

McLeod Ganj ist ein heiterer, friedvoller und toleranter Ort, geprägt vom Gemüt der hier lebenden **Tibeter.** Das Zentrum des Städtchens bildet ein buddhistischer Tempel. Überall begegnen einem in rote Roben gekleidete Mönche und Nonnen. Architektonisch ist der kleine, aus wenig mehr als zwei parallel zueinander verlaufenden Hauptstraßen bestehende Ort zwar keine Offenbarung, sind doch fast alle Gebäude recht einfallslose Betonbauten aus den 1960er bis -90er Jahren, doch ansonsten kann hier eigentlich jeder nach seiner Fasson glücklich werden.

Zahlreiche **Meditationszentren** in den Wäldern rund um McLeod Ganj und eine hervorragend ausgestattete **Bibliothek** bieten sich für jene an, die sich näher mit dem Buddhismus beschäftigen wollen. In den **Szenekneipen** werden die 1960er Jahre wieder lebendig, und auf den Dachterrassen kann man die schöne Aussicht, die klare Luft und Apfelstrudel genießen.

Die bergige **Umgebung** Dharamsalas lädt zu ausgedehnten Spaziergängen durch die Wälder, etwa zu weiteren Klöstern, zu Seen oder zu **Trekking- und Bergtouren** ins Dhauladhar-Gebirge ein. Man sollte beachten, dass es in den Wintermonaten recht kalt werden kann und **Schneefälle** auch Ende Februar noch vorkommen. Die Monsunzeit dauert ca. von Ende Juni bis Anfang September.

Aufgrund der in den letzten Jahren stark zurückgegangenen Besucherzahlen in ganz Indien wird auch McLeod Ganj von weit weniger Touristen besucht als noch vor einigen Jahren. Dies gilt besonders für die Zeit bis März, wenn die **Hauptsaison** startet, und natürlich, wenn der Dalai Lama nicht anwesend ist, was die meiste Zeit des Jahres der Fall ist.

Sehenswertes

Klöster

Wer unter anderem deshalb nach Dharamsala gereist ist, um hier im Zentrum der tibetischen Exilgemeinde besonders schöne Beispiele tibetischer Kloster- und Tempelarchitektur zu erleben, der wird wahrscheinlich eher enttäuscht werden. Ebenso wie die Wohn- und Geschäftshäuser in der Stadt, so wurden auch die Sakralbauten innerhalb der letzten vier Jahrzehnte errichtet. Zwangsläufig lassen sie vieles der über Jahrhunderte gewachsenen religiösen Atmosphäre vermissen, die die Klöster in Ladakh und vor allem Tibet auszeichnet.

Besonders augenfällig zeigt sich dieses beim **Tsuglagkhang-Komplex** (Temple Rd., April–Okt. 5–20 Uhr, Nov.–März 6–18 Uhr) mit dem Tsuglagkhang- und dem Namgyal-Kloster, dem mit 200 Mönchen größten und bedeutendsten Dharamsalas. Beim Anblick dieses zweigeschossigen Betonklotzes werden selbst beim größten Buddhismusanhänger kaum warme Gefühle entstehen. Dennoch sind einige Reliquien und Repliken des ursprünglichen Jakhang-Tempels in Lhasa von Bedeutung, etwa die vergoldete Statue des Sakyamuni-Buddha und eine weitere von Avalokitesvara, dem Boddhisattva und Schutzpatron Tibets. Beeindruckend sind jedoch die von den Mönchen vor allem morgens im Inneren des Tempels abgehaltenen religiösen Zeremonien. Mittelpunkt der ansonsten recht spartanischen Gebetshalle ist ein erhöhter Thron, auf dem der Dalai Lama zuweilen religiöse Zeremonien abhält. Am Nachmittag um 14 Uhr (außer So) lassen sich die typischen Debattierübungen der buddhistischen Mönche im Innenhof des Namgyal-Klosters beobachten.

Im westlichen Teil des Tsuglagkhang-Komplexes beherbergt der **Kalachakra-Tempel** das Wandgemälde des Kalachakra-(Rad der Zeit)-Mandalas, das in Verbindung steht zum Avalokitesvara (s.o.), dessen Manifestation der Dalai Lama sein soll.

Ebenfalls auf dem Gelände zeigt das **Tibet Museum** (tgl. außer Mo sowie jeden 1. Sa des Monats 14–18 Uhr, Okt.–März bis 17 Uhr) anhand von Fotos, Videos und Schautafeln die Geschichte Tibets, die Vertreibung durch die Chinesen und die Widerstandsbewegung.

Im südlichen Bereich des Geländes befindet sich die von Sicherheitskräften bewachte **Privataudienz des Dalai Lama.** Wegen seiner vielfältigen politischen und religiösen Geschäfte ist das Oberhaupt der Gelbmützensekte allerdings nur relativ selten in Dharamsala anzutreffen. Es besteht jedoch die Möglichkeit, an einer der von ihm vornehmlich im Februar oder März nach Losar, dem tibetischen Neujahrfest, und den vornehmlich im September und Oktober abgehaltenen öffentlichen Audienzen teilzunehmen. Wegen genauerer Termine und Anmeldungsformalitäten, die man mindestens drei Tage vorher absolvieren sollte, um eine Chance auf Einlass zu haben, wende man sich an das **Branch Security Office** in McLeod Ganj (Bhagsu Rd., Tel. 221560, Mo–Fr sowie 1. Sa im Monat 9–13 und 14–17 Uhr).

Neben dem Namgyal-Kloster gibt es in und um Dharamsala noch weitere fünf Klöster verschiedener buddhistischer Sekten. Sehr schön gelegen inmitten eines Rhododendronwaldes ist das **Tse-Chok-Ling-Kloster,** zu erreichen über einen zehnminütigen steilen Abstieg entlang eines Trampelpfades, der etwas unterhalb des Om-Restaurants beginnt. Das **Nakpa Gompa** ist das einzige tantrische Kloster, wobei die Mönche an ihren langen, zu einem Dutt hochgesteckten Haaren zu erkennen sind.

Meditationszentren

Wer sich näher mit dem Buddhismus beschäftigen möchte, für den ist das etwa 500 m außerhalb der Stadt inmitten eines Waldes gelegene, schon seit etwa 1970 existierende **Tushita Meditation Centre** (Tel. 221866, (0)898 8160988, nur während der Bürozeiten, www.tushita.info) der richtige Ort. In diesem speziell für westliche Studenten eingerichteten Zentrum halten sowohl tibetanische als auch westliche Mönche regelmäßig von März bis Juni und September bis November Vorträge zur buddhistischen Religion und Philosophie. Für die Dauer der jeweiligen Kurse werden Zimmer inkl. Mahlzeiten vermietet.

Zwei weitere Meditationszentren befinden sich ganz in der Nähe: einmal das **Vipassana Meditation Centre** (Tel. (0)9218414051, das Büro ist 16–17 Uhr geöffnet), wie das vorgenannte im Wald neben dem Tushita gelegen. Für die 5- bzw. 10-Tages-Kurse ist auch hier eine Anmeldung erforderlich, die auch per Mail möglich ist. Es werden auch Eintageskurse offeriert. Genaueres hierüber und über weitere interessante Punkte, die das Procedere betreffen, auf der umfangreichen Internetseite www.sikhara.dhamma.org.

Zum Zweiten ist im unteren Dorfbereich von Dharamkot das **Himalayan Ivengar Yoga Centre** in einem architektonisch gelungenen, halbrunden, von viel Grün umgebenen Bungalow untergebracht (Zimmer 250–3.000 Rs). Die Kurse starten ab April. Genaueres ist auf der informativen Website zu erfahren: www.hiyogacentre.com.

Gangchen Kyishong

Wenige Meter unterhalb des Namgyal-Klosters führt rechts ein kleiner, nicht asphaltierter Trampelpfad nach etwa halbstündigem Fußweg mit schönen Aussichten ins Kangra-Tal zur innerhalb des weitläufigen Gebäudekomplexes Gangchen Kyishong gelegenen **Bücherei** (tgl. außer So und jeden 2. und 4. Sa des Monats 9–17 Uhr). Alle Manuskripte, die die Wirren des chinesischen Einmarsches in Tibet überstanden haben, etwa 40 %, wurden hierher gebracht. Mit über 6.000 ins Englische und andere Sprachen übersetzten Büchern über Buddhismus und Tibet ist sie eine der weltweit besten Informationsquellen zum Studium tibetischer Kultur und Geschichte. Außerdem findet sich eine reiche Literatur zu Ladakh. Um Zugang zu erhalten, muss man eine

507in mb

temporary membership erwerben (50 Rs), außerdem ist der Pass notwendig.

Im ersten Obergeschoss ist das kleine, interessante **Tibetan Cultural Museum** (9–12 und 13–15 Uhr) untergebracht, in dem neben Hunderten von Bronzefiguren auch tibetanische Thankas, Münzen und Fotos zu sehen sind. Besondere Aufmerksamkeit verdienen der einzige holzgeschnitzte Miniaturaltar und das einzige Holzmandala außerhalb Tibets.

Auch in den Räumen der Bibliothek werden von tibetanischen Lehrern **Kurse** zur buddhistischen Philosophie abgehalten, die ins Englische übersetzt werden. Nähere Informationen zu den einzelnen Seminaren hängen an der Rezeption der Bücherei aus. Innerhalb der Anlage befindet sich auch ein Café und ein weiteres Kloster.

Astrologieinstitut

Unterhalb des Gangchen Kyishong befindet sich des Astrologieinstitut, in dem sich viele westliche Touristen **tibetanische Horoskope** erstellen lassen. Der Spaß ist jedoch nicht gerade billig und zudem zeitaufwendig. Kleine Horoskope kosten 15 Dollar und sind frühestens nach 10 Wochen erstellt. Die wesentlich ausführlicheren mehrseitigen Horoskope zu erstellen dauert bis zu sechs Monaten, sie sind jedoch mit 40 Dollar relativ preiswert. Für die Erstellung benötigen die Astrologen neben

⌃ Little Lhasa: Dharamsala ist die Hauptstadt der Exil-Tibeter geworden dem Geburtsort und -datum die genaue Geburtszeit. Kontakt über das Astro Department (Tel. 333618, www.men-tsee-khang.org).

Das äußerst interessante angeschlossene **Men-Tsee-Khang Museum** (tgl. außer So 9–13 und 14–17 Uhr) informiert über die traditionelle tibetanische Medizin und deren Heilpflanzen und Minerale.

Tibetan Institute of Performing Arts (TIPA)

Zweck dieses etwas außerhalb gelegenen Instituts (Tel. 221478, www.tibetanarts.com, 9–12 und 13–16.30 Uhr) ist die Erhaltung der tibetischen Künste, vorwiegend der tibetischen **Oper Lhamao,** die am Jahrestag der Gründung von TIPA am 27. Mai alljährlich in einer **dreitägigen Feier** zelebriert wird. Desweiteren werden Handwerk, Musikinstrumentenbau und Malerei gelehrt. Besucher und Interessierte sind durchaus willkommen.

Teppichfabrik

Unser Tipp: An der Jogibara Rd. befindet sich eine Teppichknüpferei, die in den 1960er Jahren quasi als Arbeitsbeschaffungsmaßnahme eingerichtet wurde, um den tibetanischen Flüchtlingen ein Einkommen zu sichern. Besonders aufgrund der regen Nachfrage der Touristen floriert das Geschäft mit diesem in Tibet selbst fast ausgestorbenen Handwerk. In den dunklen Produktionsräumen ist jeder Besucher herzlich willkommen, und gerade für den Besucher aus dem hochtechnisierten Westen ist es interessant, bei dieser alten Handwerkskunst zuzuschauen.

Kirche St. John in the Wilderness

Angesichts des heute ganz und gar tibetanischen Charakters der Stadt wirkt diese hübsche kleine **Kolonialkirche,** welche nach einem etwa 10-minütigen Fußmarsch entlang der Hauptstraße nach Lower Dharamsala zu erreichen ist, wie ein Überbleibsel aus längs vergangenen Zeiten. Dabei ist es über 100 Jahre her, seit die britische Kolonialzeit in Dharamsala durch das verheerende Erdbeben im Jahr 1905 abrupt beendet wurde.

Interessanter als das unmittelbar neben der mit hübschen Glasfenstern versehenen Kirche gelegene Grab des britischen Vizekönigs *Lord Elgin,* der hier während einer Dienstreise 1863 verstarb, sind die zum Teil recht amüsanten Grabinschriften auf dem kleinen, etwas rechts von der Kirche gelegenen **Friedhof.** Von hier hat man einen sehr schönen Ausblick auf McLeod Ganj und das darüber gelegene Tse-Chok-Ling-Kloster.

Praktische Tipps

Information

- **Vorwahl:** 01892
- Das **HTDPC Information Centre** in McLeod Ganj (Tel. 220834, Mo–Sa 10–17 Uhr) ist, je nach Schalterbeamten, hilfsbereit oder überflüssig. Im ersten Fall bekommt man einen übersichtlichen Stadtplan, Auskunft zu Abfahrtszeiten und Hilfe bei der Unterkunftssuche.

Trekking

Die reizvolle Landschaft um Dharamsala sowie die Berge des Dhauladhar-Gebirges sind ideale Trekkinggebiete. So haben sich viele Agenturen und private Bergführer auf die Organisation ein- und mehrtägiger Touren spezialisiert, wobei in einfachen Bergunterkünften oder Zelten übernachtet wird. Eine beliebte 3-Tages-Route führt nach Triund und zurück, wobei die Anstrengung mit herrlichen Ausblicken in die Bergwelt, dem Passieren eines Gletschers (in 3.300 m Höhe) und prächtiger Vegetation belohnt wird. Außerdem können individuell Touren auch in weiter entfernte Gebiete wie etwa Lahaul, das Spiti Valley, Ladakh oder Manali zusammengestellt werden. Neben den genannten alteingesessenen Agenturen sind in den letzten Jahren viele weitere hinzugekommen, von denen hier die verlässlichsten aufgeführt sind.

■ **High Point Adventure** (Tel. 220931, (0)9816120145, www.highpointadventure.in) in der Kareri Lodge (ein weiteres Büro an der Temple Rd.) führt Touren in der näheren Umgebung, aber auch in die hohen Bergregionen des Himalaya durch.

■ **Summit Adventures** (Tel. 221679, (0)9418021679, www.summit-adventures.net) mit Hauptbüro in Bhagsu Nag am Hauptplatz (und Zweigstelle in McLeod Ganj an der Jogibara Rd.) macht einen professionellen Eindruck. Neben individuell geplanten Trekking-Touren und Ausflügen (Tagesausflüge inkl. Verpflegung 1.500 Rs p.P., mit Übernachtung um 3.000 Rs) werden auch Jeepsafaris veranstaltet, Taxis vermittelt und Bus-, Bahn- und Flugtickets arrangiert.

Stadtverkehr

■ Etwa jede halbe Stunde zwischen 8 und 19.30 Uhr fahren **Busse** vom Busbahnhof in Dharamsala die 9 km lange Strecke nach McLeod Ganj (30 Min.). An der Hauptstraße von Dharamsala fahren recht unregelmäßig Minibusse dieselbe Strecke.

■ Mit dem **Taxi** (Prepaid-Stand 100 m oberhalb des Main Square) kostet die Fahrt von Dharamsala 200 Rs, von McLeod Ganj nach Bhagsu Nag oder Dharamkot 100 Rs, nach Upper Dharamkot 150 Rs. Die Tagesmiete für ein Taxi inkl. 80 km beträgt 1.600 Rs.

■ Ein **Prepaid-Rikshastand** befindet sich etwa 100 m entfernt vom Main Square. Einige Preise, die auch andernorts als Richtwert fungieren können: Bhagsu Nag 50 Rs, Lower/Upper Dharamkot 70/120 Rs, Dharamsala 150 Rs.

■ Von McLeod Ganj führt ein **Fußweg** vom Namgyal-Kloster im Zickzackkurs in ca. 45 Min. nach Dharamsala.

Unterkunft

Die Auswahl an Guest Houses und Hotels ist, besonders wenn man bedenkt, wie klein McLeod Ganj ist, außergewöhnlich groß. In den letzten Jahren sind mehrere auch höherklassige Unterkünfte entstanden, nachdem der Ort vorher fast ausschließlich auf Rucksacktouristen ausgerichtet war. Das 2 km entfernte **Bhagsu Nag** und das sich nördlich anschließende **Dharamkot** wurden und werden zunehmend mit Hotels und anderer touristischer Infrastruktur zugebaut.

Viele Hotels verfügen über ein breites Spektrum an Räumen, angefangen von winzigen Einbettzimmern ohne Bad und Aussicht für 300 Rs über hübsch eingerichtete, geräumige Zimmer mit heißer Dusche und eigenem Balkon mit Aussicht ab 600 Rs bis zu einigen komfortablen Bleiben. Normalerweise sollte es also kein Problem sein, eine den jeweiligen Wünschen und dem Geldbeutel entsprechende Unterkunft zu finden. Während des tibetanischen Neujahrsfestes Losar, das zwischen Ende Januar und Anfang März stattfindet, und wenn sich der Dalai Lama in McLeod Ganj aufhält, kann es jedoch zu **Engpässen** kommen. Hauptsächlich dann sind die sonst wenig frequentierten Unterkünfte in Dharamsala begehrt und es sollte vorgebucht werden.

Die hier angebenen Saisonpreise fallen vorher und nachher um bis zu 50 %, sodass alle Budget- dann zu Low-Budget-Unterkünften werden. Die teils sowieso schon billigen unter Klosterleitung stehenden Herbergen haben feste Preise, erhöhen sich also in der Hochsaison nicht, was sie besonders dann zu gefragten Schnäppchen macht.

In Dharamsala

Verständlicherweise übernachten nur wenige Touristen in Dharamsala selbst. Für jene, die erst spät abends ankommen und den letzten Bus nach McLeod Ganj verpasst haben und sich das Geld für ein Taxi sparen wollen oder falls McLeod Ganj ausgebucht sein sollte, seien hier einige Übernachtungsmöglichkeiten genannt.

■ Schmucklose, aber saubere und geräumige Zimmer vermietet das **HPTDC The Dhauladhar**② (Tel. 224926), 50 m oberhalb der Hauptstraße. Von der Terrasse des hauseigenen Restaurants bietet sich ein schöner Blick ins Tal. Besser, weil ruhig gelegen und wesentlich gediegener, wohnt man im ebenfalls staatlichen **Kashmir House** ②-③ (Tel. 222977, www.hptdc.gov.in), einem 100 Jahre alten Kolonialbau. Die runden Zimmer im 1. Stock gewähren nahezu Rundumblick über die Landschaft und sind erstaunlich preiswert. Auch die mit schwerem Holzmobiliar eingerichteten Suiten sind ihr Geld wert. Natürlich gibt's ein Restaurant. Außerhalb der Saison sind hohe Preisabschläge drin.

In McLeod Ganj

■ Gleich vier Unterkünfte an einer Treppe von der TIPA Road hinauf bieten billige Bleibe. Von ihnen ist das **Kailwood Guest House**①-② (Tel. 220532, (0)9816260162) die beste Wahl. Besonders die Zimmer (mit akzeptablem

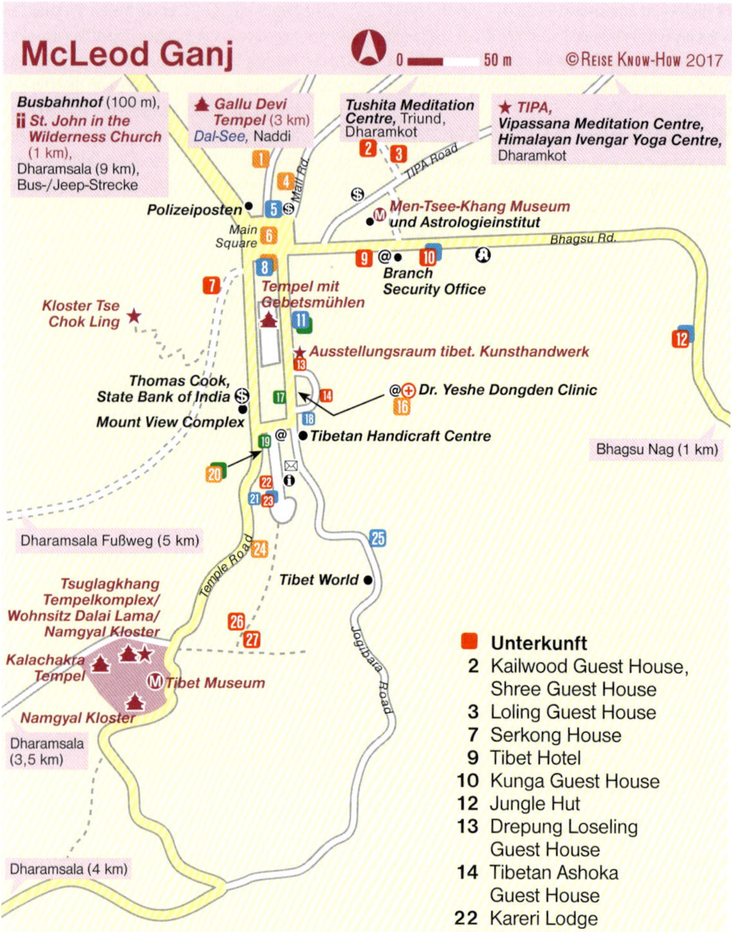

Verkehr
- 1 Bhagsu Taxi Union, Prepaid
- 4 Riksha Prepaid Stand
- 6 Busse und Jeeps nach Dharamsala
- 8 Ticketverkauf HRTC Busse
- 16 Summit Adventures II
- 20 Everest Tours & Travels
- 24 High Point Adventure

Einkaufen
- 11 Diir Bookshop
- 17 Lha Tibet Fair Trade
- 19 Bookworm
- 20 Little Lhasa Bookshop

Unterkunft
- 2 Kailwood Guest House, Shree Guest House
- 3 Loling Guest House
- 7 Serkong House
- 9 Tibet Hotel
- 10 Kunga Guest House
- 12 Jungle Hut
- 13 Drepung Loseling Guest House
- 14 Tibetan Ashoka Guest House
- 22 Kareri Lodge
- 23 Pema Thang Guest House
- 26 Zambala Guest House
- 27 Chonor House

Essen und Trinken
- 5 Asian Plaza
- 8 Mc Llo Restaurant
- 10 Nick's Italian Kitchen
- 11 Shambala
- 12 Jungle Hut
- 18 Ashoka Restaurant
- 21 Moonpeak Restaurant
- 23 Pema Thang Pizzeria
- 25 Café Budan

WiFi, TV gegen Aufpreis möglich) zur Terrasse mit weitem Blick sind hervorzuheben. Auf der Terrasse wird indisches Essen serviert. Direkt oberhalb ist das **Shree Guest House**①-② (gleiche Kontaktdaten) mit Zeltrestaurant eine weitere gute Adresse. Ganz billig starten die Preise im **Loling Guest House**①-② (Tel. (0)9218946396) etwas tiefer an der Treppe, das unter Klosterleitung steht. Von billigen Einzelzellen bis zu recht komfortablen Räumen mit Fernsicht reicht das Angebot.

■ Im Dorfzentrum vermietet das **Kunga Guest House** ①-② (Bhagsu Rd., Tel. 221180, (0)9816021180) erstaunlich unterschiedliche Zimmer. Von einfachen mit Gemeinschaftsbad bis zu großen Räumen mit TV und Weitblick ist alles verfügbar. Ein weiterer Vorteil: Das gute **Nick's Italian Kitchen** ist im Haus.

■ Mit dem **Tibetan Ashoka Guest House**①-② (Tel. 221763, die billigen Zimmer mit Gemeinschaftsbad, erst ab März geöffnet) und dem von Mönchen geleiteten **Drepung Loseling Guest House**①-② (Tel. (0)9218923305) finden sich zwei angenehme Unterkünfte am Ende einer kleinen Gasse, die von der Jogibara Road hinter dem Tibetan Handicraft Centre abzweigt. Beide überzeugen durch ihren tadellosen Zustand, eine freundliche Atmosphäre und eine herrliche Aussicht von der Dachterrasse. Im Ashoka kann man gleich zwischen drei auf verschiedenen Ebenen gestaffelten Terrassen wählen. Ein idealer Ort, um bei einer Tasse Tee und einem Stück Kuchen die herrliche Umgebung und die friedvolle Atmosphäre zu genießen.

■ Weit mehr Komfort und weite Ausblicke ins Tal und auf McLeod Ganj aus den Panoramafenstern hat man in den modernen Zimmern der **Jungle Hut**③ (Tel. (0)921 8177700, www.junglehutdharamshala.com) an der Straße nach Bhagsu Nag, mit LCD-TV und WiFi. Auch das angeschlossene Restaurant mit Talblick kann überzeugen.

■ Das sehr freundliche **Tibet Hotel**②-③ (Tel. 221426, (0)9736161426, htdshala@sancharnet.in) gehört zu den renommiertesten und ältesten Hotels vor Ort. Bis auf die Räume im Keller, die vor allem in der kalten Jahreszeit ungemütlich werden können, lässt es sich in den geräumigen und hübsch eingerichteten Zimmern sehr angenehm wohnen.

■ Viel Atmosphäre hat das an der Bhagsu Rd. gelegene **Pema Thang Guest House**③ (Tel. 221991, (0)988 2678007, www.pemathang.net). Die meisten der hellen, gemütlichen, mit Holzdielen und Kochnische versehenen Zimmer des klostergeleiteten Hauses haben einen schönen Balkon. Ein gutes vegetarisches Restaurant ist angeschlossen.

Unser Tipp: Die vielleicht stilvollste Unterkunft in McLeod Ganj, das **Chonor House**④ (Tel. (0)9418436410, www.norbulingka.org) in der Nähe des Namgyal-Klosters, wird von Mönchen gemanagt. Die Premium-Zimmer sind nur wenig teurer, jedoch weit heller, geräumiger, gemütlicher möbliert und haben Balkon. Im friedvollen Garten können Mahlzeiten eingenommen werden.

Unser Tipp: Als hervorragende Ausweichmöglichkeit ganz in der Nähe hat sich das **Zambala Guest House**③ (Tel. 221121, (0)9418833838, www.zambalahouse.com) etabliert. Die das ganze Haus durchziehende, freundliche Atmosphäre, sehr stilvolle, gepflegte Zimmer und die schöne Terrasse sind ein toller Gegenwert.

■ Unter derselben Leitung wie das Chonor House, macht auch das **Serkong House**③ (Tel. 220647, (0)9857 957131, www.norbulinkahotels.com) unweit des Main Square einen guten Eindruck. Die gemütlichen Zimmer, alle mit Balkon zum Tal ausgerichtet, haben WiFi (kostenlos) und große LCD-TVs.

In Bhagsu Nag und Dharamkot

Am östlichen Rand von Bhagsu Nag gibt's neben einer Quelle auch den Schlangentempel Bhagsu Nath sowie einen Wasserfall weitere etwa 500 m entfernt. Wegen der starken Bebauung im Dorf Bhagsu Nag können hier kaum Unterkünfte empfohlen werden. Die weit angenehmeren befinden sich oberhalb des eigentlichen Dorfes. Dennoch bieten auch im Dorf zahlreiche Guest Houses billige Zimmer an, meist erst ab Saisonbeginn im März.

■ Nur das gegenüber dem Vashnu-Natha-Tempel und damit am Dorfrand gelegene **Sky Pie Guest House**①-③ (Tel. 220497, (0)9418605966, www.skypieguesthouse.in) mit Heißwasser, WiFi und Restaurant ist eine empfehlenswerte Adresse. Die teureren Zimmer des neuen Traktes sind sogar komfortabel und geräumig.

■ Über einen ca. 15-minütigen Aufstieg vom Main Square des Dorfes erreicht man das **DK House**① (Tel. (0)7831004332, (0)9418797494, WiFi und Essen ab März). Saubere Zimmer mit Balkon/Terrasse und Weitblick sowie das einladende **Evergreen Café** sind ein guter Deal.

■ Auch Dharamkot wird zunehmend mit Hotels und Restaurants zugepflastert, weshalb hier nur eine Unterkunft abseits des Trubels in Upper Dharamkot empfohlen sei. Mit weiten Ausblicken über das Tal ist das **Hill Top Guest House**① (Tel. (0)9736255468, WiFi geplant, Kochgelegenheit vorhanden, ab März mit Essenszubereitung) eine ruhige Adresse oberhalb des Ortes. In angenehmen, hellen Zimmern mit Terrassen zum Tal findet man Entspannung. Erreichbar über die Zufahrtsstraße nach Upper Dharamkot bis zu dessen Ende, von dort noch ca. 100 m über den Treppenweg hinauf.

Essen und Trinken

In Dharamsala

■ Die neben dem Restaurant des Dhauladhar Hotel empfehlenswerte Adresse fürs leibliche Wohl ist das **Midtown Restaurant** (1. Stock) an der Hauptstraße. Große Auswahl zum kleinen Preis.

In McLeod Ganj

Auch kulinarisch wartet McLeod Ganj mit einer großen Auswahl vorzüglicher Restaurants auf. Man hat die Qual der Wahl zwischen tibetanischem, chinesischem, indischem und europäischem Essen.

■ Die beliebteste Morgenadresse ist **Nick's Italian Kitchen.** Hier lockt neben dem preiswerten, vielseitigen und guten Essen (italienische Kost ist nur ein Teil des Angebotes) vor allem die große Terrasse, um sich von der Sonne die nächtliche Klammheit aus den Knochen vertreiben zu lassen. Eine helle, gemütliche Adresse, auch um mit anderen Travellern Erfahrungen auszutauschen.

■ Für Dharamsala-Verhältnisse recht komfortabel sitzt es sich im **McLlo Restaurant** im Ortszentrum. Die Auswahl ist umfangreich (Pizza, Pasta, indisch, chinesisch und continental), das Essen ist jedoch dem westlichen Geschmack angepasst. Sehr beliebt speziell am Abend. Hier gibt's auch Bier und Hochprozentiges.

UNSER TIPP: Klasse Sandwiches (inkl. nichtvegetarisch), ein spezieller Thali und viele weitere Köstlichkeiten tibetanischer und indischer Küche ziehen neben Touristen auch viele Mönche ins tempelnahe **Moonpeak Restaurant.** Die Mischung aus tibetischen und indischen Gerichten sowie das stilsichere Ambiente machen es zu einer der besten Adressen der Stadt. 130–250 Rs.

■ In der **Pema Thang Pizzeria** werden erstklassige Pizzas serviert. Besonders einladend ist die allerdings schmale Terrasse mit imposantem Talblick (in der Vorsaison 15–17 Uhr geschlossen).

■ Etwa 500 m Richtung Bhagsu Nag lädt das **Restaurant der Jungle Hut** mit gemütlichen Korbstühlen, viel-

005in mb

seitiger Speisekarte (tibetische, italienische und indische Küche) und weiten Ausblicken ein.

- Nicht nur als Frühstücksort ist das **Shambala** (Jogibara Rd.) mit großem Fenster und Terrasse eine gemütliche Adresse. Auch die vielseitige Küche inkl. japanischen Gerichten kann überzeugen.
- Alkoholische Gelüste werden auch in der **Bar des Tibet Hotel** befriedigt.
- 100 m entfernt verführt das farbenfrohe **Café Budan** mit köstlichen vegetarischen Gerichten, Kaffee und Kuchen, Crêpes, Shakes und Lassis zu längerem Aufenthalt als geplant.
- Schon wegen des tollen Rundumblicks ist das Dachrestaurant, auch mit Innenbereich, des **Asian Plaza** am Main Square einen Besuch wert. Zudem speist man im wohl luxuriöstesten Restaurant des Ortes.

In Bhagsu Nag und Dharamkot

- In Bhagsu Nag steht inzwischen eine Vielzahl von Restaurants zur Verfügung. Neben den Hotelrestaurants ist das über den Hauptweg des Dorfes erreichbare **Haifa Restaurant** zu erwähnen. Hier gibt's neben Pizza indische und westliche Küche. Außerdem sind mehrere German Bakeries während der Saison mit entsprechendem Angebot verlockend. Besonders erwähnenswert ist das **Shiva Café** oberhalb des kleinen Wasserfalls von Bhagsu Nag.
- Dharamkot ist lukullisch noch nicht so weit entwickelt. Neben der riesigen Freiluftterrasse des **New Blue Heaven** mit Blick auf die gegenüber liegenden Hänge sei das **kleine Restaurant** an der Kreuzung oberhalb des Dorfes und der Meditationszentren erwähnt, wo man sich vor oder nach einer Wanderung durch die Wälder stärken kann.

Bank

- Außer bei vielen privaten Geldwechslern geht Foreign Exchange in McLeod Ganj bei **Thomas Cook** (Temple Rd., Mo–Sa 9.30–18 Uhr) im Mount View Complex am zügigsten über die Bühne. Ein ATM der **ICICI Bank** steht oberhalb des Main Square zur Verfügung.
- In Dharamsala wechselt nur die **State Bank of India** (Mo–Fr 10–16 Uhr) mit ATM.
- In Bhagsu Nag wechselt das **Log Inn Cyber Café.**

Post und Internet

- Im kleinen **Postamt** an der Jogibara Rd. (Mo–Fr 9–12.30 Uhr, Sa bis 13 Uhr) können auch Pakete aufgegeben werden.
- In vielen Restaurants wie Nick's Italian Kitchen ist **WiFi** kostenlos. In Dharamsala gibt es ein **Internetcafé** an der Hauptkreuzung bei der State Bank of India (9–20 Uhr).

Medizinische Versorgung

Viele Besucher aus dem Westen kommen nur deshalb nach Dharamsala, um sich von den ansässigen tibetanischen Ärzten behandeln zu lassen. Besonders bei chronischen Leiden, Hepatitis und Verdauungsstörungen erzielt die tibetanische Naturheilkunde große Erfolge.

- Als besonders fähige Ärzte gelten **Yeshe Dongden** (Tel. 221461, tgl. außer Sa 9–13 Uhr), der ehemalige Leibarzt des Dalai Lama, der seine Praxis im Dorfzentrum in einer Gasse von der Jogibara Rd. hat, sowie der jetzige Leibarzt des Dalai Lama, Dr. Tenzin Choedak, der im **Astrologieinstitut** praktiziert. Für eine Behandlung muss man sich frühmorgens an der Annahmestelle nahe dem Tibetan Askoha Guest House einfinden, um als einer von 45 Patienten einen Termin für drei Tage später zu bekommen. Will man sich einer längeren Behandlung unterziehen, bieten mehrere Institute ihre Dienste an, wie das renommierte Men-Tsee-Khang Therapy Centre (Tel. 223113, www.men-tsee-khang.org) im Astrologieinstitut an der TIPA Rd.
- Das kleine **Delek Hospital** (Tel. 222053, www.delekhospital.org, Mo–Fr 9–13 und 14–17 Uhr, Sa 9–13 Uhr) oberhalb von Ganchen Kyishong versorgt mit allopathischer Behandlung.

Polizei

- Wer einem Diebstahl oder einem sonstigen Missgeschick zum Opfer fällt, muss sich zur **Polizei** (Tel. 224883) an der Hauptstraße in Dharamsala begeben, da es in McLeod Ganj noch keinen entsprechenden Ort gibt.

< Terrassenanbau bei Dharamkot

Einkaufen

Keine andere Stadt Indiens bietet eine derart große Auswahl an tibetanischem Kunsthandwerk wie Dharamsala.

■ Im **Tibetan Handicraft Centre** (Jogibara Rd., Mo–Sa 9–17 Uhr, www.tibetan-handicrafts.com) kann man schöne, handgeknüpfte Teppiche kaufen. Daneben sind auch sehr hübsche tibetanische Jacken, Baumwollblusen und lange, ärmellose Kleider, die *Chupas*, im Angebot. Ein beliebtes, weil hübsches, kleines und verhältnismäßig billiges Mitbringsel sind auch die typisch tibetanischen, aus Korallen, Türkisen und Silberstücken zusammengesetzten Ketten und Armbänder. Originell und für europäische Winter zudem äußerst praktisch sind die kniehohen Stoffschuhe. In der **Schneiderei** gegenüber können passgenaue Kleider innerhalb von ca. vier Tagen hergestellt werden.

■ Von den zahlreichen Antiquitätenläden ist **Lha Tibet Fair Trade** (Mo–Sa 9–13 und 14–17 Uhr, 2. und 4. Sa geschlossen, www.tibetfairtade.com) an der Temple Rd. einer der besten. Hübsches tibetanisches Kunsthandwerk wird von in Indien lebenden Tibetern hergestellt.

■ Der beste Buchladen ist **Bookworm** (tgl. außer Mo 9–18.30 Uhr) gegenüber dem Tourist Office. Eine große Auswahl an Prosa und Büchern zum Buddhismus und zu Tibet machen seinen guten Ruf aus. Zudem gibt's einen Stadtplan und Broschüren mit Karten von Dharamsalas Umgebung. Eine weitere gute Quelle für Literatur über tibetische Kultur, Geschichte und Religion ist der von der tibetischen Exilregierung geleitete **Diir Bookshop** (tgl. außer Mo, Jogibara Rd.). Da vieles umsonst ausgegeben wird, sollte eine Spende nicht fehlen.

Feste

■ Neben dem oben erwähnten dreitägigen **TIPA Festival** ab 27. Mai ist McLeod Ganj besonders zu **Losar,** dem tibetanischen Neujahrsfest im Februar/März, in besonderer Stimmung. Dabei zelebriert der Dalai Lama öffentlich einwöchige Lehrstunden, die neben den Prozessionen und Maskentänzen in den verschiedenen Klöstern viele Touristen anlocken.

■ Auch der 6. Juli, der **Geburtstag des Dalai Lama,** und der 10.–12. Dezember, wenn das **International Himalayan Festival** an die Zuerkennung des Nobelpreises an den Dalai Lama erinnert, sind alljährlich Anlass für Feste.

■ Mehrere **Filmfestivals** wie das Dharamsala International Film Festival (www.diff.co.in, Monatswechsel Oktober/November) mit Dokumentationen und das Dharamsala Film Festival (www.dharamsalafilm.festival.com) im Mai/Juni beschäftigen sich mit Buddhismus und tibetischer Geschichte.

An- und Weiterreise

Flug

■ Vom 10 km südwestlich von Dharamsala gelegenen **Gaggal Airport** tgl. Flüge nach Delhi, die jedoch bei ungünstiger Wetterlage ausfallen können.

■ Zum Flughafen kostet die **Taxifahrt** von Dharamsala 550 Rs, von McLeod Ganj 700 Rs.

Bahn

■ Wer sich die 14-stündige Busfahrt nach Delhi ersparen möchte, kann zunächst mit einem der stündlich von Dharamsala abfahrenden Busse ins ca. 3 Std. entfernte **Pathankot** fahren. Von dort fahren mehrere Züge in ca. 11 Std. nach **Delhi.**

■ Bahntickets können außer über Reisebüros in McLeod Ganj mit Zusatzgebühr (meist 100 Rs) auch im kleinen **Rail Reservation Office** (tgl. 8–14 Uhr) beim HPDTC Hotel Dhauladhar in Dharamsala gekauft werden. Da jedoch nur ein geringes Kartenkontingent zur Verfügung steht, sollte man möglichst früh buchen.

■ Eine weitere, geruhsame Möglichkeit, nach Pathankot zu gelangen, ist die in den 1920er Jahren gebaute **Schmalspurbahn** durch das Kangra Valley. In Kangra Mandir Station, 20 km südlich von Dharamsala, kann zugestiegen werden. Die etwa fünfstündige Fahrt führt durch landschaftlich reizvolle Gebiete und gewährt einen Blick in das Dorfleben entlang der Strecke. Weitere Informationen s.u.: Kangra.

Bus

■ Fast alle Langstreckenbusse starten vom **Busbahnhof in Dharamsala.** Von McLeod Ganj fahren etwa im Halbstundentakt zwischen 8 und 19 Uhr Busse dorthin (ca. 30 Min. Fahrtzeit). Unregelmäßig fahren Kleinbusse auch an der Hauptstraße in Dharamsala ab. Das Ticket Office am Busbahnhof in Dharamsala ist 6–21 Uhr geöffnet, Mittagspause 11.30–13.30 Uhr. Vom Busbahnhof in Dharamsala eine Direktverbindung tgl. nach Amritsar (5 Uhr, 7 Std., 230 Rs), nach Chandigarh 6 Verbindungen (5 Std.,

230 Rs, mit AC-Volvo 11 Uhr), nach Delhi 9 Busse (12 Std., 510 Rs, mit AC-Volvo 18.30 und 20 Uhr, 1.120 Rs), nach Gaggal (40 Min. Fahrtzeit) und Kangra (1 Std.) Busse im 15-Min.-Takt, nach Pathankot (3½ Std., 130 Rs) stdl. zwischen 5 und 17 Uhr, nach Shimla 8 Busse (10 Std., 400–950 Rs).

■ Vom **Busbahnhof in McLeod Ganj,** ca. 300 m unterhalb des Main Square, 5 Direktbusse nach Pathankot (4 Std., 160 Rs) und 8 Busse zwischen 4 und 19 Uhr nach Delhi (12 Std., 520–1.200 Rs, teils über Chandigarh, um 17.30 und 19 Uhr mit AC-Volvo). Das HRTC-Ticketbüro am Main Square ist 9–16 Uhr geöffnet. Viele **Reisebüros** privater Anbieter in McLeod Ganj bieten Busverbindungen zu den genannten und weiteren Zielen wie etwa Haridwar (12 Std., 900 Rs) preisähnlich an.

Taxi

■ Etwa 100 m vom Main Square in McLeod Ganj hat die **Bhagsu Taxi Union** (Tel. 221034) ihr Büro. Hier können Taxis und Kleinbusse (bis 4 Personen) zu Festpreisen, die an einer Preistafel aufgeführt sind, gemietet werden.

■ In Dharamsala hat die **Dharamsala Taxi Union** (Tel. 222105) ihr Büro am oberen Zugang/Zufahrt zum Busbahnhof. Ein Taxi nach McLeod Ganj kostet 200 Rs. Weitere Ziele: Kangra-Mandir-Bahnhof 800 Rs, Amritsar 4.500 Rs, Delhi 9.000 Rs, Rishikesh 9.500 Rs, Shimla 4.500 Rs.

Umgebung von Dharamsala

Norbulingka-Institut

6 km von Dharamsala entfernt wurde 1892 das Norbulingka-Institut (Tel. 01892-246402, (0)9418436410, www.norbulingka.org) gegründet. Aufgrund des starken Wandels der Lebensweisen und des Verschwindens alter Traditionen in Tibet hat sich das Institut die Aufgabe gesetzt, alte Kunstformen und Handwerkskünste zu erhalten. So werden dort **Holzschnitzerei, Stickerei** und auch die **Shangra-Malerei** gelehrt. Die Produkte sind qualitativ hochwertig und werden zu entsprechendem Preis im angeschlossenen Geschäft (www.norbulingkashop.com) verkauft. Die Erlöse kommen aus Tibet geflohenen Künstlern zugute.

Weiterhin ist der Ort wegen seines buddhistischen Tempels, seines japanischen Gartens und des **Losel Doll Museum** (9–17 Uhr, Eintritt 20 Rs) einen Ausflug wert. In dem Museum wird das tibetische Alltagsleben anhand von Puppen gezeigt.

Unweit ist auch das **Dolmaling-Kloster** für die Öffentlichkeit zugänglich (außer teilweise an Sonntagen; jeden 2. Sa ist es den dort lebenden Nonnen vorbehalten).

Unterkunft

■ Das herrliche **Norling Guest House**③ (Tel. 246406, (0)9816646423, www.norbulingkahotels.com, Eintritt 50 Rs) kann als ruhiges Ausweichquartier dienen, falls Dharamsala/McLeod Ganj wegen eines Festes ausgebucht sind. Die wunderschön dekorierten Zimmer mit freiem WiFi sind ihr Geld wert.

Anreise

■ Von Dharamsala per **Bus** Richtung Palampur. Die Busse passieren in der Nähe des Instituts die Sacred Heart School bei Sidhpur, dort aussteigen (dem Fahrer Bescheid sagen). Von dort nochmals etwa 15 Fußminuten bergauf bis zum Institut.

■ Per **Taxi** kostet die Fahrt von Dharamsala etwa 200/300 Rs (einfache Fahrt/Rückfahrt), von McLeod Ganj etwa 400/600 Rs.

Kangra

Heute erinnert kaum noch etwas an die historische Bedeutung, die diesem kleinen Ort 18 km südlich von Dharamsala einst zukam. Bereits 1008 überfielen die Truppen *Mahmud-e-Ghaznis* Kangra und plünderten den mit Gold und Silber überzogenen **Brajreshwari-Tempel,** der nordöstlich des Dorfes gelegen und über eine gewundene Straße von der Hauptstraße aus erreichbar ist. Zwar erholten sich die Herrscher Kangras von dem Überfall, doch 1360 wurde die Stadt erneut, diesmal von *Firoz Thuglag,* erobert. Nach Ende der

Mogulherrschaft konnte sich das kleine Fürstentum unter der Regentschaft *Sansar Chands* (1765–1823) zu einem der bedeutendsten Regionalreiche entwickeln. Gleichzeitig zog der Regent viele Maler aus Delhi an seinen Hof. Noch heute gilt die **Kangra-Schule,** die sich in dieser Zeit entwickelte, als eine der wichtigsten Epochen in der **Miniaturmalerei.** Ebenso wie Dharamsala wurde auch Kangra durch ein verheerendes Erdbeben im Jahre 1905 zu großen Teilen zerstört. Zwar wurde der Brajreshwari-Tempel wiederaufgebaut, doch der alte Glanz ist dahin.

Kangra Fort

Eindrucksvollstes architektonisches Relikt ist das am Zusammenfluss von Manjhi und Banganga südwestlich gelegene Kangra Fort (Eintritt 100 Rs, Audio-Guide 150 Rs, www.royalkangra.com, geöffnet von Sonnenauf- bis Sonnenuntergang). Die von Marathen, Mughal- und Sikh-Herrschern sowie der britischen Kolonialmacht genutzte wuchtige Trutzburg war schon mindestens 1.000 Jahre alt, als sie 1905 von einem Erdbeben beschädigt wurde.

200 m bergauf gelegen, geben die Ausstellungsstücke des **Maharaja Sansar Chand Museum** (Eintitt 100 Rs, Audio-Guide 150 Rs, tgl. 9–17 Uhr) Einblick in die Lebensverhältnisse und Geschichte der ersten Herrscherfamilie, die über 5.000 Jahre zurückreicht.

Unterkunft

- Neben dem **Government Rest House**① stehen weitere Billigunterkünfte wie das **Mount View**① und das **Ashoka**① zur Verfügung.
- Eine recht komfortable Adresse ist **The Grand Raj**②-④ (Dharamsala Rd., Tel. 01892-260901, www.hoteltheg randraj.com). Der Service könnte besser sein.

☒ Very British: die ehemalige Sommerresidenz Viceregal Lodge in Shimla

An- und Weiterreise

- Zwischen Dharamsala und Kangra verkehren halbstündlich **Busse** (25 Rs, 1 Std. Fahrtzeit). Eine Fahrt vom Busbahnhof zum 2 km südwestlich des Ortes gelegenen Fort kostet per Riksha ca. 100 Rs. Busse nach Pathankot (125 Rs) benötigen 3 Std.
- Per **Taxi** sollte die Strecke inkl. Wartezeit und Rückfahrt ca. 1.500 Rs kosten.
- Der Kangra-Mandir-Bahnhof der **Schmalspurbahn** befindet sich südlich von Kangra. Von hier starten täglich zwischen 5.50 und 19.46 Uhr sechs Toy Trains in westlicher Richtung nach Pathankot (ca 4½ Std.) und zwischen 6.47 und 20.32 Uhr in Richtung Osten u.a. über Chamunda (1½ Std.), Palampur (2 Std.) und Baijnath (3 Std.) bis Jogindernagar (5 Std.). Da keine Reservierungen möglich sind, gilt *first-come-first-sit.* Die Züge sind gut frequentiert und es besteht keinesfalls Sitzplatz-Garantie. Entsprechend früh sollte man erscheinen, um evtl. sogar das Glück eines Fensterplatzes zu haben.

Umgebung von Kangra

Masrur

UNSER TIPP: In dem 15 km westlich von Kangra gelegenen, mit Bussen zu erreichenden Ort stehen insgesamt **neun Felsentempel** aus dem 10. Jh., von denen einige Steinreliefs aufweisen. Zu erkennen sind vor allem Abbildungen von Shiva und dem Sonnengott Surya, die im Gupta-Stil aus dem Fels gehauen wurden. Zwar halten sie keinem Vergleich mit Höhlenreliefs im indischen Kerngebiet – etwa Ellora in Südindien – stand, doch in der Himalayaregion sind sie die einzigen ihrer Art.

- **Öffnungszeiten** von Sonnenauf- bis Sonnenuntergang, Eintritt 100 Rs.

An- und Weiterreise:

- Am besten erreicht man Masrur per **Taxi** (ca. 1.600 Rs von McLeod Ganj), da der Busbahnhof Masrurs recht weit vom Tempelkomplex entfernt ist.

Shimla

Jedes Jahr im März, wenn sich in Delhi die Quecksilbersäule der 40-Grad-Grenze näherte, schickte man ganze Zugwaggons, vollgestopft mit Haushaltswaren, Aktenordnern, Abend- und Partykostümen, sowie hunderte von Dienern auf den Weg nach Shimla. Die **britische High Society** verlegte für die nächsten vier bis fünf Monate ihren Wohnsitz in den auf 2.200 Meter Höhe gelegenen Ort, der während dieser Zeit zum **politischen und gesellschaftlichen Mittelpunkt** des indischen Subkontinents wurde.

Im **Rashtrapati Niwas (Viceregal Lodge),** dem imposanten Sitz des britischen Vizekönigs, wurden die wichtigsten politischen Entscheidungen getroffen. Mindestens ebenso berühmt war jedoch das gesellschaftliche Leben. In privaten Clubs, auf prunkvollen Bällen und mit großen Paraden versuchte man die Langeweile zu übertünchen. Diese kleine Welt bot einen idealen Nährboden für Eifelsüchteleien, Klatsch und Tratsch. **The Mall,** die Prachtstraße Shimlas, mit ihren vielen typisch englischen Häusern und der herrlichen Aussicht auf die schneebedeckten Himalayaberge in der Ferne, war die Bühne, auf der die Eitelkeiten und Intrigen ausgetragen wurden. So nannte *Rudyard Kipling,* der hier viele Jahre verbrachte, das Zentrum der Mall auch treffend Scandal Corner.

Bei dem Bemühen, britischer als die Landsleute zu Hause zu sein, sollten die dunklen Untertanen nicht stören, und so blieb die Mall bis Ende des Ersten Weltkriegs für Inder gesperrt. Shimla war das, was andere vorgaben zu sein: **Queen of the Hill Stations,** und darauf ist es auch heute noch stolz.

Das Shimla der Engländer, im doppelten Sinne des Wortes **The Upper Shimla,** glänzt immer noch mit viktorianischer Ordnung und vor allem Sauberkeit. Überall finden sich Hinweise auf die Vermeidung von Abfällen, und die Anzahl von Papierkörben in dieser Stadt scheint die Zahl im gesamten übrigen Indien zu übertreffen. Doch die sich direkt um die Mall ausbreitenden und in den letzten Jahrzehnten immer größer werdenden typisch indischen Stadtteile sind laut und hektisch. Geteilt sind auch die Meinungen der meisten Touristen. Während die einen von der schö-

041in tb

nen **Aussicht auf den Himalaya,** dem angenehmen Klima und dem britischen Flair der Stadt schwärmen, empfinden die anderen die Stadt als langweilig, weil nur mäßig gelungene Kopie einer mittelenglischen Provinzstadt. Unbestrittenes Highlight eines Besuchs in Shimla ist jedoch die Anreise mit dem **Toy Train** (siehe Exkurs).

Sehenswertes

Rashtrapati Niwas (Viceregal Lodge)

Zweifelsohne beeindruckendstes architektonisches Dokument der britischen Kolonialzeit in Shimla ist die auch Viceregal Lodge genannte **ehemalige Residenz des britischen Vizekönigs,** 45 Gehminuten außerhalb des Zentrums gelegen. In diesem palastähnlichen, fünfgeschossigen, grauen, 1888 fertiggestellten Sandsteingebäude (tgl. außer Mo 10–13 und 14–17 Uhr im Winter, bis 19 Uhr im Sommer, Eintritt 65 Rs, nur Gelände 10 Rs, halbstündig Führungen) inmitten einer sehr schönen Parkanlage schlug von März bis November das politische Herz des indischen Subkontinents. Über 800 Bedienstete, darunter allein 40 Gärtner, sorgten dafür, dass den weißen Herren jeder Wunsch von den Lippen abgelesen wurde.

Eindrucksvoll ist die über zehn Meter hohe **Eingangshalle** des viktorianischen Gebäudes, die mit Teakholz aus Burma getäfelt ist und ebenso wie der ehemalige Gästeraum heute als Lesesaal genutzt wird. Außerdem sind im Rahmen einer halbstündigen Führung einige weitere Räume mit teils historisch interessanten Fotoexponaten zu besichtigen.

Der riesige ehemalige Tanzsaal, in dem früher pompöse Feste gefeiert wurden, wie auch der Speisesaal wurden 1991 in eine **Bibliothek** umgewandelt. Beide sind leider für die Touristen nicht zugänglich. Über Politik wird auch heute noch in den Hunderten von Räumen debattiert, inzwischen jedoch von den Studenten der Universität Shimla, deren politische Fakultät im Gebäude untergebracht ist. Und so ist das Gebäude heute bei den Einheimischen vorwiegend unter dem Namen Institute of Advanced Studies bekannt. Auch der **Botanische Garten** um das Gebäude sollte einen Blick wert sein. Fürs leibliche Wohl sorgt ein kleines Café.

Gegenüber der Viceregal Lodge befindet sich der **Himalayan Bird Park** (tgl. außer Di 10–17 Uhr, Eintritt 15 Rs).

Himachal State Museum

Vom Rashtrapati Niwas wieder zurück entlang der Mall Richtung Zentrum, findet sich nach etwa fünfzehnminütigem Fußweg, gelegen in einer gepflegten Gartenanlage mit herrlicher Aussicht, das 1964 eröffnete Museum in einer Villa aus dem 19 Jh. Neben verschiedenen Bronzestatuen, Holzschnitzereien und Steinskulpturen beeindrucken besonders etwa 50 **Miniaturmalereien** der Kangra-Schule.

■ **Öffnungszeiten:** tgl. außer Mo 10–17 Uhr, Eintritt 50 Rs, Kamera 100 Rs.

Die Mall

Die Mall, Shimlas **Flanier- und Einkaufsstraße,** als Himachals Antwort auf die Pall Mall in London und die Fifth Avenue von New York zu bezeichnen, wie in einer Broschüre des Tourist Office geschehen, scheint denn doch des Guten ein wenig zu viel. Nach wie vor jedoch stellt sie den eigentlichen Mittelpunkt der Stadt dar. Nicht mehr die englischen Gentlemen in Frack und Zylinder und die Ladies in weit ausladenden Kostümen, sondern die kaum weniger modisch gekleideten Mitglieder der indischen Oberschicht bestimmen heute das Bild.

Typisch englische Gebäude sind die alte Post, die Feuerwache mit dem pittoresken Leiterwagen und das Gaiety Theatre.

Geblieben ist erfreulicherweise auch das Autoverbot, sodass der gesamte Lastenverkehr von Trägern verrichtet wird und eine angenehme Ruhe vorherrscht. Nach Shopping und Abendessen führt der Weg meist in die unterhalb der Mall liegenden Stadtteile im Middle- und Lower Bazar mit ihren engen Gassen, vollgestopft mit Läden, Menschen und Gerüchen – zurück nach Indien.

Gaiety Theatre

Nach Jahren des Dahinsiechens hat man das Gaiety Theatre an der Mall, in dem während der Kolonialzeit Stücke von *Shakespeare* und *T. S. Elliot* aufgeführt wurden, nach umfangreichen Restaurierungsmaßnahmen wieder eröffnet. Heute stehen Stücke von Gasttheatern und lokalen Ensembles auf dem Programm. Interessante Führungen durch das 1877 erbaute viktorianische Schmuckstück informieren über Architektur und Geschichte des Gebäudes.

- **Öffnungszeiten:** tgl. außer Mo 11–12.30 und 13.45–18.15 Uhr, Eintritt 25 Rs, Kamera 25 Rs, Tel. 2650173, www.gaiety.in.

Jacco Hill

Ein etwa halbstündiger, zum Schluss steil ansteigender Fußweg ab dem Ostende der Mall, vorbei an der großen christlichen Kirche, führt zu einem 2.480 m hoch gelegenen **Berggipfel,** der sowohl am frühen Morgen als auch am späten Nachmittag spektakuläre Ausblicke gewährt. Gekrönt wird er von einem **Tempel** zu Ehren des Affengottes Hanuman. Dessen leibhaftige Nachkommen scheinen sich in der luftigen Höhe besonders wohl zu fühlen und verunsichern mit ihrem zum Teil aggressiven Verhalten so manchen Besucher. Die Einheimischen wappnen sich gegen die aggressiven Tiere mit Stöcken, was auch westlichen Touristen anzuraten ist.

Auf dem Weg zum Gipfel liegt links der Zugang zum **Rothney Castle** (Sheeshe Wali Kothi), dem Wohnhaus eines für die indische Geschichte wichtigen Mannes, dem Reformer *Allan O. Hume,* der an der Gründung des Indian National Congress beteiligt war. Der ornithologisch interessierte Beamte renovierte und erweiterte das Haus und schuf eine viele Tausend Exemplare umfassende Sammlung von ausgestopften asiatischen Vögeln, die heute im British Museum in England zu bestaunen sind. Leider ist die Anlage nur von außen zu besichtigen.

Wanderungen

Unser Tipp: Schöne Spaziergänge kann man zu **Aussichtspunkten** oder in **Waldregionen** unternehmen: etwa vom Zugang der Viceregal Lodge ein etwa 2 km langer Weg nach Nordwesten zum Universitätsgelände auf dem Summer Hill (dort ein Bahnhof der Shimla-Kalka-Railway) oder ein ebenfalls etwa 2 km langer Weg durch ein Waldgebiet zum Prospect Hill mit dem Kamna-Devi-Tempel. Von dort hat man eine weite Aussicht auf Stadt und Berge (siehe hierzu auch unten: „Shimla Walks").

Praktische Tipps

Information

- **Vorwahl:** 0177
- Shimla leistet sich den Luxus von zwei Touristenbüros. Das **Tourist Office** (Tel. 2652561, www.hptdc.gov.in, tgl. 9–18 Uhr, Mitte Juli bis Mitte Sept. sowie Dez. bis März bis 19 Uhr) mit sehr hilfsbereiten Angestellten liegt im Herzen des kolonialen Shimla an der Hauptgeschäfts- und Flanierstraße The Mall. In einem kleinen Büro nebenan können Bustickets für Busse von HPTDC im Voraus gekauft werden, sodass man sich nicht erst hinunter zum Busbahnhof begeben muss.
- Das **Tourist Reception Centre** (Tel. 2654589) befindet sich an der Cart Rd. beim Victoria Tunnel. Hier erhält man umfassende Informationen, zudem können Hotelreservierungen durchgeführt werden.

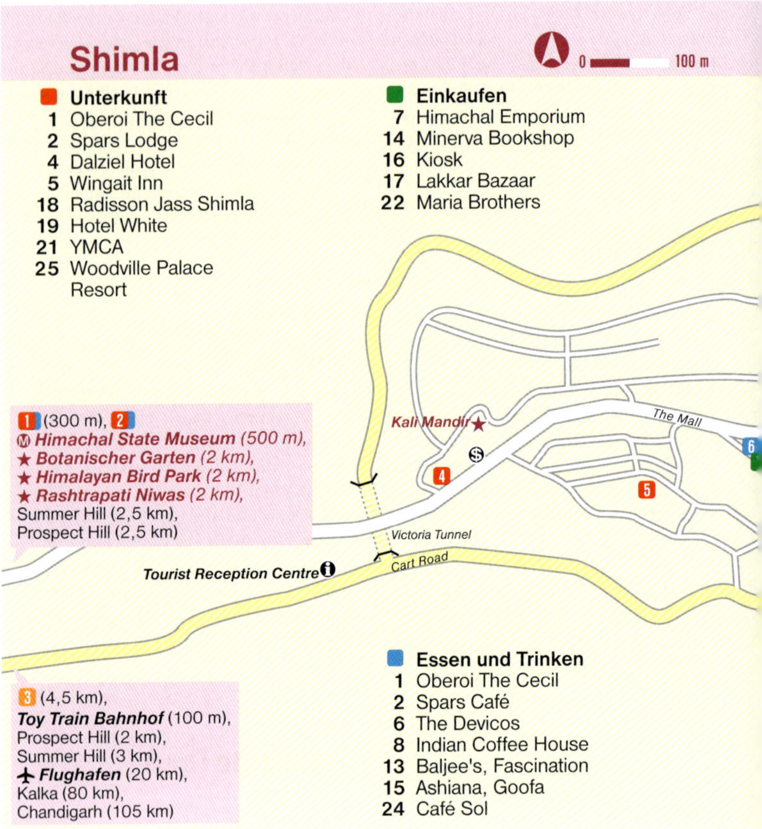

Stadtrundgang, Ausflüge und Trekking

■ Geführte Spaziergänge in Shimla zu den weniger bekannten Orten und Friedhöfen aus der Zeit des Raj, aber auch ein- bis mehrtägige Ausflüge zu Fuß, mit Motorrad oder Jeep zu entfernteren Zielen, Gipfeln und Dörfern der Region veranstaltet **Shimla Walks** (Tel. 2841848, (0)94 59519620, www.shimlawalks.com).

■ Ein- oder mehrtägige Ausflüge und auch anspruchsvolle Hochgebirgsexkursionen in entfernte Bergregionen des Himalaya, ebenfalls mit Motorrad oder Jeep, organisieren mehrere Trekkingagenturen in Shimla. Als verlässlich hat sich **Captivate Adventure Travels** (The Ridge, Tel. (0)9857102657, www.himalayansites.com) erwiesen.

■ Auch **Himachal Pradesh Tourism** (Scandal Point, www.himachaltourism.gov.in) organisiert Ausflüge und Touren.

■ Alternativ sind diese Ziele auch per **Taxi** erreichbar und lassen sich bei den Taxiunternehmen zu Festpreisen buchen (1.500 Rs/Tag inkl. 80 km und 12 Rs für jeden Zusatzkilometer).

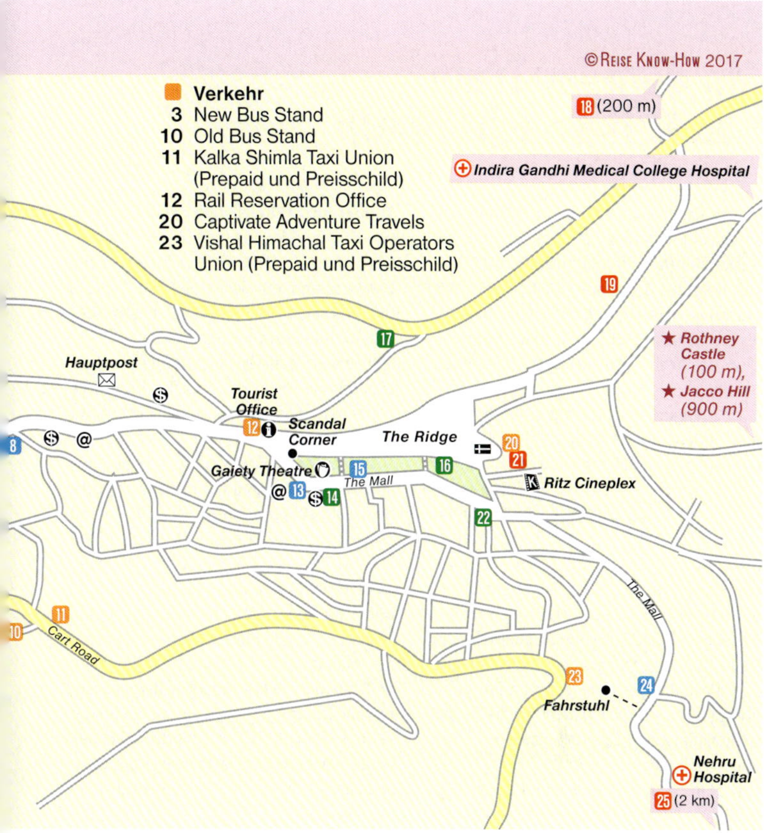

Stadtverkehr

■ Shimla ist derart verwinkelt und steil an den Hang gebaut, dass man sich nur **zu Fuß** von der Unter- in die Oberstadt bewegen kann. Wer sich den steilen Anstieg ersparen möchte, dem steht etwa 1 km östlich vom Bahnhof ein **Fahrstuhl** zur Verfügung, der in zwei Etappen zwischen 8 und 21.45 Uhr (Dez.–März sowie Mitte Juli bis Mitte Sept. bis 21 Uhr) zur Mall „liftet".

■ Per **Taxi** kosten alle Fahrten im Innenstadtbereich (falls das Ziel überhaupt per Taxi erreichbar ist) 80 Rs, die Mindestgebühr. Die Preise für weiter entfernt gelegene Ziele können an gut sichtbaren Preistafeln der Taxiunternehmen in Erfahrung gebracht werden. Die **Kalka-Shimla Taxi Union** (Tel. 2658225) hat ihr Büro schräg gegenüber dem Old Bus Stand an der Cart Road, die **Vishal Himachal Taxi Operators Union** (Tel. 2805164) am unteren Einstieg des Liftes. Zwischen der New Bus Station 5 km westlich des Zentrums und dem Old Bus Stand an der Cart Road verkehren im 5-Min.-Takt grüne Zubringerbusse. Ein Taxi von der New Bus Station zur Cart Road bzw. zum Lift kostet 250 Rs, vom Bahnhof 150 Rs.

Mit dem Toy Train von Kalka nach Shimla

Manchmal kann eine Bankrotterklärung positive Folgen haben. So geschehen bei der **Kalka-Shimla-Schmalspurbahn,** die Eisenbahnfans aus der ganzen Welt anzieht. Das ultimative Gütesiegel erhielt sie im Jahr 2007, als sie von der UNESCO in den exklusiven Club des **Weltkulturerbes** aufgenommen wurde.

Ursprünglich gebaut, um Shimla, die Sommerresidenz der britischen Kolonialherren, mit dem indischen Eisenbahnnetz zu verbinden, wurde die Strecke **1903 eröffnet.** Nachdem sich die kalkulierten Kosten während der fünfjährigen Bauzeit verdoppelt hatten, musste die Betreiberfirma Bankrott anmelden. Da blieb der indischen Regierung nichts anderes übrig, als die Gesellschaft samt ihrer enormen Verbindlichkeiten zu übernehmen. Heute, über ein Jahrhundert später, erweist sich diese aus der Not geborene Entscheidung als Glücksfall, blieb damit doch eine der spektakulärsten Eisenbahnstrecken der Nachwelt erhalten.

Die Streckenführung ist abenteuerlich und stellt eine bauliche Meisterleistung dar. Die wegen ihrer geringen **Spurbreite von nur 76 cm** auch als Toy Train („Spielzeug") bezeichnete Bahn legt auf ihrer 96 km langen Fahrt einen **Höhenunterschied von über 1.300 m** zurück. Hierzu mussten über **102 Tunnel und 988 Brücken** gebaut werden, von denen viele architektonische Meisterwerke darstellen. In ihrer mehrstufigen Steinbauweise erinnern sie an römische Viadukte und sind echte Hingucker – kein Wunder, dass die Kameras der einheimischen wie ausländischen Touristen unaufhörlich klicken. Ein besonders schönes Beispiel ist die Brücke mit dem treffenden Namen *Arch Gallery* zwischen Kandaghat und Kanoh.

Die Personenzüge bestehen in der Regel aus dem **Triebwagen mit sechs Waggons.** Da die Strecke teilweise eingleisig ist, kommt es häufig zu Verspätungen, ist doch die Weiterfahrt erst möglich, wenn der Gegenzug passiert hat. Während der (je nach Richtung und Zugklasse) vier- bis sechsstündigen Fahrt werden **18 kleine Bahnhöfe** angefahren. Man lässt die herrliche Landschaft mit den hübschen Tälern und tollen Bergaussichten an sich vorbeiziehen und genießt eine Zeitreise, in der nicht das Motto „schneller, höher, weiter" gilt, sondern, wie es bei Spielzeugeisenbahnen sein muss: „niedlich, idyllisch und klein".

Insgesamt fünf Toy Trains machen sich täglich auf die Fahrt von Shimla nach Kalka und umgekehrt (genaue Abfahrtszeiten und weitere Informationen siehe Shimla, „An- und Weiterreise").

■ Am Busbahnhof werden häufig, auch bei nächtlicher Ankunft, **Träger** zudringlich, die neben dem Gepäcktragen (ca. 100 Rs zur Mall) natürlich vorwiegend daran interessiert sind, den müden Reisenden in ein Hotel ihrer Wahl zu lotsen, um die Kommission zu kassieren. Falls man also ihre Hilfe in Anspruch nimmt, sollte man nicht ein Hotel, sondern etwa The Ridge als Ziel angeben.

Unterkunft

Shimla ist auch heute noch, was es schon zu britischer Kolonialzeit war: ein Nobelort. Dementsprechend teuer sind die Unterkünfte. Vor allem während der Hauptsaison von Mitte April bis Mitte Juli steigen die **Preise** um das Zwei- bis Dreifache. Dafür kann man in der Zeit von Oktober bis März, abgesehen vom Diwali-Fest im November und Weihnachten/Neujahr, bei entsprechendem Verhandlungsgeschick **Nachlässe** bis zu 50 % der hier genannten Preise herausschlagen.

Die besten Hotels findet man im Bereich um die Mall, dem kolonialen Herzen Shimlas. Dementsprechend teuer ist es hier auch. Je weiter man sich der recht hektischen und lauten Unterstadt um die Cart Road nähert, desto niedriger werden auch Preise und Qualität der Unterkünfte. Die meisten Hotel verfügen nur über Doppelzimmer, gewähren aber Einzelpersonen, die allein ein Doppelzimmer belegen, einen Nachlass.

■ Gut ist das zentral, nur eine Minute von der Mall gelegene **YMCA**② (Tel. 2650021, 2652375). Der nostalgisch schöne Kasten verfügt über eine große Palette ganz unterschiedlicher Zimmer, manche mit Gemeinschaftsbad, auch TV und AC. Alle Räume sind sehr sauber und ausgesprochen geräumig. Die überall angebrachten Warnungen, die Fenster wegen der allgegenwärtigen und klaufreudigen Affen geschlossen zu halten, sollte man ernst nehmen. Schon manchem Reisenden ist aus Unvorsichtigkeit die Kameraausrüstung von diesen Langfingern stibitzt worden. Ein großer, gemütlicher Aufenthaltsraum mit Farbfernseher gehört ebenso zum Haus wie ein Billard- und ein Tischtennisraum. Außerdem bietet sich von der großen Terrasse ein wunderschöner Ausblick. Das *YMCA* liegt hinter der großen katholischen Kirche, ein paar Treppenstufen zwischen dem Hotel Mayur und einem Kino hinauf.

■ Im fast ausschließlich auf einheimische Touristen spezialisierten Shimla steigen die meisten Individualreisenden in der gemütlichen **Spars Lodge**③ (Tel. 2657908, www.sparslodge.com, Preise das ganze Jahr unverändert) an der Museum Rd. ab, 2 km westlich von The Ridge. Neben seinem freundlichen Manager und den hübschen Zimmern liegt dies sicher auch an dem guten, preiswerten Restaurant (Fischgerichte, WiFi vorhanden) mit toller Aussicht.

■ Knapp 1,5 km weiter westlich entlang der Mall neben der State Bank of India finden sich mehrere einfache Unterkünfte, von denen das 100 Jahre alte koloniale Holzgebäude des **Dalziel Hotel**②-③ (Tel. 2806725, (0)941 8028725, www.dalzielhotel.com, WiFi umsonst, jedoch nicht in den Zimmern verfügbar) einen guten Eindruck macht. Die Aussichtszimmer zum Tal sind die schönsten. Zudem gibt's billige, fensterlose Zellen.

■ Die beste Hotelgegend mit einer Reihe schöner Unterkünfte findet sich im nordöstlichen Bereich der Mall, knapp 10 Min. Fußweg vom Tourist Office entfernt. Gut ist z.B. das **Hotel White**③ (Lakkar Bazaar, Tel. 2656136, 2655276, www.hotelwhitesimla.com). Alle Zimmer verfügen über Warmwasser und LCD-TV und sind hübsch eingerichtet. Die teureren sind sehr geräumig und bieten zudem einen großen Balkon zum Tal. Hier bleiben die Preise unverändert, sodass sie außerhalb der Saison einen guten, in der Saison einen hervorragenden Gegenwert bieten. Ein weiteres Plus ist die begrünte Dachterrasse.

■ In der gleichen Ecke, aber qualitativ etwas besser und dementsprechend auch teurer ist das **Wingait Inn**④ (Tel. 2657525, www.wingaitinn.com). Seinem Anspruch als „Heritage Boutique Hotel" wird es nur teilweise gerecht, da es sich zwar um ein historisches Gebäude aus der britischen Kolonialzeit handelt, ein Großteil davon jedoch völlig neu gebaut wurde. Lage, Zimmer und Service sind aber prima, nur das Restaurant kann nicht überzeugen.

■ Im 100 Jahre alten, gelungen zum Luxushotel umgestalteten **Oberoi The Cecil**⑤ (The Mall, Tel. 2804848, www.oberoicecil.com) werden alle Annehmlichkeiten dieser Preisklasse inkl. Pool zu etwas überhöhtem Preis geboten. Trotz der modernen Ausrichtung ist noch viel vom kolonialen Charme des Hauses zu spüren, in dem der Gründer der berühmten Hotelkette *Mohan Singh Oberoi* seinen ersten Job hatte.

■ Mehr zum etwas geringeren Preis gibt's in der wohl gelungensten Luxusherberge Shimlas, dem **Radisson Jass Shimla**⑤ (Tel. 2659012-5, www.radisson.com/shimlain), etwa 10 Fußminuten von der Ridge entfernt. Die weiträumig auf mehreren Ebenen am Hang gelegene, im Baustil an ein Schloss angelehnte Anlage lockt mit mehreren Restaurants und Bars, Health- und Recreation Centre, Rundpool mit Talblick und vielerei weiteren Annehmlichkeiten. Natürlich haben alle geschmackvoll möblierten Zimmer Talblick.

UNSER TIPP: Das angenehm kleine **Woodville Palace Resort**④ (Tel. 223919, www.woodvillepalacehotel.com) ist sicherlich eine der schönsten Adressen Shimlas. Der ehemalige Palast eines lokalen Fürsten liegt, umgeben von einem schönen Garten, etwa 3 km südlich des Stadtzentrums an der Raj Bhawan Rd. und bietet stilvoll eingerichtete Zimmer.

Essen und Trinken

Hier gilt meist das gleiche wie bei den Hotels: reiche Auswahl, hohe Preise.

■ Himachal Tourism unterhält mit dem Ashiana und dem Goofa zwei Restaurants im gleichen Gebäude direkt auf der Ridge. Das recht schöne **Ashiana** (The Ridge, 9–23 Uhr, 100–250 Rs) bietet durchschnittliche Kost, dafür eine sehr schöne Aussicht in die Umgebung. Allerdings muss man dafür auch recht tief in die Tasche greifen. Beim ein Stockwerk tiefer gelegenen **Goofa** (9–21.30 Uhr) sitzt es sich nicht ganz so schön, dafür sind die Gerichte nur halb so teuer. Die Speisekarte reicht von Müesli über Thalis bis zu Pizzen.

■ Leckere Sandwiches und Burger gibt es im Erdgeschoss des **Restaurant Himanis** (7–22 Uhr), während sich im 1. und 2. Stock zwei Restaurants befinden. Im dunkleren Untergeschoss wird gern Bier geschlürft, im Obergeschoss sitzt man weit angenehmer.

■ Auch **The Devicos** etwas weiter westlich an der Mall hat ein umfangreiches Angebot an indischen Imbissen und Fastfood westlicher Prägung sowie Eis.

■ Mit mehr Stil erfüllt das traditionell eingerichtete, freundliche **Indian Coffee House** (8–21 Uhr, 30–80 Rs) in Shimla noch seine traditionelle Funktion. So treffen sich bei kleinen, recht scharfen Snacks oder Kaffee die Kaufleute und Pensionäre der Stadt zum Diskutieren und Gesehenwerden.

■ Wenige Meter weiter liegt das sehr populäre **Baljee's** (The Mall, 130–250 Rs, 9–22.30 Uhr), im Erdgeschoss, mit guten südindischen Speisen und ebensolchem Frühstück. Das im 1. Stock gelegene **Fascination** scheint Treffpunkt der Yuppies zu sein.

■ Viel Glas umgibt das luftige **Café Sol** beim Lift. Entsprechend licht können neben Kuchen und Torten auch Pizza, Lasagne und gar Tiramisu genossen werden.

■ Weiter westlich entlang der Mall beim Shimla State Museum wird der Hunger im **Spars Café** mit Snacks und umfangreichen Frühstücksvarianten bis hin zu köstlichen Fischgerichten hervorragend gestillt.

■ Wer tief in die Tasche greifen kann und vorzüglich speisen will, sollte im prunkvollen Restaurant des **Oberoi The Cecil** einkehren. Neben einer langen internationalen Speisekarte beeindruckt das Weinangebot. Für 1.000–1.600 Rs kann man sich an den Frühstücks- bzw. Abendessen-Büffets bedienen.

Einkaufen

Als traditionell reiche Stadt ist Shimla ein gutes Pflaster, um auf kleinem Raum, der Mall, ein recht großes Angebot zur Verfügung zu haben.

■ Im **Himachal Emporium** (Mo–Sa 10–13 und 14.30–19.30 Uhr, www.himcrafts.com) unweit der Ridge kann Kunsthandwerk der Region erworben werden.

■ Wer gern stöbert: Seltene, antike und staubbedeckte Reiseberichte, Landkarten und Drucke über Himachal Pradesh zu entsprechendem Preis bei den ebenso antiken **Maria Brothers** (78 The Mall, Mo–Sa 10.30–13 und 15.30–19.30 Uhr) sind ein besonderes Erlebnis.

■ Die recht umfangreiche Auswahl an Romanen lässt die Reiseliteratur im **Minerva Bookshop** (The Mall, Mo–Sa 10.20–13.30 und 14.30–20 Uhr, So ab 12 Uhr) wieder auffrischen. Außerdem gibt's Landkarten der Region.

■ Beim abendlichen Spaziergang über den **Lakkar Bazaar,** nur wenige Fußminuten von der Ridge entfernt, kann man das eine oder andere Souvenir entdecken.

Bank, Post und Internet

■ Will man ins Kinnaur-Gebirge, nach Spiti oder Lahaul, sollte man sich vorher mit genügend Barem eindecken, gibt es doch dort keine offizielle Wechselmöglichkeit. Die **State Bank of India** und die **Punjab National Bank** (beide an der Mall und mit ATM, Mo–Fr 10–14, Sa bis 13 Uhr) wechseln Geld. Mehrere weitere **ATMs** an der Mall.

■ Die **Hauptpost** mit Poste Restante nahe dem Scandal Point an der Mall ist tgl. 9.30–17.30 Uhr geöffnet.

■ Von einigen Internetcafés um die Mall ist das **Courier Internet Café** (1. Stock) beim Himanis Restaurant eins der fixesten. Auch im YMCA gibt's ein Internetcafé.

Medizinische Versorgung

■ Ein akzeptables Krankenhaus im Notfall ist das **Indira Gandhi Medical College Hospital** (Tel. 280373) an der IGMC Road.

An- und Weiterreise

Flug

■ Zur Recherchezeit wurde der 23 km südlich von Shimla gelegene **Jubbar-Hatti-Flughafen nicht angeflogen.** Möglicherweise werden zur Hochsaison Flüge angeboten. Ansonsten ist der Flughafen von Chandigarh die nächstmögliche Luftverbindung von/nach Shimla.

Bahn

Der seit 1906 operierende **Toy Train** von Kalka nach Shimla ist im Jahr 2007 zusammen mit weiteren Schmalspurbergbahnen in Indien als Weltkulturerbe ausgezeichnet worden (siehe Exkurs). Die 96 km lange, fünf- bis sechsstündige Fahrt zwischen Kalka und Shimla passiert knapp 1.000 Brücken und über 100 Tunnel. Der Bahnhof von Shimla ist ca. 1,5 km von der Cart Rd. und dem höher gelegenen Zentrum an The Ridge entfernt. Zu Fuß dauert der Anstieg zu The Ridge bzw. The Mall ca. 20 bis 30 Min.

■ **Anreise:** Von **Delhi Sarai Rohilla** (Abf. 5.35 Uhr) mit dem 14095 Himalayan Queen über **Chandigarh** nach **Kalka** (Ankunft 11.10 Uhr), dort umsteigen auf den **Toy Train** (52455 Himalayan Queen, Abfahrt 12.10 Uhr). Insgesamt fünf Toy Trains erklimmen täglich um 4, 5.10, 5.30, 6 und 12.10 Uhr die Strecke **von Kalka nach Shimla,** darunter der komfortable 52441 Shivalik Deluxe Exp. (ausschließlich AC-Komfortsitze mit großen Panoramafenstern und inkl. Frühstück, Abf. in Kalka um 5.30 Uhr, 415 Rs). Die einfacher ausgestatteten Züge kosten: 2. Klasse unreserviert/ reserviert 25 Rs/40–70 Rs, 1. Klasse 260–310 Rs. Neben dem Himalayan Queen erreicht auch der mit gut 4 Stunden Fahrtzeit schnellere und teurere 12011 Kalka Shatabdi Exp. (Abf. New Delhi 7.40 Uhr) Kalka rechtzeitig um 11.45 Uhr für die Weiterfahrt mit dem Toy Train um 12.10 Uhr. Täglich sechs weitere Verbindungen zwischen Delhi und Kalka.

■ **Weiterreise:** Insgesamt fünf **Toy Trains** (Abfahrtszeiten 10.35, 14.25, 16.25, 17.40 und 18.15 Uhr) machen sich täglich auf die Fahrt **von Shimla nach Kalka.** Während die anderen Züge nur über einfache Bestuhlung verfügen (siehe Anreise), ist der 52452 Shivalik Exp. um 17.40 Uhr ausschließlich mit AC-Komfortbestuhlung ausgestattet und teurer: 500 Rs inkl. Verpflegung. Bei Abfahrt um 10.35 Uhr hat man Anschluss an den 14096 Himalayan Queen (Abfahrt in Kalka 16.50 Uhr) nach **Delhi** (Ank. 22.40 Uhr). Eine schnellere, teurere Verbindung (von den tgl. insgesamt 7 Zügen nach Delhi) ist der 12012 Kalka Shatabdi Exp., Abf. in Kalka 17.40 Uhr, Ank. New Delhi 21.55 Uhr.

■ Alle Züge von Kalka nach Delhi halten in **Chandigarh.** Eine morgendliche Verbindung von Kalka nach New Delhi ist der 22926 Paschim Exp.: Abf. 10.20 Uhr, über Chandigarh (an 11.05 Uhr), Ank. 16.25 Uhr. Der Zug fährt weiter nach Rajasthan und Mumbai.

■ Wem die Gesamtstrecke von Shimla nach Kalka im ebenso pittoresken wie engen Toy Train zu lange dauert, der kann auch schon nach ca. 3 Std. in **Solan** aussteigen und von dort mit dem Bus in 3 Std. nach **Chandigarh** weiterfahren.

■ Das **Reservierungsbüro** an The Ridge im Stadtzentrum ist Mo–Sa 10–13 und 14–16 Uhr geöffnet. Tickets sind dort oder bei der Bahnstation selbst erhältlich.

Bus

Neben den von HPTDC eingesetzten und auch dort an der Mall zu buchenden Luxusbussen (Start am Busbahnhof an der Cart Road westlich des Victoria-Tunnels, Tickets dort und beim HPTDC-Büro am Scandal Point/The Ridge) nach **Delhi** (5 Verbindungen, 9 Std., HRTC-AC-Volvo 845 Rs sowie 1 Bus von HPTDC für 900 Rs) fahren stündlich weitere Busse nach Delhi (HRTC, Ord./AC 385/595 Rs) und **Haridwar** (HRTC, 5 Busse, 10 Std., 310 Rs), **Dharamsala** (HRTC, 5 Busse, 10 Std., 358 Rs) und **Chandigarh** (HRTC, 4 Std., alle 15 Min., 165/330 Rs). Die Busse von HRTC starten am **New Bus Stand,** 5 km westlich des Zentrums. Tickets für diese Busse verkauft das HRTC-Büro beim Bahnreservierungsbüro an The Ridge und natürlich am New Bus Stand. Bitte beachten: Bei Nachtfahrten kann es, besonders in den unteren Busklassen, recht kalt werden.

Taxi

■ In Shimla bieten mit der **Kalka-Shimla Taxi Union** (Tel. 2658225) und der **Vishal Himachal Taxi Operators Union** (Tel. 2657645, 2805164) zwei Taxiorganisationen Fahrten auch zu weiter entfernten Zielen zu Festpreisen an, die jeweils auf Preistafeln einzusehen sind. Preisbeispiele: Chandigarh 2.500 Rs, Dharamsala/McLeod Ganj 4.600/4.900 Rs, Delhi 6.000 Rs.

UTTARAKHAND – DIE HEIMAT DER YOGIS

Uttarakhand erstreckt sich auf 53.483 km², was in etwa der Größe der Schweiz entspricht, und umfasst die Regionen Garhwal und Kumaon sowie einen schmalen Streifen der sich nach Süden erstreckenden Ganges-Ebene. Besonders eindrucksvoll sind in Uttarakhand die **Himalayaberge** am Nordrand, die mehrere Gipfel von über sechs- und siebentausend Metern berherbergen. Das sich südöstlich hieran anschließende Vorgebirge des Himalaya, die Kumaon-Region, war Mitte der 1960er Jahre das Mekka vieler zivilisationsmüder westlicher Pilger, die in den **Ashrams von Rishikesh** in die Welt östlicher Spiritualität eingeführt wurden. Noch heute zieht die klare Bergluft viele Touristen an. In den dortigen **Hill Stations** wie Nainital ist noch etwas vom kolonialen Flair erhalten geblieben. Sie dienten den englischen Kolonialherren in den Sommermonaten als Ausweichregion vor der Hitze der Ebenen. Corbett- und Rajaji-Nationalpark komplettieren das Bild und machen Uttarakhand zum bevorzugten Ziel von Naturliebhabern.

Geografie

Uttarakhand grenzt im Norden an Himachal Pradesh und die Volksrepublik China, im Osten an Nepal und im Süden an Uttar Pradesh. Von Dehra Dun, der vorläufigen Hauptstadt im Südwesten, sind es bis Delhi etwa 250 km, bis Lucknow etwa 500 km. Die Gebirgsketten des Himalaya erreichen weit über 7.000 m (Nanda Devi 7.816 m). Die Ausläufer des Himalaya umfassen die Distrikte Pauri und Nainital. Udham Singh Nagar und die Distrikte Haridwar und Dehra Dun liegen bereits in der Ebene, die auch Uttar Pradesh charakterisiert.

In den Bergen im Norden entspringen viele der von den Hindus als heilig verehrten großen Flüsse Indiens, allen voran **„Mutter Ganges"**. So ist das unter dem Namen Garhwal bekannte Gebiet im Sommer Ziel Zehntausender Gläubiger, die zu den Quellen der indischen Mythologie pilgern.

Bevölkerung

In den dünn besiedelten Hochgebirgsregionen lebt ein Großteil der als **Tribals** bezeichneten Bevölkerung. Die dortigen Gesellschaften sind nicht oder nur schwach in Kasten untergliedert, ihre Religion umfasst neben tibetisch-buddhistischen auch hinduistische Elemente. Die Garhwalis und Kumaonis der mittleren Höhenlagen setzen sich großteils aus einheimischen Brahmanen und Rajputen zusammen. Auch in den Flachlandgebieten dominieren Brahmanen und Rajputen, allerdings leben hier vor allem Punjabis (vorwiegend Sikhs) und Bengalis, die nach der Unabhängigkeit und der Teilung zuwanderten.

Wirtschaftliche Situation

Uttarakhand entstand im Jahr 2000 als Abspaltung von Uttar Pradesh, zunächst unter dem Namen Uttaranchal. 2007 wurde der Bundesstaat offiziell in Uttarakhand umbenannt. Es ist ein agrarischer Staat, größere Industriebetriebe gibt es nicht. Die **Landwirtschaft** ist überwiegend auf den Eigenbedarf ausgerichtet. 70 % der Felder sind kleiner als ein Hektar, größere Felder und Plantagen finden sich nur in Udham Singh Nagar. In den Höhenlagen dominiert der Anbau von Hirse und verschiedenen Gemüsesorten (Erbsen). Reis lässt sich nur bis etwa 1.800 m wirtschaftlich anbauen. Besondere Bedeutung besitzen die ausgedehnten **Wälder.**

Zur Entwicklung der Region werden und wurden in den letzten Jahrzehnten **Wasser-**

kraftwerke gebaut, die allerdings ähnlich umstritten sind wie das Staudammprojekt im Narmada-Tal. Noch nicht alle Orte sind mit Strom versorgt. Eine Grundschule in maximal drei Kilometern Entfernung ist nur für etwa die Hälfte der Dörfer erreichbar.

Die meisten Einnahmen erwirtschaftet bisher der **Tourismus.** In Garhwal befindet sich neben den Pilgerzielen Gaumukh, Badrinath, Kedarnath und Yamunotri sowie dem religiösen Zentrum Rishikesh auch ein erstes Ski-Resort in Auli. In Kumaon finden sich mit Nainital und den Pilgerrouten zum Kailash fast ausschließlich von einheimischen Touristen besuchte Attraktionen.

Trekking

Aufgrund der einzigartigen Bergregionen unternehmen viele Touristen in den Sommermonaten, etwa von April bis Oktober, Trekkingtouren. Die besten Ansprechpartner für Ausflüge und Bergtouren sind, besonders in den kleineren Orten im Norden des Bundesstaates, die regionalen Büros des GMVN und KMVN, neben weiteren aufgeführten Agenturen. Auch die Websites sind sehr informativ. Auswahl besteht zwischen viel begangenen Touristenrouten und touristisch kaum erschlossenen Regionen.

- **GMVN** (Garhwal Vandas Nikas Vikam), Hauptbüro in Dehra Dun, www.gmvn.gov.in.
- **KMVN** (Kumaon Vandas Nikas Vikam), Hauptbüro in Nainital, s. dort, www.kmvn.gov.in.
- Hilfreich bei der Tourplanung sind die öffentlich zugänglichen **Karten des amerikanischen Militärs,** abrufbar unter: www.lib.utexas.edu/maps/ams/india.
- Ist man in Uttarakhand per **Bus** unterwegs, sollte man diesen frühzeitig besteigen bzw. sich bei vorheriger Reservierung einen **Fensterplatz** zuweisen lassen, um die einzigartige Landschaft besser bestaunen zu können.

Typische Häuser in der Bergregion

039in tb

Rishikesh

– Yoga Capital of the World

Ob Lucy in the Sky with Diamonds nach wie vor über dem Himmel von Rishikesh schwebt, ist zwar nicht bekannt, doch der **Geist der 1960er Jahre,** als hier die **Beatles** von ihrem Guru *Maharishi Mahesh Yogi* in die Welt östlicher Spiritualität eingeführt wurden, ist auch heute noch sehr präsent in Rishikesh. Der Ansturm zivilisationsmüder Westler ist über die Jahre derart angewachsen, dass sich **Meditationszentren und Ashrams** aneinanderreihen, und so rühmt sich Rishikesh nicht zu Unrecht als „the Yoga Capital of the world".

Die Suche nach einer Alternative zum kommerziellen Westen ist zum Big Business geworden. Dies gilt zumindest im 2 km nördlich des eigentlichen, wenig attraktiven Ortskerns gelegenen Stadtteil **Muni-ki-Reti,** in dem sich hinduistische Tempel und Ashrams an den Ufern des Ganges in bunter Folge abwechseln.

Neben den dort besonders zahlreichen Sadhus bestimmt vor allem in den Monaten September und Oktober, wenn die Yoga-Saison ihren Höhepunkt erreicht, das Rot der **Sanyassins** das Bild. Das zunehmende Interesse vieler Europäer an der Weisheit des Ostens hat indische Spiritualität während der letzten Jahrzehnte zu einem blühenden Geschäftszweig Rishikeshs werden lassen. Trotz Kommerzialisierung und dem Bau neuer Hotels und Ashrams wirkt Rishikesh keineswegs überlaufen und ist immer noch ein hervorragender Ort, um Meditation, Yoga und hinduistische Philosophie zu studieren an den tief in den Fels geschliffenen Ufern des Ganges. Nicht nur für Erleuchtungshungrige ist Rishikesh das richtige Ziel. In den letzten Jahren reisen viele Abenteuerlustige an, um **Trekkingtouren** in die Berge des Himalaya oder **Raftingfahrten** auf dem an manchen Stellen wild tobenden Ganges zu unternehmen.

Rishikesh zieht sich entlang den **Gangesufern,** wobei sich der weitaus größere Teil auf der Westseite des Flusses erstreckt. Die eigentliche Stadt befindet sich südwestlich der touristischen Einrichtungen und ist eine typische indische, **pulsierende Kleinstadt.** Hier finden sich die meisten Geschäfte und die Infrastruktur wie Bahnhof, Busbahnhof, Post und Krankenhaus. Weiter bergauf entlang der Hauptstraße nach Norden schließen sich die Ashrams, Unterkünfte und Restaurants auf beiden Flusseiten an. Sie werden durch zwei **Fußgängerhängebrücken** verbunden. Auf der Ostseite des Flusses verläuft das Leben wesentlich geruhsamer und entspannter. Hier finden sich mehrere, teils recht große **Strände** am Gangesufer, wenn er nicht gerade Hochwasser führt.

Sehenswertes

In der ansonsten uninteressanten Innenstadt lohnt neben dem von hohen Mauern umgebenen, dem Bruder Ramas gewidmeten **Bharat Mandir** nur das **Triveni Ghat** einen Besuch. Besonders nach Sonnenuntergang, wenn viele Inder kleine, mit Räucherstäbchen und Kerzen bestückte Blumengestecke auf dem Ganges aussetzen, strahlt der von Tempeln flankierte Ort eine sehr friedvolle Atmosphäre aus.

Auffälligste Bauwerke im Norden der Stadt sind die beiden den Ganges überspannenden **Hängebrücken Ram Jhula,** wegen dem auf westlicher Seite gelegenen Ashram auch *Shivanand Jhula* genannt, und **Lakshman Jhula** flussaufwärts. Am östlichen Ufer der letztgenannten stehen zwei in ihrer orange-roten Bemalung weithin sichtbare elf- bzw. dreizehnstufige, mit bunten Skulpturen zahlloser Hindu-Gottheiten bedeckte **Tempel,** Swarg Niwas und Shri Trayanbakeshwar.

Sehr angenehm und empfehlenswert ist der etwa 30-minütige **Fußweg** entlang des östlichen Gangesufers zwischen den beiden nur von Fußgängern und Zweirädern zu passierenden Brücken. Besonders am späten Nach-

006in mb

mittag vermitteln die Strahlen der untergehenden Sonne eine Atmosphäre meditativer Ruhe und Friedfertigkeit. In diesem **Swarg Ashram** genannten Bereich, einer Mixtur aus Ashrams, Basaren, Bade-Ghats und Sadhus, wird vor dem **Parmarth Niketan Ashram** jeden Abend zum Sonnenuntergang die *ganga aarti* abgehalten. Die inzwischen recht touristische Zeremonie ist untermalt von Gesang, Musik und Kerzenlicht. Der Swarg Ashram wie auch der Bereich um die Lakhshman Jhula hat sich in den letzten Jahren zu einem Basarviertel gemausert, in dem Kleidung, Kunsthandwerk, Bücher und ayurvedische Produkte verkauft werden. Die meiste Zeit des Jahres gibt der Ganges auf dieser Flussseite herrliche **Strände** frei, die zum Entspannen einladen.

Wenig südlich von Swarg Ashram wurde nach vielen Jahren des Verfalls der **Maharishi Mahesh Yogi Ashram** (Eintritt 100 Rs, 8–18 Uhr) aus dem Dornröschenschlaf geweckt und als Sehenswürdigkeit zugänglich gemacht. Auf dem weitläufigen Gelände wohnten, meditierten und komponierten die Beatles ab 1968 für einige Monate und begründeten so die „Yoga Capital of the World" für Erleuchtungssuchende aus dem Westen.

⌃ Hängebrücke über den Ganges in Rishikesh

Praktische Tipps

Information

- **Vorwahl:** 0135
- Das freundliche **Uttarakhand Tourist Office** (Dhalwala Bypass Rd., Tel. 2430209) ist leider recht weit außerhalb an der Ausfallstraße nach Haridwar gelegen. Es ist hilfsbereit und tgl. außer So 10 bis 17 Uhr geöffnet. Im selben Gebäude befindet sich auch das **GMVN-Yatra-Büro,** in dem Broschüren erhältlich sind und Ausflugstouren gebucht werden können.
- Wer, wie die meisten Touristen, im Stadtteil Muni-ki-Reti wohnt, kann sich die lange Anfahrt sparen, da man alle notwendigen Informationen an der **Rezeption des Tourist Bungalow** erhält. Auch **Red Chilli Adventure** und **GMVN** (siehe Trekking) sind behilflich.

Stadtverkehr

- **Tempos/Vikrams** verbinden in kurzer Folge das Stadtzentrum mit dem ca. 3 km nördlich gelegenen Stadtteil Muni-ki-Reti (10 Rs) bis zum Wendepunkt nahe der Lakshman Jhula. Man kann auf Handzeichen zusteigen. Mietet man ein Fahrzeug komplett, kostet die Fahrt aus der Innenstadt bis zur Ram Jhula 80 Rs, bis zur Lakshman Jhula nochmal 60 Rs. Die Fahrer versuchen immer, horrende Extrasummen zu verlangen, besonders, wenn kein Inder mehr mitfährt.
- Vom Bahnhof bis zum Tourist Bungalow kostet es mit der **Autoriksha** ca. 70 Rs, zur Lakshman Jhula 90 Rs.
- Ein **Taxi** von der Lakshman Jhula zum Busbahnhof im Ortskern kostet 200 Rs.
- Will man von einer Flussseite auf die gegenüberliegende, kann man natürlich die Brücken benutzen oder sich von der **Fähre** an der Ram Jhula übersetzen lassen.
- **Motorroller und -räder** können um die Brücke Lakshman Jhula für ca. 300/400–700 Rs von Privatpersonen angemietet werden, wobei kein Versicherungsschutz besteht. Fahrradverleihe verlangen 100 Rs pro Tag.

Unterkunft

Eine kaum überschaubare Menge an vorwiegend auf Rucksacktouristen zugeschnittenen Billigherbergen lassen dem Reisenden die meiste Zeit des Jahres die freie

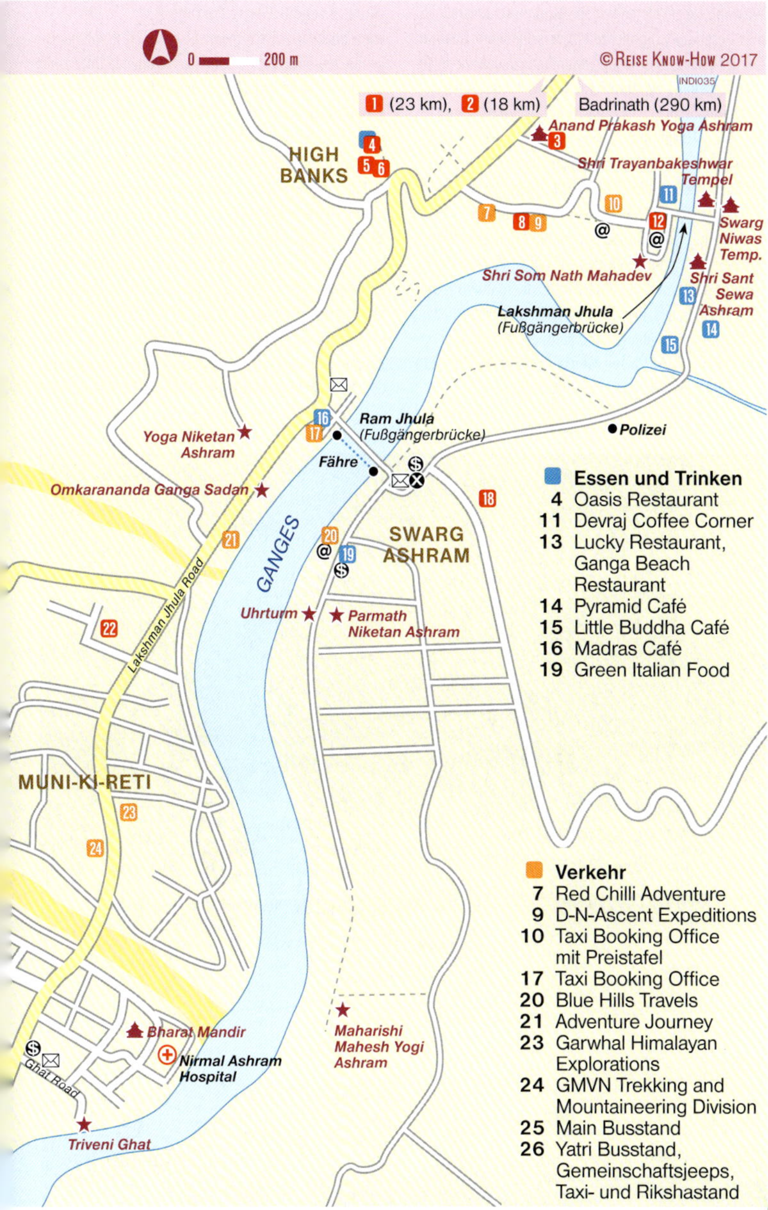
0 200 m
© Reise Know-How 2017
INDI035
1 (23 km), 2 (18 km)
Badrinath (290 km)
Anand Prakash Yoga Ashram
HIGH BANKS
Shri Trayanbakeshwar Tempel
Swarg Niwas Temp.
Shri Som Nath Mahadev
Shri Sant Sewa Ashram
Lakshman Jhula (Fußgängerbrücke)
Ram Jhula (Fußgängerbrücke)
Polizei
Fähre
Yoga Niketan Ashram
Omkarananda Ganga Sadan
SWARG ASHRAM
GANGES
Lakshman Jhula Road
Uhrturm
Parmath Niketan Ashram
MUNI-KI-RETI
Bharat Mandir
Nirmal Ashram Hospital
Maharishi Mahesh Yogi Ashram
Ghat Road
Triveni Ghat
Essen und Trinken
4 Oasis Restaurant
11 Devraj Coffee Corner
13 Lucky Restaurant, Ganga Beach Restaurant
14 Pyramid Café
15 Little Buddha Café
16 Madras Café
19 Green Italian Food
Verkehr
7 Red Chilli Adventure
9 D-N-Ascent Expeditions
10 Taxi Booking Office mit Preistafel
17 Taxi Booking Office
20 Blue Hills Travels
21 Adventure Journey
23 Garwhal Himalayan Explorations
24 GMVN Trekking and Mountaineering Division
25 Main Busstand
26 Yatri Busstand, Gemeinschaftsjeeps, Taxi- und Rikshastand

Auswahl. Zudem bieten fast alle Ashrams für Kursteilnehmer Unterkunftsmöglichkeiten verschiedener Qualität. Auf der Ostseite des Ganges wohnt man in nahezu dörflicher Umgebung wesentlich ruhiger als auf der Westseite. Das Angebot an Luxushotels ist gering. Zu beachten ist, dass in der Hauptpilgersaison zwischen April und Juni die Hotelpreise z.T. erheblich ansteigen, wenn sich von Rishikesh aus Zigtausende zu den 400 km nördlich gelegenen Wallfahrtsstätten am Fuße des Himalaya aufmachen.

Auf einer **High Banks** genannten Erhebung im Norden des Ortes gruppieren sich auf kleiner Fläche mit viel Baumbestand mehrere Unterkünfte, die in ihrem jeweiligen Preissegment, meist Budget, alle viel zu bieten haben.

■ Die wenigsten Rupies sind beim einfachen, aber gemütlichen **Mount Valley Mama Cottage**① (Tel. 2436 833) für die Einfachzimmer mit Bad zu zahlen.

■ Der **Bhandari Swiss Cottage**①-② (Tel. 2432939, www.bhandariswisscottagerishikesh.com) in ruhiger Lage mit Weitblick ist zwar eine hervorragende Unterkunft in der unteren Preiskategorie, jedoch durch den Erfolg etwas unpersönlich geworden. Die Zimmer, die teureren klimatisiert, sind sauber, alle mit Terrasse, LCD-TV und kostenfreiem WiFi. Auch das hauseigene Restaurant mit vielseitiger Speisekarte und das Internetcafé sind vor allem bei Backpackern beliebt.

■ Kein Wunder, dass der Erfolg die Besitzer dazu veranlasst hat, ganz in der Nähe ein **New Bhandari Swiss Cottage**③ (Tel. 2435322, (0)9319912483, www.newbhandariswisscottage.com) zu eröffnen. Dem etwas höheren Preis entsprechend, sind die teils klimatisierten Zimmer mit WiFi hier komfortabler und freundlicher. Gleich ist die friedvolle Atmosphäre inmitten eines hüb-

007in mb

schen Gartens und die hauseigene Bäckerei. Das angeschlossene **Oasis Restaurant** mit Tischen im Garten hat eine umfangreiche Auswahl an internationalen Gerichten inkl. Huhn (und köstlichem Kuchen). Zudem gibt's ein Internetcafé im angeschlossenen Reisebüro (mit Forex) und eine Massageeinrichtung.

Unser Tipp: Die stimmigste Bleibe auf dem Hügel ist das **High Banks Peasant Cottage**②-③ (Tel. 2442267, (0)941 2050478, www.highbank.in). Auf verschiedenen Terassenebenen lädt das Areal zum Relaxen in gemütlichen Korbmöbeln ein. Die teils ganz neuen, komfortablen Zimmer mit Balkon sind makellos. Das Restaurant und der Dachgarten komplettieren einen hervorragenden Gesamteindruck in diesem freundlichen Haus.

■ Schön und günstig an der Lakshman Jhula gelegen mit Ganges-Blick ist das **Ishan Hotel**①-② (Tel. 2431534, (0)9899870080, www.ishanhotel.com) mit sauberen Zimmern, die teureren sehr geräumig, mit Balkon und TV sowie mit besserem Ausblick auf den Fluss – eine gute und beliebte Adresse. Die billigen Zimmer auf der flussabgewandten Seite sind entsprechend einfach. Das Dachrestaurant serviert neben gutem Essen weite Aussicht.

■ Wer billiger auf der gegenüberliegenden, ruhigeren Ostseite des Ganges logieren möchte, findet im **Narayana Kunj**② (Tel. 2440822, www.narayanakunj.com, mit WiFi) preiswerte, einladende Zimmer mit Balkon zum Garten im Bezirk Swarg Ashram. Hervorzuheben sind auch der hilfsbereite Manager und die guten Yoga-Kurse.

■ Obwohl in den letzten Jahren recht groß geworden, offeriert das **Devine Resort**④ (Tel. 2442128, (0)956 0024446, www.divinere sort.com) mit immer noch gemütlichen, teils klimatisierten Zimmern und großen, jedoch auch recht teuren Suiten mit klasse Gangesblick aus den großen Fenstern viel Komfort. Auch Zusatzangebote wie ayurvedische Massage Gym-Raum und das Terrassenrestaurant mit Freiluftbereich untermauern den guten Gesamteindruck.

Unser Tipp: Eine Klasse besser ist das relativ neue **Dewa Retreat** ③-④ (Tel. 2442382, (0)8936981346, www.dewaretreat.com, Preise inkl. Frühstücksbuffet, tgl. Yoga/Meditations-Session und WiFi) nördlich der Lakshman Jhula. Die geräumigen, modern ausgestatteten Zimmer haben teilweise eine tolle Panoramasicht auf den Ganges und die gegenüberliegenden Berge. Pool, Spa und Gym runden das gute Angebot ab.

■ Wirklichen Luxus gibt's im 18 km nördlich Rishikeshs gelegenen **Ananda Spa**⑤ (Tel. 01378-227500, www.anandaspa.com). Im mit Preisen überhäuften Resort auf riesiger Parkanlage mit teils privatem Swimmingpool, Golfplatz, Fitnessanlagen, Restauranttischen in den Bäumen und allen erdenklichen Annehmlichkeiten wird besonderer Wert auf Wellnessbehandlung gelegt. WiFi in den Zimmern ist selbstverständlich. Eine Luxusadresse zu Luxuspreisen.

■ Nicht ganz so luxuriös, aber komfortabel genug ist das schöne, 23 km nördlich von Rishikesh platzierte **Glasshouse on the Ganges**④-⑤ (Badrinath Rd., Tel. 01378-269224, (0)919412076420, glasshouse-on-the-ganges.neemranahotels.com) mit hübschen Zimmern, Cottages und zwei Zelten in einer gepflegten Gartenanlage in völliger Ruhe zu wesentlich moderateren Preisen.

Essen und Trinken

Ebenso wie in Haridwar gibt es im Pilgerort Rishikesh **weder Alkohol noch Fleisch.**

■ Das **Green Italian Food** (60–150 Rs für ein Hauptgericht) ist eine exzellente Adresse für das Genannte.

■ Internationale Küche inkl. Pizza im Bambusrestaurant **Little Buddha Café** (8–23 Uhr, 100–200 Rs) mit Aussichtsetage auf den Ganges lockt viele Touristen an.

■ In Zelten auf Polstern wird im **Pyramid Café** (8–22.20 Uhr) gespeist. Preiswerte westliche Gerichte, tibetanische und indische Küche (80–150 Rs) in friedlicher Atmosphäre auf der Ostseite des Ganges sind bemerkenswert wie auch der WiFi-Anschluss.

■ Etwas südwestlich der Lakshman Jhula sind **Lucky Restaurant** (9–22 Uhr) und **Ganga Beach Restaurant** (8–22 Uhr) zwei preisähnliche (100–170 Rs) Speisestätten am Ganges, das erste im Garten mit Schatten spendendem Baum, im zweiten wird auf der Terrasse serviert.

■ Das **Madras Café** (7.30–21.30 Uhr, 100–150 Rs) bei der Ram Jhula ist ein alteingesessener Favorit mit einer großen Auswahl durchweg indischer vegetarischer Gerichte.

■ Der ideale Platz, um bei einem Kaffee, Backwaren (Apfelstrudel, Croissants) und Snacks den schönen Ausblick über den Fluss zu genießen, ist **Devraj Coffee Corner**

[<] Der Parmarth Niketan Ashram auf der Ostseite des Ganges

gleich bei Lakshman Jhula. Nebenan werden Second-Hand-Bücher verkauft.

Bank

■ Die **State Bank of India** (Railway Rd., Mo–Fr 10–14 und 15–16, Sa 10–13 Uhr), nicht weit vom Bahnhof entfernt, wie auch die kleine Filiale der **Punjab National Bank** (Haridwar Rd., Mo–Fr 10–14, Sa 10–12 Uhr) an der Hauptstraße etwas nördlich wechseln Euros in Rupien. Auf der Ostseite des Ganges sind **Ganga Forex** und das **Bureau de Change** fast daneben für Geldwechsel zuständig.

■ Einige **ATMs** im Ortskern und östlich der Lakshman Jhula akzeptieren die meisten Kreditkarten.

Post und Internet

■ Die **Hauptpost** ist im Ortskern an der Ghat Rd. Hierher können auch postlagernde Sendungen geschickt werden, Postal Code: 249201. Eine Zweigstelle auf der Ostseite des Ganges findet sich neben dem Chotiwala Restaurant. Beide sind Mo–Fr 10–16 und Sa 10–13 Uhr geöffnet.

■ Von vielen Internetcafés sind **Blue Hills Travels** (Swarg Ashram, 8–22 Uhr) auf der östlichen Seite des Ganges und **Riverain Café & Cyberzone** etwas westlich der Lakshman Jhula am verlässlichsten.

Medizinische Versorgung

■ Das **Nirmal Ashram Hospital** (Tel. 2430942, 243 2215) im Ortskern nahe dem Ganges macht einen guten Eindruck. Hier gibt's eine 24 Std. geöffnete Apotheke.

■ Für schwere Fälle ist wohl das 17 km entfernte **Himalayan Institute Hospital** (Tel. 2471200, Notfall-Tel. 2471225) kurz hinter dem Flughafen Jolly Grant vorzuziehen.

Reisebüros und Trekking

In Rishikesh gibt es über 100 Anbieter für Trekking und Rafting. Hier einige Agenturen, die sich seit Jahren als verlässlich erwiesen haben:

■ Das hellwache Team von **Red Chilli Adventure** (Tel. 2434021, (0)9412056021, www.redchilliadventure.com, bis 21 Uhr geöffnet) an der Lakshman Jhula Rd. organisiert Ausflüge, Trekking-Touren in die nahe und ferne Umgebung, auch ins Hochgebirge und in den Corbett-Nationalpark, sowie Rafting und Angelsafaris sehr kompetent. Von hoher Qualität ist auch die informative Website.

■ Der staatliche Anbieter **GMVN Trekking and Mountaineering Division** (Muni-ki-Reti, Tel. 2431799, Mo–Sa 10–17 Uhr, www.gmvnl.co.in) unternimmt unterschiedlichste Touren zu den Pilgerorten wie auch geführte Trekking- und Klettertouren in hohe Bergregionen. Hier kann auch Ausrüstung für Trekking und Bergsteigen ausgeliehen werden.

■ Das alteingesessene **Garhwal Himalayan Explorations** (Muni-ki-Reti, Tel. 2433478, (0)9412050478, www.thegarhwalhimalayas.com) am Kailash Gate bietet Touren von 9 bis 21 Tagen und Rafting in verschieden aufgewühlten Wassern. Natürlich sind auch mehrtägige Touren und viele weitere Exkursionen, etwa zu den Pilgerorten in den Bergen, auf der Angebotsliste. Mehrere weitere Anbieter stehen zur Verfügung.

■ Von vielen Anbietern, die auch mehrtägige **Rafting- und Kayak-Touren** auf dem Ganges anbieten, aber auch mehrtägige Exkursionen in weiter entfernte Regionen und zu den bekannten Pilgerorten im Himalaya organisieren, sind **D-N-Ascent Expeditions** (Lakshman Jhula, Tapovan Sarai, Tel. 2442354, www.kayakhimalaya.com) und **Adventure Journey** (Muni-ki-Reti, Tel. 2121855, (0)9837087976, www.theadventurejourney.in) gute Adressen.

An- und Weiterreise

Flug

■ Vom 16 km entfernten, zwischen Rishikesh und Dehra Dun gelegenen **Flughafen Jolly Grant** tägliche Flüge nach Delhi. Ein Taxi dorthin kostet etwa 700 Rs.

Bahn

Vom Bahnhof in Rishikesh starten nur wenige Fernzüge. Weit mehr Fernverbindungen gibt es in Haridwar. Das computerisierte **Reservierungsbüro** im Bahnhof von Rishikesh (Mo–Fr 8–20 Uhr, So bis 14 Uhr) verkauft Tickets für alle Verbindungen, nicht nur für Züge ab Haridwar.

Meditationskurse

Über 20 **Ashrams** gibt es in der *Yoga Capital of the World*, und trotz der gerade in letzter Zeit immer lauter werdenden Kritik an der zunehmenden Kommerzialisierung scheinen die meisten westlichen Studenten mit den angebotenen Kursen sehr zufrieden zu sein. Viele bleiben für mehrere Monate oder kommen regelmäßig seit Jahren in den Hauptmonaten September und Oktober aus Europa, Amerika und zunehmend auch aus Japan. Die Meinungen darüber, welcher Ashram die besten Kurse anbietet, sind ebenso vielfältig wie das Angebot selbst.

Empfehlenswert ist es, sich bei schon länger in Rishikesh wohnenden Schülern über die in den jeweiligen Ashrams durchgeführten Kurse zu informieren. Außerdem sollte man zunächst einmal an einigen Übungen teilnehmen, bevor man sich für einen Kurs entscheidet. Die meisten Zentren bieten diese Möglichkeit.

Bei allen Unterschiedlichkeiten gelten in den meisten Ashrams doch ähnliche **Verhaltensvorschriften.** Hierzu zählen unter anderem Rauch- und Alkoholverbot, das Vermeiden von unnötigem Lärm, zurückhaltende Kleidung, vegetarische Ernährung sowie das Verbot, öffentlich Zärtlichkeiten auszutauschen. Die Meditations- und Yogakurse finden meist frühmorgens gegen 5 Uhr und nach Sonnenuntergang gegen 20 Uhr statt.

Während einige Ashrams, wie etwa Ved Niketan, feste **Kursgebühren** berechnen, sind sie bei anderen frei, doch wird bei Kursende eine Spende erwartet. Fast alle verfügen über eine eigene **Küche,** in der meist sehr einfache Thali-Gerichte zubereitet werden. Bei mehreren Ashrams gilt eine **Mindestaufenthaltsdauer** von drei Tagen.

■ Mit etwa 1.000 Zimmern ist der **Parmath Niketan Ashram** (Swarg Ashram, Tel. 2434301/2, www.parmath.org) der größte und einer der von Westlern meistbesuchten Ashrams Rishikeshs. Die um einen zentralen Innenhof mit der Meditationshalle in der Mitte angelegten Zimmer variieren erheblich in Größe und Einrichtung, wobei die dem Ganges zugewandten wohl die besten sind. Einzelzimmer mit Gemeinschaftsduschen kosten 200 Rs, EZ/DZ mit eigenem Bad 400/500 Rs.

■ Komfortabel sind die Zimmer (350/1.300 Rs Non-AC/ AC) im **Omkarananda Ganga Sadan** (Lakshman Jhula Rd., Tel. 2430763, www.iyengaryoga.in), in dem intensive sieben- bis zehntägige Iyengar-Yoga-Kurse (Oktober bis Mai, ab 1.200 Rs) angeboten werden. Morgendliche eineinhalbstündige Sitzungen, zu denen keine Anmeldung erforderlich ist, beginnen um 6 Uhr (Mo–Sa, 250 Rs). Am Ashram-eigenen Ghat wird jeden Abend eine *ganga aarti* zelebriert.

■ Ein weiteres viel besuchtes Zentrum ist das **Yoga Niketan** (Muni-ki-Reti, Tel. 2430227, www.yoganiketanashram.org) etwas oberhalb der Hauptstraße nahe der Ram Jhula. Hier wird ein Tagessatz von 200–500 und 900–1.000 Rs für AC-Zimmer berechnet, Kursgebühren sowie drei Mahlzeiten pro Tag inbegriffen. In der vielleicht schönsten Ashram-Anlage sind die geräumigen Zimmer mit Bad in den Flachbungalows im grünen Garten ein Ort der Entspannung. Die Mindestaufenthaltsdauer liegt bei 15 Tagen.

■ Die recht komfortablen Zimmer im **Shri Sant Seva Ashram** (nahe Lakshman Jhula, Tel. 2430465) am östlichen Gangesufer sind begehrt (200–1.000/ 1.000–2.500 Rs Non-AC/AC, die teureren jeweils mit Balkon und tollem Gangesblick), also sollte man frühzeitig buchen. Auch Anfänger sind zu den Morgenkursen von 8.20 bis 10.30 Uhr und abends von 17 bis 19 Uhr willkommen (100 Rs, Fortgeschrittenenkurse kosten das Doppelte.).

■ Auf der Westseite des Flusses oberhalb der Hauptstraße besteht im **Anand Prakash Yoga Ashram** (Badrinath Rd., Tel. 2442344, www.anandprakashashram.org) keine Mindestaufenthaltsregel, jedoch eine Schweigepflicht zwischen 9 und 21 Uhr. Einfache, aber angenehme Zimmer und erstklassige Verpflegung (Gemeinschaftsbad/eigenes Bad 800/1.100 Rs), etwas vom Trubel entfernt. Wer nur an den Kursen teilnehmen will, zahlt um 200 Rs pro Sitzung.

■ Züge nach **Haridwar** sind nicht zu empfehlen, da sie für die 24 km bis zu 1½ Std. benötigen. Busse sind fast doppelt so schnell.

Bus

Rishikesh hat zwei Busbahnhöfe, der wichtigere **Main Busstand** befindet sich im Ortszentrum.

■ Vom Main Busstand alle 30 Minuten Verbindungen mit **Haridwar** (45 Min., 35 Rs), **Dehra Dun** (1½ Std., 5–22 Uhr) und stündlich nach **Delhi** (7 Std., 6–22.30 Uhr, 240/470 Rs Ord./Del.). Ein Luxusbus in 7 Stunden zum Kashmiri Gate in Delhi kostet 580 Rs, Abfahrt 13.30 Uhr.

■ Morgens um 8 Uhr ein Direktbus nach **Ramnagar** zum Eingang des **Corbett-Nationalparks.** Weitere Direktbusse nach **Nainital** (9 Std.) und **Shimla** (11 Std.).

■ Vom etwas außerhalb gelegenen Yatri Busstand fahren Busse in die Pilgerorte **Hanuman Chatti** (8 Std.), **Gangotri, Badrinath** und **Kedarnath** (12 Std.) nur während *yatra* zwischen April und November. Joshimat (10 Std.) und Uttar Kashi (7 Std.) werden ganzjährig angefahren. Alle starten zwischen 3 und 9 Uhr.

■ **Privatanbieter** fahren mehrmals tgl. nach Delhi (7 Std., AC/Volvo-AC 600/850 Rs, Start am Kailash Gate, etwas südlich der Ram Jhula), Jaipur (13 Std., Non-AC/AC 600/1.100 Rs), Agra (12 Std., 850 Rs, start in Dehra Dun) und Pushkar (16 Std., um 650 Rs). Deren Busse starten aber meist in Haridwar. Die Tickets können jedoch in den Büros um Lakshman Jhula, High Bank und Swarg Ashram gekauft werden. Außerdem ein Nachtbus Rishikesh nach Dharamsala um 16 Uhr (1.000 Rs).

Taxi/Jeep

■ An mehreren *Taxi Booking Offices,* etwa nahe der Lakshman Jhula oder im Ort an der Kreuzung Haridwar Rd./Ghat Rd. hängen die offiziellen Festpreise aus. Einige Beispiele: **Haridwar** (810 Rs), **Yoshimath** (5.700 Rs) und **Uttarkashi** (für Gangotri, 3.600 Rs) und **Ranikhet** (Corbett-Nationalpark, 5.900 Rs), **Uttarkashi** (2.000 Rs). In einigen Unterkünften und bei Reisebüros werden gelegentlich geringere Fahrpreise für Taxis angeboten. Eine billigere Alternative nach Haridwar sind die *vikrams* (große Autorikshas, 400 Rs).

■ Billiger sind **Jeeps,** in denen es jedoch recht eng werden kann, da sie erst bei mehr als voller Sitzplatzbelegung abfahren. Die ersten nach Uttarkashi (5 Std. Fahrtzeit, als Taxi 300 Rs) und Joshimat (8 Std., 400 Rs) starten an der Kreuzung von Dehra Dun Rd. und Dhalwala Bypass Rd. ab 4 Uhr morgens.

Haridwar

Seiner geografischen Lage am **Ganges,** am Übergang von den Berghängen des Himalaya in die Ebenen Nordindiens, sowie seiner Erwähnung in der hinduistischen Mythologie, wonach hier einer von insgesamt vier Tropfen der Unsterblichkeit *(amrit)* zu Boden gefallen sein soll, verdankt Haridwar seine Bedeutung als einer der wichtigsten **Pilgerorte** Nordindiens. Alle zwölf Jahre ist Haridwar Schauplatz der **Kumbh Mela,** einem der bedeutendsten Pilgerfeste der Erde mit mehreren Millionen Teilnehmern. In den anderen Jahren sind auch die kleineren **Magh Melas** gut besucht.

Zusätzliche Bedeutung kommt der Stadt als vielgenutzter Ausgangsort für Pilgerreisen zu den vier heiligen Himalaya-Orten **Yamunotri, Gangotri, Kedarnath** und **Badrinath** zu. Hieraus leitet sich auch der Name Haridwars ab, der soviel wie „Tor zu Vishnu" (Hari = Vishnu) bedeutet. Speziell in der Zeit von April bis Juni ist die Stadt Ziel Tausender Wallfahrer.

Unser Tipp: Das touristisch quasi im Schatten von Rishikesh gelegene Haridwar sollte der Reisende keinesfalls nur als Durchgangsstation ansehen, hat sich doch eben dadurch in diesem kleinen Ort am Ufer des heiligen Ganges (genauer: an einem Seitenkanal des Ganges, der Fluss selbst verläuft etwas weiter östlich) eine so stimmige, von westlichem Tourismus bisher kaum beeinflusste, religiöse Originalität erhalten. Dies gilt besonders für die Region um das Hari-ki-Pauri Ghat und die südlich anschließenden Altstadtgassen. So sollte der Rishikesh-Besucher wenigstens einen Tagesausflug ins nahegelegene Haridwar unternehmen, er wird mit bleibenden Bildern belohnt.

Sehenswertes

Wichtigstes der zahlreichen **Bade-Ghats** ist das **Hari-ki-Pauri.** Ein Bad im Wasser des Ganges genau an dieser Stelle verheißt die Befreiung von allen Leiden, und so drängen sich hier die meisten Pilger. Ein Besuch lohnt sich vor allem nach Sonnenuntergang, wenn die Gläubigen kleine, mit Kerzen versehene Opfergaben auf dem Fluss aussetzen. Im Hauptschrein befindet sich ein angeblicher Fußabdruck Shivas. Um das Hari-ki-Pauri Ghat wird man beim Herumschlendern von blau uniformierten Geldsammlern einer der Wohlfahrtsorganisationen, etwa Bharat Scouts & Guides, angesprochen, teils auch bedrängt, eine Spende zu geben. Dies sollte man tun. Wichtig ist es, die Quittung, die man erhält, zu verwahren, da man sie vorweisen kann, wenn man wieder angesprochen wird (dies wird passieren), damit man dann unbehelligt bleibt. Andere Geldsammler, gelegentlich in priesterlichem Gewand, haben keinen offiziellen Auftrag. Häufig offerieren sie eine *puja* für einige Hundert Rupien. Es bleibt natürlich jedem selbst überlassen, ob er das Angebot annimmt.

300 Meter oberhalb der Stadt erhebt sich weithin sichtbar der mit einer **Seilbahn** erreichbare, nach der Tochter Shivas benannte **Mansa-Devi-Tempel** (fotografieren im Tempelinnern verboten). Abgesehen von der recht vergnüglichen Seilbahnfahrt (58 Rs für Hin- und Rückfahrt, 7–19 Uhr) lohnt ein Ausflug hierhin vor allem wegen des hervorragenden Ausblicks auf Haridwar und die Gangesebene. Für den Rückweg in die Stadt empfiehlt sich jedoch der schöne, 1,5 km lange Fußweg den Berg hinab, bei dem häufig Affen die Begleiter sind.

4 km südöstlich der Stadt liegt der 1929 erbaute **Chand-Devi-Tempel** auf einem Berg, dem Neel Hill. Auch hier gibt es eine Seilbahn (117 Rs hinauf und hinab, 8–18 Uhr). Für beide Tempel inkl. Seilbahnfahrten kann man Kombi-Tickets (210 Rs) erwerben, die zudem eine klimatisierte Busfahrt zwischen den beiden Sehenswürdigkeiten beinhalten.

Praktische Tipps

Information

- **Vorwahl:** 01334
- Das hilfsbereite **GMVN-Touristenbüro** (Railway Rd., Mo–Sa 10–17 Uhr, Tel. 2424240) liegt auf Höhe der Laltarao-Brücke an der Hauptstraße zwischen dem Bahnhof und dem Haupt-Bade-Ghat. Hier wird auch bei Interesse an Trekking und am Rajaji-Nationalpark weitergeholfen.
- Das **Uttarakhand Tourist Office** (Tel. 265304) im staatlichen Ravi Motel, etwa 200 m südlich des Busbahnhofs (Mo–Sa 10–17 Uhr), ist mit seinem jungen Team sehr bemüht und damit die beste Informationsquelle. Hier darf man zudem umsonst im Internet surfen.

Reisebüros und Trekking

- **Mohan's Adventure Tours** (Railway Rd., Tel. (0)941 2022966, www.mohansadventure.in, 8–22.30 Uhr) ist eine erstklassige Adresse für Aktivitäten wie Rafting, Trekking, Angeln und Touren mit dem Fahrrad oder Motorrad. Beliebt sind die fünf Stunden dauernden, jedoch nicht ganz billigen (2.350 Rs p.P. bei mehreren Teilnehmern, Einzelteilnehmer zahlen 2.950 Rs) Ausflüge in den Rajaji-Nationalpark. Auch der Corbett-Nationalpark steht auf dem Programm (3-Tages-Ausflüge ab 10.000 Rs).

Stadtverkehr

- Entlang der Hauptstraße zwischen Bahnhof, Busbahnhof und Bade-Ghats verkehren **Tempos.** Mit der **Autoriksha** kostet die 2 km lange Strecke etwa 40 Rs.
- Wer sich ein **Taxi** für eine Stadtrundfahrt mieten möchte, zahlt 1.000 Rs für 4 Stunden, per Autoriksha 400 Rs.

Unterkunft

Die Preise steigen in der Saison von Mai bis November auf teils über das Doppelte des sonst Üblichen, was natürlich nicht für die Ashrams gilt. Die hier angebenen Preise beziehen sich auf die Nebensaison.

Ashrams

In mehreren Ashrams sind auch westliche Besucher willkommen. Hier wird meist einfache Bleibe zum kleinen Preis oder auf Spendenbasis sowie einfache indische Kost geboten. Natürlich sind die strikten Regeln des Zusammenlebens und Meditierens unbedingt zu beachten, ansonsten übernachtet man besser in den Hotels der Stadt.

- Im großen **Shanti Kunj Ashram** (Tel. 260602, 260 403, www.awgp.org) an der Rishikesh Rd. ist besonders die schöne, parkartige Gartenanlage attraktiv, die meisten Zimmer haben eigenes Bad. Sadhana-Meditation sowie frühmorgendliche Mantras gehören zum Tagesablauf.
- Im gegenüber liegenden **Mohyal Ashram** (Tel. 261336) lockt ebenfalls der Garten. Hier ist die Unterbringung vom Schlafsaal bis zu Mittelklassezimmern wesentlich komfortabler und muss wie das Essen bezahlt werden. Hatha-Yoga-Unterricht kostet 150 Rs/Std., Minimum zwei Personen. Die Regeln sind etwas weniger strikt als in den anderen Ashrams.
- Einige weitere Ashrams, die westliche Besucher aufnehmen, sind der **Ma Anandmayee Ashram** (Tel. (0)8954777747, (0)9810931221, www.anandmayi.org), etwa 3,5 km südlich von Haridwar, und der große **Prem Nagar Ashram** (Tel. 226345, www.premnagarashram.

com) an der Railway Road, ebenfalls im Süden Haridwars gelegen.

Hotels

■ Viele Billigunterkünfte liegen in der nahe dem Bahnhof von der Railway Rd. an der Shiva-Statue abgehenden, recht ruhigen Jassa Ram Rd. Sehr preiswert ist das **Hotel Panama**①-② (Jassa Ram Rd., Tel. 227506). Besonders die hellen Zimmer mit Balkon im oberen Stockwerk sind

Rituelles Bad im Ganges in Haridwar

508in mb

günstig. Beste Billigbleibe dieser Straße ist das etwas teurere **Hotel Arjun**② (Tel. 220409, www.hotelarjun.com). Die sauberen Zimmer sind teilweise klimatisiert und haben Balkon.

■ Etwas versteckt in den Altstadtgassen, nah am Hari-ki-Pauri Ghat, ist das zentral klimatisierte, freundliche **Hotel Alpana**③ (Lower Bazaar, Ram Ghat, Tel. 224567, www.alpanahotels.com, WiFi inkl.) ein erstklassiges Mittelklassehotel in günstiger Lage.

■ Wer eine architektonisch sehr gelungene Unterkunft in schöner Lage am Fluss mit einem meditativen Angebot verbinden möchte, dürfte sich im Hotel **Bhaj-Govindam** ③ (Upper Rd., Tel. 261682, (0)88810070007, www.hotelbhajgovindam.com) im Norden an der Bhimgoda-Brücke wohl fühlen. Man wohnt in kleinen, teils klimatisierten, gemütlichen und komfortablen Zimmern sowie einigen einfachereren Bungalows im gepflegten Garten direkt am Ganges. Im Preis sind Yoga-Lektionen enthalten.

Unser Tipp: Die mit Abstand schönste und stilvollste Herberge in Haridwar ist das in ein Luxushotel umgebaute, über 120 Jahre alte Haveli **Hari Ganga**④ (Ram Ghat, Tel. 226443, (0)7500263336, www.havelihariganga.com) direkt am Gangesufer und mit eigenem Zugang zum Fluss. Dem Haus entsprechend dekorierte und möblierte Zimmer, die Terrasse zum Fluss sowie Dampfbad und ayurvedische Massage machen das Wohnen in idealer Lage zum Fest. Ohne Reservierung hat man kaum eine Chance.

Essen und Trinken

Alkohol und Fleisch sind in dieser Pilgerstadt tabu!

■ Ziel der meisten westlichen Touristen ist das **Big Ben Restaurant** im Hotel Ganga Azure. Hier kann man sich gemütlich in die Polster schmiegen und eines der guten Gerichte (indisch, continental, chinesisch, 90–200 Rs für ein Hauptgericht) von der vielseitigen Speisekarte genießen. Für feine Ohren könnte das Vergnügen jedoch durch die meist dudelnde Popmusik bis (hinab) zu Modern Talking leicht versalzen schmecken. WiFi nur im Zugangsraum des Restaurants.

■ Sehr gut isst man im **Chotiwala** gegenüber vom GMVN Tourist Office. Besonders zu empfehlen sind dort die leckeren Thalis.

■ Das nahegelegene **Shivalik Restaurant** bietet neben Thalis eine breite Palette indischer und chinesischer Gerichte.

■ Als Institution bei Einheimischen bekannt, serviert das 1937 eröffnete **Hoshiyar Puri Restaurant** (Upper Rd., 11–16 und 19–4 Uhr, Hauptgericht 70–150 Rs) Speisen zum kleinen Preis.

■ Nur etwas südlich in den Gassen des Bara Bazaar versteckt, ist auch das **Prakash Lok** eine Institution. Köstlich cremige Lassis sind der ideale Nachtisch oder eine Erfrischung zwischendurch. Am besten durchfragen, da es jeder kennt.

■ In den vielen einfachen Restaurants südlich des Hari-ki-Pauri Ghat lässt sich gute indische Küche zu kleinem Preis genießen. Etwas gehobener ist es eine Gasse vom Wasser entfernt im **Jahanvi Motivala Bhoj.**

Unser Tipp: Ausgezeichnet ist das Restaurant des Haveli **Hari Ganga.** Besonders beliebt sind die Thalis zur Mittagszeit (13–15 Uhr, 350 Rs) und das Abendbuffet (19.30–22 Uhr).

Bank

■ Neben dem effizienten **Sai Forex** (s.u.) werden auch bei der **Canara Bank** an der Railway Rd. Mo–Fr 10–15 und Sa 10–12 Uhr Euros zu Rupien gemacht.

■ An der Hauptstraße auf Höhe des Clocktower nimmt der **ATM** der State Bank of India Visa- und Mastercard. Näher am Busbahnhof, ist der ATM der State Bank of India neben dem Chitra Cinema nur für Visakarten zuständig.

Post und Internet

■ Die **Hauptpost** (Mo–Sa 10–18 Uhr) findet man an der Railway Rd.

■ Internetcafés sind noch rar gesät im eher selten von westlichen Touristen besuchten Haridwar. Eine schnelle Breitbandverbindung mit guter Ausstattung gibt's bei **Sai Forex** schräg gegenüber dem Om Hotel (10–14 und 16–19 Uhr). Akzeptabel ist die Verbindungsgeschwindigkeit bei **Internet Zone** an der Upper Rd. (10–22 Uhr).

Medizinische Versorgung

■ Ein traditionsreiches, gutes Krankenhaus ist das **Rishikul Ayurvedic Hospital** (Tel. 221003) an der Railway Rd. etwas südlich der Stadt.

0 50 m
©REISE KNOW-HOW 2017
Hari-ki-Pauri Ghat
Uhrturm
Ganges Kanal
Mansa Devi Tempel
Seilbahn
Upper Road
Marktviertel
Rajaji National Park
Railway Road
GMVN
Bhola Jhula Ashram und Tempel
Laltarao Brücke
Chand Devi Tempel (1,5 km)
Jassa Ram Road
Niranjani Akhara Rd.
Haridwar Bahnhof
Railway Rd.
Uttarakhand Tourist Office
Unterkunft
1 Mohyal Ashram, Shanti Kunj Ashram
2 Bhaj-Govindam
4 Prem Nagar Ashram
5 Ma Ananadmayee Ashram
8 Hotel Alpana
9 Hari Ganga
16 Hotel Arjun
17 Hotel Panama
Essen und Trinken
6 Jahanvi Motivala Bhoj, Hoshiyar Puri Restaurant
7 Prakash Lok
9 Hari Ganga
10 Shivalik Restaurant
11 Chotiwala
15 Big Ben Restaurant
Verkehr
3 GMOU Bus Stand
12 Vikrams nach Rishikesh
13 Busbahnhof Privatanbieter
14 Mohan's Adventure Tours
18 Taxistand
19 Jeep Booking Offices

416in mb

■ An der Hauptstraße auf Höhe der Canara Bank gibt's gleich mehrere **Apotheken** nahezu nebeneinander. Die Milap Medical Hall verkauft neben der üblichen Medizin auch ayurvedische Produkte.

An- und Weiterreise

Bahn

■ Das **Rail Reservation Office** im Bahnhof ist Mo–Fr 8–20 und Sa 8–14 Uhr geöffnet. Besonders während der Pilgermonate sollte man frühzeitig sein Bahnticket kaufen.

■ Der 18478 Kalinkautkal Exp. benötigt nur knapp 5 Std. von Haridwar nach **Delhi Hazrat Nizzamuddin:** Haridwar ab 6 Uhr, Delhi HN an 11.45 Uhr (tgl.). Als Nachtzug bietet sich der 12206 Nanda Devi Exp. an: Haridwar ab 0.52 Uhr, Delhi an 5.20 Uhr. Eine weitere schnelle Verbindung bietet der 12018 Dehra Dun Shatabdi Exp.: Haridwar ab 18.15 Uhr, New Delhi an 22.45 Uhr.

■ Nach **Jaipur** der 19610 Hw Aii Exp.: Abf. 19.50 Uhr, über **Delhi** (an 1.25 Uhr), Ank. Jaipur 7 Uhr.

■ Nach **Lucknow** der 13010 Doon Exp.: Haridwar ab 22.30 Uhr, Lucknow an 8.45 Uhr. Von Lucknow aus weitere 7½ Std. nach **Varanasi,** Ank. 16 Uhr. Andere Richtung der 13009 Doon Exp.: Abf. Varanasi 10.30 Uhr, über Lucknow (ab 18.20 Uhr), Ank. Haridwar 4.55 Uhr.

■ **Rishikesh** ist schneller per Bus zu erreichen.

Bus

■ Mindestens stündlich fahren Busse nach **Delhi** (6 Std., alle 30 Min., 154 Rs), **Chandigarh** (10 Std., stdl., 164 Rs), **Rishikesh** (alle 30 Min., 30 Rs). Volvo-Luxusbusse nach **Delhi** 650 Rs, Abfahrt 11, 13 und 23 Uhr.

■ Mehrere Busse tgl. nach **Agra** (frühmorgens, 12 Std., 330 Rs), **Dharamsala** (14.30 und 16.30 Uhr, 15 Std., 420 Rs), **Shimla** (1.30, 12.30 und 17.30 Uhr, 13 Std., 270 Rs), **Haldwani** (Umsteigeort für Nainital, stdl., 8 Std., 265 Rs), **Jaipur** (frühmorgens, 12 Std., 355 Rs), und **Ramnagar** (Corbett-Nationalpark, 6 Std., 210 Rs).

- Nach **Uttarkashi** (5.30, 7.30 und 9.30 Uhr, 260 Rs) und **Ranikhet** (6 und 16.30 Uhr, 245 Rs) nur wenige Busse in 10 Stunden.
- Nach **Chilla,** nahe dem Eingang des Rajaji-Nationalparks, fahren ab 7 Uhr halbstündig Busse. Der letzte zurück nach Haridwar verlässt Chilla um 16 Uhr.
- Busse in die **Bergregionen** nach Gangotri, Badrinath (über Joshimath) und Kedarnath starten frühmorgens vom GMOU-Busbahnhof, wobei diese Verbindungen während der Monsunzeit oftmals zeitweise unterbrochen sind. Die genauen Abfahrtszeiten sind bei GMOU für Gangotri unter Tel. (0)9897924247, für Kedarnath und Badrinath unter Tel. (0)9364936474 zu erfahren.
- Privatanbieter fahren u.a. nach **Delhi** (Deluxe 400 Rs, AC-Volvo 600 Rs), **Agra** (300 Rs, AC-Luxus-Busse 530 Rs), **Jaipur** (500 Rs, AC-Luxusbusse 800 Rs) sowie **Gangotri** (500 Rs) und **Nainital** (380 Rs). Diese starten beim GMVN Tourist Office am Sikh-Tempel und können über jeden der ortsansässigen Anbieter gebucht werden.

Taxi/Minibus

- Der **Taxistand** (Tel. 227338) direkt gegenüber dem Busbahnhof bietet Fahrten zu den umliegenden Orten an. Die Fahrpreise hängen aus, doch sind diese in Zeiten geringer Nachfrage durchaus verhandelbar. Einige offizielle Preisbeispiele als Verhandlungsgrundlage auch anderorts (wobei außerhalb von Saisonzeiten und bei gutem Verhandlungsgeschick diese Preise auch geringer sein können): zum Flughafen Jolly Grant 1.120 Rs, nach Chilla (Rajaji-Nationalpark) 570 Rs, Dehra Dun 1.320 Rs, Rishikesh 820 Rs, Delhi 4.600 Rs, Shimla/Chandigarh 5.900 Rs, Gangotri, Yamunotri und Badrinath jeweils 7.500 Rs.
- Außerdem können **Jeeps** für Fahrten in die genannten Pilgerorte angemietet werden. Hinfahrten mit Absetzen am Zielort kosten zwischen 6.500 und 7.500 Rs, eine gut einwöchige Rundreise etwa 22.000 Rs.

Am Gangesufer

Rajaji-Nationalpark

Der Rajaji-Nationalpark (www.rajajinationalpark.in) bei Haridwar erstreckt sich über eine Fläche von 820 km². Das waldreiche Gebiet beherbergt neben Sambahirschen und anderem Wild deren selten gesehene Jäger, Leoparden, Bären und einige Tiger sowie über 300 Vogelarten. Vor allem findet man hier eine große Zahl **wilder Elefanten,** etwa 600 Tiere. 12 km nordöstlich von Haridwar bei Chilla ist der Eingang zum Wildpark, der sich nach Süden bis auf Höhe Haridwars auf der östlichen Uferseite des Ganges erstreckt.

Elefantenausritte werden im Rajaji-Nationalpark nicht mehr durchgeführt. **Jeepsafaris** starten am Forest Ranger's Office beim Parkeingang. Innerhalb des Parks sind Aussichtstürme, ursprünglich für Jäger gebaut, ideale Beobachtungsposten für die Wildtiere.

- **Öffnungszeiten:** 15. November bis 15. Juni.
- Ein **Jeep** für bis zu 8 Personen, wobei es dann recht eng wird, kostet 1.100 Rs, zuzüglich der **Eintrittsgebühr** von 600 Rs p.P. und 500 Rs Jeepzufahrtsgebühr. Sowohl das GMVN Tourist Office wie auch Mohan's Adventure Tours (s. Haridwar) arrangieren kurze Ausflüge in den Park auch außerhalb der offiziellen Öffnungszeiten. Die etwa fünfstündigen Exkursionen kosten 2.350 Rs p.P.

Unterkunft

- Eine akzeptable Bleibe am Parkeingang ist das **Chilla Guest House**③ (Tel. 0138-226678). Die teuren Zimmer sind klimatisiert, das angeschlossene Restaurant serviert gute Qualität zu kleinem Preis.
- In weiteren Einfachunterkünften um den Parkeingang, etwa in einem der neun **Forest Rest Houses** innerhalb des Parks (Tel. des Direktors des Rajaji National Park Office: 0135-2611669, Ansari Marg in Dehra Dun) oder **Saryananayan Rest House**, gibt's leider keine Verpflegung. Wohnt man im Park, gilt der Eintritt für drei Tage.

■ Als eine der wenigen Unterkünfte liegt das nach ökologischen Gesichtspunkten gebaute **Wild Brook Retreat** ③-④ (Bukundi, Tel. 0141 2604570, (0)9314880887, www.wildbrookretreat.com) in abgeschiedener Lage innerhalb des Nationalparks. Die komfortablen, geräumigen Cottages mit unverputzen Steinmauern und Terrasse sind gemütlich. Die exzellente Küche richtet sich nach den Wünschen der Gäste, ist allerdings fast fleischlos (Huhn ist möglich). Alles in allem ein feines Gesamtpaket. Der naturliebende Besitzer führt auch zu Jeepsafaris (4.500–10.500 Rs für 1–4 Pers., Kinder ca. ein Drittel, all incl.), Wassersport, Rafting und Trekkingausflügen in den Park. Abholung in Rishkesh, Haridwar oder vom Flughafen Jolly Grant ist möglich.

An- und Weiterreise

■ Regelmäßige **Busverbindungen** (1 Std. Fahrzeit, 30 km) zwischen Chilla und Haridwar vom GMOU Busstand. Der erste Bus startet in Haridwar um 7 Uhr, der letzte um 14 Uhr. Die letzte Rückfahrt nach Haridwar ist um 17.30 Uhr möglich.

■ Per **Taxi** kostet die Fahrt nach Chilla etwa 650 Rs.

Corbett-Nationalpark

Ob es als gelungene Idee zu bezeichnen ist, den **bekanntesten Nationalpark Indiens** nach einem britischen Großwildjäger zu benennen, bleibt dahingestellt. Immerhin muss man *Jim Corbett* zugute halten, dass er sich in fortgeschrittenem Alter zum Naturbewahrer wandelte und so im Jahr 1936 entscheidenden Anteil an der Gründung dieses ersten Nationalparks Indiens hatte. Inzwischen ist der vom Ramganga durchflossene Park auf 1.318 km² Fläche angewachsen und eines der meistbesuchten **Tigerreservate** Indiens. Das ehemalige Wohnhaus des Großwildjägers in Kaladhungi, 25 km östlich von Ramnagar, beherbergt heute ein **Museum** (tgl. 8–17 Uhr, Eintritt 50 Rs).

Der Nationalpark ist in sechs Zonen eingeteilt (Bijrani, Dhikala, Jirna, Dhela, Durge Devi und Sonanadi), von denen die Kernzone **Dhikala** im Zentrum des Parks diejenige mit dem mit Abstand höchsten Tiervorkommen ist. Nur Jirna und Dhela sind ganzjährig geöffnet. In diesen Zonen ist die Tierdichte jedoch geringer. Es ist geplant, eine Verwahrungszone in Dhela für in anderen Regionen Indiens eingefangene Tiger einzurichten, wodurch von umzäunten Pfaden aus auch dort und ganzjährig eine erfolgreiche Raubtiersichtung möglich wäre. Die anderen vier Zonen sind vom 15. November bis 15. Juni für Besucher geöffnet, die im Park übernachten oder einen Tagesausflug mit Jeep oder Bus unternehmen (s.u.). Es gibt Pläne, die vier erst ab Mitte November zugänglichen Zonen (inkl. Dhikala) schon im Oktober zu öffnen. Ob dies umgesetzt wurde, muss beim Reception Centre (s.u.) erkundet werden. Das Reservat ist wegen Unpassierbarkeit bis auf die zwei genannten Zonen zwischen 15. Juni und 15. November geschlossen.

Seine geografische Lage im Übergangsbereich vom Himalayavorgebirge zur Gangesebene beschert dem Reservat eine außergewöhnliche **Tiervielfalt.** Affen, Schakale, Wildschweine, ca. 300 Elefanten, Krokodile und Wild gehören zu den am häufigsten zu beobachtenden Lebewesen. Seit der Ramganga 1974 trotz ökologischer Bedenken zu einem See aufgestaut wurde, wodurch ein Teil des Lebensraums der Elefanten verlorenging, haben sich über 600 verschiedene Vogelarten angesiedelt und machen das Reservat für **Vogelliebhaber** zum interessantesten Park Indiens. Für sie ist von Mitte Dezember bis einschließlich März die beste Beobachtungszeit.

☒ Im Corbett-Nationalpark

Corbetts herausragende Stellung unter den Nationalparks beruht jedoch in erster Linie auf den ca. 220 hier lebenden **Tigern.** Kein anderes Tierreservat Indiens weist eine derartig hohe Besiedlungsdichte dieser äußerst scheuen Wildkatzen auf. Project Tiger, die großangelegte Aktion zur Rettung des Tigers, wurde hier 1973 ins Leben gerufen.

Aufgrund des im Park vorherrschenden dschungelartigen Waldes und hohen Grases sind die Nationalparks von Sasan Gir und Rathambore allerdings weitaus geeigneter zur Tigerbeobachtung, zumal die Tiere im Corbett-Nationalpark nicht durch Köder angelockt werden oder mit Peilsendern versehen sind, wie es in manchen anderen Reservaten der Fall ist. Die größten Chancen, einen Tiger zu sichten, bestehen in den Monaten März bis Juni, wenn sich die Tiere am Ende der Trockenzeit an den wenigen verbliebenen Wasserstellen konzentrieren und die Vegetation weniger dicht ist.

Selbst für den Fall, dass man bei den jeweils etwa zweistündigen **Elefantenausritten** um 6 Uhr und um 16 Uhr (1.000 Rs pro Person bzw. 4.000 Rs pro Grautier, nur von Dhikala und Bijrani aus) keinen Tiger zu Gesicht bekommen sollte, lohnt ein Besuch des Parks wegen seiner landschaftlichen Schönheit allemal. Man muss früh erscheinen, um sicher einen Platz zu ergattern.

057in tb

Zugangserlaubnis

Da die Anzahl von Touristen, die Zugang zum Park erhalten, limitiert wird durch die Zahl der täglich zugelassenen Fahrzeuge für jede Zone des Parks, ist eine **Voranmeldung** (bis 3 Monate vorher möglich) dringend empfohlen. Dies kann online über die offizielle Internetseite des Reservats (www.corbettonline.uk.gov.in, Gebühr 50 Rs), im **Reception Centre** (Ranikhet Rd., Tel. 05947-251489), 50 m oberhalb des Busbahnhofs in **Ramnagar,** oder bei einem Safari-Anbieter geschehen. Die Reservierungsbestätigung ist dann dem jeweiligen Fahrer zu übergeben, entweder beim Reception Centre oder dem Safari-Anbieter, bei dem ein Fahrzeug gebucht wird. Falls man nicht die Möglichkeit hat, die Zugangserlaubnis im Voraus zu erwerben, besteht mit Glück die Chance, beim Reception Centre ein übrig gebliebenes Fahrzeug zugewiesen zu bekommen oder bei einem der Safari-Anbieter noch Plätze zu erhalten.

Preise und Gebühren

Eine vier Stunden gültige **Zugangserlaubnis** zum Reservat kostet 450 Rs p.P., eine drei Tage gültige 900 Rs. Da der Zugang (abgesehen von den Bustouren) nur in Jeeps möglich ist, die bis zu sechs Personen befördern können, ist auch die Zugangserlaubnis für eventuell leere Sitzplätze mitzubezahlen (jedoch nur die Gebühr für Inder, diese beträgt 100 Rs). Will man also zu zweit für vier Stunden per Jeep in den Park, zahlt man seine eigenen Zugangsgebühren von 900 Rs sowie die vier leeren Plätze zu jeweils 100 Rs.

Zusätzlich zu den Personengebühren sind die **Fahrzeuggebühren** zu entrichten. Diese betragen 500 Rs, falls man im Reservat übernachtet 1.500 Rs. Insgesamt sind also Zugangserlaubnis (inkl. evtl. leerer Plätze), Fahrzeuggebühr sowie die Jeepanmietung für die jeweilige Zone (s.u.) zu zahlen. So ist es trotz geringer zusätzlicher Kosten sinnvoll, dieses Prozedere einem Veranstalter oder dem jeweiligen Hotel zu überlassen, zumal meist versierte Führer das Gesamtpaket komplettieren. Eine zusätzliche Kamera- oder Videogebühr wird nicht erhoben.

Fortbewegung im Park

Täglich um 6 und um 12 Uhr (2.250 Rs p.P.) starten vom Reception Centre **Bustouren** in die Kernzone Dhikala. Zudem können **Jeeps** gebucht werden, entweder am Reception Centre, über das jeweilige Hotel oder bei einem Safari-Veranstalter. Da die Jeepfirmen sich zusammengeschlossen haben, gelten offiziell Festpreise für die jeweilige Reservatszone. Halbtagessafaris (Start morgens und nachmittags) kosten nach Bijrani 1.500 Rs, nach Jhirna und nach Dhela 1.800 Rs, nach Durga Deva und nach Sonanadi 2.200 Rs. Ganztagestouren kosten das Doppelte. Hinzu kommen die Eintrittspreise (auch für den Guide). Ausflüge mit Übernachtung in Dhikala kosten 5.200 Rs.

Unterkunft

- **Vorwahl:** 05947

In Ramnagar

Unser Tipp: Einfache, aber komfortable und gut gewartete Bungalows und Zelte zum kleinen Preis in ruhiger, gepflegter Gartenanlage führen zur besten Beurteilung im unteren Preisbereich. Zudem kann der freundliche Besitzer des **Karan's Corbett Motel**② (Manglar Rd., Tel. (0)9837468933, www.karanscorbettmotel.com) gelungene Jeepsafaris zu fairen Preisen organisieren – ein empfehlenswertes Paket, das allerdings ohne sehr frühzeitige Buchung kaum zu haben ist.

- Viele teure Resorts wurden entlang der Hauptstraße Richtung Ranikhet auf der östlichen Seite des Nationalparks in Dhikluli gebaut. Mit dem **Corbett Jungle Resort**④ (Tel. 251230, 011-40541676, www.corbettjungle resort.com) mit klasse Swimmingpool, dem überraschend preiswerten **Infinity Resort**④ (Tel. 251279, www.infi nityresorts.com) in toller Gartenanlage mit offenem Rundhaus-Restaurant, Pool und Hauselefant und dem fast dschungelartig bewachsenen **Tiger Camp**④-⑤ (Tel. 2551963, www.tiger-camp.com) am Kosi-Fluss werden hier drei Luxusherbergen stellvertretend genannt, in denen man in elegant eingerichteten Bungalows (inkl. drei Mahlzeiten) wie ein ehemaliger britischer Kolonialherr bestens versorgt ist.
- Etwa 12 km nördlich von Ramnagar ist das von der Taj-Gruppe runderneuerte **Corbett Hideaway**⑤ (Tel. 284132, 011-46520000, www.corbetthideaway.com) eine der wohl luxuriösesten Anlagen um den Corbett-Nationalpark. Neben den angenehmen Cottages und dem Pool mit Bar wird man mit vielerlei entspannenden Behandlungen wie Massage, Spa und Reiki verwöhnt.

Im Park (Dhikala)

Unterkünfte innerhalb des Parks werden über das **Reception Centre** des Nationalparks unter Tel. 251489 oder online über www.corbettonline.uk.gov.in gebucht. Sie sind zwar verhältnismäßig teuer, doch ist nur so die einzigartige Atmosphäre des Tigerreservats wirklich zu spüren. Trotz des hohen Preises sind die Unterkünfte lange im Voraus ausgebucht, sodass eine frühzeitige Reservierung dringend empfohlen ist.

- Als billigste Übernachtungsmöglichkeit im Park bieten sich die **Log Huts**① in Dhikala an. Das sind zwei nebeneinander gelegene Schlafsäle mit jeweils 24 Betten, wobei jeweils drei Betten übereinanderliegen. Die sanitären Anlagen in einem Extragebäude verfügen über Warmwasser. Dieses und die meisten folgenden Unterkünfte sind von einem solar gespeisten Elektrozaun umgeben, der das Eindringen von Wildtieren verhindert.
- Deutlich teurer sind die **Tourist Hutment**③ mit bis zu sechs Betten pro Zimmer auf demselben Gelände. Für den Schlafsaal benötigt man sein eigenes Bettzeug/ Schlafsack.
- Fast schon luxuriös sind das **Old Forest Rest House** ③-④ und das etwas preiswertere **New Forest Rest House**③, schöne Holzbungalows mit stilvollen Möbeln und einer großen Veranda. Beide sind über das Reception Centre in Ramnagar zu buchen.
- Nicht weit von Dhikala mitten in der Kernzone des Nationalparks gelegen, ist das **Khinnanauli Rest House**⑤ (Tel. 251489) teuer und komfortabel. Hier sind die Mahlzeiten und Ausflüge inklusive. Eine langfristige Voranmeldung ist nötig.
- Mehrere weitere, eher einfache Bleiben im Park, teils ohne Verpflegung und Elektrizität finden sich in den Dörfern Kanda, Binsar, Sultan Maiani, Lohachaur, Morghatti, Senhikal, Dhela (nahe dem Jhirna Gate), Gairal und einigen weiteren. Alle sind über das Reception Centre zu buchen. Nahe dem Amdanda Gate ist das **Bijrani Rest House**②-③ (hier sind Elefantenausritte möglich) akzeptabel. Das **Gairal Rest House**②-③ liegt nahe dem Dhangari Gate am Ramganga-Fluss. Näher im Zentrum des Reservats liegt das **Sarapuli Rest House**③ nahe Gairal und dem Ramganga-Fluss.

Essen und Trinken

Der Verzehr von Fleisch und der Konsum von Alkohol sind im Park nicht erlaubt.

■ Die zwei **Restaurants** Dhikalas verfügen zwar über eine begrenzte Auswahl, doch die einzelnen Gerichte schmecken gut. Auch in den Rasthäusern in Bijrani und Gairal sind Mahlzeiten möglich.

■ In Ramnagar serviert das saubere **Delhi Darbar Restaurant** (9–23 Uhr) nahe dem Busbahnhof indische Gerichte und Pizza zum kleinen Preis (60–170 Rs).

■ Natürlich haben auch alle anderen genannten Häuser teils erstklassige Restaurants.

An- und Weiterreise

Bahn von und nach Ramnagar

Ramnagars Bahnhof liegt etwa 1,5 km vom Reservatseingang entfernt.

■ Von Ramnagar existiert eine Nachtverbindung nach **Delhi:** 25014 Corbett Park Link Exp, Abf. Ramnagar 22 Uhr, Ank. Delhi 4 Uhr. Tagverbindung: der 25036 RMR Dli Link Exp., Abf. 9.50 Uhr, Ank. Delhi 15.20 Uhr. Andere Richtung: 15013 Ranikhet Exp., Abf. Delhi 22.30 Uhr, Ank. Ramnagar 4.50 Uhr. Tagverbindung: der 25035 UTR Samprk Exp., Abf. Delhi 16 Uhr, Ank. Ramnagar 20.40 Uhr.

■ Ramnagar liegt an der Strecke **Moradabad – Ramnagar.** Vier Züge pro Tag legen die 79 km lange Strecke in 2 Std. zurück, wobei der 55322 RMR BSB Exp., Abf. in Ramnagar um 20.50 Uhr, über Lucknow (an 7.45 Uhr), direkt nach Varanasi (Ank. 16.05 Uhr) weiterfährt. Moradabad selbst liegt an der Breitspurbahn Delhi – Lucknow – Varanasi, und so bieten sich in beiden Richtungen weitere gute Verbindungen von dort.

■ Kommt man über **Moradabad,** bieten sich (neben Bussen) vier Verbindungen zur Weiterfahrt nach Ramnagar an: etwa der 55321 MB RMR Pass: Abf. Moradabad 7.10 Uhr, Ankunft Ramnagar 9.35 Uhr, oder abends der 15035 UTR Samprk Exp., Abf. 19.10 Uhr, Ank 20.40 Uhr.

Bus von Ramnagar

■ Direktverbindungen etwa stündlich nach **Delhi** (7 Std., 251 Rs), **Haridwar** (6 Std., 190 Rs, von dort regelmäßig Anschlussbusse nach Rishikesh (1 Std. Fahrtzeit)) und häufiger nach **Haldwani** (2 Std., 61 Rs). Einige Morgenbusse nach **Ranikhet** (4½ Std., 120 Rs).

■ Nach **Nainital** (3½ Std., 84 Rs) kann man jedoch neben den vier täglichen Direktverbindungen am Morgen auch erst mit einem der vielen Busse von Ramnagar nach Haldwani oder Kaladhungi (3½ Std.) fahren und dort die restlichen knapp 30 km mit dem Vikram (50 Rs pro Person) bzw. einem Anschlussbus zurücklegen.

Nainital

Klare Bergluft, angenehmes Klima, hübsche Kolonialstilgebäude, eine Kurpromenade, ein Kricketplatz sowie hervorragende Aussichten auf die Himalayaberge – das auf gut 2.000 m Höhe gelegene Nainital weist alle Attribute einer klassischen **Hill Station** auf. Seine landschaftlich äußerst reizvolle Lage am Ufer eines Sees *(tal)*, eingekesselt von sieben dicht bewaldeten Bergen, lässt Erinnerungen an einen **Schweizer Ferienort** aufkommen. Die relativ bequeme Anbindung an Delhi hat diesen 1841 von dem Engländer Barron gegründeten Ort zu einem der beliebtesten Sommerferienziele der indischen Mittel- und Oberschicht werden lassen. Wegen des starken Touristenzustroms in der Hochsaison von Mitte April bis Ende Juni verdienen die meisten Einwohner Nainitals ihr Geld mit dem Tourismus.

Doch ähnlich wie in Manali treten die Schattenseiten dieses ökonomischen Erfolgs immer offener zutage. Vom Lockruf des schnellen Geldes angelockt, werden immer neue Hotels den bereits bestehenden hinzugefügt, die den natürlichen Charme des Ortes mehr und mehr in den Hintergrund drängen. Dennoch ist Nainital einer der angenehmsten Bergkurorte Indiens, in dem man für einige Tage Abstand vom Lärm und der Hektik der Großstädte gewinnen kann.

Nainital ist in den nordwestlichen Bereich oberhalb des Sees, **Mallital** (Kopf des Sees), und den südlichen Bereich **Tallital** (Fuß des Sees) unterteilt. Beide verbindet die 1,5 km lange Mall Road. Der wichtigere Busbahnhof findet sich in Tallital, Unterkünfte liegen in beiden Stadtteilen und auch entlang der Mall.

Naini-See

Nicht nur seinen Namen, sondern auch seine Bedeutung als beliebter Touristenort verdankt der Ort dem kleinen, in der Mitte gelegenen See. Bei dem nicht gerade überwältigenden Freizeitangebot Nainitals bietet er eine willkommene Gelegenheit zu einer geruhsamen **Ruderbootfahrt** (210 Rs pro Std., Tretboote etwa 150 Rs/Std.). Der alte **Nainital Boat Club** (10–16 Uhr, www.boathouseclub.in) weist zwar immer noch mit einem Schild „Members Only" auf seine Exklusivität hin, das kann jedoch nicht darüber hinwegtäuschen, dass er seine frühere Bedeutung als Mittelpunkt des gesellschaftlichen Lebens inzwischen eingebüßt hat. Seine hübsche Lage direkt am See sowie die Bar und die Bücherei vermitteln aber immer noch einen Eindruck vom Flair vergangener Tage. Für 350 Rs (10–16 Uhr) wird man über den See gesegelt.

Seilbahn zum Snow Peak

Zu Fuß, auf dem Rücken eines Pferdes oder in einer Gondel gelangt man zum Gipfel des 2.270 m hoch gelegenen Snow Peak. Zu Fuß geht man gut eine Stunde, auf dem Pferderücken (150 Rs) dauert es nur halb so lange. Auf dem Weg nach oben passiert man ein hübsches **tibetanisches Kloster.** Mit der Seilbahn fährt man gerade vier Minuten (Erw./Kind 150/100 Rs für Hin- und Rückfahrt, das Ticket hat nur einstündige Gültigkeit).

Von oben bietet sich bei schönem Wetter eine **spektakuläre Aussicht,** sowohl auf den wie einen blauen Diamanten zwischen den Bergen schimmernden Naini-See als auch auf das faszinierende **Panorama des Himalaya.** Hat man Glück, kann man Indiens höchsten Berg, den Kanchenjunga (8.579 m) in Sikkim, und den 7.817 m hohen Nanda Devi zum Greifen nah heranholen.

Weitergehende Ausflüge zu nahegelegenen Aussichtspunkten wie dem **Naina Peak** in 4 km Entfernung sind möglich. Auch Vogelfreunde kommen in der Umgebung auf ihre Kosten. Per Taxi kostet die Auffahrt zum Snow Peak 200 Rs.

St. John's Church

Ein gut 20-minütiger Fußweg führt zur 1847 von den Briten errichteten Kirche. Die meisten Grabsteine auf dem benachbarten Friedhof tragen das Datum 1880, jenes Jahr, in dem ein verheerender Erdrutsch große Teile des Ortes unter sich begrub.

Tiffin Top

Wie in vielen Hill Stations ist die Umgebung das eigentliche Highlight. So führen zahlreiche Spaziergänge in die ruhige Natur. Eine der schönsten **Wanderungen** führt von Tiffin Top auf 2.290 m Höhe zum Land's End etwas tiefer. Schon auf dem Weg zum Tiffin Top vom ca. 3 km östlich gelegenen Mallital säumen Pferde den Weg, die bei Bedarf gemietet werden können (Preise herunterhandeln!).

Praktische Tipps

Information

- **Vorwahl:** 05942
- **Uttarakhand Tourist Office** (Tel. 235337, Mo–Sa 10–17 Uhr), an der Mall etwa auf halber Strecke zwischen Mallital und Tallital.

Reisebüros und Trekking

- Engagierte Bergsteiger des **Nainital Mountaineering Club** (Tel. 235051) in Mallital leiten gekonnt ein etwa dreistündiges Klettertraining (200 Rs) an einem 15 m hohen Übungsfelsen im Westen der Stadt und geben fachkundigen Rat für Trekking-Touren. Tagesausflüge kosten 600 Rs.
- Mehrere Reiseagenturen, wie **Hina Tours & Travels** (Tel. 235860, (0)9719030786, www.hinatours.com) an der Mall zwischen Mallital und Tallital, offerieren ein-

oder mehrtägige Busausflüge, etwa nach Raniketh oder Kausani oder in jede andere Gegend Uttarakhands.

■ **KMVN Parvat Tours** (Tel. 235656, 236374, (0)865 00025520, www.kmvn.gov.in) in Tallital vermittelt Unterkünfte, auch in abgeschiedenen Regionen von Kumaon, und organisiert mehrtägige Trekking-Touren.

■ Wem Ausrüstung für Bergtouren fehlt, dem sei **Snout Adventures** (Ashoka Cinema Bldg., Mallital, Tel. 231749, (0)9411374560, www.snoutadventure.com) empfohlen. Auch hier können Touren und Kletterkurse (600 Rs/Tag) gebucht werden.

Stadtverkehr

■ Entlang der knapp 2 km langen Mall zwischen Mallital und Tallital flitzen blankgeputzte **Fahrradrikshas** von einem Ende zum anderen, dürfen jedoch nur an den Prepaid-Buden Passagiere ein- bzw aussteigen lassen. **Taxis** verlangen im Stadtgebiet zwischen 70 und 250 Rs.

Unterkunft

In Nainital kann man sich manchmal des Eindrucks nicht erwehren, der Ort bestünde aus nichts anderem als Hotels. Dennoch kann es in den Monaten Mai bis Juli vorkommen, dass alle Betten belegt sind. Die hier angegebenen Preise beziehen sich auf die Nebensaison von Mitte November bis Mitte April. Während der Hochsaison von Mitte April bis Anfang Juli, zum Diwali- bzw. Dussehra-Fest im Oktober sowie um Weihnachten/Neujahr steigen die Tarife allerdings um das Zwei- bis Dreifache. Im unteren Preissegment ist die Auswahl gering.

■ Etwas oberhalb der Mall liegt das gute **Hotel Prashant**②-③ (Tel. 234347, (0)9837128420, www.prashanthotelnainital.com) mit schönen Zimmern, großteils mit einem kleinen Balkon, der sich für eine Siesta mit Blick auf den Naini-See anbietet.

■ Eine der besten Unterkünfte in dieser Preiskategorie ist das **Hotel City Heart**②-③ (Tel. 236013, (0)819 2800517/8/9, www.cityhearthotelnainital.com). Neben den geräumigen, sauberen und hellen Zimmern, meist mit Balkon, trägt die relaxte Atmosphäre zur Beliebtheit bei Travellern bei. Die teureren Räume verfügen über eine sehr schöne Aussicht. Wer sich in die billigeren einmietet, kann sich dafür auf der schönen Dachterrasse ausruhen und speisen.

■ Das Flair der Kolonialzeit atmet das 1872 erbaute, altehrwürdige **The Grand Hotel**③ (Tel. 235406, www.thegrandnainital.com). Die schön eingerichteten und geräumigen, allerdings auch schon deutlich den Zahn der Zeit reflektierenden Zimmer werden in der Nebensaison mit 50 % Nachlass vermietet.

■ Empfehlenswert ist auch das nahegelegene **Evelyn Hotel**②-③ (The Mall, Tel. 235457, www.hotelevelynnainital.com) in viktorianischem Stil. Besonders von den oberen Balkonzimmern klasse Ausblicke auf den See. Nachteil: Das Personal fordert gelegentlich Trinkgeld ein. Wer elektrisch heizen möchte, zahlt etwas mehr.

■ Viel kolonialen Touch bietet das 1910 errichtete **Swiss Hotel**③-④ (Tel. 236013, (0)8192800517/8/9, www.swisshotelnainital.com) mit freundlichem Service, klasse Restaurant und herrlicher Gartenanlage. Für alle, die es lieber etwas nostalgischer als modern mögen, ist dies auch nach Komplettrenovierung genau der richtige Ort.

■ Ehemals ein Palast, ist das **Palace Belvedere**④ (Tel. 235082, (0)7055660804, www.thepalacebelvedere.com, WiFi kostenlos) in Mallital ein weiteres Schmuckstück aus kolonialer Vergangenheit. Das 1897 erbaute Haus schmückt seine Wände mit Tierhäuten, der Service ist hervorragend. Das Haus ist jedoch nicht luxuriös, sondern eher mit dem Wort *komfortabel* passend beschrieben. Die Zimmer im Obergeschoss sind wesentlich heller.

Essen und Trinken

Neben vielen guten Hotelrestaurants wie etwa dem **Swiss Hotel** finden sich einige empfehlenswerte Lokale an der Mall. Diese sind meist bis 22 Uhr oder etwas länger bereit, Gäste zu empfangen.

■ Auch die tibetanische Küche im **Sonam Chowmien Corner** (11–19.30 Uhr, 50–80 Rs) in Mallital schont auch den Geldbeutel.

■ Wer sich noch nicht für die Art des Essens entschieden hat, findet bei der reichhaltigen Speisekarte des **Sakley's Restaurant and Pastry Shop** in Mallital sicher etwas, werden doch z.B. Lamm, Krabben, chinesische Küche und diverse Kuchen serviert (70–300 Rs).

■ Seit mehr als vier Jahrzehnten glänzt das **Embassy Restaurant** (9.30–23.30 Uhr, Hauptgericht 120–400 Rs) mit einer langen Speisekarte und gediegener Ausstattung. Ein weiterer Pluspunkt ist die Freiluftterrasse.

■ Eine reiche Auswahl an indischen, chinesischen und westlichen, auch nichtvegetarischen Speisen bietet das angrenzende **Machaan Restaurant** an der Mall in Mallital gegenüber dem Naintal Boat Club. Die meisten Gerichte kosten zwischen 100 und 300 Rs.

■ Für preiswerte Snacks geht man zu den Essensständen auf dem Tibetischen Markt oder am Bara Bazaar. Ein typisches Beispiel ist **Sher-e-Punjab** im Basarviertel mit einfacher indischer Kost.

■ Die **Bar des Nainital Boat Club** (10–22 Uhr) entstammt noch den Kolonialzeiten. Obwohl eine schwindelerregende Mitgliedsgebühr (Mann/Frau/Paar 850/425/850 Rs/Tag) zu zahlen ist, lohnen die großartige Einrichtung, das tolle Flair und das große zusätzliche Angebot einen Aufenthalt. Der Dresscode, keine kurzen Hosen, ist einzuhalten.

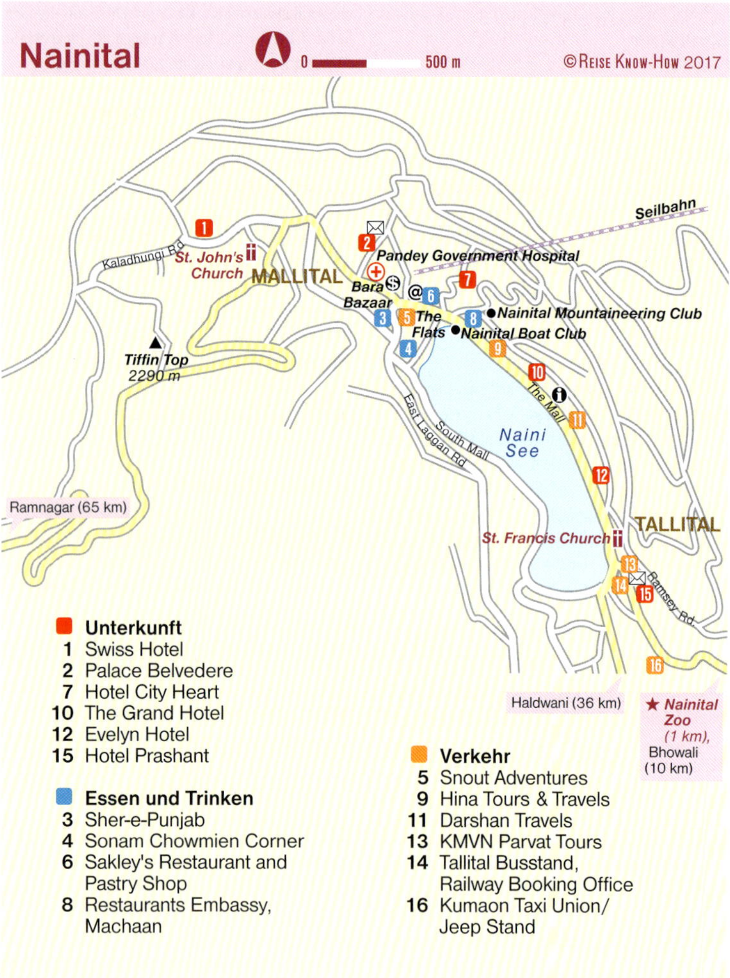

Bank, Post und Internet

■ Die **State Bank of India** (Mo–Fr 10–16 Uhr, Sa 10–13 Uhr) wechselt Bares. Zudem gibt's dort einen ATM für internationale Kreditkarten.

■ Die **Hauptpost** ist in Mallital, eine Zweigstelle in Tallital, beide Mo–Sa 10–17 Uhr.

■ Schnelles Internet liefert **Cyberia** in Mallital (10–19.30 Uhr) nahe der Mall.

Medizinische Versorgung

■ Das **Pandey Government Hospital** (Tel. 235012) ist in Mallital nahe der Mall Rd.

An- und Weiterreise

Bahn

■ **Tickets** für Züge nach Varanasi vom 35 km südlich von Nainital gelegenen Kathgodam-Bahnhof oder dem wenig südlicher gelegenen Haldwani, 37 km entfernt, können bis spätestens 16 Uhr am Tag vor der Abfahrt im Railway Booking Office (Mo–Fr 9–12 und 14–17, Sa 9–14 Uhr) neben dem Busbahnhof in Tallital gekauft werden.

■ Von Nainital zum Kathgodam-Bahnhof verkehren regelmäßig **Busse und Sammeltaxis** (Preise s.u.).

■ Nach **Delhi** am besten mit dem 15036 Uttarkhand Sampark Exp.: Abf. 8.50 Uhr, Ank. Delhi 15.20 Uhr, umgekehrt: 15013 Ranikhet Exp., Abfahrt Delhi 22.30 Uhr, Ankunft Kathgodam 5.05 Uhr.

■ Der 13020 Bagh Exp. verlässt Kathgodam um 21.55 Uhr und erreicht **Lucknow** um 5.50 Uhr des nächsten Morgens. In umgekehrter Richtung fährt der 14043 Lucknow Kathgodam Exp. um 22.40 Uhr in Lucknow ab und erreicht Kathgodam um 8 Uhr. Als Tagverbindung bietet sich der 15044 Kathgodam Kucknow Jn Exp. an: Abfahrt 10.50 Uhr, Ankunft 18.40 Uhr.

Bus

■ Die meisten staatlichen Busverbindungen von KMOU starten vom **Busbahnhof Tallital.** Zwar gibt es auch einige Direktbusse von Nainital, die meisten Verbindungen bieten sich jedoch von den Busbahnhöfen in **Haldwani** (37 km südlich) und **Bhowali** (11 km östlich), von wo die meisten Busse zu Zielen nach Norden starten.

■ Direktverbindungen von Tallital nach **Delhi** (39 Std., 250–480 Rs) um 9, 9.30, 19 und 20.30 Uhr, nach **Lucknow** (8 Std., 210–420 Rs), **Rishikesh** (5 Uhr morgens, 9 Std., 310 Rs) und **Haridwar** (8 Std., 340–580 Rs, jeweils 3 morgens und abends). Häufige Verbindungen mit **Haldwani** (alle 30 Min., 2 Std., 60 Rs), von wo neben den oben genannten Verbindungen auch regelmäßig Busse nach Ramnagar starten. Um nach Almora, Kausani oder Ranikheth zu gelangen, zunächst nach **Bhowali.** Von dort viele Verbindungen zu den genannten Zielen. Um nach Banbassa an der **Grenze zu Nepal** zu gelangen, muss man zunächst bis Haldwani fahren und dort umgesteigen.

■ Von und nach **Ramnagar** (Corbett-Nationalpark, 3½ Std., 80 Rs) fahren auch Privatanbieter zwischen 8 und 15.30 Uhr vom Sukhatal Bus Stand etwas nordwestlich von Mallital und damit näher zu Nainital als die staatliche Busgesellschaft, die von Haldwani dorthin fährt.

■ **Privatanbieter** wie Hina Tours (s.o.) fahren mit Komfortbussen von Tallital nach Delhi (350–500/600–750 Rs Luxusbusse, 9 Std.), meist gegen 10.30 und 22 Uhr.

Jeeps/Taxi

■ **Sammeljeeps** fahren ständig für 100 Rs p.P. in 1½ Std. vom Busbahnhof in Tallital nach Kathgodam und Haldwani, wenn genügend Mitfahrer eingesammelt sind. Nach Bhowali kostet es 20 Rs.

■ **Taxis** der Kumaon Taxi Union in Tallital verlangen nach Kathgodam (1½ Std.) 750 Rs, nach Ramnagar (Corbett-Nationalpark, 3 Std.) 1.600 Rs und nach Ranikhet (2½ Std.) 1.800 Rs. Taxipreise nach Haldwani (37 km) und Kathgodam (35 km, 1½ Std.) 500 Rs, nach Bhowali (11 km, 30 Min.) 300 Rs. Ein Taxi nach Delhi kostet ca. 5.000 Rs.

801ra tb

4 Uttar Pradesh

Alle großen Epochen und Herrscher haben in der Ganges-Ebene ihre architektonischen Spuren hinterlassen. In Uttar Pradesh finden sich mit dem Taj Mahal in Agra und der heiligen Stadt Varanasi die meistbesuchten Sehenswürdigkeiten Indiens.

< Das Taj Mahal, die marmorne Liebeserklärung von Shah Jahan an seine Lieblingsfrau, wurde zum Inbegriff unvergänglicher Liebe. Dass der Mogulherrscher noch 72 weitere Gattinnen hatte, mag einen kleinen Schatten auf die romantische Verklärung des berühmtesten Bauwerks der Erde werfen

Uttar Pradesh

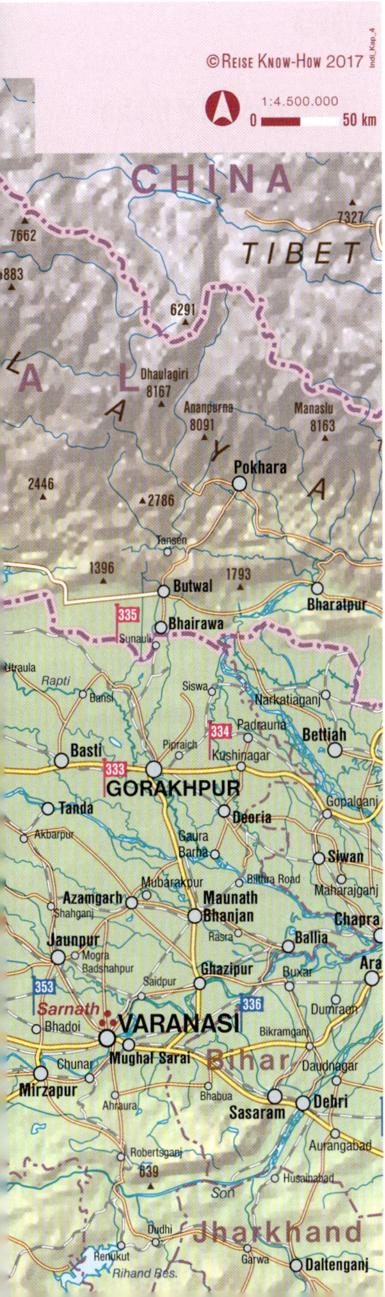

UTTAR PRADESH – DIE GANGES-EBENE

Der ehemals viertgrößte indische Bundesstaat Uttar Pradesh („Nördlicher Bundesstaat") ist 1833 durch die Aufteilung Bengalens entstanden. Im Jahr 2000 wurde er selbst geteilt: Aus den Distrikten Kumaon und Garhwal, vormals nordöstlicher Teil von Uttar Pradesh, entstand der neue Bundesstaat Uttarakhand. Die Hauptstadt von Uttar Pradesh ist Lucknow.

Den größten Teil Uttar Pradeshs nehmen die fruchtbaren Flussebenen des Ganges ein,

NICHT VERPASSEN!

- **Taj Mahal** – das zum Weltkulturerbe erklärte Mausoleum gilt als eines der schönsten Bauwerke der Erde | 299
- Das **Rote Fort** in Agra – gigantische Trutzburg als Zeugnis der Mogulherrschaft | 305
- **Itimat-ud-Daula** – Schmuckkästchen islamischer Architektur in Indien | 309
- **Fatehpur Sikri** – Akbars Geisterstadt, zu Stein gewordenes Monument der Genialität des Mogulkaisers | 319
- **Varanasi** – heilige Stadt am Ganges | 336

Diese Tipps erkennt man an der gelben Hinterlegung.

die seit alters her die Kernräume der Besiedlung des indischen Subkontinents bildeten. Hier drängen sich denn auch die meisten der über 200 Mio. Bewohner, die den Bundesstaat zu dem mit Abstand bevölkerungsreichsten Indiens machen. Wäre Uttar Pradesh ein unabhängiger Staat, gehörte er nach China, Indien, den USA, Brasilien und Indonesien zu den bevölkerungsreichsten Ländern der Erde.

Besonders beeindruckend ist die ewige Stadt Varanasi, wo sich die Gläubigen durch ein Bad im Ganges die Reinwaschung ihrer Sünden erhoffen. Sarnath, der Ort, an dem Buddha die erste öffentliche Predigt nach seiner Erleuchtung hielt, ist Ziel von Buddhisten aus aller Welt. Das Taj Mahal in Agra ist nicht nur das großartigste Monument der muslimischen Eroberer, sondern eines der eindrucksvollsten Bauwerke überhaupt – für viele der Höhepunkt ihrer Indienreise.

Agra

– Heimat des Taj Mahal

Für die allermeisten Besucher ist Agra gleichbedeutend mit dem Taj Mahal und sie stellen erst vor Ort überrascht fest, dass die Stadt noch viele weitere großartige Monumente einer knapp 200-jährigen muslimischen Herrschaft beheimatet. Hierzu zählt vor allem das nur zwei Kilometer vom Taj entfernte Agra Fort und das Grabmal Kaiser *Akbars* im zehn Kilometer nördlich gelegenen Sikandra. Doch auch das auf der anderen Seite des Yamuna-Flusses befindliche Grabmal des ehemaligen Finanzministers der Moguln, Itimad-ud-Daula, lohnt einen Besuch. Ein Muss für jeden Agra-Besucher ist zudem ein Abstecher zu den 40 km entfernt gelegenen Überresten von Fatehpur Sikri, jener von Akbar im 16. Jh. auf einem Felsen errichteten Hauptstadt, die schon recht bald wieder verlassen werden musste.

Im Grunde unterscheidet sich die ehemalige Hauptstadt der Großmoguln zunächst kaum vom typischen Erscheinungsbild nordindischer Großstädte. Lärm, Hektik und Luftverschmutzung prägen die dicht gedrängten Straßen der Altstadt. Auch die am Bahnhof wartenden Rikshafahrer, die einen für eine gesalzene Kommission zu den, wie sie glauben machen wollen, besten und billigsten Unterkünften transportieren wollen, machen die Stadt nicht gerade sympathischer – doch wen interessiert das schon? Es ist eines der berühmtesten Bauwerke der Erde, welches jährlich Millionen einheimische wie ausländische Touristen nach Agra strömen lässt – das Taj Mahal. Wie wohl kein anderes Monument der Erde repräsentiert das Taj sein Ursprungsland.

Wegen seiner großartigen Sehenswürdigkeiten ist Agra zu Recht selbstverständlicher Bestandteil jeder Nordindien-Reise. Abgesehen davon ist es für viele Reisende leider auch ein Ort, den man nur allzu gern wieder verlässt. Verantwortlich hierfür sind die in Agra besonders ausgeprägten Negativerscheinungen wie Touristennepp, die mangelnde Infrastruktur, Lärm und Luftverschmutzung. So sollte man nicht mehr Zeit für Agra einplanen als zur Besichtigung der Sehenswürdigkeiten notwendig.

Geschichte

Der Legende nach soll Agra schon als *Agrabana* im „Mahabharata" Erwähnung finden, doch historische Bedeutung erlangte die Stadt erst 1500, als der Lodi-Kaiser Sikandra sie zu seiner Hauptstadt machte. Wichtigste Stadt des Mogulreiches wurde Agra 1566, als *Akbar* sich entschloss, seine **Hauptstadt** von Delhi hierher zu verlegen. Während Delhi die Schwelle zum Norden bildete, von der man das Land gegen Invasoren verteidigen konnte, repräsentierte Agra den Wunsch der Moguln, nach der Festigung ihrer Machtposition nun den Süden des Subkontinents enger an ihre Herrschaft zu binden. Gleichzeitig ließ sich der Zugang zum Zweistromland gegen jeden verteidigen, der über die Ebene von Malwa, die strategische Drehscheibe Indiens, vorstoßen wollte.

Doch die Mogulherrscher fühlten sich in Agra nie so ganz heimisch. Am deutlichsten zeigte sich dies bei *Akbars* Enkel *Shah Jahan*, der zwar mit dem Taj Mahal das großartigste Monument muslimischer Baukunst in Agra errichten ließ, doch gleichzeitig die Grundlage des heutigen Old Delhi schuf, indem er dort die Jamia Masjid und das Rote Fort in Auftrag gab. Wäre er nicht 1658 von seinem Sohn *Aurangzeb* entthront und gefangen genommen worden, hätte er die Hauptstadt wohl schon damals nach Delhi zurückverlegt.

Nach dem Niedergang der Moguln wurde Agra Mitte des 18. Jh. innerhalb von nur acht Jahren sowohl von den Jats (einem kriegerischen Stamm aus Mittelindien) als auch von den Marathen geplündert, bevor 1803 die Briten die Macht übernahmen.

Schon Ende des 19. Jh. machte die englische Besatzungsmacht Agra zum Zentrum für chemische und Schwerindustrie, was schon damals eine starke **Luftverschmutzung** zur Folge hatte. Wegen des immer mehr zunehmenden Straßenverkehrs ist die schlechte Luft auch heute wieder zu beklagen, und das obwohl Agras Haupteinnahmequelle inzwischen der Tourismus ist.

Taj Mahal

Rudyard Kipling hatte recht, als er sagte, das Taj Mahal liege jenseits jeglicher Beschreibung. Jeder Besucher, der nach Agra kommt, hat das **Mausoleum** wohl schon unzählige Male zuvor auf Fotos, Postern oder im Fernsehen gesehen, doch schließlich kann sich niemand seiner einzigartigen Ausstrahlung entziehen, wenn er durch das Eingangstor tritt.

Das Taj ist nicht nur das meistbesuchte Bauwerk Indiens, sondern eines der beeindruckendsten der Erde überhaupt. Der fast schon magische Eindruck schwebender Leichtigkeit, die dieses im Grunde so kolossale Monument aus weißem Marmor ausstrahlt, hat viele Betrachter zu lyrischen Vergleichen animiert. „Denkmal unvergänglicher Liebe" ist dabei der wohl meistverwendete. Er bezieht sich auf *Shah Jahan* („Herrscher der Welt"), der das Monument in Erinnerung an seine Lieblingsfrau **Mumtaz Mahal** („die Erwählte des Palastes") erbauen ließ, nachdem diese im Alter von 38 Jahren bei der Geburt ihres 14. Kindes verstarb. Insgesamt 20.000 Arbeiter benötigten 20 Jahre, um diese Liebeserklärung aus Marmor 1653 fertigzustellen.

Obwohl immer wieder europäische Architekten, vor allem aus Frankreich und Italien, als **Baumeister** angeführt wurden, geht man inzwischen davon aus, dass Shah Jahan selbst als Hauptarchitekt fungierte. Die enormen Kosten, die der Bau verschlang, waren für Shah Jahans machthungrigen Sohn *Aurangzeb* ein willkommener Anlass, um den **Sturz seines Vaters** zu legitimieren. Während sich Aurangzeb im Laufe seiner fünfzigjährigen Herrschaft durch seinen fanatischen Feldzug gegen

Mythos Taj Mahal – Unbekanntes vom bekanntesten Bauwerk der Erde

Seit seinem Bau vor über 300 Jahren ist das Taj Mahal weltweit zum Inbegriff unvergänglicher Liebe geworden. Diese romantische Verklärung des meistfotografierten und wohl berühmtesten Bauwerks der Erde hat dazu geführt, dass eine Reihe von historischen Tatsachen, die dieses Bild stören könnten, bisher kaum bekannt sind.

So war *Mumtaz Mahal,* die mit bürgerlichem Namen *Arjumand Bano* hieß, durchaus nicht die einzige Gemahlin von *Shah Jahan.* Obwohl sie zweifellos seine Lieblingsfrau war, mit der er auch wichtige politische Entscheidungen beriet, hatte er gleichzeitig noch 72 weitere Gattinnen und von mindestens acht von ihnen ebenfalls Kinder. Auch die immer wieder vorgetragene Legende, dass der untröstliche Herrscher nach dem Tod von Mumtaz für zwei Jahre auf jeden Luxus verzichtet und vollkommen zurückgezogen gelebt haben soll, entspricht nicht den Tatsachen. Wein, Weib und Gesang blieben für ihn wie für alle seine Vorgänger die liebsten Beschäftigungen.

Selbst die seit Jahrhunderten gebetsmühlenartig vertretene These, dass das Taj Mahal im Kern eine Liebeserklärung an seine verstorbene Frau sei, darf bezweifelt werden. Shah Jahan war sich der Bedeutung der offiziellen Hofschreibung für die Nachwelt sehr bewusst. Dementsprechend hat er akribisch darauf geachtet, dass die von ihm ausgewählten Schreiber seine Person im besten Licht erscheinen ließen. Dabei setzte er ganz bewusst Emotionen zur ideellen Überhöhung seiner Regentschaft ein. Architektur und Herrschaftsideologie waren bei ihm wie bei keinem anderen Potentaten Indiens aufs Engste miteinander verknüpft. So lag der Hauptgrund für den Bau des Taj Mahal darin, der Nachwelt die Größe und Herrlichkeit der Regentschaft Shah Jahans vor Augen zu führen.

Zur Verklärung des Taj gehört auch die immer vorgetragene Behauptung, der Herrscher habe einen fast identischen Bau aus schwarzem Mamor auf der gegenüberliegenden Seite des Yamuna geplant. So herzerweichend diese Vorstellung auch sein mag – bis heute wurde nicht ein einziger historischer Beleg dafür gefunden.

Während des Baus des Taj Mahal versammelten sich die bekanntesten Musiker und Dichter des Reiches in Agra, um mit Musik, Lesungen und Rezitationen aus dem Koran der Verstorbenen zu gedenken und die Größe Shah Jahans zu preisen. Vor den Toren des Grabmals wurden die Armen gespeist, und an Festtagen sammelte man im Namen der Verstorbenen Geld für soziale Zwecke. An Shah Jahan wird man aber wohl nicht als an einen wohltätigen Monarchen gedacht haben, gab er doch damit nur einen Bruchteil dessen an die Bevölkerung zurück, was er ihr vorher durch eine rigorose Abgabenpolitik abgenommen hatte. Seit mehr als tausend Jahren war es in Indien üblich, dass die Herrscher den Bau eines Tempels, einer Moschee oder eines Grabmals nicht mit ihrem persönlichen Vermögen finanzierten. Shah Jahan ließ den Bau des Taj Mahal zum großen Teil durch Sondersteuern finanzieren, die er den Bürgern aus dreißig Dörfern in der Umgebung von Agra auferlegte.

Der Name *Taj Mahal* wurde wohl erst von den Europäern in Anlehnung an den Ehrentitel der verstorbenen Mumtaz Mahal („Auserwählte des Palastes") gewählt. Bei den Moguln nannte man das Mausoleum *Rauza-i-Munavara* (beleuchtetes Grab).

Neben den 20.000 Arbeitern, unter ihnen allein 500 Schreiner und 300 Schmiede, wurden beim Bau auch Elefanten, Ochsen, Kamele und Esel zum Transport des Materials eingesetzt. Jeder der insgesamt tausend Elefanten zog bis zu

827ra tb

2,5 Tonnen schwere Marmorblöcke vom 300 Kilometer entfernten Makrana bis nach Agra. Allerdings ist nur ein relativ kleiner Teil des Taj aus reinem Marmor. Das Fundament besteht aus Bruchsteinen, der Korpus aus gebrannten Ziegeln. Dieser Rohbau wurde mit zuvor zurechtgeschnittenen, mit Eisenstiften verzahnten Marmorplatten verkleidet. Während der Bau des eigentlichen Mausoleums bereits nach elf Jahren vollendet war, dauerte es noch weitere neun Jahre, bis die beiden seitlich an den Hauptbau angrenzenden Moscheen, die große Gartenanlage und der weiträumige Eingangsbereich vor dem Haupttor fertiggestellt waren.

Ob sich darüber auch unser verehrter Alt-Bundespräsident *Heinrich Lübke* gefreut hat, als er in den 1950er Jahren – wie jeder hohe Staatsgast in Indien – das Taj Mahal besuchte, muss bezweifelt werden. Nachdem er das Eingangstor durchschritten hatte, benötigte er einige Zeit, um seine Eindrücke in Worte zu fassen. Lange mussten die umstehenden Politiker und Journalisten auf seine ersten, sicherlich von Ehrfurcht und Begeisterung geprägten Worte angesichts des großartigen Anblicks warten. Schließlich wandte er sich zu seiner neben ihm stehenden Frau und sagte: „Wilhelmine, Sauerland bleibt Sauerland."

Blick vom Roten Fort zum Taj Mahal

hinduistische Heiligtümer einen wenig glorreichen Nachruf verschaffte, musste sich sein im Roten Fort gefangen gehaltener Vater für die letzten acht Jahre seines Lebens mit dem Blick auf das Taj begnügen.

Eingangstore

Der für das Taj so bezeichnende Eindruck perfekter Harmonie beruht auf einer bis ins kleinste Detail durchgeplanten Abstimmung aller Bauelemente der Gesamtanlage. Farbgebung, Material, Ornamentierung, Größenverhältnisse – alles wurde am Prinzip vollkommener Symmetrie orientiert.

Das beginnt bereits bei den drei großen Eingangstoren, die zu einem Innenhof führen, an dessen westlicher Seite sich verschiedene Souvenirläden reihen. Alle drei sind architektonisch und farblich dem Haupteingangstor nachempfunden, welches zur eigentlichen Anlage mit dem Taj Mahal am nördlichen Ende führt. Allerdings ist das heutige **Kupfertor** ein relativ neuer Ersatz für das ehemalige Eingangstor. Dieses bestand aus reinem Silber und war mit 1.100 Nägeln mit Köpfen aus Silbermünzen beschlagen. Nach dem Niedergang der Moguln wurde es neben anderen wertvollen Gegenständen von den Jats, einem lokalen Hindu-Stamm, erbeutet.

Das gewaltige Eingangstor sollte jedoch nicht nur die enormen Schätze innerhalb der Grabanlage schützen, sondern es hatte auch die Aufgabe, die profane Außenwelt von der spirituellen Welt um das Mausoleum herum symbolisch zu trennen. Diesen spirituellen Zweck verdeutlichen auch die **Kalligrafien** an den Außenwänden des Eingangstores, die auf die Bedeutung der sich an das Haupteingangstor anschließenden Gartenanlage hinweisen. Für die aus den wüstenartigen Regionen Asiens stammenden Moguln war der Garten der Inbegriff des Paradieses, und so endet die Inschrift mit dem Vers 89 aus dem Koran, in dem es heißt: „Schließ Dich dem Kreis meiner Diener an und gehe in mein Paradies ein!" Die vermeintlich gleiche Länge der Buchstaben beruht auf einem von den Erbauern verwendeten optischen Trick: Sie verlängerten die Buchstaben proportional zur Entfernung des Betrachters, um den Schein der Harmonie aufrecht zu erhalten.

Der Blick aus dem dunklen Inneren des Eingangstors auf das leuchtend weiße, scheinbar schwebende Taj Mahal gehört zu den unvergesslichsten Eindrücken jeder Indienreise.

740ra tb

Gartenanlage

Zentraler Bestandteil der quadratischen Anlage ist die zwischen Eingangstor und Taj gelegene Gartenanlage. Die zuvor erwähnte Gleichsetzung von „Garten" mit „Paradies" zeigt sich am deutlichsten in der Tatsache, dass im Persischen, der damaligen Amtssprache der Moguln, für beide Begriffe das gleiche Wort verwendet wurde. Das satte Grün der Pflanzen bildet einen gelungenen Kontrast

Das Taj im Hintergrund des dörflichen Indien

zum Weiß des Taj und zum Blau des Himmels. Besonders der den Garten durchlaufende zentrale **Wassergraben** mit dem sich darin spiegelnden Taj Mahal trägt entscheidend zu dem Eindruck schwereloser Leichtigkeit bei. Gleichzeitig liegt auch diesem Gestaltungsprinzip wieder eine symbolische Bedeutung zugrunde. Während die viergeteilte Gartenanlage (Charbagh) die im Islam „Vollkommenheit" versinnbildlichende Zahl Vier zum Gestaltungsprinzip hat, nimmt die Wasserspiegelung die muslimische Vorstellung auf, das Paradies sei als Spiegelbild der realen Welt anzusehen.

Die in der Mitte des Wassergrabens platzierte **Marmorplattform** dient als begehrter Aussichts- und Fotografierstandort. Hier wurden schon Staatsgäste wie *Heinrich Lübke, Lady Di, Prinz Charles* und *Hillary Clinton* abgelichtet. Heute lassen sich Punjabis, Sikhs, Ladakhis, Rajasthanis, Kashmiris und Tamilen vor der traumhaften Kulisse fotografieren. Das berühmteste Bauwerk Indiens vereint die oft zerstrittenen Völker des Landes zumindest für einen kurzen Moment friedlich miteinander.

Leicht übersehen wird das kleine, aber exzellente **Taj Museum** (9–17 Uhr außer Fr) an der westlichen Außenmauer der Gartenanlage. Neben einigen Miniaturgemälden aus der Mughal-Ära beherbergt es u.a. exquisite Elfenbeinskulpturen von *Shah Jahan* und seiner Frau sowie Architekturzeichnungen des Taj.

Moscheen

Die beiden identischen, das Taj flankierenden Moscheen rahmen mit ihren roten Sandsteinfassaden und den marmornen Kuppeldächern nicht nur das Mausoleum wirkungsvoll ein, sondern korrespondieren wiederum harmonisch mit dem Eingangstor. Nur die westliche der beiden Moscheen kann als solche genutzt werden, da die andere (Jawab) in die falsche Richtung ausgerichtet ist, d.h. nicht nach Mekka. Hier zeigt sich erneut, wie bestimmend das Prinzip symmetrischer Ausrichtung aller Einzelelemente der Gesamtanlage auf das Taj beim Bau der Anlage war, wurde doch die östliche Moschee aus rein ästhetischen Gründen erbaut.

Hauptbau

Das Taj selbst steht auf einer 100 x 100 m großen Marmorplattform, die an den vier Ecken von 41 m hohen **Minaretten** begrenzt wird. Diese wiederum stehen durch ihre in gleicher Höhe wie beim Hauptbau verlaufenden Simse mit dem Taj optisch in Einklang. Die mit jeweils 58 m identische Größe der beiden entscheidenden Bauelemente des Mausoleums, der Hauptfassade und der deutlich persische Elemente aufweisenden **Kuppel** unterstreichen ebenso den harmonischen Gesamteindruck wie die entlang der Fassadenverkleidung verlaufenden **Kalligrafien,** ein Stilelement, das bereits beim Haupttor Verwendung fand. Auch hier liegen dem architektonischen Gestaltungsprinzip mehrere symbolische Gedanken zugrunde. So versinnbildlicht der Übergang von der quadratischen Plattform über den oktagonalen Körper des Taj zur runden Kuppel den Übergang von der irdischen Welt (Quadrat) zum Himmel (Rund). Die Zahl Acht steht zudem für die acht Stufen des Paradieses. Darüber hinaus erinnert die schneeweiße Kuppel an eine Perle, welche wiederum als Sinnbild für Weisheit und Willen Allahs gilt.

Die architektonischen Ähnlichkeiten zum 100 Jahre zuvor erbauten Grab *Humayuns* in Delhi sind unübersehbar. Den Architekten des Taj Mahals ging es offensichtlich nicht darum, etwas gänzlich Neues zu schaffen, sondern die über Jahrhunderte vorgezeichneten Bahnen der indo-islamischen Bautradition zur harmonischen Vollendung zu bringen.

Die zwei Sarkopharge von Shah Jahan und Mumtaz Mahal befinden sich in einer **Gruft** unterhalb des zentralen Hauptraumes. Die beiden zum Verwechseln ähnlichen Grabmäler im Hauptraum selbst sind hingegen Kopien, die dort platziert wurden, um zum einen den Bürgern die Verehrung zu ermöglichen, andererseits aber die Distanz zwischen Bürgern und Herrscher zu wahren. Der Kenotaph von Mumtaz liegt übrigens genau im Zentrum, während der ihres Gatten vom Eingang aus gesehen links daneben steht. Das durch die filigran gearbeitete Marmorfenster einfallende diffuse Tageslicht vermittelt dem Besucher zusammen mit dem Echo der Menschenstimmen auch im Inneren jene magische Stimmung, die das Taj auch von außen ausstrahlt.

Die besten Aussichtspunkte auf das Taj

Unser Tipp: Auch wenn der Weg durch das Haupteingangstor mit dem weltberühmten Blick auf das scheinbar schwebende Taj Mahal zu den berühmtesten Motiven der Erde gehört, gibt es dennoch eine Reihe weiterer, kaum minder beeindruckende Standorte, um dieses einzigartige Bauwerk auf sich wirken zu lassen. Viele Besucher sind im wahrsten Sinne des Wortes derart fixiert auf den Hauptbau, dass sie die **Hauptachse** vom Eingangstor bis zum Taj nicht verlassen.

Dabei entgehen ihnen beispielsweise die schönen Blicke **aus den Torbögen der Arkaden,** die sich links und rechts vom Haupttor erstrecken. Entlang der beiden parallel zur Zentralachse verlaufenden Wege bieten sich immer wieder bezaubernde Motive des von Bäumen und Blumen eingerahmten Taj. Außerdem sollte man sich auf keinen Fall den imposanten Blick **aus dem Liwan der „Moschee"** auf der östlichen (rechten) Seite des Taj entgehen lassen.

Unvergesslich sind auch die Aussichten **vom Mehtab Bagh,** einem in den letzten Jahren vom Archaeological Survey of India restaurierten Park im Mughal-Stil (Eintritt 100 Rs, Video 25 Rs, von Sonnenauf- bis Sonnenuntergang geöffnet) genau gegenüber dem Taj auf der **anderen Seite des Yamuna.** Der Park wurde ursprünglich lange vor dem Bau des Taj Mahal von dem Herrscher *Babur* als Teil einer Serie von Parks angelegt, geriet jedoch in Vergessenheit, bis man ihn vor einigen Jahren rekonstruierte. Mit der Riksha sollte die Fahrt dorthin inklusive einstündiger Wartezeit nicht mehr als 250 Rs kosten. Besser noch fährt man mit dem Fahrrad (ca. 30 Minuten), da man sich dann soviel Zeit nehmen kann, wie man will. Belohnt wird die Fahrt auf die andere Yamuna-Seite mit einem herrlichen Ausblick in friedvoller Lage, den man nicht mit Tausenden anderer Besucher teilen muss. Etwas weiter entfernt, dafür im Preis inbegriffen, sind die Aussichten **vom Agra Fort.** Beim Blick über den Yamuna auf das im Hintergrund häufig im Dunst erscheinende Taj klicken die Kameras der Touristen aus aller Welt um die Wette.

Wer sich nicht auf den weiten Weg auf die andere Seite des Yamuna begeben möchte, findet einen nicht ganz so eindrucksvollen, dafür jedoch in jedem Fall sehenswerten und weit umstandsloser erreichbaren Anblick des Taj Mahal am **Südufer des Yamuna.** Dorthin führt eine nahezu verkehrsfreie Straße vom Osttor des Taj entlang dessen Außenmauer nach Norden bis zum Straßenende, wo Steinmetze die Ersatzteile für das Taj Mahal herstellen. Hier ist eine kleine, von Affen bevölkerte Tempelanlage zu durchqueren, um zum Fluss zu gelangen. Der ca. fünfminütige Weg vom Osttor wird mit einem fotogenen Anblick nicht nur des Grabmals, sondern auch des im Dunst des Flusses verschwimmenden Roten Forts belohnt.

Wer schließlich die berühmteste Liebeserklärung der Weltgeschichte ganz relaxed mit einem Drink auf sich wirken lassen möchte, sollte eines der zahlreichen **Dachrestaurants** der Pensionen im Taj-Ganj-Viertel aufsuchen. Besonders zu empfehlen sind die Shanti Lodge und das Saniya Palace Hotel.

Öffnungszeiten und Eintritt

■ Das Taj ist **täglich außer freitags** von Sonnenauf- bis Sonnenuntergang geöffnet. Der Eintritt beträgt **750 Rs.** Vor dem Betreten der Anlage muss man eine penible **Körperkontrolle** über sich ergehen lassen. Es empfiehlt sich, nur das Nötigste zum Besuch des Taj mitzunehmen. Essbares und Kaugummi, Handys, Zigaretten, Feuerzeuge, Streichhölzer sowie alle Arten von spitzen Gegenständen müssen abgegeben werden. **Fotografieren** ist überall auf dem Gelände erlaubt, innerhalb des Mausoleums jedoch verboten. Videofans dürfen nur im Bereich unmittelbar um den Eingang filmen (25 Rs) und müssen danach bis zum Verlassen der Anlage ihre Kamera bei der Aufsicht deponieren. Im Eintrittspreis sind eine Halbliter-Wasserflasche und Schuhabdeckungen enthalten.

Der **Zutritt** ist durch das West-, Süd- und Osttor möglich, wobei das Tickethaus des Osttors 1 km entfernt auf dem Shilpgram-Gelände positioniert ist. Deshalb gibt es hier kürzere Warteschlangen vor dem Taj als auf der Westseite. Kostenlose Elektrobusse verbinden den Osteingang mit dem Shilpgram-Gelände. Auch Tongas können auf der für Motorfahrzeuge gesperrten Straße gemietet werden. Der südliche Zugang wird vornehmlich von nicht gruppengebundenen Touristen frequentiert. An allen Eingängen stehen Männer und Frauen in getrennten Schlangen an. Neben den Tickethäuschen besteht die Möglichkeit, sein nicht notwendiges Gepäck kostenfrei zu lagern. Auch ein Audioguide (118 Rs) ist dort erhältlich. Nach Durchschreiten der Zugangstore gelangt man in den äußeren, von hohen Mauern umgebenen Vorhof des Taj.

Vollmondnächte im Taj

Seit 2004 ist der abendliche Zugang zum Taj Mahal möglich. Dies gilt jedoch nur für **fünf Tage im Monat,** nämlich zur Vollmondnacht und jeweils zwei Nächte vorher und nachher mit Ausnahme des Freitags. Zudem ist der Zugang nur 400 Personen pro Nacht gestattet, die jeweils in Gruppen von 50 Personen zwischen 20.30 und 0.30 Uhr eingelassen werden. Leider kann das Taj dabei nur für eine halbe Stunde und nur aus der Ferne besichtigt werden, man darf also nicht frei auf dem Gelände herumspazieren. Zudem sind nur Kameras, aber kein Video erlaubt. Erwachsene zahlen die üblichen 750 Rs, Kinder 500 Rs. Falls Wolken den Mond verdecken, wird der Eintrittspreis natürlich nicht erstattet. Die Karten müssen mindestens 24 Std. vor Einlass beim Archaelogical Survey of India (22 The Mall, Mo–Fr 9.30–18 Uhr, Tel. 2227261/3) gekauft werden. Ob sich das Ganze lohnt, muss jeder selbst entscheiden. Die Vollmonddaten können auch auf der Website von UP Tourism in Erfahrung gebracht werden.

007ra mb

Agra Fort (Rotes Fort)

Während das Taj Mahal den Höhepunkt muslimischer Baukunst in Indien darstellt, repräsentiert das nur zwei Kilometer westlich in einer Biegung des Yamuna gelegene Fort wie kaum ein zweites Bauwerk die uneingeschränkte Machtfülle der Mogulherrscher im 16. und 17. Jahrhundert.

Gewaltige Ausmaße besitzen allein schon die über zwanzig Meter hohen, zwölf Meter dicken, von einem Wassergraben umgebenen Doppelmauern, die auf einer Länge von 2,5 km die Festungsanlage umschließen. Der Eindruck einer gigantischen **Trutzburg** spiegelt die Situation Mitte des 16. Jh. wieder. Zu jener Zeit, als **Akbar,** der bedeutendste aller Mogulherrscher, mit dem Bau des Forts begann, stand die später uneingeschränkte Macht der Moguln noch auf äußerst wackeligen Beinen. So lag das Hauptaugenmerk der islamischen Eroberer beim Bau ihrer neuen Residenz ganz zwangsläufig auf der Absicherung gegenüber der hinduistischen Bevölkerungsmehrheit.

Baugeschichte

Während das Taj Mahal auf den ersten Blick alle Besucher verzaubert, wirkt die Festungsanlage zunächst eher verwirrend. Im Gegensatz zum Taj, welches innerhalb kurzer Zeit von einem einzigen Herrscher quasi wie aus einem Guss erbaut wurde, ist das Rote Fort

☐ Eingangsbereich des Roten Forts

während eines Zeitraums von mehr als einem Jahrhundert von mehreren Machthabern errichtet worden. Der Architekturstil der Bauwerke (ursprünglich über 560 auf einem künstlichen Hügel an der Südseite des Yamuna-Flusses) ist so unterschiedlich wie der Charakter der einzelnen Großmoguln. Während die von dem in religiösen Fragen äußerst toleranten *Akbar* errichteten Bauten christliche, hinduistische, islamische und jainistische Stilelemente vereinen, spiegelt sich in der Architektur seiner Nachfolger der Einfluss der unter ihnen wieder deutlich die Oberhand gewinnenden islamischen Dogmatiker wieder.

Aus heutiger Sicht noch erstaunlicher als die **gewaltigen Ausmaße** der Paläste, Versammlungshallen, Pavillons und Moscheen ist die Tatsache, dass die architektonischen Kolosse in **Fertigbauweise** hergestellt wurden. Der relativ weiche rote Sandstein wurde bereits im Steinbruch maßgerecht bearbeitet. Danach transportierte man die einzelnen Teile auf Ochsenkarren nach Agra, wo sie in einer Art Baukastensystem zusammengesetzt wurden.

Nachdem *Akbar* während seiner 50-jährigen Regentschaft sowohl mit militärischer Härte als auch mit diplomatischem Geschick die Grenzen des Reiches um ein Vielfaches erweitert hatte und die Staatseinnahmen in die Höhe geschnellt waren, zeugen die Bauten seiner Nachfolger von zuvor nie gekanntem **Luxus.** *Shah Jahan* ließ die meisten von seinem Großvater *Akbar* errichteten Gebäude abreißen und durch Marmorpaläste ersetzen, weil sie ihm, wie seine Chronisten vermerkten, „zu bescheiden erschienen". Das war jedoch nur die Grundausstattung zu einer Kulisse, die jeden noch so prächtig ausgestatteten Hollywood-Film zu einem Provinztheater degradiert hätte. So wurden die an sich schon sündhaft teuren Marmorplatten mit Goldmalerei und Einlegearbeiten aus Halbedelsteinen verschönert, offene Plätze und Innenhöfe mit Sonnensegeln aus weißgoldener Seide überspannt, die Böden mit Seidenteppichen ausgelegt, und aus den silbernen Springbrunnen sprühte Rosenwasser.

Agra

Unterkunft
5 Tourists Rest House
9 Hotel Yamuna View
21 Clarks Shiraz
24 Hotel Amar
25 Bansi Homestay
26 Howard The Fern Plaza

Essen und Trinken
8 Dasaprakash Restaurant
11 Comesum Multicuisine Food Plaza
14 Brijwasi
15 Time2eat
16 Café Coffee Day
17 Khandelaa Restaurant
18 Lakshmi Vilas
23 Pizza Hut
27 Dasaprakash II

Verkehr
1 Interstate Bus Terminal (ISBT, 5 km)
4 Bijli Ghar Bus Stand
5 Back Packer Travel
6 Busse nach Rajasthan
7 Igdah Busbahnhof
12 Prepaid Counter für Rikshas und Taxis
13 Rail Reservation Office

Einkaufen
2 Kinaari Bazaar
3 Subash Bazaar
10 Khadi Gramodyog
18 Sadar Bazaar
19 Modern Book Depot
22 Cottage Industries Exposition Ltd
24 UP Handicrafts Complex

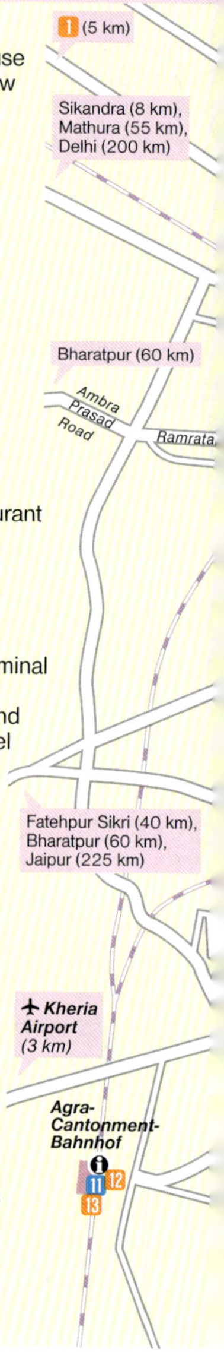

0 500 m
© Reise Know-How 2017
Balwantsingh Road
Agra By-Pass Road
Ram Bagh
Karbala Road
Chili Int Road
Pandit Kali Charan Tiwari Road
Chini-ka-Rauza
Allbagh Road
Mathura Road
Agra City Bahnhof
Kanpur Road
Itimad-ud-Daula
Hospital Road
S.N. Hospital
ALT-STADT
Stran Road
Agra-Fort-Bahnhof
Saiyad Ale Nabi Road
Mantola Road
Jami Masjid
AGRA FORT
Yamuna
Moti Masjid
Diwan-e-Am
Khas Mahal
Jehangir Mahal
Mehtab Bagh
Eingang und Ticketverkauf Rotes Fort
Amar Singh Pol
Kinara Rd.
Chhipi Thola Road
Fatehpur Sikri Road
Taj Mahal
Shah Jahan Park
Taj Ganj
Ausschnitt
Namner Road
Kutcheri Road
S.R. Hospital
Golfplatz
Haupt-post
Meher Cinema
Station Road
Mahatma Gandhi Road
Gwalior Road
The Mall
Archaeological Survey of India Office
Taj Road
Fatehabad Road
DHL
SADAR BAZAAR
Polizei
Gwalior (120 km)

Das Fort war früher eine eigene, in sich abgeschlossene königliche Stadt mit Tausenden von Bediensteten. Der Großteil der Gebäude wurde im Lauf der Geschichte von den Marathen, den Jhats und den Briten zerstört. Heute noch nutzt die indische Armee das Fort als Kaserne, weshalb diese Bereiche für Touristen nicht zugänglich sind. Die wichtigsten Gebäudeteile des inzwischen ordentlich instand gehaltenen Forts sind jedoch erhalten und geben einen guten Eindruck der imperialen Architektur während der Mogulherrschaft.

Rundgang

Folgt man dem vom südlichen **Eingangstor** (Amar Singh) steil ansteigenden Hauptweg, gelangt man nach dem Durchqueren einer Gartenanlage zu einem hinter einem Torgebäude gelegenen **Arkadenhof.** An dessen Ostseite befindet sich die öffentliche **Audienzhalle** (Diwan-e-Am), in der die Könige offizielle Empfänge abhielten sowie Petitionen entgegennahmen. Durch die kleine **Juwelenmoschee** (Nagima Masjid) im Norden und den **Basar** (Machi Bhawan), in dem früher die Händler ihre Waren für die Haremsdamen feilboten, führt der Weg zu einer großen **Terrasse,** die einen sehr schönen Blick über den Yamuna und das im Hintergrund gelegene Taj Mahal gewährt. Der kleine, schwarze **Thronsitz Shah Jahans** befindet sich am Ostende.

Südlich hieran schließt sich die aus zwei Räumen bestehende private **Audienzhalle** (Diwan-e-Khas) an, die Shah Jahan 1637 errichten ließ. Hier soll sich auch jener berühmte **Pfauenthron** befunden haben, der schon zur damaligen Zeit zum Inbegriff von märchenhaftem Reichtum, Macht und Verschwendungssucht wurde.

Das Kissen des zwei mal eineinhalb Meter großen, vollständig mit Diamanten bedeckten Throns aus purem Gold war mit 18.000 Perlen und Rubinen bestickt. Zur feierlichen Einsitzung des Möbelstückes in der privaten Audienzhalle trug der Kaiser ein so reich mit Juwelen und Diamanten besetztes Gewand, dass ihn zwei Diener stützen mussten.

Hochmut kommt bekanntlich vor dem Fall, und so wurde Shah Jahan von seinem Sohn *Aurangzeb* wegen seiner Verschwendungssucht abgesetzt und im angrenzenden Saman Burj unter Hausarrest gestellt. Oft muss ihm dabei die trotz der Nähe unüberbrückbare Distanz zu dem kaum einen Kilometer entfernten Taj Mahal unerträglich gewesen sein. „So nah und doch so fern", mögen heute auch viele der Tausende von Touristen denken, die sich täglich in dem kleinen, achteckigen Turm drängeln, in dem Shah Jahan die meiste Zeit seiner achtjährigen Gefangenschaft bis zu seinem Tode verbrachte.

Durch den über und über mit kleinen Spiegeln verzierten **Shish Mahal** und den sehr schönen **Privatpalast Shah Jahans** (Khas Ma-

☐ ☐ Itimad-ud-Daula – ein Juwel islamischer Architektur, das sich hinter dem Taj Mahal nicht zu verstecken braucht

314ra tb

hal) mit seinen vergoldeten Bengaldächern, der noch einmal eine sehr hübsche Aussicht auf das Taj Mahal bietet, betritt man schließlich mit dem **Jehangir Mahal** den größten privaten Gebäudeteil innerhalb des Komplexes.

Als eines der schönsten Gebäude des Forts gilt die nördlich des Diwan-e-Am gelegene **Perl-Moschee** (Moti Masjid). Leider ist die zwischen 1646 und 1653 erbaute Marmormoschee wegen Restaurationsarbeiten nicht für die Öffentlichkeit zugänglich.

Öffnungszeiten: tgl. Sonnenauf- bis Sonnenuntergang, Eintritt 300 Rs, Foto- und Videogebühr 25 Rs. Ein Audioguide ist hinter den Kassen für 118 Rs auszuleihen.

Itimad-ud-Daula

Viele Indien-Touristen mit begrenzter Zeit sehen von Agra nur das Taj Mahal und das Rote Fort, bevor sie nach Jaipur oder Delhi weiterhetzen. Dabei entgeht ihnen mit dem Itimad-ud-Daula ein **Juwel islamischer Architektur** in Indien. Mit seinen filigranen Marmorintarsien übertrifft dieses außerhalb Indiens gänzlich unbekannte Bauwerk die Qualität des weltberühmten Taj Mahal bei weitem und ist ein Muss für jeden Agra-Besucher.

Drei Kilometer nordöstlich des Forts auf der anderen Seite des Yamuna befindet sich dieses kleine quadratische **Mausoleum,** welches trotz seines ganz unverwechselbaren Äußeren deutliche Parallelen zum Taj Mahal erkennen lässt. Erbauen ließ es die Frau *Jehangirs, Nur Jahan* („Licht der Welt"), für ihren Vater *Mirza Ghiyas Beg*, der unter seinem Schwiegervater eine steile politische Karriere durchlief, die ihn sogar zum Premierminister aufsteigen ließ. Als Anerkennung seiner Verdienste trug er den Titel *Itimad-ud-Daula* („Säule des Staates"). Das in einem 165 m^2 großen, noch von Ghiyas Beg zu seinen Lebzeiten angelegten Garten errichtete Grabmal spiegelt seine staatstragende Bedeutung gebührend wieder.

Dieses erste gänzlich aus **Marmor** errichtete Mogulgebäude besticht vor allem durch sei-

309ra tb

ne **filigranen Einlegearbeiten** in derselben Pietra-dura-Technik, die zehn Jahre später beim Taj Mahal verwendet wurde. Jeder Zentimeter ist mit stilisierten Blumen, Weinkrügen und geometrischen Mustern verziert, sodass man den Eindruck gewinnt, der Marmor diene nur als Einfassung für die Halbedelsteine. Die 1628 nach sechsjähriger Bauzeit fertig gestellte Grabanlage vermittelt den Eindruck, als habe man zunächst die Grundstruktur des Taj Mahal in kleinem Rahmen erproben wollen, bevor man schließlich nach gelungener Generalprobe das Meisterwerk anging. Abgesehen von den wesentlich kleineren Ausmaßen liegt der Hauptunterschied in dem statt der Zwiebelkuppel als Aufsatz verwendeten quadratischen Pavillon, der von einem Bengaldach abgeschlossen wird. Dort befindet sich auch der Kenotaph des Verstorbenen und seiner Frau. Die eigentlichen Sarkophage aus orange-gelblichem Marmor finden sich in der zentralen Kammer im Erdgeschoss. Neben den schön verzierten Marmorböden gibt das von außen durch die kunstvoll durchbrochenen Marmorfenster einfallende Licht dem Raum seine sakrale Atmosphäre.

Hat man das eigentliche Grabmal besichtigt, lohnt noch der Gang zum Yamuna-Ufer, von wo sich ein hübscher Blick auf das im Dunst liegende Rote Fort bietet.

■ **Öffnungszeiten:** Sonnenauf- bis Sonnenuntergang, Eintritt 110 Rs, Video 30 Rs. Mit der Fahrradriksha vom Taj Mahal inkl. Wartezeit und Rückfahrt sollten 350 Rs genügen, mit der Autoriksha 50 % mehr.

Weitere Sehenswürdigkeiten

Unser Tipp: Da sich Chini-ka-Rauza, Itimad-ud-Daula und die Parks **Ram Bagh** und **Methab Bagh** auf der östlichen Flussseite befinden, bietet sich ein kombinierter Besuch dieser Sehenswürdigkeiten an.

Chini-ka-Rauza

Einen Kilometer nördlich des Itimad-ud-Daula-Mausoleums steht das von einer großen Kuppel überdachte **Grabmal** für *Afzal Khan*, der Premierminister unter Shah Jahan war. Der Name Chini-ka-Rauza (Chinesisches Grab) rührt von den hübschen, die Wände verzierenden Blumenornamenten aus Fayencen her.

Jami Masjid

Die in der Nähe des Roten Forts im Gewimmel der Altstadt gelegene Jami Masjid wurde 1648 nach fünfjähriger Bauzeit eingeweiht. Nicht zuletzt die Verwendung von weißem Marmor weist den Bau als architektonische Hinterlassenschaft der Regierungszeit Shah

Betrüger in Scharen

Agra zieht nicht nur Touristen, sondern auch Betrüger in Scharen an – wobei das eine das andere bedingt. Vor allem in der **billigen Wohngegend beim Taj Ganj** treiben sich zwielichtige Gestalten herum, denen es immer wieder gelingt, Individualtouristen zu betrügen. So smart die Männer auf der Straße oder in den Unterkünften auch wirken – man sollte sich auf keinerlei Angebote einlassen. Dies gilt insbesondere bei vermeintlich günstigen Juwelen- oder Marmorkäufen. Mehrere Leser haben auf diese Weise einige Tausend Euro verloren.

Jahans aus. Ebenso wie bei der Freitagsmoschee in Delhi lobpreist die am Hauptbogen der Moschee zu sehende Inschrift die Regentschaft des Herrschers.

Praktische Tipps

Information

- **Vorwahl:** 0562
- Das hilfsbereite **IndiaTourism Office** (191, The Mall, Tel. 2226 368/78, www.incredibleindia.org) befindet sich gegenüber der Post und ist Mo–Fr 9–17.30 und Sa 9–14 Uhr geöffnet. Über dieses Büro können auch offiziell zugelassene Stadtführer geordert werden (Preise: halber Tag/ganzer Tag 1.035/1.311 Rs).
- Das **Uttar Pradesh Tourism Office** (64, Taj Rd., Tel. 2226431, www.up-tourism.gov.in, tgl. 10–17 Uhr, jeden 2. Sa sowie So geschlossen) liegt ganz in der Nähe des Hotels *Clarks Shiraz*. Im Bahnhof Agra Cantonment (Tel. 2421204) befindet sich eine rund um die Uhr erreichbare Filiale. Hier kann auch Kontakt mit der Tourist Police (Tel. 2421204, erreichbar 6.30–21.30 Uhr) aufgenommen werden, deren Hauptsitz an der Fatehabad Rd. liegt. Zusätzlich steht das **UP Tourist Facilitation Centre** am Shilpgram, 1 km vom Osteingang des Taj Mahal, tagsüber zur Verfügung.

Stadtverkehr

In keiner anderen Stadt Indiens ist das **Schlepperwesen** derart ausgeprägt. Sobald man den Zug verlässt, wird man von Riksha- und Taxifahrern umstellt, die einen in das für sie lukrativste Hotel fahren möchten, sprich dorthin, wo sie die höchste Kommission kassieren. Am liebsten legen sie unterwegs noch mehrere Stopps bei Marmor- und Juweliergeschäften ein. Es gibt nicht wenige Touristen, denen durch die ständige Anmache der gesamte Aufenthalt verleidet worden ist.

- Unglücklicherweise ist man jedoch zumindest bei der Ankunft auf die **Rikshafahrer** angewiesen, da Agra zu weitläufig ist, als dass man die Entfernungen zu Fuß zurücklegen könnte. Dennoch gibt es einige Tricks, um sich die aufdringlichsten unter ihnen vom Halse zu halten. Auf keinen Fall sollte man mit den die Touristen schon auf dem Bahnsteig in Empfang nehmenden Rikshafahrern zum Hotel fahren. Diese sind derart auf Westler spezialisiert, dass sie oft das Vier- bis Fünffache des normalen Fahrpreises verlangen. An der Cantonment Train Station sollte man in jedem Fall einen der vor dem Bahnhof befindlichen Prepaid-Schalter für Taxis bzw. Rikshas nutzen. Für beide Verkehrsmittel sind die Fahrpreise auf Tafeln einsehbar. Eine geringe Buchungsgebühr wird aufgeschlagen. **Prepaid-Preise** für Rikshas vom Cantonment-Bahnhof: Igdah-Busbahnhof und Sadar Bazaar 70 Rs, Taj Mahal West-/Süd-/Osttor (Shilpgram) 100/130/150 Rs, Fatehabad Rd. mit vielen Hotels 150 Rs, ISBT-Busbahnhof 200 Rs, Halbtagestour (4 Std.) 400 Rs, Ganztagestour (8 Std.) 600 Rs. Bitte beachten: Autorikshas dürfen nicht nach Fatehpur Sikri fahren.
- Vom Agra-Fort-Bahnhof zu den Billighotels im Stadtteil Taj Ganj, nur wenige Meter südlich vom Taj Mahal, sollte man mit der **Fahrradriksha** nicht mehr als 15 Rs zahlen, per Autoriksha werden überhöhte 70 Rs (Prepaid, der offizielle Preis für alle Strecken bis 3 km) verlangt. Am besten gibt man Joney's Place mitten im Zentrum von Taj Ganj oder bei den östlich des Taj gelegenen Unterkünften das Osttor des Taj Mahal als Fahrtziel an. Von dort ist es nicht mehr weit zu den meisten Hotels dieser Region. Mit der Fahrradriksha zahlt man für die kurze Fahrt zwischen Taj Mahal und Rotem Fort 40 Rs, zum Bahnhof Agra Fort 80 Rs und zur Fatehabad Rd. 30 Rs. Eine Halbtagestour (4 Std.) kostet 400 Rs.
- Einige offizielle **Taxipreise** (non-AC, AC innerhalb der Stadtgrenzen 50 Rs mehr), die für Agra über dem Landesdurchschnitt liegen: Die Prepaid-Gebühr für die Fahrt vom Igdah-Busbahnhof zur Fatehabad Rd. und zum Taj kostet 200 Rs, zwischen den beiden Bahnhöfen Igdah und Fort dasselbe. Vom Cantonment-Bahnhof nach Taj Ganj und zum Bahnhof Agra Fort je 200 Rs, zum Osttor des Taj 250 Rs, nach Sadar Bazaar 100 Rs. Ein Taxi nach Fathepur Sikri inkl. Rückfahrt kostet 1.050 Rs (4 Std.). 4 Stunden Sightseeing zum Roten Fort und Taj Mahal (Non-AC/AC) 750/950 Rs, 8 Std. (Non-AC/AC) 1.000/1.250 Rs, inkl. Fathepur Sikri 1.650 Rs, die Fahrt nach Fathepur Sikri mit Wartezeit und Rückfahrt (4 Std., Non-AC/AC 1.050/1.250 Rs). Besteigt man ein Taxi nicht am Cantonment-Bahnhof, wo sich der Prepaid-Schalter befindet, sollten die genannten Preise als Richtwert dienen. Für Fernfahrten per Taxi siehe „An- und Weiterreise".

In einem kleinen, einzeln stehenden Gebäude ca. 200 m östlich des Osttors des Taj vermietet **Kashi Tours & Travels** (Kioskaufschrift: „Tourist Taxi on hire") Pkws inkl. Fahrer für Fahrten in und um Agra wie auch Fernfahrten (siehe Weiterreise) zu wenig höheren Preisen. Komfortablere und/oder größere bzw. klimatisierte Fahrzeuge sind teurer. Die Bestellung ist auch telefonisch möglich: (0)9458252559/60.

- Zum 7 km außerhalb gelegenen **Flughafen** zahlt man mit dem Taxi 350 Rs, mit der Autoriksha ca. 200 Rs. Der Flughafenbus verkehrt nicht mehr.
- Zwischen 6 und 19 Uhr verkehren zwischen Taj Mahal und Agra Fort und auch östlich zum Shilpgram-Gelände auf breiter, verkehrsberuhigter Straße etwa alle 15 Min. **Elektrobusse,** die von westlichen Touristen umsonst benutzt werden können.

Stadtrundfahrt

- Wer mit dem Taj Express von Delhi anreist, erreicht Agra rechtzeitig, um an der um 10.30 Uhr vor dem Bahnhof startenden Bustour von **Uttar Pradesh Tourism** zum Taj Mahal, Agra Fort und nach Fathepur Sikri teilzunehmen. Der Preis beträgt 2.000 Rs (Mindestteilnehmerzahl 10 Personen) inkl. aller Eintrittsgelder und Guide. Der täglich außer Freitag stattfindende Ausflug dauert acht Stunden und endet wieder am Bahnhof, sodass man von dort am gleichen Tag (Taj Express, Abf. 18.55 Uhr) nach Delhi zurückfahren kann. Wer nicht direkt mit dem Zug anreist, sollte bei Uttar Pradesh Tourism am Cantonment-Bahnhof (Tourist Facilitation Centre, Bahnsteig 1, 6.30–21.30 Uhr, Tel. 2850120, 2421204) oder im Büro an der Taj Road (Mo–Sa 10–17 Uhr, Tel. 2226431, www.up-tourism.gov.in) sein Ticket kaufen. Touren für denselben Tag sollte man gegen 9.45 Uhr im Büro am Cantonment-Bahnhof buchen.
- Viele weitere **Rundfahrten innerhalb Uttar Pradeshs** werden angeboten, über die man sich auf der informativen Website www.up-tourism.gov.in informieren kann.

Unser Tipp: Möchte man Agra intensiver kennenlernen und nicht nur die Hauptsehenswürdigkeiten besuchen, bietet **Agra Walks** (Tel. (0)9027711144, www.agrawalks.com) eine interessante Möglichkeit. Die Tour (1.500 Rs) wird zu Fuß und mit Fahrradriksha unternommen. Sie führt zu Gewürzmärkten, versteckten Gassen, Moscheen und Tempeln. Auch ein spezieller Blick aufs Taj Mahal fehlt nicht.

- Gourmets sollten den **Agra Food Trail** entlang spezieller Speisestätten nicht verpassen, um den Geheimnissen der indischen Küche auf die Spur zu kommen.

Unterkunft

Die beiden für Touristen interessanten Hotelgegenden sind **Taj Ganj,** sozusagen das Altstadtviertel Agras unmittelbar südlich vom Taj mit einer Ansammlung vieler Billigunterkünfte, und der gesamte sich südwestlich hiervon bis zum Agra-Cantonment-Bahnhof erstreckende Stadtteil, in dem sich vor allem Hotels der mittleren und oberen Kategorie befinden, die meisten an der Fatehabad Road.

Untere Preiskategorie

Viele der Billigunterkünfte in Taj Ganj sind nur mit Fahrradrikshas zu erreichen, da motorisierte Fahrzeuge wegen der um das Taj gezogenen Bannmeile in diesem Bereich nicht zugelassen sind.

- Mit sehr schönem, blumengeschmückten Garten ruhig an einer für den Motorverkehr gesperrten Straße gelegen und keine 100 Meter vom Osttor des Taj Mahal entfernt, ist das **Hotel Sheela**② (Taj East Gate Rd., Tel. 2333074, www.hotelsheelaagra.com) nicht nur durch seine Lage die beste Bleibe der unteren Preiskategorie. Während die billigeren Zimmer für 1.000 Rs sauber, aber recht einfach ausgestattet sind, bieten die teureren (1.800 Rs) mit großem TV und weit besserer Ausstattung viel fürs Geld. WiFi ist kostenlos. Ein weiterer Pluspunkt ist das hübsche, preiswerte Gartenrestaurant (100–250 Rs).
- Schon sehr billig kann man im **Saniya Palace Hotel** ① (Tel. 3270199, www.saniyapalace.com) nahe dem Südtor des Taj wohnen. Die spottbilligen Einfachzimmer mit Gemeinschaftsbad sind jedoch aufs Nötigste beschränkt. Legt man ein paar mehr Rupien auf den Tisch, bekommt man akzeptable Zimmer (AC und Non-AC) mit leider renovierungsbedürftigem Bad. Klasse Aussicht aufs Taj gewährt das Dachrestaurant.
- Gepflegte, hübsch möblierte Zimmer mit guter WiFi-Verbindung machen das ebenfalls dort positionierte **Hotel Kamal**① (Tel. (0)9412180575, www.kamalhotel.com) zur besten preiswerten Adresse in dieser Region. Auch hier sind die Zimmer aussichts-, da meist fensterlos. Und auch hier wird dies durch das Dachrestaurant mit Taj-View wettgemacht.
- Die empfehlenswerteste Adresse im unteren Preissegment außerhalb des Taj-Ganj-Viertels ist das **Tourists Rest House**①-② (Sadar Bazaar, Tel. 2463961, dontworrychickencurry@hotmail.com) an der Kutcheri Rd. zwischen Cantonment-Bahnhof und Taj Ganj Area. Besonders hervorzuheben sind der hervorragende Service und die

Hilfsbereitschaft. Auch die sauberen, um einen als Restaurant fungierenden, begrünten Innenhof angelegten AC- (mit TV und teils Kühlschrank) und Non-AC-Zimmer sind preisgerecht, obwohl sie recht dunkel sind. Gelegentlich gibt's Affenbesuch, also die Zimmertüren auch bei kurzer Abwesenheit besser schließen. Eine faire Reiseagentur ist angeschlossen (s.u.). Da das Haus keine Kommission zahlt, wird es von Rikshafahrern nicht gern angefahren, man muss also darauf bestehen. Vorsicht: Es gibt einige namensähnliche Unterkünfte.

Mittlere Preiskategorie

Die meisten Hotels dieser Preiskategorie sind etwas überteuert und finden sich an der Fatehabad Rd. etwa 1,5 km südlich vom Taj.

■ Obwohl leicht verwohnt, sind die angenehm eingerichteten Zimmer des **Hotel Amar**②-③ (181 Fatehabad Rd., Tel. 4027000, (0)9837036767, www.hotelamar.com) die beste Mittelklassewahl in dieser Ecke Agras. Ein weiterer Pluspunkt ist der Gartenpool (mit Rutsche).

Unser Tipp: Gemütlichste Bleibe dieser Region ist das **Bansi Homestay**③ (Tel. 2333033, www.bansihomestayagra.com), eine Sackgasse links neben dem Amar ca. 200 m hinein: sehr gemütliche und ruhige Zimmer mit WiFi in familiärer Umgebung. Die fünf komfortablen, geschmackvoll möblierten Räume mit erstklassigem Bad sind mehr als preiswert. Sehr gute indische Küche (Frühstück inklusive) und der tolle Dachgarten machen diesen Homestay noch lohnenswerter.

Obere Preiskategorie

Hotels dieser Preiskategorie sind reichlich vorhanden. So kann nur eine kleine Auswahl berücksichtigt werden.

■ Es war einmal und ist nicht mehr – das beste Hotel am Platz. Das **Clarks Shiraz**④ (Tel. 2226121, www.hotelclarksshiraz.com) war das erste Fünf-Sterne-Hotel Agras und ist sichtbar in die Jahre gekommen. Der attraktive Preis zusammen mit der ruhigen Lage, den guten Restaurants wie dem Mughal Room (500–1.100 Rs pro Hauptgericht) im Obergeschoss mit Ausblick, dem Gartenpool und den makellosen Zimmern mit Taj-Blick machen es dennoch weiterhin zu einer guten Wahl. Qualitativ gleiche Zimmer ohne Taj-Ausblick kosten 2.000 Rs weniger. Preise inkl. Frühstück.

■ Gartenpool, Fitnessraum, ein erstklassiges chinesisches Restaurant und großzügige Zimmer: Das zentral klimatisierte **Yamuna View**④ (6B The Mall, Tel. 3293777, www.hotelyamunaviewagra.com) hat außer WiFi (erstaunlicherweise nur in der Lobby) und Yamuna-Ausblick alles, was ein gutes Hotel benötigt.

■ Selbst in der einfachsten Zimmerkategorie schon sehr komfortabel sind die geschmackvoll gestalteten Räume des **Howard The Fern Plaza**④ (Fatehabad Rd., Tel. 4048600, www.howardplazaagra.com, Preise inkl. Frühstück) mit Pool, Spa, Gym und Ayurveda-Behandlungen (Massage 1.800 Rs). Im Dachrestaurant (19–23 Uhr) kann neben exzellenter Küche ein toller Blick aufs Taj genossen werden.

■ Mit Abstand die luxuriöseste Unterkunft Agras ist das fabelhafte **The Oberoi Amarvilas**④ (Taj East Gate Rd., Tel. 2231515, www.oberoihotels.com) nahe dem Osttor des Taj Mahal, das leicht 6 oder 7 Sterne verdient hat. In eine tolle Architekturlandschaft mit Wandelgängen und Wasserspielen eingebettet, muss für diese absolute Luxusherberge allerdings auch ein kleines Vermögen pro Nacht hingeblättert werden.

Essen und Trinken

Für eine Stadt, die jedes Jahr Millionen von Touristen sieht, ist die Restaurant-Auswahl bescheiden. Die meisten Pauschaltouristen speisen in den Hotels, sodass besonders im gehobenen Segment wenig zu finden ist.

■ Selbst wer keinen Hunger verspürt, sollte sich nicht die großartige Aussicht von den Dachrestaurants des **Saniya Palace Hotel** (6–23 Uhr, Hauptgerichte 70–250 Rs) mit mittelmäßiger Traveller-Kost und des **Hotel Kamal** mit der etwas besseren Küche (beide in Taj Ganj) entgehen lassen. Ein besserer Ort, um bei einem kleinen Imbiss oder einem Getränk ein paar Postkarten zu beschreiben und das Taj auf sich wirken zu lassen, lässt sich kaum denken.

■ Keinen Blick, dafür aber exzellente preiswerte Gerichte (70–300 Rs) inkl. Frühstück, Thalis und Pizza bietet das **Yash Café,** ebenfalls in Taj Ganj gelegen, die Treppe neben der Shanti Lodge hinauf. Für Tagesbesucher Agras interessant: Gepäckaufbewahrung und duschen möglich (je 50 Rs).

■ Knallbunt, winzig klein, günstig, sozialer Mittelpunkt der Individualreisenden-Szene und seit über 30 Jahren eine Traveller-Institution – das ist das im Herzen von Taj Ganj angesiedelte **Joney's Café.** Die Speisekarte reicht von typischen Backpacker-Favoriten *(pancake)* über erstaunlich leckeres indisches Essen bis zu cremigen Lassis.

■ Köstliche vegetarische Gerichte zu kleinem Preis unterscheiden das **Shankara Vegis** (8–22.30 Uhr) im Zentrum von Taj Ganj von seinen Konkurrenten. Dazu gehören auch die leckeren Thalis (120–150 Rs), der freundliche Service und freies WiFi.

■ Keine anheimelnde, auf westliche Touristen zugeschnittene Einrichtung, dafür authentisch-leckere südindische Gerichte wie *dosas* und *idli* zu günstigen Preisen (80–150 Rs) bietet das **Lakshmi Vilas** an der Taj Road im Sadar Bazaar. *Meals,* also Thalis (140 Rs), preiswert und köstlich, werden zwischen 12 und 15.30 Uhr sowie 19 und 22.30 Uhr angeboten.

■ Weit edler speist man im nahen **Khandelaa Restaurant** (2a Taj Rd., Sadar Bazaar, Hauptgericht um 350 Rs, 11–22.30 Uhr), schräg gegenüber in einem Heritage-Gebäude. In schickem Ambiente werden köstliche indische (auch Tandoori und Biryani), chinesische, libanesische und italienische Gerichte (auch vegetarisch) serviert.

■ Eine stadtbekannte Adresse, die seit Jahrzehnten hervorragende vegetarische südindische Küche inkl. erstklassiger Thalis (200–280 Rs) serviert, ist das **Dasaprakash** (Gwalior Rd., hinter dem Meher-Kino, Tel. 2463535, 12–22.45 Uhr, Hauptgericht 150–300 Rs). Als Nachtisch seien die tollen Eiskreationen empfohlen. Eine neue Filiale findet sich in einer Gasse an der Fatehabad Rd. (Shamshabad Rd.) mit gleicher Küche und Frühstücksbuffett.

■ **Café Coffee Day** ist gleich mehrfach in Agra vertreten. Die für Touristen günstig liegenden Filialen befinden sich an der Straße östlich des Taj Mahal sowie im Stadtteil Sadar Bazaar. Snacks, Kuchen und natürlich diverse Kaffeesorten geben neue Kraft. Nur wenig Schritte vom

Zweitgenannten entfernt lockt **Brijwasi** (7–23 Uhr) mit köstlichen indischen Versuchungen zum Mitnehmen und einem preiswerten indischen Restaurant (80–200 Rs) im 1. Stock.

■ Als größerer Straßenstand hat es **Time2eat – Mama Chicken** (Sadar Bazaar, 30–200 Rs, 14–22 Uhr) in sich. Das *dhaba* in einer Reihe mit anderen, auch vegetarischen Straßenrestaurants ist stadtbekannt für köstlich und vielseitig zubereitetes Federvieh, das in quirliger Umgebung genossen wird.

■ Im Agra-Cantonment-Bahnhof sorgt das **Comesum Multicuisine Food Plaza** mit Dosas, Thalis und Burgern preiswert Tag und Nacht fürs leibliche Wohl.

Einkaufen

■ Besser als sich in die Hände von Riksha-Fahrern zu begeben, die westliche Touristen hartnäckig in eines der Emporien schleifen wollen (da sie dafür Kommission kassieren), ist es, auf eigene Faust dorthin zu gehen, um Skulpturen, Teppiche, Textilien etc. zu erstehen. Verlässlich kann man im staatlichen **Uttar Pradesh Handicrafts Complex** (Fatehabad Rd., tgl. 10.30–19 Uhr) die dortigen Fixpreise in Erfahrung bringen, um einen Anhaltspunkt zu bekommen, welche Preisspanne für die jeweiligen Produkte angemessen ist. Die Preise dort sind etwas hoch, aber noch in vertretbarem Rahmen, während sie in den privatwirtschaftlich organisierten Geschäften oft von weit überteuerten Einstiegspreisen heruntergehandelt werden müssen. So werden von den äußerst versierten Verkäufern des größten, imposant auf einem Hügel platzierten **Cottage Industries Exposition** weit überhöhte Preise für die qualitativ hochwertigen Produkte aufgerufen, die dann ohne Scheu kräftig heruntergehandelt werden sollten, ohne sich vom scheinbar edlen Ambiente dieses Kaufpalastes einschüchtern zu lassen.

Natürlich kann man sich trotz der teilweise eindrucksvollen Aufmachung der Geschäfte nie sicher sein, inwieweit die Produkte durch Kinderarbeit hergestellt wurden, obwohl gelegentlich am Eingang etwas anderes suggeriert wird.

■ Hier kann sich Mann einkleiden: Bei **Khadi Gramodyog** (Mahatma Gandhi Rd., kein englisches Hinweisschild, also durchfragen, tgl. außer Di 11–19 Uhr) werden seit Jahrzehnten erstklassige selbstproduzierte Stoffe zu edlen Kleidungsstücken genäht.

■ Erstklassige Auswahl an Romanen und Bildbänden hat das alteingesessene **Modern Book Depot** (tgl. außer Di 10.30–21.30 Uhr, Tel. 2225695) am Sadar Bazaar.

■ Wer prallen indischen Alltag erleben möchte, sollte durch die quirligen Marktgassen nördlich der Jama Masjid schlendern, **Kinari Bazaar** genannt (tgl. außer Di 11–21 Uhr). In den unmittelbar an die nördliche und westliche Seite der Jama Masjid anschließenden Gassen, dem **Subash Bazaar** (9–20 Uhr), werden Stoffe und Saris verkauft. Hier muss natürlich gehandelt werden.

Bank

■ **ATMs** (Geldautomaten) sind überall im Stadtgebiet zu finden. Im Normalfall akzeptieren sie die zuhause üblichen Karten wie Mastercard, Maestro und Visa. Nah am Osttor des Taj spuckt ein ATM der Bank of India Geld aus. Nah am Südzugang steht ein ATM der Canara Bank zur Verfügung.

■ Am schnellsten und unkompliziertesten macht man Bargeld bei einigen privaten Wechselstuben zu Rupien. Schnell geht's beim zentral gelegenen **Thomas Cook** (9.30–17 Uhr) und zu besseren Wechselraten nebenan bei **Global Forex** sowie bei **Kapoor Forex** (9.30–18.30 Uhr) auf der gegenüberliegenden Straßenseite. Bei den beiden Erstgenannten ist Geldtransfer aus dem Ausland mittels Moneygram bzw. Western Union Money Transfer möglich. Alle liegen an der Fatehabad Rd. in der Nähe vieler Hotels. Im Sadar Bazaar wechselt zu guten Raten die **ICICI-Bank** (Mo–Sa 9.30–16.30 Uhr, jeden 2. und 4. Sa des Monats geschlossen) mit ATM.

Post und Internet

■ Die gut 100 Jahre alte, imposante **Hauptpost** (Mo–Sa 10–17 Uhr) liegt zentral an The Mall gegenüber von India Tourism. An einem *facilitation office* werden ausländische Besucher bedient. Filiale an der Taj Rd.

■ Beim Mansingh Palace Hotel ist **DHL** (Tel. 2234074, www.dhl.co.in) täglich 10–21 Uhr geöffnet.

■ Die wenigen verbliebenen **Internetcafés** verlangen um 40 Rs/Std. Nah dem Taj Mahal hat das Ahimsa Cyber Café 10–22 Uhr geöffnet, Mittagspause 14–16 Uhr.

Medizinische Versorgung

■ Obwohl Agras Rikshafahrer selbst von einigen privaten Krankenhäusern Kommission bekommen, wenn sie Hilfsbedürftige dorthin bringen, sind doch einige der Privatkrankenhäuser die besten Adressen der Stadt, wie etwa das **SR Hospital** (Lauries Complex, Nanner Rd., Tel. 402 5200). Ein bekanntes staatliches Krankenhaus ist das **S.N. Hospital** (Tel. 2264438) an der Hospital Rd.

Feste

■ Jedes Jahr im Februar findet auf dem Shilpgram ca. 200 m östlich des Osttors des Taj Mahal das bedeutende **Taj Mahotsav Festival** (www.tajmahotsav.org) mit Musik und Tanz (internationale Künstler) statt.

■ **Ram Bharat** wird im September kurz vor dem Dussehra-Fest abgehalten. Man feiert farbenfroh und sehr musikalisch drei Tage lang die Hochzeit Ramas. Höhepunkt ist eine zwölfstündige Parade mit Marschmusik, geschmückten Elefanten und Pferden.

Aktivitäten

■ Nahe Mahotsav präsentiert das **Kalakriti Cultural & Convention Centre** (Tel. 4045 370, (0)9359904075, www.kalakritionline. com) täglich um 18.30 Uhr **Mahabhat the Taj,** eine Show, die die Geschichte des Taj Mahal darstellt (250–750 Rs, ca. 80 Min.).

■ In vielen (nicht nur teuren) Hotels kann man im **Pool** plantschen, man sollte aber telefonisch anfragen, ob er auch gefüllt ist. Meist kostet das Vergnügen um 500 Rs, etwa im Howard The Fern Plaza und im Hotel Amar. Doppelt so teuer ist das Clarks Shiraz.

An- und Weiterreise

Flug

■ Nach langem Dornröschenschlaf wurde Agras **Kheria Airport** wieder aufgeweckt. Flüge gibt es über Khajuraho nach Varanasi sowie nach Mumbai. Da sich der Flughafen auf militärischem Sperrgebiet befindet, muss der eigene Name auf der Liste der jeweiligen Fluggäste an dem jeweiligen Tag erscheinen, sonst hat man keinen Zugang.

Bahn

■ Es gibt mit dem **Agra Cantonment** (Tel. 2364516) und dem **Agra Fort** (Tel. 2364163, 2364131) zwei Bahnhöfe in Agra. Viele Fernzüge fahren von beiden ab, Züge nach Osten etwas später vom Zweitgenannten, nach Westen von Ersterem etwas später. Auf der linken Seite des Cantonment-Bahnhofs befindet sich auch das **Reservierungsbüro** (Tel. 2421204, der Touristenschalter ist Nr. 1 ganz links), Mo–Sa 8–20 Uhr, So 8–14 Uhr. Bekommt man kein reserviertes Ticket, da die Züge über viele Tage ausgebucht sind, kann man auch ein *general ticket* kaufen, einen der vielen Züge besteigen und dann beim Schaffner den Aufpreis zur *sleeper class* oder *2nd class* bezahlen. Bei dieser Variante besteht jedoch keineswegs die Garantie, dass man einen Platz zugewiesen bekommt. Dies ist nur wahrscheinlich.

■ Die wichtigsten Verbindungen sind in der Tabelle im Anhang aufgelistet.

Bus

■ Nach **Fatehpur Sikri** (1 Std., halbstündlich zwischen 6 und 18.30 Uhr, 43 Rs) und **Bharatpur** (1½ Std., halbstündlich zwischen 6 und 18.30 Uhr, 68 Rs) fahren viele Busse vom Igdah-Busbahnhof (Tel. 2420324) an der Ajmer Road. Will man zum Keoladeo-Vogelreservat, sollte man schon einige Kilometer vor Bharatpur an der Kreuzung Saras Circle beim Tourist Bungalow aussteigen, in dessen Nähe sich der Parkeingang und die meisten Unterkünfte befinden, und nicht bis zum 4 km entfernten Busbahnhof Bharatpurs weiterfahren.

Nach **Delhi** (5 Std. zum Busbahnhof Sarai Kale Khan) mit Stopp in **Mathura.** Exp.-Busse nach **Jaipur** (6 Std., zwischen 6 und 18.30 Uhr, 243 Rs) und Delhi (4½ Std., alle 30 Min. zwischen 5 und 23.30 Uhr, 184 Rs) starten ebenfalls vom Igdah Bus Stand.

■ Eine bequemere Möglichkeit, nach **Jaipur** zu gelangen, bieten die Luxusbusse der Rajasthan State Road

Der **Nachtzug** zwischen Agra und Varanasi wird fast jede Nacht von **Trickdieben** heimgesucht, die ahnungslose Traveller ihrer Wertsachen berauben. Während der Fahrt sollte man seine Wertsachen möglichst ständig am Körper tragen!

Transport Corporation (Tel. 2420228, www.rsrtc.rajasthan.gov.in), die nahe dem Hotel Sakura etwas nordöstlich vom Igdah Bus Stand starten. Neben vier Non-AC-Bussen (7.30, 10, 13 und 0 Uhr, 270 Rs) und zwei klimatisierten Verbindungen (6.30 und 8.30 Uhr, 450 Rs) starten dort auch zwei Volvo-Luxusbusse (11.30 und 14.30 Uhr, 550 Rs) und erreichen in 4½ Stunden Jaipur. Da sehr begehrt, sollte man rechtzeitig buchen.

■ Für **Luxusverbindungen nach Delhi** muss man sich zum 7 km nordwestlich der Stadt gelegenen ISBT Bus Stand begeben, wo sechs weitere Volvo-Busse in 4 Stunden (600 Rs) nach Delhi fahren.

Taxi

■ Als verlässliche Agentur zur Vermittlung von Taxis hat sich **Back Packer Travel** (Kutchery Rd., Tel. (0)999 7113228) im Tourists Rest House erwiesen. Hier werden auch kurzfristig Flug-, Bahn- und Bustickets ausgestellt.

■ Etwa 200 m vom Osttor des Taj Mahal hat **Kashi Tours & Travels** (Shilpgram Rd., Tel. (0)9458252559/60) eine Filiale für Taxianmietungen. Einige Preisbeispiele: Eine Fahrt von Agra mit Stopps in Fathepur Sikri und Bharatpur mit jeweiliger Wartezeit bis Jaipur als Ziel kostet 4.400 Rs, nach Delhi 3.750 Rs, Pushkar 7.400 Rs.

Umgebung von Agra

Sikandra

Unser Tipp: Das 10 km nordwestlich von Agra nahe der Straße nach Mathura gelegene Sikandra geht auf den Lodi-Herrscher *Sikandra Lodi* (1489–1527) zurück, der hier eine neue Hauptstadt errichten wollte. Von seinem ambitionierten Vorhaben ist heute außer einigen Mauerresten so gut wie nichts erhalten geblieben. Dennoch fahren jährlich Tausende von Touristen nach Sikandra, um das prächtige **Grabmal Kaiser Akbars,** welches in der Mitte einer gepflegten und ummauerten Gartenanlage liegt, zu besuchen.

Man betritt die weiträumige Anlage durch das Südtor. Dieser sehr schöne Bau aus rotem Sandstein mit filigranen Marmoreinlegearbeiten übertrifft das eigentliche Grabmal in seiner künstlerischen Ausgestaltung. Die kunstvollen Kufi-Bänder stammen von *Amanat Khan,* dem gleichen Künstler, der auch für die Kalligrafien des Taj Mahal verantwortlich zeichnete. Ähnlich wie beim Taj wird in den persische Gedichte rezitierenden Spruchbändern auf den Zusammenhang zwischen Garten und Paradies verwiesen. Auffällig sind die vier das Tor an den Eckpunkten flankierenden **Minarette.**

Über eine breite, gepflasterte Allee gelangt man zum vierstöckigen **Mausoleum,** welches mit seiner unorthodoxen Mischung aus unterschiedlichen Stilelementen zunächst etwas verwirrend wirkt. Besoners augenfällig ist der Kontrast zwischen klassisch-islamischen Bögen und den die oberen Stockwerke betonenden offenen Pfeilerhallen, einem typisch hinduistischen Stilelement. Im leider nicht zugänglichen Obergeschoss befindet sich der mit den 99 Namen Allahs verzierte **Kenotaph** *Akbars.* Die sehr eigenwillige Konstruktion des Mausoleums zeigt die für *Akbar* so charakteristische Toleranz gegenüber anderen Religionen. Allerdings wurden viele das Gesamtbild prägende Gebäudeteile, wie die Minarette am Eingangstor, nicht von *Akbar* selbst, der noch vor der Vollendung seines Grabmals starb, sondern von seinen Nachfolgern errichtet, deren Architekturvorstellungen sich deutlich vom bedeutendsten aller Moguln unterschieden. Ähnlich einer ägyptischen Pyramide führt ein schmaler Gang zur Gruft mit dem **Sarkopharg.** Leider wurden die früher die Wände zierenden Malereien übertüncht, sodass die Grabkammer recht steril wirkt.

■ **Geöffnet** ist das Mausoleum tgl. von Sonnenauf- bis Sonnenuntergang, Eintritt: 110 Rs, Videokamera 25 Rs.

An- und Weiterreise

■ Mit der **Autoriksha** sollte man inkl. Wartezeit mit 400 Rs für Hin- und Rückfahrt von Agra rechnen, per **Taxi** sind es ca. 700 Rs.

■ Es besteht auch die Möglichkeit, vom Bijli Ghar Bus Stand mit einem der **Busse** Richtung Mathura, die alle Sikandra passieren, in 45 Min. dorthin zu gelangen.

Akbar der Große – der geniale Analphabet

Aller Anfang ist schwer – eine Weisheit, die auch für die Großen der Geschichte zutrifft. Als „erhabenes Gicksen" beschrieb der Chronist *Badauni* die Thronrede *Akbars* am 14. Februar 1556. Mildernde Umstände wird man allerdings leicht für diesen wenig gelungenen Anfang einbringen können, befand sich doch der damals gerade einmal Dreizehnjährige nach dem unerwarteten Tod seines Vaters Humayun im Stimmbruch. Es dauerte nicht lange, bis das „erhabene Gicksen" zur machtvollsten Stimme der gesamten östlichen Welt werden sollte.

Akbar war von allen islamischen Herrschern Indiens die interessanteste, exzentrischste und widersprüchlichste Persönlichkeit. So vermerkte der hochgelehrte Pater *Monserrate,* dass *Akbar* „nicht nur auf erstaunliche Weise über alle Angelegenheiten des Reiches informiert war, sondern darüber hinaus über eine Bildung und über ein Wissen auf allen Gebieten der Philosophie und der Künste verfügte" – wahrlich erstaunliche Fähigkeiten für einen Mann, der Zeit seines Lebens Analphabet war. Abgesehen davon, dass er wie alle Analphabeten ein ausgezeichnetes Gedächtnis besaß, war er ein Büchernarr, der sich täglich aus den 24.000 Bänden seiner Bibliothek vorlesen ließ. Sein besonderes Interesse galt dabei den Schriften anderer Religionen wie dem Hinduismus, Jainismus, Christentum und Judentum. Er lud Gelehrte unterschiedlicher Glaubensrichtungen an seinen Hof, um mit ihnen zu disputieren. Allmählich gelangte er dabei zu der Überzeugung, dass jede Religion ihre Vorteile hat und dementsprechend nicht eine Einzige für sich das Recht beanspruchen kann, die alleinige Wahrheit zu besitzen. Schließlich entwickelte *Akbar* sogar seine eigene, „Din-il-Illahi" (Religion Gottes) genannte Lehre, in der er Elemente verschiedener Religionen vereinte. Wie weit er seiner Zeit voraus war, zeigt die Tatsache, dass in seinem Reich absolute Religionsfreiheit herrschte, während im christlichen Abendland blutige Glaubenskriege den europäischen Kontinent um Jahrhunderte zurückwarfen und religiöse Toleranz generell ein Fremdwort war.

Wenn es jedoch darum ging, die eigene Herrschaft zu erweitern, schlug diese vermeintliche Toleranz in unerbittliche Grausamkeit um. So ließ *Akbar* 1568, nachdem er die Truppen Chittorgarhs besiegt hatte, ohne jede Not 30.000 Bauern und Söldner massakrieren, weil diese auf Seiten der besiegten Sissodias von Mewar gestanden hatten. Grundsätzlich jedoch zog er weitsichtige Diplomatie aufwendigen Schlachten vor, zumal er wusste, dass sich die muslimische Minderheit auf Dauer nur im Einklang mit der hinduistischen Mehrheit und deren Anführern behaupten konnte. Diese für *Akbar* so charakteristische machtpolitische Kalkül war sicherlich auch ein Hauptgrund für seine religiöse Toleranz. Nach dem Motto „Eine Heirat erspart zehn Kriege" ehelichte *Akbar* insgesamt 17 Töchter von hochrangigen Rajputenfürsten, die als Belohnung höchste militärische Posten und dementsprechend lukrative Einnahmen erhielten. So standen an der Spitze der Mogularmeen, die Hindu-Aufstände niederschlugen und weite Landstriche für *Akbar* und seine Nachfolger eroberten, selbst Hindus, welche dafür fürstlich entlohnt wurden. Hauptnutznießer dieser Strategie war der bis dahin recht unbedeutende Maharaja von Amber, *Man Singh,* aus dem Geschlecht der Khachhawas von Amber, der späteren Herrscher von Jaipur. Er verheiratete seine Tochter als erster Rajputenfürst mit *Akbar* und stieg damit zum mächtigsten und reichsten Herrscher Rajasthans auf. Die 5.000 Frauen seines Harems, unter ihnen russische Amazonen und über 100 Mädchen aus Abessinien, verbrauchten täglich 500 kg Quark für Gesichtsmasken.

Dank der akribischen Hofschreiber wissen wir, dass *Akbar* täglich nur eine Hauptmahlzeit zu sich nahm, die, bevor sie ihm mit dem Siegel des Küchenmeisters im Harem serviert wurde, aus

Angst vor Gift dreimal vorgekostet worden war. Im Übrigen trank er ausschließlich Gangeswasser und aß leidenschaftlich gern Obst und Eis, welches eigens aus Kashmir angeliefert wurde.

Während seiner monatelangen Reisen musste der Großmogul nicht auf häusliche Annehmlichkeiten verzichten. Die kaiserliche Karawane bestand aus 8.000 Personen, unter ihnen der gesamte Hofstaat und Hunderte Haremsdamen. Damit die hoheitliche Reisegruppe unterwegs auf keinerlei Luxus verzichten musste, wurden Zelte, Moscheen und Bäder transportiert, und „zweitausend Steinmetze, Bergleute und Steinklopfer sowie zweitausend Erdarbeiter sorgten dafür, das Auf und Ab der Straßen vor seiner Majestät zu ebnen." Allein für den Getreidenachschub waren ständig 98.000 Lastochsen unterwegs, für den Transport der kaiserlichen Siebensachen 100 Elefanten, 500 Kamele, 400 Ochsenkarren und 1.000 Träger.

Finanziert wurde dieser märchenhafte Lebensstil zum einen aus den Steuereinnahmen des in Kronländer und sogenannte Dschagirs eingeteilten Reiches. Eine weitere bedeutende Einnahmequelle war der Außenhandel mit Europa. Seide und Edelsteine waren kaiserliches Monopol, bei Gewürzen verdiente *Akbar* 30 Prozent. Um welch enorme Einkünfte es sich dabei handelte, zeigt ein Blick in die Exportstatistik des Jahres 1585, in dem 25.000 Tonnen Pfeffer, 17.000 Tonnen Gewürznelken, Edelsteine für fast zwei Millionen Golddukaten und 27.000 Ballen Seide von Indien nach Europa verfrachtet wurden.

Akbars langfristig bedeutendste Tat bestand darin, das Mogulreich von einem Militärstaat zu einem zentralistischen Gemeinwesen auf Beamtenbasis umzuwandeln. Als er am 15.10.1605 in Agra starb, hinterließ er nicht nur eines der modernsten und wohlhabendsten Staatswesen der Erde, sondern hatte auch während seiner 50-jährigen Regentschaft eine geistige und religiöse Offenheit praktiziert, wie sie viele Jahrhunderte nicht wieder erreicht werden sollte.

Fatehpur Sikri

– Akbars Geisterstadt

Sehr treffend hat man die auf einem Felsrücken knapp 40 km südwestlich von Agra gelegene Geisterstadt einmal als imposantes Monument der Macht und gleichzeitig der Ohnmacht des Mogulreiches bezeichnet.

Glaubt man der Legende, kam *Akbar* nach Sikri, um bei dem oberhalb der Ortschaft auf einem Felsen lebenden Heiligen *Shaikh Salim Chisti* um den Segen für die Geburt eines männlichen Nachfolgers zu bitten. Nachdem sein Wunsch in Erfüllung gegangen war, erkor er die Einsiedelei des Sufis zum Standort einer neuen Hauptstadt des Mogulreiches.

Die Bauarbeiten begannen 1571 zunächst mit der Errichtung der 10 km langen Stadtmauer. Die Moschee wurde auf dem höchsten Punkt des Felsens errichtet. Nach einem erfolgreichen Feldzug in Gujarat benannte *Akbar* die neue Hauptstadt in Fatehpur („Stadt des Sieges") um.

Doch ebenso abrupt wie die Geschichte Fatehpur Sikris 1571 begonnen hatte, endete sie kaum 15 Jahre später auch wieder. Als *Akbar* für mehrere Jahre als oberster Feldherr unterwegs war und die von Anfang an problematische Wasserversorgung endgültig zusammenbrach, verließ der Hofstaat das ehrgeizige Projekt und verlegte sich nach Lahore im heutigen Pakistan. 1619 kehrte *Akbars* Sohn *Jehangir* noch einmal für wenige Monate nach Fatehpur zurück, um einer in Agra grassierenden Pest zu entfliehen, und dessen Sohn besuchte mehrfach das Grabmal des Heiligen.

Mit dem Niedergang des Mogulreiches geriet Fatehpur Sikri endgültig in Vergessenheit. Nur die Bewohner der unterhalb der Anlage liegenden Ortschaft zogen noch Nutzen aus der Geisterstadt, indem sie die Gebäude als willkommenen Steinbruch für ihre eigenen Häuser zweckentfremdeten.

Rundgang

Mit der **Moschee** im Süden und der etwa 100 m nordöstlich sich anschließenden **Palastanlage** wird Fatehpur Sikri in zwei deutlich zu unterscheidende Teile geteilt. In den Innenhof der flächenmäßig größten Moschee Indiens führen zwei Tore, das **Königstor** (Badshahi Dawarza) und das gewaltige, 54 m hohe **Siegestor** (Buland Dawarza), welches *Akbar* als eine Art Triumphbogen im Anschluss an den Sieg über die Truppen Ahmedabads in Gujarat im Jahr 1573 errichten ließ.

Hat man das über eine breite Freitreppe zu erreichende Siegestor durchquert, fällt der Blick auf das **Marmormausoleum,** welches *Akbar* etwa zehn Jahre nach dessen Tod für den Heiligen *Shaikh Salim Chisti* errichten ließ. Das von einem Baldachin aus Ebenholz überwölbte Kenotaph in der zentralen Kammer des Mausoleums wird von eifrig um möglichst hohe Spendengaben bemühte Grabwächter umstanden. Die die Zentralkammer umlaufenden, filigran durchbrochenen Marmorwände und die mit Voluten und Blattwerk verzierten Pfeiler des Portikus zählen zu den schönsten Arbeiten ihrer Art in ganz Indien. Auffallend viele der heute zum Grabmal des Heiligen pilgernden Gläubige sind Frauen, die, dem Beispiel *Akbars* folgend, um die Geburt eines Sohnes bitten. Dazu binden sie kleine, bunte Baumwollfäden um die Sprossen der Marmorfenster. Für die Ehefrauen in Indien ist dies auch heute noch die zentrale Aufgabe, da sie sonst in den Augen ihrer Männer und deren Familien ihrer wichtigsten Verpflichtung im Leben nicht nachgekommen sind.

Die nach Westen gerichtete Front des Hofes wird von der Freitagsmoschee eingenommen, die mit einer Länge von 90 m und einer Breite von 20 m Mitte des 16. Jh. als die größte Moschee des Mogulreiches galt.

Nachdem man die nordöstlich der Moschee gelegene eigentliche Palastanlage betreten hat, befindet man sich zunächst im **Haremsbereich.** Auf der linken Seite steht der nach der Mutter *Jehangirs* benannte **Jodhbai-Palast,** von dem man annimt, dass er das erste in Fatehpur errichtete Gebäude gewesen ist. Mit seinen hohen Mauern und dem Wächterhäuschen am Eingang erinnert der fensterlose Bau an eine stark gesicherte Festung.

Der Zugang zum Hof liegt axial, damit man von außen nicht den Haremsbereich einsehen konnte. In dem hinduistische und muslimische Elemente vereinigenden Bau, der früher über einen Gang mit dem Privatgemächern des Herrschers verbunden war, lebte ein Großteil der über 300 Konkubinen.

Begibt man sich nach Verlassen des um einen großen Innenhof angelegten Baus nach links, so fällt einem das **Haus der Maryam** ins Auge, welches früher wegen seiner prächtigen Wandbemalung „Goldenes Haus“ (Sunhara Makan) genannt wurde. Von den meisten einheimischen Führern als Haus der portugiesischen Gemahlin *Akbars* beschrieben, die es allerdings nachweislich nicht gegeben hat, diente es aller Wahrscheinlichkeit nach als Residenz der Mutter *Akbars*. Im Inneren des von

829ra tb

einem Pavillon gekrönten Gebäudes lohnen die hinduistische Motive zeigenden Wand- und Deckenmalereien einen Besuch.

Geht man von hier nach links, entlang der Außenmauer des Jodhbai-Palastes, so gelangt man nach etwa 100 m zu dem zweigeschossigen **Haus von Birbal,** welches der französische Autor *Victor Hugo* einmal mit einer überdimensionalen Schmucktruhe verglich. Obwohl der Bau ausschließlich aus Stein errichtet wurde, erweckt die detailgenaue Verzierung der Außenwände durch die hinduistischen Steinmetze den Eindruck, als handele es sich um einen Holzbau. Auch hier finden sich wieder viele Hindu-Elemente wie das Lotosmotiv, die an einer Kette herabhängende Tempelglocke oder ein Wasserkrug. Die Kuppeln über dem Obergeschoss und die Satteldächer über den Eingangsbauten des Untergeschosses sind zweischalig ausgeführt, um eine übermäßige Aufheizung der Räume im Sommer zu vermeiden – eine „raumklimatechnische" Methode, die unter anderem auch im Roten Fort Anwendung fand.

Der Name *Birbal* bezieht sich auf einen Hindu, der am Hofe *Akbars* großen Einfluss hatte, wiederum ein Beleg für die oft gepriesene Toleranz *Akbars*. Man nimmt jedoch an, dass nicht er, sondern Haremsdamen das Haus bewohnten.

Anschließend an den Birbal Bhawan findet sich ein u-förmiger Hof, der lange als Stallung für 200 Pferde und Kamele angesehen wurde. Der damit einhergehende Lärm und Gestank sowie die Anwesenheit von Männern in unmittelbarar Nähe zum Haremsbereich erscheint jedoch mehr als ungewöhnlich, und so geht man heute davon aus, dass es sich um die Unterkünfte der weiblichen Bediensten des angrenzenden Harems gehandelt haben muss.

Zurück zum Haus der Maryam sind es nur wenige Meter zum **Panch Mahal,** dem beherr-

Fatehpur Sikri

schenden Bauwerk des **königlichen Palastbereiches.** Die insgesamt 176 Säulen des fünfgeschossigen, sich nach oben verjüngenden Gebäudes weisen in ihrer Ornamentierung erneut viele hinduistische und jainistische Stilelemente auf. Vom dritten Stock (die oberen beiden Stockwerke sind gesperrt) dieses ursprünglich zur Entspannung in luftiger und damit kühlender Höhe für die Haremsdamen erbauten Bauwerkes aus bietet sich ein herrlicher Blick über die gesamte Anlage. Von hier aus eröffnet sich dem Betrachter der für die damalige Zeit ungewöhnliche, fast schon revolutionäre Architekturentwurf *Akbars.* Die scheinbar alle Begrenzungen sprengende leichte Anordnung der einzelnen Gebäude

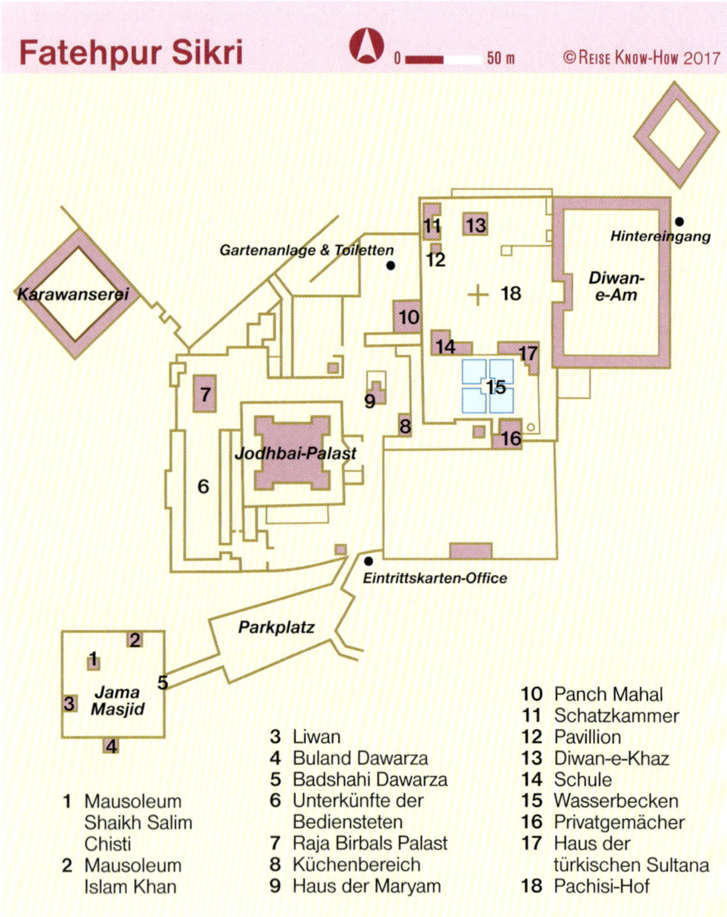

bricht mit islamischen wie auch hinduistischen Traditionen und spiegelt so den unabhängigen Geist und selbstbewussten Charakter *Akbars* wieder.

Der **Pachisi-Hof,** der wie eine überdimensionale Kopie des gleichnamigen Brettspiels, das der Kaiser hier gespielt haben soll, aussieht, bildet mit dem Wasserbecken an der Südseite den eigentlichen Mittelpunkt der Anlage. Der Überlieferung nach spielte man nicht mit herkömmlichen Holzfiguren, sondern mit Sklavinnen in verschiedenfarbiger Kleidung. Der Hofhistoriker *Abul Fasl* gibt Einblick in die damaligen Spielgewohnheiten: „Zeitweise nahmen mehr als zweihundert Spieler teil, und niemandem war es erlaubt, nach Hause zu gehen, bevor er sechzehn Runden gespielt hatte. Das konnte unter Umständen drei Monate dauern. Wenn einer unter ihnen die Geduld verlor und unruhig wurde, musste er einen Becher Wein trinken."

Die **Privatgemächer** des Kaisers schließen die 175 m lange Hofanlage nach Süden ab. Es bedarf schon einiger Fantasie, um sich den ehemaligen Glanz des dreistöckigen, aus mehreren Gebäudeteilen bestehenden Privatpalastes vorstellen zu können. Wesentlich leichter fällt einem die Vorstellung bei dem vorgelagerten **Wasserbecken Anup Talao.** Auf der durch vier Stege mit dem Ufer verbundenen zentralen Plattform sollen in Vollmondnächten musikalische Darbietungen stattgefunden haben.

Wegen seiner reichen, an das Haus *Raja Birbals* erinnernden Verzierung an Außen- wie Innenwänden verdient auch das am nordöstlichen Ende des Wasserbeckens stehende Haus der türkischen Sultana *Ruqaya Begum* Beachtung.

In der nordwestlichen Ecke der Hofanlage findet sich die königliche **Schatzkammer** (Ankh Micholi), von der die um blumige Geschichten nie verlegenen Chronisten des Mogulhofes erzählten, dass hier der Kaiser mit seinen Konkubinen Blinde Kuh gespielt haben soll. Ein großartiges Beispiel der einzigartigen Steinmetzkunst und der religiösen Toleranz *Akbars* bietet ein direkt vor dem Bau platzierter Pavillon. Die Blumen-, Girlanden- und Tiermotive des sich vom Dach zu den Säulen windenden *Toranas* sind in bester Jain-Tradition ausgeführt und brauchen den Vergleich mit Dilwara und Ranakpur nicht zu scheuen.

Von außen recht schmucklos und zudem unglücklich proportioniert wirkt der angrenzende **Diwan-e-Khaz.** Um so beeindruckender zeigt sich dafür das Innere des Gebäudes. In der Mitte des zweigeschossigen Raumes erhebt sich eine reich ornamentierte Säule, deren weit ausladender Konsolenring die runde Plattform für den Thron des Kaisers trägt. Schmale Brücken gehen zu den vier Ecken der umlaufenden Galerie. Das Gebäude diente wohl in erster Linie als kaiserliches Studierzimmer, in dem sich der Herrscher zuweilen mit berühmten Philosophen des Reiches austauschte. Die **öffentliche Audienzhalle** mit einem großen Innenhof bildet das nordöstliche Ende der Palastanlage.

Sehr eindrucksvoll ist ein Abstecher auf die Nordseite des Palastes zum **Hiran Minar (Elefantenturm).** Der 21 m hohe Turm ist mit steinernen Nachbildungen von Elefantenstoßzähnen gespickt. Es bietet sich ein fantastischer Blick auf die Gesamtanlage sowie die reizvolle Landschaft. Zudem lässt sich hier die Anlage nahezu touristenfrei genießen. Zu erreichen über einen abwärts führenden Weg zum Hathi Pol (Elefantentor) oder indem man einem schmalen Weg östlich des Diwan-e-Am-Hintereingangs um die Anlage herum folgt.

■ Der **Eintritt** in die Jama Masjid ist frei, für die Palastanlage sind 250 Rs zu zahlen, Video 25 Rs. Eine einstündige Führung mit den am Eingang wartenden **Guides** sollte nicht mehr als 250 Rs kosten. Diese sind jedoch nur bedingt zu empfehlen, da manche nicht sehr kompetent sind und außerdem die englische Sprache nicht ausreichend beherrschen. Besser sind die teureren Guides von UP Tourism (750 Rs).

■ Die ankommenden Busse und Taxis fahren nur bis zum Gulisthan Tourist Complex, von wo **Shuttle-Busse** die restliche Strecke entweder zum Eingang am Diwan-i-Am oder Jodhbai fahren. (Nicht staatlich authorisierte Guides werden nur am Jodhbai eingelassen.)

Unterkunft

■ Eine der besten Unterkünfte in Fatehpur Sikri ist das **Hotel Goverdhan**①-② (Agra Rd., Tel. 05613-282643, www.hotelfatehpursikriviews.com) mit einer Vielzahl von um den gepflegten Garten gruppierten, ordentlichen Zimmern (mit TV und kostenlosem WiFi, teils mit AC). Es gibt ein gutes, preiswertes Restaurant.

■ Wer im Dorf wohnen will, trifft mit dem billigen **Ajay Palace**① (Agra Rd., Tel. 05613-282950, (0)9548801213) eine gute Wahl (nicht zu verwechseln mit namensähnlichen Bleiben in der Nähe). Die Zimmer sind einfach, teils mit Gemeinschaftsbad. Das Dachrestaurant bietet eine schöne Aussicht auf die Landschaft und die imposante Jamia Masjid auf der anderen Seite, dazu gutes Essen.

■ Einige weitere Billigbleiben wie das ganz billige **Ashoka Guest House**① (Tel. 05613-284904) sind weniger akzeptabel.

An- und Weiterreise

Bahn

■ Um zurück nach Agra zu gelangen, besteigt man am besten einen der beiden Passenger-Züge (10.17 und 15.55 Uhr) oder einen der vier unregelmäßig eintreffenden Lokalzüge, die in Fathepur Sikri halten. Dafür kauft man sich ein *general ticket* (20 Rs, ca. 1½ Std. Fahrtzeit).

Bus

■ Vom Igdah-Busbahnhof und natürlich auch von Fathepur Sikri fahren Busse im Halbstundentakt (1½ Std.) zwischen 5.30 und 18.30 Uhr. Falls man in Fathepur Sikri einen dieser Busse verpasst und nicht auf den nächsten warten will oder man außerhalb dieser Zeiten fahren muss, sollte man durchs Agra Gate knapp 400 m bis zur Kreuzung an der Umgehungsstraße gehen und einen der vielen Busse zwischen Agra und Jaipur per Handzeichen anhalten (diese fahren ca. halbstündlich alle 45 Min. Tag und Nacht vorbei).

Dort fahren auch die häufigen Busse zum nur 22 km entfernten **Keoladeo-Nationalpark** in Bharatpur, Rajasthan (45 Min.). Ein Tipp: Alle Busse von Fatehpur Sikri nach Bharatpur passieren den 500 m vom Eingang zum Vogelpark entfernten Tourist Bungalow am Saras Circle, um den sich die meisten Unterkünfte gruppieren. Es empfiehlt sich, bereits dort auszusteigen, da der Busbahnhof von Bharatpur weitere 4 km entfernt ist.

Lucknow

Die von Westlern nur recht spärlich besuchte Stadt mit 3 Mio. Einwohnern bietet wie kaum ein anderer Ort Indiens Einblick in die **muslimische Herrschaft** über Nordindien im 18. und 19. Jh. und die dramatischen Ereignisse im Unabhängigkeitskampf. Die von den Nawabs von Lucknow und den sie ablösenden Briten hinterlassenen Bauten gehören zu den interessantesten architektonischen Hinterlassenschaften der Vergangenheit.

Nach dem Niedergang der Moguln beherrschten die **Nawabs von Oudh** seit 1724 für über ein Jahrhundert das Gebiet Nordzentralindiens und erwarben sich den zweifelhaften Ruf, die dekadenteste unter den für ihren ausschweifenden Lebensstil bekannten Herrscherfamilien Indiens zu sein. Noch heute ist die Bezeichnung „Nawab“ ein Schimpfwort für Verschwendungssüchtige.

Die Nawabs, die erst mit ihrem vierten Herrscher, *Assaf-ud-Daula*, ihre Herrschaft 1775 von Delhi nach Lucknow verlegten, waren Schiiten, während die Mehrheit der indischen Muslime Sunniten sind.

Lucknow erlebte während der 80-jährigen Nawab-Herrschaft eine einzigartige **künstlerische Blütezeit**, die sich in großartigen Grab-, Tempel- und Palastbauten ausdrückte und mit ihrer Mischung orientalisch-europäischer Stilelemente der Stadt bis heute ein unverwechselbares Erscheinungsbild verleiht.

Lange konnten sich die **Briten**, die den letzten, dem Schwachsinn verfallenen Nawab, *Wajid Ali Shah*, mitsamt seinen 365 Frauen im Jahre 1856 ins Exil schickten, an ihrem Besitz nicht erfreuen, war doch die Stadt bereits ein Jahr nach ihrer Machtübernahme Schauplatz eines der dramatischsten Ereignisse des indischen Unabhängigkeitskampfes. Über vier Monate wurde die britische Residenz, in der

> Mausoleum Bara Imambara

sich 3.000 Menschen verschanzt hatten, während des Sepoy-Aufstandes belagert. Die Spuren der damaligen erbitterten Kämpfe sind noch heute deutlich zu erkennen.

Trotz ihrer Größe wirkt die an den Ufern des Gompti, einem Nebenfluss des Ganges, gelegene Stadt aufgrund ihrer groß angelegten Straßen und weitläufigen Parkanlagen eher provinziell. Allerdings leidet die Stadt speziell während der Wintermonate unter einer selbst für indische Verhältnisse unangenehm hohen Luftverschmutzung. Andererseits bieten die engen Gassen des Basarviertels Aminabad und die luxuriösen Geschäften des modernen Geschäftsviertels Hazratganj gute Einkaufsmöglichkeiten. Zudem ist Lucknow bekannt für seine spezielle, *Dam Pakht* genannte Kochkunst.

Sehenswertes

Bara Imambara

Unser Tipp: Glaubt man historischen Berichten, so war es reine Mildtätigkeit, die *Assaf-ud-Daula,* den wohl dekadentesten der Nawaks, dazu veranlasste, den Auftrag zum Bau seines eigenen Mausoleums zu geben: So rettete er 25.000 an den Folgen einer Dürreperiode leidenden Menschen das Leben, indem er sie zehn Jahre lang am Bau dieses **beeindruckendsten Monuments der Nawab-Periode** schuften ließ. Da erfreut es den am Prinzip der Gerechtigkeit orientierten Besucher natürlich, beim Anblick der riesigen Anlage an der Hussainabad Trust Rd. zu sehen, dass der Samariter für diese großartige Tat mit einem standesgemäßen Grabmal belohnt wurde.

Wie so viele muslimische Bauwerke, beeindruckt auch die Anlage Bara Imambara (großes Grabmal) vor allem durch die harmonische Zuordnung der einzelnen Gebäudeteile. Das beginnt bereits mit dem heute außerhalb der eigentlichen Anlage gelegenen Tor **Rumi Dawarza,** das früher den Durchgang zur äußeren Begrenzung des Grabmals bildete. 1784 ließ Nawab *Asaf-ud-Din* das Rumi Darwarza erbauen. Das Bogengebäude, das auch unter dem Namen **Turkish Gate** bekannt ist und als Kopie des Eingangstors von Konstantinopel erbaut wurde, diente als Zugangstor nach Lucknow.

Nach Durchschreiten des imposanten Eingangs weitet sich der Blick über eine gepflegte Gartenanlage auf das am Kopfende gelegene eigentliche **Mausoleum.** Das im Inneren sehr schlichte, über 100 m lange, dreigeschossige

419in mb

Mausoleum wird von drei **Gewölbehallen** gebildet, wobei der zentrale, Persian Hall genannte Raum mit den imposanten Ausmaßen von 50 m Länge, 15 m Breite und 16 m Höhe zu den größten seiner Art in der Welt zählen soll. Die eigentliche **Grabstätte** Assaf-ud-Daulas in der Mitte wird einzig durch einen metallenen Zaun markiert und von den meisten Besuchern kaum wahrgenommen. Während der schiitischen Klagezeremonie Muharram am Morgen werden Nachbildungen des Sargs von *Imam Hussain,* die dort gelagert sind, durch die Halle getragen. Schiiten sind in Lucknow besonders stark vertreten.

Von der Außenseite des Gebäudes führt eine schmale Treppe durch ein Labyrinth verwinkelter, dunkler Gänge, dem Bhool Bulaiya (eine Taschenlampe ist hilfreich), zum **Dach** des Imambara, wo sich ein sehr schöner Blick über die Anlage und die dahintergelegene Stadt bietet.

Mindestens ebenso auffällig wie das Hauptgebäude ist die rechts den Park begrenzende, über eine elegante Treppenflucht zu erreichende **Assafi-Moschee,** die allerdings nur Moslems offensteht. Zur Linken, etwas versteckt hinter einer Mauer, findet sich ein hübscher **Stufenbrunnen** (Baori), der begangen werden kann (auch hier ist eine Taschenlampe empfohlen).

Öffnungszeiten: tgl. 6–18.30 Uhr, Eintritt 500 Rs (beeinhaltet den Eintritt u.a. zum Chhota Imambara). Offizielle Guide-Gebühren für bis zu 2 Personen: 250 Rs für die Persian Hall, 100 Rs für das für Bhool Bulaiya. Die Preise steigen mit der Teilnehmerzahl.

Tilewali Masjid

Etwas westlich des Bara Immambara auf der gegenüberliegenden Straßenseite nahe dem Gomti findet sich die weiße Tilewali Masjid inmitten eines blumengeschmückten Gartens. Die Wandmalereien im Innern der 1680 von *Fidhaye Khan Kota* erbauten **Moschee** werden jedes Jahr erneuert und sind entsprechend farbenprächtig.

Wohl kein Scherz: Heterosexuelle Paare müssen sich für den Besuch der Moschee einen Führer engagieren (100 Rs), um mögliche *unappropriate actions* („unsittliche Handlungen“) in den Gängen auszuschließen.

Chhota (Hussainabad) Imambara

Auch *Muhammed Ali Shah* muss ein von äußerster Mildtätigkeit geleiteter Herrscher gewesen sein, ließ doch auch er, glaubt man den Historikern, 1832 sein nur knapp einen Kilometer nordwestlich vom Bara Imambara gelegenes **Mausoleum** zum Wohle seiner unter einer Hungersnot leidenden Bevölkerung erbauen. Dessen Name „Kleines Mausoleum“ kann nur als Anspielung auf das tatsächlich noch imposantere Grabmal *Assaf-ud-Daulas* gemeint sein. Imperiale Ausmaße besitzt es dennoch und ist im übrigen, was seinen Innenraum betrifft, weitaus reicher ausgestattet.

Auch hier gruppiert sich die Anlage um eine von einem zentralen Wassergraben durchzogene **Parkanlage.** Das charakteristische Aussehen verleihen ihr jedoch die beiden den Innenhof flankierenden kleinen **Kopien des Taj Mahal,** in denen die Schwester des Herrschers und deren Ehemann ihre letzte Ruhe fanden. Das Ganze wirkt wie die etwas ins Kraut geschossene Indienfantasie eines westlichen Freizeitparkdirektors.

Einen bunten und etwas verspielten Eindruck macht auch das im Gegensatz zum Bara Imambara reich geschmückte Innere des von einer goldenen Kuppel gekrönten Mausoleums. Neben dem bescheidenen Grabmal des Erbauers findet sich eine Vielzahl großer, von der stuckverzierten Decke hängender Kronleuchter, in vergoldete Rahmen eingefasste Spiegel, hoch aufragende Tarsier-Türme aus Sandelholz sowie der reich verzierte Silberthron und die rote Krone *Ali Shahs.*

Öffnungszeiten: tgl. 6.30–20 Uhr, Eintritt 200 Rs, mit dem Ticket für das Bara Imambara kostenlos.

Weitere Sehenswürdigkeiten

Auf der dem Chhota Imambara gegenüberliegenden Straßenseite war das **Satkhanda** als siebenstöckiges Gebäude geplant. Der Name bedeutet „Siebenstöckiger Turm". Als sein Auftraggeber *Mohammed Ali Shah* vor der Fertigstellung 1840 starb, wurde nicht weitergebaut und man beließ es bei vier Stockwerken.

Die nebenan gelegene **Hussainabad Picture Gallery** (Eintritt 200 Rs, mit dem Ticket des Bara Imambara kostenlos, 7–18.30 Uhr) zeigt Porträtgemälde der Nawab-Herrscher. Interessanter ist der ehemals als Sommerpalast (Baradari) dienende, 1842 erbaute, feuerrote Pavillon selbst an einem künstlich angelegten See.

Auch der ebenso rote **Hussainabad Clock Tower** nebenan ist mit dem Eintrittsticket des Bara Imambara zu besichtigen. Der 1880 erbaute Uhrturm ist mit seinen 65 m der höchste Uhrturm Indiens.

Britische Residenz

Unser Tipp: An eine gespenstische Filmkulisse für einen Westernfilm erinnern die inmitten eines weitläufigen Parks gelegenen Gebäude – fünf von ursprünglich siebzehn – der im Jahr 1800 für den englischen Statthalter gebauten britischen Residenz. Tatsächlich standen sie während des **Sepoy-Aufstandes** für vier Monate im Mittelpunkt einer der erbittertsten und langwierigsten Schlachten. Kurz nach Ausbruch der Feindseligkeiten im Jahre 1857 fanden in der von einer hohen Festungsmauer umschlossenen Residenz 3.000 britische Zivilisten Unterschlupf vor den meuternden indischen Soldaten. Für die nächsten 87 Tage und Nächte stand sie unter ständigem Kanonen- und Gewehrbeschuss. Dann gelang es einer Entsatztruppe der englischen Armee, zu den verzweifelt um ihr Leben Kämpfenden durchzudringen. Allerdings schloss sich jedoch der Belagerungsring danach für weitere zwei Monate, bis die endgültige Befreiung gelang.

Beim Gang durch die von Einschüssen von Kanonenkugeln übersäten Mauern und Kellergewölbe scheinen die dramatischen Ereignisse der damaligen Monate ganz unmittelbar spürbar. Kein anderer Ort Indiens vermittelt einen derart plastischen Eindruck des **Unabhängigkeitskampfes** gegen die britischen Besatzungstruppen wie die Residenz in Lucknow, die genauso erhalten wurde, wie sie zum Zeitpunkt ihrer Befreiung war. Besonders empfehlenswert ist ein Besuch der Ausstellungsräume (tgl. 10–16.30 Uhr) im Hauptgebäude, in denen anhand von Augenzeugenberichten, Zeichnungen und Fotos die verzweifelte Lage der Eingeschlossenen nachgezeichnet wird. Die Kellerräume waren der Zufluchtsort für die meisten Frauen und Kinder während der Belagerung.

Auf dem **Friedhof** der St. Mary's Church liegen etwa 2000 britische Opfer begraben.

■ **Öffnungszeiten** von Sonnenauf- bis Sonnenuntergang, Eintritt 100 Rs, Video 25 Rs.

Altstadt

Unser Tipp: Kein Lucknow-Besucher sollte sich einen Spaziergang durch die **engen Gassen** des Altstadtviertels **Chowk** entgehen lassen, die auch im Rahmen der Heritage Walks (s.u.) eine prominente Rolle einnehmen. Das kaum durchschaubare Geflecht der Gassen lädt ein, sich beim Begutachten unterschiedlichster Verkaufsstände komplett zu verlieren. Um diese Gefahr zu verringern, sollte man die beiden großen **Torbögen** als Orientierung benutzen: im Süden des Viertels am **Akhbari Darwarza** beginnen und als Zielpunkt das nördlich gelegene **Gol Darwarza** wählen. Nicht weit hiervon entfernt findet sich das Bara Imambara.

Ein weiteres **Basarviertel** ist **Aminabad** zwischen Bahnhof und Residency. Einige der alten Handelsgebäude beeindrucken mit prächtiger Fassade und Patina in diesem Irrgarten aus Gassen und Geschäften.

Park Sikandar Bagh

Der kleine, von einer Mauer umschlossene Park Sikandar Bagh an der Rana Pratab Marg im Nordosten der Stadt wurde in der ersten Hälfte des 19. Jh. von *Wajid Ali Shah* für seine Lieblingsfrau *Sikandar Mahal* angelegt. Teile der Mauer, die kleine Moschee und das Eingangstor, das heute verschlossen ist (zugänglich ist der Park vom Seiteneingang aus), sind noch im Orginalzustand. In diesem Park starben während des Sepoy-Aufstandes bei einem heftigen Gefecht zwischen den Engländern und den indischen Aufständischen zahlreiche Menschen. Der Park ist von Sonnenauf- bis Sonnenuntergang geöffnet.

Lucknow

Unterkunft
3 Clarks Avadh
4 La Place Sarovar Portico
5 Hotel Gomti
6 Tekarees Inn
13 Hotel Levana
15 Taj Vivanta
16 Lucknow Homestay
17 Hotels Deep und Raj

Essen und Trinken
1 Tunday Kababi
3 Falaknuma Restaurant
7 Barista Espressobar
9 JJ Bakers, Indian Coffee House
10 Café Coffee Day
12 Royal Café
14 Moti Mahal Restaurant, Chedilal Ramprasad Vaish (Eisdiele)
15 Oudhyana, Latitude Restaurant
18 Tunday Kabab

Nachtleben
12 Strokes Sports Bar
13 Eos Bar

Einkaufen
8 Kashmir Government Arts Emporium
11 Ram Advani Booksellers (Sahara Ganj Mall)

Verkehr
2 Kaiserbagh Busstand
19 Charbagh Busbahnhof

Zoo und State Museum

Auf dem Zoogelände ist vor allem das State Museum (Di–So 10.30–16 Uhr, Eintritt 50 Rs) einen Besuch wert. Hier sind **Skulpturen,** teils aus dem 3. Jh., ausgestellt, unter denen sich viele erstklassige und anmutige Arbeiten der Bildhauerei zu unterschiedlichen Motiven finden, etwa Szenen aus dem Leben Buddhas. Eine 3000 Jahre alte ägyptische Mumie wurde generalüberholt.

Im **Tierpark** (Di–So 8.30–17.30 Uhr) kann man auf baumbestandener Fläche eine Vielzahl von Tieren beobachten. (Zum Museum gelangt man nur durch den Zoo, sodass zunächst ein Ticket für den Zoo gekauft werden

muss.) Auch der **Botanische Garten,** nicht weit entfernt, lohnt einen Stopp.

Ebenfalls an der Rana Pratab Marg beeindruckt das **Shah Najaf Imambara,** wo das Grab des 1827 gestorbenen *Nawab Gazi-ud-din-Haidar* und drei seiner Frauen zu besichtigen ist.

Praktische Tipps

Information

■ **Vorwahl:** 0522

■ Das **Uttar Pradesh Tourist Office** befindet sich auf der linken Seite im Hotel Gomti (Sapru Marg, Tel. 2615005, Mo–Sa 9–19 Uhr, uptourism.gov.in). Je nach Besetzung ist auch der Informationsgewinn Glücksache. In jedem Fall gibt's einen Stadtplan.

Stadtverkehr

■ Vom Bahnhof nach Hazratganj, etwa zur MG Road, müssen Touristen per **Autoriksha** etwa 65 Rs hinblättern, zum Bara Imambara etwa 100 Rs. Vom Hazratganj nach Bara Imambara wie auch vom Bahnhof zur Residency 50 Rs. Per Autoriksha kostet der halbe Tag am Prepaid-Schalter des Bahnhofs 305 Rs, 8 Stunden 610 Rs.

■ Zurzeit wird in Lucknow wie in vielen Großstädten Indiens an einer **Metro** gebaut, die frühestens Ende 2017 ihren Betrieb aufnimmt.

Stadtrundgang

■ Kein Lucknow-Besucher, der gut zu Fuß ist, sollte sich die hochinteressanten, von UP Tourism veranstalteten **Heritage Walks** (Tel. (0)9415013047, Hotel Gomti (s.u.), 6 Sapru Marg, www.uptourism.gov.in) entgehen lassen. Neben dem Besuch mehrerer Sehenswürdigkeiten wie der Tilewali Masjid und dem Bara Imambara werden in ca. 3 Std. mit einem erfahrenen Stadtführer die geheimen Orte und engen Marktgassen im Chowk-Viertel durchschritten, die ansonsten kaum ein Tourist zu Gesicht bekommt. Sie beginnen um 8 Uhr (Okt.–März) bzw. 7 Uhr (Aug./Sept.) vor der Tilewali Masjid und kosten 150 Rs.

Unterkunft

■ Komfortable Zimmer und umsorgender Service machen das **Lucknow Homestay**①-② (110D Mall Ave, Tel. 2235460, (0)9838003590, www.lucknowhomestay.wordpress.com, Preise inkl. Frühstück) im Süden der Stadt zur besten Unterkunft zu kleinem Preis. Einfache, aber gemütliche Zimmer mit und ohne Bad bzw. AC/Non-AC und die topfpflanzengeschmückte Terrasse sind Pluspunkte. Ein dem Haus verbundener und kenntnisreicher Rikshafahrer führt auf Wunsch auch zu weniger bekannten Teilen Lucknows. Das Haus ist nicht ganz leicht zu finden, da es sich bei Mall Ave eher um einen Bezirk, denn eine konkrete Adresse handelt, also durchfragen.

■ Ist das Lucknow Homestay ausgebucht, sind das **Hotel Deep**①-② (Vidhan Sabha Marg, Tel. 26364416, www.deephotels.com) und das einige Meter entfernte **Hotel Raj**①-② (Tel. 2213892) auf halber Strecke zwischen Bahnhof und Hazratganj hinreichende, jedoch teurere Billigalternativen, beide mit Restaurant. Im ersten gibt's um einen geschlossenen Innenhof gruppierte, geräumige Zimmer mit TV, die Deluxe-Zimmer mit Balkon sind den Aufpreis wert. Für beide ist Service eher ein Fremdwort. Da an einer lauten Hauptstraße positioniert, Zimmer nach hinten wählen.

■ Die meisten Touristen wohnen im **Hotel Gomti**③ (Sapru Marg, Tel. 2620624, hotelgomti@up-tourism.com), weniger wegen der akzeptablen, großen Zimmer (die teureren klimatisiert) und eines ebenfalls durchschnittlichen Restaurants, als vielmehr wegen der günstigen Lage zu Sehenswürdigkeiten und Hazratganj.

■ Saubere, gemütliche Zimmer mit Marmorfußboden und Kühlschrank in zentraler Lage machen das **Tekarees Inn**③ (Tel. 2288928, 3933100, www.tekareesinn.com, Wifi kostenlos) zu einer guten Mittelklassewahl.

■ Elegante Architektur und moderne Ausstattung machen das **Hotel Levana**④-⑤ (Tel. 4101111, www.levanahotels.com) zum ausgezeichneten Gesamtpaket. Neben der tollen Lage 50 m von Hazratganj in einer ruhigen Gasse überzeugen der Service und das Restaurant mit exquisiter indischer Küche.

■ Ein weiteres gutes Business-Hotel ist das **La Place Sarovar Portico**④ (Shahnajaf Rd., Tel. 4004040, www.sarovarhotels.com) in zentraler Lage zu entsprechendem Tarif. In den gepflegten Zimmern mit Aussicht ist kostenloses Wifi vorhanden. Zudem locken das Dachrestaurant und der 24-Std.-Coffeeshop, es fehlt jedoch der Swimmingpool.

■ Eines der Top-Hotels Lucknows ist das mondäne **Taj Vivanta**⑤ (Vipin Khand, Gomti Nagar, Tel. 6711000, www.tajhotels.com) im Osten der Stadt. Der luxuriöse, dem Nawab-Stil nachempfundene Prachtbau aus Marmor verfügt über alle Annehmlichkeiten eines internationalen Luxushotels und ist dennoch nicht unbezahlbar.

■ Obwohl von außen eher mit dem Charme eines Betonklotzes gesegnet, ist das **Clarks Avadh**⑤ (8 MG Rd., Tel. 26165009, www.clarksavadh.com) ebenfalls eines der Top-Hotels. Im Inneren herrscht kühle Eleganz. Von den Zimmern mit Badewanne und WiFi hat man weite Ausblicke über die Stadt und den Gomti. Toll auch der Outdoor-Pool in luftiger Höhe und das Falaknuma Restaurant im Dachgeschoss.

Essen und Trinken

Eine große Auswahl an Imbissständen, Fastfood-Läden und Restaurants findet sich vor allem entlang der Mahatma Gandhi Road in Hazratganj. Eine Besonderheit Lucknows sind die sogenannten *Chat Houses*. Etwa unseren Cafés vergleichbar, trifft man sich hier, um bei kleinen Mahlzeiten *(chat)* einen Schwatz zu halten.

■ Das **Moti Mahal Restaurant** (11–23 Uhr) ist eine der beliebtesten Plauschecken am Hazratganj. Etwas versteckt über einem Snack- und Süßigkeitenladen, ist dieses Restaurant aus gutem Grund bei Einheimischen sehr beliebt, weil die Kebabs, lokalen, etwas öligen Köstlichkeiten und Süßspeisen ein Gedicht und preiswert (120–200 Rs) sind. Oft zur Mittagszeit voll.

■ Das **Indian Coffee House** an der Ashok Marg serviert preisgünstige und scharfe südindische Snacks. Wer es neumodischer mag, ist mit dem **Café Coffee Day** um die Ecke besser, aber auch viel teurer bedient. Hier wird neben Kuchen auch Fast-Food serviert. Köstlichen Kuchen, Torten und Snacks zum Mitnehmen gibt's bei **JJ Bakers** (Ashok Marg, bis 21.30 Uhr) nahe dem Indian Coffee House.

■ Seit mehreren Jahrzehnten ist das winzige Straßenlokal **Tunday Kababi** (Naaz Cinema Rd., 11–23.30 Uhr) im Basarviertel Aminabad mit seinen köstlichen Hammelfleisch- und Hühnchengerichten eine Institution. Legendäre Köstlichkeiten für den lächerlichen Betrag um 100 Rs – ein Muss. Danach lockt ein Verdauungsspaziergang in den sich anschließenden Bazargassen. Aufgrund des Erfolgs des Originals gibt es mehrere weniger gute Nachahmer im Stadtgebiet.

■ Berühmt ist Lucknow für sein besonders leichtes und cremiges **Eis,** das sogenannte *Kulfi*. In diversen Eisdielen an der MG Rd. kann man sich der kalten Verführung hingeben. Hier ist **Chedilal Ramprasad Vaish** hervorzuheben. Auch die Shakes und Säfte sind köstlich.

■ Ausgezeichnete indische, italienische und chinesische Kost und vielseitige Geflügelgerichte serviert das **Royal Café** (51 MG Rd., 170– 350 Rs, 12–23 Uhr). Auch der angeschlossene Straßenstand für Snacks ist ausgezeichnet.

Unser Tipp: Eine der kulinarischen Top-Adressen Lucknows ist das **Falaknuma Restaurant** (8 MG Rd., 350–600 Rs, 13–15.30 und 20–23.30 Uhr) im Obergeschoss des Hotels Clarks Avadh. In gediegener Atmosphäre kann man dort bei schöner Aussicht auf die Stadt die in ganz Indien geschätzten Dam-Pakht-Gerichte genießen. Bei dieser auf die Nawabs von Oudh zurückgehenden Kochkunst schmoren die Fleischgerichte unter Zugabe feinster Gewürze über mehrere Stunden im geschlossenen Tontopf. Das Resultat sind äußerst schmackhafte, jedoch nicht scharfe Gerichte. Die angeschlossene Bar ist gut bestückt und aussichtsreich.

■ Getoppt wird das Falaknuma nur noch vom **Oudhyana** im Vivanta der Taj-Gruppe (Tel. 6715300, 12.30– 14.45 und 19.30–23.30 Uhr). Wer sich die köstlichen nordindischen Speisen in edlem Ambiente gönnen will, muss allerdings mit 800–1.000 Rs pro Hauptgericht tief in die Tasche greifen. Das helle **Latitude Restaurant** des Hotels ist ab 7 Uhr durchgängig geöffnet.

Nachtleben

■ Das eigenartige Dekor der **Strokes Sports Bar** (MG Rd., 11–23 Uhr, am Wochende bis 3 Uhr) schont nicht gerade die Sehnerven, doch ist sie ein guter Ort, um sich spät am Abend bei einem Cricketmatch im TV und einem Bier oder sonstigen Getränk aus der vielseitigen Alkoholkarte zu vergnügen. Am Wochenende wird's sehr voll.

■ Moderner ist die **Eos Bar** (72 MG Rd., 12–24 Uhr, Sa bis ca. 1 Uhr, Cocktails um 400 Rs) des The Lavena gleich um die Ecke. Auf dem Dach präsentiert sich die junge Schickeria von Lucknow. Am Wochenende zeigen DJs ihr Können auf der pflanzengeschmückten Freifläche oder im klimatisierten Innenbereich.

Bank und Internet

■ Bei **UAE Exchange** (FI Hospital Bldg., Cantonment Rd., Mo–Sa 9.30–18, So 9.30–13.30 Uhr) ist auch Moneygram-Geldtransfer möglich. Es besteht kein Mangel an **ATMs,** die meisten finden sich an der MG Rd. und der Ashok Marg.

■ Zentral am Hazratganj wechseln **Mayfair Airtravel Services** (1. Stock, Mo–Sa 9.30–18.30 Uhr) und die **ICICI-Bank** (Mo–Sa 8–20 Uhr) mit ATM alle üblichen Währungen.

■ Die meisten der wenigen Internetcafés verfügen über Breitbandanschluss und sind entsprechend schnell, etwa **Hotline Cyber Café** (Mo–Sa 10–20, So bis 16 Uhr) im Awadh Tower, gegenüber dem Hotel Capoors die Kishare Rd. hinein.

Medizinische Versorgung

■ Ein erstklassiges Krankenhaus ist das **Balrampur District Hospital** (Hospital Rd., Tel. 2224040), zentral am Kaiserbagh-Busbahnhof gelegen.

Einkaufen

■ **Aminabad** zwischen Gomti-Fluss und Bahnhof und **Chowk** in der Nähe der Jami Masjid sind die beiden Haupteinkaufsviertel in der Altstadt. In diesen orientalisch anmutenden Basarvierteln gibt es vom Hosenknopf bis zu Juwelen alles zu kaufen, und wer sich aufs Handeln versteht (und Fälschungen von Originalen zu unterscheiden weiß), kann gute Geschäfte machen. Während die Geschäfte in **Hazratganj** sonntags geschlossen sind, ist in Chowk und Aminabad montags Ruhetag. Moderne Geschäfte prägen das Viertel Hazratganj, vor allem entlang der MG Rd. Für Schuhe und Kleider ist hier die Auswahl besonders gut.

■ Selbst wenn man nichts kaufen will, lohnt ein Besuch des hübschen **Vogelmarktes Nakkhas** im Chowk Bazaar.

■ Seit vielen Jahrzehnten verkauft der über 90-jährige *Mr. Advani* Bücher in seinem **Ram Advani Booksellers** (Mayfair Bldg., MG Rd., Mo–Sa 10–19.30 Uhr, Mittagspause zwischen 12 und 16 Uhr). Entsprechend umfangreich ist sein Fachwissen, vor allem bezüglich Literatur zu Lucknow. Auch zeitgnössische indische Literatur ist vertreten.

Festival

Das alljährlich Ende Januar bis Anfang Februar stattfindende **Lucknow Festival** erinnert an die große kulturelle Blütezeit Lucknows unter der Herrschaft der Nawabs von Oudh. Während der zehntägigen Festivitäten bilden die Straßen und Parks der Stadt die Bühne für die Aufführungen traditioneller Mogulkunst. Musikveranstaltungen, Tanzvorführungen, Musikgruppen, aber auch Drachenflieger und Hahnenkämpfe gehören dazu. Gerade weil sich kaum westliche Touristen nach Lucknow verirren, wird man um so herzlicher aufgenommen.

An- und Weiterreise

Flug

■ Tägliche Verbindungen mit Delhi, Patna und Mumbai vom 15 km südwestlich der Innenstadt gelegenen **Amausi-Flughafen.** Taxis verlangen für die Fahrt von westlichen Touristen 500 Rs, per Prepaid-Riksha vom Bahnhof kostet es 125 Rs plus 20 Rs Flughafenzugangsgebühr.

Bahn

In Lucknow gibt es zwei wichtige Bahnhöfe, der **Charbagh-Bahnhof** ist der wichtigere, von hier starten die meisten Züge. Vom **Lucknow Junction** nebenan gehen viele Verbindungen nach Mumbai. Das Reservierungsbüro (Tel. 2635841, 2636132) gut 100 m links vom Eingang des Charbagh-Bahnhofs ist tgl. 8–13.30 und 14–20 Uhr geöffnet. Schalter 601 für Touristen ist ganz links zu finden.

Bus

Mit dem **Alambagh-Busbahnhof** (Tel. 2454444) 4 km südwestlich des Zentrums, dem **Kaiserbagh** (Tel. 2222503) ca. 2 km nördlich hiervon und der städtischen **Charbagh Bus Station** neben dem Bahnhof besitzt Lucknow drei Busbahnhöfe. Generell sollte man beachten, dass die vielfältigen Zugverbindungen fast immer schneller und bequemer sind. Regelmäßige Busse verkehren zwischen Charbagh-Busbahnhof und dem 4 km entfernten Alambagh.

■ Direktbusse verkehren vom Alambagh-Busbahnhof u.a. nach **Allahabad** (Del. 5 Std., 150 Rs, alle 30 Min.; AC-Volvo 4½ Std., 480 Rs, 11 Verb. zwischen 6 und 21 Uhr), **Delhi** (Del. 11 Std., stdl., 420 Rs; AC-Volvo 10 Std., 950 Rs, stdl.), **Varanasi** (Del. 8 Std., 270 Rs, alle 30 Min.; AC-Volvo 5 Std., 720 Rs, 15 und 22 Uhr), **Agra** (Del. 7½

Std., 350 Rs, 8.30, 10.30, 17.30 und 22.30 Uhr; AC-Volvo 6 Std., 920 Rs, 10 und 22 Uhr) und **Gorakhpur** (Del. 7½ Std., alle 30 Min., 290 Rs; AC-Volvo 6 Std., 720 Rs, 10, 22 und 23 Uhr).

■ Weitere Busse nach **Gorakhpur** sowie nach Rupaidha, der dem indisch-nepalesischen Grenzort **Jamunaha** nächstgelegenen Ortschaft, verkehren vom Kaiserbagh-Busbahnhof (7 Std., 170 Rs, 9.30, 11, 19.30, 20.30, 21.30, 23 Uhr).

Gorakhpur

Einzig und allein wegen ihrer Funktion als **Umsteigeplatz** von Delhi oder Varanasi nach **Nepal** ist die Stadt von touristischem Interesse. Zu besichtigen gibt es nichts, und so sollte man, wenn irgend möglich, eine Übernachtung vermeiden, zumal einem die sich hier besonders wohl fühlenden Moskitos das Leben schwer machen. Außerdem übernachten hier einige Touristen auf dem Weg zum nahegelegenen Kushinagar, dem Sterbeort Buddhas.

Information

■ **Vorwahl:** 0551

Unterkunft, Essen und Trinken

Die meisten Reisenden bevorzugen die gegenüber dem Bahnhof gelegenen Hotels wegen der Nähe zum Busbahnhof, von dem frühmorgens die Busse zum Grenzort Sunauli abfahren. Bessere Übernachtungsmöglichkeiten befinden sich jedoch im Stadtzentrum. Bei den meisten Hotels gilt das 24-Stunden-Check-Out-System.

■ Von den vielen großteils wenig überzeugenden Hotels in Bahnhofsnähe ist das **Adarsh Palace**①-② (Railway Station Rd., Tel. 2201912) eines der besten. Vom ganz billigen Schlafsaal (mit Schließfach) bis zu teils klimatisierten Zimmern mit TV reicht die Bandbreite. Auch hier sollte man – wie bei den meisten Hotels in dieser sehr lauten Gegend – eines nach hinten wählen. Das saubere Schnellrestaurant von **Food Plaza** ist wohl die beste Verpflegungswahl in der Bahnhofsgegend.

■ Nach Besitzerwechsel ist das zentral klimatisierte **The Grand**④-⑤ (6 Park Rd., Civil Lines, Tel. 2205016-9, Preise inkl. Frühstück) etwas südlich des Bahnhofs mit Pool und WiFi wieder eine akzeptable Luxusadresse in Gorakhpur, wenn auch etwas überteuert. Leider lässt der Service zu wünschen übrig.

■ Neben den guten Hotelrestaurants serviert **Dosa Plaza** nebenan erstklassige Dosas aller Art.

Bank

■ Die **State Bank of India** wechselt Mo–Fr 10–16, Sa bis 12 Uhr. Mehrere **ATMs** in der Stadt und am Bahnhof.

An- und Weiterreise

Flug

■ Tägliche Flugverbindungen mit **Delhi.**

Bahn

■ Gorakhpur liegt am Schnittpunkt mehrerer Bahnlinien, und so bieten sich Anbindungen an alle Städte Zentral- und Nordindiens. Das **Reservierungsbüro** ist ca. 500 m von Bahnhof entfernt. Wichtige Verbindungen siehe Anhang.

Gewarnt sei hier ausdrücklich vor den jungen Burschen, die einem bereits bei der Ankunft in Gorakhpur **Bustickets** für die Weiterfahrt bis Pokhara bzw. Kathmandu in **Nepal** aufzuschwatzen versuchen. Dieses „Paketangebot" ist nicht nur erheblich teurer, sondern oftmals auch purer Schwindel, da das Anschlussticket auf nepalesischem Boden oft nicht akzeptiert wird. Schon mehrere Traveller durften auf diese Weise doppelt zahlen. Im Übrigen ist es meist kein Problem, das Ticket für die Weiterfahrt nach Überqueren der Grenze in Nepal zu besorgen.

Bus

- Jeden Tag viele Verbindungen vom staatlichen Busbahnhof (Tel.: 200093) nahe dem Bahnhof zum 3 Std. entfernten indisch-nepalesischen Grenzort **Sunauli** (90 Rs). Um dort die Anschlussbusse nach **Kathmandu** bzw. **Pokhara** nicht zu verpassen, sollte man möglichst schon mit dem ersten Bus um 5 Uhr fahren. Weitere Verbindungen bestehen u.a. mit **Lucknow** (7 Std., 210 Rs, AC-Volvo 720 Rs, um 9, 11 und 23 Uhr), **Kushinagar** (2 Std., 53 Rs) und **Patna** (7 Std., 125 Rs).
- Busse nach **Varanasi** (7 Std., 190 Rs, Express Bus um 7.30 Uhr) und **Ahmedabad** (10 Std., 253 Rs, zwischen 10 und 22 Uhr) fahren vom Katchari-Busbahnhof (Tel. 2333685) etwa 2,5 km südlich vom Bahnhof.
- **Jeeps und Kleinbusse** starten gegenüber dem Bahnhof nach **Sunauli,** sobald sie voll sind (150–300 Rs p.P., 2 Std. Fahrtzeit) zwischen 5 und 18 Uhr.

Kushinagar

In Kushinagar starb Buddha. Aus diesem Grund ist das Städtchen neben Bodhgaya, Sarnath und Lumbini (in Nepal) eine der vier wichtigsten Pilgerstätten für Buddhisten. Neben den Hauptsehenswürdigkeiten, dem Mahaparinirwana-Tempel und der Ramabhar-Stupa, laden viele weitere, moderne Tempelanlagen zum Verweilen ein, darunter der **Wat Thai Complex** (9–11.30 und 13.30–16 Uhr, www.watthaikusinara-th.org), bestehend aus reich verzierten Tempeln in typisch thailändischer Bauweise in einer herrlichen Gartenanlage.

Kushinagar war ein Zentrum des Malla-Königreichs vom 3. Jh. v. Chr. bis zum 5. Jh. n. Chr. Es wird angenommen, dass die Herrschaft der Malla durch Invasoren ein jähes Ende fand und der Ort danach in Vergessenheit geriet. Die Tempel und Überreste der ehemaligen Stadt waren bei ihrer Entdeckung im 19. Jh. von Geröll und Dornenwald bedeckt.

Im **Buddha Museum** (tgl. außer Mo 10.30–17 Uhr) sind neben Ausgrabungsstücken wie Skulpturen und Münzen auch tibetische *thangkas* (bemalte Gebets- und Prozessionstücher) und Miniaturmalereien der Mughal-Ära ausgestellt.

Spektakulärste Sehenswürdigkeit des buddhistischen, 1927 wiedererrichteten **Mahaparinirwana-Tempels** ist die **Statue Buddhas,** die ihn auf seinem Totenbett liegend darstellt. Das 6 m lange Heiligtum aus dem 5. Jh. wurde 1876 entdeckt und freigelegt. Es ist eine der Ikonen des Buddhismus. Hinter dem Tempel erhebt sich eine 19 m hohe Stupa, weiter entfernt auf diesem weitläufigen Gartengelände eine vom *Dalai Lama* geweihte Glocke.

Die ursprüngliche Form der 15 m hohen **Ramabhar-Stupa** lässt sich nur noch erahnen. Dennoch beeindruckt die Atmosphäre an diesem Ort, der als Verbrennungsort von Buddhas Körper gilt. Mönche und Gläubige meditieren im Schatten der umgebenden Palmen.

Am Standort des **Mathakuar-Tempels** soll Buddha seine letzte Predigt gehalten haben. In dem Schrein befindet sich eine 3 m hohe, sitzende Buddha-Statue aus blauem Stein.

Information

- **Vorwahl:** 05564
- Das **UP Tourist Office** (Tel. 273045, Mo–Sa 10–17 Uhr, jeden 2. Sa des Monats geschlossen) liegt an der Buddha Marg.

Unterkunft, Essen und Trinken

- Einige der Tempel verfügen über einfache Unterkunft, die sehr billig ist bzw. auf Spendenbasis vermietet wird. Drei Adressen, die auch Touristen aufnehmen, sind der **Linh Shon Temple**① (Tel. 273093, (0)9936837270), das **burmesische Dharamshala**① (Tel. 273105) und der **tibetische Tempel**① (Buddha Marg, Tel. (0)8795569357) mit den gemütlichsten Zimmern.
- Benötigt man mehr Komfort, steht das etwas teurere **International Guest House**②-③ (Tel. 273082) mit akzeptablen Zimmern mit Bad und TV, teils AC, bereit. Ein Restaurant mit Traveller-Kost ist angeschlossen.
- Komfortablere Bleibe ist in Kushinagar recht teuer. Dies gilt auch für das **The Royal Residency**④ (Buddha Marg, Tel. 273011, www.theroyalresidency.co). Die ak-

zeptablen Zimmer sind für den Preis jedoch nur Durchschnitt.

- Obwohl ebenfalls überteuert, ist das **Imperial Hotel** ④ (Tel. 273096, www.imperialhotel.com) das beste höherklassige Hotel in Kushinagar. Die modernen Zimmer mit LCD-TV und Minibar sowie WiFi stellen auch Komfortgewöhnte zufrieden.
- Typische und preiswerte Traveller-Kost gibt's im angenehmen **Yama Café** (60–150 Rs). Dies ist ein guter Platz zum Erfahrungsaustausch mit anderen Reisenden. Auch der Besitzer ist eine hilfsbereite Informationsquelle.

Bank und Internet

- Geldwechsel ist in Kushinagar nur bei privaten **Wechselstuben** möglich. Zwei **ATMs** versorgen per Plastikkarte mit Barem.
- Einige **Internetcafés** im Dorf sind vorhanden.

An- und Weiterreise

- Regelmäßige **Busverbindungen** bis etwa 19 Uhr (nach Sonnenuntergang weniger häufig) ins 50 km entfernte Gorakhpur (2 Std., 53 Rs). Es ist möglich, am Ortseingang beim dreibogigen Tor an der Hauptstraße, dem Zugang zur Buddha Marg, zu- und auszusteigen.
- Ein im Bau befindlicher **Flughafen** soll noch 2016 seinen Betrieb aufnehmen.

Sunauli

Dieses verschlafene Städtchen ist nur als **indisch-nepalesischer Grenzort** von touristischem Interesse.

Information

- **Vorwahl:** 05522
- Noch auf indischer Grenzseite ist das **Nepal Tourism Board Information Centre** (Tel. 0977-1520197, tgl. außer Sa 10–17 Uhr) hilfsbereit.

Unterkunft

Für alle, die ihre Anschlussfahrt nach Kathmandu bzw. Pokhara verpasst haben, empfiehlt es sich, **auf nepalesischer Seite** zu übernachten, da dort eine quantitativ wie qualitativ bessere Auswahl zur Verfügung steht.

- Auch wenn es von außen wenig einladend wirkt, ist das **Nepal Guest House**①-② (Tel. 208771) eine akzeptable Adresse. Es steht eine ganze Reihe sehr unterschiedlicher Zimmer zur Auswahl. Das große Plus dieser Unterkunft sind die angenehme Atmosphäre und die Dachterrasse. Recht ordentlich ist auch das hauseigene vegetarische Restaurant.
- Akzeptabel ist auch der staatliche **Rahi Tourist Bungalow**①-③ (Tel. 238201), wobei die teureren Zimmer, viele mit Balkon zum grünen Garten, über AC verfügen. Eine Übernachtung im Schlafsaal kostet 50 Rs. Das hauseigene Restaurant ist o.k.

An- und Weiterreise

Von Gorakhpur und Varanasi gibt es regelmäßige **Busverbindungen** zum indischen Grenzort Sunauli (Genaueres siehe An- und Weiterreise der genannten Städte). Wenn irgend möglich, empfiehlt es sich, tagsüber nach Kathmandu bzw. Pokhara zu fahren, da man nur dann das großartige Panorama genießen kann.

- Diverse **private Busgesellschaften** fahren tgl. zwischen 5 und 10 Uhr innerhalb von ca. 9 Std. nach **Kathmandu.** Die um 15.30 und 20.30 Uhr startenden Nachtbusse benötigen für die Strecke etwa 2 Std. länger. Die Nachtbusse sind nicht zu empfehlen: Sie kosten mehr, brauchen mehr Zeit, und man verpasst die schöne Landschaft. Gemeinschaftsjeeps sind unwesentlich schneller.

- Nach **Pokhara** sind es 8 Std. Tgl. vier staatliche Busse, um 6.30, 7.30, 18.30 und 19.30 Uhr, starten vom 4 km nördlich von Sunauli gelegenen Busbahnhof in Bhairawa. Wegen der großen Nachfrage muss man für diese Busse meist schon einen Tag im Voraus reservieren. Tickets werden an einem Ticketkiosk beim Hotel Yeti verkauft.
- Per Autoriksha (ca. 50 Rs) oder Jeep zum 4 km von der Grenze entfernten Bhaiwara. Von dort starten die Busse zum 22 km entfernten **Lumbini,** dem Geburtsort Buddhas. Falls man nur diesen Ort in Nepal besuchen will, sind kostenlose Dreitages-Visa an der Grenze erhältlich.
- Weitere Verbindungen, zeitlich abgestimmt auf die aus Kathmandu und Pokhara eintreffenden Busse, bestehen von Sunauli nach **Varanasi** (9 Std., 100–140 Rs), **Patna** und **Lucknow.** Die Zugfahrt von Gorakhpur ist jedoch bequemer. Busse zum 3 Std. entfernten **Gorakhpur,** von wo sich hervorragende Bahnverbindungen bieten, fahren alle halbe Stunde zwischen 5 und 19 Uhr.
- Einige Unterkünfte, wie etwa das Nepal Guest House, vermieten **Mietwagen** mit Fahrer für ca. 1.200 Rs pro Tag. Wenn sich mehrere Leute zusammenfinden, ist dies eine bequeme und gar nicht mal so teure Alternative, um die Reise nach Pokhara oder Kathmandu fortzusetzen.
- Per **Taxi** von der Grenze nach Kathmandu kostet es etwa 15.000 nepalesiche Rupien.

Grenzübertritt nach Nepal

Nepalesische **Visa** werden rund um die Uhr vom Immigration Office, direkt beim unscheinbaren Grenzübergang, ausgestellt. 14-Tages-, Ein- und Zweimonats-Visa werden auf der nepalesischen Seite für 25/40/100 US$ *(cash only!)* ausgestellt. Die Bezahlung muss in Dollar erfolgen, zwei Passfotos sind erforderlich. Die Grenze ist rund um die Uhr geöffnet, Fahrzeuge werden jedoch nur bis 22 Uhr durchgelassen. Der Grenzübertritt ist meist in weniger als einer Stunde über die Bühne gegangen.

Wer noch indische Rupees übrig hat, kann diese problemlos auch auf der nepalesischen Seite ausgeben, da dort die indische Währung praktisch überall akzeptiert wird. Im Übrigen stehen viele **Exchange Offices** oder auf nepalesischer Seite die Nepal Rastra Bank (8–18 Uhr), die zu offiziellen Kursen wechselt, zur Verfügung.

Varanasi

– die Seele Indiens

Was Mekka für Moslems und Jerusalem für Juden und Christen, das ist Varanasi für Hindus – **die heiligste unter allen Städten.** Seit Jahrtausenden strömen Pilger aus allen Teilen des riesigen indischen Subkontinents in diese uralte Stadt an den **Ufern des Ganges,** um beim allmorgendlichen rituellen Bad von ihren Sünden befreit zu werden oder durch die Totenverbrennungen an den **Ghats** den ewigen Kreislauf der Wiedergeburten zu durchbrechen.

Die einzigartige spirituelle Bedeutung der Stadt führte bereits *Siddharta Gautama,* den Buddha, vor über 2.500 Jahren, kurz nachdem ihm in Bodhgaya die Erleuchtung zuteil geworden war, ins nur zehn Kilometer von Varanasi entfernte Sarnath, um dort mit seiner ersten öffentlichen Predigt das Rad der Lehre in Gang zu setzen. Auch der noch von vielen Hindus verwendete mythologische Name Varanasis, Kashi, nimmt Bezug auf die hier angeblich brennende ewige Flamme der Erkenntnis.

Varanasis heutiger Name geht auf seine Lage zwischen Varuna und Asi, zweier Nebenflüsse des Ganges, zurück, der von den Briten als **Benares** missverstanden wurde, eine Verballhornung, die sich dann international verbreitete.

Wohl niemand kann sich der **unvergleichlichen Atmosphäre** der Stadt entziehen. Kein Ort spiegelt in derart konzentrierter Form die einzigartige Vielfalt und Widersprüchlichkeit des indischen Lebens. Geburt und Tod, unbändige Lebensfreude und meditative Versenkung, von Abfällen und Tierexkrementen verzierte Altstadtgassen und goldverkleidete Tempel, erbärmlich entstellte Bettler und

> Wäscher am Ganges

schillernde Saris, offene Scheiterhaufen und heitere Sitarmusik – alles scheint gleichzeitig und auf engstem Raum zu geschehen. Was sich nach westlichem Denken unversöhnlich gegenüberstehen müsste, hier ergänzt es sich zu einer ganz unvergleichlichen Melodie des indischen Lebens. Varanasi ist so bunt, grell, laut, spirituell und marktschreierisch wie das Land selbst.

Man sollte sich Zeit nehmen, um das zunächst verwirrende Nebeneinander in aller Ruhe auf sich wirken zu lassen. Wer dies tut und vorurteilsfrei hinschaut, hört, riecht und fühlt, wird dem Geist Indiens in der ewigen Stadt näher sein als irgendwo sonst.

Kein Wunder, dass in dieser indischsten aller indischen Städte die neuzeitlichen Probleme des Kontinents besonders krass zutage treten. Der von den Dächern der Altstadt romantisch anmutende Nebel, der sich mystisch über den Ganges legt, ist nichts anderes als ungefiltert in die Luft abgelassene Industrieabgase. Auch die total überfüllten, dreckigen und lauten Straßen der sich nordwestlich der Altstadt zum Bahnhof ziehenden Neustadt, der von Obdachlosen und Bettlern gekennzeichnete Bahnhofsbereich sowie der von Schwermetallen und Fäkalien durchsetzte Ganges verdeutlichen, dass der jahrtausendealte Glanz der Stadt mehr und mehr von den ökologischen Folgen des Industriezeitalters eingeholt wird.

Exemplarisch für ganz Indien erfährt man in dieser Stadt noch, wie unterschiedlichste Dinge gleichzeitig, nebeneinander und übereinander ablaufen und dieses mit einer absoluten Selbstverständlichkeit geschieht. Varanasi lässt den Besucher nie los, begeistert und erschreckt zugleich. Varanasi ist wie Indien, selten einfach, immer faszinierend.

415in mb

Geschichte

„Benares is older than history, older than tradition, older than legend and looks twice as old as all of them together." Ähnlich wie schon *Mark Twain,* von dem diese Worte stammen, meint man auch heute noch, die zeitlose Atmosphäre Varanasis überall zu spüren. Wie alt die Stadt allerdings wirklich ist, ob sie etwa tatsächlich, wie immer wieder behauptet wird, der älteste ununterbrochen besiedelte Ort des Subkontinents ist, lässt sich letztlich nicht stichhaltig beweisen. Wie so oft haben sich Legendenbildung und Tatsachen über Jahrhunderte in einem derartigen Knäuel miteinander verwoben, dass die Ursprünge nicht zu entschlüsseln sind.

Es wird angenommen, dass Buddha die erste öffentliche Predigt nach seiner Erleuchtung in Sarnath, also in unmittelbarer Nähe zum damals schon bedeutenden hinduistischen Wallfahrtsort Varanasi abhielt. Die Tagebücher zweier chinesischer Pilger aus dem 4. und 7. Jh. n. Chr berichten von hundert Shiva-Tempeln.

Ihre herausragende Bedeutung als heiligster Ort des Hinduismus musste die Stadt seit Ende des 12. Jh. mit wiederholten **Eroberungen und Zerstörungsfeldzügen** der muslimischen Eroberer bezahlen. Den Anfang der über sechshundertjährigen Fremdherrschaft machte der afghanische Feldherr *Muhammed-e-Ghur,* der die Stadt 1196 plünderte und viele hinduistische Heiligtümer zerstörte. Wieder einmal war es der letzte Großmogul *Aurangzeb,* der den traurigen Höhepunkt religiöser Intoleranz setzte, als er Ende des 17. Jh. fast alle hinduistischen Heiligtümer Varanasis zerstören und teilweise auf deren Grundmauern Moscheen errichten ließ.

So stammen die meisten der heutigen Tempel aus dem 18. Jh., als die **Marathen** die Macht übernahmen und Varanasi zu einem Zentrum hinduistischer Erneuerung wurde. Die landesweit hoch angesehene Benares-Hindu-Universität geht in ihren Ursprüngen auf diese Hindu-Renaissance zurück, in der die seit über einem halben Jahrtausend von den muslimischen Eroberern unterdrückte hinduistische Kultur zu neuer Blüte erwachte. Durch den forcierten Ausbau des Eisenbahnnetzes ermöglichten es die Briten als die neuen Machthaber Indiens, dass mehr **Pilger** als je zuvor den heiligen Ort besuchen konnten.

Das Zentrum hinduistischer Kultur und Religion liegt heute inmitten einer der rückständigsten, von Überbevölkerung, Umweltzerstörung und Armut geprägten Regionen Indiens. Erneut erscheint Varanasi als Symbol Indiens, repräsentiert es doch eine jahrtausendealte Kulturnation, die sich mit der Bewältigung der Probleme des 21. Jh. mehr als schwertut.

Sehenswertes

Ghats

An keinem anderen Ort des Subkontinents fühlt man sich der **Spiritualität Indiens** derart nah wie an den Ghats von Varanasi. Die so oft beschriebene und beschworene Seele Indiens ist hier kein abstrakter Begriff, sondern hautnah erlebte Wirklichkeit, besonders frühmorgens, wenn die Pilger ihr rituelles Bad im Angesicht der aufgehenden Sonne nehmen und die **zum Fluss führenden Treppen** in ein stimmungsvolles Licht gehüllt sind.

Unser Tipp: Es empfiehlt sich, an einem der Haupt-Ghats wie dem Dasashwamedh oder Manikarnika eines der dort überall angebotenen **Ruderboote** zu mieten, um während einer ruhigen Fahrt die Ghats aus nächster Nähe zu betrachten und den Bootsmann dort, wo es einem besonders interessant erscheint, anhalten zu lassen. Besonders faszinierend ist das Erlebnis frühmorgens. Dann besteht allerdings besondere Nachfrage nach Booten, entsprechend schwer ist der Verhandlungsstand. Deshalb sollte man sich schon einen Tag vorher ein Boot sichern und den Preis aushandeln, jedoch keine Anzahlung leisten. Der offiziell empfohlene Preis liegt bei 250 Rs pro Boot und Stunde für bis zu vier Personen. Um nur in die Nähe dieses Preises zu kommen, ist jedoch hartes Verhandeln notwendig. Die Bootsführer verlangen zunächst ein Vielfaches. Viele Guest Houses und Hotels vermitteln Bootstouren, die dann jedoch teurer sind als mit eigenem Verhandlungsgeschick. Außerdem sollte man vor der Abfahrt genau auf die Abfahrtszeit achten, da einem sonst bei einer auch nur geringen Überziehung der Preis schon mal für eine weitere Stunde berechnet wird. Die Bootsleute sind wahre Schlitzohren und man sollte nur den Preis bezahlen, der am Anfang ausgemacht wurde. Lässt man sich von einem Rikshafahrer zum Bootsfahrer begleiten, kassiert dieser Provision und der Mietpreis steigt dementsprechend. Eine Ausnahme von dieser Praxis ist die Brown Bread Bakery mit eigenen Booten, die auf Wunsch dazu ein leckeres, preisgünstiges Verpflegungspaket schnürt.

Die meisten der über 80 das westliche Ufer des Ganges zwischen Varuna und Asi säumenden Ghats sind durch das jedes Jahr Schäden anrichtende Monsun-Hochwasser sowie den hohen Schadstoffgehalt des Ganges in einem baulich teils schlechten Zustand. Varanasi hat drängendere Probleme und benötigt die Gelder für akutere Aufgaben als zur Renovierung der Ghats.

Allerdings bemüht man sich, den knapp 4 km langen **Abschnitt zwischen Asi Ghat und Manikarnika Ghat** zu erhalten. Gerade in diesem Bereich konzentriert sich eine religiöse Lebensfülle, die *Arthur Koestler* einmal zu dem äußerst treffenden Vergleich eines „heiligen Irrenhauses“ animierte.

Ebenso schillernd und skurril wie das Stück selbst, dass hier allmorgendlich aufgeführt wird, sind seine Haupt- und Nebendarsteller. Dazu gehören die mit ihren golden leuchtenden Messingbehältern zum Fluss strömenden Pilger ebenso wie die wohlbeleibten Brahmanen, die auf ihren kleinen, mit bunten Holzschirmen überspannten Holzplattformen religiöse Dienste anbieten. Weitere Akteure sind die hageren, in tiefer Meditation versunkenen, kaum bekleideten Yogis, die vom bunten Treiben um sie herum gänzlich unberührt zu sein scheinen, die von grauer Asche überzogenen Sadhus, unzählige entlang der Treppen aufgereihte, mit zerrissenen Stoffresten bekleidete Bettler sowie allerlei Scharlatane, die es besonders auf westliche Touristen abgesehen haben. Untermalt wird das Ganze von bunten Gebetsfahnen, dem Geruch von Räucherstäbchen und Scheiterhaufen, den Klängen von Tempelzeremonien. Diese einzigartigen Bilder, Stimmen und Gerüche verschmelzen hier zu einer unvergesslichen Impression des indischen Lebens.

Das bedeutendste der insgesamt 84 Ghats ist das **Dasashwamedh Ghat,** jene Stelle, an der Brahma als höchster Oberpriester zehn *(das)* Pferde *(ahswa)* geopfert *(medh)* haben soll, um die Menschheit vor einer drohenden Dürre zu retten, und damit den mythologischen Grundstein Varanasis legte. Neben unzähligen kleinen Heiligtümern, die das große Areal dieses meistbesuchten Ghats Varanasis säumen, verdient vor allem der sehr kleine und deshalb häufig übersehene, an der Südseite platzierte Schrein zu Ehren der Pockengöttin Shitala Beachtung. Am Ghat findet jeden Abend um 19 Uhr die von vielen Touristen besuchte **Ganga-Aarti-Zermonie** statt.

Von den vielen sich südlich anschließenden Ghats, die meist von Regionalherrschern finanziert worden sind, seien hier einige besondere erwähnt. Nach dem **Rana Ghat,** das von der Maharana von Udaipur erbaut wurde, folgt das **Dhobi Ghat.** Dieses ist heute bei weitem nicht mehr so von den **Wäschern** geprägt wie noch vor ein paar Jahren. Dennoch kann man gelegentlich die Wäscher dabei beobachten, wie sie auf ihren flachen Steinen am Fluss den Schmutz aus der Wäsche schlagen und diese dann an den ansteigenden Backsteinufern zum Trocknen auslegen.

Am vom Maharaja von Poona finanzierten **Raja Ghat** sind die höchsten Wasserstände der letzten Jahrzehnte mit Farbe an den Häusern markiert. Das von einem Shiva-Tempel beherrschte **Kedara Ghat** fällt mit seiner bunten Bemalung bereits von weitem auf. Der Name dieses vor allem von Bengalen aufgesuchten Ghats verweist auf den über 3.500 m hoch gelegenen Pilgerort am Fuße des Himalaya.

Das nach einem mystischen König benannte **Harishchandra Ghat** gilt als eines der heiligsten Ghats entlang des Ganges. Hier, wo die Bootsleute auf ihren morgendlichen Rudertouren nach Norden abdrehen, steht eines der elektrischen **Krematorien,** welche in Zukunft an Bedeutung gewinnen werden. Noch werden hier die Verstorbenen, wie am bekannteren Manikarnika Ghat, an den Ufern des Ganges unter freiem Himmel verbrannt.

Oberhalb des **Man Mandir Ghat,** welches sich nördlich an das Dasashwamedh Ghat anschließt, ragt der um 1600 vom Maharaja von Amber erbaute Palast auf. Neben den hier 1710 von *Jai Singh,* dem Gründer von Jaipur, erbauten astrologischen Instrumenten lohnt ein Besuch des Palastes wegen des herrlichen Ausblicks von diversen Balkonen auf den Ganges und das bunte Treiben am Ufer.

Mit seinen zwei weißen Tigern auf der Terrasse und einer Figur Shivas als Mahayogi auf dem Dach ist das sich unmittelbar nördlich anschließende Haus eines der markantesten Bauwerke entlang des Flusses. Hier wohnt Dom Raja, der oberste Cremator von Varanasi und eine der wohlhabendsten Personen der Stadt. Obwohl auch er, wie alle seine Bediensteten (die sogenannten *doms*), aus der Kaste der Unberührbaren stammt, gehört er zu den geachtetsten Bürgern von Varanasi.

Nach dem von einem muslimischen Fakir errichteten **Meer Ghat** und einem nepalesischen Holztempel am Lalitha Ghat, der mit erotischen Schnitzereien versehenen ist, gelangt man zu dem von Touristen am meisten besuchten **Manikarnika Ghat,** einem der beiden **Hauptverbrennungsplätze** Varanasis. Hier werden täglich bis zu 50 Tote eingeäschert, bevor sie den Weg in eine der vielen noch zu durchlaufenden Wiedergeburten antreten. Von einer erhöhten Plattform kann man das archaisch anmutende Treiben beobachten, wobei das hier geltende absolute **Fotografierverbot** unbedingt eingehalten werden sollte (siehe Kasten).

Bevor der Verstorbene auf den Scheiterhaufen gelegt wird, tauchen die Angehörigen dessen Leichnam (Männer sind von einem weißen Laken bedeckt, Frauen von einem goldenen) ins heilige Gangeswasser. Danach umrundet der älteste Sohn den aufgebahrten Leichnam fünfmal als Symbol der fünf Elemente, bevor er Feuer an den Scheiterhaufen legt. Die eigentliche **Einäscherungszeremonie** dauert etwa drei Stunden, wobei der unverbrannte Brustkorb des Mannes sowie die Hüfte der Frauen schließlich dem Ganges übergeben werden. Die für viele unbezahlbar hohen Kosten dieser Art von Beisetzung (etwa 3000 Rs) sowie die dadurch entstehenden hygienischen und ökologischen Belastungen lassen immer mehr die elektronischen Verbrennungsanlagen, die am Harishchandra Ghat, dem zweiten Krematoriumsghat Varanasis, in Betrieb sind, an Bedeutung gewinnen.

Nur auf natürliche Weise Verstorbene dürfen nach hinduistischem Glauben verbrannt werden, da nur sie die Möglichkeit haben, vom Kreislauf der Wiedergeburt erlöst zu werden. Dies geschieht nach einer festen Rangfolge. Im obersten Bereich des jeweiligen Verbrennungs-Ghat werden Brahmanen verbrannt, in vier weiteren Bereichen nach unten zum Fluss hin die Angehörigen der folgenden Kasten bis zur untersten Ebene der Unberührbaren. Menschen, die auf nicht natürliche Weise zu Tode gekommen sind, etwa durch Unfall, Mord oder Selbstmord, dürfen nicht verbrannt werden, da sie ihren Lebenszyklus nicht vollendet haben. Sie können, um die Möglichkeit der Wiedergeburt in einer möglichst hohen Reinkarnationsform zu haben, im Wasser des Ganges bestattet werden.

Neben einem sehr pittoresken, halb im Fluss versunkenen Ganesha-Tempel findet sich an diesem Ghat, welches zu den heiligsten Varanasis zählt, auch ein kleiner Teich, um dessen Entstehung sich eine hübsche Legende rankt. Danach soll hier Parvati ihren Ohrring verloren haben, woraufhin ihr Gatte Shiva auf der Suche nach dem Schmuckstück mit seinen bloßen Händen ein tiefes Loch in den Boden grub. Die Arbeit beanspruchte den besorgten Gatten derart, dass er die Vertiefung mit seinem eigenen Schweiß ausfüllte.

Varanasi

0 — 1 km

Unterkunft
1 Hotel Surya
3 The Gateway Hotel Ganges Varanasi

Essen und Trinken
1 Canton Royale, Mango Tree Café
2 JHC Mall

Verkehr
5 Autoriksha- und Taxi-Prepaidschalter
6 Busbahnhof
10 Autoriksha-Stand

Einkaufen
4 Khadi Gramodyog
7 Mehrotra Silk Factory
8 Mehrotra Silk Factory II
9 Radhey Shyam Sharma & Co.

Vorsichtsmaßnahmen beim Besuch der Ghats

Am **Manikarnika Ghat** und auch am **Harishchandra Ghat,** den beiden Ghats, wo unter freiem Himmel Leichen verbrannt werden, sollte man **keinesfalls fotografieren.** Obwohl keine Verbotsschilder aufgestellt sind, ist dies nicht erlaubt. Wer meint, während eines unbeobachteten Moments ein schnelles Foto wagen zu können, wird sich umgehend von den wenig zimperlichen Aufpassern umringt sehen. Diese haben nur darauf gewartet, vom Missetäter auf äußerst aggressive, einschüchternde Weise ein hohes **Strafgeld** zu erpressen. Allzu häufig enden die anschließenden Verhandlungen in handgreiflichen Auseinandersetzungen. Bei dem Strafgeld gibt's keinen Fixpreis, es werden jedoch oft mehrere Tausend Rupien bzw. entsprechende Dollar- oder Eurobeträge verlangt. Oft versuchen die Späher, ihr Opfer zum Oberaufseher zu zerren, der dann mit Polizei oder Schlimmerem droht.

Mit hoher Wahrscheinlichkeit wird man am Manikarnika Ghat angesprochen, ob man auf einen nahen **Balkon** folgen möchte, von wo eine bessere Aussicht auf das Treiben möglich sei. Dies führt mit Sicherheit dazu, dass der Tourist im Anschluss mehr oder weniger fordernd um eine Spende gebeten wird. Will man das nicht, sollte man diese Angebote höflich, aber bestimmt ablehnen.

Aufgrund des Erfolgs mancher Restaurants, Hotels oder Geschäfte siedeln sich in deren Umfeld oftmals sehr **namensähnliche Anbieter** an, die jedoch meist schlechtere Qualität offerieren.

Stadtführer sollte man immer über Uttar Pradesh Tourism buchen, bei denen Fixpreise gelten. **Bootsfahrer** sprechen nicht immer gut Englisch oder geben dies zumindest vor. Deshalb sollten Preis, Umfang und Dauer vor Fahrtantritt immer genau ausgehandelt werden, damit keine Unklarheiten entstehen bzw. nach Ende der Fahrt keine Nachforderungen gestellt werden.

Vorsicht vor Bhang Lassies! Diesen Joghurtgetränken werden Marihuana-Extrakte beigesetzt – gelegentlich so stark, dass die benebelten Opfer schon ausgeraubt wurden.

Goldener Tempel (Vishvanatha Mandir)

Wie die meisten anderen Heiligtümer der jahrtausendealten Stadt, so ist auch dieser berühmteste Tempel Varanasis jüngeren Datums. Nachdem *Aurangzeb* den ursprünglichen Tempel niederreißen ließ, errichtete die Maharani von Indore den jetzigen Tempel im Jahre 1776 und benannte ihn nach Vishvanath, der Shiva als universellen Herrscher personifiziert. Ebenso wie beim Goldenen Tempel von Amritsar, fungiert auch hier *Maharaja Ranjit Singh* als spendabler Gönner, indem er 1865 das Dach mit 750 kg Gold verkleiden ließ. Reste des ursprünglichen Tempels sind noch an der rückwärtigen Mauer der unmittelbar daneben gelegenen **Gyanvapi-Moschee** zu finden. Besondere Verehrung bei den Pilgern genießt der Auf der Nordseite des Tempelgeländes gelegene Gyan Kupor, der **Brunnen der Weisheit.** Auf dem Grund des Brunnens soll der Lingam Shivas verborgen liegen, seit man ihn hier platzierte, um ihn vor Aurangzeb in Sicherheit zu bringen. Der Brunnen ist nur Hindus zugänglich.

Offiziell ist auch der Goldene Tempel nur für Hindus geöffnet (3–11, 12.30–20 und 21–23 Uhr). Aus Angst vor Anschlägen sind die Gassen um den Tempel und der Eingangsbereich stark bewacht. Dennoch scheint es eher von der jeweiligen Bewachungsmannschaft abzuhängen, ob nicht eventuell doch auch Nichtgläubigen Einlass gewährt wird. Auf jeden Fall müssen beim Betreten der Gasse, in der sich der Zugang zum Tempel befindet, Taschen, Schreibutensilien, Kameras, Handys und andere Elektronik am Kontrollposten in Schließfächern deponiert werden (20 Rs). Für die Zutrittserlaubnis hilft es, eine „Gabe" für den Tempel zu spenden (kann man in den Gassen kaufen) und auf jeden Fall den Pass mitzuführen. Die Mühe wird mit einzigartigen Szenen im Inneren des Tempels belohnt, ist aber nur Menschen zu empfehlen, die mit Enge kein Problem haben. Falls zur jeweiligen Zeit der Zugang für Nicht-Hindus nicht gestattet wird, muss man sich mit einem Blick von einem der umgebenden Häuser begnügen. Besonders an hinduistischen Festtagen kann es zu sehr langen Wartezeiten kommen.

Gleiches gilt für die in unmittelbarer Nähe gelegenen **Annapurna-Tempel,** in der Shivas Gemahlin in ihrer Rolle als Ernährerin verehrt wird.

Alamgir- und Aurangzeb-Moschee

Wie tief die Wunden der sechshundertjährigen muslimischen Fremdherrschaft auch heute noch sind, bezeugen die bewaffneten Soldaten, die diese beiden nördlich des Panchganga Ghat gelegenen Moscheen vor Übergriffen fanatischer Hindus schützen müssen. Beide ließ Aurangzeb anstelle von Hindu-Tempeln errichten, die er zuvor niederreißen ließ. Die über 70 m hohen Minarette der Aurangzeb-Moschee überragen weithin sichtbar die Altstadt, was vielen stolzen Hindus gerade in Varanasi ein Dorn im Auge sein muss. Von der oberen Terrasse der weiter unterhalb an den Ufern des Ganges gelegenen Alamgir-Moschee bietet sich ein schöner Ausblick auf Varanasi und die Umgebung.

Durga- und Tulsi-Manas-Tempel

Etwa 4 km südlich der Altstadt an der Straße Richtung Universität und etwa auf Höhe des Asi Ghat befinden sich diese beiden unmittelbar nebeneinander gelegenen und doch gänzlich unterschiedlichen Tempel. Der Shivas Gattin in ihrer zerstörerischen Form gewidmete Durga-Tempel gilt als einer der heiligsten ganz Varanasis und beeindruckt vor allem durch sein auffälliges, dem nordindischen Nagara-Stil entsprechendes, **pyramidenförmig ansteigendes Tempeldach.** Die fünf übereinander gestaffelten Dächer werden von einem größeren sechsten Dach überragt und sollen so das Aufgehen der fünf Elemente in dem einen Weltenschöpfer Brahma symbolisieren. Wegen der vielen hier beheimateten, z.T. äußerst aggressiven Affen ist der Tempel auch unter dem Namen **Monkey Temple** bekannt.

Keiner Hindu-Gottheit, sondern einem berühmten Hindu-Dichter ist der daneben gelegene moderne Tulsi-Manas-Tempel gewidmet. *Tulsi Das* war ein berühmter, 1623 verstorbener Hindu-Dichter, der an diesem Platz seine noch heute berühmte Version des Ramayana, die sogenannte „Ramcharita Manas", geschrieben haben soll. Die Wände des 1964 erbauten Tempels sind mit Versen und Szenen des Epos verziert. Im 2. Stockwerk des Gebäudes kann man bei der **Herstellung von Skulpturen** aus dem Ramayana-Epos zuschauen.

Benares-Hindu-Universität

„The City of Learning and Burning" gilt wegen ihrer gut sechs Kilometer südlich der Altstadt gelegenen, 1916 gegründeten Universität (www.bhu.ac.in) als eine der wichtigsten Stätten zum Studium hinduistischer Kultur. In den modernen Gebäuden des fünf Quadratkilometer großen Universitätsgeländes werden klassische Künste wie **Musik, Tanz und Philosophie** gelehrt. Auf dem Gelände findet sich mit dem Bharath Kala Bhawan ein kleines **Museum** (Mo–Fr 10–17 Uhr, 150 Rs), in dessen Räumen u.a. Miniaturmalereien, Skulpturen und Textilkunst gezeigt werden.

Ebenfalls noch zum Universitätsgelände gehörend, doch einen knapp halbstündigen Fußweg vom Eingangstor entfernt liegt der **New-Vishwanath-Tempel** (4–12 und 13–19 Uhr). Er soll eine originalgetreue Kopie des Ende des 17. Jh. von *Aurangzeb* zerstörten Goldenen Tempels sein. Entworfen wurde er vom Gründer der Universität, *Pandit Mahavya,* dessen Philosophie eines reformierten Hinduismus die als künstlich und hinderlich empfundene Kastenordnung ablehnte. Diese tolerante Einstellung kommt dadurch zum Ausdruck, dass hier, im Gegensatz zu den meistem Tempeln Varanasis, alle Gläubigen unabhängig von Religion, Kaste und Hautfarbe willkommen sind.

Ramnagar Fort

Eine kleine Fähre bzw. in der Zeit von Oktober bis Juni eine provisorische Brücke verbindet die vom Universitätsgelände zum Fluss führende Ramnagar-Straße mit der gegenüber liegenden Seite des Ganges, welche vom Fort der Maharajas von Varanasi überragt wird. Dieser einer **mitteleuropäischen Burg** ähnliche Bau aus dem 17. Jh. wurde teilweise in ein **Museum** umgewandelt. So finden sich hier viele Utensilien ehemaliger Maharajapracht wie silberverzierte *Haudas* (Elefantensitze), vergoldete Sänften, perlmuttbeschlagene Pistolen, Schwerter und Dolche sowie fürstliche Schlafgemächer und amerikanische Oldtimer. Die gesamte Anlage wird aber kaum instandgehalten und wirkt dementsprechend heruntergekommen.

■ **Öffnungszeiten:** tgl. 10–17.30 Uhr, Eintritt 150 Rs. Vom Jn.-Bahnhof mit der Autoriksha 200 Rs, von Godaulia ca. 170 Rs. Eine Fahrt zum Fort mit einem Motorboot vom Dasashwamedh Ghat kostet 200 Rs.

Praktische Tipps

Information

■ **Vorwahl:** 0542

■ Eines der hilfsbereitesten Informationsbüros Indiens ist die Zweigstelle von **Uttar Pradesh Tourism** im Bahnhof Varanasi Junction (Tel. 2506670, www.up-tourism.com, tgl. 9–17 Uhr, oft auch schon früher und noch später), wo sich Herr *Umashankar* (Tel. (0)9415815205) und seine Mitarbeiter als sehr hilfreich in jeder Lebenslage erwiesen haben und immer gute Ansprechpartner bei der Ankunft in Varanasi sind. Hier ist auch der richtige Ansprechpartner für die Polizei (Tel. 2506670, 5–21 Uhr), die blau uniformierte **Tourist Police.**

Stadtverkehr

■ Neben Agra und Jaipur besitzt Varanasi die aufdringlichsten und skrupellosesten Riksha- und Taxifahrer Indiens. Wer zu den Billigunterkünften in die Altstadt gefahren werden möchte, gibt als Fahrtziel am besten das Dasashwamedh Ghat an, das Hauptbadeghat direkt am

008in mb

Ganges. Von dort sind es nur einige Minuten zu den meisten Hotels. Eine Fahrt mit der **Fahrradriksha** vom Bahnhof hierher sollte nicht mehr als 50 Rs kosten, mit **Autoriksha** (100 Rs) oder **Taxi** (250 Rs) sollte man auf jeden Fall die Prepaid-Schalter auf dem Junction-Bahnhofsvorplatz in Anspruch nehmen. Zwischen 9 und 21 Uhr dürfen Autorikshas und Taxis nur bis zur Godaulia-Kreuzung fahren, die restliche Strecke etwa bis Dasashwamedh Ghat oder in die Altstadtgassen muss man zu Fuß bewältigen. Weitere Autoriksha- bzw. Taxipreise vom Junction-Bahnhof, die auch als Richtwert für das Verhandeln ohne Prepaid-Möglichkeit hilfreich sind: zum Asi Ghat 80/230 Rs, zur Universität 90/250 Rs, nach Sarnath 120/400 Rs.

Stadtführungen

■ Stadtrundfahrten werden leider von keinem der Tourist Offices mehr angeboten. Es besteht jedoch bei Uttar-Pradesh Tourism die Möglichkeit, ein **Taxi mit Guide** zu buchen. Dies kostet für eine siebenstündige Tour inkl. Guide und Bootsfahrt auf dem Ganges bei bis zu 4 Personen 1.400 Rs. Eine Halbtagestour gibt's für 800 Rs. Da man auch vom jeweiligen Hotel abgeholt wird (so es vom Taxi erreichbar ist), eine sinnvolle Sache für Eilige. Zu buchen mindestens einen Tag vorher. Auch frühmorgendliche **Bootsfahrten** auf dem Ganges und Ausflüge nach Sarnath am Nachmittag werden arrangiert.

■ Hochinteressante Führungen per pedes von Einheimischen durch unterschiedliche Bezirke der Stadt veranstaltet **Varanasi Walks** mit Büro am Asi Ghat (neben Tiwari Lodge, Tel. (0)9793714111, www.varanasiwalks.com, 1.600–2.000 Rs).

Unterkunft

Vier Hotelzonen lassen sich deutlich unterscheiden. Die nördlich der Bahngleise gelegene **Neustadt** (Cantonment) mit ihren weiten Grünflächen, wo sich vornehmlich Hotels der mittleren und oberen Preiskategorie angesiedelt haben. Im Gebiet **zwischen Bahnhof und Altstadt** finden sich einige Mitteklassehotels. Die mit Abstand authentischste Atmosphäre herrscht jedoch in den verwinkelten Altstadtgassen nördlich und südlich des **Dasashwamedh Ghat** direkt am Ganges. Gab es hier früher fast nur einfache Lodges und Guest Houses, so sind mehrere höherklassige Unterkünfte hinzugekommen. Schließlich sei das Asi Ghat im Süden erwähnt, an dessen ruhigen Ghat-Straßen in den letzten Jahren viele Hotels aller Preiskategorien entstanden sind. Die Unterkünfte im Süden am Asi Ghat sind leicht per Fahrzeug zu erreichen, längere Fußwege nicht notwendig. Noch einmal sei an dieser Stelle auf die Praxis der **Rikshafahrer** hingewiesen, möglichst nur solche Hotels anzufahren, von denen sie eine Kommission erhalten. Viele Unterkünfte aller Preisklassen vermitteln **Bootstouren** auf dem Ganges. Diese sind jedoch in der Regel teurer, als wenn man selbst mit den Bootsführern verhandelt.

Achtung: Nicht nur dort, aber besonders nördlich des Dasashwamedh Ghat sind die teils in Horden umherstreunenden **Affen** gelegentlich sehr aggressiv, weshalb mehrere Dachrestaurants und offene Hotelanlagen eingezäunt oder mit Netzen geschützt sind. Entsprechend vorsichtig sollte man sich den Tieren gegenüber verhalten.

An den Ghats von Varanasi

Varanasi, Altstadt
0
50 m
©Reise Know-How 2017
Scindhia Ghat
Polizei
Manikarnika Ghat
Chaitganj Road
Goldener Tempel
Madanpur Road
Lalitha Ghat
Ankit Music House/
Yoga Training Centre
Ganges
Luxa Rd.
Godaulia Crossing
Dasashwamedh
Torbogen
Ganpati Ghat
St. Thomas Church
Meer Ghat
Man Mandir Ghat
Ghat Rd.
Markt
Dasashwamedh Ghat
Durgakund Road
Shitala Schrein
Rana Ghat
International Music Centre Ashram
Taal Music Centre
Dhobi Ghat
Pandhey Ghat
Raja Ghat
Kedara Ghat
Mansarovar Ghat
Einkaufen
21 Baba Blacksheep
24 Pilgrim Bookcentre
32 Harmony Books, Indica Books
35 Open Hand
Anschluss rechts

Unterkunft
1 Jukaso Ganges
10 Ganpati Guest House
11 Hotel Alka
13 Shiva Kashi Guest House
14 Modern Vision Guest House
15 Vishnu Guest House
18 Shiva Ganga Rest House
19 Shiva Ganges View Paying G.H.
30 Hotel Ganges View
31 Sahi River View Guest House
33 Palace on Ganges
34 Tiwari Lodge

Verkehr
5 Rikshastand
6 Gemeinschaftsrikshas zum Asi Ghat

Essen und Trinken
2 Blue Lassi
3 Megu Café
4 Brown Bread Bakery
7 Phulwari Restaurant
8 Keshari Restaurant
9 Keshari Rudikar Vyanjan
16 Denn's Restaurant
17 VSR Restaurant
20 Lotus Lounge
22 I:ba
23 Bread of Life Bakery
25 Ming Garden, Crystal Bowl
26 Organic by Brown Bread
28 Aum Café
29 Vatikaa Café & Pizzeria
35 Open Hand

Untere Preiskategorie

Während es in der Neustadt (Cantonment) nordwestlich des Varanasi-Junction-Bahnhofs keine abzeptable Billigunterkunft gibt, finden sich umso mehr davon in den Altstadtgassen nahe dem Ganges, wo man aufgrund der starken Konkurrenzsituation schon für wenige Rupien in recht ansprechenden Bleiben logieren kann.

In der Altstadt:

Die Zahl der in den Altstadtgassen angesiedelten kleinen Guest Houses und Lodges ist derart groß, dass man, wollte man sie alle aufführen, einen eigenen Stadtführer schreiben müsste. Deshalb kann im Folgenden nur eine Auswahl getroffen werden. Sie sind aufgrund der Enge der Gassen weder mit Auto- noch mit Fahrradrriksha, sondern **nur zu Fuß zu erreichen.** Am einfachsten gelingt dies meist direkt über die Ghats, von wo aus alle 50 bis 100 m steile Treppenaufstiege in die Altstadtgassen und zu den Unterkünften führen. Preislich und qualitativ sind sie sich ähnlich, d.h. Einfachzimmer mit spartanischer Möblierung, eigenem Bad, die billigsten mit Gemeinschaftsbad, fast alle ohne TV. Wer direkt an einem der Ghats wohnen möchte, zahlt bei entsprechenden Ausblicken von den Zimmern reichlich drauf. Etwas zurückgelegene Bleiben gleicher Qualität sind oft weit billiger. Zimmer ohne Bad sind ab 150 Rs, mit Bad ab 300 Rs zu haben, Die meisten Touristen nehmen die Enge der Gassen jedoch gern in Kauf, wird man dafür doch mit der einzigartigen Altstadt-Atmosphäre entschädigt. Zudem haben viele Hotels Dachterrassen, von wo sich schöne Ausblicke auf die Altstadt und manchmal auch den Ganges bieten. Die 5 erstgenannten Unterkünfte sind südlich der Dasashwamedh Road zu finden.

■ Äußerst günstig für den kleinen Geldbeutel ist das in der Nähe des Narad Ghat gelegene, von einem freundlichen Besitzer geleitete **Shiva Ganga Rest House**① (Tel. 2450904), jedoch verfügt keines der sauberen Zimmer über ein eigenes Bad.

■ Wer etwas mehr ausgeben kann, ist im **Shiva Kashi Guest House**①-② (Chausatti Ghat, Tel. 2450166, (0)923 5590069, shivakashiguesthousevaranasi@gmail.com), etwas weiter nördlich, weit besser bedient. Schon billige Zimmer mit Gemeinschaftsbad und Balkon sowie die meisten mit Bad liegen nur wenige Schritte vom Ganges entfernt.

■ Speziell die Zimmer in den obersten Stockwerken und auf dem Dach sowie die familiäre Atmosphäre machen das **Modern Vision Guest House**①-② (Tel. 2450007, (0)9935326812) auf Höhe Pandhey Ghat zu einer guten Wahl, zumal sich vom Dach schöne Ausblicke auf den Ganges genießen lassen.

■ Reichlich teuer sind die Zimmer mit Ganges-Blick im **Vishnu Guest House**②-④ (Pandhey Ghat, Tel. 2455 238), sie seien aber dennoch wegen der tollen Ausblicke hier erwähnt. Die rückwärtigen Räume sind weit billiger in dieser sauberen Bleibe. Perfekt ist das Terrassenrestaurant zum Frühstück, um das Szenario auf dem Ganges an sich vorbeiziehen zu lassen.

■ Klasse, jedoch besonders für Gangesblick-Zimmer mit Balkon ebenfalls recht teuer, ist das **Ganpati Guest House**②-③ (Meer Ghat, Tel. 239005957-9, www.ganpatiguesthouse.com), zentral am Meer Ghat gelegen. Einige der um einen pflanzengeschmückten Innenhof gruppierten, liebevoll und individuell eingerichteten Zimmer haben Ganges-Ausblick, die teureren sind klimatisiert, die billigen nach hinten mit Gemeinschaftsbad. Ein weiteres Plus auch hier: das Internetcafé mit Breitbandverbindung.

■ Ebenfalls am Meer Ghat, aber nüchterner ist das **Hotel Alka**①-③ (Meer Ghat, Tel. 2401681, www.hotelalkavns.com) direkt am Ganges mit um einen Innenhof mit Terrasse und Restaurant gruppierten, sauberen Zimmern. Nicht nur wegen der zentralen Lage, sondern auch wegen der akzeptablen Zimmer, teils mit TV und klimatisiert, eine gute Wahl. Die Zimmer mit Gangesausblick sind zu teuer.

Am Asi Ghat:

■ Nicht nur Langzeitgäste logieren in der spottbilligen **Tiwari Lodge**① (Tel. 2315129, (0)9415821033) 200 m hinter dem Asi Ghat und damit in einem der touristischen Zentren der Altstadt. Schon für ganz wenig Geld gibt's neben tadellosen Einfachzimmern bei Bedarf auch Kochgelegenheit.

■ Ein wenig seltsam verwinkelt ist das Innere des **Sahi River View Guest House**①-② (Asi Ghat, Tel. 2366730, (0)9307448501, www.sahiriverview.co.in, Preise inkl. Frühstück). Die angenehme Herberge mit freundlicher Atmosphäre und recht geschmackvoll eingerichteten Zimmern (die teuren mit klasse Aussicht auf den Fluss, auch die ganz billigen mit eigenem Bad), ist zwar um einiges teurer als die vorgenannte, aber immer noch preiswert.

Mittlere Preiskategorie

■ Das erste komfortable Hotel am Asi Ghat war **Palace on Ganges**③-④ (Asi Ghat, Tel. 2402778, www.rashmiguesthouse.com). Jedes der 42 Zimmer ist stilvoll mit typisch indischen Möbeln und Design eingerichtet, manche bieten einen kleinen Balkon zum Fluss. Einziger Nachteil ist, dass einige Zimmer etwas klein geraten sind. Das sehr schöne Dachrestaurant, Spa und Massage runden das ausgezeichnete Gesamtbild ab.

■ Aus einer alten Kolonialvilla entstanden, vermitteln die herrlich dekorierten Zimmer (ohne TV) des **Hotel Ganges View**③-④ (Tel. 2313218, www.hotelgangesview.com, kein Restaurant, WiFi nur im EG) am Asi Ghat pure Gemütlichkeit. Das gilt auch für die pflanzenbestandene Terrasse im 1. Stock, natürlich mit Gangesblick. Auf das rotgelbe Hotel weist kein Schild hin. Es liegt direkt am Fluss, meist sitzt ein Mann mit Affe vor dem Gebäude.

■ Von den meisten Mittelklassereisenden wird im Cantonment-Bezirk in der Neustadt das in einer Seitengasse links neben dem Hotel Clarks Varanasi gelegene **Hotel Surya**③ (A-5 The Mall Rd., Tel. 2508465/6, www.hotelsuryavns.com) bevorzugt. Angenehme, große Zimmer mit Balkon zum Garten, ein gutes, allerdings auch teures Restaurant mit Außenbereich auf großer Rasenfläche und eine Bar, deren Biere und Cocktails ebenfalls auf dem Rasen eingenommen werden können, machen das im Kolonialstil gebaute, weitläufige Haus mit Spa und Pool zu einer exzellenten Adresse.

■ Schön gelegen oberhalb des Mansarovar Ghat ist das von einem älteren, etwas umsatzorientierten Ehepaar geleitete **Shiva Ganges View Paying Guest House**③-④ (Mansarovar Ghat, Tel. 2450063, (0)9935307700, www.varanasiguesthouse.com), auch *Red Building* genannt. Im gelungen renovierten Kolonialgebäude sind vor allem die Zimmer mit weitem Ausblick über das vorgelagerte Ghat und den Ganges von den Balkonen klasse. WiFi kostenlos, Reservierung angeraten.

Obere Preiskategorie

■ Stilvoll am Ganges wohnen – dies gelingt kaum besser als im **Jukaso Ganges**⑤ (Bhosle Ghat, Tel. 2406666-68, www.welcomheritagehotels.com) ganz nah am bekanntesten Verbrennungs-Ghat. Die erste Luxusherberge in der nördlichen Altstadt überzeugt durch klassisch-elegante Zimmer und ist architektonisch sehr gelungen in das umliegende Ghat eingebettet. Alle erwartbaren Einrichtungen wie Schließfach und WiFi sind vorhanden. Aufgrund des beschränkten Platzes an den Ghats sind die 15 Zimmer nicht sehr groß und natürlich gibt's hier keinen Swimmingpool.

■ Für gediegenen Luxus steht Varanasis Top-Hotel **The Gateway Hotel Ganges Varanasi**⑤ (Raja Bazaar Rd., Tel. 6660001, www.thegatewayhotels.com). Luxuriöse Zimmer und der Service sind Spitzenklasse. Fantastisch auch die riesige, baumbestandene Gartenanlage mit Tennisplatz, in der man entspannt spazierengehen oder per Buggy wandeln kann. Mehrere edle Restaurants, Bars (bis 23 Uhr, So bis 0 Uhr geöffnet), Pool, Yoga Center, Spa, WiFi (teure 600 Rs/Tag) und elektronische Schließfächer sind natürlich auch vorhanden.

Essen und Trinken

In den ungeschützten Dachrestaurants und weiteren offenen Restaurants sollte man sich vor den teils aggressiven **Affen** in Acht nehmen.

■ Exzellente, fantasievolle Küche, etwa Gazpacho-Suppe, klasse Salate und Hähnchengerichte in erstklassiger Qualtät sowie gutes Frühstück und Kuchen machen die **Lotus Lounge** (Tel. (0)9838567717, 8–22 Uhr) am Mansarovar Ghat zur besten Adresse, mindestens in der Altstadt. Gegessen wird in Korbstühlen oder auf Matten mit Dachterrassenblick auf den Ganges in entspannter Atmosphäre, Hauptgericht um 100–300 Rs. WiFi ist kostenlos.

■ Von vielen einfachen Restaurants in den Altstadtgassen südlich des Dasashwamedh Ghat ist das wegen seines guten und preiswerten Essens und der freundlichen Atmosphäre zu Recht populäre **Denn's Restaurant** hervorzuheben.

■ Nicht weit entfernt, speist man im **VSR** (30–70 Rs) einfach und sehr billig rein indische Gerichte vorwiegend mit Einheimischen. Abends gibt's ausschließlich Thalis.

■ Die indischen und europäischen, auch fleischlichen Gerichte im **Dolphin Restaurant** (Meer Ghat, 7–22 Uhr) sind schmackhaft (100–300 Rs), die Ausblicke von der Dachterrasse des Hotels A Palace on River (auch als Rashmi Guest House bekannt) auf den Ganges und die Umgebung toll.

■ Ein Ruhepol an der hektischen Godaulia Crossing ist das **Phulwari Restaurant** (8.30–22.30 Uhr), das man durch ein herrlich skulpturiertes Tor wenige Meter von der Kreuzung erreicht. Das Freiluftrestaurant, schattig unter Bäumen mit zwei kleinen Tempeln und manchmal einigen wartenden Kühen in der Nähe, serviert auch Pizza aus dem Steinofen.

■ Wer es komfortabler mag, kommt im nahen, supersauberen und hübsch dekorierten **Keshari Rudikar Vyanjan** (1. Stock) über der Daswaswamedh Ghat Rd. mit langer Speisekarte auf seine Kosten (klasse Thalis zu 100 Rs).

■ Namensähnlich und nicht weit entfernt trifft man im **Keshari Restaurant** (9.30–23 Uhr, 40–180 Rs) mehr Einheimische als Touristen. Da das leicht hektische Lokal im Erdgeschoss 50 m von der Dasashwamedh Rd. in einer engen Gasse liegt, kann es nicht mit beeindruckenden Ausblicken aufwarten, doch dafür kann man sich auf das ganz vorzügliche Essen konzentrieren. Zwar gibt's hier auch internationale Küche, man sollte jedoch die indischen, teils scharf gewürzten Speisen wie Thalis, Dosas, Biryani oder Pulao vorziehen. Die fantastischen Lassis waren zur Recherchezeit nicht zu haben, also nachfragen.

■ Versteckt in den Gassen der nördlichen Altstadt, serviert das japanische **Megu Café** (Kalika Gali, nahe Goldener Tempel, Gasse beim Spielzeuggeschäft einige Meter hinein) erstklassiges Sushi an nur fünf Tischen.

■ Nichts für Klaustrophobiker ist die vierstöckige **Brown Bread Bakery** (5/127 Tripua Bhaivari Rd., 100–450 Rs, (0)9838888823, 7–22 Uhr), die Gasse weiter nach Norden. Es werden viele Sorten Käse und Brot und andere internationale Speisen in bester Qualität auf Matratzen an flachen Tischen auf mehreren Etagen und der kleinen Dachterrasse serviert. Das morgendliche Frühstücksbuffet (7–12 Uhr) kostet 400 Rs. WiFi ist kostenlos, abends gibt's ab 19.30 Uhr Live-Musik. Vorsicht: Auch hier sind Verwechselungen mit namensähnlichen Nachbarn möglich.

■ Nicht weit vom Tulsi Ghat ist **Organic by Brown Bread** neben einem Geschäft, das organische Lebensmittel und Kosmetik verkauft, ein Café mit angeschlossenem Garten. Kaffee, Kuchen, Müsli, Käse, Burger und Pizza aus biologischem Anbau sind sehr lecker.

■ Die einzigartige Auswahl an Geschmacksrichtungen und die den Gaumen schmeichelnde Qualität ihrer Lassis machen das **Blue Lassi** (9–22.30 Uhr, 25–80 Rs) zu einem Muss für Feinschmecker. Die Zubereitung der Köstlichkeiten in der seit 1925 über mehrere Generationen fortgeführten Mixstube unweit des Manikarnika Ghat dauert zwar ein wenig, aber das Warten lohnt.

■ Sehnsucht nach Körnerbrot, Zimtrollen, Apfelstrudel etc.? Auf ins **Bread of Life** an der Shivala Rd.! Daneben gibt's auch einige europäische und chinesische Gerichte.

■ Nur wenig nördlich, die Querstraße auf der gegenüberliegenden Straßenseite 100 m hinein, lockt **I:ba** (9–22 Uhr) mit erstklassiger japanischer, thailändischer und chinesischer Küche in modernem Interieur (120–350 Rs).

■ Im Freien unter Bäumen mit Blick auf den Ganges kann man sich im **Vaatika Café & Pizzeria** am ruhigen Asi Ghat köstliche Pizzas (um 200 Rs), indische Kost (100–200 Rs), Nudelgerichte sowie Kaffee und Kuchen zum Nachtisch schmecken lassen. Tagsüber stören leider die vielen Fliegen den Genuss.

■ Ein klasse Platz fürs Frühstück ist die kleine Terrasse des **Aum Café** (7–15.30 Uhr, Mo geschl., www.touchoflight.com), etwas versteckt in den Gassen hinter dem Asi Ghat. Hier gibt's neben köstlichem Kaffee und *organic tea* auch Salate, Pizza und Kuchen, Fruchtsäfte und Lassis.

■ Ein Stopp mit Kaffee verschiedenster Ausführung, köstlichem Kuchen und Snacks im gemütlichen **Open Hand** (1. Stock, Mo–Sa 8–20 Uhr, www.openhand.in, ca. 100–200 Rs), einer Mischung aus Café/Restaurant und Kunsthandwerksverkauf, füllt die Batterien wieder auf. WiFi umsonst.

■ Fünf Minuten Fußweg vom Asi Ghat führen zum **Crystal Bowl** (10.30–22.30 Uhr, 100–200 Rs). In dem klimatisierten Restaurant modernen Stils werden vegetarische indische Köstlichkeiten bester Qualität serviert. Chinesisch kocht man im **Ming Garden** (100–180 Rs) nebenan.

■ Empfohlen seien das vorzügliche Restaurant **Canton Royale** (7–23 Uhr, 200–400 Rs) und das orientalisch anmutende **Mango Tree Café** im 150 Jahre alten Kolonialgebäude des Hotel Surya im Cantonment. Auch auf der Rasenfläche davor wird serviert. Ansonsten überzeugen in der Neustadt nordwestlich des Jn.-Bahnhofs nur die Restaurants der **Luxushotels** (siehe dort). Außerdem haben dort in der **JHC Mall** die einschlägigen Fastfood-Ketten ihren Sitz.

Bank, Post und Internet

■ Viele Wechselstuben an der Dasashwamedh Rd., etwa **RP Travels** (Mo–Sa 8–20, So bis 18 Uhr, mit Internetcafé), und in den Altstadtgassen, etwa **Indica Tourist Point,** wechseln zu ähnlichen Raten. Meist sind sie zwischen 8 und 20 Uhr, häufig auch sonntags geöffnet. Etwa auf Höhe des Pandhey Ghat ist **Indica Travels** (tgl. 9–21 Uhr). Geld tauschen kann man auch am **Flughafen,** und zwar zum üblichen Kurs.

■ **ATMs** gibt's in Varanasi an fast allen Bankfilialen, jedoch recht wenige in der Altstadt, sodass man sich zur nächstgelegenen Hauptstraße, etwa der Mandapur Rd., begeben muss. Ein günstig gelegener Geldautomat der State Bank of India befindet sich an der Godulia Crossing.

■ Die **Hauptpost** etwa 2 km nördlich des Vishvanath-Tempels ist Mo–Sa von 10 bis 18 Uhr geöffnet, Paketversand bis 16 Uhr. Vor dem Postamt sind meist mobile *packing services* positioniert, an denen man seine Souvenirs ordnungsgemäß verpacken und versiegeln lassen kann. Auch in den Gassen der Altstadt sind kleine Postämter.

■ Mehrere **Internetcafés** in den Gassen der Altstadt, die meisten im südlichen Bereich und am Asi Ghat. Viele Unterkünfte, Restaurants und Cafés haben WiFi, für das nur gelegentlich eine Gebühr verlangt wird.

Medizinische Versorgung

■ Die wohl beste Adresse für den Notfall ist das private, moderne **Heritage Hospital** (Tel. 2369991-5, Notfall-Tel. 2368888, www.heritagehospital.in) am Eingang der Hindu-Benares-Universität. Hier findet man auch eine rund um die Uhr geöffnete Apotheke.

Einkaufen

Keinesfalls sollte man sich auf das Angebot eines Rikshafahrers oder sonstigen „Wohlmeinenden" einlassen, zu einem Geschäft gefahren oder begleitet zu werden (meist für 10 Rs oder umsonst). Dies führt immer zu einem mindestens 40 % höheren Kaufpreis wegen der aufgeschlagenen **Kommission** an den netten Begleiter. Fährt man also mit Riksha oder Taxi zu einem Geschäft, sollte man eine Adresse in der Nähe angeben und die restliche Strecke zu Fuß zurücklegen.

■ Die beste Auswahl an **Seidensaris,** für die Varanasi im ganzen Land bekannt ist, findet man im Godaulia- und im Chowk-Viertel. Hier reiht sich ein Geschäft ans andere. Leider ist nicht alles 100 % Seide, was als solche verkauft wird, vielfach sind es Seide-Baumwollmischungen. Garantierte Qualität, allerdings zu Fixpreisen, findet man in der **Mehrotra Silk Factory** (Tel. 2200189, (0)9984 414151, www.mehrotrasilk.in, 10–20 Uhr) nicht weit vom Junction-Bahnhof. Man sollte es beim Namen genau nehmen, da es inzwischen viele namensähnliche Trittbrettfahrer gibt. Eine neue Zweigstelle am Lal Ghat ist günstiger gelegen, wenn man in der Altstadt shoppen möchte. Hervorragend ist die Auswahl auch bei **Khadi Gramodyog** (Sanskrit University Rd., 7–22 Uhr) etwas weiter nordöstlich des Erstgenannten.

■ Ebenfalls eine gute, zudem stressfreie Adresse, da keine Kommission an Riksha- oder Taxifahrer gezahlt wird (die deshalb ungern dieses Fahrtziel hören), ist **Baba Blacksheep** (Bhelpura-Kreuzung, nahe Kerala Café, 9–20 Uhr, Tel. 2454342). Trotz der leicht erhöhten Festpreise eine der besten Adressen für Produkte aus Pashmina und Kaschmirwolle.

■ Als Heimatstadt *Ravi Shankars* und als Zentrum hinduistischer Kultur gilt Varanasi als einer der besten Orte, um **klassische Musikinstrumente** wie Sitar oder Tabla zu kaufen. Die Instrumente lassen sich in einer extra angefertigten Holzbox problemlos nach Hause transportieren. Zwei empfehlenswerte Adressen für indische Instrumente sind **Radhey Shyam Sharma & Co.** (Laxmi Kund, Luxa Rd., Tel. 2418247).

■ In der gleichen Straße gibt es auch viele **Attar Shops,** Läden, die indische Duftöle und Parfüms verkaufen.

■ Ein reiches Sortiment gibt's im **Pilgrim Bookcentre** nahe dem Durga-Tempel, am Asi Ghat im **Harmony Bookshop** (tgl. bis 20 Uhr) und bei **Indica Books.**

Aktivitäten

■ Eine der besten Schulen für **indische Instrumente** wie Tabla und Sitar und auch für klassischen indischen Tanz ist der **International Music Centre Ashram** (Khalishpura, Tel. 245302, (0)7376842894, www.facebook.com/internationalmusiccentreashram), nicht weit von der Shivali Rd., versteckt in den Altstadtgassen. Jeden Mittwoch und Samstag um 20 Uhr Live-Aufführungen (150 Rs) in einem der eher engen Räume. Der Stundenpreis beträgt 300–400 Rs, bei Langzeitlernern sinkt er auf 250 Rs.

Weitere **Schulen,** die regelmäßig Konzerte (Eintritt meist um 70 Rs) veranstalten und klassische indische Musik (Tabla, Sitar, Sarod, Sarangi, Santoor, Violine etc., auch Gesang) unterrichten (wobei man 300 Rs pro Stunde für fachkundigen Unterricht ausgeben sollte) sind u.a. **Taal Music Centre** (Tel. (0)7376159854, (0)9451627544) südlich Dasashwamedh Rd. nahe der kleinen Post an der Hauptgasse oder **Ankit Music House** (Sakarkand Gali, Tel. (0)9336567134, ankitmusichouse@hotmail.com) etwas nördlich Dasashwamedh Rd. auf Höhe Meer Ghat.

■ Im selben Gebäude findet sich das **Yoga Training Centre** (Tel. (0)9919857895, www.yogatrainingcentre.

com). Unter fachkundiger Leitung werden auch Neulinge um 8, 10 und 16 Uhr in zweistündigen Sitzungen (300 Rs) in Yoga und außerdem in Massage und Reiki geschult. Enthusiasten können hier Diplome erwerben. Daneben gibt es noch viele private Yogalehrer in der Altstadt.

■ Auch im **International Centre** (Tel. 2368130, www.bhu.ac.in, Mo–Fr 10–17 Uhr) der Benares-Hindu-Universität kann man ein- oder mehrwöchige **Yogakurse** belegen, zudem Kurse für Hindi, Sanskrit, theoretische Grundlagen von Ayurveda und einige Handwerke.

■ In den **Swimmingpools** der Hotels Surya (300 Rs), The Clarks Varanasi (500 Rs) und The Gateway Hotel Ganges (600 Rs) dürfen auch Nicht-Gäste plantschen.

An- und Weiterreise

Flug

■ Vom 23 km entfernten **Flughafen Lal Bahadur Shastri** tägliche Verbindungen mit Khajuraho, Delhi, Agra, Mumbai und Kolkata. Sehr beliebt sind auch die Flüge nach **Kathmandu in Nepal,** die den langen und äußerst anstrengenden Überlandweg ersparen.

■ Mit dem **Taxi** kostet die Fahrt zum Flughafen (vor dem Flughafengebäude steht ebenfalls ein Taxi-Prepaid-Schalter bereit) 840 Rs, die wenig empfehlenswerte Fahrt mit der Riksha 350 Rs. In der Gegenrichtung wird es oft billiger, die Fahrer spekulieren auf die Kommission der Hotels.

Bahn

Von den drei Bahnhöfen ist **Varanasi Junction** (auch Varanasi Cantonment) der bedeutendste. Wer von Osten, z.B. Kolkata und Patna, ankommt und in der Altstadt wohnen möchte, kann bereits am **Bahnhof Kashi** aussteigen. Das hat den Vorteil, dass man den höchst aufdringlichen Rikshafahrern am Junction-Bahnhof entgeht (hier sollte man immer den Prepaid-Schalter für Taxi und Autoriksha, zwei verschiedene Schalter auf dem Bahnhofsvorplatz, in Anspruch nehmen).

Andererseits befindet sich das **Reservierungsbüro** und vor allem das für Touristen wichtige **Foreign Tourist Centre** (Mo–Sa 8–20, So 8–14 Uhr, nur in diesem Büro einige Meter links von Uttar Pradesh Tourism in der Haupthalle des Bahnhofs werden Tourist-Quota-Tickets ausgestellt) im **Hauptbahnhof,** und da viele wichtige Bahnverbindungen von Varanasi, z.B. nach Agra, frühzei-

443in tb

tig ausgebucht sind, sollte man so schnell wie möglich, am besten gleich nach der Ankunft, die Weiterfahrt buchen.

Achtung: Vor allem Nachtzüge von und nach Varanasi werden häufig von **Trickdieben** heimgesucht, die ahnungslose Traveller ihrer Wertsachen berauben. Besonders auf dieser Fahrt sollte man seine Wertsachen möglichst ständig am Körper tragen! Gelegentliche **Angebote von Getränken oder Snacks** von fremden Mitreisenden sollte man dankend ablehnen, da sie möglicherweise mit Knock-Out-Tropfen o.Ä. angereichert sein könnten.

- Will man nicht die gesamte Strecke nach **Sunauli,** dem Grenzort zu Nepal, mit dem Bus zurücklegen, zunächst mit dem Zug bis **Gorakhpur** und von dort per Bus weiter bis an die Grenze.
- Nach **Khajuraho** existiert mit dem 21108 Bundelkhand Link Exp. (Abf. 17.45 Uhr, 12 Std. Fahrtzeit, nur Mo, Mi, Sa) ein direkte Bahnverbindung, ansonsten muss man zunächst per Bahn in ca. 7 Stunden nach **Satna** fahren und von dort per Bus in 4 Std. weiter nach Khajuraho.
- Einige Fernzüge nach Varanasi halten nicht in einem der Stadtbahnhöfe, sondern im 12 km entfernten **Mughal Sarai.** Für die Weiterfahrt nach Varanasi finden sich am östlichen Bahnhofsausgang an der Überführung Prepaid-Rikshas.

Bus

Da Varanasi weit von den meisten Sehenswürdigkeiten in Uttar Pradesh entfernt liegt, fährt man bequemer und sicherer mit der Bahn dorthin. Der recht chaotische städtische **Busbahnhof** befindet sich ca. 500 m gegenüber und etwas östlich des Varanasi-Junction-Bahnhofs.

- Nach **Haridwar** fährt morgens um 7 Uhr ein Bus (430 Rs). Außerdem halbstündliche bis stündliche Busse nach **Allahabad** (3 Std., 120 Rs), **Lucknow** (8 Std., 265 Rs), **Gorakhpur** (7 Std., 185 Rs). Nach Lucknow außerdem komfortable AC-Volvo-Verbindungen um 8 und 22.30 Uhr (720 Rs).
- Nach **Sunauli,** Grenzort zu **Nepal,** verkehren regelmäßige Busse zwischen 7 und 20.30 Uhr (10 Std., 290 Rs).
- Nicht empfehlenswert sind die von vielen privaten Busgesellschaften und Hotels angebotenen Fahrten per **Luxury Coach** nach **Kathmandu** bzw. **Pokhara,** da sich der versprochene Bus bei zu geringer Belegung plötzlich in einen vollgestopften Jeep verwandeln kann und die Übernachtungsmöglichkeiten in Sunauli sehr primitiv sind.

⊲ Alltagsleben an den Ghats

Sarnath

– buddhistischer Wallfahrtsort

Nur zwölf Kilometer östlich von Varanasi, der für Hindus heiligsten Stadt Indiens, liegt einer der vier bedeutendsten Orte des **Buddhismus.** Während der Prinzensohn **Gautama Siddharta** im kleinen Städtchen Lumbini im heutigen Nepal geboren wurde, in Bodhgaya nach einwöchiger Meditation unter dem Bodhi-Baum die Erleuchtung erlangte und in Kushinagar als hochangesehener Buddha (Erleuchteter) starb, hielt er in Sarnath seine **erste öffentliche Predigt** nach der Erleuchtung ab. Die ihm hier vor über 2.500 Jahren zuhörenden fünf Gefolgsleute bildeten die Keimzelle seiner Lehre.

König *Ashoka,* der den buddhistischen Glauben zur Staatsreligion erhob, ließ an diesem geheiligten Ort mehrere **Stupas und Klöster** errichten. Die chinesischen Pilger *Fa Hsien* und *Sian Tsang* berichteten im 5. bzw. 7. Jh. n. Chr. von 1.500 Mönchen, die hier gelehrt und gelebt haben sollen, und von einer 100 m hohen Stupa, die heute jedoch nicht mehr existiert.

Ähnlich wie andere buddhistische Stätten verlor jedoch auch Sarnath gegen Ende der Gupta-Periode Mitte des 1. Jh. n. Chr. an Bedeutung. Die Anlage geriet mehr und mehr in Vergessenheit, bevor sie schließlich im Jahr 1194 ebenso wie Varanasi von den Truppen *Muhammed-e-Ghurs* fast vollständig zerstört wurde. Sieben Jahrhunderte vergingen, bis die Überreste 1835 im Zuge einer vornehmlich von den Engländern durchgeführten Restaurierung freigelegt wurden.

Heute ist Sarnath Ziel Tausender buddhistischer Reisender vornehmlich aus dem asiatischen Ausland, die den Ort im Rahmen organisierter **Pilgerfahrten** besuchen. So ist aus dem ehemals beschaulichen Ort ein recht hektisches und geschäftiges Touristenziel gewor-

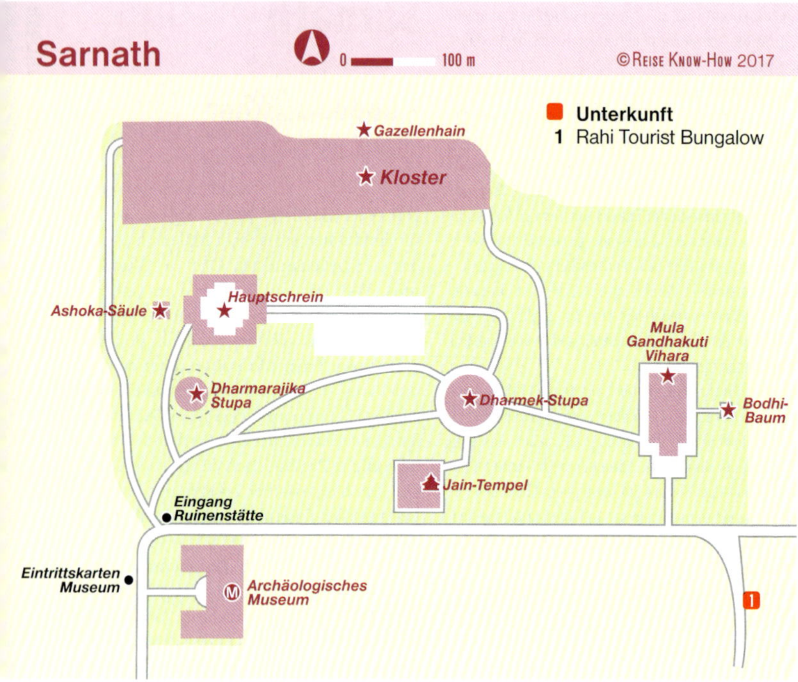

den. Sicher nicht der richtige Platz, um die von Buddha gelehrten Werte von innerer Ruhe und Friedfertigkeit zu erleben, aber doch allemal einen Tagesausflug von Varanasi wert.

Sehenswertes

Augenfälligsten Mittelpunkt des weitläufigen, gut ausgeschilderten Ruinenfeldes bildet die 34 m hohe **Dharmek-Stupa** (Sonnenauf- bis Sonnenuntergang geöffnet, Eintritt 100 Rs, Video 25 Rs). Sie markiert die Stelle, an der Buddha seine erste Predigt gehalten haben soll. Der gegenwärtige Bau wird von Archäologen auf das 5. Jh. n. Chr. datiert. Hierauf deuten auch die für die Gupta-Periode typischen Blumenornamente und geometrischen Muster hin, die die Stupa zieren.

Von der ursprünglich daneben gelegenen **Dharmarajika-Stupa** ist kaum etwas erhalten, da sie der Raja Jagat Singh von Varanasi als willkommenen Steinbruch für seine eigenen Bauvorhaben zweckentfremdete.

Kaum mehr ist von dem Tempel übriggeblieben, der sich ursprünglich westlich von hier befand und in dem Kaiser *Ashoka* während einer seiner Pilgerfahrten gepredigt haben soll. Auch die davor platzierte, einstmals wohl ca. 20 m hohe **Ashoka-Säule** strahlt kaum etwas vom Glanz vergangener Tage aus, zumal deren eigentliche Besonderheit, das berühmte **Löwenkapitell,** im benachbarten **Archäologischen Museum** (tgl. 9–17 Uhr, Kameras, Handys und Handtaschen müssen in Schließfächern deponiert werden) ausgestellt ist. Die vier in alle Himmelsrichtungen schauenden Löwen sind Teil des indischen Staatswappens und finden sich u.a. auf jedem indischen Geldschein. Neben dem Löwenkapitell stehen in den modernisierten Räumen des 100 Jahre alten, hervorragenden Museums u.a. besonders schöne Buddha-Darstellungen und Skulpturen diverser Hindu-Gottheiten.

Die weiter südlich gelegene, ebenfalls verfallene **Chaukhandi Stupa,** auch aus dem 5. Jh., steht dort, wo Buddha seine ersten Schüler getroffen haben soll. Der Eindruck, dass der aufgesetzte Turm nicht recht passen will, wird dadurch bestätigt, dass er gut 1.000 Jahre später als Denkmal für den Besuch Humayuns hinzugefügt wurde.

Der östlich der Hauptstupa stehende **Bodhi-Baum** wurde 1931 aus einem Ableger des Bodhi-Baums aus Anuradhapura in Sri Lanka gepflanzt, der wiederum vom Originalbaum aus Bodhgaya stammen soll, unter dem Gautama Siddharta zum Buddha wurde. Hier ist auch der 1931 von der Mahabodhi Society fertiggestellte **Mulgandha Kuti Vihar** (4–11.30 und 13.30–20 Uhr) zu finden, an dem Buddhas erste Predigt als Gesang um 18 bzw. 19 Uhr (jahreszeitabhängig) aufgeführt wird. Ebenso wie in Bodhgaya ließen verschiedene Nationen wie Japan und Thailand, in denen der Buddhismus zur Staatsreligion wurde, in unmittelbarer Umgebung der Ausgrabungsstätte moderne Tempel- und Klosteranlagen errichten.

Praktische Tipps

Unterkunft, Essen und Trinken

■ Eine einfache Übernachtungsmöglichkeit bietet der staatliche **Rahi Tourist Bungalow**①-② (Tel. 0542-2595965) gegenüber der Post mit akzeptablen Zimmern, die teureren mit AC. Auch die umgebenden Rasenflächen sind ansprechend.

■ Mehr Komfort gibt's im modernen **Agrawal Paying Guest House**①-② (Tel. 0542-2595316) mit gepflegtem Garten gegenüber dem tibetischen Tempel. In dessen wie in weiteren Klöstern kann man für wenig Geld, teils auf Spendenbasis, in den Schlafsälen übernachten.

■ An zahlreichen Essensständen entlang der Dharmapal Road, wie etwa dem guten **Vaishali Restaurant** (8–21 Uhr, 50–250 Rs), das auch Pizza und chinesische Gerichte serviert, kann man seinen Hunger stillen.

■ Etwas südlich findet man das **Friends Corner Tibetan Restaurant** mit entsprechender Küche.

■ **Green Hut** (9–20.30 Uhr) ist eine Mischung aus Café und Restaurant mit Dosas, Huhngerichten, Thalis für 100–150 Rs sowie chinesischen Speisen.

Internet

■ Internet ist an einigen Surfcafés an der **Ashoka Marg** möglich, jedoch aufgrund von häufigen Stromausfällen nicht gerade verlässlich.

An- und Weiterreise

■ Für jene, die Sarnath nicht im Rahmen der nachmittäglichen **Stadtrundfahrt** von Varanasi besuchen, bieten sich als billigste Anreisemöglichkeit die an der Straße vor dem Hauptbahnhof von Varanasi nach Sarnath fahrenden **Busse** an. Geregelte Fahrtzeiten existieren nicht, pro Std. fährt etwa ein Bus, Fahrtzeit 40 Min.

■ **Autorikshas** berechnen für den einfachen Weg von Godaulia nach Sarnath etwa 150 Rs. Hin- und Rückfahrt mit zweistündiger Wartezeit in Sarnath sollten 300 Rs für zwei Personen kosten. Mit dem **Taxi** sollte man für die einfache Fahrt 400 Rs, mit Wartezeit und Rückfahrt nicht mehr als 650 Rs zahlen.

■ Einige **Züge** von Varanasi Jn. nach Gorakhpur halten in Sarnath. Morgendliche Abfahrtszeiten von Zügen nach Sarnath um 6.50, 9.40, 11.10 und 13.20 Uhr. Abfahrt von Sarnath nach Varanasi Jn.: 9.30, 19.30 und 21.50 Uhr. Für diese Züge sollte man ein *general ticket* ohne Reservierung für ein paar Rupien am Schalter kaufen, Fahrtzeit ca. 20 Minuten.

423in mb

5 Der Osten

Die östlichen Landesteile gehören zu den von westlichen Touristen am wenigsten besuchten Regionen Indiens. Doch wer genügend Zeit hat oder die großen Highlights des Subkontinents schon kennt, findet in Bihar, Westbengalen und Odisha außergewöhnliche Orte, welche die langen Reisewege lohnen.

‹ Der Toy Train in Darjeeling

Narkatiaganj
Birganj
Raxaul
Bettiah
Motihari
Bairagnia
Sitamarhi
Janakpur
Jaynagar
Rajbiraj
Birpur
Dhankuta
2423
977
Darjeeling
Kalimpong
Sikkim
Phuntshaling
Kurseong
Dhaaran
Dabgram
West-
Bengalen
Siliguri
Mainaguri
Dhupguri
Damak
Chopra
Biratnagar
Tetulia
Thakurgani
Jalpaiguri
Gopalganj
Gandak
Madhubani
Nirmali
Forbesganj
Islampur
Araria
Kishanganj
Domar
Siwan
Maharajganj
Muzaffarpur
Darbhanga
Thakurgaon
Bihar
Banmankhi
Bazaar
Murliganj
Saharsa
Dalkhola
Saidpur
Vaisahli
Chapra
Sonepur
Samastipur
Purnia
Raiganj
Dinajpur
Rangpur
PATNA
Rosera
Sapat Kosi
Bihariganj
Kaliaganj
Fulbari
Katihar
Hili
Ara
Dinapur
Begusarai
Khagaria
Naugachhia
Ganges
Gangarampur
Dumraon
Mokam
Barauni
Munger
Jamalpur
Manihari
Sahibganj
Balurghat
Masumi
Bihar Sharif
Barbigha
Sultanganj
Bhagalpur
Rajmahal
Malda
Jaipurhat
Jehanabad
Nalanda
Lakhisarai
463
Bikramganj
Daudnagar
Rajgir
Sheikhpura
Kharagpur
English Bazaar
Naogaon
Banka
Barharwa
Godda
Dehri
Gaya
Nawada
Jamui
Jhajha
Dhulian
Nawabganj
575
Bodhgaya
677
Jangipur
RAJSHAHI
Aurangabad
552
Deoghar
Nator
Sherghati
Kodarma
Nalhati
Jiaganj
Ishurdi
Madhupur
Dumka
Rampur Hat
Berhampore
Paksey
Tilaiya Dam
Giridih
Chatra
Santiniketan
Kushtia
Sainthia
Siuri
Meherpur
Daltenganj
Hazaribagh
DHANBAD
Kumardhubi
Chittaranjan
Chuadanga
Jharkhand
Bokaro
Gumia
Kulti
Katwa
Jharia
Jhenidah
Latehar
Saunda
Raniganj
Sindri
Jaridih Bazar
Navadwip
Krishnanagar
Durgapur
Ramgarh
Adra
Mohesdu
831
Barddhaman
Lohardaga
Purulia
Santipur
Ranaghat
RANCHI
West-
Bankura
Chakdaha
1047
Bengalen
Bundu
Vishnupur
Bangaon
Balarampur
Arambagh
Khunti
Gumla
Khatra
Satkhira
Bally
Barasat
Amalagora
Mango
Sindri
Chandrakona
Jashpurnagar
Domjur
Basirhat
JAMSHEDPUR
Chakradharpur
KOLKATA
Saraikela
Simdega
Ghatshila
Chaibasa
Musabani
Rajpur
Medinipur
Jhargram
Canning
Diamond Harbour
Tamluk
Birmitrapur
Kharagpur
Raurkela
Jaynagar
Chengail
Bisrah
Rairangpur
Manzilpur
Jamda
Hat Gamaria
Rajgangpur
Banki
Bada Barbil
Baripada
Sundargarh
Jashipur
799
Jaleswar
Kanthi
Karanjia
1165
Jharsuguda
Brahmani
Kendujahrgarh
Balasore
Deogarh
Odisha
(Orissa)
Sambalpur
Govindpur
Soro
Anandapur
1055
Bhadrakh
Talcher
Bhuban
Jajapur
Angul
Chandbali
Baudh
Mahanadi
Dhenkanal
Kendrapara
710
Cuttack
Udayagiri-Höhlen
Phulabani
Paradwip
Bhubaneshwar
Kordha
Dhauli
Chilika-See
Bhanjanagar
Konark
Banpur
Puri
367
366
361
371
368
407
403
378
402
430
424
431
440
432
438
Osten
1:4.500.000
0
50 km

BIHAR – AUF BUDDHAS SPUREN

So sehr Bihar auch unter seinem Negativimage als einer der rückständigsten Bundesstaaten Indiens zu leiden hat – im historisch-religiösen Bereich könnte seine Bedeutung für das Land und weit darüber hinaus kaum größer sein. Bihar ist die **Geburtsstätte des Buddhismus,** einer der bedeutendsten Religionen der Menschheit. Darauf deutet allein schon der Name „Bihar" hin, welcher sich aus dem Sanskrit-Wort „Vihara" herleitet, was soviel wie „buddhistisches Kloster" bedeutet.

Im kleinen Ort **Bodhgaya** nahm der Buddhismus vor über 2.500 Jahren seinen An-

NICHT VERPASSEN!

- **Bodhgaya** – heiligster Ort des Buddhismus | 371
- **Kolkata** – von der Albtraumstadt zur Kulturmetropole | 378
- **Sunderbans** – Wasserwelt im Mündungsgebiet von Ganges und Brahmaputra | 402
- **Darjeeling** – Erholungsort am Rande des Himalaya mit 70 Teeplantagen | 407
- **Puri** – Strand- und Pilgerort am Golf von Bengalen | 432
- Der **Sonnentempel von Konark** – UNESCO-Welterbe | 438

Diese Tipps erkennt man an der gelben Hinterlegung.

fang, als Gautama Siddharta nach siebentägiger Meditation unter dem Bodhi-Baum die Erleuchtung zuteil wurde. Heute ist der Ort als Pilgerzentrum das Ziel Tausender Besucher vor allem aus asiatischen Ländern. Nur wenige Hundert Jahre später vereinte der große Maurya-Herrscher Ashoka von seiner Hauptstadt Pataliputra aus, dem heutigen **Patna,** einen Großteil des indischen Subkontinents unter seiner Herrschaft. Durch seine großzügigen Kloster- und Universitätengründungen machte Ashoka Bihar zu einem der bedeutendsten Zentren des Buddhismus. Noch im 6. Jh. sollen sich Tausende von Studenten an der Universität von Nalanda in die buddhistische Lehre vertieft haben.

Bihar gestern und heute

Allein bei der Erwähnung des Namens winken die meisten Inder resigniert ab. Nein, von Bihar, dem neuntgrößten Staat Indiens mit 108 Mio. Einwohnern, will man lieber nichts hören. Bihar ist der Verlierer der indischen Geschichte, und Verlierergeschichten hört man auch in Indien nicht gern. So scheint Bihar heute alle negativen Aspekte Indiens auf sich zu vereinen: die höchste Bevölkerungsdichte, die höchste Kindersterblichkeit und eine der höchsten Analphabetenraten. Über 50 % der Bevölkerung leben unter der Armutsgrenze. Überdies hat Bihar den Ruf, der korrupteste Bundesstaat Indiens zu sein und eher von mafia-ähnlichen Organisationen denn von Politikern regiert zu werden. Zudem sorgen weiterhin Separatistengruppen wie die Naxaliten und maoistische Splittergruppen immer wieder für Unruhe in Bihar. Auch die Fortbewegung, zumindest nach Einbruch der Dunkelheit, ist wegen vorkommender Überfälle nicht ungefährlich.

Diese schlechte Bilanz scheint sich durch konkrete Maßnahmen der Regierung jedoch in den vergangenen Jahren zum Positiven zu wenden. Auf der Beliebtheitsskala westlicher Touristen rangiert Bihar zwar noch am unteren Ende, die **buddhistischen Stätten** von Bodhgaya, Nalanda und Rajgir sind aber zunehmend das Ziel asiatischer Besucher. Außerdem ist Bihar eine **Durchgangsstation** auf der viel bereisten Route von Kolkata (Kalkutta) nach Kathmandu in **Nepal.**

> Der Golghar in Patna, ein Kornspeicher aus der Kolonialzeit

Patna

Vom ehemaligen Glanz Patnas, der ehemals unter dem Namen *Pataliputra* bekannten **Hauptstadt Bihars,** ist heute kaum etwas erhalten. Nicht großartige Tempelanlagen, Ausgrabungsstätten und Paläste bestimmen das Bild dieser ehemaligen Hauptstadt des Maurya- und Gupta-Reiches, sondern verstaubte, dreckige und laute Straßen. So dient das sich über 10 km am Südufer des Ganges entlangziehende Patna den meisten Reisenden nur als Zwischenstation auf dem Weg ins 100 km südlich gelegene Bodhgaya sowie als **Ausgangspunkt der Überlandreise nach Kathmandu** in Nepal. Trotz des wenig einladenden Erscheinungsbildes bietet Patna mit einigen interessanten Museen, einem ungewöhnlichen Reisspeicher sowie der Geburtsstätte des 10. Sikh-Guru *Gobind Singh* einige interessante Sehenswürdigkeiten.

Sehenswertes

Buddha Smriti Park

2010 wurde der Buddha Smriti Udyan an der Fraser Rd. unweit des Bahnhofs vom Dalai Lama eingeweiht. Die liebliche, 22 ha große **Parkanlage** beherbergt ein architektonisch anspruchsvolles Museum, eine Meditationshalle und eine riesige, elegante Stupa. In deren Inneren befindet sich eine gesicherte Kammer mit angeblichen **Relikten** aus Buddhas Leben und dessen Asche sowie Samen von den Bodhi-Bäumen in Bodhgaya und Anuradhapura auf Sri Lanka.

Hanuman Mandir

Der unmittelbar vor dem Hauptbahnhof von Patna platzierte **Tempel** Hanuman Mandir entspricht mit seiner modernen Bauweise und

061in tb

der abendlichen bunten Neonbeleuchtung sicherlich nicht dem, was man sich unter einem klassischen indischen Tempel vorstellt. Wegen der den ganzen Tag über sehr regen religiösen Aktivitäten der Tausende von Gläubigen lohnt ein Besuch des dem Affengott Hanuman geweihten Gotteshauses dennoch. Im Übrigen machte der Tempel 1998 landesweit Schlagzeilen, als hier zum ersten Mal in der indischen Geschichte ein Unberührbarer zum obersten Tempelpriester ernannt wurde.

Am belebtesten ist der Tempel am Dienstag und Samstag.

Golghar

Diesen 29 m hohen, westlich des Maidan gelegenen halbkugelförmigen Bau ließ der englische Kolonialbeamte *Captain John Garstin* 1786 errichten. Er sollte als **Kornspeicher** dienen, um eine Wiederholung der Hungerkatastrophe von 1760 zu verhindern. Wegen schwerwiegender Konstruktionsmängel wurde er in seiner ursprünglich vorgesehenen Funktion jedoch kaum genutzt. Dafür ist er heute das wohl meistbesuchte und -fotografierte Bauwerk Patnas. Von seiner Spitze, zu der sich zwei außen um das Gebäude verlaufende, jeweils 250-stufige Treppen (jeweils für Auf- bzw. Abstieg) hinaufwinden, hat man einen prächtigen Blick auf die Stadt und den Ganges (24 Std. geöffnet).

Har Mandir Takht

Der Löwe von Punjab, Maharaja *Ranjit Singh,* ließ diesen palastähnlichen, dreigeschossigen **Marmortempel** Anfang des 20. Jh. zu Ehren des 10. Gurus der Sikhs, *Govind Singh,* errichten, der 1660 in Patna geboren wurde und die Sikh-Gemeinde in einen religiösen Kampfbund umwandelte. Dieses nach dem Goldenen Tempel von Amritsar bedeutendste Heiligtum der Sikhs beherbergt heute auch ein **Museum,** in dem neben verschiedenen Porträts der Sikh-Heiligen und heiligen Schriften auch persönliche Gegenstände Govind Singhs zu sehen sind.

■ **Öffnungszeiten:** tgl. außer Mo 10–17 Uhr.

Patna Museum

Dieses bedeutendste Museum Patnas an der Buddha Marg (Eintritt 250 Rs) beherbergt schöne Steinskulpturen der Maurya- und Gupta-Periode, Terrakottafiguren, tibetanischen Tankhas und andere archäologische Funde. Auch ein 200 Millionen Jahre altes **Baumfossil,** mit 16 m Länge das angeblich längste der Welt, befindet sich hier. Zudem rühmt sich das Museum mit den angeblichen Überresten der Asche Buddhas. Für diesen Teil des Museums werden weitere 500 Rs Eintritt verlangt.

■ **Öffnungszeiten:** tgl. außer Mo 10 bis 16.30 Uhr.

Bihar Museum

Ein neues Museum, das die jahrtausendealte Geschichte der Region dokumentiert, wurde 2015 eröffnet. Der fast 60 Mio. Euro teure Bau setzt allein schon mit seinem futuristischen Äußeren neue Maßstäbe. Allerdings ist mit dem Children's Museum bisher nur ein kleiner Teil zugänglich (http://biharmuseum.org).

Kund Baksh Oriental Library

Benannt nach dem bibliophilen *Kunda Baksh,* der die meisten Ausstellungsobjekte zusammentrug, zeigt diese 1900 gegründete **Bibliothek** am Ashok Raj Path eine wertvolle Sammlung arabischer und persischer Schriften, Miniaturmalereien und als Kuriosität eine nur wenige Zentimeter große Koranausgabe. Schmuckstück der gesamten Ausstellung sind jedoch die einzigen Bücher, die vor der Brandschatzung der maurischen Universität von Cordoba im Jahre 1236 während der spanischen Rekonquista gerettet werden konnten.

■ **Öffnungszeiten:** tgl. außer Fr 9–17 Uhr.

Praktische Tipps

Information

■ **Vorwahl:** 0612

■ Offiziell in der Zeit von Oktober bis März organisiert das **Bihar Tourist Office** (Mo–Sa 10–17 Uhr, Birchand Patel Marg/Gardiner Rd., im Hotel Kautilya Vihar, Tel. 2225411, www.tourismbihar.org), jeweils Sa und So Tagesausflüge nach Rajgir, Nalanda und Pawapuri. Abf. 8 Uhr vom Tourist Bungalow, Preis 300 Rs. In der Realität finden sich jedoch nur während der Pilgermonate Januar/Februar genügend Interessenten, sodass die Touren auch nur dann tatsächlich durchgeführt werden. Die kleine Filiale an der Fraser Rd. ist wirkunglos, zudem gibt's Büros am Bahnhof und am Flughafen.

Stadtverkehr

■ **Taxis** berechnen für die Fahrt zum 8 km außerhalb gelegenen Flughafen etwa 450 Rs, per Autoriksha kostet es 160 Rs.

■ Zwischen dem Bahnhof und dem Gandhi Maidan Busterminal verkehren regelmäßig **Tempos.**

■ Vom Bahnhof zum Maidan per **Autoriksha** sollte man nicht mehr als 60 Rs zahlen, per **Fahrradriksha** 40 Rs.

Unterkunft

Die Auswahl an empfehlenswerten Hotels in Patna ist äußerst dürftig. Dies gilt insbesondere für das untere Preissegment. Die meisten sind überteuert und sehr laut, sodass man, wenn möglich, ein Zimmer nach hinten wählen sollte. Wenn überhaupt, sollte man nur eine Nacht in Patna bleiben.

■ **Hotel City Centre**②-③ (Tel. 2208686, www.hotelcitycentre.in), direkt am Bahnhof. Die nicht klimatisierten Zimmer verfügen nur über Hocktoiletten, WiFi in allen Zimmern.

■ Schnörkellos und preiswert präsentiert sich das zentral gelegene **Hotel Windsor**③ (Exhibition Rd., Tel. 2203250, www.hotelwindsorpatna.com), eine gute Adresse. Alle Zimmer verfügen über eine wenn auch laute AC. Insgesamt für eine Nacht o.k. Ausgezeichnet ist das hauseigene **Bellpepper Restaurant.**

■ Das **Hotel Chanakya**④ (Chand Patel Marg, Tel. 2223141/2, www.chanakyapatna.com) beim BSTDC Kautilya Vihar ist ein gutes Hotel der oberen Mittelklasse.

■ Patnas Tophotel, das **Maurya Patna**⑤ (Tel. 2203040-57, www.maurya.com) beim Gandhi Maidan, verfügt über die üblichen Annehmlichkeiten dieser Preiskategorie. Nicht-Gäste dürfen für 250 Rs im Gartenpool plantschen.

■ Das moderne **Gargee Grand Hotel**④ (Tel. 2500535, www.gargeegrand.com) liegt zwar an einer besonders geschäftigen Kreuzung und Hochstraße, doch dafür herrscht im Inneren eine erstaunlich gepflegte Ruhe. Alles macht einen professionellen Eindruck: die modernen Zimmer mit hervorragenden Bädern, das ausgezeichnete Restaurant und der tolle Pool auf der Dachterrasse.

Essen und Trinken

Mehrere der aufgeführten Hotels verfügen über z.T. sehr gute Restaurants.

■ Zu nennen ist hier vor allem das **Takshila** im Hotel Chanakya. Exquisit sind hier sowohl das Ambiente als auch die köstlichen Speisen, wobei besonders die Mughlai- und Tandoori-Gerichte zu empfehlen sind. Wen wundert es da, dass auch die Preise mit 150–350 Rs für ein Hauptgericht exquisit sind.

■ Leckere nordindische, chinesische und westliche Speisen in gepflegtem Ambiente im Stadtzentrum an der Fraser Rd. bietet das empfehlenswerte **Yellow Chilli.** Für indische Verhältnisse ist das Vergnügen mit Preisen zwischen 200 und 300 Rs (vegetarische Gerichte) und 250–550 Rs (Fleisch- und Fischgerichte) jedoch auch nicht gerade billig.

■ Sehr gut isst man im Dachrestaurant des **Garden Court Club.** In schöner Umgebung erhält man eine Vielzahl von indischen und chinesischen Gerichten, wobei man für ein Hauptgericht 250–350 Rs veranschlagen sollte.

■ Das ganz in der Nähe des Bahnhofs gelegene **Bansi Vihar** ist ein Klassiker der Restaurantszene in Patna und besonders für seine authentisch südindischen Gerichte bekannt. Außerdem gibt es u.a. chinesische Gerichte (70–210 Rs). Das daneben gelegene **Family Fair** bietet verlässliche nordindische Küche zu ähnlichen Preisen.

■ Nicht weit vom Gandhi Maidan ist das **Bollywood Treats** (13–22 Uhr) ein supercleanes Selbstbedienungs-AC-Fastfood-Restaurant mit Snacks, Burgern, Torten und Eisgenuss bei Bollywood Muzak.

■ Kulinarisch wie atmosphärisch ebenfalls exquisit geht es im **Anarkali Restaurant** an der Ecke der Frazer Road zur Dak Bungalow Road zu. In dem gänzlich mit bunt verzierten Spiegeln eingerichteten Lokal fühlt man sich ein wenig wie ein Maharaja beim Festmahl.

■ Erfrischende Cocktails in stylishem Ambienter verwöhnen Bihar-Reisende im **Elevens** (Dumraow Kothi, Fraser Rd., www.kapilelevens.com). Der Lounge des bekannten Krickettspielers *Kapil Dev* ist ein Restaurant mit vielseitiger asiatischer Küche (200–550 Rs) angeschlossen.

Bank und Internet

■ Der effizienteste Ort zum Geldtausch ist wohl **UAE Exchange** (Mo–Sa 9.30–18 Uhr, So 9.30–13.30 Uhr) an der Exhibition Rd. Hier ist auch schneller Geldtransfer aus dem Heimatland möglich. Auch bei der **State Bank of India** (Mo–Fr 10.30–16, Sa bis 13.30 Uhr) am Gandhi Maidan bekommt man zuverlässig Rupien.

■ Günstig gelegen zu mehreren Traveller-Hotels, ist das **Cyber World** an der Station Rd. sehr fix (bis 21 Uhr). Schnell sind auch alle Internetcafés der **sify-i-way-Kette.** Zentral liegt **Yahoo Cyber** im Lokmanyak Bhawan (1. Stock). Auch im **Jagat Trade Centre** gibt's Breitbandgeschwindigkeit.

Medizinische Versorgung

■ Das **Kurji Hospital** im Nordwesten der Stadt (Tel. 2262516, 2262540) ist eine gute Adresse.

■ Günstiger gelegen und auch okay ist das **Ruban Memorial Hospital** südlich des Gandhi Maidan, Notfallnummer: 2320446/ 04. Dort ist auch eine **24-Std.-Apotheke.**

0 200 m
©Reise Know-How 2017
Ganges
Kund Baksh Oriental Library (1 km),
Har Mandir Thakt (11 km)
Ashok Raj Path
Golghar
Gandhi Maidan
Buddha Marg
Vaishali (55 km),
Sonepur (25 km)
Ruban Memorial Hospital
SP Verma Rd.
Exhibition Road
Dak Bungalow Road
Rajendra Path
Fraser Rd.
Buddha Smriti Park
Station Rd.
Hanuman Mandir
Patna Jn.
Kankarbagh Rd.
Kankarbagh Rd.
Unterkunft
2 Maurya Patna
4 Gargee Grand Hotel
12 Hotel Windsor
14 Hotel City Centre
16 Hotel Chanakya
Essen und Trinken
3 Bollywood Treats
5 Garden Court Club
7 Yellow Chilli
8 Elevens
9 Anarkali Restaurant
11 Bansi Vihar und Family Fair
12 Bellpepper Restaurant
16 Takshila

An- und Weiterreise

Flug

■ Patnas Flughafen ist der **Jaiprakash Narayan International Airport,** 8 km westlich des Zentrums.

Bahn

■ Das **Reservation Office** im rechten Flügel des Bahnhofsgebäudes ist Mo–Sa von 8 bis 20 Uhr, So bis 14 Uhr geöffnet. Schalter 7 im 1. Stock ist der Tourist Counter. Mehrere Halbstundenpausen (11.30, 14 und 16.30 Uhr) stören.

■ Nach **Gaya** bestehen viele Direktverbindungen, die fast alle in Patna starten, also keine Verspätung ansammeln können.

Bus/Taxi

■ Vom **Mithapur-Busbahnhof** (bekannt als New Bus Stand) im Süden der Stadt starten ununterbrochen Busse zu allen größeren Orten Bihars und Uttar Pradeshs. Mit staatlichen Bussen bestehen stündliche Verbindungen nach **Gaya** (3 Std., 145 Rs) und **Rajgir** (4 Std., 215 Rs). Vom **Gandhi-Maidan-Busbahnhof** Verbindungen nach **Raxaul** (8 Std, 120 Rs um 7.15 und 22 Uhr). Um nach **Nalanda** zu gelangen, muss man zunächst nach Bihar Sharif fahren (2½ Std.) und dort in einen Anschlussbus umsteigen. Für weiter entfernt gelegene Ziele sind jedoch die bequemeren Züge vorzuziehen.

■ Eine Ausnahme hierbei bilden die Busse zum **indisch-nepalesischen Grenzort Raxaul.** Mehre Verbindungen täglich, darunter eine um 22 Uhr (8 Std., 290 Rs) sowohl vom Gandhi Maidan Bus Stand als auch vom Mithapur-Busbahnhof um 6, 21.15, 21.30, 22.30 und 22.50 Uhr. Privatanbieter fahren morgens mit Deluxe-Bussen neben dem New Bus Stand ab (500 Rs) nach Raxaul.

■ Tgl. um 7 und 14 Uhr starten recht komfortable Busse von BiharTourism am Hotel Kautilya, die (mit Zwischenstation in Gaya) **Bodhgaya** 4½ Stunden später erreichen – die angenehmste Art, preiswert (95 Rs) nach Bodhgaya zu gelangen. Tickets können, am besten einige Zeit vor Abfahrt, bei BiharTourism gekauft werden.

■ Von IndiaTourism und BiharTourism sowie den meisten Hotels können Taxis und Minibusse, etwa nach **Nalanda,** vermittelt werden. Angesichts der angespannten Sicherheitssituation in Bihar wird nicht gern nach Sonnenuntergang gefahren. So sollte man so früh wie möglich seine Tagesausflüge starten.

■ Ein **Tagesausflug per Taxi** nach Nalanda inkl. Kilometer sollte für bis zu 4 Personen etwa 3.800 Rs kosten.

Umgebung von Patna

Vaishali

Das 55 km nördlich von Patna gelegene Vaishali ist ein von Jains und Buddhisten gleichermaßen viel besuchter Pilgerort. Während die **Jains** das 3 km entfernte Basokund als Geburtsort ihres Religionsstifters *Vardhamana Mahavir* verehren, wallfahren viele **Buddhisten** nach Vaishali, weil Buddha hier während seiner Jahre als Bettelmönch dreimal Station gemacht haben soll. Zudem war Vaishali hundert Jahre nach dem Tod Buddhas Schauplatz des zweiten buddhistischen Konzils, an dem über 700 seiner Anhänger teilgenommen haben sollen.

Neben einer allerdings sehr schönen, von einem Löwenkapitell gekrönten **Ashokasäule,** die der große Maurya-Kaiser im 4. Jh. v. Chr. errichten ließ, den spärlichen Überresten einer Stupa sowie der von Japanern errichteten **Peace Pagoda** (Eintritt 100 Rs) und einem kleinen Museum gegenüber gibt es jedoch nicht viel zu sehen.

Anreise

■ Direkte **Busverbindungen** bestehen nach Patna (2 Std.) und Muzaffarpur.

Sonepur Fair

Unser Tipp: Zur gleichen Zeit wie der berühmte Kamelmarkt in Pushkar findet alljährlich im 25 km nördlich von Patna gelegenen Sonepur eines der **sehenswertesten Feste Nordindiens** statt. Während sich jedoch in Pushkar Tausende von Touristen und etliche Kamerateams aus aller Welt einfinden, kann man die westlichen Besucher in Sonepur an einer Hand abzählen. Gerade dieser gänzlich unverfälschte Charakter des **größten Tiermarktes Asiens,** bei dem vom kleinen Vogel bis zum ausgewachsenen Elefanten eine einzigartige Auswahl an Lebewesen zum Kauf angeboten wird, macht die Faszination des Sonepur Fair aus. Auch in Sonepur gibt es unzählige Schausteller, Gaukler und Akrobaten, die die Zigtausenden von farbenfroh gekleideten Landbewohnern unterhalten.

Seinen Abschluss findet das Fest in der *Kartika Purnima* genannten **Vollmondnacht** im November, wenn die Pilger am Zusammenfluss von Ganges und Gandaki baden, um von ihren Sünden reingewaschen zu werden.

Da es in Sonepur selbst keine Unterkunft gibt, sollte man das Fest per Tagesausflug von Patna besuchen.

Raxaul

Das ansonsten uninteressante Raxaul wird hier nur wegen seiner Rolle als **Grenzort zu Nepal** erwähnt. Eigentlich ist der laute, dreckige Ort nur der eine Teil der Doppelstadt, deren anderer Teil, **Birganj,** auf nepalesischem Boden liegt.

Unterkunft

- Wer hier hängen bleibt, findet im **Hotel Kaveri**② (Main Rd., Tel. 06255-221148) die beste, wenn auch einfache Bleibe.
- Auch das **Shivam Hotel**① (Tel. 06255-224552), ebenfalls an der Main Rd., ist akzeptabel.

An- und Weiterreise

- Busse nach **Patna** starten frühmorgens, die siebenstündige Fahrt kostet 260 Rs. Zudem existieren Zugverbindungen nach **Hajipur** (15202 Raxaul Hajipur Exp., Abf. 5.30 Uhr, Ank. 10.15 Uhr), nicht weit von Patna entfernt, **Kolkata** (13022 Mithila Exp., Abf. 10 Uhr, Ank. 5 Uhr) und **Gorakhpur** (15273 Satyagraha Exp., Abf. 8.50 Uhr).
- Vom Bahnhof Raxaul Bazaar zur **indisch-nepalesischen Grenze** kostet eine Riksha etwa 20 Rs. Die Grenze ist auf indischer Seite durchgehend, auf nepalesischer Seite jedoch nur von 5.30 bis 22 Uhr geöffnet. Von der Grenzstation zum ersten Ort auf nepalesischer Seite, Birganj, ist wieder eine Riksha empfehlenswert. Von Birganj regelmäßige Busverbindungen nach **Kathmandu** und **Pokhara,** jeweils ca. 8 Std. Fahrtzeit.
- **Visa für Nepal** sind nur auf nepalesischer Seite zwischen 6 und 18 Uhr zu erhalten, Passfoto nicht vergessen.

Nalanda

Heute ein unscheinbares Dorf wie Tausende andere, war Nalanda einst das **geistige Zentrum** Indiens. Ausgangspunkt bildete ein von Ashoka gegründetes Kloster, aus dem sich über die Jahrhunderte eine der größten und bedeutendsten Universitäten der Erde entwickelte. Der chinesische Missionar *Xuan Zhang* berichtete im 7. Jh. n. Chr. von über 2.000 Lehrern und 10.000 Studenten aus Indien sowie vielen anderen asiatischen Ländern. Gelehrt wurden neben Mathematik, Medizin und Astronomie vor allen Dingen buddhistische Philosophie, Theologie und Literatur. So gingen von hier bedeutende Impulse für die buddhistische Lehre in ganz Asien aus.

Nach einer Blütezeit zwischen dem 6. und 9. Jh. n. Chr. verlor Nalanda jedoch mit dem Erstarken des Hinduismus zunehmend an Bedeutung, bevor es im 12. Jh. von den muslimischen Eroberern zerstört wurde.

Erst Anfang des 20. Jh. wurden die schon fast vergessenen Überreste der ehemals weitläufigen Anlage (9–17.30 Uhr, Eintritt 200 Rs) freigelegt. Neben den eigentlichen Universitätsgebäuden fanden sich auch Überreste der ursprünglichen **Klosteranlage** sowie Stupas und Tempel, die von *Ashoka* und anderen Herrschern, die die Universität großzügig unterstützten, errichtet wurden. Die Gebäude sind durch einen zentralen, von Nord nach

Süd verlaufenden Weg unterteilt, wobei die Klosteranlagen östlich und die Tempel westlich von ihm zu finden sind.

Das im wörtlichen Sinne herausragende Monument der insgesamt nur noch spärlich erhaltenen Überreste ist der **Tempel Nr. 3,** der als Tempel jedoch kaum zu erkennen ist, da der monumentale Backsteinbau das Resultat einer mehrmaligen Überbauung eines wesentlich älteren Heiligtums darstellt. Erhalten blieben drei der ehemals vier Ecktürme sowie einige Nischen, in denen sich einstmals Buddha-Figuren fanden. Von der über einen breiten Treppenaufgang zu erreichenden Spitze des Tempels bietet sich ein schöner Ausblick über die sich im Norden ausbreitende Anlage.

Archäologisch am interessantesten jedoch ist das **Kloster (Vikara) Nr. 1,** mit dem sich um einen zentralen Innenhof gruppierenden Wohnraum der Studenten sowie einem steinernen Sockel, der als Podium der Professoren gedeutet wird. Der Eintritt zu den Ruinen liegt bei 100 Rs, geöffnet ist von 9 bis 17 Uhr.

Gegenüber dem Eingang zur Ausgrabungsstätte liegt das kleine **archäologische Museum** (tgl. 8–17 Uhr) mit einer schönen Sammlung buddhistischer und hinduistischer Bronzefiguren, Steininschriften, Tongefäßen und Münzen. Zwei große Terrakottafässer aus dem 1. Jh. finden sich in einem Innenhof hinter dem Museum.

Das 1951 errichtete **Centre of Buddhist Studies** dient unter Anknüpfung an die frühere Bedeutung Nalandas zu wissenschaftlichen Studien der Pali-Literatur.

2 km südlich erinnert die von den Chinesen gebaute **Yuan Zang Memorial Hall** (8–17 Uhr, Eintritt 100 Rs) an den gleichnamigen Entdeckungsreisenden, der einige Jahre in Nalanda studiert und gelehrt hat.

Unterkunft, Essen und Trinken

- Einfache **Übernachtungsmöglichkeiten** stehen nur in wenigen einfachen Herbergen, die renoviert werden müssten, zur Verfügung, wie dem **Public Works Department Rest House**①. Fürs leibliche Wohl sorgen einige **Essensstände** am Eingang zum Ausgrabungsgelände.

An- und Weiterreise

- **Züge** von Patna nach Rajgir mit Stopp in Nalanda nach 15 Min. Fahrtzeit.
- Von **Patna** zunächst per Bus in drei Std. (stündliche Verbindungen) nach **Bihar Sharif,** dort umsteigen in den Bus nach **Rajgir,** der im Dorf Nalanda anhält. Von dort sind es mit Tonga oder Trekker noch einmal 3 km zur Ausgrabungsstätte. Am bequemsten sind die regelmäßig verkehrenden Jeeps (20 Rs) zwischen Rajgir und Nalanda-Dorf.

Gaya

Die nach Patna **zweitgrößte Stadt Bihars** gilt als einer der bedeutendsten Pilgerorte des Landes, da laut hinduistischer Mythologie eine hier abgehaltene Bestattung dem Toten den direkten Eintritt in den Himmel verspricht. Zentrum der Wallfahrt ist der **Vishnupad-Tempel** an den Ufern des Falgu, den Ende des 18. Jh. die Maharani *Ahalya Bai* von Indore errichten ließ, die auch den Bau des Goldenen Tempels von Varanasi initiierte. Offiziell ist der Tempel zwar nur für Hindus geöffnet, doch gegen ein kleines Trinkgeld wird auch westlichen Touristen zuweilen der Zutritt gewährt. Einen schönen Ausblick über die Stadt bietet der über rund 250 Treppen zu ersteigende **Brahmayuni-Hügel,** dessen Gipfel von mehreren Tempeln bestanden wird.

Ansonsten bietet der staubige und recht unansehnliche Ort jedoch keinerlei Sehenswürdigkeiten, und so dient er den allermeisten Touristen auch nur als **Durchgangsstation auf dem Weg nach Bodhgaya.**

Praktische Tipps

Information

- **Vorwahl:** 0631
- Die Angestellten des **Bihar State Tourist Office** (Mo–Sa 8–20 Uhr, Tel. 2223635) im Bahnhofsgebäude sind sehr hilfsbereit.

Unterkunft, Essen und Trinken

Gayas Angebot an akzeptablen Unterkünften ist äußerst dürftig. Da die Auswahl in Bodhgaya vielfältiger ist, sollte man in Gaya nur im Notfall übernachten.

- Direkt gegenüber vom Ausgang des Bahnhofsvorplatzes stößt man auf das **Hotel Ajasatru**② (Tel. 2434584-66) mit passablen, aber lauten Zimmern (z.T. mit AC) – für eine Nacht gerade noch o.k. Klasse ist das simple, aber authentische indische **Sujata Restaurant** im Erdgeschoss.
- Im **Hotel Vishnu International**②-③ (Swarajayapur Rd., Tel. 2224422) sind die teilweise klimatisierten Zimmer mit TV makellos. Der Service ist gut, auch die Dachterrasse ist einladend.
- Versteckt in einer von der Station Rd. abgehenden Seitengasse, bietet das **Hotel Viraat Inn**② (www.hotelviraatinn.com) für eine Nacht akzeptable Zimmer mit Cooler.

Post und Internet

- Im 1. Stock des Hotel Gautam an der Station Rd. ist ein **Internetcafé** bis etwa 20 Uhr geöffnet. Mehrere weitere finden sich an der Swarajayapur Rd.
- Neben dem Hotel Gautam ist das **Postamt.**

An- und Weiterreise

Wer erst spät abends ankommt, sollte lieber eine **Übernachtung in Gaya** einplanen, da es auf der Strecke Gaya – Bodhgaya wiederholt zu nächtlichen **Überfällen** gekommen ist.

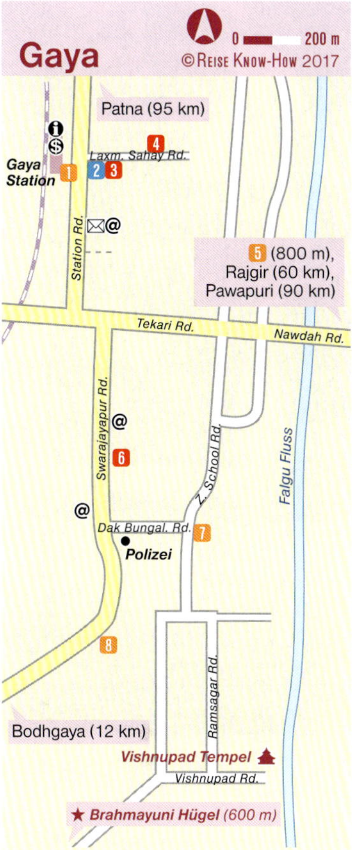

Unterkunft
3 Hotel Ajasatru
4 Hotel Viraat Inn
6 Hotel Vishnu International

Essen und Trinken
2 Sujata Restaurant

Verkehr
1 Abfahrt der Bihar Tourism Busse nach Patna/Bodhgaya
5 Gaurakshini Busbahnhof
7 Autorikshastand
8 Gandhi Maidan Busbahnhof

413in mb

Bahn

■ Das **Reservierungsbüro** im Bahnhof ist Mo–Sa 8–20, Sa bis 14 Uhr geöffnet (14 Uhr Pause). Gaya liegt an der Breitspurstrecke Kolkata – Delhi, und so gibt es viele Direktverbindungen.

Bus

■ Vom Busbahnhof Gandhi Maidan fahren stündlich Busse zum 3 Std. entfernten **Patna** (150 Rs) und nach Rajgir (2½ Std., 125 Rs).

■ Alle 2 Std. starten Busse nach **Bodhgaya.** Gegen 7.30 und 14.30 Uhr passieren, aus Bodhgaya kommend, recht komfortable Busse von BiharTourism den Bahnhofsvorplatz von Gaya (knapp halbstündiger Aufenthalt) auf dem Weg nach Patna. In der Gegenrichtung aus Patna fahren sie gegen 9.30 und 16.30 Uhr durch Gaya. Falls noch ein Platz frei ist, wird man mitgenommen.

■ Wer nach **Rajgir** (2½ Std., 150 Rs) bzw. **Nalanda** (jeweils etwa stündliche Verbindungen) will, muss sich zum Gaurakshini-Halteplatz auf der anderen Seite des Falgu-Flusses begeben.

■ Für alle **weiter gelegenen Ziele** sind Züge vorzuziehen, da man dann sein von Bodenwellen geschütteltes Rückgrat ein wenig schonen kann – Bihars Straßen sind in einem ähnlich katastrophalen Zustand wie der Bundesstaat selbst.

⌃ Straßenszene in Gaya

Tempo/Autoriksha

■ Vom Kacheri-Autoriksha-Halteplatz aus fahren mindestens alle halbe Stunde Sammelrikshas/Tempos zum 13 km entfernten **Bodhgaya.** Wer seine eigene Autoriksha mietet, muss für die Fahrt je nach Verhandlungsgeschick etwa 160 Rs, für ein Taxi etwa 250 Rs zahlen. Die Fahrer der Sammelrikshas, die auch auf Handzeichen Fahrgäste mitnehmen, wenn noch Platz ist, sind Schlitzohren und versuchen häufig, wenn der letzte indische Fahrgast auf dem Weg nach Bodhgaya das Fahrzeug verlassen hat, von westlichen Touristen den Preis für eine Einzelriksha schon vor Erreichen Bodhgayas einzutreiben oder alternativ damit zu drohen, dass man das Gefährt verlassen müsse. In jedem Fall sollte man erst bei Erreichen Bodhgayas zahlen.

Bodhgaya

– wo Buddha die Erleuchtung erlangte

Der weltweit **heiligste Ort der Buddhisten** liegt nicht etwa in einem klassischen buddhistischen Land wie Sri Lanka, Myanmar (Burma) oder Thailand, sondern in Indien, wo heute weniger als 1 % der Bevölkerung buddhistischen Glaubens ist. Bodhgaya heißt der kleine Ort, in dem der Prinzensohn **Siddharta Gautama** in einer Vollmondnacht des Jahres 483 v. Chr. nach siebentägigem Meditieren unter dem Bodhi-Baum vollkommene Einsicht in das Gesetz des Lebens erlangt haben soll und damit zum Buddha („der Erleuchtete“) wurde.

Der Geburtsort einer der bedeutendsten Weltreligionen ist jedes Jahr Ziel indischer wie ausländischer buddhistischer Pilger. Anders als die meisten buddhistischen Ausgrabungsstätten zeichnet sich Bodhgaya durch eine echte **religiöse Atmosphäre** aus. Den Höhepunkt der Pilgersaison bildet der Monat Dezember, wenn der **Dalai Lama** und mit ihm Tausende seiner tibetanischen Landsleute nach Bodhgaya kommen und die Stadt für wenige Wochen zum Little Lhasa wird.

Viele Reisende entschließen sich für einen längeren Aufenthalt, obwohl die Hauptsehenswürdigkeiten problemlos an einem Tag zu erleben sind.

Mahabodhi-Tempel und Bodhi-Baum

Hauptanziehungspunkt aller Besucher Bodhgayas ist der 55 m hohe, pyramidenförmig aufragende Mahabodhi-Tempel. Im Innern des siebenstufigen Heiligtums befindet sich eine **riesige vergoldete Buddha-Statue.** Bis heute ungeklärt ist, wer der ursprüngliche Erbauer des Tempels ist. Angeblich soll an gleicher Stelle Kaiser *Ashoka* eine Stupa zu Ehren Buddhas errichtet haben.

Historisch nachgewiesen ist ein Tempel ähnlichen Ausmaßes bereits aus dem 7. Jh., sodass davon ausgegangen werden kann, dass der Mahabodhi-Tempel das Resultat zahlreicher Veränderungen über einen Zeitraum von mehr als einem Jahrtausend darstellt.

Ein groß angelegtes Restaurationsprojekt leitete der burmesische König ein, nachdem er anlässlich einer Pilgerreise im Jahre 1881 den Tempel in völlig verwahrlostem und halb verfallenem Zustand vorfand. Während die die Außenseiten des Tempels zierenden Buddha-Figuren neueren Datums sind, stammen die insgesamt 85 das Heiligtum umlaufenden, mit schönen Relief-Rosetten versehenen Sandsteinpfeiler zum Teil noch aus der Shunga-Periode (2. Jh. v. Chr.) und stellen somit die ältesten Relikte des ursprünglichen Tempels dar.

Der an der Westseite des Tempels gelegene **Bodhi-Baum** mit seinen bunten Gebetsfahnen befindet sich an der gleichen Stelle, an der einst der ursprüngliche Bodhi-Baum gestanden haben soll, unter dem Buddha Erleuchtung gefunden hat. Der heutige Baum ist ein Ableger des Bodhi-Baums aus Anuradhapura in Sri Lanka, der wiederum vom Originalbaum abstammen soll. Das vor dem Baum platzierte kleine Podest markiert die Stelle, an der Buddha während seiner siebentägigen Meditation gesessen haben soll.

Diese ist nur eine von insgesamt sieben im Tempelbezirk gelegenen heiligen Stellen, die Bezug auf besondere Vorkommnisse während Buddhas Aufenthalt nehmen. Hierzu gehört neben einem **Fußabdruck Buddhas** auch der südlich gelegene Makalinda-See mit der in der Mitte aufragenden **Kobrastatue.** Entsprechend der buddhistischen Mythologie, brach während Buddhas sechsten Meditationstages ein Unwetter aus. Um ihn vor den enormen Wassermassen und Windstürmen zu schützen, schraubte eine Kobra ihren Körper unter den in tiefer Versenkung sitzenden Buddha und breitete ihren Kopf schützend über ihm aus. Die vielen den Tempelbezirk schmückenden Stupas mit ihren Buddha-Figuren wurden von unzähligen Pilgern aus aller Welt errichtet.

Anschließend an den Tempel ist der neue, baumbestandene **Meditation Park** (5–10 und 17–21 Uhr, Eintritt 10 Rs) mit Meditationshütten, Pavillons und einem See einen beruhigenden Abstecher wert.

■ **Öffnungszeiten des Tempels:** 5–21 Uhr, Eintritt frei, Kamera/Handykamera/Video 100/300/500 Rs, www.mahabodhi.com. Am Eingang kann das sogenannte *Electronic Guidance System* (20 Rs) ausgeliehen werden.

Klöster und Meditationszentren

Alle bedeutenden buddhistischen Nationen haben in unmittelbarer Nähe zum Mahabodhi-Tempel Klöster im repräsentativen Stil ihres Landes errichtet. So findet sich in diesem kleinen Ort eine wohl einmalige Ansammlung verschiedener Stilrichtungen von Sri Lanka bis Japan und von Bhutan bis China. Doch was auf den ersten Blick besonders reizvoll erscheinen mag, erweist sich oftmals als sterile Angelegenheit. Der an sich recht gut gemeinte Versuch, die einheimische Architektur so detailgenau wie möglich zu kopieren, lässt viele Gebäude recht deplatziert erscheinen. Auffälligstes Beispiel hierfür ist das 1957 anlässlich des 2.500. Geburtstags Buddhas errichtete **thailändische Kloster.** Abgesehen von einigen Ausnahmen – hier ist vor allem das 1934 erbaute, zweigeschossige tibetanische Kloster mit seiner großen Gebetshalle zu nennen – strahlen die meisten kaum religiöse Atmosphäre aus und dienen meist nur als Fotokulisse für Reisegruppen, die hier einen kurzen Zwischenstopp einlegen.

Eine weitere, vielversprechende Ausnahme scheint das neue, thailändische **World Buddhist Meditation Centre** (Tel. 2200845, 2200257) südlich des Mahabodhi-Tempels zu werden, das sich zur Recherchezeit noch im Bau befand. Hier wird die Arannavasi-Tradition (Wald-Tradition, im Gegensatz zur Gamavasi-/Stadt-Tradition) des Buddhismus gelehrt.

■ Das **Root Institute** (Tel. 2200714, www.rootinstitute.com) liegt leicht außerhalb südwestlich des Ortes. Die meisten Interessierten belegen den achttägigen Meditationskurs. Das liebliche Gartenareal spricht offenbar vorwiegend westliche und fernöstliche Menschen an. Dreimal die Woche werden in der Hauptsaison Kurse auch für Außenstehende angeboten. Genaueres auf der informativen Website.

■ Beim **International Meditation Centre** (Tel. 2200707) am westlichen Stadtrand ist der Zugang und das Verlassen der das ganze Jahr hindurch veranstalteten Kurse immer möglich. Ebenfalls gut zum Hineinschnuppern: Im japanischen **Indosan-Nipponji-Tempel** gibt's tgl. um 6 und 17 Uhr einstündige Meditationssessions.

■ Wer intensivere Kurse bevorzugt, ist im **Bodhgaya International Vipassana Meditation Centre** (Tel. 220437), etwa 4 km westlich Bodhgayas, gut aufgehoben. Hier werden zweimal monatlich anspruchsvolle, zehntägige Kurse veranstaltet. Auch dieses Zentrum wirtschaftet auf Spendenbasis.

Weitere Sehenswürdigkeiten

Etwas groß geraten ist die auf den ersten Blick imposante, 25 m hohe **Buddha-Statue** im Südwesten des Dorfs, die 1989 vom Dalai Lama eingeweiht wurde (7–12 und 14–17 Uhr). In der Statue sollen sich 20.000 kleine, bronzene Buddha-Statuen befinden.

2010 wurde das **Bodhgaya Multimedia Museum** (8–20 Uhr, Eintritt 100 Rs) neben dem Mahabodhi-Tempelkomplex vom Dalai Lama eröffnet, wo Interessantes zur Geschichte des Buddhismus zu erfahren ist. Manche Besucher klagen über das schwer verständliche Englisch.

Das **Archäologische Museum** (Tel. 2200 739, tgl. außer Fr 9–17 Uhr) zeigt eine Sammlung von Buddha-Statuen, die in der Umgebung gefunden wurden. Kamera und Video sind nicht erlaubt.

Praktische Tipps

■ **Vorwahl:** 0631

Stadtverkehr

■ An mehreren Ständen in Bodhgaya wie etwa Raja Cycles können **Fahrräder** ausgeliehen werden, eine hervorragende Fortbewegungsart auch für die Ziele der näheren Umgebung.

Einkaufen

■ Der **KB Bookshop** hat eine gute Auswahl an Secondhand-Literatur.

■ Der **Tibetan Refugee Market** (Oktober bis Januar 8–20 Uhr) ist eine hervorragende Gelegenheit, sich mit warmer Kleidung für einen evtl. anstehenden Trip in die Berge auszurüsten. Zudem tut man ein gutes Werk, da die Gewinne der tibetischen Gemeinde zugute kommen.

Unterkunft

Obwohl einer der bedeutendsten buddhistischen Pilgerorte weltweit, muss man sich in Bodhgaya in allen Preiskategorien auf eher bescheidene Hotels einrichten. Zu den Hauptpilgerzeiten im Dezember/Februar steigen die Preise deutlich an.

UNSER TIPP: Die eindeutig angenehmeste Unterkunft in Bodhgaya ist das reizende **Shantidevi Ashram's Guest House**①-② (Tel. 9852053186, www.shantideviashram guesthouse.com). Mit seinen ebenso einfachen wie geschmackvoll eingerichteten Zimmern in ländlicher Lage, etwa 1,5 km vom Mahabodhi-Tempel entfernt, strahlt das Haus eine meditative Ruhe aus. Hier wohnt man für 2.000 Rs im Doppelzimmer zehnmal besser als in den zehnmal teureren Hotel der Oberklasse.

■ Weitere, allerdings sehr spartanische Übernachtungsmöglichkeiten in Gartenumgebung bieten einige der in Bodhgaya ansässigen **Klöster,** wobei das bhutanesische (Tel. 2200710, (0)9431085440) und das burmesische besonders populär sind. Gäste sind allerdings nur dann willkommen, wenn sie sich an die strikten Benimmregeln im Kloster halten, wozu u.a. der Verzicht auf Nikotin und Alkohol sowie das Tragen dezenter Kleidung gehören.

■ Stark von Rucksachtouristen frequentiert ist das **Deep Guest House**① (Bodhgaya Rd., Tel. 2200463) an der nördlichen Ausfallstraße des Ortes. Ordentliche Zimmer, teils mit Gemeinschaftsbad sind okay. Leider ist die Straße ab frühmorgens recht laut. Geräuschempfindliche finden in der dort abzweigenden Gasse mit dem **Sheetal Guest House**① (Tel. 2200433) eine ruhige und angenehmere Adresse, zumal ein Dachgarten lockt.

■ Hinter dem großen Kalchakra Maidan liegt das **Rahul Guest House**①-② (Tel. 2200709) etwas abgelegen, macht diesen kleinen Nachteil aber durch seine makellosen Zimmer und die Terrasse zur freien Ebene wett. Das **Shanti Guest House**① (Tel. 2200129) nebenan ist eine etwas billigere, einfachere, aber gute Ausweichadresse.

■ Ein weiterer Favorit in dieser Preiskategorie ist das zentral platzierte **Welcome Guest House**②-③ (Tel. 2200377, (0)9771081686, www.welcome-guesthouse.com) beim beliebten Om Restaurant. Die etwas teureren Zimmer in dieser sauberen Bleibe haben TV und Balkon.

■ Preiswert ist das **Hotel Embassy**④ (Tel. 2200799, (0)9430202057, hotelembassybodhgaya.co.in). Saubere Zimmer, alle mit TV, viele mit Balkon, mehrere klimatisiert, in günstiger Lage und die Internetausrüstung sind empfehlenswert. Etwas billiger, aber qualitätsgleich, ist das **Uruvela International**③-④ (Tel. 6940648, (0)94 31279530) im Südwesten des Ortes ein Schnäppchen.

■ Vom tibetschen Kloster gemanagt, ist das **Kirti Guest House**③-④ (Tel. 2200744, (0)9431223016, kirtihouse 744@yahoo.com) in zentraler Lage eine klasse Bleibe. Die geräumigen, sauberen Zimmer haben Balkon und sind klimatisiert.

■ Das **Hotel Sujata**④ (Tel. 2200481, www.sujatahotel.com) an der Straße zum tibetanischen Kloster ist eines der besten Mittelklassehotels.

Unser Tipp: Eine der besten Adressen Bodhgayas ist das **Mahayana Guest House**③ (Tel. 2200756, mahayanagt@yahoo.com) in der Nähe des Mahabodhi-Tempels. Mahlzeiten sind im Preis enthalten. Die wenig teureren Deluxe-Zimmer verfügen über bessere Ausstattung und sind den Aufpreis wert. Auch das vegetarische Restaurant ist gut.

■ Makellose, klimatisierte, etwas plüschig möblierte Zweckzimmer mit Badewanne und Dusche, WiFi gegen Aufpreis und Schließfach vermietet das **Hotel Tokyo Vihar**③ (Tel. 2201141, www.hoteltokyovihar.com), eine hervorragende Mittelklassebleibe am südwestlichen Rand Bodhgayas. Alle Zimmer sind klimatisiert und haben TV und Balkon. Qualitativ nicht weit von den nachfolgenden entfernt, aber billiger.

■ Keines der Mittelklassehotels in Bodhgaya kann wirklich überzeugen, davon macht das **Bodhgaya Regency** ③-④ (Tel. 2200415, www.bodhgayaregency.com) keine Ausnahme. Dennoch ist es wegen seiner großen Zimmer, wegen des guten hauseigenen Restaurants und der Nähe zum Mahabodhi-Tempel empfehlenswert.

■ Das **Royal Residency**③-④ (Dumuhan Rd., Tel. 2200124, 2201156, http://www.theroyalresidency.co) ist zwar auch kein Spitzenhotel, doch die großen, sauberen Zimmer, die ruhige Lage, das freundliche Personal und das gute Restaurant machen es zur besten Wahl in Bodhgaya.

Essen und Trinken

Während das Essensangebot für die meiste Zeit des Jahres nicht gerade breit gestreut ist, ändert sich das mit der Ankunft des Dalai Lama und seiner tibetanischen Landsleute im Januar/Februar schlagartig. Auch kulinarisch wird dann Bodhgaya zum Little Lhasa. Ansonsten muss man sich mit den zahlreichen **Essensständen** an der Hauptstraße oder den bei Travellern beliebtesten Cafés oberhalb des Mahabodhi-Tempels begnügen.

■ Eine Gasse gegenüber dem Tempeleingang hinein, ist das Freiluftrestaurant **Kalyan** unter hohen Bäumen eine sehr einladende Adresse mit vielfältiger Speisekarte zum kleinen Preis.

■ Sehr beliebt sind die **Restaurants Gautam** und **Om** an der Bodhgaya Rd. gegenüber dem Parkeingang mit typischer Traveller-Kost. Hier kommt man schnell mit anderen Rucksackreisenden ins Gespräch.

Bodhgaya

Unterkunft
- 3 Deep Guest House
- 4 Sheetal Guest House
- 5 Rahul Guest House, Shanti Guest House
- 8 Kirti Guest House
- 14 Mahayana Guest House
- 17 Welcome Guest House
- 19 Hotel Embassy
- 21 Royal Residency
- 22 Shantidevi Ashram's Guest House
- 25 Hotel Sujata
- 26 Uruvela International
- 27 Hotel Tokyo Vihar
- 28 Bodhgaya Regency

Essen und Trinken
- 1 Old Pole Pole und Original Pole Pole
- 9 Fujaji Green Restaurant
- 10 Kalyan
- 13 Siam Thai
- 14 Tibet Om Café
- 15 Restaurants Om und Gautam
- 16 Sewak Tea Corner

Verkehr
- 2 Rikshas nach Gaya
- 7 Busparkplatz, Preistafel für Taxis
- 20 Raja Cycles
- 23 Bihar Tourism Busse nach Gaya und Patna
- 24 Bahnreservierungsbüro

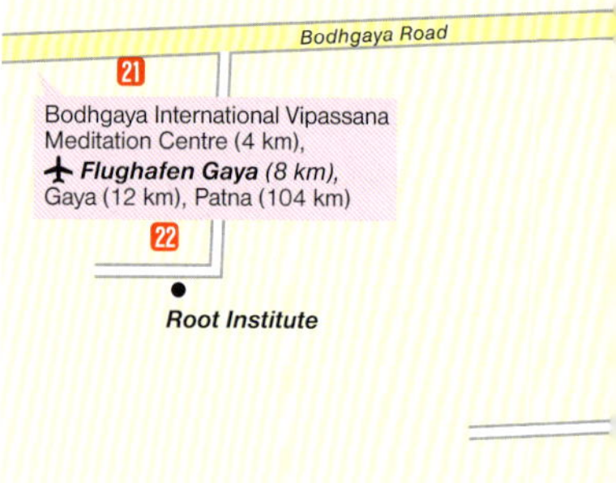

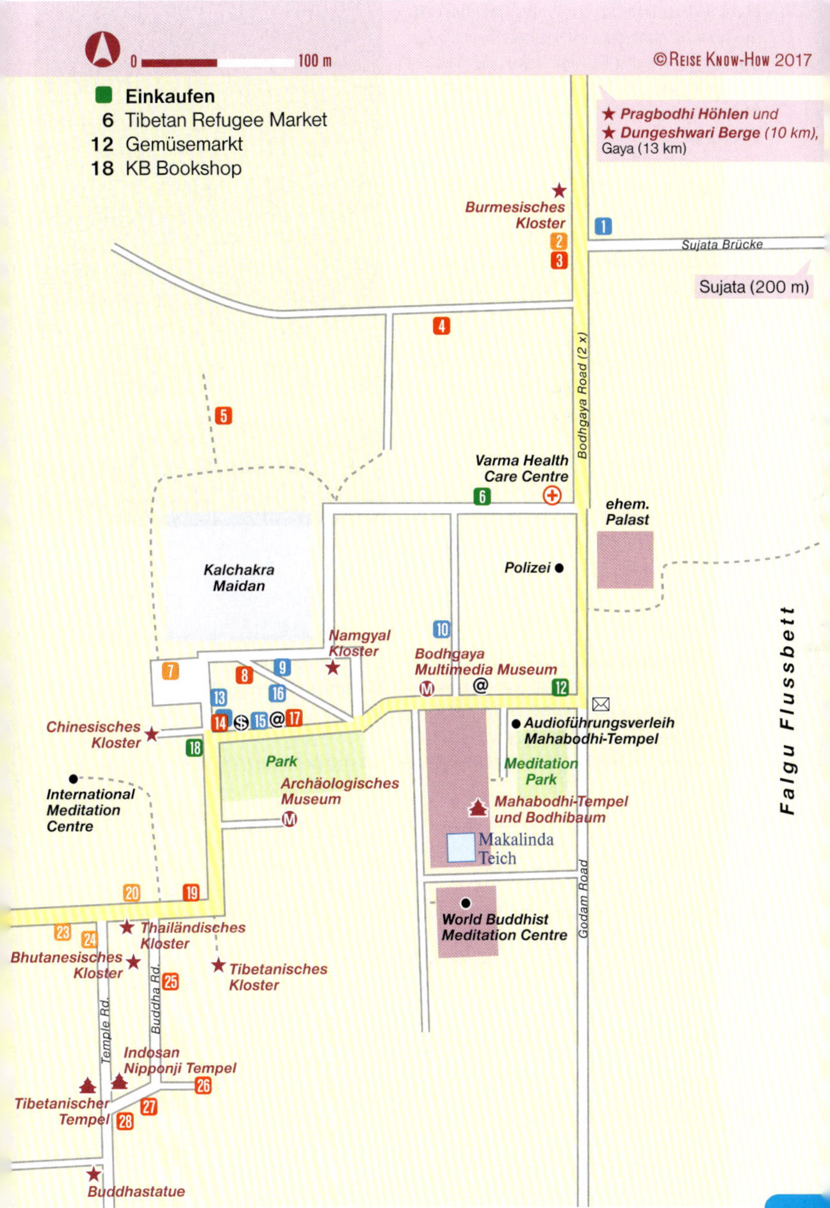
0
100 m
© Reise Know-How 2017
Einkaufen
6 Tibetan Refugee Market
12 Gemüsemarkt
18 KB Bookshop
★ Pragbodhi Höhlen und
★ Dungeshwari Berge (10 km),
Gaya (13 km)
Burmesisches Kloster
Sujata Brücke
Sujata (200 m)
Bodhgaya Road (2 x)
Varma Health Care Centre
ehem. Palast
Kalchakra Maidan
Polizei
Namgyal Kloster
Bodhgaya Multimedia Museum
Chinesisches Kloster
Audioführungsverleih Mahabodhi-Tempel
Meditation Park
Park
Archäologisches Museum
International Meditation Centre
Mahabodhi-Tempel und Bodhibaum
Makalinda Teich
Falgu Flussbett
World Buddhist Meditation Centre
Godam Road
Thailändisches Kloster
Bhutanesisches Kloster
Tibetanisches Kloster
Buddha Rd.
Temple Rd.
Indosan Nipponji Tempel
Tibetanischer Tempel
Buddhastatue

■ Das perfekte Frühstück serviert das **Tibet Om Café** (30–100 Rs) im Mahayana Guest House des Namgyal-Klosters. Köstliche Traveller-Kost inkl. Momos und Pfannkuchen und das gelassene Treiben lassen die Zeit vergessen.
■ Wer besonders preiswert speisen möchte, wird im **Sewak Tea Corner** rustikal und ausschließlich indisch (Idli, Thalis, Lassis, 8–50 Rs) bedient.
■ Viele Zeltrestaurants in Bodhgaya, natürlich ohne Aussicht, servieren Traveller- und auch tibetanische Küche. Einer der besseren Vertreter dieser Sparte ist das **Fujaji Green Restaurant** beim Kalchakra Maidan. Gut besucht sind auch die Zeltrestaurants **Old Pole Pole** und **Original Pole Pole** im Norden des Dorfs (alle ca. 60–150 Rs).
■ Etwas außerhalb im Restaurant des **Root Institute** werden in hübscher Gartenumgebung leckere Mittagessen (160 Rs) serviert. Tibetansiche Küche sowie vegetarische Gerichte müssen allerdings um 9 Uhr morgens vorbestellt werden (Tel. 2200714).
■ Wer mal wieder ein wenig Abwechslung von einheimischer Küche sucht, findet im **Siam Thai,** gleich um die Ecke vom chinesischen Kloster, passable Thai-Gerichte zu moderaten Preisen (150–250 Rs).

420in mb

Der Mahabodhi-Tempel am Abend

Bank

■ Die **State Bank of India** (Mo–Fr 10.30–16 Uhr, Sa 10.30–13.30 Uhr) und mehrere private Wechsler tauschen Bargeld. Die State Bank of India verfügt über den einzigen **Geldautomaten** in Bodhgaya. Das würde in dem kleinen Ort normalerweise reichen, doch nicht selten ist er außer Betrieb.

Post und Internet

■ Das **Postamt** beim Gemüsemarkt ist Mo–Fr 10–15 und Sa bis 13 Uhr geöffnet.
■ Recht schnell sind die Internetcafés von **Shivam Tours & Travels** und das **Magadh Cybercafé** im Shopping Complex gegenüber dem Botanischen Garten. Auch beim Gemüsemarkt finden sich mehrere fixe Surfplätze.

Medizinische Versorgung

■ Die Notaufnahme des kleinen **Varma Health Care Centre** (Tel. 2201101) an der Verbindungsstraße ist durchgehend erreichbar, die Praxis von *Dr. Mirsha* ist 6.30–8.30 und 18.30–20.30 Uhr geöffnet.
■ Im Dorf stehen einige **Apotheken** bereit.

An- und Weiterreise

Beim Tourist Office ist ein **Reservierungsbüro** für Bahnreisen in ganz Indien zuständig (Mo–Fr 10–14 Uhr).
■ **Sammelrikshas** vom Autoriksha-Stand gegenüber der Post fahren regelmäßig nach **Gaya.** Mit der eigenen Autoriksha kostet die Fahrt je nach Verhandlungsgeschick 80–120 Rs.
■ Reguläre **Busse** verkehren nach einem relativ undurchsichtigen Zeitplan zwischen Patna, Gaya und Bodhgaya. So verlässt man sich am besten auf die vor dem staatlichen Hotel Siddharta Vihar um 7 und 14 Uhr startenden Busse von BiharTourism, die neben natürlich teureren Taxis die beste Verbindung nach Patna (über Gaya) sind.

Eine Preistafel im Dorf (siehe Stadtplan) zeigt die offiziellen **Taxipreise,** die bindend sind. Leider meiden die Taxifahrer diesen Ort wie der Teufel das Weihwasser, da sie lieber einen weit höheren Preis mit den Touristen aushandeln. Man sollte auf die dort angegebenen Preise bestehen.

Umgebung von Bodhgaya

Sujata

Zwei kleine **Tempel** beim Dorf Sujata auf der gegenüberliegenden Flussseite werden gern zusammen mit einer **Stupa** besucht, deren Backsteine jedoch in der Vergangenheit eher als Baumaterialreservoir dienten denn als Sehenswürdigkeit und die entsprechend heruntergekommen ist. Benannt wurde das Dorf nach einer Tochter des Dorfvorstehers, die Buddha auf seinem Weg von den Pragbodhi-Höhlen nach Urevela zum Bodhi-Baum Milchreis nach langer Fastenzeit gab. Die Stupa wurde Sujata zu Ehren erbaut. Zurzeit wird das 11 m hohe Denkmal, das wohl zwischen dem 8. und 10. Jh. errichtet wurde, wieder in den Ursprungszustand zurückgeführt. Der Weg durchs Dorf und das meist trockene Flussbett ist ansprechender als die Tempel und die Stupa selbst.

Pragbodhi-Höhlen

Ein schöner Tagesausflug führt zu den Pragbodhi-Höhlen (*Pragbodhi* = „Vorstufe der Erleuchtung") in den **Dungeshwari-Bergen** (oft werden die Höhlen auch *Dungeshwari Caves* genannt) am Flüsschen Phalgu, etwa 10 km von Bodhgaya entfernt. Hier soll Buddha der Legende nach sechs Jahre als Asket gelebt und meditiert haben, bevor er, vom Ergebnis enttäuscht, über Sujata nach Uruvela, dem heutigen Bodhgaya, wanderte und Erleuchtung fand. An einer der Höhlen, die Buddha als Unterschlupf gedient haben sollen, wird ein kleiner Tempel von tibetanischen Mönchen instandgehalten. Da nur wenige Touristen den Ausflug unternehmen, sind viele Bettler und herumturnende Affen natürlich sehr anhänglich. Steigt man von den Höhlen etwa auf halber Berghöhe bis zum Gipfel hinauf, wird man mit herrlichem Rundumblick entschädigt.

Anreise

Da es noch an einer Brückenverbindung über den Mohane-Fluss mangelt, ist das eigentlich gar nicht mal weit entfernte Pragbodhi, in dessen Nähe die Höhlen liegen, nur recht umständlich über Gaya per **Bus** und natürlich auch per **Riksha** (ca. 400 Rs inkl. Wartezeit und Rückfahrt) oder Taxi (ca. 1.000 Rs für Hin- und Rückfahrt inkl. Wartezeit) zu erreichen.

Eine weitere Möglichkeit, die man am besten mit einem Guide unternimmt, den man in Bodhgaya organisiert, ist per Autoriksha nach Khiryama (ca. 6 km) und von dort auf einem etwa 45-minütigen Marsch durch kleine Dörfer zum Fuß des Berges. Der Aufstieg zu den Höhlen dauert etwa 15 Minuten. Besonders für die letzte Variante sollte man sich mit genügend Wasser (2 l) und Snacks eindecken.

WESTBENGALEN – HIMALAYA IN SICHT

Kaum ein anderer Bundesstaat Indiens weist ein derart unterschiedliches Landschaftsbild auf wie das lang gezogene, 88.000 km² große Westbengalen. Der südliche Teil des Landes wird vom flachen Gangesdelta geprägt, während der Norden von den Bergen des Himalaya überragt wird. Am deutlichsten spiegeln sich diese krassen Gegensätze in den beiden Städten Kolkata und Darjeeling wider. Während die Hauptstadt Westbengalens mit Massenelend, überfüllten Straßen und Luftverschmutzung alle Negativbilder Indiens auf sich zu vereinen scheint und viele Touristen entsetzt den Rücken kehren, lockt das 600 km nördlich gelegene Darjeeling mit seiner idyllischen Bergwelt, klaren Luft und friedfertigen Atmosphäre jährlich Tausende von Besuchern an. Darjeeling und Kolkata bilden die mit Abstand meistbesuchten Ziele Westbengalens. Daneben lohnt jedoch auch ein Besuch des Sunderbans-Nationalparks, eines Mangrovensumpfgebietes mit weit verzweigten Wasserwegen im Gangesdelta südlich von Kolkata.

Das koloniale Bengalen erlitt nach der Unabhängigkeit Indiens 1947 ein ähnliches Schicksal wie der Punjab im Nordwesten. Auch hier wurde die Trennungslinie zwischen Indien und Pakistan mitten durch das Staatsgebiet gezogen. Der westliche Teil bildete mit der Hauptstadt Kalkutta (heute Kolkata genannt) einen Teil der Indischen Union, das mehrheitlich von Moslems bewohnte Ostbengalen wurde Pakistan zugeschlagen. Mit der Unabhängigkeitserklärung Mujibur Rahmans im Jahr 1971 entstand hieraus der souveräne Staat Bangladesch.

Kolkata (Kalkutta)

– Indien im Brennspiegel

Irgendwie wird man den Eindruck nicht los, dass Kolkata (früher: Kalkutta), die **ehemalige Hauptstadt Indiens,** nie wieder das sein wird, was sie einstmals war: die modernste Stadt des Landes. Delhi, Bangalore und Mumbai boomen, Hyderabad hat sich zum Cyberabad gemausert, doch Kolkata scheint bloß die Beschwörung des Vergangenen zu bleiben.

Dass die Globalisierung trotzdem nach Kolkata vorgedrungen ist, zeigt sich ein paar Kilometer weiter, im Osten der Stadt, wo privates Kapital Enklaven geschaffen hat. Der **Salt Lake Electronic Complex** etwa glänzt mit verspiegelten Fassaden, wie man sie aus Bankenvierteln Europas und Amerikas kennt. Das Cyber-Städtchen, in Planquadraten angelegt und auf dem Gelände eines ehemaligen Slums errichtet, wirkt, als sei die digitale Moderne dem Gewebe der Stadt gewaltsam implantiert worden. Dynamische Business-Menschen mit Firmenpässen an der Brust schlendern über Straßen, die für Größeres bestimmt zu sein scheinen.

Oh, Kolkata! Die Erwähnung des Namens erweckt bei vielen Bilder von Hunger, Krankheit, Elend und Tod. Kolkata kann den zweifelhaften Ruf für sich in Anspruch nehmen, die Stadt mit dem weltweit schlechtesten Image zu sein. Sie war lange der Inbegriff für das Elend der indischen Unterschichten.

Einst von den Briten für maximal eine Million Menschen geplant, platzt der Albtraum Kolkata heute aus allen Nähten. Innerhalb von 30 Jahren wuchs die Einwohnerzahl von 4,4 Mio. im Jahre 1961 auf heute über 14 Mio. Nicht nur das allgemeine Bevölkerungswachstum, sondern durch die zunehmende Landflucht verarmter Bauern lassen Kolkata ständig anwachsen.

Gleichzeitig vollzog sich der wirtschaftliche Niedergang der Stadt. Die dramatischen Folgen dieser brisanten Mischung aus Bevölkerungsexplosion und ökonomischer Talfahrt begegnen einem heute auf Schritt und Tritt. Mit Delhi gehört Kolkata zu den sieben Städten der Erde mit der schlimmsten **Luftverschmutzung.** Das schwül-heiße Klima zusammen mit der auch in Kolkata meist abgasgeschwängerten Luft hat dazu geführt, dass viele Bürger an Bronchitis, Lungenentzündung, offener Tuberkulose und anderen Atemwegserkrankungen leiden. Bleihaltig wie die Luft ist auch das Trinkwasser, da die Rohre des städtischen Wassernetzes, wenn überhaupt vorhanden, häufig noch aus dem vorletzten Jahrhundert stammen.

Am gravierendsten sind jedoch die Folgen der **Überbevölkerung.** Auf einem Quadratkilometer drängeln sich mehr als 30.000 Menschen. Zwei Drittel der Bevölkerung Kolkatas leben in offiziellen, von der Regierung anerkannten Slumgebieten, den sogenannten **Bustees.** Sie hausen in primitiven Hütten aus Lehm, Wellblech und alten Holzkisten. Das in den Slums oft eng geknüpfte Netz sozialer Bindungen und zumindest einige wenige sanitäre Einrichtungen lassen diese Menschen jedoch zu den Privilegierten zählen. Darunter kommen die Squatters, die als wilde Siedler unter erbärmlichen Verhältnissen in aus Stoff und Plastikplanen gefertigten Behausungen leben, die sie für die Nacht an Hauswänden aufschlagen. Am dreckigsten im wahrsten Sinne des Wortes geht es jedoch den knapp eine Million Menschen, die außer einem Blechnapf allenfalls eine dreckverkrustete Bastmatte besitzen.

Und dennoch, trotz alledem und vielleicht gerade deshalb: Kolkata hat seine wunderbaren Seiten. Der tägliche Überlebenskampf lässt die Bewohner umso mehr jeden Tag als einzigartig erleben. Kolkata scheint vor Lebenslust geradezu zu beben. Optimismus, Vitalität, Humor, Kreativität kennzeichnen die Lebensphilosophie der Bengalis, und man meint diese Lust am Leben geradezu physisch zu spüren. Nirgendwo in Indien wird so ausgelassen gefeiert und gelacht, so intensiv und kontrovers debattiert. Was Bengalen heute denkt, tut morgen ganz Indien, heißt ein indisches Sprichwort. Die Heimat des ersten indischen Nobelpreisträgers, *Rabindranath Tagore,* die Stadt der Philosophen *Ramakrishna, Vivekananda* und *Sri Aurobindo,* Hochburg der indischen Intellektuellen und Revolutionäre, gilt als **Kultur- und Kunstmetropole** des Subkontinents. Nirgendwo werden mehr künstlerisch ambitionierte Filme gedreht, mehr Literaturzeitschriften gedruckt und gelesen, gibt es so viele Theater. Egal, wie oft Kolkata in den letzten Jahrzehnten auch schon der Untergang vorhergesagt wurde, die Bengalis sind stolz auf ihre Hauptstadt. So stolz übrigens, dass man sogar Prügel bekommen kann, wenn man es wagt, Elendsszenen aufzunehmen.

Kolkata ist Indien im Brennspiegel, alle Schönheiten und Scheußlichkeiten finden sich hier auf engstem Raum. Westlichen Besuchern fällt es schwer, die Widersprüchlichkeiten zu akzeptieren. Doch wer sich dieser Stadt unvoreingenommen stellt, kann auch viel über sich selbst erfahren. So gilt für die Stadt mehr noch als für Indien insgesamt: Kolkata ist, was jeder einzelne daraus für sich macht.

Geschichte

Man muss wahrlich kein Historiker sein, um beim Spaziergang durch die von viktorianisch-neogotischen Bauten geprägte Innenstadt zu erkennen, dass die heutige Hauptstadt Westbengalens eine **britische Ansiedlung** ist. Es war die Heilung der schwerkranken Tochter *Shah Jahans,* die dem britischen Arzt *Gabriel Boughton* 1636 das Monopol auf den freien Handel in Bengalen einbrachte, doch schon nach dem Amtsantritt *Aurangzebs* im Jahr 1658 mussten die Briten sich für die nächsten drei Jahrzehnte wieder aus Bengalen zurückziehen.

Job Charnock, Gouverneur der East India Company für Bengalen, war es, unter dessen Führung sich britische Kaufleute im August

Zwischen Hoffen und Bangen – Armut in Indien

„Die Abschaffung von Armut, Unwissenheit, Krankheit und die Schaffung von Chancengleichheit" hatte *Jawaharlal Nehru* in seiner berühmten Rede „Trust with Destiny" einen Tag vor der Unabhängigkeit am 15. August 1947 zu den wichtigsten Aufgaben der Zukunft gezählt. Heute scheint Indien von diesem Ziel immer noch weit entfernt zu sein.

Von den weltweit rund 1,3 Milliarden Armen leben etwa 40 Prozent auf dem indischen Subkontinent. Fast jeder dritte Inder wird von der Regierung als arm eingestuft. Obwohl es seit der Unabhängigkeit gelungen ist, ein stabiles demokratisches System aufzubauen, das Pro-Kopf-Einkommen um ein Vielfaches zu steigern und die Lebenserwartung deutlich zu erhöhen, gehören **Massenarmut und äußerste soziale Ungleichheit** bis heute zu den Grundcharakteristika der indischen Gesellschaft.

Von der etwa eine Milliarde Menschen zählenden indischen Bevölkerung hat über die Hälfte keinen Zugang zu sanitären Einrichtungen, fast ein Viertel keinen Zugang zu sauberem Trinkwasser. Millionen Erwachsene sind Analphabeten. Gesundheitliche Grundversorgung ist für einen Großteil der Inder nicht gegeben und die Unterernährung besonders bei Kindern ist nach wie vor groß.

Die überwiegende Mehrheit der Armutsbevölkerung lebt **auf dem Land.** Aufgrund der schwachen infrastrukturellen Ausstattung ländlicher Gebiete mit Schulen, Gesundheits- und Energieversorgung sowie Kommunikation und wegen mangelnder Beschäftigungsmöglichkeiten bleibt hier einem großen Teil der Menschen der Zugang zu fundamentalen Entwicklungschancen verwehrt. Bemerkenswerterweise ist die Mehrheit der Armen in Indien tatsächlich erwerbstätig. Rund 40 Prozent dieser sogenannten „working poor" sind aber Landarbeiter, die selbst kein eigenes Land besitzen, weitere 45 Prozent arbeiten als Kleinbauern. Ihre Arbeits- und Beschäftigungsverhältnisse sind weder durch Arbeitsgesetzgebung noch durch soziale Sicherungsmaßnahmen geschützt und die Einkommen in diesen Erwerbszweigen extrem niedrig. Da in vielen Fällen noch nicht einmal der gesetzliche Mindestlohn gezahlt wird, verdienen viele trotz harter Arbeit nicht genug, um von ihrem kärglichen Lohn zwei Mahlzeiten pro Tag zu bezahlen. Dies gilt insbesondere für die in Indien besonders von Diskriminierung betroffenen Frauen. Häufig liegt deren Lohn bei gleicher Arbeit bis zu 40 Prozent unter dem der Männer.

Angesichts fehlender Alternativen nehmen instabile, zeitlich befristete Beschäftigungsverhältnisse mit extrem niedrigen Löhnen zu. **Landflucht** ist häufig die einzige Möglichkeit, um den Arbeitsmarktproblemen zu entkommen, was wiederum die Auflösung traditioneller Bindungen zur Folge hat. Wer auf dem Land am Rande des Existenzminimums über die Runden kommen muss, wird – zumindest teilweise – von dem über Jahrhunderte gewachsenen sozialen Kontext der dörflichen Gemeinschaft aufgefangen. Dagegen führt die soziale Entwurzelung im „Dschungel der Großstadt" fast immer zu wesentlich krasseren Lebensumständen.

Vor dem Hintergrund der Größe und Heterogenität Indiens ist es wenig überraschend, dass es enorme **regionale Unterschiede** in der Verteilung von Einkommen und Armut gibt. Mit 55 Prozent weist der Bundesstaat Bihar den höchsten Anteil von Menschen auf, die unterhalb der Armutsgrenze leben. Die nächsten Plätze in dieser wenig schmeichelhaften Rangliste nehmen Odisha (Orissa), Jharkhand und Madhya Pradesh vor dem bevölkerungsreichsten Staat Uttar Pradesh ein. Zusammen mit Rajasthan formen diese Bundesstaaten den **Armutsgürtel Nordindiens.** Die hier genannten Bundesstaaten weisen auch bei anderen Indikatoren wie der Alphabetisierungsquote, der Kindersterblichkeit und der Unterernährung die höchsten Zahlen auf. Auf der anderen Seite ist es in den vier Bundesstaaten Punjab, Haryana, Andhra Pradesh und Kerala gelungen, den Anteil der Armutsbevölkerung um 40 Prozent zu reduzieren. Der überdurchschnittlich hohe Anteil von Dalits, den früheren Unberührbaren, und Ureinwohnern (Adivasi) an der Armutsbevölkerung belegt, dass Armut auch heute noch eng mit der sozialen Hierarchie des **Kastensystems** verbunden ist.

Trotz aller Erfolge privater Initiativen zur Bekämpfung sozialer Benachteiligung können die Lebensbedingungen der Armen letztlich nur durch eine Politik der indischen Regierung verbessert werden, die konsequent den Bedürfnissen der Unterschichten verpflichtet ist.

555in mb

1690 erneut bei dem kleinen Dorf Kalikata ansiedelten. Mit dem Bau von **Fort William** sechs Jahre später setzten sie gleichzeitig den Grundstein für die spätere Hauptstadt Britisch Indiens. Nachdem die East India Company 1698 vom Hofe Aurangzebs offiziell das Plazet für die Abwicklung ihrer Handelsgeschäfte bekommen hatte, begann für die Stadt am Hooghly eine scheinbar unaufhaltsame ökonomische Blütezeit.

Diese wurde jedoch 1756 abrupt unterbrochen, als der Nawab von Murshidabad die Handelsniederlassung eroberte. Doch schon im folgenden Jahr konnten die Briten unter *Robert Clive* ihre alte Vormachtstellung nicht nur wiederherstellen, sondern sogar erheblich ausbauen, als sie bei der entscheidenden **Schlacht vor Plassey** die Franzosen, ihre alten Konkurrenten um die Vorherrschaft auf dem indischen Subkontinent, entscheidend besiegten. Dabei schlug man zwei Fliegen mit einer Klappe, weil es gelang, den Nawab von Murshidabad, der sich mit den Franzosen verbündet hatte, gefangen zu nehmen.

Von nun an waren die Engländer die unangefochtenen Herrscher Indiens. Das alte Fort wurde abgerissen und durch ein neues, wesentlich größeres ersetzt. Seit 1774 mit *Warren Hastings* der erste Generalgouverneur von der britischen Krone eingesetzt wurde, war Kolkata nicht nur das ökonomische, sondern auch das **politische Zentrum** des Subkontinents. Unter der straffen Führung Hastings entwickelte sich die East India Company von einer Handelsgesellschaft zu einer perfekt organisierten, quasi-staatlichen Institution, die die Ausbeutung Indiens professionell vorantrieb. Erneut begann eine bis ins 20. Jh. anhaltende Phase wirtschaftlicher Prosperität, die auch durch den Sepoy-Aufstand 1857 (der Kolkata nicht betraf) und die darauffolgende direkte Unterstellung Indiens unter die englische Krone nicht erschüttert wurde. Die meisten der kolonialen **Prachtbauten** Kolkatas stammen aus dieser Zeit.

Dennoch entschlossen sich die Briten im Jahr 1911, die Hauptstadt nach Delhi zu verlegen. Neben der geografischen Randlage Kolkatas waren hierfür vor allem die immer häufigeren, oft gewalttätigen Aufstände der indischen Unabhängigkeitsbewegung verantwortlich, die bei den seit jeher politisch engagierten Bengalen große Sympathie genoss. So schmerzlich dieser politische Rückschlag auch war, ökonomisch hatte er zunächst keinerlei negative Auswirkungen.

Neue Straßennamen

Ebenso wie in Mumbai hat man in Kalkutta in den 1980er Jahren viele alteingesessene, noch aus der Kolonialzeit stammende Straßennamen in indische Namen umbenannt. Dies führt immer wieder zu Verwirrung, weil sie bei den Einheimischen bis heute meist noch unter ihren alten Namen bekannt sind. Hier einige der wichtigsten Beispiele:

alter Name	neuer Name
Ballygunge Store Rd.	Ashutosh Chowdury Ave (AC Rd.)
Bowbazar St.	Bepin Behary Ganguly
Buckland Rd.	Bankim Ch Rd.
Camac St.	Abinindranth Tagore St.
Chowringhee Rd.	Jawaharlal Nehru Rd.
Dalhousie Square	BBD Bagh
Harrington St.	Ho Chi Minh Sarani
Harrison Rd.	Mahatma Gandhi Rd.
Kyd St.	Dr. M. Ishaque Rd.
Lansdowne Rd.	Sarat Bose Rd.
Lower Chitpur Rd.	Rabindra Sarani
Lower Circular Rd.	Acharya Jagadish Chandra Bose Rd. (AJC Bose Rd.)
Machuabazar St.	Madan Mohan St., Keshab Sen St.
Mirzapore St.	Suryya Sen St.
Park St.	Mother Theresa Sarani
Theatre Rd.	Shakespeare Sarani
Wesseley St.	Rafi Ahmed Kidwai Rd. (RAK Rd.)
Wellington St.	Nirmal Chunder St.
Wood St.	Dr. Martin Luther King Sarani

Der dramatische **wirtschaftliche Niedergang** Kolkatas begann mit der Teilung Indiens 1948. Neben dem Punjab hatte Bengalen mit der Hauptstadt Kolkata am meisten zu leiden, weil die Grenze zwischen Indien und dem neu geschaffenen Ost-Pakistan den Bundesstaat in der Mitte zerteilte. Tausende von Moslems und Hindus schlachteten einander auf offener Straße ab, und Hunderttausende hinduistischer Flüchtlinge aus dem nun muslimischen Ost-Pakistan stellten das damals schon übervölkerte Kolkata vor schier unlösbare Probleme. Verschärft wurde die Lage dadurch, dass die **Juteproduktion,** eines der wirtschaftlichen Standbeine Kolkatas, praktisch wegbrach, weil die Juteanbaugebiete in Ost-Pakistan lagen.

Als schließlich auch noch Kolkatas **Hafen,** in den 1950er Jahren noch einer der umsatzstärksten der Erde, zunehmend versandete, der politische Extremismus immer mehr zunahm und die Kommunisten die Macht übernahmen, wanderte ein Großteil der großen Unternehmen ins ruhigere Mumbai ab, das nun endgültig die wirtschaftliche Führungsrolle übernahm. Kolkatas Abstieg zum Schmuddelkind, um das man peinlich berührt einen großen Bogen macht, war perfekt.

Orientierung

Trotz seiner enormen Ausdehnung lässt sich das auf einer Länge von ca. 10 km am **Ufer des Hooghly** entlangziehende Kolkata in einige wenige, leicht überschaubare Viertel unterteilen. **Howrah** am westlichen Ufer ist der größte der zahlreichen Bahnhöfe Kolkatas und gleichzeitig der Stadtteil mit einigen der schlimmsten **Slumgebiete** Asiens.

Von hier führt die berühmte **Howrah-Brücke** zu den östlichen Stadtteilen mit dem auch heute noch stark von der britischen Kolonialgeschichte geprägten historischen Stadtkern am **BBD Bagh,** dem früheren Dalhousie Square. Hier befinden sich die meist in beeindruckenden Kolonialbauten untergebrachten Ämter und Behörden wie das General Post

Office, das West Bengal Tourist Office, das Eastern Railway Building oder das Standard Life Building.

Südlich schließt sich die weitläufige Rasenfläche des **Maidan** an. Abgeschlossen wird der Maidan vom **Victoria Memorial,** einem der beeindruckendsten Kolonialbauten Indiens.

Östlich zum Maidan und hiervon getrennt durch die J. Nehru Road, die jeder nur unter ihrem ursprünglichen Namen Chowringhee Road kennt, erstreckt sich das **Chowringhee-Viertel,** in dem sich die meisten Hotels, Restaurants, Banken, Reisebüros und das Indian Museum angesiedelt haben. Hier befinden sich auch der **New Market,** Kolkatas bekanntester Einkaufsmarkt, und die **Sudder Street** mit den meisten Low-Budget-Unterkünften. Am südlichen Ende von Chowringhee, etwa auf Höhe des Victoria Memorial, befindet sich das recht gute Touristenbüro.

Von hier sind es weitere 2 km zum berühmten Kali-Tempel und dem von *Mutter Teresa* gegründeten Sterbehaus. Kolkatas zweiter bedeutender Bahnhof, **Sealdah,** von wo aus die meisten Züge Richtung Norden und Nordosten fahren, befindet sich 2 km östlich vom BBD Bagh an der Chandra Bose Rd.

Sehenswertes

Vom BBD Bagh zum Victoria Memorial

Als **historisches Regierungsviertel** könnte man den um einen künstlich angelegten See und nach drei bengalischen Freiheitskämpfern *(Benoy, Badal* und *Dinesh)* benannten BBD Bagh bezeichnen. Hier schlug das koloniale Herz Indiens. Jeder Stein der typisch viktorianischen Verwaltungsgebäude, die den früheren Dalhousie Square umsäumen, legt Zeugnis vom Glanz vergangener Tage ab.

Besonders beeindruckend ist dabei die auf der Westseite gelegene, 1868 erbaute **Hauptpost (General Post Office),** ein gewaltiger, 67 m hoher Kuppelbau. Früher stand hier das alte Fort, das sich bis zum Fluss erstreckte.

Das fast die gesamte Nordseite des Platzes einnehmende **Writer's Building** war Wohn- und Arbeitsplatz für die Beamten der East India Company. Der schmucklose, rote Backsteinbau spiegelt die nüchterne Sachlichkeit, mit der nur wenige tausend Beamte das riesige Indien regierten. Heute beherbergen die Räumlichkeiten verschiedene Ministerien der Regierung Westbengalens.

Kaum 100 m südlich des BBD Bagh erhebt sich auf der rechten Seite der West Council House Street die **St. John's Church** (8–17 Uhr). Auf historische Spurensuche kann man sich auf dem romantisch überwucherten **Friedhof** des Gotteshauses begeben, wo sich die Grabstätten berühmter britischer Persönlichkeiten befinden. Eines der prunkvollsten ist das achteckige Mausoleum des Stadtgründers *Job Charnock.* Recht bescheiden nimmt sich dagegen die Grabstätte des später in seiner Heimat als Kriegsverbrecher angeklagten *Warren Hastings* aus. Der in Erinnerung an die Tragödie des „Schwarzen Lochs" bis zur Unabhängigkeit bei der Hauptpost platzierte Obelisk steht heute in einer Ecke des Friedhofs.

Wiederum nur wenige Meter weiter Richtung Süden entlang der Hauptstraße finden sich mit dem **Rathaus (Town Hall)** und dem einen Häuserblock weiter westlich gelegenen **Gerichtshof (High Court,** Esplanade Row West, Mo–Fr 10–17 Uhr, www.calcuttahighcourt.nic.in) zwei weitere typische Kolonialgebäude. Das imposante, 55 m hohe Gerichtsgebäude wurde 1872 nach den Plänen des Rathauses von *Ieper in Flandern* erbaut. Ebenfalls äußerst beeindruckend, für die Öffentlichkeit jedoch leider nicht zugänglich ist der auf der anderen Straßenseite in einer schönen Gartenanlage gelegene Sitz des ehemaligen Gouverneurs von Bengalen, der **Raj Bhawan.**

Weiter entlang der Hauptstraße stößt man schließlich auf einen hübschen, kleinen Park, der von dem riesigen **Ranji Stadium,** einem Stadion für internationale Kricketspiele, geradezu erdrückt zu werden scheint. Der **Eden Park** (12–17 Uhr) war zur Kolonialzeit ein beliebter Treffpunkt der High Society. Die pittoreske weiße **Pagode** inmitten des Sees stammt

Kolkata

0 — 1 km

Unterkunft
2 Park Prime Hotel
4 The Corner Courtyard
7 Tollygunge Club

Essen und Trinken
1 Indian Coffee House
3 Oh!Calcutta
6 Bojohari Manna

Verkehr
5 Help Tourism

ursprünglich aus Burma (heute Myanmar) und wurde hier 1856 platziert.

Hinter dem Park erstreckt sich der **Maidan,** eine riesige Rasenfläche, die man weder als Platz noch als Park bezeichnen kann, denn sie wäre groß genug, um einer Kleinstadt Platz zu bieten. Bis Mitte des 19. Jh. war der 4 km lange und bis 2 km breite Maidan noch von dichtem Dschungel überwuchert. 1857 ließen ihn die Briten roden, um Platz und freies Schussfeld für das neue **Fort William** zu schaffen, nachdem sich das alte ein Jahr zuvor beim Überfall des Nawabs von Murshidabad als unzureichend erwiesen hate. 23 Jahre dauerte es, bis das sternförmige, an den Hooghly reichende Fort Williams 1781 eingeweiht werden konnte. Ironie des Schicksals: Seit seiner Fertigstellung ist von den Mauern der für damalige Verhältnisse mit 2 Mio. Pfund gigantisch teuren Verteidigungsanlage kein einziger Schuss abgegeben worden.

Im Fort William soll sich das **Schwarze Loch (Black Hole)** befunden haben, welches als Schauplatz eines bis heute unvergessenen Kriegsverbrechens in die Geschichte Kolkatas eingegangen ist. In der Nacht vom 20. auf den 21. Juni 1756 sollen, nachdem die Truppen des Nawab von Murshidabad, *Suraj-ud-Daula,* die Stadt gestürmt hatten, 146 britische Gefangene in eine winzige, über 40 °C heiße Zelle des ehemaligen Forts gepfercht worden sein. Am nächsten Morgen hatten gerade 23 von ihnen die Marter überlebt. Ein Jahr später musste Suraj-ud-Daula für seine Gräueltaten selbst mit dem Leben bezahlen, als ihn die Briten gefangen nahmen und hinrichteten.

Heute dient der Maidan sowohl als beliebter Spiel- und Übungsplatz für Jogger, Turner, Akrobaten und Cricket-Fans wie auch als Picknickplatz für Familien, Weideplatz für Kühe und – öffentliche Toilette.

Spötter haben das den Maidan im Süden abschließende **Victoria Memorial** als Missgeburt aus einer Vereinigung von Taj Mahal, Sacre Coeur und Capitol in Washington bezeichnet. Kein schlechter Vergleich. Das schmucklos-schlichte Writer's Building entspricht sicher weit eher der britischen Mentalität als dieser 60 m hohe, marmorne Prunkbau. Vielleicht ist dies ja der Grund für den grimmigen Gesichtsausdruck, den die Bronzestatue Queen Victorias vor dem Denkmal an den Tag legt – *certainly not amused* würden die Briten wohl dazu sagen.

Andererseits hatten die Kolonialherren tatsächlich allen Grund, sich selbst zu feiern, schließlich hatte sich ihre moderne, bürgerliche Nüchternheit dem feudalen Geist indischer Herrscher als überlegen erwiesen. So ist das Victoria Memorial auch eher ein Victory Monument, ein imposantes Spiegelbild imperialen Selbstverständnisses. Um so erstaunlicher, ja fast schon absurd erscheint es da, dass der 1921 nach 15-jähriger Bauzeit von König *George V.* eingeweihte Bau einzig und allein aus den Privatschatullen indischer Fürsten und Kaufleute finanziert worden sein soll.

Im Innern des vom englischen Architekten *Sir William Emerson* im pompösen Neo-Renaissance-Stil gestalteten Prunkbaus finden sich in 25 Sälen über 3.500 **Ausstellungsstücke zur britischen Kolonialherrschaft** in Indien. Die Palette der Museumsobjekte reicht von Waffen über Schmuck bis zu riesigen Porträtgemälden nahezu aller britischen Kolonialbeamten von Rang und Namen, vom Klavier der Königinmutter über historische Zeichnungen, Aquarelle und Grafiken bis zu Originalverträgen der East India Company aus dem 18. Jh. – eine Fundgrube für Historiker. Darüber hinaus bieten sich hervorragende Ausblicke auf den weitläufigen Maidan.

Vielleicht am beeindruckendsten ist jedoch die Gelassenheit und Selbstverständlichkeit, mit der die Inder sozusagen das Siegesmonument einer Kolonialmacht pflegen, die Indien immer nur als Selbstbedienungsladen verstanden hat. Hier spiegelt sich erneut jenes dem westlichen Denken so fremde Geschichts- und Zeitverständnis der Inder, für die eine 300-jährige Fremdherrschaft mit all ihren Schlachten und Blutvergießen nicht viel mehr ist als ein leichter Wellengang auf dem jahrtausendealten Ozean der indischen Kultur und Geschichte.

Geöffnet ist das Victoria Memorial (www.victoriamemorial-cal.org) tgl. außer Mo von 10 bis 17 Uhr, letzter Ticketverkauf 16.30 Uhr. Der Eintritt beträgt 150 Rs. Die tgl. außer Mo veranstaltete **Sound & Light Show** (20 Rs, 19.15 Uhr (März–Okt. 30 Min. später, Eintrittskarten können ab 17 Uhr gekauft werden) mit Ereignissen aus der Kolonialgeschichte lohnt einen Besuch.

Indian Museum

Wie kaum ein anderes Gebäude Kolkatas vermittelt das an der Einmündung zur Sudder Street gelegene Indian Museum (www.indianmuseumkolkata.org) den Charme des untergegangenen britischen Kolonialreiches. Imperiale Dimensionen weist schon die 93 m lange Fassade mit ihren opulenten Säulenportalen auf.

Alle bedeutenden Zeit- und Stilepochen Indiens sind in diesem 1875 eröffneten größten Museum Indiens ausgestellt – eine verwirrende Vielfalt. Der Bogen spannt sich von der Ur- und Frühgeschichte Indiens, z.B. der Harappa-Kultur im Indus-Tal (3. bis 2. Jahrtausend v. Chr.) über die berühmten Ediktsäulen *Ashokas* (3. Jh. v. Chr.), den großartigen hinduistischen Nagara-Baustil mit vorzüglichen Beispielen aus Khajuraho und Odisha (1. Jh. n. Chr.) bis zur zoologischen und botanischen Abteilung.

Unübersehbar deutlich sind aber auch die immer drängender werdenden Probleme des Indian Museum. Die Ausstellungsräume sind z.B. oft derart dunkel, dass man eine Grubenlampe bräuchte, um die einzelnen Objekte zu erkennen; einige Ausstellungsstücke sind derart vernachlässigt, dass außer einer dicken Staubschicht kaum etwas zu erkennen ist. Schließlich ist der Besucherandrang speziell an Wochenenden derart gewaltig, dass man sich in den viel zu kleinen Räumen eher auf einer Sportveranstaltung denn in einem Museum wähnt. Vorsicht ist zudem vor Taschendieben geboten.

Öffnungszeiten: tgl. außer Mo 10–16.30 Uhr, letzter Einlass 16 Uhr, Eintritt 150 Rs, Kamera 50 Rs, Video nicht erlaubt. Kleinere Taschen müssen vor Betreten am Eingang abgegeben werden, große Taschen oder Rucksäcke sind nicht erlaubt.

St. Paul's Cathedral

Weniger imperiales Imponiergehabe als vielmehr Heimweh zu Mutter Britannien spiegelt die östlich vom Victoria Memorial gelegene Kathedrale an der Cathedral Rd. Die 61 m hohe, 1847 im gotischen Stil errichtete Kirche besticht vor allem mit ihren sehr schönen Glasfenstern, in denen sich speziell nachmittags das einfallende Licht auf faszinierende Weise bricht. Das Ostfenster ist ein Geschenk des Domkapitels von Windsor aus der dortigen St. George's Chapel.

Öffnungszeiten: tgl. 9–12 und 15–18 Uhr, Gottesdienst So um 7.30, 8.30 und 18 Uhr.

Birla-Planetarium

Das nur wenige Meter weiter nördlich gelegene Birla-Planetarium (Chowringhee Rd.) ist eine der vielen Stiftungen der ursprünglich aus Rajasthan stammenden Industriellenfamilie. Dreimal täglich finden in dem inzwischen ein wenig baufälligen Planetarium, einem der größten der Erde, Vorführungen in Bengali, Hindi und Englisch (13.30 und 18.30 Uhr) statt.

Kali-Tempel

Die ganze Widersprüchlichkeit des Monstrums Kolkata vereint auch die **Schutzgöttin und Namenspatronin der Stadt:** Kali. Der ihr geweihte Tempel steht etwa 2 km südlich der

[>] Im Kali-Tempel wird die Namenspatronin der Stadt verehrt

St. Paul's Cathedral und ist das wichtigste Hindu-Heiligtum der Stadt. Kali, eine andere Erscheinungsform Durgas, die den zerstörerischen Aspekt Parvatis darstellt, wird mit einer blutroten Zunge und einem Kranz von Menschenschädeln um den Hals als schwarze Schreckensfigur dargestellt. Sie tanzt, heißt es in der indischen Mythologie, auf den Totenäckern, so, wie ihr Gemahl Shiva einmal am Ende dieses Weltzeitalters auf den Trümmern der Erde tanzen wird. Aber hinter diesem grausamen Antlitz der Göttin soll sich gleichzeitig das Urbild der liebenden Mutter verbergen.

Der destruktiven Seite dieser Göttin müssen täglich Opfergaben dargeboten werden, um ihre Begierde zu besänftigen. So ist der stets von Menschenmassen umgebene, 1809 an der Stelle eines wesentlich älteren Heiligtums errichtete Tempel täglich Schauplatz blutiger Tieropferungen. Das Tempelinnere ist zwar nur für Hindus zugänglich, doch auch so bekommt der Besucher einen Eindruck von der faszinierenden Atmosphäre religiöser Inbrunst, die am Tempelbereich herrscht.

Kali Ghat, der Stadtteil, in dem der Kali-Tempel beheimatet ist, hieß früher *Kalikata,* woraus die Briten dann *Calcutta* machten.

Öffnungszeiten: 5–14 und 16–22 Uhr.

Nirmal Hriday

In unmittelbarer Nachbarschaft westlich des Kali-Tempels steht das ursprüngliche, von *Mutter Teresa* 1952 gegründete **Heim** Nirmal Hriday (Kalighat Rd.) für die sterbenden Armen Kolkatas. Es ist für Besucher nicht geöffnet. Erkennbar ist es an den zwiebelförmigen Ecktürmen.

The Mother House

Etwa einen Kilometer östlich der Sudder Street (54 AJC Bose Rd.) befindet sich das **Missionshaus,** in dem *Mutter Teresa* von 1953 bis zu ihrem Tod 1997 wohnte und arbeitete. Viele Bewunderer der umstrittenen katholischen Nonne pilgern zu ihrem Grab und besichtigen den Wohnraum im ersten Stock sowie das kleine **Museum** (Zugang über eine Gasse südlich des Hotel Heaven).

Öffnungszeiten: tgl. außer Do 8–12 und 15–18 Uhr. www.motherteresa.org.

Botanischer Garten

Ein idealer Ort, um dem Moloch Kolkata zu entfliehen, ist der über 100 ha große Botanische Garten (tgl. außer Mo 5.30–17 Uhr, Eintritt 100 Rs), der sich auf einer Länge von etwa 1 km entlang des westlichen Hooghly-Ufers erstreckt. Die 1787 von der East India Company gegründete Anlage profitiert von dem für die Menschen so mörderischen feucht-heißen

426in mb

Unterkunft
4 Hotel Neeranand
7 Broadway Hotel

Essen und Trinken
8 Amber Restaurant
9 Song Hay
14 Indra Mahal

Verkehr
1 Foreign Tourist Bureau, Bahnfahrkarten für Touristen
2 Fährablegestelle Jetty I und II nach Howrah
3 Rail Reservation Office
5 Minibusse zu Gate 1 Flughafen
6 Calcutta Walks
10 Straßenbahndepot
11 Esplanade Bus Stand
12 Abfahrt Flughafenbus

Einkaufen
13 Central Cottage Industries Emporium

Wetter Kolkatas, da so eine enorme Vielfalt subtropischer Pflanzen und Bäume gedeihen kann. Hauptattraktion ist ein 250 Jahre alter **Banyan-Baum,** angeblich der größte der Erde. Sein Wirtsbaum ist zwar längst eingegangen, der weiteren Ausdehnung des urtümlich anmutenden Riesenbaumes scheint dies jedoch keinen Abbruch zu tun. Bescheidener, dafür nicht minder sehenswert ist das Palmenhaus in der Mitte des Gartens. Eine Rundfahrt im Buggy über das Gelände kostet 150 Rs.

■ Mit den **Bussen** Nr. 55 und 56 ist der Park von Chowringhee aus zu erreichen. Stressfreier hingegen ist eine **Bootsfahrt** entlang des Hooghly von Chandpol und Babu Ghat. Ein **Taxi** aus dem Stadtzentrum kostet etwa 200 Rs.

South Park Street Cemetary

Und noch ein Refugium für Zivilisationsgeplagte, sogar inmitten der Stadt: Vier kleine, nebeneinander gelegene **englische Friedhöfe** an der Park Street sind ein herrlicher Ruheort, verbunden mit dem morbiden Charme des untergegangenen britischen Raj. Die Inschriften der z.T. imposanten Grabdenkmäler erzählen manch traurige Geschichte vom einsamen Tod fern der Heimat. Tragikomisch mutet hingegen das Schicksal der unglückseligen *Rose Aylmer* an, die allein deshalb aus dem Leben schied, weil sie ihrer Ananas-Sucht nicht widerstehen konnte.

■ **Öffnungszeiten:** Der Friedhof ist 8–16.45 Uhr geöffnet. Eine Spende wird erwartet (um 20 Rs). Ein Heft mit Infos zu den Gräbern kostet 100 Rs.

Howrah-Brücke

Bis 1994, als nach über 20-jähriger Bauzeit eine zweite Brücke etwas weiter südlich fertiggestellt wurde, war die 1943 eröffnete Howrah-Brücke die einzige Verbindung der Industrievororte im Westen mit dem Zentrum. Mit ihrer massiven Stahlkonstruktion ist sie zum Wahrzeichen Kolkatas geworden. Durch dieses Nadelöhr zwängen, schieben und drängeln sich täglich bis zu 50.000 Fahrzeuge und eine halbe Million Menschen, womit sie die **meistbenutzte Brücke der Welt** ist.

Jeden Morgen und Abend lässt sich am jeweiligen Ende der Brücke, umgeben von ohrenbetäubendem Hupen, pechschwarzen Abgaswolken, kaum zu ertragendem Gestank, dem Gebimmel unzähliger Fahrradklingeln und dem Stimmengewirr Tausender von Fußgängern ein einzigartiges Schauspiel erleben: Zwischen uralten Straßenbahnen, Ochsengespannen, Heerscharen von Rad- und Motorrollerfahrern, Rikshawallahs und zum Bersten gefüllter, windschiefer, zweigeschossiger Omnibusse ziehen und schieben unter äußerster Kraftanstrengung schweißgebadete und ausgemergelte Tagelöhner völlig überladene Handkarren. Zu beiden Seiten der Fahrbahn bewegt sich, einem Bienenschwarm gleich, eine unübersehbare Menschenmenge, aus der die im Laufschritt Körbe, Koffer, Stangen und Möbelstücke auf ihren Köpfen balancierenden Kulis herausragen – eine Parabel auf das von Ausdauer, Mühsal und ständiger Wiederkehr geprägte indische Leben.

Unbedingt besuchen sollte man auch den auf der östlichen Seite unterhalb der Brücke gelegenen **Blumenmarkt** sowie die dahinter zum Wasser führenden **Ghats** mit ihren zahlreichen Pilgern und Sadhus.

Beim Spaziergang durch die verwinkelten, winzigen, zu beiden Seiten mit kleinen, vollgestopften Geschäften flankierten **Altstadtgassen,** die von der Howrah-Brücke nach Osten verlaufen, lässt sich hautnah die drangvolle Enge und Vitalität Kolkatas erleben.

Nakhoda-Moschee

Diese zwischen BBD Bagh und Howrah Bridge gelegene größte Moschee Kolkatas überragt mit ihren beiden 47 m hohen Minaretten die Gassen des Altstadtviertels. Erbaut wurde sie 1921 in Anlehnung an das Grabmal Kaiser *Akbars* in Agra. Bis zu 10.000 Gläubige sollen in der Moschee mit den auffälligen Zwiebelkuppeldächern in der Zakaria Rd. Platz finden.

■ **Öffnungszeiten:** 5–12 Uhr.

Old Chinatown

Südlich der Nakhoda-Moschee sind noch Reste des alten Chinesenviertels erkennbar. Bis in die 1960er Jahre noch von Chinesen bewohnt, wurden diese im Zuge des Krieges gegen China und entsprechender anti-chinesischer Stimmung zum Großteil vertrieben. Heute ist das Viertel muslimisch geprägt. Dennoch vermitteln etwa der **Tiretta Bazaar** (nach Sonnenaufgang bis 10 Uhr), mehrere Geschäfte wie Hap Hing (6–10 Uhr) in der Sun Yat Street und der **Toong-On-Tempel** in der Blackburn Lane (um den Tempel herum ist viel Armut sichtbar) einen Eindruck des ehemaligen Gemeinwesens.

Jüdisches Viertel

Unser Tipp: Westlich des Rabindra Sarani lohnt das ehemalige jüdische Viertel rund um die Brabourne Road einen Spaziergang. Neben lebendigen **Marktgassen** und faszinierenden alten Geschäften, etwa in der Ezra Street, gibt es mehrere Synagogen zu besichtigen, darunter die **Maghen-David-Synagoge** in der Canning Street oder die **Bethel-Synagoge** in der Pollock Street (für die Besichtigung der Synagogen ist vorab das Community Affairs Office, 63 Park St., Tel. (0)9831054669, zu kontaktieren). Die ehemals ca 30.000 Menschen umfassende jüdische Gemeinde ist heute praktisch nicht mehr existent. Zwei christliche Gotteshäuser sind ebenfalls einen Abstecher wert: die **Armenian Church of Nazareth** (Armenian St., Mo–Sa 9–16 Uhr), 1707 gegründet und die älteste christliche Einrichtung Kolkatas, sowie die etwas überladen wirkende **Holy Rosary Cathedral** (Brabourne Rd., 6–11 und 17–18 Uhr).

Digambara-Tempel

Dieser etwa 4 km nordöstlich des Stadtzentrums gelegene Tempel ist *Shitalnathia*, dem 10. Furtbereiter des Jainismus, gewidmet. Stifter und Bauherr des 1867 errichteten, inmitten eines schönen Gartens gelegenen Heiligtums war ein äußerst vermögender Juwelier, der u.a. den Vizekönig zu seinen Kunden zählte. So findet sich im Tempel eine schier unübersehbare Anzahl von bunten Gläsern, Spiegeln, Kristallen und Halbedelsteinen. Ein faszinierend verwirrender optischer Eindruck.

■ **Öffnungszeiten:** tgl. 6–12 und 15–17 Uhr.

Belur Math

8 km nördlich der Stadt an der Grand Trunk Rd., auf der Westseite des Hooghly, findet sich dieses 1899 von *Swami Vivekananda* gegründete **Zentrum der internationalen Ramakrishna-Bewegung.** *Ramakrishna Paramahansa* gründete Mitte des 19. Jh. eine kulturelle und religiöse Bewegung, die sich, von Bengalen ausgehend, über ganz Indien und darüber hinaus ausdehnte. Diese Erneuerung des Hinduismus predigte äußerste Toleranz gegenüber allen Religionen. Architektonisch spiegelt der 1938 errichetete **Haupttempel** der hübsch mit Palmen und weiten Rasenflächen gestalteten Anlage diese Glaubensphilosophie wider, indem er als eine Kombination aus hinduistischem Tempel, Moschee und christlicher Kirche gestaltet wurde (tgl. 6.30–12 und 15.30– 20 Uhr). Am Parkplatz zeichnet ein gelungenes **Museum** (tgl. außer Mo 8.30–11.30 und 15.30–17.30 Uhr) das Leben *Ramakrishnas* und dessen berühmtesten Schülers *Swami Vivekananda* nach.

> In Kolkatas Straßen wird es zuweilen eng

Dakshineswar-Kali-Tempel

Auf der Ostseite des Flusses, bei der etwas nördlich den Hooghly überspannenden Baly-Brücke, liegt der von zwölf Shiva-Tempeln umgebene 1847 gebaute Dakshineswar-Kali-Tempel. Hier diente *Ramakrishna* als Priester.

Öffnungszeiten: tgl. 6–12.30 und 15.30–20.30 Uhr, www.dakshineswarkalitemple.org. Zurzeit noch umständlich zu erreichen per **Metro** bis Noapara und von dort per Riksha die letzten ca. 4 km oder mit den wenigen Vorortzügen von Sealdah bis Dakshineswar-Bahnhof (20 Min.), 400 m südlich der Tempelanlage. 2017 soll die Metro bis dorthin fahren.

Weitere Museen

Academy of Fine Arts: Wechselnde Ausstellungen zeitgenössischer indischer Künstler im Kolonialbau von 1933. Eintritt frei, Cathedral Rd., tgl. 15–20 Uhr.

Ahuja Museum of Arts: derselbe Ausstellungsansatz für bengalische Künstler in der Elgin Rd., Eintritt frei, www.sdahujaart.com, tgl. 12–18 Uhr.

Ashutosh Museum of Indian Art: Spezialisiert auf Kunst aus Bengalen (College St., www.caluniv.ac.in/museum/museum.html), auf dem Gelände der Kolkata University, Mo–Fr 10.30–16.30, Sa 10.30–15 Uhr.

Birla Academy of Art and Culture: Textilkunst, Gemäldeabteilung (vor allem Bilder von *R. Tagore*). Interessant vor allem die Wechselausstellung moderner indischer Künstler. 109 Southern Avenue, www.birlaart.com, tgl. außer Mo 15.30–20 Uhr.

Kolkata Panorama: Multimedia-Museum in der Town Hall mit interaktiven Installationen und Ausstellungsstücken aus den letzten 500 Jahren der bengalischen Geschichte. Kolkata Museum Society, 4 Esplanade Row (West), nahe Raj Bhawan, tgl. außer Mo 11–17 Uhr geöffnet, Eintritt 100 Rs.

Marble Palace Rabindra Bharati Museum: Der in einem riesigen Garten gelegene Prachtbau (46 Muktaram Babu St.) des märchenhaft reichen bengalischen Kaufmanns *Mullik* erinnert von außen wie innen an den legendären Lebensstil verschwenderischer Rajputenherrscher. Ob Kitsch oder Kunst, ein Fest fürs Auge ist das kunterbunte Sammelsurium aus Marmorsäulen, Statuen, Kristallen und Gemälden (u.a. von *Rubens*) allemal. Tgl. außer Mo und Do 10–15 Uhr, notwendige Besuchserlaubnis beim West Bengal Tourist Office oder India Tourism Office erhältlich.

425in mb

Feste

■ Das fünftägige **Durga Puja Festival** (in anderen Landesteilen als zehntägiges Dussehra-Festival gefeiert) im Oktober auf den Straßen Kolkatas zu Ehren der zehnarmigen Göttin Durga ist eines der farbenprächtigsten und ausgelassensten überhaupt. Die unzähligen Erscheinungsformen der Göttin werden dargestellt und am letzten Tag im Hooghly versenkt. Während des Festes veranstaltet West Bengal Tourism spezielle Touren, die teilweise auch nachts stattfinden.

■ Das **Diwali-Fest,** das Festival der Lichter (immer 21 Tage nach Durga Puja), ehrt die Göttin Kali mit zahllosen Öllampen, Fackeln und Feuerwerk.

■ Ende Januar/Anfang Februar findet auf dem Milan Mela Ground (J.B.S. Haldane Ave) im Osten Kolkatas die **International Book Fair** statt, welche von vielen weiteren Veranstaltungen wie der Arts and Handicrafts Fair oder Ausstellungen über das ländliche Bengalen begleitet wird. Auf der südlichen Seite derselben Straße kann der moderne **Science City Theme Park** (tgl. 9–21 Uhr, www.sciencecitykolkata.org.in) mit Planetarium, 3-D-Kino, Picknickgarten und vielen weiteren Attraktionen bestaunt werden.

Praktische Tipps

Information

■ **Vorwahl:** 033

■ Das **IndiaTourism Office** (4 Shakespeare Sarani, Tel. 22825813, www.incredibleindia.org), etwa auf Höhe des Victoria Memorial gelegen, ist eines der besten Touristenämter ganz Indiens. Die meist freundlichen und hilfsbereiten Mitarbeiter erstellen auf Anfrage Computerausdrucke zu fast allen touristisch interessanten Orten Indiens, in denen die wichtigen Informationen wie Hotels und Sehenswürdigkeiten aufgeführt sind. Geöffnet ist es Mo–Fr von 9 bis 18 Uhr und Sa von 9 bis 13 Uhr.

■ **West Bengal Tourism** (**WBTDC,** 3/2 BBD Bagh, Tel. 22437260, 44012659, www.westbengaltourism.gov.in) gegenüber der Hauptpost ist Mo–Fr 10.30–13.30 und 14–17.30 Uhr, Sa bis 13 Uhr geöffnet. Dieses Büro veranstaltet zu mehreren Terminen in der Saison Mehrtagesausflüge zu den Sunderbans, wobei die dreitägige Variante zu empfehlen ist, da man bei der Zweitagestour die meiste Zeit mit Busfahren zubringt. Außerdem Touren nach Darjeeling, Himachal Pradesh, Sikkim und Bhutan.

■ Beide Informationsstellen haben **Filialen am Flughafen,** West Bengal Tourism zusätzlich am Howrah-Bahnhof (Tel. 26602518, Mo–Sa 7–19, So 7–12.30 Uhr).

■ Über aktuelle Veranstaltungen, Konzerte und Lifestyle etc. informiert **www.whatshot.in/kolkata.**

Stadtverkehr

■ Wer am **Howrah-Bahnhof** ankommt, gelangt am schnellsten mit einer der alle 15–20 Minuten abfahrenden **Fähren** am unterhalb des Bahnhofs gelegenen Chandpol Ghat auf die andere Uferseite, etwa zum Fairlie Ghat. Auf der Ostseite des Bahnhofs führt eine Unterführung zu den Ghats, wo sich auch die An-/Ablegepiers der Fähren befinden. So spart man sich die zeitaufwendige Überquerung über die Howrah-Brücke und kommt in den Genuss einer schönen Flussfahrt. Dies gilt natürlich auch in umgekehrter Richtung. Von mehreren Ablegestellen starten die Fähren zwischen 8 und 20 Uhr etwa alle 15 bis 20 Minuten zu mehreren Jetties auf der jeweils gegenüber liegenden Flussseite.

■ Das berühmt-berüchtigte heißblütige Temperament der Bengalen scheint nirgendwo derart ausgeprägt zu sein wie bei Kolkatas **Taxifahrern.** Deshalb lässt man sich am besten auch gar nicht auf eine Diskussion über das Einschalten des Taxameters ein. Generell gilt ein Fahrpreis von 25 Rs für die ersten knapp 2 km, die auf den meist neuen Taxametern angezeigt werden. Einige fahren noch mit alten Taxametern, dann ist der Fahrpreis mit etwa dem 2½-fachen zu multiplizieren. Während der Hauptverkehrszeiten, nach 22 Uhr und sehr früh oder sehr spät, wenn kaum noch Taxis unterwegs sind, wird jedoch der doppelte Preis verlangt und gezahlt. Auf jeden Fall sollte man vor den beiden großen Bahnhöfen Howrah und Sealdah sowie am Flughafen die Prepaid-Schalter in Anspruch nehmen. Es gibt auch Bestellservice, etwa bei Blue Arrow Taxi, Tel. (0)9830527057, oder Mega Cabs, Tel. 41414141, www.megacabs.com.

■ Immer noch sind in Kolkata die **von Menschen gezogenen Rikshas,** eine für Kurzstrecken recht praktische Fortbewegung, im täglichen Gebrauch. Diese für westliche Gemüter zunächst recht befremdliche Art des Transports soll schon seit mehreren Jahren verboten werden, da sie nach Ansicht der Stadtoberen den Verkehrsfluss bremst. Auch aufgrund der Proteste der vielen Menschen, die hiermit nach Abzug der Gebühr für die meist nur gemieteten Gefährte ihren kärglichen Lebensunterhalt verdienen, ist es bisher nicht dazu gekommen. Zwar zahlen westliche Touristen immer eine weit höhere Beförderungsgebühr als Einheimische, es ist aber immer noch spottbillig.

■ Die herrlich antiquierten **Straßenbahnen** Kolkatas, die eher an fahrende Ölsardinendosen erinnern, eignen sich besser als Fotomotive denn als Fortbewegungsmittel. Seit Jahren kursieren Gerüchte, dass sie abgeschafft werden sollen. Ein Nostalgietrip von Howrah Station zum Indian Museum kann bis zu 2 Std. dauern.

■ Es ist einer der für Indien so charakteristischen Widersprüche, dass jener Ort, der weltweit für den Zusammenbruch urbanen Lebens steht, als erste Stadt des Landes über eine **U-Bahn** verfügte. Noch erstaunlicher ist deren hervorragender Zustand. Verglichen mit dem üblichen Verkehrschaos, fühlt man sich in den sauberen, vollklimatisierten und mit Fernseher ausgestatteten U-Bahn-Stationen wie in eine andere Welt versetzt. Die Fahrpreise zwischen 5 und 12 Rs sind kaum zu unterbieten, die Züge verkehren im Abstand von ca. 6 bis 12 Minuten. Zur Rush-Hour sind sie meist gerammelt voll. Die Metro durchschneidet die Stadt in Nord-Süd-Richtung. Eine Verlängerung bis zum Flughafen ist derzeit im Bau, eine weitere Linie von Howrah über Sealdah weiter nach Osten schon fertiggestellt. Die Metro fährt Mo–Sa 7–21.45 Uhr und So 2–21.45 Uhr.

Stadtrundfahrt

■ **West Bengal Tourism Development Corporation (WBTDC,** 3/2 BBD Bagh (Tel. 44012086, www.wbbtdc.gov.in) veranstaltet tgl. außer Mo von 8.30 bis 17.30 Uhr mit einer langen Mittagspause um 13 Uhr für 450 Rs eine **Ganztagesfahrt** zu folgenden Zielen: BBD Bagh, Indian Museum, Belur Math, Kali-Tempel, Dakshineswar und Jain-Tempel sowie National Library, Vidyasagar Setu, St. Paul's Cathedral und Esplanade. Obwohl billig, sollte man sich doch überlegen, ob man teilnimmt, wirken diese Touren doch sehr gedrängt, sodass sie nur Eiligen empfohlen werden können. Schon um 7 Uhr werden die letzten Tickets für den jeweiligen Tag verkauft. Zudem muss eine Mindestteilnehmerzahl von acht Personen erreicht werden, damit sie startet.

Geführte Stadtrundgänge

Unser Tipp: Die beste Art, um die kulturellen, historischen und architektonischen Schätze Kolkatas auf ebenso unterhaltsame wie informative Weise zu erleben, bieten die von verschiedenen Organisationen angebotenen geführten Stadtrundgänge. Die meisten dauern zwei bis vier Stunden, werden von kundigen Führern geleitet und führen durch die historischen Viertel BBD Bagh und Dalhousie Square, aber auf Wunsch auch in wenig bekannte Stadtgebiete. Einige empfehlenswerte Anbieter:

■ Mit **Calcutta Walks** (9A Khairu Place, Tel. 40052573, (0)9830184030, www.calcuttawalks.com, die großteils dreistündigen Ausflüge kosten 2.000–3.500 Rs) zu Fuß, mit dem Fahrrad oder dem Motorrad durchs koloniale Kalkutta, über Basare und themenorientierte Wanderungen. Zudem Ausflüge in die Umgebung und auf dem Hooghly.

■ Mit ihrem 1998 begonnenen Projekt **Kali Travel Home** (5A Iswar Chakraborty Lane, Burtola, Tel. 2555 0581, (0)9432145532, www.traveleastindia.com) führen zwei als Indienreisende erfahrene Australier neben den Touristenattraktionen zu selten besuchten Stadtvierteln. Außerdem veranstalten sie eine Galerientour (15 Uhr). Auch individuell gestaltete Ausflüge im Osten Indiens sind ihr Metier. Außerdem werden dreistündige Kochkurse in bengalischer Küche arrangiert.

■ **Help Tourism** (67A Kali Temple Rd., 1. Stock, Tel. 24550917, (0)9733000442/3, www.helptourism.com) arrangiert neben Stadtwanderungen Ausflüge zu den Sunderbans, zu Vogelschutzgebieten, nach Odisha und zu vielen weiteren Zielen.

■ Eine etwas andere Art, Kolkata kennenzulernen, bietet **Backpackers** (Tottee Lane nahe Sudder St., Tel. (0)983 6177140, www.tourdesundarbans.com, 10–19 Uhr). Hauptsächlich als Veranstalter für preiswerte Ausflüge in die Sunderbans bekannt, kann man auf dem Rücksitz eines Motorrads (2.200 Rs, mit dem Pkw für bis zu 3 Personen ca. das Doppelte) die bekannten, aber auch ansonsten nicht erfahrbare interessante Gebiete in der Stadt wie das chinesische Viertel, ein Verbrennungs-Ghat und einen Shiva-Tempel und nach Norden entlang dem Hooghly Belur Math oder Dashineshwar (5.000 Rs pro Pkw bis 3 Pers.) besichtigen. Auch Sightseeing mit Pkws ist möglich.

■ Mit einem speziellen Augenmerk auf Fotos führt **Calcutta Photo Tours** (Tel. (0)9831163483, www.calcuttaphototours.com) zu themenspezifischen Zielen wie farbenprächtgen Märkten, Friedhöfen, Prozessionen oder europäischer Baukunst.

Unterkunft

Während in Kolkata die Auswahl an hervorragenden Kolonialstil-, Mittelklasse- und First-Class-Hotels sehr groß ist, besteht ein chronischer **Mangel an Billigunterkünften.** Da überdies viele Zimmer der Low-Budget-Hotels, speziell während der Wintermonate, von freiwilligen Helfern, die im Missionshaus von Mutter Teresa arbeiten, belegt sind, sollte man sich bemühen, zu früher Stunde anzukommen. Ansonsten bekommt man meist schon ab 10 Uhr ein bedauerndes *Sorry, we're full* zu hören.

Die mit Abstand größte Hotelansammlung findet sich im Stadtteil Chowringhee und hier vor allem entlang der **Sudder Street,** einer kleinen Straße, die neben dem Indian Museum von der Chowringhee Road abzweigt. Zwar kennen sie alle Taxi- und Rikshafahrer, doch es empfiehlt sich, das Indian Museum als Fahrtziel anzugeben, da man sich von dort selbstständig, d.h. ohne den auf Kommission spekulierenden Chauffeur, auf Zimmersuche begeben kann.

■ Wer wenig Geld zur Verfügung hat, sollte sich in einer der folgenden Unterkünfte einquartieren, die bei Rucksacktouristen sehr beliebt und deshalb oft ausgebucht sind. Die **Modern Lodge**① (Tel. 22524960) in der Stuart Lane, einer kleinen Seitenstraße der Sudder Street, hat hinreichend saubere, ruhige und recht geräumige, aber auch spartanische Zimmer, teils mit Gemeinschaftsbad. Die Dachterrasse ist, speziell gegen Sonnenuntergang, ein beliebter Treffpunkt, an dem man sich ein wenig vom Hexenkessel Kolkata erholen kann. Wenige Meter entfernt vermietet **Hotel Maria**① (Tel. 22520860) Einfachzimmer. Etwas mehr Komfort zu leicht höherem Preis bieten das **Hotel Palace**② (Chowringhee Lane, Tel. 22526214) und das **Hotel Galaxy**② (Stuart Lane, Tel. 22524565), dessen obere Zimmer geräumig und hell sind. Zimmer mit Außenfenstern, eigenem Bad und TV.

■ Etwas versteckt in einer Gasse, die von der Sudder Street abgeht, ist das **Ashreen Guest House**②-③ (Cowie Lane, Tel. 22520889) eine ruhige, saubere Bleibe in zentraler Lage. Falls das Hotel, wie meist, voll ist, wird man ins nur wenige Meter entfernte und preisgünstigere **Afridi International Guest House**② (Tel. 66077525, www.goldenapplehotelgroup.com) verfrachtet. Dessen Zimmerpalette reicht von fensterlosen Zellen bis zu recht komfortablen, geräumigen Zimmern, alle mit sehr sauberem Bad und TV.

■ Überraschend preiswert sind die sauberen Zimmer des **Aafreen Tower**② (Kyd St., Tel. 22293280, 30283151, www.aafreentower.co.in) südlich der Sudder Street. Die gemütlichen Zimmer haben alle TV, die klimatisierten zudem noch einen Kühlschrank.

■ Obwohl es von außen einen eher heruntergekommenen Eindruck macht, ist das in einem alten Kolonialgebäude untergebrachte **Sunflower Guest House**③ (Tel. 22299401, www.sunflowerguesthouse.com) in der Royd Street mit seinen geräumigen, sauberen Zimmern eine gute Wahl. Die Rezeption unterm Dach ist über eine herrliche alte Holztreppe oder einen etwas klapprig anmutenden Lift zu erreichen. Dachgarten mit klasse Rundumsicht.

■ Wer der engen und etwas hektischen Atmosphäre der Sudder Street entkommen und mehr im kolonialen Herzen Kolkatas wohnen möchte, sollte sich in einer der folgenden Unterkünfte einquartieren. Die meisten anderen Hotels in diesem Teil der Stadt sind überteuert. Einen ausgezeichneten Gegenwert bietet das **Broadway Hotel** ②-③ (Ganesh Chandra Ave, Tel. 22363930) etwas nördlich in unmittelbarer Nähe zur U-Bahn-Station Chandni Chowk. Die hohen und geräumigen Zimmer, die billigen mit Gemeinschaftsbad, in diesem alten Gebäude sind angenehm. Der altmodischen Bar sollte man unbedingt einen Besuch abstatten.

■ Die günstige Lage zum BBD Bagh, saubere Zimmer in etwas altmodischem Kleid, WiFi und AC sind die Merkmale des **Hotel Neeranand**③ (Shah House, 5. Stock, Radha Bazar St., Tel. (0)9903057848, www.hotelneeranand.com) beim chinesischen Viertel.

■ Ein Klassiker unter den Kolonialhotels ist das 1783 gebaute **Fairlawn Hotel**③ (13A, Sudder Street, Tel. 22521510, www.fairlawnhotel.com). Seit über 80 Jahren bemühen sich die Besitzer, die Zeit des britischen Raj nicht untergehen zu lassen. Das Hotel ist nicht luxuriös, aber sehr gemütlich, wozu auch der grüne Garten vor dem Haus beiträgt. Die Zimmerpreise beinhalten Frühstück. Auf einen Tee im gepflegten Garten vorbeizuschauen, lohnt allemal.

■ Vier moderne und geräumige Zimmer mit weitem Blick über die Stadt (große Plasma-TVs und WiFi), klasse Service sowie Gemeinschaftsraum und -küche in günstiger Lage sind die Zutaten des **Central Bed & Breakfast** ③ (Lansdowne Court, 7. Stock, 5B Sarat Bose Rd., Tel. (0)9836465400, www.kolkatabnb.com). Vorkasse (per paypal oder Kreditkarte) und entsprechende, möglichst frühzeitige Voranmeldung sind erforderlich.

Unser Tipp: Gepflegt wohnen im Süden Kolkatas: Die perfekte Adresse ist **The Corner Courtyard**③ (92B Sarat

Bose Rd., Tel. 40610145, (0)9903999567, www.thecornercourtyard.com), eine schön restaurierte Villa, 1904 erbaut, mit Bougainvillea-geschmücktem Dachgarten. Die sieben herrlich dekorierten Zimmer sind sehr gemütlich. Ansprechend ist auch das kleine, ideenreich gestaltete Restaurant im Erdgeschoss mit ebenso ideenreicher Küche (400–700 Rs pro Hauptgericht), das auch Nicht-Gästen einen Besuch wert sein sollte.

■ Die 71 Zimmer des renovierten und modernen **The Lindsay**③-④ (Lindsay St., Tel. 30218666, (0)90660 32518, www.hotellindsay.com) gegenüber New Market sind makellos sauber und mit WiFi und großen LCD-TVs ausgestattet. Die billigeren Executive-Zimmer bieten eine hervorragenden Gegenwert. Je höher, je besser der Weitblick. Zudem ist das Freiluftrestaurant Blue & Beyond im selben Gebäude verlockend.

■ Ein erstklassiges, modernes Businesshotel ist das gläserne **The Corporate**④ (Royd St., Tel. 22267551, 6450 7010-4, www.thecorporatekolkata.com) mit gleicher Ausstattung, günstig gelegen zwischen Sudder und Park Street. Man sollte sich einige Zimmer ansehen, bevor man wählt, sind doch auch in diesem Haus häufig die billigeren besser und größer als die teureren.

■ Seine vier Sterne hat das **Park Prime Hotel**⑤ (AJC Bose Rd., Tel. 30963096, www.chocolatehotels.in) sicher verdient, auch wenn die an Bullaugen erinnernden Fenster an einer Fassadenseite zunächst nicht sonderlich einladend wirken. Nichtsdestotrotz sind die Zimmer mit Parkettfußboden erstklassig und modern. Nachteil des Hauses ist die Lage an der lauten Straße.

■ So unscheinbar das **The Oberoi Grand**⑤ (15 Chowringhee Road, Tel. 22492323, www.oberoikolkata.com) von außen auch wirken mag, von innen entpuppt es sich als ein äußerst stilvolles Hotel, welches auch heute noch als die renommierteste Unterkunft Kolkatas gilt. Neben den insgesamt vier Restaurants und zwei Bars beeindruckt vor allem der schöne, von Palmen umstandene Swimmingpool.

■ Die unangefochtene Stellung des Oberoi versucht ihm das Super-Luxus-Hotel **Taj Bengal Kolkata**④-⑤ (34B, Belvedere Road, Alipore, Tel. 66123939, www.tajhotels.com) streitig zu machen. Mit Swimmingpool, vier Restaurants, Fitnessräumen, Business Centre und einem Wasserfall im Foyer.

■ Der Preis des idyllischsten Hotels Kolkatas gebührt dem **Tollygunge Club**④ (Tel. 24732316, www.tollygungeclub.org) im Süden der Stadt. Nicht mal sonderlich teuer, liegt das koloniale Juwel umgeben von herrlicher Natur auf dem Gelände eines weitläufigen Golfplatzes, den Hotelgäste nach Zahlung der Aufnahmegebühr benutzen können. Dies gilt auch für viele weitere Sportstätten, die zeitlose Bar und Cafés. Reservierung unerlässlich.

Essen und Trinken

Kolkata ist kulinarisch eine der besten Adressen des Landes und braucht sich, was Qualität und Quantität der vorhandenen Restaurants betrifft, nicht hinter Delhi und Mumbai zu verstecken. Die Bengalen gelten als die Gourmets Indiens.

■ Die meisten Restaurants um die Sudder Street sind am Geschmack der westlichen Traveller ausgerichtet. So sind Pancakes, Müsli und Burger auf deren Speisekarte, aber auch indische Gerichte. Ein typischer Vertreter ist das **Blue Sky Café** (Chowringhee Lane, 70–290 Rs, 8–23 Uhr). Neben guten und preiswerten Snacks wie gefüllten Toasts *(jaffles)*, Fruchtjoghurt, frischen Fruchtsäften und hervorragendem Kaffee gibt's hier die aktuellsten Informationen aus der Traveller-Szene. Der Service in dem klimatisierten Restaurant ist sehr effizient.

■ Bengalische Küche in der Touristenecke der Sudder Street serviert **Bhoj Company** (8.30–23.30 Uhr, Hauptgerichte 120–350 Rs, Snacks 40–100 Rs).

■ In einem Innenhof einige Meter von der Sudder Street entfernt besuchen viele Backpacker das **Raj Spanish Café** (8–20 Uhr) mit Freiluftbereich. Zum vielseitigen Angebot gehören Gazpacho, Tortilla, Canelloni, Pizza, Pasta und Salate (80–150 Rs). WiFi ist umsonst.

■ Als eines der wenigen Dachrestaurant Kolkatas ist das **Blue & Beyond** (Lindsay St., 12.30–22.30 Uhr, Fahrstuhl vorhanden) im 9. Stock gegenüber New Market abends meist gut besucht. Die indischen, italienischen und chinesischen Gerichte (230–700 Rs) lassen sich mit entsprechendem Fernblick genießen. Als Absacker taugt die angeschlossene Bar (Bier 200 Rs, Cocktails ab 300 Rs).

■ Wer das Flair von Rajasthan vermisst, findet es im **Teej Restaurant** (Russel St., 1. Stock, tgl. 12–15.30 und 19–22.30 Uhr), einem äußerst bunt, detailliert und überladen bemalten und dekorierten Restaurant – natürlich mit rajasthanischer Küche (250–350 Rs). Die Bar ist 11–23 Uhr geöffnet.

■ Gute einheimische, auch südindische Küche serviert preiswert (150–220 Rs) das **Gangaur Restaurant** (12–15 und 19–22.30 Uhr) ein paar Meter nördlich.

Chowringhee

Unterkunft

1 The Oberoi Grand
3 The Lindsay
5 Ashreen Guest House
6 Afridi International Guest House
7 Fairlawn Hotel
12 Hotel Palace
14 Hotel Maria
15 Modern Lodge
16 Hotel Galaxy
17 Aafreen Tower
21 Sunflower Guest House
22 The Corporate
30 Central Bed & Breakfast

Einkaufen

9 Bookland
19 Oxford Books
28 Earthcare Bookstore

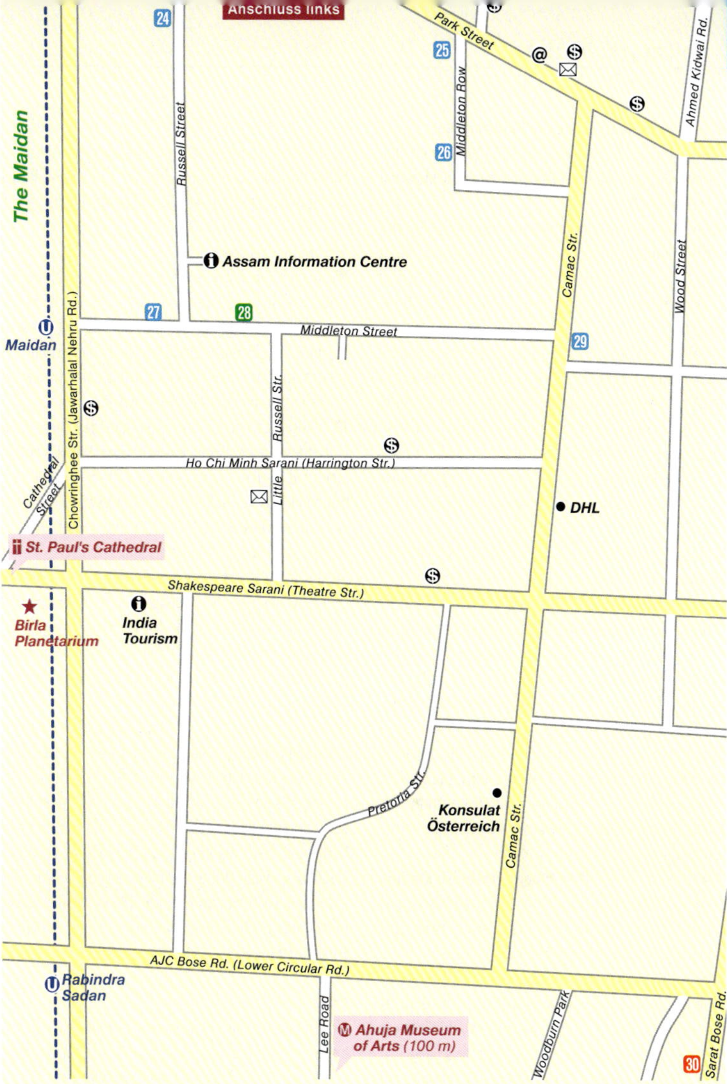

Essen und Trinken
- 2 1658
- 3 Blue & Beyond
- 4 Kathleen's Confectionary
- 8 Raj Spanish Café
- 10 Bhoj Company
- 11 Blue Sky Café
- 20 Mocambo, Tung Fong
- 23 Blue Fox und Bar B Q
- 24 Teej und Gangaur
- 25 Flury's Swiss Confectionary
- 26 Peter Cat
- 27 Fire & Ice
- 29 Ivory

Verkehr
- 13 Backpackers
- 18 Busbüro für Busse nach Bangladesch

■ Die sehr beliebte Filiale der **Haldiram-Kette** (Ecke Chowringhee / AJC Bose Rd., 7.30–22 Uhr) serviert vielseitiges Fastfood indischer Prägung in guter Qualität. Thalis kosten ab 120 Rs.

■ Suchtgefahr besteht beim Betreten von **Kathleen's Confectionary** (Mirza Ghalibh St. / Lindsay St., 9–22 Uhr). Das Angebot an köstlichen Kuchen und Keksen ist derart verlockend, dass man meist viel mehr kauft als beabsichtigt.

■ Selbst, wer keinen Kaffee oder einen der indischen Snacks kosten möchte, sollte dem **Indian Coffee House** (Bankim Chatterjee St., Mo–Fr 9–21 Uhr, Sa bis 12.30, So 5–21 Uhr) einen Besuch abstatten. Das billige Restaurant hat als eines der letzten in Indien als ehemaliger Treffpunkt von Intellektuellen und Freiheitskämpfern noch viel vom verwitterten Charme vergangener Zeiten bewahrt.

■ Unter Einheimischen gilt das vollklimatisierte **Amber Restaurant** (11, Waterloo Street) als eines der besten Lokale Kolkatas. Neben der vorzüglichen indischen Küche (Hauptgericht ca. 200–400 Rs) ist es sicherlich auch die große Auswahl an alkoholischen Getränken, die den guten Ruf des Hauses begründet. Als Nachtisch sollte man eine der zahlreichen Eissorten probieren. Abends stört manchen die Musiklautstärke.

■ Hat man wenig Hunger oder wenig Geld, passt das **Song Hay** (3 Waterloo St., 11–22.30 Uhr). Die sowieso schon preiswerten und schmackhaften Gerichte (50–150 Rs) kosten vor 17 Uhr, wenn auf Wunsch halbe Portionen serviert werden, nur die Hälfte.

■ Ein Favorit der indischen Mittelschicht ist das **Mocambo** (Mirza Ghalibh St., 12–22.30 Uhr). Italienische und indische Küche (250–450 Rs), auch etwas Fisch, sind schmackhaft in dieser modernen Speisestätte.

■ Nebenan serviert **Tung Fong** (12–22.30 Uhr) vorwiegend Geschäftsleuten erstklassige chinesische Gerichte (400–700 Rs) in stilechtem, aber kühlen Ambiente mit zentraler goldener Kuppel. Die Alkoholkarte ist lang.

■ Weitere empfehlenswerte Restaurants entlang der Park Street sind das **Blue Fox,** das aus drei Teilen mit jeweils unterschiedlicher Küche bestehende **Bar B Q** (43 Park St., 12–16.30 und 19–23 Uhr, 200–350 Rs) und das traditionsreiche **Peter Cat** (Middleton Row, 170–400 Rs, 11–23 Uhr) mit stimmigem Interieur, Sizzler und Lammkebabs.

■ Wer im Süden Kolkatas unterwegs ist und gut und preiswert speisen möchte, ist in einer Filiale von **Bojohari Manna** (Hindustan Rd., 12.30–22.30 Uhr) mit bengalischer Küche (60–290 Rs) inkl. Thali (230–270 Rs) und Fischgerichten bestens bedient. Samstags Live-Musik.

■ Im Howrah-Bahnhof versorgt das große **Food Plaza** mit typischer, großteils westlicher Fastfood-Kost.

Gehobene Preisklasse

■ Eine der Top-Adressen für ausgezeichnete einheimische, chinesische und westliche Gerichte ist das **Ivory** (22 Camac Street, www.ivorykitchen.com/kol/) mit Terrasse. Um die 600 Rs für ein Hauptgericht sind für die köstlichen Speisen und das Ambiente eher günstig. Empfehlenswert ist auch das umfangreiche Mittagsbuffet.

■ Sehnsucht nach authentischen Nudelgerichten, Pizza und anderen italienischen Köstlichkeiten? Wer das nötige Kleingeld besitzt (Hauptgerichte 550–750 Rs), findet kaum ein besseres italienisches Restaurant im Osten Indiens als das **Fire & Ice** (12–23.15 Uhr, www.fireandicepizzeria.com) im Kanak Building, Middleton St.

■ Mit dem **Oh!Calcutta** findet sich eines der besten „Allround-Restaurants" (indisch, chinesisch, europäisch, 12.30–15 und 19.30–23 Uhr, Tel. 22837161) im 4. Stock der Forum Shopping Mall an der Elgin Rd. Die meisten Hauptgerichte in diesem auf kolonial getrimmten Restaurant kosten zwischen 400 und 1.000 Rs.

■ In einer interessanten Mischung zwischen modernem und traditionellem Ambiente speist der Gast vielseitig im **1658** (26 Chowringhee Rd., Tel. 40611658), touristengünstig nah an Indian Museum und Sudder Street gelegen. Exquisite italienische, asiatische und kontinentale Küche inkl. Fisch (Hauptgerichte 350–500 Rs, Hummer 1.500 Rs) und edle Weine sind nicht mal übermäßig teuer unter dem Lichtdom im Zentrum. Die kleine Bar (Cocktails/Wein ab 700/350 Rs) hilft beim Warten auf einen Tisch, Reservierung ist angeraten.

Cafés

■ Berühmt sind die Bengalen für ihre Vorliebe für Süßes. Im **Indra Mahal** an der Chowringhee Road in der Nähe des Oberoi Hotel gibt es eine riesige Auswahl.

■ **Flury's Swiss Confectionery** in der Park Street (7.30–22 Uhr) ist der richtige Ort, um seinen Afternoon-Tea oder einen Kaffee mit köstlichem Gebäck (75–150 Rs) und die exzellenten Hauptgerichte (400–700 Rs) in gepflegter Art-déco-Atmosphäre zu genießen.

Bank

■ **Thomas Cook** hat sein Büro am 196 Shakespeare Sarani (1. Stock, Mo–Sa 9.30–18 Uhr).
■ Praktisch alle Banken haben einen **ATM** (Geldautomaten), sodass kein Mangel besteht.
■ Im Bereich der Sudder Street gibt es eine Reihe privater **Geldwechsler,** meist die dortigen Reisebüros, wo man schnell und zuverlässig wechseln kann.

Post und Internet

■ Der imposante Kuppelbau des **General Post Office** Office (Netaji Subhas Rd.) liegt an der Westseite des BBD Bagh. Hier sind Briefmarken erhältlich und Paketversand möglich. Im 100 m entfernten neuen Bau (Koilaghat St.) werden alle üblichen Postdienste getätigt inkl. Paketversand. Vor dem neuen Postamt warten Paket-Wallahs, die die Päckchen in Tuch einnähen. In der angeschlossenen Briefmarkenabteilung *(philatelic bureau)* kann man u.a. sogar sein eigenes oder andere Fotos in eine Briefmarke verwandeln lassen (300 Rs).
■ **DHL,** günstig an der Camac St. in Chowringhee gelegen, ist Mo–Sa von 8 bis 21 Uhr geöffnet.
■ In der Nähe der Sudder Street versorgen **R-Internet-Travels** (Tottee Lane, 9–22 Uhr) und **Cyber Den** (Chowringhee Lane, bis 21 Uhr) mit Netzzugang. An der Park St. ist **Cyber Zoom** (27B Park St., 10–21.30 Uhr) aktiv.

Medizinische Versorgung

■ Im Notfall wird der Hilfsbedürftige im Krankenhaus **Apollo Gleneagles** (Tel. 23203040, Notfall 60601066 (24 Std.), www.apollogleneagles.in) gut versorgt.
■ Nicht weit von der Sudder Street stehen bei **Eastern Diagnostics** (13 Mirza Ghalibh St., Tel. 22178080, Mo–Sa 9–14 Uhr, www.easterndiagnostics.com) mehrere Ärzte zur Verfügung.
■ Eine Übersicht liefert www.calcuttaweb.com/information/doctors-in-kolkata.html.
■ Weitere Auskünfte erteilt das **Deutsche Konsulat** (siehe Kapitel „Praktische Reisetipps A–Z/Diplomatische Vertretungen").

Einkaufen

■ Der **New Market** ist eine Mischung aus Überbleibseln des 1988 abgebrannten Hogg Market und neueren Geschäften. Zweifellos ist dies immer noch eine der besten Einkaufsadressen der Stadt. Vom Sari bis zum Fernseher wird alles angeboten.
■ Wer sich erst einmal in aller Ruhe eine Übersicht über die große Palette an kunsthandwerklichen Produkten verschaffen möchte, sollte ins **Central Cottage Industries Emporium** (7, Chowringhee Road) gehen. Die Festpreise sind zwar höher als im Landesdurchschnitt, doch dafür ist die Qualität hervorragend, und niemand drängt einen zum Kauf.
■ Die **Lindsay Street** ist eine der besten Einkaufsstraßen, in der sich in den letzten Jahren immer mehr teure Luxusläden angesiedelt haben. Man sollte sich ruhig einmal in einem der eleganten Modegeschäfte umschauen.
■ Auch die Geschäfte entlang der **Chowringhee Road** sind speziell abends immer gut gefüllt mit den konsumfreudigen Vertretern der indischen Mittelschicht. Vielfach gelten dort Festpreise.
■ Viele dem Traveller-Geschmack entsprechende Buchläden liegen entlang der Sudder/Mirza Ghalibh St., etwa **Bookland.** Bessere Auswahl hat **Earthcare Bookstore** (10 Middleton St., Mo–Sa 11–19 Uhr, www.earthcarebooks.com). Bei einigen Läden kann man auch seine ausgelesene Reiselektüre in Zahlung geben. Die beste Adresse für Literatur ist **Oxford Books** (www.oxfordbookstore.com, 10–22 Uhr) an der Park Street. Wer politisch interessiert ist, findet im **Seagull Bookstore** (www.seagullindia.com, Shyama Prasad Muckerjee Rd., im Norden der Stadt) reiche Auswahl.
■ Wer sich für indische **Musikinstrumente** interessiert, sollte sich in der Rabindra Sarani umschauen. Hier werden

Man sollte sich auf die auf Touristen spezialisierten **Schlepper,** die sich oft als Tourist Guides ausgeben, nicht einlassen. Wer mit ihnen ein Geschäft aufsucht, zahlt von Anfang an 30 % mehr. Überhaupt gelten die Ladeninhaber als besonders gerissen, und so ist der New Market auch als **Cheater Market** bekannt. Also aufgepasst und kräftig handeln!

in mehreren Geschäften Perkussionsinstrumente, Sitars und Tablas etc. in teils exzellenter Qualität verkauft.

- Mehrere **Shopping Malls** westlicher Prägung sind in den letzten Jahren eröffnet worden. Für Europäer sind die meisten kaum interessant. Wer dennoch einmal vorbeischauen will – drei der bekanntesten in der Innenstadt sind Forum Shopping Mall (Elgin Rd.), 22 Camac (22 Camac Rd.) und Metro Shopping Centre (Ho Chi Minh Sarani).
- Für Souvenirjäger ist das **Dakshinapan Shopping Centre** (Gariahat Rd., Mo–Sa 10.30–19.30 Uhr) im südlichen Kolkata interessant. Obwohl von außen wenig einladend, fördert die Vielfalt der Geschäfte unter einem Dach die Kauflust ungemein.

An- und Weiterreise

Flug

- Der 2013 komplett neu gebaute **Netaji Subhas Chandra Bose International Airport** (Tel. 25118787) befindet sich 16 km nordöstlich des Zentrums. Kolkata ist ein sehr beliebtes Drehkreuz für nationale und internationale Flüge nach Bangladesch, Myanmar, Nepal, Thailand, Singapur, Bhutan oder China. Es bestehen Flugverbindungen in alle großen Städte Indiens und die Hauptstädte der Nordoststaaten. Trotz der Erneuerung des Flughafens sind die Einlasskontrollen immer noch langwierig, sodass man sich rechtzeitig auf den Weg machen sollte. Die meisten Fluggesellschaften haben keine Filialen im Stadtgebiet mehr, sondern sind nur noch am Flughafen und online vertreten.
- Es verkehren regelmäßig klimatisierte **Flughafenbusse** der Linie VS1 vom Esplanade Bus Stand im Halbstundentakt (Fahrtzeit ca. 1 Std., 50 Rs) zum neuen Terminal durch das Airport Gate 1. Die Zufahrt ist auch durch das Airport Gate 2 erreichbar, ca. 400 m westlich nahe den jetzt ungenutzten alten Flughafen-Terminals. Seltener auch Verbindungen zum Howrah-Bahnhof (Linie VS2) und nach Tollygunge.
- Mit dem **Taxi** liegt der Preis bis in die Stadt zur Sudder Street oder zum Oberoi Hotel bei ca. 350 Rs pro Taxi, zur Howrah Bridge 100 Rs mehr. Bei Ankunft am Flughafen in Kolkata sollte man ausschließlich die im Voraus zu bezahlenden Taxis vom Prepaid-Taxistand nehmen (Stand 12 im neuen Ankunftsterminal zwischen den Ausgängen 3B und 4).
- Zurzeit ist die **Metrostation Dum Dum,** 5 km südwestlich des Flughafens, die diesem nächstgelegene. Von dort verkehren die Buslinien 30B und DN9/1 zum Airport Gate 2/Jessore Rd. Ab 2017 sollte die neue Zubringerlinie über die Metrostation Noapara mit dem Flughafen verbinden.
- Vom BBD Bagh aus fahren die rotbraunen **Minibusse** 151 (Fahrzeit 1 Std., Endziel Birati, von dort kurze Rikshafahrt) und Bus 46 vom Esplanade Bus Stand zum Flughafen.

Bahn

Kolkata besitzt mit dem **Howrah** auf der westlichen Seite des Hooghly und dem **Sealdah** im Osten der Stadt **zwei große Bahnhöfe.** Bis auf die Züge Richtung Darjeeling und in die Nordostprovinzen fahren fast alle Züge vom Howrah. Beide Bahnhöfe sind Tummelplätze für **Taschendiebe,** deshalb sollte man besonders aufmerksam auf seine Wertsachen achten.

Das **Ticket** kauft man am besten im **Foreign Tourist Bureau** (6 Fairlie Place, Tel. 22224206), da nur dort Foreign Tourist Quota angewendet werden. Das bedeutet, dass der ausländische Tourist selbst bei vollen Zügen fast immer noch einen Platz zugewiesen bekommt. Obwohl die Bediensteten recht professionell arbeiten, sind Wartezeiten von einer Stunde durchaus möglich. Es gilt, möglichst früh, am besten noch kurz vor Öffnung, da zu sein. Gleich beim Eintritt nehme man sich ein an einem der Schalter auszufüllendes Leerformular, auf dem handschriftlich schon die eigene Wartenummer eingetragen ist. Diese wird dann angezeigt. Öffnungszeiten: Mo– Sa von 10 bis 17 Uhr (13 bis 13.30 Uhr Mittagspause), So 10 bis 14 Uhr. Wer mit Rupien bezahlen will, muss seine Wechselquittung vorlegen. **Weitere Railway Reservation Offices** befinden sich u.a. gleich nebenan und in 14 Strand Rd./Koilaghat St. und an der U-Bahn-Station Tollygunge. Diese sind länger geöffnet, meist 8–20 Uhr, es werden jedoch keine Tourist-Quota-Tickets verkauft.

Reisebüros etwa um die Sudder St. ersparen den Gang zum Reservierungsbüro und können gelegentlich noch Tickets für eigentlich schon ausgebuchte Zugverbindungen ergattern, wofür jedoch eine unterschiedlich hohe Kommission anfällt.

- **Wichtige Verbindungen** siehe Tabelle im Anhang.

Bus

Züge sind in fast allen Fällen den längeren und unkomfortablen Busfahrten vorzuziehen.

427in mb

Essensstand in Kolkata

Einzig von oder nach **Siliguri** und **Puri** fahren einige wenige Traveller per Bus. Vom Busbahnhof Esplanade kostet die 12–14-stündige Fahrt nach Siliguri zur Weiterfahrt nach Darjeeling/Sikkim mit einem nächtlichen AC-Luxusbus (Sitz-/Schlafplatz) 1.000/1.200 Rs, weniger komfortable Busse um 450 Rs. Abfahrt ist meist zwischen 17 und 20 Uhr.

Medi Trips Carriers (3A, Auckland Place, Tel. 30988048) verbindet mit Puri und Bhubaneshwar (8 Std.) in klimatisierten Luxusbussen.

Sunderbans-Schutzgebiet

Die Sunderbans („schöne Wälder"), seit 1997 **Welterbe der UNESCO,** sind eine faszinierende amphibische Welt aus Kanälen, Mangrovenwäldern, Inseln und kleinen Dörfern. Sie liegen im **Mündungsgebiet** der drei wasserreichen Flüsse Ganges, Brahmaputra und Meghua.

Das sich über 10.000 km² erstreckende Delta befindet sich zu etwa einem Drittel auf indischem Territorium und zu zwei Dritteln in **Bangladesch.** Das nur wenige Meter über dem Wasserspiegel liegende Gebiet, von dem 1973 eine 2.585 km² große Kernzone zum **Nationalpark** erklärt wurde, gerät immer wieder durch Naturkatastrophen wie Überschwemmungen und Wirbelstürme sowie durch menschentötende **Tiger** in die Schlagzeilen. Hiervon sind jedoch so gut wie nie ausländische Touristen betroffen, die nur in ganz geringer Zahl die beschwerliche Anreise auf sich nehmen, dafür um so häufiger die einheimische Bevölkerung. Insbesondere die Honigsammler, die sich oft tief in das Mangrovendickicht hineinwagen, um das kostbare Gut zu ernten, werden immer wieder Opfer der ca. 300 bengalischen Tiger, die das weit verzweigte Gebiet auf Beutesuche durchkämmen. Jährlich bis zu 20 Sammler müssen ihren Beruf mit dem Leben bezahlen.

Trotz dieser größten Tigerpopulation aller indischen Nationalparks ist es äußerst unwahrscheinlich, einen der bengalischen Königstiger zu Gesicht zu bekommen. Wesentlich größer sind die Chancen, eines der Beutetiere des Tigers wie **Axishirsche, Wildschweine** und **Rhesusaffen** zu erspähen. Typische Wassertiere, die gelegentlich beobachtet werden können, sind Fischotter, Krokodile, Wasserschlangen und Schildkröten.

Letztlich ist es jedoch nicht so sehr die Tierwelt als die geruhsame **Bootsfahrt,** die die eigentliche Faszination der Sunderbans ausmacht. Insbesondere nach dem brodelnden Kolkata wähnt man sich hier in einer anderen Welt. Beste Besuchszeit für den Nationalpark ist zwischen September und März.

■ **Eintritt und Transport:** Private **Motorboote** liegen am Steg vor dem Rasthaus in Sajnekhali und warten auf Touristen. Zu der Tagesgebühr von 600 Rs pro Boot müssen noch 600 Rs für den vorgeschriebenen Führer und 50 Rs für die Boots-Zufahrtserlaubnis hinzugerechnet werden. Der **Eintrittspreis** von 150 Rs pro Tag und die Kamera-/Videogebühr von 10/200 Rs müssen am Mangrove Interpretation Centre (Tel. 03218-5528, 8.30–17 Uhr) in Sajnekhali bezahlt werden.

Anfahrt

Sehr zeitaufwendig und umständlich ist die **individuelle Anreise** von Kolkata, dafür kann man dann aber auch so lange bleiben, wie es gefällt. Man sollte frühmorgens aufbrechen. Am einfachsten per **Bus oder Bahn** von Kolkata ins 54 km entfernte **Canning** und von dort per Boot nach **Sajnekhali,** dem Zugangsort zu den Sunderbans.

Ansonsten vom Babu Ghat in Kolkata per Bus in 3 Std. nach Sonakhali, der erste Bus startet um 6.30 Uhr. Von dort fahren etwa stündlich Boote in 1½ Std. nach **Gosava** (30 Rs). Um 13 Uhr startet von hier ein weiteres Boot nach Sajnekhali, dem Parkeingang. Verpasst man diese Verbindung, muss man eine Fahrradriksha nach Pakhiraca nehmen (45 Min.) und von dort nach Sajnekhali übersetzen. Der täglich letzte Bus von Sonakhali zurück nach Kolkata startet um 16.30 Uhr.

Touren

Die bequemste Art, die Sunderbans zu bereisen, bieten die von Reiseagenturen und West Bengal Tourism (3/2 BBD Bagh, Kolkata, Tel. 23585189, www.wbtdc.gov.in) in Kolkata angebotenen zwei- oder dreitägigen **Touren per Boot** ab Non-AC/AC 3.600/5.400 Rs pro Person und Tag, drei Tage/Nächte kosten 4.900/7.900 Rs. Die kurze Reisedauer ist nicht zu empfehlen, da dann die An- und Abfahrt so viel Zeit in Anspruch nimmt, dass viel zu wenig Zeit für die eigentliche Parkbesichtigung zur Verfügung steht.

Viele Reiseagenturen bieten **All-Inclusive-Touren** an, wobei die Preise stark variieren. Als Durchschnittspreis für dreitägige Touren können 5.500 bis 15.000 Rs p.P. angenommen werden, pro Zusatztag ohne Extras weitere 1.500 bis 4.000 Rs. Verlässliche Anbieter in Kolkata sind:

■ **Help Tourism** (s.o.: Kolkata, „Geführte Stadtrundgänge").

■ **Sunderban Tiger Camp,** Mitter House, 2. Stock, 71 Ganesh Chandra Avenue, Tel. 033-32935749, (0)983 1170453, www.waxpolhotels.com.

■ **Backpackers** (s.o.: Kolkata, „Geführte Stadtrundgänge") ist billiger als die Konkurrenz, aber dennoch engagiert. Ab 5.500 Rs p.P für 3 Tage/2 Nächte inkl. Transport von/nach Kolkata und Unterkunft in Cottages/Verpflegung und Safari; Extratag und weitere Safari je 1.000 Rs zusätzlich pro Person.

Unterkunft

■ Als einzige Übernachtungsmöglichkeit in Sajnekhali steht die staatlich geleitete **Sajnekhali Tourist Lodge** ②-③ (Tel. 03218-214960, 236560) zur Verfügung. Wenn man bedenkt, dass der Preis ein Frühstück und eine Hauptmahlzeit beinhaltet, erscheint das Angebot verlockend. Mitten in der Natur und inmitten von vielen Affen gelegen, ist dies eine akzeptable preiswerte Bleibe. Leider macht das ganze Haus einen heruntergekommenen Eindruck und es wäre zu wünschen, dass diesem sehr reizvollen Ziel eine akzeptable Unterkunft hinzugefügt werden könnte.

■ Eine weitaus schönere Unterkunft ist das **Sunderban Tiger Camp**④-⑤ (Tel. 32935749, (0)9830867600, www.waxpolhotels.com) in Dayapur. Man wohnt in komfortablen Hütten, Zelten und Cottages, diese sind teilweise klimatisiert. Im Preis inbegriffen sind neben Unterkunft und Verpflegung die Bootstouren in den Sunderbans, der Guide und die An- und Abreise. Start (um 7 Uhr morgens, ab August um 8.30 Uhr) ist vor dem Priya Cinema im Süden Kolkatas per Luxusbus und im weiteren Verlauf per Boot. Die Kosten müssen vor der Abreise bezahlt werden. Mehr Informationen gibt's auf der detaillierten Website.

Siliguri und New Jalpaiguri

Selbst für indische Verhältnisse sind die an der Schnittstelle zwischen der nordindischen Tiefebene und Sikkim, Darjeeling und den Nordostprovinzen gelegenen Orte Siliguri und New Jalpaiguri laut, staubig und hektisch. Die beiden Städte sind ohne erkennbare Grenze entlang der Tenzing Norgay Rd. (auch als Hill Cart Rd. bekannt) zusammengewachsen. Durch die exponierte geografische Lage hat sich der Doppelort zu einem scheinbar endlos expandierenden **Handels- und Verkehrsknotenpunkt** entwickelt, durch den sich eine Karawane hupender und stinkender Bus se und Lkws quält.

Leider führt kein **Weg nach Darjeeling und Sikkim** an Siliguri vorbei, und so sieht die Stadt täglich viele Touristen, die nichts anderes im Sinn haben, als diesen ungemütlichen Ort so schnell als möglich wieder zu verlassen. Ein Unterfangen, welches nur allzu oft mit unliebsamem Stress verbunden ist, versuchen doch die um die Not der Touristen wissenden Riksha- und Taxifahrer, soviel Profit wie möglich aus der Situation zu schlagen. Drum sei schon hier auf die Prepaid-Schalter am Bahnhof und das aushängende Preisschild für Rikshas vor dem Tenzing-Norgay-Busbahnhof hingewiesen.

Praktische Tipps

Information

■ **Vorwahl:** 0353

■ Im **Sikkim Tourist Information Centre** (Hill Cart Rd., Tel. 2512646, 2251264, Mo– Sa 10–16 Uhr) etwas weiter südlich werden auch Permits für den Besuch Sikkims ausgestellt. Wer morgens mit Pass und Foto in Reisepassgröße im Büro erscheint, sollte in den meisten Fällen kurz vor Schließung seine Besuchserlaubnis ausgehändigt bekommen. Eine weitere, sehr hilfsbereite Infor-

Unterkunft
1 Hotel Sinclairs
10 Hotel Cindrella
12 Dolly Inn
13 Summit Embassy Hotel

Essen und Trinken
2 Palms Restaurant
7 Shere-e-Punjab
9 Punjabi Kadhai
10 Amrapali Restaurant
14 Sartaj, New Ranjit

Verkehr
3 Tenzing Norgay Busbahnhof, Jeepstand Darjeeling und Kurseong
4 India Tourism Luxusbus nach Kolkata
5 Rikshastand und Preistafel
6 Sikkim National Transport Terminal
8 TSA
11 Kalimpong Jeepstand
15 Bahnreservierungsbüro

mationsstelle von **Sikkim Tourism** (Tel. (0)9832017545, Mo–Sa 8–19.45 Uhr) findet sich etwas zurückversetzt am Bahnsteig 1 des Bahnhofs New Jalpaiguri.

Stadtverkehr

■ Zwischen dem Bahnhof von New Jalpaiguri und dem Tenzing-Norgay-Busbahnhof verkehren **Autorikshas** (120 Rs, vor beiden genannten Bahnhöfen sind bindende Preisschilder angebracht), **Taxis** (300 Rs) und **Busse.** Wer sich für eine **Fahrradriksha** entscheidet, sollte sich im Klaren sein, dass man sich und vor allem den Fahrer einer ca. 30-minütigen Tortur entlang einer staubigen, stark befahrenen Straße aussetzt.

Unterkunft

Für jene, die ihre Anschlussverbindungen verpasst haben und deshalb in Siliguri übernachten müssen (einen anderen Grund wird es ja wohl kaum geben), stehen auf der ca. 8 km langen Strecke zwischen den beiden Bahnhöfen mehrere Dutzend Hotels und Lodges zur Auswahl.

■ Mit seinen für den Preis guten Zimmern (AC, Flachbildschirm, saubere Badezimmer) mit hauseigenem Restaurant ist das **Dolly Inn**②-③ im Zentrum (Tel. 2777223) für eine Nacht eine gute Wahl.

■ Ein sehr gutes Preis-Leistungs-Verhältnis bietet das moderne **Summit Embassy Hotel**③ (Tel. 3040100, www.gangourhotels.in). Freundlich gestaltete Zimmer (alle mit AC und Flachbildschirm) in zentraler Lage zu einem exzellenten Preis machen es zu einer der besten Unterkünfte Siliguris.

■ Eine recht komfortable Übernachtungsmöglichkeit bietet das moderne **Hotel Sinclairs**④ (Tel. 2517674, (0)913322801317-20, www.sinclairshotels.com). Zu den Annehmlichkeiten des gut 1 km nördlich vom Busbahnhof gelegenen Hotels gehört ein Swimmingpool. Gut und dementsprechend teuer mit Preisen von 300 Rs für ein Hauptgericht ist auch das angeschlossene **Palms Restaurant.**

■ 4 km östlich von Siliguri ist das **Hotel Cindrella**④ (Sevoke Rd., Tel. 2544130, www.cindrellahotels.com) die luxuriöseste Bleibe dieser Region. Im großen, parkartigen Garten lockt der Pool, auch Sauna und Tennisplatz gehören dazu. Das vegetarische **Amrapali Restaurant** serviert indische, chinesische und europäische Speisen (200–400 Rs).

Essen und Trinken

■ Schmackhafte Punjabi-Kost serviert das Restaurant von **Shere-e-Punjab** gegenüber dem Busbahnhof.

■ Mit dem **Sartaj** findet sich Siliguris bestes Nicht-Hotelrestaurant an der Hill Cart Rd. Köstliche indische Gerichte kosten zwischen 150 und 380 Rs. Das **New Ranjit** im gleichen Haus eine Etage tiefer serviert vegetarische Speisen.

■ Eine der wenigen Adressen Siliguris, bei der man in gepflegtem Ambiente leckere nordindische Speisen genießen kann, ist das **Punjabi Kadhai** (Sevoke Rd., Tel. 2545678, www.punjabikadhai.in). Wie üblich bei der Punjabi-Küche sind besonders die würzigen, nicht allzu scharfen Fleischgerichte zu empfehlen (200–500 Rs).

Bank und Internet

■ Mehrere **ATMs** und **Internetcafés** finden sich an der Hill Cart Rd.

An- und Weiterreise

Flug

■ **Flughafen Bagdogra,** 13 km südwestlich, Flüge u.a. nach Kolkata und Delhi. Die Fluggesellschaften setzen zu den jeweiligen An- und Abflugzeiten einen Bus von und nach Darjeeling ein. Nach Siliguri zahlt man gut 300/500 Rs mit Riksha/Taxi.

Bahn

■ Ein **Reservierungsbüro** (Tel. 2537333), in dem Tickets für Züge von allen drei Bahnhöfen in Siliguri gekauft werden können, befindet sich in der Nähe der Hauptpost an der Straße nach Kalimpong. Mo–Sa 8–20 Uhr (11 und 14 Uhr Pausen), So 8–14 Uhr. Natürlich gibt's Tickets auch im Bahnhof New Jalpaiguri.

■ Von **Kolkata** aus fährt der 13147 Uttar Banga Exp.: Abf. Kolkata Sealdah 19.35 Uhr, Ank. New Jalpaiguri 7 Uhr. Oder der 12343 Darjeeling Mail: 22.05 Uhr ab Kolkata Sealdah, New Jalpaiguri an 8 Uhr. Von hier aus gibt es eine **direkte Verbindung nach Darjeeling** mit dem

Toy Train: New Jalpaiguri ab 9 Uhr, Siliguri ab 9.30 Uhr, Darjeeling an ca. 17 Uhr. Eine gute Nachtverbindung von New Jalpaiguri ist der 12378 Padatik Exp.: Abf. 21 Uhr, über Malda (ab 0.40), Ank. in Sealdah 6.45 Uhr.

- 6x wöchentl. fährt der schnelle 12424 Rajdhani Exp.: **New Delhi** ab 14 Uhr, über Mughal Sarai (nahe Varanasi, ab 23 Uhr), New Jalpaiguri an 10.45 Uhr. Umgekehrt (Zug-Nr. 12423): New Jalpaiguri 13.15 Uhr, über Patna (an 21.40 Uhr), Mughal Sarai (1 Uhr), Allahabad (3.10 Uhr), Ank. New Delhi 10.10 Uhr. Auch diese Schnellzüge verbinden mit Guwahati. Mit Express-Zügen dauert die Fahrt gut 30 Stunden.
- Der **Toy Train** fährt tgl. um 9 Uhr. Von **New Jalpaiguri** nach Darjeeling und benötigt für die knapp 90 km lange Strecke 8 Std. (1.Kl./2.Kl. 420/245 Rs). Der Zug hält auch in Siliguri Town und Siliguri Junction direkt hinter dem Tenzing-Norgay-Busbahnhof. Da er häufig über Tage ausgebucht ist, sollte man ca. drei Tage vorher reservieren.
- Ende 2012 war die Strecke von New Jalpaiguri/Siliguri nach Darjeeling wegen **Instandsetzungsarbeiten** nach Erdrutschen nicht in Betrieb. Ob sich dies geändert hat, muss vor Ort in Erfahrung gebracht werden.

Bus

- Nur noch wenige staatliche Busse fahren vom Tenzing-Norgay-Busbahnhof nach **Darjeeling.** Deshalb sollte man auf die Jeeps von Privatanbietern zurückgreifen.
- Nach **Gangtok** (5 Std., 115–210 Rs), der Hauptstadt Sikkims, setzt Sikkim National Transport von seinem Büro an der Hill Cart Road 250 m südlich des Tenzing-Norgay-Busbahnhofs Busse (7.30, 11.30, 12.30 und 13.30 Uhr) ein. Das für Sikkim notwendige Permit ist im dortigen Sikkim Tourist Information Centre (Genaueres im Abschnitt Information) am SNT Terminal erhältlich.
- IndiaTourism startet tgl. um 19.30 Uhr von einem kleinen Extrastand gegenüber dem Tenzing-Norgay-Busbahnhof mit einem AC-Luxusbus nach **Kolkata** (12 Std., 900 Rs), eine komfortable Variante. Der Bus kann per Telefonat (Mobilnummer: (0)9832095984) vorreserviert werden. In diesem Fall muss man mindestens eine halbe Stunde vor Abfahrt des Busses dort erscheinen, sonst wird der Sitzplatz anderweitig vergeben.
- Auch mehrere sogenannte Rocket-Busse der Calcutta State Transport Corporation (CSTC) verkehren zwischen 12 und 22 Uhr zwischen Siliguri und **Kolkata** (12 Std., 266 Rs, Tickets an Counter 10 des Tenzing-Norgay-Busbahnhofs), ebenso lange dauert die Fahrt nach **Patna** und **Bihar.**
- Zur indischen **Grenzstadt Panitanki** starten etwa halbstündig Busse zur einstündigen Fahrt (20 Rs) vom Busbahnhof. Die Grenze ist von indischer Seite durchgängig, von nepalesischer Seite jedoch nur von 7 bis 19 Uhr geöffnet. Vom ersten Ort in Nepal, Karkarbhitta, sind es noch einmal 16 Std. Fahrtzeit bis **Kathmandu.**

Taxi/Jeep

- Gemeinschaftsjeeps nach **Darjeeling** warten entlang der Hill Cart Rd. vor dem Busbahnhof und vor dem Conclave Hotel auf Kunden. Sie bewältigen die Strecke in ca. 3½ Std., Prepaid-Preis 180 Rs, Taxi exklusiv: 2.500 Rs. In den ebenfalls dort startenden Minibussen kostet die Fahrt 80 Rs.
- **Vom Flughafen Bagdogra nach Darjeeling** kostet die Fahrt mit dem Taxi (bis 5 Pers.) um 2.500 Rs, mit einem Stopp in Mirik 3.000 Rs, nach Bhadrapur kurz hinter der nepalesischen Grenze 840 Rs.
- Nach **Gangtok** starten Jeeps (210 Rs, 4 Std.) vom Sikkim National Transport (SNT) Terminal südlich des Tenzing-Norgay-Busbahnhofs. Auch nach Kakarbhitta, dem Grenzort auf nepalesischer Seite, fahren von Siliguri Gemeinschaftsjeeps (70 Rs).

Oft gibt es Scherereien mit **Taxis,** die man gleich nach der Ankunft am **Bahnhof in New Jalpaiguri** gebucht hat. Spezielle Vorsicht ist geboten, wenn die Fahrer einen **Vorschuss** von 100–200 Rs für Benzin verlangen. Oft fahren sie nur ins 8 km entfernte Siliguri, wo man aufgefordert wird, in ein anderes Taxi nach Darjeeling umzusteigen – den Vorschuss ist man dann los. Deshalb empfiehlt es sich, zunächst per Taxi oder Riksha von New Jalpaiguri nach Siliguri zu fahren und dort ein Taxi nach Darjeeling zu buchen, zumal die Auswahl dort auch größer ist.

Darjeeling

– schneebedeckte Berge, Mönche und Tee

Darjeeling legt Wert darauf, mehr zu sein als eine Teesorte. Zwar genießt der Ort weltweite Berühmtheit wegen des in seiner Umgebung angebauten **Spitzentees,** doch in Indien selbst ist er mindestens ebenso beliebt als die neben Shimla bekannteste **Hill Station** des Landes. Die Ähnlichkeit zwischen diesen beiden Orten ist denn auch unübersehbar. Beide wurden in den ersten Jahrzehnten des letzten Jahrhunderts von den Briten als Erholungsort für ihre während der Sommermonate unter der Hitze und Schwüle der Tiefebene leidenden Kolonialbeamten gegründet. Nach der indischen Unabhängigkeit lösten Mitglieder der indischen Oberschicht die ehemaligen Kolonialherren ab, wobei in den letzten Jahren die immer zahlreicher werdenden Mitglieder der oberen Mittelschicht das Bild bestimmten. Speziell nach dem Ausfall Kashmirs als Ferienziel konzentrieren sich seit Beginn der neunziger Jahre immer mehr Urlauber auf diese Orte. Die damit zwangsläufig einhergehenden Folgeerscheinungen wie oftmals hässliche Hotelneubauten und steigende Preise bilden die Kehrseite dieses Touristenbooms.

Auf 2.134 Metern Höhe gelegen, zieht sich Darjeeling über mehrere Kilometer entlang eines steilen Berghanges, wobei die indisch geprägten **Geschäftsviertel** und der alte Bahnhof die unteren Stadtteile kennzeichnen, während die ehemaligen **Villen** der britischen Kolonialherren standesgemäß die attraktiven Viertel der **Oberstadt** bilden. Ein dicht verwinkeltes, kaum überschaubares Netz von steil aufsteigenden Straßen, Gassen und Treppen verbindet die einzelnen Stadtteile.

Wie es sich für eine ehemalige Hill Station gehört, besitzt auch Darjeeling eine Promenade, die den Mittelpunkt des gesellschaftlichen Lebens bildet. Hier sind auch die meisten der alten, heute oft in Hotels umgewandelten Kolonialbauten zu finden. Die Stadt lockt nicht nur mit ihrem **angenehmen Klima,** sondern auch mit hervorragenden Ausblicken auf die angrenzenden Himalaya-Berge, wobei die klarste Sicht in der Zeit von Mitte März bis Mitte September herrscht. Danach kann es mit Temperaturen um den Gefrierpunkt empfindlich kühl werden.

Während der **Hauptreisezeit** zwischen März und Juni sowie Oktober und November, wenn die Stadt während des Diwali-Festes von bengalischen Urlaubern fest im Griff gehalten wird, steigen die Hotelpreise z.T. um das Drei- oder Vierfache.

Eine Hauptattraktion Darjeelings ist der **Toy Train,** dessen Diesellokomotive die 2.000 Höhenmeter aus dem Tiefland von New Jalpaiguri entlang einer landschaftlich äußerst reizvollen Strecke in acht Stunden Fahrt zurücklegt. Als kurze Variante schnauft eine winzige Dampflokomotive nach Kurseong und Ghoom.

Eine weitere Attraktion ist der besonders hohe Anteil von **Bergstämmen** aus dem Himalaya, die der Stadt einen ganz besonderen Stempel aufdrücken. Die meisten dieser von den Briten Ende des vorherigen Jahrhunderts für den Teeanbau ins Land geholten Arbeitskräfte stammen aus Nepal und folgen dem buddhistischen Glauben. Ihre Anwesenheit war Grund für blutige **Auseinandersetzungen** in den 1980er Jahren. Die einheimische Bevölkerung wehrte sich gegen die von ihr beklagte Überfremdung. Die militante Gurkha National Liberation Front (GNLF) lieferte sich einen erbitterten Guerillakampf mit der indischen Zentralregierung um einen autonomen Staat Gurkha-Land. 1988 wurde dem Blutvergießen am Verhandlungstisch ein Ende bereitet, indem der Region größere Autonomie zugesprochen wurde. Inzwischen versucht die aus der GNVL entstandene Partei Gurkha Jamukti Morcha (GJM), noch mehr **Autonomie** für die Gurkhas durchzusetzen. Die Protestmethoden reichen von der Weigerung, Steuern und Rechnungen zu zahlen, bis zu Streiks, bei denen das gesamte öffentliche Leben stillsteht.

Wer die einzigartige Mischung aus britischem Flair, buddhistischen Klöstern, hinduistischen Tempeln, nahen Bergmassiven und schönen Teelandschaften erlebt hat, wird verstehen, warum Darjeeling zu Recht Wert darauf legt, mehr zu sein als eine, wenn auch weltberühmte, Teesorte.

Sehenswertes

Tiger Hill

Darjeelings Hauptattraktion, der Exkursion zum Tiger Hill, kann sich kein Tourist entziehen. Zu nachtschlafender Stunde, morgens um 4.30 Uhr, macht sich ein Konvoi laut knatternder Jeeps (100/150 Rs einfache Fahrt/hin- und zurück, ca. 700 Rs für einen Jeep) auf den Weg zu diesem ca. 11 km südlich von Darjeeling gelegenen Berg, von dessen 2.590 m hohem Gipfel sich ein wunderschöner **Sonnenaufgang über dem Himalaya** erleben lässt. Nur wenige sind es, die sich das Naturschauspiel entgehen lassen, welches sich allmorgendlich vor allem über dem 8.578 m hohen **Kanchenjunga,** dem drittgrößten Berg der Erde, entfaltet. Das einzigartige Farbenspiel, wenn das gewaltige Bergmassiv sich langsam rot, dann rosa und schließlich gelb färbt, ist das frühe Aufstehen und die empfindliche Kälte allemal wert. Bei guter Sicht ist, winzig klein, auch die **Spitze des Mount Everest** sichtbar. Für einen Aufpreis von 40 Rs kann man der morgendlichen Kälte in den beheizten „Lounges" des Viewing Tower entgehen. Am Berg selbst stehen zahlreiche Essens- und Teestände zur Verfügung.

■ Statt Hin- und Rückfahrt zum Tiger Hill mit dem Jeep zu fahren, empfiehlt es sich, nach Sonnenaufgang den **Rückweg zu Fuß** zurückzulegen. Dabei kann man nicht nur **Klöster in Ghoom** besuchen, sondern auch noch Einblick in das Leben der Dörfer entlang des Weges gewinnen. So kommt man in aller Gemütlichkeit vormittags wieder in Darjeeling an, wo man sich den Rest des Tages in einem der schönen Dachterrassenrestaurants bei einem Tee entspannen kann.

Ansonsten können über Reisebüros oder mit einem der am Clubside Taxi Stand wartenden **Jeeps** Ausflüge arrangiert werden. Die Variante, einen der zwischen 4 und 4.30 Uhr von der Laden La Rd. zum Tiger Hill startenden Jeeps zu besteigen, hat den Vorteil, nicht vorbuchen zu müssen und so die jeweils herrschende Wetterlage berücksichtigen zu können.

Klöster

Von den zahlreichen buddhistischen Klöstern in der Umgebung Darjeelings ist das 8 km südlich der Stadt nahe **Ghoom** gelegene **Yiga-choling-Kloster** das wohl interessanteste. Von außen wirkt es zwar mit seinen Betonmauern wenig einladend, doch die Offenheit und Herzlichkeit der Novizen sowie die schöne Meditationshalle mit einer 5 m hohen Statue des kommenden Buddhas, Maitreya, lohnen auf jeden Fall einen Besuch. Wer fotografieren will, muss pro Foto 10 Rs bezahlen.

Gleiches gilt für das etwa einen Kilometer nördlich von Chowrasta gelegene **Bhutia-Busta-Kloster,** welches ursprünglich in Sikkim beheimatet war. 1879 wurde es in Darjeeling angesiedelt und bildet mit seiner bunten Bemalung und dem Kanchenjunga im Hintergrund ein pittoreskes Fotomotiv.

Himalayan Zoo

Mittlerweile werden die Tiere im Padmaja Naidu Himalayan Zoo artgerechter gehalten. Neben Bewohnern wie **Pandabären** und **Wölfen** aus Tibet, **Tigern** und **Panthern** ist die Aufzuchtstation für **Schneeleoparden** die Hauptattraktion in diesem ca. 20 Fußminuten vom Chowrasta entfernten Tierasyl.

■ **Öffnungszeiten:** täglich außer Do 8.30 bis 17.30 Uhr, Tickethäuschen bis 16 Uhr geöffnet, Eintritt 100 Rs. Per **Gemeinschaftsjeep** kostet es vom Chowk Bazaar 10 Rs, per **Taxi** 60 Rs.

Himalayan Mountaineering Institute and Museum

Interresant ist ein Besuch dieses unmittelbar an den Zoo angrenzenden Instituts (Tel. 2254087, www.hmi-darjeeling.com), welches von Sherpa **Tenzing Norgay** bis zu seinem Tod im Jahre 1986 geleitet wurde. Eine Statue zu Ehren des Mannes, der zusammen mit *Sir Edmund Hillary* als Erster den Mount Everest bestiegen hat, steht neben dem Hauptgebäude. Das Mountaineering Museum zeigt eine ebenso interessante wie kuriose Sammlung diverser Exponate aus der **Geschichte des Bergsteigens.** Das im angrenzenden Raum untergebrachte **Everest Museum** dokumentiert die nach langen und leidvollen vorhergehenden Versuchen 1953 letztlich erfolgreiche Ersteigung des höchsten Berges der Erde. Dem Institut ist ein kleines Restaurant angeschlossen.

Öffnungszeiten: täglich außer Do 8.30–16.30 Uhr. Eintritt für Zoo und das Institut 100 Rs. Zwischen März und September werden teils sehr anspruchsvolle Kletter-, Trekking- und Kanutouren zu festen Terminen veranstaltet. Da die Nachfrage groß ist, sollten sich Interessierte mehrere Monate vorher anmelden.

Tibetean Refugee Self Help Centre

Wie in anderen Städten mit einem hohen Anteil **Tibetern,** die 1953 zusammen mit dem Dalai Lama nach Indien geflüchtet sind, so existiert auch in Darjeeling ein gut organisiertes **Selbsthilfezentrum** (Lebong Cart Rd., tgl. außer So von Sonnenauf- bis Sonnenuntergang geöffnet). Neben sozialen Einrichtungen wie Krankenstation und Altersheim finden sich hier Werkstätten, in denen die **traditionellen Kunsthandwerke** Tibets – wie Tep-

Blick auf das Kanchenjunga-Massiv

518in mb

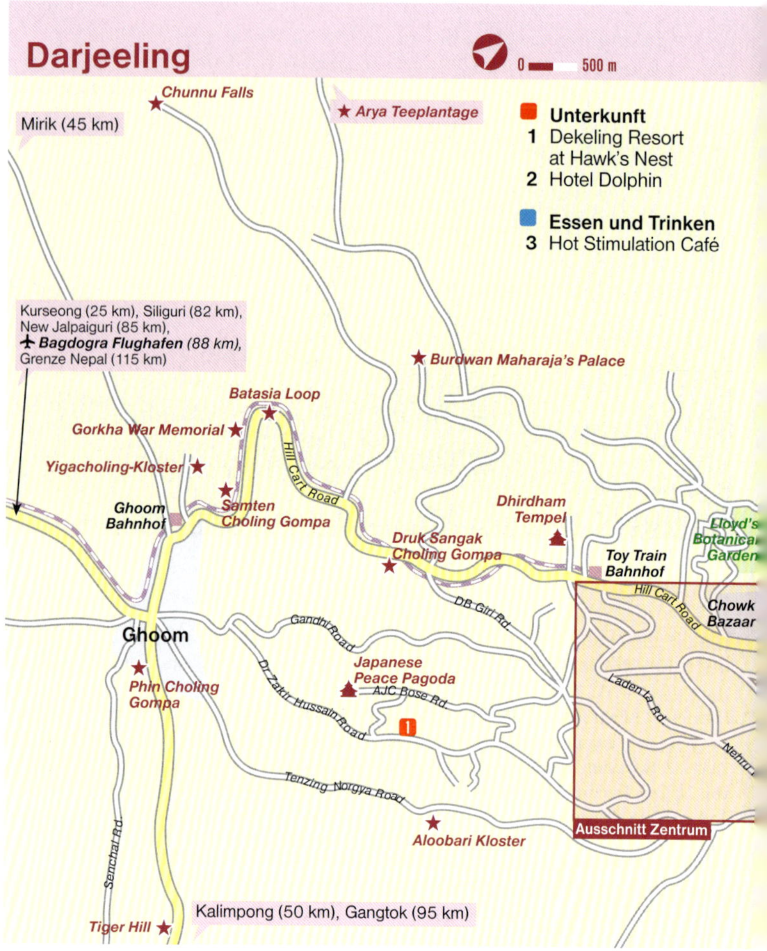

pichknüpferei, Holzschnitzerei und Lederverarbeitung – ausgeübt werden. Der Verkauf der dabei erzeugten Artikel im Showroom (9–17.30 Uhr) sichert nicht nur den Arbeitern ein geregeltes Einkommen, sondern erhält auch traditionelle Herstellungsverfahren, die im Zeitalter der modernen Massenproduktion kaum überlebensfähig wären. Die Preise sind zwar kaum niedriger als in der Stadt, doch dafür bietet sich hier die Möglichkeit, beim Herstellungsprozess zuzuschauen. Es herrscht die für Tibeter so charakteristische freundliche Atmosphäre, und die Aussicht kann man ebenfalls genießen.

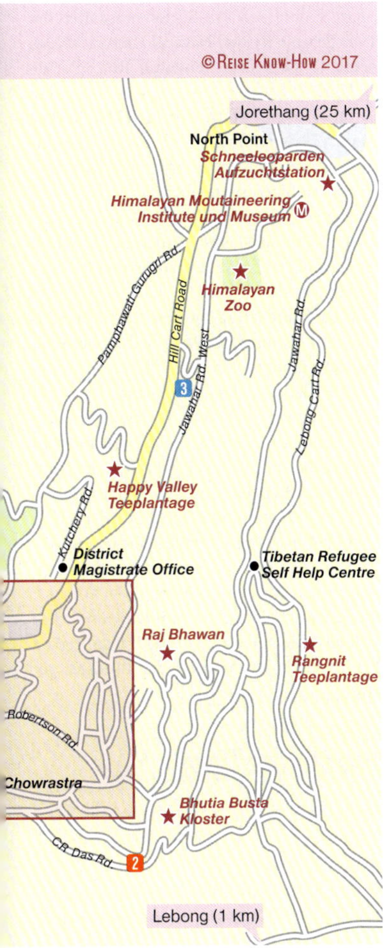

Das Zentrum ist entweder in ca. 20 Minuten zu Fuß erreichbar, wobei der steile Anstieg auf dem Rückweg einkalkuliert werden sollte, oder per Taxi (inkl. Rückweg und Wartezeit ca. 300 Rs).

Happy Valley Tea Estate

Ihrer günstigen Lage nur etwa 20 Gehminuten vom Bahnhof entfernt verdankt es diese Plantage, dass sie die meistbesuchte der insgesamt über 70 **Teeplantagen** Darjeelings ist.

Ein Hauptgrund für die weltweit geschätzte Qualität des Darjeeling-Tees ist das hier angewandte „orthodoxe Verfahren", welches speziellen Wert auf sanfte Verarbeitungsmethoden legt. Dabei werden die Blätter nach dem Pflücken (nur die Triebe und die beiden jüngsten Blätter finden Verwendung) während eines etwa 15-stündigen Welkverfahrens auf dem Rost ausgelegt und durch eine Turbine luftgetrocknet. Danach erfolgen die genau aufeinander abgestimmten Schritte des Rollens, Siebens und Fermentierens. Gegen ein geringes Trinkgeld kann man sich die Verarbeitungsprozesse von einem Angestellten der Fabrik erklären lassen.

Als beste Sorten gelten die gleich zu Beginn der Saison gepflückten First Flush (April/Mai) und Second Flush (Juni/Juli). Besonderer Wert wird im Happy Valley auf den chemiefreien Herstellungsprozess gelegt, wobei der sehr freundliche und auskunftsbereite Manager der Anlage nicht verhehlt, dass dabei auch der Druck der deutschen Aufkäufer eine große Rolle gespielt hat. Die Plantagen Darjeelings produzieren jährlich etwa 10 Mio. kg Tee, was etwa einem Viertel der Gesamtproduktion Indiens entspricht. Ein Besuch der Plantage und Fabrik lohnt jedoch nur von April bis November, da während der übrigen Zeit die Produktion ruht. Eine kleine Spende nach der informativen Führung ist sicher angebracht.

■ **Geöffnet:** tgl. außer So 8–16 Uhr.

Toy Train

Eisenbahnfans strömen aus der ganzen Welt nach Darjeeling, um einmal mit diesem berühmten Zug mit zwei Fuß Spurbreite zu fahren, der korrekt **Darjeeling Himalayan Rail-**

way (www.dhrs.org) heißt. Die 1881 in Dienst gestellte Bahnverbindung ist eine der letzten ihrer Art in Indien. Auf der kürzeren Strecke nach **Kurseong** (1½ Std., 31 km) sind noch die schnaubenden **Dampfloks** aus den Anfangsjahren, die nicht mehr als 10 km/h schaffen, in Betrieb. Auf der gut siebenstündigen 80 bzw. 88 km langen Strecke von New Jalpaiguri und Siliguri ziehen **Diesellokomotiven.** Bergab von Darjeeling dauert die Fahrt knapp eine Stunde weniger.

Außerdem gibt es tgl. drei ca. zweistündige sogenannte **Joyrides** (Abfahrtszeiten zur Hauptsaison 10.40, 13.20 und 16 Uhr) nach **Ghoom** und zurück (240 Rs), wobei die Dampflokomotiven eine halbe Stunde beim **Railway Museum** in Ghoom (10–13 und 14–16 Uhr) und kurz beim **Batasia Loop,** einer fotogenen Spiralkurve der Gleise, halten. Da alle Strecken in der Hauptsaison stark frequentiert sind, sollte man sein Ticket am Bahnhof mindestens einen Tag vorher kaufen oder per Internet (www.irctc.co.in) ordern. Zur Recherchezeit war die Strecke zwischen New Jalpaiguri und Darjeeling wegen mehrerer Erdrutsche nicht in Betrieb. Auf der genannten Internetseite oder vor Ort kann der aktuelle Stand in Erfahrung gebracht werden.

Weitere Sehenswürdigkeiten

Im zwischen Bahnhof und Teeplantagen gelegenen **Lloyd's Botanical Garden** (täglich 6–17 Uhr, Tel. 2252358) findet sich eine repräsentative Auswahl der Flora der Himalaya-Region, wobei besonders die Orchideen- und Rhododendronabteilung Interesse verdient.

Erinnerungen an Nepal ruft der unterhalb des Bahnhofs platzierte **Dhirdham-Tempel** wach. Dieser auffälligste Hindu-Tempel der Stadt ist zwar Shiva gewidmet, wurde jedoch dem Pashupatinath-Tempel bei Kathmandu nachempfunden, in dem Vishnu in seiner Erscheinung als Beschützer der Tiere verehrt wird.

Über 40.000, z.T. jedoch reichlich verstaubt wirkende Beispiele aus der Pflanzen- und Tierwelt der Himalaya-Region präsentiert das 1903 gebaute **Bengal Natural Historical Museum** (Bishop Eric Benjamin Rd., tgl. 10–17 Uhr).

Im großen Klotz der **Gorkha Ranga Manch Bhawan** findet in der Hauptsaison eine Vielzahl kultureller und unterhaltender Veranstaltungen statt. Über das aktuelle Programm informiert das DGHC Tourist Office.

Im Nightingale Park werden in der Saison ab etwa 16.30 Uhr **Tanzvorführungen** dargeboten.

Eine **Wanderung zu den Chunnu Falls** südwestlich von Darjeeling sollte man über die steile Bloomfield Road angehen.

Eine leichte, landschaftliche attraktive Wanderung südlich vom Stadtzentrum entlang der Gandhi Rd./AJC Bose Rd. führt zu der friedlich auf einem Hügel gelegenen **Japanese Peace Pagoda.** Am schönsten ist ein Besuch am frühen Morgen um 4.30 oder 6 Uhr, wenn die ansässigen Mönche eine bewegende Gebetszeremonie abhalten, an der man gern teilnehmen darf. Zwar finden diese Zeremonien auch am Nachmittag um 16.30 und 18.30 Uhr statt, doch dann wird die Friedfertigkeit häufig durch den Andrang der Touristen gestört.

Praktische Tipps

Information und Reisebüros

- **Vorwahl:** 0354
- Das **DGHC Tourist Office** (Darjeeling Gorkha Hill Council, Tel. 2255351, Jawahar Rd. West, April bis Juli 9–18.30 Uhr, Nebensaison Mo–Sa 10–16.30, jeden 2. Sa des Monats 10–13 und So 10–13 Uhr) nicht weit vom Chowrasta entfernt ist eine hilfsbereite und kompetente Informationsquelle. Hier werden auch Rundfahrten, Trekking-Touren und Rafting (Schwierigkeitsgrad II bis IV) nahe Kalimpong angeboten. Filialen befinden sich am Bahnhof und am Flughafen Bagdogra.
- Bei **Adventures Unlimited** (Hotel Nordling Complex, 142 Dr. Zakir Hussain Rd., Tel. (0)9933070013, www.adventuresunlimited.in) können Trekking- und Kayak-Touren sowie Paragliding gebucht und Motorräder gemietet

428in mb

werden. Außerdem gibt's ein schnelles Internetcafé und Geldwechsel.

■ **Himalayan Travels** (Tel. 2252254, (0)9434209847, 18 Gandhi Rd., www.himalayantravels.net) ist ebenfalls ein alteingesessener Tourorganisator mit viel Erfahrung. Außerdem werden Autos mit Fahrer vermietet.

■ Die vielleicht verlässlichste Adresse, ein Taxi oder einen Jeep mit Fahrer zu mieten, ist **Juniper Tours & Travels** (Tel. 2252095, (0)9434143458, juniper@sancharnet.in), zentral an der Laden La Rd. gelegen. Hier kann man auch Flug- und Bahntickets buchen.

Stadtrundfahrt und Ausflüge

■ Das DGHC Tourist Office und mehrere private Anbieter veranstalten u.a. zwei dreistündige **„Seven-Point-Touren"** (9.30 und 14 Uhr, mit Zoo, Himalayan Mountaineering Institute, Tibetan Refugee Self-Help Centre und mehreren Aussichtspunkten) sowie eine **Ganztagestour nach Mirik.** In der Hauptsaison werden auch Tagesausflüge nach **Gangtok, Kalimpong** und zum **Tiger Hill** (Start 4 Uhr morgens, bis 7.30 Uhr) mit Sonnenaufgängen etwa über dem Kanchenjunga durchgeführt. Ob die Touren stattfinden, hängt allerdings davon ab, ob die jeweilige Mindestteilnehmerzahl erreicht wird.

■ Wer eigenständig unterwegs sein will, muss für ein **Taxi** etwa 3.000 Rs für einen ganzen Tag veranschlagen.

Der Toy Train im Wartestand

Unterkunft

Wie alle Hill Stations in Indien verfügt auch Darjeeling über eine schier unübersehbare Fülle an Hotels, deren **Preise** je nach der Jahreszeit extremen Schwankungen unterliegen. Von Mitte März bis Mitte Juli und noch einmal während des Dussera-Festes im September/Oktober ist der Ort proppevoll mit gut betuchten Urlaubern aus Kolkata, und entsprechend teuer ist die Übernachtung. In den kalten Wintermonaten von November bis Februar bekommt man dafür ein gutes Mittelklassehotel zum Preis einer Low-Budget-Unterkunft. Allerdings schließen viele

Darjeeling, Zentrum

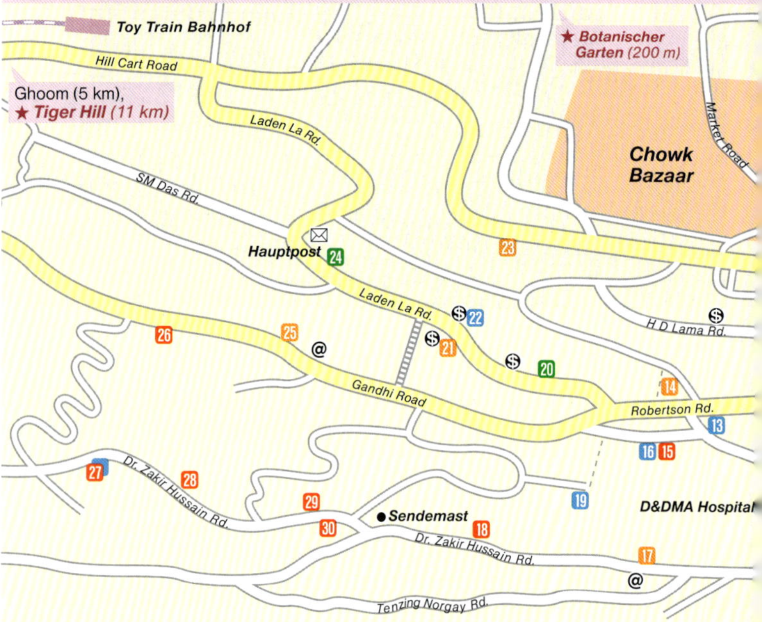

Unterkunft
1 Mayfair Hill Resort
2 The New Elgin Hotel
3 Hotel Windamere
4 Classic Guest House
7 Hotel Bellevue
8 Magnolia Residency
15 Hotel Dekeling
18 Guest House Andy's
26 Revolver
27 Aliment Hotel
28 Traveller's Inn, The Grace Inn
29 Hotel Long Island
30 Hotel Tower View

Einkaufen
6 Oxford Bookshop
20 Haydan Hall
24 Nathmull's Tea Room

Hotels außerhalb der Saison auch ganz. Generell gilt die Regel, dass die Hotels entlang der beiden Hauptstraßen Nehru Road und Laden La Road am teuersten sind. Je weiter man sich von der Innenstadt nach Südosten entfernt, desto billiger wird es. Entsprechend der vorwiegend gehobenen Klientel Darjeelings ist die Zahl der Billigunterkünfte allerdings verhältnismäßig klein. Die im Folgenden genannten Unterkünfte stellen nur eine sehr kleine Auswahl dar, wobei sich die **Preisangaben** auf die Hauptsaison beziehen.

■ Beim sehr freundlichen **Aliment Restaurant & Hotel**①-② (Dr. Zakir Hussain Rd., Tel. 2255068, aliment

■ **Essen und Trinken**
5 Star Dust Restaurant
9 Shangrila
10 Glenary's, Frank Ross Café, Hasty Tasty
13 Keventers
16 Restaurants Kunga und Devekas
19 New Embassy Restaurant
22 Park Restaurant
27 Aliment Restaurant

■ **Verkehr**
11 Busbahnhof, Taxi Unions, Jeeps nach Siliguri, Gangtok
12 Jeeps nach Siliguri
14 Juniper Tours & Travels
17 Adventures Unlimited
21 Samsara Tours, Treks & Travels
23 Hill Cart Rd. Jeepstand
25 Himalayan Travels

Trekking in Darjeeling

Die Region nordöstlich von Darjeeling **in Richtung Sikkim** gehört zu den beliebtesten Trekkinggebieten im indischen Himalaya. Entsprechend gut ist die Infrastruktur, vor allem entlang der Hauptwanderwege. **Übernachtungsmöglichkeiten** stehen überall zur Verfügung. Allerdings kann es während der Monate April/Mai und Oktober/November, wenn die meisten Trekker unterwegs sind, zu Engpässen, sodass man auf jeden Fall einen Schlafsack mitnehmen sollte.

Sehr gute **Informationen** aus erster Hand gibt's beim DGHC (Darjeeling Gorkha Hill Council) Tourist Office und in dessen sehr informativem Heft „Himalayan Treks". Dort erhält man auch gute **Trekkingkarten.** Unter Verwaltung von DGHC stehen auch die Berghütten an den Wanderrouten. Schlafsäcke sowie Daunenjacken und andere Ausrütung kann billig z.B. bei Adventure Sports Office beim DGHC Lowis Jubilee Complex in der SK Pal Rd. ausgeliehen werden. Neben dem im Folgenden aufgeführten Trek gibt es noch viele weitere interessante, auch mehrwöchige Wander- und Kletterrouten, die man im Übrigen auch organisiert über eine der zahlreichen in Darjeeling ansässigen Trekkingagenturen erkunden kann. Einige der besten sind unter „Information und Reisebüros" aufgelistet.

6-Tage-Trek: Darjeeling – Rimbik – Darjeeling

1. Tag: Busfahrt (5 Std.) zum 2.286 Meter hoch gelegenen Rimbik

2. Tag: 5-stündige Wanderung von Rimbik nach Raman auf 2.560 Meter Höhe

3. Tag: 7-stündiger, z.T. sehr steiler Anstieg nach Phalut (3.600 Meter), von wo sich ein großartiger Ausblick auf den Kanchenjunga und bei klarem Wetter bis zum Mt. Everest genießen lässt.

4. Tag: Von Phalut nach Sandakphu (3.636 Meter) geht es zunächst steil bergab, bevor wieder ein steiler Aufstieg folgt. Erneut wird man hierfür mit einer herrlichen Aussicht belohnt.

5. Tag: Die Rückkehr zum über 1.000 Meter tiefer gelegenen Rimbik dauert ca. 6 Stunden.

6. Tag: Rückfahrt nach Darjeeling

web@sify.com) handelt es sich, wie es der Name schon vermuten lässt, in erster Linie um ein – übrigens vorzügliches – Restaurant, welches über einige schlichte und saubere Zimmer verfügt.

■ Eine süße Billigunterkunft ist das **Hotel Long Island** ① (Dr. Zakir Hussain Rd., Tel. 2252043, (0)9434 467743). Einfache, aber saubere Zimmer, teils mit Gemeinschaftsbad, in familiärer Atmosphäre und ein hübsches Restaurant machen es zur allerersten Wahl dieser Kategorie.

■ Gegenüber gelegen, ist das **Hotel Tower View**① (Tel. 2254452) eine Billigbleibe, in der jedoch nur die Zimmer mit Aussicht empfohlen werden können. Hier gibt's einen spottbilligen Schlafsaal und ein Restaurant.

■ Eine Qualitätsstufe höher ist das **Guest House Andy's** ①-② (Dr. Zakir Hussain Rd., Tel. 2253125) anzusiedeln. Geräumige, saubere Zimmer und der Dachgarten mit Rundumblick locken.

■ Hübsch möbliert sind das **Traveller's Inn**③-④ (Dr. Zakir Hussain Rd., Tel. 2258497) mit holzgetäfelten Wänden und das preiswertere **The Grace Inn**②-③ (Rockville Rd., Tel. 225 8106, (0)9832092902) nahe dem Sendeturm, beide gut in Schuss, aber ohne viel Aussicht von den Zimmern. Die wird aber von der jeweiligen Restaurantterrasse gewährt.

■ Etwas versteckt hinter der Union Chapel, muss das **Revolver**②-③ (Gandhi Rd., Tel. 225370, www.revolver.in)

als eine der besten Unterkünfte Darjeelings bezeichnet werden. Leider nur fünf gemütliche, bunte Zimmer sind nach je einem Beatle inkl. Manager benannt und entsprechend dekoriert. Klasse sind auch das Restaurant, WiFi in der Lobby, die hilfreiche, freundliche Besitzerin und Heizdecken in den Betten gegen die klamme Kälte zu manchen Jahreszeiten.

■ Im kleinen, an den steil abfallenden Hang gebauten **Hotel Dolphin**④ (Hermitage Mall Rd., Tel. 6419889, (0)8972475723, www.hoteldolphin.in) mit sauberen Zimmern zum Tal und gutem Restaurant ist der morgendliche, meist nicht von Wolken getrübte, fantastische Blick auf das Kanchenjunga-Massiv aus den großen Panoramafenstern der Super-Deluxe-Zimmer wohl kaum zu toppen, aber auch recht teuer.

■ Eine hervorragende Adresse in dieser Preiskategorie ist das **Hotel Bellevue**③-④ (Tel. 2254075, (0)980 0667148, www.bellevuehotel-darjeeling.com) direkt im Herzen der Stadt am Chowrasta-Platz. Der Zahn der Zeit hat an diesem altmodisch schönen Kolonialhotel offensichtlich kräftig genagt, doch das macht es nur noch sympathischer. WiFi vorhanden.

■ Eine der besten Unterkünfte in der mittleren Preiskategorie ist das **Magnolia Residency**②-③ (Tel. 2252532, www.magnoliaresidency.com). Die geschmackvoll eingerichteten Zimmer verfügen alle über Flachbildschirm und WiFi. Das vorzügliche Frühstück nimmt man auf der Dachterrasse ein – der tolle Himalaya-Ausblick ist inbegriffen.

■ Viel Charme haben auch die vier Zimmer des **Classic Guest House**③ (C.R. Das Rd., Tel. 2254120, rajn_classic@hotmail.com) gleich unterhalb des Chowrasta. Die großen Zimmer mit Balkon und TV sind zwar leicht angegraut, doch machen dies die schöne Einrichtung, das freundliche Management und die tollen Ausblicke in diesem alten Kolonialhaus mehr als wett.

Unser Tipp: Eine sehr empfehlenswerte Unterkunft ist auch das **Hotel Dekeling**③-④ (Tel. 2254159, www.dekeling.com) in der Gandhi Rd. Neben den gemütlich eingerichteten Zimmern und dem sympathischen Manager überzeugt das Hotel durch sein vorzügliches tibetanisches Restaurant im Erdgeschoss. Am besten sind die Eckzimmer der oberen Stockwerke. Wenn es richtig kalt wird, gibt's ne Wärmflasche gratis.

■ Die sympathische Dekeva-Familie des Hotel Dekeling führt auch das herrliche **Dekeling Resort at Hawk's Nest**⑤ (Tel. 2253092, www.dekeling.com), etwa 20 Gehminuten südlich der Innenstadt an der AJC Bose Rd. gelegen. Der Ende des 19. Jh. von einem britischen Kolonialbeamten erbaute Prachtbau ist eine schöne Synthese aus britischem Kolonialstil und tibetanischer Gemütlichkeit. Jede der vier weitläufigen Suiten verfügt über ein modernes Badezimmer, Kamin und tolle Aussichten auf den umliegenden Garten und das Kanchenjunga-Massiv.

■ Das **The New Elgin Hotel**⑤ (Tel. 2257226, www.elginhotels.com, Preise inkl. Mahlzeiten) an der H.D. Lama Road ist wieder eines jener altmodisch schönen Unterkünfte, die man vornehmlich in *Hill Stations* findet. Trotz seines gesegneten Alters von 125 Jahren wirken die Räume sehr hell und freundlich und haben moderne Ausstattung. Der herrliche Garten lädt zum Relaxen beim Afternoon-Tea ein.

■ Zu den besonders empfehlenswerten Unterkünften aus der Kolonialzeit gehört das herrliche **Mayfair Hill Resort**⑤ (The Mall, Tel. 2256376, www.mayfairhotels.com) gegenüber dem *Government House*. Herrlich möblierte Zimmer und viel Blumenschmuck machen den Aufenthalt behaglich. Nach dem Motto „the best of both worlds" kann man hier nicht nur den Charme der „guten alten Zeit" genießen, sondern auch alle Annehmlichkeiten der Neuzeit wie LCD-TV und WiFi.

■ Das oberhalb des Chowrasta Place auf dem Observatory Hill in einer ausgedehnten Parkanlage gelegene **Hotel Windamere**⑤ (Jawahar Rd. West, Tel. 2254041, www.windamerehotel.com) ist nicht nur unbestritten das schönste Hotel Darjeelings, sondern würde auch in jedem Buch über die romantischsten Kolonialhotels Indiens Aufnahme finden. Der Eindruck, dass hier mit dem Abzug der Briten die Zeit stehen geblieben ist, wird auch dadurch bestätigt, dass sich die Besitzer standhaft weigern, neuzeitliche Errungenschaften wie Fernsehen und Zentralheizung einzuführen, um den authentischen Charakter ihres 1862 erbauten Hauses zu bewahren. So kann man sich in den herrlich antiquierten Räumen bei Kaminfeuer und Wärmflasche oder auf der Terrasse bei English Breakfast und herrlicher Aussicht nostalgischen Erinnerungen an die gute alte Zeit hingeben. Wenn möglich, sollte man sich in einen der insgesamt 27 Bungalows oberhalb des Hauptgebäudes einmieten. Im Preis sind alle Mahlzeiten plus *morning tea* enthalten.

Essen und Trinken

■ Zum Frühstück gibt's keine bessere Adresse als die **Keventers** an der Nehru Road. Wer kann schon den herrlichen Käse-Schinken-Sandwiches oder den Milchshakes widerstehen, wenn gleichzeitig die herrliche Aussicht von der Dachterrasse genossen werden kann?

Unser Tipp: Wesentlich stilvoller isst man im großen Speisesaal des **Glenary's,** einem klassischen Kolonialstilgebäude mit Aussicht am oberen Ende der Nehru Road. Ob nun zum Frühstück, zur *Tea Time* mit Kuchen oder zum Dinner mit vorzüglichen Hauptgerichten (250–600 Rs). Nicht auslassen sollte man die köstlichen Kuchen, das braune Brot und den frischen Käse in der Bäckerei. Weiterer Pluspunkt ist die kostenlose WiFi-Anbindung.

■ Für Liebhaber der indischen Küche gibt es in Darjeeling keine bessere Adresse als das **Park Restaurant** im südlichen Bereich der Laden La Rd. Die vorzüglichen Gerichte lassen einen sogar die grauselig kitschige Inneneinrichtung vergessen.

Unser Tipp: Eine der besten Adressen in Darjeeling für köstliches Essen in gemütlicher Atmosphäre zu günstigen Preisen (100–200 Rs) ist das **Kunga Restaurant** an der Gandhi Rd. Das von sympathischen Tibetern betriebene Minirestaurant serviert köstliche tibetanische und chinesische Kost (allerdings nur bis ca. 19.30 Uhr). Auch im beliebten **Devekas Restaurant** (120–250 Rs) werden neben chinesicher Küche, Pizza und Burgern tibetische Gerichte serviert.

■ Die Terrasse des **Star Dust Restaurant** ist der ideale Ort, um bei südindischen Snacks das bunte Leben am Chowrasta an sich vorbeiziehen zu lassen.

■ Wen es zur Abwechslung mal wieder nach chinesischem Essen gelüstet, der sollte das **New Embassy Restaurant** im Hotel Valentino aufsuchen.

■ Das **Shangrila** ist ein gehobenes Mittelklasserestaurant im Zentrum mit einer reichen Auswahl an einheimischen, chinesischen und westlichen Speisen in ansprechendem Ambiente (180–400 Rs).

■ Wer in der Nähe der Jugendherberge wohnt und den langen Weg ins Stadtzentrum scheut, sollte das sehr gute und preiswerte **Aliment Restaurant** versuchen. Das vornehmlich tibetanische Gerichte (120–250 Rs) servierende Lokal ist ein Treffpunkt der Traveller-Szene.

☒ Buddhistische Kinder

■ **Hasty Tasty,** eine Fastfood-Kette, die sich immer mehr in Indien ausbreitet, bietet vegetarische Snacks zu günstigen Preisen (80–150 Rs, Thalis 130 Rs). Ebenfalls zu empfehlen sind der „kleine Bruder" nebenan, das **Frank Ross Café** (120–260 Rs, Frühstück 130–230 Rs).

■ Wer sich auf dem langen Weg vom oder zum Zoo ein wenig ausruhen möchte, dem sei das **Hot Stimulation Café** empfohlen. Für „Hot Stimulation" sorgt weniger das nur durchschnitliche Essen, dafür jedoch die schönen Aussichten in die Umgebung.

Einkaufen

■ Die Nehru Road südlich des Chowrasta-Platzes ist während der Hauptreisezeit von **Souvenirständen** flankiert, an denen meist tibetanische Flüchtlinge von dicken, wärmenden Socken bis zum Thanka alles verkaufen. Es versteht sich, dass bei der Menge der angebotenen Waren die wenigsten der kunsthandwerklichen Souvenirs tatsächlich, wie immer wieder versichert, antik sind. Überhaupt sollte man nicht den Fehler begehen, zu glauben, dass alles, was von den Straßenständen angeboten wird, billiger ist als in den Läden.

■ Wer einen wunderschönen **Teppich** (ca. 400 US$ inkl. Zustellung) als Souvenir auf dem heimischen Fußboden platzieren möchte, sollte sich einen aus dem reichhaltigen Katalog des **Tibetan Refugee Self Help Centre** aussuchen. Dieser wird nach Fertigstellung, ca. sechs Monate später, zuverlässig zugestellt. Man findet hervorragende und relativ preisgünstige Exemplare auch in der **Haydan Hall** (Mo–Sa 9–17 Uhr, www.haydenhall.org) in der Laden La Road gegenüber der State Bank of India. Auch hier kommen die Gewinne sozialen Einrichtungen zugute.

■ Als bekanntester Ort für die Teegewinnung muss es in Darjeeling natürlich auch ein entsprechendes Geschäft geben: **Nathmull's Tea Room** (Mo–Sa 9–19.30 Uhr in der Hauptsaison, www.nathmulltea.com) an der Laden La Road verkauft seit über 80 Jahren Tee der Region unterschiedlicher Qualität sowie hübsche, entsprechende Accessoires.

■ Von den zahlreichen guten Buchläden Darjeelings ist der seit 1925 am Chowrasta ansässige **Oxford Bookshop** (Mo–Sa 9.30–19.30 Uhr in der Hauptsaison), u.a. mit hervorragenden Bildbänden über den Himalaya, der beste. Hier gibt es auch indische Tageszeitungen, die jedoch meist zwei Tage alt sind.

Bank, Post und Internet

■ Die **ATMs** der SBI am Chowrasta sowie einer der **ICICI-Bank** in der Laden La Rd. akzeptieren die wichtigsten internationalen Kreditkarten bis auf AmEx.

■ Die **Hauptpost** (Mo–Fr 9–17 Uhr, Sa und So sind nur Briefmarken erhältlich und können Speed-Post-Pakete verschickt werden) in der Laden La Rd. verfügt über Post Restante und hat einen recht verlässlichen Paket-Service.

■ Von den vielen Internetcafés des Ortes sind das **Computel Centre** (Gandhi Rd.) und **Cyber Planet** in der Zakir Hussain Rd. schnelle Vertreter.

Polizei und medizinische Versorgung

■ Eine kleine **Polizeistation** (Notfallnummer: 2254422, 2252520) findet sich am südöstlichen Ende des Chowrasta.

■ Eins der besten Krankenhäuser der Stadt ist das private **Yuma Hospital.** Zentraler ist das kleine **D&DMA Planter's Hospital** (Tel. 2254337, Notfallnr.: (0)93324900262).

■ Das **Tibetan Medical & Astro Institute** (HD Lama Rd., Tel. 2254735) ist für Alternativmedizin die beste Adresse, tgl. außer Do 9–13 und 14–16 Uhr, Mi 9–13 Uhr.

Reiten und Pferderennen

■ Die zahlreichen **Ponyvermieter** am Chowrasta verlangen von westlich aussehenden Touristen 300 Rs für die Umrundung des Observatory Hill.

■ In den Monaten von September bis Oktober sowie März, April und Mai finden auf der hübschen Lebong-Rennstrecke, der höchsten Pferderennbahn der Erde, **Galopprennen** statt. Genaue Termine kann man beim Tourist Office erfragen.

An- und Weiterreise

Flug

■ Nächster Flughafen ist der 90 km südlich gelegene **Flughafen Bagdogra.** Nähere Angaben siehe unter Siliguri, Weiterreise. Tickets können für einen geringen Aufpreis bei fast allen lokalen Reiseagenturen gekauft werden.

■ Das Tourist Office bietet eine **Busverbindung** zum Bagdogra-Flughafen an, allerdings erst ab zwölf Personen, was selten eintrifft. Falls der Bus nicht von Darjeeling nach Bagdogra gefahren ist, steht er natürlich auch nicht für die Gegenrichtung nach Darjeeling zur Verfügung.

059in tb

■ Ein **Prepaid-Taxi** von Bagdogra zum Busbahnhof in Siliguri kostet 800 Rs, von dort weiter per Bus oder Jeep nach Darjeeling.

■ Die gesamte, etwa 2½-stündige Fahrt vom Flughafen nach Darjeeling kostet mit dem **Taxi** etwa 3.000 Rs für bis zu 4 Personen. In umgekehrter Richtung kann dies auch über die Darjeeling Transport Corportion in der Laden La Road vermittelt werden.

Tiger Hill in Darjeeling: warten auf den Sonnenaufgang

Bahn

■ Der **Toy Train** fährt in New Jalpaiguri um 9 Uhr ab, Ankunft in Darjeeling um 16.15 Uhr (Zug-Nr. 52541). In umgekehrter Richtung: Abfahrt Darjeeling 9.15 Uhr, Ank. New Jalpaiguri 16.50 Uhr (52540). Der sogenannte Joyride nach **Ghoom** kostet recht teure 620 Rs. Der Toy Train verlässt Darjeeling 3-mal tgl. während der Hauptsaison.

■ Wer mit dem Bus vom **Busbahnhof in Siliguri** weiterfahren möchte, sollte am dortigen Bahnhof aussteigen, wo der Spielzeugzug jeweils 45 Minuten vorher hält.

■ Bezüglich der **Weiterfahrt von New Jalpaiguri** Richtung Kolkata und Varanasi/Delhi finden sich nähere Informationen im entsprechenden Kapitel An- und Weiterreise bzw. im Anhang.

064in tb

■ Das **Reservierungsbüro** am Bahnhof in Darjeeling ist tgl. 8–14 Uhr geöffnet (pünktlich und kommentarlos werden die Rolläden auch dann heruntergelassen, wenn noch einige Kunden in der Schlange stehen), um 11 Uhr wird eine Pause gemacht.

Bus

■ Vom reichlich chaotischen Bazaar-Busbahnhof bestehen fast stündliche Verbindungen nach **New Jalpaiguri/Siliguri** (4 Std.). Neben den staatlichen Bussen stehen diverse private Busgesellschaften zur Auswahl.

■ Nach **Gangtok,** der Hauptstadt Sikkims, fahren 4 Busse täglich: 2 morgens und 2 gegen Mittag (5 Std.). Außerdem ein Bus von Sikkim Nationalised Transport (SNT) vom Büro an der Laden La Rd. 32 um 13 Uhr. Da die Nachfrage sehr groß ist, sollte man sich für die Strecke rechtzeitig im unterhalb des Hauptpostamtes an der Laden La Road gelegenen Büro ein Ticket besorgen. Täglich eine Verbindung um 10.30 Uhr nach Pelling.

■ Ins nahe **Rimbik** in beiden Richtungen nur eine tägliche Busverbindung um 13 Uhr.

■ Weitere Direktbusse fahren nach **Kolkata** (19 Std.) und **Patna** (18 Std.). Tickets für schnellere luxuriöse und klimatisierte Busse nach Kolkata (12 Std., 1.500–3.000 Rs) und qualitativ einfachere Busse nach Patna von Siliguri aus verkauft Samsara Tours, Treks & Travels (s.u.), wobei der Transport nach Siliguri nicht enthalten ist.

■ Nach **Kathmandu und Pokhara in Nepal** verkaufen viele private Anbieter Tickets. Diese Paketangebote beinhalten eine Busfahrt nach Siliguri, von wo die Weiterfahrt in einem anderen Bus zur indisch-nepalesischen Grenze erfolgt. Nach Überschreiten der Grenze wartet im nepalesischen Grenzort Kakarbhitta der Bus nach Kathmandu bzw. Pokhara. An der Grenze ist ein Visum mit einmaliger Einreiseberechtigung in bar zu erwerben.

Dies stellt sich in der Realität leider allzu oft als sehr ärgerliches Unterfangen heraus, da auf nepalesischer Seite der in Darjeeling gekaufte Fahrschein nicht anerkannt wird. Deshalb empfiehlt es sich, in Darjeeling nur bei einem renommierten Reisebüro wie z.B. **Samsara Tours, Treks & Travels** (7 Laden La Road, Tel. 2252874) gegenüber vom Hauptpostamt zu kaufen. Da jedoch auch hier nicht hundertprozentig für eine reibungslose Fahrt garantiert werden kann, sollte man sich überlegen, die Strecke individuell zurückzulegen: Zunächst von Darjeeling nach Siliguri, dann an den Grenzort Paniktani, dann von Kakarbhitta, dem ersten Ort auf nepalesischer Seite, nach Kathmandu oder Pokhara. Zwischen den einzelnen Orten bestehen vielfältige Verbindungen, außerdem ist es so billiger. Die zeit- und nervenschonendste Variante ist natürlich der Flug von Bhadrapur. Mehrere Agenturen in Darjeeling verkaufen Tickets.

Taxi/Jeep

■ Mehrere Taxiorganisationen bieten ihre Dienste an, etwa nach Siliguri oder Gangtok. Die meisten haben ihre Büros rund um den Busbahnhof, etwa **Taxi Unions,** die nach Siliguri fahren.

■ Eine interessante Alternative zu den strapaziösen Busfahrten bieten die gegenüber vom Busbahnhof an der Hill Cart Rd. in Richtung Siliguri und Sikkim abfahrenden **Jeeps.** Die Festpreise für die Fahrtziele hängen aus.

ODISHA – AM GOLF VON BENGALEN

Der sich südlich von Westbengalen erstreckende Bundesstaat **Orissa,** im Jahr 2010 offiziell in Odisha umbenannt, wird auf ganz besondere Weise von allen Seiten von der Natur abgeschirmt. Im Osten vom Meer, im Westen von den schwer zu durchdringenden, steil aufragenden Bergen des Ost-Ghats und der Hochebene von Dekhan und im Norden und Süden überschwemmen große, reißende Flüsse das Land. Hauptattraktionen von Odisha sind die Tempelanlagen von Bhubaneshwar, die kilometerlangen Strände im friedvollen Puri und der Sonnentempel von Konark. Alle liegen nicht mehr als eineinhalb Busstunden auseinander. Einen Abstecher lohnt auch der Chilika-See mit seiner Lagunenlandschaft, in der Tausende von Vögeln beheimatet sind. Immer größerer Beliebtheit erfreuen sich in den letzten Jahren die von diversen Agenturen in Bhubaneshwar und Puri angebotenen Exkursionen zu Odishas Adivasi-Stämmen.

Odisha gestern und heute

Die naturgegebene Abschirmung Odishas, zusammen mit regelmäßig auftretenden Überschwemmungen der Küstenregion und den alljährlich das Land heimsuchenden, verheerenden Unwettern, brachte es mit sich, dass es kaum je einem Eroberer gelang, seine Herrschaft über Odisha langfristig aufrechtzuerhalten. Hierin liegt auch der Grund, weshalb der 1.565 km² große Staat bis heute so viel an eigenständiger und **urtümlicher Kultur** bewahren konnte.

Selbst Kaiser *Ashoka,* der das ursprünglich in Odisha beheimatete Kalinga eroberte und dem Erdboden gleichmachte (und danach aus lauter Reue ob der von seinen Truppen angerichteten Gräueltaten zur friedfertigen Religion des Buddhismus konvertierte), konnte seine Herrschaft nur zeitweise ausüben. Nach seinem Tode 232 v. Chr. zerfiel Odisha wieder in viele kleine Fürstentümer, bis es im 4. Jh. n. Chr. noch einmal vom Gupta-Herrscher *Samudragupta* erobert und vereinigt werden konnte. Ab dem 7. Jh. setzte erneut eine Zergliederung ein, bis die Provinz von den Moguln erobert wurde. Doch auch sie übten eine eher indirekte Herrschaft aus, indem sie als ihre Statthalter die Khurda-Dynastie einsetzten, die sich zudem mehr und mehr von Delhi löste. Nach dem Niedergang der Moguln im 18. Jh. folgten zunächst die Marathen als neue Machthaber, bevor die Briten auch in Odisha als die neuen Herren auftraten. Doch auch sie beschränkten sich auf die für den Seehandel lukrative Küstenregion, während sie das Hinterland ihnen ergebenen Lokalfürsten überließen. Nachdem sie Odisha zunächst in die Presidency of Bengal eingegliedert hatten, erhielt es 1936 den Status einer eigenständigen Pro-

> Fischer am Strand von Puri

421in mb

vinz mit der Hauptstadt Cuttack. 1950 wurde die Hauptstadt ins traditionsreiche Bhubaneshwar verlegt.

Während sich die Mehrzahl der 42 Mio. Bewohner um die Flusstäler und Niederungen mit der Hauptstadt Bhubaneshwar in der Mitte konzentriert, leben die in Odisha besonders zahlreichen **ethnischen Minderheiten** vornehmlich in den unwirtlichen und schwer zugänglichen **Bergregionen.** Während diese ihren Lebensunterhalt mehr schlecht als recht mit Jagd und primitiver Feldarbeit verdienen, beheimatet das Land gleichzeitig mit dem Rourkela-Werk eine der modernsten und größten Stahlfabriken der Erde. Speziell in der **Küstenregion um Puri** entwickelt sich in den letzten Jahren der Tourismus zu einem immer lukrativeren Wirtschaftszweig.

Bhubaneshwar

– Tempelstadt am heiligen See

Bhubaneshwar, nach dem Gott Tribhubaneshwar, dem „Schöpfer der Drei Welten“ benannt, seit 1950 **Hauptstadt Odishas,** ist im ganzen Land unter dem Beinamen „Temple City of India“ bekannt. Von den einst angeblich über 7.000 Tempeln sollen heute immerhin noch 500 erhalten sein. Fast alle stammen aus dem 8. bis 12. Jh. und sind dem Nagara-Baustil zuzuordnen, der zu jener Zeit in Nordindien vorherrschte. Sein charakteristisches Merkmal ist der steil über dem Tempel aufsteigende, von unzähligen Skulpturen geschmückte Tempelturm *(Shikhara)*. Ebenso wie die großartigen Tempel von Khajuraho in Madhya Pradesh sind sie steingewordenes Zeugnis einer höfischen Kultur, in der Frömmigkeit, Herrschaftsanspruch und Lebenslust zugleich ihren Ausdruck gefunden haben. Trotz ihres Alters von fast eineinhalb Jahrtausenden faszinieren die Skulpturen auch heute noch durch ihre scheinbar unverbrauchte Frische. Obwohl der wichtigste Tempel nur für Hindus zugänglich ist, stehen viele weitere, kaum weniger beeindruckende Tempel auch dem westlichen Besucher offen. Im Unterschied zum weitab jedweder größeren Stadt gelegenen Khajuraho sind die Tempel in Bhubaneshwar Schauplatz bunten religiösen Treibens.

Von einem einzigen großen Freilichtmuseum kann jedoch nur im südöstlichen Teil der Stadt die Rede sein, wo sich die meisten der **Tempel** um den **heiligen See Bindu Sagar** gruppieren, einem künstlich angelegten Teich, der mit je einem Tropfen aller heiligen Flüsse, Seen und Tempelteiche Indiens gefüllt sein soll und aufgrund der ihm zugesprochenen Heilkräfte verehrt wird. Ansonsten droht die Stille und Friedfertigkeit der Tempelanlagen von der Hektik und den Neubauten der sich rasant ausbreitenden Stadt mehr und mehr in den Hintergrund gedrängt zu werden. So ist Bhubaneshwar wohl nur für Tempelinteressierte einen Besuch wert.

Jedes Jahr im Januar haben die **Volksstämme** Odishas in Bhubaneshwar das Sagen. Mit Kunstausstellungen, Handwerk und Tanz wird ihr kulturelles Erbe auf der **Adivasi Mela** gefeiert.

Sehenswertes

Lingaraja-Tempel

Mit seinem 45 m hohen Tempelturm beherrscht der **bedeutendste Tempel Bhubaneshwars** weithin sichtbar die Stadt. An dem von einer hohen Mauer umgebenen Heiligtum wurde jahrhundertelang gearbeitet, wobei die ersten Bauelemente aus dem 7. Jh. stammen. Der Tempelturm ist so fein gestaltet, dass er trotz seiner gewaltigen Masse sehr elegant wirkt. Umstellt ist der reich verzierte, an der Spitze von 12 Löwenskulpturen gekrönte Haupttempel von über 50 kleinen Tempeln.

Gewidmet ist der Lingaraja dem Namensgeber der Stadt, dem Gott Tribhubaneshwar (Herr der drei Welten). Wie das faszinierend vitale Treiben mit der für Indien so typischen Mischung aus Frömmigkeit und Kommerz beweist, ist der Lingaraja eine äußerst lebendige Kultstätte. Leider ist der Zutritt nur Hindus gestattet, und so müssen sich die westlichen Touristen mit dem Blick von einer an der Nordseite errichteten Plattform begnügen.

■ Die sich als Tempelpriester ausgebenden Geldeintreiber auf dem Aussichtspunkt sind oft unangenehm aufdringlich und wollen einen zu großen **Spenden** animieren. So enttäuscht sie auch sein mögen: Man sollte nichts zahlen, da das Geld wohl nicht der Tempelerhaltung oder sozialen Zwecken zugute kommt.

Mukteshwara-Tempel

Bestes Beispiel des frühen Nagara-Baustils und neben dem Lingaraja-Tempel schönstes Bauwerk der Stadt ist der aus der Mitte des 9. Jh. stammende Mukteshwara-Tempel. In seinem **Skulpturenreichtum** übertrifft er noch den Haupttempel Bhubaneshwars. Davon abgesehen hat er den für westliche Besucher entscheidenden Vorteil, auch für Nicht-Hindus frei zugänglich zu sein. So kann man sich aus nächster Nähe von der einzigartigen Erzählfreude gefangen nehmen lassen, der die Steinmetze in den Friesen und an den Säulen freien Lauf ließen. Hindugötter wie Shiva, Parvathi und Ganesha, Tiere wie Krokodile, Schlangen oder Affen, vollbusige Tänzerinnen, eng umschlungene Liebespaare oder das einfache Volk – die ganze Vielfalt der so reichen hinduistischen Vorstellungswelt tritt einem hier in ungeheurer Frische entgegen. Besonders deutlich wird dies in vermeintlichen Randfiguren, bei denen die Bildhauer sich nicht an tradtitionelle Vorschriften halten mussten und so nach Lust und Laune arbeiten konnten. Der sehr schöne Torbogen (Torana) vor dem Tempel erinnert mit seinen deutlich buddhistischen Einflüssen an die von Ashoka errichtete Stupa von Sanchi in Madhya Pradesh mit den sie umlaufenden vier Toranas.

Raja-Rani-Tempel

Auch dieser von einem Garten umgebene Tempel beeindruckt durch die Detailgenauigkeit der Darstellungen. Leider sind jedoch viele der Skulpturen stark beschädigt. Was dieses von je zwei Tempelwächtern auf jeder Seite flankierte Heiligtum aus dem 11. Jh. von anderen Tempeln Bhubaneshwars unterscheidet, ist seine **ungewöhnliche Architektur.** Die den 18 m hohen Hauptturm umgebenden kleineren Shikharas finden sich so bei keinem anderen Tempel der Stadt.

■ **Eintritt** 100 Rs, Video 25 Rs, von Sonnenauf- bis Sonnenuntergang geöffnet.

Vaital-Tempel

Im Inneren dieses **tantrischen Tempels** findet sich eine Abbildung Durgas in Form der achtarmigen Chamunda. Die die Nischen des Tempels ausfüllenden Liebespaare gelten als die ersten **erotischen Skulpturen** Odishas. Während das Dach der Vorhalle eingestürzt ist, erhält der Hauptturm des Heiligtums sein charakteristisches Aussehen dadurch, dass er nicht, wie beim Nagara-Stil üblich, pyramidenförmig bis zur Spitze aufsteigt, sondern von einem Flachdach abgeschlossen wird.

Neben den hier beschriebenen gibt es zahlreiche weitere besuchenswerte Tempel in Bhubaneshwar. Eine sehr detailreiche Beschreibung der einzelnen Sehenswürdigkeiten bietet das vom Archaeological Survey of India herausgegebene Buch, welches den Titel der Stadt trägt.

Odisha State Museum und Museum of Tribal Arts & Artefacts

Der Tempelbereich um den Bindu-Sagar-See erscheint zwar wie ein belebtes öffentliches Freilichtmuseum, doch wer sich näher mit der Kunst und Kultur Odishas beschäftigen will, für den sind diese beiden Museen der richtige Ort. Das State Museum (www.odishamuseum.nic.in) beherbergt u.a. eine **Münz- und Waffensammlung,** alte **Palmblattmanuskripte** und **Skulpturen** aus dem hinduistischen Mittelalter. Hervorragende Einblicke in die äußerst vielfältige **Stammeskultur** Odishas bietet das Museum of Tribal Arts & Artefacts im Nordwesten der Stadt.

■ **Öffnungszeiten:** beide Museen tgl. außer Mo 10–17 Uhr, Eintritt State Museum 50 Rs, Kamera/Video 100 Rs, der Eintritt zum Tribal Museum ist kostenlos.

Unterkunft
1 Ginger
2 Mayfair Convention
3 Mayfair Lagoon
9 New Marrion
16 Grand Central
17 Kanchan Plaza
19 Kasturi Guest House
20 Hotel Swagat

Essen und Trinken
5 Odisha Hotel
6 Leisure Time
8 Café Coffee Day
13 Tangerine 9, Hare Krishna Restaurant
14 Maurya Garden
18 Baskin & Robbins

Verkehr
4 Baramunda Bus Station
10 Alter Busbahnhof
11 Alternative Tours
12 Swosti Travels
15 Städischer Busbahnhof
22 Bushalt nach Puri
23 Bushalt nach Cuttack

Einkaufen
7 Ekamra Haat
14 Modern Book Depot
21 Reliance Fresh Supermarkt

0
200 m
©Reise Know-How 2017
12
Janpath
Mahatma Gandhi Rd.
Indira Park Str.
13
14
15
Janpath
Bahnhof
Old Station Rd.
16
@
18
17
$
19
Raj Path
Polizei
$
20
Cuttack Road
School Str.
Raj Path
21
Kalpana Rd.
Janpath
Venus Inn Rd.
Kalpana Square
Odisha State Museum
23
22
Bhubaneshwar Marg
India Tourism/ Odisha Tourism
Mausima Flyover Rd.
Lewis Road
OTDC

Praktische Tipps

- **Vorwahl:** 0674

Stadtverkehr

- Will man per **Autoriksha** die Tempel Bhubaneshwars besichtigen, sollten hierfür ca. 300 Rs für drei Stunden ausreichen.
- Vom neuen, 5 km außerhalb gelegenen Baramunda Busbahnhof ins Stadtzentrum fahren sowohl **Busse** als auch **Rikshas.**

Stadtrundfahrt

- **Odisha Tourism Development Corporation** (OTDC, Lewis Rd., Tel. 2430764, und Bahnsteig 1 des Bahnhofs, Tel. 6524493, (0)9928274772) bietet tgl. außer Mo von 8.30 bis 17.30 Uhr eine **Tour** ab dem Panthaniwas Tourist Bungalow und dem Bahnhof an, die alle bedeutenden Sehenswürdigkeiten innerhalb der Stadt sowie die Höhlen von Khandagiri und Udayagiri, die Ashoka-Ediktsäule in Dhauli und den Nandankanan-Zoo beinhaltet. Im Preis von 300 Rs (AC) sind jedoch keinerlei Eintritte enthalten. Bei der *Transport Unit* des OTDC (Tel. 2431515) werden **Taxis für Stadtrundfahrten** (1.000 Rs/Tag) und **Ausflüge,** etwa nach Puri und Konark (ca. 2.000 Rs für 11 Std.) vermietet.
- Weitere **Halbtagestouren** um 7 und 14 Uhr nach Konark (225/300 Rs Non-AC/AC, Minimum 10 Personen) und **Tagestouren** nach Satapada zum Chilika Lake (300 Rs, Abf. 7 Uhr, Rückkehr 17.30 Uhr). Eintrittspreise sind gesondert zu bezahlen.
- Reisebüros bieten Ausflüge in die Umgebung, so zu Nationalparks und Ethnien an. Es werden sogenannte **Tribal Tours,** etwa zu den Adivasi, durchschnittlich sechstägige Ausflüge meist südwestlich von Bhubaneshwar, veranstaltet, die auch ein Trekking im Dschungel beinhalten. Durchschnittlich kosten diese Touren etwa 60–100 US$ p.P. und Tag inkl. Unterkunft, Verpflegung und Transport. Stellvertretend seien mit **Swosti Travels** (Janpath, Tel. 2535773, www.swostiindia.com) und **Alternative Tours** (BDA Market Complex, Palaspalli, Tel. 2590830, www.travelclubindia.com) zwei alteingessene Agenturen genannt.

Unterkunft

Bhubaneshwars Hotellerie ist in erster Linie auf indische Pilger und Geschäftsleute eingerichtet. Dementsprechend ist die Auswahl an empfehlenswerten Billigunterkünften gering, dafür vielfältig im oberen Preissegment.

- Das **Hotel Swagat**②-③ (Swagat Lane, Tel. 2313879, Hinweisschild über der Gassenzufahrt an der Cuttack Rd.), 100 m eine Gasse von der Cuttack Rd. hinein und deshalb ruhig, ist für eine Nacht o.k.
- Ebenfalls eine akzeptable Wahl zum eher kleinen Preis ist das **Kanchan Plaza**②-③ (Tel. 2525004), eine Gasse vom Janpath hinein. Die 18 AC- und Non-AC-Zimmer sind makellos sauber.
- Gut 100 m südlich ist das **Kasturi Guest House**①-② (Janpath, Tel. 2537054) die beste Adresse dieser Preisklasse. Alle der nur 5 Zimmer, teils mit Balkon, sind bestens in Schuss, die wenig teureren lohnen den Aufpreis. Nachteil ist die tagsüber laute Straße.
- Hundert Meter vom östlichen Ausgang des Bahnhofs ist das **Grand Central**③ (Old Station Rd., Tel. 2313411-4, www.hotelgrandcentral.com) eine nachts ruhige Mittelklassewahl in günstiger Lage. Klimatisierte, hübsch möblierte Zimmer, teilweise mit Balkon, sind preisgerecht.
- Das beste Preis-Leistungs-Verhältnis der Stadt bietet das **Ginger**③ (Tel. 666333, www.gingerhotels.com). Das ein wenig wie eine Luxus-Jugendherberge anmutende Haus bietet makellose AC-Zimmer mit Kühlschrank und Flachbildschirm und ein helles Restaurant im Buffet-Stil. Alles macht einen sehr professionellen Eindruck.
- Als hervorragendes Business-Hotel ist das klotzige **New Marrion**④ (6 Janpath, Tel. 2380850, (0)9238 022002, www.hotelnewmarrion.com) mit gelungen modern gestalteten Zimmern, natürlich mit WiFi, zu bezeichnen. Neben erstklassigen Restaurants mit südindischer, chinesischer und mexikanischer Küche, The Great Kebab Factory und Swimmingpool gibt's ein **Café Coffee Day.**
- Wer es etwas ausgefallener mag, sollte sich im **Mayfair Lagoon**④-⑤ (Ekamra Kanana Rd., Javdev Vihar, Tel. 6660101, www.mayfairhotels.com) einmieten. Dem Namen entsprechend, sind die einzelnen Bungalows innerhalb der weitläufigen Gartenanlage, die ein wenig an Disneyland erinnert, tatsächlich um eine Lagune angeordnet. Zur Anlage gehören mehrere Restaurants und Bars sowie Spa, Tennisplatz, Pool und jede weitere Ausstattung, die sich denken lässt .
- Absolut erstklassig ist das gediegene Schmuckstück **Mayfair Convention**⑤ (Tel. 2360111/5, www.mayfair

hotels.com/mayfair-convention) gegenüber, ebenfalls ca. 3 km nordwestlich des touristischen Zentrums.

Essen und Trinken

■ Vom dunklen und unterkühlten Inneren des **Maurya Garden** im bahnhofsnahen Hotel Richi sollte man sich nicht abhalten lassen. Die indischen, chinesischen und westlichen Gerichte (120–340 Rs) sind schmackhaft, zudem steht eine Bar zur Verfügung.

■ Gute Kritiken bekommt das **Leisure Time** im Hotel The Garden Inn. Die Speisekarte reicht von indisch über kontinental bis chinesisch. Die Preise für ein Hauptgericht liegen zwischen 150 und 450 Rs.

■ Ausgezeichnet ist das vegetarische **Hare Krishna Restaurant** beim Hauptbahnhof (eine Gasse etwas nördlich vom Station Square hinein) mit köstlichen vegetarischen Gerichten zwischen 100 und 180 Rs. Es liegt im 1. Stock eines Einkaufszentrums.

■ Mit dem **Tangerine 9** gibt es eine hervorragende Alternative für Freunde der fleischlichen Kost gleich nebenan. Das Angebot reicht von indischen über chinesischen bis zu thailändischen Gerichten. Hauptgerichte kosten zwischen 150 und 400 Rs.

■ Essen wie bei Muttern in Odisha? Dafür gibt's keine bessere Adresse als das **Odisha Hotel** im Stadtzentrum: ausschließlich köstliche einheimische Spezialitäten aus der Region zu supergünstigen Preisen (150–250 Rs) auf Kupferplatten im Thali-Stil. Die Speisekarte ist in Oriya, doch die Kellner helfen gern aus. Donnerstags rein vegetarisch.

■ Eis isst man in Indien üblicherweise bei **Baskin & Robbins** (Janpath).

■ Selbstversorger sind in den beiden **Reliance-Fresh-Supermärkten** an der Lewis Rd. und an der Cuttack Rd. gut bedient.

Einkaufen

■ Kunsthandwerk der Volksgruppen Odishas und lokale Leckereien offeriert der **Ekamra Haat** (Madhusudan Marg, 10–22 Uhr). Die Stände auf dem Freiluftmarkt innerhalb eines Gartengeländes im Norden Bhubaneshwars öffnen meist etwas später als zum offiziellen Verkaufsbeginn.

■ Braucht man neue Lektüre in Papierform, ist das **Modern Book Depot** (Station Square, 9.30–14 und 16.30–21 Uhr) der richtige Ort. Neben englischsprachiger Fiction auch Landkarten, Postkarten und Bücher über Odisha.

Bank

■ Die **State Bank of India** (10–16 Uhr, Sa bis 14 Uhr) am Raj Path wechselt recht unkompliziert Bargeld, auch Visa-Card-Besitzer werden bedient.

Post und Internet

■ Die **Hauptpost** (Mo–Sa 8–19, So 15–19 Uhr) befindet sich westlich vom Bahnhof an der Sachivajaya Marg. Hier können postlagernde Sendungen empfangen werden.

■ Von den zahlreichen Internetcafés in Bhubaneshwar scheint **The Cyber Stop** (10.30–20 Uhr), bahnhofsnah am Janpath, und **Om Cyber** beim Reliance-Supermarkt an der Lewis Rd. am schnellsten.

Medizinische Versorgung

■ Beim **Capitol Hospital** (Sachivajaya Marg, Tel. 2401983) steht eine rund um die Uhr geöffnete **Apotheke** bereit. Günstiger gelegen sind zwei Apotheken (7–23 Uhr) an der Lewis Road.

An- und Weiterreise

Flug

■ Vom nur 4 km außerhalb gelegenen **Flughafen** tägliche Verbindungen mit Delhi, Kolkata und Mumbai. Per Taxi ins Zentrum zahlt man ca. 200 Rs (verlangt werden jedoch bis zu 350 Rs). Mittels Prepaid-Schalter am Flughafen kostet die Fahrt ins Zentrum 130 Rs bzw. 280 Rs für AC. Für die Autoriksha zwischen Zentrum und Flughafen zahlt man 150 Rs. Nachteil: Da die Rikshas nicht bis zur Abfertigung fahren dürfen, muss der letzte halbe Kilometer gelaufen werden.

Bahn

■ Im computerisierten **Reservierungsbüro** am westlichen Hauptausgang des Bahnhofs ist Schalter 2 für Touristen zuständig.

Bus

- Von der modernen Baramunda Bus Station (New Bus Stand, Reservierungs-Tel. 2354769) 5 km westlich des Zentrums starten die meisten Langstreckenbusse wie z.B. ins 437 km entfernte **Kolkata** (12 Std., zwischen 550 und 800 Rs für Non-AC/AC/Schlafplatz), **Konark** (42 Rs, 2 Std.), **Bulgaon** (Chilika-See, 130 Rs, 3 Std.), **Berhampur** (210 Rs, 5 Std.) und Cuttack (1 Std., 30 Rs).
- Die schnellste Busverbindung nach **Puri** (50 Rs, 1½ Std.) bieten die außerhalb des wesentlich näher zum Zentrum gelegenen Old Bus Stand abfahrenden Minibusse. Die Busse nach Puri und Konark können auch bei ihrem Halt an der Lewis Road nahe dem State Museum bestiegen werden, wobei es dann natürlich schwierig werden kann, einen Sitzplatz zu ergattern.
- Wer einen der recht seltenen Minibusse nach **Konark** verpasst, sollte zunächst mit einem der Busse nach Puri bis **Pipli** fahren und dort in einen der häufigen Busse nach Konark steigen.

Taxi

- Wer am Flughafen ankommt und Bhubaneshwar umgehen will, bezahlt für ein Taxi nach **Puri/Konark** etwa 900/1.100 Rs. Will man preiswerter und komfortabel nach Puri oder Konark, kann man sich auch der **Sightseeing-Tour von OTDC** (s.o.) anschließen und beim Ausstieg Bescheid geben, dass man nicht wieder nach Bhubaneshwar zurückfährt.

Umgebung von Bhubaneshwar

Die nachfolgenden Ziele können im Rahmen einer vom Touristenbüro in Bhubaneshwar angebotenen **Tagestour** besucht werden (siehe Stadtrundfahrt).

Udayagiri- und Khandagiri-Höhlen

Die ca. 7 km westlich von Bhubaneshwar in einen Felsenhügel gehauenen Höhlen gelten als bedeutende Zeugnisse frühjainistischer Kunst in Indien. Die meisten der früher wohl als Klosterstätten dienenden Höhlen entstanden während der Regierungszeit König *Kharavelas* (168–153 v. Chr.), einem Anhänger der Jain-Religion.

Der **Udayagiri** ist der interessantere der beiden direkt gegenüber gelegenen Hügel. Hier finden sich allein 16 der insgesamt 18 Höhlen, wobei die Jaia Vijaya am Fuße des Hügels mit ihrem sehr schönen Bodhi-Baum-Relief über dem Eingang beeindruckt. Geht man von hier weiter nach rechts, führt der Weg entlang der Choti Hathi Gufa mit einem **Elefantenrelief** und mündet schließlich in einen rechteckigen Platz, der zu drei Seiten vom zweistöckigen **Rani-Gufa-Komplex** (Königinnenhöhle) begrenzt wird. In den insgesamt acht Zellen finden sich noch einige Steinreliefs, die u.a. Tänzerinnen und Tänzer sowie religiöse Kulthandlungen erkennen lassen.

Kehrt man zum Haupteingang zurück, führt eine Treppe zur von außen schlichten **Hathi Gufa** (Elefantenhöhle). Im Innern findet sich unter der Decke eine 117-zeilige Inschrift, die die Lebensgeschichte König Kharavelas glorifiziert.

Geht man von hier wiederum nach rechts, erreicht man nach wenigen Metern die reich geschmückten **Ganesh-Höhlen,** in der die Steinmetze vor allem Szenen aus dem höfischen Leben verewigten. Beachtung verdient auch die Bagh Gufa wegen ihres originellen Eingangstores in Form eines Tigers.

Die meisten Gebäude des auf der gegenüber gelegenen Straßenseite befindlichen Khandagiri sind neueren Datums. Einzig die **Ananta-Höhle** reicht mit ihrem sehr schönen Eingangsbogen und den filigran gearbeiteten Blumen- und Tiermotiven im Innern an die Qualität der Höhlen auf dem Udayagiri heran. Von dem die Spitze des Khandagiri krönenden **Parasvanatha-Tempel** bietet sich ein beeindruckender Panoramablick bis zum Lingaraja-Tempel im Zentrum von Bhubaneshwar.

■ Der **Eintritt** zu den Höhlen beträgt 100 Rs, Video 25 Rs. Sie sind tgl. 6–18 Uhr geöffnet.

Anreise

■ Man kann die Höhlen zwar als Teil der vom Tourist Office durchgeführten **Stadtrundfahrt** besuchen, doch bleibt dann für die Besichtigung nur wenig Zeit. Besser man nimmt einen der zahlreichen von Bhubaneshwar nach Cuttack fahrenden **Busse** und steigt am NH 5 an der Abzweigung zu den Höhlen aus. Von dort sind es nur noch wenige Minuten zu Fuß. Mit einer **Autoriksha** sollte man ca. 300 Rs für den Hin- und Rückweg inklusive Wartezeit veranschlagen.

Dhauli

Eine strahlend weiße **Friedenspagode** (Shanti Stupa) erhebt sich seit Anfang der 1970er Jahre über jenem Berg, an dessen Fuß *Ashoka* um 260 v. Chr. seine berühmten Felsedikte einmeißeln ließ. Nachdem er zuvor Zehntausende von Menschen bei der Eroberung Kalingas hatte abschlachten lassen, konvertierte der große Maurya-Herrscher zum Buddhismus und predigte die Lehre von Friedfertigkeit und Sanftmut. Alle Menschen sind meine Brüder, heißt es u.a. in einer der Inschriften, die erfüllt sind von Scham und Schuldgefühlen gegenüber seinen früheren Taten.

Anreise

■ Problemlos, da alle Busse nach **Puri** und **Konark** die Abzweigung zu den Felsedikten an der Daya Bridge, 8 km südlich von Bhubaneshwar, passieren. Dort aussteigen und die restlichen 3 km zu Fuß zurücklegen. Von Bhubaneshwar hin und zurück mit Autoriksha/Taxi inklusive Wartezeit solllte man 300/500 Rs veranschlagen.

Nandankanan-Zoo

Hauptattraktion des sehenswerten Nandankanan-Zoos (www.nandankanan.org) sind seine **Weißen Tiger.** Zudem beherbergt er einige Exemplare des seltenen Asiatischen Löwen sowie Nashörner, Krokodile und andere Reptilien, Affen, Damwild sowie den einzigen Orang-Utan Indiens. Spektakulär ist die einstündige **Tiger- und Löwensafari,** die alle 30 Minuten zwischen 9 und 17 Uhr beginnt. Weitere Attraktionen sind ein **Toy Train** und eine **Seilbahn** über den See auf dem Zoogelände. Auf halbem Weg kann man ausgesteigen, um den Botanischen Garten nach 300 m Fußweg zu besichtigen. **Ruderboote** stehen ebenfalls bereit.

■ **Eintritt:** 100 Rs, Kamera/Video 20/500 Rs, geöffnet Okt. bis März 8–17 Uhr, April bis Sept. tgl. außer Mo 8.30–17.30 Uhr.

Anreise

Auch der Zoo ist Teil der täglichen Stadtrundfahrt des OTDC, jedoch ist der einstündige Aufenthalt zu kurz. **Busse nach Nandanakanan,** dem ca. 500 m vom Zooeingang entfernten Dorf, starten regelmäßig vor dem alten Capitol Bus Stand und nahe dem Padma Hotel am Kalpana Square in Bhubaneshwar.

Puri

– Strand- und Pilgerort

Die 60 km südöstlich von Bhubaneshwar am **Golf von Bengalen** gelegene Stadt ist bei indischen Pilgern, bengalischen Touristen und westlichen Rucksackreisenden gleichermaßen beliebt. Gerade diese Mischung aus tiefer Religiosität, indischer Mittelstandskultur, westlich-alternativen Einflüssen sowie urtümlichem Dorfleben kennzeichnet den eigentlichen Reiz dieser meistbesuchten Stadt Odishas (Orissas). Als eine der vier die geografischen Eckpunkte Indiens markierenden Städte gilt Puri neben Badrinath im Norden, Dwarka im Westen und Rameshwaram im Süden als eine der heiligsten Stätten der Hindus. Hauptanziehungspunkt von täglich Tausenden von Pilgern ist der gewaltige Jagannath-Tempel. Er gilt als einer der meistbesuchten und vermögendsten Tempel Indiens.

Während die Pilger ununterbrochen, 365 Tage im Jahr, nach Puri strömen, beschränkt sich die Badesaison auf die Monate Oktober bis Februar. Der scheinbar endlose **feinsandige Strand** zieht sich östlich der Stadt in Richtung Konark. Nach Goa und Kerala ist Puri der beliebteste Badeort für westliche Rucksacktouristen, und dementsprechend hat sich hier vor allem im östlichen Abschnitt eine gut entwickelte Freizeitindustrie mit billigen Hotels und an westlichen Essgewohnheiten ausgerichteten Restaurants entwickelt. Allerdings sind die hiesigen Strände eher ein Schaubild des prallvollen indischen Lebens und entsprechen nicht den westlichen Vorstellungen eines ruhigen, sauberen Tropenstrandes.

Jedes Jahr im Juni/Juli ist Puri mit dem **Rath Yatra** Schauplatz einer der großartigsten **Prozessionen** Indiens. Auf riesigen, bis zu 14 m hohen Wagen mit jeweils 16 über 2 m hohen Rädern werden dann die Kultbilder des im Haupttempel verehrten Gottes Jagannath, seines Bruders Balbhadra und seiner Schwester Subhadra von Hunderten von Menschen an dicken Seilen durch die Stadt gezogen.

Jagannath-Tempel

Kaum ein anderes Heiligtum Indiens beherrscht das Bild seiner Heimatstadt derart prägnant wie der riesige, dem Herrn des Universums gewidmete Jagannath-Tempel in Puri. Mit seinem 59 m hohen **Tempelturm** ist er

nicht nur der optische Mittelpunkt der Stadt, sondern auch ein entscheidender Wirtschaftsfaktor. Abgesehen von unzähligen Devotionalienhändlern, Hotel- und Restaurantbesitzern, soll die Tempelverwaltung allein 6.000 Menschen beschäftigen, die die vielfältigen Tempeldienste verrichten. Es gibt Schätzungen, wonach etwa 20.000 Menschen von den gewaltigen Einnahmen durch die täglich zu Tausenden eintreffenden Pilger profitieren. Die immensen Bareinnahmen investiert die Tempelverwaltung u.a. in Ländereien, und sie gilt somit als einer der größten Grundbesitzer Odishas. Selbst der fanatische *Aurangzeb* wollte sich diese Einnahmequelle nicht entgehen lassen und ließ das Heiligtum als eines der wenigen hinduistischen Bauwerke unberührt.

Vor dem östlichen Haupteingang des von zwei Mauerringen umgebenen, fast 50.000 m² großen Tempelbezirks steht auf einem ursprünglich aus Konark stammenden Pfeiler ein Garuda, das Tragtier Vishnus. Im Inneren

des von etwa 100 kleinen Tempeln umgebenen Haupttempels findet sich der in Form eines groben Holzidols ohne Arme und Beine verehrte Gott Jagannath. Der Tempel dieser Inkarnation Vishnus darf nur von Hindus betreten werden. Leider bietet sich selbst vom Dach der benachbarten **Raghunandan-Bibliothek** (zugänglich Mo–Sa 9–13 und 16–20 Uhr), dem besten Aussichtspunkt, nur ein bescheidener Blick auf die Tempeldächer. Der Zugang sollte mit einer kleinen Spende belohnt werden.

422in mb

Strände

Dass nicht alles Gold ist, was glänzt, trifft auch auf die Bilderbuchstrände vom Puri zu. Bei näherem Hinschauen entpuppen sich die auf den ersten Blick scheinbar makellosen Strandabschnitte nicht nur als beliebte öffentliche Toiletten, sondern auch als Trockenplatz für Fischernetze. Beides hinterlässt, wie sich denken lässt, unverkennbare Duftnoten. Besonders heimgesucht wird der Bereich um das Fischerdorf im Osten. Die als natürliche Spülung dienende Flut kann da nur bedingt zur Schadensbegrenzung beitragen. Die meisten Touristen bevorzugen den etwa 1 km westlich des Dorfes beginnenden Strandabschnitt, der sich zwar keimfrei, dafür jedoch auch schattenlos präsentiert.

Praktische Tipps

Information und Touren

- **Vorwahl:** 06752
- **Odisha Tourism** (Tel. 222664, Mo-Sa 10-17 Uhr) liegt an der C.T. Road. Eine Filiale befindet sich am Bahnhof. Bei beiden ist man hilfsbereit.
- Das **OTDC** (New Marine Rd., Tel. 223526, 6.30–21.30 Uhr) veranstaltet tgl. außer Mo einen zwölfstündigen **Tagesausflug** vom Hotel Panthabhavan, Chanakya BNR Hotel und Odisha Tourism (Abf. 6.30 Uhr, Preis Non-AC/AC 250/350 Rs), der folgende Ziele beinhaltet: Pipli, Konark, Bhubaneshwar, Nandankanan Zoo, Dhauli, Udayagiri/Chandagiri. Sinn macht eine solche gedrängte Tour wohl nur für Leute, die sehr wenig Zeit zur Verfügung haben. Ansonsten ist man gut beraten, die Sehenswürdigkeiten auf eigene Faust zu besuchen.

  Eine weitere Tour führt zum **Chilika Lake** (tgl. 7 Uhr, Non-AC/AC 150/250 Rs). Diese beinhaltet eine Bootsfahrt.
- Außerdem werden von Privatanbietern neben **Ausflügen** nach Konark, Chilika Lake und Bhubaneshwar auch **mehrtägige Touren** zu Dörfern der Urbevölkerung, sogenannte Tribal Tours, angeboten. Die Preise (ca. 65 € pro Person und Tag) beinhalten alle Kosten für Transport, Unterkunft und Verpflegung. Empfohlene Veranstalter sind z.B. die hervorragenden **Heritage Tours** (Tel. 255595, www.heritagetoursorissa.com, Bürozeiten 9–20 Uhr) im Mayfair Beach Resort und **Grass Routes Journeys** (C.T. Rd., Tel. 226642, (0)9437029698, www.grassroutesjourneys.com, 8–13 und 16–21 Uhr).
- **Taxis** etwa nach Chilika Lake, kosten um 1.000 Rs, inkl. Bootsfahrt 1.800 Rs für bis zu 4 Personen. Drei- bis

vierstündige Ausflüge per Taxi zu Volksgruppen in der näheren Umgebung, sogenannte Village Tours, werden Di und Sa veranstaltet. Ca. zehnstündige Ausfahrten nach Bhubaneshwar und Konark kosten für bis 4 Personen 3.000 Rs.

Stadtverkehr

- Vom nördlich des Stadtzentrums gelegenen neuen Busbahnhof und vom Bahnhof zu den Strandhotels sollte es per **Autoriksha** nicht mehr als 50–60 Rs kosten. Der gleiche Preis gilt für die Strecke Bahnhof – Jagannath-Tempel. Wer sich nicht aufs Handeln versteht, sollte versuchen, einen der **Green Riders** zu erwischen, erkennbar am unteren grünen Teil des Windschutzes. Diese Rikshafahrer nehmen an einem Lernprogramm von Heritage Tours teil, das Rikshafahrern beibringt, dass es auf Dauer in ihrem eigenen Interesse ist, von westlichen Touristen keine überhöhten Preise zu verlangen.
- Innerstädtische **Busse** fahren vom Busbahnhof zum Bahnhof und zum Jagannath-Tempel in zügiger Folge.
- **Fahrräder** können für ca. 50 Rs, **Motorroller/Motorräder** für 300/400 Rs pro Tag in diversen Unterkünften und speziellen Verleihstellen an der C.T. Road gemietet werden.

Unterkunft

Dem buntgemischten Publikum entsprechend, verfügt Puri über eine breite Palette an Unterkünften. Während die meisten Individualtouristen westlich des Fischerdorfes entlang der Chakra Tirtha Road (C.T. Rd.) wohnen, fin-

Der Strand von Puri

det sich die Großzahl der Pilgerhotels bzw. Mittelklassehotels für betuchtere indische Touristen westlich hiervon an der New Marine Road und in Richtung des historischen Ortszentrums mit dem Jagannath-Tempel. Auf keinen Fall sollte man den Riksha-Fahrern Glauben schenken, die einem mit fadenscheinigen Begründungen das gewünschte Hotel ausreden wollen. Sie wollen nur die Kommission für „ihr" Hotel einstreichen.

Für jene, die zu zweit oder zu mehreren anreisen, empfiehlt es sich, das Gepäck zunächst in einem der zahlreichen Cafés entlang der Chakra Tirtha Road abzustellen und dann die in Frage kommenden Hotels westlich vom und hinter dem Fischerdorf zu inspizieren. Der Großteil ist auf relativ engem Raum konzentriert, sodass hierfür keine längeren Wege in Kauf genommen werden müssen.

Die im Folgenden genannten **Preise** beziehen sich auf die Hauptreisezeit von Oktober bis Februar. In der Hochsaison von Mitte Dezember bis Mitte Januar sind sie noch höher. Während der übrigen Monate des Jahres sollten, je nach Verhandlungsgeschick, Ermäßigungen um 50 % und mehr im Bereich des Möglichen liegen. Beachten sollte man die in vielen Hotels geltende unchristliche **Check-Out-Zeit** von 7 oder 8 Uhr.

■ Über viele Jahre die beliebteste Unterkunft der westlichen Touristen ist das alteingesessene **Z Hotel**①-③ (C.T. Rd., Tel. 222554, www.zhotelindia.com). Das atmosphärereiche ehemalige Herrscherhaus bietet helle, geräumige Zimmer, teils mit Seeblick. Ein zusätzliches Plus dieses empfehlenswerten Hauses sind die schöne Gartenanlage, die zum Sonnenbaden einlädt, und die Dachterrasse, von der sich ein schöner Seeblick bietet. Die ganz billigen Zimmer sind recht verwohnt und ohne eigenes Bad, die teuren klimatisiert. Guten Service sollte man allerdings nicht erwarten.

Besondere Vorsicht ist wegen der gefährlichen **Strömung** geboten, für die Puri berüchtigt ist. Jährlich muss eine erschreckend hohe Anzahl in- wie ausländischer Touristen mit dem Leben dafür bezahlen, dass sie die allseits bekannten Gefahren unterschätzt haben. Auf die sich als Bademeister anbietenden Einheimischen ist im Notfall meist kein Verlass. Als besonders gefährlich gilt der **Strandabschnitt um die Jugendherberge,** da durch den hier ins Meer fließenden Kanal unberechenbare Strömungen entstehen.

■ Das große Plus des **Pink House**②-③ (Tel. 222253, (0)9861333178) ist die perfekte Lage unmittelbar am Strand. Mit eigener kleiner Terrasse und angeschlossenem vegetarischen Restaurant kann man hier in relaxtem Ambiente gemütlich einen mehrtägigen Strandurlaub verbringen. Das vermeintliche Paradies hat jedoch auch seine Macken: Das Haus könnte eine Generalüberholung gut vertragen, der Strandabschnitt ist nicht der sauberste und zuweilen kann es recht laut werden.

■ Eine weitere, ebenfalls meernahe Bleibe für Backpacker ist das **Hotel Nilambu**②. Bunt gestrichene, großteils helle und geräumige Einfachzimmer mit akzeptablem Bad zum kleinen Preis und die gelassene Atmosphäre, der sich auch die beiden friedlichen Schäferhunde gern unterwerfen, sind sehr entspannend.

■ Schmucklose, aber helle und geräumige Zimmer an der C.T. Road vermietet das freundliche **Hotel Lotus**①-③ (Tel. 227033), AC ist überteuert. Wegen der zeitweise recht lauten Straße sollte man ein Zimmer nach hinten wählen.

Unser Tipp: Beste Wahl im unteren Mittelklassebereich ist schon wegen der freundlichen Atmosphäre und des erstklassigen Service das **Hotel Gandhara**②-④ (C.T. Rd., Tel. 224117, www.hotelgandhara.com) aus kolonialer Zeit. Die hellen, sauberen Zimmer sind teilweise schon sehr billig zu haben. Besonders zu empfehlen sind die Räume mit Terrasse im baumbestandenen Garten und die AC-Zimmer auf dem Dach des rückwärtigen Blocks. Weitere Pluspunkte: Swimmingpool, WiFi und Internetcafé sowie das Dachrestaurant. Einziger Nachteil: Es liegt nicht direkt am Strand.

■ Gut ist das altehrwürdige **Chanakya BNR**④ (C.T. Rd., Tel. 222063, (0)9778373373, www.chanakyabnrpuri.com, Preise inkl. Frühstück), eines jener nostalgisch schönen Hotels, in denen noch die Atmosphäre längst vergangener Zeiten lebendig zu sein scheint. Große, hohe Räume, Säulengänge und breiten Terrassen vermitteln viel Flair.

■ Direkt am Meer liegt das sehr ansprechend gestaltete **Mayfair Heritage**④-⑤ (Tel. 227800-10, www.mayfairhotels.com, Preis inkl. Frühstück). Es bietet großzügig gestaltete Zimmer mit Parkettboden, eigener Terrasse und WiFi. Die Bungalows in einer schönen Gartenanlage mit Swimmingpool, zwei Restaurants, Spa und Fitnesscenter sind den Aufpreis sicher wert.

■ Das **Toshali Sands Resort**⑤ (Tel. 0674-2547411, 223888, www.toshalisands.com), 8 km nordöstlich des Ortes in Richtung Konark, vermietet komfortable AC-Bungalows, die sich auf einer weitläufigen Anlage mit Swimmingpool, Tennisplatz, Spa, ayurvedischer Massage sowie einem hervorragenden Restaurant verteilen. Man sollte sich erkundigen, ob zur gewünschten Zeit gerade eine Hochzeitsfeier organisiert oder abgehalten wird, und das Resort in dem Fall meiden.

Essen und Trinken

Honey Bee Bakery, Peace Restaurant, Pink House – die Namen der kleinen Restaurants im westlichen Stadtteil spiegeln die Beliebtheit dieser Gegend bei Rucksackreisenden wider. Dementsprechend gibt's hier typisches Traveller-Food wie Pfannkuchen und Müsli, doch auch an köstlichem Fisch zu günstigen Preisen kann man sich laben. Bei nicht ausgezeichneten Fischgerichten sollte man jedoch vor der Bestellung nach dem Preis fragen, da man sonst beim Bezahlen eine „saftige" Überraschung erleben kann.

■ So bekommt man z.B. im **Peace Restaurant** an der C.T. Road leckeren gebratenen Fisch mit Gemüse serviert, und während der Fangzeit von Oktober bis Januar gibt es köstliche Hummer (250–600 Rs). Im in einer schmalen Gartenanlage gelegenen Restaurant können Reiseerfahrungen mit anderen Travellern ausgetauscht werden.

■ Beliebter Treffpunkt in der Traveller-Szene ist auch das billige **Garden Restaurant** (7.30–22 Uhr), auch in hübscher Gartenanlage.

■ Ein weiterer beliebter Hangout westlicher Rucksacktouristen ist das Strandrestaurant des **Pink House.** Neben der perfekten Lage locken die preiswerten Gerichte (80–130 Rs) und kostenloses WiFi-Surfen.

■ Wegen seiner erstklassigen Frühstückszutaten (200–450 Rs) ist **Honey Bee Bakery & Pizzeria** (8.30–14 und 18–22 Uhr) an der C.T. Road ein vielbesuchter Tagesöffner. Auch die italienischen Köstlichkeiten (70–270 Rs) am Abend können diesen Standard halten.

■ Sehr preiswerte und hervorragende südindische Gerichte (100–170 Rs) serviert **Dakshin** fast nebenan.

■ Wem es nach einigen Tagen mal wieder nach authentisch indischem Essen gelüstet, der ist allerdings besser in der Altstadtgegend aufgehoben. Eine gute Adresse ist das vegetarische **Grand Restaurant** mit Terrassenausblick auf den 100 m entfernten Jagannath-Tempel an der Grand Road.

■ Chinafans sollten dem exzellenten **Chung Wah** im Hotel Lee Garden an der VIP Road einen Besuch abstatten. Die meisten, teils recht scharfen Gerichte kosten zwischen 150 und 280 Rs.

UNSER TIPP: Sehr empfehlenswert ist das **Wildgrass** (12–17 und 19.30–23 Uhr) an der VIP Rd., ganz in der Nähe des Chung Wah. Neben den leckeren Gerichten (westliche wie einheimische für 150–350 Rs pro Hauptgericht) ist es die schöne Atmosphäre inmitten eines hübschen Gartens, die zum Verweilen einlädt.

UNSER TIPP: Ausgezeichnete südindische, vegetarische Gerichte zu kleinen Preisen bietet das **Agarwal's Pure Veg Restaurant** in der Grand Rd. Vorzüglich sind die diversen Thalis, welche immer wieder nachgefüllt werden. Erstklassige Adresse, zumal in ansprechendem Rahmen.

Einkaufen

Puri ist ein exzellenter Ort, um für Odisha typisches Kunsthandwerk wie ornamentierte Muscheln, Ketten, Steinskulpturen und Holzschnitzereien zu kaufen.

■ Auch hier ist das staatliche **Odisha Art Emporium** an der Grand Road der beste Ort, um sich einen Überblick und – anhand der dort geltenden Festpreise – einen Anhaltspunkt für das Feilschen an den Straßenständen zu verschaffen.

Medizinische Versorgung und Ayurveda

■ Fachkundige ayurvedische Massagen und sonstige Behandlungen verwöhnen bei **Ayurshree** (College Rd., Tel. (0)8895353960, 9.30–14 und 16–20 Uhr, www.ayurshree.com), eine Straße von der VIP Rd. 100 m hinein.

■ Das **Headquarters Hospital** (Tel. 223742) findet sich an der Grand Road.

■ **Swapu** (tgl. 7.30–23 Uhr) an der VIP Road ist eine moderne Apotheke mit reicher Auswahl an Pillen.

Bank, Post und Internet

■ Neben der **State Bank of India** (Mo–Fr 10–16 Uhr, Sa bis 14 Uhr) an der C.T. Rd., etwas westlich der VIP Rd., bietet sich **Samikshya Forex** (9–22 Uhr) an der C.T. Rd. mit guten Kursen zum Geldwechseln an. Günstig gelegen sind die **ATMs** der Axis Bank und wenig östlich zwei weitere an der C.T. Rd.

■ Die **Hauptpost** (Kutchery Rd./Temple Rd.) ist Mo–Sa 10–18 Uhr geöffnet.

■ Das mitten im Hotelbereich gelegene **Nanako.com** (bis 22 Uhr geöffnet) wie auch **Juggernaut Infotech** sind verlässliche Internetcafés.

An- und Weiterreise

Bahn

■ Während der Pilgersaison von Oktober bis Januar sollte man sein **Ticket** so früh als irgend möglich buchen, da dann die Züge oft bis zu 10 Tage im voraus ausgebucht sind. Wer sich im Booking Office des Bahnhofs vergeblich um einen Fahrschein bemüht hat, sollte sein Glück beim zweiten Reservierungsbüro an der Grand Road gegenüber der Polizei versuchen, da dort oft noch Restplätze zur Verfügung stehen.

■ Nach **Kolkata** fährt der 12938 Puri-Howrah Exp. um 20 Uhr und erreicht (über Bhubaneshwar, an 21.40 Uhr) sein Ziel um 4.50 Uhr. Umgekehrte Richtung: der 8409 Sri Jaganath Exp., Abf. Kolkata 18:35 Uhr, Ank. 5.05 Uhr

■ Nach **Mughal Sarai** bei Varanasi fährt der 12801 Purushottam Exp. um 21.10 Uhr in Puri ab, erreicht Mughal Sarai um 17.10 Uhr (über Bhubaneshwar, an 23.15 Uhr, und Gaya, an 14 Uhr). Umgekehrt fährt tgl. der 12802 Purushottam Exp. um 10.35 Uhr. Er erreicht Puri über Gaya (ab 13.35 Uhr) um 5.30 Uhr am nächsten Morgen.

■ Von und nach **Bhubaneshwar** fährt man schneller und unkomplizierter mit dem Bus. Für Reisen in den Süden Richtung **Chennai** muss man ab Bhubaneshwar oder Khurda Road fahren.

■ Wer von Süden anreist, braucht nicht bis Bhubaneshwar zu fahren, sondern kann bereits im näher gelegenen **Khurda Road** aussteigen und von dort per Bus nach Puri weiterreisen.

Bus

■ Vom Busbahnhof an der Grand Road häufige Abfahrten u.a. nach **Bhubaneshwar** (1½ Std., 50 Rs), **Konark** (1 Std., ab 6 Uhr alle 15 Min., der letzte zurück um 19 Uhr), **Khurda Road** (1½ Std.) und **Barkul** (4 Std.). Der erste Bus nach **Satapata** am Chilika Lake startet um 5.45 Uhr, der letzte von dort zurück nach Puri um 18.45 Uhr, Fahrtzeit jeweils 2½ Std.

■ Viele weitere **private Busgesellschaften** starten bzw. halten an der Kreuzung Grand Road/Hospital Road.

■ Nach **Kolkata** sind die bequemeren Züge vorzuziehen.

Konark

„Unweit vom Jagannath befindet sich ein der Sonne gewidmeter Tempel. Seine Baukosten entsprechen den gesamten Provinzeinnahmen von 12 Jahren. Selbst der kritischste Besucher ist vom Anblick dieses Tempels überwältigt." Daran hat sich bis heute nichts geändert, steht doch der kamerabewaffnete Tourist genauso fasziniert und staunend vor dem Sonnentempel von Konark wie der Chronist Kaiser *Akbars*, der diese Zeilen Mitte des 16. Jh. niederschrieb. Das Monument gilt nicht nur als das **Juwel unter den Sakralbauwerken Odishas** (Odishas), sondern als einer der großartigsten Tempel ganz Indiens.

Die meisten Besucher besichtigen Konark im Rahmen eines eintägigen Ausflugs von Puri oder Bhubaneshwar aus. Die dabei zur Verfügung stehende Zeit reicht zwar zur ausführlichen Besichtigung des Tempels, doch erst wenn die Touristen sich am späten Nachmittag wieder auf die Rückreise begeben haben, kann sich die friedvolle Stimmung des Ortes entfalten. Besonders beeindruckend wirkt die Anlage auch zwischen 18 und 21 Uhr, wenn die Tempel angestrahlt werden. Eine Übernachtung in einem der allerdings noch wenigen Hotels ist deshalb sehr zu empfehlen.

Sonnentempel (Black Pagoda)

Wie üblich im mythenumwobenen Indien rankt sich eine **Legende** um die Entstehungsgeschichte. Dennoch ist bis heute ungeklärt, warum gerade hier und zu welchem Zweck das archaisch anmutende Monument des **UNESCO-Welterbe-Tempels,** der ursprünglich näher zum sich später zurückziehenden Meer stand, errichtet wurde. Fest steht nur, dass König *Narasinhadeva* den Tempel Mitte des 13. Jh. erbauen ließ. Nach wie vor wird gerätselt, warum das Heiligtum nur kurze Zeit als Kultstätte genutzt wurde. Einige Archäologen bezweifeln, ob es überhaupt je zu Ende gebaut wurde, da der sandige Grund die gewaltige Masse kaum je hätte halten können.

Auf jeden Fall setzte der **Zerfall** schon im 14. Jh. ein, und das Hauptgötterbildnis wurde in den Jagannath-Tempel von Bhubaneshwar umplatziert. Im Laufe der Jahrhunderte stürzte der ursprünglich wohl 80 m hohe Tempelturm ein, und der Tempelsockel wurde unter den Sandmassen begraben. Dies sollte sich später als großer Glücksfall erweisen, wurden hierdurch doch die großartigen Steinreliefs konserviert. Nachdem der Tempel schließlich auch noch als lokaler Steinbruch herhalten musste, legten erst die Briten Anfang des 19. Jh. der weiteren Zerstörung einen Riegel vor. Erst ein Jahrhundert später begann dann das Archaeological Survey of India hier mit Ausgrabungs- und Renovierungsarbeiten.

Neben seinen kolossalen Ausmaßen und seiner extrem reichen Ornamentierung ist es die bei keinem anderen Tempel Indiens verwendete Grundkonstruktion, die den außergewöhnlichen Ruf des Sonnentempels begründet. Er ist in Form eines von **sieben Pferden** gezogenen, 24-rädrigen **Prozessionswagens** für den Sonnengott Surya gestaltet.

Der obere Teil des Sonnentempels wurde entsprechend dem Nagara-Baustil gestaltet, der auch der Architektur der beiden anderen großen Tempel Odishas in Bhubaneshwar und Puri zugrunde liegt. Konark ist nicht nur der jüngste der drei, sondern gilt auch als krönender Abschluss des Baustils. Während der Hauptturm inzwischen eingefallen ist, blieb der Tempelvorbau erhalten. Um einen weiteren Einsturz zu verhindern, wurde das Fundament bei den Restaurationsarbeiten zum größten Teil mit Füllmaterial aufgeschüttet. Nördlich und südlich wird der Tempel von einer Gruppe von **Steinelefanten** flankiert.

Die mit Abstand faszinierendsten Einzelelemente der Anlage sind die riesigen, fast 3 m hohen **Wagenräder,** die den Sockel des Tempels umgeben. Jeder Zentimeter dieser achtspeichigen Räder ist mit filigranen Motiven übersät. Der Eindruck von kolossaler Größe und gleichzeitiger Feinheit der einzelnen Ornamente gehört zum Beeindruckendsten, was die Tempelbaukunst in Indien je hervorgebracht hat.

Daneben und darüber gruppieren sich vom Sockel bis zur Spitze des Tempels Tausende von **Skulpturen,** die in einer einzigartigen Formenfülle den ganzen Mikrokosmos der hinduistischen Welt widerspiegeln. Götter, Musiker, Tänzer, Tiere, Blumen und immer wieder Liebespaare zelebrieren die Vielfalt und Faszination des Lebens. Obwohl über sieben Jahrhunderte seit dem Bau vergangen sind, scheinen die Figuren nichts von ihrer ursprünglichen Vitalität eingebüßt zu haben.

Ein ehemals über dem Eingang des Vorbaus platzierter Schrein befindet sich heute in einem Tempel außerhalb der Anlage. Der Name, **Navagraha Mandir** (9-Planeten-Schrein), bezieht sich auf die in ihm platzierten Skulpturen.

■ Der Tempel selbst ist von Sonnenauf- bis Untergang **geöffnet.** Empfehlenswert sind die am Eingang auf Touristen wartenden **Führer,** die einem die einzelnen Figuren im Detail erklären können. Man sollte jedoch nur die offiziellen Guides nehmen, da diese meist wesentlich geschulter sind als die ohne Lizenz. Preis pro Stunde 150 Rs.

Feste

Das alljährlich vom 1. bis 5. Dezember beim Tempel stattfindende **Konark Festival** ist berühmt. Es werden Odissi-Tänze und -Musik sowie Tempelrituale, oft vor dem abends beleuchteten Tempel, aufgeführt.

Ein weiteres Fest ist das **Magha Mela** (Sonnenfestival, im Januar/Februar), bei dem Pilger vor Sonnenaufgang ein rituelles Bad im Meer nehmen, um von dort zum Tempel zu wallfahren. Die genauen Daten sind im Tourist Office zu erfahren.

Strand

Beim Ausflug zum 3 km entfernten Strand, der ruhiger als der in Puri ist, sollte man die starken **Unterströmungen** nicht außer Acht lassen. Zudem wurden Diebstähle verzeichnet, also auf Wertsachen besonders aufpassen.

Praktische Tipps

Information und Touren

- **Vorwahl:** 06758
- Im **Tourist Office** (Tel. 236821, (0)9437232530) beim Yatri Niwas Hotel werden neben Informationen auch geprüfte Guides vermittelt, die man dann beim Tempel treffen kann.

Unterkunft, Essen und Trinken

- Die beste Adresse im unteren Preissegment ist die ruhige, an der Straße zum Meer gelegene, rosafarbene **Labanya Lodge**①-② (Sea Beach Rd., Tel. 236430, (0)9937073559), wobei sich besonders die Dachterrasse großer Beliebtheit erfreut. Die Zimmer sind einfach, teils mit Gemeinschaftsbad. Pluspunkte sind neben der Nähe zum Tempel (5 Fußminuten) auch das einzige Internetcafé im Ort und der Fahrradverleih (25 Rs/Tag).
- Direkt gegenüber vom Eingang zum Tempel steht der **Panthanivas Tourist Bungalow**②-③ (Tel. 236820, http://panthanivas.com/konark.html) mit Garten und ordentlichen Zimmern, teils mit AC. Wie immer bei staatlich geführten Hotels muss man jedoch Abstriche beim Service und bei der Sauberkeit machen. Ebenso populär wie das Hotel selbst ist das dem Haus angegliederte, helle **Gitanjali Restaurant.**
- Ähnliches wie für das Panthanivas gilt für das **Yatri Niwas**②-③ (Tel. 236820) vom OTDC mit schönem Garten. Den teils klimatisierten Zimmern mit TV wurde ein neuer Anstrich verpasst.
- Top-Wahl Konarks ist das **Lotus Eco Village**③-④ (Puri-Konark-Marine-Drive, Ramchandi Beach, Tel. 236161/2, www.lotusresorthotels.com) nah am Meer, aber 7 km vom Sonnentempel entfernt. Die Auswahl zwischen 23 Cottages und den 4 „Vills" mit Balkon und Strohdächern in weitläufiger Gartenlandschaft fällt zugunsten der schickeren „Vills" aus, die einen leichten IKEA-Touch haben. Spa ist vorhanden, Swimmingpool zur Recherchezeit geplant, noch kein WiFi.
- Einige recht gute Restaurants wie das **Sun Temple** (50–200 Rs), hier auch Meeresfrüchte und typische Traveller-Kost, und **Essensstände** finden sich entlang der Straße zum Yatri Niwas und beim Bushalteplatz.

An- und Weiterreise

Konark kann zusammen mit Puri im Rahmen der vom Tourist Office in Bhubaneswar angebotenen **Ganztagestour** zum Preis von 300 Rs besucht werden.

- Wer von **Puri** nach Konark fährt, sollte bei der Ankunft schon am Panthanivas Tourist Bungalow beim Tempeleingang aussteigen, da er sonst vom Busbahnhof hierher zurückwandern muss. Für die Weiterfahrt empfiehlt es sich jedoch, zur Bushaltestelle zu gehen, da man nur dort eine Chance erhält, einen Sitzplatz in den fast immer hoffnungslos überfüllten Bussen zu ergattern.
- Zwischen Konark und **Puri** (1 Std.) bzw. **Bhubaneshwar** (1½ Std.) verkehren tgl. bis zu 20 Busse.

Chilika-See

Unser Tipp: Diese gut 100 km südwestlich von Bhubaneshwar gelegene Brackwasserlagune, die durch eine 60 km lange Sandbarriere vom Meer fast vollständig getrennt ist, wird kaum von Individualtouristen besucht, obwohl sie landschaftlich reizvoll ist und zudem ein kleines **Paradies für Ornithologen** darstellt. Zur Monsunzeit im April/Mai schwillt die Lagune von 600 auf über 1.000 km² an. Jedes Jahr zwischen November und Januar ist der von zahlreichen Inseln bedeckte See Ziel Tausender von Zugvögeln, die hier ihr Winterquartier aufschlagen. Richtig für diejenigen, die eine Alternative zum immer geschäftiger werdenden Puri suchen. Mehrere Reiseagenturen in Bhubaneshwar und Puri organisieren mehrtägige Ausflüge inkl. Unterkunft, Verpflegung und Transport nach Chilika Lake.

Satapada

An der südlichen Spitze einer Halbinsel gelegen, die von Norden in den Chilika Lake hineinragt, ist das Dorf Satapada für die meisten Touristen der **Ausgangsort für Bootsausflüge** in die Lagune. Viele Bootsverleiher bieten ihre Dienste an, jedoch haben nicht alle eine Lizenz. Zudem kommt es vor, dass **Delfine** zur besseren Beobachtung zusammengetrieben werden, bevor die Touren starten. Viele Bootsverleiher haben sich in der Dolphin Motor Boat Association zusammengeschlossen und bieten ein- bis achtstündige Bootsfahrten auch zum nahen Nalabana-Vogelreservat und zu einem Tempel auf der Kalijai-Insel zu Fixpreisen an.

■ **OTDC** (Tel. 262077) im Yatri Niwas Hotel vermietet Boote um 10.30 Uhr für Gruppen, 100 Rs p.P. Eine Nachmittagstour um 14 Uhr ist bei entsprechender Nachfrage möglich.

■ Neben OTDC informiert das **Chilika Lake Visitor's Centre** (10–17 Uhr) über Bevölkerung und Tierwelt um den Chilika Lake.

Unterkunft

■ Das **Satapada Yatri Niwas**② (Tel. 06752-262077) in der Nähe des Busbahnhofs ist nicht gerade berauschend. Die Zimmer im Obergeschoss sind etwas besser und gewähren eine schöne Aussicht auf den See.

An- und Weiterreise

■ Zwischen Satapada und Balugaon besteht eine tägliche **Fährverbindung** (15 Rs), Abf. Satapada um 13 Uhr, von Balugaon um 7 Uhr morgens.

■ Bestes Fortbewegungsmittel zwischen den Orten um die Lagune sind **Taxis,** die pro Tag ca. 1.500 Rs kosten.

Barkul und Rambha

Die Dörfer Barkul an der Westseite des Chilika-Sees und Rambha im Süden sind zwei weitere Dörfer am Wasser, von denen **Boote** in die Lagune fahren.

■ **OTDC** im Tourist Bungalow in **Barkul** startet seine Bootsausflüge bei einer Mindestteilnehmerzahl von 7 Personen. Ein fast lautloses Boot kostet zwischen 450 und 1.600 Rs/Std. **Privatanbieter** fahren ab 500 Rs aufs Wasser. In **Rambha** kosten dreistündige morgendliche Motorboot- und einstündige Speedbootausflüge von OTDC auf den See 1.500 Rs.

Unterkunft

■ Auch in diesen beiden Dörfern unterhält OTDC Unterkünfte, in Barkul den **Panthanivas Tourist Bungalow** ② (Tel. 06756-220488). AC-Zimmer mit TV zum hübschen Garten und bessere Cottages am See sind im Angebot. Neuerdings kann man auch auf einem **Hausboot**⑤ inkl. Verpflegung und zweistündigem Ausflug auf den See wohnen.

■ Angenehm ist auch der hübsche **Rambha Panthaniwas Tourist Bungalow**①-④ (Tel. 06810-257346) im kleinen Rambha, 30 km südlich von Barkul, mit Zimmern mit Balkon und TV direkt am See. Ein billiger Schlafsaal, Doppelzimmer mit Balkon und klimatisierte Cottages stehen zur Verfügung. Spezialität des hervorragenden Restaurants sind die vorzüglichen Fischgerichte.

An- und Weiterreise

■ Die von Odisha Tourism vom Büro in **Puri** angebotene **Ganztagestour** nach Chilika ist kaum empfehlenswert, weil man so die friedvolle Stimmung der Landschaft um den See nicht wirklich genießen kann. Viel besser sind die individuell gestalteten, mehrtägigen Ausflüge der privaten Anbieter in Puri (siehe dort).

■ **Bahnverbindungen** zwischen Rambha und Balugaon, wenig nördlich von Barkul, und Bhubaneshwar (2½–3 Std. Fahrtzeit), z.B. der 18411 Intercity Exp. (tgl. außer Do), Abf. Bhubaneshwar 7 Uhr, oder der langsamere 78419 BBS PSA Pass., Abf. Bhubaneshwar 19.15 Uhr über Balugaon (21.30 Uhr). Umgekehrt nach Bhubaneshwar: Zug 18412, Abf. Rambha 20.27 Uhr, über Balugaon 20.55 Uhr. Nach Puri in knapp 4 Stunden 4x wöchentl. der 17480 Tirupati Puri Exp. über Balugaon (an 11.35 Uhr).

■ Von und nach Barkul bestehen regelmäßige **Busverbindungen** mit Bhubaneshwar (2½ Std.), Puri (4 Std.) und Berkanpur (1½ Std.).

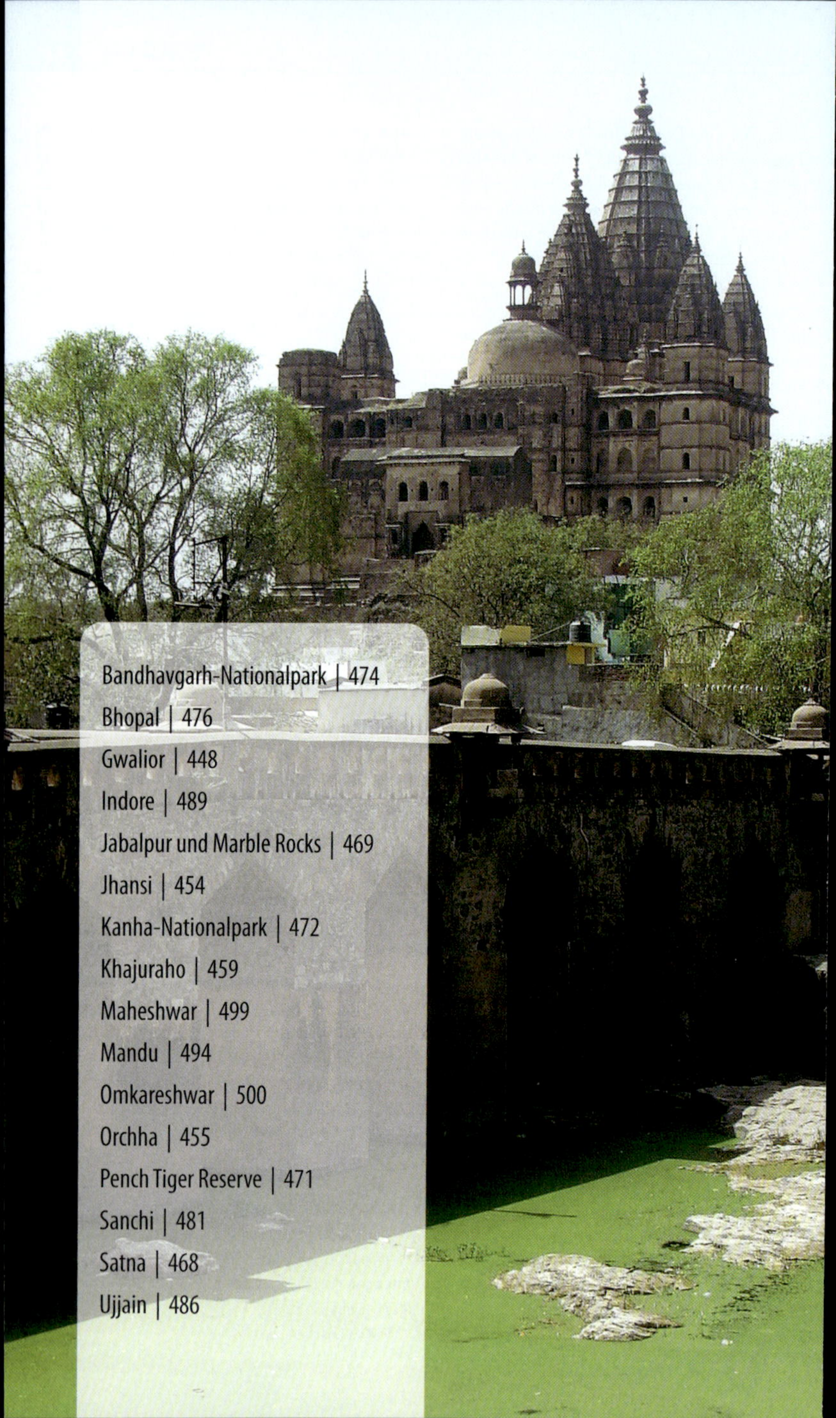

430in mb

6 Madhya Pradesh

Das zerklüftete Hochland des Dekhan bildet das Zentrum des indischen Subkontinents. Die Anreise zu den Sehenswürdigkeiten ist oft beschwerlich, doch die Tempelanlagen von Khajuraho oder Sanchi gehören zu den kulturhistorisch bedeutsamsten Stätten Indiens.

◁ Chaturbhuj-Tempel in Orchha

Madhya Pradesh
1:4.500.000
0
50 km
Didwana
Nagaur
Mundawa
Makrana
Kuchaman
Parbatsar
Phulera
Shahpura
Chomu
JAIPUR
Amber
Sariska-Nationalpark
Deeg
Sikandra
AGRA
Firozabad
Bharatpur
Keoladeo-Vogelschutzpark
Fatehpur Sikri
Dausa
Saganer
Dhaulpur
Hindaun
562
Merta
Pushkar
886
Kishangarh
Ajmer
Nasirabad
Malpura
Lalsot
Gangapur
Karauli
Bari
Morena
Nawai
Ranthambore-National-park
Joura
Jaitaran
Beawar
Tonk
Banas
Chambal
Sabalgarh
GWALIOR
Sawai Madhopur
Bijainagar
Kekri
Todaraisingh
R a j a s t h a n
M a d h y a P r a d e s h
Dabra
Deogarh
Shahpura
Deoli
Lakheri
Sheopur
Datia
Bhilwara
Gangapur
Bundi
Shivpuri
Orchha
Babina
Fort Begu
KOTA
Chambal
Mangrol
Kolaras
Rajsamand
Badoli
Baran
Nathdwara
Kapasan
Chittorgarh
Rana Pratap Sagar
Parbati
Bamor
Nimbahera
Gandhi Sagar
Jhalawar
Chhabra
Guna
Chanderi
Lalitpur
Bhindar
Neemuch
Rampura
Ashoknagar
Bari Sadri
Bhawani Mandi
Aklera
Bina-Etawa
Salumbar
Chachaura-Binaganj
Khilchipur
Sironj
Khurai
Mandsaur
Biora
Basoda
Alot
Agar
Narsingarh
Berasia
Rahatgarh
Banswara
Jaora
M a d h y a
Sanchi
Vidisha
Nagda
Shajapur
Shujalpur
Udayagiri-Höhlen
Ratlam
Ujjain
Sehore
BHOPAL
Dahod
Badnawar
Badnagar
Dewas
Ashta
Ichhawar
Obaidullaganj
Bhimbethka
Narmada
Devgad Baria
INDORE
Harpiplaya
Hoshangabad
Sardarpur
Dhar
Khategaon
Itarsi
674
Mhow
751
P r a d e s h
Alirajpur
Mandu
880
Barwaha
Tawa Res.
Chhota Udaipur
Kukshi
Dhamnod
Omkareshwar
Harda
Maheshwar
Narmada
Sanawad
Barwani
Harsud
754
Sarni
Amla
Betul
1325
Kharagone
Khandhwa
Sendhwa
Nepanagar
Talode
Shahade
937
1178
941
Nandurbar
Shirpur
Warud
Dondaicha
Chopda
Burhanpur
Achalpur
Morshi
Yaval
Raver
Amalner
Jalgaon
Bhusawal
Jalgaon
Anjangaon
Akot
Sendurjana
Dhule
Varangaon
Amravati

6

©Reise Know-How 2017
Indi_Kap_6
Uttar Pradesh
Mainpuri
Farrukhabad Cum Fatehgarh
Hardoi
Shikohabad
Chhibramau
Kannauj
Sandila
Chaahara
Utraula
Rapti
Bansi
Gonda
Nawabganj
324
LUCKNOW
Etawah
Bharthana
Rudauli
Faizabad
Basti
Tanda
Bhind
Unnao
Auraiya
KANPUR
Rae Bareli
Akbarpur
Sultanpur
Pukhrayan
Lalganj
Azamgarh
Shahganj
Lahar
Jalaun
Kalpi
Konch
Orai
Hamirpur
Bindki Road
Fatehpur
Bela Pratapgarh
Ganges
Jaunpur
Mogra Badshahpur
Bhander
Betwa
Maudaha
Yamuna
353
454
Jhansi
Rath
Banda
Phulpur
Sarnath
Bhadoi
ALLAHABAD
VARANASI
Niwari
Mahoba
Atarre
Mughalsarai
Mauranipur
Chitrakoot
Mirzapur
Chunar
326
Ahraura
459
Chhatarpur
Ajaigarh
Tikamgarh
Khajuraho
468
Satna
Robertsganj
Panna
468
Panna Nationalpark
Mauganj
Rewa
Madhya Pradesh
Maihar
Amarpatan
Sidhi
568
Renukut
Rihand Res.
Beohari
Hatta
Banda
Damoh
BAGHELKHAND PLATEAU
Sagar
Murwara
474
Bandhavgarh-Nationalpark
Rehli
1027
Sonhat
683
Umaria
752
Sihora
Kurasia
Deori
842
Shahdol
Budhar
469
Chirmiri
470
JABALPUR
Khamaria
1128
Marble Rocks
Bargi
Gadarwara
Dindori
Narsimhapur
1123
1100
Mandla
472
Pachmarhi
Kanha-Nationalpark
Korba
Nainpur
927
Pali
Kota
Jamai
Dongar Parasia
Bilaspur
838
Seoni
Kawardha
Mungeli
Sakti
471
Chhindwara
Champa
Pench Tiger Reserve
Chhattisgarh
Balaghat
Bemetara
Katangi
Bhatapara
Tirodi
Pandhurna
798
Khapa
Gondia
736
Savner
Tumsar
Khairagarh
Raipur
Kamptee
Durg
Katol
Bhandara
Dongargarh
Bhilai Nagar
Mahasamund
NAGPUR
Rajnandgaon
Gobra Nawapara
Khariar Road

MADHYA PRADESH – ZENTRALINDIEN

Der 308.000 km² große Bundesstaat Madhya Pradesh liegt zentral inmitten des Subkontinents. Geprägt wird er vom zerklüfteten Hochland des Dekhan, welches seit alters her die natürliche geografische Schwelle zwischen den Flussebenen des Nordens und den Küstenregionen bildet. Wem es gelang, diese Barriere zu überwinden, der hatte Zugriff auf den Gewinn bringenden Seehandel. So war hier eine heiß umkämpfte Region, in der viele große Eroberer der indischen Geschichte ihre Spuren hinterließen. Dazu gehörte auch Ashoka (274–232 v. Chr.), der große Maurya-Kaiser und Förderer des Buddhismus, der in Sanchi, heute eine der Hauptattraktionen Madhya Pradeshs, den Grundstein für die buddhistischen Anlagen legte.

Die flächenmäßige Ausdehnung und geologische Zerklüftung der Provinz bringt es mit sich, dass die einzelnen Sehenswürdigkeiten oftmals weit auseinander und zudem auch noch in abgelegenen Regionen liegen. Hier ist neben Khajuraho im Norden und dem Kanha-Nationalpark im Südosten vor allem die spektakulär auf einem aus der Ebene aufragenden Tafelberg gelegene Festungsstadt von Mandu im Südwesten von Madhya Pradesh zu nennen. Weit weniger aufwendig, weil nur knapp eineinhalb Zugstunden südlich von Agra gelegen, ist der Besuch der imposanten Festungsanlage von Gwalior. Die Hauptstadt von Madhya Pradesh, Bhopal, gehört ebenso wie die nur wenige Kilometer entfernten buddhistischen Stätten von Sanchi zu den weiteren Sehenswürdigkeiten dieses indischen Herzlandes.

NICHT VERPASSEN!

- Das **Fort von Gwalior** auf einem Tafelberg über der Altstadt | 450
- **Orchha** mit seinem beeindruckenden Stadtpalast | 455
- Die **Tempel von Khajuraho** – grandiose Architektur in dörflicher Umgebung | 459
- **Marble Rocks** bei Jabalpur – die Marmorschlucht des Narmada-Flusses | 470
- Die **Stupa von Sanchi** – eine der schönsten buddhistischen Stätten der Erde | 481
- **Mandu** – verlassene Festungsstadt in lieblicher Landschaft | 494

Diese Tipps erkennt man an der gelben Hinterlegung.

> Holzsammlerinnen am Betwa-Fluss

Madhya Pradesh gestern und heute

Zwischen 930 und 1050 n. Chr. regierten im Norden des historisch als Mahra bekannten Madhya Pradesh die Chandellas und errichteten die einzigartigen **Tempelanlagen von Khajuraho.** In den nächsten sechs Jahrhunderten lieferten sich Hindus und Moslems erbitterte Schlachten, um den Zugang zur Westküste, dem heutigen Gujarat, zu kontrollieren. Letztlich erwies sich jedoch das **Hochland von Dekhan** mit seiner zerklüfteten Landschaft für die Moguln immer wieder als unüberwindliche Hürde bei dem Versuch, ihre Herrschaft auch auf den Süden des Subkontinents auszuweiten.

Diese nur schwer zu durchdringenden, dünn besiedelten Regionen haben Madhya Pradesh auch zu einem idealen Rückzugsgebiet der vor den indo-arischen Eroberern geflüchteten **dravidischen Urbevölkerung** werden lassen. Noch heute lebt hier ein besonders hoher Anteil dieser offiziell als *Scheduled Tribes* bezeichneten Stammesgruppen, die zu den am meisten benachteiligten Schichten der indischen Gesellschaft zählen. Hieraus erklärt sich auch die mit 43 % hohe Analphabetenrate und der mit 75 % sehr hohe Anteil der Landbevölkerung.

Im Jahr 2000 wurde der **östliche Teil von Madhya Pradesh abgespalten,** wodurch der neue Bundesstaat **Chhattisgarh** entstand, einer der ärmsten ganz Indiens. Die Bevölkerung (26 Mio.) besteht überwiegend aus Adivasis. Raipur ist Hauptstadt des 135.194 km² großen Staates, der keine besonderen Sehenswürdigkeiten zu bieten hat.

432in mb

Gwalior

Als „eine Stadt aus Tausendundeiner Nacht, eine zwischen Traum und Wirklichkeit schwebende Stadt, Stätte des Zaubers und der Zauberei", wie sie noch Anfang des 20. Jh. der Italiener *Luchiano Margrini* beschrieb, wird der Reisende diese im äußersten Nordwesten Madhya Pradeshs gelegene Stadt heute kaum erleben. Zwar verfügt sie über eine **schöne Altstadt,** doch bestimmt inzwischen die wenig beeindruckende Neustadt das Bild der in den letzten Jahren schnell gewachsenen Metropole.

Dass Gwalior dennoch eine der meistbesuchten Städte Madhya Pradeshs ist, hat es seinem gewaltigen, auf einem **Tafelberg** gelegenen **Fort** mit den darin befindlichen Tempeln und Palästen zu verdanken. Der imposante Anblick des über 100 m aus der Ebene herausragenden Sandsteinfelsens mit seinen Ausmaßen von 2 km Länge und bis zu 850 m Breite faszinierte schon den Mogulkaiser *Babur,* der es die Perle unter allen Festungsanlagen Hindusthans nannte. Ein Großmogul belässt es selbstverständlich nicht bei dieser Schwärmerei, und so eroberten seine Truppen die Stadt kurz darauf.

Neben dem Fort lohnen noch der Ende des 19. Jahrhunderts von den Scindia-Herrschern erbaute Jai-Vilas-Palast und die schönen Grabmonumente zweier Muslim-Heiliger in der Altstadt einen Besuch. Wer sich bei einem Besuch Gwaliors auf diese Hauptsehenswürdigkeiten beschränken will, kann die Stadt innerhalb eines **Tagesausfluges von Agra** aus bereisen bzw. als Zwischenstopp auf dem Weg dorthin.

Geschichte

Gwalior erinnert nicht nur durch den die ganze Stadt überragenden Tafelberg stark an die Heldenstadt Chittorgarh in Rajasthan. Beiden gemeinsam ist auch eine höchst abwechslungsreiche Geschichte voller Siege und Niederlagen. Und natürlich wird auch die Entstehungsgeschichte Gwaliors genau wie die Chittorgarhs mit einer **Legende** verherrlicht, um die besondere Bedeutung der Stadt herauszustellen. Danach soll im 8. Jh. der an Lepra erkrankte Fürst Suraj Sena aus dem Geschlecht der Kachchapaghata während eines Jagdausflugs auf dem Tafelberg Gopalgiri durch einen ihm vom Einsiedler Gwalipa dargebotenen Schluck Wasser geheilt worden sein. Aus Dankbarkeit legte er auf dem Gopalgiri den Grundstein für eine neue, nach dem Einsiedler benannte Stadt. Der Eremit verlieh ihm den Namen *Suraj Pal* und weissagte ihm, dass sein Geschlecht so lange an der Macht bleiben würde, wie es den Beinamen *Pal* tragen würde. Über 400 Jahre taten sie genau dies, doch als der 84. Thronfolger seinen Namen in *Tej Karan* änderte, so endet dieses schöne Märchen, bedeutete dies das Ende der Kachchapaghatas von Gwalior.

Historisch erwiesen ist die Besiedelung des Felsens seit Ende des 14. Jh., als die **Tomar-Rajputen** Gwalior zum Zentrum ihres Fürstentums machten. Unter *Raja Man Singh* (1486–1516), dem einflussreichsten Herrscher des Geschlechts, auf den auch der Bau des bedeutendsten Palastes innerhalb des Forts zurückgeht, konnte 1505 der Angriff der muslimischen Eroberer aus Delhi noch einmal zurückgeschlagen werden, doch 1516 musste sich sein Sohn nach einjähriger Belagerung dem 30.000 Mann starken Heer *Ibrahim Lodis* unterwerfen.

Für die nächsten 250 Jahre blieb die Festung unter **muslimischer Herrschaft,** bis sie nach deren Niedergang Mitte des 18. Jh. von den von Süden aufkommenden **Marathen** eingenommen wurde. In den folgenden Jahren stritten diese mit den Jats und den Briten in erbittert geführten Schlachten um diesen

Gwalior
0 200 m
©Reise Know-How 2017
Unterkunft
1 MK Vivanta
4 Tansen Residency
5 Hotel Landmark
6 Hotel Mayur
10 Usha Kiran Palace Hotel
11 Neemrana's Deo Bagh
Essen und Trinken
1 Massala Kraft Restaurant
2 Indian Coffee House
5 Swad Rest.
7 McDonald's
8 Zayka
9 Dils Chawla Chicken
10 Silver Saloon Rest. Bada Bar
Verkehr
3 Busbahnhof
Agra (120 km)
Flughafen (8 km)
Gwailor Pol
Badalgarh Pol
Archäologisches Museum
Ganesh Pol
Man Singh Palast
Hathika Pol (Elefantentor)
Sound- und Light Show
Gräber von Mohammed Gauz und Tansen
Gwalior Road
Jain Skulpturen
Okawahi Pol
Suraj Kund
Sas-Bahu-Tempel
GWALIOR FORT
Jain Skulpturen
Teli-ka-Mandir
Sikh Tempel
Tansen Road
Scindia School
Bahnhof
Racecourse Road
Link Road
Gandhi Road
Maharani Laxmibai Marg (M.L.B. Rd.)
DHL
Stadion
ZOO
Torbogen
Jai Vilas Palast/ Scindia Museum
Jhansi (100 km), Khajuraho (280 km)

strategisch bedeutenden Ort. 1805 schließlich wurde Gwalior vertraglich an das Marathen-Geschlecht der Scindias überantwortet, wobei jedoch die **Briten** die machtpolitischen Fäden in der Hand behielten.

Noch einmal 50 Jahre später, während des Sepoy-Aufstands, stand Gwalior im Mittelpunkt der indischen Geschichte, als hier die Rani von Jhansi auf Seiten der meuternden Truppen des Maharajas von Scindia gegen die Briten kämpfte und als Mann verkleidet in vorderster Front ums Leben kam. Ein Denkmal im Stadtzentrum erinnert an diese Freiheitskämpferin.

Sehenswertes

Das Fort

Man sollte für den gesamten **Rundweg** etwa drei Stunden berechnen und berücksichtigen, dass es auf dem weitläufigen Areal der Festungsanlage keinerlei Verpflegungsmöglichkeiten gibt. Tickets für das Fort sind nur im nordöstlichen Bereich der Anlage beim Man-Singh-Palast erhältlich.

Nach dem steilen, etwas holprigen Aufstieg von der Altstadt gelangt man nach Durchschreiten von fünf Zugangstoren und dem abschließenden **Hathika Pol** (Elefantentor) zur eigentlichen, aus fünf Gebäuden bestehenden **Man-Singh-Palastanlage.** Der zwischen 1486 und 1516 von *Raja Man Singh* erbaute Palast ist das beeindruckendste Bauwerk des Forts. Seine 20 m hohen Rundtürme mit der blauen Kachelverzierung und Tiermotiven verleihen dem 1881 restaurierten Palast ein ganz unge-

Jain-Skulpturen am westlichen Fortaufgang

429in mb

wöhnliches Äußeres, das ihn deutlich von allen anderen Palästen Indiens unterscheidet. Um so überraschender wirkt dann jedoch die totale Leere im Palastinneren. Die beiden unterirdischen Geschosse, die eigentlich als Refugien gegen die gleißende Sonne gebaut worden waren, wurden während der Mogul-Herrschaft zu Folterkammern umfunktioniert. So ließ *Aurangzeb* in einem der gruseligen Räume seinen Bruder nach fünfjähriger Gefangenschaft ermorden.

Lohnenswert ist auch ein Besuch des kurz vor dem Almagiri-Tor gelegenen **Archäologischen Museums** (tgl. außer Mo 10–17 Uhr, Eintritt 100 Rs, Kamera 50 Rs, Video 200 Rs). Es ist im von Man Singh im 15. Jh. für seine Lieblingsfrau errichteten **Gujari Mahal,** dem „Palast der Armreifen", untergebracht. Im sehr schönen Innenhof und den sich daran anschließenden 24 Galerien findet sich eine umfangreiche Skulpturensammlung hinduistischer, buddhistischer und jainistischer Figuren. Da die Beschriftung der einzelnen Objekte sehr zu wünschen übrig lässt, lohnt der Kauf des kleinen, vom Archaeological Survey of India herausgegebenen Büchleins, in dem die einzelnen Skulpturen näher beschrieben werden.

Ein Weg auf der östlichen Seite des Forts führt Richtung Süden zu den beiden nebeneinander gelegenen **Sas-Bahu-Tempeln.** Der größere dieser Ende des 11. Jh. erbauten Vishnu-Tempel erreicht eine Höhe von 30 m. Beide gefallen durch ihre schönen Verzierungen.

Vorbei an einem **Sikh-Tempel** (Gurudwara) sieht man schon von Weitem einen 30 m hohen Turm. Der **Teli-ka-Mandir** wurde im 9. Jh. erbaut und ist architektonisch wohl das interessanteste Bauwerk der gesamten Anlage. Während das 9 m lange Elefantenrückendach ein typisch südindisches Stilelement darstellt, folgt die reiche Dekoration der Außenwände indo-arischen und damit nordindischen Traditionen. Der über dem 10 m hohen Eingang platzierte Garuda weist den Tempel als Vishnu-Heiligtum aus.

Schräg gegenüber liegt der **Suraj Kund,** aus dessen Wasser dem legendären *Suraj Sena* eine wundersame Heilung zuteil geworden sein soll.

Eine der eindrucksvollsten Sehenswürdigkeiten der Anlage begegnet dem Besucher während des steilen Abstiegs vom Fort durch das **Okawahi-Tor** an der westlichen Fort-Mauer. Zu beiden Seiten entlang der Straße stehen in verschiedenen Nischen aus dem Fels geschlagene, bis zu 17 m hohe, nackte **Jain-Skulpturen,** die die Verkörperungen der 24 Furtbereiter des Jainismus darstellen. Von den insgesamt fünf um den gesamten Berghügel verteilten Gruppen sind die den Südwesteingang flankierenden die beeindruckendsten, weil am besten restauriert. Schon kurz nach ihrer Errichtung im 15. Jh. ließ der Großmogul *Babur* diese Götzenbilder, wie er sie nannte, zerstören. Doch die Jains bauten sie in den nächsten Jahrzehnten wieder auf.

■ **Öffnungszeiten:** täglich von Sonnenauf- bis Sonnenuntergang geöffnet, der Eintritt zum Fort beträgt 100 Rs, Video 250 Rs. Ein Guide für zwei Stunden kostet 250 Rs.

Lohnenswert ist auch der Besuch der jeden Abend von Nov. bis Febr. um 19.30 Uhr (März bis Okt. um 20.30 Uhr) in englischer Sprache beim Amphitheater des Man-Singh-Palastes gezeigten **Sound and Light Show.** Hier wird die wechselvolle Geschichte des Forts nacherzählt. Eintritt hierzu 250 Rs. Insektenspray nicht vergessen!

Jai-Vilas-Palast und Scindia Museum

Von außen wie innen äußerst bizarr wirkt der 1874 von den Scindias von Gwalior erbaute Palast in der Neustadt Laskar. Der Versuch des italienischen Architekten, eine Kopie des Buckingham Palace zu erstellen, ergab eine amüsante Mischung aus viktorianischen und Renaissance-Stilelementen.

Wie viele Rajputen-Paläste ist auch dieser unterteilt in die Privaträume der heute noch hier wohnenden Scindia-Familie, ein Hotel und ein Museum, welches 35 der insgesamt 500 Räume des Palastes einnimmt. Neben einigen sehr schönen Exponaten verschiedener Miniaturmalschulen bietet auch dieser Palast das Beispiel einer Fürstenfamilie, die ihre politische Bedeutungslosigkeit mit unvorstellbarem Luxus zu übertünchen versuchte.

Beispiele gibt es genug: juwelenbesetzte Schuhe der Maharani, zwei 3,5 t schwere Kronleuchter im mit Goldfarbe bemalten, 35x22 m großen Gästesaal oder auch eine silberne Miniatureisenbahn, die, mit Whisky und Süßigkeiten beladen, entlang einer 20 m langen Trasse über den mit Staatsgästen besetzten Tisch fuhr und immer dann automatisch anhielt, wenn die Whiskyflasche geöffnet wurde – Hollywood lässt grüßen.

■ **Öffnungszeiten:** tgl. außer Mi 10–17.15 Uhr, Eintritt 250 Rs, Foto/Video 50/100 Rs.

Weitere Sehenswürdigkeiten

Etwa 1 km östlich des Forts befindet sich das **Grabmal** des von Babur hochverehrten Heiligen *Mohammed Gauz.* Mit seinen gewaltigen Ausmaßen von 30 m Seitenlänge und dem imposanten, früher von außen gänzlich mit blauen Fliesen verkleideten Kuppeldach wirkt der quadratische Bau wie eine Palastanlage. Auf dem gleichen Gelände findet sich mit dem wesentlich kleineren Grab von *Akbars* Hofsänger *Tansen* ein zweites schönes Beispiel früher Mogul-Architektur. Das Kauen der Blätter des neben dem Grabmal stehenden Tamarindenbaumes soll der Stimme angeblich jene Lieblichkeit verleihen, die die Lieder Tansens auszeichnete. Anlässlich des gewöhnlich im November/Dezember hier stattfindenden Musikfestivals, zu dem Hunderte von Sängern aus ganz Indien sich hier in Gwalior versammeln, dürfte der Baum wohl kahl gefressen werden.

Praktische Tipps

Stadtrundfahrt

■ **Vorwahl:** 0751

■ Am Hotel Tansen Residency beginnt eine **ganztägige Stadtrundfahrt** (täglich 10.30–18.30 Uhr inkl. eineinhalbstündiger Mittagspause um 14.30 Uhr, die Tour kostet nur 250 Rs zuzüglich Eintrittspreisen und Verpflegung), im an ein Spielzeug erinnernden Bus. Alle wichtigen Sehenswürdigkeiten Gwaliors werden besichtigt.

Stadtverkehr

■ Mit der **Autoriksha** sollte keine Fahrt im Stadtgebiet mehr als 60 bis 120 Rs kosten.

■ Im großflächigen Gwalior pendeln **Tempos** zwischen den Bahnhöfen, der Tansen Marg, dem Stadtteil Laskar und dem Nordostaufgang des Forts (Linien 3 und 17) in unregelmäßigen Abständen hin und her.

Unterkunft

■ Die ruhige Lage in einer schmalen, von der Tansen Rd. abgehenden Gasse und akzeptable Zimmer machen das **Hotel Mayur**①-③ (Tel. 2325559) zur besten Adresse für Sparsame im nicht gerade umfangreichen Angebot dieser Preisklasse. Recht saubere, teils klimatisierte Zimmer mit Bad und TV sind okay für eine Nacht.

■ Auch wenn das neu eröffnete **MK Vivanta**③-④ (Tel. 9109912503, www.mkvivanta.com) sich sehr bemüht, ein Boutique-Hotel zu sein, ist es doch nur ein Kettenhotel. Dafür ein in der Preisklasse sehr gutes der Taj-Gruppe mit makellosen, modern eingerichteten AC-Zimmern und dem exzellenten **Massala Kraft Restaurant** im Erdgeschoss – eine prima Wahl.

■ Nur wenig überteuert sind die geschmackvoll eingerichteten Zimmer mit Aussicht des **Hotel Landmark**③ (Manik Vilas Colony, Tel. 4011271-3, www.hotellandmarkgwalior.com) unweit vom Bahnhof. Entspannend ist das gute **Swad Restaurant** mit internationaler Küche.

■ Die AC-Zimmer bieten den besten Gegenwert im **Tansen Residency**④ (Gandhi Rd, Tel. 4056789, 2340370, tansen_residency@rediffmail.com). Alle schön möblierten Zimmer verfügen über einen Kühlschrank. Viel Grün im Gebäude und Bäume im gepflegten Garten gestalten den Aufenthalt angenehm. Ein gutes Restaurant ist angeschlossen.

■ Für Liebhaber alter Maharaja-Paläste ist das **Usha Kiran Palace Hotel**⑤ (Tel. 2444000-5, www.tajhotels.com) sicherlich die schönste Unterkunft Gwaliors, zumal die gelungen renovierten, individuell gestalteten Zimmer über alle modernen Annehmlichkeiten wie Flachbildschirm-TV und WiFi verfügen. Wie bei vielen Maharaja-Palästen ist der große, das Hotel umgebende Garten eine Oase der Ruhe. Dort sind zwei Cottages mit zwei Schlaf- und Badezimmern sowie jeweils eigenem kleinen Pool eingebettet. Mehrere Restaurants kredenzen erstklassige internationale Küche. Sehr gelobt wird die Wellness-Abteilung des Jiva Spa.

Unser Tipp: Wen die Lage etwas außerhalb von Gwalior nicht stört, der findet mit dem sehr gelungenen **Neemrana's Deo Bagh**③-④ (Bahodapur, Tel. 124-4666166, http://deo-bagh.neemranahotels.com) eine mindestens ebenso schöne Heritage-Unterkunft. Hierbei handelt es sich um eine elegantes Schlosshotel aus dem 16. Jh. mit 15 Zimmern inmitten einer weitäufigen Gartenanlage, durchsetzt mit Tempeln, Gedenkstätten und Pools.

Essen und Trinken

■ Von den zahlreichen einfachen Lokalen in der Bahnhofsgegend ist das **Indian Coffee House** (7–22.30 Uhr) der beste Ort, um in angenehmer Atmosphäre und bei leckeren kleinen Mahlzeiten den Hunger und die Wartezeit zu vertreiben.

■ Seinem Namen alle Ehre macht das **Dils Chawla Chicken** mit ebenso schmackhaften wie preiswerten Huhngerichten in angenehmem Ambiente (150–350 Rs).

■ Besser als das Fastfood wie Nudelgerichte, Pizza und Burger sind die preiswerten, vegetarischen indischen Gerichte im modernen **Zayka** (MLB Rd., 120–250 Rs). Nicht weit entfernt in der DD City Mall befriedigt eine **McDonald's-Filiale** strikte Fastfood-Freunde.

■ Das **Silver Saloon Restaurant** (7–11, 12.30–15 und 19.30–22.30 Uhr, 350–800 Rs) im Usha Kiran Palace bietet schmackhafte indische, nepalesische und internationale Gerichte zu hohen Preisen. Allerdings sitzt es sich im Garten unter Bäumen angenehmer als in jeder der zuvor genannten Gaststätten. Für den anschließenden Absacker gibt's keinen besseren Ort als die stilvolle **Bada Bar** (17–23 Uhr, Bier 250 Rs, Cocktail um 600 Rs).

Post und Internet

■ Die **Hauptpost** an der Station Rd. (Tel. 4010555) ist Mo–Fr 9.30–17 Uhr, Sa bis 13.30 geöffnet. Eine **DHL-Filiale** (Tel. 4701234), etwa 500 m vom Bahnhof entfernt, bedient von 9 bis 18.30 Uhr.

■ Zwei schnelle Internetcafés sind **Gwalior Cyber** und **Cyber City** an der Tansen Rd. Auch **Fun Stop Cyber** an der MLB Rd. näher am Zentrum ist recht fix.

An- und Weiterreise

Flug

■ Rikshas/Taxis berechnen für die Fahrt zum 12 km außerhalb gelegenen **Flughafen** etwa 150/250 Rs. Flüge tgl. nach Delhi und Mumbai.

Bahn

Die Bahn ist das beste Transportmittel, um von Gwalior weiterzureisen, da kaum eine andere Stadt Zentralindiens über derart vielfältige Verbindungen verfügt. Wie üblich ist das Reservierungsbüro Mo–Sa 10–20 und So 10–14 Uhr geöffnet. Für **Khajuraho** und **Orchha** nimmt man zunächst einen der vielen Züge nach **Jhansi.** Von dort Anschluss per Bahn, Bus, Tempo oder Riksha. Die wichtigsten sind im Anhang zu finden.

Bus

Wer trotz der hervorragenden Bahnverbindungen mit dem Bus weiterreisen möchte, dem bieten sich vom New Bus Stand zahlreiche Möglichkeiten.

■ Regelmäßige Verbindungen bestehen u.a. mit **Agra** (3½ Std., zwischen 5 und 19.30 Uhr, 200–350 Rs) und **Jhansi** (3 Std., 130 Rs), **Ujjain** (11 Std., 500–700 Rs), **Indore** (12 Std., 350–700 Rs) und **Bhopal** (11 Std., 7.30 und 20.45 Uhr, 330–650 Rs).

■ Nach **Jaipur** (10 Std.) in Rajasthan regelmäßige Busse zwischen 7.15 und 18.30 Uhr sowie vier Deluxe-Busse um 6.30, 7.15, 18.30, 19.30 Uhr (Sitzplatz/Schlafplatz 350/550 Rs).

■ Tgl. 3 Direktbusse fahren um 7.25, 8.30 und 21.30 Uhr in 8 Std. über Jhansi zum 285 km entfernten **Khajuraho** (190 Rs).

Jhansi

Verwaltungstechnisch gehört diese Stadt noch zu Uttar Pradesh, doch in ihrer Funktion als meistbenutzter **Umsteigeplatz nach Khajuraho und Orchha** wird sie an dieser Stelle erwähnt. So ist Jhansi einer jener Orte, von denen die Touristen nur die Bahnhofsgelände zu sehen bekommen. Man verpasst dabei kaum etwas, denn von der jedem indischen Schulkind geläufigen Vergangenheit spiegelt sich im heutigen Stadtbild kaum etwas wider.

Einzig das 1613 von Maharaja *Bir Singh Deo* errichtete **Jhansi Fort** (Eintritt 100 Rs, Sonnenauf- bis Sonnenuntergang geöffnet) vermittelt noch das Geschichtsträchtige des Ortes. Das **State Museum** (tgl. außer Mo 10.30–16 Uhr, jeden 2. So des Monats geschlossen) unterhalb des Forts zeigt Miniaturmalereien, Terrakotta-Skulpturen sowie historische illustrierte Manuskripte und Porträts von früheren Herrschern und Politikern.

Praktische Tipps

■ **Vorwahl:** 0517

Stadtverkehr

■ Vom Bahnhof am Westrand der Stadt zum ca. 4 km entfernten Busbahnhof im Osten sollte man per Autoriksha etwa 60 Rs zahlen. Innerhalb des Stadtgebiets sind per Riksha keinesfalls mehr als 20 Rs zu zahlen.

Unterkunft, Essen und Trinken

■ Mit viel Komfort, großzügigen und geschmackvoll eingerichteten Zimmern mit TV und sauberem Bad ist das **Hotel Tulsi**③ (Tel. 6451533, (0)9415113076) im Zentrum, etwa 1 km vom Bahnhof, die mit Abstand beste Wahl der Stadt. Auch das angeschlossene Restaurant mit vielseitiger, langer, vorwiegend indischer Speisekarte ist gut.

■ Das **Hotel Yatrik**②-③ (Tel. 2370999) ist eine teurere Alternative zum Tulsi. Die meist klimatisierten Zimmer dieser Mittelklassewahl sind geräumig und hell, die AC-Zimmer größer. Sehr empfehlenswert ist das angeschlossene **Treat Restaurant** mit leckeren lokalen Spezialitäten und günstigen Thalis (150–180 Rs).

■ Kulinarisch ist man in Jhansi am besten im **Holiday Restaurant** am Sadar Bazaar aufgehoben: einheimische und chinesische Gerichte zu günstigen Preisen (100–180 Rs) sowie angenehme Atmosphäre.

An- und Weiterreise

Der **Bahnhof** liegt im Westen der Stadt, der **Busbahnhof** etwa 1 km östlich außerhalb der Stadtgrenzen, sodass Jhansi für die Weiterfahrt per Bus nach Ankunft mit dem Zug durchquert werden muss.

Bahn

■ Jhansi liegt an der Hauptbahnlinie Delhi – Agra – Bhopal – Mumbai bzw. Allahabad – Varanasi – Patna, und so bieten sich tgl. zahlreiche Zugverbindungen in alle bedeutende Städte Zentralindiens an. Seine Anfahrt sollte man zeitlich so planen, dass man rechtzeitig in Jhansi eintrifft, um mit dem um 11 Uhr vom Bahnhof nach **Khajuraho** abfahrenden Luxusbus mitfahren zu können.

■ Viele Verbindungen von und nach **Delhi,** etwa der superschnelle 12002 New Delhi Bhopal Exp.: Abf. New Delhi 6 Uhr, über **Mathura** ab 7.29 Uhr, **Agra** an 8.11 Uhr, **Gwalior** an 9.35 Uhr, Jhansi an 10.45 Uhr (dieser Zug fährt weiter nach Bhopal). Bei eventuellen Verspätungen wartet der Bus nach Khajuraho.

■ Eine tägliche langsame Passenger-Train-Verbindung nach **Khajuraho** (Ank. 12.30 Uhr) über Orchha (Ank. 7.30 Uhr) startet in Jhansi um 7 Uhr. Etwas schneller ist der 12966 Udaipur Khajuraho Exp., Abf. 14.35 Uhr, Ank. 19.35 Uhr. Da er schon eine lange Strecke hinter sich, kann es hier zu Verspätungen kommen.

Bus

■ Busse ins 170 km entfernte **Khajuraho** (6 Std. Fahrtzeit, 220 Rs) fahren um 5.30, 6, 7, 8, 9, 11, 12 und 14 Uhr vom Busbahnhof ab. Verpasst man einen, kann man auch einen der häufigeren Busse bis Chhatarpur nehmen (5 Std., 160 Rs) und von dort die letzten 50 km nach Khajuraho per Gemeinschaftsjeep zurücklegen.

Nach Orchha gibt's etwa alle 20 Minuten Busverbindungen, die jedoch nicht alle bis ins Dorf fahren, sondern teilweise den ca. 5 km entfernten National Highway Orchha passieren. Der Rest muss dann per Tempo oder Riksha zurückgelegt werden. Also nachfragen, welcher Bus bis ins Dorf fährt.

- Viele der **von Khajuraho** kommenden Busse halten auch ca. 100 m vom Bahnhof entfernt.
- Vom chaotischen Busbahnhof Jhansis bieten sich weitere Direktverbindungen an, z.B. nach **Delhi, Agra** (3 Busse um 12.30, 12.45 und 14 Uhr, 220 Rs, 6 Std.) und **Gwalior** (zwischen 6.30 und 21 Uhr, 3 Std., 70 Rs), doch all diese Orte sind bequemer per Bahn zu erreichen.

Tempo

- Für die 18 km lange Fahrt nach **Orchha** bieten sich die an der Straße vor dem Busbahnhof abfahrenden Tempos als zügige, aber volle Verkehrsmittel an. Da es dauern kann, bis die wenigen Tempos nach Orchha genügend Passagiere eingesammelt haben, um zu starten, kann es Sinn machen, auf ein meist sehr frühzeitig gemachtes Angebot des Tempofahrers einzugehen, das Tempo als Riksha zu benutzen und für 100 Rs ohne zusätzliche Passagiere nach Orchha kutschiert zu werden. Dies ist zudem komfortabler und schneller als in einem der oft vollen Busse. Die Tempos starten etwa 50 m östlich vom Busbahnhof, das letzte gegen 21 Uhr.

Taxi

Am Bahnhof wird man nach Verlassen des Zuges meist sofort von Taxifahrern angesprochen. Ein Taxi nach Khajuraho kostet 4.000 Rs, nach Gwalior 2.500 Rs, nach Agra per Indicar etwa 6.000 Rs. Diese sind z.B. auch über das verlässliche Sona Travels (Elite Rd., Tel. 2449953, (0)9336517746) im Stadtzentrum zu buchen, müssen aber mindestens 2 Std. vorher bestellt werden.

Orchha

Heute erscheint es kaum vorstellbar, dass Orchha vor gut 450 Jahren der Mittelpunkt eines der bedeutendsten Regionalreiche Zentralindiens war. Der Ort teilt das Schicksal manch anderer Städte, die sozusagen im Windschatten bedeutenderer Sehenswürdigkeiten liegen und gerade deshalb viel von ihrem ursprünglichen Charme bewahrt haben. **Unser Tipp:** Zwischen 11 und 15 Uhr wird Orchha von Durchreisenden von und nach Khajuraho „heimgesucht". Um die besondere dörfliche und spirituelle Atmosphäre des Ortes zu erleben, sollte man am Morgen oder späteren Nachmittag da sein und zumindest eine Übernachtung einplanen.

Gegründet wurde Orchha 1531 von *Raja Rudra Pratap Singh*, dem Anführer des Rajputen-Clans der Bundelas. Auf dem Höhepunkt der Macht standen die Bundelas unter *Bir Singh Deo*, dem Enkel *Pratap Singhs*. Dieser war einer der engsten Weggefährten des Mogul-Prinzen *Salim*, und als dieser 1605 als Nachfolger *Akbars* zum Kaiser *Jehangir* aufstieg, begann auch das goldene Zeitalter Orch-

Friends of Orchha

Friends of Orchha (www.orchha.org) ist eine sehr lobenswerte, von einer Inderin und deren holländischem Mann im Jahr 2006 gegründete Organisation, die es sich zum Ziel gesetzt hat, die lokale Dorfbevölkerung am Tourismus finanziell profitieren zu lassen. Kern dieser Bemühungen ist das kleine **Dorf Ganj,** etwa 6 km von Orchha entfernt, wo in- wie ausländische Touristen die Gelegenheit haben, **in einfachen Lehmhütten zu übernachten** und so einen hautnahen Einblick in das tägliche Leben von Millionen Indern zu erhalten. Die Übernachtung in einem der fünf Homestays kostet 650/850 Rs pro Person/Zweifachbelegung, traditionelle Mahlzeiten gibt es für 120/220 Rs (veg./non-veg.).

has. *Jehangir* zeichnete seinen alten Jugendfreund, der ihm zuvor in vielen Schlachten zur Seite gestanden hatte, mit vielfältigen, lukrativen Privilegien aus. Nach dem Tod *Jehangirs* 1627 fiel *Bir Singh Deo* allerdings bei dessen Nachfolger *Shah Jahan,* dem die Machtfülle des Rajputenfürsten ein Dorn im Auge war, recht bald in Ungnade. Vom Heer des damals erst sechzehnjährigen Sohnes *Shah Jahans,* dem späteren Kaiser *Aurangzeb,* wurde *Bir Singh Deo* aus Orchha vertrieben und später ermordet.

Sehenswertes

Bedeutendstes architektonisches Zeugnis der Regierungszeit *Bir Singh Deos* ist der anlässlich des Besuches Kaiser *Jehangirs* errichtete **Jehangir Mahal.** Vom obersten Stockwerk des hoch aufsteigenden Palastes, der mit seinen vielen kleinen Chattris und Balkonen einen verspielten Eindruck macht, bieten sich sehr schöne Ausblicke auf Orchha und seine Umgebung.

Schmuckstück des neben dem Palast und dem darin untergebrachten Schlosshotels (Sheesh Mahal) gelegenen **Raj Mahal** sind dessen Wandmalereien mit sehr schönen Naturszenen und höfischen Motiven. Die Türen dieser ehemaligen Residenz *Madhukar Shahs,* des Vorgängers Bir Singh Deos, sind meist verschlossen, doch ein Wärter wartet nur darauf, Touristen für ein Trinkgeld herumzuführen.

Den **Raj Pravin Mahal** unterhalb des Jehangir Mahal, der von einem hübschen Garten umgeben ist, ließ *Raja Indraman* 1672 für seine Lieblingsfrau *Raj Pravin* bauen.

Im Reich der Legende wird man wohl die Geschichte ansiedeln dürfen, wonach Kaiser *Akbar* von deren Schönheit so angetan war, dass er sie in seinen Hof nach Delhi lud, um ihr seine Verehrung zu gestehen. *Raj Pravin* soll sich jedoch dem Werben *Akbars* verwehrt haben und schließlich treu zu ihrem Ehemann nach Orchha zurückgekehrt sein. Von Erzählungen dieser Art wimmelt es geradezu in der regionalen Geschichtsschreibung Indiens, denn sie dienen immer wieder gern als Anlass, das Hohelied der ihrem Mann bis in den Tod treu ergebenen indischen Frau anzustimmen.

Auch mit dem **Dinman-Herauls-Palast** verbindet sich eine Legende. Danach soll der hier für eine Zeit residierende Sohn *Bir Singh Deos* Selbstmord begangen haben, um seine Unschuld in einer ihm zur Last gelegten Affäre mit der Frau seines Bruders zu beweisen – in Indien immer eine Geschichte, aus der Helden geboren werden. So gilt dem Unglücklichen auch heute noch die Verehrung als Märtyrer in vielen Tempeln der Region.

Einen Besuch lohnen auch die etwas abseits vom Palast gelegenen **Sommergärten** (Phul Bagh) sowie die sehr romantisch an den Ufern des Betwa-Flusses stehenden, insgesamt 14 Chattris der Herrscher von Orchha.

Der bedeutendste Tempel Orchhas stammt aus dem 16. Jh. und ist auch heute noch Ziel Tausender Gläubiger. Der **Ram-Raja-Tempel** (8–12 und 20–22 Uhr) war ursprünglich ein Palast, in dem die Gattin des Herrschers von Bundela ein Bildnis Ramas platzieren ließ, welches sie von der Wallfahrt aus Ayodhya mitgebracht hatte. Als die Statue später in einen Tempel überführt werden sollte, erwies sie sich jedoch als zu schwer für den Transport und so verblieb sie bis heute in dem Palast.

Der ursprünglich zur Aufbewahrung des Rama-Bildnisses errichtete **Chaturburj-Tempel** überragt die Stadt und steht auf einer Plattform, die über eine steile Treppe zu erreichen ist. Der von hohen Mauern umgebene, festungsartige Tempel liegt am Ende eines Schotterweges und ist in seinen drei Hallen mit ursprünglich sicher schönen, inzwischen jedoch leider sehr beschädigten Wandmalereien geschmückt.

■ An der Rezeption des Hotels Sheesh Mahal kann man sich einen **Audioguide** ausleihen und sich so eine Stunde lang durch die diversen Paläste führen lassen, eine lohnende Ausgabe. Für den Palast und die meisten anderen Sehenswürdigkeiten des Ortes wird ein **Kombiticket** für 250 Rs nur am Ticket-Office (8–18 Uhr) am Palastzugang verkauft, ein Guide verlangt ca. 100 Rs, Kamera/Video 25/ 200 Rs. Allabendlich um 20.30 Uhr findet im Freilufthof des Palastes eine einstündige, englischsprachige **Sound and Lightshow** zur Geschichte Orchhas statt, Eintritt 250 Rs.

Orchha Nature Reserve

Ein gut ausgeschilderter Weg durch das Orchha Nature Reserve beginnt auf der östlichen Flusseite nach Überqueren der Brücke. Im vom Betla- und dem Jamini-Fluss eingerahmten, 44 km² großen Naturreservat leben u.a. verschiedene **Affenarten, Damwild** und eine Vielzahl von Vögeln, etwa **Pfauen.** Ideal für die Erkundung des 12 km langen **Nature Trail** sind Fahrräder.

Der **Eintritt** von 150 Rs wird beim Tickethäuschen (8–18 Uhr) hinter der Brücke bezahlt. Das Waldgebiet ist problemlos auf eigene Faust zu erkunden, es können jedoch auch Führer für 200 Rs angeheuert werden.

Praktische Tipps

Vorwahl: 07680

Stadtverkehr

Alle Ziele im Dorf sind bequem zu Fuß zu erreichen. Für Ausflüge in die Umgebung steht ein **Fahrradverleih** (8–18 Uhr) im Ortszentrum zur Verfügung.

Unterkunft, Essen und Trinken

Der große Vorteil der Unterkünfte zwischen Hauptstraße und Fluss sind die oft klimatisierten Zimmer nach hinten, von denen sich ein schöner Ausblick auf das Schloss und die Flusslandschaft genießen lässt. Diese Zimmer

Der Stadtpalast Jehangir Mahal

431in mb

009in mb

sind komfortabler und meist zwei- bis dreimal so teuer wie die ohne Aussicht, welche nur einfache Ausstattung, aber alle TV und Heißwasser haben. Typische Vertreter sind das **Deep Regency**①-② (Tel. 25207, (0)997 7467728, die Zimmer zum Fluss mit AC) oder das **Fort View Guest House**①-② (Tel. (0)9425342319).

■ Sind diese Zimmer mit Aussicht schon vergeben, wohnt man mindestens ebenso komfortabel auf der gegenüberliegenden Straßenseite in den geräumigen, aber aussichtslosen Zimmern mit TV des **Hotel Heritage**①-② (Tel. 252711, (0)9425342346), die klimatisierten sind jedoch zu teuer.

■ Am stilvollsten nächtigt man natürlich in den insgesamt acht Zimmern des im Jehangir Mahal Palace untergebrachten Hotels **Sheesh Mahal**③-④ (Tel. 252624). Bedenken sollte man allerdings, dass die günstigeren Zimmer im Erdgeschoss etwas muffig riechen. Richtiggehend fürstlich, allerdings auch reichlich teuer wohnt man in den beiden angebotenen Suiten. Insgesamt strahlt das Hotel eine angenehme Atmosphäre aus, auch wenn der Service im hauseigenen Restaurant manchmal recht schleppend wirkt. Drei Buffetts sind auch für Nicht-Gäste eine Verlockung: morgens zwischen 7.30 und 9.30 Frühstück für 150 Rs, mittags 12–15 Uhr 300 Rs und abends 19–21 Uhr 300 Rs.

■ Nur die komfortablen Zelte im Garten sind ihr Geld wert im von MP-Tourism geleiteten **Betwa Retreat**③-④ (Tel. 252618, bcorchha@rediffmail.com), die Zimmer und Suiten sind leicht verwohnt und überteuert.

■ Schön und stilvoll wohnt man im **Bundelkhand Riverside**③ (Tel. 252612, www.bundelkhandriverside.com) neben den Chattris der Herrscher von Orchha. Die naturnahe Anlage nördlich des Dorfes strahlt nicht zuletzt wegen des auch von den 29 Zimmern zu genießenden Blicks auf den Betwa-Fluss eine friedvolle Atmosphäre aus. Ein weiteres Plus ist der hauseigene Pool. Klagen wegen mangelnder Hygiene gab es jedoch bzgl. des hauseigenen Restaurants. Ausflüge zu den benachbarten Dörfern werden arrangiert.

■ Die beste Bleibe Orchhas ist das **Amar Mahal Orchha** ④ (Bypass Rd., Tel. 252101, www.amarmahal.com). Die

⌃ Ein Teil des Stadtpalastes von Orchha

großzügig gestaltete, einem Palast nachempfundene Anlage mit hübschem Pool, gutem Service und erstklassig möblierten Zimmern ist erstaunlich preiswert. Hier gibt's zudem hohe Preisabschläge außerhalb der Hochsaison.

■ Neben den bereits genannten Hotelrestaurants bieten mehrere einfache Restaurant nahe der Zugangsbrücke zum Schloss Traveller-Kost. So servieren **Betwa Tarang** (klasse Thalis), **Ram Raja** oder **Milan** eine große Auswahl einheimischer und internationaler Gerichte zum kleinen Preis.

■ Ein herrlicher Platz fürs Frühstück ist **Didi's Café,** etwas nördlich vom Zentrum.

Bank und Internet

■ Aufgrund der täglichen Stromabschaltung ist Internetsurfen tagsüber nicht möglich. Auch sonst kann es zu Stromausfällen kommen, sodass man häufig zwischenspeichern sollte. Am schnellsten ist **Dhrubh Cyber Café** etwas nördlich der Hauptkreuzung.

An- und Weiterreise

■ Zwischen Orchha und dem Busbahnhof von Jhansi bestehen regelmäßige **Bus- und Tempoverbindungen.** Der letzte Bus nach Jhansi verlässt Orchha gegen 21 Uhr. Mit der Riksha ca. 250–300 Rs. Wer von Khajuraho nach Orchha reisen will, braucht nicht bis Jhansi zu fahren, sondern kann bereits an der von der Hauptstrecke zwischen Jhansi und Khajuraho nach Orchha abzweigenden Straße aussteigen und dort in die vorbeifahrenden Busse oder Tempos umsteigen. Leider funktioniert das in den seltensten Fällen in umgekehrter Richtung, da die Busse an der Hauptstraße von Jhansi nach Khajuraho nur selten auf Handzeichen anhalten.

■ Wer mit **Mietwagen oder Taxi** weiterreisen will, kann beim Madhya-Pradesh-Büro, der Rezeption des Sheesh Mahal, einen fahrbaren Untersatz ordern. Es handelt sich meist um Indica-Autos. Einige Preisbeispiele: nach Khajuraho 3.500 Rs, Agra AC 5.000 Rs, Gwalior 3.000 Rs, Jhansi 800 Rs.

■ Vom 4 km außerhalb gelegenen **Bahnhof** fährt täglich ein langsamer Passenger Train nach Khajuraho (Abf. in Jhansi 7.25 Uhr, Abf. in Orchha etwa 30 Min. später, keine Reservierung möglich, General Ticket am Bahnhof kaufen), Fahrtzeit gut 5 Stunden.

Khajuraho

– erotische Tempelkunst

Wer die langwierige Anreise zu diesem weitab aller Hauptverkehrswege gelegenen Ort hinter sich gebracht hat, befindet sich an einer der **bedeutendsten kulturhistorischen Stätten** ganz Indiens. Das heute so verschlafen wirkende Städtchen inmitten recht trostloser Landschaft war ab dem 7. Jh. **Hauptstadt des Chandela-Reiches.** Diese Rajputenfamilie beherrschte von hier aus große Teile Zentralindiens. Auf dem Höhepunkt ihrer Macht errichteten die Chandelas zwischen 950 und 1080, also innerhalb nur eines Jahrhunderts, insgesamt über 80 Tempel, die als die bedeutendsten Beispiele indo-arischer Architektur in Indien gelten.

Der Weg zu den von einer gepflegtenParklandschaft umgebenen Bauten der westlichen Gruppe entwickelt sich zu einem **Lehrpfad der klassischen indischen Architekturgeschichte.** Um sie gegenüber der profanen Welt hervorzuheben, wurden die Tempel auf einer hohen Plattform platziert. Alle sind in Ost-West-Richtung ausgerichtet, dabei zeigt der Eingang nach Osten, zur aufgehenden Sonne. Exemplarisch lässt sich der innerhalb von nur einem Jahrhundert (950–1050) vollzogene Wandel des *Shikhara* genannten Tempelturmes vom einfachen und einteiligen zur komplizierten geometrischen Form des mehrteiligen Shikhara nachvollziehen.

Die **großen Tempel** des hier in perfekter Ausformung zu bewundernden nordindischen **Nagara-Stils** verfügen mit einer kleineren (Mandapa) und einer Haupthalle (Mahamandapa) sowie einem Portikus (Andramandapa) und einem schmalen Vorraum (Antarala) vor der Kultzelle über mehrere dem Hauptturm vorgelagerte Räume. Um das Sanktuarium verläuft ein im Uhrzeigersinn zu begehender, schmaler Umwandelungsgang (Pradakshina). Die **ornamentalen und figürlichen Darstellungen** um die Plattformen und Außenwände der Tempel herum sind in ihrer hierarchischen Anordnung ein Spiegelbild des Universums. Von der Basis bis zur Spitze finden sich Lotosblätter, Floralmuster, amphibische Tiere und Fabelwesen, Tiere wie Elefanten, Pferde und Löwen, Menschen, gottähnliche Herrscher und Götterdarstellungen. Der für die Steinmetze besonders leicht zu bearbeitende weiche Sandstein wurde aus dem 80 km entfernten Panna herbeigeschafft.

Vor allem ihr einmaliger **Skulpturenreichtum** hat den Ruhm der Tempel begründet. Wie in einem Kaleidoskop mittelalterlichen Lebens ziehen auf den die Tempel umlaufenden Relieffriesen und der die Dächer überdeckenden Einzelskulpturen (Tänzer, Musiker, Bauern, Könige, Götter, Krieger, Elefanten, Kühe und tausend andere Motive) am staunenden Auge des Betrachters vorbei. Khajuraho repräsentiert eine Bauform, in der die Skulpturen nicht nur dekorative Funktion haben, sondern integraler Bestandteil der Tempel sind.

Was letztlich jedoch jährlich Zehntausende von Besuchern anlockt, sind die in unvergleichlicher Detailgenauigkeit dargestellten **erotischen Szenen.** Leider wird dabei vollkommen übersehen, dass die Darstellungen körperlicher Vereinigung nur einen geringen Teil der Plastik Khajurahos ausmachen. Das lustvolle Über-, Unter- und Nebeneinander der offenkundig höchst engagierten Darsteller zeugt von ebenso reicher Fantasie wie von fast schon olympiareifer Akrobatik. Oft ist ein zweiter Blick erforderlich, um herauszufinden, wer mit wem und wie. Die Darstellung erotischer Szenen im Hinduismus ist an sich gar nichts Unübliches, doch nirgends geschieht es mit derselben Exzessivität wie in Khajuraho.

Dabei steht die dargestellte unerschrockene Offenheit **in krassem Widerspruch zum prüden Indien von heute.** So werden von den sittenstrengen Indern auch die haarsträubendsten Erklärungen konstruiert, um die „zügellosen Ausschweifungen" in einem anderen Licht erscheinen zu lassen. Ungewollt komisch wirkt die allerdings sehr ernsthaft vorgetragene These, die erotischen Skulpturen an den Außenwänden der Tempel sollten das Gotteshaus vor Blitzeinschlag schützen. Die mit erhobenem Zeigefinger vorgetragene Ermahnung, die dargestellten Liebespaare sollten den Besucher vor Betreten des Tempelinneren

071in tb

im wahrsten Sinne des Wortes plastisch vor Augen führen, dass man allen fleischlichen Gelüsten zu entsagen habe, um zum eigentlichen Sinn des Lebens, dem Göttlichen, vorzudringen, zeugt hingegen von jener körperfeindlichen indischen Sexualmoral, die das Resultat einer unglücklichen Verbindung von orthodoxem Hinduismus und puritanischem Viktorianismus ist.

Dabei ist die Darstellung von Liebespaaren ein bedeutender Aspekt der im Hinduismus tief verwurzelten **vorarischen Fruchtbarkeitskulte.** Danach wird in der sexuellen Ekstase das Göttliche und damit das letztendliche Ziel eines jeden Lebewesens erfahren. So sind die Gesichter der Liebenden auch nicht von Anspannung, sondern von einer fast schon weltentrückten Ruhe und Gelassenheit gekennzeichnet. Von der im schmucklosen Inneren des Tempelturmes ruhenden Götterstatue geht die Kraft aus, die sich an den Außenwänden des Tempels zum Tanz des Lebens steigert. Die Vereinigung ist hier kein in erster Linie körperlicher Akt, sondern eine religiöse Form der Gotteserfahrung. Khajuraho zelebriert in geradezu triumphaler Weise die allen archaischen Religionen eigene sinnliche Erfahrung der körperlichen Vereinigung als spirituellem Akt.

Besichtigung

Die über ein Gebiet von etwa 20 km² verteilt stehenden Tempel werden entsprechend ihrer Lage in je eine westliche, östliche und südliche Gruppe unterteilt. Nur für die westliche Tempelgruppe muss Eintritt gezahlt werden, die anderen sind frei zugänglich.

◁ Die erotischen Skulpturen von Khajuraho werden im prüden Indien viel besucht

Westliche Gruppe

In dieser umzäunten und gepflegten, mit Bougainvillea bepflanzten Parkanlage befinden sich die schönsten und besterhaltenen Tempel Khajurahos. Ein asphaltierter Rundweg führt vom Eingang entlang der einzelnen Heiligtümer, die hier im Uhrzeigersinn beschrieben werden.

Mit dem **Lakshmi**- und dem **Varaha-Tempel** finden sich auf der linken Seite des Weges zunächst zwei weniger bekannte Tempel. Unmittelbar neben dem Vishnu in seiner Inkarnation als Eber geweihten Varaha-Tempel steht außerhalb der Umzäunung der **Matangeshvara-Tempel.** Obwohl einer der schlichtesten Tempel Khajurahos, ist er der am meisten verehrte. Hierhin ziehen die Wallfahrer, um für die Erfüllung ihrer großen und kleinen Bitten zu beten, bevor sie sich auf die Weiterfahrt machen.

Der auffälligste der vier unmittelbar beim Eingang platzierten Tempel ist jedoch der **Lakshmana-Tempel.** Obwohl als einer der ersten der Anlage erbaut (zwischen 930 und 950), ist der 30 m hohe Tempel als einziger in seiner ursprünglichen Form erhalten geblieben, d.h. auch mit den vier begrenzenden Eckschreinen und wird damit dem Panchayatana-Typus zugeordnet. Geweiht ist es Lakshman, einem Halbbruder Ramas, der siebten Inkarnation Vishnus. Besonders beeindruckend sind die den Eingang zur Cella schmückenden Steinmetzarbeiten, in denen Vishnu vierarmig und mit Menschen-, Eber- und Löwenkopf dargestellt ist. Sehr schön auch die den Sockel umlaufenden Friese mit ihrer Vielzahl an dargestellten Szenen. Für besonderes Interesse sorgt dabei ein abgebildeter **Reitersmann,** der die Liebe zu seinem Pferd allzu wörtlich nimmt, während die umstehenden Personen entsetzt die Hände vors Gesicht schlagen.

Der nördlich hiervon auf einer Plattform zusammen mit zwei weiteren Tempeln gelegene 31 m hohe **Kandariya-Mahadev-Tempel** gilt als der schönste Khajurahos und ragt schon von weitem deutlich sichtbar aus der

Parklandschaft heraus. Seine harmonischen Proportionen, die ihn trotz seiner Größe nie klobig wirken lassen, wie auch die ungemein anmutigen Skulpturen machen ihn zum Schmuckstück der gesamten Anlage. Nicht weniger als **872 Figuren** zieren die Innen- wie Außenseite des Tempels, die meisten von ihnen annähernd einen Meter hoch. Besonders am Hauptturm und den ihn umgebenden 84 kleinen Türmchen scheint fast jeder Zentimeter mit Göttern, Musikern und Fabelwesen sowie grazil sich beugenden Frauenkörpern bedeckt zu sein.

Vom daneben stehenden Shiva-Schrein sind nur noch spärliche Überreste erhalten. Dafür zeugt der auf dem gleichen Sockel gelegene **Devi-Jagadambi-Tempel** noch einmal von den außergewöhnlichen künstlerischen Fähigkeiten der Chandela-Steinmetze. Dieser ursprünglich Vishnu, später Kali geweihte Tempel ist kleiner als der Mahadev, doch für viele übertrifft er diesen noch in der Feinheit der erotischen Darstellungen.

Als Nächstes folgt der nicht mehr zur Dreiergruppe gehörende **Chitragupta-Tempel,** der als einziger dem Sonnengott Surya gewidmet ist. Im Allerheiligsten findet sich eine sehr schöne **Abbildung Suryas,** der auf einem von sieben Pferden gezogenen Wagen zu sehen ist.

Auf dem Weg zurück zum Eingang steht links der Shiva geweihte **Vishvanath,** eines der schönsten Bauwerke der Anlage. Zwei von Löwen bzw. Elefanten flankierte Aufgänge führen auf den Tempelsockel, auf dem gegenüber dem Tempeleingang ein **Nandi-Bulle** steht. In der Vielfalt und Detailgenauigkeit seiner Skulpturen ähnelt er stark dem Kandariya Mahadeva, hat aber überdies noch zwei seiner ursprünglich vier Eckschreine vorzuweisen.

Ebenfalls noch zur Westgruppe zählt der etwa 300 m südwestlich des Parks gelegene **Causath Yogini,** der älteste Tempel von Khajuraho. Als einziger liegt er in Ost-West-Ausrichtung und wurde nicht aus Sandstein, sondern aus **Granit** erbaut. Nur noch 35 der ehemals 64 *(chausath)* Kultzellen der Yoginis, der Dienerinnen der Göttin Kali, sind erhalten geblieben.

■ **Öffnungszeiten:** Sonnenauf- bis Sonnenuntergang. Eintritt: 250 Rs, Videokamera: 25 Rs. Es besteht die Möglichkeit, sich einen Audioguide mit lohnenswerten Informationen zu den einzelnen Tempeln auszuleihen, Preis 50 Rs. Die hohe Kaution von 500 Rs wird häufig nicht verlangt. Allabendlich um 19 Uhr (Nov.–Febr.) bzw. 18.30 Uhr (März–Okt) wird innerhalb des Areals der westlichen Tempelgruppe die mit 300 Rs Eintrittspreis jedoch reichlich teure **Sound and Light Show** aufgeführt. Es werden Szenen aus der viertausendjährigen Geschichte Khajurahos dargestellt.

Sehr kundige lokale **Guides** können für 1.190 Rs gebucht werden. Ein hoher Preis, der sich jedoch durchaus lohnt, wenn man detailliert über die Skulpturen und ihre Einbindung in die hinduistische Mythologie informiert werden möchte.

Archäologisches Museum

Wer noch einmal einen Blick aus nächster Nähe auf die einzigartigen **Skulpturen** Khajurahos werfen möchte, sollte das schräg gegenüber vom Eingang zur westlichen Gruppe platzierte archäologische Museum aufsuchen.

■ **Öffnungszeiten:** täglich 9–17 Uhr. Die Eintrittskarte zur Westgruppe beinhaltet bereits die Gebühr für den Besuch des Museums – dennoch versucht das Personal zuweilen, westlichen Besuchern ein Extra-Eintrittsgeld abzuknöpfen.

Östliche Gruppe

Diese aus insgesamt sieben Tempeln bestehende Gruppe kann in zwei Sektionen unterteilt werden: Drei zusammenhängende, von einer Tempelmauer umschlossene Jain-Tempel sowie vier verstreut um das Dorf Khajuraho in der Landschaft stehende Heiligtümer.

Sowohl der **Brahma-** als auch der **Vamana-Tempel** können trotz einiger schöner Skulpturen wohl nur wegen ihrer altersbedingten Patina erfreuen. Anders der kleine **Ja-**

vari-Tempel, der mit seinen außergewöhnlich schönen Steinreliefs und seinen in überdachten Nischen sitzenden Götterfiguren deutlich an den zur gleichen Zeit erbauten Sas-Bahu-Tempel im Fort von Gwalior erinnert. Südlich hiervon, auf der anderen Seite des Dorfes, befinden sich die Ruinen des **Ghantai-Tempels,** bei dem die mit Glöckchen und Ketten skulptierten Säulen ins Auge fallen.

Die drei von einer hohen Mauer umgebenen, eng aneinander stehenden **Jain-Tempel Parsvanath, Adinath und Shantinath** bilden das Zentrum der östlichen Gruppe. Größter dieser drei und einer der schönsten Khajurahos ist dabei der Daswanath-Tempel. Neben den erotischen Darstellungen sind es hier vor allem die verschiedenen Göttergestalten, die gefallen. Besonders auffällig sind die vielen hinduistischen Götterfiguren.

Südliche Gruppe

Die beiden einzelnen, südlich der Jain-Tempel gelegenen Tempel gehören der Spätphase Khajurahos an und lassen den Glanz und Skulpturenreichtum der übrigen Bauwerke weitgehend vermissen. Besonders deutlich zeigt sich dies bei dem **Duladeo-Tempel.** Die einzelnen Figuren dieses 1150 entstandenen Heiligtums strahlen bei weitem nicht die für Khajuraho so charakteristische Leichtigkeit und Lebendigkeit aus. Etwa 2 km weiter südlich, jenseits des Khudar-Flusses, befindet sich der **Chaturbija-Tempel,** das einzige Heiligtum Khajurahos ohne jegliche erotische Darstellung. Im Innern steht eine knapp 3 m hohe Shiva-Figur.

Praktische Tipps

■ **Vorwahl:** 07686

Stadtverkehr

■ Das Kommissionsgeschäft treibt in Khajuraho besonders prächtige Blüten, und so wird man schon bei der Ankunft am Busbahnhof von vielen Rikshafahrern in Beschlag genommen, die einen zu ihren Hotels fahren wollen. Man sollte ihrem z.T. recht aufdringlichen Werben eine klare Absage erteilen, da fast alle Hotels problemlos zu Fuß zu erreichen sind und man so die Kommission spart.

■ Die beste Art, um die diversen, recht weit verstreut liegenden Tempelgruppen zu erkunden, ist, sich ein **Fahrrad** auszuleihen. Man bekommt es für 50–100 Rs (je nach Zustand) pro Tag an verschiedenen Stellen im Ortszentrum und in einigen Hotels.

Unterkunft

Bedenkt man, dass Khajuraho nicht viel mehr als ein kleines Nest mit mehreren Tempeln ist, so verfügt die Stadt über eine erstaunliche Anzahl von Hotels aller Preiskategorien. Dementsprechend stark schwanken auch die Zimmerpreise. Die Hotelbesitzer scheinen ihre Tarife jeweils täglich entsprechend der Auslastung ihres Hauses neu festzulegen. Einzige Ausnahme hiervon sind die drei staatlichen Hotels.

Unser Tipp: Ein willkommener Neuling in der bereits gut bestückten unteren Preisklasse ist das hervorragende **Zostel Khajuraho**①-② (www.zostel.com). Das speziell auf die Bedürfnisse von Rucksackreisenden zugeschnittene Hotel überzeugt mit seiner tollen Mischung aus bester Lage (Innenstadt), der Auswahl an sauberen und freundlich gestalteten EZ/DZ und Schlafsälen, zum Teil mit AC, schönen hellen Gemeinschaftsräumen, Liegestühlen und Lounges, dazu einer locker-sympathischen Atmosphäre. Ein hervorragendes Preis-Leistungsverhältnis, im unteren Preissegment die beste Wahl in Khajuraho.

■ Etwas versteckt um einen kleinen Platz liegt die **Yogi Lodge**① (Tel. 274158) mit großen, sauberen Zimmern, Dachterrasse, Tempelblick sowie billigem Restaurant. Die beste Billigwahl der Stadt.

■ Einen insgesamt guten Eindruck macht das **Hotel Zen** ②-③ (Jain Temples Rd., Tel. 274228, (0)9425143575,

Khajuraho
0 200 m
© Reise Know-How 2017
Verkehr
4 Busbahnhof, Bahnreservierungsbüro
Essen und Trinken
3 Agrasen
9 Blue Sky Restaurant
10 Raja's Café
12 Madras Coffee House
15 Mediterrano Italian Chef
Unterkunft
1 The Lalit Temple View
2 Hotel Payal
5 Radisson Jass Hotel
6 Hotel Chandela Taj
7 Isabel Palace
8 Hotel Siddharth
11 Yogi Lodge
13 Royal Chandela
14 Marble Palace
16 Hotel Harmony
17 Hotels Zen und Surya
18 Zostel Khajuraho
Bypass Road
Link Rd. No. 1
Prem Sagar
Ausschnitt rechts
WESTLICHE TEMPELGRUPPE
Shiv Sagar
Jain Temples Road
Nanera Sagar
Vamana Tempel
Javari Tempel
Brahma Tempel
Ghantai Tempel
Jain Museum
Adinath Tempel
Parsvanath Tempel
Shantinath Tempel
ÖSTLICHE TEMPELGRUPPE
Link Rd. No. 2
Arzt
Polizei
Causath Yogini Tempel
Khudar
Duladeo Tempel
Jhansi Road
SÜDLICHE TEMPELGRUPPE
Chaturbija Tempel (1 km)
Flughafen (5 km), Bahnhof (8 km), Panna NP (45 km), Bamitha (15 km), Orchha (175 km), Satna (115 km), Jhansi (185 km), Gwalior (275 km), Varanasi (415 km)

www.hotelzenkhajuraho.co.in) mit blumengeschmücktem Garten und Internetcafé, welches sich im Besitz eines Tempelführers befindet. Obwohl die Zimmer eine Auffrischung vertragen könnten, sind besonders die teils klimatisierten und mit TV versehenen der oberen Etagen zu empfehlen, das Restaurant ist allerdings überteuert.

■ Sehr zu empfehlen ist das sich dem Hotel Zen anschließende **Hotel Surya**②-③ (Tel. 274145, (0)9425146203, www.hotelsuryakhajuraho.com). Auch hier haben einige der teils sehr geräumigen und klimatisierten Zimmer mit LCD-TVs Balkone mit schöner Garten- und Fernsicht. Morgens um 7 Uhr Yoga, auch Massage ist möglich, WiFi vorhanden. Besonders hier, aber auch bei den anderen Hotels in Khajuraho, ist die selbstständige Buchung notwendig, da ansonsten die Gebühr für einen Schlepper aufgeschlagen wird.

■ Beim Maharaja Memorial findet sich das **Royal Chandela**② (Tel. 274582), dessen große Balkonzimmer mit Marmorboden uneingeschränkt empfohlen werden können. Auch ein Dachrestaurant sowie Internetcafé sind vorhanden.

■ Eine der besten Unterkünfte dieser Preisklasse ist der **Marble Palace**②-③ (Tel. 274353, (0)942 5342160, www.hotelmarblepalace.com) hinter dem Gole Market, der seinem Namen alle Ehre macht. Die z.T. sehr großen und geschmackvoll eingerichteten Zimmer sind teils mit Badewanne versehen, die oberen haben gute Aussicht.

■ Eins der besten Hotels an der Jain Temples Road ist das gepflegte **Hotel Harmony**②-③ (Tel. 274238, www.hotelharmonyonline.com) mit hellen und hübsch möblierten Zimmern, teils klimatisiert, alle mit Balkon und TV. Besonders empfehlenswert sind die im 2. Stock gelegenen Räume mit schönem Ausblick auf den hauseigenen Garten. Yoga, Massage und Internet möglich.

■ Viel Platz bieten die teils klimatisierten und mit Badewanne versehenen Zimmer, alle mit TV, des **Hotel Siddharth**②-③ (Tel. 274627, hotelsiddharth@rediffmail.com). Das direkt gegenüber den Tempeln gelegene

Hotel bietet vom Dachrestaurant entsprechend schöne Aussicht auf diese.

■ In einer schönen Gartenanlage mit Swimmingpool liegt das leicht verschlafene, von MP Tourism geleitete **Hotel Payal**③ (Tel. 274076, www.mptourism.com), ein Flachbau mit bunter Bemalung. Das Gebäude macht einen gepflegten und sympathischen Eindruck und verfügt über ein recht gutes Restaurant.

Ein Bauboom bei den Hotels der oberen Preiskategorie hat in den letzten Jahren ein Überangebot entstehen lassen. Davon profitieren die Touristen, weil die Besitzer, abgesehen von den absoluten Spitzenzeiten wie über Weihnachten und Neujahr oder zum Tanzfestival, sich gezwungen sehen, bis zu 30 % Rabatt gewähren zu müssen. Alle der folgenden Unterkünfte haben Swimmingpool, für dessen Benutzung Nicht-Gäste meist 150 Rs hinblättern müssen.

■ Beste Bleibe im Mittelklassesegment ist das Hotel **Isabel Palace**③-④ (Jhansi Rd, Tel. 280864, (0)998 1295738, www.hotelisabelpalace.com). Das große Haus überzeugt mit makellosen, hellen, gemütlichen und klimatisierten Zimmern mit Marmorfußboden und Balkon ins Grüne. Auch das Restaurant hält diesen hohen Standard zum erstaunlich kleinen Preis.

■ Empfehlenswert, wenn auch nicht überragend sind die im Süden Khajurahos angesiedelten Unterkünfte, wie das etwas abgeschottete **Radisson Jass Hotel**④ (Bypass Rd., Tel. 272777, www.radisson.com) und das **Hotel Chandela Taj**④ (Jhansi Rd., Tel. 272355-64, www.tajhotels.com). Beide bieten den für diese Preisklasse üblichen Service wie Kühlschrank im Zimmer, Fitnessclub, Tennisplatz, eleganten Swimmingpool, mehrere Restaurants und Souvenir-Shop.

Unser Tipp: **The Lalit Temple View**⑤ (Main Rd., Tel. 272111/333, www.thelalit.com), einzige komfortable Herberge nördlich der Tempel, wartet mit exklusiven, geräumigen Zimmern mit herrlich geschnitzten Möbeln, Terrasse vor jedem Raum und einem Außenpool auf. Der Luxus und der exzellente Service machen das Haus zur mit Abstand stilvollsten Unterkunft in Khajuraho.

Essen und Trinken

Fast alle Restaurants haben sich, um die Gunst der zahlreichen Touristen buhlend, an der Hauptkreuzung beim Eingang zur westlichen Tempelgruppe angesiedelt. Die meisten werben mit *Specialized in Italian, Chinese and Continental Food,* und dementsprechend kommt auch oft eine undefinierbare Mischung heraus, die es allen recht machen will. All diese Restaurants sind verglichen mit dem touristischen Durchschnitt überteuert, dies gilt auch für die den Hotels angeschlossenen Restaurants.

■ Eine lobenswerte Ausnahme ist das einfache, aber freundliche **Madras Coffee House** im Zentrum. Hauptsächlich indische Gerichte und etwas Traveller-Kost zu kleinen Preisen (120–200 Rs, 8–21.30 Uhr) sind zu empfehlen.

■ Das **Raja's Café** (8–22 Uhr), seit über 30 Jahren eine Institution in Khajuraho, wartet mit angemessenen Preisen und gutem Essen (80–200 Rs) auf. Der Innenhof unter großen Bäumen ist der inoffizielle Treffpunkt sowohl der Einheimischen als auch der nach einem Schweiß treibenden Tempelbesuch nach einem kühlenden Getränk dürstenden Touristen. Besonders schön sitzt es sich auf der Dachterrasse mit Blick auf die Tempelanlage. Hier können auch staatlich geprüfte Guides für die Tempelanlagen gebucht werden.

■ Im **Blue Sky Restaurant,** einem kleinen Baumhausrestaurant mit bestem Blick auf die Tempel wird neben schmackhafter italienischer und indischer auch japanische Küche serviert (180–350 Rs pro Hauptgericht).

■ Eine gute Aussicht von seiner Terrasse und leckeres italienisches Essen inkl. Pizza, Pasta und Huhn bietet das Restaurant **Mediterrano Italian Chef** (Jain Temples Rd., Tel. 272246, 200–450 Rs, 8–22 Uhr).

■ Auch im **Agrasen** in der Jain Temples Rd. gegenüber dem Hotel Harmony gibt's Pizza, allerdings preiswerter (150–300 Rs, 7.30–22.30 Uhr) als beim Vorgenannten, außerdem Thalis (all you can eat).

■ Kulinarisch die besten Adressen sind die Restaurants in den Top-Hotels der Stadt, wie dem **Radisson Jass** und dem **Chandela Taj.** Allerdings ist diese Schlemmerei auch nicht gerade billig.

Feste und Veranstaltungen

■ Zwei bedeutende Festivals werden alljährlich in Khajuraho veranstaltet: zum Ersten das alteingessensene, sieben Tage andauernde **Khajuraho Dance Festival** mit Prominentenpräsenz Ende Februar/Anfang März. Das gewöhnlich vom 8. bis 12. Dezember stattfindende **Musik- und Tanzfestival Lok Ranyan,** das auf der Freifläche zwischen Busbahnhof und Dorf gefeiert wird. Hier werden Gesangs- und Tanzdarbietungen mit Künstlern aus Madhya Pradesh und weiteren Teilen Indiens aufgeführt sowie Kunsthandwerk gezeigt und verkauft. Der Eintritt ist frei.

■ Das **Kandariya Art & Culture** (Jhansi Rd., Tel. 274031) ist ein recht komfortabler, klimatisierter Veranstaltungsort, in dem jeden Abend zwischen 19 und 20 sowie 20.45 und 21.45 Uhr eine einstündige Vorführung von Tänzen der verschiedenen Regionen Indiens dargeboten wird (500 Rs). Danach wird man in den angeschlossenen Verkaufsladen gebeten.

■ Auch das staatlich geleitete Kulturfest **Shilpgram** (Tel. (0)9425143528, Okt.–März allabendlich 19–21.30 Uhr) will mit Aufführungen von Volkstänzen und klassischer indischer Musik die kuturellen Traditionen erhalten.

Medizinische Versorgung und Polizei

■ Das **Krankenhaus** Khajurahos ist etwa 150 m östlich vom Busbahnhof gelegen. Neben dem Busbahnhof finden sich ein **homöopathischer Arzt** und ein **Arzt für klassische Medizin** (Link No. 2 Rd., Tel. 274274, tgl. 8–14 und 17–21 Uhr).

■ Auch die **Polizei** (Tel. 274032) ist busbahnhofsnah zu finden, eine Außenstelle für Touristen (Tel. 272680, 6–22 Uhr) gegenüber der westlichen Tempelgruppe.

An- und Weiterreise

Flug

■ Tägliche Verbindungen mit Varanasi und Delhi. Eine Rikshafahrt vom 5 km außerhalb gelegenen **Flughafen** sollte nicht mehr als 100 Rs kosten. Die Yashowaran Taxi Union verlangt einen Fixpreis von 250 Rs.

Bahn

Am Busbahnhof ist ein computerisiertes **Reservierungsbüro** (Tel. 274416) für Bahntickets Mo–Sa 8–12 und 13–16, So bis 14 Uhr geöffnet. Der Bahnhof ist 9 km vom Dorf entfernt.

■ Nach **Varanasi** fährt Di, Fr und So der 21107 Bundelkhand Exp.: Abf. in Khajuraho 23.40 Uhr, über **Allahabad** (an 6.45 Uhr), Ank. in Varanasi 10.50 Uhr.

■ Eine günstige Bahnverbindung nach **Jhansi** und Rajasthan ist der 12965 Khajuraho Udaipur Exp.: Abf. in Khajuraho 8.55 Uhr, über Jhansi 13.45 Uhr, **Gwalior** 15.45 Uhr, **Agra** 17.35 Uhr, **Bharatpur** 19 Uhr, **Jaipur** 22.20 Uhr und weiter über **Ajmer** und **Chittorgarh** bis **Udaipur** (an 6.10 Uhr am nächsten Morgen). Da er in Khajuraho seine Reise beginnt, kann er keine Verspätung „ansammeln".

■ Nach **Orchha** besteht eine langsame Passenger-Verbindung (4½ Std., ohne Reservierungsmöglichkeit, General Ticket am Bahnhof kaufen, Zug fährt weiter bis **Jhansi**), die um 12.30 Uhr in Khajuraho startet.

Bus

■ Drei Busse fahren täglich am frühen Morgen von Khajuraho nach **Jhansi** (5.30, 7.30 und 9 Uhr, 220 Rs, 5 Std. Fahrtzeit, sie passieren die Abzweigung 5 km von **Orchha** entfernt, von wo eine anzuhaltende Sammelriksha die restliche Strecke für ca. 20 Rs bewältigt). Von dort Anschlusszüge in alle Richtungen.

■ Nach **Satna** (ca. 4 Std., 200 Rs) gibt's nur zwei Direktverbindungen tgl. um 14 und 15 Uhr. Von dort zahlreiche Anschlussverbindungen per Bahn.

■ Verpasst man den letzten Bus nach Khajuraho in Satna, kann man auch mit einem der vielen Busse nach **Bamitha** am Highway 75 fahren und von dort die letzten Kilometer per Jeep oder Taxi zurücklegen. Dies gilt natürlich auch in umgekehrter Richtung. Falls man keine Direktverbindung von Khajuraho nach Gwalior, Satna und Jhansi mehr bekommt, zunächst per Gemeinschaftsjeep (Abfahrt zwischen 7 und 19 Uhr vom Busbahnhof) ins 11 km entfernte Bamitha und von dort Anschlussbusse in die genannten Orte.

Taxi

■ Für all jene, die nicht auf den Pfennig achten müssen, bieten Taxis eine interessante Alternative. Richtpreise für AC-Taxis zu den populärsten Zielen von Khajuraho: nach **Orchha** und **Jhansi** 4.000 Rs, **Satna** 3.500 Rs, Panna-Nationalpark 1.500 Rs, Bandhavgarh-Nationalpark 6.500 Rs, **Varanasi** 10.000 Rs, **Agra** 9.000 Rs, **Delhi** 14.000 Rs. Kann man die Kosten mit zwei oder drei Mitreisenden teilen, eine bequeme und gar nicht mal teure Alternative. Außerhalb der Saison sollte man versuchen, den Preis herunterzuhandeln, während der Saison ist es aussichtslos.

Umgebung von Khajuraho

Panna-Nationalpark

Dieses 45 km östlich von Khajuraho gelegene, 540 km² große Waldgebiet wurde 1981 zum Nationalpark erklärt und kann vom 16. Oktober bis 30 Juni 5.30–10 und 14.30–17.30 Uhr im Rahmen eines **Tagesausflugs** besucht werden. Wer den Aufwand und die Kosten nicht scheut, wird dafür mit unverdorbener Landschaft und mit dem Anblick von **Sambarhirschen, Bären, Affen, Antilopen** und inzwischen wieder hier lebenden **Bengal-Tigern** belohnt. 2 km westlich des Parkeingangs ist das Interpretation Centre (Tel. 07732-275231) eine nützliche Adresse für Informationen zum Tierbestand und zur Geschichte des Parks.

■ **Touren** werden von fast allen Unterkünften in Khajuraho angeboten. 5.000 Rs per **Jeep** bis zu sechs Pers. von Khajuraho, Verpflegung und Guide müssen extra bezahlt werden. 30-minütige Ausfahrten in sechssitzigen **Booten** auf dem den Park durchfließenden Ken-Fluss kosten 600 Rs p.P.

Unterkunft

■ Als Unterkunft bieten sich das 3 km vom Park entfernte **Giles Tree House & Jungle Camp**② (Tel. 07732-275220 oder Tel. des Raja's Café in Khajuraho: 07686-272307) sowie die allerdings überteuerte **Ken River Lodge**④ (Tel. 07732-275235) an.

Anfahrt

■ Regelmäßige **Busse** von Madla, dem dem Parkeingang nächstgelegenen Ort, verbinden mit Khajuraho (1 Std.) und Satna (3 Std.), wobei man für Satna gelegentlich in Panna umsteigen muss.

Satna

Satna ist nur als **Verbindungsort nach Khajuraho** (117 km entfernt) und zu den Nationalparks Kanha, Bhandavgarh und Panna von touristischer Bedeutung. Der Bahnhof liegt ca. 3 km vom Busbahnhof entfernt (ca. 20 Rs mit der Fahrradriksha, 30 Rs mit der Autoriksha).

Unterkunft

■ Nahe dem Busbahnhof sind zwei akzeptable Unterkünfte zu nennen, beide haben auch AC-Räume: einmal das billigere **Rajdeep Hotel**①-② (ca. 100 m vom Busbahnhof entfernt) und das etwas teurere **Hotel Savera** ②-③ (Tel. 07672-225231) mit gutem Restaurant, weitere ca. 50 m entfernt.

■ Die beste Wahl im mittleren Preisbereich ist das neue **Hotel Spark**③ (Tel. (0)9098724455), auch wenn die sauberen und modern eingerichteten Zimmer nicht gerade einen Designerpreis gewinnen.

An- und Weiterreise

■ Direkte **Bahnverbindungen** gibt es zu vielen Städten Nordindiens (siehe Anhang). Wer zum Bhandavgarh-Nationalpark will, muss zum nahegelegenen Umaria fahren. Sechs Züge tgl. nach Varanasi.

■ Der erste **Bus nach Khajuraho** fährt um 6.30 Uhr, der letzte um 14.30 Uhr (ca. alle 2 Std., 5 Std. Fahrtzeit, 150 Rs). Ansonsten via Panna, der letzte Bus dorthin um 18 Uhr. Wenn man Pech hat, wird das Fahrvergnügen durch kurz vor dem Auseinanderfallen stehende Busse nicht gesteigert. Das Busticket sollte deshalb schon vorher am Ticketschalter gekauft werden, da man dann, wenn noch frei, einen Sitzplatz zugewiesen bekommt, was besonders nach einer langen vorherigen Bahnfahrt wichtig ist.

Jabalpur und Marble Rocks

Touristisch ist das hektische Jabalpur nur als Ausgangspunkt für den Besuch der 22 km entfernt gelegenen **Marmorschlucht** des Narmada-Flusses, einer der meistbesuchten Sehenswürdigkeiten Madhya Pradeshs, von Bedeutung. Andere Besucher benutzen die Stadt auch als Ausgangspunkt für die 200 km entfernt gelegenen Nationalparks Kanha und Bandhavgarh. Sie teilt sich in den moderneren südlichen Teil, die Civil Lines, und den Altstadtbereich nördlich der Gleise mit Napier Town und Old Bazaar, in dem sich die meisten Hotels befinden.

Praktische Tipps

Information

■ **Vorwahl:** 0761

■ Besonders jene Reisenden, die von Jabalpur zum Kanha-Nationalpark weiterreisen wollen, sollten sich an das im Bahnhofsgebäude beheimatete **Madhya Pradesh Tourist Office** (Tel. 2677690, 9–20 Uhr) wenden, um dort eine der staatlichen Unterkünfte zu buchen. Zwar gilt die Regel, dass man eigentlich nur bis spätestens vier Tage im voraus buchen darf, doch das wird normalerweise nicht allzu eng gesehen. Falls doch, sollte man nachfragen, welche Unterkünfte zur Verfügung stehen. Eine vorherige Buchung empfiehlt sich auch für den Tourist Bungalow bei den Marble Rocks, da dort nur 4 Zimmer sind.

Stadtverkehr

■ Die meisten der hier genannten Hotels liegen alle in zu Fuß zu bewältigender Distanz zum Bus- und Zugbahnhof, sodass man sich bei der Ankunft gar nicht erst in die Klauen der hier besonders geldgierigen Rikshafahrer zu begeben braucht. Die etwa 4 km lange Strecke zwischen den beiden Bahnhöfen sollte mit der **Autoriksha** maximal 100 Rs kosten, mit der Fahrradriksha etwa die Hälfte.

Unterkunft, Essen und Trinken

■ Von den vielen Billigunterkünften am Russell Chowk kann nur die **Lodge Shivalaya**①-② (Tel. 2625188) empfohlen werden.

■ Das **Hotel Sidhart**②-③ (Napier Town, Tel. 227580, 4007779) ist ein gutes Mittelklassehotel zwischen den beiden Bahnhöfen am Russell Chowk. WiFi vorhanden.

■ Ohne Schnörkel, dafür sauber und professionell geführt ist das **The Samrat Hotel**③ (Tel. 4001313, www.jabalpurhotelrestaurant.com/thesamrathotel.html) im Stadtzentrum. Ein weiteres Plus ist das hauseigene Restaurant.

■ Ruhig wohnt man im modernen, von Madhya Pradesh Tourism geleiteten **Hotel Kalchuri Residency**④ (Residency Rd., Tel. 2678491, kalchuri@mptourism.com, www.mptourism.com, Preis inkl. Frühstück) nahe dem Bahnhof. Die hübsch möblierten, hellen Zimmer sind recht unterschiedlich, viele mit Balkon. Das angeschlossene Restaurant und die Bar sind akzeptabel. Pluspunkte sind auch der Pool und der Gym-Raum. Insgesamt die beste Wahl dieser Kategorie in Jabalpur.

■ Liebhaber alter Kolonialhotels sollten sich im stilvollen **Narmada Jackson's Hotel**④-⑤ (South Civil Lines, Tel. 4001122) einquartieren. Die Zimmer dieser besten Bleibe im Ort sind groß, das Essen in den drei Restaurants ist hervorragend (eines auf dem Dach). Dennoch ist das Gesamtpaket trotz **19th Century Bar,** WiFi in den Zimmern und Health Club wegen des nachlässigen Service und teils mangelnder Sauberkeit etwas zu teuer.

■ Wen Pop- und Bollywood-Musik nicht stört, der findet im modern gestalteten **Options Restaurant** (Vined Talkies Rd.) etwas nördlich von Russell Chowk ein gutes vegetarisches Restaurant mit indischer und chinesischer Küche (120–250 Rs, 11–23 Uhr).

An- und Weiterreise

Flug

■ Vom gut 20 km nordwestlich der Stadt gelegenen Flughafen Verbindungen nach **Delhi.**

Bahn

■ Um zum **Bandhavgarh-Nationalpark** zu gelangen, zunächst mit dem 18233 Narmada Exp. (Abf. Jabalpur 6.40 Uhr) nach **Umaria.**

- Über 10 Verbindungen täglich nach **Satna,** wobei nur der erste Zug um 7.30 Uhr früh genug eintrifft, um von Satna aus eine Bus-Direktverbindung nach **Khajuraho** zu erwischen. Ansonsten von Satna per Bus nach Panna oder oft auch zusätzlich über Bamitha Junction und von dort mit einem Gemeinschaftsjeep die 11 km nach Khajuraho.

Bus

- Außer zum **Kanha-Nationalpark** (tgl. zwei Direktbusse in 5½ Std., Abfahrt um 7 und 11 Uhr) ist die An- und Weiterreise per Zug vorzuziehen. Zum **Pench Tiger Reserve** gelangt man mit Bussen Richtung Nagpur und verlässt diese nach ca. 5 Std. in Khawasa. Von dort die letzten 12 km im Gemeinschaftsjeep.
- Täglich gibt es mehrere Busverbindungen nach **Allahabad** und **Khajuraho** (je 11 Std.), **Bhopal, Rajpur** und **Varanasi** (je 12 Std.). Die um den Busbahnhof gruppierten privaten Busgesellschaften sind dem staatlichen MP State Transport wegen der deutlich besseren Busse vorzuziehen und preislich ähnlich.
- Zum 22 km westlich von Jabalpur gelegenen **Marble Rocks** fahren Busse vom Busbahnhof in 45 Min. bis zum Abzweig nach Marble Rocks bzw. Bhedaghat. Von dort die letzten 5 km per Tempo zum Panchvati Ghat, von wo die Boote zu den Marble Rocks ablegen.

Marble Rocks

Hunderte von Souvenirshops und Tausende von vornehmlich indischen Besuchern machen deutlich, dass die 22 km westlich von Jabalpur gelegene Marmorschlucht eine der **wichtigsten Touristenattraktionen Madhya Pradeshs** ist. Zweifelsohne ist der Anblick der aus dem glasklaren Wassern des Narmada-Flusses herauswachsenden und sich in ihnen spiegelnden **schneeweißen Marmorfelsen** beim Dorf Bedhaghat äußerst beeindruckend, doch durch den Andrang der unzähligen Touristen geht die den Ort eigentlich auszeichnende friedvolle Atmosphäre nur allzu oft völlig verloren. Dies gilt insbesondere für Vollmondnächte und an den Wochenenden. Hierauf sind auch die oftmals gänzlich widersprüchlichen Bewertungen westlicher Touristen zurückzuführen.

Unser Tipp: Es kommt jedoch ganz darauf an, zu welchem Zeitpunkt man das Naturschauspiel aufsucht. Wer unter der Woche die Marble Rocks besucht, ist fast immer von der natürlichen Schönheit und angenehmen Stimmung des Ortes angetan. Speziell am Abend, wenn die Marmorfelsen angestrahlt werden und ein Großteil der Touristen schon wieder auf dem Weg nach Hause ist, entfaltet die eineinhalb Kilometer lange Marmorschlucht ihren ganzen Charme.

Die beste Möglichkeit, um die verschiedenen Felsformationen zu erleben, bieten die vielen **Motorboote,** die den ganzen Tag zwischen 7 und 19 Uhr (zu Vollmond von Oktober bis Ende Juni auch zwischen 20 und 24 Uhr, 15. Juni bis 15. Oktober sind die Marble Rocks wegen der Monsun-Regenfälle geschlossen) vom Landesteg Panchvati Ghat am Fuße der Marmorschlucht ablegen. Im Preis von 40 Rs pro Person ist auch eine Audio-Erklärung (auf Englisch) zu den einzelnen Sehenswürdigkeiten inbegriffen. Wer sein eigenes Boot möchte, kann eines für ca. 400–600 Rs (je nach Größe) mieten.

Einen Ausflug wert ist der beim Landungssteg beginnende, 1 km lange Anstieg zum **Rundtempel Chausath Yougini** aus dem 10. Jh. am Wegesrand. Etwas weiter ist der **Dhuandhar,** ein kleiner Wasserfall, zu bestaunen. Eine kurze **Seilbahn** verbindet beide Seiten der Schlucht (90 Rs inkl. Rückfahrt).

Unterkunft

- Das preiswerteste Hotel in der Nähe des Marmorfelsens ist das sehr gelungene, von Madhya Pradesh Tourism geleitete **Motel Marble Rocks**②-③ (Tel. 0761-2830424) in Bhedaghat mit nur vier Zimmern zur Verfügung. Wegen der begrenzten Bettenzahl des stilvollen Hauses empfiehlt es sich, bereits beim Madhya Pradesh Tourism Office am Bahnhof in Jabalpur vorzubuchen. Dem Hotel ist ein gutes Restaurant angeschlossen.
- Alternative ist das **Hotel River View**③ (Tel. 6942004) beim Chausath Yougini. Von den sauberen, geräumigen Zimmern und vom angeschlossenen Restaurant zeigen

sich herrliche Ausblicke auf den Fluss. Der Service lässt leider Wünsche offen.

An- und Weiterreise

■ Zwischen Jabalpur und einer Kreuzung 5 km vor Bhedaghat, dem Ort, bei dem die Marble Rocks liegen, verkehren ständig gut gefüllte **Tempos** und **Busse. Autorikshas** berechnen für die Hin- und Rückfahrt inkl. zweistündiger Wartezeit 800 Rs, **Taxis** 1.500 Rs.

Pench Tiger Reserve

Im Satpura-Gebirge ist das kleine Pench Tiger Reserve (Tel. 223794, www.penchnationalpark.com) im Süden Madhya Pradeshs wegen seiner extrem großen Menge an **Wild** einen Besuch wert. Zudem locken etwa 50 **Tiger** sowie **Leoparden** und 250 Vogelarten in dieses nur 760 km² große Juwel. Im Gegensatz zu Bandhavgarh und Kanha ist das Reservat bisher kaum vom Tourismus entdeckt, was den eigentlichen Reiz eines Besuchs ausmacht. Der Eingang des Reservats ist 3 km von **Turia** entfernt.

■ Anfang Oktober und Ende Juni täglich von Sonnenauf- bis Sonnenuntergang geöffnet. **Eintritt** 2.230 Rs, ein Jeep zusätzlich ca. 1.200 Rs. Teil der **Jeepsafaris** in den Park sind 15-minütige **Elefantenausritte** für teure 600 Rs, die jedoch zurückgezahlt werden, wenn kein Tiger gesichtet wird. Will man die Jeepkosten mit anderen Reisenden teilen, muss man aufs Glück vertrauen, dass einer der den Parkeingang passierenden Jeeps nicht pauschal gemietet wurde und man noch zusteigen kann. Ansonsten stehen bei Kipling's Court die Chancen am besten, einen Jeepplatz zu ergattern. Ausfahrten ins Reservat von Sonnenaufgang bis 11 Uhr sowie nachmittags von 15 Uhr bis Sonnenuntergang.

Unterkunft

(Vorwahl: 07695)
Die meisten Unterkünfte liegen an der Straße zwischen Turia und dem 3 km entfernten Parkeingang.

■ Preiswert ist **Kipling's Court**③ (Tel. 232830, kcpench@mptourism.com, Preise inkl. Verpflegung) zwischen Turia und dem Parkeingang. In diesem staatlich geleiteten Hotel stehen angenehme Mittelklassezimmer in einem Garten mit Aussichtsturm und Bar/Restaurant sowie mehrere preiswerte Schlafsäle für Budget-Reisende zur Verfügung.

■ Wesentlich luxuriöser sind das **Pench Jungle Camp** ⑤ (Tel. 232817, (0)9630222417, 011-30988460 (Delhi), www.wildlife-camp-india.com) mit herrlichen, geräumigen Zelten mit Marmorfußboden und Cottages sowie das teurere **Baghvan**⑤ (Tel. 232829, 011-66503559 (Delhi), www.tajhotels.com), beide beim Dorf Avarghani. Alle 12 AC-Cottages haben Aussichtstürme sowie geschütze Verbindungswege zwischen Wohn-/Schlafraum und Badezimmer mit Innen- und Außendusche. Natürlich lädt ein Pool zum Plantschen ein.

An- und Weiterreise

■ Der nächstgelegene **Bahnhof und Flughafen** ist Nagpur in Maharashtra, 80 km von Khawasa entfernt, das wiederum 12 km von Turia entfernt liegt.

■ **Busse** fahren vom 12 km von Turia entfernten Khawasa in etwa 2½ Std. nach Nagpur (125 Rs), nach Jabalpur dauert es etwa 3½ Std. (260 Rs), Privatanbieter verlangen 450 Rs (5 Busse tgl.).

Kanha-Nationalpark

Dieses bekannteste Tierschutzgebiet Zentralindiens (www.kanhanationalpark.com) wird oft als **Kipling Country** bezeichnet, weil einige Episoden aus seinem berühmten Dschungelbuch hier angesiedelt sein sollen. Ironischerweise entspricht das weitgehend von trockenem Laubwald geprägte Gebiet ganz und gar nicht den üblichen Vorstellungen von einem echten indischen Dschungel. Verwundern kann dies kaum, wenn man weiß, dass Kipling sein Dschungelbuch in Amerika schrieb.

Sei's drum, auf jeden Fall zählt das 175 km südostlich von Jabalpur gelegene Tierreservat zu einem der lohnenswertesten Reiseziele in Madhya Pradesh. Das 1955 zum Nationalpark erklärte Gebiet wurde 1973 dem **Project Tiger** angeschlossen und ist mit einer Kernzone von 940 km² einer der größten Nationalparks Indiens, der gesamte Park umfasst 1.945 km². Seit Beginn des Project Tiger hat sich die Population von 43 auf heute offiziell über 200 Tiger vergrößert.

Doch auch andere Tiere, wie etwa der Leopard, der Gaur und der Sambarhirsch profitierten von den Schutzmaßnahmen. Besonders bemerkenswert ist dies beim **Gaur,** dem größten Wildrind der Erde, dessen Bestand durch die Rinderpest ernsthaft gefährdet schien. Heute soll die Population wieder auf über 600 Exemplare angewachsen sein, womit Kanha einer der besten Orte ist, um dieses mächtige Tier, das nahezu 1.000 kg auf die Waage bringt, zu beobachten.

Ein anderes Tier, um dessen Erhalt sich der Kanha-Nationalpark große Verdienste erworben hat, ist der Barasingha oder **Zackenhirsch.** Nachdem seine Zahl Anfang der 1970er Jahre auf unter 70 Exemplare gefallen war, leben heute wieder über 500 Tiere im Park.

Man sollte also auch in Kanha nicht den Fehler begehen, einzig unter der Maxime der Tigerbeobachtung anzureisen, da man damit sein Blickfeld unnötig einengt und die äußerst vielfältige Schönheit der Tier- und Pflanzenwelt aus den Augen verliert. Allerdings ist die Chance, einen dieser Könige der Wildnis leibhaftig erleben zu dürfen, in Kanha besonders groß.

Mehr noch als in der relativ großen Verbreitung der Tiger liegt der Grund hierfür in der in Kanha praktizierten **Tiger Show.** Bei diesem äußerst professionell organisierten Unternehmen durchkämmen Mahouts in aller Frühe mit ihren Elefanten das Gebiet und finden meist aufgrund ihrer jahrelangen Erfahrung recht bald einen Tiger. Per Sprechfunk melden sie dann ihre Position nach Kanha, von wo sich die dort wartenden Touristen mit dem Jeep in die Nähe fahren lassen. Dort stehen Reitelefanten bereit, auf denen die restlichen Meter bis zum Tiger zurückgelegt werden. Die Tiger haben sich derart an dieses alltägliche Ritual gewöhnt, dass sie meist an ihrem Platz verweilen und die Show geduldig über sich ergehen lassen. Hat man die obligatorischen Fotos geschossen, geht's schnell wieder zurück zur Straße, wo schon die nächsten Touristen darauf warten, den scheinbar gar nicht so wilden Raubkatzen in die Augen zu schauen.

Die Tiger-Show ermöglicht es vielen Menschen, die zuvor in den anderen Nationalparks vielleicht vergeblich gesuchten Tiger zu Gesicht zu bekommen. Andererseits geht der Reiz eines mehrstündigen Elefantenausritts fast völlig verloren. Außerdem bekommt man den Tiger immer nur für ganz kurze Zeit zu sehen.

Die Show ist allerdings nicht gerade billig (s.u.). Da die Nachfrage nach Fahrzeugen in der Hauptsaison zuweilen höher als das Angebot ist, sollte man sich gleich bei der Ankunft in Khatia oder Kisli einen Platz sichern. Alternativ bieten fast alle Unterkünfte ihre eigenen, kaum teureren Safaris an. Hat man keinen Jeepplatz über sein Hotel reserviert, sollte man versuchen, eine Gruppe bis zu sechs Personen zusammenzubekommen, da der Jeeppreis und der Jeepzugang zum Park pro Fahrzeug, nicht pro Person abgerechnet wird. Es gibt zwei Zugangszeiten für **Jeepsafaris:** täglich zwischen 6 und 11 sowie 15 und 18 Uhr. Bei den morgendlichen Ausflügen ist die Chance größer, einen Tiger zu sichten. Die kurzen **Elefantenausritte** (600 Rs, die zurückgezahlt werden, wenn kein Tiger gesichtet wird) finden nur im morgendlichen Zeitfenster statt. Im Übrigen sollte man nicht vergessen, **warme Kleidung** mitzunehmen, sonst zittert man speziell am frühen Morgen nicht vor Aufregung, sondern wegen der empfindlichen Kälte, was einem die Tour verderben kann.

Der **Haupteingang** zum Park ist das Khatia Gate im Dorf Kisli. 4 km weiter beim **Kisli Gate** betritt man die Kernzone. Ein etwas abgelegener Zugang ist das Mukki Gate, ca. 35 km entfernt.

■ Das Reservat ist von Sonnenauf- bis Sonnenuntergang geöffnet (während der Regenzeit vom 1. Juli bis zum 15. Oktober bleibt es geschlossen). **Eintritt:** 2.690–4.010 Rs p.P. (abhängig von der besuchten Zone) und 2.000 Rs pro Fahrzeug plus 300–500 Rs für einen obligatorischen Guide. Die Preise werden häufig verändert, meist erhöht, sodass hier nur die zum Recherchezeitpunkt gültigen angegeben werden können.

■ In Khatia, Mukki und Kanha (das informativste, es befindet sich innerhalb der Parkgrenzen) gibt es drei sehenswerte **Visitor Centres,** in denen der Besucher in hervorragenden Ausstellungen über Indiens Tierwelt im Allgemeinen und den Kanha-Nationalpark im speziellen informiert wird. **Geöffnet** sind sie jeweils 8–11 und 15.30–17 Uhr (15. Okt. bis 15. Febr.), 7.30–10.30 und 16.30–18 Uhr (16. Febr. bis 15. Apr.) sowie 7–10.30 und 15.30–19 Uhr (16. Apr. bis 30. Juni). Info-Tel. 07642-250760.

Unterkunft, Essen und Trinken

(Vorwahl: 07649)

Die meisten der teuren Unterkünfte bieten Pauschalangebote, wobei der „American Plan" nur Unterkunft und Verpflegung beinhaltet, der „Jungle Plan" zusätzlich zwei Parkbesuche per Jeep am Morgen und Nachmittag.

Aufgrund der sehr großen Nachfrage empfiehlt es sich, speziell an Wochenenden eine **Vorbestellung** beim Tourist Office in Jabalpur vorzunehmen. Fast alle Unterkünfte befinden sich entlang der Straße von Jabalpur zum Hauptparkeingang bei Kisli. Kommt man mit dem Bus, sollte man sich exakt an der richtigen Stelle absetzen lassen, da man ansonsten einen Großteil der langen Strecke zu Fuß zurücklegen muss.

■ Beim Haupteingangstor in Kisli und schon innerhalb des Nationalparks befinden sich die beiden von Madhya Pradesh Tourism geleiteten Unterkünfte Tourist Hostel und Baghira Log Huts. Für beide ist eine Voranmeldung unumgänglich. Internetseite für beide: www.mptourism.com. Das **Tourist Hotel**② (Kisli Gate, Tel. 277310) verfügt über drei Schlafsäle mit jeweils acht Betten. Ein guter Preis, wenn man bedenkt, dass darin drei (vegetarische) Mahlzeiten enthalten sind und man im angeschlossenen Bad heiß duschen kann.

■ Das **Baghira Log Huts & Tourist Hotel**④ (Tel. 277227), ebenfalls am Kisli Gate, befindet sich als einzige Unterkunft in der Kernzone des Parks und bietet sowohl von den Zimmern als auch vom beliebten Restaurant mit Bar Ausblicke auf die Tiere auf den umgebenden Wiesen. Mahlzeiten sind im Preis nicht inbegriffen, doch die Gerichte sind recht gut und preiswert.

■ Im unteren Preisbereich überzeugt das **Motel Chandan**② (Tel. 277220, www.motelchandan.com), eine schöne Anlage ebenfalls am Khatia Gate. Dem Haus ist selbstverständlich ein Restaurant angeschlossen. Optional können verschiedene All-Inclusive-Pakete in den Nationalpark sowie Ausflüge die nähere Umgebung hinzugebucht werden.

Unser Tipp: Ein gutes Preis-Leistungs-Verhältnis bietet das **Mogli Resort**③ (Tel. 277228, http://mogliresorts.com) mit kleinem Swimmingpool. 30 hübsche Bungalows, eine friedvolle Lage und das sehr freundliche Personal machen es zu einer der empfehlenswertesten Unterkünfte im Nationalpark zu moderatem Preis.

■ In einer weitläufigen, baumbestandenen Anlage überzeugen die schönen Bungalows des 5 km von Kisli entfernten **Wild Chalet Resort**④ von Indian Adventures (Dorf Mocha, Tel. 277205, www.indianadventures.com) am Banjra-Fluss durch Ruhe und Naturverbundenheit.

■ Luxuriös wohnt und speist man im **Kipling Camp**⑤ (Dorf Mocha, Tel. 277218, www.kiplingcamp.com), einer der besten Unterkünfte Kanhas. Im zunächst exorbitant hohen Preis sind alle Mahlzeiten sowie eine Parkexkursion und Ausflüge zu nahen Dörfern und Märkten etc. enthalten. Die Safari in den Park, Eintritts- und Zufahrtsgebühren sind gesondert zu bezahlen. Voranmeldung ist unbedingt erforderlich.

■ Ebenfalls beim Dorf Mocha liegt die weitläufige Anlage des **Tuli Tiger Resort**⑤ (Tel. 277221, www.tulihotels.com) mit luxuriösen Cottages mit Terrasse zum Garten und fabelhaften Zelten am Ufer des Bajar-Flusses. Spa und Gartenswimmingpool sind weitere Annehmlichkeiten.

In Mukki

■ Die **Kanha Safari Lodge**③ (Tel. 07636-290715, www.mptourism.com) liegt beim abgelegenen und deshalb eher ruhigen Zugang zum Park im 36 km von Khatia entfernten Mukki. Die Zimmer dieser ebenfalls staatlich geleiteten, bewaldeten Anlage sind eher einfach, ein Restaurant ist angeschlossen.

■ Wer mehr Komfort benötigt, findet in der 4,5 ha großen **Kanha Jungle Lodge**⑤ (Tel. 011-26853760 (Delhi), www.kanhajunglelodge.com) mit vielen schattenspendenden Bäumen eine ansprechende und teure Bleibe. Auch die luftigen Backstein-Bungalows mit Terrassen sowie das Freiluftrestaurant sind angenehm.

An- und Weiterreise

■ Täglich drei Direktbusse verbinden das Khatia Gate mit **Jabalpur** (5½ Std., 6, 12.30 und 18 Uhr, 98 Rs). Die Busse passieren auch das Kisli Gate.

■ Werden diese Busse verpasst, kann man auch eine der fünf Verbindungen bis **Mandla** (zwischen 6 und 18 Uhr, knapp 3 Std., drei der Busse um 6, 12.30 und 18 Uhr fahren weiter bis Jabalpur) nehmen. Von dort weitere Busse nach Jabalpur (letzter Bus um 20.30 Uhr, 2½ Std., 65 Rs). Von Mandla außerdem viele Busse zwischen 8 und 23 Uhr nach **Nagpur** (8 Std., 180 Rs, diese passieren nahe dem Pench-Nationalpark) und **Pajpur** (8 Std., 9, 12, 16.15, 21 Uhr). Fährt man von Jabalpur über Mandla zum Kanha-Nationalpark, stehen fünf Verbindungen zwischen 10 und 16.15 Uhr zur Verfügung.

Bandhavgarh-Nationalpark

Wie viele andere Nationalparks in Indien, ging auch dieses 190 km nordöstlich von Jabalpur in der Vindhya-Bergkette gelegene Tierreservat (www.bandhavgarhnationalpark.com) aus dem ehemaligen **Jagdgebiet** eines Maharajas hervor. Erst 1968, als das Gebiet zum Nationalpark erklärt wurde, nahm die Jagd auf den Tiger ein Ende. Wie zahlreich die Tiger in dieser Region früher einmal gewesen sein müssen, lässt sich daraus ablesen, dass 1923 und 1924 insgesamt 144 dieser Wildkatzen offiziell erlegt wurden. Heute schätzt man ihre Zahl in der 105 km² großen Kernzone des insgesamt 449 km² großen Parks auf etwa 55 Tiere, auch die Zahl der Leoparden ist wieder auf über 20 Tiere angestiegen, sodass die Chance, eine Raubkatze zu Gesicht zu bekommen, inzwischen recht hoch ist. 1951 nahm man in der Nähe des Bandhavgarh den bisher letzten in freier Wildbahn gesichteten weißen Tiger gefangen. Wer sich das legendäre Tier einmal näher betrachten möchte, kann dies in der inzwischen zu einem Hotel umgebauten ehemaligen Hunting Lodge des Maharajas in Tala tun. Keine Angst, da der Tiger inzwischen ausgestopft ist, hat er einiges von seiner früheren Gefährlichkeit verloren.

Im hohen, dichten Gras der Sumpfwiesen, welche große Teile des Parks bedecken, lassen sich die Tiger einerseits recht schwer ausmachen. Da jedoch in Bandhavgarh, ebenso wie im von wesentlich mehr Touristen besuchten Kanha-Nationalpark, Elefanten für die **Tiger-Show** eingesetzt werden, ist auch hier die Chance recht groß, einen Tiger zu Gesicht zu bekommen. Ob diese Art der „Wildkatzen-Präsentation" allerdings gefällt, steht dabei auf einem anderen Blatt.

Wer etwas mehr Zeit zur Verfügung hat, sollte sich die Besteigung des auf einem abfallenden Plateau gelegenen uralten **Forts** nicht entgehen lassen. Die hierfür erforderliche Genehmigung kann problemlos vom Manager des Jungle Camps in Tala eingeholt werden.

■ **Jeeps** können für 700 Rs (insgesamt 6 Personen) am Parkeingang in Tala gemietet werden. Hinzurechnen muss man noch den **Eintrittspreis** (2.280 Rs p.P., für den Jeepzugang 1.000/1.500 Rs, Tala Gate/Maghdi Gate). Anders als in Pench und Kanha müssen **Elefantenausritte,** falls gewünscht, einen Tag im Voraus gebucht werden. Man hat in Bandhavgarh jedoch länger Zeit (1 Std./2 Std. 1.500/3.000 Rs), um den Streifenkatzen ganz nahe zu kommen. Der Besuch eines Aussichtsturms schlägt mit 2.000 Rs zu Buche.

■ **Madhya Pradesh Tourism** hat ein Informationsbüro in der White Tiger Forest Lodge (Tel. 265308).

■ Bandhavgar bleibt während der **Regenzeit** vom1. Juli bis 15. Oktober **geschlossen.**

Unterkunft

(Vorwahl: 07653)

Die Auswahl an Übernachtungsmöglichkeiten ist gering und beschränkt sich auf den kleinen Ort **Tala** am Parkeingang.

■ Die beste Billigunterkunft ist das passable **Kum Kum House**① (Tel. 265324) mit zehn geräumigen, aufs Nötigste beschränkten Zimmern.

■ Das beste Preis-Leistungs-Verhältnis bietet die von Madhya Pradesh Tourism geleitete **White Tiger Forest Lodge**③-④ (Tel. 07627-265406, www.mptourism.com). Die Lage direkt am Fluss, in dem die Elefanten gebadet werden, könnte nicht besser sein und auch die leicht verwohnten Zimmer sind ihr Geld noch wert. Hierzu kommen ein gutes Restaurant, ein Swimmingpool und freundliches Personal. Wer sich das nicht entgehen lassen möchte, sollte vorbuchen: entweder direkt anrufen oder über das Tourist Office am Bahnhof in Jabalpur.

■ Falls die White Tiger Lodge ausgebucht sein sollte, bietet sich als gute Alternative das **Tiger's Den Resort**④ (Tel. 265353, Delhi: 011-27049446) an, zumal auf dem grünen Gelände auch ein herrlicher Pool wartet.

■ Auch in Bandhavgarh besteht die Möglichkeit, in einem ehemaligen Maharaja-Palast zu übernachten, und zwar in der **Bandhavgarh Jungle Lodge**④-⑤ (Tel. 265317, Delhi: 011-2685 3760, www.tiger-resorts.com). Das Vergnügen in den 13 einzeln stehenden Cottages und 8 Zimmern u.a. mit Kaminfeuer muss man sich allerdings auch leisten können – im Preis ab 450 US$ pro Tag für zwei Personen sind alle Mahlzeiten und eine Parkbesichtigung im Jeep und per Elefant enthalten.

■ Den meisten Luxus offeriert die **King's Lodge**⑤ (Tel. Gurgaon: 0124-4222657, (0)8800637711, www.kingslodge.in). Die erstklassigen Stelzenhütten sowie einige Cottages mit großen Terrassen auf dem von einem Kanal durchzogenen, 4 ha großen Gelände lassen nichts zu wünschen übrig, zumal ein toller Swimmingpool und Massagebehandlungen den Aufenthalt komplettieren. Im hohen Preis sind Jeepsafaris, Parkeintritte und Ausflüge enthalten.

An- und Weiterreise

Bandhavgarhs Abgeschiedenheit gestaltet die Anreise äußerst umständlich. Über die aktuellen An- und Abfahrtszeiten erkundigt man sich am besten beim Tourist Office in Jabalpur.

■ Von **Tala** fahren Busse (1 Std., 25 Rs) zum nächstgelegenen Bahnhof in **Umaria.** Ein Taxi nach Umaria kostet 500 Rs, eine Riksha 300 Rs. Von dort mehrere Zugverbindungen, etwa eine Nachtverbindung über Agra nach **Delhi** (18507 Vishakapatnam Amritsar HKG Exp., Mo, Do, Fr, Abf. 23.35 Uhr, 15 Std.). Vom Bahnhof in Umaria fährt nur ein Morgenbus um 6.30 Uhr nach Tala. Vom Busbahnhof in Umaria startet der letzte Bus um 19.30 Uhr nach Tala. Ansonsten per Taxi oder Riksha (Preise s.o.)

■ Mehrere Züge fahren tgl. in 1½ bis 2 Std. von **Jabalpur** nach **Katni,** von wo man mit einem Anschlusszug in weiteren 1½ Std. nach **Umaria** gelangt. Von hier ist es noch einmal 1 Std. mit dem Bus oder Jeep zum Parkeingang nach **Tala.**

Bhopal

Bhopal – wer würde bei der Erwähnung dieses Namens nicht sogleich an jenes **Giftgasunglück** denken, durch welches die Stadt zu weltweit trauriger Berühmheit gelangte. Als am Morgen des 2. Dezember 1984 über 4.000 Tonnen hochgiftigen Methylisocyanats auf die Slums rund um die Pflanzenschutzmittel produzierende Fabrik des amerikanischen Chemiemultis Union Carbide niedergingen, bedeutete dies für Tausende von Menschen den sofortigen Tod. Doch für viele andere war es erst der Beginn einer qualvollen Zukunft. Noch heute leiden Menschen an den Folgen dieses indischen Hiroshima.

Die Einwohner Bhopals werden verständlicherweise immer noch nicht allzu gern an dieses traurige Datum erinnert und verweisen stattdessen auf die lange zurückreichende Geschichte Bhopals. Gegründet wurde die Stadt im 11. Jh. unter dem Namen Bhojapal von *Raja Bhoja,* der auch die beiden Seen, die heute das Stadtbild prägen, angelegt haben soll. Während der Mogul-Herrschaft war Bhopal eine der bedeutendsten Provinzen des Reiches. Nach dem Tode *Aurangzebs* wurde die Stadt zwischen 1709 und 1740 von dem afghanischen Präfekten *Dost Mohammed* regiert. Mangels männlicher Nachkommen wurde sie 1819 bis 1926 von weiblichen Regentinnen geführt. Als nach der Unabhängigkeit die britischen Zentralprovinzen mit ihren vielen Fürstentümern zum Bundesstaat Madhya Pradesh zusammengeschlossen wurden, machte man Bhopal zur Hauptstadt des neuen Staates.

Die eigenwillige Mischung aus jahrhundertelanger muslimischer Vergangenheit, moderner Verwaltungshauptstadt und Industriemetropole verleiht der Stadt ein sehr vielschichtiges und interessantes Erscheinungsbild. Die Altstadt mit der hoch aufragenden Taj-ul-Masjid und ihren geschäftigen Gassen wird mit der von modernen Verwaltungsgebäuden und breiten Alleen geprägten Neustadt durch die zwei künstlich angelegten Seen verbunden. Zusammen mit zwei herausragenden Museen verdient Bhopal, mehr zu sein als nur ein Zwischenstopp zu den buddhistischen Sehenswürdigkeiten von Sanchi.

Sehenswertes

Taj-ul-Masjid

Als eine der größten **Moscheen** Indiens überragt sie mit ihren zwei rosafarbenen Minaretten und drei weißen Kuppeln die gesamte Stadt. Wie viele weitere historische Gebäude Bhopals, wurde die Moschee während der Regierungszeit der Fürstin *Shah Jehan* erbaut. Als diese im Jahre 1901 starb, waren die Bauarbeiten unvollendet und konnten erst 1971 wieder aufgenommen werden. Freitags kein Zugang für Nicht-Muslims.

Jama Masjid und Moti Masjid

Ebenfalls in der Altstadt, nicht weit von den Taj-ul-Masjid entfernt, liegen diese beiden im 19. Jh. erbauten **Moscheen.** Zwei goldene Spitzen krönen die 1837 von *Qudsia Begum* erbaute Jama Masjid. Ihre Schwester *Jehan* ließ im Jahre 1860 die der Großen Moschee in Delhi ähnliche Moti Masjid errichten.

Bharat Bhavan

Unser Tipp: Namen wie Bauhaus, *Mies van der Rohe* und *Miró* kommen einem beim Anblick dieses bedeutendsten **Museums zeitgenössischer Kunst** in Indien in den Sinn – alles Vertreter moderner Kunst, die man wohl kaum mit Indien in Verbindung bringt. Doch gerade die perfekte Integration dieser Museumsanlage mit ihren modernen Flachbauten, großen Glasflächen und aus der Gartenlandschaft aufsteigenden, naiv-bunt bemalten Betonkuppeln vor dem Hintergrund der silbrig schimmernden Seen macht die Faszination dieses hervorragenden Kunsthauses aus. Eine op-

Bhopal

0 200 m

Übernachtung
1 Noor-Us-Sabah-Palace
3 Hotel Jyoti
5 Sonali Regency
9 Jehan Numa Palace Hotel
10 Lake View Ashok
11 Palash Residency
15 Park Hotel

Essen und Trinken
3 Restaurant Jyoti
4 Manohar
8 Wind & Waves Restaurant
12 Bapu Ki Kutia
14 New Inn Restaurant
16 Indian Coffee House

Verkehr
2 Central Bus Stand
6 Minibusse nach TT Nagar
7 Rikshastände
13 Busse zur Hamidia Road

073in tb

Den Namen Bhopal verbinden auch heute noch Menschen auf der ganzen Welt mit dem Giftgasunglück von 1984

tisch gelungenere Synthese aus Tradition und Moderne, als sie hier dem bekanntesten zeitgenössischen Architekten Indiens, *Charles Correa,* gelungen ist, lässt sich kaum vorstellen.

Das Bharat Bhavan ist das Zentrum moderner Kunst in Indien und genießt internationales Ansehen. Die ganze Palette moderner Kunst, von Tanz über Musik, Malerei, bis hin zur Videokunst wird hier ausgestellt und dargeboten. Im Übrigen war Bharat Bhavan (Haus Indiens) der erste Ort, wo die Künste der verschiedenen Ethnien einen gleichberechtigten Rang eingeräumt bekamen und besonders gefördert wurden. Eine Fotoausstellung zeigt Bilder weltberühmter Künstler und Politiker, die das Kulturzentrum anlässlich der vielen Vorstellungen und Ausstellungen besuchten.

■ **Öffnungszeiten:** tgl. außer Mo 13–19 Uhr (Nov.–Jan.) bzw. 14 bis 20 Uhr (Febr.–Okt.).

Rashtriya Manav Sangrahalaya

Unser Tipp: Ganz in der Nähe des Bharat Bhavan und ebenfalls im Nobel- und Villenviertel des Shamala-Hügels, mit schönem Blick auf See und Altstadt, befindet sich dieses sehr interessante, Anfang der 1990er Jahre eröffnete **Freilichtmuseum.** Der ambitionierte Versuch, die über 450 verschiedenen Ethnien Indiens in ihren verschiedenen Kulturen und Lebensweisen darzustellen, ist gelungen. Besonders beeindruckend ist die umfangreiche Rekonstruktion traditioneller Wohnhäuser der vielfältigen Stammeskulturen Indiens.

Man kann die einzelnen Ansiedlungen zu Fuß besichtigen. Da das Gelände jedoch sehr weitläufig ist, macht es durchaus Sinn, sich eine Autoriksha zu mieten, sodass man seine Energien für die eigentliche Besichtigung der nach verschiedenen Regionen unterteilten Dörfer spart.

■ **Öffnungszeiten:** tgl. außer Mo 10–17 Uhr (Sept.–Febr.) bzw. 11–18.30 Uhr (März–Aug.), Video 50 Rs.

Birla-Museum und Lakshmi-Narayan-Tempel

Der ockerfarbene Lakshmi-Narayan-Tempel (Arera Hills) ist im Grunde ein recht gewöhnlicher Hindu-Tempel und insofern von nur geringem Interesse, doch der Blick von dem den Tempel umgebenden Garten auf die im Tal liegende Altstadt lohnt einen Besuch.

Direkt daneben befindet sich das kleine, aber sehr feine Birla-Museum, benannt nach der Industriellenfamilie aus Gujarat, auf deren Konto im wahrsten Sinne des Wortes Hunderte anderer Museen- und Tempelbauten in ganz Indien gehen. Der zweigeschossige Rundbau beherbergt in vier getrennten Nischen **archäologische Funde,** vornehmlich aus Bhopal und der näheren Umgebung. Neben den z.T. hervorragend erhaltenen **Vishnu- und Shiva-Skulpturen** aus dem 6. bis 13. Jh. ist die Bhimbethka-Halle von besonderem Interesse. In ihr werden Felsmalereien aus den erst 1952 entdeckten Höhlen von Bhimbethka gezeigt.

■ **Öffnungszeiten:** tgl. außer Mo 10–17 Uhr.

Praktische Tipps

■ **Vorwahl:** 0755

Stadtverkehr

■ Nach der Ankunft am **Bahnhof** sollte man, um größere Umwege zu vermeiden, den Ausgang auf Gleis 4 und 5 nehmen. So gelangt man auf kürzestem Wege zur Hotelgegend um die Hamidia Rd.

■ Zwischen Hamidia Road, Busbahnhof und Neustadt TT Nagar verkehren häufig **Tempos und Minibusse.**

■ Relativ billig sind **Autorikshas.** So kostet eine Fahrt vom Bahnhof in die Neustadt 80–100 Rs. Mit etwa dem gleichen Betrag sollte man zum Bharat Bhavan rechnen.

Unterkunft

Die meisten billigen Hotels in Bhopal reihen sich entlang der Hamidia Road zwischen Bahnhof und Bus Stand und sind problemlos zu Fuß zu erreichen. Da die Hamidia eine extrem stark befahrene und damit laute und luftverpestete Straße ist, sollte man die in den Seitengassen angesiedelten Unterkünfte vorziehen oder in TT Nagar nächtigen.

■ Eine bewährte Billigunterkunft in der Bahnhofsregion ist das Hotel **Sonali Regency**② (Radha Talkies Rd., Tel. 2740880, www.hotelsonaliregency.com) in einer ruhigen Gasse, die parallel zur Hamidia Road verläuft. Von recht billigen Zimmern ohne AC bis zu teureren mit AC und Balkon zur Gasse reicht die Palette. Auch das preiswerte Restaurant wird gelobt.

■ Das **Hotel Jyoti**①-② (53 Hamidia Rd., Tel. 2477458, jyotihotel.com) bietet teils mit AC versehene Zimmer. Es bietet viel fürs wenige Geld, zumal es, eine Gasse von der lauten Hamidia Rd. hinein, schön ruhig liegt. Gut ist das hauseigene, rein vegetarische Restaurant.

■ Beste Unterkunft zu kleinem Preis ist im Bereich New Market das **Park Hotel**②-③ (TT Nagar, Tel. 4057711): helle, gemütliche, saubere Zimmer in günstiger Lage mit Marmorfußboden und Balkon zum geschäftigen Viertel.

■ Modern und durchdacht wirken die Komfortzimmer des **Palash Residency**④ (TT Nagar, Tel. 2553006, www.mptourism.com) in der Neustadt. Große Zimmer mit Balkon und Flachbildschirmfernseher sind gemütlich und makellos. Zwischen 13 und 15 Uhr Lunch-Büffet.

■ Ganz standesgemäß befinden sich die besten Hotels Bhopals im Nobelviertel Shamala Hills. Das stilvollste ist das **Jehan Numa Palace Hotel**④ (Shamala Rd., Tel. 2661100, www.jehannuma.com), ein ehemaliger Palast.

■ Eine Augenweide ist das **WelcomHeritage Noor-Us-Sabah-Palace**⑤ (V.I.P. Rd, Koh-e-Fiza, Tel. 2749101, 4223333, www.noorussabahpalace.com) an der Nordseite des Upper Lake. Es wurde in den zwanziger Jahren im Bauhausstil von einem lokalen Maharaja für seine älteste Tochter errichtet. Mehrere Restaurants wie das Dynasty-Freiluftrestaurant verwöhnen den Gaumen. Natürlich gibt's einen herrlichen Pool, WiFi und viele weitere Annehmlichkeiten.

■ Das moderne **Lake View Ashok**⑤ (Shamala Hills, Tel. 2660090, http://lakeviewashok.com) bietet hervorragende Ausblicke auf den See. Swimmingpool, mehrere ausgezeichnete Restaurants, Health Club, Fitnessraum und WiFi sind in dieser Preisklasse selbstverständlich.

Essen und Trinken

Abgesehen von den Spitzenrestaurants in den Hotels der oberen Preisklasse gibt es eine Reihe weiterer guter Restaurants über die Stadt verteilt.

■ **Bapu Ki Kutia** am New Market ist das seit Jahrzehnten beliebteste vegetarische Restaurant in Bhopal. Es bietet leckere einheimische Gerichte (100–180 Rs, Thalis 170 Rs) in typisch indischer Atmosphäre. Wer keinen großen Wert auf gepflegtes Ambiente legt und authentisch indische Gerichte zu sehr günstigen Preisen möchte, ist hier genau richtig.

■ Sehr gut und dementsprechend stark besucht ist das Restaurant im **Hotel Jyoti.** Wen die eiskalte Klimaanlage und die schummerige Atmosphäre nicht abhalten, kann dort vorzüglich und preiswert vegetarisch essen.

■ Äußerst romantisch sitzt man im gleich oberhalb des Upper Lake platzierten **Wind & Waves Restaurant.** Essen und Service sind nur durchschnittlich, doch speziell abends ist dies der ideale Ort für ein kühles Bier.

■ Preiswerte indische Küche, auch Huhn und Thali, sowie Burger zum kleinen Preis (80–220 Rs, 8–23 Uhr) schmecken im modernen Selbstbedienungsrestaurant **Manohar** in der Hamidia Rd.

■ Zu Recht gelobt wird das in der Neustadt gelegene **New Inn Restaurant** (Bhadhbhada Rd., New Market, 8–22 Uhr), wo ausgezeichnete indische und chinesische Gerichte zu günstigen Preisen (120–250 Rs pro Hauptgericht) serviert werden.

■ Tagsüber bietet sich das altmodische **Indian Coffee House** (Hamidia Rd.) für eine kleine Zwischenmahlzeit an. Die Filiale in TT Nagar (3. Stock) an der New Market Rd. ist moderner.

An- und Weiterreise

Flug

■ Tägliche Flüge von Bhopal nach Delhi, Mumbai, Indore, Ahmedabad, Chandigarh, Kolkata und Rajpur. Eine Riksha bzw. ein Taxi von einem der vielen Hotels an der Hamidia Road zum 16 km entfernten **Flughafen** sollte nicht mehr als 300–500 Rs kosten.

Bahn

■ Wichtige Verbindungen sind im Anhang aufgeführt. Fünf Züge starten tgl. Richtung **Sanchi,** doch haben diese häufig Verspätung, deshalb sind Busse vorzuziehen.

Bus

■ Aufgrund der hervorragenden Bahnverbindungen macht speziell für längere Strecken die Weiterfahrt mit dem Bus vom zentralen Busbahnhof an der Hamidia Rd. wenig Sinn. Dies gilt nicht für die in 3½ Std. (370 Rs) vom Hotel Palash Residency (TT Nagar, Reservierungs-Tel. 3295040), um 6.15, 7, 8, 12, 14, 15.30 und 18 Uhr nach **Indore** fahrenden AC-Luxusbusse von Madhya Pradesh Tourism.

■ Da sich die Züge nach **Sanchi** oft verspäten, gelangt man mit dem Bus problemloser und schneller ans Ziel. Wichtig ist es, einen der allerdings häufig fahrenden Direktbusse zu erwischen (1 Std., zwischen 5 und 21.30 Uhr, 55 Rs), da andere Busse oft weite Umwege fahren und doppelt so lange unterwegs sind.

■ Nach **Bhimbethka** regelmäßige Verbindungen in einer Stunde zwischen 6 und 18 Uhr, 50 Rs.

576in mb

Umgebung von Bhopal

Bhimbethka

Unser Tipp: 1952 entdeckte man in einem felsigen Waldgebiet rund 45 km südlich von Bhopal eine archäologische Rarität erster Güte: rund 40 **steinzeitliche Wandmalereien** in über 700 Höhlen (Eintritt für Fußgänger 100 Rs, mit Motorrad oder Auto 200 Rs, mit der Riksha 400 Rs, von Sonnenauf- bis Sonnenuntergang geöffnet). Die ältesten der vornehmlich in Rot und Weiß gemalten Szenen werden auf über 12.000 Jahre geschätzt und zählen somit zu den ältesten Spuren menschlichen Lebens in Indien. Umso bemerkenswerter ist deren z.T. erstaunlich guter Zustand. Als Motive dienten den Künstlern Bilder des täglichen Lebens: Feste, Tiere, Jagdszenen sowie lokale Gottheiten und Landschaften.

Anreise

■ Aufgrund der abgelegenen Lage sind die Höhlen am besten per **Taxi** zu erreichen, wofür in Bhopal 3.000 Rs für eine Tagestour verlangt werden. Im **Bus** von Bhopal sollte man den Schaffner bitten, gut 6 km hinter Obaidullaganj am Abzweig nach Bhimbethka zu halten. Von dort sind es nochmals etwa 3 km bis Bhimbethka. Für die Rückfahrt sollte man versuchen, einen der an der Hauptstraße passierenden Busse oder ein anderes Fahrzeug anzuhalten. Für eine **Riksha** von Obaidullaganj mit Wartezeit und Rückfahrt zahlt man etwa 500 Rs. Zwischen Obaidullaganj und Bhopal regelmäßige Busverbindungen.

☒ Momentaufnahme in Bhopal

Sanchi

– buddhistisches Kleinod

Mit seinen knapp 7.000 Einwohnern macht das 70 Kilometer nordöstlich von Bhopal gelegene Städtchen selbst – auf den ersten Blick – einen recht verlorenen Eindruck, und man wird sich fragen, was diesen Ort so besuchenswert erscheinen lässt. Sanchis Geheimnis lüftet sich nach der Besteigung des am Ortsrand gelegenen, etwa 90 Meter hohen Felsenhügels. Die **Stupa von Sanchi** gehört zu den bedeutendsten und schönsten buddhistischen Stätten der Erde. Außerdem lässt die überaus entspannte Atmosphäre der abseits der Haupttouristenrouten gelegenen Ausgrabungsstätte den Besucher sich die friedliebende Lehre des Buddhismus auf besonders anmutige Weise vergegenwärtigen. Unbedingt sehenswert!

Von oben bietet sich ein beeindruckender **Panoramablick** über die Umgebung, die in ihrer Unberührtheit nichts ahnen lässt vom Leben, welches hier vor zwei Jahrtausenden pulsierte. Zu jener Zeit war der nahe gelegene, heute unscheinbare Ort Vidisha eine der mächtigsten Städte des Großreiches von Kaiser *Ashoka*, der den Buddhismus im 3. Jh. v. Chr. zur Staatsreligion erklärt hatte.

Die ersten Gebäude von Sanchi entstanden schon mit Beginn der Ausbreitung der buddhistischen Lehre in Indien im 4. Jh. v. Chr. Doch erst unter *Ashoka* begann die wirkliche Bedeutung Sanchis. Über die Jahrhunderte wurden den zu Beginn errichteten Stupas weitere Tempel, Säulen und Klöster hinzugefügt, bis mit dem Niedergang der buddhistischen Lehre im 8. Jh. die Anlage für ein Jahrtausend in Vergessenheit geriet. Erst 1818 wurde die Stätte wiederentdeckt und bei den letzten Restaurationsarbeiten 1936 auch die Überreste der Klosteranlage.

Unser Tipp: Die Kultstätte von Sanchi ist einer jener Orte, denen man mehr Zeit widmen sollte, als zur reinen Besichtigung eigentlich notwendig wäre. Anstatt in einer Stunde die Sehenswürdigkeiten abzuhaken, sollte man sich mindestens einen ganzen Tag nehmen, um die friedliche Atmosphäre dieses Ortes aufzunehmen. Besonders morgens und am späteren Nachmittag, wenn die Tagestouristen auf dem Heimweg sind, strahlt die Anlage eine besondere Ruhe und Spiritualität aus.

Stupa 1

Ausgang und Mittelpunkt der gesamten Anlage ist die Stupa 1, deren Grundstein wohl schon von Kaiser Ashoka gelegt wurde. Seine heutige Form und Größe, mit rund 37 Metern Durchmesser und einer Höhe von 17 Metern, erhielt dieses schlichte, bildlose Bauwerk während der Shunga-Epoche im 2. Jh. v. Chr. Nach der Wiederentdeckung der Anlage im 19. Jh. richteten Archäologen und Schatzsucher im Innern der Stupa erhebliche Schäden an. Im Gegensatz zu den Stupas 2 und 3 fanden sich jedoch keinerlei Gegenstände.

Die Stupa als die klassische Form buddhistischer Architektur symbolisierte modellartig den Kosmos. Während die steinerne Halbkugel selbst die Erdkugel darstellt, symbolisiert die daraus hervorwachsende Spitze mit den drei übereinander liegenden Chattras und dem umlaufenden Steinzaun die Weltachse mit dem Himmel und dem Wohnsitz der Götter.

Vier Tore (Toranas)

Umgeben ist die Stupa 1 von einem **Steinzaun,** wobei die jeweils nach den vier Himmelsrichtungen ausgerichteten Eingangstore zu einem Prozessionsgang führen, der auf halber Höhe die Stupa umgibt und den Kreislauf der Gestirne symbolisieren soll – und dementsprechend im Uhrzeigersinn umgangen werden sollte. Diese massiven, jeweils etwa 10 Meter hohen, *Toranas* genannten Zugänge, auf deren Pfeilern und Querbalken in Steinreliefs Leben und Wirken Buddhas dargestellt sind, gelten als die großartigsten Ausdrucksformen buddhistischer Kunst in ganz Indien und machen die eigentliche Bedeutung der Stadt Sanchi aus.

Wenn es noch eines Beweises dafür bedurft hätte, dass auch stumme Zeugen sprechen können – die **Reliefs** von Sanchi würden ihn liefern. Auf den langen Balken der Tore und den senkrechten Pfeilern wird pausenlos erzählt; jeder Zentimeter ist mit Steinreliefs verziert. Sinnbild reiht sich an Sinnbild, Ereignis an Ereignis. Die Einheit der Schöpfung, die keinen Unterschied zwischen Mensch und Tier, Pflanzen und Gegenständen kennt, tritt einem hier in ihrer ganzen, ungebrochenen Lebensfülle entgegen.

Neben Göttern, Geistern und Dämonen faszinieren vor allem die von den Bildhauern in einzigartiger Detailgenauigkeit aus dem Sandstein gehauenen **Alltagsszenen.** Wie in einem Bildband nimmt der Besucher teil am dörflichen Leben von vor fast 2000 Jahren. Da

ziehen Festtagsprozessionen und Fußgänger am Auge des Betrachters vorbei, wir sehen einen Bauern beim Pflügen und eine Hausfrau beim Wasserholen und Kochen. Dies alles sind Szenen, wie man sie im „Ewigen Indien" auch heute noch in fast jedem Dorf erleben kann. Gleichzeitig offenbart sich in den Reliefs eine Lebensfreude, die im auffälligen Gegensatz zu der (falschen) westlichen Darstellung der buddhistischen Philosophie als Lehre des Leidens steht.

Angesichts des Bilderreichtums übersieht man leicht, dass jener, dem die gesamte Anlage gewidmet ist, nämlich der Religionsstifter selbst, nirgends abgebildet ist. Zu jener Zeit wurde **Buddha,** der jede Art von persönlicher Verehrung nach seinem Tode untersagt hatte, nicht in Menschengestalt, sondern **symbolisch dargestellt.** Die vier wichtigsten Stationen seines Lebens (Geburt, Erleuchtung, erste öffentliche Predigt und Tod) werden durch die immer wiederkehrenden Symbole Lotosblume, Bodhibaum, Rad und Stupa versinnbildlicht.

Am **Osttor** ist der Abschied Buddhas, hier symbolisiert als Pferd, vom Elternhaus und der Aufbruch seiner Suche nach dem wahren Sinn des Lebens dargestellt. Szenen von Buddhas Geburt und von Ashoka als frommen Buddhisten finden sich auf den Reliefs des südlichen Toranas, welche als das älteste der vier gilt. Die sieben verschiedenen Inkarnationen Buddhas finden sich am **westlichen Tor,** wobei man das Verbot der figürlichen Darstellung umging, indem man ihn dreimal als Stupa und viermal als Baum darstellte. Eines der meistverwendeten Symbole der buddhistischen Kunst, das Rad des Lebens, krönt das **Nordtor,** das besterhaltene der vier Toranas. Gleichzeitig ist es das am reichsten und abwechslungsreichsten gestaltete Tor, wobei

Langweilig ist nur der Name: Stupa 1

074in tb

vor allem, wie schon am Westtor, Szenen aus seinen verschiedenen Inkarnationen dargestellt werden.

Stupas 2 und 3

Neben der Hauptstupa wurden im Laufe der Jahrhunderte noch unzählige weitere Stupas errichtet. Allein acht sollen von Kaiser Ashoka stammen. Keine der heute noch erhaltenen reicht in Größe oder künstlerischer Bedeutung an Stupa 1 heran. Einige sind nicht mehr als kleine runde Steinhügel. In Stupa 3, welche um 150 v. Chr. entstand, fand ein britisches Ausgrabungsteam 1853 **Reliquien** von zwei Schülern Buddhas. In Kolonialmanier schafften sie die Objekte nach England, wo sie in einem Londoner Museum ausgestellt wurden, ehe sie 100 Jahre später wieder an ihren Ursprungsort zurückgebracht wurden.

Die etwas abseits gelegene und am besten auf dem Rückweg in die Stadt zu besichtigende Stupa 2 hat zwar keine Toranas, doch sehenswert ist der die Stupa umgebende Steinzaun mit seinen sehr schönen **Tier- und Blumenreliefs.**

Ashokasäule

Große Kunst gilt bekanntlich im eigenen Land oft nicht viel. Dieser Tatsache fiel im letzten Jahrhundert auch eine der vielen von Ashoka während seiner Regierungszeit zur Belehrung und Ermahnung seiner Untertanen aufgestellten Säulen zum Opfer, als sie von einem ahnungslosen Bauern als Zuckerrohrpresse zweckentfremdet wurde. Die Überreste dieser Steinsäule finden sich direkt neben dem Südtor der Hauptstupa.

Weitere Gebäude

Neben den hier näher beschriebenen Stätten finden sich noch weitere Überreste ehemaliger Tempel und Klöster innerhalb der Anlage. So stößt man unmittelbar gegenüber dem Südtor auf zwei **Tempel** aus der Gupta-Zeit, von denen jedoch nur noch einige Säulen stehen geblieben sind. Nur noch die Grundmauern sind auch von den beiden **Klosteranlagen** östlich und westlich des Haupttores zu erkennen. Kunsthistoriker datieren ihre Entstehungszeit in die Endphase der buddhistischen Lehre in Indien, da sie schon deutlich hinduistische Bauelemente aufweisen.

Archäologisches Museum

Am Fuß des Hügels findet sich ein Museum, in dem eine Vielzahl von Funden aus Sanchi zu bewundern sind, unter anderem ein Löwenkapitell *Ashokas.*

■ **Öffnungszeiten:** tgl. außer Fr 8–17 Uhr. Der Eintrittspreis zur Ausgrabungsstätte beträgt 250 Rs und beinhaltet auch den Eintritt zum Archäologischen Museum. Wer an weiteren Informationen zu der Gesamtanlage und zu ihren einzelnen Bauwerken interessiert ist (die den Rahmen dieses Buches sprengen würden), sollte sich das kleine Heftchen „Archaeological Survey of India" kaufen, das am Museumseingang erhältlich ist.

Unser Tipp: Sanchi ist zu jeder Tageszeit einen Besuch wert. Am friedvollsten und spirituellsten ist die Atmosphäre jedoch zum **Sonnenaufgang auf dem Gelände des Archäologischen Museums.** Wer sich dieses eindrucksvolle Erlebnis nicht entgehen lassen möchte, erwirbt sein Ticket sicherheitshalber bereits am späten Nachmittag zuvor. Gleichzeitig sollte man die Bediensteten darauf aufmerksam machen, dass Selbiges auch zum Sonnenaufgang am nächsten Morgen Gültigkeit besitzt.

Praktische Tipps

Unterkunft, Essen und Trinken

(Vorwahl: 07482)

■ Äußerst spartanisch, dafür sauber sind die um einen hübschen, begrünten Innenhof angelegten Räume des **Sri Lanka Mahabodhi Society Guest House**①-② (Monuments Rd., Tel. 262739), nur wenige Meter vom Bahnhof entfernt. Da der Eingang meist unbesetzt ist, sollte man bis zum Innenhof durchgehen und nach dem Verwalter fragen. Es gibt nur ein Gemeinschaftsbad.

■ Gleich neben dem Bahnhof vermietet die **New Jaiswal Lodge**①-② (Tel. 266508) vier Zimmer, die teureren sind klimatisiert.

■ Die **Gateway Cafeteria**①-② (Monuments Rd., Tel. 266743) an der Straße vom Bahnhof zum Felsenhügel ist in erster Linie ein Restaurant, in dem vor allem Tagesausflügler aus Bhopal einkehren. Dem modernen Flachbau angeschlossen sind jedoch zwei makellos saubere und hübsche Zimmer.

■ Mittelklasseansprüchen genügt das **Gateway Retreat**③ (Tel. 266723, www.mptourism.com, Preise inkl. Frühstück), 200 m vom Ortskern entfernt. Die komfortablen Bungalows in einer gepflegten Gartenanlage und das hübsche Restaurant mit dem für staatliche Unterkünfte üblichen schleppenden Service sowie Swimmingpool machen es zur besten Bleibe in Sanchi.

Bank und Internet

■ Geld kann in Sanchi nicht gewechselt werden. Auch der nächstgelegene **ATM** ist erst in Vidisha zu finden.

■ Ein **Internetcafé** gibt's beim Busbahnhof, **Sanjeev Net** liegt beim Markt.

An- und Weiterreise

■ Sanchi liegt an der Bahnlinie Delhi – Mumbai, doch die meisten Züge rauschen an Sanchi vorbei, ohne dort zu halten. Nach **New Delhi** fährt der 11057 DR Amritsar Exp., Abf. 16.05 Uhr, über **Jhansi** (an 20.30 Uhr), **Gwalior** (an 22.17 Uhr), **Agra** (an 0.08 Uhr), Ank. New Delhi 4.10 Uhr, der Zug fährt weiter bis **Amritsar** (an 16.30 Uhr).

■ Die tgl. fünf zwischen **Bhopal** und Sanchi verkehrenden Züge benötigen für die 46 km lange Strecke knapp 1 Std. und sind damit schneller als die etwa jede Std. fahrenden Busse. Da die meisten Züge jedoch von weither anreisen und auf der Fahrt häufig Verspätungen von bis zu 3 Std. ansammeln, sind langsamere, kurz vor Sanchi startende Passenger-Züge (speziell der 51632 Bina Bhopal Pass, Abf. 19.10 Uhr, Ank. 21.05 Uhr) und **Busse** (zwischen 6 und 22 Uhr, 55 Rs) vorzuziehen. Man sollte allerdings darauf achten, einen der Direktbusse (1½ Std.) zu nehmen, da jene über Raisen doppelt so lange unterwegs sind.

Umgebung von Sanchi

Vidisha

Das nur 10 km nordöstlich von Sanchi gelegene Vidisha war während der Gupta-Periode eine der bedeutendsten Städte der Region. In den Ruinen eines hier im 2. Jh. v. Chr. erbauten Tempels haben Archäologen die früheste Verwendung von Zement als Baumaterial in Indien nachgewiesen. In der Zeit vom 10. bis 12. Jh. n. Chr., als die Stadt von islamischen Eroberern regiert wurde, erlangte sie erneut Bedeutung.

In den Räumen des **archäologischen Museums** (Sagar Vidisha Rd., tgl. außer Mo 10–17 Uhr) von Vidisha können Objekte aus der Blütezeit besichtigt werden.

An- und Weiterreise

■ Regelmäßig **Busse** in etwa 20 Min. von Sanchi oder per **Fahrrad** in gut einer halben Stunde bis Vidisha.

Udayagiri-Höhlen

Vom 5 km entfernten Vidisha kann man mit einer Tonga oder Autoriksha (40 Rs hin und zurück, von Sanchi aus etwa 250 Rs mit Wartezeit und Rückfahrt) zu den 21 in einen Sandsteinfelsen gehauenen Höhlen von Udayagiri fahren, die, wie Steininschriften belegen, aus dem 4. und 5. Jh. stammen. Besonderes Interesse verdienen die beiden mit **Jain-Inschriften** versehenen Höhlen 1 und 20 sowie die Höhle 5, die Vishnu in seiner Inkarnation als Eber zeigt, der auf einem seiner Stoßzähne die Erdgöttin Prithvi in die Lüfte erhebt. Leider sind beide derzeit wegen unsicherer Dachkonstruktion nicht zu besichtigen.

Ujjain

Dieser von westlichen Touristen kaum besuchte Ort ist für die Hindus eine der heiligsten Städte Indiens. Seine Bedeutung beruht auf der Legende von der Suche nach dem Trank der Unsterblichkeit *(Amrit)*, der nach jahrelangen vergeblichen Versuchen schließlich vom Sohn des Himmelsgottes Indra gefunden wurde. Verkleidet als Krähe flog er, verfolgt von den Dämonen, die ihm den Nektar entreißen wollten, um die Erde, bis er nach zwölf Tagen das Paradies erreichte. Während der wilden Verfolgungsjagd fielen vier Tropfen des wertvollen Trankes auf die Städte Haridwar, Nasik, Prayag (das heutige Allahabad) und Ujjain.

Alle zwölf Jahre findet an diesen vier Orten mit der **Kumbh Mela** das größte Pilgerfest Indiens statt – in Ujjain an den Ghats des Shipra-Flusses, an dessen östlichem Ufer sich die Stadt erstreckt (die nächste allerdings erst wieder im Jahr 2028). Im November/Dezember wird in Ujjain das neun Nächte dauernde **Navratri Festival** vor Dussehra besonders prächtig zelebriert. Die nächsten Termine: 20.–28.9.2017, 9.–18.10.2018.

Sehenswertes

Mahakaleshwar-Tempel

Dieser große, in eine Senke hineingebaute **Shiva-Tempel** ist der bedeutendste der zahlreichen Tempel Ujjains und bildet den Mittelpunkt der religiösen Verehrung während der Kumbh Mela. Hauptanziehungspunkt der Gläubigen ist der Lyotir Lingam, einer von insgesamt zwölf Shiva-Lingams in ganz Indien, von dessen Verehrung sich die Pilger besonders starke Heilkräfte versprechen. Wie die meisten der insgesamt 84 Tempel Ujjains ist auch auch der Mahakaleshwar mehrfach zerstört worden, so 1234 beim Einfall des türkischen Feldherrn *Altamish*. Die letzte Restauration, der die heutige Tempelanlage zugrunde liegt, erfolgte durch die Scindias Anfang des 19. Jh.

Bade-Ganeshji-ka-Mandir

Nur wenige Meter vom Mahakeleshwar-Tempel an der Straße, die rechts vom Eingang am Tempel hinunterführt, liegt dieser in seiner Buntheit und Verspieltheit für den Hinduismus typische kleine Tempel. Im Eingangsbereich sitzt der bei den Indern äußerst beliebte Glücksgott **Ganesha** mit seiner roten Hose, goldenen Gewändern und dem rosaroten Elefantenkopf mit riesigen Ohren. Dies ist jedoch erst der Auftakt eines wahren Panoptikums bunt-schriller Hindu-Götter, die im Tempelinneren auf einen warten.

Gopal Mandir

Dieser wunderschön inmitten der Innenstadt gelegene, von Marktständen umgebene **Krishna-Tempel** entstand im 19. Jh. unter den Scindias. Mit seinem das Gebäude beherrschenden Kuppeldach, seinen Marmoreinlegearbeiten und den silberbeschlagenen Türen im Inneren ist er ein hervorragendes Beispiel marathischer Architektur. Die Silbertür im Innern des Tempels soll ursprünglich im Sonnentempel von Sommnath in Gujarat installiert gewesen sein, von wo sie von *Mahmud-e-Ghazni* nach Afghanistan überführt wurde, bis sie schließlich über Lahore in Pakistan im 19. Jh. ihren vorerst letzten Bestimmungsort in Ujjain erreichte.

Observatorium (Vedh Shala)

Im Süden der Stadt liegt das von Maharaja *Jai Singh* während seiner Regierungszeit als Statthalter von Malwa im Jahre 1733 errichtete Observatorium. Von den insgesamt fünf Sternwarten, die dieser begeisterte Astronom errichten ließ (die übrigen vier stehen in Jaipur, Delhi, Mathura und Varanasi) ist diese eine der wenigen, die noch heute in Gebrauch ist. Auch wenn es bei weitem nicht vergleichbar mit den beiden Meisterwerken *Jai Singhs* in Delhi und Jaipur ist, so lohnt sich doch aufgrund der romantischen Lage an den Ufern der Shipra ein Besuch (geöffnet 8–17.30 Uhr).

Ram Ghat

Vom Gopal Mandir kommend führt ein abschüssiger Weg durch die schönen Altstadtgassen zu der auf beiden Seiten von vielen **Badeghats** umgebenen Shipra. Das meistbesuchte und größte ist das von unzähligen weißgetünchten Tempeln umgebene Ramghat. Auch wenn die Atmosphäre am Ganges in Varanasi viel spektakulärer ist, so zeigt sich doch auch hier ein buntes, friedvolles Treiben von Pilgern, Badenden, Wäscherinnen und Sadhus.

Praktische Tipps

Stadtverkehr

■ Am Bahnhof und Busbahnhof gibt es ein Prepaid-System mit festgelegten Preisen. So kostet die Fahrt vom Bahnhof zum Ram Ghat 80 Rs. Man sollte sich jedoch vor Fahrtantritt vergewissern, dass auch wirklich das gewünschte Ziel verstanden wurde, da sich die Tour andernfalls oft zu einer nerven- und zeitaufreibenden Odyssee entwickelt. Eine vierstündige **Rundfahrt** zu den wichtigsten Tempeln sollte um 600 Rs kosten.

Unterkunft, Essen und Trinken

(Vorwahl: 0734)

■ Für Preisbewusste ist das ist das **Hotel Rama Krishna** ①-② (Subash Rd., Tel. 2553012/7) schräg gegenüber dem Bahnhof eine gute Adresse. Da Qualität und Ausstattung der Zimmer, manche mit LCD-TV, schwanken, sollte man sich einige zeigen lassen, bevor man auswählt. Empfehlenswert ist das vegetarische Restaurant **New Sudama** (100–180 Rs) im Erdgeschoss. Nur wenig teurer, kann das **Kabir Hotel**② (Tel. 2556791), 100 m entfernt, als Ausweichquartier dienen.

■ Ein gutes Preis-Leistungs-Verhältnis bietet das neue **Hotel Kalpana Palace**② (Tel. 2556022, http://hotelkalpanapalace.in) in der Nähe des Mahakaleshwar-Tempels. Alle Zimmer verfügen über Flachbildschirm-TV und AC.

■ **Hotel Grand Tower**③ (Vikram Marg, Tel. 2553699) ist ein moderner Zweckbau auf der gegenüberliegenden Bahnhofsseite. Große AC-Zimmer, die teureren mit Kühlschrank, die billigen mit etwas weniger Ausstattung, werden gut gepflegt. Das **Zharokha Restaurant** (multi-cuisine, 7–15.30 und 19–23 Uhr, 60–100 Rs) mit Terrasse zur recht lauten Straße ist hervorragend, jedoch ist nicht alles in der Karte auch wirklich im Angebot.

■ Das von Madhya Pradesh Tourism verwaltete **Hotel Shipra Residency**④ (University Rd., nahe Madhev Club,

Tel. 2551495/6, www.mptourism.com) liegt in einer ruhigen Wohngegend und verfügt über 30 angenehme, klimatisierte Zimmer, die teureren mit Coffeemaker und Balkon. Vorzüglich ist auch das Restaurant. Frühstück ist im Zimmerpreis bereits enthalten. Um direkt nach Ankunft am Bahnhof zu beiden letztgenannten Hotels zu gelangen, sollte man den Ausgang am Bahnsteig Nr. 7 benutzen.

■ Nicht nur für sein indisches Frühstück, auch für erstklassige Hauptgerichte wie Kebabs, Koftas und Thalis ist das vegetarische **Shivam Restaurant** (Mahakal Marg, 110–250 Rs) im Untergeschoss des Hotel Satyam in der Altstadt zu Recht beliebt und entsprechend gut besucht.

An- und Weiterreise

Bahn

■ Nach **Mumbai** verbindet der 12962 Indore Bombay Central Exp., Abf. 17.35 Uhr, über **Vadodara** (23.45 Uhr), Ank. in Mumbai Central 6.10 Uhr.

■ Nach **Bhopal** der 12919 Malwa Exp.: Abf. 14 Uhr, Ank. 17.25 Uhr. Dieser Zug fährt weiter über **Jhansi, Gwalior** und **Agra** bis **Delhi Hazrat Nizamuddin.**

■ Nach Rajasthan der 12465 Ranthambore Exp. (Abf. 8.05 Uhr), über **Kota** (an 12.25 Uhr), **Sawai Madhopur** (14.25 Uhr), **Jaipur** (16.45 Uhr) bis **Jodhpur** (22 Uhr).

■ Nach **Indore** gelangt man schneller per Bus.

Bus

■ Viele Busse tgl. fahren nach **Bhopal** (6 und 7.30 Uhr, Fahrtzeit 4 Std., 320 Rs) und 4 Busse um 6, 8, 11 und 16 Uhr nach **Omkareshwar** (4 Std., 235 Rs). **Indore** wird viertelstündig (2 Std., 270 Rs) angefahren. Nicht viel weniger sind es nach **Nagda,** der Bahnstation für Züge Richtung Gujarat und Mumbai.

■ Nach **Mandu** (4 Std.) kommt man nur mit Umsteigen in **Dhar** (vier Verbindungen: 5.30, 8.30, 9 und 9.45 Uhr.

Indore

Trotz zweier Paläste und eines ungewöhnlichen Tempels hat die Stadt selbst touristisch recht wenig zu bieten. Aufgrund ihres umfangreichen Hotelangebotes bietet sie sich jedoch als **Ausgangspunkt** für den Besuch der 80 km südwestlich gelegenen alten **Festungsstadt Mandu,** eine der Hauptsehenswürdigkeiten Madhya Pradeshs, an. Falls möglich, sollte man jedoch gleich nach Mandu weiterfahren, da dort sowohl die Sehenswürdigkeiten als auch die entspannte Atmosphäre viel mehr zum Verweilen einladen.

Indore ist ein typisches Beispiel für jene Millionenstädte, deren Gesicht deutlich von der immer umfangreicher werdenden kaufkräftigen indischen Mittelschicht bestimmt wird. Einkaufszentren, Fastfood-Restaurants und Motorroller bestimmen das Bild dieser weitläufigen Stadt. Der auffällige **Wohlstand** rührt zum einen von der Textilindustrie, die hier eines ihrer Produktionszentren hat, und zum anderen vom nahe gelegenen „Detroit Indiens", Pitampur, wo viele der großen indischen Motorenwerke beheimatet sind.

Sehenswertes

Rajwada-Palast

Im Zentrum der Altstadt, umgeben von den verwinkelten Gassen des Basarviertels, steht der siebenstöckige **Palast der Holkar-Könige.** Von den insgesamt drei großen Feuersbrünsten, die das Gebäude innerhalb seiner 200-jährigen Geschichte heimsuchten, richtete das letzte im Jahr 1984 die größten Schäden an, sodass heute kaum mehr als die Vorderfront des Palastes, in dem die städtische Behörden Platz gefunden haben, erhalten ist. Auf der Rückseite des Palastes führen freilaufende Treppen ins oberste Stockwerk, von wo aus man einen schönen Ausblick auf die Altstadt hat. Auf dem kleinen, von Palmen umgebenen Vorplatz findet sich eine schöne Statue der Maharani *Akalji Bai.*

Lal Bagh Palace

Der zwischen 1886 und 1920 erbaute Lal-Bagh-Palast im Westen der Stadt stellt das besterhaltene Relikt der Holkar-Herrschaft dar. Das inmitten einer schönen, 28 ha großen Parkanlage platzierte Schloss beherbergt jene für die Verschwendungssucht der Maharajas so typischen Objekte wie riesige Empfangssäle, von deren Decken gewaltige Kronleuchter hängen, goldverzierte Bilderrahmen, Tigertrophäen und marmorne Springbrunnen.

■ **Öffnungszeiten:** tgl. außer Mo 10–17 Uhr, Eintritt 100 Rs, Kamera/Video 10/50 Rs.

Kanch Mandir

In Gehdistanz zum Rajwada-Palast, inmitten des Kajuri-Basars, befindet sich der von außen recht unscheinbare und damit leicht zu verfehlende **Jain-Tempel** Kanch Mandir, auch bekannt unter dem Namen seines Erbauers Hukanchand Mandir. Wände, Türen, Geländer und vor allem die drei Statuen des Gründers der Jain-Religion, *Mahavira,* sind über und über mit Millionen bunter Mosaikspiegel verziert. Nur zu schade, dass dieser Raum mit seinen imposanten Lichtspiegelungen und den zahllosen Gemälden, auf denen den Sündern ihre im Jenseits zu erwartenden Strafen drastisch vor Augen geführt werden, nicht fotografiert werden darf.

■ **Öffnungszeiten:** tgl. außer Mo 10–17 Uhr.

Central Museum

Im Altstadtbereich zeigt das Central Museum eine der schönsten Sammlungen mittelalterlicher und früherer hinduistischer **Skulpturen,**

Essen und Trinken
2 Indian Coffee House
3 Ding Dong
4 Status Restaurant
6 Mr. Beans
7 Vidorra
15 Apna

Verkehr
1 Gangwal Busbahnhof
12 Kleinbusse zum Gangwal Busbahnhof
13 Bahnreservierungs-büro
16 Sarwate Busbahnhof

Einkaufen
7 Treasure Island
11 Indore Central Mall

Waffen und Handwerksutensilien. In dem geschichtsträchtigen Gebäude der Holkars kam es während des ersten Aufstands der Unabhängigkeitsbewegung Mitte des 19. Jh. zu Kämpfen.

■ **Öffnungszeiten:** tgl. außer Mo 10–17 Uhr.

Chattris

Die **Gräber** der ehemaligen Holkar-Dynastie stehen heute etwas verlassen an den Ufern des Khan-Flusses. Zum Teil überwuchert von der tropischen Natur und eingebettet in die romantische Flusslandschaft bilden die kleinen Pavillons eine schöne Kulisse für einen abendlichen Spaziergang. Am beeindruckendsten und auffälligsten ist dabei das Grabmal *Maharao Holkar I.*, des Gründers der Holkar-Dynastie, während das Chattri der großen Maharani *Akalji Bai* sehr bescheiden ausfällt.

Bada-Ganapati-Tempel

Dieser Tempel am westlichen Ende der M.B. Rd. bezieht seine Berühmtheit aus der 8 m hohen, **knallbunten Ganesha-Statue** im Inneren: Weltrekord! Hier ist immer was los, doch besonders viele Gläubige erweisen dem Glücksbringer Ganesha am Mittwoch und Sonntag ihre Ehrerbietung.

Praktische Tipps

■ **Vorwahl:** 0731

Stadtverkehr

■ Innerhalb der Stadt sollte keine Fahrt mit der **Autoriksha** mehr als 60 Rs kosten. So lohnt es kaum, auf die entlang der innerstädtischen Hauptstraßen verkehrenden **Tempos** zurückzugreifen, zumal Indores Straßennetz recht unübersichtlich ist. Erfreulich viele Rikshafahrer schalten bereitwillig den Taxameter ein. Da die meisten jedoch kaum ein Wort Englisch sprechen, sollte man sich genau versichern, dass sie das gewünschte Fahrtziel auch wirklich verstanden haben.

Unterkunft

Indore ist ein Beispiel für jene Städte, in denen es sich lohnt, etwas mehr Geld für eine der reichlich vorhandenen und guten Mittelklasse-Unterkünfte auszugeben, als sich die Nacht in schäbigen Billighotels um die Ohren zu schlagen. Zwar verfügt die Stadt über zwei gute Low-Budget-Unterkünfte, doch diese sind oftmals schon am frühen Vormittag belegt. Nicht einlassen sollte man sich auf die um die Bahnhofsgegend schleichenden **Schlepper,** von denen sich einige unangehm aufdringlich verhalten.

■ Ganz o.k. ist das **Hotel Neelam**①-② (Patel Bridge Corner, Tel. 2466001, 4046633) gegenüber vom Sarwate Bus Stand mit etwas klein geratenen, aber ordentlichen Zimmern. Durch seine Lage in einer Gasse ist es hier etwas ruhiger als bei den meisten in diesem Bereich.

■ Viel fürs Geld bietet das moderne, teilweise klimatisierte **Hotel Surya**③ (Surya Circle, Nath Mandir Rd., Tel. 2517701, 4079111, www.suryaindore.com) mit Restaurant und Bar. Der geringe Aufpreis für die Executive-Zimmer lohnt allemal.

■ Als Alternative ist das **Hotel Kalinga**③ (South Tukoganj, Nath Mandir Rd.,Tel. 2524920-4) mit Freiluftrestaurant und Bar, nur 100 m nördlich, eine saubere Alternative. Man sollte den kleinen Aufpreis für die Executive-Zimmer nicht scheuen.

■ Eine prima Adresse im mittleren Preissegment ist das **Effotel**③-④ (Tel. 4740000, www.effotelhotels.com). Die sehr gelungene Mischung aus modern und fröhlich eingerichteten Zimmern, drei hervorragenden Restaurants und sehr freundlichem Service macht es zur besten Wahl in Indore.

■ Das gleich nebenan gelegene **Radisson Blu**⑤ (www.radissonblu.com) bietet ähnlich gehobenen Standard, ist jedoch auch deutlich teurer.

■ Sehr empfehlenswert ist das im Herzen der Stadt gelegene **Lemon Tree**⑤ (R.N.T. Rd., Tel. 4423232, www.lemontreehotels.com, Preise inkl. Frühstücksbüffet). 100 Zimmer und Suiten, alle mit WiFi und moderner Ausstattung, dazu ein exzellentes, indisches Restaurant, ein Kebab-Restaurant und ein Café sowie Fitnessraum, Spielezimmer mit Playstation, Poobillard, Schach etc.

Essen und Trinken

Das kulinarische Angebot ist hervorragend, speziell entlang der Mahatma Gandhi Road, wo vom Fastfood über vegetarische Thalis bis zur meist fleischhaltigen Mughlai-Küche alles zu haben ist.

■ Köstliche Rajasthan-Thalis sind die Spezialität des **Status Restaurant.** Mittags kann man sie unter freiem Himmel neben einem Springbrunnen einnehmen.

■ Ein typisches Beispiel für die bei der indischen Mittelschicht immer beliebter werdende Mischung aus Restaurant, Lounge und Bar ist das **Vidorra** auf dem Dach eines Apartment-Gebäudes. Man sitzt ganz relaxed in modernen Sesseln und genießt die lockere Atmosphäre und die guten, wenn auch nicht überragenden einheimischen und chinesischen Gerichte (120–400 Rs). Dazu gibt's Kaffeespezialitäten, Snacks und (überteuerte) Cocktails.

■ Für alle, die es lieber südindisch scharf mögen, ist das **Ding Dong,** ebenfalls an der Mahatma Gandhi Road, oder das **Indian Coffee House** (MG Rd., 7.30–22 Uhr, 80–150 Rs) für Snacks und Thalis die richtige Adresse.

■ An der Shisha-Pfeife ziehen, Kaffee trinken und Snacks verzehren in kolonialer Umgebung: bei **Mr. Beans** (MG Rd., 9–23 Uhr).

■ Preiswerte indische Gerichte, Bier und stärkere Kaliber serviert das **Apna** (10–23 Uhr) schon seit einem halben Jahrhundert gegenüber dem Saraswate-Busbahnhof.

Bank und Internet

■ Nicht weit von der Hauptpost findet sich die **State Bank of India** (A.B. Rd., Mo–Fr 10.30–16.30 Uhr, Sa 10.30–14.30 Uhr). **Thomas Cook** (1,9 Royal Gold, Yeshwant Niwas Rd., Mo–Sa 9.30–18.30 Uhr) hat längere Öffnungszeiten, jedoch etwas schlechtere Wechselraten.

■ Bis Mitternacht geöffnet ist **Cyber Zone** mit guter Ausrüstung beim Hotel Royal Residency. Schnelle Verbindungen hat auch **007 Cyber Gallery** in der Silver Mall gegenüber Hotel Surya.

Medizinische Versorgung

■ Bestes Krankenhaus Indores ist das **Bombay Hospital** (Indore Ring Rd., Tel. 4077000, www.bombayhospitalindore.com). Dort auch eine rund um die Uhr geöffnete **Apotheke.**

An- und Weiterreise

Flug

■ Flüge vom 5 km westlich gelegenen **Flughafen** tgl. nach Delhi und Mumbai sowie nach Jaipur, Jodhpur, Lucknow, Rajpur und Ahmedabad. Eine Taxifahrt dorthin sollte nicht mehr als 350 Rs kosten. Autorikshas verlangen um die 200 Rs.

Bahn

■ Das **Reservierungsbüro** schräg gegenüber vom Bahnhof hat Mo–Sa 8–20 Uhr und So 8–14 Uhr geöffnet. Die wichtigsten Bahnverbindungen sind in der Tabelle im Anhang aufgeführt.

Bus

Indore besitzt mit **Sarwate** (Tel. 2465688) schräg gegenüber dem Bahnhof und dem **Gangwal** (Dhar Rd., Tel. 2380688) 5 km westlich zwei Busbahnhöfe.

■ Von Sarwate fahren alle halbe Stunde Busse nach **Ujjain** (2 Std., 100 Rs, zwischen 6 und 22 Uhr), **Omkareshwar** (2½ Std., 200 Rs, zwischen 7 und 16.30 Uhr) und **Bhopal** (3½ Std., 370 Rs, 5–0 Uhr). Für **Maheshwar** zunächst bis Dhamnod und dort mit Anschlussbus in 30 Min. nach Maheshwar.

■ Zur Festungsstadt **Mandu** muss man in Dhar (3 Std., 100 Rs, zwischen 6.30 und 22 Uhr, Busse ab dem Gangwal Bus Stand) umsteigen. Von dort eine weitere Stunde bis Mandu, letzter Bus um 19 Uhr. Kleinbusse vor dem Bahnhof fahren zum 5 km entfernten Gangwal Bus Stand.

Taxi

■ Madhya Pradesh Tourism und Privatanbieter vermitteln **Mietwagen,** etwa nach Mandu und Omkareshwar/Maheshwar. Beide Touren kosten ca. 3.000 Rs. Auch vor dem Bahnhof und Busbahnhof können Taxis gemietet werden, wobei Verhandlungsgeschick gefordert ist.

Mandu

– ein Juwel abseits ausgetretener Pfade

Shadiabad, „Stadt der Freude" wurde Mandu von seinen islamischen Eroberern genannt – eine auch heute, 500 Jahre später, noch sehr zutreffende Bezeichnung, ist doch der von nur wenigen Individualtouristen besuchte Ort eines der schönsten Ziele in Zentralindien. Kulturhistorisch **hochinteressante Bauwerke** inmitten einer sowohl spektakulären als auch lieblichen Landschaft sowie eine **ruhige Atmosphäre** abseits der ausgetretenen Touristenpfade machen den außergewöhnlichen Reiz Mandus aus. Wem es gelingt, sich in einem der schön am See gelegenen Bungalows einzumieten, der bleibt meist mehrere Tage – ein herrlicher Ort, um die Seele baumeln zu lassen.

Die **verlassene Festungsstadt** liegt auf einem 20 km² großen Felsplateau, das 700 m hoch aus einer grandiosen Landschaft emporragt. Um diesen romantischen Ort mit seinen weiträumigen Palästen, Moscheen, Tempeln, Seen und Bädern ranken sich unzählige Legenden. Obwohl beliebtes Ziel vor allem italienischer und französischer Pauschaltouristen, wirkt die Stadt gerade wegen ihrer Weitläufigkeit nie überfüllt, und so finden sich genügend Orte und Plätze, um die friedvolle Atmosphäre Mandus zu erleben.

Die beste Reisezeit für den Besuch Mandus sind die **Monsunmonate** Juli bis September, wenn die üppige Natur an den moosüberwucherten Palästen und den prall gefüllten Seen besonders zur Geltung kommt.

Geschichte

Aufgrund seiner hervorragenden natürlichen Gegebenheiten wurde das Felsplateau schon frühzeitig zu Verteidigungszwecken genutzt, so im 11. Jh. vom Gründer Bhopals, *Raja Bhoja.* Historische Bedeutung erlangte es jedoch erst mit Beginn des 15. Jh., als der Gouverneur von Malwa, *Dilawar Khan,* den Zusammenbruch des Sultanats von Delhi nutzte, um hier sein eigenes Reich zu gründen.

Seit sein Sohn *Hoshang Shah* die Hauptstadt des als strategische Drehscheibe Mittelindiens heiß umkämpften Malwareiches von Dhar nach Mandu verlegte, erlebte die Stadt eine wechselvolle Geschichte. Während der dreißigjährigen Regierungszeit *Hoshang Shahs* entstanden mit der großen Moschee und seinem imposanten Grab zwei der auffälligsten Bauwerke Mandus.

Nachdem *Mahmud Kalji* 1436 durch die Ermordung von Hoshangs Sohn an die Macht gekommen war, konsolidierte er während seiner 35-jährigen Regierungszeit, die durch viele erfolgreiche Schlachten gegen die umliegenden Fürstentümer gekennzeichnet war, die Stellung Mandus.

Sein Sohn und Nachfolger, *Giyas-ud-Din,* erlangte weniger wegen seiner militärischen Erfolge Berühmtheit, sondern vielmehr aufgrund seines überdurchschnittlich großen Harems, der angeblich bis zu 15.000 Frauen umfasst haben soll. Der offensichtlich recht rüstige Herr, der im Alter von 80 Jahren von seinem Sohn vergiftet wurde, fand neben seinen privaten Verpflichtungen noch genügend Zeit, mit dem Jahaz Mahal und dem Hindola Mahal zwei der bedeutendsten Gebäude Mandus errichten zu lassen.

Mit der Ermordung *Giyas-ud-Dins* begann Anfang des 15. Jh. der Niedergang Mandus als eigenständigem Königreich. Nachdem es 1526 von *Bahadur Shah,* dem Gouverneur Gujarats, eingenommnen worden war, wechselten in den folgenden Jahrzehnten noch mehrmals die Eroberer, bis schließlich 1561 *Akbars* Truppen der Unabhängigkeit Mandus endgültig ein Ende setzten, indem sie es in das Mogul-Reich integrierten. Zwar wurden in den folgenden Jahrhunderten noch einige kleinere Gebäude hinzugefügt, doch als nach dem Niedergang der Mogul-Herrschaft Anfang des 18. Jh. die neuen Herrscher Mandus, die Ma-

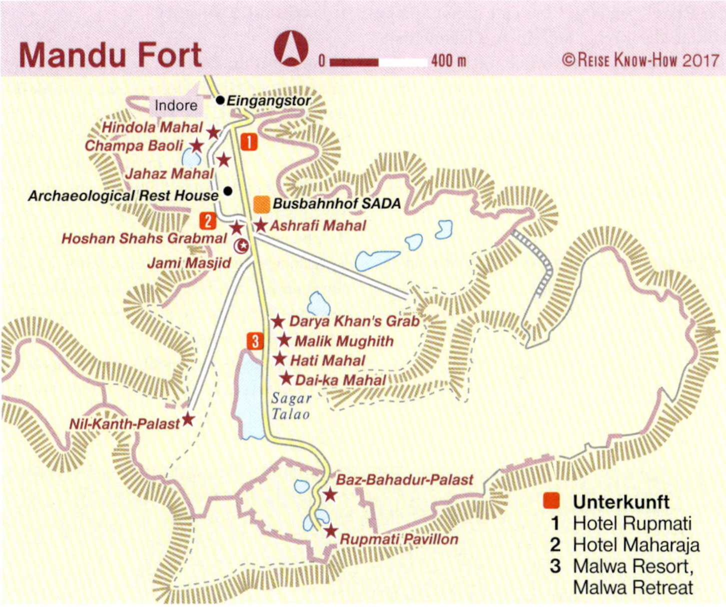

rathen, die Hauptstadt Malwas wieder nach Dhar zurückverlegten, verkam die einstmals stolze Festung mehr und mehr zu einer Geisterstadt.

Sehenswertes

Die meisten der während des goldenen Zeitalters Mandus zwischen 1401 und 1526 entstandenen Gebäude lassen sich drei Gruppen zuordnen: die unmittelbar an die drei Haupttore im Norden angrenzende königliche Enklave, die Gebäude innerhalb des Dorfes sowie im äußersten Süden der Rewakund-Komplex.

Die königliche Enklave

Wer unmittelbar nach der Durchquerung der drei Haupttore im Norden in die Straße rechts, d.h. nach Westen, abbiegt, stößt auf den größten zusammenhängenden Gebäudekomplex Mandus, der gleichzeitig das eigentliche politische Machtzentrum der Festungsstadt darstellte. Hier residierten, regierten und repräsentierten die Herrscher des Malwa-Reiches.

Spektakulärstes Gebäude Mandus ist der **Jahaz Mahal** (Schiffspalast), der aufgrund seiner eigenwilligen Ausmaße von 110 m Länge, aber nur 15 m Breite sowie seiner Lage inmitten zweier künstlicher Seen tatsächlich an ein riesiges, steinernes Schiff erinnert. Erbaut wurde er im 15. Jh. vom lebensfrohen *Giyas-ud-Din*, dem er nicht nur als Quartier für seinen riesigen Harem diente, sondern auch als Kulisse für seine vornehmlich in Vollmondnächten abgehaltenen rauschenden Feste, für die Mandu im ganzen Reich bekannt war.

Nördlich schließt sich der **Hindola-Palast** an, aufgrund seiner charakteristisch geschwungenen Pfeilerkonstruktion auch „schwingender Palast" genannt. Über eine große Rampe konnte der König, auf einem Elefanten sitzend, in dieses wohl vornehmlich als riesige Empfangshalle dienende Gebäude einreiten.

Westlich davon liegt eine unterirdische Anlage, die mit einem sehr schön gestalteten **Tiefbrunnen (Champa Baori)** und seinen Bademöglichkeiten während der heißen Sommermonate Abkühlung bot.

■ **Öffnungszeiten:** tgl. außer Fr von Sonnenauf- bis Sonnenuntergang, Eintritt 100 Rs.

Die Gebäude im Dorf

Unmittelbar im Zentrum des kleinen Dorfes, umgeben von einem kleinen, lebhaften **Markt,** befinden sich drei Bauwerke, die alle Mitte des 15. Jh. entstanden. Das bestimmende Gebäude ist die 1451 erbaute **Jami Masjid,** welche als eines der schönsten Beispiele afghanischer Architektur in Nordindien gilt. Über einen Treppenaufgang gelangt man durch eine Eingangshalle in einen großen Innenhof, an dessen Ende die von drei großen, harmonisch nebeneinander platzierten Kuppeln überdachte Freitagsmoschee liegt.

Direkt daneben schließt sich das **Grabmal** des 1435 verstorbenen *Hoshan Shah* an, an-

geblich Indiens erstes Marmorgebäude überhaupt. Auch hier wieder betritt man das Gebäude durch einen Kuppelvorbau, dessen schöne Innenverzierungen deutlich hinduistische Einflüsse erkennen lassen. Das von einem quadratischen Kuppelbau überdachte Grab befindet sich auf einer erhöhten Plattform im Innenhof.

Gegenüber der Moschee finden sich auf der anderen Straßenseite die spärlichen Überreste einer ehemaligen **Koranschule (Ashrafi Mahal),** die *Mahmud Kalji* später zu seinem **Mausoleum** erweitern ließ, und eines ursprünglich siebengeschossigen **Siegesturms,** den *Mahmud Shah* anlässlich eines erfolgreichen Feldzuges gegen die Herrscher von Chittorgarh errichten ließ. Von der über die Freitreppe zu erreichenden ehemaligen Eingangshalle des Mausoleums bietet sich ein sehr schöner Blick auf die gegenüberliegende Freitagsmoschee sowie das kleine Dorf Mandu.

■ **Öffnungszeiten:** von Sonnenauf- bis Sonnenuntergang, Eintritt 100 Rs, Video 25 Rs.

Rewakund-Komplex

Folgt man der asphaltierten Straße vom Dorf Richtung Süden, vorbei an Sagar Talao zur Rechten, erreicht man nach etwa 3,5 km den Rewakund-Komplex, benannt nach einem kleinen heiligen **See,** der auch heute noch für die Bewohner der nahe liegenden Ansiedlung Mittelpunkt des sozialen Lebens ist. Ihm gegenüber befinden sich die Überreste des um einen großen Innenhof angelegten **Baz-Bahadur-Palastes.** Die Bezeichnung dieses sowohl rajputische als auch Moguleinflüsse aufweisenden Gebäudes ist insofern irreführend, als er nicht von *Baz Bahadur,* dem letzten einigermaßen unabhängigen Herrscher von Mandu, der 1561 von *Akbar* vertrieben wurde, errichtet wurde, sondern schon etwa fünfzig Jahre zuvor von *Nasir-ud-Din,* jenem Herrscher, der seinen lebenslustigen Vater *Giyas-ud-Din* im Alter von 80 Jahren vergiften ließ.

Einen weiteren Kilometer steilen Anstiegs Richtung Süden bedarf es, um zum romantischsten Ort Mandus zu gelangen, dem **Rupmati-Pavillon,** um dessen Entstehung sich eine schöne Legende rankt. Danach soll *Baz Bahadur* diesen palastähnlichen Bau als Ausdruck seiner hingebungsvollen Liebe zu seiner Lieblingsfrau und Hofsängerin *Rupmati* errichtet haben. Als jedoch die Truppen *Akbars* 1561 in Mandu einmarschierten, und *Baz Bahadur* die Flucht gelang, wählte *Rupmati* aus

069in tb

☒ Der Jahaz Mahal in der Festungsstadt Mandu

treuer Liebe zu ihrem Ehemann den Freitod, anstatt in die Hände des sie begehrenden *Akbar* zu fallen. Schade nur, dass längst nachgewiesen ist, dass die Gebäude schon lange vor *Baz Bahadurs* Regierungszeit errichtet wurden ...

■ **Öffnungszeiten:** von Sonnenauf- bis Sonnenuntergang, Eintritt 100 Rs, Video 25 Rs.

Praktische Tipps

Stadtverkehr

■ Am besten und billigsten (außer zu Fuß), erkundet man die weitläufige Gegend mit im Zentrum auszuleihenden **Fahrrädern.**
■ Ansonsten findet man eventuell eine **Autoriksha,** die für eine drei- bis vierstündige Tour etwa 500 Rs kostet.

Unterkunft

(Vorwahl: 07292)
Wer besonders in der Hauptsaison zwischen November und Januar nicht schon von Indore aus ein Zimmer in einem der beiden von *Madhya Pradesh Tourism* geleiteten Hotels vorgebucht hat, läuft Gefahr, mit einer der wenigen anderen, sehr einfachen Unterkünfte vorlieb nehmen zu müssen.
■ Das **Hotel Maharaja**① (Jahaz Mahal Rd., Tel. 263288) ist eine sehr einfache Unterkunft mit schlichten Räumen und Gemeinschaftsbad. Der Preis hängt von der Nachfrage wie auch vom Verhandlungsgeschick ab.
■ Das in der Nähe des Eingangs zur Royal Enclave gelegene **Hotel Rupmati**② (Main Rd., Tel. 263270) bietet neben den staatlichen Unterkünften die beste Übernachtungsmöglichkeit in Mandu. Einige der Zimmer sind klimatisiert, die Badezimmer könnten etwas aufgefrischt werden. Das beste ist neben dem hilfsbereiten Angestellten jedoch der klasse Ausblick auf den Narmada. Schön sitzt es sich auch auf der Terrasse des Restaurants. Reservierung ist angeraten.
■ Mit Abstand am schönsten wohnt man in den 28 idyllisch und ruhig oberhalb des Sagar Talao gelegenen, teils klimatisierten und komfortablen Cottages des **Malwa Resort**③ (Tel. 263235, www.mptourism.com) zwei Kilometer südlich der Stadt. Der runde Swimmingpool in der weiten Gartenanlage ist leider nicht immer wassergefüllt. Sehr zu empfehlen ist das Essen im hauseigenen Freiluftrestaurant.
■ Weniger komfortabel und dementsprechend günstiger wohnt man im ebenfalls von MP Tourism geführten **Malwa Retreat**② (Tel. 63221, www.mptourism.com). Man hat die wahl zwischen AC- und Non-AC-Zimmern in einem wenig ansprechenden Block. Doch auch hier überzeugt die ruhige, friedvolle Anlage. Für eine oder zwei Nächte sicher eine akzeptable Unterkunft.

Essen und Trinken

■ Preiswert und nicht schlecht isst man im **Khalsa Restaurant** und im **Relax Point Restaurant** (hier nur Snacks, Main Rd.), beide im Ortszentrum.
■ Mehr Komfort und schmackhafte Gerichte serviert das **Shivani Restaurant** an der Main Rd. Neben indischer und chinesischer Küche gibt's auch lokale Kost (100–150 Rs pro Hauptgericht), Thalis (150 Rs) und Lassis.

An- und Weiterreise

Taxi

■ Am bequemsten, aber auch am teuersten besucht man Mandu von **Indore** aus per Taxi. Für 3.000 Rs (plus 250 Rs für den Fall einer Übernachtung) kann man eines der beim Bahnhof auf Kunden wartenden Taxis mieten – eine überlegenswerte Möglichkeit, zumal dann das Transportproblem im weitläufigen Mandu selbst gelöst ist.

Bus

■ Wer die teurere Taxi-Variante nicht nutzen möchte, kann von **Indore** aus einen der tgl. drei Direktbusse nehmen oder zunächst in 1½ Std. bis **Dhar** fahren und von dort in die stündlich Richtung Mandu startenden Busse umsteigen. Umgekehrt gilt das gleiche, wobei die vier Direktbusse nach Indore (3½ Std.) um 9, 9.30 und 15.30 Uhr von Mandu losfahren. Sicherheitshalber sollte man diese Zeiten vor Ort überprüfen.
■ Nach **Maheshwar und Omkareshwar** zunächst bis Dhar (1 Std.), von dort weiter bis Dhamnod in 2 Stunden. Ab Dhamnod in weiteren 3½ Std. nach Omkareshwar (letzter Bus um 19 Uhr) oder nach Maheshwar in 30 Min. (letzter Bus um 23 Uhr).

Maheshwar

UNSER TIPP: Maheshwar und Omkareshwar sind zwei besonders empfehlenswerte Orte abseits der ausgetretenen Touristenpfade. Beiden gemein ist der **dörfliche Charme** und eine **spirituelle Atmosphäre,** die man im immer kommerzieller und hektischer werdenden indischen Alltag nur noch selten findet.

Schon in den heiligen Schriften „Mahabharata" und „Ramayana" ist Maheshwar unter seinem alten Namen *Mahishmati* erwähnt. So besitzt die 90 km südwestlich von Indore am **Ufer des Narmada** gelegene Stadt auch heute noch starke Anziehungskraft für Pilger und Sadhus aus ganz Indien. Sie strömen zu den vielen großteils zur Blütezeit des Ortes im 18. Jh. während der Holkar-Dynastie errichteten Tempeln. Diese und der Palast stellen auch für westliche Touristen die Hauptattraktion dar. Das imposante **Fort** aus dem 16. Jh., in dessen Mauern der Palast liegt, überragt die 24.000 Einwohner zählende Stadt.

Der romantische Ort mit seinen **bunt bemalten Häuserfronten** mit überhängenden Balkonen und reich verzierten Toren und seiner lebendigen, spirituellen Atmosphäre rund um die **Ghats** lädt zu einem längeren Aufenthalt ein. Maheshwar diente schon manchem Bollywood-Film als Kulisse, obwohl der Ort sich durch den Bau eines großen Staudamms im Rahmen des Narmada-Staudamm-Projekts in den letzten Jahren verändert hat.

Sehenswertes

Sari-Weberei

Seit dem 5. Jh. wird in Maheshwar gewebt. Die Stadt ist für ihre Saris bekannt, die in spezieller Webtechnik und farbenfrohen, einfachen geometrischen Mustern gefertigt werden. Die Herstellung kann bei der 1978 gegründeten **Rehwa Society** (www.rehwasociety.org), zwischen Palast und den beiden Haupttempeln gelegen, besichtigt werden (tgl. außer Di 10–18 Uhr), einem von mehreren gemeinnützigen Projekten, dessen Erlöse der Schulausbildung, der medizinischen Versorgung und der Unterstützung der etwa 130 Weberinnen zugute kommen.

Das angeschlossene **Geschäft** mit Webwaren aus Seide, Wolle und Baumwolle ist täglich geöffnet. Wer dem Projekt helfen will, ist herzlich willkommen.

Fort und Palast

Das **Ahilya-Fort** am Ufer des Narmada-Flusses wurde im 16. Jh. unter der Herrschaft *Akbars* erbaut. Seine Mauern beherbergen den während der Regentschaft (1767–95) der berühmten Holkar-Herrscherin *Rani Ahilyabai* Ende des 18. Jh. erbauten **Maheshwar-Palast.** Im Hof wird eine Statue *Ahilyabais* auf dem Thron sitzend verehrt, da sie sich neben der Errichtung vieler Tempel auch für die Belange der Bevölkerung eingesetzt hat. Ein nahe gelegener **Shiva-Tempel** mit einem Schrein eines goldenen Lingams ist Ausgangspunkt für Prozessionen zu Ehren ihres Geburtstags und zu Dusshera. Nur ein Teil des Forts ist zu besichtigen, der andere wurde in ein Luxushotel umgewandelt.

Tempel

Von den über 100 Tempeln des Ortes sind Kaleshwar, Rajarajeshwara, Vithaleshwara und Ahileshwar mit ihren kunstvollen **Schnitzereien** die sehenswertesten. Auf einer kleinen Insel in der Mitte des Narmada-Flusses ist der **Baneshwar-Tempel** vom Duft der Räucherstäbchen umwölkt (erreichbar per Boot vom Ghat für 20 Rs mit Rückfahrt, für das gesamte Boot 200 Rs). Am vorgelagerten Ghat, an dem die Dhobi-Wallahs ihrer Arbeit nachgehen, beeindrucken zwei große Tempel. Im rechten, mit einem Elefantenfries versehenen sind Abbildungen von *Ahilyabai* zu besichtigen.

Praktische Tipps

- **Vorwahl:** 07283

Unterkunft

- Wer billig und dennoch akzeptabel wohnen möchte, findet im einfachen **Akash Deep**① (Kila Rd., Tel. (0)942 5334138, Zimmer mit TV) mit Sonnenterrasse ganz nah am Forteingang die beste Option.
- Nebenan hat das im Antikstil erbaute **Hansa Heritage**②-③ (Kila Road, Kalidas Marg, Tel. 273296, (0)982 7857097) teils sehr geräumige und klimatisierte Zimmer mit hübscher Bemalung der Lehmwände und geschmackvollem Mobiliar.

Unser Tipp: Schönste Übernachtungsmöglichkeit Maheshwars ist **Laboo's Café**③ (Tel. 273329, (0)9229 125267). Neben dem einladenen Restaurant sind die fünf unterschiedlich und geschmackvoll dekorierten Zimmer, in der oberen Etage zwei mit eigener Terrasse an der Fortmauer, sehr einladend. Auch Flussfahrten werden arrangiert. Das sechste Zimmer auf der gegenüberliegenden Straßenseite ist weit weniger ansprechend.

- Angenehme AC-Zimmer mit großer Terrasse zum gepflegten Garten in einem ruhigen Privathaus bietet das **Kanchan Recreation**② (Sahastradhara Rd., Tel. 273430, (0)9926732557, www.kanchanrecreation.com). Vegetarische Mahlzeiten sind möglich. Einziger Nachteil: Es liegt etwas abseits im Westen der Stadt.

Unser Tipp: Etwas außerhalb und daher ohne Narmada-Blick, dafür mit sauberen, großen und hellen Zimmern, freundlichem Service und einem sehr guten Dachrestaurant, präsentiert sich das **Panchwati Palace**②-③ (Tel. 273274, www.panchwatipalace.co) als eine der empfehlenswertesten Unterkünfte der Stadt.

- Top-Adresse Maheshwars ist das **Ahilya Fort**⑤ (Tel. 273329, Reservierung über Delhi, Tel. 011-415 51575, www.ahilyafort.com, Preise inkl. Mahlzeiten), ein Teil des Palastes, der in ein Luxushotel umgewandelt wurde. Die prächtigen Zimmer mit Ausblick auf den Fluss machen den Aufenthalt zum Genuss. Swimmingpool, perfekte Gartenanlage, Massage, Internet und WiFi sind selbstverständlich. Das Maharaja-Zelt mit Privatgarten schmückt ein eigener kleiner Pool.

An- und Weiterreise

- Vom gut 1 km vom Fluss entfernten Busbahnhof regelmäßige Verbindungen nach **Omkareshwar** zwischen 9 und 17.30 Uhr (2½ Std.). Einige Busse nach **Indore** (2 Std.) und zum 30 Minuten entfernten **Dhamnod** zwischen 7 und 23 Uhr. Von dort weitere Busse nach **Indore** (der letzte um 21 Uhr). Nach **Mandu** zunächst bis Dhamnod. Von dort siehe Omkareshwar, Weiterreise.
- Mit dem **Taxi** muss man mit etwa 2.500–3.000 Rs von und nach Indore rechnen (1½ Std.).

Omkareshwar

Als **Mini-Varanasi** wird die heilige Stadt Omkareshwar häufig und durchaus treffend bezeichnet. Ähnlich wie ihre „große Schwester" zieht sie jedes Jahr Tausende von indischen Pilgern wie auch westliche Individualreisende auf der Suche nach dem spirituellen Indien an. Die Tempel und heiligen Stätten liegen auf einer **Insel im Narmada-Fluss,** 75 km südöstlich von Indore. Diese trägt ihren Namen wegen ihres charakteristischen Umrisses, der aus der Vogelperspektive einem Om-Zeichen ähneln soll. Die knapp 2x1 km große Insel ist über zwei Brücken und eine Fähre vom Festland aus zu erreichen.

Hauptanziehungspunkt der Gläubigen ist der **Shiva-Tempel** Shri Omkar Mandhata. Auf dem 7 km langen **Pilgerweg,** der die Insel durchzieht, wandern die Gebete rezitierenden Gläubigen. Weitere Jain- und Hindu-Tempel bzw. deren Überreste – die meisten wurden im 11. Jh. von islamischen Invasoren zerstört – und der Palast der ehemaligen Maharajas von Omkareshwar liegen auf der Insel.

Der Bau eines **Staudamms** als Teil des Narmada-Staudamms-Projekts (Infos unter www.narmada.org) etwa einen Kilometer östlich hat die Insel zwar verändert, sie ist aber immer noch ein angenehmer, gelassener Ort, der sich in den letzten Jahren zu einem gut besuchten **Treffpunkt von Rucksackreisenden** entwickelt hat.

Leider sind die Benennungen der Tempel und des Ortes selbst verwirrend. So heißt die Insel gemeinhin Omkareshwar, manchmal wird aber auch der gesamte Ort so genannt, obwohl **Mandhata** die richtige Bezeichnung ist. Dasselbe gilt für viele Tempel, die teilweise unterschiedliche Namen haben.

Der größte Teil des Alltagslebens spielt sich nicht auf der Insel ab, sondern im **vorgelagerten Ort** um den Getty Chowk, von wo die Old Bridge über den Fluss zum Tempel Shri Omkar Mandhata führt. Nahe dem Ghetty Chowk verläuft die Mamaleshwar Road zum Busbahnhof am Ortsrand im Südwesten. Folgt man der Straße in entgegengesetzter Richtung, gelangt man zu den alten Ghats. Von dort startet eine kleine **Fähre** auf die Insel (5 Rs). Im Westen sind die neu errichteten Ghats weniger eindrucksvoll.

Sehenswertes

Herrliche Friese und Säulengänge zieren den Shiva gewidmeten Sandsteintempel **Shri Omkar Mandhata,** dessen wichtigster Teil der **Schrein des Jyotir-Lingams** darstellt. Seine religiöse Bedeutung beruht darauf, dass sich in ihm einer der zwölf besonders verehrten Jyotir-Lingams Indiens befindet.

Viele weitere **Tempel** auf der Insel, wie der Amreshwar-Tempel oder Mamleshwar Jyotirlinga, in dem eine spezielle Form der Puja abgehalten wird, sind unbedingt sehenswert. Man sollte sich genug Zeit nehmen, in den engen, von Pilgern und Touristen bevölkerten **Marktgassen** herumzulaufen und evtl. eine der drei täglich abgehaltenen Pujas im Tempel besuchen, obwohl man gelegentlich aufdringlich dazu gedrängt wird.

Geht man nach Überqueren der **Old Bridge** am Abzweig zum nahen Shri Omkar Mandhata nach Norden, führt der Weg über 280 Stufen auf eine Anhöhe zum **Siddhanath-Tempel** aus dem 11. Jh. mit einem kunstvoll gemeißelten Elefantenfries auf der Außenseite. Von dort hat man weite Ausblicke auf die Landschaft und eine gut 20 m hohe Shiva-Statue. Steigt man auf der anderen Seite der Erhebung hinab, kann man Sadhus beobachten, die im Narmada ihr heiliges Bad nehmen.

Praktische Tipps

- **Vorwahl:** 07280

Unterkunft, Essen und Trinken

- Neben vielen von der Klosterverwaltung des Ahilyabai Charity Trust geleiteten einfachen Dharamsalas warten etliche sehr einfache Billigunterkünfte auf Gäste. Von diesen können das **Manu Guest House**① (Tel. (0)982 6749004), das **Yatrika Guest House**① auf der Insel und das **Maharaja Guesthouse**① (Tel. 271237) nahe dem Ghetty Chowk für wenige Rupien (ohne eigenes Bad nahezu umsonst) noch am ehesten empfohlen werden.
- Ein weiteres bevorzugtes Domizil der neuen digitalen Hippie-Generation ist das etwas bessere **Ganesh Guest House**① (Tel. 271370). Die zentrale Lage über den alten Ghats, die weiten Ausblicke vom Dach über den Fluss auf Mandhata und das hübsche Gartenrestaurant mit Traveller-Kost lassen die dürftige Möblierung der Zimmer fast vergessen. Man sollte die Zimmer der unteren Stockwerke vorziehen, da etwas besser ausgestattet und geräumiger.
- Die „luxuriöseste" Unterkunft ist das staatliche **Narmada Resort**②-③ (Tel. 71455, www.omkareshwar.org/narmada-resort). Die prima Lage gleich oberhalb der Ghats des Narmada-Flusses und das gute hauseigene Restaurant lassen über den zuweilen schleppenden Service hinwegschauen.

An- und Weiterreise

- Für **Mandu** zunächst in 3½ Stunden nach **Dhamnod** (Busse zwischen 6 und 17 Uhr). Von dort fahren alle Busse Richtung Dhar bis zu einer Oonera genannten Kreuzung (ca. 2 Std. Fahrtzeit bis dort), 14 km vor Mandu. Dort kann man per Handzeichen einen der häufig passierenden Busse nach Mandu anhalten.
- Busse nach **Indore** (Abfahrt zwischen 6 und 18 Uhr, 75 km) benötigen 2 Std., nach **Maheshwar** (zwischen 6 und 16.30 Uhr) 2½ Std. Vier Busse fahren ins 133 km entfernte **Ujjain** (6, 11.30, 14.30 und 18 Uhr, 4 Std.).

570in mb

7 Gujarat

Nur relativ wenige Touristen besuchen den ganz im Westen des Landes am Arabischen Meer gelegenen Bundesstaat Gujarat. Das ist erstaunlich und schade zugleich, bieten doch vor allem die Halbinsel Kathiawar und der Rann of Kutch eine außergewöhnlich vielfältige Palette an Sehenswürdigkeiten.

< An der felsigen Küste der Insel Diu

GUJARAT – ZU UNRECHT IM ABSEITS

Go west! Das galt nicht nur für die ersten westlichen Einwanderer auf dem amerikanischen Kontinent, sondern sollte auch das Motto für die Erkundung Gujarats sein. Während das östliche Kernland mit dem Ballungsgebiet Ahmedabad vom rasanten wirtschaftlichen Boom der letzten Jahre geprägt ist, entfaltet sich die ethnische und kulturelle Beson-

Go west! Das galt nicht nur für die ersten

derheit des Bundesstaates, je weiter man nach Westen in Richtung des Rann of Kutch gelangt. Hier spannt sich der Bogen von der südeuropäisches Flair ausstrahlenden, ehemaligen portugiesischen Kolonie Diu mit ihren schönen Palmenstränden über den Sasan-Gir-Nationalpark, das letzte Rückzugsgebiet des asiatischen Löwen, bis zur romantischen Wüstenstadt Bhuj. Hinzu kommt, dass Gujarat die Heimat der Jains ist. Nirgendwo sonst in Indien findet sich eine derartige Konzentration an heiligen Stätten dieser Religionsgemeinschaft. Schließlich ist der sehr karge, im äußersten Westen gelegene Rann of Kutch die Heimat einer Vielzahl vornehmlich von der Viehzucht lebender Ethnien, die für ihr hochwertiges Kunsthandwerk Weltruhm genießen. Will man abseits der Touristenpfade ein faszinierendes Stück Indien erleben, ist Gujarat ein echter Tipp.

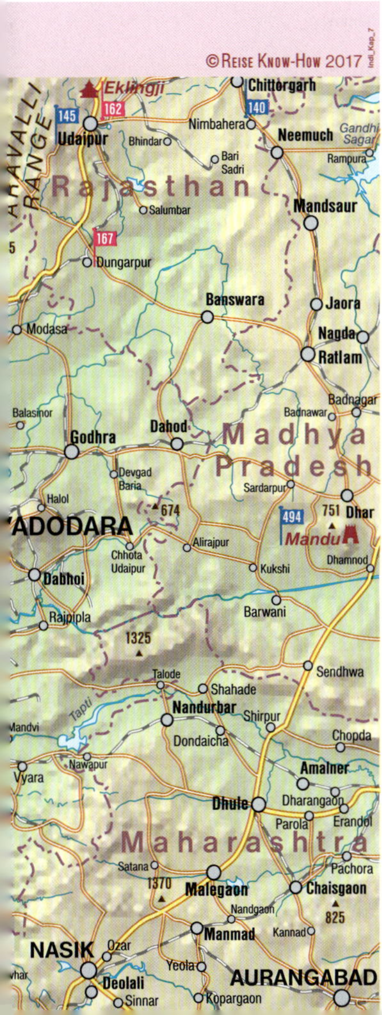

Geografie

Ein Blick auf die Karte genügt, um zu erkennen, dass Gujarat, das mit knapp 2 Mio. km² gut halb so groß ist wie Deutschland, aus drei völlig unterschiedlichen Regionen besteht: das östliche Kernland mit der größten Stadt des Landes, **Ahmedabad,** die hiervon duch den Golf von Cambay getrennte **Halbinsel Kathiawar** und im Nordwesten der an Pakistan grenzende **Rann of Kutch.** Entsprechend den unterschiedlichen klimatischen und geografischen Bedingungen ist Gujarat eine der landschaftlich abwechslungsreichsten Regionen Indiens. Der Rann of Kutch (auch Kachchh) mit seiner karstigen, flachen Trockenland-

NICHT VERPASSEN!

- **Palitana** – Aufstieg zum heiligen Tempelberg | 519
- **Insel Diu** – Abstecher nach „Portugal" | 521
- **Sasan-Gir-Nationalpark** – im Angesicht des Löwen | 532
- **Dwarka** – Tempelstadt auf der Kathiawar-Halbinsel | 541

Diese Tipps erkennt man an der gelben Hinterlegung.

schaft grenzt im Norden an die Wüste Thar in Rajasthan und bildete über Jahrhunderte ein ideales Rückzugsgebiet für nomadisierende Stämme Zentralasiens. Die Halbinsel Kathiawar (auch Saurashtra) wird durch die Aravalli-Berge um Junagadh und die **Palmenstrände von Diu** geprägt. Hier ist im Gegensatz zum Rann of Kutch, wo aufgrund der geringen Niederschläge nur Viehwirtschaft betrieben werden kann, eine bescheidene Agrarwirtschaft möglich.

Feste in Gujarat

Im Folgenden eine Auswahl besonderer Feste in Gujarat. Weitere finden sich in den Ortsbeschreibungen.

Navratni Dance Festival

Unser Tipp: Um den Monatswechsel September/Oktober feiert ganz Indien Navratni, ein „neunnächtiges" Tanzfestival zu Ehren der drei wichtigsten weiblichen Gottheiten Durga, Lakshmi und Saraswati. Besonders farbenfroh und ausgelassen wird dies in Gujarat begangen. Jede Nacht sammeln sich Tausende auf den Straßen und speziell hierfür hergerichteten Plätzen, um ausgelassen zu feiern, angeführt von herausgeputzten Tänzern, die sich bis in die Morgenstunden in Trance tanzen.

Dussehra Festival

Direkt nach Navratni wird beim Dussehra Festival der Sieg Ramas über Ravana ebenso ekstatisch zelebriert: mit Feuerwerk und dem Verbrennen der den geschlagenen Gott darstellenden Bildnissen.

Bhavnath Mala in Jungagadh

Dieses fünftägige hinduistische Festival zum Monatswechsel Januar/Februar, bei dem viele Sadhus zugegen sind, zelebriert am Girnar Hill bei Junagadh mit Tanz und Musik Shivas kosmischen Zerstörungstanz.

Kartik Purnima

Sowohl Jains wie Hindus und Sikhs (bei ihnen als *Guru Nanak Jayanti* genannt) feiern Kartik Purnima im November/Dezember in Somnath, die Jains zusätzlich am Shatrunjaya bei Palitana.

Uttarayan Kite Festival

In den großen Orten Gujarats, aber speziell in Ahmedabad, wird jedes Jahr am 14. Januar das Uttarayan-Drachenfest veranstaltet. Tausende bunter **Papierdrachen** füllen den Himmel, es herrscht eine ausgelassene Stimmung. Mittelpunkt der Aktivitäten ist der ca. 1,5 km lange Bereich zwischen Gandhi- und Nehru-Brücke entlang des Sabarmati-Flusses. Auch Wettbewerbe finden statt.

Alkoholfreie Zone

Gujarat, die Heimat der Jains, ist ein „dry state". Offiziell gibt es alkoholische Getränke, außer in der ehemals portugiesischen Kolonie Diu, nirgends zu kaufen. Doch wäre Indien nicht Indien, wenn es nicht auch hier eine **Ausnahme** gäbe. Ausländern werden unter Vorlage ihres Passes in staatlichen anerkannten *Liquor Stores* oder in *Wine Shops,* die häufig Mittel- oder First-Class-Hotels angeschlossenen sind, *alcohol permits* ausgestellt. Offiziell sind diese für einen Monat gültigen Ausnahmegenehmigungen kostenlos, doch werden nicht selten bis zu 500 Rs „Bearbeitungsgebühr" verlangt. Damit darf man innerhalb eines Monates bis zu 20 Flaschen Bier erwerben. Da das Konsumieren von Alkohol **in der Öffentlichkeit verboten** ist, sollte man sich jedoch ins stille Kämmerlein, sprich Hotelzimmer, zurückziehen.

Ahmedabad

– pulsierende Industriemetropole

Lang ist es her, dass Ahmedabad in der Mitte des 17. Jh. in einem Atemzug mit den schönsten Städten Indiens genannt wurde, danach jedoch an Einfluss verlor. Erst Mitte des 19. Jh. baute die britische Kolonialmacht die Stadt zu einem Zentrum der Textilindustrie aus, was naturgemäß ihre ehemalige Schönheit weiter schmälerte. Bis ins späte 20. Jh. wurde die **Hauptstadt Gujarats** mit heute knapp 6 Mio. Einwohnern das „Manchester of the East" genannt, ragten doch die Schornsteine von über 60 Textilfabriken in den dunstverschleierten Himmel. Das Schließen der meisten von ihnen Ende des letzten Jahrhunderts und die darauf folgende Phase der Arbeitslosigkeit und Armut war einer der Gründe, weshalb die Unruhen zwischen Muslimen und Hindus im Jahr 2002, in deren Verlauf ca. 2000 Menschen getötet wurden, hier besonders gewalttätig waren.

Heute ist die prosperierende **IT- und Chemieindustrie** neben der weiterhin existierenden Textilindustrie der Wirtschaftsmotor Ahmedabads. Wie in vielen nordindischen Großstädten ist jedoch auch hier die zeitweise gesundheitsgefährdende Luftverschmutzung eine charakteristische Begleiterscheinung davon.

So ist es nicht einfach, die Faszination Ahmedabads sofort auszumachen. Dennoch sind die meisten der recht wenigen westlichen Touristen von der vitalen Grundstimmung positiv überrascht, die die sechstgrößte Stadt Indiens mit vielen interessanten Museen und lebendigen Nachtmärkten ausstrahlt. Außerdem ist Ahmedabad für kunsthistorisch Interessierte eine Reise wert. Nirgendwo sonst finden sich derart vorzügliche Beispiele des **indo-sarazenischen Baustils,** in dem die Verschmelzung zweier so grundsätzlich unterschiedlicher Stilrichtungen wie der hinduistischen und der muslimischen ihren höchst reizvollen Ausdruck findet. Leider haben einige Bauten beim Erdbeben 2001 mehr oder weniger gelitten.

Darüber hinaus befinden sich in der Neustadt auf der Westseite des Sabarmati-Flusses mehrere moderne, im Stil der europäischen Bauhaustradition errichtete Geschäfts- und Museumsbauten, in denen sich der Erfolg Ahmedabads als eines der Zentren des modernen indischen Kapitalismus spiegelt.

Geschichte

Ahmedabad verdankt seine Gründung einem Feldherrn, der als Eroberer kam und sich in der reichen Küstenniederung festsetzte. Sultan *Ahmed Shah II.*, Führer des von Delhi unabhängig gewordenen Sultanats Gujarat, gründete die Stadt 1411 am strategisch wichtigen Übergang über den Fluss Sabarmati, um den von Norden heranziehenden Eroberern die Küstenniederung, welche die Machtbasis des Sultanats bildete, zu versperren. Aufgrund ihrer hervorragenden geografischen Lage gewann die Stadt schnell an ökonomischer Bedeutung. Zur Regierungszeit des Gründerenkels *Mahmud Degara* (1458–1517) galt die Stadt als eine der wohlhabendsten ganz Indiens. Mit der Eroberung durch *Akbars* Truppen, der zwei grausame Feldzüge vorangegangen waren, verlor das Sultanat zwar seine Unabhängigkeit, doch blieb Ahmedabad als Provinzhauptstadt weiterhin von Bedeutung.

Während der Marathenherrschaft geriet die Stadt mehr und mehr in Vergessenheit. Und hätten es die Briten nach ihrer Annektion im Jahre 1817 nicht recht bald zu einem bedeutenden Textilzentrum ausgebaut, dann wäre vielleicht Vadodara zur bedeutendsten Stadt dieser Region aufgestiegen.

Sehenswertes

Jami Masjid

Diese 1423 vom Stadtgründer *Ahmed Shah II.* erbaute Moschee gilt als eine der schönsten ganz Indiens. Durch die Verwendung von Säulen aus zerstörten Hindu-Tempeln und die Ausführung der Bauarbeiten durch hinduistische Handwerker ist diese **Freitagsmoschee** ein besonders schönes Beispiel des indo-sarazenischen Baustils. Die 64 x 29 m große Gebetshalle wird von 260 Säulen gestützt und ist in 16 Quadrate unterteilt, von denen jedes von einer Kuppel gekrönt wird. Die sehr elegant und harmonisch wirkende Moschee ist leicht zu übersehen, da die Minarette während eines verheerenden Erdbebens im Jahre 1818, dem große Teile der Stadt zum Opfer fielen, einstürzten (auch das Beben von 2001 hat Schäden verursacht). Direkt östlich an die Moschee grenzen die Gräber des Stadtgründers sowie seines Sohnes und Enkelsohnes, deren Innenbereich von Frauen nicht betreten werden darf.

Rani-Sipri-Moschee

Trotz der Jami Masjid gilt diese kleine, etwas südwestlich des Stadtzentrums gelegene Moschee als das schönste Sakralbauwerk Ahmedabads. Auch *Masjid Enajira* (Juwel einer Moschee) genannt, soll sie 1514 von der Frau des Sultans *Mahmud Degara* gestiftet worden sein, nachdem dieser seinen Sohn hatte töten lassen. Das Grabmal der Stifterin befindet sich direkt neben der Moschee.

Sidi-Saiyit-Moschee

Diese von einem ehemaligen Hofherrn *Ahmeds I.* erbaute Moschee in der Dr. Tankaria Rd. war früher Teil der alten Stadtmauer und bildet heute eine Insel inmitten des tosenden Verkehrs am Ende der Tilak Road, unmittelbar vor dem Übergang zur Nehru-Brücke. Von außen wirkt sie zwar recht klein und unscheinbar, doch das auf ihrer Rückseite befindliche durchbrochene Fenster gilt wegen seiner filigran gearbeiteten baumförmigen Motive als eines der Meisterwerke indischer Marmorarbeit. Eine Holzkopie befindet sich sogar im Victoria Albert Museum in London.

Neben den hier genannten gibt es noch zahlreiche weitere besuchenswerte Moscheen, so die **Ahmed-Shah-Moschee,** die kurz nach der Gründung der Stadt im Jahre 1414 vermutlich an der Stelle eines ehemaligen Hindu-Tempels errichtet wurde, und die **Sidi-Bashir-Moschee** gleich neben dem Bahnhof mit ihren berühmten Minaretten, die zum offensichtlich erfolgreichen Schutz vor Erdbeben schwingend konstruiert wurden.

Calico-Textilmuseum

Die Stadt, die ihre Stellung als einer der größten Industriemetropolen Indiens in allererster Linie der Baumwollverarbeitung verdankt, beheimatet auch eines der weltweit bedeutendsten Textilmuseen (Shahibag, gegenüber der Unterführung, Eintritt frei). Herausragende, bis zu 500 Jahre alte Exponate dieses äußerst besuchenswerten, 1949 erbauten Museums etwa 4 km nördlich der Altstadt sind die riesigen sakralen Tempelwandbehänge sowie eine wunderschöne Sammlung dekorativer Mogul-Zelte. Der das Museum umgebende Shahi Bagh Garden ist zudem einer der ganz wenigen Ruhe ausstrahlenden Orte im sonst so brodelnden, hektischen Ahmedabad.

■ **Öffnungszeiten:** tgl. außer Mi jeweils nur im Rahmen von zwei Führungen um 10.30 Uhr (2 Std., höchstens 20 Teilnehmer) und 15 Uhr (bis 10 Teilnehmer), bei denen neben den Textilartefakten auch religiöse Motive der das Museum leitenden Sarabhai Foundation gezeigt werden. Für die Führungen ist eine Anmeldung erforderlich, Tel.

› Straßenstände am Teen Darwaja

22868172. Kindern unter 10 Jahren ist der Zugang nicht erlaubt, Fotografieren ist ebenfalls verboten.

■ **Anfahrt:** Eine Autoriksha aus der Innenstadt sollte ca. 50 Rs kosten. Die Buslinien 101, 102 und 105 fahren nach Shahibag.

Hathee Singh Jain

Auf dem Weg zum oder vom Calico Museum etwas nördlich des Delhi Gate ist der 1848 für den im 15. Jh. gestorbenen Tirthankar (Großer Lehrer) *Dharamanath* erbaute, mit exquisiten Steinmetzarbeiten versehene **marmorne Tempel** Hathee Singh Jain (Balvantrai Metha Rd.) einen Zwischenstopp wert.

Swami-Narayan-Tempel

Noch in der Altstadt, ebenfalls nördlich des Stadtzentrums faszinieren die farbenprächtigen **Schnitzarbeiten** des 1822 gebauten, hölzernen Swami-Narayan-Tempel (Kalupur). Die täglichen Gebete der Anhänger des Sektengründers *Swami Narayan* (1781–1830) sind eindrucksvoll erlebbar. Hier starten die morgendlichen Stadtrundgänge der Municipal Corporation.

Lokayatan Folk Museum

Unser Tipp: In modernen Räumlichkeiten mit ausgezeichneten englischen Erklärungen bietet dieses an der westlichen Stadtgrenze gelegene Ausstellungsgebäude (www.shreyasfoundation.in) einen hervorragenden Einblick in das **Kunsthandwerk Gujarats,** besonders der Halbinsel Kathiawar. Gezeigt werden u.a. kunstvolle Kostüme, Handwerks- und Haushaltsgeräte, Schmuck, Musikinstrumente und antike, geschnitzte Möbel. Das ehemals *Shreyas Folk Museum* genannte Mueseum ist umgeben von einem herrlichen, von Pfauen durchstreiften **Park.**

010in mb

Im Ticketpreis enthalten ist auch der Zugang zum anschließenden **Kalpana Mangaldas Museum,** in dem historische Masken von Festumzügen und erstaunlicherweise auch ein Elefantenskelett gezeigt werden.

■ **Öffnungszeiten:** beide Museen täglich außer Mo 15–17.30, So zusätzl. 10.30–13.30 Uhr. Fotografieren nicht erlaubt, Eintritt 100 Rs, Tel. 26743755.
■ **Anfahrt:** Eine Autoriskha aus der Innenstadt sollte nicht mehr als 50 Rs kosten (den alten Namen des Museums als Ziel angeben).

Teen Darwaja

Ein beeindruckender **Torbogen** findet sich im Herzen der Altstadt. Der von *Ahmed Shah* erbaute, stark ornamentierte, dreibögige Teen Darwaja diente dem Herrscher als Zugang zum Maidan Shahi (Royal Square) und um die Prozessionen vom Palast zur Jami Masjid zu verfolgen. Heute ist er der Zugang zur Altstadt.

Etwa 250 m südwestlich des Teen Darwaja beherbergt das **Bhadra Fort,** 1411 von Ahmed Shah erbaut, heute Regierungsbüros. Touristisch interessant ist die Möglichkeit, das Dach zu besteigen (nachfragen). Von dort hat man schöne Ausblicke auch auf die Struktur des Gebäudes. Zwei Türme sind beim Erdbeben eingestürzt.

Sabarmati Riverfront Walkway

Die Ufer des Sabarmati-Flusses waren bis vor kurzem Heimat von Slumbewohnern, die inzwischen in feste Häuser umquartiert wurden. An dieser Stelle sind umfangreiche Baumaßnahmen im Gange, die neben einer breiten Enlastungsstraße auf beiden Flussseiten eine weitläufige **Uferpromenade** (www.sabarmatiriverfront.com) mit Parkanlagen, Tretboot- und Paddelbootverleih etc. entstehen lassen. Derzeit noch im Bau, könnten sie die Flaniermeile und grüne Lunge der lauten, recht dreckigen und hektischen Stadt werden.

Sabarmati-Ashram (Gandhi-Ashram)

Fünf Kilometer nördlich des Stadtzentrums, idyllisch am Westufer des Sabarmati-Flusses gelegen, gründete *Mahatma Gandhi* 1915 kurz nach seiner Rückkehr aus Südafrika seinen Ashram (Ashram Rd., www.gandhiashramsabarmati.org). Trotz der Proteste seiner Freunde und Gönner, die das Anwesen finanziert hatten, nahm er die von ihm *Harijans* (Kinder Gottes) genannten Unberührbaren in seine Gemeinschaft mit auf. Von hier startete er auch 1930 mit 78 Verbündeten seinen **Salzmarsch** nach Dandi am Golf von Cambay, eine der berühmtesten und wirkungsvollsten Aktionen der indischen Unabhängigkeitsbewegungen. *Gandhis* bescheidenes, nur mit einer Bettrolle, einem Schreibpult und einem Spinnrad ausgestattetes Wohnquartier wurde so wie zu seinen Lebzeiten erhalten. Darüber hinaus sind in der stilvoll eingerichteten Gedenkstätte mit großformatigen Fotos wichtige Aktionen des Unabhängigkeitskampfes dokumentiert. Im Übrigen ist die reich ausgestattete Bibliothek für Gandhianer eine unerschöpfliche Quelle.

Auf der gegenüberliegenden Straßenseite stellt die zum Ashram gehörende **Papierfabrik** (Mo–Sa 11–17 Uhr) weiterhin Papier her (beim Ashram um Zutrittserlaubnis fragen).

■ Verglichen mit dem Hexenkessel rund um die Relief Road fühlt man sich im **Gandhi Ashram Guest House**②-③ (Tel. 27559342) in eine andere Welt versetzt. Ruhe und Friedfertigkeit bestimmen die Atmosphäre der renovierten Zimmer (alle mit Balkon) gegenüber dem Gandhi-Ashram. Für Unterkunft beim Gandhi Ashram ist auch das Tourist Office behilflich. Check-Out ist schon um 9 Uhr.
■ **Geöffnet** ist der Ashram tgl. von 8.30 bis 18.30 Uhr. Tgl. um 19 Uhr findet eine ca. einstündige Filmvorführung (Sound & Light Program) statt (So, Mi, Fr jeweils in Englisch), in der die bedeutendsten Stationen in *Gandhis* Leben dokumentiert sind. Zu erreichen ist der Ashram außer mit Riksha (ca. 50 Rs) oder Taxi (ca. 90 Rs) auch mit den Buslinien 81 , 83 und 84/1 von der Ashram Rd. Wer von Norden per Zug Richtung Ahmedabad fährt, kann auch schon eine Station vor Ahmedabad in Sabarmati aussteigen.

Sarkhej Roza

Die im Stadtteil Sarkhej Roza, 8 km südwestlich des Zentrums, um einen künstlichen See angelegten **Mausoleen** islamischer Herrscher und Heiliger finden bei Kunsthistorikern besonders deshalb Beachtung, weil sie in fast reinem Hindu-Stil erbaut wurden. Deutlich wird diese Eigentümlichkeit z.B. durch das Fehlen des für die islamische Architektur so typischen Bogenelements. Alle Grabstätten Sarkhejs stammen aus dem 15. Jh.

■ **Anfahrt:** Eine Autoriksha inkl. Wartezeit und Rückfahrt sollte nicht mehr als 170 Rs kosten. Ein Besuch der Mausoleen (9 Uhr bis Sonnenuntergang) kann mit einem Besuch des vorzüglichen, in der Nähe befindlichen Restaurants Vishalla (s. „Essen und Trinken") kombiniert werden.

Praktische Tipps

Information

■ **Vorwahl:** 079

■ Etwas ungünstig auf der Westseite des Sabarmati gelegen, ist das Hauptbüro von **Gujarat Tourism** (HK House, nahe Ashram Rd., Mo–Sa 10.30–18 Uhr, jeden 2. und 4. Sa geschlossen, Tel. 26578044, www.gujarattourism.com) eine erstklassige Informationsquelle für Ahmedabad und Gujarat. Die engagierten Mitarbeiter organisieren auch mehrtägige Rundfahrten in Gujarat.

■ Über aktuelle Veranstaltungen, Konzerte und Lifestyle etc. informiert **www.whatshot.in/ahmedabad.**

Stadtführungen

Unser Tipp: Mehrere hochinteressante geführte Stadtrundgänge ermöglichen dem Besucher einen tieferen Einblick in diese auf den ersten Blick ebenso hektische wie unübersichtliche Stadt.

■ **Municipal Corporation** (Tel. 25391811, (0)9824032866) startet täglich um 8 Uhr einen **Heritage Walk** ab dem Swami-Narayan-Tempel durch die engen Altstadtgassen (Dauer ca. 2½ Std., 50 Rs, um 7.45 Uhr sollte man am Startort eintreffen), die einen einzigartigen Eindruck vom Leben des alten Ahmedabad vermitteln. Der Spaziergang endet an der Jama Masjid. Zur Einstimmung in die englisch kommentierte Führung gibt's eine kurze Diashow. Da mehrere Tempel besucht werden, ist das Tragen von leicht abzustreifendem Schuhwerk hilfreich.

■ Auch das Hotel **House of M.G.** (Tel. 2550600946) veranstaltet sehr interessante, geführte Ausflüge per pedes. Der morgendliche zweistündige **Breakfast Walk** (350 Rs, Oktober bis März) führt zu den Sehenswürdigkeiten der Altstadt und endet am House of M.G., wo gefrühstückt wird. Ein einstündiger **Heritage Night Walk** (Beginn um 22 Uhr, Erscheinen bis 21.30 Uhr, 286 Rs, im kompletten Jahr durchgeführt) zeigt allein schon durch die späte Stunde eine andere Facette der Altstadt inkl. einem Besuch des Marktes am Manek Chowk.

Wer lieber auf eigene Faust durch die Stadt streift, dem sei eine eine 80-minütige **Audioführung** empfohlen, die zwischen 8 und 23 Uhr für 286 Rs an der Rezeption des Hotels unter Vorlage des Passes ausgeliehen werden kann.

■ Ganz auf die Wünsche seiner Gäste zugeschnittene **Ausflüge** leitet der versierte Guide *Niru Panchal* (Tel. (0)9825626387, nirupanchal@yahoo.co.in). Neben eintägigen Stadtführungen sind auch mehrtägige Fahrten in andere Teile Gujarats möglich.

■ Eine achtstündige **Stadtrundfahrt per Bus** der Municipal Corporation (tgl. außer Mo 12–20 Uhr, 15 Min. vorher erscheinen, Tel. 1800-2337951, www.gujarattourism.com, 400 Rs) gibt einen stressfreien Überblick über die wichtigsten Sehenswürdigkeiten von Stadt und Umgebung. Sie startet am Büro der Municipal Corporation auf der Westseite des Law Garden, einen knappen Kilometer westlich des Sabarmati-Flusses.

Stadtverkehr

■ Ahmedabads **Rikshafahrer** haben einen sehr schlechten Ruf. Sie fahren auch mit Meter, allerdings ist darauf zu achten, dass er bei Fahrtbeginn auf „0" steht. Auch das Ablesen scheint nicht immer einwandfrei zu laufen. Eine Fahrt zwischen Hauptbahnhof und Nehru Bridge sollte um 30 Rs kosten, auch wenn von manchen das Doppelte verlangt wird. So verlangen sie vom Bahnhof zur Hotelgegend um die Nehru-Bridge 60 Rs – Einheimische zahlen für die gleiche Strecke maximal 30 Rs. Vom Busbahnhof sind es normalerweise nicht mehr als 25 Rs.

Unterkunft
1 Gandhi Ashram G.H.
10 Eldorado Hotel
18 Cama Hotel
19 The Artrium
20 Ambassador Hotel
22 The House of M.G., Hotel Good Night
23 Hotel Volga
24 Hotel Cadillac
30 Ritz Inn

Essen und Trinken
3 Zen Café
6 Toran Dining Hall
13 Gopi Dining Hall
16 Vishalla
21 New Lucky Restaurant
22 Green House und Agashiye
25 Hotel ZK
28 Sanman Restaurant

29 Chetna Restaurant
31 Comesum
Food Plaza

Verkehr
5 Punjab Travels
14 Punjab Travels
17 Patel Tours & Travels
26 Lokaler Busbahnhof
32 ST Bus Stand

Einkaufen
4 Banascraft
7 Garvi Gurjari
8 Crossword
(Sri Krishna Centre)
9 Bandhej
11 Law Garden
Night Market
12 Art Book Centre
27 Manek Chowk

■ In Ahmedabad wird, wie in vielen Großstädten Indiens, eine **Metro** gebaut, die mit anderen Maßnahmen wie einer neuen Ringstraße die täglich vor dem Verkehrskollaps stehende Metropole entlasten soll. Diese aus zwei Linien bestehende U-Bahn, eine westlich entlang des Sabarmati, die zweite in Ost-West-Richtung, soll im Jahr 2018 ihren Betrieb teilweise aufnehmen.

Unterkunft

Bis auf einige Hotels beim Bahnhof finden sich die meisten Unterkünfte in der Nähe der Sidi-Saiyit-Moschee am westlichen Ende der sehr lauten und abgasgeschwängerten Relief Road. Die Auswahl an auch nur einigermaßen akzeptablen Low-Budget-Unterkünften ist äußerst gering. Falls möglich, sollte man diese Kategorie meiden.

■ Eine der besten Herbergen des unteren Preisbereichs ist das **Hotel Volga**② (Tel. 25509497, www.hotelvolga.in), eine Gasse von der Relief Rd. hinein und damit ruhig gelegen. Einige der teils klimatisierten Zimmer verfügen über große Fenster, viele sind fensterlos. Alle sind angenehm möbliert, sauber und haben Wifi. Auch der Service lässt nichts zu wünschen übrig.

■ Die Lage direkt neben dem House of M.G., die sauberen Zimmer und der freundliche Service machen das **Hotel Good Night**② (Tel. 25506866, www.hotelgoodnight.co.in) zu einer der besten Adressen der unteren Preisklasse. Weitere Pluspunkte sind Wifi in den Zimmern, große LCD-TVs und das komplett renovierte Restaurant im Erdgeschoss.

■ Wer sehr aufs Budget achten muss, findet sehr einfache Zimmer, mit durchgelegenen Matratzen und teils mit Zellencharakter, im **Hotel Cadillac**① (Tel. 25507558). Der Verwalter der an ein Indien von vor vielen Jahrzehnten erinnernden Unterkunft scheint die Preise jedoch nach Gutdünken festzulegen, sodass ein Aufenthalt nur lohnt, wenn selbst die besseren Zimmer um 500 Rs angeboten werden. Ansonsten gibt's für das Doppelte vielfach bessere Qualität.

■ Die beste Wahl in der Mittelklasse ist das **Ritz Inn**③ (Station Rd., Tel. 22123842-9, (0)9904052590, http://hotelritzinnahmedabad.com) beim Kapasia Bazaar in Bahnhofsnähe. Klasse eingerichtete Zimmer, alle mit großem Fernseher und zentral klimatisiert, von den oberen Etagen mit gutem Ausblick sowie ein gutes vegetarisches Restaurant zu einem fairen Preis.

Unser Tipp: Eine hervorragende Unterkunft der oberen Mittelklasse auf der Westseite des Sabarmati ist das **Eldorado Hotel**③-④ (Mithakhali Six Rd., Tel. 26425517, www.eldorado-hotel.com). Obwohl neu, wirkt das hochmoderne Haus in keiner Weise steril, sondern durch erstklassige, durchdachte Innenarchitektur und viele Annehmlichkeiten wie Spa und Sauna äußerst angenehm.

■ Eine gute Mittelklassewahl ist das alteingesessene **Ambassador Hotel**③ (Khanpur Rd., Tel. 25502490, www.ambassadorahmedabad.com) nahe der Nehru Bridge mit gemütlichen, sauberen Zimmern mit kostenfreiem WiFi und freundlichem Personal zu zivilen Preisen.

■ Preisähnlich und ebenfalls komfortabel sind die schmucken Zimmer mit WiFi des nahen **Cama Hotel**③-④ (Khanak Rd., Tel. 25601234, www.camahotelsindia.com). Hinzu kommen die große Gartenfläche mit Pool zum Relaxen und ein Gym.

Unser Tipp: Das mitten im Zentrum gelegene Boutique-Hotel **The House of M.G.**④-⑤ (Tel. 25506946, www.houseofmg.com) wartet mit zehn unterschiedlich geschnittenen und individuell eingerichteten Zimmern auf, einige mit Hängeschaukeln und Balkon. Besonders gelungen in diesem prächtigen, verwinkelten Kolonialbau sind die großzügigen Suiten im selben Stil. Reservierung ist dringend angeraten. Weiterer Vorteil: das schöne Green House Restaurant sowie das ebenfalls gute Dachrestaurant Agashiye im Haus.

■ Neben dem House of M.G. die luxuriöseste Adresse der Stadt ist das grundrenovierte **The Atrium**④ (Khanak Rd., Tel. 25505505, www.lemontreehotels.com). Hervorragende, gemütliche, riesige Zimmer mit modernem Equipment, ein zwar nicht großer, aber toll gestalteter Innenpool, Sauna und Spa, ein erstklassiges Restaurant sowie ein Outdoor-Café zum Fluss lassen keine Wünsche offen.

Essen und Trinken

Ahmedabad ist bekannt für seine ebenso schmackhaften wie preiswerten vegetarischen Thalis und Dosas.

■ Eines von mehreren klassischen Thali-Restaurants ist die **Gopi Dining Hall** mit kleinem pflanzenbegrünten Außenbereich, eine kleine Sackgasse von der Ashram Rd. nahe dem westlichen Ende der Ellis Bridge hinein. Erstklassige, preiswerte Gerichte (Thalis 150–250 Rs) in gemütlicher Atmosphäre mit zuvorkommendem Service werden von 10 bis 15 und 18 bis 22 Uhr serviert.

■ Konkurrenz ist durch die **Toran Dining Hall** (11–15 und 19–22 Uhr) entstanden, die ebenfalls erstklassige Thalis und vielseitige Gujarati-Küche serviert.

■ Etwa auf halber Strecke zwischen Bahnhof und Nehru Bridge findet sich neben dem Krishna-Kino das für seine exzellenten Thalis stadtbekannte **Chetna Restaurant.** Tatsächlich ist es bei den Gujaratis derart beliebt, dass man zu den Hauptspeisezeiten zuweilen Schlange stehen muss, um einen Platz zu ergattern. Das Warten lohnt jedoch auch, zumal die Thalis sehr preisgünstig sind.

■ Erstklassige Tandoori- und Paneer-Gerichte sorgen vorwiegend abends im klimatisierten **Hotel ZK** (Relief Road, 11–23.30 Uhr) für regen Zulauf, sodass gelegentlich kaum ein Platz zu ergattern ist. Ein klassisches, recht dunkles Restaurant mit exzellenten Gerichten zu günstigen Preisen (Hauptgerichte 150–300 Rs).

■ Wer bereit und in der Lage ist, für ein echtes kulinarisches Erlebnis in stilvollem Ambiente deutlicher tiefer in die Tasche zu greifen, findet mit dem Green House und dem **Agashiye** (12–15 und 19–23 Uhr) zwei der besten Restaurants Ahmedabads im selben Haus. Auf dem Dach des herrlichen House of M.G. Hotel findet sich das vorzügliche Agashiye. Die täglich wechselnden, festgelegten *meals* in diesem geschmackvoll eingerichteten Dachrestaurant sind ihr Geld allemal wert (normal/deluxe 770/1.100 Rs). Köstliche Snacks und Hauptgerichte serviert das **Green House** (7–23 Uhr, 150–300 bzw. 250–600 Rs, WiFi kostenlos). Ein klasse Ort zum Frühstücken, auch das Eis aus eigener Herstellung ist köstlich. Unter einem großen, zu den Seiten offenen Zeltdach zur Straße speist man naturgemäß nicht gerade ruhig, aber luftig und angenehm.

■ Wer weit billiger und indisch frühstücken möchte, kann dies schräg gegenüber in der schmucklosen Halle des **New Lucky Restaurant** (8–23 Uhr, Hauptgericht 50–130 Rs) tun. Selbstverständlich schmecken *dosas* und *idlis* etc. auch später köstlich.

■ Südindische Kost bekommt man im **Sanman Restaurant** an der Gandhi Road gegenüber der Jami Masjid serviert. Wer sich bei den meist recht scharf gewürzten Gerichten die Zunge verbrennt, sollte als Feuerlöscher einen der köstlichen Lassis probieren. Abkühlung kann man sich auch in der oberen AC-Etage verschaffen.

■ Köstliche Sandwiches, Pizza, Falafel, Kuchen, Cocktails, Mocktails und die Wahl zwischen verschiedenen Kaffeesorten? Das alles in einem friedvollen Garten bei relaxter Musik und zumeist einem aufgeschlossenen, meist jugendlichen Publikum? Das hervorragende **Zen Café** (tgl. außer Mo 16–20 Uhr, www.zencafe.co.in) bietet all dies, liegt jedoch leider etwas außerhalb an der University Road.

■ Eine Institution ist das **Vishalla** (Tel. 26602422, 11–15 und 20–23 Uhr, Mittagessen 340 Rs, Abendessen 500 Rs, www.vishalla.com) knapp 10 km südlich des Zentrums. Die landestypischen Gerichte werden unter freiem Himmel auf flachen Tischen serviert (man sitzt auf dem Boden). Dazu gibt es Puppen- oder Zaubervorführungen und traditionelle Musik. Per Riksha vom Zentrum aus mit Wartezeit und Rückfahrt etwa 120 Rs.

■ Das recht saubere Schnellrestaurant von **Comesum Food Plaza** versorgt im Hauptbahnhof zum kleinen Preis rund um die Uhr.

Medizinische Versorgung

■ Bei Krankheit oder Verletzung ist das **Apollo City Centre** (Tulsibag Society, Tel. 66305800, www.apolloahd.com) westlich der Ellis Bridge hervorragend. Ansonsten das zentral gelegene, staatliche **Civil Hospital** (Civil Hospital Rd., Tel. 22683721).

■ Eine kleine **Apotheke** von Apollo westlich der Ellis Bridge ist von 9 bis 18 Uhr geöffnet.

Bank und Internet

■ Nur Bares wechselt das günstig in der Hotelregion gelegene **Apsara Forex** (Relief Rd., 10.30–18 Uhr) zu guten Raten. Schräg gegenüber wechselt auch die **HDFC Bank** mit ATM, auf der Westseite des Sabarmati die **ICICI Bank** (Popular House, Ashram Rd., Mo–Fr 9–18 Uhr).

■ Es gibt nur noch wenige Internetcafés in Ahmedabad. Mehrere Restaurants und Cafés verfügen jedoch über WiFi. Zentral 20 m einen Durchgang an der Relief Rd. schräg gegenüber dem ZK Hotel hinein liegt das **Planet Cyber Café** (10.30–23.30, So 12–22 Uhr). Hier ist auch Net-to-Phone-Telefonieren möglich.

Einkaufen

Kein Wunder, dass die **Textilhauptstadt Indiens** ein hervorragender Ort zum Kauf von äußerst kunstvoll verzierten Saris, Schals, Bettüberwürfen und Wanddecken ist. Besonders zum Abend quellen die Straßen und Gassen um das Teen Darwaja über von Verkaufsständen. Der **Manek Chowk** in der Altstadt und der Gandhi Rd. ist das geschäftliche Herz von Ahmedabad.

■ Qualitativ ausgezeichnete traditionelle und moderne Damenmode bietet das edle **Bandhej** (Mithakali Six Rd., 10–20 Uhr) im Erdgeschoss des Sri Krishna Centre zu entsprechenden Preisen.

■ Nirgendwo in Ahmedabad macht Shopping soviel Spaß wie an den Ständen des **Law Garden Night Market** (von Sonnenuntergang bis 23 Uhr geöffnet) auf der westlichen Seite des Sabarmati-Flusses etwas nördlich des Gujarat College. Nach Sonnenuntergang findet sich hier eine große Auswahl an vor allem aus dem Rann of Kutch stammenden, spiegelverzierten Decken und anderen kunsthandwerklichen Produkten West-Gujarats. Unter den Hängelampen funkeln auch Juwelen.

■ Im staatlichen **Garvi Gurjari** (Mo–Sa 10–19 Uhr) an der Ashram Rd. werden qualitativ teils hochwertiges Kunsthandwerk und Kleidung, auch Seidensaris, zu Fixpreisen verkauft.

■ **Banascraft** (Chandal Complex, C.G. Rd., Mo–Sa 10.30–20 Uhr, So bis 18.30 Uhr) ist der Verkaufsraum von SEWA. Hier werden Schals, sonstige Kleidungsstücke und Wandbehänge verkauft, deren Erlös den produzierenden Frauen zugute kommt.

■ Eine reiche Auswahl an Belletristik, Bildbänden, DVDs etc. bietet **Crossword** im Sri Krishna Centre (Mithakali Six Rd., 10.30–21 Uhr) auf großzügiger Fläche. Ist man des Stöberns müde, hilft der angeschlossene Chocolate Room wieder auf die Beine.

■ Ebenfalls westlich des Sabarmati ist das in einem bunten Gebäude unweit der Ellis Bridge gelegene **Art Book Center** (nahe Mangaldas Rd., 10–18 Uhr, www.artbookcenter.net) die richtige Adresse für Bücher über indische und pakistanische Tempelkunst und -malerei, Architektur und Ähnliches.

An- und Weiterreise

Flug

Zum 8 km vom Stadtzentrum entfernten **Sardar Vallabhbhai Patel International Airport** kostet ein Prepaid-Taxi 500–600 Rs, per Riksha sollten nicht mehr als 280 Rs gezahlt werden. Auch die oft vollen Buslinien 104 und 105 fahren zum Flughafen, am besten am Lal-Darwaja-Busbahnhof einsteigen.

Bahn

Der Schalter Nr. 6 im rechts vom Kalupur-Hauptbahnhof gelegenen **Booking Office** verkauft Touristen-Tickets, und dementsprechend schnell und effizient wird man bedient. Auch im Gandhigram-Bahnhof westlich der Ashram Rd. werden Tickets verkauft, dort gibt's allerdings keinen Touristenschalter und also keine Tourist-Quota-Tickets. Beide sind Mo–Sa 8–20 Uhr (14 Uhr eine halbe Stunde Mittagspause) und So 10–14 Uhr geöffnet.

Bus

■ Vom **ST Bus Stand** (Auskunfts-Tel. 25463360/82) fahren ständig Busse der staatlichen Busgesellschaft Gujarat State Road Transprt Corp. (GSRTC) zu allen größeren Orten Gujarats sowie Orten im südlichen Rajasthan und westlichen Madhya Pradesh. Zwar ist man mit dem Bus oftmals schneller am Ziel als per Zug, doch dafür ist diese Art des Reisens auch erheblich anstrengender, falls man nicht mit Luxusbussen fährt. Abfahrtszeiten s.u.

■ Wer sich dennoch für die Busreise entschließt, sollte die **privaten Busgesellschaften** wie z.B. **Punjab Travels** (Tel. 26569200, 9–21 Uhr), die insgesamt vier Filialen in Ahmedabad betreiben, vorziehen. Sie sind schneller und meist komfortabler. Die meisten Privaten haben ihr Büro im Bezirk Patel Cha Rasta, westlich des Sabarmati, etwa das verlässliche **Patel Tours & Travels** (Tel. 26576807, Shroff Chambers, Paldi Cha Rasta, www.pateltoursandtravels.com). Ankommende Busreisende mit privaten Busgesellschaften fahren gelegentlich nur bis Naroda Rd., 7 km nordöstlich vom Stadtzentrum. Eine Riksha von dort ins Zentrum sollte ca. 60 Rs kosten.

■ Einige **Busverbindungen:** Bhuj (7½ Std., Del./Volvo-AC 240/520 Rs), Diu (8 Uhr, 9 Std., Del. 350 Rs), Junagadh (6 Std., Del./ AC-Luxus 240/520 Rs), Rajkot (3½ Std., Del. 270 Rs), Palitana (7 Std., ein Bus um 7 Uhr). Nach Rajasthan, Abfahrt meist abends: Ajmer (10 Std., Del./AC-Volvo 400/850 Rs), Jaipur (13 Std., Del./AC-Volvo 470/1.300 Rs), Jodhpur (9 Std., Del./AC-Volvo 410 Rs/1.010 Rs), Mt. Abu (520/800 Rs), Udaipur (5 Std., Del./AC-Volvo 240/520 Rs). Nach Mumbai dauert die Fahrt um 10 Std. (Del./AC-Volvo 450/1.200 Rs), nach Indore 10 Std. (400/750 Rs).

Umgebung von Ahmedabad

Gandhinagar

Nachdem der alte Bundesstaat Mumbai 1960 in Gujarat und Maharashtra aufgeteilt wurde, meinten die Politiker die Notwendigkeit einer völlig neuen, am Reißbrett geplanten Hauptstadt erkannt zu haben. So entstand 25 km nordöstlich der alten Hauptstadt Gujarats, Ahmedabad, die **Reißbrettmetropole** Gandhinaghar. Während ihr großes Vorbild, Chandigarh, zumindest grandios misslungen und insofern durchaus einen Besuch wert ist, stellt Gandhinagar nur eine billige Kopie dar.

Einzig der faszinierende riesige **Akshardham-Tempel** (Ja Rd., Sect. 20, tgl. außer Mo 9.30–18.30 Uhr, Kameras, Handys und Taschen sind auf dem Gelände nicht zugelassen) lohnt einen Abstecher. Das aus rosa Sandstein von über 1.000 Steinmetzen und Künstlern mit äußerst detailreichen Verzierungen geschmückte Monument ist in eine penibel gepflegten Gartenanlage eingebettet. In einem **unterirdischen Museum** (Eintritt 170 Rs, tgl. außer Mo 9.30–18.30 Uhr) zeigen multimediale und handfeste Ausstellungsstücke die Grundlagen der Swaminarayan-Bewegung und der hinduistischen Epen. Eine 45-minütige „Water Show" zu Sonnenuntergang (75 Rs) führt feuer- und laserunterstützt in die Upanischaden ein.

Beim Reisen über Land: Bargeld mitnehmen

Bevor man seine Reise von Ahmedabad aus in die ländlichen Gebiete Gujarats antritt, sollte man genügend **indische Rupien** bei sich haben, da es nur in wenigen größeren Städten möglich ist, Euros zu wechseln. Eine Bargeldauszahlung auf Kreditkarte ist so gut wie nirgends möglich.

Anreise

■ Wenigstens halbstündig pendeln meist total überfüllte **Busse** zwischen dem ST Bus Stand und Gandhinagar (45 Min., 20 Rs). Sie fahren entlang der Nordwestseite des Lal Darwaja und der Ashram Rd. Vom Busbahnhof in Gandhinagar nach Akshardham weiter per Riksha für ca. 60 Rs. **Taxis** verlangen 300 Rs für die einfache, 500 Rs für die Hin- und Rückfahrt. Eine **Autoriksha** ist mit 80 Rs für die einfache Fahrt weit billiger.

Vogelschutzgebiet Nalsarovar

Das 65 km südwestlich von Ahmedabad gelegene, 130 km² große Vogelschutzgebiet mit seinem seichten See ist zwischen November und Februar Ziel zahlreicher nordischer Zugvögel. Bisher wurden 250 Vogelarten – u.a. Pelikane, Adler und Kraniche – beobachtet, wobei die Ansammlungen der großen **Flamingos** besonders auffällig sind. Beste Zeiten für die Vogelbeobachtung sind der frühe Morgen ab 6 Uhr oder abends vor Sonnenuntergang. Der durchschnittlich nur 60 cm tiefe See trocknet in extremen Dürrejahren vollständig aus. Landschaftlich ist die Umgebung leider recht reizlos.

Unangenehm sind die bei westlichen Touristen besonders geldorientierten Bootsführer. 150 Rs pro Boot und Stunde – mehr sollte es nicht kosten. Mit viel Verhandlungsgeschick kann man die Bootsleute aber auch deutlich herunterhandeln. Um nahe genug an die weit vom Uferrand siedelnden Flamingos heranzukommen, benötigt man allerdings für Hin- und Rückfahrt 4 Stunden. Während der Wochenenden sollte man das Vogelschutzgebiet meiden, weil es dann von Tausenden von Tagesausflüglern heimgesucht wird.

■ **Öffnungszeiten:** 6–18 Uhr, Eintritt 300 Rs, Fahrzeug 20 Rs, Kamera/Video 100/2.500 Rs.

Unterkunft

■ Etwa 1,5 km vom See entfernt vermietet **Gujarat Tourism** komfortable **Zelte**③ (Tel. (0)9427725090, www.gujarattoursim.com).

Anreise

■ Für einen Tagesausflug Mit dem **Taxi** von Ahmedabad mit Wartezeit und Rückfahrt werden mindestens 2.000 Rs verlangt. Per **Bus** von Ahmedabad dauert die Fahrt ca. 2½ Std.

Modhera

Unser Tipp: Modhera und Patan zählen nicht nur für kunsthistorisch Interessierte zu den schönsten Zielen Nordwestindiens. Von westlichen Touristen nur ganz selten besucht, bieten sie sich als ideale Ausflugsziele für all jene an, die einmal abseits ausgetretener Touristenpfade **kunsthistorische Schätze** erster Güte entdecken möchten. Beide Ziele können problemlos miteinander verbunden werden und sind am besten per Mietwagen von Ahmedabad aus zu besuchen.

Modhera ist nach Konark in Odisha der bedeutendste **Sonnentempel** Indiens (tgl. 8–18 Uhr zugänglich). Der große Solanki-König *Bhimdur* ließ ihn 1026 errichten. Nur wenige Jahre nach seiner Fertigstellung wurde er vom afghanischen Feldherrn *Mahmud-e-Ghazni* fast vollständig zerstört. Abgesehen vom Dach der Haupthalle sind heute jedoch die Hauptbauelemente restauriert. Schmuckstück des an einem von Stufen gesäumten See gelegenen Tempels ist seine Tanzhalle mit den sehr schön dekorierten Säulen und Decken. Auch der sich östlich anschließende Haupttempel entfaltet an seinen Außenwänden die für die hinduistische Baukunst so kennzeichnende Vielfalt figürlicher Darstellung. Jeder Zentimeter scheint übersät mit einer atemberaubenden Fülle an Götterfiguren, Tierprozessionen, Musikanten und Blumenornamenten. Jeweils in der dritten Januarwoche findet das dreitägige **Modhera-Tanzfestival** (jeweils Fr bis So) auf dem Tempelgelände statt.

Unterkunft

■ Es gibt keine Hotels, doch kann man im Notfall im **PWD Rest House** übernachten.

Anreise

■ Ein **Direktbus von Ahmedabad** bewältigt die 80 km lange Strecke in knapp 3 Std. Falls man diesen verpasst, kann man zunächst mit einem der vielen Busse oder Züge nach **Mahesana** fahren, von wo aus es relativ viele Anschlussbusse nach Modhera gibt.

Patan

Die etwa 25 km nördlich von Modhera gelegene Ortschaft Patan, heute ein völlig unscheinbares Dorf, war unter dem Namen *Anahillavada* für annähernd sechs Jahrhunderte **Hauptstadt der Solanki-Dynastie.** Zwischen dem 8. und 14. Jh. wurde hier eine Vielzahl von Tempeln und Stufenbrunnen erbaut. Die meisten sind heute aufgrund zahlreicher muslimischer Raubzüge zerstört.

Unser Tipp: Auch der Mitte des 11. Jh. von *Udaymati,* der Frau des Solanki-Königs *Bhimdeva,* errichtete **Rani-Ki-Stufenbrunnen** (Eintritt 100 Rs, tgl. 8–18 Uhr) lag bis in die 1960er unter einer Schicht aus Lehm begraben. Nach jahrelangen, aufwendigen Restaurationsarbeiten durch das Archaeological Survey of India erstrahlt er inzwischen wieder in seinem alten Glanz und gilt als der **schönste Stufenbrunnen Indiens.** Der 64 m lange, 20 m breite, in Ost-West-Richtung ausgelegte Brunnen begeistert – wie der Sonnentempel von Modhera – durch die überwältigende Zahl und Detailgenauigkeit der dargestellten Skulpturen und Friese. Vom Eingang bis zum 27 m tiefer gelegenen Grund sind Torbögen, Pfeiler, Querbalken und Korridore in einem geradezu überwältigenden Gestaltungseifer von den Steinmetzen verziert worden. Wie so häufig bildet die ganze Vielfalt des hinduistischen Pantheons den Rahmen für Prozessionen und Szenen aus dem Mahabaratha und Ramayana sowie für tierische und pflanzliche Darstellungen. Besonders beeindruckend ist der Blick vom Grund aufwärts durch den sich nach oben verjüngenden Brunnen zum sonnendurchfluteten Dach.

Unterkunft

- Das **Surya Palace Hotel**② (Tel. 02766-329872) in der University Street bietet saubere Zimmer und ist für eine Nacht die beste Unterkunft der Stadt.

Anreise

- **Busse** von/nach Ahmedabad fahren im Stundentakt und benötigen 3½ Std., 80 Rs.

Palitana

– Aufstieg zu den Göttern

Die Besteigung des knapp 600 m hohen, den Pilgerort Palitana überragenden **Shatrunjaya** („Sieg über den Feind"), einer der vier **heiligsten Berge der Jains,** zählt nicht nur geografisch zu den Höhepunkten einer Reise durch Gujarat. Der Aufstieg erfolgt über einen ca. 3,5 km langen, mit 3.000 Stufen versehenen **Pilgerweg,** der ungefähr 2 km nördöstlich des Zentrums von Palitana beginnt.

Man sollte mit dem etwa 1½-stündigen **Aufstieg** frühmorgens beginnen, da wegen der Mittagshitze schon mancher Pilger auf halber Strecke umkehren musste. Da während des Weges keinerlei Verpflegungsmöglichkeiten zur Verfügung stehen, sollte man sich mit genügend Trink- und Essbarem eindecken, zumal zeitlich – wenn auch die beiden Tempelberge besichtigt werden – etwa vier Stunden zu veranschlagen sind. Für jene, die sich die Mühen des Aufstiegs ersparen wollen, um den Berg mit seiner einzigartigen Vielfalt an Tempeln ausgeruht besichtigen zu können, empfehlen sich die am Fuße des Berges auf Kunden wartenden Träger (ca. 300 Rs). Vier Einheimische benötigen bis zum Tempeleingang etwa zwei Stunden, um den an zwei Bambusholmen hängenden Sitz *(doli),* in dem der Getragene im Schneidersitz ausharrt, nach oben zu tragen.

Der Blick auf die zwei **Gipfel des Tempelberges,** die, wie bei allen Jain-Heiligtümern üblich, von einer hohen Mauer umschlossen werden, öffnet sich erst kurz vor Erreichen des Zieles. Fast am Ende des Aufstiegs gabelt sich der Weg. Durch das links gelegene Ram Pole gelangt man in den Haupttempelbereich. Den besten Überblick hat jedoch, wer zunächst nach rechts geht und die beeindruckende Aussicht über den Pilgerberg und die sich darunter ausbreitende Ebene genießt. Hat man das Ram Pole durchschritten, scheint einen die verwirrende Vielzahl von Hallen, Kuppeln, Dächern und Terrassen zunächst zu erschlagen. Insgesamt sind es 836 Marmortempel, die hier im Laufe von neun Jahrhunderten errichtet wurden. Schon im 4. Jh. sollen die ersten erbaut worden sein, und im Laufe der Jahrhunderte entstanden einige hundert weitere, die aber größtenteils von den muslimischen Eroberern im 14. und 15. Jh. zerstört wurden. So sind die meisten der Tempel kaum mehr als vier Jahrhunderte alt, wobei der im linken (nördlichen) Bezirk gelegene Haupttempel dem ersten der insgesamt 24 Furtbereiter gewidmet ist und aus dem 12. Jh. stammen soll.

Das scheinbar systemlose Nebeneinander der vielen hundert Sakralbauten folgt durchaus einem genau durchdachten Plan. Insgesamt stehen auf den verschiedenen Ebenen der beiden Gipfel neun Haupttempel, die von vielen kleineren umstellt sind.

Dem wichtigsten Grundsatz ihrer Religion, dem Tötungsverbot *(ahimsa)* folgend, tragen viele der in weiße Gewänder gekleideten Gläubigen einen Mundschutz, um das Einatmen von Insekten zu vermeiden. Die Tausenden kleiner Jain-Figuren, die einen aus ihren silbrigen Augen mit merkwürdig entrücktem Blicken anstarren, verbreiten eine geheimnisvolle Aura. Über verschiedene Freitreppen kann man auf die Dächer und Kuppeln klettern und den einzigartigen Gesamtanblick der vor dem tiefblauen Himmel weiß schimmernden Marmorlandschaft genießen. Hier wird auch der letzte Besucher verstehen, warum nach 19 Uhr alle Menschen, auch die Priester, den ummauerten Gipfel verlassen müssen – die Götter wollen unter sich bleiben.

■ **Öffnungszeiten:** Die Tempel sind zwischen 6.30 und 19.45 Uhr zu besichtigen.

Praktische Tipps

Stadtverkehr

■ Vom Busbahnhof sind es ca. 3 km bis zum Fuße des Shatrunajaya. Wer sich seine Kräfte für den Aufstieg sparen möchte, kann sich mit einer **Pferdekutsche** oder einer **Riksha** für ca. 80 Rs hinfahren lassen.

Unterkunft, Essen und Trinken

(Vorwahl: 02848)
In Palitana selbst gibt es kein einziges auch nur annähernd empfehlenswertes Hotel. Am besten schläft man in einem der zahlreichen Dharamsalas, von denen die meisten westliche Besucher gegen ein sehr geringes Entgelt (500–700 Rs p.P.) in den zur Verfügung stehenden Zimmern übernachten lassen. Alle sind sehr einfach, doch für eine Nacht völlig ausreichend. Zudem kann man in den angeschlossenen Pilgerrestaurants leckeres vegetarisches Essen für kaum mehr als 100 Rs bekommen. Die mit Abstand schönste Unterkunft findet sich einige Kilometer außerhalb von Palitana.

■ Die einzige Billigunterkunft ist das **Hotel Shravak**① (Tel. 252428), direkt gegenüber dem Busbahnhof, mit relativ großen Zimmern, TV und einem Schlafsaal nur für Männer. Leider sind die Zimmer düster, ungepflegt und „moskitofreundlich". Eigentlich nicht empfehlenswert, doch da das Hotel die einzige Unterkunft im Ort selbst ist, sei es hier erwähnt. Neben dem Hotel findet sich das ständig von hungrigen Pilgern belagerte **Jaguri Restaurant.**

■ Weit besser ist der kleine ehemalige Palast **Vijay Vilas Palace**③-④ (Tel. 282371). Das familiengeführte Haus, 11 km westlich von Palitana, vermietet hübsch dekorierte und dem Baujahr entsprechend möblierte Zimmer in ruhiger Lage in einem authentischen Dorf. Das Haus macht einen etwas „betagten" Eindruck, nicht immer funktioniert alles, doch genau darin liegt auch der Charme dieses kleinen Palastes. Ein weiteres Plus des

408in mb

sympathischen Heritage-Hotels sind die köstlichen Speisen. Wer will, kann den Shatrunjaya auch direkt von hier über einen kürzeren (2.700 Stufen), wesentlich weniger frequentierten, aber auch steileren Aufstieg besteigen.

- Provisorische **Essenstände** gibt es zuhauf am Fuße des Shatrunjaya.
- Gelobt für ihre schmackhaften und preiswerten Thalis wurde vor allem die **Solnali Dining Hall** (nur 12–16 und 19–23 Uhr).

An- und Weiterreise

Flug

- Flüge vom 5 km vom Zentrum entfernten Flughafen nach **Mumbai.**

Bahn

- Drei Züge täglich verbinden Palitana mit Bhavnagar (2 Std.). Von dort geht's in 6 Std. im 2979 BVC BDTS Exp. (Abf 18.05 Uhr) bis **Ahmedabad** (Ank. 23.17 Uhr). Dieser Zug fährt weiter bis **Mumbai** (Ank. in Bhandra Terminus 7.45 Uhr). In Gegenrichtung der Nachtzug 207 BVC Okha Pass (Abfahrt in Bhavnagar 21.30 Uhr) über **Rajkot** (Ank. 6.10 Uhr) und **Jamnagar** (Ank. 9 Uhr) bis **Dwarka** (an 11.54 Uhr) und **Okha** an der Westküste.

Bus

- 1½ Std. dauert es von Palitana nach **Bhavnagar** (Busverbindungen etwa stündlich).
- Zum 220 km entfernten **Ahmedabad** ist man knapp 5 Std. unterwegs.
- Zwei Direktbusse nach **Una** (5 Std.) in der Nähe von **Diu** verlassen Palitana um 5.30 und 13.30 Uhr. Wer den Bus verpasst, muss sich in 3 Etappen bis Diu durchboxen. Zunächst in 1½ Std. bis **Talaja,** umsteigen und in 6 Std. nach Una oder Diu auf rücken- und gesäßprüfender Rüttelstrecke.

◁ Feldarbeit mit einfachen Mitteln im ländlichen Gujarat

Insel Diu

– ein Hauch von Portugal

Obwohl nur durch einen knapp hundert Meter breiten Kanal vom Festland getrennt, meint man beim Betreten der 11 km langen und 3 km breiten Insel, auf einen anderen Kontinent geraten zu sein. Beim Wandern durch die durch das Fort im Osten und die Stadtmauer im Westen begrenzte Altstadt fühlt man sich tausende Kilometer weiter westlich in ein portugiesisches Provinznest versetzt. Herausragende Sehenswürdigkeiten gibt es nicht zu bewundern, doch beim Bummel über den von **Kolonialbauten** umgebenen kleinen Platz mit seinen Cafés, kleinen Läden und Reisebüros und durch die verwinkelten, hügeligen Gassen mit ihren teils noch leuchtend pastellfarben gestrichenen alten Kolonialvillen (von denen das herrliche **Nagar Seth Haveli** nahe der Vaiya Street ein besonders prächtiges Beispiel abgibt), vorbei am bunten Markt, katholischen Friedhöfen und strahlend weißen Kirchen, kommt ein beschwingtes und entspanntes Urlaubsgefühl auf.

Geschichte

Dieses heute so verschlafen wirkende Tropenparadies war über Jahrhunderte Streitobjekt von Rajputen, Türken, Arabern, Parsen und Portugiesen, ehe es die Inder 1961 in einer Militäraktion unter ihre Herrschaft brachten.

Bevor es im 14. Jh. von den Ottomanen erobert wurde, regierten die zwei Rajputenklans der Chandas und Vaghelas hier. Für die Türken war die Insel, neben ihrer strategischen Bedeutung, auch ein wichtiger Handelsplatz. Nachdem die Parsen auf ihrer Flucht vor den Moslems aus Persien im Jahre 1503 mit ihren Schiffen auf der Insel landeten, doch schon drei Jahre später Richtung Mumbai weiterzogen, war es die Bedeutung Dius als Handelsplatz, die das Interesse der aufstrebenden Seemacht Portugal weckte. Waren sie noch 1531 bei ihrem ersten Eroberungsvesuch gescheitert, brachten sie das 38 km² kleine Eiland drei Jahre später unter ihre Kontrolle und sicherten ihre Stellung durch einen offiziellen Vertrag mit dem Mogul-Herrscher Humayun, der sie zur Abstellung von 500 Soldaten verpflichtete.

Für über 400 Jahre unterstand Diu nun dem portugiesischen Gouverneur von Goa, und obwohl es 1670 von Arabern aus Mascat geplündert wurde, brachte es den Kolonialherren vor allem als Ausfuhrhafen für Opium hohe Gewinne.

1961 schließlich ließ *Nehru* gleichzeitig in Goa, Daman und Diu Truppen einmarschieren und machte so der jahrhundertelangen Fremdherrschaft ein Ende.

Sehenswertes

Es wurde bereits erwähnt – Dius eigentlicher Reiz vermittelt sich weniger durch spektakuläre Sehenswürdigkeiten, als vielmehr durch ein Klima gelassener Freundlichkeit. Für die meisten indischen Touristen ist es jedoch ein Relikt aus portugiesischen Zeiten, welches Dius Hauptattraktivität ausmacht: der freie **Alkoholausschank.** Gerade im „trockenen" Gujarat übt das auf viele eine fast schon magische Anziehungskraft aus.

Beim nachmittäglichen Spaziergang lohnt ein Besuch der beiden oberhalb der Altstadt gelegenen katholischen **Kirchen St. Thomas** und der größeren **St. Paul,** einige Meter weiter südöstlich. Besonders die auf einer Anhöhe stehende St. Thomas Church, welche auch das kleine **Diu Museum** mit einigen Statuen katholischer Geistlicher beherbergt (8–21 Uhr, Eintritt frei, Spende erwünscht), vermittelt mit ihrem strahlenden Weiß vor dem tiefblauen Himmel einen majestätischen Anblick. Vom Portal des im gotischen Stil errichteten Gotteshauses bietet sich ein wunderschöner Fernblick auf die Altstadt und das sich dahinter ausbreitende Meer. Jeweils am 1. November sorgt eine hier begangene Messe dafür, dass das Gotteshaus sich zum Bersten füllt.

Das von drei Seiten vom Meer umspülte **Fort** (8–18 Uhr, Eintritt frei, in einem kleinen Teil am Eingang ist das örtliche Gefängnis untergebracht) ließen die Portugiesen zwischen 1535 und 1541 errichten. Beim Bummel über die mit rostigen Kanonen besetzten Verteidigungsmauern sollte man jedoch auf die zuweilen unerwartet sich auftuenden, tiefen Löcher achten. Eine gute Aussichts über Diu und das Meer bietet sich vom **Leuchtturm** und den umgebenden Mauern und Terrassen.

Kurz vor erreichen Nagoas sollte man unbedingt das **Shell Museum** (tgl. 9–18 Uhr) besuchen. Die Vielfalt der ausgestellten Muscheln aus aller Welt und die Sachkundigkeit des engagierten Betreibers, eines ehemaligen Marinekäpitäns, der seit über 50 Jahren seiner Sammelleidenschaft nachgeht, sind sehr interessant.

Fischerdorf Vanakbara

Unser Tipp: Ganz im Westen der Enklave Diu bietet das Fischerdorf Vanakbara einen faszinierenden Einblick ins indische Alltagsleben der überaus freundlichen Bewohner. Besonders morgens ab 8 Uhr, wenn die zurückkehrenden **Fischerboote** im Hafen einlaufen, sowie auf dem nachfolgenden **Fischmarkt** sind tolle Impressionen und natürlich Fotos zu gewinnen. Auch die Dämmerungszeit, wenn die Boote auslaufen, ist ein schönes Erlebnis.

Strände

Die Strände innerhalb der Stadtmauern von Diu sind aufgrund vieler schroffer Felsen nicht zum Baden geeignet. Die dem Ort am nächsten gelegenen Badestrände sowie der Sunset Point sind über die südliche Zufahrtsstraße schnell zu erreichen. Der erste Strand ist **Jallandhar,** direkt hinter dem südlichen Stadtmauertor, an dem die Zufahrtsstraße verläuft. An seinem Ende führt die Straße weiter zum **Sunset Point,** einer Aussichtsplattform, die besonders abends gern besucht wird. Der etwas nördlichere, nahezu unberührte Strand **Chakratirth** liegt malerisch zwischen zwei Felsformationen in der Sonne, verfügt aber über keinen natürlichen Schutz vor ihren sengenden Strahlen. Nur das einfache Sea Village Resort verhilft den Gästen sowie Restaurantbesuchern zu Unterschlupf.

Seitdem die neu erbaute Straße den Zugang zu den oben genannten Stränden erleichtert hat, ist der 8 km westlich gelegene Palmenstrand von **Nagoa** nicht mehr der einzig interessante Ort für ein paar erholsame Strandtage. Das Erstaunlichste an diesem in einer lang gezogenen Bucht gelegenen Strand, vielerorts mit schattenspendenden Palmen, ist seine scheinbare Unberührtheit: Auf den ersten Blick vermag man überhaupt keine Unterkunft auszumachen. In den letzten Jahren sind jedoch mehrere Herbergen entstanden, die sich harmonisch in die Landschaft einfügen. Der etwas gräulich wirkende Strand kann zwar mit den meisten Stränden in Goa nicht konkurrieren, doch dafür hat man hier noch viel Platz für ausgiebige Strandwanderungen Richtung Westen über die Dünen zu anderen kleinen Buchten und wird nicht von stampfenden Disco-Klängen am Einschlafen gehindert. Etwas störend, hauptsächlich für Frauen, können die besonders an Wochenenden vorwiegend zum Alkoholkonsum anreisenden Männer werden. Dies gilt besonders für Nagoa, ist aber auch an anderen Stränden und Orten nicht auszuschließen.

Wer es noch etwas ruhiger möchte, sollte etwa 30 Minuten weiter westlich wandern, wo man zum noch fast gänzlich unerschlossenen, allerdings auch nahezu schattenfreien **Gomptimata-Strand** gelangt. Hier ist die westliche Seite des langen Strandes beim Dorf **Vanakbara** zum Baden ungeeignet, da sie seit jeher als Toilette der einheimischen Fischer dient. Es schließt sich das Fischerdorf Vanakbara an (s.o.).

Praktische Tipps

Information

- **Vorwahl:** 02875
- Im **Tourist Office** (Tel. 252653, Mo–Sa 9.30–13.30 und 14.30–18 Uhr) auf halber Strecke zwischen der Festlandsbrücke und dem Stadtzentrum in der Bunder Rd. gelegen, erhält man auf Anfrage die genauen Abfahrtszeiten der staatlichen Busse von Diu und Una.

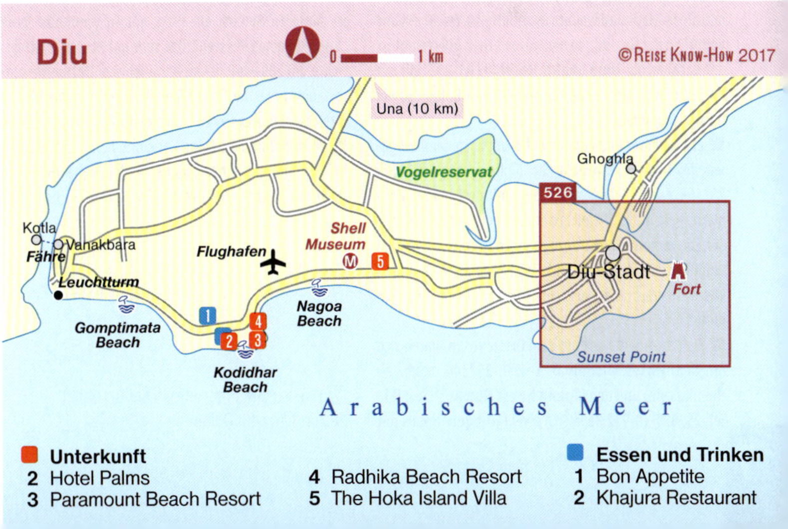

Unterkunft

In Diu-Stadt

Besonders außerhalb der Saison purzeln die Preise auf die Hälfte bzw. können heruntergehandelt werden.

■ Was könnte es Schöneres geben, als in einer Kirche mit herrlichen Ausblicken auf die Stadt und den azurblauen Ozean zu wohnen? Leider ist das **Hotel Sao Tomé Retiro**①-② (Tel. 253137, (0)9426236588) in der St.-Thomas-Kirche etwas zu teuer, rieselt doch die Farbe beständig von den Wänden, was den Aufenthalt nur bedingt empfehlenswert macht. Die dennoch gemütlichen Zimmer sind eher spartanisch, dafür geräumig. Zudem sind billige, kleine Zimmer mit externem Bad und Toilette zu haben. Das vom sehr freundlichen Manager und seiner Familie zubereitete, köstliche Essen wird auf Wunsch neben der Kirche im grünen Garten serviert. Auch Gäste sind nach vorheriger Anmeldung willkommen, die vielseitige einheimische Küche zu genießen. Hier wird jedoch gelegentlich gern über den Durst getrunken.

■ Eine nette, familiäre Alternative bieten die acht hübschen Zimmer der **Heranca Goesa**①-② (Tel. 253851). Besonders empfehlenswert sind jene im Obergeschoss mit Meeresblick. Gelobt werden auch die schmackhaften Fischgerichte zum Abendessen.

■ Im Ortszentrum stehen mehrere preiswerte, saubere Unterkünfte in unmittelbarer Nachbarschaft zur Verfügung. Ihr Angebot ist sehr ähnlich. Luftige, helle Zimmer hat das zentral gelegenen **Super Silver Guest House**② (Tel. 255011) im Zentrum. Hervorzuheben sind der hilfsbereite Besitzer, der auch Fahrräder vermietet, das Internetcafé im Haus und weitere in unmittelbarer Nähe. Ganz ähnlich in der Qualität, in der Saison etwas überteuert ist der Nachbar, das **Uma Shakti Hotel**③ (Tel. 252120) mit teils klimatisierten Zimmern mit TV und Balkon sowie Dachrestaurant.

■ Etwas teurer und komfortabler ist das gegenüber gelegene **Hotel Samrat**②-③ (Collectorate Rd., Tel. 252354, samrat_diu@yahoo.co.in) mit geräumigen Zimmern – ein gutes Mittelklassehotel, angenehm und sauber. Die vorderen, nicht klimatisierten Zimmer mit Balkon und Blick über die Bucht sind weit besser als die teureren klimatisierten, aber aussichtslosen ohne Balkon nach hinten.

■ Zwischen dem Fort und dem Ortszentrum finden sich mit dem **Hotel Alishan**③-④ (Tel. 252340, http://alishandiu.com) und dem **Apana Guest House**③ (Fort Rd., Tel. 253650, (0)932 8693296) zwei recht gute Hotels mit allerdings etwas überteuerten Zimmern, die teureren nach vorn mit Balkon und Seeblick. Beide verfügen über gute Restaurants.

Außerhalb von Diu-Stadt

Die folgenden Unterkünfte befinden sich entweder auf dem Weg nach oder am Strand von **Nagoa,** 8 km westlich von Diu-Stadt:

■ Mondän kommt das **Hotel Kohinoor**③-④ (Tel. 252209, www.hotelkohinoordiu.com) gleich außerhalb der Stadtgrenze auf dem Weg zum Nagoa-Strand daher. Alle Zimmer und Villen der pflanzenreichen Anlage sind um einen Swimmigpool arrangiert, das angeschlossene Restaurant bietet vorzügliche Gericht zu recht hohen Preisen.

■ Gegenüber hat das moderne **Azzaro Resort & Spa** ④-⑤ (Tel. 255421) dem Kohinoor den Rang in Sachen Komfort abgelaufen. Eine erstklassige Ausstattung (wie Flachbildschirm-TV, Internetanschluss in den Zimmern, klasse Service, Fitnessraum, Spa und ein moderner Pool) macht es zur luxuriösesten Bleibe Dius. Die Anlage wirkt aber auch reichlich cool.

■ Das **The Hoka Island Villa**③ (Tel. 275301, www.resorthoka.com) in Nagoa setzte den Trend für die in den Folgejahren erbauten Mittelklassehotels zwischen Diu und dem Nagoa-Strand. Das von einem bemühten Manager geleitete Resort verfügt über zehn gelungen eingerichtete Zimmer mit angegliedertem Bad und kleiner Terrasse sowie drei weiteren Räumen mit Gemeinschaftsbad. Zu der in Pastellfarben bemalten Anlage gehören außerdem ein hübsch angelegter Innenhof mit Palmen sowie im hinteren Bereich ein Platz mit Hängematten zum „Seele-Baumeln-Lassen“. Das sehr gute Essen (Fischgerichte um 280–450 Rs) im angenehmen Dachterrassenrestaurant und der freundliche Besitzer, der eine Menge Interessantes über Diu zu berichten weiß, sind erstklassig.

■ Nicht nur preislich eine Kategorie höher anzusiedeln ist das ausgezeichnete, ganz in der Nähe gelegene **Radhika Beach Resort**④ (Tel. 252553-5, (0)9824

> Diu war unter portugiesischer Herrschaft Ausfuhrhafen für Opium

418555, www.radhikaresort.com). Die 42 schön gestalteten Zimmer gruppieren sich um den hübschen Pool. Insgesamt die komfortabelste Unterkunft am Nagoa-Strand, zumal auch das hauseigene Restaurant mit seinen hervorragenden, wenn auch nicht gerade billigen Fischgerichten einen Besuch lohnt. Auch ein Fitnessraum und Poolbillard helfen, die Zeit zu vertreiben.

■ Konkurrenz in Sachen Komfort ist das **Paramount Beach Resort**③ (Tel. 290665, (0)9904746944, www.hotelparamountdiu.com), es kann jedoch vom Ambiente her nicht mithalten. Nach vorn Seeblick von den Balkonen, nach hinten Blick in die Felder von den Terrassen. Flachbildschirm-TV und Klimatisierung sind selbstverständlich.

■ Etwas abseits des Ortes am kleinen Kodidhar Beach mit einigen Sonnenschutzdächern (hier wird vom angeschlossenen Restaurant bedient) findet sich mit dem **Hotel Palms**③-④ (Tel. 63356, http://hotelpalms.co.in) eine kleine Bungalowanlage. Die komfortablen, teils klimatisierten Cottages mit Terrasse sind ruhig und sauber. Etwa 200 m Fußweg sind es bis zum Gomptimata-Strand. Wahrscheinlich werden einige weitere Unterkünfte in den nächsten Jahren hinzukommen. Sehr schön sitz man im **Khajura Restaurant** mit Blick auf den Ozean.

Essen und Trinken

Unser Tipp: Kaum ein besserer Ort für ein Frühstück lässt sich denken als das Gartenrestaurant **O'Coquiero** (Tel. (0)9824 681565, 7.30–22.30 Uhr). Neben Traveller-Kost wie Müsli und Fix-Breakfast können in entspannter Umgebung unter Bäumen auch Fischgerichte und beste indische Küche am Abend zum kleinen Preis genossen werden. Freundliche Bedienung und die Möglichkeit, mit anderen Travellern Erfahrungen auszutauschen, machen das O'Coquiero zur schönsten Speiseadresse Dius.

■ Kurz hinter der westlichen Ortsausfahrt von Nagoa Richtung Vanakbara ist das **Bon Appetite** ein guter Tipp. Unter Palmen genießt man Fischgerichte, indische Küche und ab 20.30 Uhr Barbecue, geöffnet 10–22.30 Uhr.

■ Eines der besten ist das klimatisierte **Deepee Restaurant** im Stadtzentrum. Die Speisekarte hält sich zwar in Grenzen, doch dafür schmecken die einzelnen Gerichte, ob nun Spaghetti, Chicken Curry oder Käsesandwich, sehr lecker.

■ Angenehm speist man im Gartenrestaurant des **Apana Foodland,** wo es ausgezeichneten frischen Fisch in Mega-Portionen und eine große Vielfalt einheimischer wie westlicher Gerichte für wenig Geld gibt.

409in mb

■ Seit vier Generationen bietet **Shri Ramvijay Refreshment** köstliches Eis, Shakes, Sodas, Pizzen und kleine Snacks. Auch wenn diese Institution Dius von außen nicht viel hermacht, sollte man sie einmal besucht haben.

■ Ein Ort zum Relaxen bei schöner Aussicht und einem köstlichen Fischgericht ist das Freiluftrestaurant **Night Heron Restaurant** zwischen Hafen und Bunder Rd. Die meisten Gerichte kosten zwischen 150 und 300 Rs.

■ Das gleiche, allerdings ohne Essen, gilt für das direkt am Meer gelegene **Sea Village Resort.** Als Unterkunft nur bedingt geeignet, bietet sich die Terrasse am Nachmittag für ein Bier oder einen Cocktail an.

■ **Heranca Goesa** (Tel. 253851) serviert gutes Frühstück bis 12 Uhr und köstliche Fischgerichte am Abend in einer hübschen Villa (dafür muss reserviert werden). Ein Hauptgericht kostet um 200–350 Rs.

■ Das Gartenrestaurant mit dem einladenden Namen **La Dolce Vita** bietet sich als Zwischenstopp auf dem Weg zum Jallandhar Beach an. Besonders die Frühstücksauswahl (Sandwiches, Müsli, Fruchtsalat, Pfannkuchen, Kaffee) lädt zum Müßiggang ein. Mittags und abends gibt's das übliche Breitbandangebot von Pizza über Nudelgerichte bis Curries.

■ Nahe dem Jallandhar Beach gelegen, lohnt das **Village Restaurant** eine Stippvisite vom Strand aus, zumal das Restaurant preiswert und gemütlich ist. Im hinteren Teil werden im **Kashya Home**① (Tel. (0)9824946590) spartanische Zimmer zu kleinem Preis vermietet.

■ Wer den allabendlichen **Fischmarkt** zwischen 18 und 20 Uhr in Goghla auf der Festlandseite besucht, sollte sich danach bei erstklassigen Fischgerichten in der **Falcon Bar** am Wasser stärken. Neben vorzüglicher Küche auch Alkoholausschank.

Internet

■ Diverse **Internetcafés** im Bereich des Basarviertels und des Zentrums um die Hauptpost. Schnell sind das **Uma Cyber Café** im Uma Shakti Hotel im Ortskern und das Internetcafé im Super Silver Guest House gegenüber.

Fortbewegung auf Diu

■ Schmucke **Autorikshas** warten am Bushalteplatz und im Stadtzentrum. Die sonst in Indien übliche Feilscherei fällt hier Gott sei Dank einmal weg, da es zu allen Zielen auf der Insel Festpreise gibt, die von den Fahrern auch korrekt eingehalten werden. Ziele innerhalb des Ortes kosten nicht mehr als 50 Rs, zum Nagoa Beach etwa 130 Rs. Nach Una zahlt man ca. 200 Rs. Rikshafahrer aus Una dürfen nur bis zum Busbahnhof in Goghla fahren, können also nicht Unterkünfte oder weiter entfernte Ziele auf Diu ansteuern.

■ Eine gute Alternative bieten die in einigen Läden im Stadtzentrum vermieteten **Fahrräder. Mopeds, Scoo-**

ter und **Motorräder** sind für 350–600 Rs pro Tag auszuleihen (Kaution 200–1.000 Rs).

■ Zwischen Diu-Stadt, Nagoa und Vanakbara im Westen verkehren **Busse.** In Diu verlassen sie den Jethebai Bus Stand um 7, 11 und 16 Uhr. In umgekehrter Richtung wird Nagoa (Abf. nahe der Polizeistation) Richtung Diu um 13, 17.30 und 19 Uhr passiert.

An- und Weiterreise

Flug

■ Vom Diu Airport Flüge nach **Mumbai** (über Porbandar). Tickets gibt es bei Oceanic Travel (Tel. 252180, 9–13 und 15–19 Uhr) am Gandhi Bhavan direkt im Stadtzentrum. Da stets eine große Nachfrage nach den nur 18 zur Verfügung stehenden Plätzen pro Flugzeug herrscht, muss man sich unbedingt frühzeitig anmelden.

Bahn

- Versteckt auf der Rückseite eines Gebäudes an der Hafenstraße etwas östlich der Tankstelle liegt das **Reservation Office** der Western Railway (Fort Rd., Tel. 252122, Mo– Sa 10–14 Uhr). Hier erhält man Tickets für Zugverbindungen in ganz Indien.
- Vom 8 km entfernt gelegenen **Delvada** fährt tgl. um 8.10 Uhr ein Zug in 4 Std. nach **Veraval,** die nach 2 Std. Gir (für **Sasan Gir**) passiert.

Bus

- Wesentlich zahlreichere Busverbindungen als von Dius **Jethebai-Busbahnhof** bestehen vom 10 km entfernten **Una** (halbstündig zwischen 5.30 und 22 Uhr dorthin, per Sammelriksha/Autoriksha etwa 15/80 Rs, von Una nach Diu Busse zwischen 6.30 und 20 Uhr). Allerdings gibt's auch einige Direktverbindungen von Diu zu weiter entfernt gelegenen Städten wie **Ahmedabad** (7 Uhr, über Bhavnagar), **Rajkot** (zwischen 4 und 14 Uhr), **Jamnagar** (5.30 Uhr, über Veraval), **Junagadh** (zwischen 4 und 15 Uhr, alle über Veraval) oder **Porbandar** (5.30 und 13 Uhr, meist über Somnath und Veraval). Eine Liste mit den aktuellen Abfahrtszeiten liegt im Tourist Office aus.
- Darüber hinaus bieten viele **private Busgesellschaften,** deren Büros in Dius Stadtzentrum liegen, vielfältige Verbindungen zu fast allen größeren Städten Kathiawars. Am Busbahnhof ist das Büro von **Ekta Travels** (Tel. 253474, (0)9426133112), die Mumbai täglich im Sleeper-Bus anfahren.

[>] Der nach Originalplänen wieder aufgebaute Shiva-Tempel von Somnath

Veraval und Somnath

– hinduistischer Strandtempel

Das an der Südseite Kathiawars gelegene Veraval war in der ersten Hälfte dieses Jahrtausends der bedeutendste Hafen des indischen Subkontinents für die Pilgerfahrt nach Mekka. Heute hat Veraval immer noch einen umsatzstarken Fischereihafen, doch touristisch ist es nur als Ausgangspunkt für die 6 km südlich gelegene Tempelanlage von Somnath interessant.

Auf der Fahrt dorthin passiert man zunächst mit dem imposanten **Junagadh-Tor,** das uralte, einzige noch erhaltene Stadtor des historischen Somnath.

Unser Tipp: Etwas weiter entlang des Weges lohnt unbedingt eine Besichtigung des **Hafens von Veraval,** um beim Bau der an die Anfänge der Seefahrt erinnernden Holzsegelschiffe *(Dhau)* zuzuschauen. Viele der größeren Dhaus fahren noch heute in den Mittleren Osten. Angesichts der sich bietenden zahllosen Fotomotive ist es wirklich ein Jammer, dass im Hafen das Fotografieren verboten ist.

Somnath-Tempel

Der malerisch etwas erhöht am Meer liegende Tempel von Somnath, einer der zwölf heiligsten **Shiva-Tempel** Indiens, spiegelt mit seiner äußerst ereignisreichen Vergangenheit die für die indische Geschichte so prägende, jahrtausendealte Feindschaft zwischen Moslems und Hindus. Seine Ursprünge reichen weit in die mythische Vergangenheit zurück. Von der ursprünglichen Schönheit des Tempels ist heute, obwohl er nach Originalplänen wieder aufgebaut wurde, leider nicht viel übrig geblieben.

Trotz seiner schönen Lage wirkt der Tempel merkwürdig steril. Nur gegen Abend, wenn sich viele Pilger auf der den Tempelbezirk vom Meer trennenden Mauer zusammenfinden, um der untergehenden Sonne zu huldigen, meint man, die spirituelle Kraft des Ortes zu spüren. Im Allerheiligsten steht einer der insgesamt nur zwölf Jyotir-Lingams, jenes Fruchtbarkeitssymbol, welches Shivas führende Stellung unter allen indischen Göttern symbolisieren soll.

■ **Öffnungszeiten:** tgl. außer Mi und Fr 9–12 und 15–18 Uhr. Jeden Abend um 20 Uhr wird mittels einer „Sound-and-Light-Show" die Geschichte des Tempel zum Leben erweckt (Eintritt 40 Rs).

410in mb

517in mb

Praktische Tipps

Stadtverkehr

■ Zwischen dem Bahnhof und dem Busbahnhof, die knapp 2 km auseinander liegen, verkehren **Tempos.** Mit der **Autoriksha** sind es ca. 30–50 Rs.
■ Die an ihrer blau-weißen Lackierung zu erkennenden, staatlichen **Busse** fahren etwa halbstündlich zwischen 5 und 22 Uhr vom Busbahnhof zum 5 km entfernten Somnath. Nach zähem Handeln kostet die Rikshafahrt etwa 80–100 Rs.

Unterkunft, Essen und Trinken

(Vorwahl: 02876)
Nur wenige werden die Übernachtung in Veraval wählen, die meisten fahren gleich weiter nach Somnath bzw Diu. Die Hotelauswahl in Veraval ist recht spärlich. Die besten Unterkünfte finden sich an der Straße am Busbahnhof in Gehdistanz zu diesem.
■ Gleich gegenüber dem Busbahnhof von Veraval findet sich mit dem **Hotel Shyam**①-② (Tel. 221414, http://hotelshyamsomnath.com) ein für den geringen Preis gutes Hotel mit sauberen, modernen Zimmern (AC/Non-AC).
■ Abgesehen von seiner ungünstigen Lage ca. 2 km westlich vom Stadtzentrum bietet das staatliche **Toran Tourist Bungalow**② (Tel. 246588) wegen der sauberen, geräumigen und ruhigen Zimmer (jene mit Seeblick und Balkon wählen!) ein gutes Preis-Leistungs-Verhältnis.
■ Die beste Wahl bietet das **Lords Inn**③-④ (Tel. 232072, www.lordshotels.com/lords-inn-somnath) an der Verval-Somnath-Umgehungsstraße. Das architektonisch gelungene Haus ist in exzellentem Zustand, die Einrichtung geschmackvoll und der Service professionell. Ab-

⌃ Der Hafen von Veraval

gerundet wird der positive Gesamteindruck durch das ausgezeichnete **Coriander Restaurant** im Erdgeschoss.

■ Das klimatisierte **New Bhabha Restaurant** eine Gasse weiter östlich bietet Gujarati-, Punjabi- und chinesische Küche sowie Thalis. Ähnlich ist das beliebte **Paradise Restaurant** mit einer breit gefächerten Speisekarte von indisch über chinesisch bis vegetarisch (100–250 Rs). Einzig die Fischgerichte wissen nicht zu überzeugen, weil zu ölig.

■ Das kleine **Shiv Bhojnalay Restaurant,** die Gasse an der Nordseite des Tempels einige Meter hinein, ist gemütlich und sehr preiswert. Klasse Thalis und indische Küche in freundlicher, meist einheimischer Gesellschaft. Nicht von den „Snakes" in der Karte abschrecken lassen, es sind Snacks gemeint!

An- und Weiterreise

Bahn von Veraval

■ Zwei Züge machen sich täglich um 9.15 und 15 Uhr auf den etwa 90-minütigen Weg zum **Sasan-Gir-Nationalpark.**

■ Vier Stunden benötigt ein von Veraval um 16.15 Uhr abfahrender Zug für die 100 km nach **Delvada,** 8 km von **Diu** entfernt.

■ Der 9222 Somnath Exp. (Abf. 19.30 Uhr) fährt über Junagadh (Ank. 21.05) und Rajkot (an 23.30 Uhr) in 9 Std. zum 380 km entfernten **Ahmedabad** (Ank. 4 Uhr). Umgekehrt verlässt der 9921 Ahmedabad um 22 Uhr und erreicht Veraval um 6.15 Uhr.

■ Als Tagesverbindung fährt der 1087 Veraval Pune Exp. (Abf. 6.25 Uhr) in 5½ Std. über **Junagadh** (an 7.50 Uhr) nach **Rajkot** (10.30 Uhr) und **Ahmedabad** (15.20 Uhr).

Bahn von Somnath

■ Von Somnath aus gibt es nur wenige Verbindungen. Eine touristisch relevante ist der 1464 Jabalpur Somnath Exp. aus **Bhopal** (Abf. dort um 18.55 Uhr) über Ahmedabad (Abf. 8.20 Uhr), Rajkot (ab 13.08 Uhr), Veraval (ab 17.15 Uhr), der um 17.50 Uhr in Somnath einläuft. Umgekehrte Richtung der 1465 Somnath Jabalpur Exp.: Abf. 9.40 Uhr, Veraval (9.50 Uhr), Junagadh (11.43 Uhr), Rajkot (13.55 Uhr), Ahmendabad (18.25 Uhr), Vadodara (20.40 Uhr), Ujjain (4 Uhr), Ankunft Bhopal 8.30 Uhr.

■ Ein **Railway Booking Office,** ganz tempelnah, ist Mo–Sa 8–15 Uhr, So bis 14 Uhr geöffnet. Auskunfts-Tel. (0)9979023528.

Bus von Veraval

■ Zum **Sasan-Gir-Nationalpark** fahren jeden Morgen um 6.45 und um 10.30 Uhr Busse (1½ Std.), zwei weitere am Nachmittag.

■ Nach **Porbandar** (3 Std.) und **Una** (2 Std.) sowie **Junagadh** (alle 1 bis 2 Std.), **Jamnagar** (7 Busse zwischen 6 und 15 Uhr, 2 Std.) und **Rajkot** (4 Std.) kann man neben den zahlreichen staatlichen Bussen auch die vor dem Busbahnhof auf Gäste wartenden privaten Minibusse benutzen.

■ Nach **Diu** sind die privaten Busgesellschaften vorzuziehen, da die meisten bis auf die Insel fahren und nicht nur bis **Una,** 10 km vor Diu auf dem Festland. Eine gute Adresse ist Patel Tours & Travels (Tel. 222863, (0)9428 188099).

Bus von Somnath

■ Regelmäßige Busverbindungen von und nach **Veraval** zwischen 4 und 23.30 Uhr. Zu beachten ist, dass nicht alle in Veraval startenden Busse bis zum Busbahnhof Somnaths in der Nähe des Tempels fahren, sondern nur den etwa 1,5 km vom Busbahnhof entfernten National Highway passieren. Der Rest muss in diesem Fall zu Fuß oder per teurer Riksha zurückgelegt werden. Also vorher fragen.

■ Nach **Diu** zwei Direktverbindungen täglich um 9.45 und 13.45 Uhr auf ziemlich schlechter Strecke. Ansonsten muss man in einen der von Veraval nach Diu bzw. Una fahrenden Busse am National Highway zusteigen.

■ Nach **Jamnagar** Busse um 5.45 und 19 Uhr, häufige Verbindungen nach **Junagadh.** Nach **Porbandar** zwischen 5.40 und 15.45 Uhr sowie ein Spätbus um 0 Uhr. Nach **Bhuj** gibt es um 13.45 und 17 Uhr zwei Busse.

■ Mehrere **Privatanbieter,** die ihre Büros großteils tempelnah im Shopping Complex haben, fahren die meisten Städte Gujarats täglich an. HK Travels (Tel. (0)9879793030) fährt täglich um 13 Uhr nach Mumbai, um 19 Uhr nach Bhuj, um 19 und 20 Uhr nach Ahmedabad, um 7.30 und 14.30 Uhr per Kleinbus (270 Rs) nach Dwarka. Dieselben Ziele sowie Porbandar (14.30 Uhr) und weitere in Rajasthan fährt auch Mahasagar Travels (Tel. (0)9904033974, (0)9724337144) an, wobei es hier noch eine Morgenverbindung nach Ahmedabad gibt (6 Uhr, 620 Rs). Patel Tours & Travels (Tel. (0)9227222863) fährt täglich um 21 Uhr nach Ahmedabad (Sleeper/AC 420/ 660 Rs).

Sasan-Gir-Nationalpark

– im Angesicht des Löwen

Für jeden Gujarat-Urlauber ist der Besuch dieses landschaftlich besonders reizvollen und, was die Beobachtung von Wildtieren betrifft, hochinteressanten Nationalparks ein absolutes Muss. Das 1.413 km² große, trockene und hügelige Waldgebiet, etwa 40 km von der Küste des Indischen Ozeans entfernt, ist das **letzte Rückzugsgebiet des asiatischen Löwen.** Die ursprünglich aus Griechenland über Kleinasien, die Arabische Halbinsel, Irak, Iran und Afghanistan nach Indien eingewanderten Tiere waren derart beliebte Jagdobjekte, dass 1884 der letzte Löwe außerhalb des Gir Forest erlegt wurde. Im Park selbst konnten sie nur deshalb überleben, weil die herrschenden Nawabs von Junagadh sie weitgehend von der Jagd verschonten und pro Jahr nur wenige Tiere zum Abschuss freigaben. Während um die Jahrhundertwende nur noch gut ein Dutzend Löwen gezählt wurde, leben inzwischen wieder über 450 Exemplare in der 1969 zum Nationalpark erklärten Kernzone von 259 km².

Dieser Erfolg der Tierschützer ging allerdings zu Lasten der Maldharies, den alteingesessenen Büffelzüchtern der Region. Durch das Verbot, Vieh im Nationalpark zu weiden, ist für sie das Land heutzutage knapp geworden. Viele von ihnen wurden umgesiedelt, andere müssen immer häufiger mit ansehen, wie ihre Tiere von den Löwen, die auf der Suche nach Beute den Park verlassen, erbeutet werden. Schließlich gibt es immer wieder Fälle, in denen Bewohner der angrenzenden Dörfer von Löwen angegriffen und getötet werden.

Ein Grund hierfür ist zunehmend die Tatsache, dass Sasan Gir zu klein geworden ist für die Zahl der Löwen und dementsprechend harter Nahrungswettbewerb zu diesen Übergriffen führt. Außerdem begeben sich durch Mangel an Holz aufgrund von Rodungen außerhalb des Reservats vermehrt Menschen hinein, um sich Brennmaterial zu verschaffen, wobei sie gelegentlich Opfer der hungrigen Löwen werden. Ein Angebot von Madhya Pradesh, einen Teil der Raubkatzen (200 Tiere) in dessen Nationalpark Pilpur Kuno zu übernehmen, wurde jedoch von der Regierung Gujarats abgelehnt.

Neben den Löwen (sie sind an Menschen gewöhnt und lassen die fotobewehrten Touristen bis auf 10–15 m heran) leben im Park ebenso viele **Leoparden, Büffel, Krokodile, Pfauen, Hyänen** und natürlich vielerlei Wildarten. Während die Leoparden selbst auf die Jagd gehen, kommen den Streifenhyänen und Goldschakalen die vielen Beutereste der Wildkatzen zugute. Weitere häufig anzutreffende Tiere sind u.a. **Axishirsche, Gazellen, Antilopen und Wildschweine.** Außerdem wurden über 300 Vogelarten gezählt.

Safaris

Mit einem Jeep für maximal 6 Personen, inklusive Eintritt, Fahrer, Guide und Fotogebühr, kostet die dreistündige Safari 12.000 Rs pro Jeep, das heißt 2.000 Rs pro Person. Unter www.girnationalpark.in kann man die Safaris online im Voraus buchen. Ansonsten bieten die diversen Unterkünfte ihre eigenen Safaris an, welche preislich etwa auf das gleiche hinauslaufen.

Sehr gelobt wurde ein Fahrer namens *Miners,* dessen offenen Maruti-Geländewagen man jeden Morgen gegen 6.15 Uhr beim dann noch geschlossenen Forest Office buchen kann. Wochenenden sollten, wenn möglich, wegen des sehr starken Besucheraufkommens gemieden werden. Jeden Tag werden drei Safaris um 6.30, 9 und 15 Uhr angeboten. Frühaufsteher werden belohnt, sind doch die Chancen auf Tierbeobachtung bei den Morgensafaris deutlich höher als später am Tag. Da es dann empfindlich kühl auf den offenen Geländewagen werden kann, sollte man sich „warm einpacken".

Man kann auch an der **Gir Interpretation Zone** in Devalia, 12 km westlich von Sasan Gir und damit im westlichen Teil der Schutzzone, seinen Parkausflug beginnen. In diesem Fall bringt einen ein Fahrzeug von der Hauptstraße in Sasan Gir für 150 Rs nach Devalia. Leider bekommt man hier nur eine gute halbe Stunde Zeit, die

Wildtiere zu beobachten. Da in dieser gut 4 km² großen Kernzone die Wildtierdichte jedoch besonders hoch ist, stehen trotz der limitierten Zeit die Chancen gut, etwa einen Löwen zu Gesicht zu bekommen.

Information

- **Vorwahl:** 0285
- Das **Gir Orientation Centre** (tgl. 9–18 Uhr) zeigt Schautafeln zu den Tieren des Nationalparks und jeden Abend um 19 Uhr einen interessanten Einführungsfilm.

Unterkunft, Essen und Trinken

- Im an akzeptablen Budget-Unterkünften wahrlich nicht gesegneten Sasan Gir ist das **Hotel Umag**② die beste Adresse. Einfache, zum Teil klimatisierte, dafür etwas düstere Zimmer sowie die Nähe zum Parkeingang (200 m) stehen auf der Plusseite. Essen auf Nachfrage im Hotel, ansonsten ganz in der Nähe in einfachen Dhabas.
- Das **The Gateway Hotel Gir Forest**⑤ (Tel. 285551, www.thegatewayhotels.com/girforest) bietet klassischen Charme mit modernem Service und Ambiente in friedvoller Parklandschaft. Das von der Taj-Gruppe gemanagte Haus am Fluss bietet sehr schöne Zimmer mit Balkon und ein gutes Restaurant.
- Die professionell geführte **Club Mahindra Safari Lodge**⑤ ist die einzige Unterkunft innerhalb des Parks. Man hat die Wahl zwischen geräumigen Zimmern im Haupthaus oder individuellen Steinbungalows, welche auf dem weitläufigen Gelände verstreut liegen. Das sehr engagierte Personal organisiert vielfältige Freizeitaktivitäten und der Swimmingpool dient zur Abkühlung. Sehr empfehlenswert, wenn auch etwas überteuert ist das hauseigene **Restaurant Machan.**
- Ausgezeichnet ist das neue **Fern Gir Forest Resort** ④ (www.ferngirforestresort.com), etwa 2 km vom Parkeingang entfernt. Da relativ neu, macht die Anlage einen gepflegten Eindruck. Man hat die Wahl zwischen Bungalows und komfortabel eingerichteten Zelten. Der einzige Nachteil der ansonsten sehr empfehlenswerten Zelte ist der Lärm von der recht nahen Straße. Ein Pool sowie zwei Restaurants stehen ebenfalls zur Verfügung.
- Ähnlich in Preis und Leistung ist das sehr empfehlenswerte **Amidhara Avezika Resort**④ (www.avezikahotels.com). Auch hier hat man die Wahl zwischen Zimmern im Haupthaus und Bungalows, ein Pool steht ebenfalls zur Verfügung.
- Die **Gir Birding Lodge**④ (Bhamba Phor Naga, Tel. 02877-295514, (0)9723971842) liegt an der Grenze des Wildparks, jedoch nicht am Haupteingang, sondern an Zugangs-Gate 2. Die angenehmen Zimmer und Cottages (ohne TV) in grüner, vogelreicher Umgebung machen diesen Nachteil wett, zumal von den Terrassen aus die Tiere beobachtet werden können.
- Mit 2 km Entfernung von der Forest Lodge ist die **Gir Jungle Lodge**④ (Sasan Junagarh Rd., Tel. 285600, (0)9810020252, www.girjungle.com, Preise inkl. Mahlzeiten) näher am Parkeingang. Sie verfügt über recht nüchterne, aber saubere Komfortzimmer mit TV, manche klimatisiert.
- Die 21 geräumigen Luxuszelte des **Lion Safari Camp** ⑤ (nahe dem Hiraneshwar Check Dam, Tel. 295507, Preise inkl. Mahlzeiten und einer Safari) am Hiran-Fluss sind herrlich in eine gepflegte Parklandschaft integriert. Das erstklassige Open-Air-Restaurant, hervorragender Service und einige Extras wie Picknick-Arrangements am Fluss machen den Aufenthalt angenehm und teuer.

An- und Weiterreise

- Zwei **Züge** tgl. fahren um 11.53 und um 15.57 Uhr in 2 Std. nach **Veraval,** ein weiterer in 3 Stunden nach Delwada nahe Diu. Um 17.33 Uhr startet eine Lok nach **Junagadh,** wo sie um 20 Uhr einläuft.
- Über die genauen An- und Abfahrtszeiten der Sasan Gir auf dem Weg von und nach **Veraval** (1½ Std.) und **Junagadh** (2 Std.) passierenden **Busse** (bis zu 8x tgl.) informiert man sich am besten in einer der Teestuben am Busstand.
- **Taxis** von Junagadh nach Sasan Gir kosten höchstens 1.500 Rs.

Junagadh

– Provinzstadt mit Flair

Unser Tipp: Für die meisten der wenigen Touristen, die die inmitten von Berghügeln gelegene Stadt besuchen, ist sie nicht viel mehr als eine Zwischenstation auf dem Weg zum 70 km entfernten Sasan-Gir-Nationalpark. Das ist schade, ist Junagadh doch mit dem sehr weiträumigen, die Stadt überblickenden Fort, einzigartigen Grabbauten aus dem 18. Jh., dem nahe gelegenen Girnar-Hügel, einem der vier heiligen Berge der Jains, den historisch bedeutenden Ashoka-Inschriften sowie mit seiner mittelalterlich anmutenden Altstadt die **sehenswerteste Stadt Gujarats.** Leider verfallen viele der historischen Gebäude langsam, da sie von ihren ehemaligen Besitzern verlassen wurden und sich keine neuen Käufer gefunden haben. Oft steht nur noch die Fassade der ehemals prächtigen Bauten. Man scheint darauf zu warten, dass sie genügend vom Zahn der Zeit zerfressen werden, um Platz für neue, bunte Bauklotz-Sünden zu bekommen.

Sehenswertes

Uparkot Fort

Am Ende der etwa 2 km aufsteigenden schmalen Dahl-Straße, die auf beiden Seiten von vielen kleinen Geschäften und einmündenden Gassen flankiert wird und so allein schon eine längere Entdeckungsreise wert wäre, gelangt man durch das Westtor in die von **hohen Mauern** umschlossene Festung. Wären da nicht die auf die Stadt gerichteten riesigen Kanonen, so würde man sich in der weitläufigen von **Gärten** und Buschwerk überzogenen Anlage wohl eher in einer hoch gelegenen Parkanlage wähnen. Kleine Pfade führen zu den einzelnen Sehenswürdigkeiten, die Ausdruck über die bewegte Vergangenheit dieser Festungsanlage geben.

Auf über 1.500 Jahre schätzt man das Alter der zweigeschossigen, **buddhistischen Meditationshöhle** im Nordwesten der Anlage. Während der Restaurationsarbeiten wurde das Dach entfernt, sodass die aus mehreren Räumen und Hallen bestehende Höhle nach oben offen ist. Auf der unteren Etage finden sich sechs Säulen, deren angeblich kunsthistorisch bedeutende Gravierungen jedoch wohl nur von Fachleuten als solche zu erkennen sind (den separaten Eintritt von 100 Rs kann man sich also sparen).

Oberhalb und etwas nördlich der Höhlen liegen die Ruinen der 1472 vom König von Gujarat aus den Überresten eines ehemaligen Hindu-Tempels erbauten **Jami Masjid** (Freitagsmoschee). Entsprechend ungewöhnlich ist ihre Architektur, etwa die drei achteckigen Deckenöffnungen. Es wird angenommen,

411in mb

Ein Pumpturm im Uparkot Fort

dass einstmals darüber auf Säulen ruhende Kuppeldome errichtet waren.

Der weiche, leicht zu bearbeitende Sandstein, auf dem das Fort erbaut wurde, eignete sich neben dem Bau von Höhlen auch vorzüglich zum Bau der gerade in Gujarat so kultivierten **Stufenbrunnen.** Im Osten der Anlage finden sich zwei sehr schöne Beispiele hierfür: der Adi Chadhi, dessen verschiedene Ebenen über lange Treppenfluchten zu erreichen sind, sowie der Naughan mit seiner schönen Wendeltreppe. Neueren Datums und nach wie vor in Gebrauch sind die beiden großen **Wasserreservoirs** im Südosten des Forts, von denen man einen schönen Blick auf den Girnar hat.

Wieder in der Nähe des Westtors angelangt, sind zwei riesige, 1531 in Ägypten gegossene **Kanonen** zu bewundern. Die größere der beiden, die von einem Schutzgitter umgebene, über fünf Meter lange Neelam-Kanone, soll während der Schlacht um Diu von den Türken eingesetzt worden sein. Auch die kleinere Manek-Kanone sowie die nach Süden ausgerichtete, knapp vier Meter lange Kadanal-Kanone wurden ursprünglich 1538 bei einer Seeschlacht der Türken gegen die Portugiesen eingesetzt und später auf das Fort gebracht.

■ **Öffnungszeiten:** Das Fort ist tgl. außer jeden 2. und 4. Sa im Monat 6.30–18.30 Uhr geöffnet.

Mahabad Maqbara

Diese im südlichen Teil der Stadt gegenüber dem Gerichtsgebäude gelegenen **Gräber** der Nawabs von Junagadh als „hervorragende Beispiele islamischer Architektur" zu bezeichnen, ist kunsthistorisch gesehen sicherlich zutreffend, doch beim westlichen Besucher werden sich beim Anblick dieses knallbunten Gebäudes mit seinen geschwungenen Minaretten und freilaufenden Wendeltreppen sicherlich auch Assoziationen an Disneyland einstellen. Leider sind diese zwischen 1878 und 1892 entstandenen Mausoleen stark renovierungsbedürftig. Man kann nur hoffen, dass sich ein Spender findet, der die einzigartigen Gebäude vor dem Verfall bewahrt.

Durbar-Hall-Museum

Inmitten der schönen Altstadt am Diwan Chowk fällt der ehemalige **Palast** der Nawabs neben den übrigen prächtigen mittelalterlichen Gebäuden kaum auf. Auch hier wurden Teile des Palastes in ein Museum umgewandelt, in dem sich die üblichen Ausstellungsstücke wie Jagdtrophäen, Porträtgemälde, umfangreiche Waffen- und Münzsammlungen sowie mehrere Sänften finden. Am interessantesten erscheint noch die **Fotogalerie,** die den letzten Nawab, umgeben von seinen so heiß geliebten Hunden, zeigt. Der Museumseingang befindet sich auf der Rückseite des Palastes.

■ **Öffnungszeiten:** tgl. außer Mi und jeden 2. und 4. Sa von 10 bis 13 und 15 bis 18 Uhr.

Ashoka-Inschriften

Etwa einen Kilometer nördlich der Stadt auf der Straße zum Girnar-Berg wurden 1822 in einem großen **Granitblock** Inschriften des ersten, gesamtindischen Kaisers *Ashoka* aus dem 3. Jh. v. Chr. entdeckt. Wie schon seine über ganz Indien verteilten Ediktsäulen dienten auch diese Pali-Inschriften zur moralischen Belehrung seiner Untertanen. Es finden sich u.a. Verbote zur Tötung von Tieren zu Opferzwecken, Ermahnungen zu religiöser Toleranz und Harmonie und die Aufforderung zum Leben in Einklang mit der buddhistischen Lehre. Weitere in Sanskrit verfasste Inschriften wurden u.a. 450 n. Chr. von Chandragupta, dem König des Maurya-Reiches, hinzugefügt. Zum Schutz vor Umwelteinflüssen wurde der Granitblock überdacht.

■ **Öffnungszeiten:** 8–13 und 14–18 Uhr, Eintritt 100 Rs. Am einfachsten und billigsten fährt man mit **Bus Nr. 3** vom Busbahnhof.

Girnar-Berg

Neben dem Shatrunjaya bei Palitana, Mount Abu in Rajasthan und dem Shamesjikara in Bihar gehört der Girnar zu den vier heiligen Bergen der Jains. Auf ihm wird u.a. dem *Nemiantah,* dem 22. Tirthankara (Furtbereiter) gehuldigt, der dort ins Nirvana eingegangen sein soll.

Man sollte mit dem **Aufstieg** am frühen Morgen beginnen und für den gesamten Ausflug von Junagadh einen vollen Tag veranschlagen. Von unten erscheint der Berg extrem steil, doch über die gut ausgebauten, fast 10.000 Stufen ist der Gipfel in gut zwei Stunden zu erreichen. Nachdem man ein kleines Wäldchen durchquert hat, beginnt der eigentliche Aufstieg beim Damodawar Kund, einem heiligen, künstlich angelegten Teich. Entlang des Weges finden sich immer wieder kleinere Erfrischungsstände, welche nicht nur von den Pilgern und Touristen als willkommene Rastplätze wahrgenommen werden, sondern auch von den gerade hier besonders zahlreichen Affen als idealer Beuteplatz auf ihrer nimmermüden Suche nach Essbarem. Bevor man den ummauerten Tempelbezirk auf etwa 700 m Höhe erreicht, gilt es noch eine sehr spektakuläre, eng an der Felswand gelegene Stelle zu passieren.

Wichtigster und ältester der insgesamt sechzehn Marmortempel ist der nach dem 22. Furtbereiter benannte **Nemiantah-Tempel.** Sein schwarzes Kultbild findet sich im Innersten des Heiligtums. Hinter diesem Haupttempel steht ein Dreifachtempel aus dem Jahre 1177, in dessen Mittelschrein Maliantha, der 19. Furtbereiter, verehrt wird. Es bedarf eines weiteren halbstündigen steilen Anstiegs, um zum Gipfelheiligtum, dem der hinduistischen Weltenmutter Amber Mata gewidmeten Tempel, zu gelangen. Hierher pilgern besonders viele jung verheiratete Paare, da sie sich von der Anbetung im Tempel eine glückliche Ehe versprechen. Verheiratet oder nicht, der letzte Anstieg zum Gipfel lohnt sich für alle, da der Ausblick für alle Mühen entschädigt.

■ **Anfahrt** mit Buslinien Nr. 3 und 4 vom Busbahnhof in Junagadh zum 4 km östlich der Stadt gelegenen Beginn des Aufstiegs. Mit dem Taxi kostet es etwa 150 Rs.

Unterkunft
1 Hotel Indralok
2 Lotus Hotel
5 Relief Hotel
8 Hotel Paramount
10 Shikhar Palace

Essen und Trinken
1 Rajbogh Restaurant
2 Petals Restaurant
4 Geeta Lodge
7 Swati Restaurant
9 Santoor Restaurant

Verkehr
3 Bahnhof für Fernbusse
6 City Bus Stand

Praktische Tipps

- **Vorwahl:** 0285

Stadtverkehr

- Das Relief Hotel und ein kleiner gelber Bretterverschlag schräg gegenüber dem Bahnhof vermieten für 50 Rs pro Tag **Fahrräder.**

Unterkunft

- Wegen seiner zentralen Lage an der Dhal Road ist das ordentliche **Relief Hotel**①-② (Tel. 2620280) die beliebteste Unterkunft für Traveller. Die eher dunklen, geräumigen Zimmer sind sauber, einige mit TV. Positiv zu vermerken sind neben der optimalen Lage und dem hauseigenen Restaurant auch die an der Rezeption ausliegenden Broschüren über Junagadh und Umgebung, der ansonsten hilfsbereite Besitzer sowie der Fahrradverleih im Haus.
- Das beste Preis-Leistungs-Verhältnis im unteren Preissegment bietet das **Lotus Hotel**② (Tel. 2658500, www.thelotushotel.com) an der Station Road: blitzblanke, geräumige und helle Zimmer in zentraler Lage. Einziger Nachteil ist der Geräuschpegel von der stark befahrenen Straße.
- Eines der besten Budget-Hotels im Zentrum ist das Hotel **Shikhar Palace**② (Jayshree Rd., Tel. 2626596, (0)9898155796) auf der gegenüberliegenden Straßenseite im 3. Stock des Shikhar Complex. Die klimatisierten, hübschen Zimmer verfügen über etwas mehr Komfort als die ohne AC.
- Nur wenig fällt das **Hotel Paramount**② (Tel. 2622119, www.hotelshreeparamount.com) am Kalwa Chowk dagegen ab und ist somit ebenfalls empfehlenswert. Einige Zimmer mit Badewanne.
- Ist es in beiden voll, kann man im bunten Bauklotz des **Hotel Indralok**②-③ (nahe Majevadi Gate, Tel. 2658511/2, (0)9724495555, hotelindralok@hotmail.com) an der Railway Station Rd. ebenfalls recht komfortabel wohnen, obwohl es nicht in der Altstadt liegt. Flachbild-TV und WiFi sprechen für das moderne, etwas gesichtslose Haus. Die meisten der geräumigen Zimmer sind klimatisiert.

Essen und Trinken

Junagadh ist nicht gerade als lukullische Hochburg zu bezeichnen, die Auswahl an guten Restaurants ist nicht berauschend.

- Super lecker und günstig (120 Rs) sind die Gujarati Thalis in der seit Jahrzehnten in Junagadh ansässigen **Geeta Lodge.** Sehr „local" – entsprechend simpel sind die Einrichtung und der Service.
- Leckere vegetarische Gerichte serviert das im 1. Stock eines unscheinbaren Gebäudes an der Jayshree Rd., westlich vom Kalwa Chowk, gelegene **Swati Restaurant** (11–15 und 17.30–22.30 Uhr).
- Freunde vegetarischer Kost sollten das **Santoor Restaurant** an der MG Rd. in der Nähe des Kalwa Chowk aufsuchen: authentisch-indische Speisen zu günstigen Preisen (30–70 Rs) bei freundlichem Service.
- Das **Petals Restaurant** im Lotus Hotel bietet eine große Auswahl an indischen und chinesischen Gerichten in gepflegtem Ambiente zu vernünftigen Preisen (100–230 Rs). Einziger Nachteil: Die AC ist zuweilen auf arktische Temperaturen eingestellt.
- In für Junagadh Verhältnisse gepflegtem Ambiente kann man im **Rajbogh Restaurant** eine kulinarische Weltreise antreten. Das im Erdgeschoss des Hotel Indralok angesiedelte Restaurant bietet indische, chinesische und westliche Speisen zu 100–200 Rs für ein Hauptgericht.
- Speziell in der Zeit von November bis Januar sollte man die an vielen **Straßenständen** angebotenen Mangomilchshakes probieren, die zu den besten Indiens zählen.

An- und Weiterreise

Bahn

- Das **Reservierungsbüro** am Bahnhof ist von Mo bis Sa 8–13 und 15–20 Uhr, So 8–14 Uhr geöffnet.
- Der um 19.30 Uhr in Veraval startende 9222 Somnath Exp. passiert um 21.08 Junagadh und fährt über **Rajkot** (an 23.25 Uhr) in 7 Std. zum 380 km entfernten **Ahmedabad** (Ank. 4 Uhr). Umgekehrt (Abfahrt in Ahmedabad um 22 Uhr) erreicht der 9221 über Rajkot (Abf. 2.20 Uhr) um 4.22 Uhr Junagadh und fährt einige Minuten später weiter nach **Veraval** (Ank. 6.15 Uhr).
- Der 1463 Somnath Jabalpur Exp. (Abf. 11.45 Uhr) benötigt nach **Rajkot** (Ank. 13.55, fährt weiter bis Ahmedabad, Ank. 18.25 Uhr) und in umgekehrter Richtung nach

Veraval (Abf. 11.15 Uhr) knapp 3 Std. Drei weitere Züge täglich.

■ Zum **Sasan-Gir-Nationalpark** fährt tgl. ein Zug um 7 Uhr in 2½ Std. Er fährt bis **Delvada** (Diu) weiter (Ank. 13.30 Uhr).

Bus

■ Häufige Direktverbindungen vom Long Distance Bus Stand oder mit einem der vielen davor auf Kunden wartenden Privatbusse bestehen u.a. stündlich nach **Porbandar** (8–14 Uhr, private bis 20 Uhr, 3 Std.) und **Rajkot** (2 Std.), sowie nach **Veraval** und **Una** (2½ Std., zwischen 6 und 19.30 Uhr). Eine Verbindung um 5 Uhr nach **Palitana, Dwarka** (weiter bis Okha) um 7 und 16 Uhr. Direktbusse nach **Diu** um 14.30 und 15 Uhr. Nach **Bhuj** 5 Busse täglich (10.15, 11, 11.45, 14.30 und 16.30 Uhr). Ein Bus nach **Udaipur** um 13 Uhr, zwei nach **Ahmedabad** um 6 und 7 Uhr. Mehrere Privatanbieter fahren zwischen 7 und 23 Uhr in Gujarats Metropole.

■ Zum **Sasan-Gir-Nationalpark** gibt es ab 6 Uhr stündlich Verbindungen. Fahrtdauer 2 Std. Mit dem **Taxi** (viele warten gegenüber dem Busbahnhof auf Kunden) sollte man nicht mehr als 2.500 Rs zahlen.

■ Viele Büros der **privaten Busgesellschaften** befinden sich auch beim Kalwa Chowk. Wenn einer der ankommenden Privatbusse etwas außerhalb der Stadt seine Fahrt beendet, wird man per Minibus in die Innenstadt weiterbefördert.

Porbandar

– Mahatma Gandhis Geburtsstadt

Der beißende Geruch von getrocknetem Fisch und die Abgase der Industrieschornsteine machen diese für Gujarat typische Provinzstadt nicht gerade zu einem Muss auf der touristischen Landkarte. Wenn sich dennoch immer wieder einige Westler hierher verirren und der Name der Stadt wohl allen Indern ein Begriff ist, so liegt dies daran, dass hier am 2. Oktober 1869 *Mahatma Gandhi* das Licht der Welt erblickte.

Kirti Mandir

Eine schöne Marmorstatue auf einem hohen Sockel, Mahatma Gandhi in seiner typischen, auf einen Stock gebeugten Haltung, nur mit Sandalen und Umwurf bekleidet, findet sich am Ende der Mahatma Gandhi Road auf einem kleinen, von schönen alten Häusern umstellten Platz.

Wer von hier rechts abbiegt und nach etwa 50 m durch einen Mauereingang tritt, befindet sich in einem kleinen, mit Marmorkacheln ausgelegten Innenhof, vor sich den hässlichen Protzbau der **Mahatma Gandhi Memorial Hall.** Die anlässlich der Einweihung 1956 angebrachten Gedenktafeln lassen erkennen, dass es hierbei mehr um die Selbstdarstellung der bei der Einweihungsfeier anwesenden Politiker ging, als um die Ehrung Gandhis. Das links daran anschließende **Geburtshaus** Gandhis (Kirti Mandir) wirkt neben dem architektonischen Monstrum fast verloren. Die 17 Räume des 215 Jahre alten, dreigeschossigen Geburtshauses sind bis auf drei Porträtgemälde von Mahatma Gandhi und seinen Eltern unmöbliert. Wäre da nicht die Swastika an der Stelle, wo Gandhi das Licht der Welt erblickte, so bliebe die historische Bedeutung dieses Gebäudes völlig im Dunkeln. Tatsächlich vermitteln die Gandhi-Gedenkstätten in Mumbai, Delhi und Ahmedabad einen interessanteren Einblick in Leben und Werk des Politikers und Philosophen, und so scheint mir ein Abstecher nach Porbandar auch nur für echte Gandhianer lohnenswert.

- **Öffnungszeiten:** 7.30–19 Uhr, Eintritt frei.

Praktische Tipps

- **Vorwahl:** 0286

Stadtverkehr

- Von der Railway Station zum Stadtzentrum entlang der Mahatma Gandhi Road sollte man mit dem **Scooter** nicht mehr als 15 Rs, mit der **Fahrradriksha** 10 Rs zahlen.

Unterkunft, Essen und Trinken

Egal in welcher Preiskategorie, die Auswahl an auch nur geringen Maßstäben gerecht werdenden Unterkünften ist äußerst dürftig.

- Für eine Nacht o.k. (und wer bleibt in Porbandar schon länger?) ist das von außen recht nüchtern wirkende **Moon Palace**①-② (MG Rd., Tel. 2241172, moonpalace @porbandaronline.com).
- Leicht seltsam ist die Architektur des **Hotel Indraprasth**② (ST Cross Rd., Tel. 2242681/2, www.hotelindra prasth.biz) gegenüber dem Swami-Narayan-Tempel, doch die angenehmen, wenn auch recht klein geratenen Zimmer, manche mit Wandbemalungen, sind ihr Geld wert. Die teureren sind klimatisiert.
- Ganz ähnliche Qualität offeriert das **Hotel Natraj**② (MG Rd., nahe der UTI Bank, Tel. 2215658, www.hotelna trajp.com) zu identischen Preisen. Nicht nur die geräumigen Suiten sind hübsch möbliert. Die kleinen Einzelzimmer sind auch hier sehr preiswert.

UNSER TIPP: Die einzige wirklich gänzlich überzeugende Unterkunft in Porbandar ist das für seinen Preis ausgezeichnete **Lord's Eco Inn**③ (Tel. 225330, www.lordsho tels.com) nahe dem Strand. Alle Zimmer sind geräumig, freundlich und gepflegt, das Personal ist professionell und das hauseigene **Restaurant Blue Coriander** ausgezeichnet. Ein hervorragendes Preis-Leistungs-Verhältnis und die absolute Topwahl in Porbandar.

- Komfortabel sitzt man im **Restaurant Swagat** (1. Stock, 8.30–15 und 18–22 Uhr) an der MG Rd. mit einer recht großen Auswahl an nordindischen und chinesischen Speisen.
- Sehr schmackhafte südindische, Punjabi- und chinesische Küche serviert das **Shanti Restaurant** (10–15 und 18–23 Uhr, 90–200 Rs) in der Ramtekri Rd.

Bank und Internet

- Geldwechsel ist nur bei **Thankys Tours & Travels** (MG Rd., nahe dem Dreamland Cinema, Tel. 2247153) möglich, also bei keiner staatlichen Bank. Der **UTI-Bank-ATM,** zentral an der Mahatma Gandhi Road, ist mit den meisten Kreditkarten einverstanden.
- **Sify-i-way** an der SV Patel Rd. stellt die schnellsten Verbindungen zur Verfügung.

An- und Weiterreise

Flug

- Die Autoriksha zum Flughafen kostet ca. 40 Rs. Thankys Tours & Travels (Jeevan Jyot, MG Rd., Mo–Sa 9–20 Uhr, So 10–13.30 Uhr, Tel. 2244344) ist eines der Reisebüros, über das man Flugtickets buchen kann.

Bahn

- Die beste Verbindung nach **Mumbai** (Ank. 19.15 Uhr) bietet der 9216 Saurashtra Exp. (Abf. 20.25 Uhr), der die 960 km lange Strecke mit Stopps in **Rajkot** (4½ Std.), **Ahmedabad** (9½ Std.) und **Vadodara** (13 Std.) in 23 Std. zurücklegt.
- Mi und Do fährt der 2905 Porbandar Howrah um 6.40 Uhr dieselbe Strecke bis **Ahmedabad** (Ank. 15.20 Uhr) über **Rajkot** (an 10.30 Uhr).

Bus

- Vom Busbahnhof wie auch mit privaten Busgesellschaften, die ihre Büros alle entlang der Mahatma Gandhi Road in der Nähe des Flamingo Hotels haben, bieten sich Direktverbindungen u.a. nach **Junagadh** (3 Std.), **Rajkot** (5 Std.), **Veraval** (3 Std.) und **Dwarka** (4 Std.). Die meisten Veraval-Busse fahren weiter bis **Diu.**

Zwischen Anspruch und Wirklichkeit – Mahatma Gandhis Lehre von der Gewaltlosigkeit

Keine Stadt in Indien, in der nicht eine Hauptverkehrsstraße nach ihm benannt wäre, kein Tag, an dem nicht irgendwo im Lande eine Statue von ihm eingeweiht würde, und vor allem keine Sonntagsrede eines Politikers, in der er nicht erwähnt wird. Mahatma Gandhi, „der nackte Fakir", wie ihn *Winston Churchill* einst auf Grund seines nur spärlich bekleideten Äußeren abschätzig nannte, ist nicht nur der meistverehrte und meistzitierte Politiker Indiens, sondern weltweit zu einem Symbol für Gewaltlosigkeit und Bescheidenheit geworden.

Man kann sich jedoch des unguten Gefühls nicht erwehren, dass mit der Mythisierung Gandhi nur von der Tatsache abgelenkt werden soll, dass der Vater der Nation mit seinen Lehren schon zu Lebzeiten gescheitert war. Er selbst war einer der Ersten, die dies erkannt hatte, als er im Juli 1946 sagte: „Ich weiß, Indien ist nicht mehr auf meiner Seite. Ich habe nicht genug Inder von der Wahrheit der Gewaltlosigkeit überzeugt."

Bertrand Russells Kommentar „das unabhängige Indien hat Gandhi zu einem Helden gemacht und alle seine Lehren ignoriert" hat die Diskrepanz zwischen Anspruch und Wirklichkeit am treffendsten beschrieben.

Wie vergänglich Personen und Ideen im politischen Leben Indiens sein können, zeigt ein Rückblick auf das Jahr 1915. Damals warteten Tausende von Indern im Hafen von Mumbai erwartungsfroh auf die Rückkehr des am 2. Oktober 1869 in dem Hafenstädtchen Porbandar geborenen *Mohandas Karmachand Gandhi*. Der Sohn eines einflussreichen und wohlhabenden Politikers war 1895 nach einem vierjährigen Jurastudium in England als Rechtsanwalt eines Handelshauses seiner Heimatstadt nach Südafrika gegangen. In den folgenden 20 Jahren hatte er sich dort als Führer seiner gegen die Rassendiskriminierung kämpfenden Landsleute einen weit über die Grenzen Südafrikas hinausgehenden Namen gemacht. So war er bei seiner Rückkehr bereits ein Held, und viele Inder glaubten, in ihm endlich den lang ersehnten Retter aus über 500-jähriger Fremdherrschaft gefunden zu haben.

Tatsächlich stand er auch sehr bald an der Spitze der indischen Unabhängigkeitsbewegung gegen die britischen Kolonialherren, die er durch seine Aktionen des **gewaltlosen Widerstandes** mehr und mehr in die Defensive drängte. Besondere Berühmtheit erlangte hierbei sein legendärer **Salzmarsch,** bei dem ihm 1930 Hunderttausende seiner Landsleute in einem beispiellosen Triumphzug durch die Wüsten Gujarats zum Meer folgten, um mit dem dort gewonnenen Salz den symbolischen Sieg über das britische Salzmonopol zu feiern.

Kaum war die **Unabhängigkeit** errungen, wurde der Traum vom freien, selbstbestimmten Indien zum Albtraum. Millionen von Hindus und Moslems schlachteten sich auf offener Straße mit Äxten und Messern ab, und in den Wochen nach dem 15. August 1947, dem Tag der Unabhängigkeit, „floss mehr Blut als Regen", wie es ein Reporter der New York Times formulierte.

Hier bewahrheitete sich auf fatale Weise die von Gandhi immer wieder vertretene These, dass der politischen Freiheit die ethisch-moralische Freiheit jedes einzelnen vorausgehen müsse. Zur Einübung dieses von aktiver Nächstenliebe, Gewaltlosigkeit und materieller Enthaltsamkeit geprägten Lebensstils, für den er den Begriff *Satyagraha* (Festhalten an der Wahrheit) prägte, gründete er den noch heute bestehenden **Satyagraha-Ashram** in Ahmedabad. Entschieden wandte er sich auch gegen die Diskriminierung der Unberührbaren, die er in den Ashram integrierte und den Namen *Harijans* (Kinder Gottes) verlieh. Hier zeigt sich, dass Gandhis eigentliches Interesse viel mehr soziales Engagement als die große Politik war. So nahm er am Tag der Unabhängigkeit auch bezeichnenderweise nicht an den offiziellen Feierlichkeiten teil, sondern diente weitab von Delhi in einem kleinen Dorf den Armen.

„Experimente mit der Wahrheit" nannte er programmatisch seine **Autobiografie,** wohl wissend, dass sein Weg zuweilen mit Irrtümern gepflastert war. Aus heutiger Sicht gehört hierzu sicherlich auch seine **Verklärung des indischen Dorflebens,** wenn er z.B. dazu aufforderte „alles zu verlernen: Eisenbahnen, Telegrafen, Krankenhäuser, Advokaten, Doktoren, all dies muss verschwinden; und die sogenannten besseren Kreise müssen bewusst, gläubig und gezielt das einfache Bauernleben lernen, im Wissen, dass dieses Leben das wahre Glück bringt."

Sein langjähriger Weggefährte und Indiens erster Ministerpräsident *Jawaharlal Nehru* erteilte dieser Verklärung des indischen Dorflebens eine klare Absage: „Gandhi denkt immer nur in Kategorien von persönlichem Heil, während in unserem Denken das Wohl der Gesellschaft zuoberst steht. Es genügt ihm, die Herzen zu verändern. Das ist eine rein religiöse Haltung zum Leben und seinen Problemen. Mit Politik, Ökonomie und Soziologie hat das nichts zu tun."

Dwarka

– Pilgerstadt mit Charme

„Dwarka is different from India and the rest of the world", sagte mir mein Rikshafahrer *Bhagat,* nachdem er mir zwei Stunden lang jeden Winkel seiner Heimatstadt gezeigt hatte und sich schließlich entschieden weigerte, auch nur eine Rupie anzunehmen. Friendship, nicht Geld sei für ihn wichtig, antwortete er mir auf meine wiederholt vorgetragene Bitte, doch wenigstens sein verfahrenes Spritgeld ersetzen zu dürfen. Auch meinen Hinweis, er habe schließlich fast einen ganzen Nachmittag für mich geopfert, ließ er nicht gelten: „We have plenty of time here!"

Nach zwei weiteren Tagen in dieser kleinen, am äußersten **Nordwestzipfel Kathiawars** gelegenen Stadt konnte ich Bhagat in der Beurteilung seiner Heimatstadt nur zustimmen: eine solch angenehme und friedvolle Stadt findet sich nur äußerst selten.

Es ist wohl der Geist Krishnas, des lebensfroh verspielten Hindu-Gottes, der sich hier widerspiegelt. Der Legende nach soll er, vor der Rache der Angehörigen des Königs Kamsa, den er zuvor getötet hatte, aus seiner Hauptstadt Mathura fliehend, in Dwarka vor 3.400 Jahren seine neue Hauptstadt gegründet haben. Unzählige Tempel sind ihm gewidmet, und im August/September strömen Zehntausende von Pilgern zum Janmashtami-Fest nach Dwarka, um den Geburtstag Krishnas zu feiern.

Dwarka, neben Mathura, Ujjain, Ayodhya, Hardwar, Varanasi und Kanchipuram eine der sieben großen Pilgerstätten Indiens, ist aber auch ganzjährig Anziehungspunkt von Pilgergruppen. Selbst für diejenigen, die schon mehr als genug Tempel gesehen haben, ist die Stadt aufgrund ihrer heiter gelassenen Atmosphäre einen Besuch wert.

Sehenswertes

Dwarkandish-Tempel

„Stadt der Tempel“ wird Dwarka ob seiner enormen Anzahl von Hindu-Tempeln auch genannt. Der Dwarkanadish-Tempel, den wichtigsten und größten von allen, soll Krishna innerhalb nur einer Nacht errichtet haben. Der fünfgeschossige, von 60 Säulen getragene **Tempelturm** ist weithin sichtbar und bildet neben dem Leuchtturm das Wahrzeichen Dwarkas.

- **Öffnungszeiten:** täglich 7–8, 9–12.30 und 17–21.30 Uhr.

Weitere Tempel

Interessante Tempel sind der **Rukmini-Tempel,** 1 km östlich des Dwarkanisk-Tempels mit herrlichen Schnitzereien, und der **Sabha-Mandapa-Säulentempel,** der 2.500 Jahre alt sein soll. Viele weitere Tempel liegen direkt an der **Küste** bzw. sind ihr vorgelagert und können, wenn überhaupt, **nur bei Ebbe** erreicht werden. Der Legende nach sollen sie aus Überresten der bei Krishnas Tod im Meer versunkenen Stadt erbaut worden sein. Weitere für die Hindus bedeutende Tempel befinden sich auf der dem Festland vorgelagerten Insel Okha.

- Auf einer zweimal täglich durchgeführten, fünfstündigen **Bus-Bootsfahrt** (8 und 14 Uhr, 40 Rs ohne Bootsticket) können diese und weitere auf dem Weg liegende Tempelstätten sowie die Insel Bet im Norden besichtigt werden. Tickets gibt's bei Dwarka Darshan (Büro am Gemüsemarkt). Per **Taxi** sollte die Besichtigung der Hauptsehenswürdigkeiten etwa 1.000 Rs kosten.

Leuchtturm

Einen sehr beeindruckenden Blick auf die Stadt und ihre wunderschöne Lage am Meer bietet der Leuchtturm, der zwischen 17 und 18.30 Uhr für Touristen geöffnet ist. Fotografieren ist seltsamerweise nicht erlaubt.

Praktische Tipps

Unterkunft, Essen und Trinken

(Vorwahl: 02892)

- Die große Auswahl an geräumigen und sauberen Zimmern sowie das freundliche Personal und die korrekten Preise machen den staatlichen **Toran Tourist Bungalow** ② (Tel. 234031) zu einer guten Wahl.
- Eine der besten Billig-Unterkünfte ist das **Hotel Guruprerna**② (Tel. 234512, guruprerna@nivalink.com) gegenüber vom Bhadrakali-Tempel. Für die blitzblanken und geräumigen Zimmer (die teureren mit AC) bietet das Haus ein hervorragendes Preis-Leistungs-Verhältnis. Abgesehen vom Manager spricht niemand im Hause Englisch. Das angeschlossene **Sharanam-Restaurant** serviert südindische und Punjabi-Gerichte.
- Mit seinem freundlichen Service, den einfachen, aber sauberen Zimmern und der Innenstadtlage bietet das **Hotel Nand Nandan**② (Jodah Manej Rd., Tel. 235040, www.hotelnandnandan.com) ein gutes Preis-Leistungs-Verhältnis.
- Die mit Abstand beste Unterkunft in der Stadt ist das **Dwarkadhish Lords Inn**③-④ (Tel. 235925, www.lordshotels.com). Die frisch und modern eingerichteten Zimmer mit Flachbildschirm und Meeresblick, das gute **Restaurant Blue Coriander** und das professionelle Management heben es deutlich von der Konkurrenz ab.
- Ausgezeichnete nord- wie südindische Gerichte in sehr angenehmem Ambiente zu günstigen Preisen (Thali 150 Rs) bietet das gleich um die Ecke vom Dwarkandish-Tempel gelegene **Amrut Ras Restaurant** – eine prima Adresse.
- Wen die Lage 6 km außerhalb der Innenstadt nicht stört, der sollte sich im **Goverdhan Greens**③ (Tel. (0)9099079081/82, www.goverdhangreens.com) einmieten. Das gepflegte Haus mit modernen Zimmern und einem hervorragenden, günstigen Restaurant, umgeben von einem hübschen Garten, ist die beste Unterkunft in Dwarka.

An- und Weiterreise

Bahn

■ Der 9006 Saurashtra Mail fährt von Dwarka (Abf. 13.03 Uhr), mit Stopp u.a. in **Rajkot** (17.20 Uhr), **Ahmedabad** (22.25 Uhr) und **Vadodara** (0.37 Uhr), in 20 Std. nach **Mumbai.** In der umgekehrten Richtung startet er (Zug-Nr.: 9005) in Mumbai um 20.25 Uhr, Ahmedabad (ab 4.55 Uhr), Rajkot (ab 10.10 Uhr), Ankunft in Dwarka um 15.07 Uhr.

Bus

■ Direktbusse verkehren u.a. zwischen Dwarka und **Junagadh** (alle 2 Std., 6 Std.), **Rajkot** (6 Std.) und **Somnath** (7 Std.).

Rajkot

Die ehemalige Hauptstadt des kleinen Fürstentums Kathiawar hat touristisch recht wenig zu bieten und ist nicht viel mehr als ein Zwischenstopp auf dem Weg in die Wüstenstadt Bhuj.

Gandhi-Haus

Im Jahre 1876 wurde Gandhis Vater *Karamchand (Kaba) Gandhi* zum Chefminister des Fürstentums Saurashtra ernannt, und so zog er mit seiner Familie von Porbandar nach Rajkot. *Mahatma Gandhi* verbrachte hier einen Großteil seiner Jugend, bevor er 1888 zum Studium nach England aufbrach. Das in den Gassen der Altstadt nur schwer zu findende **Haus der Familie Gandhi** (Kaba Gandhi no Delo, Ghee Kanta Rd., Mo–Sa 9–12 und 15–17.30 Uhr, Eintritt frei) wurde 1969, zum hundertsten Geburtstag Gandhis, in ein **Museum** verwandelt. Der Reiz des Museums liegt aber vor allem darin, Einblick in ein die Lebensbedingungen der indischen Oberschicht widerspiegelndes Haus zu bekommen.

Praktische Tipps

■ **Vorwahl:** 0281

Unterkunft

■ Die Auswahl an akzeptablen Billigunterkünften ist sehr dünn. Gerade noch akzeptabel ist das spartanische, dafür jedoch freundliche und saubere **Himalaya Guest House**① (Tel. 222880). Man findet es oberhalb des Eingangs zu einer Einkaufspassage in der Lakhajraj Road. Im Erdgeschoss liegt das günstige **Rainbow Restaurant** mit vegetarischer Küche.

■ Ein Tipp wegen seiner günstigen, sauberen und geräumigen Zimmer ist das **Hotel Samrat International**②-③ (Tel. 2222269, 2232274) an der Karanpara Rd. hinter dem Busbahnhof, obwohl einige Zimmer etwas bunt geraten sind.

■ Eine akzeptable Wahl ist das im 4. Stock eines recht unansehnlichen Bürogebäudes an der Jawahar Road gelegene **The Galaxy Hotel**③ (Tel. 2222905-8, www.thegalaxyhotelrajkot.com). Mit seinen sauberen und geräumigen Zimmern war es lange das beste Mittelklassehotel der Stadt. Davon kann heute keine Rede mehr sein, doch seine zentrale Lage und der günstige Preis machen es für eine Nacht zu einer akzeptablen Unterkunft.

■ Den zurzeit wohl besten Gegenwert in der Mittelklasse bietet das **Pradhyuman Lords Inn**③-④ (Everest Park, Kaladav Rd., Tel. 2562880, www.lordshotels.com). Die 64 zentral klimatisierten Zimmer und Badezimmer machen einen freundlichen, gepflegten und hellen Eindruck, das hauseigene **Restaurant Blue Coriander** offeriert schmackhafte Gerichte in freundlichem Ambiente und die Dachterrasse bietet schöne Aussichten. Einziger Nachteil ist die Lage etwa 5 km vom Zentrum im Südwesten der Stadt. Dafür ist es auch wesentlich ruhiger als im Zentrum.

■ **Fortune Park**④ (Tel. (0)18001022333, www.fortunehotels.in) und **Seasons Hotel**④ (Tel. 7112233, www.seasonshotel.in) sind zwei moderne Hotels, die mit ihrem professionellen Service und allen Annehmlichkeiten, die man in dieser Preisklasse erwartet (große Zimmer mit AC, mehrere Restaurants, Gym, Pool), überzeugen. Beide liegen einige Kilometer außerhalb im Süden bzw. Westen der Stadt.

■ Viele weitere Annehmlichkeiten gibt's im besten Haus am Platz, dem **Imperial Palace**⑤ (Dr. Yagnik Rd., Tel.

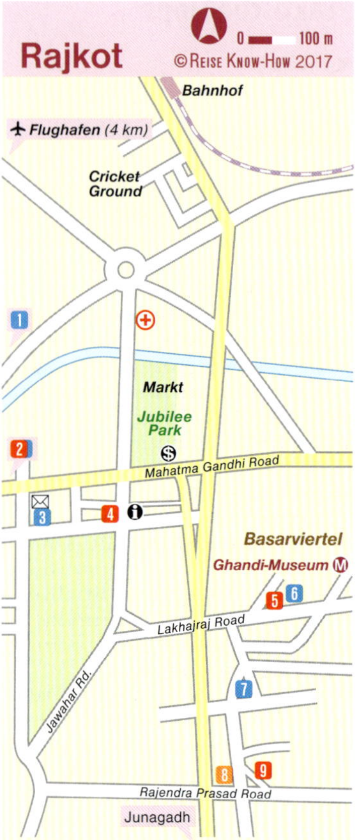

Unterkunft
2 Imperial Palace
4 The Galaxy Hotel
5 Himalaya Guest House
9 Hotel Samrat International

Essen und Trinken
1 Lord's Banquet, Temptations
2 apple Bite
3 Adingo
6 Rainbow Restaurant
7 Bukhara Woodlands Restaurant

Verkehr
8 Busbahnhof

2480000, www.theimperialpalace.biz) im Zentrum. Angenehme Zimmer mit WiFi, Flachbildschirm-TV sowie Jacuzzi, Fitnessraum und Massage sind die üblichen Vorteile dieser hohen Preisklasse.

Essen und Trinken

■ Populär ist das **Bukhara Woodlands Restaurant** (Kanak Rd., 11.30–15 und 19–23 Uhr). Neben den Gujarati-Thalis sind es vor allem die leckeren Paneer-Gerichte, die die einheimische Kundschaft anziehen (100–250 Rs pro Hauptgericht).

■ Mit seinem bunten, auf jung und hipp getrimmten Ambiente zielt das **apple Bite** (http://applebiterjt.com) auf die junge indische Mittelschicht. Scheint zu klappen, denn meist ist das großräumige Restaurant mit seiner scheinbar alles einschließenden Speisekarte (Sandwiches, Pizzen, indisch, chineisch, mexikanisch, Desserts) sehr gut besucht.

■ **Adingo** am Limda Chowk serviert erstklassige Thalis (130 Rs) auf zwei Etagen. Unten mit Lederinterieur, oben heller und farbiger.

■ Erstklassige vegetarische Küche gibt's im alteingesessenen **Lord's Banquet** (Kasturba Rd., 12.30–15.30 und 19.30–23.30 Uhr). Punjabi, chinesisch und westliche Gerichte schmecken ausgezeichnet. Unter gleichem Management befindet sich das in unmittelbarer Nähe gelegene **Temptations.** Die Speisekarte ist eine kulinarische Weltreise und reicht von mexikanisch über italienisch bis zu südindisch, das Ambiente ist modern und freundlich (160–400 Rs).

An- und Weiterreise

Flug

■ Flüge tgl. nach **Mumbai** und **Vadodara** vom 4 km nordwestlich des Zentrums gelegenen Flughafen.

Bahn

■ Der 9006 Saurashtra Mail verbindet Rajkot (Abf. 17.40 Uhr) u.a. mit **Ahmedabad** (Ank. 22.25 Uhr), **Vadodara** (0.40 Uhr) und **Mumbai** (7.15 Uhr). Umgekehrt der 9005: Abf. Mumbai 20.25 Uhr, über Ahmedabad (ab 5.15 Uhr), **Wankaner** (9.15 Uhr), Ank. Rajkot 10.10 Uhr, weiter nach **Hapa, Dwarka** und **Okha.**

- Mehrere Verbindungen tgl. nach **Ahmedabad,** etwa der 1463/1465 Rajkot Jabalpur Exp.: Abf. 14 Uhr, Ank. 18.25 Uhr.
- Das Reservierungsbüro ist Mo–Sa 8–20, So 8–14 Uhr geöffnet.

Bus

- Direktbusse vom Busbahnhof oder von den Büros der direkt dahinter ansässigen privaten Busgesellschaften fahren u.a. von und nach **Ahmedabad** (5 Std.), **Junagadh** und **Dwarka** (6 Std.), **Diu** (8 Std.) **Mumbai** (14 Std.), **Veraval** (5 Std., via Junagadh) und **Bhuj** (6 Std.). Info-Tel. für aktuelle Verbindungen: 2235025/6, 2235026.
- **Privatanbieter** fahren außer Zielen in Gujarat auch Rajasthan und Mumbai an. Verlässlich ist Shiv Shakti Travels (Kanak Rd., Tel. 2234210, 2234201).

Taxi

- Für 50 Rs kann man mit Sammeltaxis, die beim Busbahnhof auf Kunden warten, nach **Junagadh** fahren.

Umgebung von Rajkot

Tarnetar und sein Fest

Unser Tipp: Jedes Jahr im August/September ist der kleine Ort Tarnetar, 75 km nordöstlich von Rajkot, Schauplatz eines Festes, welches mit seiner Buntheit und Ausgelassenheit zu einem der schönsten Nordindiens zählt. Geprägt wird das dreitägige Fest von den 50.000 Gujarati in ihren **farbenfrohen Kleidern** – eine Art Pushkar-Fest ohne westliche Touristen. Szenen, Gerüche, Klänge einer mit lebensfroher Begeisterung dargebotenen **ethnischen Vielfalt** machen das Tarnetar-Fest zum Aushängeschild des bis heute im Kern in jahrhundertealter Tradition verankerten Gujarat. Neben einem riesigen **Jahrmarkt** mit zum Teil mittelalterlich anmutenden Karussells, Schaustellern, Gauklern und Sadhus betören die Gerüche der Essensstände und vor allem die **Tänze und Musikgruppen** alle Sinnesorgane gleichzeitig.

Die in erster Linie als Heiratsmarkt dienende Tarnetar Fair geht in ihrem Ursprung auf den im Stadtzentrum gelegenen Trilocana-Shiva-Schrein zurück, der dem dritten Auge Shivas gewidmet ist. Der Legende nach soll Shiva dieses magische Auge hervorgezaubert haben, als seine geliebte Parvati ihm im Spiel beide Augen zuhielt.

- **Der nächste Termin:** 25.–27.8. 2017

Wankaner

Der knapp 40 km nördlich von Rajkot gelegene Ort wäre keiner weiteren Erwähnung wert, wäre da nicht jenes verwunschene **Schloss des Maharajas** von Wankaner. Auf den ersten Blick traut man seinen Augen nicht, wirkt der 1907 eingeweihte Prachtbau doch wie eine – je nach Charakter und Gemütslage des Betrachters – gelungene, kitschige oder grauenvolle Mischung griechisch-römischer, gotischer und indischer Stilelemente.

Unterkunft

- Das Schloss ist in ein luxuriöses Heritage-Hotel (**The Palace Wankaner**④-⑤, Tel. 02828-220000/3) mit Swimmingpool umgebaut worden. Unter anderem werden Pferdesafaris angeboten.
- Gäste des Maharajas wohnen in den zauberhaften Gästehäusern des **Royal Oasis**④-⑤ (Tel. 02828-220000/1, www.wankanerheritagehotels.com). Ebenfalls von palastähnlichen Ausmaßen und im Empire-Stil erbaut, steht das Herrscherhaus inmitten eines großen Gartens mit alten Bäumen und vielen Vögeln am Machhu-Fluss. Zum Dinner wird man in den Palast gefahren und speist mit dem Maharaja persönlich. Gerade weil alles ein wenig operettenartig, an der Zeit vorbei und voller Wehmut über vergangene Pracht und Herrlichkeit wirkt, ist es ein einzigartiges, wenn auch nicht gerade billiges Erlebnis.

Bhuj

– Wüstenstadt im Wilden Westen Indiens

„Jaisalmer Gujarats" wurde die einzige größere Stadt dieses östlichsten Teils Gujarats bis zu den verheerenden Folgen des Erdbebens vom Januar 2001 oft genannt. Tatsächlich gibt es auffällige Parallelen zwischen beiden Städten. Weit entfernt von der nächsten größeren Stadt, muss man anstrengende, stundenlange Busfahrten durch scheinbar menschenleere Einöden auf sich nehmen, bevor Bhuj wie eine **Oase inmitten der Wüste** auftaucht. Die Wüste macht erst vor den sie umgebenden Stadttoren halt.

Beide Städte waren früher bedeutende Handelszentren an den Karawanenrouten zwischen Afghanistan und dem Indischen Ozean. Doch mit der zunehmenden Bedeutung der Seefahrt, dem Aufstieg Mumbais als führender Wirtschaftsmacht und schließlich der Teilung Indiens im Jahre 1947, die die alten Handelsrouten zerschnitt, verloren sie endgültig ihre einstmalige wirtschaftliche Bedeutung. Die gleiche geografische Lage, die einst ihrem Wohlstand zugrunde gelegen hatte, führte nun dazu, dass sie, scheinbar vergessen im äußersten Westen der Union liegend, von der übrigen wirtschaftlichen Entwicklung ausgeschlossen blieben.

Doch noch einmal sollte die so wechselhafte indische Geschichte das Schicksal beider Städte entscheidend beeinflussen. Die zunehmenden Spannungen zwischen Indien und Pakistan, die sich schließlich in den beiden Bruderkriegen 1965 und 1971 entluden, rückte auf einmal wieder die strategische Bedeutung dieser beiden Außenposten an der Grenze zum Erzfeind ins Bewusstsein. So beherbergen heute beide Städte wichtige Luftwaffenstützpunkte, und die dadurch einfließenden Gelder haben nicht unbeträchtlich zu ihrem wirtschaftlichen Aufschwung beigetragen.

Doch bei allen Gemeinsamkeiten zeigen sich sowohl in der historischen Entwicklung als auch im heutigen Stadtbild deutliche Unterschiede, sodass jede der beiden Städte ihren ganz eigenen, spezifischen Charakter besitzt. Zwar kann Bhuj nicht mit den großartigen Kaufmannshäusern Jaisalmers aufwarten, dafür aber ist die Stadt vom Massentourismus bisher kaum berührt worden.

Das verheerende Erdbeben von 2001 hat besonders Bhuj schwere Schäden zugefügt. Das alte Bhuj ist mit dem Erdbeben verschwunden. Nicht mehr die engen, verwinkelten Gassen, wo die Zeit seit Jahrhunderten stehen geblieben zu sein schien, sondern Zweckbauten prägen das Stadtbild. Dennoch verströmen auch die neu gebauten Häuser in den engen Gassen um den Shroff Bazaar und die Gemüse-Markthalle der Altstadt ihren Charme, nicht zuletzt durch die Herzlichkeit ihrer Bewohner.

Sehenswertes

Prag Mahal

Schon nach Durchschreiten des massiven Eingangstores werden die Schäden, die das Erdbeben von 2001 angerichtet hat, überdeutlich. Besonders auf der rechten Seite türmen sich noch die Trümmer, als sei seit den Erschütterungen kaum etwas passiert. Hat man den von massiven Mauern umgebenen Palastbereich durch das Haupttor betreten hat, ragt zur Linken ein rötlichbrauner **Palastbau** auf. Äußerlich weniger beschädigt als die weniger stabil konstruierten älteren Palastteile Aina Mahal und Durbar Gadh, werden auch hier bei der Besichtigung der für Besucher zugänglichen Räume die Schäden des Erdebebens offensichtlich. Im Innern des im vorigen Jahrhundert erbauten Prag Mahal (Palast des Prag) sind alle goldverzierten Fresken, Spiegel und das Mobiliar der **Durbar Hall** zerstört, Tauben nisten in den Räumen, die mit Dreck und

Vogelhinterlassenschaft einen wenig imposanten Eindruck machen. Der von breiten Rissen durchzogene Glockenturm kann nicht mehr besichtigt werden. Diente die riesige Durbar Hall früher als Gerichtssaal, so bietet sie heute mit den verbliebenen, auf dem Boden aufgereihten oder an den Wänden hängenden Jagdtrophäen ein makaberes Beispiel für die Schieß- und Geltungssucht der Maharajas, deren verstaubte Porträts die Wände der ansonsten gänzlich leeren Halle „schmücken".

Geöffnet ist der Palast täglich von 9 bis 12 und 15 bis 18 Uhr, Eintritt: 100 Rs, Kamera 100 Rs, Video 200 Rs.

Aina Mahal

Verlässt man den Prag Mahal nach links und überquert den Innenhof, so gelangt man zu dem im 18. Jh. erbauten Aina Mahal (Spiegelpalast), in dessen Eingangsbereich sich auch das Touristenbüro befindet. Dieser kleine, im traditionellen Stil erbaute Palast gehört zu den schönsten Maharaja-Palästen Indiens, vor allem weil er einen ganz eigenen, sympathisch altmodischen Baustil repräsentiert und sich damit wohltuend von den oftmals überbordenden Riesenpalästen in Rajasthan unterscheidet. Eine wunderschöne, mit filigranen Einlegearbeiten verzierte **Elfenbeintür** ist sicherlich eines der schönsten Einzelstücke. Auch diese Gebäude wurden stark vom Erdbeben beschädigt, doch ist das Erdgeschoss weiterhin intakt. Das Obergeschoss ist durch das Erdbeben zerstört worden.

Herausragender Mittelpunkt der zum Großteil zerstörten Palastanlage ist die **Spiegelhalle,** in der heute die geretteten Reste aus Prag Mahal und Aina Mahal besichtigt werden können. Ehemals ein architektonisches und handwerkliches Meisterstück in Planung und Ausführung, spiegelte sie gleichzeitig im wahrsten Sinne des Wortes die ungezügelte Verschwendungssucht der Maharajas. Die Marmorwände zierten vergoldete, reich orna-

☑ Ruinen des vom Erdbeben zerstörten Aina Mahal

412in mb

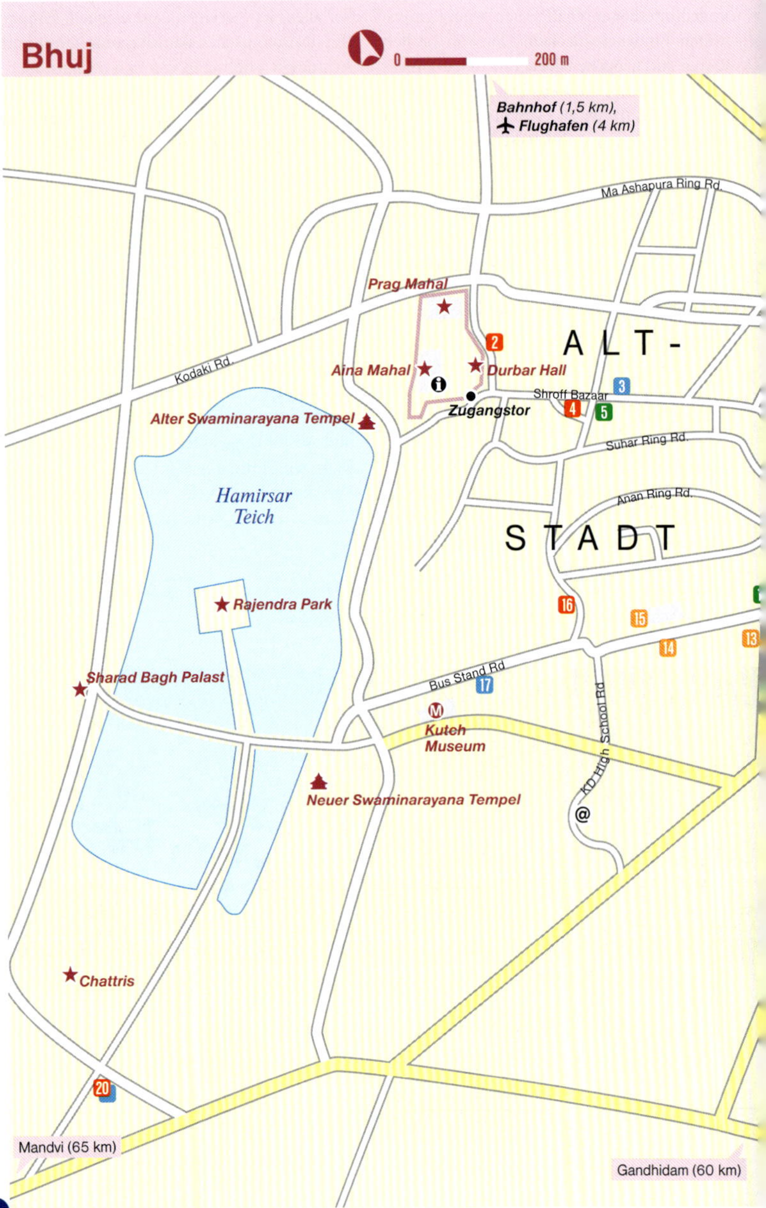
Bhuj
0 200 m
Bahnhof (1,5 km),
Flughafen (4 km)
Ma Ashapura Ring Rd.
Prag Mahal
2
ALT-
Aina Mahal
Durbar Hall
Kodaki Rd.
3
Shroff Bazaar
4
5
Zugangstor
Alter Swaminarayana Tempel
Suhar Ring Rd.
Hamirsar
Teich
Anan Ring Rd.
STADT
Rajendra Park
16
15
14
13
Sharad Bagh Palast
Bus Stand Rd
17
KD High School Rd
Kutch
Museum
Neuer Swaminarayana Tempel
@
Chattris
20
Mandvi (65 km)
Gandhidam (60 km)

mentierte Spiegel, und als Beleuchtung dienen gleichfalls vergoldete, von der Decke hängende Kerzenhalter, deren Glas aus Venedig importiert wurde. Der eigentliche Clou des Spiegelpalastes besteht darin, dass er, abgesehen von einem schmalen Gang entlang der Wände, ein **Wasserbecken mit Springbrunnen** beherbergt. In der Mitte des mit aus China importierten Fliesen ausgelegten Pools befindet sich ein nur über eine schmale Brücke zu erreichender **Marmorthron.** So bildete die Spiegelhalle ein ideales Refugium gegen die unbarmherzige Hitze und den alles durchdringenden Staub des Sommers.

Die südlich beim Haupteingangstor sich anschließenden Teile des ältesten Palastteils **Durbar Gadh** sind nahezu komplett zerstört. Die herabgefallenen Brocken liegen noch heute am Boden, als sei seit 2001 kaum etwas geschehen.

■ Der verbleibende Teil des Aina Mahal, der das **Museum** mit den geretteten Artefakten des Palastes und des Aina Mahal beherbergt, ist Mo–Sa 10.30–18 Uhr geöffnet, Eintritt 10 Rs, Kamera/Video 30/100 Rs. Hier ist auch das **Tourist Office** des äußerst erfahrenen und engagierten *Mr. Jethi* (s. Information).

Sharad-Bagh-Palast

Außerhalb der Altstadt, im Südwesten, liegt ein weiterer Palast, in dem der letzte Maharaja von Bhuj wohnte. Das dritte Stockwerk ging größtenteils beim Erdbeben verloren. Auf der Rückseite des Gebäudes, das an eine neoklassizistische Villa in Italien erinnert, ist der Sarg aufgebahrt, in dem der 1991 in London verstorbene Maharaja nach Bhuj überführt wurde. Neben den üblichen Porträtgemälden und Fotos von Männern, die sich am Ende einer Safari mit stolzgeschwellter Brust, die abgeschossene Beute zu Füßen, bewundern lassen, finden sich kleine Souvenirs aus Norwegen und Chile, wo der Maharaja als Botschafter Indiens fungierte. Interessanter als der eigentliche Palast dürfte jedoch die ihn umgebende wunderschöne **Parkanlage** sein. Bevor der

Palast vor 150 Jahren erbaut wurde, lag hier der erste Botanische Garten Gujarats. Für jeden, der einmal etwas Abstand von der quirligen Altstadt sucht, ist dies ein geradezu idealer Ort – zumindest dann, wenn einen die von den Palmen hängenden Fledermäuse nicht gruselig stimmen.

Chattris

Die **Grabstätten** der letzten Herrscher von Bhuj befinden sich auf einer kleinen Anhöhe südlich des Sees. Die meisten Kuppelbauten sind verfallen, doch im Innern des kürzlich restaurierten größten Pavillons findet sich ein höchst interessantes und makaberes Steinrelief. In der Mitte thront der Herrscher stolz auf seinem Pferd. In pyramidenförmiger Abstufung, gemäß ihres Ranges im Harem, flankieren ihn seine Konkubinen, die sich mit ihm auf dem Scheiterhaufen verbrennen lassen mussten.

Swaminarayana-Tempel

Die Swaminarayana-Sekte gründete sich Mitte des 19. Jh. aus den Anhängern eines in ganz Gujarat als Heiliger verehrten Wanderpredigers. Die Sekte betonte vor allem das Gewalt- und Tötungsverbot gegenüber allen Lebewesen und lehnt deshalb auch die Tötung von Tieren zu Opferzwecken strikt ab. Die zwei bedeutendsten Tempel der Sekte wurden in Bhuj errichtet.

Der 1879 zwischen Palastanlage und See erbaute alte Tempel unterteilt sich in den eigentlichen Tempelbereich und die Wohn- und Schlafquartiere der etwa 180 Mönche, die hier ständig lebten, bevor sie in den neuen Tempel im Süden der Stadt umzogen. Der fast vollständig aus Holz erbaute, dreigeschossige Tempel mit seinen bunt bemalten **Holzschnitzereien** weist selbst für indische Verhältnisse ungewöhnliche Vielfalt an Einzelskulpturen auf. Die rechte der beiden überaus reich verzierten Eingangstüren führt in den Innenbereich mit insgesamt vier Heiligtümern, in denen der Sektengründer Shrijee Swaminarayana sowie Krishna mit seiner Frau Radha verehrt wurden. Dieser Tempel wird heute nicht mehr als Gotteshaus benutzt.

Mit vier Swastikas auf dem marmorglänzenden Kuppeldach ist der 1992 nach siebenjähriger Bauzeit fertig gestellte **neue Swaminarayana-Tempel** in der Nähe der Chattris im Süden der Stadt weithin sichtbar. Die ganze Vielfalt des indisches Götterhimmel spiegelt sich in dem in vier ringförmigen Kreisen mit unzähligen Bildern unterteilten Kuppeldach. Auch hier fasziniert wieder die einzigartige Erzählfreude.

Kutch Museum

Neben dem Shreyas Folk Museum in Ahmedabad bietet das 1877 vom Gouverneur von Mumbai, *Sir James Ferguson,* gegründete Kutch Museum (College Rd.) den besten Einblick in die reiche und vielfältige Kunst dieser Region im äußersten Westen Indiens. Zum Teil vorzügliche einführende Erläuterungen verdeutlichen den historischen und soziokulturellen Hintergrund der einzelnen Abteilungen. Obwohl einzelne Ausstellungsobjekte einen etwas angestaubten Eindruck machen, sind die meisten wohl überlegt ausgewählt und repräsentieren jeweils wichtige Aspekte in der Kultur von Kutch. Besonders interessant ist die **anthropologische Abteilung,** die einen Einblick in die außergewöhnlich vielfältige ethnische Zusammensetzung dieser Halbinsel gibt.

■ **Geöffnet** tgl. außer Mi und jeden 2. und 4. Sa 10–13 und 14.30–17.30 Uhr, Fotografieren und Video nicht erlaubt.

Rann-Mahotsav-Fest

Unser Tipp: Jedes Jahr im Dezember zu **Vollmond** wird die Rann Mahotsav oder auch *Kutch Mahotsav* als Ausdruck der Lebensfreude im Rann of Kutch gefeiert. Bewohner der Dörfer des nördlichen Kutch bieten ihre **Handwerkskunst** an, **Musik und Tanz** dieser Region werden aufgeführt. Diese ideale Gelegenheit, die einzigartige kulturelle Vielfalt der Rann-of-Kutch-Völker aus nächster Nähe zu erleben, sollte sich niemand entgehen lassen, der sich in der Gegend aufhält.

Praktische Tipps

Information

- **Vorwahl:** 02832
- Das **Tourist Office** (Tel. 291702, (0)9374235379, pkumar_94@yahoo.com, tgl. außer Sa 9–12 und 15–18 Uhr) befindet sich im Aina Mahal und wird vom überaus freundlichen und hervorragend informierten Herrn *Pramod J. Jethi* geleitet. Mit dem „Kutch Guidebook" hat er ein sehr informatives Büchlein über den Norden Gujarats geschrieben. Er organisiert auch Touren in die Umgebung

Stadtverkehr

- Vom **Bahnhof** zum City Guest House im Altstadtkern sollte es per Riksha eigentlich nicht mehr als 60 Rs kosten, doch reiche Europäer kommen selten unter 100 Rs davon. Zähes Verhandeln ist also gefordert.

Unterkunft

Während des Rann-Mahotsav-Festes im Dezember wird es schwer, ein Bett zu bekommen, und die Hotelpreise ziehen deutlich an.

- Eines der beliebtesten Hotels der Rucksackszene ist das freundliche, billige und hinreichend saubere **City Guest House**① (Langa St., Tel. 221067). Zwar verfügen nur zwei Zimmer über ein eigenes Bad, doch die sanitären Anlagen machen einen hygienischen Eindruck. Besser die hellere obere Etage wählen. Da das Hotel im Gewirr der Altstadtgassen nur schwer zu finden ist, sollte man sich entweder bei der Ankunft in Bhuj mit dem Scooter hinfahren lassen oder nach dem Aina Mahal fragen, in dessen Nähe es sich befindet.
- Falls das City Guest House belegt sein sollte, bietet sich als einzige Alternative in dieser Preisklasse das freundliche **Hotel Annapurna**① (Tel. 220831, hotelannapurna@yahoo.com) in etwas ungünstigerer Lage im Nordosten des Ortes beim Bhid Gate an. Zwar sind die Zimmer (teilweise mit Gemeinschaftsbad) nicht gerade luxuriös, doch dafür gibt sich der freundliche Besitzer alle Mühe, seine Gäste zufriedenzustellen. Außerdem befindet sich im Erdgeschoss ein preiswertes und gutes Restaurant.
- Mehr Komfort gibt's im **Hotel Gangaram**② (Tel. 224231), an der Palastmauer sehr zentral positioniert. Angenehme Zimmer mit Bad und TV sowie eine Sitzecke mit Ausblick machen es gemütlich. Man sollte die seitlichen Zimmer wählen, die heller sind als die rückwärtigen. Frühstück und kleinere Mahlzeiten werden bereitet.
- In der Station Rd. ist das **Hotel Anjali**①-③ (Tel. 254033, hotel_anjali_bhuj@yahoo.com) eine gute Adresse besonders für Einzelreisende, die Komfort benötigen. Den besten Gegenwert bieten die nicht klimatisierten Zimmer. Leider ist die Straße recht laut.
- Mehr fürs Geld gibt's im **Anjali Palace**①-③ (Vijay Nagar, Tel. 251033, E-Mail s.o.) vom selben Besitzer, aber leider nicht zentral, sondern unweit des Krankenhauses im Süden. Eine klasse Adresse für diejenigen, die ruhig wohnen wollen, liegt das Hotel doch gut 50 m von der Hauptstraße entfernt. Auch hier moderne und gemütliche Zimmer mit allem Komfort für erstaunlich wenige Rupien und ein freundlicher Besitzer.
- Das beste Angebot der Stadt ist das **Shiv Hotel**②-④ (Tel. 221999, (0)9979796999, www.shivhotel.com) im südlichen Bereich der Altstadt. Makellose, sehr angenehm möblierte Zimmer – die großen Deluxe-Zimmer und Suiten bieten den besten Gegenwert – um einen geschlossenen Innenhof mit moderner Ausstattung sowie guter Service, das alles in günstiger zentraler Lage sind kaum zu toppen.
- Teurer, aber nicht komfortabler präsentiert sich das **Hotel Prince**③-④ (Tel. 220370) an der Station Road. Alle Zimmer in diesem professionell geleiteten, freundlichen Haus sind in gutem Zustand, die Deluxe-Zimmer und großen Suiten jedoch etwas zu teuer.
- Das wohl beste Preis-Leistungs-Verhältnis in dieser Preisklasse bietet das **Hotel Mangalam**③-④ (Mangalam Cross Rd., www.mangalamhotels.com). Wen die Lage etwas außerhalb nicht stört, der wohnt in freundlich gestalteten Zimmern mit Flachbildschirm-TV und WiFi und kann im ausgezeichneten hauseigenen Restaurant speisen.

Exkursionen zu den ethnischen Minderheiten des Rann of Kutch

Der Rann of Kutch (auch: Kachchh), ein über 10.000 km² großes, **wüstenähnliches Gebiet** im äußersten Westen Indiens, zeigt während der verschiedenen Jahreszeiten ein ganz unterschiedliches Gesicht. Liegt die schildkrötenförmige („Kachchh") Region in der Regenzeit unter Wasser, verwandelt sie die gnadenlose Sonne während der Trockenzeit in eine ausgedörrte Mondlandschaft. Nicht selten sind Trockenperioden von mehreren Jahren, in denen so gut wie gar kein Niederschlag fällt. In den Sommermonaten sind Temperaturen von weit über 40 °C mehr die Regel, denn die Ausnahme.

Erstaunlicherweise bildet diese wenig einladende Landschaft die Heimat einer Vielzahl von hochinteressanten Ethnien. Der Rann of Kutch war jahrhundertelang ein Durchgangsgebiet zwischen Indien und Zentralasien. Hieraus erklärt sich die **Mischung der Volksgruppen,** die aus so unterschiedlichen Ländern Mittel- und Zentralasiens wie Pakistan, Afghanistan, Russland, Türkei und Iran einwanderten. Auch wenn sich heute fast alle in kleinen Dörfern angesiedelt haben, prägt nach wie vor der nomadische- bzw. **halbnomadische Lebensstil** ihr Leben. Während die Männer viele Monate des Jahres als Seefahrer auf dem arabischen Meer oder auf Überlandrouten nach Pakistan und Zentralasien unterwegs waren, oblag den Frauen die gesamte Verantwortung für den familiären und häuslichen Bereich.

Bei aller sprachlichen, kulturellen und ethnischen Verschiedenheit verbindet die einzelnen Volksgruppen eine außergewöhnliche **kunsthandwerkliche Fertigkeit.** Dabei reicht die Bandbreite von Silberarbeiten über Holzschnitzereien und Lackarbeiten bis zur Töpferei. Was aber Reisende aus der gesamten Welt anzieht, ist die einzigartige **Vielfalt und Qualität der Textilverarbeitung.** Die in der Region gewebten, geknüpften und gefärbten Blusen, Röcke, Kissen und Wandbehänge ziehen Experten, Kunsthandwerker und Händler aus vielen Ländern an.

Wer sich selbst ein Bild dieser einzigartigen landschaftlichen, ethnischen und kulturellen Mischung machen möchte, sollte die von diversen Hotels und Reisebüros angebotenen **Ausflüge in die Umgebung von Bhuj** buchen. Neben der Gastfreundschaft der in reich verzierten, traditionellen Kleidern auftretenden Bewohner faszinieren die mit Spiegelarbeiten verzierten Lehmhütten.

Angeboten werden Tagesausflüge zu Orten in der unmittelbaren Umgebung wie dem **Weberdorf Bhujodi** und dem verlassenen **Kloster Than,** 60 km nordwestlich von Bhuj, wie auch mehrtägige Fahrten. Die Preise liegen je nach Fahrzeug und zurückgelegten Kilometern zwischen 1.200 und 1.500 Rs pro Tag.

■ In den letzten Jahren haben sich mehrere Mittelklassehotels in Bhuj angesiedelt. Speziell das **Seven Sky** ③-④ (Ring Rd., www.sevensky.co.in) liegt deutlich über dem Standard der zuvor genannten Hotels, kann jedoch wegen seiner Lage weit westlich vom Zentrum nur bedingt empfohlen werden. Das **Ilark**③ (Station Rd., Tel. 258999) kommt zwar recht modern daher, die Zimmer zeigen jedoch bereits deutliche Verfallserscheinungen.

Das **KBN**③-④ (Station Rd., Tel. 227251) wirkt ein wenig altbacken, liegt jedoch recht zentral.

■ Wen die Lage etwas außerhalb nicht stört, der findet im **City The Village Resort**③-④ (Tel. 291555, www.cityth evillage.com) eine sehr schöne Anlage in friedvoller Atmosphäre. Insgesamt 8 modern eingerichtete, im Stil der Wüste Thar gebaute Bungalows gruppieren sich um einen Pool, dazu gibt's Rasenflächen und ein hervorragendes Restaurant zum Entspannen. Eine prima Adresse.

Essen und Trinken

■ Hervorragend ist das von Starkoch *Sajeev Kapoor* beratene **Yellow Chilli Restaurant** im Hotel Mangalam. Besonders zu empfehlen ist das umfangreiche Büffet, doch auch die A-la-carte-Gerichte (180–450 Rs) der nordindischen Mughlai-Küche sind sehr gut.

■ Auch in Bhuj kann die in ganz Indien und vor allem in Gujarat vertretene Filiale des **Sankalp Restaurant** an der New Station Rd. empfohlen werden. Ausgezeichnete südindische Gerichte (100–500 Rs) in sehr ansprechendem Ambiente.

■ Hervorragende vegetarische Küche serviert das **Green Hotel** (9–22.30 Uhr, ab 18.30 Uhr ist auch die Dachterrasse geöffnet), gegenüber der Markthalle am Shroff Bazaar einige Meter hinein. Abends ist es meist so gut besucht, dass es zu Wartezeiten kommen kann. Ebenfalls gute Ableger sind in der Hospital Rd. im Süden der Stadt das **Greenland** (11–15 und 19–22.30 Uhr) und das **Green Rock** (gleiche Öffnunsgzeiten) am Busbahnhof.

■ Eines der besten und zudem recht preisgünstigen Restaurants befindet sich **oberhalb der VRP Lodge** beim Busbahnhof. Mittags wie abends ist es immer gut gefüllt mit vielen Indern, die sich entweder an dem vorzüglichen Thalis oder einem der vielen anderen Gerichte der sehr umfangreichen Speisekarte laben.

■ Exzellente Thalis sind auch die Spezialität des **Hotel Annapurna** im Norden der Station Road.

■ Das **Hotel Prince** serviert als eines der ganz wenigen Lokale der Stadt auch Fleischgerichte.

Bank und Internet

■ Geldangelegenheiten erledigt man in Bhuj am besten in der Hospital Road im Süden der Stadt, in der sich diverse Banken und **ATMs** befinden.

■ Ebenfalls in diesem Teil der Stadt finden sich die meisten **Internetcafés.**

An- und Weiterreise

Flug

■ Täglich mehrere Flüge von/nach Bhuj über **Rajkot** oder **Jamnagar** vom 5 km außerhalb gelegenen Flughafen. 100/250 Rs vom Stadtzentrum mit Riksha/Taxi sollte ein Richtwert sein.

Bahn

■ Mehrere **Reisebüros** am Busbahnhof besorgen für eine Gebühr von ca. 100 Rs Fahrkarten vom Bahnhof. Da man so die Hin- und Rückfahrt mit der Riksha zum Bahnhof spart, ist dies eine durchaus sinnvolle Investition. Wer es selbst machen will: Das **Reservierungsbüro** ist von 8 bis 20 Uhr, So von 8 bis 14 Uhr geöffnet.

■ Nach **Mumbai** bietet sich außerdem der 9132 Kutch Exp. (Abf. 20 Uhr) über **Vadodara** (an 5 Uhr) an (Ank. Mumbai Bandra 11.30 Uhr); umgekehrt der 9131 Kutch Exp.: Abf. in **Mumbai** 17.10 Uhr, über **Vadodara** (23.44 Uhr), Ank. um 9.20 Uhr.

■ Von **Ahmedabad** u.a. der 9115 Bandra Bhuj Exp.: Abf. 23.59 Uhr, Ank. in Bhuj 7.40 Uhr. Dieser Zug startet bereits in Mumbai. Umgekehrt der 9116 Bhuj Bandra Exp.: Abf. Bhuj 22.15 Uhr, Ank. 5.05 Uhr. Der Zug fährt weiter bis **Mumbai Bandra** (Ank. 13.55 Uhr).

■ Von allen anderen Städten Kathiawars geht es schneller per Bus.

Bus

■ Mit staatlichen Bussen vom STC Bus Stand zu allen **größeren Städten Kathiawars** und auch nach **Ahmedabad** (8 Std., 10 Verbindungen zwischen 5 und 21 Uhr), so nach **Dwarka** (10.15 Uhr, 20.30 Uhr), **Palitana** (ein Bus um 18.45 Uhr), **Rajkot** (6 Busse zw. 5.15 und 14 Uhr), **Junagadh** (6.15, 8.40, 20.30 und 21.30 Uhr), **Somnath** (8.40 und 16.30 Uhr) per Direktbus. Regelmäßige Verbindungen auch zu den Dörfern im Norden des Kutch.

■ Nach **Mandvi** halbstündlich Busverbindungen vom Busbahnhof. Der letzte zurück nach Bhuj startet in Mandvi um 18 Uhr.

■ Viele **private Busgesellschaften,** deren Büros meist an der Bus Stand Rd. oder in einer der südlich abgehenden Seitenstraßen sind, fahren alle größeren Städte Gujarats an.

Taxi, Jeep

■ Gegenüber dem STC-Busbahnhof können Jeeps angemietet werden. Die Fahrt nach **Mandvi** und zurück kostet 1.200 Rs. Weiter östlich im geschäftigen Zentrum warten Sammeljeeps, die ebenfalls nach Mandvi fahren, wenn sie voll sind (100 Rs). Ebenfalls dort auf der anderen Straßenseite warten Taxis auf Kunden. Für einen Tagesausflug werden, je nach Kilometern, 2.500–3.000 Rs verlangt.

Mandvi

Unser Tipp: Das 60 km südwestlich von Bhuj gelegene Mandvi, eine pittoreske, **mittelalterlich anmutende Hafenstadt,** ist ein Tipp für all jene, die einige Tage Ruhe und Erholung suchen. Zwar hat auch hier das Erdbeben schwere Narben im Stadtbild hinterlassen, dennoch sind zahlreiche alte Gebäude erhalten geblieben. Mandvi hat zwei lang gezogene Strände, von denen der rechts hinter dem Ort gelegene besonders attraktiv ist. Zu ihm kommt man, indem man am Leuchtturm, an mehreren Windrädern und am sogenannten „Sunset Point" vorbeigeht. Zwar verbringen die im ersten Abschnitt busweise herangekarrten Inder die Zeit ihres kurzen Aufenthalts am Strand mit Kamel- und Pferderitten, doch etwas weiter findet sich genügend ruhiger Platz zum genüsslichen Sonnenbaden. Sehr schön ist auch der links vom Hauptort abgehende Strand.

Man kann überall **Fahrräder mieten,** um Ausflüge in die Umgebung oder zu einsamen Strandabschnitten zu unternehmen. Für jene, die eine längere Tour nicht scheuen, empfiehlt sich ein Ausflug nach **Tundavand,** wo die dort lebenden Rabari, eine alte Kameltreiber-Kaste, sehr interessante Behausungen im traditionellen Baustil errichtet haben.

Unterkunft, Essen und Trinken

(Vorwahl: 02834)

■ Das **Rukmavati Guest House**①-② (Tel. 223558, (0)9429040484, hotelrukmavati@gmail.com) gleich am Anfang des Ortes ist ein zu einem Hotel umgewandeltes ehemaliges Krankenhaus. Recht saubere Zimmer mit Bad, die teureren mit TV und Balkon, und ein freundlicher Manager machen es zu einer sauberen und preiswerten Adresse. Frühstück kann serviert werden. Außerdem darf man selbst warme Mahlzeiten zubereiten.

■ Gute Aussicht, besonders vom Dach auf die im Bau befindlichen Holzschiffe, und akzeptabel saubere Zimmer mit Bad und TV sind die Pluspunkte des **Sea View**②-③ (Jain Dharmshala Rd., Tel. 224481).

■ Recht neu und doch leicht deplatziert zwischen den alten Gebäuden, ist das **Mahir Palace**②-④ (Tel. 222090), ganz zentral am südlichen Ende des Bhid Bazaar gelegen, die komfortabelste Bleibe in Bhuj.

■ Fünf Kilometer westlich von Mandvi lockt purer Luxus. Der **Vijay Vilas Palace**⑤ (zu buchen über Ahmedabad, Tel. 079-26302031, (0)9824072075, www.mandvibeach.com) auf 450 ha großem Gelände am Meer war ehemals der Sommersitz der Maharajas von Kutch. Auf dem Gelände werden 10 Luxuszelte mit Veranda zwar überteuert, aber mit herrlich geschnitzten Betten vermietet. Das **Dolphin Restaurant** steht auch Besuchern offen, die den imposanten Palast besichtigen. Am Privatstrand stehen Liegen, Barbecue und andere Annehmlichkeiten bereit.

■ Dass Mandvi aus dem Dornröschenschlaf abseits der touristischen Landkarte aufgewacht ist, bezeugt das unmittelbar an den Strand angrenzende **Serena Beach Resort**⑤ (Tel. 228800, www.serenabeachresort.com) mit seinen 30 luxuriös eingerichteten Zelten und (im Bau befindlichen) Bungalows. Mit Pool, Restaurants, Gym etc. findet man hier am vermeintlichen Ende der Welt alle Annehmlichkeiten einer Luxus-Anlage. Sie wird sicher nicht die letzte ihrer Art in Mandvi bleiben und den Charakter des Ortes fundamental verändern.

■ Ausgezeichnete und günstige Thalis gibt es im **Zorba The Buddha Restaurant** (11–15 und 19–22 Uhr, ca. 40 Rs) im Zentrum von Mandvi. Dies lockt die einheimische Bevölkerung in Scharen.

Internet

■ An der Straße zum Strand, ca. 150 m östlich vom Leuchtturm, sorgt das kleine **Divine Cyber Café** bis höchstens 20 Uhr für schnelle Verbindungen.

An- und Weiterreise

■ Regelmäßige **Busverbindungen** nach Bhuj (alle halbe Stunde, der letzte um 18 Uhr, Halt u.a. vor dem Rukmavati Guest House). Außerdem warten etwa beim Hotel Sea View **Sammeljeeps.** Patel Tours & Travels, auch an der Dharmshala Rd., setzt **Minibusse** nach Bhuj ein. Ein Ausflug von Bhuj inkl. Rückfahrt kostet per **Taxi** etwa 2.500 Rs.

011in mb

◁ Schiffsbau in Mandvi

200ke tb

8 Mumbai

Die Atmosphäre einer jungen, zukunftsorientierten Stadt in einem Land, das in jahrtausendealten Traditionen wurzelt – diese Widersprüche machen Mumbai zu einer fesselnden Metropole. Wer die Stadt nicht gesehen hat, hat ein faszinierendes Stück Indien nicht gesehen.

◁ Alltagsleben in Mumbai vor dem Bahnhof Victoria Terminus

Großraum Mumbai

0 — 2 km

MUMBAI – WELTMETROPOLE DER TRÄUME UND ALPTRÄUME

Lumpige zehn Pfund Jahresgebühr waren der britischen Regierung die sieben moskitoverseuchten Inseln wert, die sie 1668 an die East India Company verpachteten. Auf ihnen steht heute Bombay bzw. Mumbai, wie die Stadt seit 1981 offiziell heißt. Heute würde man für das Geld gerade mal ein paar Quadratzentimeter der Straßen bekommen, von denen man sagt, sie seien mit Gold gepflastert.

NICHT VERPASSEN!

- **Victoria Terminus** – Bahnhof mit Welterbestatus | 570
- **Haji Ali's Dargah** – Heiligtum auf einer Felsenklippe im Meer | 578
- Höhlentempel auf der **Insel Elephanta** vor der Küste von Mumbai | 597

Diese Tipps erkennt man an der gelben Hinterlegung.

Der Aufstieg der heutigen **Hauptstadt Maharashtras** vom unbedeutenden Fischerdorf zum Finanz-, Handels- und Industriezentrum Indiens erscheint tatsächlich so märchenhaft wie einer der über 1.000 abendfüllenden Kinofilme, die jährlich in den Studios von Mumbai gedreht werden. Diese glorifizieren das süße Leben in Mumbai und locken damit jugendliche Ausreißer und Armuts-Migranten aus allen Ecken des Landes in die Stadt. **Bollywood,** wie Mumbai oft scherzhaft genannt wird, hat sich zum Hollywood am Arabischen Meer gemausert.

Viele Bewohner verweisen aber lieber darauf, dass die Stadt nicht nur den größten Flughafen, sondern auch den umschlagkräftigsten Hafen des Landes beherbergt, in dem 50 % aller indischen Exportwaren verladen werden. Besonders stolz ist man darauf, dass ein Drittel der gesamten Einkommensteuern Indiens in Mumbai erwirtschaftet werden. Die Silhouette der kühn in den Himmel ragenden Glas- und Betontürme, der ersten Bürogebäude am Nariman Point und der vielen neuen Wolkenkratzer in Worli, Bandra, Juhu und vielen anderen Stadtteilen ähnelt mehr und mehr der von Singapur oder Hongkong. „Money Makes the World Go Round" heißt hier die Devise und viele träumen unverdrossen den Traum „Vom Tellerwäscher zum Millionär". Ihre Heroen sind nicht mehr Rama, Krishna oder Hanuman, sondern Helden der Kinowelt wie *Shah Rukh Khan, Amitabh Bachchan* oder *Aishwarya Rai.*

Doch genauso wie die **Glamourwelt** der Filmindustrie wegen ihrer tiefen Verstrickung mit der Unterwelt Mumbais in letzter Zeit tiefe Risse bekommen hat, treten die Schattenseiten dieser rücksichtslosen Ellbogengesellschaft immer deutlicher zutage. Während die wenigen Privilegierten in ihren luxuriösen

Villen auf dem Malabar Hill die Aussicht auf die Skyline genießen, fristen gleichzeitig Millionen anderer ein Leben am Rande des Existenzminimums. Ein großer Teil der Stadtfläche gilt heute schon als **Slumgebiet.** Zwei Millionen Einwohner verfügen über keine Toilette – die daraus resultierenden hygienischen Verhältnisse lassen sich unschwer erahnen. Hinzu kommt die nach Delhi und Kolkata höchste **Luftverschmutzung** Indiens, die neben den Industriebetrieben in den Außenbezirken auch vom stetig zunehmenden Autoverkehr und den überall kokelnden Holzöfen im Winter verursacht wird. Über die Hälfte der Einwohner Mumbais lebt in Slums oder **Shanti Towns,** die vielerorts inzwischen über Wasseranschluss und Elektrizität verfügen und eine geregelte Infrastruktur aufweisen, wie beispielsweise der größte Slum Mumbais (und Asiens), Dharavi. Die Behausungsqualität reicht von einfachen, zusammengezimmerten Wellblechhütten bis zu Gebäuden aus Zement.

Obwohl Mumbai mit seinen über 22 Millionen Einwohnern schon jetzt zu einer der dichtbesiedeltsten Städte der Erde zählt, strömen nach wie vor täglich Hunderte von Zuwanderern aus dem Hinterland in die City of

Gold, um ihren Anteil am großen Kuchen zu erhaschen. Prognosen für das Jahr 2020 sagen eine Bevölkerung von 25 Millionen voraus. Mit dem **Bevölkerungswachstum** ist der Boden inzwischen zum teuersten Gut geworden. Mumbais verfeindete Mafia-Banden kämpfen heute weniger um Anteile am Drogen- und Prostitutionsgeschäft als um profitträchtige Makler-Deals.

Wahrzeichen Mumbais:
Hotel Taj Mahal Palace und Gateway of India

Mumbai gleicht in den letzten Jahren zunehmend einem Dampfkessel, der jeden Moment zu explodieren droht. Gewalt und Friedfertigkeit, Glanz und Elend, prachtvolle Strandvillen und Slums – sie alle liegen auf Tuchfühlung beieinander.

Doch trotz dieser Probleme wirkt die energiegeladene Stadt in den von Touristen vorwiegend besuchten südlichen Stadtteilen, verglichen mit anderen Großstädten Indiens, erstaunlich gelassen, hat ein reiches Kulturleben und vielfältiges kulinarisches Angebot.

Im November 2008 wurde die Stadt von schweren **Terrorattacken** mit über 180 Todesopfern und vielen Verletzten heimgesucht, wie schon mehrere Male zuvor. Dennoch kehrte in der Millionenmetropole relativ schnell wieder der Alltag ein.

Orientierung

Mumbai wirkt zunächst recht unüberschaubar, doch im Innenstadtbereich lässt sich die Stadt in drei leicht voneinander zu unterscheidende Bezirke unterteilen. **Colaba** ist der Stadtteil im Süden, in dem sich mit dem **Gateway of India** und dem Taj Mahal Palace Hotel zwei der berühmtesten Wahrzeichen Mumbais befinden. Zwischen der direkt hinter dem Hotel verlaufenden Mereweather Road und dem Colaba Causeway, der Haupteinkaufsstraße Colabas, haben sich viele Hotels, darunter die meisten der von westlichen Touristen frequentierten Billighotels, sowie viele Restaurants angesiedelt.

Nördlich an Colaba schließt sich **Mumbai Fort** an, so benannt, weil hier früher das alte Fort stand. Hier finden sich die meisten der großartigen Kolonialbauten aus dem letzten Jahrhundert wie die Universität, das Postamt, Chhatrapati Shivaji Terminus (Victoria Terminus) und Churchgate (nur Vorortzüge), zwei der drei großen **Bahnhöfe** der Stadt. Von Süd nach Nord wird Mumbai Fort von einer großen Rasenfläche durchzogen, dem Mai-

Neue Straßennamen

Erschwert wird die Orientierung vielfach dadurch, dass in den letzten Jahren viele der noch aus der Kolonialepoche stammenden Straßennamen indisiert wurden. Die neuen Namen wurden jedoch bisher von der Bevölkerung kaum angenommen. Hier einige der wichtigsten Beispiele:

Alter Name	Neuer Name
Colaba Causeway	Shahid Bhagat Singh Rd.
Flora Fountain	Hutatma Chowk
Fort Street	Walchand Hirachand Marg
Marine Drive	Netaji Subhash Chandra Bose Marg
Rampart Row	K. Dubash Marg
Strand Road	P.J. Ramchandani Marg
Warden Road	Bhulabhai Desai Road

dan, der heute vornehmlich als Cricket-Übungsplatz Verwendung findet.

Westlich an Mumbai Fort schließt sich **Back Bay** an, jener Bereich, der erst Anfang des 20. Jh. durch gewaltige Landaufschüttungen entstand. Abgeschlossen wird er heute vom Meer durch den imposanten Bogen des sechsspurigen **Marine Drive.** Das südliche Ende dieser Prachtstraße wird vom **Nariman Point** beherrscht, einem großen, kreisrunden Platz mit vielen Hochhäusern.

Der Marine Drive führt weiter nördlich zum **Chowpatty Beach** und dann im Halbkreis weiter zum **Malabar Hill,** dem Wohnviertel der Oberschicht. Mumbai Central, der dritte Großbahnhof Mumbais, liegt ca. 2 km nördlich vom Chowpatty Beach. Der **Flughafen** (Chhatrapati Shivaji International Airport) befindet sich gut 20 km nördlich des Stadtzentrums. Stadtteile wie **Juhu** und **Bandra,** westlich des Flughafens, haben seit Anfang des 21. Jh. ihr Aussehen durch den weiterhin anhaltenden Bau von Hunderten von Hochhäusern grundlegend verändert.

Geschichte

Niemand wäre 1537, als die **Portugiesen** in der sogenannten „Treaty of Bassein" sieben Inseln vom Sultan von Gujarat zugesprochen bekamen, auf die Idee gekommen, hier einen Hafen zu errichten. Dazu waren die Verbindungen zum Hinterland einfach zu ungünstig. Die sich unmittelbar im Osten anschließenden Berge der West-Ghats schienen unüberwindbar, zumal kein Fluss diese Gebirgskette durchbrach.

Ganz anders war dies beim nur 250 km nördlich gelegenen **Surat,** dem bedeutendsten Hafen des Mogul-Reiches. Das Tal des Tapi-Flusses, an dem Surat liegt, verband die Stadt mit den Niederungen Gujarats. Zudem war die Hauptstadt Delhi über das Plateau von Malwa leicht zu erreichen. Jedes Jahr verließen Hunderte von voll beladenen Schiffen die Stadt und nahmen Kurs auf Arabien. Das begann sich allmählich zu ändern, als Surat auf dem Höhepunkt der Mogul-Macht unter *Aurangzeb* 1664 vom Marathen-Führer *Shivaji* gebrannntschatzt wurde. Mehr und mehr erwiesen sich Surats Vorteile als Nachteile. Die guten Verbindungen zum Hinterland bedeuteten nämlich auch, dass die Stadt für die von Osten anrückenden Eroberer, die es auf die enormen, für den Export im Hafen gelagerten Schätze abgesehen hatten, leicht zugänglich war. Hinzu kam, dass die Groß-Moguln keine Kriegsflotte von Bedeutung besaßen.

Mumbais Hafen hingegen ließ sich ebenso leicht gegen das Hinterland abschirmen, wie er gegen Angriffe von See zu verteidigen war. Die **Briten** waren 1661 durch die Mitgift *Katharina von Braganzas,* die König *Charles II.* geheiratet hatte, in den Besitz der sieben Inseln gekommen. Sie boten den reichen Kaufleuten Surats in Mumbai ihren Schutz an. Langsam, aber stetig entwickelte sich nun die kleine Provinz, die den Namen **Bombay Presidency** trug. 1787 wurde der Hauptsitz der East India Company, die das Gebiet für einen Jahresbetrag von 10 Pfund von der britischen

Regierung gepachtet hatte, von Surat nach Mumbai verlegt.

Der große Durchbruch zur unangefochtenen **Handelsmetropole** Indiens ließ jedoch noch gut eineinhalb Jahrhunderte auf sich warten. Zwei Ereignisse waren letztlich für den Erfolg verantwortlich. 1854 wurde die erste **Eisenbahnverbindung** von Mumbai nach Pune (Poona) fertiggestellt. Deren weiterer Ausbau ermöglichte es nun, die für die zukünftige wirtschaftliche Entwicklung so zentrale Anbindung ans Hinterland und damit die Versorgung mit Rohstoffen, vor allem Baumwolle, sicherzustellen.

Als zweiter Glücksfall für Mumbai sollte sich der amerikanische Bürgerkrieg erweisen. Da die britische **Textilindustrie** nun ihren Bedarf in Indien statt in Amerika deckte, stieg die bis dahin noch am Anfang stehende Baumwollindustrie Mumbais innerhalb kürzester Zeit zur größten Indiens auf.

1862 wurde der weiteren wirtschaftlichen Expansion ein in wörtlichem Sinn solides Fundament gelegt, als durch ein gewaltiges **Landgewinnungsprojekt** die sieben Inseln zu einer einzigen verbunden wurden. Von nun an stand dem märchenhaften Aufstieg zu Indiens führender Handels- und Industriemetropole nichts mehr im Wege.

Diese atemberaubende Entwicklung setzt sich bis heute fort, in den letzten Jahren mit zunehmender Wucht durch den Aufstieg Indiens zu einer wirtschaftlichen Weltmacht. Auffälligster Ausdruck dieses Fortschritts im Stadtbild sind neben dem immer dichter werdenden Verkehr die vielen neuen und im Bau befindlichen **Wolkenkratzer** und die das gesamte Stadtgebiet durchziehenden Schnellstraßen auf Hochtrassen, dazu Bauprojekte wie **Navi-Mumbai** im Nordosten der Stadt. Dort wurde eine neue Stadt aus dem Boden gestampft, die durch eine riesige Brücke mit dem Festland verbunden ist.

Cricket vor kolonialer Kulisse: der Maidan mit Rajabai-Uhrturm und High Court

233ke mb

Mehrunissas Klagen werden nicht erhört – Mumbai vertreibt seine Slumbewohner

Mehrunissa steht inmitten der Überreste von dem, was sie vor ein paar Stunden noch ihr Zuhause genannt hat. Umgeknickte Metallpfosten, aufgeschichtete Backsteine, zerbrochene Holzlatten, zerfetzte Pappkartons, verbeulte Kochtöpfe, zersplitterte Spiegel übersäen den lehmigen Boden. Toiletten, Waschmaschinen, Videorekorder, Kühlschränke und Lampen sucht man hingegen vergebens. Solche Selbstverständlichkeiten der westlichen Überflussgesellschaften sind Lichtjahre entfernt von den Lebensbedingungen der indischen Slumsiedlung, in der Mehrunissa die letzten zwölf Jahre mit ihrem Mann und ihren vier Kindern in einer Einzimmerhütte gewohnt hat. Sie beschimpft die Männer mit ihren Abrissmaschinen: „Warum haben sie uns nicht gewarnt, als wir hier unsere Hütten aufgebaut haben? Wo sollen wir nun hingehen, wo sollen unsere Kinder übernachten?" Ihr Wehklagen ist ebenso verzweifelt wie laut, doch Gehör findet es in dieser Stadt der Spekulanten und Profiteure kaum.

Rechtlich gesehen, sind die Slumbewohner in der Tat im Unrecht, siedeln sie doch auf städtischem Grund und Boden, den sie weder mieten noch ihr Eigentum nennen. Tatsächlich sind sie jedoch die Unschuldigsten in einer typisch indischen Geschichte aus Betrug, Täuschung und Korruption, in der letztlich immer die Skrupellosesten und Mächtigsten den größten Nutzen ziehen. Slums sind in einer derart übervölkerten Stadt wie Mumbai „big money". Die sogenannten „Slumlords" bauen, nachdem sie Polizei und lokale Politiker bestochen haben, auf freien Flächen, die sie in kleine Parzellen unterteilen, primitivste Hütten. Diese verkaufen sie an die Ärmsten der Armen zu Preisen zwischen 50.000 und 300.000 Rs. Eine Goldgrube, wenn man bedenkt, dass bis zu 1.000 Hütten in einer solchen Siedlung errichtet werden. Selbst der Abriss ist Teil der Rechnung, wird die Siedlung danach doch wieder aufgebaut und die Hütten können erneut verkauft werden.

Slums und sogenannte Shantytowns sind seit Jahrzehnten selbstverständlicher Teil des Stadtbildes von Mumbai. Bereits 1976 wurden in einer offiziellen Statistik zwei Millionen der damals 5,9 Mio. Einwohner als Slumbewohner geführt. 40 Jahre später leben nach wie vor ca. 50 % der heute 22 Mio. Einwohner in Armensiedlungen. Viele sind Zuwanderer aus den ärmsten Bundesstaaten Indiens wie Uttar Pradesh, Bihar und Andhra Pradesh. Entgegen eines weit verbreiteten Vorurteils sind die meisten nicht arbeitslos, sondern verrichten einfache, schlecht bezahlte Jobs als Bauarbeiter, Lastenträger, Rikshafahrer, Wäscher, Lumpensammler, Kindermädchen, Gemüseverkäufer und Haushaltshilfe. Bei den geringen Einkommen und den für indische Verhältnisse extrem hohen Mieten bleibt ihnen keine andere Wahl, als in zusammengeschusterten Hütten zu wohnen.

Die meisten Häuser in den älteren Slumsiedlungen Mumbais wie Dharavi, Byculla und Khar sind aus Backstein und Zement errichtet. Ein Großteil der Häuser verfügt weder über eigenen Wasseranschluss noch über eine Toilette. Eine der besten Beschreibungen der Lebensbedingungen in diesen Siedlungen hat der Schriftsteller Rohinton Mistry in seinem großartigen Roman „Im Gleichgewicht der Welt" vorgelegt.

Dennoch zählen die Bewohner noch zu den Privilegierten gegenüber den Millionen, die in aus Sperrholz und Pappkartons zusammengeschusterten Hütten entlang der Bahnlinien leben. Ganz zu schweigen von den etwa 5 %, die gänzlich auf der Straße wohnen. 60 % der 1.200 km des städtischen Straßennetzes verwandeln sich in der Nacht in Schlafstätten.

Die Shantytowns sind ein Schandfleck in den Augen der ehrgeizigen Politiker und Stadtplaner, die Mumbai in den nächsten Jahren auf einer Stufe mit Shanghai und Tokyo sehen. Wenn Geschäftsleute vor ihrer Landung auf dem Santa-Cruz-Flughafen über ein Meer von Plastik- und Blechdächern fliegen, sehen sie ein urbanes Geschwür, das ihnen den Traum von einem angenehmen, sicheren und gesunden Alltag zum Albtraum verkommen lässt.

Als am 26. Dezember 2004 der Tsunami große Teile der südostindischen Küste verwüstete, waren auch die begüterten Bürger Mumbais von den Fernsehbildern zerstörter Siedlungen erschüttert und spendeten Millionen für die obdachlosen Fischer. „Doch für den menschengemachten Tsunami, die Zerstörungsaktion, die gleichzeitig unter ihren Fenstern ablief, hatten sie kein Auge", sagt ein Beamter der Slum-Behörde. „Im Gegenteil, sie begrüßten diese."

Über 100.000 dieser Ansiedlungen sind in der größten Abrissaktion in der Geschichte Mumbais dem Boden gleichgemacht worden. In der chronisch unter Platzmangel leidenden Stadt verschärft sich ein Konflikt mit erheblichem Gewaltpotenzial. Auf der einen Seite stehen Städteplaner, Immobilienmakler, Firmeninhaber und Politiker mit ihren durchaus gerechtfertigten Forderungen nach Bauland für neue, moderne Siedlungen, Industrieansiedlungen und die Erweiterung und Modernisierung des Schienen- und Straßennetzes. Auf der anderen Seite die täglich über 2.000 vor dem Hunger und der Armut iherer Heimatdörfer flüchtenden Dorfbewohner, die auf ihrer Suche nach einer besseren Zukunft in die vermeintliche Traumstadt flüchten. Ihre einzigen Verbündeten sind einige Journalisten sowie Menschenrechtsorganisationen, die allerdings oftmals im Ausland mehr Gehör finden als in Indien selbst.

Zwar gibt es bereits einige Neubausiedlungen in den Außenbezirken für die aus ihren Hütten vertriebenen Bewohner. Doch so sehr lokale Politiker und die Presse auf diese in der Tat lobenswerten Maßnahmen hinweisen, so kann dies doch nicht darüber hinwegtäuschen, dass es sich dabei um kaum mehr als den berühmten Tropfen auf den heißen Stein handelt. Dies umso mehr, als selbst von offizieller Seite nicht bestritten wird, dass durch die Abrissaktionen ein abschreckendes Beispiel für mögliche neue Zuwanderer gegeben werden soll. Das traurige Beispiel Mehrunissas und der Millionen anderer Slumbewohner, die über Nacht ihr gesamtes bescheidenes Hab und Gut verlieren, für welches sie Jahre gearbeitet haben, wird noch viele Worte des Bedauerns und der Trauer in Büchern, Zeitungen und bei einigen auf Wahlstimmenfang befindlichen Politikern finden – wirklich helfen tut ihnen letztlich niemand.

Sehenswertes

Rundgang durch das koloniale Mumbai

Gateway of India

Beginnen wir unseren Rundgang an jener geschichtsträchtigen Stelle, an der 1911 mit König *George V.* zum ersten Mal ein britischer Monarch den Boden des indischen Kaiserreiches betrat. Der zu seiner Begrüßung in aller Eile errichtete Pavillon aus weißem Gips wurde später durch den Gateway of India, das heutige **Wahrzeichen Mumbais,** ersetzt. Der 1924 eingeweihte, 26 m hohe **Triumphbogen** strahlt immer noch viel vom imperialen Selbstbewusstsein jener Tage aus. Gleichzeitig repräsentiert er wie kaum ein anderes Bauwerk Indiens das letztliche Scheitern der Kolonialmacht, verließen doch nur 23 Jahre später die letzten britischen Truppen durch eben diesen Torbogen Indien.

Im kleinen angrenzenden **Park** steht das Reiterstandbild des Marathen-Fürsten *Shivaji* (1627–1680), der zum Führer des Widerstandskampfes gegen die Mogul-Herrschaft aufstieg und heute als Idol nationaler Eigenständigkeit verehrt wird. Schräg gegenüber befindet sich das Denkmal des Hindu-Reformers und Mitbegründers der Ramakrishna Mission *Swami Vivekananda.*

Besonders gegen Abend, wenn sich neben den Souvenirverkäufern und kleinen Garküchen Hunderte von Einheimischen einfinden, bildet das angestrahlte Gateway of India einen der beliebtesten Treffpunkte Mumbais. Übrigens auch für Taschendiebe ein lukrativer Arbeitsplatz, also Vorsicht!

Taj Mahal Palace Hotel

Überragt wird der „indische Triumphbogen" vom **renommiertesten Hotel Indiens,** dem Taj Mahal Palace. Bauherr war der indische Industrie-Mogul *J.R. Tata,* der sich, nachdem man ihm den Zugang zu einem Hotel mit dem Hinweis „For Europeans only" verwehrt hatte, kurzerhand entschloss, das beste Hotel Mumbais zu errichten. Das Vorhaben ist ihm mehr als gelungen. Die Luxusherberge mit ihren unzähligen Restaurants und Bars, Swimmingpool, Fitnessclub und Business Centre ist nicht nur das berühmteste Hotel Indiens, sondern weltweit eines der renommiertesten überhaupt. Dem Charme des 1903 eröffneten Gebäudes konnte auch der Bau des 1973 hinzugefügten 20-geschossigen Erweiterungsbaus nichts anhaben. Allerdings hat dadurch das unmittelbar davor platzierte Gateway of India viel von seiner einstmals imposanten Ausstrahlung eingebüßt. Das Hotel war eines der Hauptziele der Terroranschläge von 2008.

Colaba Causeway

Folgt man der vom Gateway of India nach Nordwesten verlaufenden Chetrapati Shivaji Marg, gelangt man nach gut 200 m zum **Wellington Circle.** Der von hier nach Süden abzweigende Teil der **Shahid Bhagat Singh Road** (bekannter unter dem früheren Namen Colaba Causeway) wird täglich zu einem vielbesuchten Straßenmarkt. Unzählige Straßenhändler bauen auf den schmalen Bürgersteigen ihre Verkaufsstände auf. Das Angebot ist stark auf den Touristengeschmack zugeschnitten und die Preise sind bei weitem nicht so günstig, wie es einem die cleveren Verkäufer weismachen wollen. Die bunte Mischung aus Restaurants, Kneipen, Geschäften, Straßenverkäufern und Touristen aus aller Welt macht den Colaba Causeway zu einem der beliebtesten **Einkaufs- und Flanierboulevards** der Metropole.

Wer mehr am echten indischen Leben als an Shopping interessiert ist, sollte den Colaba Causeway Richtung Süden wandern. Je weiter man sich vom Touristenviertel zwischen Wellington Circle und Arthur Bunder Rd. entfernt, desto bunter und weniger touristisch

Essen und Trinken
1 Haji Ali Juice Centre
2 Ghetto
7 New Kulfi Centre, Crystal Restaurant, Café Coffee Day, Gelato Italiano
9 Shri Thaker Bhojanalaya
11 Badshah Snacks & Drinks, Rajdhani Restaurant

Einkaufen
5 Mélange
6 Crossword Buchladen
7 Anokhi
8 Chor Bazaar, Bollywood Bazaar
10 Zaveri Bazaar, Mangaldas Market
12 Crawford Market

Verkehr
3 Fernbusbahnhof Privatanbieter und Ticketbüros
4 Busbahnhof Mumbai Central

werden die Eindrücke. Besonders der Bereich um den **Sassoon Dock** und den **Colaba Market,** ca. 1,5 km südlich des Wellington Circle, bietet einen spannenden Einblick in die Enge und Vitalität des täglichen Lebens im Hexenkessel Mumbais.

Prince of Wales Museum

Nur wenige Meter nordwestlich des Wellington Circle befindet sich der Eingang zu dem in einem Park gelegenen Prince of Wales Museum (*Chhatrapati Shivaji Maharaj Vastu Sanghralaya,* K. Dubash Marg). Das 1923 eröffnete Kuppelgebäude zählt neben dem Indian Museum in Kolkata und dem National Museum in Delhi zu den drei bedeutendsten des Landes. Der im indo-sarazenischen Stil errichtete Bau beherbergt u.a. eine Textil- und eine Waffensammlung, Elfenbeinschnitzereien und eine kleine Abteilung nepalesischer Kunst. Berühmt sind vor allem die ausgestellten **Miniaturmalereien** sowie die **archäologische Abteilung.** Die vielen kunsthistorischen Epochen werden auf speziellen Hinweisschildern fachkundig erläutert, die Ausstellungsstücke machen fast durchweg einen gepflegten Eindruck.

■ **Öffnungszeiten:** Di–So 10.15–18 Uhr, Mo bis 17.30 Uhr, Eintritt 300 Rs (inkl. Audioguide), Kamera 30 Rs, Video 1.000 Rs, csmvs.in.

Jehangir Art Gallery

Im gleichen Park findet sich mit der 1952 erbauten Jehangir Art Gallery eine der wichtigsten Stätten **zeitgenössischer Kunst** in Indien. Ergänzend zu den überwiegend älteren Ausstellungsobjekten des Prince of Wales Museum rundet ein Besuch dieser kürzlich renovierten Galerie das Bild indischer Kunst der letzten drei Jahrhunderte ab.

■ **Öffnungszeiten:** tgl. 11 bis 19 Uhr, www.jehangirartgallery.com.

Keneseth-Eliyahoo-Synagoge

Unser Tipp: Einige Schritte nördlich des Wellington Circle, versteckt in den Gassen von Kala Ghoda, steht die kleine, blaue Keneseth-Eliyahoo-Synagoge (Dr. V.B. Gandhi Marg, dieselbe Gasse etwas weiter hinein, in der auch das Hotel Lawrence zu finden ist). Das mit kunstvollen Säulen geschmückte Gotteshaus, 1884 von der Sassoon-Familie erbaut, wird liebevoll instandgehalten und auch noch genutzt. Man besucht es wegen der farbenfrohen Fenster am besten im Nachmittagslicht.

■ **Öffnungszeiten:** 9–18 Uhr, Kamera/Video 100/500 Rs, www.jacobsassoon.org.

National Gallery of Modern Art

Etwas westlich des Wellington Circle in der MG Rd. zeigt die National Gallery of Modern Art in den modernen Räumen im Inneren eines prachtvollen Kolonialgebäudes wechselnde Ausstellungen mit traditionellen und zeitgenössischen Werken **indischer und internationaler Künstler.**

■ **Öffnungszeiten:** tgl. außer Mo 11–18 Uhr, Eintritt 150 Rs, ngmaindia.gov.in.

Universität

Folgt man der am Museum entlang führenden Madame Cama Road Richtung Westen und wendet sich dann nach rechts in die Bhaurao Patil Marg, erreicht man nach wenigen Metern die 1874 vom englischen Architekten *Sir Gilbert Scott* im französischen Stil erbaute Universität. Der imposante Prachtbau wird von dem sich 80 m hoch über der Universitätsbibliothek erhebenden **Rajabai-Turm** überragt. Zu Zeiten der britischen Kolonialherrschaft wurde in dem Uhrturm viermal am Tag „God save the Queen“ gespielt. Leider ist der Zutritt zum Turm, zur Universitätsbibliothek und zur Convokationshalle seit den Terroranschlägen von 2008 für Touristen nicht mehr erlaubt, sodass man sich mit dem äußeren Eindruck begnügen muss.

Direkt neben der Universität schließt sich der 1879 in venezianischem und neogotischem Mischstil errichtete Bau des **Obersten Gerichtshofes** (High Court, Eldon Rd.) mit seiner 170 m langen Fassade an. Man sollte sich auch im Gebäude und dessen Innenhof umsehen, um ins quirlige Treiben der Juristerei einzutauchen. Vorher ist die Kamera jedoch bei einer der Wachen am Zugang abzugeben.

Flora Fountain

Die Mahatma Gandhi Road öffnet sich nun zu einem länglich ovalen Platz. Wegen der **Wasserfontäne** in Form einer Blume in seiner Mitte, die zu Ehren des von 1862 bis 1867 in Mumbai regierenden Gouverneurs *Sir Bartle Frere* errichtet wurde, hieß der Platz zunächst Flora Fountain. In Erinnerung an die Opfer des Kampfes um einen unabhängigen Bundesstaat Maharasthra benannte man ihn in den sechziger Jahren in **Hutatma Chowk** (Märtyrer-Platz) um. Im Volksmund ist er jedoch wegen der vielen hier ansässigen Banken und internationalen Firmen auch unter dem Namen **Piccadilly Circus** bekannt.

Veer Nariman Road

Die von hier nach Westen verlaufende Veer Nariman Road führt entlang dem Telegrafenamt und unzähligen auf den Bürgersteigen aufgebauten **Bücherständen,** die von Hitlers „Mein Kampf“ über esoterische Literatur und Romane bis zum neuesten Ikea-Katalog eine ungewöhnliche Angebotsvielfalt aufweisen, zu einer lang gezogenen, unbebauten Rasenfläche, die sich nördlich und südlich der Stra-

Prince of Wales Museum

359is mb

ße erstreckt. An der westlichen Seite des heute vornehmlich als Cricket-Platz dienenden **Maidan** fällt das sehr schöne **Railway Administration Building** gegenüber der **Churchgate Station** auf, von der täglich Hunderttausende mit Vorortzügen in die nordwestlichen Stadtteile Groß-Mumbais pendeln.

Die hübsche, restaurierte **St. Thomas Church** (Veer Nariman Rd., 6.30–18 Uhr) vereint verschiedene architektonische Stile. Die 1672 begonnene und erst 1718 fertiggestellte Kathedrale ist das älteste noch erhaltene Gebäude der Kolonialgeschichte Mumbais. Im hellen Inneren sind Relikte aus der kolonialen Vergangenheit ausgestellt.

Victoria Terminus (Chhatrapati Shivaji Terminus)

Kehrt man zurück zur Flora Fountain und folgt der Dadabhai Naoroji Road (D.N. Rd.) entlang weiterer schöner Kolonialbauten, gelangt man nach etwa einem Kilometer in Richtung Norden zum stets menschen- und autoüberfüllten **Nagar Chowk.** Optisch beherrscht wird er vom Chhatrapati Shivaji Terminus, der mit seinem alten, weiterhin gebräuchlichen Namen *Victoria Terminus* oder kurz *V.T.* heißt, einem der meistbenutzten und architektonisch **beeindruckendsten Bahnhöfe der Welt.** 2004 wurde er in die Liste des **UNESCO-Weltkulturerbes** aufgenommen. Der über und über verzierte, braune Sandsteinbau aus dem Jahre 1888 gilt als der schönste Bau viktorianischer Gotik in Indien.

Nur knapp 100 m östlich des Victoria Terminus schließt sich das nicht minder beeindruckende **Hauptpostamt (GPO)** an.

Wer will, kann hier den Stadtrundgang durchs koloniale Mumbai beenden, indem er über die gegenüber vom GPO nach Süden verlaufende Mint Road nach Colaba und zum Gateway of India zurückkehrt. Man kommt vorbei am **Horniman Circle,** in dessen Mitte ein hübscher, kleiner Park zum Verweilen einlädt, und passiert auch die **Town Hall,** die eine der größten Bibliotheken Indiens beherbergt.

Unterkunft

2 YWCA
10 Suba Palace
21 Carlton Hotel
25 Taj Mahal Palace
27 Hotel Moti International
30 Salvation Army Red Shield Hostel
33 Bed & Break Fast
35 Aga Beg's P. Guest House
36 Bentley's Hotel
40 Ascot Hotel
41 Hotel Godwin
42 Harbour View
46 India Guest House, Sea Shore

Essen und Trinken

6 Barista Espressobar
7 Ali Baba's Klay Oven, Le Pain Quotidien, Pizza Express
9 Indigo Delicatessen
11 Café Mondegar
13 Bade Miyan
14 Gokul Bar
16 Café Leopold
19 Indigo
24 Shamiana
31 Piccadilly, Kamat
34 Café Churchill, Wich Latte
37 Theobroma
38 Kailash Parbat
43 Basilico

Nachtleben

6 Sportsbar Express
10 Polly Esther's
11 Café Mondegar
18 Wink Bar
20 Busaba
23 Harbour Bar

Verkehr

1 Jet Airways
8 Ticketverkaufsbude Elephanta Island, Mandwa, MTDC Infobude
15 Reality Tours & Travels
22 Bootsabfahrt nach Elephanta und Mandwa
29 Balaji Tours & Travels
32 BEST Bus Depot
39 Akbar Travels

Colaba
0 50 m
©Reise Know-How 2017
National Gallery of Modern Art
Madame Cama Rd.
Wellington Circle
Prince of Wales Museum (100 m)
Regal Cinema
Shivaji Marg
Battery Str.
Steven Str.
Mahakavi Bushan Marg
Hafen
Adam Str.
Shivaji Statue
Apollo Bunder
Gateway of India
Elephanta Island
Nethalai Paresh Marg
Shahid Bhagat Singh Road (Colaba Causeway)
Tulloch Road
18 (1 km)
DHL
Nawroji F Road
Mandlik Rd.
Polizei
Best Marg
Mereweather Road
J Altana Road
Henry Road
Walton Str.
Oliver Road
Garden Rd.
P. J. Ramchandani Marg (Strand Road)
Arthur Bunder Road
38 (50 m),
39 (100 m)
Sassoon Dock
Colaba Market
47 (100 m)
Einkaufen
3 Phillips Antiques
4 Central Cottage Industries Emporium
5 Sahakari Bandar Supermarkt und Apotheke, Monginis Cake Shop
12 Search Word Bookshop
26 Nalanda Bookshop
28 Insha Allah Mahsa Allah
44 Bungalow 8
45 Central Cottage Industries Emporium II
47 Courtyard

Alternativ gelangt man durch die quirligen Gassen des Forts und des Bankenviertels zurück zum Wellington Circle.

Rathaus

Wer noch weiter auf den Spuren des kolonialen Mumbai wandeln möchte, sollte sich das gegenüber dem Victoria Terminus gelegene, 1893 erbaute Rathaus (Municipal Corporation Building) nicht entgehen lassen. Der im orientalisch-gotischen Mischstil erbaute Prachtbau wirkt mit seiner 71,50 m hohen Kuppel ebenso imponierend wie das Bahnhofsgebäude. Den Mittelgiebel des Rathauses krönt eine vier Meter hohe Frauenstatue.

Marine Drive, Churchgate und Fort

Crawford Market

Am nördlichen Ende der Dadabhai Naoroji Road, Ecke Lokmanyak Tilak Marg, liegt der Crawfort Market (Mahatma Phule Market), einer der faszinierendsten Orte Mumbais. Durch seine Lage bildet er eine Art Eingangstor zu den sich nördlich anschließenden **Basargassen des muslimischen Viertels.** Viel Zeit kann man damit verbringen, durch die von Jahrzehnten des Handelns gezeichneten **Markthallen** zu schlendern und sich von den Farben, Formen und Gerüchen von Obst, Gemüse, Gewürzen, lebenden Vögeln und Fisch verführen zu lassen. Gelegentlich wird man am Haupteingang auf der Südwestseite am Uhrturm von Männern angesprochen, die wohl eine Art Eintrittsgeld kassieren wollen oder sich als Führer anbieten, was ein Versuch ist, dem unwissenden Touristen etwas Geld

0 200 m

Unterkunft

11 Hotel Oasis
12 Hotel Landmark Fort
13 Landmark Annexe
14 Grand Hotel
15 Traveller's Inn
17 Hotels Benazeer und Residency
20 Hotel Intercontinental
26 Ambassador Hotel
27 Chateau Windsor Hotel
34 Astoria Hotel
36 Hotel Marine Plaza
39 Oberoi/Trident Towers
48 Hotel Lawrence

Essen und Trinken

6 Essensstände
7 McDonald's
8 Shivala veg. Restaurant
11 Shere-e-Punjab Restaurant
16 Café Universal
20 Koh
21 Mocambo Café, Mahesh Sea Food
28 Shiv Sagar, Mocha Bar
29 Indian Summer
31 Pizza by the Bay
32 Gaylord
35 Samrat Restaurant, 210 °C, Relish
41 Food for Thought Café
43 Starbucks
44 Bademiya Restaurant
45 Ankur Restaurant
46 Khyber

Nachtleben

20 Dome
37 Amadeus Lounge
47 The Irish House

Verkehr

3 Busabfahrt Privatanbieter
5 Railway Reservation Office, Taxistand
9 Akbar Travels
38 Air India

Einkaufen

1 BX Furtado & Sons
2 Kala Niketan
10 Chimanlals, Contemporary Arts & Crafts
18 Khadi Village & Industries Emporium
19 Fashion Street
21 Hiro Music House
22 Strand Book Stall
23 The Bombay Store
24 Kashmir Govt Crafts Emporium
25 Uttar Pradesh Crafts Emporium
30 Suryodaya Market
33 Asiatics Department Store
39 Oberoi Mall
40 Buchstände
41 Kitab Khana Buchladen
42 Akhbar Alleys
46 FabIndia

abzuknöpfen. Dieses Spiel lässt sich umgehen, indem man durch den nordöstlichen Hintereingang von der D.N. Rd. aus den Markt betritt, wo man nicht belästigt wird.

Basarviertel

Unser Tipp: Wer auf den Geschmack gekommen ist, sollte sich in das nördlich und westlich an den Crawford Market anschließende Basarviertel mit seinem Gewirr enger Gassen begeben, wo die verschiedenen Handwerkszünfte ihren Sitz haben. Besonders faszinierend ist dabei der an der Mauhana Shankatali Road in der Nähe der Ali Road gelegene **Chor Bazaar** (Diebesbasar). Hier wird nahezu alles verscherbelt, von antiken Möbelstücken über wertvolles Chinaporzellan bis zur Rolex, die vom Handgelenk eines reichen Touristen auf verschlungenen Wegen hierher gelangte. Damit man in den engen, stets von Menschen gefüllten Gassen nicht selbst Opfer des Diebesmarktes wird, sollte man seine Wertsachen stets aufmerksam im Auge behalten.

In unmittelbarer Nähe zum Chor Bazaar, an der Abdul Rahman Street, steht der von einem großen, heiligen Teich umgebene, der Schutzgöttin Mumbais gewidmete **Mumbadevi-Tempel.** Ursprünglich befand sich der Tempel dort, wo heute der Victoria Terminus steht. 1737 musste er jedoch der Erweiterung des alten Forts weichen. Der heutige Tempel soll aus dem Jahre 1753 stammen.

Beeindruckend ist etwas südlicher das quirlige Gassenviertel rund um die alles überra-

Gemüsehändler auf dem Crawford Market

360is mb

gende Jamia Masjid, nordwestlich des Crawford Market. Im **Mangaldas Market,** in dem nichts als Stoffe feilgeboten werden, kann man sich für wenig Geld und viel Erlebnis ein **Kleidungsstück schneidern lassen.** Zunächst sucht man sich einen Stoff aus und bezahlt ihn. Dann wird man zu einem Schneider geführt, der einem daraus das gewünschte Kleidungsstück nach Maßabnahme meist am selben, spätestens zum nächsten Tag näht. Einige Schneider sind jedoch Schlitzohren, die unwissende Touristen bei der Anprobe ein weiteres Mal abkassieren wollen.

Sonntags sind die meisten Geschäfte im Viertel geschlossen und es ist deshalb weit weniger beeindruckend.

Vom Nariman Point zum Malabar Hill

Nariman Point

Steht das Gateway of India für die Kolonialgeschichte Mumbais, so spiegeln die Glitzerfassaden der Luxushotels und Verwaltungsgebäude am Nariman Point die nachkoloniale Erfolgsgeschichte der Stadt. Auffälligstes Gebäude dieses „Manhattan Mumbais", wie es stolz genannt wird, ist das **Oberoi,** ein Superluxushotel, welches mit seinen beiden Türmen den Himmel der Metropole beherrscht.

Marine Drive

Etwas weiter nördlich entlang des Marine Drive, der imponierenden sechsspurigen Küstenstraße, findet sich das **Air-India-Hochhaus.** 1993 wurde es durch einen von insgesamt sechs Sprengsätzen, die innerhalb nur weniger Minuten im Stadtzentrum explodierten, erheblich beschädigt. Alle Prachtbauten entlang der Marine Drive oder Netaji Subash Chandra Bose Marg, wie Mumbais berühmteste **Promenadenstraße** heute heißt, seit sie in den achtziger Jahren zu Ehren des Freiheitskämpfers umbenannt wurde, stehen auf einer Landmasse, welche erst 1940 künstlich aufgeschüttet wurde.

Allabendlich ist der Marine Drive ein beliebter Treffpunkt von Bewohnern und Touristen, die schlendernd oder auf der Ufermauer sitzend den Sonnenuntergang genießen. In letzter Zeit finden sich auch mehr und mehr gesundheitsbewusste Inder zum abendlichen Walken ein.

Chowpatty Beach

Von hier ist es nicht mehr weit zum Chowpatty Beach am nördlichen Ende des Marine Drive. Sonnenanbeter und Wasserratten sind hier allerdings fehl am Platze, da der Strand ebenso wie die See gleichermaßen verdreckt sind. Dafür ist Chowpatty besonders gegen Abend, vor dem Hintergrund der hell erleuchteten Skyline, ein stimmungsvoller Ort, an dem sich Hunderte von Indern einfinden. Erfrischungsstände, Karussells und Gaukler vertreiben ihnen die Zeit.

Historische Bedeutung erlangte Chowpatty, weil hier während des indischen Unabhängigkeitskampfes viele große Demonstrationen stattfanden, an denen mehrere Hunderttausend Menschen beteiligt waren. Auch heute noch wird er von den Parteien als Schauplatz ihrer Wahlveranstaltungen genutzt.

Jedes Jahr im September finden sich Tausende ein, um **Ganesh Chaturhi,** den Geburtstag des beliebten Elefantengottes, zu zelebrieren. Dabei werden kunstvoll bemalte, oft meterhohe Tonskulpturen Ganeshas nach Abhaltung ausgiebiger Kulthandlungen im Meer versenkt.

■ **H2O Watersports** (Tel. 23677546, sailing@h2osports.biz) veranstaltet zwischen 10 und 22 Uhr am Strand z.B. **Parasailing** (per Boot gezogen, 1.000–1.500 Rs p.P.), **Speedboat- und Motorboot-Fahrten** (ab 1.500 Rs für 15 Min. im Fünfsitzer-Boot) und Rundfahrten (170 Rs p.P. bis 19 Uhr und 280 Rs ab 19 Uhr) in der Bucht. Außerdem ist **Wasser- und Jetski** (750 Rs für 10 Min.) sowie **Windsurfen** möglich.

Malabar Hill

Die Marine Drive setzt sich, hinter Chowpatty nach Westen abbiegend, in der Walkeshwar Road fort, die über die steil aufsteigende Bal Gangadhar Kher Marg zum Malabar Hill führt, einer **Landzunge,** die wie ein Daumen ins Meer hinausragt. Malabar Hill ist so etwas wie das Beverly Hills Mumbais, da hier in frischer Seebrise die oberen Zehntausend der Stadt ihren Reichtum mit **herrschaftlichen Villen** zur Schau stellen.

Kamala Nehru Park

Die besten Ausblicke auf Chowpatty und Marine Drive bieten die auf der Spitze des Berges gelegenen Hanging Gardens und der Kamala Nehru Park. Der 1952 angelegte Park ist eine Art **Freizeitpark** für Kinder und wurde nach der Frau des ersten indischen Ministerpräsidenten benannt.

^ Am Marine Drive

Hanging Gardens und Türme des Schweigens

Die direkt gegenüber gelegenen, über einem Wasserreservoir errichteten Hanging Gardens (neuer Name Pherozeshah Mehta Gardens) gewähren einen Blick in Richtung der Türme des Schweigens, jenem **Bestattungsort,** wo die Parsen ihre Toten den Vögeln zum Fraß vorlegen. Die in der Luft kreisenden Geier sind allerdings das einzige, was man von der Bestattungszeremonie zu Gesicht bekommt, da die Türme selbst durch dichte Bäume vor den neugierigen Blicken Fremder verdeckt sind. Ein Modell kann im Prince of Wales Museum besichtigt werden. Der Grund für diese Bestattungsmethode ist das oberste Gesetz der Parsen, welches besagt, dass die Reinheit der Elemente nicht durch die Bestattung von Toten in der Erde oder ihre Verbrennung beschmutzt werden soll (siehe „Land und Leute: Religionen").

Raj Bhawan und Walkeshwar-Tempel

Am Ende der Landzunge des Malabar Hill steht Raj Bhawan, einst herrschaftliche Resi-

406in mb

denz des britischen Gouverneurs und heute **Sitz des Gouverneurs** von Maharashtra.

Der ganz in der Nähe gelegene Walkeshwar-Tempel, ein beliebter **Wallfahrtsort** der Hindus, stammt aus dem Jahre 1715. Er war ursprünglich im 11. Jh. erbaut, danach jedoch mehrfach zerstört worden. Glaubt man der Legende, so soll der Tempelteich entstanden sein, als Rama einen Pfeil in den Boden schoss, um seinen Durst zu löschen.

Mani Bhawan

In der schattigen Labarnum-Gasse liegt das hübsche, dreigeschossige Haus mit vorspringenden Holzbalkonen, in dem **Mahatma Gandhi** während seiner zahlreichen Besuche in Mumbai zwischen 1917 und 1934 wohnte. Heute befindet sich in den Räumlichkeiten ein **Museum,** in dem neben berühmten Utensilien wie etwa dem Spinnrad und den Sandalen auch beeindruckende Fotos über den indischen Unabhängigkeitskampf zu sehen sind.

■ **Öffnungszeiten:** tgl. 9.30 bis 18 Uhr, www.gandhimanibhavan.org.

Victoria Gardens und Zoo

Vor allem am Wochenende sind die gepflegten, weitläufigen **Jitamata Udyan,** auch noch bekannt unter dem alten Namen Victoria Gardens, im Stadtteil Byculla mit dem auf dem Areal befindlichen Zoo ein beliebtes und dementsprechend überlaufenes **Ausflugsziel.** Der Zoo beherbergt u.a. Tiger, Löwen, Leoparden, Elefanten, Nashörner, Krokodile, Affen und Zebras.

■ **Öffnungszeiten:** Der Zoo ist tgl. außer Mi 9–18 Uhr geöffnet.

Dr. Bhau Daji Lad Mumbai City Museum

Das eigentliche Ziel eines Besuchs der Victoria Gardens sollte das 1872 gebaute Dr. Bhau Daji Lad Mumbai City Museum sein (früherer Name: **Victoria & Albert Museum**), das sich auf dem Gelände befindet. Es lohnt schon aufgrund der perfekt gelungenen Restaurierung des reich verzierten Gebäudes und wegen seiner sehr anschaulichen Exponate zur Stadtgeschichte unbedingt einen Besuch.

Dieser Ausflug ist gut mit dem ca. einen Kilometer westlich gelegenen Mahalaxmi Dhobi Ghat kombinierbar.

■ **Öffnungszeiten:** 9.30–17 Uhr, Mi geschlossen, Eintritt 100 Rs, Dr Babasaheb Ambedkar Rd., Byculla East, www.bdlmuseum.org.

Mahalaxmi Dhobi Ghat

Wer einmal sehen möchte, was mit seiner Wäsche passiert, nachdem er sie morgens im Hotel abgegeben hat, dem sei geholfen. Im Mahalaxmi Dhobi Ghat, dem **„Ufer der Wäscher“** im Stadtteil Mahalaxmi, wringen, prügeln und malträtieren Hunderte von *dhobis* seit bald 150 Jahren den Dreck aus mehreren Tonnen Wäsche aus der ganzen Stadt. Die Wäscher arbeiten jeweils in einer der über 1.000 nebeneinander gelegenen, von niedrigen Betonmauern umgebenen kleinen Parzellen, an denen das benötige Wasser vorbeifließt. Der beste Ausblick auf das Treiben bietet sich von einer das Ghat überblickenden Eisenbahnbrücke, deren Schienen zum nahen Mahalaxmi-Bahnhof führen.

Zur Anfahrt nimmt man einen Vorortzug von der Churchgate Station bis zum Bahnhof Mahalaxmi. Der Zug sollte ein Slow Train sein, da die meisten Expresszüge den Bahnhof Mahalaxmi ohne Halt durchfahren. Die Dhobi Ghats liegen direkt an der Ostseite des Bahnhofs.

Haji Ali's Dargah

Der im 19. Jh. erbaute Pavillon zum Andenken an *Haji Ali,* der während einer Pilgerfahrt nach Mekka ertrank, liegt äußerst pittoresk auf einer **Felsenklippe mitten im Meer.** Zu erreichen ist er bei Ebbe über einen ca. 100 m langen **Damm,** der bei Flut überschwemmt wird. Auf beiden Seiten des Damms versammeln sich regelmäßig erbarmungswürdig aussehende Bettler, die auf eine milde Gabe der Pilger hoffen. Besonders donnerstags und freitags pilgern Tausende Gläubige zu diesem Heiligtum, in dem der Sarg des Verehrten aufbewahrt wird. Trotz der seit 2008 voranschreitenden Restaurierungen ist die Moschee die meiste Zeit geöffnet. Am Eingang sorgt das *Haji Ali Juice Centre* für Abkühlung.

Praktische Tipps

Information

- **Vorwahl:** 022
- Das **India Tourism Tourist Office** (Tel. 22074333/4, www.incredibleindia.org) im 1. Stock des Railway Administration Building, 123 Maharshi Karve Rd., gegenüber der Churchgate Station, ist eines der besten Informationsbüros ganz Indiens. Neben einem übersichtlichen Stadtplan erstellen die freundlichen Bediensteten auf Anfrage auch aktuelle Computerausdrucke zu fast allen touristisch interessanten Orten Indiens. Geöffnet ist es Mo–Fr von 8.30 bis 18 Uhr, Sa und an Feiertagen von 8.30 bis 14 Uhr. Hier können auch Privatzimmer bei Familien (um 1.000 Rs/Nacht) vermittelt werden. **Filialen** befinden sich am nationalen (Tel. 26156920) und internationalen Flughafen (Tel. 26829248). Staatlich geprüfte Stadtführer können unter Tel. 22036854 gebucht werden.
- **Maharashtra Tourism Reservation Office (MTDC)** in den CDO Hutments, Madame Cama Rd., Nariman Point (Mo–Sa 9.30–17.30 Uhr, Tel. 22044040, www.maharashtratourism.gov.in), und eine Ticketbude am Apollo Bunder (Di–So 8.30–15.30 Uhr, am Wochenende zusätzlich 17.30–20 Uhr, Tel. 22841877), veranstaltet neben Stadtrundfahrten, die an diesen Punkten beginnen (s.u.), diverse mehrtägige Rundreisen zu Zielen in Maharashtra.
- **„Mumbai – This Fortnight"** ist ein hervorragendes Heftchen mit einer Fülle von Informationen über Mumbai. Neben Hotel- und Restaurant-Adressen finden sich u.a. Einkaufstipps, Flugpläne, wichtige Adressen von Botschaften und Fluggesellschaften sowie ein Veranstaltungskalender.
- Über aktuelle Veranstaltungen, Restaurants, Nachtleben, Filmprogramm und viele weitere kulturelle Events informiert **www.timeoutmumbai.net.**
- Wer sich länger in Mumbai aufhält, findet im an vielen Kiosken erhältlichen **Stadtplan** von Eicher (250 Rs) einen präzisen Begleiter.

Stadtführungen

- Tägliche regelmäßige Stadtrundfahrten werden nur von **privaten Anbietern** veranstaltet. Diese haben ihre Verkaufsschalter nahe dem Gateway of India. Überall um

Dabba Wallahs – Essen auf Rädern à la Mumbai

Das Wort Perfektion bringen die meisten Menschen nicht unbedingt mit Indien in Verbindung. Doch was die *Dabba Wallahs* genannten Transportboten in Mumbai bewerkstelligen, stellt die Leistungen der renommiertesten Logistikunternehmen weltweit in den Schatten. Dabei sind es nicht wichtige Pakete oder Dokumente, welche die Dabba Wallahs Tag für Tag minutengenau zu den Arbeitsstätten, Büros und Businesszentren der Metropole ausliefern, sondern – Essensportionen. Und dies ganz ohne digitale Hilfsmittel und schon seit mehr als einem Jahrhundert.

Zur Mittagszeit sind die Beschäftigten der Mumbaier Mittelschicht hungrig und nicht wenige nutzen diesen speziellen Service. In Privathaushalten oder Restaurants gekochtes Essen wird, in handliche Pakete verpackt, zu einer zentralen Sammelstelle gebracht und von dort in die gesamte Millionenmetropole verteilt. Der Transport erfolgt mit Fahrrädern, Vorortzügen, öffentlichen Bussen oder gar zu Fuß. Die tägliche, absolut präzise Zustellung von etwa 200.000 Mittagessen ist beeindruckend, praktisch jedes Lunchpaket erreicht seinen Adressaten, und das zur gewünschten Zeit. Laut einer Analyse von Forbes liegt die Fehlerquote bei nur 0,0004 % – eine logistische Meisterleistung!

Bewerkstelligt wird dies mittels eines einzigartigen Codes aus Zahlen und Farben auf den einzelnen Päckchen – viele der Zusteller sind Analphabeten – und so findet jedes Essen schnell, flexibel und vollkommen analog den richtigen Weg. Man kann die Dabba Wallahs gelegentlich vormittags an den großen Vorortbahnhöfen wie Churchgate oder Victoria Terminus bei der Arbeit bestaunen. Aufgrund ihrer unschlagbaren Perfektion werden sie wohl auch weiterhin ihren Platz im digitalisierten Großstadtleben behaupten.

das Gateway of India wird man von Schleppern wegen Stadtrundfahrten angesprochen, die je nach Teilnehmerzahl in Minibussen oder Pkw zu recht hohem Preis durchgeführt werden. Skepsis ist jedoch angebracht, die Erklärungen sind häufig nur in Hindi und die Eintrittspreise müssen extra bezahlt werden.

■ **MTDC** (Maharashtra Tourism Development Corporation, CDO Hutments, Madame Cama Rd., Tel. 22845678, www.maharashtratourism.gov.in, tgl. außer So 9.45–17.30 Uhr) veranstaltet an Samstag- und Sonntagabenden um 19 und 20.30 Uhr einstündige Stadtrundfahrten per **Doppeldeckerbus** (Unterdeck/Oberdeck 60/180 Rs), die die herausragenden angestrahlten Sehenswürdigkeiten im Innenstadtbereich passieren. Sie starten bei der Filiale am Gateway of India (nahe Apollo Bunder, Tel. 22841877). Abfahrt am Gateway of India, wo man in der Ticketbude von MTDC Karten kaufen kann. Maharashta Tourism vermittelt außerdem **Stadtführer** für Stadtrundgänge zu gewünschten Zielen (ca. 2.000–3.000 Rs). Preis inkl. Eintritt für die Museen 500 Rs, Startpunkt ist das Gateway of India.

■ Hervorragend geschulte Guides von **Mumbai Magic** (Tel. (0)9867707414, www.mumbaimagic.com) führen themenorientiert zu Fuß, per Auto oder Boot zu interessanten Zielen im gesamten Stadtgebiet und außerhalb.

■ Halbstündige **Hafen-Besichtigungsfahrten** per Boot starten regelmäßig am Gateway of India (80 Rs).

■ Informative Stadtrundgänge zu den wichtigsten Sehenswürdigkeiten im Stadtgebiet werden von **The Bombay Heritage Walks** (Tel. 23690992, (0)9821887321,

www.bombayheritagewalks.com) auf Anfrage an Sonntagen (außer während der Monsunzeit) für 2.500 Rs durchgeführt (für 5 Personen, 500 Rs für jede weitere Person, nehmen weniger Personen teil, werden die 2.500 Rs entsprechend der Teilnehmerzahl aufgeteilt).

■ Eine Vielzahl ungewöhnlicher Ausflüge organisiert **Reality Tours & Travels** (Akbar House, 1. Stock, Nawroji Fardonji Rd., Colaba, Tel. (0)9820822253, www.realitytoursandtravels.com). Am ungewöhnlichsten ist wohl der Besuch des größten Slumgebietes Dharavi und seiner Arbeitswelt (2½-Std.-Tour 700 Rs, 4½-Std.-Tour 1.400 Rs), wobei jeder selbst entscheiden muss, inwieweit dies angemessen ist. Ein Großteil der Erlöse dieser Tour werden an ein Sozialprojekt im Slum weitergegeben. Eine weitere Tour führt zu mehreren großen Märkten der Stadt (inkl. Crawford Market), eine andere mit öffentlichen Verkehrsmitteln etwa zum Dhobi Ghat, Victoria Terminus und zu drei großen Märkten. Eine morgendliche Fahrradtour (ab 6.15 Uhr, bevor der starke Verkehr beginnt) steuert bekannte Sehenswürdigkeiten im Fort-Bereich an, lotst aber auch zu sonst nicht von Touristen besuchten Orten wie einem Sammelplatz von Kühen im Innenstadtbereich.

■ Will man sich von einem erfahrenen **Guide** auch die etwas unbekannteren Ecken Mumbais (natürlich auch die bekannten) zeigen lassen, ist Herr Raju Chudasama (Tel. (0)9324231077, raju2india@yahoo.com) der Richtige. Der in Bombay geborene Guide kennt sich bestens in allen Winkeln aus und führt auch zu Orten am Rande Mumbais. Dies geschieht per pedes, per Auto oder in Vorortzügen, wenn es gewünscht wird. Zudem ist er sehr preiswert. Am besten einen Tag vorher einen Termin mit ihm verabreden. Seine Agentur Atlanta Tourist Service bietet auch weitere touristische Dienste an.

■ Bei India Tourism können **mehrsprachige Stadtführer** für 750/1.000 Rs pro Halb-/Ganztagestouren angeheuert werden. Für Führungen in nicht-englischer Sprache werden mindestens 250 Rs zusätzlich verlangt.

⌃ Die Waschküche Mumbais: Mahalaxmi Dhobi Ghat

Stadtverkehr

Autoriksha

Autorikshas sind **nur in den Vororten** erlaubt und so für Touristen als Transportmittel nur dort von Nutzen. Wer sie benutzt, muss hart verhandeln, da nur selten der Taxameter eingeschaltet wird. Die offiziell gültigen Preise können jedoch als Anhaltspunkt dienen: Die Mindestgebühr beträgt 17 Rs für die ersten 1,6 km, pro Kilometer sind 10 Rs zu zahlen, ab Mitternacht 25 % mehr. 5 km kosten tagsüber 56 Rs.

Taxi

Aufgrund ihrer Quasi-Monopolstellung im Innenstadtbereich sind die insgesamt 40.000 (!) Taxis das neben Bussen meistbenutzte Transportmittel Mumbais. Tagsüber schalten die meisten Fahrer ohne Murren den **Taxameter** ein, eine für Indien ganz ungewöhnliche Erfahrung. Die Mindestgebühr beträgt 21 Rs für bis 1,5 km. 5 km kosten 70 Rs, 10 km 140 Rs. Zwischen Mitternacht und 5 Uhr sind 25 % mehr zu zahlen.

Blaue AC-Taxis, die sogenannten **Cool-Cabs,** sind um ca. 30 % teurer und können auch unter Tel. 28246216, 28227006 angefordert werden. Ihre Taxameter zeigen den korrekten Preis an. Auch beim zuverlässigen **Meru Cabs** (Tel. 44224422, www.merucabs.com) können klimatisierte Taxis (erster Kilometer 27 Rs, jeder Folgekilometer 20 Rs, nachts 25 % mehr) bestellt werden. Falls man das Taxi bis zu einer eventuellen Rückfahrt warten lassen will, schlägt dies mit 2 Rs/Min. zu Buche.

Bus

Mumbai besitzt das beste innerstädtische Busnetz ganz Indiens. Die großteils betagten, dunkelroten **Doppeldeckerbusse** sind meist in einem relativ guten Zustand und zudem auch nur während der Hauptverkehrszeiten vollgestopft. Im südlichen, von Touristen wohl am häufigsten besuchten Teil der Stadt werden die Busse von BEST (www.bestundertaking.com, Info-Tel. 1800 227550) mit ihrem Busdepot in Colaba betrieben. Alle innerstädtischen Fahrstrecken kosten 3 Rs, die nach dem Besteigen des Busses beim Schaffner zu zahlen sind. Tageskarten kosten ab 25 Rs. Man sollte sich vor **Taschendieben** in Acht nehmen, da ansonsten die Fahrt letztlich wesentlich teurer ausfällt als gedacht. Auf der genannten Internetseite können wichtige Routen abgerufen werden.

Einige für Touristen interessante **Routen** sind die Linien 1, 6-Ltd., 7-Ltd., 103 und 124 vom Victoria-Bahnhof nach Colaba. Vom Mumbai-Central-Bahnhof fahren die Busse Nr. 43, 70, 124, 125 nach Colaba. Von Colaba über den Chowpatty Beach zum Malabar Hill fahren u.a. Linien 106 und 108, zu den Hanging Gardens 103 und 106, zum Chowpatty Beach 103, 106, 107 und 123, zum Crawford Market vorbei am Victoria Terminus Linien 1, 3, 21, 103 und 124. Mit **Ltd.-(Limited Stops-)Bussen** kommt man schneller ans Ziel, da sie seltener halten.

Wer mit dem Zug am **Mumbai-Central-Bahnhof** ankommt bzw. von dort losfährt, kann mit einem der alle 5 Min. von und nach Churchgate fahrenden Busse ins Stadtzentrum fahren. Der Preis ist im Bahnticket enthalten. Allerdings gilt auch hier: Vorsicht vor Langfingern!

Vorortzüge

Neben Bussen sind die Vorortzüge die billigste innerstädtische Transportmöglichkeit und besonders zu **entfernteren Zielen im Stadtgebiet** empfehlenswert (pro Fahrt 2. Klasse selten über 10 Rs, 1. Klasse ca. das Zehnfache). Sie starten am Churchgate-Bahnhof und im westlichen Teil des Victoria Teminus. Da die Schlangen an den Fahrscheinschaltern an beiden Bahnhöfen gelegentlich sehr lang sind, sollte man sich entweder ein **Couponheft** (50 Rs) zulegen, mit dem man alle Züge nach dem Entwerten des jeweiligen Coupons besteigen darf, oder besser ein **Touristenticket** kaufen, das 75/225 Rs (2./1. Klasse) für einen Tag, 115/415 Rs für drei Tage und 135/485 Rs für fünf Tage für alle Züge kostet.

Zu Stoßzeiten kann es recht eng in den Waggons werden. Man sollte gerade dann besonders auf seine Wertsachen achtgeben. Für Frauen empfehlen sich die Ladies-only-Abteile/Waggons. Abends sollte man nur belegte Waggons benutzen.

Unterkunft

Mumbai ist zweifellos eine der interessantesten Städte Indiens, doch für viele Reisende mit schmalem Geldbeutel entwickelt sich die Unterkunftssuche oft zu einem Alptraum. Es wäre noch untertrieben zu behaupten, in der Stadt bestünde ein **Mangel an Billigunterkünften.** Ein auch nur einigermaßen akzeptables Doppelzimmer unter 700 Rs zu ergattern, ist so gut wie unmöglich.

Auf die wenigen billigen Unterkünfte stürzen sich jeden Morgen neben westlichen Travellern auch viele indische, afrikanische und arabische Touristen. Wer in den Monaten Oktober bis März nach 12 Uhr mittags in Mumbai eintrifft, kann seine Hoffnung auf ein billiges Zimmer für die kommende Nacht fast begraben. Erreicht man die Stadt morgens per Flugzeug, sollte man bereits im Heimatland ein Zimmer reserviert haben oder am Flughafen eine **telefonische Zimmerreservierung** vornehmen. Auf die Bediensteten des Tourist Office ist dabei allerdings nur wenig Verlass, da diese meist versuchen, Touristen in den teuren Hotels unterzubringen, wo sie Kommission kassieren. Besser ist es also, selber anzurufen. Auch die meisten Taxifahrer möchten sich gern einige Rupien hinzuverdienen, indem sie Touristen zu einem „ihrer" Luxushotels chauffieren. Insofern sollte man ihren Hinweisen, dass das selbst gewählte Hotel abgebrannt o.Ä. sei, auch keine Bedeutung beimessen.

Die im Folgenden genannten Tarife sind mit Vorsicht zu genießen, da sich die **Preisspirale unaufhörlich dreht.** 10–20 % Zuschläge pro Jahr sind fast schon die Regel. Reist man zu zweit und möchte sich in einem Zimmer in Colaba einquartieren, wo viele Billig- und Mittelklassehotels liegen, empfiehlt es sich, das Gepäck unter Aufsicht der einen Person in einem Café abzustellen, während der andere sich unbeschwert auf die Suche machen kann. Viel Glück dabei! Selbstverständlich ist es ratsam, sein Zimmer schon vom Heimatland aus zu reservieren, was – falls überhaupt möglich – vorwiegend in den unteren Preisklassen jedoch keine verlässliche Option ist.

Untere Preiskategorie

In Colaba

■ Wie heiß begehrt das von der Heilsarmee (Salvation Army) betriebene **Salvation Army Red Shield Hostel** ①-② (30, Mereweather Rd., Tel. 22841824, red_shield@vsnl.net, Preise inkl. Mahlzeiten) ist, davon kann man sich jeden Morgen um 10 Uhr ein Bild machen, wenn eine Traube von Individualtouristen sich um eines der wenigen Betten bemüht. Tatsächlich sind besonders die sauberen Schlafsäle für 350 Rs pro Person (inkl. Frühstück) die billigste Übernachtungsmöglichkeit, die es in Mumbai gibt. Einige geräumige Doppel- und Dreibett-Zimmer (AC, nur Gemeinschaftsbad) stehen ebenfalls zur Verfügung, der wesentlich höhere Preis beinhaltet drei obligatorische Mahlzeiten. Ein kleiner Balkon und der Aufenthaltsraum sind beliebte Treffpunkte für die bunte Mischung von Travellern aus aller Welt. Die *safe deposit lockers* (Schließfächer) sollten vor allem die benutzen, die im Schlafsaal übernachten. Am besten ist man schon um 9 Uhr nach dem Check-Out da, dann steigen die Chancen, in dieser einzigen guten Gewissens zu empfehlenden Low-Budget-Unterkunft Mumbais unterzukommen.

■ Für Mumbai-Verhältnisse gar nicht mal schlecht ist das vorwiegend bei altgedienten Indienreisenden beliebte, klapprige **Carlton Hotel**②-③ (12, Mereweather Road, Tel. 22020642), wo auch Drei- und Vierbett-Zimmer zur Verfügung stehen. Verglichen mit anderen Städten zweifelsohne überteuert, doch dafür herrscht in dem alten Holzbau eine angenehme Atmosphäre und vom Wäscheservice bis zum Bus- und Flugticketverkauf bietet der geschäftstüchtige Manager eine Menge Extras an. Vom Gemeinschaftsbalkon Aussicht auf die lebendige Gasse darunter.

■ Ein guter Deal ist das **Aga Beg's P. Guest House**①-③ (12 Walton St., Tel. 66356758/9). In dieser Bleibe ab 3. Stockwerk des Hauses finden sehr Preisbewusste billige, fensterlose Zimmerzellen und Zimmer mit Ausblick, TV und Gemeinschaftsbad, aber auch komfortablere, klimatisierte Zimmer mit abgeschlossenem Bad in recht ruhiger Umgebung.

■ Zwei Hotels übereinander befinden sich im Kamal Mansion, eine kleine Gasse an der Arthur Bunder Rd. hinein: im 2. Stock das **India Guest House**①-② (Tel. 22833769) mit einfachen DZ inkl. TV, AC und Fenster Richtung Hafenbecken sowie Badezimmer, außerdem fensterlose DZ ohne TV. Das Gemeinschaftsbad ist annehmbar sauber. Recht laut, aber für eine Nacht wohl o.k. Darüber vermietet das bessere **Sea Shore**①-② (Tel. 22874237/8) Räume mit sauberem Gemeinschaftsbad. Die Zimmer mit Fenster haben einen schönen Blick zum Hafenbecken.

Nähe Victoria Terminus/Fort-Bereich

Eine ganze Ansammlung passabler Hotels drängt sich im Bereich der Kreuzung von S.B. Singh Road und P.D. Mello Road nahe dem Hauptpostamt, kaum fünf Gehminuten vom Victoria Terminus entfernt.

- Als halbwegs preiswerte Bleibe nahe dem Victoria Terminus kann das saubere **Traveller's Inn**①-③ (Adi Marzban Marg, Ballard Estate, Tel. 22644685, www.hoteltravellers inn.co.in, Frühstück im Preis enthalten) empfohlen werden. Die teils klimatisierten Zimmer sind geräumig und verfügen über kostenlose Wifi-Verbindung, Schließfächer, TV und viel Tageslicht. Außerdem liegt das Hotel in einer eher ruhigen Gasse. Ist's hier voll, sind die teureren AC-Zimmer des 100 m entfernten **Hotel Oasis**②-③ (Shahid Bhagat Singh Marg, Tel. 22697887, (0)828 6470877, www.hoteloasisindia.in) akzeptabel, da hell und recht groß.
- Ein Tipp ist das **Hotel Lawrence**② (K. Dubash Marg, 3. Stock, Tel. 22843618, 56336107) am Südende des Fort-Bereichs in einer kleinen Seitengasse gegenüber dem Prince of Wales Museum (beim Restaurant Chetana 50 m in die abzweigende Gasse). Spartanische, aber saubere Zimmer mit Gemeinschaftsbad, ohne WiFi, sind für die Lage nahe Colaba günstig. Nicht vom Treppenhaus abschrecken lassen.
- IndiaTourism kann **Unterkunft in Familien** (Homestays) ab 1.000 Rs aufwärts vermitteln.

Mittlere Preiskategorie

In Colaba und Marine Drive

- Die Zimmer im **Bentley's Hotel**②-③ (Oliver Rd., Tel. 22841474, www.bentleyhotels.com) sind zwar nicht billig, aber sehr stilvoll, teils mit schönem Mobiliar und Balkon, doch für Mumbai recht preiswert und deshalb meist ausgebucht. Bentley's managt in unmittelbarer Nähe drei weitere Unterkünfte ähnlicher Qualität, die ebenfalls in gut erhaltenen Kolonialvillen untergebracht sind.
- Eine davon ist das hervorragende, etwa zwei Fußminuten entfernte **Bed & Break Fast**②-③ (Henry Rd., Tel. 22881706) in einer alten Villa nicht weit entfernt. Große Zimmer mit dunklem Holzmobiliar, oft mit geschlossenem Balkon sowie mit Gemeinschaftsbad sind erstaunlich billig, zumal das Frühstück im Preis enthalten ist.
- Eine hervorragende Mittelklassewahl im Zentrum von Colaba ist das **Hotel Godwin**③ (Garden Rd., Tel. 2284 1226, www.hotelgodwin.co.in) nebenan. Die hübsch möblierten, luftigen Zimmer mit großen Fensterfronten, die von den oberen Etagen weite Ausblicke über die Stadt gewähren, sind angenehm. Zudem lockt das herrliche Dachrestaurant mit Weitblick.
- Das vielleicht beste Preis-Leistungs-Verhältnis dieser Kategorie gibt es beim **YWCA**③-④ (Tel. 22025053, 230 71567, Seiteneingang, 1. Stock). Sehr ordentliche Zimmer mit WiFi inkl. Frühstück sind ein Schnäppchen für diese Lage, was leider dazu führt, dass man ohne längerfristige Reservierung kaum die Chance hat, eines der begehrten Zimmer zu ergattern. Natürlich sind auch männliche Wesen willkommen.
- Eine sehr gute Wahl ist das **Suba Palace**④ (Tel. 2202 0636, www.hotelsubapalace.com) in der Battery Rd. ganz in der Nähe des Gateway of India. Nicht nur die zentrale Lage, sondern auch die attraktiv gestalteten Räume dieses AC-Hotels sind ihr Geld wert.
- Erstklassige, teils sehr große Zimmer machen das komfortable **Ascot Hotel**④ (Garden Rd., Tel. 66385566, www.ascothotel.com) im Herzen Colabas zur hervorragenden Unterkunft. Die Zimmer nach hinten sind ruhiger.
- Erstaunlich preiswert sind die meist sehr großen Zimmer des nahen **Hotel Moti International**④ (Best Marg, Tel. 22025714, hotelmotiinternational@yahoo.co.in). Auch der freundliche Besitzer und der kleine Sitout am Eingang machen diese altehrwürdige Kolonialvilla zu einem Schnäppchen, das eben deswegen meist ausgebucht ist, also unbedingt reservieren.
- Wer es vorzieht, in der Gegend um den Churchgate-Bahnhof in der Nähe des Marine Drive zu wohnen, dem sei das sehr gute, preisgünstige **Astoria Hotel**④ (4, J.T. Road, Tel. 66541234, www.astoriamumbai.com) empfohlen. Eine hervorragende Mittelklassewahl.
- Supersaubere Zimmer in zentraler Lage in einem von sehr freundlichen Bediensteten geführten Haus zu relativ günstigen Preisen – all das bietet das **Chateau Windsor Hotel**④ (Veer Nariman Rd., Tel. 66224455, www.chateau windsor.com), ebenfalls nahe dem Marine Drive neben dem Ambassador Hotel.

Nähe Victoria Terminus/Fort-Bereich

- Eine für den recht geringen Preis gute Wahl ist das **Hotel Benazeer**③ (Tel. 22611725, 40024949-51, www.benazeerhotelmumbai.com) mitten im quirligen Zentrum des Forts mit sauberen AC-Zimmern. Hübsch ist die Dachterrasse oberhalb der Marktgasse. Auch das fast preisgleiche **Residency Hotel**③ (Tel. 66670555, 22625525-9, residencyhotel@vsnl.com) ganz in der Nähe ist in Ordnung.

■ Nur etwa 100 m östlich vom Hauptausgang des Victoria Terminus ist das **Landmark Fort**③ (249 P. D'Mello Rd., Tel. 30222300-5, www.landmarkhotels.in) eine der besten Adressen des Mittelklassebereichs in Mumbai. Die durchweg klimatisierten Zimmer sind zwar nicht übermäßig groß, jedoch supersauber mit ebensolchem Bad, LCD-TV und Kühlschrank und damit erstaunlich billig für Mumbai-Verhältnisse. Nur wenig teurer ist das 50 m entfernte **Landmark Annexe**③-④ (Walchand Hirachand Marg, Ballard Estate, Tel. 22612809), dessen Zimmer etwas geräumiger und komfortabler, aber auch etwas teurer sind. In beiden Häusern ist das Frühstück inklusive, außerdem gibt's WiFi in den Zimmern für 110 Rs/Std.

■ Trotz einer Rundumerneuerung vermittelt das nostalgisch schöne **Grand Hotel**③-④ (17, Shri SR Rd., Ballard Estate, Tel. 66580500, www.grandhotelbombay.com, Preise inkl. Frühstück) 200 m östlich immer noch viel von jener vergangenen Zeit, als die Touristen der großen Überseedampfer an Land gingen. Das aufpolierte Holzmobiliar in den kleinen, um einen Lichthof gebauten AC-Räumen mit Kühlschrank und die marmornen Badezimmer verbreiten eine gemütliche Atmosphäre. Ein weiteres Plus sind die freundlichen Bediensteten und kostenloses WiFi.

Obere Preiskategorie

■ Das legendäre, 1903 erbaute **Taj Mahal Palace**⑤ (Apollo Bunder, Tel. 66653366, www.tajhotels.com) galt lange Zeit als eines der zehn besten Hotels der Welt. Wenn auch nicht mehr das modernste, so ist es doch immer noch das renommierteste Hotel Indiens. Im Foyer tummelte sich eine V.I.P.-Parade aus „Bollywoods" Filmstars, arabischen Scheichs und Geschäftsleuten – tatsächlich filmreif. Vorzug des neueren Erweiterungsbaus **Taj Mahal Towers** sind die besseren Ausblicke, es fehlt jedoch das koloniale Flair.

Das Hotel war eines der Hauptziele der **Terrorattacken** in Mumbai im November 2008. Dabei wurde der alte Trakt des Taj durch Brände und Explosionen stark beschädigt. Seitdem durch starke Sicherheitsmaßnahmen geschützt, können Gäste an geführten Besichtigungen des Hotels teilnehmen. Eintrittsbedingung für Gäste des Hotels, eines der Restaurants oder einer der Bars ist selbstverständlich ordentliche Kleidung.

■ Das steil aufragende **Oberoi/Trident Towers**⑤ (Nariman Point, Tel. 66325757 (Oberoi) und 23890555, 66324343 (Trident), www.oberoimumbai.com, www.tridenthotels.com) am Marine Drive, im einen Teil von der Oberoi-Gruppe, im anderen von der Trident-Gruppe gemanagt, ist wohl die luxuriöseste Nobelherberge in Mumbais Zentrum. Allein die elegant gestaltete Eingangshalle mit dem riesigen Shopping-Komplex lohnt einen Besuch. Ebenso wie im Taj gehören Swimmingpool, mehrere Spezialitätenrestaurants, Business-Centre und Spa, Sauna und Diskothek zu dem über 1.000 Betten verfügenden Doppelkomplex. Auch das Oberoi Trident war Ziel der Terroranschläge im von 2008, es wurde jedoch nicht so gravierend beschädigt wie das Taj.

■ Die zentrale Lage zwischen Marine Drive und Churchgate ist das Plus des alteingesessenen **Ambassador Hotel**④-⑤ (Veer Nariman Rd., Tel. 22041131, www.ambassadorindia.com) mit der Kolonialzeit nachempfundenen Dekor.

■ Trotz seines bescheidenen Äußeren ist das **Hotel Marine Plaza**⑤ (Tel. 22851212, www.hotelmarineplaza.com) eines der luxuriösesten Hotels der Innenstadt. Neben den makellosen Zimmern und dem freundlichen Personal gefällt die Lage direkt am Marine Drive ganz in der Nähe des Nariman Point.

Juhu, Bandra und Flughafen-Hotels

In den Stadtteilen Bandra und Juhu ist in den letzten Jahren eine lebendige Club- und Restaurantszene entstanden, die das neue Indien widerspiegelt. Die unmittelbar angrenzenden Stadtteile sind auch wegen ihrer Nähe zu den Flughäfen sinnvolle Unterkunftsregionen für diejenigen, die nur einen kurzen Stopp in Mumbai einlegen und per Flug weiterreisen.

■ Bereits in Worli und damit nicht so weit vom Zentrum Mumbais entfernt, ist das **Four Seasons**⑤ (Dr E Moses Rd., Worli, Tel. 24818000, www.fourseasons.com) ein hervorragendes, hochmodernes und teures Luxushotel mit fantastischen Ausblicken über die Stadt und zum

› Taj Mahal Palace Hotel

Meer, besonders von der Freiluft-Bar auf dem Dach des 33-stöckigen Hotelturms, wo man in bequemen Polstersesseln die teuren Getränke genießen kann. Am Dachpool des Four Seasons serviert das **Pool Deck** italienische Küche.

Im nördlich an Bandra angrenzenden Juhu liegt das von der Hare-Krishna-Gesellschaft geleitete, hoch aufragende **Iskcon Guest House**③ (Hare Krishna Lane, Tel. 26206860, www.iskconmumbai.com) im Hare Krishna Complex, nur gut 200 m vom Juhu Beach entfernt. Die 76 geräumigen, gemütlichen Zimmer mit Balkon im älteren der zwei Türme und ein gutes Restaurant (Buffet) auf dem ruhigen Gelände sind ansprechend.

Wer die Nacht in der Nähe des Flughafens verbringen will, dem stehen eine ganze Reihe von Hotels zur Verfügung. Die meisten sind vom Chhatrapati Shivaji International Airport ca. 3 km entfernt. Im Folgenden kann nur eine kleine Auswahl genannt werden, wobei die Qualität in Relation zu den aufgeführten Preisen steht. Insgesamt gilt, dass man den Standortvorteil recht teuer bezahlen muss, da alle Flughafen-Hotels, verglichen mit dem gebotenen Standard, deutlich über dem ohnehin schon sehr hohen Preisniveau in der Innenstadt liegen. So erhält man für etwa 2.000 Rs kaum mehr als ein bescheidenes Zimmer.

Neu ist das hochmoderne Business-Hotel **Suba International**④ (Sahar Rd., Tel. 67076707, www.hotelsuba international.com) in Vile Parle. Nur 1 km vom Terminal 2 des Chhatrapati Shivaji International Airport (und 3 km vom nationalen Flughafen) entfernt, ist es eine zweckmäßige und komfortable Wahl für alle, die nah am Flughafen wohnen möchten, mit zeitgemäßer Ausstattung wie i-pod-bedienbarer Elektronik und natürlich WiFi. Das preiswertere und einfachere **Suba Galaxy**④ (NS Phadke Rd., Andheri, Tel. 26831188, www.hotelsubagalaxy.com) nahe Andheri-Bahnhof und etwa 4 km von den Flughäfen entfernt, verfügt ebenfalls über hinreichend gute Aus-

405in mb

stattung (inkl. Breitbandinternet) in mit dunklem Holz möblierten, aber hellen Zimmern.

■ In unmittelbarer Nähe zum nationalen Flughafen ist das ansprechende **Airlines International**④-⑤ (Yoga Institute Rd., Prabat Colony, Tel. 26160714) mit sauberen AC-Zimmern und kostenlosem WiFi sowie reibungslosem Flughafentransport eine gute Wahl für eine Nacht.

■ Das **Bawa International**③ (Nehru Rd., Vile Parle, Tel. 26113636, international.bawahotels.com) ist ein hervorragend geführtes Hotel, 3 km vom Terminal 2 des Chhatrapati Shivaji International (und einen knappen Kilometer vom nationalen Flughafen) entfernt. Geschmackvoll eingerichtete Zimmer mit WiFi-Anschluss sind preisentsprechend.

■ Ausgezeichnet ist das Fünf-Sterne-Hotel **The Orchid** ⑤ (Nehru Rd., Vile Parle, Tel. 26164040, www.orchidhotel.com). Beim Bau des Riesen wurde besonderer Wert auf die Verwendung natürlicher Materialien gelegt, woraus sich die Bezeichnung „Asia's first certified ecofriendly 5 Star Hotel" ableitet. Neben allen anderen Annehmlichkeiten dieser Preisklasse gefällt auch der Dachpool.

Essen und Trinken

Mumbai hat mit Abstand die größte Auswahl an Restaurants in Indien. An jeder Straßenecke warten gleich mehrere Gaststätten auf Kunden. Die hohe Anzahl beruht auf der ungeheuren Zahl von Pendlern in der Stadt, die oft 4, 5 oder 6 Stunden täglich aufwenden müssen, um zwischen Wohnort und Arbeitsstätte hin- und herzufahren. Für ein Essen zu Hause bleibt vielen gar keine Zeit. Außerdem hat Mumbai eine solide Mittel- und Oberschicht, deren Mitglieder es sich leisten können, gepflegt zu speisen.

In Colaba

■ Erstklassige vegetarische süd- und nordindische Küche inkl. sättigender Thalis zur Mittagszeit serviert das Restaurant **Kamat** am Colaba Causeway zum kleinen Preis. Das immer gut besuchte Restaurant hat zwei Stockwerke, das obere mit AC.

■ Neben dem Kamat hat das kleine Restaurant **Piccadilly** eine weit größere Speisekarte, als es den Anschein hat, z.B. gutes Schawarma und viele weitere Köstlichkeiten. Vorsicht bei den grünen Chilis!

■ Das **Kailash Parbat** (Shahid Bhagat Singh Rd., Ecke 1st Pasta Lane), eines von mehreren vegetarischen Restaurants im südlichen Colaba, genießt seit Jahren einen ausgezeichneten Ruf bei den Einheimischen, von Touristen scheint es jedoch noch nicht entdeckt worden zu sein. Serviert wird die vegetarische Küche der Sindhis, der aus Pakistan eingewanderten Händlerkaste. Das Essen ist preiswert und köstlich, so ist es mittags und abends gerammelt voll. Eine Mahlzeit für zwei Personen dürfte um 150 Rs kosten.

■ Das 1871 gegründete **Café Leopold** (Shahid Bhagat Singh Rd.) mitten im Herzen von Colaba ist *der* Traveller-Treffpunkt, obwohl niemand genau weiß, warum. Hier trifft man Leute, denen man zuletzt vor Monaten in Dharamsala, Varanasi, Puri, Bangkok oder auf Bali begegnet ist. Durchsetzt wird die Traveller-Gemeinde von afrikanischen Seeleuten, die irgendwie hängen geblieben sind, Arabern mit unislamischen Absichten und Einheimischen.

Das Essen des Leopold ist allerdings von wechselhafter Qualität und teuer. Es scheint aber genügend Leuten zu schmecken, der Laden ist immer voll. Außerdem gibt es Bier, das hier zu jeder Tageszeit in Strömen zu fließen scheint. Zapfenstreich ist erst um 24 Uhr, relativ spät für Mumbai. Die Disco im Obergeschoss (Eingang über Seitenstraße Nawroji F Rd.) ist meist noch länger geöffnet. Das Café Leopold war Ziel der Terroranschläge von 2008.

■ Das ca. 100 m weiter nördlich an der gleichen Straße (etwas südlich des Wellington Circle) gelegene **Café Mondegar** hat ein ähnliches Ambiente. Die Atmosphäre ist hier noch etwas ausgelassener, was wohl nicht zuletzt an der ständig dudelnden Jukebox liegt. Allerdings hört man in letzter Zeit des öfteren Klagen darüber, dass die Ober hier wie auch im Leopold recht unfreundlich werden, wenn man nur für einen Drink hereinschaut, ohne etwas essen zu wollen, und man mehr oder weniger sanft zum Gehen aufgefordert wird.

■ Ein recht angesagtes Restaurant am Colaba Causeway ist das **Café Churchill,** billiger als Leopold, mit ähnlichem Angebot. Es ist sehr klein und deshalb meist ebenfalls voll.

■ Ca. 50 m südlich vom Churchill kredenzt das **Wich Latte** (Tel. 65254827, www.wichlatte.com) teils seltsam bezeichnete Gerichte wie *Renwick Reiben (Corned Beef) Tuscan Verde* sowie gute Salate – etwa mit Sauerkraut –, Pizza, Tiramisu, Kuchen und Eis. Was *Clinton's Wich* ist, sollte der Neugierige selbst herausfinden.

■ Das gepflegte **Basilico** in der Arthur Bunder Rd. wird für seine italienische Küche gelobt (z.B. Gnocchi in Koriander-Limetten-Pesto). Leider ist das Basilico sehr teuer geworden, für ein Hauptgericht sollte man um 1.000 Rs veranschlagen, außerdem gibt's zum Frühstück frische Baguettes, Croissants und Espresso. Wechselgeld zählen.

■ Erstklassige Kebabs, aber auch indische Küche in vorzüglicher Qualität serviert **Ali Baba's Klay Oven** an der Chhatrapati Shivaji Marg zwischen Wellington Circle und Gateway of India.

Unser Tipp: Erdfarben und viel Holz bestimmen das Ambiente des **Le Pain Quotidien** (8–24 Uhr) neben dem Ali Baba. Das sehr gelungene Interieur, die Innenterrasse und natürlich das hervorragende Angebot an diversen Frühstücken (um 500 Rs), Kuchen, Brot, Salaten sowie Fisch- und Fleischgerichten (um 650 Rs) oder beispielsweise Büffelmozzarella machen es zur gemütlichsten Adresse in Colaba. Außerdem locken ein reichhaltiges, internationales Weinangebot (400–650 Rs pro Glas), Bier und sonstiger Alkohol zum entspannten Abendabsacker.

■ Nebenan sind die Pizzas vom **Pizza Express** zwar klasse, aber auch reichlich teuer (500–700 Rs). Zudem Rot- und Weißwein.

■ Wer im schicken **Indigo** (Mandlik Rd., Tel. 66368980, Hauptgerichte ab 700 Rs, nur mittags und abends geöffnet) speisen möchte, muss reservieren. Die erstklassige europäische Küche und eine exquisite Weinkarte machen jedes Mahl zu einem lukullischen Genuss, der auch auf dem Dach bei Kerzenschein möglich ist. Bekommt man keinen Platz, lockt die gut ausgestattete Bar. Frühstück für den gehobenen Anspruch gibt's beim exzellenten **Indigo Delicatessen** (Pheroze Bldg., Chhatrapati Shivaji Marg) in der Nähe.

■ In ganz Mumbai bekannt für seine ausgezeichneten Barbecue-Gerichte ist **Bade Miyan** in der Tulloch Rd., einer kleinen Gasse zwischen Gateway of India und Café Leopold. Dabei handelt es sich um ein jeden Abend ab 19 Uhr neu aufgebautes Open-Air-Restaurant, welches aus nicht viel mehr als ein paar aufgestellten Tischen besteht. Neben den vorzüglichen und zudem günstigen Gerichten gefällt hier die lockere Stimmung, die bis spät in die Nacht andauern kann. Nebenan verwöhnt eine kleine fleischlose Abteilung auch Vegetarier. Eine größere, komfortablere Zweigstelle wurde an der Südseite des Horniman Circle im Botawala Bldg. eröffnet.

■ Wer danach noch in einer vor allem von Indern besuchten, rauchigen und stimmungsvollen Kneipe sein Glück suchen will, sollte die schräg gegenüber angesiedelte **Gokul Bar** (Tulloch Rd.) aufsuchen, wo auch kleinere, leckere Snacks serviert werden.

■ Das **Shamiana,** der Coffee Shop im Erdgeschoss des Taj Mahal Palace, ist eine alteingesessene Institution in Colaba, in der sich der luxusgewöhnte Geschäftsmann ebenso einfindet wie der knausernde Low-Budget-Traveller, der einmal 5-Sterne-Luft schnuppern möchte. Halbwegs dezente Kleidung ist allerdings anzuraten. Rund um die Uhr geöffnet. Nachteil sind die Sicherheitskontrollen am Hoteleingang.

■ Ein paar Meter vom Regal Cinema entfernt lockt eine kühle Filiale von **Barista Espressobar** mit Fensterfronten und diversen Kuchen, Snacks und Kaffeesorten.

■ Das **Theobroma,** ein gemütliches, kleines Café auf der ruhigeren Seite des Colaba Causeway, lockt mit köstlichen Kuchen und diversen Kaffees zum Nachtisch.

■ Selbstversorgern seien schließlich zwei in der letzten Zeit entstandene Supermärkte nach westlichem Muster ans Herz gelegt: in Colaba am Wellington Circle der **Sahakari Bandar Supermarket,** an dessen Ausgang zur Nethalai Paresh Marg der **Monginis Cake Shop** Gebäck und Torten offeriert, und der **Suryodaya Market** beim Churchgate-Bahnhof.

Im Fort

Wegen der vielen Büros in der Gegend weist der Stadtteil Fort ein Riesenangebot an guten Restaurants auf. Zur Mittagspause sind sie gerammelt voll und schließen spätestens um 21 Uhr. Sonntags bleiben sie ganz geschlossen.

■ Braucht man nach schweißtreibendem Wandern in den Gassen des Fort-Bereichs eine Pause, ist das im Herzen des Forts nahe Flora Fountain gelegene **Mocambo Café** eine erstklassige, klimatisierte, nicht ganz billige Adresse für Snacks inkl. Pizza, Steak und Lamm mit einer recht umfangreichen Weinkarte. Außerdem gibt es viele leckere Torten.

■ Um etwaigen Protesten den Wind aus den Segeln zu nehmen, schenkt die Filiale von **Starbucks** (8–22 Uhr) beim Horniman Circle nur in Indien angebauten Kaffee aus. Bei einem Besuch taucht man in die digitale Welt von Indiens Jugend ein.

■ Drei der besten Fischrestaurants Mumbais finden sich im Fort-Bereich. Einmal das **Mahesh Sea Food** (Cowasji Patel Marg, Tel. 22023965) gleich um die Ecke vom Mocambo Café, das erstklassige Fischgerichte, Krabben und Hummer (mittags und abends geöffnet, 350–700 Rs pro Hauptgericht) serviert. Wer billiger in den Genuss von Meeresfrüchten kommen will, sollte das ebenfalls gute **Ankur Restaurant** (M.P. Shetty Rd., Tel. 2654194,

200–500 Rs), etwa zwischen beiden vorgenannten gelegen, vorziehen.

■ Das kleine, aber sehr gute und saubere **Shivala Restaurant** (Walchand Hirachand Marg) befindet sich schräg gegenüber von Victoria Terminus Station. Es gibt vegetarische Gerichte wie *masala dosas* und sehr gute *thalis,* Fruchtsäfte und *vegetable burgers,* alles sehr preiswert und lecker.

■ Gediegen ist das 1921 eröffnete **Café Universal** (Tel. 22613985) nicht weit vom Victoria Terminus. Das für seine Sizzler-Gerichte berühmte Restaurant in der SBS Singh Rd. hat zudem Steak, Geflügel und chinesische Küche sowie ein umfangreiches alkoholisches Angebot. Abends meist gerammelt voll mit Einheimischen – ein gutes Zeichen.

■ Etwas nördlich des Wellington Circle befindet sich das ausgezeichnete **Khyber** (145 MG Rd., Tel. 2272227-8, 40396666, 12.30–15.30 und 19.30–23.30 Uhr, Hauptgericht 400–800 Rs). Schon das Interieur ist äußerst stilvoll, das ganze Ambiente erinnert an den Speisesaal eines Maharaja-Palastes. Auf der umfangreichen Speisekarte finden sich exquisite Gerichte, alles ist von höchster Qualität, dazu kommt ein freundlicher und unaufdringlicher Service. Auch Alkoholika sind in reicher Auswahl vorhanden. Sehr empfehlenswert! Das Restaurant ist oft ausgebucht – gelegentlich von Filmstars, die hier exklusive Partys zelebrieren. Telefonische Voranmeldung ist anzuraten.

■ Genau gegenüber vom Khyber, im gleichen Haus wie die Jehangir Art Gallery, ist das **Samovar** weniger für seine exquisite Küche bekannt (Hauptgericht 100–170 Rs), denn als Treffpunkt Mumbais Intellektueller. Die Snacks wie *samosa* und *roti kebab* sind sehr gut.

Am Crawford Market

■ Genau gegenüber dem Crawford Market (Mahatma Phule Market) ist Mumbais bekanntester Fruchtsaftladen, **Badshah Snacks & Drinks** (leider nur 7–12.30 Uhr), angesiedelt. Es gibt zahlreiche Fruchtsäfte und Milchshakes, dazu sehr gute, hausgemachte Eiscremes und Obstsalate.

■ In der quirligen Marktstraße links neben dem Badshah Snacks & Drinks versteckt sich das kleine **Rajdhani Restaurant,** bekannt in der Gegend für seine guten und reichhaltigen, süß-scharfen Gujarati-Thalis.

An Churchgate Station und Marine Drive

■ Auch wenn die Qualität der Speisen etwas nachgelassen hat, ist das mittags und abends geöffnete **Samrat** (Prem Court, Jamshetji Tata Rd.), ca. 300 m südlich der Churchgate Station, immer noch eine gute Adresse für abwechslungsreiche indische Küche. Das gemütlich eingerichtete Lokal bietet vegetarische nordindische und Gujarati-Küche, dazu einen sehr aufmerksamen und effizienten Service. Unter anderem stehen typische Gujarati-Gerichte auf der Speisekarte, die es fast nirgendwo anders gibt, z.B. *patra.* Die beliebten Gujarati-Thalis im Samrat sind äußerst reichhaltig. Ansonsten kostet eine volle Mahlzeit etwa 220–300 Rs.

Angeschlossen sind **Relish** (ab mittags geöffnet) mit vielseitiger Speisekarte von libanesischer bis mexikanischer Küche und das Freiluftcafé **210°C** mit preiswerten Backwaren und Kaffee, auch zum Mitnehmen.

■ In arabischem Design kommt das **Mocha Bar** (Veer Nariman Rd., 10–1.30 Uhr) daher. Tolles Ambiente, sehr gesprächige Klientel in gemütlichen Polstermöbeln und lange Öffnungszeiten, jedoch recht teuer.

■ An der Veer Nariman Road wartet das **Gaylord** auf. Es gibt einige gute westliche Gerichte und Backwaren, aber auch nordindische Thalis. In dem Vorbau an der Straße lässt es sich recht gut sitzen und das Straßengeschehen beobachten.

■ **Pizza By The Bay,** in attraktiver Lage an der Ecke Veer Nariman/Marine Drive, bietet das, was der Name verspricht.

■ Schräg gegenüber in der Veer Nariman Rd. wartet das rein vegetarische **Shiv Sagar.** Alles schmeckt vorzüglich und der Service ist effizient und unaufdringlich. Im Restaurant gibt es auch Alkoholausschank.

■ Wenige Meter weiter im gepflegten **Indian Summer** gibt es vegetarische und nichtvegetarische Gerichte (um die 200 Rs). Hier wird tgl. zwischen 12 und 15.30 Uhr ein Mittagsbuffet für 300 Rs kredenzt.

■ Zurzeit die wohl angesagteste lukullische Adresse Mumbais ist das **Koh** im Hotel Intercontinental (Marine Drive, Tel. 39879999). Trotz der gehobenen Preise (1.000–2.000 Rs) sind die köstlichen Thai-Gerichte jede Rupie wert. Auch das hochprozentige Angebot ist umfangreich und verlockend.

Unser Tipp: Eine Institution in Mumbai ist das preiswerte **Crystal Restaurant** am Marine Drive gegenüber dem Chowpatty Beach. Das urige, vegetarische Restaurant mit uraltem Mobiliar gilt als eine der besten Speisestätten für Punjabi-Küche.

■ Ein Tipp ist das **Shri Thaker Bhojanalaya** (Mo–Sa 11.30–15 und 19–22 Uhr, So 11.30–15 Uhr). Die seit über 50 Jahren servierten, schon mehrfach ausgezeichneten *thalis* sind ein Genuss. Nicht ganz leicht zu finden im

1\. Stock eines ziemlich heruntergekommenen Gebäudes, ist das blitzsaubere Restaurant an einem Abzweig der quirligen Kalbadevi Rd., die schmale Dadyseth Agyary Lane hinein, gegenüber dem Adarsh Palace Hotel zu finden. Jeder kennt die Institution in Sachen *thali,* also durchfragen. Mit 250 Rs kann man sich für Mumbai-Verhältnisse billig den Bauch vollschlagen – all you can eat. Falls Taxifahrer sich wegen der abendlichen Staus weigern, dort hinzufahren, kann man auf Buslinien 9 und 124 umsteigen, die vor dem kaum beworbenen Restaurant halten.

■ Im neuen Gewand präsentiert sich das **New Kulfi Centre** (Marine Drive/Sadar V. Patel Rd., 10–0.30 Uhr) mit dem besten Eis mindestens der Stadt.

■ Nur ein paar Meter südlich sind **Café Coffee Day** und **Gelato Italiano** einen Zwischenstopp wert, um die Batterien bei Kaffee, Kuchen und Snacks bzw. Eis aufzufüllen.

Andere Gegenden

■ Eine wunderbar gelassene Atmosphäre in erstklassigem Ambiente und exquisite Küche sowie Alkoholisches kredenzt **Olive Bar & Kitchen** in Bandra (13th Rd., Union Park, Khar West, Tel. 26058228/9, www.olivebarandkitchen.com, 19.30–0.30 Uhr, Sa und So auch 12.30–15.30 Uhr, 500–1.000 Rs).

■ Erstklassige südasiatische Küche serviert das **Lemongrass** (Carlton Court, Perry Rd./Turner Rd., Bandra West, Tel. 26429193, www.nitintandon.com, mittags und abends geöffnet, 200–400 Rs). Beim Schmausen der Köstlichkeiten kann man das Straßengeschehen an sich vorbeiziehen lassen.

■ Auf dem Dach im 7. Stock (Fahrstuhl vorhanden) des Shoppers Stop wird im **Sheesha** (Linking Rd., Bandra West, zwischen Swami Vivekanada und Vitthalbhai Patel Rd., Tel. 66770555, nur mittags und abends geöffnet, 150–300 Rs) arabische und indische Küche stilgerecht auf Polstern in Nischen serviert. Alkohol wird nicht ausgeschenkt. Reservierung zumindest an Wochenenden empfohlen.

Nachtleben

Bars

In Colaba

■ Die **Sportsbar Express** am Colaba Causeway nahe dem Regal Cinema mit Poolbillard ist eine Bar, in der man mit einem Bier oder Cocktail – auch härterer Stoff ist zu haben – bei meist guter Rockmusik den Tag ausklingen lassen kann. Abends ist nicht nur deren Pegel jedoch oft recht hoch.

■ Mal wieder Lust auf ein kühles Erdinger Weißbier, Schneiderweiße oder einen Jägermeister? Diese und andere alkoholische Gelüste aus aller Welt werden im hohen, AC-gekühlten Saal des rustikalen **The Irish House** (Kala Ghoda, 2. Stock, 12–1.30 Uhr) bei Rock- und Popmusik am nördlichen Rand des Wellington Circle befriedigt. Lange Bier-, Whiskey-, Cognac-, Cocktail- und Wein-Karte, internationale Biere kosten 500–600 Rs.

■ Neben dem edlen Indigo Restaurant wird auch das gediegene **Busaba** (Mandlik Marg, 12–15 und 19–0.30 Uhr, Tel. 22043779) von der In-Crowd Mumbais frequentiert, die Cocktailkunstwerke sind aber mit ab 500 Rs preiswerter. Mi bis Fr legt ein DJ softe Musik auf.

■ Herrliche Aussicht auf den Hafen und das Gateway of India mit einem für diese Location nicht mal sonderlich teuren Bier, Wein oder Cocktail in der Hand sind ein perfekter Absacker in der **Harbour Bar** (11–23.45 Uhr, Bier/Cocktail 400/800 Rs) des Taj Mahal Hotel.

■ Abends fungiert das meist voll besetzte **Café Mondegar** am Colaba Causeway für den kleineren Geldbeutel vorwiegend als Bierbar. Die jugendliche Klientel vergnügt sich bei Bollywood- und westlicher Popmusik.

Am Marine Drive

■ Auch wenn im Restaurant des **Saltwater Grill** am Chowpatty Beach meist kein Platz mehr zu bekommen ist, verlockt die angeschlossene Bar (19.30–1.30 Uhr), der perfekte Platz für ein abendliches Bier oder einen Cocktail, nachdem man am Marine Drive den Sonnenuntergang genossen hat.

■ Auf dem Dach des Hotel Intercontinental ist das **Dome** (Marine Drive, Tel. 39879999, 18–1.30 Uhr) die vielleicht edelste Bar Mumbais, ganz in Weiß, mit atemberaubendem Blick über die Stadt. Hier stolpert man gelegentlich über einen Bollywoodstar.

Andere Gegenden

■ **Ghetto** (Bhulabhai Desai Marg, Breach Candy, Tel. 23538414, 19–1.30 Uhr, Eintritt 1.300 Rs pro Paar) mit zwei Billiardtischen in derselben Gasse wie der Mahalaxmi-Tempel ist das richtige Domizil für die verbliebenen Rocker. Nichts für Nichtraucher! Als Restaurant ist das Ghetto nicht zu empfehlen.

■ Einen Besuch der **Aer Bar** auf dem Dach des 33-stöckigen Four Seasons Hotel in Worli (Dr E Moses Rd., Tel. 24818000, ab 17.30 Uhr, Fr und Sa nach 20 Uhr 2.500 Rs Eintritt) sollte man sich wegen der fantastischen Aussicht nicht entgehen lassen, wenn man in der Nähe ist und über entsprechendes Kleingeld verfügt (um 900 Rs für einen Cocktail, ein Bier ab 350 Rs).

Discos, Clubs

Die Clubs der Stadt vibrieren am stärksten am Mi, Fr und Sa. Selbstverständlich ist auf entsprechende Kleidung zu achten, man sollte nicht erwarten, die Türsteher in Badelatschen oder Shorts passieren zu können.

■ Jedes Wochenende wird die **Amadeus Lounge** des NCPA am Nariman Point von einem erstklassigen spanischen Restaurant in einen der angesagtesten Clubs im Süden Mumbais (Fr–So 19.30–1.20 Uhr) verwandelt.

■ **Blue Frog** (s.o.: „Kulturelle Veranstaltungen") im Stadtbezirk Lower Parel fungiert nicht nur als Veranstaltungsraum für Konzerte, sondern auch als Bar mit riesiger Disco.

■ Das In-Lokal der nicht ganz so Betuchten ist derzeit das **Razzberry Rhinoceros** im Juhu Hotel am gleichnamigen Strand. In dieser Mischung aus Pub und Disco trifft sich Mumbais westlich beeinflusstes Jungvolk. An manchen Abenden Bands.

Kultur und Unterhaltung

Kulturelle Veranstaltungen

■ Das **National Centre of Performing Arts** (NCPA, Marine Drive, Tel. 66223737, Tickets 200–750 Rs, www.ncpamumbai.com) am Nariman Point ist einer der in ganz Indien bestangesehenen Veranstaltungsorte im Bereich Theater, Tanz, Ballett und Musik. National wie international bekannte Künstler treten hier auf. Eine gute Gelegenheit, um eine Aufführung von internationalem Format zu einem Bruchteil des in Europa üblichen Eintrittspreises zu sehen. Kartenvorverkauf ist etwas entfernt die NCPA Marg hinein. Einige Veranstaltungen sind umsonst.

■ Englischsprachige Theateraufführungen kann man im **Nehru Centre** (Dr Annie Besant Rd., Worli, Tel. 2496 4676–80, www.nehru-centre.org) und im **Prithvi Theatre** (Juhu Church Rd., Tel. 26149546, www.prithvitheatre.org) am Juhu Beach (hier auch Stücke in Hindi) erleben. Jedes Jahr im November findet ein Theaterfestival statt. Im zweitgenannten Theater verwöhnt das herrlich begrünte **Prithvi Café** (10–23.30 Uhr), das man keinesfalls links liegen lassen sollte, wenn man in der Nähe umherstromert, mit entsprechend theatralischer Kundschaft und Snacks, Kebabs und Frühstück den ganzen Tag.

■ **Blue Frog** in Lower Parel (NM Joshi Marg, Mathuradas Mills Compound, Eingang von Tulsi Pipe Rd., Tel. 615 86158, www.bluefrog.co.in, 18–1.30 Uhr) ist der aktuell wichtigste Ort für interessante, zeitgenössische Konzerte und kulturelle Aktivitäten jeder Art in Mumbai.

■ Jedes Jahr im Februar ist die zweiwöchige **Kala Ghoda Fair** (kalaghodaassociation.com) im nördlichen Teil des Wellington Circle und im Park des Horniman Circle eine interessante Freiluft-Kunsthandwerksmesse mit unterschiedlichsten Veranstaltungen. Die Erlöse werden für einen guten Zweck verwendet.

■ Mumbai hat sich neben Delhi zum Trendsetter der Kunstszene Indiens entwickelt. Überall in der Stadt entstehen neue **Galerien,** vorwiegend im traditionellen **Künstlerviertel um Kala Ghoda** nördlich des Wellington Circle, aber auch im gesamten übrigen Stadtgebiet. Jeden Donnerstag bleiben die meisten Galerien bis spätabends geöffnet. Kunsttouren werden veranstaltet. Weitere Infos erhält man auf mumbaiboss.com, über die Zeitschrift und Internetseite von „Time Out Mumbai" (www.timeoutmumbai.net) sowie duch den Flyer „Mumbai Art Map", der in vielen Kiosken, Buchläden und natürlich Galerien ausliegt.

Kino

Gelegentlich suchen Bollywood-Headhunter auf den Straßen, vorwiegend in Colaba, **Komparsen aus westlichen Ländern** für ihre Filmproduktionen. Interessierte können neben einem kleinen, bei mehreren Tagen Beschäftigung auch größeren Lohn einen Einblick in die Produktionsbedingungen indischer Filme gewinnen. Im gesamten Stadtgebiet werden fortwährend Multiplex-Kinos gebaut bzw. alte Häuser umgebaut. Hier nur die bekanntesten im Innenstadtbereich.

- Das **Regal Cinema** (Tel. 22021017, Tickets 140–200 Rs) am Wellington Circle, Ecke Colaba Causeway, zeigt internationale Kinofilme (meist Hollywood) in Englisch.
- **Eros Cinema** (Tel. 22822335, Tickets 100–170 Rs) gegenüber Churchgate zeigt neben Bollywood-Streifen englischsprachige Filme.
- Weiter nördlich wurde das alteingesessene **Metro Big** (MG Rd./New Marine Lines, Tel. 29894040) in ein Multiplex-Kino verwandelt. Mit 140–600 Rs sind die Ticketpreise entsprechend höher.

Cricket und Pferderennen

- Das große **Wankhede Stadion** (Mumbai Cricket Association, D Rd., Tel. 22795500, www.mumbaicricket.com) in Churchgate ist Austragungsort der nationalen (Saison von Oktober bis April) und internationalen Cricketmatches. Um Tickets muss man sich frühzeitig bemühen, Veranstaltungshinweise im Internet.
- Meist am Sonntag und Donnerstag finden auf dem **Mahalaxmi Racecourse** (Tel. 23071401) Pferderennen statt, am Ende der Saison auch am Wochenende. Eintritt 30 Rs.

Einkaufen

Staatliche Geschäfte

- Wie in Delhi und Kolkata, so bietet sich dem Neuankömmling in Mumbai mit dem staatlichen **Central Cottage Industries Emporium** (www.cottageemporium.in, 10–18 Uhr) an der Chhatrapati Shivaji Marg, nur etwa 200 m vom Gateway of India entfernt, die Gelegenheit, sich einen Überblick über die Preise für Kunsthandwerk zu verschaffen. Die Auswahl an prächtigen Seidenstoffen,

⊡ Verstopfte Straßen im Basarviertel

361is mb

Möbeln, Teppichen, Götterstatuen und Schmuck ist zwar wenig berauschend, ermöglicht aber eine Einschätzung der Preise, falls man später in privaten Läden einkaufen möchte. Die Festpreise des Emporium liegen etwas über dem Landesdurchschnitt, doch dafür ist alles von garantierter Qualität und man kann sich in aller Ruhe ohne Anmache von Schleppern umschauen. Zudem wird auf Wunsch alles nach Hause geschickt. Eine Zweigstelle im südlichen Colaba (Arthur Bunder Rd.) hat 11–19 Uhr geöffnet.

■ Auch die meisten **indischen Bundesstaaten** wie Kashmir im *Kashimir Govt. Crafts Emporium* (P. Mehta Rd.) und das *Uttar Pradesh Crafts Emporium* etwas weiter östlich unterhalten in Mumbai Geschäfte.

Basare

Weit weniger geordnet, dafür orientalisch-lebendig geht es auf den verschiedenen Basaren zu, für die Mumbai berühmt ist. Hier muss man handeln, was das Zeug hält, zudem sollte man im Menschengewimmel seine Wertsachen gut verwahren.

■ Dies gilt besonders für den **Chor Bazaar,** vorwiegend in den beiden Gassen Dhabu St. und Mutton St., die von der Sardar Patel Rd. abzweigen. Dieser Diebes- und Flohmarkt ist besonders für Antiquitäten und Lederwaren bekannt, wobei es sich bei den „Antiquitäten" nahezu ausschließlich um mehr oder weniger gut gefertigte Nachbildungen handelt. Interessant auch der sich anschließende **Bollywood Bazaar/Mini Market** (Mutton St., tgl. außer Fr 11–20 Uhr) mit Memorabilia der Filmmetropole und anderweitigen Flohmarktartikeln.

■ Ein faszinierendes Viertel auch für jene, die nicht shoppen wollen, sind die Gassen nördlich der Lokmanyak Tilak Rd. und des Crawford Market. In der Halle des **Mangaldas Market** gegenüber der Jamia Masjid kommen Stoff-Fetischsten auf ihre Kosten. Nördlich schließt mit dem **Zaveri Bazaar** das Gebiet der Schmuckhändler an und mit dem **Bhuleshwar Bazaar** das Refugium der Obstverkäufer.

■ Viele **Straßenstände** öffnen gegen Sonnenuntergang entlang des Colaba Causeway, speziell im Bereich von Mahakavi Bushan Marg bis südlich der Best Marg. Verkauft wird hier alles, was für Touristen interessant sein könnte: Schuhe, Kleidung, Souvenirs u.Ä. Die Preise sind meist hoch, die Qualität schlecht: keine gute Kombination. Eine Ausnahme bilden allerdings oftmals Hemden, die schon ab 70 Rs zu haben sind.

Buchläden

■ Ganz ausgezeichnet bestückt ist der **Nalanda Bookshop** im Taj Mahal Palace Hotel. Von anspruchsvoller Wissenschaftsliteratur über internationale Bestseller und aktuelle Zeitungen aus aller Welt, Postkarten, Musikkassetten, CDs bis hin zu Kalendern findet sich alles. Das Geschäft ist bis Mitternacht geöffnet und so kann man im rund um die Uhr geöffneten Coffee Shop des Hotels gleich ein wenig in der neu erstandenen Lektüre schmökern. Leider ist der Zugang zum Hotel durch Sicherheitsmaßnahmen erschwert.

■ Mumbais bekannteste Adresse für Bücherkauf ist neben dem vorgenannten der **Strand Book Stall** (Sir P. M. Rd., Tel. 22661719, www.strandbookstall.com) östlich von Flora Fountain. Eine hervorragende Auswahl, schnelle Bestellung sowie hohe Preisabschläge auch auf neue Titel zeichnen ihn aus.

407in mb

■ Wesentlich aufgeräumter geht's bei **Kitab Khana** (45 MG Rd., tgl. 10–19.30 Uhr, www.kitabkhana.in) gegenüber Flora Fountain zu. Alle Titel der reichhaltigen Auswahl sind um 20 % reduziert. Im hinteren Teil lockt das **Café Food for Thought** (www.cafefoodforthought.com) mit leichter Kost (um 150 Rs).

■ Mumbais wohl größter Buchladen ist **Crossword** (Mohammedbhai Mansion, NSP Marg, Tel. 66272100-5, tgl. 11–20.30 Uhr, www.crossword.in). Es gibt jede Menge englischsprachige Romane, Reiseliteratur, Sachbücher etc. Crossword betreibt viele weitere Flilialen in Mumbai.

■ Eine gute Auswahl besonders für aufwendige Bildbände verschiedener Themenbereiche sowie Prosa, Reiseliteratur und Magazine findet sich im kleinen **Search Word Bookshop** (Tel. 22852521) am Colaba Causeway.

Mode und Stoffe

■ Modische und gut verarbeitete **Schuhe** kaufen die meisten Touristen in einem der vielen Läden am Colaba Causeway. Hier zahlt man gewöhnlich den Touristenpreis, jedenfalls in den nicht markengebundenen Geschäften. Die Sportartikel-Geschäfte der international bekannten Marken haben ihre Läden entlang dem Colaba Causeway und östlich von Flora Fountain. Hier gelten Fixpreise.

■ Erstklassige Adressen für hochwertige Kleidung indischer Produktion sind **FabIndia** (Jeroo Bldg., 137, MG Rd., Kala Ghoda, tgl. außer Mo 10–20 Uhr) sowie **Kala Niketan** (95 Maharishi Karve Rd., www.kalaniketangroup.com, 12.30–23.30 Uhr), wo Saris und Kleidung traditionellen Zuschnitts und aller Preisklassen feilgeboten werden.

■ Neu, stilvoll und teuer ist **Bungalow 8** (Grants Bldg., Arthur Bunder Rd., tgl. 10.30–19.30 Uhr, www.bungaloweight.com) im südlichen Colaba: auf drei Etagen hochwertige Kleidung, Schmuck, Asseccoires, Möbel etc.

■ Indische Modeschöpfer präsentieren ihre Kollektionen im **Courtyard** (SP Centre, 40 Minoo Desai Marg, 11–19.30 Uhr) und in den Boutiquen von **Mélange** (33 Altamount Rd. in Kemp's Corner, etwas nördlich vom Chowpatty Beach).

■ Die Riesenauswahl an preiswerter Freizeitkleidung und rajasthanisch angehauchter Kleidung sowie an Taschen, Schuhen und Schmuck zum kleinen Preis sind der Renner bei der indischen Jugend in den etwa 150 Geschäften und Ständen entlang der **Fashion Street,** einer Einkaufsmeile für Billigprodukte gegenüber dem Azad Maidan an der MG Rd. Die Stände sind zwischen 11 und 20 Uhr geöffnet. Die beste, da nicht so überlaufene Besuchszeit ist wohl zwischen 12 und 17 Uhr. Handeln ist hier unerlässlich.

Antiquitäten und Souvenirs

Antiquitätensammler sollten sich in einem der vielen Geschäfte in Colaba und im Bereich der W. Hirachand Rd. in der Nähe der Hauptpost umschauen. Beim Kauf beachte man die Ausfuhrverbote (s. „Vor der Reise").

■ Gegenüber dem Regal Cinema ist **Phillips** (Madame Cama Rd., Tel. 22020564, www.phillipsantiques.com) ein alteingesessenes Geschäft der oberen Preis- und Qualitätsstufe aus der spätviktorianischen Ära.

■ Weniger Ambiente versprüht das staatliche **Khadi Village & Industries Emporium,** das noch aussieht, als

☒ Verkaufsstand im Cloth Bazaar

hätten die Briten gerade erst Indien verlassen. In dem alten Gebäude in der 286 Dadabhai Naoroji Road werden Handwerks- und Textilartikel aus ganz Indien angeboten.

■ Weiter nördlich an der D.N. Road verkaufen **Contemporary Arts & Crafts** (www.cac.co.in) modernes Kunsthandwerk und Gebrauchswaren und **Chimanlals** (Ecke Wallace Rd., www.chimanlals.com) bedruckte Papierartikel mit indisch inspirierten Mustern – hübsche kleine Mitbringsel für die Heimreise.

■ Wer ein Präsent für die Daheimgebliebenen sucht, kann im **Bombay Store** (Phirozshah Mehta Rd., www.thebombaystore.com) stöbern. Die Auswahl ist zwar recht kitschig, aber von Silberschmuck und Accessoires über Textilien bis zu Möbeln reicht die Palette.

■ Will man orientalische Düfte, etwa als Souvenir, erstehen, ist man im **Insha Allah Mahsa Allah** (Ecke Best Marg/Colaba Causeway) gut, weil recht preiswert, bedient und beraten.

Musik

■ Mumbai gilt als einer der besten Plätze Indiens, um **Musikinstrumente** zu kaufen. Eine empfehlenswerte Adresse ist das **Hiro Music House** in der Sir Phirozshah Mehta Rd.

■ Eine bessere Adresse für indische Instrumente aller Art und auch Gitarren, Schlagzeuge etc. ist **BX Furtado & Sons** (Jer Mahal, Dhobi Talao, Tel. 26211801, 66225454).

Kaufhäuser und Shopping Malls

■ Bisher gibt's im Zentrum Mumbais erstaunlicherweise kaum große Shopping Malls, obwohl diese sogar in den meisten mittelgroßen indischen Städten an der Tagesordnung sind. So sind für den täglichen Bedarf im Innenstadtbereich der eher kleine **Asiatics Department Store** gegenüber dem Churchgate-Bahnhof und das **Akhbar Alleys** nahe Flora Fountain mit umfangreicherem Sortiment zuständig.

■ Ein Riesenangebot an qualitativ hochwertigen Waren hält die **Oberoi Mall** neben dem Oberoi Hotel am Marine Drive bereit. Auf drei Etagen gibt es zahllose Geschäfte mit Lederwaren, Schuhen, Kleidung, Schmuck, Handwerksartikeln, Teppichen, Edelsteinen, alten Uhren und Grammophonen – eine tolle Auswahl zu immer noch erträglichen Preisen. Auch fürs leibliche Wohl ist gesorgt.

Fotoläden

■ Eine Reihe von Fotoläden wartet entlang der D.N. Road, zwischen Victoria Terminus und Flora Fountain auf Kundschaft. Bei den meisten ist Feilschen unerlässlich.

Bank

■ **Thomas Cook** an der D.N. Road nördlich des Flora Fountain (Mo–Fr 9.30–19 Uhr, Sa bis 18 Uhr) wechselt verlässlich und schnell. Eine für die meisten Touristen günstig gelegene kleine Thomas-Cook-Wechselstube (Mo–Sa 9.30–18 Uhr) findet sich am Colaba Causeway. Eine weitere Filiale ist unweit des Chowpatty Beach und Marine Drive in der Judith Rd. (gleiche Öffnungszeiten).

■ Längere Öffnungszeiten und bessere Raten sprechen für **Balaji Foreign Exchange** (Mo–Sa 9–19.30 Uhr) an der Best Marg.

■ Auch an den **Flughäfen** gibt es zuverlässige Geldwechselstuben, u.a. von Thomas Cook. Dennoch sollte man bei allen das Nachzählen nicht vergessen.

Post

■ Das imposante **General Post Office (GPO)** liegt direkt neben dem Victoria-Bahnhof am Nagar Chowk. An Schalter Nr. 1 können Mo–Sa 9–18 Uhr, feiertags 11–17 Uhr gegen Vorlage des Passes postlagernde Sendungen in Empfang genommen werden. Die Anschrift für das GPO: Poste Restante, Mumbai GPO, Mumbai 40001, India.

■ Das **Paketpostamt** findet sich rechts hinter dem Hauptgebäude in einem Hinterhof, zu dem man über die P.D. Mello Road gelangt. Geöffnet ist es Mo–Sa 10 bis 16.30 Uhr. Auf dem Bürgersteig vor dem GPO kann man sein Paket von den dort platzierten Schreibern ordnungsgemäß verpacken, versiegeln und beschriften lassen. Auch die notwendigen Formulare erhält man hier. Der Service kostet je nach Größe des Pakets und Verhandlungsgeschick um 50 Rs.

■ Ein kleines, wenig frequentiertes **Postamt** findet sich touristengünstig in der Henry Road in Colaba.

Telefon und Internet

■ Telefonieren ohne eigenes Handy ist am einfachsten und billigsten in einem der vielen privaten **Telecommunication Offices (ISD)** möglich, die meist an ein Internetcafé angeschlossen sind, etwa in Colaba. Hier werden derzeit 11 Rs/Min. nach Europa verlangt. Das oft verfügbare Net-to-Phone-Verfahren kostet nur 4 Rs/Min.

■ Die besonders in Colaba überall vorhandenen **Internetcafés** verlangen durchschnittlich 30–40 Rs für die Stunde Surfen. In Colaba haben das Internetcafé in der Manhakavi Bushan Marg (einen Durchgang hinein, bis 23 Uhr geöffnet), unweit des Taj Hotel und Pickup Communications (Walton St.) beim Hotel Oliver schnelle Breitbandverbindungen. Um die Ecke des Sea Shore und India Guest House finden sich mit AsiaNet und Perfect Internet zwei schnelle Surfmöglichkeiten, die erst um 1 Uhr nachts ihre Pforten schließen. Auch im Fort-Bereich gibt's einige Surfmöglichkeiten. Schnell ist z.B. Meghdoot Communications (9–21 Uhr).

Medizinische Versorgung

■ Das empfehlenswerteste Krankenhaus Mumbais und gleichzeitig eines der besten ganz Indiens ist das **Breach Candy Hospital** (Tel. 23667809 (Notfall), 23671888, www.breachcandyhospital.org) an der Bhullabhai Desai Road.

■ Näher an Colaba und Fort ist das **Bombay Hospital** (Tel. 22067676, Notfall: 22067309, New Marine Lines, www.bombayhospital.com) nördlich Churchgate.

■ An **Apotheken** besteht kein Mangel, sowohl am Colaba Causeway, etwa Shahakari Bhandar Chemists (Tel. 23648435), wie auch im Fort- und Bazaar-Gebiet.

Reisebüros

■ **Akbar Travels** (D.N. Road, Tel. 22633434, www.akbartravels.com) mit Filiale im südlichen Colaba (Alipur Trust Bldg., Shahid Bhagat Singh Marg, Tel. 22823434, www.akbartravels.com, Mo–Fr 10–19, Sa bis 18 Uhr). Hier ist auch Geldwechsel möglich.

■ Ebenfalls an der D.N. Rd. findet sich das Hauptbüro von **Thomas Cook** (Tel. 2204 8556, Mo–Sa 9.30–18 Uhr).

■ In Colaba ist **Balaji Tours & Travels** (Tel. 22824346, (0)9820292453, Mo–Sa 9–19.30 Uhr) an der Best Marg nicht nur eine gute Geldwechseladresse, sondern vermittelt auch zuverlässig Taxis, arrangiert Ausflugstouren und Bahn- und Flugtickets.

■ **Students Travel Information Centre** (STIC, www.stictravels.com), B-505, City Point, JB Nagar, Kurla Rd., Andheri, Tel. 28250272, 40908000.

■ **Wild Escapes** (Tel. 66635228, www.wild-escapes.com) organisiert an Wochenenden **Trekking- und Klettertouren** zu Forts, Wasserfällen, Bergtälern etc. in Maharashtra, um 1.500 Rs p.P.

Ankunft und Weiterreise

Flughafentransfer

Der **Flughafen Chhatrapati Shivaji International** (www.csia.in, Tel. 66851010), dessen bis 2015 getrennte nationale und internationale Teile in einer Milliardenmodernisierung zusammengelegt wurden, liegt 30 km von der Innenstadt entfernt.

■ Auch in Mumbai wurde mit dem Bau eines **Metronetzes** (www.mumbaimetroone.com) begonnen. Eine touristisch unwichtige Strecke funktioniert bereits, die Fertigstellung etwa der Linie von Colaba über Bandra bis zum Flughafen dauert aber noch einige Zeit, sodass man weiterhin auf Taxis angewiesen ist.

■ **Taxipreise** nach Colaba, zur Fort-Area und zum Marine Drive betragen per Prepaid-Taxi 700 Rs (AC 800 Rs),

Zeit vor dem Abflug einplanen

Da insbesondere die Flüge von Mumbai nach Europa häufig überbucht sind, empfiehlt es sich unbedingt, spätestens **drei Stunden vor Abflug** am Schalter **einzuchecken.** Wenn man bedenkt, dass die Fahrt von der Innenstadt zum Flughafen mindestens eine Stunde dauert und die Maschinen nicht selten mit Verspätung abfliegen, muss man von der Abfahrt vom Hotel bis zum ersten Essen im Flugzeug fünf bis sechs Stunden rechnen. Wer die enorm hohen Preise für Essen und Trinken am Flughafen nicht zahlen möchte, sollte sich einen **kleinen Snack** bzw. eine **Flasche Wasser** bereits vorher kaufen.

nach Juhu 360/400 Rs, Bandra 450/550 Rs und zur Mumbai Central Station 580/640 Rs. Zwischen Mitternacht und 5 Uhr zusätzlich 25 %, eine Servicegebühr von 10 Rs und pro größerem Gepäckstück weitere 10 Rs. Das Taxi-Ticket wird an einem **Prepaid-Schalter** am Ausgang des Ankunftsgebäudes bezahlt. Man erhält eine Quittung, welche einem speziellen Taxi zugewiesen ist. Mit dieser begibt man sich zum Taxistand, wo man zum entsprechenden Taxi geleitet wird. Die ganze Prozedur hat den Vorteil, dass einem die übliche Feilscherei um den Fahrpreis erspart bleibt. Vorsicht: Auch bei den Prepaid-Schaltern gibt es schwarze Schafe, die zunächst sehr viel mehr verlangen.

Die Fahrt in die Innenstadt dauert nachts (wenn die meisten internationalen Flüge aus Europa landen) etwa 45 Min., tagsüber und abends können es auch 1½ oder 2 Stunden werden. Es stehen auch private Taxis bereit, die aber kaum für einen geringeren Fahrpreis ins Zentrum fahren. Eine Sea-Link genannte Umgehungsbrücke zwischen den Stadtteilen Worli und Bandra verkürzt die Fahrtzeit zwischen Flughafen und Innenstadt um etwa 15–20 Minuten, was den Vorteil der schönen Aussicht übers Meer und den Nachteil von 50 Rs Brückenbenutzungsgebühr mit sich bringt. Falls man diese Variante wählt, muss natürlich der Fahrer darauf hingewiesen werden, ansonsten nimmt er die normale Route.

■ Eine der billigsten und zudem schnellsten Möglichkeiten, von der Innenstadt zum Flughafen zu gelangen: Zunächst von Churchgate oder Victoria Terminus in etwa 40 Min. (7 Rs) mit einem der ständig zwischen 4.30 und 24 Uhr verkehrenden **Vorortzüge** Richtung Vile Parle und von dort mit einer **Autoriksha** für ca. 80 Rs oder **Buslinie 312** weiter zum Flughafen. Diese Alternative funktioniert natürlich auch in umgekehrter Richtung, sofern man bei Tageslicht landet, da die Vorortzüge nachts nicht fahren und abends nicht ungefährlich sind. Mit viel Gepäck oder zu Rush-Hour-Zeiten ist diese Option nicht zu empfehlen.

Inlandsflüge

Air India und die privaten Anbieter fliegen die meisten Flughäfen Indiens teils mehrmals täglich an, Genaueres auf den jeweiligen Internetseiten.

■ **Air India,** Air India Building, Nariman Point, weitere Büros finden sich an den beiden Flughäfen. Tel. Inlandsflüge: 22023031, internationale Flüge: 22796666, 1800-227722 (gebührenfrei), Flughafen: 283188888, www.airindia.com.

■ **Go Air,** Hauptbüro in Andheri, Paper Box House, Tel. (0)7738020151, Flughafen: 26264789, www.goair.in.

■ **IndiGo,** Tel. 1800-1803838, www.goindigo.com.

■ **Jet Airways,** Amarchand Mansion, Madame Cama Rd., Tel. 39893333, 22855788, Flughafen: 61211000, www.jetairways.com.

■ **Spice Jet,** Tel. (0)9871803333, www.spicejet.com.

Bahn

In Mumbai gibt's mit dem Chhatrapati Shivaji Terminus (CST), meist besser bekannt unter dem alten Namen Victoria Terminus (V.T.), dem Mumbai Central und Churchgate **drei große Bahnhöfe,** wobei nur die ersten beiden von Fernzügen angefahren werden. Im Victoria Terminus fahren die Fernzüge im östlichen, die Nahverkehrszüge im westlichen Bereich des Gebäudes ab. Mumbai Central befindet sich nicht in der Innenstadt, sondern im Norden.

Tickets (und Indrail-Pässe) für alle Züge sind sowohl im modernen **Reservation Office von Central Railway** im Victoria Terminus (CST, das Reservierungsbüro befindet sich im östlichen Teil des Gebäudes, tgl. 8–20, So 8–14 Uhr, Touristenschalter ist Nr. 52 im 1. Stock, Treppe hinauf und geradeaus) als auch im **Western Railway Booking Office** zu kaufen. Letzteres befindet sich im selben Gebäude wie IndiaTourism (Touristenschalter Nr. 14, 1. Stock, Mo–Sa 9.30–16.30 Uhr).

Man kann sich grundsätzlich an jedem Schalter anstellen, nachdem man die in Kästen bereitliegenden **Reservierungsformulare** ausgefüllt hat (genauere Informationen im Kap. „Reisetipps A–Z: Verkehrsmittel"). Es ist jedoch ratsam, die Touristenschalter vorzuziehen, da es hier meist schneller geht und zudem nur dort die **Tourist-Quota-Tickets** verkauft werden, die auf ein speziell für Touristen reserviertes Kontingent an Karten zurückgreifen, was bei viel befahrenen Strecken, etwa nach Goa, ein unschätzbarer Vorteil ist. Speziell bei diesem Fahrtziel sollte man sein Ticket in jedem Fall einige Tage vor Zugabfahrt erstehen, um einen Platz zu ergattern. **Auskunft-Tel. 134.**

Insel Elephanta

Der Ausflug zu der 9 km nordöstlich vom Gateway of India gelegenen Insel Elephanta (asi.nic.in) mit ihren acht Felsenhöhlen gehört zum Standardprogramm jedes Mumbai-Besuches, stehen sie doch seit 1987 unter dem Schutz der UNESCO und gehören zum **Weltkulturerbe.** Falls irgend möglich, sollte man die ca. 7 km² große Insel jedoch an Wochenenden und Feiertagen meiden, da sie dann von Tausenden picknickfreudiger Städter heimgesucht wird.

Den Namen erhielt die Insel, als im 16. Jh. die Portugiesen dort landeten und beim Dorf Gharapuri einen riesigen **Steinelefanten** vorfanden. Allzu großen Respekt schien ihnen das Tier jedoch nicht eingeflößt zu haben, denn in den nächsten Jahrzehnten nutzten sie die Felsentempel ausgiebig als Schießanlage. Trotz aller Restaurierungsmaßnahmen wurde der Anlage dadurch ein nicht wieder gutzumachender Schaden zugefügt. Heute legen die Touristenboote an einem künstlich geschaffenen Landungssteg im Norden der Insel an, von wo ein steiler Weg entlang unzähliger Souvenirstände zum Zentrum der im 7. Jh. erbauten **Höhlentempel** führt.

Das meistbesuchte Heiligtum ist der ca. 50 x 50 m große **Mahesha-Felstempel.** Dieser am reichsten ausgestattete Shiva-Tempel beeindruckt neben seinen überlebensgroßen, detailreichen Skulpturen besonders durch die von ihm ausgehende geheimnisvolle Atmosphäre, die durch das von drei Seiten einfallende Licht verursacht wird. Es erhellt die einzelnen Shiva-Darstellungen äußerst effektvoll. Zu sehen ist Shiva u.a. in seiner androgynen Form als Ardhanarishvara, in der er und seine Gemahlin Parvati in einer Gestalt vereint sind. Andere Skulpturengruppen zeigen ihn als tanzenden Shiva Nataraja oder als meditierenden Shiva Yogishvara. Im Allerheiligsten steht ein fast meterhohes *lingam*, der Shiva symbolisierende Phallus, bewacht von acht fast vier Meter großen Türwächtern.

Es lohnt sich, auch noch die anderen Tempelhöhlen zu besuchen und dies mit einem kleinen Inselrundgang zu verbinden. Vom Anlegepier auf Elephanta führt ein fünfminütiger Fußmarsch zum Treppenaufgang (5 Rs Benutzungsgebühr) zu den Höhlen. Wer nicht so gut zu Fuß ist (es sind viele Stufen zu erklimmen, Trageservice 400 Rs), kann mit einem Mini-Train vom Bootsausstieg zum Höhleneingang fahren (10 Rs). Will man Elephanta ohne Guide erkunden, sollte man das informative Heftchen „A Guide to Elephanta" an einem der Stände an der Aufstiegstreppe mitnehmen.

■ **Öffnungszeiten:** 9.30–17.30 Uhr, der Eintritt zu den Sehenswürdigkeiten von Elephanta beträgt 250 Rs, montags geschlossen.

Anfahrt

■ **Ausflugsboote** vom Apollo Bunder neben dem Gateway of India fahren täglich (außer Mo und während der Monsunzeit) zwischen 9 und 15.30 Uhr etwa alle halbe Stunde. Die Überfahrt dauert etwa eine Stunde. Die letzte Rückfahrt von Elephanta startet um 17.30 Uhr. Ein Rückfahrtticket ohne Führer kostet 160/130 Rs (lux./econ.).

5:18:55

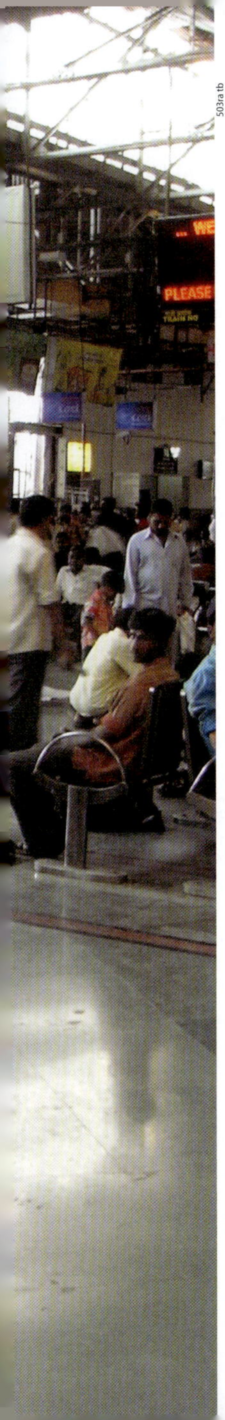

503ra tb

9 Vor der Reise

Im Victoria-Bahnhof in Mumbai

Diplomatische Vertretungen

In Deutschland

- **Indische Botschaft,** Tiergartenstr. 17, 10785 Berlin, Tel. 030-257950, www.indianembassy.de.
- **Indisches Generalkonsulat,** Friedrich-Ebert-Anlage 26, 60325 Frankfurt/M., Tel. 069-1530050, consulgeneral @cgifrankfurt.de.
- **Indisches Generalkonsulat,** Graumannsweg 57, 20487 Hamburg, Tel. 040-338036, cgihh@aol.com.
- **Indisches Generalkonsulat,** Widenmayerstr. 15, 80538 München, Tel. 089-2102390, cgimun02@t-online.de.

In Österreich

- **Indische Botschaft,** Kärntner Ring 2, 1015 Wien, Tel. 01-5058666, www.indianembassy.at.

In der Schweiz

- **Indische Botschaft,** Kirchenfeldstr. 28, 3005 Bern, Tel. 031-3501130, www.indembassy bern.ch.
- **Indisches Generalkonsulat,** Bahnhofplatz 9, 8001 Zürich, Tel. 043-3443214, jhmakwana@makwana.com.
- **Indisches Generalkonsulat,** Rue du Valais 9, 1202 Genf, Tel. 022-9068686.

Heimatvertretungen in Indien

Im Folgenden die Anlaufstellen vor Ort für den Notfall. Wird der Reisepass gestohlen, muss man dies bei der örtlichen Polizei melden. Die Botschaften bzw. Konsulate stellen einen Ersatzpass aus, nachdem die Identität geklärt ist. Beste Voraussetzung dafür ist eine Kopie des Originals. Auch in dringenden Notfällen, z.B. medizinischer oder rechtlicher Art, sind die Vertretungen bemüht zu helfen.

Botschaften in Delhi (Chanakyapuri)

- **Embassy of Germany,** 6/50G, Shanti Path, Tel. 011-44199199 oder in dringenden Notfällen (0)9810004950, www.new-delhi.diplo.de.
- **Embassy of Austria,** Ep-13, Chandragupta Marg, Tel. 011-24192700, www.aussenministerium.at/newdelhi.
- **Embassy of Switzerland,** Nyaya Marg, Tel. 011-49959500, www.eda.admin.ch/newdelhi.

Konsulate in Mumbai (Nariman Point)

- **Deutschland:** Hoechst House, 10. Stock, 193 Backbay Reclamation, Tel. 022-2283-2422/-2517 oder in dringenden Notfällen Tel. (0)9769485478.
- **Österreich:** 26 Maker Chambers VI, 2. Stock, Tel. 022-22851734, 22851774, 22851066, tamara_valladares@jasubhai.com.
- **Schweiz:** 102 Maker Chambers IV, 10. Stock, 222 Jamnalal Bajaj Marg, Tel. 022-228845-63/-64/-65 oder 22831738, www.eda.admin.ch/mumbai.

Konsulate in Kolkata

- **Deutschland:** 1 Hastings Park Road, Alipore, Tel. 033-24791142.
- **Österreich:** 10 Camac St., Industry House, 1. Stock, Tel. 033-22835661, ausconkol@groupmanjushree.com.
- **Schweiz:** c/o Titagarh Wagons Ltd., 756 Anandpur, Tel. 033-40190800, kolkata@honrep.ch.

Informationsstellen

- **IndiaTourism,** Baseler Str. 48, 60329 Frankfurt/Main, Tel. 069-242949-0, www.incredibleindia.org. Man kann online Kataloge bestellen.
- **Deutsch-Indische Gesellschaft** (Bundesgeschäftsstelle), Oskar-Lapp-Str. 2, 70565 Stuttgart, Tel. 0711-297078, www.dig-ev.de. Zweigstellen gibt es in 29 deutschen Städten.
- **Österreichisch-Indische Gesellschaft,** Börseplatz 3 /1D, 1010 Wien, Tel.01-5321494, www.austro-indian.at.

Auswärtige Ämter

Informationen zur aktuellen allgemeinen Sicherheitslage und Warnungen vor besonders gefährdeten Gebieten erhält man hier:

- **Deutschland:** www.auswaertiges-amt.de, Tel. 030-18172000.
- **Österreich:** www.bmeia.gv.at, Tel. 01-901154411.
- **Schweiz:** www.eda.admin.ch, Tel. 0800-247365.

Touristeninformationen vor Ort

Die staatlichen Touristenämter werden von den Touristenbüros der einzelnen Bundesstaaten und von **IndiaTourism** geleitet, deren kleinere Filialen oft auch *Tourist Facilitation Centre* oder *Tourist Reception Centre* heißen. Neben allgemeinen Informationen bieten sie die Organisation von Ausflügen oder Taxifahrten für Touristen. Die Qualität der einzelnen Ämter variiert von Ort zu Ort stark. Manche Mitarbeiter sind sehr hilfsbereit, bei vielen scheint hingegen die Vermittlung der von ihnen angebotenen Touren im Mittelpunkt zu stehen.

Um Kunden anzulocken, geben sich viele private Reisebüros Namen, die denen der staatlichen Informationsstellen ähneln, oder sie werben mit Bezeichnungen wie etwa *recognized by India Tourism*, um sich den Anstrich von Seriosität zu verleihen. Nicht alle von ihnen sind schlecht, aber man sollte im Auge behalten, dass es sich um gewinnorientierte Privatunternehmen handelt.

009ra mb

Indien im Internet

- Die offizielle Website des Indischen Fremdenverkehrsamts mit einem breiten Informationsangebot auf Deutsch, umfangreichen Reiseinformationen zu allen Bundesstaaten, Einreisebestimmungen und Gesundheitstipps, Hilfe zur Routenplanung und Stadtführer, Adressen von Hotels, Reisebüros, Fluggesellschaften u.v.m.: **www.incredibleindia.org.**
- Auf der Homepage von Indian Railways sind die wichtigsten innerindischen Zugverbindungen einzusehen, Informationen für Touristen, das Streckennetz, ein historischer Abriss und einiges mehr: **www.indianrailways.gov.in.**
- Auf **www.cleartrip.com** sind neben Informationen zu Zugverbindungen auch Bahnverbindungen und Hotelbuchungen möglich.
- Das National Informatics Centre (NIC) der indischen Regierung hat ein weiterverweisendes Verzeichnis staatlicher indischer Websites (Ministerien, Botschaften, Unionsstaaten, Organisationen etc.): **www.nic.in.**
- Aktuelle Nachrichten (auch nach Unionsstaaten geordnet), Archiv und mehr beim indischen Nachrichtendienst Rediff On the Net: **www.rediff.com.**
- Ein breit gefächertes Internetforum zu Indien mit praktischen Infos, aktuellen Meldungen aus Politik und Zeitgeschichte, einem Forum zum Austausch von Fragen und Meinungen, einem Kalender für alle im Fernsehen zum Thema Indien gezeigten Sendungen sowie touristische Beiträge: **www.indien-aktuell.de.**
- Das deutsche Indien-Magazin berichtet informativ und kompetent über das moderne Indien – aktuelle Entwicklungen aus Politik, Wirtschaft und Gesellschaft. Filme und Bücher werden ausführlich besprochen und Restaurantkritiken und Kochtipps sorgen für das leibliche Wohl. Ein Veranstaltungskalender und eine Link-Liste runden das Angebot ab: **www.indien-newsletter.de.**
- Landkarten von Indien zu verschiedenen Themen sowie Stadtpläne findet man unter: **www.mapsofindia.com.**

Ein- und Ausreisebestimmungen

Die genannten Einreisebestimmungen sind Stand Sept. 2016. Man sollte sich unbedingt vor der Reise bei der indischen Botschaft bzw. in Deutschland auch beim zuständigen Konsulat (s.o.) erkundigen, ob sie noch gelten.

Visum

Für den Visumsantrag benötigt man einen über den Reisezeitraum hinaus noch mindestens sechs Monate gültigen **Reisepass.** Auch jedes **Kind** benötigt seinen eigenen Reisepass. Kindereinträge im Pass eines Elternteils sind nicht mehr gültig. Reisen Minderjährige nicht in Begleitung beider Elternteile, kann man vor allem bei der Flugrückkehr in die EU nach einer Einverständniserklärung des anderen Sorgeberechtigten gefragt werden, als Schutzmaßnahme gegen eine mögliche Kindesentführung (weitere Informationen z.B. unter www.auswaertiges-amt.de, Stichwort „Einverständiserklärung für Minderjährige"). Reist man mit Pflegekindern, sollte man sich vor der Abreise informiern, ob zusätzliche Dokumente zur Einreise notwendig sind.

Visaanträge werden nicht mehr von den indischen Botschaften und Konsulaten, sondern u.a. von zwei **Agenturen** (s.u.) bearbeitet, die jeweils für unterschiedliche Regionen zuständig sind. Die Beantragung kann nur noch **online** erfolgen. Dies bedeutet, dass zunächst das Antragsformular auf den jeweiligen Websites ausgefüllt werden muss. Man folgt den Anweisungen auf dem Bildschirm. Am Ende dieser Prozedur ist das online ausgefüllte **Formular auszudrucken** und bei Vor-Ort-Beantragung zusammen mit zwei identischen Farbfotos im ungewöhnlichen Format 5x5 cm und der Visumsgebühr in bar mitzunehmen. Bei postalischer Beantragung ist das ausgedruckte Formular zusammen mit zwei Fotos und dem Einzahlungsbeleg der Visagebühr und einem frankierten Rückumschlag per Einschreiben an die zuständige Agentur zu senden.

Visabeantragungen vor Ort dauern in der Regel **drei Werktage.** In dringenden Fällen kann das Visum auch bei Abgabe am frühen Vormittag bis zum Nachmittag des darauf folgenden Tages ausgestellt werden. Hierfür wird jedoch keine Garantie übernommen. Bei postalischer Beantragung sollte man von ca. zehn Tagen ausgehen. Weitere Anweisungen finden sich auf den angegebenen Webseiten.

Agenturen in Deutschland

- Für **Ostdeutschland** (Berlin, Brandenburg, Sachsen, Thüringen, Sachsen-Anhalt, Mecklenburg-Vorpommern): **International Visa Services Europe GmbH (IVS),** Fritschestr. 61/62, 10627 Berlin, Tel. 030-319977-80, http://ivs-germany.com.
- Für **Süddeutschland** (Bayern, Baden-Württemberg): **International Visa Services Europe GmbH (IVS),** Schellingstr. 35, 80799 München, Tel. 089-28673805, http://ivs-germany.com.
- Für **Westdeutschland** (NRW, Hessen, Rheinland-Pfalz, Saarland): **Indo-German Consultancy Services (IGCS),** Bettinastr. 62, 60325 Frankfurt, Tel. 069-7422200, www.igcsvisa.de.
- Für **Norddeutschland** (Hamburg, Schleswig-Holstein, Bremen, Niedersachsen): **Indo-German Consultancy Services (IGCS),** Mundsburger Damm 6, 22087 Hamburg, Tel. 040-2880560, www.igcsvisa.de.

Anträge über die IGCS (Mo–Fr 9–12 und 14–16 Uhr) können vor- und nachmittags sowohl abgegeben als auch abgeholt werden. Die Öffnungszeiten sollten online oder telefonisch auf eventuelle Änderung hin überprüft werden.

- Auch über **visumcentrale.de** (Deutschland) ist problemlos eine Beantragung möglich.

„Visa on Arrival"

Neuerdings besteht auch die Möglichkeit, ein sogenanntes *Visa on Arrival* oder *eTourist Visa* (eTV) zu beantragen, das jedoch nur **30 Tage Gültigkeit** besitzt. Auch hierfür muss mindestens 4 Tage und höchstens 30 Tage vor Abflug online ein Antrag ausgefüllt werden, inkl. Upload eines Passfotos und eines Scans der Fotoseite des mindestens noch sechs Monate gültigen Reisepasses (https://indianvisaonline.gov.in/visa/tvoa.html). Die Gebühr für dieses elektronische Touristenvisum beträgt 60 US$, die per Kreditkarte zu überweisen sind. Das Visum wird per E-Mail bestätigt und zugestellt. Ein **Ausdruck** ist für die Einreise und während der Reise mitzuführen. Bei **Ankunft am jeweiligen Flughafen** findet dann ein Abgleich mit der Reisepassnummer statt. Derzeit geht dies in Nordindien an den Flughäfen von Ahmedabad, Delhi, Gaya, Jaipur, Kolkata und Lucknow, außerdem Goa und Mumbai, es kommen jedoch weitere hinzu. Die Ausreise ist von jedem Flughafen möglich. Manche Reisende berichten, bei der Ankunft nach einem Nachweis ihrer Unterkunft gefragt worden zu sein.

Zwischen **Aus- und Wiedereinreise** muss bei Touristenvisa, die diese Möglichkeit zulassen, kein Abstand mehr eingehalten werden.

Visagebühren und Gültigkeitsdauer

Zur eigentlichen Visumsgebühr sind jeweils eine Bearbeitungsgebühr von 13,50 € für die Agentur und weitere 2 € Konsulatszuschlag hinzuzurechnen.

- **Transitvisum,** gültig für 15 Tage (zur ein- oder zweifachen Einreise): 25 €
- **Touristenvisum,** 6 Monate gültig ab Datum der Ausstellung, berechtigt zur mehrmaligen Einreise: 50 € (bis zu einem Jahr 80 €)
- **Geschäftsvisum,** gültig für ein Jahr ab Datum der ersten Einreise: 145 € (länger 235 €)
- **Studentenvisum,** gültig für die Dauer des Studiums oder maximal fünf Jahre, ein Nachweis der indischen Universität ist erforderlich: 90 €
- **Arbeitsvisum,** gültig für ein halbes Jahr, spezielles Visum für Vielfach-Indien-Besucher und Geschäftsleute, entsprechende Nachweise erforderlich: 95 € (bis zu einem Jahr 145 €)

Visumverlängerung

Wer sein im Ausland erhaltenes Visum in Indien voll ausgeschöpft hat, braucht sich gar nicht erst der bürokratischen Mühe einer Visumverlängerung auszusetzen, da man als Tourist nur 180 bzw. 360 Tage des Jahres in Indien verbringen darf. Erst wieder nach einem halben Jahr darf man erneut einreisen.

Ansonsten sind für Visumverlängerungen in Großstädten die sogenannten **Foreigners Regional Registration Offices,** in Distrikthauptstädten die lokalen Polizeibehörden zuständig. Eine Verlängerung wird aber so gut wie nie gewährt, außer man hat seinen Reisepass und Visum verloren. Dann bekommt man ein neues, 14 Tage gültiges **Ersatzvisum,** das nur zur Ausreise bestimmt ist.

Österreich und Schweiz

Der Ablauf der Visabeantragung für Österreich und die Schweiz ist derselbe wie für Deutschland. Nur die zuständigen Agenturen und Gebühren sind andere:

- **BLS International Visa Services Center,** Hegelstr. 17, Top 9 (nahe Schwartzenbergplatz), 1010 Wien, Tel. 0810-950001, www.blsindiavisa-austria.com, Mo–Fr 9–13.30 Uhr (Abgabe des Antrags), 16–17 Uhr (Abholung des Visums). Die Visagebühren sind ähnlich wie in Deutschland. Es kommen 5,20 € Bearbeitungsgebühr und ein Konsulatszuschlag von 2 € hinzu.
- **VSL Global,** India Visa Application Centre, Weststr. 2, 3005 Bern, Tel. 031-3815804, 8.30–14 Uhr (Abgabe des Antrags), 16–17.30 Uhr (Abholung des Visums). Ausfüllen des Antrags unter in.vfsglobal.ch, dann den Anweisungen folgen. Gebühren: Transitvisum 45 SFr, Touristenvisum 6 Monate 80 SFr, Geschäftsvisum 220 SFr, Studentenvisum 140 SFr. Zu den Visagebühren jeweils noch 6,80 SFr Bearbeitungsgebühr sowie 3,75 SFr Konsulatszuschlag hinzurechnen.
- Auch über die Portale **visumcentrale.at** (Österreich) bzw. **cibtvisas.ch** (Schweiz) ist problemlos eine Beantragung möglich.

Zollbestimmungen

In Indien gelten die international üblichen **Zollbestimmungen,** d.h. man darf neben Artikeln des persönlichen Bedarfs u.a. 200 Zigaretten oder 50 Zigarren sowie Geschenke bis zu einem Wert von 800 Rs einführen.

Spezielle Beschränkungen gibt es für **elektronische Geräte** wie z.B. Kameras, Videogeräte oder Laptops. Wer mehr als eine Kamera mit zwei Objektiven und 30 Filme dabei hat, muss diese auf einem speziellen Formular offiziell deklarieren, welches bei der Ausreise wieder vorzulegen ist. Hiermit soll verhindert werden, dass man seine Reisekasse mit dem Verkauf dieser Waren aufbessert. Uns ist jedoch kein einziger Fall bekannt geworden, bei dem man bei der Ausreise tatsächlich nach dem Formblatt gefragt hätte.

Es darf **keine indische Währung** ein- oder ausgeführt werden. Reisende, die mehr als 5.000 US-Dollar (bar oder Reiseschecks) einführen wollen, müssen diese auf der *Currency Declaration Form,* die sie bei der Einreise erhalten, angeben. Bei Verstößen hiergegen und gegen Zollvorschriften droht Verhaftung bei der Ausreise.

Einfuhrbestimmungen für Europa

Bei der **Rückeinreise** gibt es auch auf europäischer Seite Freigrenzen, Verbote und Einschränkungen. Folgende Freimengen darf man zollfrei einführen (EU und Schweiz):

- **Tabakwaren** (für Personen ab 17 Jahren): 200 Zigaretten oder 100 Zigarillos oder 50 Zigarren oder 250 g Tabak oder eine anteilige Zusammenstellung dieser Waren.

Die kleinen indischen **Beedis-Zigaretten** werden bei der Einreise in Europa einzeln gezählt, also nicht nach ihrem geringen Gewicht berechnet, sodass man schnell die erlaubte Einfuhrmenge überschritten hat. Dann muss zu dem zusätzlichen Zoll für die überschrittene Menge auch noch die Strafgebühr hinzugezahlt werden. Es ist bei der Zollkontrolle nicht mehr möglich, die überzähligen Zigaretten einfach zurückzulassen.

- **Alkohol** (für Personen ab 17 Jahren) in die EU: 1 l Spirituosen (über 22 Vol.-%) oder 2 l Spirituosen (unter 22 Vol.-%) oder eine anteilige Zusammenstellung dieser Waren, und 4 l nicht-schäumende Weine und 16 l Bier; in die Schweiz: 2 l bis 15 Vol.-% und 1 l über 15 Vol.-%.
- **Andere Waren** in die EU: bis zu einem Warenwert von insgesamt 430 €, Reisende unter 15 Jahren 175 € bzw. 150 € in Österreich; in die Schweiz: neu angeschaffte Waren für den Privatgebrauch bis zu einem Gesamtwert von 300 SFr. Bei Nahrungsmitteln gibt es innerhalb dieser Wertfreigrenze auch Mengenbeschränkungen.

Wird die Wertfreigrenze überschritten, sind **Einfuhrabgaben** auf den Gesamtwert der Waren zu zahlen und nicht nur auf den die Freigrenze übersteigenden Anteil. Die Berechnung erfolgt entweder pauschal oder nach dem Tarif der einzelnen Ware zuzüglich sonstiger Steuern.

Einfuhrbeschränkungen bestehen u.a. für Tiere, Pflanzen, Arzneimittel, Betäubungsmittel, Feuerwerkskörper, Lebensmittel, Raubkopien, verfassungswidrige Schriften, Pornografie, Waffen und Munition; in Österreich auch für Rohgold und in der Schweiz auch für CB-Funkgeräte.

Nähere Informationen

- **Deutschland:** www.zoll.de
- **Österreich:** www.bmf.gv.at
- **Schweiz:** www.ezv.admin.ch

011ra mb

Anreise

Nonstop-Verbindungen aus dem deutschsprachigen Raum nach Nordindien bieten derzeit nur Air India von Frankfurt und Wien nach Delhi, Lufthansa von Frankfurt und München sowie Swiss von Zürich nach Delhi und Mumbai. Die Flugzeit beträgt **etwa 7 Stunden.**

Daneben gibt es interessante **Umsteigeverbindungen** von vielen Flughäfen in Deutschland, Österreich oder der Schweiz mit Aeroflot (über Moskau), Air France (über Paris), British Airways (über London), Emirates (über Dubai), Etihad Airways (über Abu Dhabi), Finnair (über Helsinki), Gulf Air (über Bahrain), KLM (über Amsterdam), Kuwait Airways (über Kuwait City), Qatar Airways (über Doha) und Turkish Airlines (über Istanbul). Die Umsteigeverbindungen können zwar billiger sein als die Nonstop-Flüge, aber man muss hier auch eine längere Flugdauer einkalkulieren. **Internationale Flughäfen** sind Delhi und Mumbai, aber auch Amritsar (für Flüge mit Qatar Airways von Berlin, Frankfurt und München über Doha, mit Uzbekistan Airlines von Frankfurt über Taschkent und mit Turkmenistan Airlines von Frankfurt über Aschgabad).

Flugpreise

Je nach Fluggesellschaft, Jahreszeit und Aufenthaltsdauer in Indien bekommt man ein Economy-Ticket von Deutschland, Österreich oder der Schweiz hin und zurück nach Delhi oder Mumbai **ab 600 Euro** (inkl. aller Steuern, Gebühren und Entgelte). Am niedrigsten sind die Flugpreise im Zeitraum von Mitte Januar bis Mitte Juni und von Anfang September bis Ende November. Die Hauptsaison, in der die Flüge deutlich teurer sind, ist im Juli/August und Dezember/Januar.

Preiswertere Flüge sind mit **Jugend- und Studententickets** (je nach Airline bis 29 Jahre und Studenten bis 34 Jahre) möglich. Außerhalb der Hauptsaison gibt es einen Hin- und Rückflug von Frankfurt nach Delhi oder Mumbai ab etwas über 500 Euro. **Kinder** unter zwei Jahren fliegen ohne Sitzplatzanspruch für etwa 10 % des Erwachsenenpreises, ansonsten werden für ältere Kinder die regulären Preise je nach Airline um 25–50 % ermäßigt. Ab dem 12. Lebensjahr gilt der Erwachsenentarif oder ein besonderer Jugendtarif.

In Deutschland gibt es von Frankfurt aus die häufigsten Verbindungen nach Delhi und Mumbai. Tickets für Flüge von und nach anderen deutschen Flughäfen sind oft teurer. Da kann es für Deutsche attraktiver sein, mit einem **Rail-and-Fly-Ticket** per Bahn nach Frankfurt zu reisen (entweder bereits im Flugpreis enthalten oder 35 bis 60 Euro extra).

Man kann auch einen preiswerten Zubringerflug der gleichen Airline von einem kleineren Flughafen buchen. Außerdem gibt es **Fly & Drive-Angebote,** wobei eine Fahrt zum und vom Flughafen mit einem Mietwagen nur einen geringen Zuschlag kostet.

Buchung

Heute werden Flüge gern online gebucht, aber welche Plattform ist zu empfehlen? Bequemer ist die Buchung per Reisbüro auf alle Fälle. Für die Tickets der Linienfluggesellschaften kann man bei folgendem zuverlässigen Reisebüro meistens günstigere Preise als bei vielen anderen finden:

- **Jet-Travel,** In der Flent 7, 53773 Hennef, Tel. 02242-868606, www.jet-travel.de. Buchungsanfragen oder Onlinebuchungen auf der Website unter „Flüge".

◁ Momentaufnahme am Amber Fort

Kleines „Flug-Know-how"

Check-in

Nicht vergessen: Ohne **gültigen Reisepass und Visum** kommt man nicht an Bord eines Flugzeugs in Richtung Indien. Bei den meisten internationalen Flügen muss man zwei bis drei Stunden vor Abflug am Schalter der Fluggesellschaft eingecheckt haben. Je nach Fluggesellschaft kann man das in der Regel ab 23 Stunden vor dem Flug vorab im Internet erledigen und muss am Flughafen nur noch die ausgedruckte **Bordkarte** (mit Barcode nach unten) auf den Scanner legen und sein Gepäck am entsprechenden Schalter abgeben. Reist man nur mit Handgepäck, kann man nach einer kurzen Prüfung gleich durch die Schranke in den Boarding-Raum gehen.

Bei Flügen in Indien: Bevor man sich am Check-in-Schalter anstellt, gilt es noch einige Formalitäten zu erledigen, die bei der auf vielen indischen Flughäfen herrschenden chronischen Desorganisation oftmals recht langwierig ausfallen können. Überzähliges **indisches Geld** kann gegen Vorlage einer Bankquittung, die bestätigt, dass man den Betrag offiziell getauscht hat, an einem Bankschalter in der Abfertigungshalle gegen westliches Geld zurückgetauscht werden. Da es immer wieder vorkommt, dass einige Bankangestellte dabei etwas schummeln und in ihre eigene Tasche wirtschaften, sollte man den ausgezahlten Betrag genau nachzählen.

Schließlich gilt es noch sein **Gepäck** durchleuchten und versiegeln zu lassen. In der Regel ist der Name des Zielflughafens am Röntgengerät angebracht. Wer vergessen hat, sein Gepäck versiegeln zu lassen, wird am Check-in-Schalter nicht abgefertigt.

Das Gepäck

Beim Packen des Handgepäcks sollte man darauf achten, dass man **Getränke oder vergleichbare Substanzen** (Gel, Parfüm, Shampoo, Creme, Zahnpasta, Suppe, Käse, Lotion, Rasierschaum, Aerosole etc.) nur in geringen Mengen bis zu jeweils 100 ml mit ins Flugzeug nehmen darf. Diese Substanzen muss man separat in einem durchsichtigen **Plastikbeutel** (z.B. Gefrierbeutel) transportieren, den man beim Durchleuchten in eine der bereitstehenden

230is tb

Schalen auf das Fließband legt. Auch **Notebook und Smartphone** müssen in eine solche Schale gelegt werden. Hat man einen Gürtel mit einer Schnalle aus **Metall,** empfiehlt es sich, diesen auszuziehen und ebenfalls in die Schale zu legen, da sonst in der Regel der Metalldetektor anschlägt und man vom Flughafenpersonal abgetastet werden muss.

Aus Sicherheitsgründen dürfen **Nagelfeilen sowie Messer und Scheren** aller Art, also auch Taschenmesser, nicht im Handgepäck untergebracht werden. Diese Gegenstände sollte man unbedingt daheim lassen oder im aufzugebenden Gepäck verstauen, sonst werden sie bei der Sicherheitskontrolle einfach weggeworfen. Darüber hinaus gilt, dass leicht entzündliche **Gase** in Sprühdosen (Schuhspray, Campinggas, Feuerzeugfüllung), Benzinfeuerzeuge und Feuerwerkskörper etc. nicht im Koffer oder Handgepäck transportiert werden dürfen.

Vom **Verschließen** des Gepäcks mittels eines Vorhängeschlosses wird abgeraten, da das Flughafenpersonal das Gepäck bei Auffälligkeiten beim Durchleuchten durchsuchen können muss.

< Immer wieder neue Fluglinien erobern den Markt

Geldfragen

Indische Währung

Die indische Währungseinheit ist die indische **Rupie,** die in 100 Paisa unterteilt wird. Auf Preisangaben ist das Wort Rupie meist als Rs angegeben. Die **Münzen** gibt es in Stückelungen von 5, 10, 25, 50 Paisa und 1, 2, 5 und 10 Rupien, wobei die kleinsten Münzeinheiten (Paisa) kaum noch in Umlauf sind. **Banknoten** gibt es im Wert von 2 (sehr selten), 5, 10, 20, 50, 100, 500 und 1.000 Rupien.

Geldkarten

Das bargeldlose Zahlen bzw. Geld Abheben per Karte ist auch in Indien weit verbreitet. Selbst in kleinen Orten gibt es zumindest einen, meist jedoch mehrere Geldautomaten. Meistens vorteilhafter als eine Barabhebung ist das **bargeldlose Zahlen** im Geschäft mit der **Kreditkarte.** Karten der bekannten Geldinstitute Amex, Visa und MasterCard sind in Hotels, Restaurants, vielen Geschäften und bei Fluggesellschaften ein gern gesehenes Zahlungsmittel. Inzwischen kann selbst in kleineren Städten mit der Bankkarte bezahlt werden. Für all jene, die mit einer der bekannten Kredit- oder Bankkarten reisen, ist dies die einfachste Methode.

Warnung: Acht geben sollte man bei der Bezahlung selbst. Häufig gibt es **Trickbetrügereien** mit kopierten Karten oder gefälschten Rechnungen, deren unangenehme Folgen man dann oft erst beim Blick auf den Kontoauszug nach der Rückkehr erkennt. Als Vorbeugung sollte man die Karte bei der Abrechnung nie aus den Augen lassen.

Am **Geldautomaten (ATM)** kommt man mit der Bankkarte mit Maestro-Logo (Cirrus) oder der Kreditkarte nach Eingabe des jeweiligen PIN-Codes bequem an Bargeld. Aufgepasst: Bankkarten mit dem **V-PAY-Logo** funktionieren in Indien nicht. Maestro-Karten werden immer häufiger von Kreditinstituten für bestimmte Länder gesperrt. Man sollte sich rechtzeitig erkundigen und die Karte für den Zeitraum der Reise **freischalten** lassen. Eine Kreditkarte ist daher häufig für Fernreisen unverzichtbar geworden.

Wie hoch die **Kosten für die Barabhebung** sind, variiert sehr je nach kartenaustellender Bank und nach der Bank, bei der die Abhebung erfolgt. Man sollte sich daher vor der Reise bei seiner Hausbank informieren, mit welcher Bank sie vor Ort zusammenarbeitet oder z.B. unter www.geld-abheben-im-ausland.de die Konditionen für die Kreditkarten vergleichen, mit denen man im Ausland gebührenfrei Bargeld abheben kann.

Hat man bei Barabhebungen am Geldautomaten die Wahl, sollte man den Betrag immer in der **Landeswährung** vom Konto abbuchen lassen und nicht in Euro. Bei einer Abbuchung in Euro wird die Dynamic Currency Conversion zugrunde gelegt, die erhebliche Kosten verursachen kann. Bei Abbuchung in der Landeswährung wird hingegen der offizielle Devisenkurs der eigenen Bank zugrunde gelegt, dies ist am sichersten.

Kartenverlust

Bei Verlust oder Diebstahl der Kredit- oder Maestro-Karte sollte man diese umgehend sperren lassen. Bei Bankkarten muss man für die computerisierte Sperrung seine Kontonummer nennen können. Für deutsche Maestro- und Kreditkarten gibt es die einheitliche **Sperrnummer** 0049-116 116 und im Ausland zusätzlich 0049-30-40504050.

Der **TCS (Schweiz)** betreibt einen Kartensperrservice; Infos unter Tel. 0844-888111. Ansonsten gelten für österreichische und schweizerische Karten:

- **Maestro/Bankomat,** (A-)Tel. 0043-12048800; (CH-)Tel. 0041-442712230, UBS: 0041-800888601, Credit Suisse: 0041-800800488.
- Für **MasterCard, VISA, American Express** und **Diners Club** sollten Österreicher und Schweizer sich vor der Reise die Rufnummer der kartenausstellenden Bank notiert haben.

Bargeld

Bargeld sollte man für den **Notfall** dabei haben, etwa wenn Banken geschlossen sind oder, was in abgelegenen Orten gelegentlich noch vorkommt, überhaupt keine Umtauschmöglichkeit besteht und auch kein funktionierender Geldautomat vorhanden ist. Dann kann man die fällige Hotel- oder Restaurantrechnung meist problemlos mit Dollarscheinen bezahlen. Der gute alte **Reisescheck** ist in den deutschsprachigen Ländern seit 2016 nicht mehr erhältlich.

Bei der Frage der Währung sollte man eine elegante Doppellösung wählen, schlägt man so doch zwei Fliegen mit einer Klappe. Es ist sinnvoll, etwa die Hälfte des Reisebudgets in **Euro** bzw. **Schweizer Franken** mitzunehmen, da man dann den doppelten Umtauschverlust (zunächst in Dollar und dann in Rupien) vermeidet. Andererseits ist der **Dollar** nach wie vor die Weltwährung Nr. 1 und im Zweifelsfall auch in Indien immer noch lieber gesehen als anderes Geld. Überdies besitzt diese Kombinationslösung den enormen Vorteil, dass man Kursschwankungen von Euro oder Dollar elegant für sich ausnutzen kann.

Geld wechseln

Zunächst sollte man vor allem prüfen, ob dem Geld eine offizielle **Umtauschquittung** beigelegt ist. Diese ist beim eventuellen späteren Rücktausch ebenso vorzulegen wie für den Fall, dass man bei Fluggesellschaften oder offiziellen Touristenschaltern an Bahnhöfen mit einheimischer Währung bezahlen will. Der Staat will mit dieser umständlichen und letztlich auch völlig sinnlosen Vorschrift den Schwarzmarkt eliminieren.

Tauscht man größere Beträge, sollte man darum bitten, sein Geld hauptsächlich in **500-**

oder 1.000-Rupien-Scheinen ausgezahlt zu bekommen, da man ansonsten schon beim Gegenwert von 100 US$ ein dickes Bündel Geldscheine in der Hand hat. Nach der Übernahme des Geldes empfiehlt es sich, nachzuzählen. In Indien ist das eine Selbstverständlichkeit und wird nicht, wie eventuell hierzulande, als Misstrauen gedeutet. Keinesfalls sollte man allzu **schmutzige oder zerfledderte Scheine** annehmen, die gerade westlichen Touristen gern untergejubelt werden. Die Inder selbst meiden solches Geld wie der Teufel das Weihwasser, und so wird man es dann später nicht mehr los. Schließlich sollte man um genügend **Kleingeld** bitten, da Indien auch in dieser Beziehung unter chronischen Mangelerscheinungen leidet. „Sorry, no change" sind die wohl meistgehörten Worte eines Indienreisenden. Oftmals ist es schon unmöglich, einen 50-Rupien-Schein gewechselt zu bekommen. Zwar ist dies vielfach nur ein Trick, um das Restgeld als zusätzliches Trinkgeld einzustecken, doch wer sich gleich beim Geldwechseln in der Bank genügend kleine Scheine bzw. Münzen aushändigen lässt, braucht sich auf das Spiel gar nicht erst einzulassen.

Wer in **Hotels der oberen Preisklasse** wohnt, kann dort fast immer Bargeld zu einem nur um etwa 2 % unter dem offiziellen Kurs liegenden Wechselkurs eintauschen.

Wechselkurse

1 € = 73 Rs, 100 Rs = 1,36 €
1 Schw. Franken = 67 Rs, 100 Rs = 1,48 SFr
1 US$ = 67 Rs, 100 Rs = 1,50 US$

(Stand: Oktober 2016)

Überweisungen im Notfall

Wer dringend eine größere Summe von Zuhause überweisen lassen muss, wegen eines Unfalles, Diebstahls oder Ähnlichem, kann sich auch nach Indien über **Western Union Money Transfer** Geld schicken lassen. Man kann dies z.B. online über www.westernunion.de regeln und das Geld bei der entsprechenden Vertretung von Western Union vor Ort auszahlen lassen. Eine Bargeldauszahlung in Indien kostet nur 5 € Gebühr, wenn man das Geld per Sofort-Überweisung von seinem deutschen Konto anweisen lässt. Einen ähnlichen Service bieten auch UAE Exchange und Thomas Cook mittels **Moneygram** an (www.moneygram.com).

Innerhalb Indiens sollte man **Online-Banking** über den eigenen Laptop, das Handy oder gar im Internetcafé nur im Notfall ausführen, da man nie sicher sein kann, ob nicht jemand, eventuell auch virtuell, über die Schulter schaut.

Preise und Kosten

Obwohl die Preise in den letzten Jahren zum Teil erheblich gestiegen sind, gilt Indien immer noch als **günstiges Reiseland.** Um die aufgeführten Preise in das innerindische Gehaltsgefüge einordnen zu können, sollte man sich das **Einkommensniveau** vor Augen führen:

- **Mindestlohn pro Tag** für ungelernte Arbeiter in Tamil Nadu: 175 Rs
- **Monatseinkommen Hausmeister:** 8.000 Rs
- **Monatseinkommen Busfahrer:** 15.000 Rs
- **Monatseikommen Lehrer/Bankangestellter:** 25.000 Rs
- **Monatseinkommen Programmierer:** 40.000–60.000 Rs
- **Monatseinkommen Flugbegleiter** auf internationalen Strecken: 120.000 Rs

Durchschnittliche Preise

Die im Folgenden aufgeführten Durchschnittspreise für gängige Waren und Dienstleistungen beinhalten zur Veranschaulichung auch Preise wie Transportkosten, die nicht verhandelbar sind. Es versteht sich von selbst, dass sie Schwankungen unterliegen und zudem von Region zu Region unterschiedlich sind. Dementsprechend können sie, ebenso wie die oben genannten durchschnittlichen Einkommen, nur als Anhaltspunkt dienen:

- 200 km Bahnfahrt (2. Klasse, Express) 73 Rs
- Flug Mumbai – Delhi 5.000 Rs
- 1 l Benzin/Diesel/Gas 57/47/38 Rs
- Glas Tee in Teebude 10 Rs
- Flasche Bier im Spirituosenladen 90 Rs
- Softdrink am Kiosk 50 Rs
- Packung Zigaretten 75 Rs
- 1 kg Reis (mittlere Qualität) 50–100 Rs
- Portion Reis und Curry 75 Rs
- Kinoticket im Multiplex-Kino 200 Rs
- 1 l Milch 40 Rs
- Haarschnitt 130 Rs

Feilschen

Preise, das ist weithin bekannt, sind fast überall in Asien Verhandlungssache, und da macht Indien keine Ausnahme. Das dem Europäer oftmals unangenehme, ja peinliche Feilschen ist Bestandteil einer solch kommunikativen Gesellschaft wie der indischen. So gehört Handeln hier eben nicht nur zum Geschäft, sondern ist selbstverständlicher Teil des Lebens, ob nun auf dem Basar, am Straßenrand oder in vielen Geschäften. Im Grunde steht der westliche Tourist sogar noch weit mehr unter dem Zwang, den Preis aushandeln zu müssen, sehen doch viele Verkäufer in ihm einen laufenden Dukatenesel auf zwei Beinen und verlangen oftmals astronomische Summen.

Generell lässt es sich schwer sagen, wieviel man vom Ausgangspreis herunterhandeln kann, doch mit 30 bis 50 % liegt man meist ganz gut. Andererseits sollte man bedenken, dass in gewissen Bereichen, wie etwa bei öffentlichen Verkehrsmitteln und Restaurants, Festpreise gelten.

Im Übrigen gilt es zu akzeptieren, dass man als reicher Westler immer ein bisschen mehr zahlt als ein Einheimischer. Allein die Tatsache, dass man es sich leisten kann, vom fernen Europa nach Indien zu reisen, macht einen in den Augen der Inder reich, und das sicher nicht ganz zu Unrecht. So wirkt es auf mich auch immer wieder peinlich, zu erleben, wie manche Traveller um den Preis eines Kilos Bananen minutenlang feilschen, weil der Verkäufer sie partout nicht für 2 Rs verkaufen will. Je länger man sich im Lande aufhält, desto mehr bekommt man ein Gespür für das einheimische Preisniveau.

Bakschisch und Trinkgeld

Bakschisch hat in Indien eine wesentlich weitergehende Bedeutung als unser deutsches Trinkgeld. Mehr noch als gutes Servieren in einem Restaurant zu belohnen, hilft es, einen kurz zuvor noch angeblich total überfüllten Flug zu bekommen oder eine Genehmigung innerhalb weniger Tage, auf die man ansonsten Monate gewartet hätte. Bakschisch lässt die notorisch unterbezahlten und damit oftmals wenig einsatzfreudigen Beamten urplötzlich wahre Wunder vollbringen.

Während viele Reisende durchaus bereit sind, hierfür ab und zu in die Tasche zu greifen, sitzt bei ihnen die Rupie für Trinkgeld im europäischen Sinne wesentlich weniger locker. Dies mag mit daran liegen, dass bei vielen Restaurants ein in der Speisekarte als *service charge* vermerkter Aufschlag von vornherein erhoben wird.

Davon sehen die Kellner, für die es eigentlich gedacht war, herzlich wenig, und so sollte man trotzdem ein wenig tip zusätzlich geben. Dies gilt insbesondere für einfache Restaurants, wo die Ober meist ein lächerlich geringes (und oftmals so gut wie kein) Gehalt zwischen 1.000 und 2.000 Rupien erhalten und dementsprechend auf das Trinkgeld angewiesen sind. Man sollte auch bedenken, dass die Speisen gerade deshalb so extrem billig sind, weil der Kostenfaktor Bedienung praktisch wegfällt. So ist es also nur gerecht, ein Trinkgeld zu geben. Zwischen 5 und 10 % ist meist angebracht, mehr nur bei herausragendem Service. Taxifahrer hingegen erwarten kein Trinkgeld und freuen sich um so mehr, wenn sie welches bekommen.

Reisekosten

Im Land der Extreme kann auch der westliche Tourist zwischen Bahnfahrt 3. Klasse oder Flugzeug 1. Klasse, einem Bett in einer moskitoverseuchten Absteige oder einer luxuriösen Schlafstätte in einem Maharaja-Palast, einem Teller *dhal* im Bahnhofslokal oder einem Festmahl in einem Nobelrestaurant wählen. Insofern ist es unmöglich, eine allgemeine Aussage über die Reisekosten zu machen, mit der Ausnahme, dass, egal auf welchem Niveau man reist, der Gegenwert fast immer extrem gut ist.

Einzelreisende können bei niedrigem Ausgabenniveau mit täglichen Ausgaben von 10 bis 15 € für Unterkunft und 5 bis 10 € für Verpflegung rechnen, bei mittlerem Ausgabenniveau sind 15 bis 50 € für Unterkunft und 10 bis 20 € für Verpflegung anzusetzen. Luxus ist auch in Indien teuer und so findet man zumindest in den Touristenhochburgen und vor allem in den Metropolen Hotels und Restaurants, deren Preisniveau auf einer Stufe mit dem in europäischen oder amerikanischen Großstädten liegt. Bei Doppelzimmerbenutzung liegt der Preis für die Unterkunft z.T. erheblich niedriger, da Doppelzimmer oft nur wenig teurer sind als Einzelzimmer.

Reisegepäck

Wer auf Reisen eine unbeschwerte Zeit verbringen will, sollte seine Reisetasche oder seinen Rucksack nicht unnötig überladen. Bei der Frage nach der mitzunehmenden Ausrüstung sollte man dementsprechend nach dem Prinzip „so viel wie nötig, so wenig wie möglich“ verfahren. Selbst wenn man nach der Ankunft in Indien feststellt, dass man etwas vergessen hat, ist das kein Beinbruch, lässt sich das meiste doch auch im Lande selbst und zudem noch wesentlich billiger kaufen.

Kleidung

Die Auswahl der richtigen Kleidungsstücke hängt in erster Linie von der Reisezeit, der Reiseregion und der Reiseart ab und kann dementsprechend völlig unterschiedlich ausfallen. Generell sollte man bedenken, dass es in der Hauptreisezeit von Oktober bis Februar nachts auch in Mittelindien recht kühl werden kann. Speziell bei längeren Bus- und Zugfahrten ist zumindest ein **warmer Pullover** oder eine Jacke ratsam. Bei allen Kleidungsstücken sind schweißaufsaugende Naturmaterialien synthetischen Textilien vorzuziehen.

Auch ein Paar **feste Schuhe** sind bei den oftmals schmutzigen Straßen empfehlenswert. Wer des öfteren in Billigunterkünften mit Gemeinschaftsdusche übernachtet, sollte ein Paar **Badelatschen** dabeihaben. Gegen die pralle Sonne hilft eine **Kopfbedeckung** oder auch ein **Regenschirm.** Einem Mitteleuropäer mag der Gedanke, sich mit einem Regenschirm vor der Sonne zu schützen, recht albern vorkommen, doch viele Inder machen es genauso. Im Übrigen ist ein Regenschirm während der Monsunzeit ein unverzichtbares Utensil.

Schludrige Kleidung sieht man in Indien generell nicht gern, bei vermeintlich reichen Westlern schon gar nicht. Man sollte also zumindest eine Garnitur gepflegter Kleidung mit sich führen, allein schon, um bei Behördengängen oder privaten Einladungen einen seriösen Eindruck zu hinterlassen. Lange Hosen und langärmelige Oberbekleidung sind nicht nur zum Besuch von Tempeln, Moscheen und anderen heiligen Stätten angebracht, sondern dienen auch als Schutz vor Moskitos (s. auch „Praktische Reisetipps A–Z: Verhaltenstipps/Kleidung").

Toilettenartikel

Übliche **Hygieneartikel** wie Shampoo, Zahnpasta, Deo und Rasierschaum sind problemlos und sehr preiswert in Indien zu bekommen. Viele indische Seifen sind recht alkalisch, so sollte man auf die etwas teureren ayurvedischen Produkte zurückgreifen, die in fast allen größeren Städten erhältlich sind. Auch Produkte international bekannter Marken sind meist problemlos zu bekommen.

Toilettenpapier ist inzwischen fast im ganzen Land zu bekommen, mit etwa 40 Rs pro Rolle jedoch relativ teuer. Wo es keines gibt, ist man auf die indische Methode angewiesen: einen Wasserkrug in die rechte Hand, säubern mit der linken. Händewaschen wird danach niemand vergessen ...

Sonnenschutzmittel sind in den größeren Städten erhältlich, allerdings zu einem recht hohen Preis. So schadet es nicht, diese schon aus dem Heimatland mitzubringen.

Tipp: Tempelsocken

Viele westliche Besucher zeigen sich immer wieder überrascht, dass sie vor Betreten eines **Tempels** die **Schuhe ausziehen** müssen. Wer aus hygienischen oder gesundheitlichen Gründen nicht barfuß durch die weitläufigen Hallen, Flure, Höfe und Korridore gehen möchte, die gelegentlich vom Unrat der zahlreichen Pilger gekennzeichnet sind, sollte stets **„Tempelsocken"** griffbereit haben, mit denen man fast überall problemlos Einlass bekommt.

Während der trocken-heißen Jahreszeit von März bis Juli sind eine **Hautcreme** und ein **Lippenpflegestift** sehr nützlich, da Haut und Lippen sonst sehr schnell spröde werden.

Zum **Schutz vor Mücken** empfiehlt sich die Mitnahme eines entsprechenden Präparates. Es gibt allerdings auch in Indien brauchbare, preiswerte Mittel.

Tampons sind in Indien relativ unbekannt und, wenn vorhanden, teuer. Deshalb empfiehlt es sich, genügend von zu Hause mitzunehmen.

Karten

Eine gute Landkarte für den Nordwesten Indiens ist im world mapping project bei Reise Know-How erschienen: **„Indien Nordwest"** im Maßstab 1:1,3 Mio. Entsprechend gibt es die Karte **„Indien Nordost"** im gleichen Maßstab. Eine **Indien-Gesamtkarte** im Maßstab 1:2,9 Mio. aus der gleichen Reihe ist ebenfalls erhältlich. Die Karten sind GPS-tauglich, reiß- und wasserfest und haben ein ausführliches Ortsregister sowie farbige Höhenschichten.

In Indien selbst gibt es in vielen Buchhandlungen eine große Auswahl an Landkarten und Stadtplänen, diese sind jedoch meist veraltet und zudem oftmals recht ungenau. Eine Ausnahme bilden die sehr guten, vom Eicher-Verlag herausgegebenen Karten zu Delhi. Nicht kaufen sollte man Pläne von Straßenhändlern, da diese speziell von Touristen meist den doppelten bis dreifachen Ladenpreis verlangen.

Sonstiges

- Wegen der immer wieder auftretenden Stromausfälle ist auf Zugfahrten und bei nächtlichen Spaziergängen eine **Taschenlampe** unverzichtbar.
- **Wasserflasche und Wasserentkeimungstabletten** (Mikropur) machen unabhängig vom teuren und im Übrigen auch nicht ganz sicheren Mineralwasser. Zudem

produziert man mit dem Kauf von Plastikwasserflaschen auch unnötig Müll.

- **Kondome** schützen nicht nur gegen ungewollte Schwangerschaft und Geschlechtskrankheiten, sondern auch gegen das in Indien weit verbreitete Aids.
- Die indischen Busse der unteren Preisklassen sind meist hart gefedert, die Sitze schlecht gepolstert und die Straßen holprig. Ein **aufblasbares Kissen** lässt einen die Schläge besser ertragen.
- Nicht so sehr als Wärmeschutz, sondern vor allem, um unabhängig von der oftmals nicht gerade persilreinen Bettwäsche in Hotels zu sein, empfiehlt sich ein **Jugendherbergsschlafsack** – auch auf Nachtfahrten im Zug von großem Vorteil.
- In Hotels sollte man sein Zimmer mit einem eigenen **Vorhängeschloss** versperren. Auch ein kleineres Schloss für den Rucksack ist sinnvoll. Will man sein Gepäck in der Gepäckaufbewahrung eines Bahnhofs abgeben, wird die Annahme oft verweigert, wenn das Gepäckstück nicht verschlossen ist.
- Zum Schälen von Obst, Öffnen von Flaschen, Schneiden von Brot – das **Schweizermesser** ist immer noch die Allzweckwaffe eines jeden Travellers (beim Flug nicht im Handgepäck verstauen!).
- Wer seine Wäsche selbst waschen möchte, sollte eine **Wäscheleine** nebst einigen Klammern mitnehmen. Hierzu gehört auch ein **Waschbeckenstopfen,** um nicht ständig bei laufendem Wasser waschen zu müssen.
- In Hotelzimmern, auf langen Zugfahrten und in vielen anderen Situationen sind im lauten Indien **Ohrenstöpsel** von unschätzbarem Wert.
- Zur sicheren Verwahrung von Papieren, Geld und Tickets: **Bauchgurt, Brustbeutel** und **Geldgürtel** mit Sicherungsverschluss.
- **Weiteres:** mehrere Passfotos, Sonnenbrille, Ersatzbrille für Brillenträger, Tagesrucksack, Sprachführer Englisch/Deutsch und Deutsch/Hindi, Nähzeug, Sicherheitsnadeln, Bindfaden, Ladegerät für Batterien und Handy, Wecker sowie Kopien von allen wichtigen Dokumenten wie Pass, Visum und Tickets.

Gesundheitsvorsorge

Der Hauptgrund, warum viele Indienreisende krank werden, ist, dass sie Angst haben, krank zu werden. Dritte-Welt-Länder im Allgemeinen und Indien im Speziellen rufen im Westen immer noch Angst vor Ansteckung und Krankheiten hervor. Es besteht aber kein Grund zu meinen, dass nur deshalb, weil man auf dem Subkontinent Urlaub macht, die Krankheitsgefahr besonders hoch ist. Man sollte nämlich – wie bei jeder Reise – insbesondere in der ersten Woche nach dem Motto „weniger wäre mehr gewesen" nicht gleich von einer Sehenswürdigkeit zur nächsten reisen, sondern Geist, Körper und Seele Zeit zur Eingewöhnung lassen. Das ist viel wichtiger, als sich mit unzähligen Medikamenten vollzustopfen, die den Körper nur noch zusätzlich belasten.

Im Übrigen sind es nicht die klassischen Tropenkrankheiten, sondern ganz banale Unpässlichkeiten wie Erkältungen oder Magen-Darmerkrankungen, die einem das Reisen in Indien zuweilen erschweren. Man schützt sich

Zeit lassen für die Eingewöhnung

Wer sich schon zu Hause in **großen Städten** nicht wohl fühlt, sollte sie in Indien erst recht **meiden.** Menschenmassen, Luftverschmutzung, Dreck, Elend, Hektik, Lärm – all die negativen Begleiterscheinungen urbaner Entwicklung sind in Indien, wo so etwas wie Stadtplanung kaum existiert, besonders ausgeprägt. Vor allem zu Beginn einer Reise, wenn Klima-, Zeit- und Essensumstellung schon genug Anpassungsschwierigkeiten bereiten, empfiehlt es sich nur so kurz wie irgend möglich in Städten wie Delhi oder Mumbai zu bleiben. Hat man die ersten Wochen der Eingewöhnung hinter sich, sind Geist und Seele besser auf die Negativaspekte vorbereitet.

am besten, indem man sich den Hals und das Gesicht vor dem Betreten eines klimatisierten Raumes oder Busses abtrocknet und einen Pullover anzieht und sich bei allzu scharfen Gerichten zunächst zurückhält.

Weitergehende Informationen zum Thema Gesundheit finden sich im Kapitel „Reisetipps A–Z, Medizinische Versorgung" und im Anhang unter **„Reise-Gesundheits-Information Indien"**.

AIDS

Derzeit sind etwa 2,3 Mio. Personen HIV-infiziert, die Dunkelziffer liegt wohl um einiges höher. Die daraus zu ziehenden Konsequenzen dürften auf der Hand liegen.

Aufgrund der weit verbreiteten Furcht vor der Krankheit erlebt Indien derzeit einen wahren **Kondom-Boom.** Gab es früher nur die unbeliebten, billigen „Government-Gummis" namens *Nirodh,* so sind heute einige Dutzend Marken im Angebot. Eine nennt sich passenderweise *Kama Sutra,* nach dem alten indischen Liebeshandbuch.

010ra mb

Warnung vor Tollwut

Eine häufig unterschätzte Gefahr stellt die Ansteckung durch Tollwut dar, denn Indien weist die **weltweit höchste Tollwutrate** auf. Dies ist umso alarmierender, als für jeden Indienreisenden der Anblick streunender, übel zugerichteter Hunde zum Alltag gehört. Dementsprechend hört man immer wieder von Reisenden, die von Hunden gebissen wurden. Nach einem Biss ist die Wunde sofort mit fließendem Wasser, Seife und – falls vorhanden – Wasserstoffsuperoxyd zu reinigen. Danach muss so schnell wie möglich ein Arzt aufgesucht werden. Da Tollwut häufig tödlich verläuft, empfiehlt es sich dringend, bereits vor Reiseantritt eine **Impfung** durchführen zu lassen!

Reiseapotheke

Neben den Medikamenten, die man sowieso regelmäßig einnehmen muss, sollten die folgenden Mittel auf jeden Fall im Gepäck sein (viele dieser Produkte sind auch in Indien erhältlich):

- **Mückenschutz**
- **Mittel** gegen Schmerzen/Fieber, Durchfall, Übelkeit/Erbrechen, Allergie/Juckreiz, Insektenstiche
- **Antibiotika**
- **Antibiotische Salbe**
- **Wundsalbe**
- **Desinfektionsmittel**
- **Augentropfen**
- **Zur Wundversorgung:** Mullbinden, Heftpflaster, Wundpflaster, elastische Binden, Alkoholtupfer, steril verpackt, Sicherheitsnadeln und Pinzette, möglichst steril verpackt
- **Fieberthermometer**

Knoblauchverkäuferin in der Altstadt von Jaipur

Versicherungen

Für alle abgeschlossenen Versicherungen sollte man die **Notfallnummern notieren** und mit der **Policenummer** gut aufheben! Bei Eintreten eines Notfalles sollte die Versicherungsgesellschaft sofort telefonisch verständigt werden! Der Abschluss einer **Jahresversicherung** ist in der Regel kostengünstiger als mehrere Einzelversicherungen. Günstiger ist auch die **Versicherung als Familie** statt als Einzelpersonen. Hier sollte man nur die Definition von „Familie" genau prüfen.

Auslandskrankenversicherung

Die Kosten für eine ärztliche Behandlung in Indien werden von den gesetzlichen Krankenversicherungen in Deutschland und Österreich nicht übernommen, daher ist der Abschluss einer privaten Auslandskrankenversicherung unverzichtbar.

Bei Abschluss der Versicherung – die es mit bis zu einem Jahr Gültigkeit gibt – sollte auf einige Punkte geachtet werden. Zunächst sollte ein **Vollschutz ohne Summenbeschränkung** bestehen, im Falle einer schweren Krankheit oder eines Unfalls sollte auch der Rücktransport übernommen werden. Diese Zusatzversicherung bietet sich auch über einen Automobilclub an, insbesondere wenn man bereits Mitglied ist. Sie bietet den Vorteil billiger Rückholleistungen (Helikopter, Flugzeug) in extremen Notfällen.

Wichtig ist auch, dass im Krankheitsfall der Versicherungsschutz über die vorher festgelegte Zeit hinaus **automatisch verlängert** wird, wenn die Rückreise nicht möglich ist.

Schweizer sollten bei ihrer Krankenversicherungsgesellschaft nachfragen, ob die Auslandsdeckung auch für Indien inbegriffen ist. Sofern man keine Auslandsdeckung hat, kann man sich kostenlos bei Soliswiss (Tel. 031-3810494, www.soliswiss.ch) über mögliche Krankenversicherer informieren.

Zur Erstattung der Kosten benötigt man ausführliche **Quittungen** (mit Datum, Namen, Bericht über Art und Umfang der Behandlung, Kosten der Behandlung und Medikamente).

Andere Versicherungen

Ob es sich lohnt, weitere Versicherungen abzuschließen wie eine Reiserücktrittsversicherung, Reisegepäckversicherung, Reisehaftpflichtversicherung oder Reiseunfallversicherung, ist individuell abzuklären. Gerade diese Versicherungen enthalten viele Ausschlussklauseln. Die **Reiserücktrittsversicherung** lohnt sich nur für teure Reisen und für den Fall, dass man vor der Abreise einen Unfall hat, schwer erkrankt, schwanger wird, gekündigt wird oder nach Arbeitslosigkeit einen neuen Arbeitsplatz bekommt, die Wohnung abgebrannt ist u.Ä. Es gelten hingegen nicht: Terroranschlag, Streik, Naturkatastrophe etc.

Die **Reisegepäckversicherung** lohnt sich seltener, da z.B. bei Flugreisen verlorenes Gepäck oft nur nach Kilopreis und auch sonst nur der Zeitwert nach Vorlage der Rechnung ersetzt wird. Wurde eine Wertsache nicht im Safe aufbewahrt, gibt es bei Diebstahl keinen Ersatz. Kameraausrüstung und Laptop dürfen beim Flug nicht als Gepäck aufgegeben worden sein. Gepäck im unbeaufsichtigt abgestellten Fahrzeug ist ebenfalls nicht versichert. Die Liste der Ausschlussgründe ist endlos. Überdies deckt häufig die Hausratversicherung schon Einbruch, Raub und Beschädigung von Eigentum auch im Ausland. Für den Fall, dass etwas passiert ist, muss der Versicherung als Schadensnachweis ein **Polizeiprotokoll** vorgelegt werden.

Hat man eine **Unfallversicherung,** sollte man prüfen, ob diese im Falle plötzlicher Arbeitsunfähigkeit aufgrund eines Unfalls im Urlaub zahlt. Auch durch manche (Gold-) Kreditkarten ist man für bestimmte Fälle schon versichert. Die Versicherung über die Kreditkarte gilt jedoch meist nur für den Karteninhaber.

Ganesha, steh mir bei! – oder vom Abenteuer des Gewöhnlichen

Es gehört zu den Charakteristika des Reisens, dass sich die Dinge des täglichen Lebens, die man im Heimatland wegen ihrer Banalität gar nicht mehr wahrnimmt, in der Fremde zu einer Herausforderung, ja einem echten Abenteuer entwickeln können. Dies gilt insbesondere für ein in seinen täglichen Lebensäußerungen derart extremes Land wie Indien.

Als ein Beispiel von vielen sei das **Überqueren einer Straße** genannt. In Mitteleuropa nichts einfacher als das: Man positioniert sich an der Ampel, wartet auf Grün und geht los. In Indien ist alles anders. Zunächst einmal gibt es **kaum Ampeln,** die wenigen funktionieren so gut wie nie und selbst für den Fall, dass man eine intakte Ampel erwischt, hilft dies nichts, weil sich niemand danach richtet und bei Rot anhält.

Doch ist dies nur der Beginn des Problems. Das **Ignorieren jeglicher Verkehrsregeln** im Neben- und Durcheinander von Fußgängern, Lastenträgern, Ochsenkarren, heiligen Kühen, Kamelen, Fahrradrikschas, Autorikschas, Scootern, PKWs und LKWs, dazu der ohrenbetäubende Lärm und die im wahrsten Sinne atemberaubende Luftverschmutzung, das alles bei 30 Grad Celsius und mehr lassen einen an das berühmte Zitat von Indien als „der einzig funktionierenden Anarchie der Erde" denken.

Doch wie begegnet ein an Recht und Ordnung gewöhnter Mitteleuropäer diesem täglichen Chaos? Tatort: eine beliebige indische Großstadt. Die Lust auf ein kühles Getränk und Ruhe nach einem anstrengenden Recherchetag zieht den Autor in ein hübsches Café, nicht weit entfernt. Doch zwischen meinem Wunsch und dessen Erfüllung liegt eine vierspurige Straße wie die Hölle vor dem Paradies.

In der einzigen von allen akzeptierten Verkehrsregel Indiens, dem **Recht des Stärkeren,** rangieren Fußgänger auf der untersten Stufe und werden wie Freiwild behandelt. Selbst die Kühe sind besser dran, muss doch jener, der ein heiliges Tier überfährt, 30 US$ an den Besitzer und die Kosten für die Beseitigung zahlen. Shiva, der Gott der Zerstörung, hat hier eindeutig die Oberhoheit. „Rette sich wer kann" ist das oberste Gebot des Fußgängers.

Ich mache mir Mut mit der alten Weisheit, dass jede Reise mit dem ersten Schritt beginnt. Die Frage ist nur wie, angesicht der erbarmungslos an mir vorbeijagenden Meute. Die erste Verkehrsregel, die wir unseren Kindern beibringen, lautet: Schaue zuerst nach links, dann nach rechts, bevor Du die Straße betritts. Doch da ist der erste Haken: In Indien herrscht **Linksverkehr.** Todesmutig setze ich meinen Fuß auf die Straße – und werde fast von der offen stehenden Tür eines der selbst in Indien für ihre rücksichtslose Fahrweise bekannten Privatbusse ins Jenseits befördert. Der nächste Versuch. Diesmal schaffe ich es bis zur Hälfte der einen Straßenseite, wobei ich wie eine Slalomstange von Scootern und PKWs umkurvt werde, die Zentimeter vor einer Berührung nach links oder rechts ausscheren. Dabei scheinen sie keine Miene zu verziehen, selbst wenn sie in letzter Sekunde einem riesigen, stinkenden LKW ausweichen müssen. Autofahren in Indien ist Millimeterarbeit und wenn ich nicht ständig um mein Leben fürchten müsste, würde ich diese Todesmutigen für ihre Akrobatik bewundern. Doch so habe ich ständig den Eindruck, dem Teufel soeben von der Schüppe gesprungen zu sein.

Wissend, dass laut Statistik versagende Bremsen die häufigste Unfallursache auf Indiens Straßen sind, bleibt mir in meiner Verzweiflung nichts anderes, als laut zu rufen: „Ganesha, steh mir bei!!!" Der drollige Elefantengott, in ganz Indien als Beschützer auf allen Wegen verehrt, scheint mein Flehen erhört zu haben, stehe ich doch plötzlich auf der durch einen Zaun gekennzeichneten Straßenmitte. Nie hätte ich gedacht, dass ich mich inmitten des ohrenbetäubenden Lärms und der bleiverseuchten Luft derart wohl fühlen könnte, als ein kaum bekleideter Junge an meinem Hosenzipfel zieht und „Paisa please" ruft.

Unvermittelt stellt sich bei mir Mitleid ein, der Wunsch, ihn unversehrt auf die andere Seite zu bringen – bis mir klar wird, dass ich es bin, der Mitleid und seine Hilfe benötigt. Zehn Rupien sollst Du haben, wenn Du mich lebend hinüberbringst. Sogleich soll sich zeigen, was für ein ausgefuchstes Kind dieser Junge ist, der wahrscheinlich sein ganzes Leben auf der Straße verbracht hat. Mit stoischer Gelassenheit leitet er mich zu einer wie eine Festung in der Schlacht in der Straßenmitte ruhenden heiligen Kuh. Gemütlich vor sich hinkauend, erweist sie sich als ein Schutzwall vor den anprallenden Geschossen. Nach einer kurzen Verschnaufpause nimmt mich mein neuer Freund an die Hand und wir stehen schweißgebadet auf der anderen Straßenseite.

Hurra, wir leben noch, mein Retter um zehn Rupien reicher, ich erschöpft und glücklich, dass auf Ganesha immer Verlass ist.

Das alltägliche Verkehrschaos, hier: Kolkata

569in mb

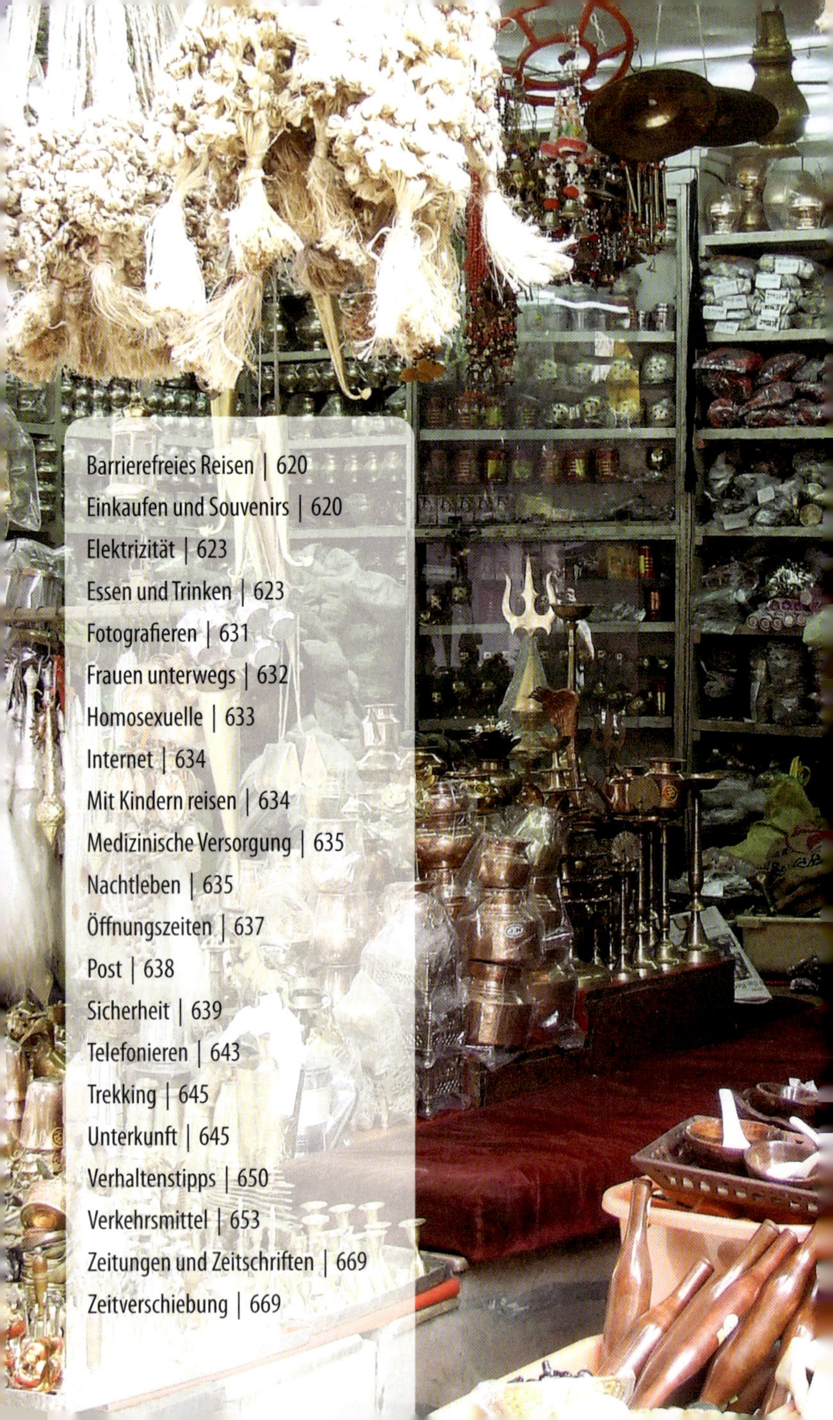

10 Praktische Reisetipps A–Z

Geschäft in der Altstadt von Haridwar in Uttarakhand

Barrierefreies Reisen

Indien gilt zu Recht als eines der für Individualtouristen am schwierigsten zu bereisenden Länder der Erde. Um so problematischer (um nicht zu sagen unmöglich) gestaltet sich eine Reise für gehbehinderte Personen. Das allgemeine Durcheinander auf Bahnhöfen und Straßen, die Mühen beim Besteigen eines Busses oder Zuges, ganz zu schweigen von den fast ständig hoffnungslos überfüllten öffentlichen Verkehrsmitteln – dies alles macht eine Indienreise für Behinderte zu einem kaum zu bewältigenden Unterfangen. Wie in fast allen Ländern Asiens sind in Indien behindertengerechte **Einrichtungen fast völlig unbekannt.** Aufzüge gibt es zwar häufiger, herabgesenkte Bordsteinkanten und Rampen findet man aber nur äußerst selten. Dies ist umso problematischer, als viele Tempel und Pagoden auf Hügeln oder in unwegsamen ländlichen Gebieten errichtet wurden. Die Hilfsbereitschaft der Inder lässt zwar viele Hindernisse überwinden, doch ohne eine mitreisende Begleitperson, die sich ganz in den Dienst des Behinderten stellt, muss von einer Indienreise abgeraten werden.

■ Ein **Reiseveranstalter,** der sich auf Reisen mit Behinderten in Indien spezialisiert hat, ist die in Jaipur ansässige Agentur **Aasma Tours** (www.aasmatoursandtravels.com).

Einkaufen und Souvenirs

Während Bangkok, Hongkong und Singapur als Einkaufsparadiese weltweit bekannt sind, gibt es wohl kaum ein anderes Land dieser Erde, welches eine derart **große Auswahl an Kunsthandwerk** zu bieten hat wie Indien. Jede einzelne der vielen Volksgruppen des Landes hat ihre eigene Handwerkstradition entwickelt, wobei die unterschiedlichsten Materialien Verwendung finden. Dem Lockruf von Gold, Silber, Juwelen, Seide und Marmor folgten schon vor Jahrtausenden die Kaufleute aus Übersee, die ganze Schiffsladungen mit nach Hause nahmen. Etwas bescheidener gibt sich da der neuzeitliche Tourist, doch wie die übervollen Koffer und Taschen beim Rückflug belegen, kann auch er dem reichen Angebot nur schwerlich widerstehen.

Allerdings steht der Neuankömmling ob dieser großen Auswahl zunächst einmal vor der Qual der Wahl. Den besten Ort, um sich einen Überblick zu verschaffen, bieten die **Government Cottages** oder **Emporiums,** staatliche Läden, von denen sich die größten und schönsten in Delhi und Mumbai befinden. Hier werden auf überschaubarem Raum hochwertige Produkte aus ganz Indien zu festgesetzten Preisen angeboten. Selbst für diejenigen, die nicht kaufen wollen, empfiehlt sich ein Besuch, bekommt man hier doch einen Anhaltspunkt zum Preisniveau und hat so später beim Handeln auf Basaren und in Geschäften eine bessere Ausgangsposition.

Selbstverständlich ist, dass derjenige, der sich von einem **Schlepper** in den Laden locken lässt, einen z.T. erheblichen Aufpreis zu zahlen hat. Dies ist vor allem in Touristenorten zu bedenken. Dort wird man oft auf der Straße von einem Schlepper angesprochen und gefragt, ob man einen Shop mit ihm besucht, nur um sich umzusehen. Der Schlepper verdient einige Rupien, auch wenn der potenzielle Kunde nichts kauft. Dies wird von ihm

Erübrigen sollte sich eigentlich der Hinweis, dass **Tierfelle, Elfenbeinarbeiten, Korallen** und Ähnliches als Souvenir absolut tabu sind. Die Einfuhr solcher Produkte ist in Deutschland strafbar.

auch offen eingestanden. Jeder muss selbst entscheiden, ob er diesem Drängen nachgibt.

Schmuck

Nicht nur viele indische Frauen, für die er eine Kapitalanlage für das Alter darstellt, sondern auch eine große Zahl westlicher Reisender kaufen gern und häufig Schmuck. Besonders beliebt sind dabei der schwere **Nomadenschmuck aus Rajasthan** und der filigranere **Silberschmuck der Tibeter.** Gerade wegen ihrer Beliebtheit bei westlichen Touristen sind diese Arten von Schmuck inzwischen über das ganze Land verteilt in Geschäften zu erhalten. Wie die oftmals extrem niedrigen Preise vermuten lassen, ist dabei vieles, was als reines Silber angeboten wird, kaum mehr als billiges Metall. Wen das jedoch nicht stört, der findet besonders in Jaipur und Pushkar eine große Auswahl.

Jaipur ist auch die Hochburg für die **Edelsteinverarbeitung.** Großhändler aus aller Welt decken sich hier ein. Der verführerische Schein der edlen Klunker hat schon manchen Touristen tief in die Tasche greifen lassen, der später enttäuscht feststellen mußte, dass der Edelstein eine billige Glaskopie war. Am größten ist die Gefahr, minderwertige oder unechte Ware angeboten zu bekommen, bei den fliegenden Händlern. Wer führt schon Rubine und Saphire in einem schäbigen Holzkoffer mit sich?

Brillen

Indien ist ein Schlaraffenland für Brillenträger. Zu einem Bruchteil des Preises in Europa können sowohl **Brillenrahmen** wie auch gute **Gläser,** auch aus Kunststoff, gekauft werden. Die Auswahl an ansprechenden Rahmen ist groß. Die Brille ist häufig bereits am Tag der Anprobe oder am nächsten fertig. Zu empfehlen sind Verkaufsketten wie *Frames and Lenses,* aber auch viele Einzelhandelsoptiker haben große Auswahl. Auch **Kontaktlinsen** der international bekannten Firmen sind sehr preiswert zu haben.

Teppiche

Einen weltweit hervorragenden Ruf genießen **Kashmirteppiche,** doch auch in **Uttar Pradesh** und **Rajasthan** existiert eine lebhafte und qualitativ hochstehende Teppichproduktion. Aufgrund des faktischen Zusammenbruchs des Tourismus in Kashmir finden sich viele kashmirische Händler über ganz Indien verteilt, sodass das Angebot sehr vielfältig ist. Bereichert wird die Palette noch durch die tibetanische Exilgemeinde in Indien, die auf eine lange Teppichknüpftradition zurückschauen kann. Viele westliche Touristen bevorzugen **tibetanische Teppiche** wegen der charakteristischen farblichen Gestaltung. Die heimliche Hauptstadt der Tibeter in Indien, Dharamsala, und die Hauptstadt Sikkims, Gangtok, bieten hier die größte Auswahl.

Entscheidende Qualitätsmerkmale und damit preisbestimmend sind neben den verwendeten Materialien (Wolle, Seide und eine Mischung aus beidem) die Knotendichte, Knotenart und die verwendeten Farben (natürlich oder synthetisch). Ärgerlich ist es jedoch, nach der Rückkehr im Heimatland festzustellen, dass der lokale Großhändler den gleichen Teppich, den man im Urlaubsland gekauft hat, 20 % billiger anbietet – gerade bei Teppichen eine nicht selten gemachte Erfahrung. Daher ist es ratsam, vor Abflug die Preise zu Hause zu checken.

Antiquitäten

Ein Land mit einer derart reichen Vergangenheit an Kunsthandwerk und pompösen Herrscherhäusern, die ihre Paläste bis unters Dach vollstopften mit antiken Kostbarkeiten, müsste eigentlich eine Fundgrube für Antiquitätenliebhaber sein. Ist es auch, doch hat die Sache zwei Haken: Zum einen ist die Ausfuhr von Gegenständen, die älter als 100 Jahre sind, nur mit einer **Sondergenehmigung** erlaubt und zum anderen ist der einstmals so reiche Markt inzwischen von ausländischen Händlern so gut wie abgegrast. Zwar sind die Antiquitätenläden in den großen Städten noch immer gut bestückt, doch vieles von dem, was dort angeboten wird, ist nicht viel mehr als eine – allerdings z.T. hervorragende – Imitation. Altersschätzungen und Ausfuhrgenehmigungen kann man beim **Archaeological Survey of India** in Mumbai und Kolkata einholen.

Malerei

Kaum eine andere Kunstart hat einen derartigen Aufschwung durch den Tourismus genommen wie die **Miniaturmalerei,** die nach dem Untergang der alten Rajputenreiche lange Zeit in Vergessenheit geraten war. Zwar werden die Miniaturbilder inzwischen wegen ihrer Beliebtheit vielerorts angeboten, doch die größte Auswahl hat man nach wie vor in ihrem Heimatland Rajasthan. Auch hier variiert die Qualität erheblich, wobei neben der Detailgenauigkeit auch die verwendeten Farben und das Material eine Rolle spielen. Neben den auf Bürgersteigen angebotenen Massenprodukten aus reinem Papier, die für 200 bis 300 Rupien pro Stück zu haben sind, gibt es auch exquisite Einzelstücke aus Seide, die ein kleines Vermögen kosten. Vorsicht ist auch hier wieder bei angeblich antiken Bildern geboten.

Holz- und Metallarbeiten

Jeder staatliche Laden führt eine große Abteilung von Holzarbeiten, wobei es eine riesige Variationsbreite in Größe, Form und Material gibt. Von winzigen, besonders in Kashmir hergestellten, oftmals lackbemalten Schmuckkästchen über Paravents und Möbelgarnituren bis zu Elefanten im Maßstab 1 zu 1 reicht die Bandbreite des Angebots. Besonders beliebt sind die ausdrucksstarken **Götterskulpturen** wie Kali, Krishna oder Vishnu, die es sowohl aus edlem Sandel- oder Rosenholz geschnitzt als auch in Metall gegossen gibt.

Vielfach werden einem von privater Hand **alte Tempelschnitzereien** angeboten. So schön diese auch manchmal sein mögen, man sollte von dem Kauf auf jeden Fall Abstand nehmen, unterstützt man doch andernfalls den eh schon verheerenden Handel mit gestohlenen Tempelschätzen und trägt so aktiv zum Ausverkauf einer Jahrhunderte alten Kultur bei.

Kleidung und Lederwaren

Indien bietet eine große Auswahl an qualitativ hochwertigen Kleidungsstücken. Auch hier profitiert das Land wieder von seiner territorialen Größe und ethnischen Vielfalt. Kashmir ist berühmt für seine **Wolle** und **Schals,** Assam für seine **wilde Seide,** Varanasi für seine **Brokatseide,** Rajasthan und Gujarat für seine eingearbeiteten **Spiegelornamente.** Darüber hinaus gibt es unzählige andere Varianten. Neben den lokalen Tradition ist Indien jedoch auch Heimat der größten Textilindustrien der Erde mit einem hohen Exportanteil.

Moderne Kleidung in vorzüglicher Qualität findet sich in guten Geschäften der Metropolen, aber auch vieler Mittelstädte zu einem Bruchteil des Preises in Europa – eine günstige Möglichkeit, sich vor dem Rückflug noch einmal rundum einzukleiden.

Extrem billig ist auch die **Maßanfertigung** bei einem Schneider – ein Luxus, den man sich bei uns kaum noch leisten kann. Allerdings scheinen viele Schneider mit der modischen Entwicklung nicht ganz mitgehalten zu haben und pflegen einen etwas antiquierten Schnitt. Außerdem lässt die Verarbeitungsqualität manches Mal zu wünschen übrig. Ein Katalogfoto des gewünschten Anzuges und genügend zeitlicher Spielraum für Reklamationen sind also angebracht.

Die meisten der angebotenen **Lederjacken** und **Taschen** stammen aus Kashmir und variieren stark in Preis und Qualität. Wer sich Zeit nimmt, kann eine hübsche Lederjacke für 40 €

803ra tb

ergattern. Doch so etwas soll es ja auch im Schlussverkauf in Deutschland geben.

Elektrizität

Wie in Europa wird in Indien Wechselstrom von 230 bis 240 Volt und 50 Hz benutzt. Elektrogeräte wie Rasierapparat, Radio oder Akkuladegerät können also problemlos betrieben werden. Vielfach finden dreipolige Steckdosen Verwendung, mit denen jedoch nicht alle europäischen Zweipolstecker kompatibel sind. Will man ganz sicher gehen, empfiehlt sich die Mitnahme eines internationalen **Adapters,** der für wenig Geld in Elektrogeschäften erhältlich ist. Da **Stromausfälle** speziell am frühen Abend in Indien immer noch vorkommen, gehört eine Taschenlampe zur Standardausrüstung jedes Indienreisenden.

Essen und Trinken

Neben der chinesischen und thailändischen hat sich die indische Küche hierzulande zur beliebtesten asiatischen Küche entwickelt. So wissen inzwischen viele, dass sich hinter dem Wort Curry nicht ein Gewürz, sondern eine höchst aufwendige Kräuter- und Gewürzmischung verbirgt.

Manche Vorurteile hingegen halten sich nach wie vor hartnäckig. So z.B. jenes, dass indisches Essen grundsätzlich scharf sei, Reis das Hauptnahrungsmittel darstelle und Tee das beliebteste Getränk ist. Richtig hingegen ist, dass im Norden eher würzig als scharf ge-

^ Bedrucken von Stoff mit Hilfe der Holzblocktechnik

gessen wird und Fladenbrot die eigentliche Nahrungsgrundlage bildet, während man im Süden tatsächlich **relativ scharf** und **viel Reis** isst, allerdings wesentlich mehr Kaffee als Tee trinkt.

Ursache für diese regionalen Unterschiede sind die verschiedenen historischen Prägungen und unterschiedlichen klimatischen Bedingungen der beiden Landesteile. Der klimatisch kühlere Norden ist auch heute noch stark beeinflusst durch die sechshundertjährige muslimische Fremdherrschaft, die bekanntlich im tropischen Süden nie so recht Fuß fassen konnte. Als Folge hiervon findet man in Nordindien auch die Küche der Moguln, verhältnismäßig schwere, fettreiche Kost mit viel Fleisch, während im Süden vegetarisches und leichteres, aber auch schärferes Essen bevorzugt wird. So findet man eine Vielfalt an Gerichten und Geschmackserlebnissen, die einmalig ist.

Warum es dennoch immer wieder Touristen gibt, die sich während ihrer gesamten Indienreise mit Spaghetti, Fried Rice und Pommes Frites durchschlagen, ist wirklich rätselhaft. Überdies schmeckt **westliches Essen in Indien** fast immer langweilig bis scheußlich und ist zudem meist viel teurer als das einheimische.

Gesundheitliche Gründe können bei der selbst auferlegten Abstinenz auch keine Rolle spielen. Hält man sich an einige einfache Grundregeln und meidet rohe Salate, rohes Gemüse und Schweinefleisch (wegen Trichinosegefahr), ebenso wie das in fast allen Restaurants bereitgestellte Trinkwasser, dann sind Gaumenfreuden in Indien genauso unbedenklich wie in Thailand, Hongkong oder Singapur.

Restaurants

Im Unterschied zu vielen Ländern Südostasiens wie etwa Thailand, Malaysia oder Indonesien, in denen man an fast jeder Straßenecke über mobile Garküchen stolpert, kann es in kleineren Orten Indiens vorkommen, dass man längere Zeit suchen muss, um seinen Hunger stillen zu können. Zwar finden sich auch in Indien viele **Essensstände,** doch diese offerieren meist nur kleinere Snacks oder Süßigkeiten.

Als Helfer in der Not bieten sich *Dhabas* bzw. *Bhojanalayas* (wörtl.: „Ort der Speise") an, sehr einfache, meist zur Straße hin offene Lokale, die sich vor allem um Bahnhöfe gruppieren. Die einzelnen Gerichte befinden sich in großen Töpfen, unter denen ständig eine Gasflamme brennt. Zwar sind sie äußerst preisgünstig, doch aufgrund der ununterbrochenen Erhitzung oft auch etwas fad im Geschmack. Zudem hat man ihnen die meisten Vitamine regelrecht ausgebrannt.

Eine preiswerte Alternative bieten die häufig allerdings sehr schlichten **Bahnhofsrestaurants,** in denen man selten mehr als 70 Rs für ein sättigendes Mahl berappen muss. Englische Speisekarten sind in diesen Restaurants zwar nicht die Regel, kommen aber mehr und mehr in Gebrauch. Oftmals wird an der Kasse speziell für Besucher eine bereitgehalten. Diese Speisekarten haben jedoch zuweilen den Nachteil, dass dort nur solche Gerichte aufgeführt sind, die man des westlichen Gaumens würdig hält. Dabei fehlen oft gerade die so schmackhaften lokalen Spezialitäten. Auf manchen dieser Speisekarten fehlen jegliche Preisangaben. In diesem Fall sollte man vor der Bestellung den zu zahlenden Betrag abklären, um späteren Missverständnissen vorzubeugen.

Der **Service** ist bei all diesen Restaurants eher bescheiden, manchmal geradezu unfreundlich. Essen wird in Indien in erster Linie als notwendige Nahrungszufuhr verstanden und weit weniger als kulturelles Erlebnis. So strahlen viele Restaurants den Charme einer Bahnhofshalle aus. Kaum hat man den letzten Bissen heruntergeschluckt, wird einem die Rechnung unter die Nase gehalten.

In den letzten Jahren hat in den Metropolen und Touristenhochburgen eine Vielzahl von exzellenten **Nobelrestaurants** ihre Pforten geöffnet. Die Klientel setzt sich dabei in erster Linie aus der indischen Mittel- und

Oberschicht sowie Geschäftsleuten zusammen – ausländische Touristen sind eher die Ausnahme. Preis und Leistung sind gleichermaßen hoch und entsprechen zum Teil schon internationalem Standard. Das gleiche gilt für die Restaurants der First-Class-Hotels in den Großstädten, bei denen besonders die üppigen Mittags- und Abendbuffets zu empfehlen sind.

Wie wird gegessen?

Einen Kulturschock besonderer Art erleben viele Europäer, wenn sie das erste Mal ein einheimisches Restaurant betreten und sehen, dass in Indien traditionell **mit der Hand gegessen** wird. Das wirkt auf viele zunächst reichlich unappetitlich. Es sei jedoch daran erinnert, dass es umgekehrt den Indern nicht anders ergeht, wenn sie die „zivilisierten" Europäer mit solch martialischen Metallwerkzeugen wie Messer und Gabel im Essen herumstochern und -schneiden sehen.

Letztlich ist es Geschmackssache und so wird es in Indien auch praktiziert. In fast jedem Restaurant wird dem westlichen Touristen selbstverständlich **Besteck** ausgehändigt und so kann man an seinen Gewohnheiten festhalten. Im Übrigen wird auch in den höherklassigen Hotels inzwischen von vielen Indern mit Messer und Gabel gegessen.

Einige üben sich dennoch, zunächst aus Neugierde, in der indischen Art der Nahrungsaufnahme und stellen dabei überrascht fest, dass das Essen so viel besser schmeckt. Wer zum ersten Mal mit den Fingern isst, wird sich dabei zunächst wahrscheinlich recht ungeschickt anstellen und nicht so recht wissen, wie er die Speisen in den Mund bekommt, ohne zu kleckern; doch eigentlich ist es recht einfach: Man bildet mit den Fingern der rechten Hand eine Rinne, durch die man das Essen mit dem Daumen in den Mund schiebt (die linke Hand gilt als unrein, da sie in Indien traditionell als Ersatz für Toilettenpapier benutzt wird). Vor und nach dem Essen wäscht man seine Hände in dem in jedem Restaurant bereitstehenden Waschbecken.

Gewürze

Indiens Ruf als Heimat einer der besten Küchen der Welt beruht auf der unvergleichlichen Anzahl unterschiedlicher Gewürze. Dafür ist Indien im Westen schon seit langer Zeit berühmt. Namen wie Pfeffer, Kardamom, Zimt und Ingwer übten auf die europäischen Kaufleute eine ähnliche Faszination aus wie Gold, und so sandten sie ihre Schiffe rund um den Erdball, um die heißbegehrten Gewürze heranzuschaffen.

Curry, jener Begriff, der heute als Synonym für die indische Küche gilt, stand jedoch nicht auf ihren Fahndungslisten verzeichnet. Das konnte er auch gar nicht, gab es das Wort doch zu jener Zeit noch gar nicht. Erst die englischen Kolonialherren machten aus *karhi* – was lediglich Soße bedeutet – den Namen für jenes Einheitsgewürz, als welches es inzwischen weltweit bekannt ist. In Indien selbst ist

723ra tb

Auch Knoblauch ist Grundbestandteil der indischen Küche

unser „Curry" als **garam masala** bekannt. Man muss den Briten, deren Beitrag zur internationalen Küche bekanntlich ja recht unbedeutend ist, allerdings zugestehen, dass sie von Anfang an einfach überfordert waren, die überaus raffinierte und komplizierte Küche Indiens zu verstehen.

Die Mischung macht's

Im Grunde gibt es Hunderte verschiedener *karhis.* Die Mischung der verschiedenen Gewürze ist das große Geheimnis jeder indischen Hausfrau. Bei aller Unterschiedlichkeit beinhalten fast all die geheimnisvollen Mixturen die Zutaten **Koriander, Zimt, Kümmel, Nelken, Kardamom und Pfeffer.** Die gelbe Färbung erhält Curry durch den **Gelbwurz** *(haldi),* eine medizinische Pflanze, die desinfizierend wirkt.

Jedes indische Gericht hat sein spezielles **Masala,** denn es sind die Auswahl, die Menge und die Mischung der einzelnen Gewürze, die den individuellen Geschmack eines Gerichtes ausmachen. Eine kulinarische Entdeckungsreise in Indien ist schon deshalb mit einem „Risiko" verbunden, weil sich hinter jedem Masala oder Curry ein anderer Geschmack – und Schärfegrad – verbergen kann. Es kommt eben ganz auf die Mischung an.

Brot

Diverse Fladenbrotsorten sind Hauptbestandteil der indischen Essgewohnheiten – im Norden des Landes kommt Brot gar eine noch wichtigere Stellung zu als Reis.

Fladenbrotsorten

- **Chapati** ist die einfachste, populärste und billigste Brotsorte. Im Grunde ist es nichts weiter als ein dünner, auf heißer Herdplatte gebackener Fladen aus Wasser und Mehl.
- **Paratha** sieht im Gegensatz zum dünnen, knusprigen Fladenbrot eher wie ein dicklicher Pflaumenkuchen aus. Der Vollkornfladen wird mit geklärter Butter *(ghi)* in der Pfanne gebacken und oft mit einer Kartoffelfüllung angeboten *(alu paratha).*
- **Puris** sind Fladen aus Mehl, Wasser und Salz, die in Öl schwimmend gebacken werden, wobei sie sich aufblähen wie Luftballons. Keine sehr weit verbreitete Variante, aber sehr schmackhaft.
- **Naan** ist dagegen wesentlich fettärmer, da es im Tonofen *(tandur)* bei offenem Feuer gebacken wird. Das große, dreieckige Fladenbrot gibt es in verschiedenen Varianten, z.B. mit Butter bestrichen *(butter naan)* oder mit Käse gefüllt *(cheese naan).*
- **Papad** (oder *papadam*) ist ein hauchdünner, oftmals scharf gewürzter Fladen, der meist als Appetitanreger vor der Hauptmahlzeit serviert wird.

Reis

Obwohl der Reis im Norden als Grundnahrungsmittel nicht die dominierende Stellung einnimmt wie im Süden, ist er natürlich trotzdem überall selbstverständlicher Bestandteil des Speiseplans. Es gibt ihn in den vielfältigsten Varianten vom **plain rice** über den besonders bei Travellern beliebten **fried rice** (gebraten) bis zu den **biriyanis.** Dies ist eine köstliche Reis-Gemüse-Mischung, die mit Nüssen und Trockenfrüchten wie z.B. Rosinen angereichert wird und häufig auch mit Fleisch, speziell Lamm, serviert wird. Die schlichtere Form des *biriyani,* gedünsteter Reis mit Erbsen, *pulau* oder *pilaw* genannt, wird in Indien gern mit Safran gekocht, was ihm seine charakteristisch gelbliche Farbe verleiht.

Eine seltene, aber sehr feine Variante ist **dahi rice.** Dabei handelt es sich um mit Joghurt versetzten, gekochten Reis. Der in Europa so beliebte, weil naturbelassene braune Reis ist in Indien weitgehend unbekannt. Nur die Nachfrage in größeren Touristenorten hat dort den für das indische Auge schmutzigen Reis salonfähig gemacht.

Vegetarisches Essen

Kein anderes Land bietet eine derartige Vielfalt an vegetarischen Köstlichkeiten wie Indien. Hier kann sich das eigentliche Geheimnis der indischen Küche, die unvergleichliche Vielfalt an orientalischen Gewürzen, richtig entfalten. So zaubern indische Köche selbst aus den banalsten Nahrungsmitteln wie Linsen oder Kartoffeln himmlische Leckerbissen. Da verwundert es nicht, dass viele Reisende sich während ihrer mehrmonatigen Indienreisen zu Vegetariern wandeln. Der Umstieg auf fleischlose Kost wird einem außerdem noch dadurch versüßt, dass diese die Reisekasse weit weniger belastet als Fleischliches. Ein köstliches und magenfüllendes vegetarisches Gericht ist fast überall für weniger als umgerechnet einen Euro zu bekommen.

Das meistgegessene vegetarische Gericht der Inder ist **Thali.** Hierbei handelt es sich um eine reichhaltige Mahlzeit, die auf einem Metallteller serviert wird. Um den in der Mitte angehäuften Reis sind kleine Metallschälchen platziert, die verschiedene Currys, Gemüse, scharfe Pickles und würzige Soßen enthalten. Das alles wird mit der (rechten!) Hand zu einem äußerst schmackhaften Gemisch vermengt. Meist kosten diese magenfüllenden Gerichte nicht mehr als 60 Rs. In fast jeder Stadt gibt es ein Restaurant, welches ausschließlich Thali serviert.

Die drei bedeutendsten südindischen vegetarischen Gerichte sind *dosas, idlis* und *vadas* – kein noch so abgelegenes Dorf, wo sie nicht serviert werden. **Dosas** sind knusprige, dünne Pfannkuchen aus Reis und fermentierten Bohnen, die sowohl mit Füllung *(masala)* als auch ohne *(sada)* serviert werden. Bei **idlis** handelt es sich um gedünstete Reis- und Linsenkuchen, die in Soßen und Gemüseeintöpfe getunkt werden. **Vadas** schließlich sind frittierte Linsenkuchen, die ebenfalls mit einer würzigen Soße verfeinert werden. Dabei handelt es sich meist um Linsen- und Gemüsecurry *(sambar)*, welches mit Asafoetida und Tamarinde gewürzt ist. Daneben gibt es eine so große Zahl an vegetarischen Gerichten, dass im Folgenden nur einige der bekanntesten genannt werden können.

Weitere vegetarische Gerichte

- **Alu dum** – Kartoffel-Curry
- **Alu ghobi** – Kartoffeln und Blumenkohl
- **Matter paneer** – Erbsen und Käse
- **Palak paneer** – Spinat und Käse
- **Shahi paneer** – Rahmkäse in Sahnesoße, Rosinen und Mandeln
- **Dhal** – Linsenbrei (Allerweltsgericht)
- **Baigan pora** – gebratene Aubergine
- **Navratan korma** – Gemüse und Fruchtmischung mit würziger Soße
- **Malai kofta** – Gemüsebällchen in Sahnesoße
- **Shahi mirch** – gefüllte Paprikaschote in pikanter Soße

Fleisch

In einem Land, in dem täglich Millionen von Menschen nur mit Mühe ein karges Mahl auf den Teller bekommen, bedarf es keiner großen Fantasie, um sich auszumalen, wie es um die Gesundheit der meisten Tiere bestellt ist. Verwundern kann es da kaum, dass so manches vermeintliche Fleischgericht weniger aus Fleisch als aus Haut und Knochen besteht, die in einer fettigen, scharfen Soße herumschwimmen. Im Schatten der dominierenden vegetarischen Küche Indiens fristet die Fleisch enthaltende Kost ein eher kümmerliches Dasein. Hierzu haben auch die unterschiedlichen Essenstabus der verschiedenen Religionsgemeinschaften beigetragen. Allseits bekannt ist, dass die Hindus kein Rindfleisch essen und die Moslems kein Schweinefleisch (welches auch bei den Hindus selten verspeist wird und wegen der Trichinosegefahr ohnehin zu meiden ist).

Während einem als Vegetarier oft gerade in kleinen, bescheidenen Lokalen die schmackhaftesten Gerichte serviert werden, sollte man

Rezepte für zwei typische Gerichte

Die Rezepte für zwei der gängigsten indischen Gerichte sollen Einblick in die Zubereitung indischer Speisen geben. Für das einfache Linsen-Gericht *dhal* gibt es eine Vielzahl von Varianten.

Dhal (Linsen)

Zutaten

1¾ Tassen (350 g) rote und gelbe Linsen
2 TL Salz
1 TL turmeric (Kurkuma)
2–3 getrocknete Chilis
4 Tassen (1 l) Wasser
ein Stück frischer Ingwer
3–4 Knoblauchzehen
1 große Zwiebel
2 EL ghee (geklärte Butter)
2 mittelgroße Tomaten, feingehackt
1½ TL garam masala (Currygewürz) oder ein mildes, fertiges Currypulver
2–3 EL Doppelrahm

Zubereitung

Die Linsen gut durchspülen, abtropfen lassen und mit Salz, turmeric und getrockneten Chilis in einen Topf geben. Das Wasser dazu gießen und zum Kochen bringen. Die Hitze reduzieren und zwölf Minuten köcheln lassen, bis die Linsen weich sind. Mehrmals abschäumen und dabei die zerbrochenen Linsenpartikel entfernen.

Ingwer, Knoblauch und Zwiebel schälen, fein hakken und in der geklärten Butter drei bis vier Minuten dünsten. Die gehackten Tomaten und das Currygewürz dazu geben und zwei bis drei Minuten schmoren. Überschüssiges Wasser vom dhal abgießen oder abschöpfen und zusammen mit der geschmorten Zwiebel-Tomaten-Mischung aufkochen. Den Rahm einrühren, kurz erhitzen und anrichten. Mit Chili-Pulver bestreuen oder mit gehacktem Koriander oder Minze garnieren.

Hähnchencurry

Zutaten

600 g Hähnchenbrust, in mittelgroße Würfel geschnitten
2 Zwiebeln, in Streifen geschnitten
200 ml Sahne
2 EL Butterschmalz
1 TL Salz
½ TL Chilipulver
1 TL Knoblauchpulver
1 TL Ingwerpulver
½ TL Kurkuma
1 TL Koriander
1 TL Tomatenmark

Zubereitung

Das in Würfel geschnittene Hähnchenbrustfilet wird in wenig Butterschmalz mit sehr wenig Salz, Knoblauch und Ingwer leicht angebraten. Nicht bräunen!

In einem anderen Topf wird die Currysoße zubereitet: Im restlichen Butterschmalz die in feine Würfel geschnittenen Zwiebeln goldgelb anbraten. Die restlichen Gewürze und das Tomatenmark dazugeben. Vorsicht, die Gewürze dürfen nicht anbrennen. Etwas Wasser dazugeben, ca. 10 Minuten langsam köcheln lassen und ab und zu umrühren. Das Fleisch dazugeben, 2–3 Minuten erhitzen. Sahne dazugeben, aufkochen und Herd ausschalten.

beim Fleischessen die **gehobenen Restaurants vorziehen.** Hier sind nicht nur die hygienischen Verhältnisse vertrauenerweckender, sondern die Köche verfügen auch über mehr Erfahrung im Zubereiten von Fleischgerichten, da sich diese der kleine Mann kaum leisten kann. Das gilt besonders für Restaurants, die sich auf die **Mughlai-Tradition** berufen, eine Kochkunst, die mit den Moguln vor über 800 Jahren nach Indien kam und die größte Erfahrung in der nicht-vegetarischen Küche Indiens aufweist.

Fleischgerichte

- **Tandoori** – typisch für Mughlai-Gerichte, im Lehmofen *(tandur)* zubereitet. Das Fleisch wird vorher in Joghurt und Gewürzen mariniert; ein sehr würziges, fettarmes und nicht scharfes Gericht.
- **Vindaloo** – eine südindische Spezialität, die jedoch auch im Norden gern gegessen wird; ein scharfes, mit Essig zubereitetes, üppiges Gericht
- **Korma** – Curry-Gericht aus geschmortem Fleisch
- **Kofta** – Hackfleischspieß, meist in Curry zubereitet
- **Mutton** – Ziegenfleisch, auch wenn es meist als Hammelfleisch angegeben wird
- **Sizzler** – eine moderne Kreation: auf glühend heißer Steinplatte serviertes, kurz gebratenes Fleisch
- **Tikka** – geschnetzeltes Fleisch ohne Knochen
- **Murgh** – Huhn
- **Gosht** – eigentlich Lammfleisch, oft jedoch auch Ziegenfleisch
- **Kebab** – marinierte Fleischspießchen

Fisch

In den Küstenprovinzen ist Fisch für Nichtvegetarier die wichtigste Kost. Thunfisch, Garnelen, Krabben, Haifisch und Hummer sind hier ein selbstverständlicher Bestandteil der Speisekarte guter Restaurants – und für einen Bruchteil des hierzulande üblichen Preises zu haben.

Trotz seiner Lage inmitten eines noch immer fischreichen Ozeans wird in Indien der Flussfisch den Meeresfischen vorgezogen. Im Landesinneren allerdings sind frische Fische eine Rarität, weil dort traditionell wenig Fisch gegessen wird.

Fischgerichte

- **Pomfret** – eine Spezialität Mumbais. Dieser köstliche Plattfisch ähnelt einer Mischung aus Scholle und Butt.
- **Fish Curry** – die beliebteste Zubereitungsart an der Westküste. Eine Mischung von Chili und anderen Gewürzen sowie Kokosraspeln sind wichtiger Bestandteil.
- **Hilsha** – die Fischspezialität Bengalens, die den Geschmack von Lachs und Forelle auf einzigartige Weise verbindet – ein Leckerbissen. Der einzige Wermutstropfen sind die vielen Gräten.
- **Machhe jhol** – ebenfalls aus Bengalen, mit Senfkörnern gewürzt
- **Jhingri** – große Krabben, satt in Curry schwimmend

Zwischenmahlzeiten

Ideal für kurze Pausen während langer Zug- und Busfahrten sind die von kleinen Garküchen auf dem Gehsteig oder vor Bahnhöfen angebotenen Snacks.

Kleine Gerichte

- **Pakora** – gebackene Teigtaschen mit einer scharfen Gemüsefüllung aus Zwiebeln, Blumenkohl, Kartoffelstückchen, Aubergine und vielem mehr
- **Samosa** – frittierte Teigtaschen mit einer Kartoffelfüllung
- **Cutlet** – mit Gemüse vermischtes und gebratenes Hackfleisch, ähnlich einer Frikadelle
- **Dosas** – vor allem in Südindien äußerst beliebte, hauchdünn gebackene, knusprige Teigrollen, gefüllt mit Gemüse
- **Sambar** – leicht säuerliche, mit Gemüse angereicherte Linsensuppe
- **Mumbai bhelpuri** – Puffreis, Linsen, Zwiebeln, Kartoffelpaste, Chili-Schoten und gehackte Kräuter, übergossen mit einer Minze- und Tamarindensoße – köstlich!

Süßspeisen

Die Auswahl an Nachspeisen und Süßigkeiten ist schier unerschöpflich, wobei Kuh- oder Büffelmilch vielfach die Basis bildet. Sie muss mit verschiedenen Ingredienzen langsam gekocht werden, bis sie eindickt. Zimt, Kardamom, Safran, zerlassene Butter, Nüsse, Rosinen und vor allem viel, viel Zucker sind die wichtigsten Zutaten. Die gängigsten Sorten der süßen Masse kann man auf dem Basar kaufen, umhüllt von hauchdünner Silberfolie und verpackt in bunte Kartons.

Typische indische Desserts

- **Gulab jamun** – kleine Bällchen aus eingedickter Milch, Zucker und Mehl, gewürzt mit Kardamom und Rosenwasser
- **Rosgulla** – Frischkäsebällchen in Sirup
- **Bebinca** – Mischung aus Mehl, Eiern, Kokosnussmilch, Butter und Zucker
- **Kulfi** – Eiscreme mit Pistaziengeschmack
- **Halwa** – Süßigkeit mit Nüssen
- **Shrikhand** – Joghurt mit Safran und Kardamom
- **Chaler payesh** – Reispudding
- **Barfi** – aus Kokosnuss, Mandeln und Pistazien zubereitet

Getränke

Im Gegensatz zur raffinierten indischen Kochkunst sind die Trinksitten in Indien eher bescheiden. Man trinkt, um den Durst zu stillen und nicht, um das Getränk zu genießen.

Die meisten Inder bevorzugen zum Essen schlicht **Wasser,** welches einem dementsprechend immer als erstes ungefragt auf den Tisch gestellt wird. Da das Wasser jedoch, wie bereits erwähnt, selbst in besseren Hotels fast nie vorher abgekocht wurde, lasse man besser die Finger davon und trinke lieber das in Plastikflaschen abgefüllte **Mineralwasser,** welches

002ra mb

Essensstand am Straßenrand

inzwischen vielfach erhältlich ist. Allerdings ist es nicht gerade billig, mitnichten „Mineral“wasser und auch nicht so keimfrei wie behauptet.

Den köstlichen indischen **Tee,** mit viel Zucker, Milch und Gewürzen wie Ingwer, Zimt, Kardamom und Nelken gekocht, bekommt man meist nur dann, wenn man ausdrücklich *masala chai* ordert, andernfalls wird einem normaler Tee serviert. Der ist jedoch immer noch besser als der **Kaffee,** den man selbst in besseren Hotels zu trinken bekommt. Am besten schmeckt er wohl noch in den Filialen der über ganz Indien verbreiteten Indian Coffee Houses. Echte Kaffeeliebhaber sollten lieber nach Südindien fahren, wo es sogar ganz vorzügliche Kaffeesorten gibt.

Als hervorragender Durstlöscher bietet sich der vielfach an Straßenständen angebotene Saft der frisch geschlagenen **Kokosnuss** *(nariyel)* an. Sehr lecker, erfrischend und wirksam gegen Durst ist auch **Lassi,** ein in vielfachen Varianten (z.B. mit Früchten) erhältliches Joghurtgetränk, das jedoch oft mit nicht abgekochtem Wasser versetzt ist.

Besonders in Pushkar beliebt sind **Bhang Lassis.** Hier sind dem Joghurtgetränk Eiswasser und Marihuana-Extrakte beigesetzt, was vor allem bei heißem Wetter Übelkeit und Erbrechen hervorrufen kann.

Erfrischend ist **Lemon Soda:** Der prickelnde Geschmack des Mineralwassers zusammen mit dem Saft einer frisch gepressten Limone und einer Prise Salz wirkt nicht nur äußerst belebend, sondern ist auch hervorragend zum Durstlöschen geeignet. Allerdings ist das „Soda“ oft nichts anderes als Leitungswasser, das mit Kohlensäure angereichert wurde. In kleinen Städten kann man oft „Fabriken“ sehen, in denen ein rostiger alter Gaszylinder an die Wasserleitung angeschlossen ist. Man halte sich folglich an die bekannten Marken, wie z.B. Bisleri.

Sehr lecker sind auch die mit Hilfe von Pressen gewonnenen **Zuckerrohrsäfte,** wobei man auch hier wiederum darauf achten sollte, dass der Saft nicht mit Leitungswasser vermischt ist bzw. der gepresste Saft nicht über einen Eisblock läuft, bevor er ins Glas gegossen wird.

Alkoholische Getränke, lange Zeit verpönt, kommen gerade mit dem Aufstieg der westlich geprägten Mittelschicht immer mehr in Mode. Besonders deutlich zeigt sich diese Entwicklung beim **Wein,** welcher bis vor einigen Jahren in Indien fast gänzlich unbekannt war. Inzwischen gibt es sogar einige vor allem im Süden des Landes ansässige Weinbauern. **Bier** ist bis auf den alkoholfreien Bundesstaat Gujarat überall in Indien problemlos zu erhalten. Der Alkoholgehalt der bekanntesten Biersorten wie Shivalik, Black Label und Kingfisher liegt bei 5 %. Die meisten einheimischen Marken verwenden als Konservierungsmittel Glycerol, welches Kopfschmerzen verursachen kann.

Speziell in den Küstenregionen werden die hochprozentigen, aus Palmsaft hergestellten **Toddy** und **Arak** getrunken. Wem das immer noch nicht reicht, der sollte ein Schnapsglas **Feni** (Kokos- oder Cashew-Schnaps, eine Spezialität aus Goa) hinter die Binde kippen – ein im wörtlichen Sinne umwerfender Erfolg ist garantiert!

Fotografieren

Es gibt kaum ein Land der Erde, welches eine derartige Vielfalt an wunderschönen Motiven anbietet wie Indien. Ob nun die abwechslungsreiche Landschaft vom Traumstrand in Goa bis zu den Himalayariesen, die Sakralbauten der Buddhisten, Jains, Hinduisten und Moslems, das bunte Völkergemisch mit seiner unvergleichlichen Vielfalt an Kleidern, Kopfbedeckungen und Schmuck oder die ständig wechselnden Szenen im abenteuerlichen indischen Alltagsleben, ganz zu schweigen vom meistfotografierten Bauwerk der Erde, dem Taj Mahal – der Finger scheint geradezu am Auslöseknopf zu kleben.

Mittlerweile gibt es in den meisten größeren bzw. touristisch bedeutenden Orten im-

Das **Fotografieren von militärischen Anlagen** wie Flughäfen, Staudämmen, Brücken, Militärkolonnen und Kasernen ist verboten. Wo man sich sonst noch mit der Kamera zurückhalten sollte, erfährt man unter „Verhaltenstipps: Fotografieren".

mer mehr **Fotogeschäfte** und auch **Internetcafés,** die mit Speicherkarten-Reader ausgestattet sind. Nahezu alle weltweit gängigen **Speicherkarten** sind zumindest in größeren Städten und Touristenzentren erhältlich.

Extrem wichtig bei einer Indienreise ist eine gut gepolsterte und staubdichte **Kameratasche.** Gerade hier wird oft am falschen Ende gespart. Was nützt der beste Fotoapparat, wenn er nach kurzer Zeit aufgrund der gerade in Indien enormen Belastung seinen Dienst aufgibt? Die nicht zu vermeidenden Erschütterungen auf den langen Bus- und Bahnfahrten sowie die Staubentwicklung in der Trockenzeit setzen den hochsensiblen Geräten enorm zu. Während der Regenzeit benötigt man natürlich eine wasserfest ausgerüstete Kameratasche.

Frauen unterwegs

Seit der brutalen Vergewaltigung einer Inderin in Delhi im Jahr 2012, die weltweites Aufsehen erregt hat, vergeht praktisch keine Woche, in der nicht von einer oder mehreren grausamen Massenvergewaltigungen einheimischer Frauen berichtet wird. Man geht davon aus, dass es in Indien alle 22 Minuten zu einer Vergewaltigung kommt. Einige dieser Fälle endeten sogar mit dem Tod des Opfers.

Auch allein reisende westliche Touristinnen sind hiervon betroffen. So wurde im Oktober 2013 eine holländische Individualtouristin im nordindischen Orchha vergewaltigt und ermordet.

Trotz dieser fürchterlichen Vorkommnisse soll hier kein genereller Reiseverzicht für Frauen empfohlen werden. Nach wie vor reisen viele Frauen allein durch Indien, ohne dass sie dabei ernsthaften Gefahren ausgesetzt sind. Es gilt, eine Reihe von **Vorsichtsmaßnahmen** zu treffen, um die Gefahr eines sexuellen Übergriffes oder einer Belästigung so gering wie möglich zu halten.

Wenn irgend möglich, sollten Frauen aber **nicht allein,** sondern mit einem oder mehreren Mitreisenden unterwegs sein. Diese Vorsichtsmaßnahme gilt umso mehr nach Einbruch der Dunkelheit. Auch sollte frau sich **niemals auf die Einladung eines Mannes** oder gar mehrerer Männer nach Hause einlassen. Wenn die Männer auf deutliche, nachhaltige Worte („Muje akela chord!", „Lassen Sie mich in Ruhe!") nicht hören, sollte man sich nicht scheuen, Einheimische um Hilfe zu bitten.

Dass keine „provozierende" Kleidung getragen werden sollte – dazu zählen in Indien auch Shorts, kurze Röcke oder ärmellose Hemden – versteht sich von selbst. Zudem sollte frau den **Blickkontakt mit fremden Männern meiden.** Einem fremden Mann in die Augen schauen, das tun, so meint „mann", nur Prostituierte, der offene Blick wird als Einladung zur Kontaktaufnahme verstanden. Außerdem ist auf allzu große Freundlichkeit gegenüber Kellnern, Hotelangestellten und Verkäufern zu verzichten – die indische Frau aus guter Familie (auch der Mann) sollte mit solch „niedrigstehenden" Personen nicht mehr reden als unbedingt nötig. Tut sie es doch, fordert sie dadurch Annäherungsversuche heraus. Als Frau heißt es **Distanz zu fremden Männern wahren,** alles andere kann leicht falsch ausgelegt werden.

Dasselbe gilt für den Aufenthalt in vornehmlich billigeren Hotels oder Guest Houses. Frau sollte immer ihr **Zimmer verschlossen** halten, sodass kein zufälliges Türöffnen möglich ist. Für alleinreisende Frauen ist der

003ra mb

Aufenthalt in einsamen Regionen oder verlassenen Gassen und Straßen tunlichst zu vermeiden. Dies gilt auch für Fahrten mit Autorikshas. Es schadet nicht, dem Fahrer durch einen echten oder unechten Anruf bei einer anderen Person zu signalisieren, dass jemand weiß, wo man sich aufhält bzw. hinfährt.

Es sei noch darauf hingewiesen, dass westliche Frauen gelegentlich in einigen Regionen von Männern angestarrt werden. Dies ist wohl nicht zu vermeiden, kann jedoch durch unattraktive Kleidung reduziert werden.

⌃ Steingutverkäuferin in Pahar Ganj, Delhi

Homosexuelle

Nachdem Homosexualität in Indien lange unter Strafe stand, wurde der entsprechende Paragraf im Jahr 2009 aufgehoben, 2013 wurde Homosexualität jedoch wieder unter Strafe gestellt. Generell herrscht in der indischen Gesellschaft eine sexuell eher restriktive Haltung. In muslimisch dominierten Regionen ist diese **Tabuisierung** besonders ausgeprägt. Liebesbezeugungen in der **Öffentlichkeit** werden generell nicht gern gesehen, für Schwule und Lesben gilt dies besonders. So findet das Ausleben dieser sexuellen Orientierung eher versteckt statt. In vielen großen Städten hat sich dennoch eine Gay-Szene etabliert. Mehrere Organisationen setzen sich mittels Internetpräsenz, Aufmärschen (wie *Queer Pride* im Februar) und Filmfestivals, etwa in Mumbai, Delhi, Kolkata, Bengaluru und Goa, für Akzeptanz und die erneute Legalisierung ein.

Einige Zeitschriften bzw. Internetauftritte, die sowohl aktuelle wie Hintergundthemen zu Homosexualität behandeln:

- **Indian Dost,** www.indiandost.com/gay.php, aktuelle Informationen und Kontaktadressen
- **Gaysi Zine,** www.gaysifamily.com, monatlich erscheinendes Magazin
- **www.gaybombay.org**
- **www.gaydelhi.org**
- **www.chennai-dost.blogspot.com**
- **queerazaadi.worldpress.co.in**

Internet

In den touristisch stark frequentierten Metropolen und Regionen gibt es **Internetcafés** zuhauf. Sie sind überwiegend mit schnellen DSL- und Breitbandverbindungen ausgestattet und schließen meistens zwischen 21 und 22 Uhr. In kleineren Orten, aber auch touristisch wenig frequentierten, großen Städten kann es gelegentlich schwierig sein, Internetcafés zu finden. Es kommt dort auch heute noch häufiger zu Überlastungen des Netzes. Manchmal muss man eine Viertelstunde warten, aber das ist eher die Ausnahme. Allerdings gibt es oft einen recht langsamen Seitenaufbau, wenn zuviele PCs an ein Modem angeschlossen sind.

Durchschnittlich liegen die **Preise** für Internetsurfen bei 15–30 Rs pro Stunde, in einigen Touristenorten mit hoher Nachfrage haben sich die örtlichen Anbieter oft auch auf einen Einheitspreis von 40 bis 60 Rs geeinigt, Konkurrenz wurde also ausgeschaltet. Auch die schnellen DSL- und ISDN-Verbindungen sind mit bis zu 60 Rs gelegentlich teurer. In Hotels zahlt man erheblich mehr. Da Stromausfälle mancherorts immer noch regelmäßig vorkommen, sollte man beim Abfassen von Dokumenten oder E-Mails immer wieder zwischenspeichern.

Die meisten Traveller nutzen inzwischen ihr eigenes Handy oder Tablet, um zu surfen. Viele Hotels und Restaurants stellen kostenfreie **WiFi-Verbindungen** zur Verfügung, die von unterschiedlicher Qualität sind. Selten verlangen die Hotels, wenigstens im Billigbereich, einen Aufpreis für die Nutzung.

Alle großen Kommunikationsfirmen in Indien wie Airtel, Reliance, BSNL und Tata indicom bieten **USB-Internetsticks** an. Die Sticks kosten um 3.000 Rs, bei Prepaid-Verträgen sind sie meist im Vertragspreis enthalten. Ähnlich wie bei Prepaid-Handy-Verträgen kann man bei den genannten Firmen Internetverträge für **Tablets** erwerben (Pass und Passfotos mitbringen) und landesweit surfen. Je nach Datentransfer kostet der Zugang ab 800 Rs für 3 GB und 1.500 Rs für 15 GB im Monat. Für iPad-Benutzer bieten die gleichen Anbieter 3G an. Diese Angebote und Preise sind natürlich starken Schwankungen unterworfen.

Mit Kindern reisen

Während es in vielen Ländern Südostasiens wie Thailand, Malaysia und Indonesien nicht mehr außergewöhnlich ist, dass Eltern mit ihren **Kleinkindern** individuell durchs Land reisen, stellt dies in Indien immer noch eine Ausnahme dar. Und so wird es wohl auch noch eine Weile bleiben, gilt doch Indien zu Recht als eines der am schwersten zu bereisenden Länder. Die weiten Entfernungen auf verstaubten, von Schlaglöchern übersäten Straßen in kaum gefederten und überfüllten Bussen sind kleinen Kindern sicherlich ebensowenig zuzumuten wie die oftmals wenig einladenden sanitären Einrichtungen. Die Hitze und das alltägliche Elend auf den Straßen kommen zu den täglichen Belastungen hinzu.

Anders sieht es da schon bei Kindern **über zwölf Jahren** aus. Für sie bietet das bunte Alltagsleben mit den faszinierenden Märkten, durch die Straßen stolzierenden Elefanten, Schlangenbeschwörern und bunten Festen eine exotische Welt, die sie wohl nur aus Märchenbüchern kennen.

Allerdings sollte man gerade wegen der Vielzahl der Eindrücke immer wieder einige Ruhetage einlegen und in höherklassigen **Hotels** übernachten, um so Zeit zum Verarbeiten und zur Erholung einzuräumen. Fast alle besseren Hotels bieten die Möglichkeit, für einen geringfügigen Aufpreis das Kind im Zimmer der Eltern übernachten zu lassen.

Ermäßigungen für Kinder im Alter von bis zu zwölf Jahren (1–4 Jahre frei, 5–12 Jahre 50 %) geben nicht nur die indische Eisenbahn, sondern auch die inländischen Fluggesellschaften. Ist man mit Kindern unterwegs, bietet sich als bestes Fortbewegungsmittel der **Mietwagen** an, da man so die fast ständig überfüllten öffentlichen Verkehrsmittel vermeidet und zudem besser auf die individuellen Wünsche der Kinder eingehen kann.

Auch bei der Wahl des **Restaurants** lohnt es sich, etwas tiefer in die Tasche zu greifen. Nur bessere Restaurants verfügen über eine Auswahl an europäischen Gerichten, falls die in der Regel recht scharfen indischen Speisen nicht nach dem Geschmack des Kindes sind. Sollte ein Kind **erkranken,** besteht zunächst kein Grund zur Panik, gibt es doch in jedem größeren Ort einen Englisch sprechenden Arzt. Fast immer handelt es sich um leichtere Erkrankungen, für die auch die eventuell notwendigen Medikamente problemlos zu besorgen sind. Dennoch kann es nicht schaden, wenn man eine bereits zu Hause besorgte Auswahl der gängigsten Medikamente in der Reiseapotheke mitführt. Im Falle einer ernsthafteren Erkrankung gilt bei Kindern das gleiche wie bei Erwachsenen: auf keinen Fall in ein Provinzkrankenhaus gehen, sondern in eines der hervorragenden Krankenhäuser von Mumbai oder Delhi – oder gleich abreisen.

Medizinische Versorgung

Einige große Städte verfügen über hervorragende **Krankenhäuser mit internationalem Standard.** Das kann jedoch nicht darüber hinwegtäuschen, dass die meisten Städte und erst recht die kleineren Orte bei weitem nicht über die medizinischen Versorgungsmöglichkeiten verfügen, wie man sie im Westen gewohnt ist. Die **hygienischen Zustände** sind in vielen Krankenhäusern noch weit hinter den in Europa üblichen zurück. Das mag bei kleineren Untersuchungen noch zu ertragen sein; wem jedoch seine Gesundheit lieb und teuer ist, der sollte sich bei ernsthafteren Erkrankungen so schnell wie möglich zur Behandlung in eines der guten Krankenhäuser des Landes begeben. Deren Anschriften sind in den jeweiligen Städtekapiteln genannt. Im Übrigen verfügen die Botschaften bzw. Konsulate über Listen von empfehlenswerten **Privatärzten,** bei denen die Honorare dann allerdings auch dementsprechend hoch sind.

Nachtleben

Indien ist zwar immer noch kein idealer Ort für Nachtschwärmer, aber in den letzten Jahren hat sich sehr viel getan. Zwar sind in den kleineren Städten Cafés, Kneipen und Diskotheken sowie kulturelle Abendveranstaltungen kaum bekannt, aber in Metropolen wie Delhi und Mumbai haben diese kulturellen Errungenschaften aufgrund der hohen Nachfrage der indischen Mittelschicht einen ungeahnten Aufschwung genommen. Hier wie auch in den touristischen Zentren Rajasthans hat sich in den letzten Jahren eine umfassende Freizeit- und Unterhaltungskultur entwickelt. Andernorts ist meist gegen 22 Uhr Zapfenstreich. In diesen Orten bleibt einem abends

Die nationale Leidenschaft: Kricket

Dass Indien ein Land voller Widersprüche und Leidenschaften ist, spiegelt sich nicht zuletzt in seinem **Nationalsport** Kricket. Ob Hindu oder Moslem, Parse oder Christ, Jain oder Buddhist, Bengale oder Rajasthani, Tamile oder Sikh – die Leidenschaft zu diesem in Europa fast gänzlich unbekannten Sport eint die sonst in religiöse und ethnische Gruppen zersplitterten Inder. Wenn die indische Nationalmannschaft aufläuft, vereint sich die ganze Nation hinter dem Fernseher, die Straßen sind leer gefegt, das öffentliche Leben scheint still zu stehen. Egal wo und zu welcher Zeit, es gibt wohl keine Stadt in Indien, wo nicht jeden Tag zu jeder Zeit eine Gruppe Jugendlicher ihrer Leidenschaft für den roten Ball nachgeht.

Es scheint geradezu paradox, dass es diesem von den verhassten Briten nach Indien importierten Spiel vorbehalten war, die Einheit des Landes über alle Gegensätze zu verwirklichen. Ebenso erstaunlich ist, dass Kricket gerade zu einer Zeit seine einzigartige Popularität erlangt hat, da mit den nun auch in Indien verbreiteten neuen Kommunikationsmedien Werte wie Schnelligkeit und Wandel gerade unter den Jugendlichen immer größere Bedeutung gewinnen.

Ein Match erstreckt sich über fünf Tage, von der Frühe bis kurz vor Sonnenuntergang, unterbrochen jeweils nur von einer Stunde Mittagspause und 20 Minuten Teatime. Häufig scheint stundenlang (fast) nichts zu passieren, weil Werfer *(bowler)* und Schläger *(batsman)* sich belauern. Und schließlich enden viele Testmatches nach fünf Tagen mit einem Unentschieden. So gab es in den 1950er- und 1960er Jahren in 15 Auseinandersetzungen zwischen Indien und Pakistan nur einmal einen Gewinner.

Eine Wissenschaft für sich sind die **Spielregeln,** wobei es die vielen Ausnahmen sind, die das Spiel Nichteingeweihten so komplex erscheinen lassen. Kricket ist entfernt mit dem Baseball verwandt. In der Mitte des ovalen Spielfeldes – etwa so groß wie ein Fussballplatz – stehen zwei ca. 20 m voneinander entfernte Hölzer, die sogenannten wickets. Die zwei Mannschaften wechseln sich mit Werfen *(bowling)* und Schlagen *(batting)* ab. Jeweils zwei Spieler der battenden Mannschaft stehen an den Hölzern. Der eine versucht, mit einem Schläger *(bat)* den ihm mit einer Geschwindigkeit von über 100 km/h zugeworfenen Ball so im Feld zu platzieren, dass er mit seinem Partner die Positionen zwischen den wickets wechseln kann, ehe die gegnerische Mannschaft den Ball zu den Hölzern zurückwirft. Dies bringt zwischen ein und drei Punkte ein. Gelingt es dem Batsman, den Ball über die äußere Markierung zu schlagen, ohne zu laufen, erhält seine Mannschaft vier Punkte. Gelingt ihm das Gleiche, ohne dass der Ball den Boden berührt, bricht grenzenloser Jubel im Stadion aus. Dieser sogenannte **Homerun** ist gleichzusetzen mit einem Tor im Fußball und wird mit sechs Punkten honoriert. Die werfende Mannschaft, die sich vollständig auf dem Feld verteilt hat, versucht, den Ball so schnell wie möglich wieder zu den Hölzern zurückzuwerfen. Werden diese berührt, bevor der laufende Batsman sie erreicht hat, scheidet er aus, ebenso, wenn der von ihm geschlagene Ball von der gegnerischen Mannschaft gefangen wird oder der Bowler die Hölzer direkt trifft. Dann wird er vom nächsten Batsman seiner Mannschaft ersetzt, bis alle elf an der Reihe waren und der Durchgang *(inning)* zu Ende ist. Nun muss die andere Mannschaft versuchen, mehr Runs zu erzielen als der Gegner.

Der Durchbruch des Krickets zum Nationalsport erfolgte Anfang der 1970er Jahre mit der Einführung des Fernsehens. Bis dahin war Feldhockey die Sportart Nummer 1 im Lande. Heute ist Kricket **Big Business.** An fast jeder Straßenecke lächelt einer der Stars von einer überdimensionalen Reklametafel herunter. Das Vermögen von *Sachin Tendulkar,* dem Superstar des indischen Kricket, wird auf weit über zehn Millionen US-Dollar geschätzt. Es vergeht praktisch kein Tag, an dem nicht einer der großen

Sender ein Match überträgt. Kricket ist wie geschaffen fürs Fernsehen. Mit geringen Kosten wird ein ganzes Tagesprogramm abgedeckt. Abends werden dann die Highlights in einer zweistündigen Zusammenfassung wiederholt – selbstverständlich unterbrochen durch umfangreiche Werbeblöcke.

Ähnlich wie beim Pferderennen gehören Kricket und **Wetten** eng zusammen. So werden heute allein in Mumbai, der Hauptstadt der Wettkönige, an einem Spieltag bis zu 50 Mio. Euro Umsatz gemacht. Bei derartigen Summen und den damit verbundenen Verlockungen, ein Spiel zu seinen Gunsten zu beeinflussen, ist es kein Wunder, dass die Kricketwelt im Jahr 2000 von einem gewaltigen Wettskandal heimgesucht wurde. Nachdem der Kapitän der südafrikanischen Nationalmannschaft zugegeben hatte, für ein Entgelt von mehreren Zehntausend US-Dollar, gezahlt von indischen Buchmachern, Spiele manipuliert zu haben, brach eine Lawine weiterer Enthüllungen los, die ein weit verzweigtes Netz von Betrügereien und Bestechungen innerhalb der indischen Nationalmannschaft offenlegte.

So sehr die Ereignisse die Kricketwelt erschütterten, konnten sie doch letztlich der Popularität des Sports gerade in Indien, das sonst keinerlei Weltklassesportler aufzuweisen hat, keinen Abbruch tun. Und so werden auch in Zukunft die Kinder in den Hinterhöfen und auf den Dorfstraßen wie gebannt auf den kleinen roten Ball schauen und den Traum vom Kricketstar träumen.

nur ein mit der Zeit zunehmend frustrierendes „Abhängen“ an den meist wenig einladenden Hotelbars. Kinos sind jedoch selbst im kleinsten Dorf anzutreffen.

Öffnungszeiten

Banken sind in der Regel wochentags durchgehend von 10 bis 14 Uhr geöffnet. Da Bankangestellte in Indien nicht gerade einsatzfreudig sind, öffnen sie ihre Schalter gerne 15 Minuten später bzw. schließen etwas früher. Manche internationalen Banken in Großstädten haben verlängerte Öffnungszeiten (Adressen siehe Städtekapitel). Alle Banken sind am 31. März und am 30. September geschlossen. Meist sind die großen privaten Wechselstuben wie Thomas Cook, UAE Exchange, VKC Forex, Weizman Forex etc. tagsüber wesentlich länger und teils auch sonntags geöffnet und zudem effizienter.

Behörden sind in der Regel zwischen 10 und 16 Uhr geöffnet, mit einer Mittagspause zwischen 13 und 14 Uhr. Ebenso wie die Bankangestellten schlafen indische Beamte lange und gehen gerne früh ins Bett, d.h. es kann sich auch alles um eine halbe Stunde nach hinten oder vorne verschieben.

Postämter sind Werktags meist durchgehend von 10 bis 17 Uhr geöffnet, samstags 10 bis 12 Uhr. **Telefonzentralen** *(Telecommunication Centers)* sind meist 24 Stunden am Tag geöffnet.

Geschäfte haben keine geregelten Öffnungszeiten. Vor 10 Uhr morgens wird man jedoch auch hier fast immer vor verschlossenen Türen stehen. Zwischen 21 und 22 Uhr werden dann die Rolläden wieder heruntergelassen. Auch die Mittagspausen werden variabel gehandhabt, meist schließt man zwischen 12 und 14 Uhr, manchmal jedoch auch gar nicht. Zwar gilt der Sonntag als offizieller Ruhetag, doch viele Läden haben auch dann geöffnet und in manchen Basarvierteln ist der Sonntag sogar der lebhafteste Tag.

Post

Briefe und Postkarten

Die wichtigste Regel beim Verschicken von Briefen bzw. Postkarten lautet: **Niemals in den Briefkasten werfen,** sondern immer persönlich beim Postamt abgeben und dort vor den eigenen Augen abstempeln lassen. Erstens weiß man nie, wann und ob der Briefkasten überhaupt geleert wird, und zweitens kommt es auch in Indien wie in anderen Ländern Asiens vor, dass die Postler nicht abgestempelte Briefmarken ablösen, um sie wieder zu verkaufen.

In den meisten Postämtern gibt es mit dem **stamps counter** für den Briefmarkenverkauf und dem **cancellation counter** für das Abstempeln zwei unterschiedliche Schalter. Speziell vor dem *stamps counter* bilden sich oft lange Warteschlangen. Es empfiehlt sich deshalb Briefmarken auf Vorrat zu kaufen.

Die Beförderungsdauer von Indien nach Europa beträgt etwa 10 Tage, gelegentlich aber auch noch wesentlich länger. Von Delhi und Mumbai aus kann es aber auch mal schneller gehen. Inlandsbriefe sind mit 1 Rs, Postkarten mit 0,75 Rs zu frankieren.

Eine **Postkarte** nach Europa kostet 12 Rs, ein **Brief** bis 20 g 20 Rs (per Luftpost jeweils 4 Rs mehr, bei Briefen für je 20 g zusätzlich 10 Rs), ein **Luftpostbrief** 15 Rs. Post auf dem Seeweg benötigt etwa 2 bis 4 Monate bis zum Empfänger, per Luftpost etwa 1 bis 3 Wochen.

Pakete

Auf dem Seeweg kosten **kleine Pakete** bis 100 g 60 Rs, für jede weitere 100 g zahlt man 45 Rs, Höchstgrenze 2 kg. **Größere Pakete** können bis 20 bzw. 30 kg verschickt werden. Die Gebühren hierfür sind abhängig von der Art der Versendung (See-/Luftfracht oder *Surface Air-Lifted,* eine Mischung aus beidem) sowie ziel- und gewichtsabhängig.

Das Versenden von Paketen ist in Indien eine sehr **aufwendige Prozedur,** die unter Umständen mehrere Stunden in Anspruch nehmen kann. Das beginnt bereits mit der Verpackung. In Indien geht man mit Paketen äußerst unsanft um und so gilt es, die verschiedenen Gegenstände so stabil wie möglich zu verpacken. Hierzu bieten sich entweder Holzkisten an, die man z.B. in Obstläden für wenige Rupien erhält, oder, noch besser, Metallkoffer, die es auf vielen Basaren in unterschiedlichen Größen zu kaufen gibt. Danach muss das Paket **in Stoff eingenäht und versiegelt** werden, ansonsten wird es von der Post nicht angenommen. Am besten lässt man dies von einem Schneider oder einem Packing Service, der häufig vor den Postämtern anzutreffen ist, erledigen. Je nach Paket zahlt man **zwischen 15 und 50 Rs.**

Danach begibt man sich mit dem versiegelten Paket zum **Paketschalter,** wo einem eine Paketkarte und mehrere **Zolldeklarationsformulare** ausgehändigt werden, auf denen u.a. der Inhalt näher spezifiziert werden muss. All dies ist gut lesbar, am besten in Druckbuchstaben, auszufüllen. Bei der zu beantwortenden Frage nach dem Inhalt am besten *gift* bzw. *cadeau,* d.h. Geschenk, ankreuzen. Außerdem sollte der **Wert des Pakets** mit nicht mehr als 1.000 Rs angegeben werden, da sonst ein spezielles *bank clearance certificate* verlangt wird. Man kann die Sendung zwar für ein paar Rupien versichern lassen, doch in der Praxis ist das nicht mehr wert, als das Papier, auf dem es geschrieben steht.

Schriftstücke/Buchsendungen sind per International Book Post bis 5 kg für 600 Rs zu veschicken (pro Kilogramm Mehrgewicht werden 100 Rs berechnet, das Höchstgewicht beträgt 30 kg). Auch diese müssen eingenäht werden, sind jedoch an einer Seite zur Inhaltskontrolle geöffnet zu lassen (*bulk bag* oder neuerdings *M Bag*).

Seefrachtpakete sind nach Europa gewöhnlich etwa zwei Monate unterwegs, es kann jedoch noch länger dauern. **Luftpostpakete** sollten innerhalb von 15 Tagen ihr Ziel erreichen. Außerdem gibt's die Möglichkeit, per **Speedpost** zu versenden. Damit sollte die Sendung innerhalb von 6 Tagen den Empfänger erreichen. Preise: je nach Zielland (Deutschland, Österreich, Schweiz) kosten die ersten 250 g zwischen 606 und 866 Rs, jede weiteren 250 g zusätzlich zwischen 51 und 60 Rs. Für aktuelle Preise hilft die Internetseite der **Indischen Post** (www.indiapost.gov.in): Unter dem Link *tools* findet sich rechts oben ein *Speed Post Calculator* zur Preisermittlung der jeweiligen Luftfracht.

Inzwischen haben auch viele private Anbieter wie etwa **DHL** Büros in den größeren Städten, die mindestens ebenso schnell zustellen, aber im Schnitt auch teurer sind als die Indische Post.

Vorsicht ist geboten, wenn von privaten Händlern das Angebot gemacht wird, die eingekaufte Waren per Post ins Heimatland zu senden. Hier hat die Ware manches Mal nicht ihren Empfänger erreicht. So sollte man den Postversand selbst in die Wege leiten. Ausnahme hiervon sind die staatlichen Government Emporiums, bei denen der Versand in der Regel komplikationslos vonstatten geht.

Sicherheit

Indien ist, auch wenn es nicht immer so scheint, ein **relativ sicheres Reiseland.** Bedenkt man, welche ungeheuren sozialen Spannungen im Lande herrschen und dass 40 % der Bevölkerung unter der sogenannten Armutsgrenze leben, kann man sich nur wundern, dass alles im Grunde so friedlich ist. Die Religion übt sicher einen die Kriminalität dämpfenden Einfluss aus: Man fügt sich lieber in sein Karma, als sich mit Brachialgewalt in eine bessere finanzielle Position zu bugsieren. Herrschten dieselben sozialen Verhältnisse in Europa, könnte wohl niemand mehr vor die Haustür gehen.

Verständlicherweise gibt es in punkto Sicherheit **regionale Unterschiede.** Besonders in **Touristenhochburgen** haben sich zwielichtige Gestalten angesiedelt, die sich an west-

Praktische Reisetipps A–Z

⊻ Menschenmassen unterwegs – hier muss man mit Taschendieben rechnen

807ra tb

lichen Touristen auf die eine oder andere Art bereichern möchten. Die Bundesstaaten Uttar Pradesh, Bihar und Westbengalen sind allgemein etwas risikobehafteter als der Rest. Überfälle und Diebstähle scheinen dort häufiger vorzukommen als anderswo. Auch ist der allgemeine Umgangston in diesen Gebieten etwas rauer.

Sicherheitslage für Indienreisen

Das **Auswärtige Amt** sieht Mitte 2016 keinen Anlass, von Reisen nach Indien generell abzuraten. Die aktuelle Einschätzung der Gefahrenlage im Juni 2016 lautet:

„Die Sicherheitslage in Indien bleibt vor dem Hintergrund zahlreicher schwerer **Terroranschläge** in verschiedenen Landesteilen angespannt. Angesichts der terroristischen Gefahren wird landesweit zu besonderer Wachsamkeit geraten, insbesondere beim Besuch von Märkten und öffentlichen Plätzen, bei großen Menschenansammlungen sowie in der Nähe von Regierungsgebäuden und nationalen Wahrzeichen. Dies gilt insbesondere im zeitlichen Umfeld staatlicher und religiöser Feiertage sowie von Großereignissen. Es muss davon ausgegangen werden, dass insbesondere New Delhi und andere Metropolen des Landes im Fokus terroristischer Aktivitäten stehen. Die Anschläge der letzten Jahre bestätigen die Tendenz, dass auch touristisch frequentierte Orte zunehmend ins Visier der Terroristen geraten.

Das Risiko, dem ausländische Reisende durch **Gewaltkriminalität** ausgesetzt sind, ist in den touristisch erschlossenen Gebieten Indiens **eher gering.** Reisende sollten sich dennoch stets von Vorsicht leiten lassen. Situationsangemessenes und kulturbewusstes Verhalten empfiehlt sich vor dem Hintergrund der Berichte über sexuelle Übergriffe vor allem auch für **alleinreisende Frauen.“** (Siehe dazu auch oben: „Frauen unterwegs“)

Über die aktuelle Sicherheitslage informiert das Auswärtige Amt unter **www.auswaertiges-amt.de.**

Betrug

Vorsicht ist bei der **Bezahlung mit Kreditkarten** geboten. Abgesehen von staatlichen Geschäften, seriösen Läden und First-Class-Hotels, kommt es immer wieder zu Trickbetrügereien, die man oftmals erst bemerkt, wenn man wieder im Heimatland ist – und dann ist es zu spät.

Eine ähnlich unliebsame wie häufige Überraschung mussten Touristen erleben, die sich auf das Versprechen von Verkäufern verließen, die als besonderen Service die erstandene Ware **per Post** nach Hause zu schicken vorgaben. Für viele entwickelte sich das sehnsüchtige Warten auf die vielen schönen Souvenirs zum Warten auf Godot. Am besten ist es immer noch, man gibt die Pakete persönlich bei der Post auf oder nimmt sie selbst mit nach Hause.

Damit kein Missverständnis entsteht: Hier soll nicht allgemeinem Misstrauen gegenüber indischen Geschäftsleuten Vorschub geleistet werden – aber Geld ist nun mal verführerisch, vor allem in einem Land, in dem die Armut groß ist. Die Tricks der Betrüger, ihre Opfer in Sicherheit zu wiegen, sind vielfältig. Generelle Vorsicht ist bei allzu **verlockenden Geschäften** geboten, besonders solchen am Rande der Legalität oder gar Gesetzesverstößen (z.B. Schwarztausch oder Schmuggel). Hier wird besonders gern betrogen, da sich das Opfer nicht an die Polizei wenden kann.

Diebstahl

Das Delikt, das am ehesten zu erwarten ist, sind Diebstähle in **Hotelzimmern** oder Taschendiebstähle. Verlässt man sein Zimmer, sollten alle wertvollen Gegenstände verschlossen werden. Zu „wertvollen Gegenständen“ können auch Kugelschreiber, Feuerzeuge, Taschenrechner u.ä. gerechnet werden. Wer ganz sicher gehen will, sollte auch seine Kleidung nicht im Zimmerschrank ablegen, sondern im Gepäck belassen: Ein schönes T-Shirt oder ein teurer BH kann auf manche(n) Hotelangestellte(n) eine unwiderstehliche Anziehungskraft ausüben. Dabei geht es den Dieben weniger um den materiellen Wert des Objektes, als darum, ein ausländisches (bzw. im Ausland hergestelltes) Kleidungsstück zu besitzen. *Foreign* ist „in".

Wer Parterre wohnt oder mit Balkon oder Terrasse am Zimmer, sollte dafür sorgen, dass keine Gegenstände durchs Fenster „erangelt" werden können. Zimmertüren sollten nachts gut verschlossen sein. Zur doppelten Sicherheit kann man von innen ein batteriebetriebenes **Alarmgerät** an die Türklinke hängen. Fasst jemand von außen an die Klinke, ertönt ein schriller Alarm. Das Gerät lässt sich mit dem gleichen Effekt auch in verschlossenen Gepäckstücken unterbringen.

Gegen **Taschendiebstähle** ist das allerbeste Mittel, gar nichts Wichtiges in den Hosentaschen herumzutragen. Geld und Pass sollten in einem **Bauchgurt** untergebracht werden, den man unter der Kleidung tragen kann. Da der fast permanent auftretende Schweiß oft durchdringt, empfiehlt es sich, den Inhalt noch einmal in eine Plastikhülle zu packen. Brustbeutel sind zum einen deutlich sichtbar, lassen sich zum anderen auch zu leicht abnehmen – am liebsten vom Besitzer, wenn er in der indischen Hitze schwitzt. Geldgürtel sind auch nicht schlecht, für Pässe allerdings zu schmal. Außerdem sollten sie diskret genug sein, um nicht als solche erkannt zu werden.

Vor der Reise sollten von allen Dokumenten (Pass, Visum, Tickets) mehrere **Fotokopien** angelegt und an verschiedenen Stellen verstaut werden.

Überfälle

Weitaus seltener als Diebstähle sind Überfälle. Gelegentlich – sehr selten – kommt es zu Überfällen auf Busse oder Züge. Sich dagegen zu schützen ist fast unmöglich; im unwahrscheinlichen Falle einer solchen Attacke gilt es aber, nicht den indischen Filmhelden spielen zu wollen. Inder, auch Kriminelle, haben Respekt vor westlichen Ausländern, und wahrscheinlich wird man behutsamer behandelt als die Einheimischen.

Bahn

Bahnhöfe und Züge sind ein ideales Jagdrevier für Diebe, weil dort oftmals chaotische Zustände herrschen. Zudem führt der Tourist während des Reisens meist seine gesamten Wertsachen mit sich. Besonders beliebt bei Gaunern sind häufig bereiste Strecken wie z.B. Delhi – Agra, Delhi – Varanasi oder Jodhpur – Jaisalmer. Vorsicht ist vor allem in den Minuten vor der Abfahrt des Zuges und während der oft langen Zwischenstopps geboten, da dann ein ständiges Kommen und Gehen herrscht. Wer jedoch einige Grundregeln konsequent befolgt, ist vor Diebstahl so gut wie sicher.

Die wichtigste Regel ist: Nie die **Wertsachen,** d.h. Flugticket, Bargeld, Pass, Kreditkarte, Handy und Kamera, aus den Augen lassen. Am besten macht man es sich zum Prinzip, den Geldgurt während einer Zugfahrt nie abzulegen. Die **Kameratasche** sollte man nachts am besten im Kopfbereich ablegen. Viele Traveller in Indien schließen ihre Rucksäcke oder Koffer mit einer **Metallkette** ans Bett an. Das ist sicher sinnvoll, doch die Diebe haben es mittlerweile meist sowieso auf die wertvollen kleinen Gegenstände abgesehen.

Besonders gefährdet sind naturgemäß **Einzelreisende.** Schließlich ist es gerade während der oftmals langen Zugfahrten unmöglich, ständig hellwach zu bleiben. In einem Notfall sollte man vorher eine vertrauenerweckende Person (Frauen, Familienväter) darum bitten, für die Zeit der Abwesenheit auf das Gepäck zu achten.

Achtgeben sollte man auch, wenn sich eine Gruppe junger, auffällig modisch gekleideter Männer um einen versammelt, besonders, wenn sie mit einem großen Gegenstand, etwa einer Holzplatte oder einem Bild, hantieren. Oft schon wurden solche Objekte nur zur Tarnung eines Diebstahls zwischen den Besitzer und seinen Rucksack geschoben.

Bus

Bei den staatlichen Bussen stellt die übliche Gepäckaufbewahrung **auf dem Dach** ein echtes Sicherheitsrisiko dar. Man sollte auf jeden Fall darauf achten, das Gepäck gut festzuzurren und es möglichst mit einer eigenen Kette sichern. Gerade während der vielen Teepausen sollte man immer mal wieder einen prüfenden Blick auf sein Gepäck werfen. Besser ist es jedoch seine Habseligkeiten im **Businneren** zu deponieren. Platz findet sich eigentlich immer, ob nun unter den Sitzbänken, im Gang oder neben der Fahrerzelle. Gern gesehen wird das zwar meist nicht, doch nach einigem Insistieren stört sich dann meist keiner mehr daran. Bei privaten Busgesellschaften kann man sein Gepäck in der Regel sicher verstauen.

Demonstrationen, Menschenansammlungen und Feste

Inder sind die meiste Zeit zwar sehr umgängliche und freundliche Zeitgenossen, diese Regel kann sich gelegentlich aber auch in Sekundenschnelle umkehren. Das gilt vor allem bei großen Menschenansammlungen, Demonstrationen u.Ä. Sind die Gemüter erhitzt, kann eine friedliche Versammlung in Windeseile in eine Massenkeilerei, einen „Religionskrieg" oder sonstiges Chaos ausarten, bei dem die Polizei manchmal sehr brutal eingreift. Bei politischen Versammlungen oder ähnlichen Menschenansammlungen hält man sich am besten am Rande des Geschehens auf, um notfalls schnell aus der Gefahrenzone verschwinden zu können.

Ähnliches gilt auch bei den ausgelassenen Festen, vor allem beim **Frühlingsfest Holi.** Gelegentlich stellt die Alkoholisierung einzelner Männer ein Belästigungspotenzial dar. Zu Holi berauschen sich viele Inder mit Alkohol oder Bhang, einem Getränk aus Milch, Zucker, Gewürzen und Marihuana. Traditionell bewerfen die Feiernden ihre Mitmenschen mit bunten Farbpulvern, wobei Ausländer bevorzugte Zielscheiben darstellen. Farbpulver wären ja nicht schlimm, leider wird das Fest aber von Jahr zu Jahr rowdyhafter – im Vollrausch wird gelegentlich schon mal mit Lackfarbe und Exkrementen geworfen. Zu Festen wie Holi gilt es, die Atmosphäre des Ortes auszuloten. Machen zu viele rabaukenhafte Jugendliche die Straßen unsicher, zieht man sich lieber in sein Hotelzimmer zurück. Diese Vorsichtsmaßnahme gilt im erhöhten Maße für Frauen.

Anzeige erstatten

Ist es zu einer Straftat gekommen, sollte auf der nächsten Polizeiwache *(thana)* Anzeige erstattet werden *(darj karana)*. Das kann jedoch zu einem Hindernislauf ausarten. Indische Polizisten können sehr hilfreich, oft aber auch völlig unkooperativ sein. Ihre Landsleute müssen nicht selten erst einen Obulus entrichten, ehe der Fall bearbeitet wird.

Ausländer werden in der Regel zuvorkommender behandelt. Falls man bei den niederen Polizeirängen auf Probleme stößt, sollte man darauf bestehen, mit einem höheren Polizeioffizier zu sprechen. Das kann der Inspector *(thanedar)* sein oder der Sub Inspector (daroga). Bei sexuellen Vergehen können Frauen bitten, mit einer Polizistin *(pulis ki mahila sipahi)* zu sprechen. Ob es auf der Wache eine gibt, und falls ja, ob sie Englisch spricht, ist wiederum eine andere Sache. Bei Erstattung einer Anzeige ist am Ende ein **Protokoll** *(vigyapti)* zu unterschreiben. Das ist je nach Ort des Geschehens wahrscheinlich in Hindi, Marathi, Tamil oder einer sonstigen Regionalsprache verfasst, seltener in Englisch. Man hat also im Normalfall keine Ahnung, was man unterschreibt. Danach gibt es einen Zettel mit der **Registriernummer** *(panjikaran sankhya)* des Falles, auch dieser wahrscheinlich in der Regionalsprache. Im Falle von Diebstählen muss der Versicherung *(chori bima)* daheim eine Kopie des Verlustprotokolls und eventuell die Registriernumer des Falles vorgelegt werden. Für eine **amtliche Übersetzung** hat der Geschädigte selbst zu sorgen. Normalerweise erstellen die Heimatbotschaften solche Übersetzungen, allerdings nicht umsonst.

Falls der Missetäter auf frischer Tat ertappt worden ist, sollte man sich nicht wundern, wenn er auf der Wache gleich mit ein paar saftigen Ohrfeigen bedacht wird – das ist normale Polizeipraxis. Was weiter in der Zelle passiert, lässt sich nur erahnen.

Telefonieren

Auslandsgespräche

Die wenigen Reisenden, die sich in Indien keine eigene SIM-Karte kaufen bzw. über Skype vom eigenen Tablet telefonieren, sollten sich zu den verbliebenen, dennoch meist in jeder Stadt vorhandenen **ISD/STD-Läden** begeben oder, meist unproblematischer, ihr Gespräch in einem Internetcafé mit Telefon führen. Meist befindet sich in der Telefonzelle eine Leuchtanzeige, auf der der bereits vertelefonierte Betrag fortlaufend angezeigt wird.

Eine Minute nach Mitteleuropa kostet zwischen 7 und 15 Rs (abhängig von der Konkurrenzsituation der Telefongesellschaften am Ort, das heißt: je größer der Ort, desto billiger der Minutenpreis). Dieser Preis gilt den ganzen Tag, es wird sekundengenau abgerechnet. Selten verfahren Telefonläden noch nach dem alten System, wonach man mindestens drei Minuten telefonieren und bezahlen muss. Leider nur selten gibt es in Internetläden die Möglichkeit, per Internet nach Europa zu telefonieren. „Net to phone" kostet nur 7,25 Rs pro Minute.

Es ist möglich, über den Telefon-Direkt-Service **R-Gespräche** von Indien nach Hause zu führen. Dazu muss man die Direkt-Nummer für Deutschland (0049/17), Österreich (0043/17) oder die Schweiz (0041/17) wählen und wird dann mit einem Operator verbunden, der die Angerufenen in Deutschland fragt, ob sie die Gebühren für die Verbindung übernehmen wollen. Der Anrufer zahlt dann die Gebühren für ein indisches Ortsgespräch in Rupien, den Rest zahlt der Angerufene. Der Spaß ist aber nicht gerade billig, da allein der Tarif für den Operator pro Gespräch bei ca. 6 € liegt. Hinzurechnen muss man noch 0,59 € für jede Minute.

Wer diese Kosten nicht den Angerufenen, sondern der eigenen Telefonrechnung in Deutschland aufbürden will, kann sich bei der Telekom eine **Telekarte** mit persönlichem Kennwort kaufen. Dem Operator wird dann bei jedem Anruf das Kennwort mitgeteilt. Bei längeren Gesprächen spart man mit dieser Methode Geld. Die Minutengebühr ist mit 0,59 € günstiger als die in Indien berechneten 62 Rs (über 1,50 €).

Gespräche innerhalb Indiens

Telefongespräche im Festnetz sind in den Hauptzeiten immer noch **problematisch** und kommen, wenn überhaupt, oft erst nach mehreren Versuchen zustande. Obendrein ist die Verbindung häufig schlecht. Hinzu kommt, dass noch lange nicht alle Orte in Indien per Direktwahl zu erreichen sind. In diesen Fällen muss man sich von einem Operator verbinden lassen. Ortsgespräche kosten 1 Rs für 2 Min.

Will man eine **Handynummer** eines indischen Anbieters anrufen, ist vor der meist mit „9" (oft auch mit „6", „7" oder „8") beginnenden Handynummer eine **„0" zu wählen,** falls

Vorwahlnummern

- **Indien:** 0091

Von Indien nach

- **Deutschland:** 0049
- **Österreich:** 0043
- **Schweiz:** 0041

man von **außerhalb des Bundesstaates** anruft, in dem das Handy angemeldet ist, das erreicht werden soll.

Handy

Alle deutschen, österreichischen und Schweizer Provider haben Roamingpartner in Indien. D.h. wenn es die Vertragsart erlaubt, kann man mit seinem Mobiltelefon auch in Indien telefonieren. Man muss jedoch mit **hohen Roaming-Kosten** rechnen. Das gilt umso mehr für die Nutzung von **Smartphone-Datapacks.** Rechnungen mit vierstelligen Summen nach 14-tägiger Reise und 20 MB pro Tag sind da keine Ausnahme! Solche Kosten kann man am besten umgehen, wenn man sich auf **SMS** beschränkt (der Empfang ist in der Regel kostenfrei), über eine kostenlose **WLAN-Verbindung (WiFi)** E-Mails schreibt und Skype bzw. Facetime zum Telefonieren benutzt oder auch Whatsapp und andere kostenlose Apps zur Kommunikation bevorzugt.

Falls das Mobiltelefon SIM-lock-frei ist (keine Sperrung anderer Provider vorhanden ist), kann man sich vor Ort bei einem der nationalen oder internationalen Anbieter wie Airtel oder Vodaphone eine **Prepaid-SIM-Karte** besorgen. In diesem Fall ist neben der Kopie des Reisepasses und einem, manchmal zwei Passfotos oft auch eine schriftliche Bestätigung mit Stempel des jeweiligen Gasthaus-/Hotelmanagers über die dortige Übernachtung vorzulegen. Hat man kein eigenes, in Indien funktionsfähiges Handy mitgenommen, kann man sich auch in Indien für einen etwas geringeren Preis als in Europa eines zulegen.

Gespräche **indischer Prepaid-Anbieter** innerhalb Indiens sind mit 1 Rs ins Festnetz und zwischen 2 und 4 Rs in andere Handy-Netze konkurrenzlos günstig. Per Handy nach Europa zahlt man um 15 Rs, wobei der Angerufene oft einen kleinen eigenen Anteil bezahlt. Eine SMS schlägt mit durchschnittlich 2 Rs, nach Europa mit 5 Rs zu Buche. Ruft man von außerhalb des Bundesstaates an, in dem man die Prepaid-Karte erworben hat, fallen zusätzlich zu den Geprächskosten noch Roaming-Gebühren an. Dies gilt auch für Gespräche ins Ausland.

Kauft man sich also eine Prepaid-SIM-Karte eines indischen Anbieters, sind einige Hundert Rupien Grundgebühr zu zahlen. Man erwirbt jedoch meist mit der Prepaid-Karte auch gleich das erste Gesprächsguthaben, wobei sich der Gesamtpreis gewöhnlich auf etwa 1.000 Rs beläuft, von denen 800 bis 900 Rs eine bestimmte Zeitdauer, abhängig vom jeweiligen Anbieter, zu vertelefonieren sind. Dies sollte man jedoch überprüfen. Gelegentlich wird diese Gutschrift des ersten Guthabens nicht durchgeführt und man muss es reklamieren. Die bekanntesten Firmen für Prepaid-Verträge auf dem hart umkämpften indischen Markt sind Airtel, Hutch, Reliance und BSNL, die alle ihr jeweils eigenes Netz in Indien haben, sodass ein Anbieter in einer Gegend Indiens, ein anderer Anbieter in einer anderen die bessere Verbindungsqualität hat. So sollte man sich vor Ort erkundigen, welcher Anbieter für die jeweils bereiste Region die beste Verbindungsqualität aufweist.

Neben den Kiosken und Geschäften, in denen das Guthaben durch ein Telefonat des Kioskbesitzers mit der Zentrale des Anbieters aufgestockt werden kann, ist die Aufladung in den Vertragsgeschäften der Anbieter, etwa Vodaphone, auch per zu kaufender Prepaid-Karte zu bewerkstelligen, indem man die Nummer freirubbelt und den Nummerncode eingibt, wodurch man die volle gekaufte Summe vertelefonieren kann. Die zweite Methode ist die sicherere. Bei der ersten sollte man sich auf jeden Fall schon beim Erwerb der SIM-Karte beim jeweiligen Anbieter erkundigen, welche Aufladesummen die vollständige Sprechzeit *(talktime)* garantieren, auch in anderen Bundesstaaten als dem, in dem die Karte gekauft wird. Vor Ort wissen es die Zuständigen (häufig Kiosk- oder Ladenbesitzer) oft nicht. Wenn man dann eine frei gewählte Summe durch ein Telefonat unter Angabe der eigenen Telefonnummer aufladen *(top-up)* lässt, bekommt man teilweise eine erheblich geringere Sprechzeit als die bezahlte Summe.

Die Aufladung wird wenig später durch eine SMS bestätigt.

Gelegentlich gibt's Probleme mit dem Versenden von SMS, die zwar gesendet, aber dann für längere Zeitabschnitte nicht vom Gegenüber beantwortet werden können.

Diebstahl und Verlust

Sollte das Mobiltelefon im Ausland verloren gehen oder gestohlen werden, sollte man bei einem **Laufzeitvertrag,** aber auch bei bestimmten **Prepaid-Abonnements** die Nutzung der SIM umgehend beim Provider sperren lassen (nicht immer kostenfrei!). Für deutsche Betreiber kann man das über die zentrale **Sperrnummer 0049-116 116** machen, die auch zur Sperrung von Maestro-(EC-), Kredit- und Krankenkassenkarten gilt. Dazu muss man in der Regel **folgende Angaben** machen können, die man sich vorab irgendwo notieren sollte: Rufnummer, SIM-Kartennummer (auf SIM vermerkt), Kundennummer oder Kundenkennwort.

Trekking

Durch den ungebremsten Trekking-Boom in Nepal sind dort inzwischen viele der beliebtesten Strecken überlaufen. So ist es kein Wunder, dass immer mehr Bergwanderer in den letzten Jahren auf die indische Seite des Himalaya ausweichen, wo eine fast unberührte Natur mit zahlreichen noch nicht von Touristenmassen ausgetretenen Wanderwegen zu schönen Trekkingtouren einlädt. Besonderer Beliebtheit erfreut sich hierbei der Bundesstaat **Himachal Pradesh** an der Grenze zu Ladakh mit den beiden Zentren Dharamsala im Dhauladhar-Gebirge und Manali im lieblichen Kullu-Tal. Im Nordosten Indiens bietet sich das an den Füßen des Kanchenjunga-Massivs gelegene **Darjeeling** als Ausgangspunkt an.

Die beste Jahreszeit zum Trekken sind die Monate unmittelbar vor und nach dem Monsun (April/Mai und September/Oktober). Informationen bezüglich Strecken, klimatischen Bedingungen, Ausrüstung und detaillierter Karten erteilen die in allen drei genannten Orten ansässigen staatlichen Mountaineering-Institute. Zusätzlich haben sich dort private Trekking-Veranstalter niedergelassen, bei denen man organisierte Touren buchen kann.

Da nicht in allen Orten in Indien mit nahem Trekkinggebiet den Ansprüchen entsprechende, qualitativ hochwertige Ausrüstung ausgeliehen werden kann, sollte man Bergsteigerschuhe, Schlafsack, Isomatte etc. im Zweifelsfall schon von zuhause mitnehmen. Ein ausgeklügeltes Verleihsystem von Bergsteigerutensilien wie etwa in Nepal gibt es in Indien nirgends.

Unterkunft

Wer die Wahl hat, hat die Qual. Diese alte Weisheit gilt bei der Wahl der Unterkunft in Indien wohl noch mehr als anderswo. Die Zahl der Möglichkeiten ist schier unbegrenzt und reicht vom stickigen, moskitodurchsetzten Schlafsaal bis zum fürstlichen Schlafgemach in einem ehemaligen Rajputenpalast.

Die Zimmerpreise variieren – besonders im Billigbereich – stark. Zur **Hauptsaison** sind sie selbstverständlich höher als zu anderen Zeiten, in denen die Preise häufig noch stark heruntergehandelt werden können. In flachen Regionen liegt die Hauptreisezeit zwischen Mitte Oktober und Mitte Februar, in Bergregionen ist es März bis Mai und September bis November. Zur *peak season,* meist um Weihnachten bis Neujahr sowie zu bestimmten indischen Feiertagen etwa in Orten mit wichtigen Tempeln, steigen die Preise oft auf das Vielfache des sonst Üblichen. Aufgrund des in den letzten Jahren nachlassenden Interesses westlicher Touristen an Indien und der daraus resultierenden gesunkenen Nachfrage sind die Preise auch während der Hauptsaison gelegentlich verhandelbar.

Reservierungen werden nicht von allen Billighotels akzeptiert. Es kommt auch vor, dass sie zwar entgegengenommen werden, man aber bei der Ankunft nichts mehr davon weiß. Das ist jedoch die Ausnahme.

Preiskategorien

Die in diesem Buch beschriebenen Unterkünfte sind in Preiskategorien unterteilt und werden durch Ziffern von ① bis ⑤ symbolisiert. Die Preise gelten jeweils für ein **Doppelzimmer.**

Untere Preiskategorie ① (bis 1.000 Rs)/② (1.000 bis 2.000 Rs)

Im unteren Bereich dieses Preissegments **bis 500 Rs** darf man selbstverständlich keine hohen Ansprüche stellen. Die meisten der spartanisch möblierten Zimmer haben vernachlässigte sanitäre Anlagen, einen Ventilator oder Cooler und einen Röhren-TV mit meist schlechtem Empfang. In den Metropolen bekommt man, wenn überhaupt noch vorhanden, bestenfalls Zimmerzellen.

Wer nur einige Hundert Rupien drauflegt, kann **ab etwa 800 Rs** schon weit bessere Qualität erwarten: hübscheres Mobiliar und Dekor, Marmorfußboden, ein eigenes Bad mit heißer Dusche in ordentlichem Zustand, Zimmerservice und Satelliten-TV, gelegentlich mit kleinem Flachbildschirm und mehreren westlichen Sendern. Oft gibt es eine akzeptable, in den meisten Fällen kostenlose WiFi-Verbindung in den Zimmern, nicht nur in der Lobby. Außerdem verfügen diese Unterkünfte häufig über ein eigenes Restaurant, gelegentlich auch auf dem Dach. Befinden sich die Hotels nicht in Touristenregionen, sind sie in aller Regel auf die Bedürfnisse indischer Geschäftsleute wie kleinerer Handelsvertreter zugeschnitten. So sind die meisten Häuser eher zweckmäßig eingerichtet und besitzen ein eigenes Restaurant, in dem vornehmlich einheimische Gerichte angeboten werden.

Ab gut 1.000 Rs sind häufig eine Klimaanlage, qualitativ hochwertigeres Mobiliar, ein recht großer Flachbildschirm-TV und besserer Service üblicher Standard.

Die von den staatlichen Touristenorganisationen angebotenen **Tourist Bungalows** fallen in die Kategorie ab 1.000 Rs. Zwar fehlt ihnen jegliche Ausstrahlung, doch haben sie oft eine große Anzahl unterschiedlicher Zimmer und meist ist ein Restaurant (eher von durchschnittlicher Qualität) sowie ein lokales Touristenbüro angeschlossen, sodass man nicht nur hilfreiche Informationen erhält, sondern z.B. auch Stadtrundfahrten vor der Haustür starten. Leider werden diese Vorteile allzu oft durch den miserablen Service, der die Tourist Bungalows „auszeichnet", zunichte gemacht.

In den Tourist Bungalows und in einigen preiswerten Unterkünften gibt es gelegentlich noch einfache, manchmal jedoch erstaunlich saubere und gepflegte **Schlafsäle,** zum Teil mit abschließbarem Fach am Bett. Da es sich oft um gemischtgeschlechtliche Schlafstätten handelt, sind sie nicht unbedingt für weibliche Reisende empfehlenswert.

Mittlere Preiskategorie③ (2.000 bis 5.000 Rs)

Im Mittelklassebereich gibt es die im vorherigen Abschnitt genannten Annehmlichkeiten in besserer Qualtität. Eine Klimaanlage, ein größerer Flachbildschirm-TV, eine Sitzgruppe und WiFi-Verbindung (für die ab diesem Preisbereich gelegentlich gesondert zu zahlen ist) sind Standard. Auch die Qualität der oft angeschlossenen Restaurants und der Service sind besser. Manche Zimmer verfügen über einen eigenen Schreibtisch und einen geräumigen Balkon bzw. Terrasse. Selten ist ein kleiner Swimmingpool und ein Fitnessraum *(Gym)* Teil des Gesamtpakets.

Im Mittelklassebereich vermieten viele Besitzer von **Privathäusern,** in denen sie bzw. ihre Familien selbst leben, einige ihrer oft exzellent gepflegten Zimmer. Dann ist normalerweise mindestens eine Mahlzeit im Preis inbegriffen. Im unteren Bereich dieser Preiskategorie ist manchmal Teppichboden in den Zimmern verlegt. Da dieser gelegentlich nicht sonderlich sauber ist oder unangenehm „duftet“, sollte man dieses vermeintliche Komfortplus zunächst inspizieren und gegebenfalls in ein anderes Zimmer wechseln.

Obere Preiskategorie④ (5.000 bis 10.000 Rs)
Swimmingpool, Spa, Health Club, moderne Ausstattung und sehr verlässliche, aber oft auch teure Internetverbindungen in den Zimmern sind Standard in dieser Preiskategorie. Besonders in Rajasthan wurden viele **Heritage-Gebäude** wie kleinere Paläste oder Landhäuser aus der Kolonialzeit modernisiert und in komfortable Hotels dieser Preisklasse oder der nächsthöheren umgewandelt.

Luxuskategorie⑤ (über 10.000 Rs)
In dieser Preiskategorie wird der **international übliche Standard** geboten. Neben den Annehmlichkeiten der vorherigen Preisklasse sind in diesen oft hochmodernen Glaspalästen meist mehrere exquisite Restaurants, Sportmöglichkeiten, angeschlossene Shoppingmalls etc., gelegentlich ein persönlicher Butler und ein kleiner eigener Pool schon ein bisschen zuviel des Guten. Vertreten sind vor allem Luxusketten wie Meridien, Taj, Oberoi und Hyatt. Am empfehlenswertesten sind auch in dieser Preiskategorie die zu Hotels umfunktionierten ehemaligen Privatunterkünfte oder teils riesigen **Paläste fürstlicher Familien.** Hier weht noch ein Hauch der „guten alten Zeit“ durch die Räumlichkeiten, wozu auch die stilvolle Möblierung beiträgt.

Wohnen in Heritage Hotels

Keine andere Region Indiens bietet dem Reisenden die Möglichkeit, den Charme der guten alten Zeit bei der Wahl der Unterkunft gleich mitzubuchen, wie **Rajasthan.** Heritage Hotels heißen jene etwa 100 offiziell von der Tourismusbehörde anerkannten Palasthotels, die sich in **ehemaligen Rajputenpalästen** beziehungsweise Adligenhäusern befinden und auf einmalige Weise die Atmosphäre der britischen Kolonialzeit mit den Errungenschaf-

Viele der ehemaligen Paläste in Rajasthan wurden zu Hotels umgebaut

017ra mb

Zimmersuche – worauf ist zu achten?

Bei Vorabreservierungen bekommt man bei der Ankunft, besonders in den billigeren Bleiben, oft ein weniger gutes Zimmer zugewiesen. Also sollte man vor Ort darauf dringen, noch andere Zimmer inspizieren zu dürfen, vielleicht ist etwas Besseres dabei.

■ **Sanitäre Anlagen:** In diesem Bereich gibt es am meisten zu beanstanden. Toilettenspülungen funktionieren oft nicht, aus der Dusche rinnen nur ein paar Tropfen oder es fehlt der Duschkopf und das heiße Wasser entpuppt sich als laue Brühe. Alles checken und reklamieren. Für viele wichtig: Gibt es ein „europäisches" WC oder ein indisches „Hock-Klo"?

■ **Betten:** Sie sind so etwas wie eine Visitenkarte. Ist die Bettwäsche schmutzig bzw. die Matratze mit Flöhen durchsetzt oder durchgelegen, braucht man gar nicht weiter zu verweilen. Eine Liegeprobe zeigt auch, ob das Bett lang genug für europäische Lulatsche ist. Vielfach ist es das nicht. Der häufig vorkommende Grauschleier lässt jedoch eher auf die vorsintflutlichen Waschmethoden schließen als auf nicht gewaschene Bettwäsche. Oft verströmen die Matratzen einen sehr eigenartigen Geruch, der keine Nachtruhe aufkommen lässt.

■ **Zimmer mit Teppich** mögen einen gemütlichen Eindruck erwecken, sind jedoch in Hotels der unteren und zum Teil auch noch mittleren Preisklasse zu meiden. Die Teppiche werden, wenn überhaupt, nur sehr oberflächlich gereinigt und sind ein idealer Nährboden für Mikroben.

■ **Moskitonetze:** Selbst im angenehmsten Bett kann die Nacht zur Qual werden, wenn man ständig von Blutsaugern heimgesucht wird. Wer also kein eigenes Moskitonetz dabeihat, sollte darauf achten, dass eines vorhanden ist. Ebenso wichtig ist, dass es keine Löcher aufweist. Viele Moskitonetze versprühen eine derart unangenehme Duftnote, dass man darunter kaum Luft bekommt. In diesem Falle sollte man sie auswechseln lassen.

■ **Klimatisierung:** Einen **Ventilator** gibt es in Indien in fast jedem Hotelzimmer. Funktioniert er auch? Und wenn ja, wie? Manche sind so träge, dass sich kein Lüftchen bewegt, andere lösen einen mittleren Wirbelsturm aus und donnern wie ein Hubschrauber im Tiefflug. Funktioniert die Stufenschaltung?

Die nächste Stufe wäre ein **cooler** – eine direkt im Zimmer untergebrachte kleine Klimaanlage, die teilweise gegen einen Aufpreis extra angebracht wird. Nichts für Geräuschempfindliche!

Eine Klimaanlage **(air conditon, AC)** ist dagegen wesentlich ruhiger – es sei denn, man hat sein Zimmer direkt in der Nähe ihres Gebläses.

■ **Lautstärke/Lage:** Inder sind wesentlich lärmunempfindlicher als Europäer. Oft liegen die Zimmer direkt an einer ununterbrochen von Brummis befahrenen Hauptverkehrsstraße. Auch sollte man darauf achten, dass der Nachbar kein Fernsehnarr ist. Inder lieben es, bei voller Lautstärke in die Röhre zu glotzen. Oft befinden sich im Erdgeschoss von Hotels Restaurants, deren Lärm und Gerüche einen am Einschlafen hindern. Also empfiehlt es sich, sein Zimmer möglichst weit weg von Straße und Restaurant zu wählen. Im Notfall helfen Ohrenstöpsel.

■ **Schließfach-Service:** Es ist sehr angenehm, einmal ausgehen zu können, ohne ständig auf seine Wertsachen achtgeben zu müssen. Viele Hotels bieten einen sogenannten deposit service an, bei dem man seine Wertsachen an der Rezeption deponieren kann. Allerdings sollte man sich immer eine Quittung über die abgegebenen Wertsachen ausstellen lassen.

■ **Fernseher:** Viele Hotels werben mit dem Empfang internationaler Programme wie BBC, CNN, Al Jazeera und HBO. Doch gelegentlich hat man nur ein verschwommenes Bild und es sind fast ausschließlich indische Sender zu empfangen.

■ **Check-Out-Zeit:** Viele Hotels in Indien verfahren nach dem 24-Stunden-System, d.h. man muss den Raum genau einen Tag nach dem Einchecken wieder verlassen. Das ist von Vorteil, wenn man erst abends eincheckt, weil man dann noch den ganzen nächsten Tag zur Verfügung hat. Umgekehrt ist das unangenehmer: Wer ganz früh morgens ankommt, muss am nächsten Tag auch wieder früh aus den Federn. Andere Hotels verfahren nach der in Europa üblichen 9- bzw. 12-Uhr-Regel. Man sollte gleich zu Beginn fragen, welches System angewandt wird.

ten des 21. Jh. verbinden. Herausragende Beispiele sind der Umaid Bhawan in Jodhpur, der Ramgarh Palace in Jaipur und das märchenhaft wie ein Schiff inmitten des Pichola-Sees gelegene Lake Palace Hotel in Udaipur. Doch auch viele kleinere und dementsprechend intimere Heritage Hotels wie etwa das Royal Castle in Khimsar oder der Bissau Palace im Shekhawati vermitteln einen lebendigen Eindruck von jener Zeit, als noch nicht Effizienz und Sachlichkeit, sondern Muße und Legenden das Leben bestimmten.

Eine Reihe von Besitzern bedeutender Heritage Hotels haben sich in einer Organisation zusammengeschlossen, über die weitere Informationen erhältlich sind:

- **Heritage Association of India,** 9 Sadar Patel Marg, C-Scheme, Jaipur 302001, Tel. 0141-381906.

Preise

Das Preissystem indischer Hotels ist oftmals sehr verwirrend. In vielen, selbst kleineren Hotels hat man oft die Auswahl zwischen bis zu zehn verschiedenen Preiskategorien. So kostet das billigste Zimmer z.B. 500 Rs und das teuerste 2.500 Rs. Die Gründe für diese Abstufungen sind dabei oft nur minimal. Ein wenig mehr Holz an der Wandverkleidung begründet ebenso eine veränderte Preisstufe wie die Größe des Fernsehers oder die Höhe des Stockwerkes.

Mindestens ebenso verwirrend ist die allseits beliebte Praxis, auf den Zimmerpreis noch unzählige **Steuern und Zuschläge** aufzuschlagen. *Service charge, government tax* und *luxury tax* heben die Preise oft um bis zu 50 %. Speziell die **service charge** ist nichts weiter als ein Versuch des Managements zusätzlich abzukassieren, da das Personal, dem das Geld eigentlich zugute kommen sollte, meist kaum etwas davon sieht. Vielfach leiden die Angestellten sogar darunter, da viele Urlauber wegen der *service charge* kein zusätzliches Trinkgeld mehr zahlen. Man sollte immer nach dem **Endpreis** fragen, da einem andernfalls oft zunächst ein wesentlich geringerer Preis genannt wird. Die unangenehme Überraschung kommt bei der Bezahlung der Rechnung am Ende. Die in diesem Reiseführer genannten Preise beinhalten bereits eventuelle Zuschläge.

Schlepper

Sie sind meist auffällig chic gekleidet, sprechen oft gut Englisch, scheinen magnetisch von westlichen Touristen angezogen zu werden, halten sich vorwiegend an Bahnhöfen oder in Hotelgegenden auf und geben als Berufsbezeichnung gern tourist guide an. Das ist im Grunde sogar zutreffend, verdienen sie ihr Geld doch damit, Touristen zu den Hotels zu führen, von denen sie für ihre Dienste eine Kommission von ca. 30 % bekommen. Wer den Mehrpreis am Ende bezahlt, ist klar – der Tourist. Schlepper führen einen entgegen ihren Beteuerungen also durchaus nicht zu den preiswertesten und schönsten, sondern zu den am besten zahlenden Unterkünften. Will man zu einem Hotel, welches nicht mit ihnen zusammenarbeitet, heißt es meist, es sei voll oder geschlossen oder abgebrannt. Am besten ignoriert man sie also und lässt sich gar nicht erst auf ein Gespräch ein, andernfalls können sie sehr „anhänglich" sein.

Tipp: Hotelpreise aushandeln

Wie alles in Indien, so sind auch Hotelpreise Verhandlungssache. Das gilt nicht nur für die auch in anderen Ländern übliche Unterscheidung zwischen Hoch- und Nebensaison, sondern zudem für die jeweilige Auslastung des Hotels. Ist eine Unterkunft nur zur Hälfte belegt, lassen sich vor Ort zum Teil erhebliche Nachlässe aushandeln. Und im Übrigen sollte man sich beim Einchecken immer an die alte Weisheit erinnern: Fragen kostet nichts.

Nur für den Fall, dass man spät abends in einer Stadt angekommen ist und nach nervenaufreibender Suche keine Schlafstätte finden konnte, sollte man den grundsätzlich sehr zweifelhaften Service in Anspruch nehmen. Irgendwo werden sie schon noch ein Plätzchen auftreiben, schließlich liegt es ja in ihrem eigenen Interesse. Am nächsten Tag kann man sich dann selbstständig und ausgeruht auf die Suche nach einer aufpreisfreien Unterkunft begeben, so zahlt man nur eine Nacht die Kommission mit.

Verhaltenstipps

Dass die Inder zumeist wenig dramatisch auf falsches oder sogar verletzendes Verhalten von Touristen reagieren, liegt durchaus nicht daran, dass sie diesbezüglich unempfindlich sind, sondern an ihrer ausgeprägten **Toleranz.** Hinzu kommt, dass man von dem Gast aus dem Ausland gar nicht erwartet, dass er sich in dem ritualisierten Verhaltenskodex der indischen Gesellschaft bis ins Kleinste auskennt. So billigt man ihm schon von vornherein ein Vorrecht auf Irrtum zu, vorausgesetzt, er beansprucht es nicht fortlaufend.

Lächeln

Der erste Eindruck ist bekanntlich immer der wichtigste, und da wirkt nichts erfrischender und einnehmender als ein freundliches Lächeln. Gerade in so einem kommunikativen Land wie Indien ist es von unschätzbarem Wert, eine angenehme Atmosphäre zu verbreiten. Wer erst einmal die Herzen der Menschen durch ein fröhliches Auftreten geöffnet hat, dem öffnen sich auch viele sonst verschlossene Türen.

Gute Miene zum manchmal gerade in **Amtsstuben** frustrierend langsamen Fortkommen zu machen führt letztlich auch immer weiter als die Faust auf dem Tisch.

Gestik und Körpersprache

Sexualität und Körperlichkeit sind in Indien immer noch ein Tabuthema, und dementsprechend sollte man sich mit **Zärtlichkeiten in der Öffentlichkeit** so weit wie möglich zurückhalten. Zwar gehören die Zeiten, da ein eng umschlungenes westliches Pärchen einen mittleren Volksauflauf hervorrief, der Vergangenheit an, gern gesehen wird es dennoch auch heute noch nicht.

Küsse oder weitergehende Berührungen vor fremden Blicken sollten im prüden Indien möglichst unterlassen werden. Dies wird zwar von vielen Touristen anders gesehen und gehandhabt, doch zum Reisen in anderen Kulturen gehört eben auch, dass man die dort herrschenden Moralvorstellungen gerade dann akzeptiert, wenn man sie nicht teilt. Andernfalls sollte man lieber zu Hause bleiben.

Zur traditionellen indischen **Begrüßung** legt man die Hände etwa in Brusthöhe senkrecht aneinander und sagt dabei in Verbindung mit einem leichten Kopfneigen **„Namasté“**, eine sehr schöne und anmutige Geste, die ähnlich auch in vielen anderen asiatischen Ländern praktiziert wird. Nur in den großen indischen Städten bürgert sich im Zuge der Verwestlichung die Sitte des Händeschüttelns mehr und mehr ein.

Streng verpönt ist es dabei, einem **die Linke** entgegenzustrecken. Da in Indien traditionell kein Toilettenpapier benutzt wird, sondern zu diesem Zweck die unbewaffnete linke Hand und ein Krug Wasser dienen, gilt links als unrein. So sollte man nie Gegenstände wie etwa Geschenke mit der Linken überreichen bzw. entgegennehmen. Verstärkt gilt das Gebot „Right Hand Only“ selbstverständlich beim Essen. Die Linke bleibt während des gesamten Essens möglichst unter der Tischkante.

Ebenso wie die linke Hand gelten auch die **Füße und Schuhe** als unrein. Fußsohlen sollte man nicht auf Menschen oder heilige Stätten richten, Schuhe vor dem Betreten eines Raumes ausziehen.

Selbst Langzeitreisende in Indien ertappen sich immer wieder dabei, dass sie die indischen Gesten für **Ja und Nein** missdeuten. Die Geste für Ja sieht unserem Nein sehr ähnlich, allerdings wird der Kopf dabei eher locker von einer Schulter zur anderen geschlenkert. Das recht ähnliche Nein wird durch ein seitliches Zucken des Kopfes nach links und rechts ausgedrückt, häufig unterstützt durch abfälliges Schnalzen oder eine abfällige Handbewegung.

Kleidung

Niemand wird erwarten, dass man in einem Land wie Indien, in dem viele Menschen kaum mehr als einen Fetzen Stoff am Leibe tragen, mit Schlips und Kragen herumlaufen sollte. Andererseits ist jeder Inder, der es sich leisten kann, bemüht, **gepflegte und saubere Kleidung** zu tragen. Der besonders von Rucksacktouristen geliebte Schmuddellook ist den Indern ein Gräuel.

Gleiches gilt für das Zurschaustellen von zuviel **nackter Haut.** Während man sich über Männer in Shorts noch eher amüsiert, gelten Frauen in kurzer Hose bzw. Rock und dazu vielleicht noch mit einem ärmellosen Hemd in den Augen der Inder als leichte Mädchen. Wer einmal gesehen hat, dass indische Frauen nach wie vor in voller Montur, d.h. mit Sari, zum Baden ins Meer gehen, der kann sich vorstellen, welchem Kulturschock die jungen Inder vor allen Dingen in Goa ausgesetzt sind, wo es an manchen Stränden immer noch als „in" gilt, hüllenlos zu baden. So ist es als Beitrag zur Beachtung einheimischer Moralvorstellungen kaum zuviel verlangt, zumindest die Badehose anzulassen.

Vor dem **Betreten von Heiligtümern,** egal welcher Religion, sind grundsätzlich die Schuhe auszuziehen. Zudem dürfen in Jain-Heiligtümer keine Gegenstände aus Leder mitgenommen werden, und in Sikh-Tempeln und vielen Moscheen ist eine Kopfbedeckung obligatorisch. Im Tempel selbst sollten keinerlei heilige Gegenstände berührt werden. Gleiches gilt auch für Hausaltäre. Dezentes Auftreten und vor allem zurückhaltende Kleidung, d.h. zum Beispiel lange Hosen und bedeckte Schultern, sollten selbstverständlich sein.

Bettler

Das Bild vom Lumpen tragenden und verkrüppelten Bettler gehört ebenso zum klassischen Indienbild wie der märchenhafte Zauber des Taj Mahal. Jeder Indienreisende ist innerlich darauf vorbereitet, und doch packt ihn, wenn er das Elend vor sich sieht, wieder das schlechte Gewissen. Vor lauter Mitleid greift er dann tief in die Tasche, um zumindest seinen kleinen Teil zur Linderung der Armut zu leisten. Psychologisch ist das allzu verständlich, doch schafft er damit oftmals mehr Probleme, als er löst.

Jeder muss für sich selbst entscheiden, ob und wieviel er geben soll. In dem Dilemma stecken nicht nur die Westler, sondern auch die Inder selbst. Es kann nicht sinnvoll sein, dass Kinder vom Schulbesuch ferngehalten werden, weil sie beim Betteln mehr verdienen als ihre Eltern mit täglicher, schwerer Arbeit. Am sinnvollsten scheint es, nur solchen Personen etwas zu geben, die offensichtlich nicht arbeitsfähig sind, d.h. Kranken, Älteren und Krüppeln.

Fotografieren

Wenn an den Leichenverbrennungsstätten in Varanasi die Toten auf den Scheiterhaufen gelegt werden, an den Türmen des Schweigens in Mumbai, dem Bestattungsort der Parsen, die Geier einfliegen oder stimmungsvolle Tempelfeste gefeiert werden, dann ist mit Sicherheit ein kamerabewehrter Tourist nicht weit. Das exotische Geschehen soll so hautnah wie irgend möglich auf Film gebannt werden. Dazu wird geblitzt, geknipst und gezoomt, was das Zeug hält, und falls sich einmal ein unaufmerksamer Inder versehentlich vor das Objektiv stellt, wird er mit grimmiger Miene zum Weitergehen aufgefordert. Immer diese störenden Einheimischen!

Man stelle sich das ganze einmal in Deutschland vor: Ein Inder mischt sich ungefragt unter eine Trauergemeinde, um ein Foto vom blumenbekränzten Sarg zu schießen, oder ein Blitzgewitter geht bei der Weihnachtsmesse über Altar und Krippe nieder. Recht unchristliche Zurechtweisungen wären wohl noch die harmlosesten Konsequenzen, die der Mann zu erwarten hätte.

Im Übrigen ist das Fotografieren trotz fehlender Hinweisschilder an den Verbrennungsghats von Varanasi **verboten.** Tut man es doch, wird es ungemütlich, da Aufpasser nur darauf warten, den Motivjäger in die Mangel zu nehmen und hohe Summen zu verlangen. Ebenso **unerwünscht** ist das Fotografieren in den heiligsten Bereichen von Tempeln sowie an militärischen Anlagen. In bestimmten Orten und Tempeln darf lediglich ohne Blitz geknipst werden.

In jedem Fall sollte man Fotografierverbote und den Wunsch mancher Personen, nicht fotografiert zu werden, respektieren. Zumindest durch einen Blick sollte man sich der Zustimmung vergewissern, bevor man mit der Kamera „draufhält".

Psychologische Einstellung

Indien ist ein Land, das schon manchen Reisenden aus der Balance geworfen hat. Geschichten von Travellern, die Monate bleiben wollten und das Land nach zwei Wochen „nicht mehr ertragen" konnten, hört man immer wieder. Mehr als die weit verbreitete Armut oder die überwältigend fremde Kultur sind es oft die dubiosen Charaktere (Schlepper, Schnorrer, raffgierige Händler, Neugierige, Aufdringliche etc.), die die Besucher zur Weißglut bringen. Durch derlei Negativkontakte, die auf die Dauer natürlich zermürben können, vergeht manchem die Lust auf jegliche Bekanntschaft im Land. Es gilt, die Negativerfahrungen zu relativieren und sie nicht wichtiger zu nehmen, als sie sind. Wer sich den ganzen Tag aufregt, weil er um zwei Rupien betrogen wurde, wer aus der Haut fährt, nur weil er schon wieder angestarrt wird, macht sich selber das Leben schwer. **Positives Denken** und **innere Gelassenheit** sind beim Reisen in Indien wichtiger als anderswo. Aber auch hier gilt, dass Südindien diese Phänomene weniger stark aufweist als der Norden.

Buchtipp

- *Rainer Krack:* **„KulturSchock Indien"**, erschienen im Reise Know-How Verlag.

Flugverbindungen im Internet

In dem täglich wechselnden Angebot des innerindischen Flugverkehrs bieten die Websites **www.yatra.com, www.cleartrip.com** und **www.cheapairticketindia.com** eine übersichtliche Orientierungshilfe. Hat man die gewünschte Flugroute und den Flugtag eingegeben, werden alle für den Tag angebotenen Flüge nach Preis sortiert aufgeführt. Selbstverständlich bietet sich hier auch die Möglichkeit, ein Ticket per Onlinebuchung zu kaufen. Hat man dort die für seine Reisepläne beste Verbindung gefunden, empfiehlt es sich jedoch, den Flug selbst auf der Website der jeweiligen Fluggesellschaft zu buchen, da man sich hiermit die zum Teil nicht geringen Vermittlungsgebühren spart.

Verkehrsmittel

Inlandsflüge

Die riesigen Entfernungen innerhalb des Landes sowie die äußerst zeitaufwendigen und ermüdenden Reisen in Bussen und Bahnen machen das Fliegen in Indien zuweilen selbst für diejenigen zu einer echten Alternative, die normalerweise nur on the road reisen. Selbst wer sehr aufs Geld achten muss, sollte sich fragen, ob es nicht sinnvoller ist, einmal 50 € zu investieren, statt lustlos und erschöpft auf dem Landweg weiterzureisen. Fliegen ist in Indien immer noch verhältnismäßig billig und zudem in den letzten Jahren wesentlich unkomplizierter geworden.

- **Kinder** unter 2 Jahren zahlen 10 % des Erwachsenenpreises, Kinder von 2 bis 12 Jahren 50 %.
- **Stornierungsgebühren:** mehr als 48 Std. vor Abflug: 10 %; zwischen 48 und 24 Std. vorher: 20 %; 24 bis 1 Std. vor Abflug: 25 %.
- Eine **Rückbestätigung** für Inlandsflüge ist nicht erforderlich, kann aber dennoch nicht schaden (72 Stunden vor Abflug), um sich über eventuelle Verschiebungen zu informieren. Dasselbe gilt für die allermeisten Flüge ins Ausland. Wichtig ist, drei Stunden vor Abflug **einzuchecken.**
- Auf Inlandsflügen herrscht **Rauchverbot.**
- **Check-In-Zeit** bei Inlandsflügen: 1 Stunde.

Fluggesellschaften

Neben der staatlichen Gesellschaft **Air India** (welche 2011 mit der den einheimischen Flugverkehr bedienenden Indian Airlines zusammengelegt wurde) gibt es viele private Fluggesellschaften. Da Air India als staatliche Gesellschaft flächendeckend operieren muss, verfügt sie immer noch über das dichteste Streckennetz. Der Markt ist aber sehr in Bewegung, Abweichungen von den Preisen und in den Verbindungen oder gar die Einstellung einer Linie sind immer möglich.

Vor Betreten des Flughafengebäudes müssen alle Reisenden ihr **Flugticket** und ihren **Pass** vorweisen. Fehlt eines dieser beiden Dokumente, wird einem der Zutritt in das Gebäude verweigert. Gerade wer mit den immer mehr Verwendung findenden elektronischen Tickets reist, sollte deshalb unbedingt einen Ausdruck mit sich führen.

Aufgrund des scharfen Wettbewerbs unter den indischen Fluggesellschaften, besonders bei der Personenbeförderung, herrscht ein harter Kampf um Marktanteile, der vorwiegend über möglichst geringe Flugpreise ausgetragen wird. Durch die ausschließlich nach den Gesetzen von Angebot und Nachfrage orientierte Strategie der einheimischen Fluggesellschaften ist Fliegen zwar **billiger, aber auch komplizierter geworden.** Ähnlich wie auf dem mitteleuropäischen Markt werden unrentable Flüge kurzfristig gestrichen bzw. erfolgversprechende Routen über Nacht angeboten. Ticketpreise schwanken zum Teil erheblich. So kann der gleiche Flug am Nachmittag deutlich günstiger oder teurer sein als zu Beginn des Tages. Dies ist auch der Grund, warum in diesem Reiseführer **keine Flugverbindungen und -preise genannt** werden. Solche Angaben verwirren aufgrund der ständigen Veränderungen mehr, als dass sie informieren. Nachfolgend eine Liste der wichtigsten Fluggesellschaften, die innerindische Flüge anbieten.

- **Air India,** www.airindia.com
- **Jet Airways,** www.jetairways.com
- **Spice Jet,** www.spicejet.com
- **IndiGo,** www.goindigo.in
- **GoAir,** www.goair.in

Ausgebuchter Flug?

Auch heute kommt es noch oft vor, dass Strecken ausgebucht sind und man sich zunächst auf die **Warteliste** setzen lassen muss. Dabei sollte man selbst dann nicht den Mut verlieren, wenn einem gesagt wird, dass die Chancen gleich Null sind, da schon zig andere vorgemerkt sind. Nicht selten passiert es, dass sich Flüge, die noch am Tag zuvor als hoffnungsvoll überfüllt galten, schließlich als halb leer erweisen. Vielfach reservieren ausländische Reisegruppen zur Sicherheit halbe Flugzeuge im Voraus, die sie schließlich nur zum Teil wahrnehmen. Manchmal werden auch kurzfristig Sondermaschinen eingesetzt.

Besondere Angebote

- Air India offeriert zusammen mit Alliance Air das Ticket **Discover India,** welches zu unbeschränktem Fliegen auf allen Strecken berechtigt. Ein verlockendes Angebot für Reisende mit begrenzter Zeit, um so viel wie möglich vom Land zu sehen. Allerdings ist der Preis recht happig und lohnt sich nur für absolute Vielflieger: 5 Flugcoupons innerhalb von 15 Tagen 32.500 Rs, 10 Coupons für 30 Tage 60.000 Rs. Zudem hat das Angebot auch einen Haken: Für Kunden mit Billig-Tickets ist es oft schwieriger, eine Reservierung zu bekommen. Wegen der Ausbuchung vieler Flüge ist es daher sehr zu empfehlen, möglichst alle Flugtermine gleich beim Kauf des Tickets zu reservieren.
- Reisende, die mit Air India **von Sri Lanka oder den Malediven** nach Indien fliegen, erhalten auf allen Strecken innerhalb Indiens in den ersten 21 Tagen nach der Ankunft eine **30-prozentige Ermäßigung.**
- Schließlich gewährt Air India allen Personen **zwischen 12 und 30 Jahren** 25 % Rabatt. Air India und Jet Airways geben Personen **über 65 Jahren** einen Rabatt von 50 bzw 25 %. Dennoch können die Angebote von Billigfliegern preisgünstiger sein.

Bahn

Sie wollen ihren Urlaub in vollen Zügen genießen? Na dann nichts wie auf nach Indien! Indiens Züge sind immer voll. 11 Mio. Reisende sind täglich auf Achse. 8.000 Lokomotiven fahren entlang dem 66.366 km langen Streckennetz und nehmen an den über 7.000 Bahnhöfen des Landes neue Passagiere auf. Mit 1,6 Mio. Angestellten ist die indische Bahn der größte Arbeitgeber der Erde.

Die Bahn ist nicht nur das wichtigste und **meistbenutzte Transportmittel** Indiens, sondern auch ein Stück Kultur des Landes. Die Bilder der den Karawansereien früherer Tage ähnelnden, menschenüberfüllten Bahnhöfe und die Rufe der Teeverkäufer in den Abteilen hinterlassen genauso unvergessliche Indien-Erinnerungen wie das Taj Mahal oder die Strände von Goa. Bahnfahren ist das indischste aller indischen Fortbewegungsmittel. Nirgends sonst ist man dem Alltagsleben so nah, kann die Ess-, Schlaf- und Schnarchgewohnheiten so hautnah miterleben wie in den engen, meist gut gefüllten Waggons der 2. Klasse.

Dabei liegen Lust und Frust oftmals so nahe beieinander wie die Passagiere selbst. Lärm, Dreck, Hitze und die oft katastrophalen hygienischen Verhältnisse stellen die Geduld der Reisenden ebenso auf eine harte Probe wie die fast gänzlich fehlende Privatsphäre. Auch die teilweise ewig langen Aufenthalte auf Provinzbahnhöfen und die chronischen Verspätungen tragen nicht gerade zum Fahrvergnügen bei – umso mehr, als Bahnfahrten in dem riesigen Land meist viele Stunden, nicht selten sogar Tage und Nächte dauern. Doch wer mit der in Indien stets hilfreichen Reisephilosophie „Man reist doch nicht, um anzukommen" unterwegs ist, dem kann all dies eigentlich nichts anhaben.

Bahnfahren in Indien will gelernt sein. Fahrpläne, Zugklassen, Reservierungen, Ticketkauf – all das scheint auf den ersten Blick ein Buch mit sieben Siegeln. Im Folgenden kann aus Platzgründen nur eine kleine Hilfe zum „Einstieg" gegeben werden. Doch keine Angst, hat man erst einmal die erste Fahrt erfolgreich hinter sich gebracht, wird man Indien in vollen Zügen genießen.

Zugtypen und Geschwindigkeit

Geschwindigkeit ist bei indischen Zügen ein sehr relativer Begriff. Mehr als 50 km/h durchschnittlich legen die allermeisten nicht zurück. Andererseits werden seit Jahren Milliardeninvestitionen in den Ausbau des Schienennetzes und den Einsatz moderner, schneller Züge getätigt, was das Reisen mit der Bahn nicht nur wesentlich bequemer, sondern auch schneller macht. So verbinden die selten anhaltenden, vollklimatisierten **Rajdhani- und Shatabdi-Expresse** etwa Delhi mit Kolkata bzw. Mumbai in 17 bzw. 16 Stunden. Nur Fliegen ist schöner. Mit dem etwa 3–4-fachen des Preises eines 2.-Klasse-Tickets für Express-Züge sind sie jedoch entsprechend teuer.

Klassen und Preise

Zunächst scheint alles ganz simpel, gibt es doch offiziell nur zwei Beförderungsklassen: 1. und 2. Klasse. Doch Indien wäre nicht Indien, wenn es das Einfache nicht verkomplizieren würde.

In der **1. Klasse** gibt es die Unterscheidung zwischen **klimatisierten** (AC) und nicht klimatisierten Zügen. AC-Züge werden jedoch nur auf Hauptstrecken eingesetzt und sind mehr als doppelt so teuer wie die normale 1. Klasse – zu teuer, wenn man überlegt, dass eine Fahrt von Delhi nach Mumbai in der 1. Klasse gerade mal 40 % billiger ist als ein Flug mit Air India und teurer als ein Flug mit einer Billigfluggesellschaft. Da sollte man sich besser gleich ins Flugzeug setzen.

Des Weiteren gibt es die **Chair Cars** (und die doppelt so teuren, komfortableren **Executive Chairs**), die unseren IC-Großraumwagen ähneln und etwa 40 % der AC 1. Klasse kosten. Auch diese Waggons werden nur auf wenigen Strecken eingesetzt, bieten jedoch wegen ihres hervorragenden Preis-Leistungs-Verhältnisses eine exzellente Alternative zur 1. Klasse.

Spottbillig sind die *general coaches* für die armen Bevölkerungsschichten. Diese Waggons am Anfang bzw. Ende eines jeden Express-, Mail- oder Passenger-Zuges mit unreservierten Plätzen platzen im Regelfall aus allen Nähten und sollten möglichst gemieden werden. Schon mehr Komfort bietet die nicht ganz so volle **2. Klasse,** die bei Nachtzügen durch Hochklappen der mittleren Rückenlehne als mittlere Pritsche zur um ca. 30 % teureren **Sleeper Class** wird. Ab dieser Klasse ist eine Reservierung notwendig.

Schließlich gibt es noch bei allen Klassen außer der AC-Chair-Variante die **Schlafwagenklasse.** Schlafwagen der ersten Klasse (AC 1. Cl.) bestehen meist aus gepolsterten Betten in geräumigen, zum Gang abgeschlossenen Abteilen, die tagsüber in der Regel sechs, nachts vier Personen Platz bieten. Bei den Schlafwagen der 2. Klasse unterscheidet man noch zwischen den Unterklassen **2-tier** und **3-tier,** was bedeutet, dass, ähnlich wie im europäischen Liegewagen, zwei oder drei Personen auf Pritschen übereinander schlafen können. Tagsüber dienen diese Schlafwagen wieder als normale Abteile, beim 3-tier wird lediglich die mittlere Pritsche herunterge-

Preise für Express-Züge (in Rs)

	AC 1. Cl.	AC 2-tier	AC 3-tier	First Class	Chair Car	2. Klasse
100 km	1047	613	428	262	205	47
300 km	1047	613	428	558	378	101
500 km	1711	996	688	843	545	150
1.000 km	2895	1683	1352	1371	931	253

klappt. Selbst wenn man eine reservierte Sitznummer hat, kann man das Bett nur nachts exklusiv für sich reklamieren. Tagsüber okkupieren z.T. bis zu acht Personen die untere Pritsche. Schlafwagen kosten etwa 20–30 % mehr als normale Sitze. **Bettwäsche** kann man in der 2. Klasse nur in wenigen Zügen beim Schaffner ausleihen. Ein eigener Schlafsack sollte also in jedem Fall zur Grundausrüstung gehören.

Es gibt eine Vielzahl von Personengruppen, die **ermäßigungsberechtigt** sind. So zahlen *senior citizens,* d.h. Frauen ab dem 58. und Männer ab dem 60. Lebensjahr 50 bzw. 40 % weniger für alle Zugklassen. Kinder unter 6 Jahren fahren umsonst, zwischen 6 und 12 Jahren zahlen sie für Strecken bis 300 km nur 50 % des Fahrpreises. Für Behinderte, Künstler (!) und Journalisten werden Ermäßigungen von 50 bis 70 % (je nach Zugklasse) gewährt.

Verbindungssuche und Ticketkauf im Internet

Um sich über die aktuellen Abfahrtszeiten der sich ständig ändernden Fahrpläne zu informieren, sind mehrere Websites hilfreich: Bei dem privaten Anbieter Cleartrip, **www.cleartrip.com,** zunächst den Link „Trains“ anklicken und dort den jeweiligen Start- und Zielort, Abfahrtsdatum etc. eingeben. Nach Anklicken des Links „Search trains“ werden die Verbindungen aufgelistet, aus denen der passende Zug auszuwählen ist. Für diesen kann man dann, bei entsprechender Verfügbarkeit, gegen einen geringen Aufpreis eine Reservierung vornehmen, die bei Cleartrip jedoch nur mit Visa- oder Mastercard bezahlt werden kann. Falls man von außerhalb Indiens bucht, wird die Angabe einer indischen Handynummer erwartet, diese kann jedoch auch eine Fantasienummer sein. Es sind nur Direktverbindungen (ohne Umsteigen) buchbar.

Etwas umständlicher kommt man auch auf der Buchungsseite von **Indian Railways, www.irctc.co.in,** unter dem Link „Enquiry“ und dann entweder „Train between Important Stations“ oder „Train Enquiry“ zum Ziel. Hier ist die Bezahlung des Tickets nur sehr eingeschränkt möglich. Eine weitere übersichtliche und benutzerfreundliche Internetadresse für Zuginformationen ist **www.erail.in.**

Neben Cleartrip sind auch über die Portale **www.yatra.com** und **www.makemytrip.com** (nach Anmeldung) Informationen zu erhalten und Bahntickets online buchbar. Auch hier sind das Generieren einer IRCTC-Zugangsnummer sowie die Eingabe anderer Informationen wie Name und Adresse notwendig.

Hat man sich einmal durch diese Prozedur gequält und bedenkt man, wieviel Zeit und Nerven man sich damit gegenüber dem herkömmlichen Weg spart, ist dies eine sinnvolle Zeit- und Geldinvestition. Wenn man registriert ist, eine Visa- oder Mastercard besitzt und sich vielleicht schon mal vor der Abreise durch ein paar Seiten geklickt hat, kann man auf diesem Weg nicht nur Fahrkarten buchen, sondern diese auch jederzeit von Neuem ausdrucken, stornieren oder sich über die jeweilige Auslastung des Zuges informieren. Leider ist es bei der Online-Buchung von Bahntickets über die genannten Portale gelegentlich zu Problemen bei der Anmeldung und dem Akzeptieren von Kreditkarten kommen.

Alternativ bieten sich in vielen Touristenorten **Reisebüros** an, bei denen man für eine Gebühr von ca. 100–150 Rs pro Ticket einen Fahrschein kaufen kann. Dieser wird üblicherweise sofort online gebucht und ausgedruckt, sodass ein nochmaliges Erscheinen nicht notwendig ist. Falls es sich um ein Wartelistenticket handelt, besteht allerdings die Möglichkeit, dass man vor Zugabfahrt doch keinen Sitzplatz zugewiesen bekommt. In diesem unwahrscheinlichen Fall wird das Geld für das dann ungültig gewordene Ticket dem Reisebüro überwiesen und man muss es sich dort abholen.

Wer es lieber analog mag, findet in Bahnhofskiosken gelegentlich noch das **Heftchen „Trains at a Glance“** für 45 Rs. Darin sind viele wichtige Bahnverbindungen aufgelistet.

Ticketkauf und Reservierung am Bahnhof

Ein Bahnticket sollte man immer **so früh wie möglich** erwerben, da die meisten Zugverbindungen mindestens über Tage im Voraus, einige über noch längere Zeiträume ausgebucht sind (s.u.). Wer sich für den „traditionellen" Weg des persönlichen Ticketkaufs am Bahnhof entscheidet, sollte Folgendes bedenken: Ob man nun ein normales Ticket für den gleichen Tag kaufen oder eine Reservierung vornehmen will, beides ist in Indien zeitaufwendig und nervenstrapazierend. Mit etwas Pech kann die Prozedur schon ein oder zwei Stunden in Anspruch nehmen. Zunächst einmal gilt es den richtigen **Schalter** für die verschiedenen Klassen und Züge (Mail, Express oder Passenger) zu finden. Um zu vermeiden, dass man am Ende einer langen Ansteherei schließlich beim falschen Fahrscheinverkäufer landet, sollte man also unbedingt vorher durch beharrliches Nachfragen den richtigen ausmachen. Auf jedem Bahnhof gibt es einen *station master,* der fast immer freundlich und hilfsbereit Auskunft gibt. Für Frauen gibt es manchmal spezielle **ladies counters,** die meist weit weniger frequentiert sind als die normalen Schalter. Die Fahrkarten für männliche Mitreisende können mitbesorgt werden. In mehreren großen Städten Indiens helfen in den Bahnhofsgebäuden speziell für Touristen eingerichtete **International Tourist Bureaus** dem im Ticketerwerb unbedarften Reisenden weiter. Diese teils rund um die Uhr geöffneten Verkaufsstellen in den Bahnhöfen New Delhi, Mumbai, Agra Canttonment, Ahmedabad, Jaipur, Jodhpur, Kolkata und Varanasi haben meist sehr hilfsbereite Mitarbeiter.

442in mb

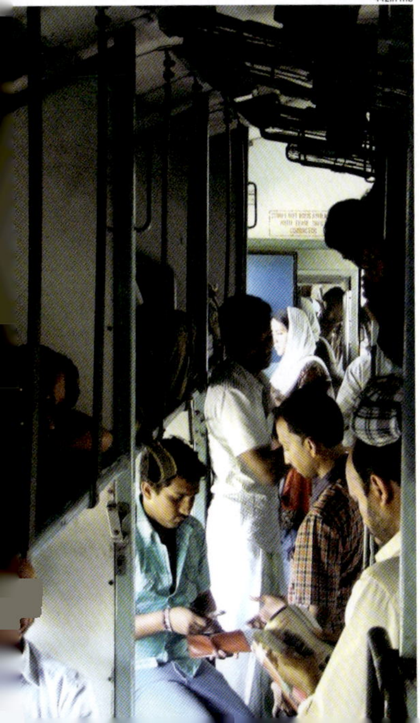

Für Züge der einfachen **seater class** und **local trains** sind Reservierungen nicht möglich. Hier gilt: Wer zuerst kommt, sitzt. Wer zu spät kommt, steht, und das gelegentlich recht beengt. Für diese Züge kauft man lediglich ein *general ticket* am normalen Schalter im Bahnhofsgebäude, also nicht im Reservierungsbüro.

Da eigentlich immer zu wenige Plätze in den Zügen zur Verfügung stehen, ist bei jeder längeren Zugfahrt eine möglichst frühzeitige Reservierung anzuraten, besonders bei **Nachtzugverbindungen.** Dies ist bis zu 60 Tage im Voraus möglich. Für Fahrten im **Schlafwagen** ist eine Reservierung unbedingt erforderlich, speziell in der 2. Klasse, da hier die Nachfrage am größten ist. Oftmals sind die Züge in dieser Klasse auf Hauptstrecken für Wochen, ja Monate im Voraus ausgebucht, d.h. man sollte so früh wie möglich reservieren! Reservierungen müssen meist in **railway reservation offices** oder **buildings** durchgeführt werden, die oftmals neben dem eigentlichen Bahnhof in einem Extragebäude untergebracht sind. Für eine Reservierung muss ein Antragsformular, die *reservation form,* ausgefüllt werden. Hierin werden neben einigen persönlichen Angaben wie Name, Alter, Ge-

◁ Bahnfahren in der Sleeper Class

Ruhe mitten im Chaos – Impressionen auf einem indischen Bahnhof

Ein scharfer Geruch liegt in der Luft, es ist schwülheiß, stickig und laut. Ich betrete den Bahnhof einer typischen indischen Großstadt und bahne mir einen Weg zu den Gleisen. Indien in seiner unbändigen Vielfalt, Widersprüchlichkeit und Sinnlichkeit breitet sich vor Augen, Ohren, Nase aus. Männer hocken neben den Schienen und urinieren, Bettler bitten um eine Spende, dazwischen spielen Kinder und laufen herrenlose Hunde herum. Züge rattern vorbei, Schuhputzer bieten ihre Dienste an, Chaiwallahs verkaufen für vier Rupien köstlichen Tee in kleinen Tongefäßen. Mit ihren Uniformen und roten Hüten wie Lotsen in der Brandung erscheinen die Kofferträger. Ein klassischer Masala-Mix, jenes für Indien so typische kunterbunte Durcheinander von Gerüchen, Farben, Geräuschen, Impressionen, Menschen und Situationen.

„May I have your attention please" – eine blecherne Stimme aus den uralten Lautsprechern kündigt eine 40-minütige Verspätung des Zuges aus Ahmedabad an. Die Hunderte Wartenden auf dem Gleis nehmen es mit Gelassenheit hin. In Indien ist man daran gewöhnt, hat nichts anderes erwartet und geht wesentlich relaxter mit Zeit und Raum um als in Europa. Der Ordnung vortäuschende Bahnhofssprecher wirkt wie eine kafkaeske Inszenierung inmitten des sich bei aller Chaotik doch letztlich immer wieder selbst regelnden indischen Alltagslebens.

Die Menschen um mich herum haben ihr ganzes Hab und Gut und sich selbst auf dem Bahnsteig ausgebreitet und machen es sich bequem. Drei, zum Teil vier Generationen sitzen eng zusammen, versammeln sich um die Mütter und Großmütter, welche die *dabbas* öffnen. In diesen übereinander geschichteten, von einer Klammer zusammengehalten Metallschalen verbirgt sich die ganze Köstlichkeit der indischen Küche. Jede Schale beeinhaltet ein anderes Gericht. Ich entdecke einen Linsenbrei *(dhal)* und eine würzige Kartoffel-Blumenkohl-Mischung *(aloo ghobi)*, ein Gemüse-Curry *(vegetable curry)* sowie Fladenbrote *(roti)* und Chutney. Der köstliche Geruch umhüllt die Familie und lässt auch mir das Wasser im Mund zusammenlaufen.

Bei aller scheinbaren Andersartigkeit und Fremdheit erkennt man bei genauerem Hinschauen auch Vertrautes. Während die Mädchen brav auf ihr Essen warten, drängeln sich die Jungen nach vorn, schnappen sich in aller Eile ein in den Linsenbrei gestipptes Brot, um dann einander nachjagend über den Bahnsteig zu rennen. Als einer der Jungen vom genervten Vater eine Ohrfeige erhält, findet er Trost bei seiner Mutter, die ihn gleich in den Arm nimmt. Kurz darauf ist er schon wieder im Gewimmel verschwunden. Derweil sitzen die Mädchen friedlich zusammen und kämmen sich gegensetig das lange, schwarze Haar. Der rote Plastikkamm macht den Eindruck, als ob er schon seit Generationen von der gleichen Familie benutzt wird – Sparsamkeit ist in Indien keine Tugend, sondern Notwendigkeit.

Mitten im Durcheinander vertreiben andere sich die Zeit, indem sie in aller Seelenruhe eine Zigarette rauchen, Zeitung lesen oder ein Pläuschchen mit Verwandten halten. Eine bewundernswerte Ruhe und Gelassenheit! Ihrem inneren Kompass folgend, haben die Inder die Fähigkeit entwickelt, trotz des vermeintlichen Chaos den Weg nicht zu verlieren.

Ermüdet von all den Eindrücken richte ich meine Augen nach unten. Mein Blick fällt auf zwei Mädchen, die wenige Zentimeter neben meinen Füßen auf dem Boden liegen und seelenruhig schlafen. Die jüngere der beiden, viel-

> Im Victoria-Bahnhof in Mumbai

219ke tb

leicht gerade mal zwei Jahre alt, schmiegt sich in gekrümmter Haltung an den Rücken der großen Schwester, als wolle sie sich vor den Füßen der Passanten schützen. Die beiden würden wahrscheinlich erschreckt aufwachen, wenn der sie umgebende Lärm abrupt abbräche.

Die bewundernswerte Gelassenheit inmitten von Menschenmassen, Lärm und Schmutz ist das Resultat eines auf engstem Raum in Großfamilien verbrachten Lebens. Privatsphäre im westlichen Sinne muss man sich leisten können. Was dem Ruhe und Ordnung gewöhnten Europäer als laut und chaotisch erscheint, ist für den Inder der Rhythmus eines im Einklang mit der Umwelt gelebten Lebens.

Meinen Blick wieder aufrichtend, sehe ich neben mir auf einem Reklameschild die Werbung für „Sukhant, Megacity of the 20th century". Zu erkennen sind auffallend hellhäutige Menschen mit schicken Autos und dahinter verglaste Hochhäuser in makellos sauberen Parkanlagen. Gleich daneben strahlt mich Indiens Film-Superstar *Shah Ruk Khan* an, der offenbar ganz begeistert ist von seinem Mobiltelefon, das er elegant ans Ohr hält.

Wenige Minuten später fährt der Zug ein. Jetzt gibt es kein Halten mehr. Ein von keiner sozialen oder moralischen Norm gebändigter Egoismus bricht sich Bahn. Männer, die bereits auf die Trittbretter aufgesprungen waren, hängen aus den Türen und nehmen Koffer der auf sie wartenden Angehörigen an. Wie von einer Urgewalt getrieben, strömen Väter, ihre Kleinkinder und Koffer auf den Köpfen balancierend, zu den Eingängen und Fenstern. Menschen werden gestoßen und gequetscht, Alte und Frauen gedankenlos zur Seite gedrängt – ein Spiegelbild des alltäglichen indischen Überlebenskampfes. Für Rücksichtnahme ist kein Platz. „Bin ich nicht unter den ersten, bin ich schnell der Letzte" – und das hieße Tage auf dem Boden zwischen Kisten, Säcken und Unrat verbringen. Der Zug fährt ab und gibt die Sicht frei auf das dahinter liegende Gleis. Dort zeigt sich das gleiche Bild, verwirrend wie anziehend, beängstigend wie anheimelnd.

Am Abend komme ich zurück. Der Bahnhof ist nun wie ausgestorben – und Shah Rukh Khan lächelt immer noch so unwiderstehlich, dass man keinen Zweifel haben kann: Die schöne neue Konsumwelt wird nun auch Indien erobern. Es kann nur noch ein paar Jahre dauern, bis die Szenen des ewigen Indien auf den Bahnhöfen von der sterilen Modernität des Westens verdrängt sind. Die Entzauberung hat dann auch Indien fest im Griff.

schlecht und Passnummer auch der Zugname, die Nummer des Zuges sowie Abfahrts- und Zielort und Reisedatum eingetragen.

Mit dem entsprechend ausgefüllten Formular stellt man sich dann erneut an, wobei man unbedingt darauf achten sollte, ob es eventuell einen speziellen **Touristenschalter** gibt. (Falls dem so ist, wird es in den jeweiligen Städtebeschreibungen in diesem Buch erwähnt.) Da am Touristenschalter nur ausländische Touristen abgefertigt werden, geht alles viel schneller über die Bühne. Ist die Reiseroute auch vom Zeitablauf her schon durchgeplant, empfiehlt es sich, möglichst viele Tickets auf einmal zu kaufen, um die langwierige Prozedur nicht immer wieder neu durchlaufen zu müssen. Die Bahntickets sind allerdings nur für einen bestimmten Zug an einem bestimmten Tag gültig.

Die **Reservierungsgebühr** beträgt 15 Rs für die Erste Klasse und 10 Rs für die Zweite. Auf dem Ticket sind die Wagen-, Sitz- und Bettnummer vermerkt. Beim Betreten des Waggons hängt neben der Eingangstür noch einmal eine provisorisch angebrachte Reservierungsliste, auf der man seinen Namen unter der jeweiligen Platznummer finden sollte. Der eigene Name ist zwar oft leicht entstellt wiedergegeben *(Barkegeier, Harketeur)*, doch normalerweise funktioniert das System gut.

Falls der gewünschte Zug ausgebucht ist, sollte man zunächst versuchen, ein **Tourist-Quota-Ticket** zu bekommen, ein speziell für Touristen zurückgehaltenes Kontingent von Plätzen. Dies ist jedoch nur für viel von Touristen benutzte Zugverbindungen sowie in den Bahnhöfen bestimmter, meist größerer Städte möglich. In anderen Städten oder wenn das Tourist-Quota-Kontingent erschöpft ist, sollte man als nächstes versuchen, ein **RAC-Ticket** *(reservation against cancellation)* zu ergattern, was einen Sitzplatz ermöglicht, sollten genügend andere Passagiere ihre Buchung stornieren. Falls das nicht der Fall ist, hat der RAC-Ticket-Besitzer die Berechtigung, mit diesem Ticket den Zug dennoch zu besteigen und ohne Reservierung zu schauen, was zu machen ist. Wie für Tourist-Quota-Tickets gibt es auch hierfür Kontingente, die ausgeschöpft sein können.

Dann bleibt nur noch die Möglichkeit, sich auf die **Warteliste** setzen zu lassen. Hat man ein solches Wartelistenticket, kann man dessen jeweiligen Status bis zum Tag der Abfahrt online unter www.indianrail.gov.in unter dem Button „PNR Status" mittels Eingabe der oben links auf dem Ticket aufgedruckten PNR-Nummer in Erfahrung bringen. Meist verringert sich die **Wartelistennummer** bis kurz vor dem Abfahrtsdatum nur wenig und erst am letzten Tag bekommt man seinen Sitzplatz zugeteilt. Ist jedoch die Nummer zu hoch, kann es passieren, dass man keinen Platz bekommt. (Dann verfällt das Ticket, dessen Wert man abzüglich eines geringen Abschlags an einem Schalter eines beliebigen Reservierungsbüros der Indischen Bahn zurückbekommt, falls man es selbst gekauft hat. Wurde das Ticket über eine Reiseagentur per elektronischer Buchung gekauft, wird das Geld an dieses Reisebüro überwiesen.) Benötigt man dennoch genau diese Zugverbindung, muss man sich ein **general ticket** am entsprechenden Fahrkartenschalter besorgen, sich in den Zug begeben und hoffen, dass der Schaffner, den man möglichst schnell finden sollte, noch einen leer gebliebenen Sitz-/Schlafplatz zuweisen kann. Dann ist der Differenzpreis vom *general ticket* zur jeweiligen Klasse zu entrichten.

Seit einigen Jahren gibt es ein sogenanntes **TATKAL-Ticket,** das wichtig ist, wenn über den normalen Verkauf kein Platz im Zug mehr zu bekommen ist und auch Tourist-Quota-Tickets aufgebraucht oder am jeweiligen Bahnhof nicht verfügbar sind. Für 100–400 Rs zusätzlich, abhängig von der gewählten Zugklasse (*First Class AC Tickets* sind für TATKAL ausgeschlossen), kann man an bestimmten Bahnhöfen, meist nur in größeren Städten, ein TATKAL-Ticket erwerben (frühestens zwei Tage vor Abfahrt, Reisepasskopie erforderlich), welches die Chance auf einen Platz im Zug erhöht bzw. nahezu garantiert, obwohl es auch hier eine Warteliste gibt. Nachteil der TATKAL-Tickets ist die Stornogebühr, es werden nur 25 % des Ticketpreises erstattet und das nur bis mindestens 24 Std. vor Zugabfahrt, danach gibt's nichts. TATKAL-Tickets werden nur für bestimmte Züge ausgegeben, sodass nicht für jede Verbindung ein sicherer Platz erworben werden kann.

Rückerstattung

Die Rückerstattung von nicht genutzten reservierten Tickets ist möglich, jedoch mit Kosten verbunden, deren Höhe von der Beförderungsklasse und dem Zeitpunkt der Stornierung abhängt. Wer sein Ticket länger als einen Tag vor dem Abfahrtstermin storniert, muss für die 2. Klasse 20 Rs Gebühr, für die *sleeper class* 40 Rs, AC 2-tier und 3-tier 60 Rs und AC 1. Klasse 70 Rs zahlen. Bis zu vier Stunden vor dem geplanten Abfahrtszeitpunkt zahlt man 25 %. Die Stornierung von Wartelistentickets, RAC-Ticktets und TATKAL-Tickets auf Warteliste kostet 20 Rs.

Nicht reservierte Fahrscheine können bis drei Stunden nach Abfahrt des Zuges für eine Gebühr von 5 Rs in Zahlung gegeben werden.

Hat man sein **Ticket verloren,** besteht generell zunächst kein Recht auf Rückerstattung. Doch natürlich gibt es hierbei Ausnahmen: Wem ein reserviertes Ticket für eine Strecke von unter 500 km abhanden gekommen ist, der kann unter Vorlage seines Personalausweises für einen Aufpreis von 25 % des ursprünglichen Preises die Fahrt wahrnehmen.

Indrail Pass

Auch die indische Eisenbahn sieht die Möglichkeit des Kaufes von **Netzkarten** vor, die es ausländischen Touristen erlauben, für einen bestimmten Zeitraum unbegrenzt viele Kilometer auf Achse zu sein.

Rein finanziell macht der Indrail Pass keinen Sinn, dazu ist Bahnfahren in Indien einfach zu billig. Für den Kaufpreis von 80 US$ für den 7 Tage gültigen Pass (2. Klasse; für komfortablere Klassen bis 270 US$) müsste man ziemlich genau 25.000 km zurücklegen, damit sich die Karte auszahlt. Bei einer Durchschnittsgeschwindigkeit der indischen Eisenbahnen von 50 km/h ein ziemlich aussichtsloses Unterfangen. Auch der oft angeführte Vorteil, dass man mit dem Indrail Pass das unangenehme Warten beim Ticketkauf umgehen könne, trifft nur teilweise zu, weil es ja zumindest für Nachtfahrten immer noch einer Reservierung bedarf.

Wirklich von Vorteil ist der Pass aber in dem Fall, dass alle Züge ausgebucht sind. Inhaber finden selbst dann einen Platz, wenn normalerweise gar nichts mehr geht. Gerade in Zeiten der großen Familienfeste, wenn das ganze Land unterwegs zu sein scheint, ist dies ein enormer Vorteil. Es bleibt zu fragen, ob das den enormen Aufpreis wert ist.

Die Karte kann an verschiedenen Bahnhöfen Indiens gekauft werden, muss jedoch in ausländischer Währung bezahlt werden. Außerdem besteht die Möglichkeit, sie schon vor dem Abflug in Deutschland unter folgender Adresse zu erwerben:

- **Asra-Orient Reisedienst,** Kaiserstraße 50, 60329 Frankfurt/M., Tel. 069-253098, info@asraorient.de.

Bahnhofs-Service

Die meisten Bahnhöfe in Indien verfügen über sogenannte **cloak rooms,** in denen man sein Gepäck für bis zu 24 Stunden deponieren kann. Eine gute Möglichkeit, um sich nach Ankunft in einer Stadt ohne den lästigen Rucksack auf Zimmersuche zu begeben. Wichtig ist es, das Gepäckstück mit einem kleinen, von außen sichtbar angebrachten Schloss abzugeben, da es sonst nicht angenommen wird. Die Aufbewahrungsgebühr pro Stück beträgt maximal 5 Rs pro Tag.

Während der oftmals langen **Wartezeiten** auf verspätete Züge bietet sich die Möglichkeit den Warteraum aufzusuchen, den es auf fast jedem Bahnhof für die 1. und 2. Klasse gibt. Manchmal muss man hierzu am Eingang sein Ticket vorzeigen. Meist sind die angeschlossenen **Toiletten** in wesentlich besserem Zustand als die öffentlichen.

Viele Bahnhöfe verfügen über die sogenannten **railway retiring rooms,** einfache, doch meist saubere und günstige Unterkunftsmöglichkeiten. Die Zimmer sind vor allem wegen ihres sehr günstigen Preises (um 100 Rs im Schlafsaal, DZ ab ca. 200 Rs, EZ stehen nicht zur Verfügung) bei Indern sehr beliebt und deshalb oft ausgebucht. Eine besonders ruhige Lage kann man am Bahnhof allerdings nicht erwarten.

222ke tb

Luxuszüge

Palace on Wheels

Es gibt Luxusvarianten, den Nordwesten Indiens mit der Eisenbahn kennenzulernen. Die Rundfahrten mit einem Luxuszug aus der **Kolonialzeit** sind jedoch nicht gerade billig. In **Rajasthan** fährt der Palace on Wheels folgende Ziele an: 1. Tag Start in New Delhi, 2. Tag Jaipur, 3. Tag Sawai Madhopur/Ranthambore und Chittorgarh, 4. Tag Udaipur, 5. Tag Jaisalmer, 6. Tag Jodhpur, 7. Tag Bharatpur/Keolodeo Bird Sanctuary und Agra, 8. Tag Ankunft in Delhi. Für weitergehende Informationen stehen folgende Ansprechmöglichkeiten zur Verfügung:

- **Sr. Manager,** Palace on Wheels, Bikaner House, Pandara Rd., New Delhi-110011, Tel. 23381884, powrtdc@mantramail.com.
- **Rajasthan Tourism Development Corporation,** RTDC Hotel Swagatam, Jaipur-302006, Tel. 2415777, 2203531, www.palaceonwheelsindia.com.
- Auch in Deutschland gibt es eine Kontaktadresse: **Asra Orient Reisen,** Tel. 069/253098, www.asraorient.de.

Royal Rajasthan on Wheels

Die zweite Möglichkeit bietet der Royal Rajasthan on Wheels (625 US$ bis 1730 US$ (Suite), neben Verpflegung und Unterkunft u.a. Elefantenausritt in Amber Fort etc.). Ähnliche Route wie die vorgenannte, zusätzlich Khajuraho und Varanasi, dafür ohne Bharatpur und Jaisalmer.

- **The Luxury Trains UGF,** Chanderlok Building, 36 Janpath, New Delhi-110001, Tel. 011-43737059, 2332 2332, 43737000, www.royalrajasthanonwheels.co.in. Auch in Deutschland und der Schweiz ist die Buchung möglich, Kotakt siehe Website.

The Royal Orient

Eine weitere Möglichkeit bietet The Royal Orient für **Gujarat und Rajasthan.** Folgende Ziele werden angefahren: 1. Tag Abfahrt Delhi, 2. Tag Chittorgarh/Udaipur, 3. Tag Junagadh/Veraval, 4. Tag Sasangir/Dilwara, 5. Tag Palitana/Sarkhej, 6. Tag Ahmedabad, 7. Tag Jaipur, 8. Tag zurück nach Delhi. Weitere Informationen:

- **Central Reservation Office,** State Emporia Building, Baba Kharak Singh Marg, Delhi, Tel. 23744015, www.gujarattourism.com.

Busse

Kaum eines der insgesamt 700.000 indischen Dörfer wird nicht von irgendeinem Bus angefahren. Für viele in entlegenen Grenzgebieten wohnende Inder ist es überhaupt das einzige öffentliche Verkehrsmittel. Darüber hinaus kommt man in Gebieten, wo die Bahn nur auf Schmalspurbreite operiert, wie z.B. in weiten Teilen Rajasthans und Bihars, mit dem Bus **wesentlich schneller** voran. Gleiches gilt auch für besonders von Touristen stark frequentierte Strecken wie Agra – Jaipur. Überhaupt ist Busfahren auf kürzeren Strecken der Fahrt mit dem Zug vorzuziehen, da vor allem Langstreckenzüge oft stundenlange Verspätung haben.

Andererseits gibt es gute Gründe, warum die meisten Reisenden den Zug dem Bus vorziehen. Neben allgemeinen Erwägungen wie größerer Bewegungsfreiheit und mehr Kontaktmöglichkeiten ist vor allem die **mangelnde Verkehrssicherheit** zu nennen. Indien ist das Land mit der höchsten Rate an Verkehrstoten der Erde im Verhältnis zur Verkehrsdichte. Dass das keine abstrakten Zahlen sind, kann man tagtäglich auf Indiens Straßen auf anschauliche Weise erleben. Bei fast jeder längeren Busfahrt sieht man mindestens ein Autowrack im Straßengraben liegen. Verwundern kann das bei dem oft schrottreifen Zustand der Fahrzeuge und dem Kamikaze-Stil der Fahrer nicht. Wer die Frage nach dem Leben nach dem Tod noch nicht unbedingt in allernächster Zukunft konkret beantwortet haben möchte, sollte die mittleren Reihen denen ganz vorne vorziehen. Die hinteren Reihen sind dagegen nicht so zu empfehlen, weil

Schultransport auf Indisch

man dort wegen der Kombination von harten Federn und schlechten Straßen zu viele Luftsprünge macht.

Wer nachts mit Bus oder Zug unterwegs ist, sollte immer einen **Pullover** und vielleicht auch ein Tuch für Hals und Kopf griffbereit haben, da es in Indien selbst nach einem heißen Tag nach Sonnenuntergang **empfindlich kühl** werden kann. Im Übrigen ist es meist nicht möglich, die Fenster richtig zu schließen, sodass häufig ein unangenehmer Durchzug herrscht. Sollte der zusätzliche Schutz nicht nötig sein, kann man den Pullover immer noch als Kopfstütze verwenden.

Staatliche Busgesellschaften

Etwas weniger Todesverachtung scheinen die Fahrer der staatlichen Busgesellschaften zu verspüren. Auch der technische Zustand ist hier im Allgemeinen besser als bei privaten Gesellschaften, welche aufgrund des enormen Konkurrenzdrucks zuerst an neuen Bremsen und profilbereiften Rädern zu sparen scheinen. Jeder Bundesstaat betreibt seine eigene Busgesellschaft, wobei deren Qualitäten sehr unterschiedlich sind.

Die Komfortunterschiede zwischen den billigen Klassen sind eher gering, ob man nun **Ordinary, Express, Semi Deluxe** oder **Deluxe** fährt. Das wichtigste Unterscheidungsmerkmal ist, dass die Semi-Deluxe, Deluxe- und Super-Deluxe-Busse wesentlich seltener anhalten als die zudem häufig ziemlich ramponierten Ordinary-Busse, die jedes noch so kleine Dorf anfahren. Von innen sehen sie alle gleich einfach aus: zweimal drei Sitzplätze pro Reihe mit meist einfacher Polsterung, auf denen sich neben bis zu zehn Personen auch noch Hühner, Kartoffeln und Chilis zusammenpferchen können. An dieser Lebensfülle ändert sich auch dann nicht viel, wenn man eine (nur recht selten mögliche) Reservierung vornimmt. Meistens muss man sich den Platz bei der Einfahrt des Busses in den Busbahnhof eh schon durch einen Sprint und Muskelkraft erkämpfen. Beim Ansturm auf die heißbegehrten Sitzplätze werden die Inder wohl nur noch von den kampferprobteren Chinesen geschlagen. Hie wie dort scheint es jedoch als geheiligte Grundregel anerkannt zu sein, dass derjenige einen Sitzplatz erhält, der ihn zuvor mit einer Zeitung oder einem Taschentuch schon von außen durch eine offene Fensterscheibe reklamiert hat.

Private Busgesellschaften

Für denjenigen, der sich an der Schlacht nicht beteiligen möchte, scheinen wiederum die meist um die Busbahnhöfe angesiedelten Privatgesellschaften eine Alternative zu sein. Hier ist **Reservierung** üblich und jeder bekommt garantiert seinen ihm versprochenen Platz. Das ist den Aufpreis von ca. 30 % gegenüber den staatlichen Bussen durchaus wert. Ein weiterer Vorteil von Privatgesellschaften, die oft mit Minibussen operieren, ist die Möglichkeit, das Gepäck sicher zu verstauen.

Preise

Busfahren ist in Indien **spottbillig.** Jedenfalls gilt dies für die unteren Preis- und Komfortklassen Ordinary, Deluxe-, Express, Super-Deluxe der von den jeweiligen Busgesellschaften der einzelnen Bundesstaaten betriebenen Strecken. Fixe Preise für jede Klasse gibt es jedoch nicht, sie variieren von Bundesstaat zu Bundesstaat. Semi-Deluxe kostet etwa 25 %, Deluxe etwa 50 %, Super-Deluxe etwa 70 % mehr, klimatisierte Busse kosten etwa das Doppelte der Ordinary Class. Für geräumigere Super-Deluxe-Busse ist etwa das 4-fache der Ordinary-Busse zu zahlen.

So zahlt man etwa für die achtstündige Fahrt mit dem Express-Bus von Jodhpur nach Jaipur 255 Rs, im Deluxe-Bus 285 Rs. Pro 100 km können ca. 80 Rs für **Express-Verbindungen** als Richtwert angesetzt werden. (Sie werden in den einzelnen Ortskapiteln z.B. als AC-Volvo-Busse erwähnt. AC-Volvo steht für hochklassige Luxusbusse, wobei es sich auch um einen qualitäts- und preisentsprechenden anderen Fahrzeugbauer handeln kann.)

In Rajasthan zahlen **Frauen** in den staatlichen Bussen von Rajasthan Roadways 30 % weniger als den Normalpreis.

Luxusbusse

Auf vielen Hauptstrecken setzen die staatlichen und privaten Busgesellschaften Luxusbusse ein. (Sie werden in den einzelnen Ortskapiteln erwähnt.) Diese sind um einiges teurer als die Deluxe-Busse, bieten aber auch entsprechenden Komfort und sind besonders für Strecken bis etwa 300 km eine **gute Alternative zu Zügen,** die oft verspätet abfahren. Für diese Busse muss in den meisten Fällen (Ausnahme oft bei Busabfahrten in kurzer Folge) zunächst eine Reservierung am Startort, meist am Busbahnhof, vorgenommen werden. Informationen zu Abfahrtszeiten und Preisen vieler Anbieter liefern die Internetseiten **www.redbus.in, www.yatra.com** und **www.cleartrip.com.**

Mietwagen

Mit dem Mietwagen und Chauffeur durch Indien? Was auf den ersten Blick wie purer (und unbezahlbarer) Luxus aussieht, macht bei näherem Hinsehen durchaus Sinn. Die **Vorteile** eines Mietwagens gegenüber öffentlichen Verkehrsmitteln liegen auf der Hand. So muss man sich nicht in überfüllte, unbequeme Busse oder Züge quetschen, die allzu oft an interessanten Straßenszenen und Fotomotiven vorbeifahren, sondern kann jederzeit bequem zu jedem beliebigen Ort fahren und anhalten lassen, wann und wo man möchte. Zudem muss man am Ende eines langen, anstrengenden Reisetages nicht noch per Riksha oder Taxi vom Bahnhof oder Busbahnhof zum Hotel fahren, sondern lässt seinen Fahrer unmittelbar vor die Haustür halten. Natürlich muss man für diese Bequemlichkeit tiefer in die Tasche greifen, doch wenn sich z.B. vier Personen einen Mietwagen für 2.000 Rs pro Tag teilen, erscheint der Preis für das Gebotene durchaus angebracht.

Fast alle Mietwagen in Indien werden **mit Fahrer** angemietet und das ist wohl auch gut so: Die mehr als rustikale Fahrweise der Inder, von denen so gut wie niemand eine Fahrschule besucht hat, ist mehr als gewöhnungsbedürftig. Die erschreckend hohe Zahl an Verkehrstoten sollte auch die Wagemutigsten zu der Einsicht gelangen lassen, dass Indien absolut **kein Land für Selbstfahrer** ist. Hinzu kommt, dass der Preis für Mietwagen mit Fahrer kaum höher ist als der ohne.

Mietwagen lassen sich in allen größeren Städten anmieten. Vermittelt werden sie von Hotels oder Reisebüros, oft findet sich in der Stadt auch ein spezieller Haltepunkt für die Wagen. Die Preise sind erschwinglich, sodass ein Mittelklasse-Tourist problemlos eine längere Indien-Tour im Mietwagen absolvieren kann. Budget-Reisende könnten sich einfach mit ein paar Leuten zusammentun.

Die **Tarife,** allesamt mit Fahrer, sind von Ort zu Ort unterschiedlich. Zudem differenzieren sie sich je nach Wagentyp, ob mit oder ohne Klimaanlage (AC), Diesel oder Benziner etc., wobei die Erstgenannten etwas billiger sind, jedoch auch mehr Lärm verursachen. Ein klimatisierter Wagen mit Fahrer kostet **pro Tag um 1.500– 2.000 Rs pro Tag.** Dies kann nur ein Richtwert sein und variiert je nach Saison, Nachfrage, Fahrzeugtyp (vom Kleinwagen bis zum SUV ist heutzutage zumindest in den großen Städten alles verfügbar) und natürlich Streckenlänge, wobei meist eine bestimmte Strecke schon inkludiert ist. Man sollte vor Fahrtantritt alle im Fahrpreis inbegriffenen Leistungen genauestens abklären und in einem Vertrag festhalten.

In Städten wie Delhi und Mumbai ist mit ca. 9 bis 11 Rs pro Kilometer zu rechnen, in kleineren Orten kann der Preis auf etwa 7 Rs sinken. Häufig sind in den Städten 80 km inklusive. Die zusätzlichen Kilometer müssen extra bezahlt werden, während andere Unternehmer auf einer Mindestkilometerzahl beharren (meist 150 oder 200 km), deren Kosten man zu tragen hat, auch wenn man weniger fährt.

Unternimmt man längere Touren, kommen noch **Extragebühren** hinzu. Für jede Übernachtung muss eine *overnight charge* von ca. 200 Rs bezahlt werden, zuzüglich einer Fahrergebühr, der *driver batta,* von ca. 100 Rs. Das Überschreiten einer Bundesstaatengrenze ist ebenfalls kostenpflichtig. Fährt man in Bergregionen, zahlt man wegen des zusätzlichen Spritverbrauchs zusätzliche Rupien. Bei einer täglichen Fahrtzeit von ca. sechs bis acht Stunden sollte man mit etwa 20 bis 25 € pro Tag für einen Kleinwagen hinkommen. Falls man keine Rundreise machen will, sondern an einem anderen als dem Startort abgesetzt werden möchte, zahlt man die Rückfahrt ebenfalls meist mit.

Um spätere Schwierigkeiten zu vermeiden, sollte man seine **Rechnung** jeweils am Ende eines Fahrttages begleichen, gegen Quittung versteht sich, auf der der Kilometerstand zu Anbeginn und am Ende der Tagesfahrt vermerkt ist sowie alle o.g. Zusatzausgaben. Am nächsten Morgen ist dann zu überprüfen, ob der Kilometerstand mit dem des Vorabends übereinstimmt – mancher Fahrer übernimmt nächtens private Spritztouren.

Bei der **Auswahl des Fahrers** sollte man eine gewisse Sorgfalt an den Tag legen. Für eine längere Tour sollte man nicht den Erstbesten anheuern, sondern einen, mit dem man mindestens schon einen Tagesausflug unternommen hat. Sonst entpuppt sich der Fahrer womöglich als nicht Englisch sprechender Kamikaze-Pilot, der einen mindestens zweimal pro Tag in ein Geschäft schleusen will und dann am Abend noch auf deftiges Trinkgeld pocht – keine gute Kombination ...

In den jeweiligen Ortskapiteln in diesem Buch werden häufig verlässliche Anbieter für Mietwagenverleih inkl. Fahrer genannt.

☒ Die Autoriksha – das Taxi des kleinen Mannes

Taxis

Abgesehen von den größeren Städten und natürlich Metropolen wie Delhi, Mumbai oder Kolkata sind Taxis eher selten, ganz einfach, weil sie für die meisten Inder zu teuer sind. Für an europäische Preise gewöhnte Touristen ist Taxifahren in Indien hingegen billig.

Zwar verfügen die meisten Taxis über einen **Taxameter,** doch scheinen nur die wenigsten Fahrer gewillt zu sein, diesen auch einzuschalten. Meist helfen sie sich mit dem Argument, das Gerät sei *broken,* also defekt. Eine wundersame Heilung tritt oft dann ein, wenn man damit droht, ein anderes Taxi zu nehmen. Sehr oft zeigen jedoch selbst funktionierende Taxameter nicht den richtigen Fahrpreis an, weil sie noch nicht der letzten oder vorletzten Fahrpreisänderung angeglichen worden sind. Für diesen Fall muss jeder Taxifahrer eine Umrechnungstabelle mit sich führen, die er auf Verlangen vorzuzeigen hat.

Die in diesem Buch genannten Preise sind nur als Orientierungshilfe gedacht. Letztlich hängt es vom jeweiligen Verhandlungsgeschick ab, wieviel man im konkreten Fall zu zahlen hat. Da viele Taxifahrer, wenn überhaupt, nur sehr wenig Englisch sprechen, sollte man sich vor Fahrtbeginn vergewissern, ob das gewünschte Fahrtziel auch wirklich verstanden wurde. Andernfalls kann es vorkommen, dass die eigentlich kurze Fahrt zum nächsten Hotel zu einer halben Stadtbesichtigung ausartet. Wer am Ende die Zeche hierfür zahlt, dürfte klar sein.

In größeren Städten und gelegentlich in Touristenorten helfen **Prepaid Counter,** meist vor Bahnhöfen, an Flughäfen, manchmal auch bei Sehenswürdigkeiten, sein Verhandlungsgeschick nicht unter Beweis stellen zu müssen. An den budenähnlichen Schaltern wird vor Fahrtantritt ein festgelegter, gelegentlich auf Tafeln einsehbarer Preis entrichtet (zusätzlich einige Rupien Gebühr), wofür der Passagier ein meist schwer leserliches *receipt* erhält. Dieses zeigt er einem der meist schon dort wartenden Fahrer, der dann das gewünschte Ziel

018ra mb

anfährt. Die Prepaid-Counter werden in den jeweiligen Ortsbeschreibungen erwähnt.

Autorikshas (Scooter)

Eine Art „Taxi des kleinen Mannes" sind jene dreirädrigen, luftverpestenden Vehikel, die wegen ihres tuckernden Geräuschs in Thailand den Namen **Tuk Tuk** tragen, in Indien aber allgemein Scooter genannt werden. Ähnlich wie ihre thailändischen Kollegen sind auch die indischen Fahrer wahre Hasardeure, die sich einen Spaß daraus machen, auch die kleinste sich bietende Lücke mit Vollgas zu durchrasen. Tatsächlich sind Autorikshas wegen ihrer Wendigkeit, gerade während der Stoßzeiten in größeren Städten, **wesentlich schneller als Taxis** und zudem auch ca. 30 % billiger. Dafür zahlt man jedoch auch mit Blei in der Lunge und einem ramponierten Rückgrat. Wie beim Taxi sollte man Fahrpreis und Ziel vor der Fahrt genau abklären.

Die im Buch angegebenen **Fahrrad- und Autoriksha- sowie Taxipreise** stellen einen für den westlichen Reisenden normalen Preis dar. Inder fahren gewöhnlich zu weitaus geringeren Preisen, für die die meisten Droschkenkutscher westliche Touristen nicht kutschieren würden. Auf jeden Fall sollte man versuchen, den zunächst vom Fahrer vorgeschlagenen Preis kräftig herunterhandeln. Es gibt in dem Bereich also so etwas wie eine Zweiklassengesellschaft. Dies gilt natürlich nicht, wenn man sein Gefährt mittels eines Prepaid-Schalters bucht, oft an Bahnhöfen und Flughäfen vorhanden. Diese sind im Buch erwähnt.

Tempos

Tempos sind eine Art überdimensionale Autorikshas mit Platz für bis zu **acht Personen,** d.h. in Indien kann es auch schon mal ein gutes Dutzend werden. In mittleren und größeren Städten fahren sie entlang **festgelegter**

Routen, z.B. vom Bahnhof ins Stadtzentrum. Auf der Strecke halten sie dort an, wo Passagiere ein- oder aussteigen möchten. Tempos sind neben Bussen die billigste Fortbewegungsart im innerstädtischen Verkehr. Die Preise variieren je nach Streckenlänge von 5 bis 15 Rs. Sie kommen allerdings nur für Reisende mit ganz wenig oder besser gar keinem Gepäck in Frage, da der zur Verfügung stehende Platz pro Person minimal ist. Im Übrigen ist die Preisersparnis gegenüber den Autorikshas, besonders wenn man zu zweit reist, derart gering, dass diese Transportart nur von wenigen Touristen genutzt wird.

Fahrradrikshas

Fahrradrikshas, **dreirädrige Fahrräder** mit dem Fahrer vorn und einer kleinen Sitzbank für zwei Personen dahinter, wurden in den letzten Jahren aus den Zentren mehrerer Großstädte verbannt, doch in den meisten Orten sind sie das meistbenutzte Transportmittel. Hier gibt es selbstverständlich keinen Taxameter und gerade in großen Touristenorten gilt es besonders hartnäckig zu handeln.

Viele Rikshafahrer sind im **Kommissionsgeschäft** engagiert und versuchen, den Neuankömmling in das Hotel zu bringen, in dem

350is mb

sie die meisten Prozente bekommen. Oft ist das die Hälfte des Übernachtungspreises. Besondere Vorsicht ist bei Fahrern geboten, die einen bei der Frage nach dem Fahrpreis mit der Antwort „As you like" zu locken versuchen. Es ist immer unkomplizierter (und billiger) vor Fahrtantritt den exakten Tarif festzulegen. Auch hier können die im Buch gegebenen Preise nur als Anhaltspunkt dienen.

Zeitungen und Zeitschriften

Für jeden ausländischen Besucher, der sich längere Zeit in Indien aufhält, bieten die **englischsprachigen Tageszeitungen** eine hervorragende Möglichkeit, sich näher mit den großen wie kleinen Problemen des Landes vertraut zu machen. Gerade ein Blick in den Lokalteil oder die traditionell am Sonntag erscheinenden Heiratsanzeigen vermitteln wesentlich tiefere Einblicke in das indische Alltagsleben als mancher wissenschaftliche Aufsatz. Die wichtigsten englischsprachigen Tages- und Wochenzeitungen:

- **Times of India,** das etwas in die Jahre gekomme Flaggschiff, mit einer Auflage von über 3 Mio. die weltweit auflagenstärkste englischsprachige Tageszeitung, ist noch immer die seriöseste und ausführlichste Tageszeitung des Landes. www.timesofindia.indiatimes.com.
- **Hindustan Times,** das in Delhi verlegte Blatt entstand aus der indischen Unabhängigkeitsbewegung, hat aber in den letzten Jahren einiges an seiner früheren Seriosität verloren. www.hindustantimes.com.
- **Indian Express,** tagesaktuelle Themen zu Indien und weltweit sowie Artikel zu Unterhaltung, Lifestyle, Sport etc. www.indianexpress.com.

Wochenblätter und Magazine

- **Sunday Observer** (www.sundayobserver.lk) und **Frontline** (www.frontline.in) – zwei sehr gute, sonntags erscheinende Wochenblätter, die fundiert auf die Hintergründe der Schlagzeilen der vergangenen Woche eingehen.
- **India Today** – Keine andere Publikation bietet derart umfangreiche wie fundierte Hintergrundreportagen. Das etwa 90 Seiten starke, im Stil von „Times" und „Newsweek" gestaltete Blatt ist das meistverkaufte Magazin Indiens. www.india-today.com.
- **Outlook** – Verglichen mit dem alteingesessenen „India Today" ist der dem linken Spektrum zugerechnete „Outlook" noch ein recht junger Spund und hat in den letzten Jahren mit dem Aufdecken vieler Skandale eine breite Leserschaft gefunden. www.outlookindia.com.
- **Tehelka** – Investigativer Journalismus mit Speerspitze gegen die Großen und Mächtigen macht die erst 2003 gegründete Wochenzeitung zur momentan wohl spannendsten Lektüre der indischen Presselandschaft. www.tehelka.com.

Zeitverschiebung

Nach der im ganzen Land geltenden **Indian Standard Time** (IST) gehen die indischen Uhren der Mitteleuropäischen Zeit in der Sommerzeit (Ende März bis Ende Oktober) um 3½ Std. voraus, zur Winterzeit 4½ Std. 12 Uhr in Indien entspricht also 8.30 bzw. 7.30 Uhr in Mitteleuropa. Zeitdifferenzen zu asiatischen Nachbarländern (Indien 12 Uhr):

- **Pakistan:** 11.30 Uhr
- **Nepal:** 12.15 Uhr
- **Bangladesch:** 12.30 Uhr
- **Thailand:** 13.30 Uhr
- **Malaysia, Singapur, Indonesien:** 14.30 Uhr

[<] Transport per Muskelkraft mit der Fahrradriksha

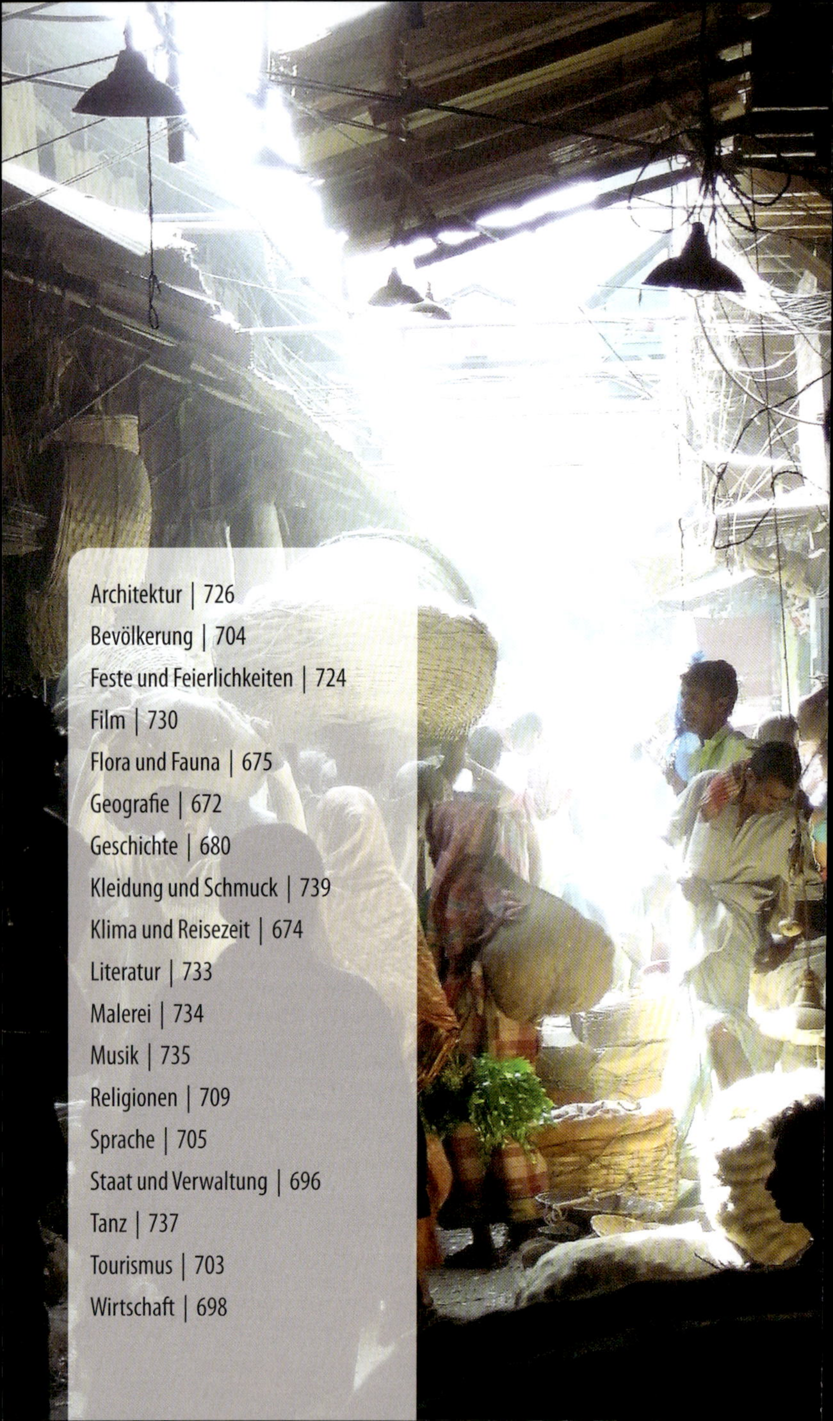

433in mb

11 Land und Leute

< Marktszene in Kolkata

Geografie

Mit einer Fläche von 3,29 Mio. km² und einer maximalen Nord-Südausdehnung von 3.214 km (bzw. 2.933 von Ost nach West) ist Indien das siebtgrößte Land der Erde und etwa neunmal so groß wie Deutschland. Der indische Subkontinent, von dem Indien den weitaus größten Teil einnimmt, wird von drei großen Landschaftszonen geprägt.

Himalaya

Die Nordgrenze bildet der sich von Südost nach Nordwest auf einer Länge von 2.500 km hinziehende Himalaya, der das Land von seinen nördlichen Nachbarn China, Nepal und Bhutan trennt. Dieses höchste Gebirge der Welt besteht eigentlich aus fünf parallel hintereinander liegenden Gebirgszügen, die durch landschaftlich oft verwegen schöne **Täler** voneinander getrennt sind. Das Kulu-Tal in Himachal Pradesh und vor allem das Hochtal von Kashmir sind nur zwei Beispiele hierfür. Im Nordwesten bildete der Khyber-Pass über Jahrhunderte die einzig passierbare Stelle und war so das klassische Einfallstor der zentralasiatischen Eroberer. Der **höchste Berg** Indiens und der nach dem Mount Everest in Nepal und dem K2 in Pakistan drittgrößte der Erde ist der in Sikkim gelegene **Kanchenjunga** mit 8.528 m. Vor der Annexion Sikkims durch Indien im Jahre 1975 gebührte diese Ehre dem **Nanda Devi** (7.817 m) im Grenzgebiet von Indien, Nepal und China.

Nordindische Tiefebene

Kaum krasser könnte der Übergang zur sich unmittelbar südlich an die höchste Gebirgskette der Erde anschließende zweite Großregion sein. Nur wenige Meter über dem Meeresspiegel liegen die von den drei großen Flüssen Indus, Ganges und Brahmaputra gebildeten **Stromtiefländer.** Seit jeher war dieses fruchtbare Schwemmland das bedeutendste Siedlungsgebiet, und so finden sich hier auch viele der bedeutendsten kulturhistorischen Stätten Indiens. Seit der Abtrennung Pakistans im Jahre 1947 liegt ein Großteil des **Indus** heute außerhalb der indischen Staatsgrenzen.

Der im Himalaya entspringende **Ganges** bildet den Lebensnerv der nordindischen Tiefebene, die auch heute noch die mit Abstand am dichtesten besiedelte Region des Landes ist. Noch bis ins 19. Jahrhundert war ein Großteil dieser Region von dichtem **Dschungel** überwuchert. Durch den enormen Bevölkerungsdruck und die zunehmende Industrialisierung finden sich heute nur noch in entlegenen Grenzgebieten wie in Assam große zusammenhängende Waldgebiete, während der Rest völlig **entwaldet** ist. Eine Entwicklung mit katastrophalen ökologischen und klimatischen Auswirkungen, wie die jährlich wiederkehrenden oftmals Tausende von Toten fordernden verheerenden Überschwemmungen nur allzu deutlich aufzeigen.

Hochland von Dekhan

Die flächenmäßig größte und geologisch interessanteste der drei Regionen ist die sich in Form eines Dreiecks südlich an die Gangesebene anschließende und von dieser durch die **Vindhyas,** ein langgestrecktes Mittelgebirge, abgegrenzte **Dekhan-Scholle.** Vor Jahrmillionen Teil des großen Urkontinents **Gondwana,** zu dem auch Teile Südamerikas, Australiens und Afrikas gehörten, legte sie sich vor 250 Millionen Jahren an das asiatische Festland. Durch diesen Aufprall entstand das Faltengebirge des Himalaya, ebenso wie die **Ost- und Westghats,** zwei parallel zur Küstenlinie verlaufende Gebirgszüge, die steil zum Meer abfallen.

Ein weiteres Zeugnis der damaligen geologischen Verwerfungen in Verbindung mit der intensiven Verwitterung des Gesteins durch abwechselnd heftige Niederschläge und extreme Trockenheit sind die für diese Region so charakteristischen **Tafelberge.** Diese steil aus der Ebene aufsteigenden Felsplateaus wie zum Beispiel Mandu in Madhya Pradesh, Mount Abu und Chittorgarh in Rajasthan eigneten sich vorzüglich für den Bau groß angelegter Festungsanlagen. Das **Tafelland,** das im Süden bis 1.300 m ansteigt, wird von den westlich zum Arabischen Meer fließenden Flüssen Narmada und Tabti und den in den Golf von Bengalen mündenden Flüssen Mahanadi, Godawari, Krishna und Kauveri durchschnitten und entwässert. Im Laufe der Jahrhunderte erwies sich das Dekhan-Hochplateau immer wieder als **unüberwindliche Schwelle** für die muslimischen Eroberer aus Delhi bei ihrem Versuch, auch den Süden des Landes unter ihre Kontrolle zu bringen. So konnte die von den indoarischen Eroberern zwischen 1500 und 500 v. Chr. in den Süden abgedrängte drawidische Urbevölkerung wesentlich mehr an

Geografische Begriffe

Die aufgeführten Begriffe machen viele Ortsnamen transparenter. *Ramnagar* ist somit die „Stadt des Ram", *Shivpur* die „Stadt des Shiva". Der *Nanga Parbat* ist der „nackte Berg" und Bansgaon das „Bambusdorf". *Uttar Pradesh* heißt nichts weiter als „Nordprovinz", *Madhya Pradesh* „mittlere Provinz".

Bag / Bagh	Park
Ban / Van	Wald
Bandar / Bunder	Hafen
Bandh	Damm
Basar / Bazar	Markt (-platz)
Basti	Siedlung, Dorf
Chowk / Chauk	Platz
Chowrasta/Chaurasta/ Chauraha	Kreuzung (vier Straßen)
Dariya	Bach, Fluss
Desh	Land (Nation)
Galli	Gasse
Ganj / Gunj	Markt (-platz)
Gao / Gaon / Gau / Gaum	Dorf
Garh / Gadh	Fort, Festung
Ghat	Uferanlagen; Hügelgebiet zwischen Flachland und Hochplateau
Ghati	Tal
Gir / Giri	Berg
Gram / Grama	Dorf
Jangal	Wald
Jheel / Jhil	(Binnen-) See
Jheelka / Jhilka	Teich
Kot / Kota	Fort, Festung
Kund / Kunda	(Binnen-) See
Mahasagar	Ozean
Mahanagar	Großstadt, Metropole
Maidan	Rasenplatz
Marg	Weg, Straße
Nadi	Fluss
Nagar	Stadt
Nalla	Bach
Pahar	Berg, Hügel
Parbat / Parvat	Berg
Path	Weg, Pfad, Straße
Pradesh	Bundesstaat, Provinz
Pul	Brücke
Pur / Pura / Puri / Pore	Stadt
Qila	Fort, Festung
Rasta	Weg, Pfad
Sagar	Meer / See
Samudra / Samundar	Meer
Sangam	Zusammenfluss mehrerer Flüsse
Sarak / Sadak	Straße
Sarovar / Sarowar	(Binnen-) See
Shahar	Stadt
Tal	(Binnen-) See
Talab	Teich, Weiher
Taluk / Taluka	Distrikt
Tinrasta	Kreuzung (drei Straßen)
Udyan	Garten, Park
Zilla	Bezirk

kultureller Identität bewahren als die von fünfhundertjähriger Fremdherrschaft geprägten Völker Nordindiens. Erst als mit der Seefahrt die natürlichen Grenzen ihre Bedeutung verloren, konnte auch der Süden durch die Europäer mit Beginn des 16. Jahrhunderts kolonisiert werden.

Klima und Reisezeit

In einem dominant agrarischen Land wie Indien sind die Unbilden der Witterung noch echte Schicksalsfragen. Vom rechtzeitigen Eintreffen der Regenzeit hängen Ernte, Gesundheit, ja Überleben eines Großteils der Bevölkerung ab. Zwar sind in den letzten Jahrzehnten viele Talsperren und Kanäle gebaut worden, die die Landwirtschaft von den Zufällen des Monsunregens unabhängig machen sollen, doch insgesamt ist der größte Teil des Landes auf den jährlichen Regen angewiesen. Trotz aller regionalen Schwankungen lassen sich drei Jahreszeiten unterscheiden: Sommer, Regenzeit und Winter.

Jahreszeiten

Diese Abhängigkeit vom jährlichen Regen verdeckt jedoch die Tatsache, dass der Monsun im Grunde ein extremes Element im sonst eher ruhig verlaufenden Wandel der indischen Jahreszeiten darstellt. Trotz aller regionalen Schwankungen in diesem Land lassen sich drei Jahreszeiten unterscheiden: Sommer, Regenzeit, Winter.

Sommer

Mit Sommer bezeichnet man in Indien die heißen und trockenen Monate von März bis Mai. Nicht verwechseln sollte man diese Jahreszeit mit dem mitteleuropäischen Sommer, tritt er in Indien doch mit viel größerer Entschiedenheit auf. Es regnet dann so gut wie gar nicht mehr. Dafür steigt die **Hitze** bis Ende Mai auf über 45°C an. Gerade in den extremen Trockengebieten im Nordwesten erschweren schwere **Sandstürme** das Leben. Insgesamt leidet das gesamte Land unter der Hitzeglocke, und wer immer es sich leisten kann, entflieht speziell im April und Mai in die Bergregionen des Himalaya. Kashmir, das Kulu-Tal und Darjeeling erleben jetzt den Ansturm der indischen Mittel- und Oberschicht.

Regenzeit

Der etwa Anfang Juni vom Südwesten her mit dem Monsun eintreffende **Regen** wird von den Menschen wie eine gottgesandte Erlösung empfunden. Der Himmel öffnet seine Schleusen, entstaubt im wahrsten Sinne des Wortes die Luft, sodass man endlich mal wieder richtig durchatmen kann. Zwar ist die unerträgliche Hitze überstanden, dafür bedrückt nun ein feuchtes, **schwülwarmes** Klima das Leben der Menschen. Während der **Südwestmonsun** etwa Mitte September den Rückzug antritt, wird die Südostküste noch einmal von Oktober bis Dezember vom **Nordostmonsun** berührt, sodass hier im Vergleich zum restlichen Indien überdurchschnittlich hohe Niederschlagswerte zu verzeichnen sind.

Der Monsun kommt durch den jährlichen Wechsel der Winde zustande, die durch die Temperaturschwankungen zwischen Land und Wasser sowie die unterschiedliche Sonnenbestrahlung der Erde entstehen. Im Sommer blasen die Winde aus Südwest, im Winter aus Nordost. Sie transportieren riesige Wolkenmassen, die sich dann als Monsunregen über dem Festland ergießen. Das eigentliche Problem besteht jedoch darin, dass seine Zeit und Ergiebigkeit kaum vorhersehbar ist und er zudem unregelmäßig auftritt. Kommt es an Ganges und Brahmaputra immer wieder zu riesigen **Überschwemmungen** mit Tausenden von Toten, leiden die Menschen im Südwesten, in Gujarat und Rajasthan, unter jahrelangen **Dürreperioden,** in denen kein Tropfen Wasser fällt.

Winter

Die angenehmste Jahreszeit beginnt im Oktober und reicht bis Februar. Winter ist, zumindest was die Tagestemperaturen betrifft, ein recht irreführender Begriff, liegen sie doch meist noch um **25 °C.** Richtig kalt hingegen wird es in den Bergregionen des Himalaya mit nächtlichen Tiefsttemperaturen um den Gefrierpunkt, speziell im November/Dezember.

Die beste Reisezeit

Allgemein lässt sich sagen, dass die Wintermonate von **Oktober bis Februar** mit angenehmen Temperaturen, viel Sonnenschein und wenig Regen die beste Reisezeit darstellen. Gerade in den Monaten Oktober/November kurz nach der Regenzeit erstrahlt die Natur in voller Blüte. Allerdings wird es im hohen Norden sehr kalt, dafür ist die Fernsicht in dieser Jahreszeit am besten. Bedenken sollte man, dass es vor allem in Westbengalen und Odisha aufgrund des Nordostmonsuns zu überdurchschnittlich hohen Regenfällen kommt. Zudem kann es in der Haupttreisezeit an einigen Haupt-Touristenorten wie etwa Agra, Jaipur und Varanasi oder Jaisalmer zu Schwierigkeiten kommen, Unterkunft zu finden.

Der indische Sommer – speziell die Monate **April/Mai** – ist wegen seiner erdrückenden Hitze und Feuchtigkeit als Reisezeit nicht zu empfehlen. Himachal Pradesh mit seinen wunderschönen Himalayatälern ist in dieser Zeit wohl noch die angenehmste Region. Für Tierliebhaber ist es allerdings eine günstige Zeit, weil sich die Tiere auf die verbliebenen Wasserstellen konzentrieren und damit leicht zu beobachten sind.

Obwohl die **Monsunzeit** von Juni bis September wegen der vielen Regenfälle, hoher Luftfeuchtigkeit, vieler Insekten und der Überflutung von Verkehrswegen meist von Touristen gemieden wird, bietet sie doch gewisse Vorteile. Der Wechsel zwischen Regen- und Sonnenzeiten (meist regnet es nur einige Stunden pro Tag, danach kommt wieder die Sonne durch) bietet faszinierende Farbenspiele. Nach monatelanger Dürre scheint die Natur geradezu zu explodieren. Duft und Farben der Pflanzen sind in dieser Zeit besonders intensiv. Auch das Shekhawati in Rajasthan mit seiner verfallenen ehemaligen Pracht strahlt in dieser Zeit einen besonderen Reiz aus.

Flora und Fauna

Pflanzenwelt

Nur auf eine semantische Kuriosität ist es zurückzuführen, dass knapp 10 Prozent der indischen Landesfläche offiziell als **Dschungel** klassifiziert werden. Das Wort Dschungel leitet sich von dem Hindiwort *Jangal* ab und bedeutet auch in anderen indischen Sprachen ganz allgemein Wald. In Indien ist also jeder Wald ein *Jangal.* Dschungel, wie man ihn aus historischen Reiseberichten oder den literarischen Werken *Rudyard Kiplings* kennt, Dschungel mit Baumriesen, Schlingpflanzen, dichtem Unterholz und Wegelosigkeit gehört jedoch in Indien inzwischen fast der Vergangenheit an. Nur noch in den feuchten **Regenwaldzonen** der Western Ghats und den Grenzgebieten des Nordostens, vor allem in Assam, gibt es noch Überreste. Dichter Wald ist in den Mittelgebirgszügen der Vindhyas bis hin nach Odisha erhalten geblieben.

Insgesamt knapp 1.200 **Baumarten** kommen in Indien vor. Der für westliche Touristen klassische Tropenbaum, die Palme, findet sich in Indien vor allem im Süden. Besondere Bedeutung kommt der **Kokospalme** zu, weil die Kokosnuss äußerst vielseitig verwendbar ist. So ist die Kokosmilch als guter Durstlöscher sehr beliebt, das Fruchtfleisch wird in Süßspeisen und Currys verarbeitet. Das hochwertige Kokosöl wird zum Kochen und Backen ebenso verwandt wie zur natürlichen Körperpflege, das minderwertige in Seifen und Kerzen verarbeitet. Doch mit der Verarbeitung des Inhalts ist der Nutzen der Frucht noch lange nicht erschöpft. So werden aus den Holzfasern Seile gesponnen, die wiederun zu Säcken, Matten, Teppichen, Netzen und Bürsten verarbeitet werden. Die Schalen dienen zur Herstellung von Bestecken und Souvenirs oder als Brennmaterial. Aus dem Palmholz schließlich lassen sich Möbel fertigen, und die Palmwedel dienen oftmals als Hausabdeckungen. So verwundert es wenig, dass die etwa zwei Millionen Kokospalmen in Goa einen erheblichen Wirtschaftsfaktor in der Region darstellen.

An der Malabarküste wachsen die bei den Indern so beliebten **Arecanüsse** *(Areca catechu)*, wichtigster Bestandteil des **Betelbissens.** Als Kau- und Genussmittel hinterlassen sie überall in Indien unübersehbare rötliche Flecken. Zu den wertvollsten Edelhölzern gehören **Sandel**- und **Rosenholz,** die wegen ihres Wohlgeruches auch als Räucherstäbchen Verwendung finden.

Einer der wohl bekanntesten Bäume Indiens ist der **Bodhi** (Pipal-Baum, *Ficus religiosus*). Unter diesem Baum soll der Prinzensohn Siddharta Gautama nach siebentägiger Meditation zum Buddha, d.h. zum Erleuchteten, gereift sein. Seither gilt der Baum allen Buddhisten als heilig.

Ebenso wie der Bodhi gehört auch der wegen seines spektakulär anmutenden Aussehens berühmte **Banyan** (Würgfeige, *Ficus bengalesis*) zur Gattung der Feigenbäume. Mit seinen weit ausgreifenden, bis zu zwei Metern aus dem Boden aufragenden Luftwurzeln mit unzähligen Verästelungen und Verzweigungen macht der Parasit, der sich um die Stämme anderer Bäume legt, einen urweltlichen Eindruck.

Die vor allem in Bengalen (Darjeeling) und im Nordosten (Assam) von den Engländern Ende des 19. Jh. angelegten **Teeplantagen** haben Indien zu einem der weltweit größten Teeexporteure aufsteigen lassen. Gleichzeitig jedoch mussten dafür Waldgebiete gerodet werden.

Umweltverträglicher sind die **Gewürzgärten** an der tropischen Südwestküste. Der Geschmack von Pfeffer, Zimt, Kardamon und Ingwer lockte einst die Europäer nach Indien und folglich sind Gewürze heute noch einer der bedeutendsden landwirtschaftlichen Exportprodukte Indiens.

Tierwelt

Die dem Hinduismus immanente Auffassung von der Einheit allen Lebens, in der der Mensch nur ein Teil des Ganzen ist, mag auch die Tierwelt länger vor Verfolgung bewahrt haben als anderswo. Spätestens mit dem Einzug der Moderne war dies jedoch vorbei. Neben dem Bevölkerungsdruck, der die Menschen immer tiefer in die angestammten Lebensräume der Tiere eindringen ließ, dem Eisenbahn- und Straßenbau, der die Wanderwege der Tiere zerschnitt, und dem Einsatz von Pestiziden, der ihre Nahrungsgrundlagen zerstörte, trug auch die wilde Schießwut der weißen Kolonialherren und indischen Rajas zur Dezimierung des Wildbestandes bei. Vor allem die sogenannten *Big Five*, der indische **Löwe,** der **Tiger,** der **Elefant,** das **Panzernashorn** sowie das **Gaur,** das größte Wildrind der Erde, waren akut vom Aussterben bedroht. Angesichts dieser dramatischen Lage setzte Anfang der siebziger Jahre ein Sinneswandel bei den Verantwortlichen ein. Besonders das Programm zur Rettung des Tigers erregte weltweites Aufsehen.

Heute zählt Indien weltweit zu einem der vorbildlichsten Länder auf dem Gebiet des Tierschutzes. Indiens Tierwelt ist sehr artenreich, auf 2,2 % der Landmasse der Erde sind 8 % aller Säugetiere, 14 % aller Vogelarten und 9 % aller Reptilienarten beheimatet.

Immer wieder ein faszinierendes Bild ist es, einen **Arbeitselefanten** mit einem *Mahout* in aller Seelenruhe inmitten des brodelnden Verkehrs der indischen Großstädte marschieren zu sehen. Zunehmend weniger dieser beliebten Großtiere Indiens werden allerdings zu Arbeitstieren abgerichtet.

Nachdem neben dem Elfenbein auch der Export von **Krokodilleder** strengstens verboten ist, verzeichnet auch die Population dieser so martialisch anzuschauenden Tiere einen Aufwärtstrend.

Ebenso wie der Tiger in den letzten Jahren vor dem Aussterben gerettet werden konnte, scheint dies auch bei dem **Löwen** zu gelingen. 450 leben heute im Sasan-Gir-Nationalpark im Bundesstaat Gujarat. Der **Gepard** gilt hingegen seit 1952 als ausgestorben.

Die beliebtesten Beutetiere der Wildkatzen wie **Antilopen, Gazellen** und **Hirsche** finden sich in fast jedem Wildpark Indiens zuhauf. Unter den Hundearten finden sind der **Dekhan-Rothund,** der **Goldschakal** und der Bengalfuchs relativ häufig, während der äußerst scheue indische **Wolf** vom Aussterben bedroht ist.

437in mb

Ebenso erging es lange Zeit dem **Panzernashorn,** welches wegen der Zusammensetzung seines Horns, von dem sich abgeschlaffte asiatische Männer wundersame Kräfte versprechen, eines der begehrtesten Jagdobjekte der Wilderer war. Heute gibt es weltweit etwa wieder 1.500 der beeindruckenden Tiere, von denen etwa 70 % in Terai im Süden Nepals und im Kaziranga-Nationalpark in Assam beheimatet sind.

Ein absolut gewöhnlicher Anblick in Indien sind die **Affen,** die häufig in Tempeln anzutreffen sind. Hier scheinen sie sich besonders heimisch zu fühlen und sind dementsprechend selbstsicher, was zuweilen jedoch in Aggressivität umschlagen kann. Von den in Indien vertretenen neunzehn Rassen sind die Rhesusaffen und die Languren sehr häufig. Besonders die **Rhesusaffen** können recht agressiv werden, gerade wenn sie Essbares in den Händen der Menschen erspähen. So sollte man in deren Nähe darauf verzichten, genüsslich eine Banane oder Sonstiges zu verspeisen.

Vogelliebhaber kommen in Indien voll auf ihre Kosten, beherbergt der indische Subkontinent doch über 1.200 **Brutvogelarten,** von denen 176 nur hier vorkommen. Rechnet man noch die im Winter aus dem nördlichen und mittleren Asien einfliegenden **Zugvögel** hinzu, so können ingesamt mehr als 2.000 Vogelarten nachgewiesen werden. Besonders häufig sind **Eulen, Spechte, Nashorn-** und **Nektarvögel, Kuckucke, Reiher, Störche** und **Kraniche.**

Der indische Nationalvogel ist der **Pfau.** Er ist nicht nur in der Wildnis weit verbreitet, sondern wird in vielen Dörfern als halbzahmer Vogel verehrt und gefüttert. Souvenirs aus dekorativen Pfauenfedern können übri-

[<] Attraktion für Touristen: Elefantenausritte, hier am Fort von Amber bei Jaipur in Rajasthan

Die heilige Kuh – geschlagene Heilige

Die Kuh ist in Indien heilig, das weiß jedes Kind. Aber wie heilig ist sie den Indern eigentlich wirklich? Wenn man die abgemagerten Gerippe durch die Straßen streunen sieht, wo sie auf ihrer nimmermüden Suche nach Essbarem die Abfallhaufen durchwühlen und allzuoft mit Stockhieben vertrieben werden, scheint diese Frage gar nicht so abwegig.

Ein Blick in die Geschichte beweist, dass die Verehrung der Kuh durchaus nicht immer selbstverständlich war. Der Verzehr von Rindfleisch war für die nomadisierenden arischen Hirten, die vor Jahrtausenden in Nordindien einfielen, eine Selbstverständlichkeit, und auch die Opferung von Rindern zu religiösen Zwecken war gang und gäbe, wie Auszüge aus den „Veden", den heiligen Schriften der Arier, belegen. Dies änderte sich erst, als die Einwanderer sesshaft wurden und geregelten Ackerbau betrieben. Von nun an war nicht mehr das Pferd, sondern das Rind das wichtigste Tier des Menschen.

Diese Bedeutung hat es bis heute behalten, da sich die Lebensbedingungen eines Großteils der indischen Bevölkerung in den letzten Jahrtausenden nicht grundlegend verändert haben. Vor allem die unzähligen Mittellosen der indischen Gesellschaft profitieren von den kostenlosen Produkten der Millionen Straßenkühe. Die meisten der scheinbar herrenlos durch die Großstädte streunenden Rinder besitzen ein festes Zuhause, zu dem sie allabendlich zurückkehren. Während sie dort die bereitgestellte Mahlzeit bekommen, werden sie von den Besitzern gemolken.

Auch zum Pflügen der Felder und als Zugtier ist das Rind unverzichtbar. Die Milch der Kuh bedeutet für die Unterschicht eine wichtige, weil nährstoffreiche und vor allem kostenlose Ernährung. Der Dung ist als Düngemittel der Felder genauso nützlich wie als Brennmaterial; darüber hinaus findet er als Mörtel zur Errichtung von Lehmhütten Verwendung, zumal er auch noch

748ra tb

insektenabweisend wirkt. Als weitverbreitetes Desinfektionsmittel wird auch der Urin der Cebu-Rinder genutzt, und in den indischen Städten dienen die etwa 200 Millionen freilaufenden Kühe als Müllentsorger.

Die existentielle Bedeutung des Rindes hatten die indoarischen Einwanderer sehr schnell erkannt, weshalb sie es unter Tötungsverbot stellten. Die Verehrung der Kuh hatte also zunächst rein pragmatische Gründe. Die religiöse Überhöhung als lebensspendende Mutter *(go mata)* setzte erst einige Jahrhunderte später ein, vor allem mit dem buddhistischen Prinzip der Nichtverletzung des Lebens *(ahimsa)*.

Nein, vergöttern im eigentlichen Sinne des Wortes tun die Inder ihre Kühe nicht, und heilig sind sie ihnen nur insofern, als sie ihnen das Überleben ermöglichen. Auch für die Kastenlosen, die außerhalb der hinduistischen Gesellschaft stehen, besitzen die Kühe einen enormen Nutzen. Da sie nicht an die hinduistischen Regeln gebunden sind, dienen diesen Ärmsten der Armen das Fleisch, die Knochen und das Leder als wichtige Ernährungs- und Einkommensquelle.

Der gerade im Westen immer wieder vorgebrachte Einwand, das Tötungsverbot der Kuh sei angesichts der Millionen unterernährten Inder unverantwortlich (gepaart mit der Forderung nach Hochleistungs-Rinderzucht), entbehrt übrigens jeder Grundlage. Gerade die breite Masse der Bevölkerung könnte sich die durch die Aufzucht zwangsläufig anfallenden höheren Kosten für die Tiere und deren Produkte nicht leisten und müsste so auf ihren Nutzen verzichten. Im Übrigen stehen die dafür notwendigen Weideflächen im überbevölkerten Indien gar nicht zur Verfügung.

gens ohne Bedenken gekauft werden, da die Vögel ihre Schmuckfedern während der Mauser im Winter verlieren.

Weniger erfreulich klingt die Zahl der ca. 4.500 jährlich in Indien durch Schlangenbisse getöteten Menschen. Die Zahl der **Schlangenarten** liegt bei 230, davon sind 55 giftig. Die Tigerpython ist mit bis zu sechs Metern Länge die größte Schlangenart Indiens. Zu den gefährlichen **Giftschlangen** zählen hauptsächlich Kobra, Kettenviper und Sandrasselotter. Bei 90 % der Bisse durch gefährliche Giftschlangen ist die injizierte Menge zu gering, um tödliche Folgen zu haben. Opfer finden sich meist unter der verarmten Landbevölkerung, da viele die Nacht auf dem Boden verbringen müssen und dabei versehentlich mit einer Giftschlange in Berührung kommen.

Ganz harmlos und zudem sehr nützlich ist dagegen der freundliche Zeitgenosse, der fast jeden Abend an der Wand des Hotelzimmers nach einer leckeren Mahlzeit Ausschau hält – der **Gecko.** Der kleine Kerl mit seinen reichlich groß geratenen Glubschaugen hält sich besonders gern in der Nähe von Lampen auf, da hier die Chancen für einen fetten Leckerbissen in Form eines Insekts besonders hoch sind. Schade nur, dass er sich in Mitteleuropa nicht recht wohl fühlt.

Geschichte

Ähnlich der europäischen Geschichte, die gewöhnlich in die drei deutlich voneinander zu unterscheidenden Perioden alte, mittlere und neue Geschichte unterteilt wird, hat sich auch die indische Geschichtsschreibung an einer Dreiteilung orientiert: die alte indische Geschichte geprägt vom Hinduismus, die Zeit der islamischen Herrschaft und die britische Fremdherrschaft. Diese simple Kategorisierung erfreute sich sicherlich nicht nur deshalb so lange großer Beliebtheit, weil sie die jahrtausendealte, äußerst vielschichtige indische Geschichte in einen sehr übersichtlichen Rahmen presste, sondern auch, weil sie den Wunsch der nationalistischen Historikerzunft befriedigte, der goldenen Zeit der alten Geschichte die Epoche der Fremdherrschaft, die bereits mit den islamischen Dynastien begann, gegenüberzustellen. In dem Wissen, dass letztlich jede Periodisierung willkürlich bleiben muss, soll hier als Orientierungshilfe eine Aufteilung in zehn Epochen gewählt werden, um der Vielfalt der indischen Geschichte wenigstens ansatzweise gerecht zu werden.

Zeitalter der Induskultur (2250–1750 v. Chr.)

Es ist mehr als bezeichnend für den Verlauf der der von Gewalt und Teilung geprägten indischen Geschichte, dass die Schauplätze der ersten indischen Hochkultur heute außerhalb des Staatsgebietes im pakistanischen Industal liegen. Etwa um 2250 v. Chr. hatten sich in dem fruchtbaren Schwemmland mit den beiden ca. 600 km voneinander entfernten Metropolen **Harappa und Mohenjo Daro** zwei streng hierarchisch gegliederte Stadtkulturen entwickelt, die für ca. 5 Jahrhunderte die Zentren der Indus-Zivilisation bildeten. Da bis heute die Schrift nicht entziffert werden konnte und man so auf die Interpretation der materiellen Kulturzeugnisse angewiesen ist, lassen sich nur sehr vage Aussagen über die Kultur und politische Gliederung dieser Gesellschaften machen. So ist auch die immer wieder aufgestellte These, dass es sich um eine Sklavengesellschaft gehandelt haben soll, durchaus nicht erwiesen.

Archäologische Funde lassen vermuten, dass Weizen, Gerste und Hülsenfrüchte angebaut wurden sowie Sesam für die Ölerzeugung. Steinwerkzeuge wurden neben solchen aus Bronze und Kupfer noch vielfach verwendet, und die Töpferkunst war hoch entwickelt. Kultbilder aus Stein lassen bereits Ähnlichkeiten mit den späteren Hindugottheiten erkennen. Außerdem meinen die Wissenschaftler, Anzeichen für die später beim Hinduismus so charakteristische Führungsrolle der Priester ausgemacht zu haben.

Auch über die Ursachen für den **plötzlichen Untergang** der Stadtkulturen lassen sich nur Vermutungen anstellen. Unbeerdigte Leichen in der obersten Schicht Mohenjo Daros lassen auf ein gewaltsames Ende schließen. Ob dafür jedoch Überschwemmungen oder kriegerische Auseinandersetzungen verantwortlich waren, wird wohl nie eindeutig beantwortet werden können.

Einwanderung der Arier und Formierung des Hinduismus (1750–500 v. Chr.)

Das bis heute bedeutendste Ereignis der frühen indischen Geschichte war die Einwanderung **nomadisierender Rinderhirten** aus Zentralasien, die etwa um 1750 v. Chr. einsetzte und sich über ca. fünf Jahrhunderte in mehreren Völkerwanderungen fortsetzte. Woher die neuen Herren Indiens kamen und wer sie waren, ist auch heute noch eine offene Frage. Sie selbst nannten sich, wenig bescheiden, *Arya*, die Edlen. Man nimmt an, dass sie ursprünglich im südlichen Zentralasien beheimatet waren. Ihr Einfallstor zum indischen Subkontinent war wie für alle weiteren in der Folgezeit aus dem Norden eindringenden Eroberer der **Khyberpass,** der sich wie ein Korridor durch die westlichen Ausläufer des ansonsten unüberwindbaren Himalayas legte. Über das Leben der **Arier** sind wir weit besser informiert als über das der Menschen der Induskultur. Als Geschichtsquelle von unschätzbarem Wert erweisen sich hier die großen Epen der Arier, die **Veden.** Diese heiligen Schriften wurden zwischen 1500 und 800 v. Chr. verfasst und enthalten trotz ihrer auffallend legendenhaften Ausschmückung viele Hinweise über Organisation und Kultur im Indien des zweiten vorchristlichen Jahrtausends.

So machten die Arier zunächst den Punjab zu ihrem Brückenkopf in Indien, von dem sie erst mehrere Jahrhunderte später, vermutlich zwischen 1000 und 600 v. Chr., in die mittlere Gangesebene bis zum Yamuna vordrangen. Die Verwendung von Eisenwaffen, welche um 1000 v. Chr. Verbreitung fanden, zusammen mit ihrer beweglichen Kriegstechnik ließen die Arier schnell auf allen Gebieten die Vormacht erlangen.

Ob sie allerdings bei ihrem Vormarsch auf die dunkelhäutigen Drawiden trafen, die in der Fachliteratur lange Zeit als die Urbevölkerung angesehen wurden, gilt nicht mehr als gesichert. Glaubt man neueren Erkenntnissen, so erreichten die **Drawiden** erst nach den Ariern, über den Seeweg vom Irak kommend, den Subkontinent und ließen sich vornehmlich in Südindien nieder. Sollte sich diese Theorie bestätigen, wäre eine zentrale Konstante der indischen Geschichtsschreibung, wonach die Drawiden von den Ariern unterjocht und als unterste Schicht im Kastensystem eingegliedert worden seien, hinfällig.

Nach der Etablierung ihrer Macht bildeten die Arier eine Vielzahl kleiner **Königtümer,** die sich zumeist gegenseitig befehdeten. Neben dem König etablierten sich immer mehr die **Brahmanen** (Priester) als die eigentlichen Herrscher im Staat.

Erst durch die immer komplizierter werdenden rituellen Handlungen, die nur die Brahmanen durchzuführen wussten, erhielt der König die zur Amtsführung notwendige überirdische Legitimation. Auch musste der Herrscher vor jeder bedeutenden Entscheidung die Priester zu Rate ziehen. So waren die Brahmanen letztlich sogar mächtiger als der König, zumal sie nicht dessen Risiko im Kampf um die Macht zu tragen hatten. Gleichzeitig verstanden es die Priester, ihre gesellschaftliche Stellung zu zementieren, indem sie sich als oberste der vier Hauptkasten an die Spitze der sich immer deutlicher zementierenden Kastengesellschaft setzten. Mit dem sich herausbildenden **Kastensystem** sowie einer Bauernkultur, deren Grundlage der kleinbäuerliche Familienbetrieb war, etablierten sich zwischen 1500 und 500 vor Chr. zwei zentrale Grundpfeiler der indischen Gesellschaft, die in ihrem Kern bis in die heutige Zeit hinein Bestand haben.

Das erste indische Großreich und der Aufstieg des Buddhismus (500–150 v. Chr.)

Die Zeit um 500 v. Chr. ist eine bedeutende Zeitenwende in Indien: Zum ersten Mal stehen fast alle Teilregionen Nordindiens in Beziehung zueinander. Zudem bricht sich die **Eisenzeit** erst jetzt richtig Bahn, eine entscheidende Voraussetzung für die Kultivierung der unteren Gangesebene, die sich von nun an in eine fruchtbare **Reislandschaft** verwandelte.

Als drittes epocheprägendes Element wirkte das Aufkommen neuer religiöser Strömungen, des Jainismus und vor allem des **Buddhismus.** Es ist sicherlich kein Zufall, dass sich der Buddhismus gerade in jener Zeit ausbreitete, als der Hinduismus durch die vom einfachen Volk immer weniger nachvollziehbaren Opferrituale der Priesterkaste zunehmend an Einfluss verlor. Entscheidender war jedoch, dass der Buddhismus mit seinen vielen Klöstern wesentlich großflächigere **Missionserfolge** verzeichnen konnte als die an die Königshöfe gebundenen Brahmanen.

Buddhismus, Reis und Eisen waren die drei entscheidenden Elemente, aus denen die **Maurya-Dynastie** (322–185 v. Chr.), das erste

Brahmanen und Unberührbare – die Kasten zwischen Tradition und Auflösung

Seine Ursprünge hat das indische Kastensystem in der Zeit des Brahmanismus (ca. 1000–500 v. Chr.). Nach dem Einfall der Arier aus dem südlichen Zentralasien entstand eine in vier Klassen geteilte Gesellschaft. An ihrer Spitze standen die **Brahmanen** (Priester), denen die **Kshatriyas** (Krieger und Adel) und die **Vaishyas** (Bauern, Viehzüchter und Händler) folgten. Ihnen untergeordnet waren die nichtarischen **Shudras** (Handwerker und Tagelöhner).

Das Sanskrit-Wort für diese Klassen lautet *varna* (Farbe). Das deutet darauf hin, dass die hellhäutigen, arischen Eroberer die **dunkelhäutige Urbevölkerung** aufgrund ihrer Hautfarbe isolierte. Welche Bedeutung auch heute noch der Hautfarbe zukommt, kann man den sonntäglichen Heiratsannoncen entnehmen, in denen immer wieder der Wunsch nach einem möglichst hellen Teint auftaucht. Deshalb erfreuen sich auch Puder und Cremes bei unverheirateten Frauen großer Beliebtheit.

Die von den Brahmanen verfassten heiligen Schriften erklären und legitimieren diesen hierarchischen Gesellschaftsaufbau mit einem Gleichnis. Danach entstanden die Brahmanen bei der Opferung des Urriesen aus dessen Kopf, die Kshatriyas erwuchsen aus seinen Armen, die Vaishyas aus seinen Schenkeln und die Shudras aus dem niedrigsten Körperteil, den Füßen. Rechtfertigung erhielt das Kastensystem auch durch die Karma-Lehre, nach welcher der Status im gegenwärtigen Leben direktes Resultat der Taten in einem vorangegangenen Leben ist.

Das heute gebräuchliche Wort „Kaste" prägten die Portugiesen im 16. Jh., als sie die verschiedenen gesellschaftlichen Gruppen als *castas* (Gruppe, Familie) bezeichneten. Mit der wirtschaftlichen Entwicklung kam es zu einer Differenzierung der gesellschaftlichen Unterschiede, indem die **Berufsgruppen** in Unterkasten aufgeteilt wurden. Von diesen den europäischen Zünften vergleichbaren Unterkasten, die als *jatis* bezeichnet werden, soll es heute über 3000 in Indien geben. Da man in diese Kasten hineingeboren wird und ein Aufstieg in eine nächsthöhere Kaste ausgeschlossen ist, kann der einzelne dieser Apartheid nicht entkommen.

Außerhalb dieses Kastensystems stehen die sogenannten **Unberührbaren,** die bis Mitte des 20. Jh. als derart unrein galten, dass sich ein Brahmane aufwendigen Reinigungsritualen unterwerfen musste, wenn auch nur der Schatten eines Unberührbaren auf ihn gefallen war.

Der Klassenstatus löst den Kastenstatus ab

Heute, wo in Indien über eine Milliarde Menschen auf engem Raum zusammenlebt und die Wirtschaft sich im harten Konkurrenzkampf auf dem internationalen Markt behaupten muss, entscheidet nicht mehr die Kaste, sondern Ausbildung und Leistung über die Vergabe eines Arbeitsplatzes.

Kasten- und Klassenstatus mögen früher einmal identisch gewesen sein – heute sind sie es längst nicht mehr. Unter den oberen Schichten der Gesellschaft muss man die Brahmanen mit der Lupe suchen; hier dominieren die Händler- und Bauernkasten. Erst danach finden sich die früher so dominierenden Brahmanen, die heute eher mittlere Gehaltsempfänger sind und vielfach höhere Verwaltungsposten besetzen. Allerdings befinden sie sich hier manchmal bereits in Konkurrenz mit Angehörigen der früheren Unberührbaren, die ihren Aufstieg einer systematischen Förderung der Regierung verdanken und deshalb nicht selten als „Regierungs-Brahmanen" bespöttelt werden.

Bedeutet all dies, dass das einstmals alles beherrschende Kastensystem im Indien von heute praktisch keine Rolle mehr spielt? Die Antwort lautet, wie so oft in Indien, nicht ja oder nein, sondern sowohl als auch. So ist es auch für die meisten westlich geprägten Inder, denen sonst im Alltag die Kastenschranken kaum noch etwas bedeuten, undenkbar, ihre Kinder mit Angehörigen einer niedrigen Kaste zu verheiraten.

Kasten als sozialer Rückhalt

Was einem nach den Prinzipien von Individualität und Selbstverwirklichung erzogenen Europäer als ungerecht erscheinen mag, erhält im Lichte der sozialen und kulturellen Realität Indiens eine völlig andere Bedeutung. Schließlich sollte man nicht übersehen, dass diese im Westen wie selbstverständlich propagierten Ideale gleichzeitig ein **soziales Netz** erfordern, welches jene, die auf dem schmalen Grat der freien Entscheidung straucheln, auffängt. Die Funktion eines in Indien so gut wie unbekannten staatlichen Sozialsystems übernimmt das Kastensystem.

Diese wirtschaftliche Komponente ist aber nur einer der im Westen immer wieder verkannten Vorteile der Kastenordnung. So haben die über Jahrtausende tradierten Werte und Verhaltensvorschriften innerhalb der einzelnen Kasten zu einer Art **kulturellem Heimatgefühl** geführt, auf welches die meisten Inder bis heute allergrößten Wert legen. Dementsprechend treffen sich die einzelnen Kastenmitglieder im Privatleben fast ausschließlich untereinander und halten damit eine Ordnung aufrecht, die im öffentlichen Leben kaum noch eine Rolle spielt.

Die Kastenlosen – geborene Verlierer

Vor allem in den Hunderttausenden von indischen Dörfern, die seit jeher als die Hochburgen des Kastensystems gelten, haben sich die alten Traditionen noch weitgehend erhalten. Dort ist es immer noch üblich, dass die Brahmanenhäuser, geschützt unter hohen Bäumen, im Zentrum stehen, während sich die anderen Bewohner, abgestuft nach ihrer Rangordnung, weiter Richtung Dorfrand ansiedeln.

Außerhalb der Dorfgrenze haben die Kastenlosen ihre schäbigen Hütten aufgeschlagen. Trotz aller staatlichen Fördermaßnahmen, die ihnen unter anderem entsprechend ihrem Anteil an der Gesamtbevölkerung einen Prozentsatz an Stellen im öffentlichen Dienst zusichern, zählen die 180 Millionen Kastenlosen nach wie vor zu den Ausgestoßenen der Gesellschaft.

Die Zeiten, dass ein Paria vor Betreten der Stadt die Höherkastigen durch das Schlagen einer Trommel *(parai)* vor seinem Erscheinen warnen musste, damit diese sich nicht durch seine Nähe verunreinigten, gehören zwar der Vergangenheit an, das Betreten des Dorftempels oder die Wasserentnahme aus dem Dorfbrunnen ist ihnen jedoch auch heute noch untersagt.

Dass jahrtausendealte Traditionen weit schwerer wiegen als bürokratische Entscheidungen im fernen Delhi musste auch *Mahatma Gandhi* erkennen, der sich vehement für die Besserstellung der Unberührbaren einsetzte und ihnen den Namen *Harijans* (Kinder Gottes) verlieh. Aufsteiger kommen zwar vor, die große Mehrzahl der Kinder Gottes verdient ihren kargen Lebensunterhalt jedoch mit dem Säubern von Latrinen, dem Enthäuten von Kadavern oder als Müllmänner. Als Abfall der Gesellschaft ist der Abfall der Höherkastigen für sie gerade gut genug. Bei diesen geborenen Verlierern, den Ärmsten der Armen, zeigt sich die hässliche Seite des Kastensystems auf besonders krasse Weise.

Großreich Nordindiens mit der Hauptstadt *Pataliputra,* dem heutigen Patna, hervorgehen sollte. Als bedeutendste Figur des Maurya-Reiches und einer der größten Herrscher der indischen Geschichte überhaupt gilt **Kaiser Ashoka** (274–232 v. Chr.). Nachdem seine Truppen das Kalinga-Reich im heutigen Odisha (Orissa) unterworfen und dabei Tausende von Menschen abgeschlachtet hatten, konvertierte er reumütig zur friedfertigen buddhistischen Religion und erklärte sie gleichzeitig zur Staatsreligion. Er ließ nicht nur im gesamten Herrschaftsbereich, der von Delhi über Gujarat, Uttar Pradesh, Bihar und Orissa bis nach Sanchi ins heutige Madhya Pradesh reichte, unzählige seiner berühmten Ediktsäulen aufstellen, in denen er seine Untertanen zu moralischem Handeln im Einklang mit der buddhistischen Lehre ermahnte, sondern sandte auch Missionare seines Hofes in andere asiatische Länder. Die religiöse Klammer des Buddhismus schuf ein prosperierendes Gemeinwesen, in dem der Staat zum ersten Mal in der indischen Geschichte über den Bereich kleiner Territorialreiche hinaus weitgehende Verwaltungseinrichtungen schuf, den Handel förderte, die Handelswege beherrschte und Münzen in Umlauf setzte. So besteht die historische Bedeutung des Maurya-Reiches und vor allem ihres Universalherrschers Ashoka darin, zum ersten Mal eine überregionale kulturelle Einigung Indiens geschaffen zu haben.

Zerfall des Großreichs und Entstehung vieler Regionalreiche (150 v. Chr.–300 n. Chr.)

Wie sich jedoch nach dem Sturz des letzten Maurya-Kaisers 185 v. Chr. durch den General *Pushyamitra* aus der Sunga-Dynastie zeigte, war die territoriale und herrschaftspolitische Einbindung großer Teile Nordindiens in einem Großreich unter Ashoka eine historische Ausnahmeerscheinung. Nach dem Untergang des Maurya-Reiches wurde das machtpolitische Vakuum durch **unzählige Regionalreiche** aufgefüllt, wobei sich vier Hauptakteure herauskristallisierten: die bereits erwähnten *Sungas* im Norden, *Kalinga* (Orissa) im Osten, das unter *Kharasvela* wieder zu bedeutender Macht aufstieg, die *Satavahanas* im zentralen Hochland und im Nordwesten die *Shakas* (Skythen), die von Zentralasien über Afghanistan in das Industal eingedrungen waren und bald ihre Herrschaft bis nach Gujarat ausdehnten.

So unterschiedlich diese einzelnen Reiche in ihrer ethnischen Zusammensetzung und politischen und religiösen Organisation auch waren, allen gemeinsam war doch, dass sie sich kaum länger als maximal 200 Jahre halten konnten. Die Jahrhunderte vor und nach Christi Geburt waren in dieser Beziehung eine der turbulentesten Perioden der indischen Geschichte. Das Phänomen solcher kurz aufblühender und rasch wieder verschwindender Reiche erklärt sich dadurch, dass sich regionale Herrscher einem siegreichen Eroberer beugten und seine Oberherrschaft anerkannten, praktisch jedoch in ihren Herrschaftsrechten kaum beschränkt wurden. Da sich viele der neuen Regionalfürsten immer wieder ihre Herrschaft durch die Brahmanen legitimieren lassen mussten und der Buddhismus unter dem Verlust der Patronage des Maurya-Reiches litt, gewann der Hinduismus langsam wieder seine alte Bedeutung zurück.

Das goldene Zeitalter des indischen Mittelalters (300–1200 n. Chr.)

Nach den turbulenten Zeiten der vorherigen Periode war die Zeit vom 3. bis zum 12. Jh. bei aller Rivalität verschiedener regionaler Machthaber doch durch eine, zumindest für indische Verhältnisse gewisse **innere Stabilität** gekennzeichnet.

Außer den iranischen **Hunnen,** die zwischen 500 und 527 unter ihrem Führer *Toramana* in weiten Teilen Nordindiens herrschten, fielen keine bedeutenden Eroberer von Norden nach Indien ein, und so spielten sich die Machtkämpfe zwischen innerindischen Dynastien ab.

Diese innere Stabilität trug wesentlich zur Ausprägung eines allgemein verbindlichen **höfischen Herrschaftsstils** bei. Die für den europäischen Feudalismus so charakteristischen Treue- und Lehensverhältnisse fehlten hier, wurden aber oft durch verwandtschaftliche oder quasi-verwandtschaftliche Beziehungen ersetzt. Vasallen wurden als Brüder oder Schwestern bezeichnet und der Hof selbst des kleinsten Vasallen nach dem Vorbild des Königs gestaltet.

Diese auch als indisches Mittelalter bezeichnete Epoche wird gern als Goldenes Zeitalter der indischen Geschichte bezeichnet, weil sich **Kunst und Kultur** ungestört von kriegerischen Auseinandersetzungen mit Unterstützung regionaler Herrscher entfalten konnten. Einige der großartigsten Bauwerke sind in jener Zeit entstanden, wobei die zwischen 950 und 1050 erbauten Tempel von Khajuraho das berühmteste Beispiel sind.

Die bedeutendste Macht dieser Epoche war die **Gupta-Dynastie,** die die Nachfolge der Mauryas und Sungas angetreten hatte und die Ostregion der Gangesebene zur Ausgangsbasis ihres Großreiches machte. Die Gupta-Zeit und hier speziell die Regierungsjahre der großen Könige *Samudragupta* (340–380) und *Chandragupta II.* (380–414) gilt auch als die glanzvollste Epoche der höfischen Kultur.

Zur gleichen Zeit findet eine **indische Kolonisierung Südostasiens** statt. Diese Kolonisierung erfolgt jedoch nicht durch die Ausdehnung indischer Herrschaft, sondern durch eine Übertragung von Herrschaftsstil, Schrift, Baukunst und religiösen Ideen sowohl des Hinduismus wie des Buddhismus. In Java, Sumatra, Vietnam und Kambodscha entwickelten sich Königreiche, in denen Hinduismus und Buddhismus nebeneinander existierten.

Allerdings geschieht dies paradoxerweise zu einer Zeit, als der **Buddhismus** in seinem Mutterland selbst fast völlig bedeutungslos geworden ist. Um das 7. Jh. n. Chr. bekennt sich nur noch im heutigen Bihar, dem einstigen Kernland des großen buddhistischen Kaisers *Ashoka,* ein Großteil der Bevölkerung zum Buddhismus.

Zwar gelingt es den *Pratikaras* unter ihrem berühmten König *Bishoja* (836–90) noch einmal, Teile Nordindiens ihrem Herrschaftsgebiet einzuverleiben, doch um die Jahrtausendwende sind die verschiedenen Teilregionen Nordindiens wieder unter **verschiedene Dynastien** aufgeteilt, von denen keine die Vormacht erlangt.

Der erste Vorbote einer neu anbrechenden Zeitepoche ist der Sultan *Mahmud-e-Ghazni* (997–1030), der von seiner afghanischen Heimat in mehreren **Raubzügen** bis tief in die nordindische Ebene und nach Gujarat vorstößt und dort u.a. den Sonnentempel von Somnath plündert und zerstört. Im Gegensatz zu seinen muslimischen Nachfolgern ging es ihm jedoch nicht um territoriale Machtentfaltung, sondern ausschließlich um materielle Güter, und so zogen sich seine Truppen, reich beladen mit Gold und Juwelen, in die afghanische Heimat zurück.

Das Sultanat Delhi (1200–1500)

Die politische Zersplitterung Indiens lud islamische Herrscher aus Zentralasien geradezu ein, zunächst in **sporadischen Eroberungszügen** ins Land einzufallen, um schließlich die sagenhaften Reichtümer der einzelnen Regionalreiche zu erbeuten. Wer aber Indien beherrschen wollte, musste die außerindische Machtbasis aufgeben und sich dafür entscheiden, in Indien selbst sein Hauptquartier zu errichten.

Diese Entscheidung fiel mit der Errichtung des Sultanats von Delhi durch *Qutb-ud-din-Aibak* im Jahre 1206. *Aibak* war ein Sklave *Mohammed von Ghurs* (1150–1206), der im 12. Jh. in Nordindien eingefallen war, mehrere Hindukönige nördlich von Delhi geschlagen und 1194 Varanasi eingenommen hatte, sich dann aber wieder nach Afghanistan zurückgezogen hatte. Er hatte Aibak zum Statthalter von Delhi eingesetzt, und dieser machte sich selbstständig, als sein Herr in Afghanistan ermordet wurde.

Damit war das Fundament der über 500-jährigen **islamischen Herrschaft** über Indien gelegt. Das Sultanat Delhi hielt sich über mehr als zwei Jahrhunderte unter verschiedenen Dynastien, die sich durch Mord und Usurpation ablösten.

Auf dem Höhepunkt ihrer Macht konnten die Sultane um die 100.000 Pferde und einige tausend Elefanten in die Schlacht schicken. Dieser geballten Schlagkraft konnten die zersplitterten Hindukönigreiche nichts Gleichwertiges entgegensetzen. Innerhalb von nur 20 Jahren beherrschten die Sultane von Delhi die gesamte nordindische Region. Besonders *Ala-ud-din-Khalji* (1295–1316) konnte seine Herrschaft durch viele erfolgreiche Feldzüge entscheidend erweitern. Wichtiger noch als seine militärischen Erfolge war jedoch seine Fähigkeit, das Reich administrativ zu durchdringen. So schuf der Sultan einen streng zentralistischen Staat mit einem großen stehenden Heer, effizienter Steuererhebung und scharfen Preiskontrollen.

Auf dieser Basis konnte die nächste Dynastie des Sultanats, die der **Thuglags,** den Herrschaftsbereich bis in den Süden ausdehnen und so ein Großreich errichten, das in seinen Ausmaßen weder vor noch nach ihnen je eine indische Macht erreicht hatte. *Muhammed Tughlag* (1325–51) trug der geografischen Ausdehnung dieses Riesenreiches Rechnung, indem er die Hauptstadt von dem nun an der Pheripherie gelegenen Delhi nach Daulatabad im zentralen Hochland Indiens verlegte. Mit seinem Versuch, das Land mit kontinentalen Ausmaßen in einem Zentralstaat zusammenzufassen, scheiterte er jedoch wie alle seine Nachfolger. 1329 musste er seine imperialen Ambitionen wieder aufgeben und nach Delhi zurückkehren, weil er sonst den Norden verloren hätte, der nach wie vor das Fundament seiner Hausmacht bildete.

Dieser erzwungene Rücktritt von seinen Großmachtzielen und die offenkundige **Verwundbarkeit des Sultanats** nahmen viele zuvor loyale Gouverneure zum Anlass, sich von ihren ehemaligen Herren zu lösen und eigene, unabhängige Reiche zu gründen. Hilflos musste die Zentralmacht mit ansehen, wie sich das Land in viele **selbständige Regionalreiche** auflöste und somit erneut jene für die indische Geschichte so charakteristische Territorialisierung des Reiches einsetzte.

So mussten sich die folgenden Dynastien der *Sayyids* (1414–51) und *Lodis* (1451–1526) nolens volens wieder mit dem Großraum Delhi begnügen. Gleichzeitig mit dem Niedergang des Sultanats von Delhi entstand mit dem Reich Vijayanagar im Süden Indiens eine Großmacht, die die bis dahin selbstverständliche Vorrangstellung des Nordens in Frage stellte.

Die Moguln (1500–1750)

Erst mit den Moguln, einer **türkischen Dynastie,** die im 16. Jh. die Bühne der indischen Geschichte betrat, wurde der weiteren territorialen Zerstückelung des Landes Einhalt geboten. Wie kein anderer Name symbolisieren die Moguln den Glanz des imperialen Indien. Dabei waren ihre ersten Gehversuche dort weit weniger glorreich, als man meinen könnte. Nachdem der erste Großmogul *Babur* (1483–1530) den letzten Lodi-König 1526 besiegt und damit dem Sultanat Delhi den endgültigen Todesstoß versetzt hatte, musste sein Sohn und Nachfolger Humayun (1530–56) nach zwei Niederlagen gegen den von Osten anrückenden Feldherrn *Sher Shah* 1540 beim König von Persien Zuflucht suchen. Erst als dessen Nachfolger sich untereinander befehdeten, konnte Humayun wieder nach Delhi zurückkehren, wo er jedoch schon wenig später, 1556, starb.

Die große Stunde der Moguln brach erst mit seinem Sohn und Nachfolger **Akbar** an, der nahezu ein halbes Jahrhundert über Indien herrschte (1556–1605). Das Reich *Akbars* ist das einzige indische Großreich, das sich in Idee und Anspruch mit dem *Ashokas* vergleichen lässt.

Wie zwiespältig die Person des großen muslimischen Herrschers war, zeigt sich besonders deutlich bei dem ihm immer wieder zugesprochenen Streben nach **religiöser Toleranz.** Tatsächlich war er an einer friedlichen Koexistenz von Hindus und Muslimen interessiert, die er mit einer von ihm konzipierten Religion, der *Din-il-Ilahi* (Gottesglaube) zusammenführen wollte. Der wahre Hintergrund dieser scheinbar so friedfertigen Idee war jedoch die von machtpolitischem Kalkül getragene Überlegung, dass nur dort, wo eine graduelle Partizipation der Hindus am Staat erfolgte, die zahlenmäßig weit unterlegenen Muslime ihre Machtstellung langfristig stabilisieren konnten. Hier findet sich also wieder jenes Prinzip von „teile und herrsche", welches schon so viele Könige vor *Akbar* angewandt hatten, um das Riesenreich unter ihre Kontrolle zu bekommen. Perfektioniert wurde es schließlich von den Briten.

Es war *Akbars* besondere Fähigkeit, die militärisch unterworfenen Gebiete durch eine straffe, administrative Kontrolle zu beherrschen, die seinen Erfolg begründete. Ein weiterer Faktor war die **strategische Überlegenheit,** die sich aus der Nutzung von Feuerwaffen ergab. Die Hindu-Herrscher konnten gegen diesen Ansturm moderner Kriegsführung nichts ausrichten, und so drangen *Akbars* Truppen weiter nach Süden vor. Dennoch stießen die Moguln dort zunehmend auf erheblichen Widerstand, und so reichte die Grenze von *Akbars* Reich, das im Nordwesten Afghanistan umfasste und im Osten Bengalen, im Süden nur bis zu einer Linie, die sich etwa auf der Höhe von Mumbai von Küste zu Küste erstreckte.

Akbars Nachfolger **Jehangir** (1608–27) und **Shah Jahan** (1627–58) widmeten sich weitgehend der friedlichen Konsolidierung des ererbten Reiches und der Förderung der Künste. Das weltberühmte Taj Mahal, jenes Grabmal, welches Shah Jahan zu Ehren seiner Gemahlin *Mumtaz* in Agra hatte errichten lassen, ist das großartigste Zeugnis jener kulturellen Blütezeit.

Es waren gerade jene aufwendigen Bauwerke, die den Staat an den Rand des finanziellen Ruins führten, die Shah Jahans machthungrigem Sohn **Aurangzeb** (1658–1707) als willkommmenes Argument zum Sturz und zur anschließenden Gefangennahme seines Vaters dienten. Aurangzeb mochte sich auf dem Höhepunkt der Macht wähnen, als er mit einer rücksichtslosen Kreuzzugs-Politik Tausende von Hindu-Heiligtümern zerstören ließ und gleichzeitig versuchte, als erster gesamtindischer Kaiser in die Geschichte einzugehen, indem er versuchte, auch den bis dahin weitgehend unabhängig gebliebenen Süden zu unterwerfen.

Damit hatte er jedoch den Bogen seiner Macht bei weitem überspannt und leitete den **Niedergang der Mogulmacht** in Indien ein. Mit seinem militant religiösen Fanatismus brachte er selbst bis dahin loyale Untertanen gegen sich auf. Diese landesweite Aufstandsbewegung verstärkte sich noch, als er seine Hauptstadt, ähnlich wie *Muhammed Thuglag* dreieinhalb Jahrhunderte zuvor, in den Süden verlegte. Bei der Verfolgung seiner ehrgeizigen Pläne hatte der letzte Großmogul die Ressourcen seines Reiches erschöpft.

Nach dem Tod Aurangzebs setzte erneut eine **Phase der Regionalisierung** und des Zerfalls in viele kleine Herrschaftsbereiche ein. Die schwachen Nachfolger Aurangzebs konnten sich nicht mehr durchsetzen und regierten jeweils nur für eine kurze Zeitspanne. Der Einfall *Nadir Shahs,* eines Heerführers aus Persien, der 1739 Delhi eroberte und den gesamten Thronschatz plünderte, markierte das endgültige Ende der einstmals als unbesiegbar geltenden Moguln.

Während der Feldherr sich wieder in seine Heimat zurückzog, etablierten sich im Westen und Norden die **Marathen,** ein lokales Herrschergeschlecht, welches seine Hausmacht im Gebiet um Puna besaß und bereits seit Mitte des 17. Jh. den Moguln einige empfindliche Niederlagen beigebracht hatte. Das Marathenreich konnte jedoch das Mogulreich nicht ersetzen, eben weil es gar nicht den Versuch unternahm, einen großen Territorialstaat aufzubauen. So scheiterten letztlich auch die Moguln daran, dass das riesige Land von keiner noch so mächtigen und gut organisierten Zentralmacht zu regieren war.

Doch schon standen mit den **europäischen Nationen,** die bereits über verschiedene Handelsniederlassungen ihre Interessen in Indien vertraten, neue Interessenten bereit, um das Machtvakuum auszufüllen und, mehr noch, den enormen Reichtum des Indischen Subkontinents auszubeuten.

Indien unter europäischer Kolonialherrschaft (1750–1947)

Da der Handel mit den begehrten Gütern Indiens fest in asiatischen Händen lag, waren die aufstrebenden europäischen Seefahrernationen daran interessiert, den direkten Seeweg nach Indien zu finden. Bekanntlich war Christoph Kolumbus bis zu seinem Tod davon überzeugt, bei seiner Entdeckung Amerikas die Schatzkammer Indien geöffnet zu haben, und so nannte er die dortigen Ureinwohner auch Indianer.

Mit Vasco da Gama blieb es einem **portugiesischen Seefahrer** vorbehalten, den Seeweg nach Indien zu entdecken. So waren es die Portugiesen, die zunächst 1510 mit Goa und danach mit Daman und Diu im heutigen Gujarat die ersten europäischen Handelsposten an der indischen Westküste errichteten. Für ein knappes Jahrhundert besaßen sie das Monopol auf den europäischen Indienhandel. Letztlich verfügte das kleine Land jedoch nicht über genügend Mittel, um das Riesenreich Indien zu kontrollieren, und so mussten die Portugiesen Anfang des 17. Jh. den Franzosen, Holländern und Engländern das Feld überlassen.

Die **East India Company,** die im Jahr 1600 von *Elisabeth I.* das Monopol über den britischen Indienhandel zugesprochen bekommen hatte, eröffnete 1612 in Surat ihren ersten Handelsposten, dem schon bald jene in Madras (1640), Mumbai (1668) und Kalkutta (1690) folgten. Der Osten als Zentrum der Baumwollherstellung wurde vor allem deshalb mehr und mehr kolonialisiert, da sich der Vertrieb der überall in Asien sehr begehrten indischen Textilien noch vor Gewürzen und Tee als besonders profitabel erwies. Für die Briten wurde die Beteiligung am innerasiatischen Handel derart lukrativ, dass sie mit den Gewinnen jene Güter kaufen konnten, die sie nach Europa verschickten. So blieb die East India Company für lange Zeit das, was sie

⌃ Britische Offiziere (Foto von John Burke, 1879)

als ihre eigentliche Aufgabe ansah, ein höchst profitables Wirtschaftsunternehmen. Ein territoriales Engagement war dabei weder erforderlich noch erwünscht. Der Handel gedieh prächtig, da konnten politische oder gar militärische Verstrickungen nur Unheil anrichten. „Viele Festungen, viel Ärger und wenig Profit", war das Motto jener Tage.

Umso misstrauischer beäugte man den Aufstieg des alten Erzfeindes **Frankreich,** der sich auch ein Stück von der fetten Beute Indien einverleiben wollte und 1672 in Pondcherry an der Südostküste den ersten Handelsposten eröffnete. Die Franzosen versuchten, die von den Briten sorgsam austarierte Machtbalance zwischen Fürsten und Kolonialherren zu unterlaufen, indem sie die Lokalherrscher mit lukrativen Versprechungen für sich zu gewinnen suchten. 1746 gelang es ihnen sogar, Madras zu erobern, welches sie jedoch schon drei Jahre später wieder an die Briten abtreten mussten.

Den entscheidenden Übergang von dem zunächst rein am Profit orientierten East-India-Handelsunternehmen zur **politischen Ordnungsmacht** in Indien markiert das Jahr 1757, als der Nawab von Bengalen Kalkutta eroberte und dabei viele Briten ermorden ließ. Ein Jahr später nahmen die Briten unter der Anführung des wagemutigen Feldherrn *Robert Clive* in der Schlacht von Plassey nicht nur blutige Revanche an dem Lokalherrscher, der es gewagt hatte, eine Weltmacht herauszufordern, sondern schlugen gleichzeitig die mit ihm verbündeten Franzosen. Der Wandel von Händlern zu Feldherren war endgültig vollzogen.

In den folgenden Jahrzehnten gelang es den Briten in einer Reihe **erfolgreicher Feldzüge** gegen aufständische Regionalstaaten ihre Stellung auszubauen. Anfang des 19. Jh. waren sie die unumschränkten Herrscher Indiens, womit das Land zum ersten Mal in seiner Geschichte unter einer **Zentralgewalt** vereint war. Wichtiger noch als ihre militärischen Siege war für die Festigung ihrer Macht die am Prinzip von „teile und herrsche" orientierte Taktik, den mächtigen Lokalfürsten *(Maharajas)* formal ihre Unabhängigkeit zu belassen, sie faktisch jedoch der Oberherrschaft der europäischen Kolonialmacht zu unterstellen.

Als letztlich entscheidend für den Erfolg der Engländer erwies sich jedoch ihre Fähigkeit, als erste Herrscher der indischen Geschichte das riesige Land unter die einheitliche Verwaltung festbesoldeter Beamter zu stellen, die jederzeit versetzbar waren und sich deshalb keine regionale Hausmacht aufbauen konnten. So wurde eine rationale **Bürokratie** bürgerlich kapitalistischer Herkunft einer alten Agrargesellschaft aufgestülpt, die rücksichtslos ausgebeutet wurde.

Die Briten selbst weisen auch heute noch gern auf die unter dem Begriff *steel frame* zusammengefasste, positive Hinterlassenschaft ihrer Kolonialherrschaft hin. Hierzu gehören der Aufbau einer funktionierenden Verwaltung, ein weitverzweigtes Eisenbahnnetz, die Einführung eines Rechts- und Bildungswesens sowie die Etablierung demokratischer Grundwerte.

Viel schwerer wiegen jedoch die **negativen Folgen des Kolonialismus:** die Unterdrückung traditioneller Bildungs- und Rechtsvorstellungen, die Zerstörung der einheimischen Textilindustrie, die Degradierung des Landes zu einem reinen Rohstofflieferanten sowie die Entstehung eines riesigen Heeres von Proletariern. Paradoxerweise waren es gerade Mitglieder der indischen Oberschicht, die an den von den Briten geschaffenen Hochschulen ausgebildet worden waren, die die Ausbeutung ihres Mutterlandes als erste anprangerten und damit zum Träger der indischen Unabhängigkeitsbewegung wurden.

Die indische Unabhängigkeitsbewegung (1850–1947)

Die erste Phase des indischen Nationalismus wurde mit dem **Sepoy-Aufstand** von 1857 eingeläutet, als genau die Hälfte der insgesamt 74 indischen Battaillone in Nordindien gegen die britischen Besatzer revoltierte. Während der rund viermonatigen erbitterten Kämpfe, die ihre Zentren vor allem in Lucknow, Delhi und Meerut hatten, kamen mehrere Tausend indischer und englischer Soldaten ums Leben. Vorübergehend geriet das britische Kolonialreich ernsthaft ins Wanken. Während die Nationalisten den Aufstand der indischen Sepoys (Soldaten) als ersten Unabhängigkeitskrieg gegen die europäische Fremdherrschaft feierten, weisen die heutigen Historiker darauf hin, dass die Revolte von vornherein zum Scheitern verurteilt war, da es ihr an jeglicher Koordination und Führung fehlte. Gleichzeitig war damit ein erstes sichtbares Zeichen gesetzt, dass die britische Herrschaft überwunden werden konnte, wenn es gelang, alle Kräfte des Landes auf dieses Ziel zu vereinen.

Auf Seiten der Engländer hatte der Aufstand weitreichende Konsequenzen zur Folge, die darin gipfelten, dass die East India Company aufgelöst und Indien **direkt der Krone unterstellt** wurde. 1876 ließ sich *Queen Victoria* zur Kaiserin von Indien küren, und der Posten des Generalgouverneurs, der als eine Art Diplomat des englischen Königshauses bereits seit Ende des 18. Jh. in Indien tätig war, wurde in den Rang eines Vizekönigs erhoben. Während die Briten so nach außen deutlich machten, dass sie keinesfalls bereit waren, die Zügel der Macht aus der Hand zu geben, öffneten sie gleichzeitig Posten im Verwaltungsapparat zunehmend auch für Mitglieder der aufstrebenden indischen Oberschicht, die an den von liberalem Gedankengut geprägten Universitäten ausgebildet worden waren.

Immer deutlicher kristallisierte sich im Lager der Unabhängigkeitsbewegung, die sich 1885 im *Indian National Congress* organisiert hatte, eine Spaltung zwischen „Gemäßigten" und „Extremisten" heraus. Die Gemäßigten glaubten, dass nur durch eine schrittweise Demokratisierung und einen allmählichen Übergang der Macht in indische Hände aus der vielfältig gegliederten Gesellschaft eine moderne Nation werden konnte. Die Extremisten hingegen wollten sich der kolonialen Zwangsjacke so schnell wie möglich, wenn nötig auch mit Gewalt, entledigen, um das angestammte Recht auf Freiheit und Selbstbestimmung zu erlangen. Die Kluft zwischen den beiden Gruppen verstärkte sich noch, als die Briten durch mehrere halbherzige Verfassungsreformen, die u.a. ein sehr eingeschränktes Wahlrecht beinhalteten, den Druck aufzufangen versuchten.

In dieser Situation bedurfte es einer solch außergewöhnlichen Führungspersönlichkeit wie **Mahatma Gandhi,** der 1915 aus Südafrika nach Indien zurückgekehrt war, um diese beiden Pole zu vereinen und zudem die bis dahin allein im Bildungsbürgertum verankerte Unabhängigkeitsidee ins breite Volk zu tragen. 1920 übernahm er die Führung der **Congress Party,** die er innerhalb kürzester Zeit von einem lockeren Zusammenschluss divergierender Kräfte zu einer straff organisierten Partei formte. Seine Methoden des gewaltlosen Widerstandes, der Nicht-Zusammenarbeit und anderer Boykottmaßnahmen fanden breite Unterstützung in der Bevölkerung.

1921/22 führte er eine **erste Massenbewegung** gegen die als völlig unzureichend empfundenen Reformzugeständnisse an, die er jedoch abbrechen ließ, als gewalttätige Unruhen ausbrachen. Trotzdem ließen ihn die Briten verhaften und verurteilten ihn zu sechs Jahren Gefängnis, von denen er jedoch nur zwei Jahre verbüßen musste.

Der legendäre **Salzmarsch,** mit dem Gandhi 1930 symbolisch das Salzmonopol der Briten brechen wollte, wurde ein überwältigender Erfolg. Das Ergebnis waren zwei Konferenzen am „Runden Tisch" in London, in denen schließlich die Abhaltung freier Wahlen beschlossen wurde. Mehr als ein Teilerfolg war jedoch auch dieses Zugeständnis nicht, da die Inder nur über die Zusammensetzung der Provinzparlamente abstimmen konnten, während die Zentralregierung weiterhin von den Engländern gestellt wurde.

1936 brachten **die ersten gesamtindischen Wahlen** einen überwältigenden Erfolg für die Congress Party, während die Partei der indischen Muslime weit abgeschlagen wurde.

Das Ergebnis verstärkte die Furcht der **Muslime** vor einer Majorisierung durch die Hindus und vor dem Verlust ihrer Identität in

raj_254

einem Hindu-Staat. Diese Angst wurde während des 2. Weltkrieges, als der Freiheitskampf weitgehend auf Eis lag, von dem Führer der Muslim-Liga *Ali Jinnah* kräftig geschürt.

Mehr und mehr entwickelte sich hieraus eine Massenbewegung, die einen **eigenständigen Muslim-Staat Pakistan** forderte. Seitdem es im Gefolge des 16. August 1946, dem sogenannten *Direct Act Day*, den Jinnah in Kalkutta ausrufen ließ, um der Forderung eines Separatstaates Nachdruck zu verschaffen, zu schweren Massakern zwischen Hindus und Moslems gekommen war, führte kein Weg mehr an der von Gandhi und seinen Anhängern befürchteten Zerstückelung Indiens vorbei.

Das Ende des Krieges und die geschwächte Position Englands führten schließlich zu einer raschen, ja überstürzten Machtübergabe der Engländer, die gleichzeitig die **Teilung des Landes** in ein muslimisches Ost- und West-Pakistan und das hinduistische Indien bedeutete.

Der von *Lord Mountbatten,* dem letzten Vizekönig Englands in Indien, festgelegte Tag der langersehnten **Unabhängigkeit,** der 15. August 1947, stand im Zeichen grausamer **Massaker** zwischen Hindus und Moslems, bei denen über 200.000 Menschen auf offener Straße abgeschlachtet wurden. Besonders betroffen hiervon war der Punjab, dessen Staatsgebiet in der Mitte zerschnitten wurde. Wie schon so oft in der Geschichte des Subkontinents offenbarte sich hier auf tragische Weise die Unmöglichkeit, das Riesenreich friedlich zu vereinen.

⌃ Mahatma Gandhi und Jawaharlal Nehru während des Salzmarsches (Wandgemälde)

Das nachkoloniale Indien

„Vor langen Jahren haben wir einen Pakt mit dem Schicksal geschlossen und nun naht die Zeit, da wir unser Gelöbnis einlösen werden."

Dieser Pakt mit dem Schicksal, von dem Indiens erster Ministerpräsident und langjähriger Gefährte Mahatma Gandhis, **Jawaharlal Nehru,** in der Nacht zum 15. August 1947 sprach, meinte einen Staat, der auf den Grundwerten der Toleranz, Demokratie, Pluralität, Friedfertigkeit und vor allem des Säkularismus aufgebaut sein sollte.

Wie kurzlebig der Schicksalspakt des gerade erst unabhängig gewordenen Landes war, wurde der indischen Bevölkerung bereits am 30. Januar 1948 schlagartig vor Augen geführt, als der Vater der Nation, **Mahatma Gandhi,** von dem fanatischen Hindu *Nathuram Godse* **erschossen** wurde. Hier offenbarte sich auf fatale Weise, dass religiöser Fanatismus und politischer Separatismus, die bereits die Geburtsstunde des unabhängigen Indien überschattet hatten, letztlich die indische Realität weit mehr prägen als Toleranz und Friedfertigkeit.

Während es die politischen Führer Indiens während der Zeit des Kalten Krieges lange Jahre verstanden, das Land durch eine geschickte **Neutralitätspolitik** aus weltweiten Konflikten herauszuhalten, wurden die Beziehungen zu den Nachbarstaaten, allen voran dem **Erzfeind Pakistan,** anstatt von friedlicher Koexistenz durch militärische Auseinandersetzungen bestimmt.

Hauptstreitobjekt war hier **Kashmir,** ein Fürstenstaat im Nordwesten Indiens mit einer Hindu-Dynastie und einer Muslim-Mehrheit, den beide Staaten für sich beanspruchten. Nachdem es bereits 1948 in Kashmir zu Kämpfen zwischen Indien und Pakistan gekommen war, die erst durch einen von der UNO vermittelten Friedensschluss beendet wurden, nutzte Pakistan die innenpolitische Schwäche Indiens nach dem Tod Nehrus 1964 zum **zweiten indo-pakistanischen Krieg.** 1966 wurde er durch die Friedensverhandlungen von Tashkent, während deren Nehrus Nachfolger *Shastri* starb, beendet.

Mit **Indira Gandhi,** der Tochter Nehrus, übernahm nun eine Politikerin für die nächsten 16 Jahre die Führung des Landes, die die durch das unaufhaltsame Bevölkerungswachstum im Innern hervorgerufenen sozialen Konflikte sowie die außenpolitischen Herausforderungen durch eine kompromisslose Politik der Härte zu bewältigen suchte. So gab sie die strikte Neutralitätspolitik ihrer Vorgänger auf, als sie 1971 als Reaktion auf das pakistanisch-amerikanische Bündnis einen Freundschaftsvertrag mit der Sowjetunion abschloss. Im gleichen Jahr entsandte sie Truppen ins benachbarte Ostpakistan, wo sie den aufständischen Rebellen unter *Mujibur Rahman* zur Gründung eines unabhängigen Staates **Bangladesch** verhalf.

Dieser große außenpolitische Erfolg ermöglichte der seit 1948 ununterbrochen regierenden Congress Party 1971 einen überwältigenden Wahlsieg. Als weiteres Zeichen machtpolitischer Stärke verkündete Indien 1974 den ersten **Atomtest,** womit das Land in den exklusiven Club der Atommächte eintrat.

Eine rücksichtslose **Zwangssterilisationskampagne,** mit der ihr jüngerer Sohn *Sanjay,* den sie als ihren Nachfolger auserkoren hatte, das Bevölkerungswachstum in den Griff bekommen wollte, ließ den Popularitätswert Indira Gandhis, der bereits in den Jahren zuvor durch zahlreiche Skandale gelitten hatte, endgültig auf den Nullpunkt sinken. Als sie schließlich für das Frühjahr 1977 Neuwahlen ansetzte, um ihre Notstandsgesetze von der Bevölkerung absegnen zu lassen, erlitt die Congress Party eine klare Niederlage und wurde von der in aller Eile aus fünf Oppositionsparteien zusammengezimmerten **Janata-Partei** unter dem neuen Ministerpräsidenten *Morarji Desai* abgelöst.

Doch die Koalition zerfiel recht bald wieder und aus den im Januar 1980 abgehaltenen Neuwahlen ging erneut Indira Gandhi als Siegerin hervor. Im Juni 1980 wurde ihr Sohn Sanjay Opfer eines Flugzeugabsturzes. Der Verlust des von ihr geliebten, geradezu verehrten Sohnes stand wie ein schlechtes Omen über der letzten Regierungszeit Indira Gandhis, die vor allem durch die **gewaltsamen Autonomiebewegungen** verschiedener Landesteile in den Nordost-Provinzen Sikkim und Kashmir geprägt wurde.

Die größten Sorgen bereiteten der Bundesregierung jedoch der **Sezessionskrieg der Sikhs** für einen eigenen Staat Khalistan. Nachdem sich die Terroristen im Goldenen Tempel von Amritsar, dem Hauptheiligtum der Sikhs, verschanzt hatten, befahl Indira Gandhi dessen Erstürmung, wobei der Anführer *Bhindranwale* und etliche seiner Gefolgsleute ums Leben kamen.

Wenige Monate später, am 31. Oktober 1984, wurde Indira Gandhi **Opfer eines Attentates** zweier ihrer Sikh-Leibwächter. Fassungslos und entsetzt war die ganze Nation. „Indira Gandhi zindabad" – hoch lebe Indira Gandhi – schrien die Massen an ihrem Grab, aber auch „Blut für Blut". Damit war die Szenerie für die kommenden Tage abgesteckt: Allein in Delhi wurden mehrere Tausend Sikhs von aufgebrachten Hindus ermordet.

Um eine Ausweitung der Unruhen zu vermeiden, wurde hastig Indira Gandhis bis dahin kaum in Erscheinung getretener Sohn **Rajiv Gandhi** zum Nachfolger erklärt. Erst nachträglich gaben die Partei und schließlich bei den Wahlen am 24. Dezember 1984 das gesamte Volk ihre überwältigende Zustimmung. Rajiv wurde zur Symbolfigur für einen fundamentalen **Neubeginn,** denn mit ihm kam eine neue Generation an die Macht, die nicht mehr am Unabhängigkeitskampf beteiligt gewesen war und die dem Computerzeitalter näher stand als den Palastintrigen der Moguln. Rajivs Anspruch war Effizienz, seine Mission die längst überfällige **Modernisierung** Indiens.

Die von der neuen Regierung eingeführten Maßnahmen zur Öffnung des bis dahin durch hohe Schutzzölle weitestgehend abgeschotteten Inlandsmarktes, die Förderung zukunftsweisender Industrien und die allmähliche Privatisierung unrentabler Staatsbetriebe ließ viele vor allem junge Inder euphorisch an die Verwirklichung eines modernen, dynamischen, an westlichen Werten orientierten Indiens glauben.

Außerdem wurde nun auch Rajiv Gandhi immer tiefer in die wieder aufflammenden **terroristischen Unabhängigkeitskämpfe** in Kashmir, den Nordost-Provinzen und dem Punjab verstrickt. Erneut ließ er, wie schon seine Mutter, den Goldenen Tempel von Amritsar stürmen, wodurch alte Wunden erneut aufgerissen wurden. Seine Entscheidung, die im Norden Sri Lankas für einen unabhängigen Staat kämpfenden **Tamilen** durch die Entsendung indischer Truppen zur Aufgabe zu zwingen, machte ihn im weitgehend tamilischen Südindien zu einem verhassten Mann.

Wirtschaftlicher und sozialer Aufbruch

Die **Ermordung Rajiv Gandhis** durch ein Mitglied der tamilischen Befreiungsbewegung **Tamil Tigers** während einer Wahlkampfveranstaltung 1991 markierte nicht nur das vorläufige Ende der Nehru-Gandhi-Dynastie, die fast ein halbes Jahrhundert die Fäden der indischen Politik in der Hand gehalten hatte. Mehr noch als der Tod Indira Gandhis bedeutet die Ermordung ihres Sohnes einen tiefen Einschnitt in der indischen Geschichte.

Dennoch schien mit der Übernahme der Regierung durch die **Kongresspartei** unter dem erfahrenen *P.V. Narasimha Rao* 1991 zunächst eine Phase der Ruhe und Konsolidierung anzubrechen. Doch schon bald darauf sah sich Indien einer seiner schlimmsten **Finanzkrisen** ausgesetzt. Rao und sein Wirtschaftsminister *Manmohan Singh* beschlossen daraufhin eine Kehrtwendung von der sozialistisch geprägten Protektionswirtschaft hin zur Öffnung Indiens für **ausländische Investoren.** Mittlerweile fließt vermehrt ausländisches Geld ins Land, das Devisenpolster wächst stetig an. Der dank der wirtschaftlichen Öffnung durchs Land wehende „wind of change" ist allerorten sichtbar. Westliche Waren, noch bis Anfang der neunziger Jahre so gut wie gar nicht erhältlich, füllen die Auslagen der Geschäfte. Das Straßenbild wird inzwischen mehr von schmucken Privatautos geprägt als durch die heiligen Kühe, riesige Einkaufszentren schmücken die Vororte der Metropolen und Verkäufer von Großbildschirmen, welche die schöne neue Konsum-

Korruption: Aufruhr gegen die tödliche Krake

In Indien gibt es derzeit viele Menschen, die nicht gut schlafen. Gemeint sind nicht jene Zigmillionen, die ihr Nachtlager neben Ratten und streunenden Hunden auf stinkigen Bürgersteigen aufschlagen müssen. Ganz im Gegenteil: Die Rede ist von jenen Bürokraten, Politikern und Geschäftsleuten, die das kuschelige Bett in ihren Villen von schäbig bezahlten Dienern gemacht bekommen. Was ist der Grund für das Ungemach im herrschaftlichen Hause? Was ist passiert?

Seit 2010 wird Indien von einer Welle ungeheurer Korruptiosskandale heimgesucht, deren Ausmaß alles Bisherige bei Weitem überschreitet. Eine kleine Chronologie, die nicht ansatzweise Anspruch auf Vollständigkeit erhebt:

Die im Oktober 2010 in Delhi veranstalteten Commonwealth Games waren überschattet von zahlreichen Skandalen. Inzwischen geht man davon aus, dass von den 8 Mrd. Euro Kosten (zunächst waren 50 Mio. Euro veranschlagt worden) mindestens 3 Mrd. in dunkle Kanäle geflossen sind. Als Bauernopfer wurde schließlich der Chef des Organisationskomitees inhaftiert.

Einen Monat später musste der Premierminister von Maharashtra zurücktreten, weil fast alle der ursprünglich für die Witwen von Soldaten in Mumbai erbauten Appartementhäuser von Angehörigen hochrangiger Beamter bewohnt waren.

Im Februar 2011 musste Kommunikationsminister *Andimuthu Raja* seinen Hut nehmen, nachdem herausgekommen war, dass er 2008 über 80 der 121 zu vergebenden Mobilfunklizenzen weit unter Preis verkauft hatte. Der entstandene Schaden für den indischen Staat wird auf 30 Mrd. Euro geschätzt.

Dass Raja als Zögling einer südindischen Regionalpartei ohne jegliche Sachkenntnisse bis an die Spitze eines der wichtigsten Ministerien der größten Demokratie der Erde gelangen konnte, spricht Bände. Kleinparteien, die nicht selten von einzelnen Familienclans oder entlang von Kasten gesteuert werden, verschaffen sich Macht, bilden Koalitionen, kaufen Stimmen, füllen die Kassen ihrer Führer und sichern deren Einfluss – auch zum Nutzen ausgewählter Unternehmen, die dafür zahlen.

Tragikomisch wurde es dann einen Monat später, als der Vorsitzende der Antikorruptionsbehörde zum Rücktritt aufgefordert wurde. Der vom Obersten Gericht vorgebrachte Anklagepunkt: Korruption.

Dabei ist „Bakshish" für erbrachte Dienste durchaus nicht auf die Spitze des Staates beschränkt, sondern durchzieht die gesamte Gesellschaft wie ein tödliches Netz. Die wenigen nicht korrupten Staatsdiener unter den insgesamt 18 Millionen indischen Beamten lassen sich an einer Hand abzählen. Jeder Inder ist davon betroffen, zahlt notgedrungen seinen Obolus und hält damit die gigantische Korruptionsmaschine in Gang.

Korruption ist nicht Teil des Systems, sondern das System selbst. „50 % unseres Bruttosozialprodukts werden von der schwarzen Wirtschaft erfasst, sie pervertiert alle Aspekte unseres Lebens", meint der indische Ökonomieprofessor *Arun Kumar* von der Nehru-Universität in Delhi, Autor eines viel zitierten Buches über die Korruption im Lande. Kumar macht dafür einen „dreigliedrigen Kern aus korrupten Politikern, Geschäftsleuten und der Exekutive aus Bürokratie, Justiz und Polizei" verantwortlich.

Tatsächlich ist der dem indischen Staat entstandene Schaden astronomisch hoch. Unabhängige Schätzungen gehen davon aus, dass auf Schweizer Bankkonten mehr als 1,5 Trillionen Euro indischen Schwarzgeldes lagern. Allein die durch den Mobilfunklizenzen-Skandal entgangenen Einnahmen entsprechen dem Sechsfachen des Gesundheitsbudgets Indiens – einem Land, in dem jährlich zwei Millionen Kinder aufgrund mangelnder Gesundheitsversorgung sterben. Mit anderen Worten: Die Veruntreuung von Steuergeldern tötet jeden Tag Tausende unschuldiger Menschen.

Anders jedoch als in China und anderen asiatischen Ländern, die immer wieder Schauprozesse mit hohen Strafen gegen Korruptionssünder durchführen, ist in Indien bisher niemand wegen Korruption ernsthaft bestraft worden. Dass sich dies jetzt zumindest ansatzweise ändert, ist zwei Phänomenen zu verdanken, die das neue und das alte Indien repräsentieren. Zahlreiche neue, rund um die Uhr berichtende, miteinander um Einschaltquoten konkurrierende Nachrichten-TV-Kanäle haben in den letzten Jahren einem investigativen Journalismus die Bahn geebnet, der auch alte und einflussreiche Interessengruppen nicht mehr verschont.

Das gleiche gilt für den charismatischen Bürgerrechtler *Hazare*. Dem 72-Jährigen ist es gelungen, Zehntausende Anhänger für seinen Kampf gegen die ausufernde Korruption zu gewinnen. Er trat 2011 in Hungerstreik und hatte angekündigt, sich notfalls zu Tode zu hungern, um Indiens Politiker zu zwingen, härtere Regeln gegen Bestechung zu schaffen. Von seinen Anhängern respektvoll *Anna* („großer Bruder") genannt und stets mit dem traditionellen weißen Khadi-Dress der Nehru-Dynastie gekleidet, erinnerte er an Indiens Nationalhelden *Mahatma Gandhi,* der ebenfalls den Hungerstreik als politisches Mittel nutzte. Zehntausende Menschen im ganzen Land unterstützten seinen Protest mit Lichterketten, Mahnwachen und Kundgebungen. Facebook und Twitter waren voll von Solidaritätsbekundungen für den Reformer. Auch Bollywood-Stars und TV-Moderatoren haben sich hinter ihn gestellt.

Am Ende war seine Aktion erfolgreich. Nachdem das Parlament bei seinen Beratungen über ein Anti-Korruptionsgesetz Bereitschaft signalisiert hatte, auf wesentliche Forderungen *Hazares* einzugehen, brach er den mehrwöchigen Hungerstreik ab.

welt in nahezu jede Hütte tragen, verzeichnen Rekordabsätze.

Von dieser Entwicklung profitiert in allererster Linie die neue, **aufstrebende Mittelschicht,** deren Zahl inzwischen auf etwa 350 Mio. geschätzt wird. Für die große Masse der unteren Mittelschicht und **Unterschicht** hingegen bedeutet die mit der Liberalisierung der Wirtschaft einhergehende Inflation (2015 bei 6 %) eine Verschlechterung der Lebensbedingungen.

Die Probleme Indiens bleiben gigantisch, auch wenn sich das durchschnittliche Pro-Kopf-Einkommen in den vergangenen Jahren verdoppelt hat, auch wenn die indische Mittelschicht so schnell wächst wie keine vor ihr in der Weltgeschichte und auch wenn dank des stetigen Wirtschaftswachstums der letzten Zeit jedes Jahr Millionen der Armut entkommen konnten. Allein die Zahl von einer Million **Arbeitssuchenden,** die jedes Jahr neu auf den Arbeitsmarkt drängen, verdeutlicht, welchen gigantischen Herausforderungen sich die indische Politik gegenübersieht.

Der erdrutschartige **Sieg der BJP** mit *Narendra Modri* als Premierminister im Jahr 2014 kennzeichnet den Wunsch der meisten Inder, die überwältigenden Probleme ohne Rücksicht auf lähmende Koalitionsregierungen anzugehen, die in den Jahrzehnten zuvor weit mehr an der Zufriedenstellung der einzelnen Parteien als an der Lösung der Probleme interessiert waren. *Modri,* der sich zuvor einen Namen als wirtschaftsliberaler, anpackender Ministerpräsident des Bundesstaates Gujarat gemacht hatte, gilt als pragmatischer Realpolitiker, der bar jeglicher Ideologie milliardenschwere Investitionsprogramme zur Modernisierung der Infrastruktur in Gang gesetzt hat. Die Zukunft wird zeigen, ob sich seine an den chinesischen Modernisierungsprimat angelehnte Politik durchsetzt. Letztlich wird sie sich daran messen lassen müssen, ob sie die Lebensbedingungen von mehreren Hundert Millionen Indern der unteren Schichten entscheidend verbessern kann.

Staat und Verwaltung

Indiens offizieller Landesname lautet seit der Unabhängigkeit am 15.8.1947 *Bharat Juktarashtra,* was soviel wie **„Republik Indien"** heißt. Mit Inkrafttreten der indischen Verfassung am 26. Januar 1950 wurde ein Paradox staatsrechtlich verankert. Der junge Staat, der seine neu gewonnene Freiheit und Unabhängigkeit gerade erst nach jahrzehntelangen Kämpfen gegen die Briten errungen hatte, übernahm nahezu unverändert alle politischen Institutionen der Kolonialmacht. Der Freiheitskampf hatte nicht zu einer Revolution geführt, sondern letztlich zur Erhaltung des vorher so erbittert bekämpften Systems.

So orientieren sich die allgemeinen Bestimmungen der den Prinzipien der **parlamentarischen Demokratie** verpflichteten indischen Verfassung am Westminster-Modell. Ebenso wie in England existieren in der Indischen Union mit dem Unter- und dem Oberhaus zwei Zentralparlamente. Hier wie dort ist das **Oberhaus** *Rajya Sabha* (Staatenkammer) nicht viel mehr als eine recht harmlose Zusammenkunft betagter Männer, die nur sehr geringen Einfluss auf die Tagespolitik ausüben. Gewählt werden die 250 Mitglieder nicht direkt vom Volk, sondern nach einem komplizierten Quotensystem durch Vertreter der einzelnen Länderparlamente.

Eine wesentlich breitere Legitimation besitzen die 552 Mitglieder des **Unterhauses** *Lok Sabha* (Volkskammer), die alle fünf Jahre in freier und geheimer Wahl vom Volk gewählt werden. Stimmberechtigt sind alle Bürger über 18 Jahre. An der Spitze der Regierungsmannschaft steht der **Premierminister** als Chef der stärksten Partei, der auch die Richtlinien der Politik bestimmt und somit die stärkste politische Figur des Landes darstellt.

Formal ihm übergeordnet steht der **Präsident** an der Spitze des Staates, dem jedoch in der Verfassung, ähnlich dem deutschen Bundespräsidenten, eher repräsentative Aufgaben zugewiesen sind. Gewählt wird der Präsident für jeweils fünf Jahre von einem Wahlausschuss, der sich aus Vertretern der beiden Zentralparlamente sowie den insgesamt 29 Landesparlamenten der einzelnen Bundesstaaten zusammensetzt.

An der Spitze jedes **Bundesstaates** steht ein vom Präsidenten eingesetzter **Gouverneur,** wobei der **Chief Minister** an der Spitze seines Kabinetts die politischen Fäden in der Hand hält. In der Gesetzgebung sind bestimmte Bereiche wie auswärtige Beziehungen, Verteidigung, Verkehr und Atomenergie dem Zentralparlament vorbehalten, andere wie Polizei, Gesundheitswesen und Erziehung den Länderparlamenten.

Auf welch wackligen Beinen die theoretisch scheinbar reibungslos funktionierende Ordnung der Indischen Union jedoch steht, zeigt die **President's Rule,** der umstrittenste, weil meistmissbrauchte Artikel der indischen Verfassung. Danach besitzt die indische Zentralregierung unter bestimmten Bedingungen das Recht, die jeweiligen Landesparlamente aufzulösen und den Unionsstaat der Zentralregierung unterzuordnen. Insgesamt jedoch ist man in Indien zu Recht stolz darauf, trotz all der großen Herausforderungen während der letzten Jahrzehnte niemals ernsthaft an den Grundfesten der Demokratie gerüttelt zu haben.

Staatssymbole

Die **Nationalflagge** ist eine waagerecht gestreifte Trikolore – oben tief safrangelb, in der Mitte weiß und unten dunkelgrün. Nach offizieller Deutung stehen die Farben für Mut, Frieden und Wahrheit. Im weißen Feld befand sich vor der Unabhängigkeit das Ghandische

Spinnrad. An seine Stelle ist später die *Chakra Varta,* das Rad der Lehre, getreten.

Das Motiv ist dem **Löwenkapitell von Sarnath** entnommen, welches zugleich das nationale Emblem bildet. Das Löwenkapitell wurde im 3. Jh. v. Chr. durch Kaiser *Ashoka* an jenem Ort errichtet, an dem Buddha zum ersten Mal seine Lehre in einer öffentlichen Predigt verkündete. Das Wappen soll die religiöse Toleranz des nachkolonialen Indien symbolisieren. Die Säulenplatte ruht auf einer voll erblühten **Lotusblume,** die für Hindus wie Buddhisten das Symbol für Reinheit, Schönheit und ewiges Leben ist und die Nationalblume Indiens darstellt. Die am Fuße des Sockels eingravierte Inschrift lautet: „Die Wahrheit allein siegt". Als Nationaltier gilt der **Tiger,** als Nationalvogel der **Pfau.**

Parteien

Die indische Parteienlandschaft ist aufgrund häufiger Absplitterungen, Neugründungen und Verschmelzungen bestehender Parteien sowie des Parteiwechsels selbst prominentester Parteimitglieder außerordentlich unübersichtlich. Wenn man unter diesem Gesichtspunkt das Spektrum der wichtigsten politischen Parteien Indiens betrachtet, sollte man bedenken, dass westliche Vorstellungen von rechts und links, von Ideologie und Programm nur sehr bedingt übertragbar sind.

Die großen indischen Parteien

■ **Indian National Congress** (Congress (I) Party) – Die Kongresspartei regierte seit der Unabhängigkeit, abgesehen von einigen kurzen Unterbrechungen das Land seit der Unabhängigkeit. Die Partei wurde so eng mit der Regierungsmacht identifiziert, dass alle anderen Parteien unter der Bezeichnung Oppositionspartei zusammengefasst und sozusagen entsorgt wurden. Dabei war der Nationalkongress in den ersten Jahren seiner Gründung 1885 eher ein loses Bündnis junger, bürgerlicher Intellektueller, die sich zusammenfanden, um die britische Fremdherrschaft abzuschütteln. Erst seit etwa 1920 entwickelte sich der Congress unter der Leitung *Mahatma Gandhis* zu einer gut organisierten Massenorganisation im Kampf für die Unabhängigkeit Indiens.

Trotz gelegentlicher linker Lippenbekenntnisse hat die Partei immer einen vorsichtig **konservativen Kurs** gesteuert und war im ganzen Land verankert. Überall gelang es ihm, die lokalen Eliten wie Großgrundbesitzer, Bildungsbürgertum und Industrielle für sich zu gewinnen. Die Folge war eine tiefgreifende Entfremdung von der Basis und eine damit einhergehend zunehmend **unsoziale Politik.** Wenn Politik in Indien heute mit Korruption und Vetternwirtschaft gleichgesetzt wird, so liegt dies in allererster Linie an der Machtbesessenheit der Kongressabgeordneten. Leider nur allzu oft missbrauchen diese ihren Wahlkreis als Selbstbedienungsladen und lassen gleichzeitig die Polizei auf verarmte Bauern und entwurzelte Ureinwohner einschlagen, die für ihre Rechte demonstrieren.

■ **Bharatiya Janata Party** (BJP, Indische Volkspartei) – Wie keine andere konnte diese 1979 gegründete Partei von dem zunehmenden Imageverlust des Congress während der letzten Jahre profitieren. Eine Welle des Erfolges brachte die BJP zunächst auf Regionalebene und schließlich auch landesweit an die Macht. Das erklärte Ziel der BJP, die Politik zu hinduisieren und den Hinduismus zu militarisieren, rüttelt an den demokratischen und säkularistischen Grundsätzen der indischen Verfassung und stellt eine ernst zu nehmende Gefahr für die Einheit und Integrität Indiens dar.

Die **Scharfmacher** innerhalb der Partei setzen Hinduismus und Nationalismus gleich und brandmarken die Muslime als antinationale Kräfte, um über die tatsächlichen Krisen des Landes hinwegzutäuschen. Unter diesem Aspekt ist auch das 1998 von der BJP in Gang gesetzte atomare Wettrüsten mit Pakistan und der Krieg um das bei Kashmir gelegene Kargil im Herbst 1999 zu sehen. Religiöse und nationale Minderheiten geben auch in Indien ideale Sündenböcke ab.

■ **Communist Party of India** (CPI) – Am anderen Ende des politischen Spektrums steht die 1920 gegründete **marxistische Partei.** Von allen indischen Parteien ist sie wohl die einzige, die ein klar definiertes Parteiprogramm besitzt. Obwohl sie auch heute noch am Ziel einer klassenlosen Gesellschaft unter Führung der Arbeiterklasse festhält, gab sie sich seit jeher weit weniger ideologisch als z.B. die osteuropäischen Kommunisten und war sogar für einige Jahre Juniorpartner in einer vom Congress geführten Regierung.

■ Die 1964 durch Absplitterung des pro-chinesischen Flügels der CPI entstandene **Communist Party of India (Marxist)** (CPIM) orientiert sich heute eher an sozialdemokratischen Zielen und stellt die Landesregierungen in Bengalen und Kerala.

■ **Janata Party** (Volkspartei) – Diese 1977 aus fünf mehr oder weniger **sozialistischen bzw. sozialdemokratischen Parteien** geformte Bündnispartei ist ein Produkt der für indische Verhältnisse so typischen Parteiabsplitterungen und Parteiwechsler. Ebenso vage wie die formulierten Ziele ist auch ihr innerer Zusammenhalt. Als kleine Partei jedoch stellt sie seit 1983 in Karnataka den Ministerpräsidenten und ist in einigen weiteren Unionsstaaten aktiv.

■ Neben den hier genannten gibt es noch eine große Zahl **weiterer kleiner Parteien,** die sich als Interessenvertretungen einzelner Volksgruppen bzw. sozialer Schichten verstehen und in den letzten Jahren zunehmend an Einfluss gewinnen. Ohne sie kann keine mehrheitsfähige Regierung mehr gebildet werden und so gewinnen sie als „Zünglein an der Waage" eine politische Bedeutung, die in keinem Verhältnis zu ihrem eigentlichen Stimmenanteil steht.

Die breite Masse der arbeitenden Bevölkerung ist vom Aufschwung wenig betroffen

438in mb

Wirtschaft

12 % der arbeitenden Bevölkerung Indiens sind in der Industrie beschäftigt. Hauptzweige stellen Maschinenbau, Eisen- und Stahlproduktion sowie die Herstellung von Nahrungsmitteln und Bekleidung dar. Zu den Wachstumsbranchen zählen die Kfz-Industrie, die Telekommunikationsindustrie und die vor allem im Großraum Bangalore angesiedelte **Software-Industrie.** Der Hightech-Export trägt bereits einen beträchtlichen Teil zu den insgesamt 151 Mrd. US$ Exporterlösen bei. Indiens wichtigste Handelspartner sind die USA (ca. 15 %), China (9 %), die Vereinigten Arabischen Emirate (9 %) sowie Großbritannien, Hongkong und Deutschland (jeweils ca. 4 %).

Bei der weiteren wirtschaftlichen Entwicklung des Landes werden vor allem einige der chronischen Strukturprobleme Indiens, wie beispielsweise das völlig veraltete und **unzureichende Transportwesen** und die **mangelhafte Energieversorgung,** gelöst werden müssen. Tatsächlich hat die indische Regierung ein gewaltiges **Investitionsprogramm** zum Aus- und Neubau von Autobahnen und Flughäfen in Gang gesetzt. Jedes Jahr werden 22 Mrd. US$ investiert. In den letzten Jahren hat man die Großstädte mit zum Teil sechsspurigen Autobahnen miteinander verbunden. Das gleiche gilt für die Modernisierung der Energiewirtschaft.

Indiens Weg zur führenden Hightech-Nation

Indiens Helden von heute heißen nicht mehr *Mahatma Gandhi* und *Jawaharlal Nehru,* sondern *Azim Premji* und *Narayana Murthy.* Beide wohnen im südindischen **Hightech-Paradies Bangalore** und sind Symbolfiguren des neuen Indien, welches nicht mehr als das Armenhaus, sondern als eine der größten Technologie-Nationen der Welt internationale Schlagzeilen macht. *Premji* mit seiner Firma Wipro ist der viertreichste Inder, *Murthy* der ebenfalls milliardenschwere Chef des Technologie-Riesen Infosys Technologies.

Ihre Jünger sind die westlich orientierten, auf individuelle Entfaltung, Konsum und Globalität setzenden Jugendlichen der Großstädte. Mit dem phänomenalen Aufstieg der indischen Computerindustrie geht ein **fundamentaler Wertewandel** einher, der das über Jahrtausende in festen Kastenschranken verharrende Gefüge innerhalb weniger Jahrzehnte aus den Angeln hebt.

Rasanter Aufschwung der Computer-Industrie

Mit jährlichen Wachstumsraten von über 50 % ist die Software-Industrie zu einem der wichtigsten Wirtschaftssektoren des Landes geworden. „Die industrielle Revolution haben wir verpasst, jetzt ruht unsere gesamte Hoffnung auf der Revolution der Informationstechnologie". So wie ein führender indischer Soziologe denkt eine ganze Generation von ambitionierten Jugendlichen, die in die „Technologieschmieden" von Bangalore, Hyderabad und Chennai drängen. Ein Grund für die phänomenalen Wachstumsraten ist, dass die Software-Industrie von den für den Rest der indischen Wirtschaft so typischen Entwicklungshemmnissen wie veralteter Infrastruktur, Bürokratismus und Kastendenken weitgehend unberührt bleibt.

Nord-Süd-Gefälle

Auffällig bei der geografischen Verteilung der Technologie-Schwerpunkte ist ein deutliches Nord-Süd-Gefälle, allerdings umgekehrt zu dem, welches wir aus Europa kennen. Die im Süden gelegenen, reicheren Bundesstaaten Maharashtra, Andhra Pradesh, Tamil Nadu und Karnataka mit den „Cybercities" Bangalore und Hyderabad an der Spitze setzen energisch auf den weiteren Ausbau der Software-Industrie und investieren in Straßen und vor allem in das marode Bildungswesen. Mit ihren hohen wirtschaftlichen Wachstumsraten, die zum Teil bis zu 10 % jährlich erreichen, vergrößert sich der Abstand zu den überbevölkerten und **unterentwickelten Agrarstaaten des Nordens** wie Rajasthan, Uttar Pradesh, Bihar und Odisha immer mehr. Führende Politiker warnen bereits vor der politischen und sozialen Sprengkraft des wachsenden Einkommensgefälles zwischen Süd und Nord.

„Computer-Inder"

Die Software-Industrie ist für die Generation junger, gebildeter Inder das Eintrittstor in eine goldene Zukunft. Jedes Jahr bildet Indien **75.000 Informationstechnologie-Studenten** aus. Die meisten denken jedoch bereits über die nationalen Grenzen hinaus und sehen die Beschäftigung in einer indischen Computer-Firma als Sprungbrett für eine **Anstellung im Ausland.** Als Schlaraffenland gelten hier die USA, welche bei Umfragen unter Hochschulabsolventen mit großem Abstand die Nummer eins unter den begehrtesten Arbeitsplätzen einnehmen. Neben den hervorragenden Aufstiegsmöglichkeiten und dem hohen Lohnniveau spielt hierbei auch die Tatsache eine große Rolle, dass Englisch bei den meist aus der Mittel- und Oberschicht stammenden indischen Computerprofis – Durchschnittsalter 26 Jahre – wie eine Muttersprache gepflegt wird.

Rund 80 % der Absolventen aus den sechs Elite-Hochschulen der IIT (Indian Institute of Technology) werden von Hochschulen und Unternehmen in den USA unter Vertrag genommen. Welche **hervorragende Qualifikation** die in den USA arbeitenden Software-Spezialisten besitzen, belegt allein die Tatsache, dass von den 2.000 Gründerfirmen im amerikanischen Silicon Valley 40 % von Indern geleitet werden. Nur wer in Nordamerika

Vom Schmuddelkind zum hofierten Star – Indien auf dem Weg zur Wirtschaftsmacht

Der Riese ist erwacht. **Über eine Milliarde Inder** haben ihr über Jahrzehnte von Naturkatastrophen, Hungersnöten, Schmutz und Elend geprägtes Image abgelegt und richten sich mit stolzgeschwellter Brust an die Welt: Wir sind endlich wer. Die Lethargie ist überwunden, eine neue Epoche hat begonnen. Indien ist zu einer selbstbewussten Nation geworden.

Und der Westen hat es nun auch bemerkt. Schlagzeilen von der neuen Superpower neben China auf dem Parkett der Großmächte zieren fast täglich die Schlagzeilen von Zeitungen und Magazinen. Ein jährliches **Wirtschaftswachstum von 8 %** und Devisenreserven, die die 100-Milliarden-Dollar-Marke erreicht haben (Anfang der 1990er Jahre wurde Indien vom Weltwährungsfond für kreditunwürdig erklärt), sind nur zwei von unzähligen Erfolgsstatistiken, die den einzigartigen Umschwung belegen.

Einher mit dem allgemeinen wirtschaftlichen Erfolg geht eine wahre **Konsumexplosion.** Noch vor einigen Jahren musste man oft monatelang auf einen Motorroller warten. An ein Auto war kaum zu denken, in den Regalen der Geschäfte gab es kaum Auswahl. Heute gehören Verkehrsstaus in den Großstädten zum Alltagsbild, gibt es in manchen Orten mehr Fernseher als Toiletten, werden jeden Monat 16 Millionen neue Mobilfunknutzer registriert. Nicht mehr die Tempel mit ihren Göttern wie Krishna, Vishnu und Shiva, sondern riesige Einkaufscenter wie die Metropolitan Mall vor den Toren Delhis sind die Anziehungspunkte der neuen Generation. Starbucks, McDonald's und Walmart haben das siebtgrößte Land der Erde als neues Konsumparadies entdeckt. Früher war es verpönt, Schulden zu machen, inzwischen ist der Kauf auf Raten fast zur Selbstverständlichkeit geworden. „Genieß heute, zahl später" heißt das neue Mantra. Die junge Bildungselite verdient in IT-Firmen, Banken, Call-Centern und ausländischen Firmen mit Mitte zwanzig mehr als ihre Väter in zwanzig Arbeitsjahren.

Ein Stützpfeiler des Aufschwungs ist die **Bevölkerungsstruktur:** Das Durchschnittsalter beträgt 25 Jahre, jeder dritte Inder ist unter 15. Alle zwei Jahre strömen damit so viele zusätzliche Arbeitskräfte auf den Markt, wie in ganz Deutschland vorhanden sind. Ihnen Beschäftigung zu verschaffen, zählt zu den größten Herausforderungen der Politik. Eine bessere Infrastruktur, die Lockerung des restriktiven Arbeitsrechts und schnellere Fortschritte bei der Schulausbildung sind dazu unverzichtbar.

Indiens anschwellendes Heer **junger Arbeitskräfte** wendet sich von einer Bürde zunehmend in einen Vorteil, der die Produktivkräfte, den Konsum und damit das Wachstum stärkt. Die Binnenwirtschaft erlebt bereits einen kräftigen Nachfrageschub: Das Bruttoinlandsprodukt pro Kopf nimmt inzwischen um rund sechs Prozent pro Jahr zu, jedes Jahr steigen etwa 25 Millionen neu in die Mittelschicht auf. Nach indischer Zählweise umfasst die Konsumentenklasse bereits 350 Millionen Menschen. Legt man an westlichen Niveaus orientierte Einkommensmesslatten an, sind es 80 Millionen.

Das macht Indien zu einem nur mit China vergleichbaren **Zukunftsmarkt.** Der Absatz von Autos, Motorrädern und Fernsehern verdoppelt sich alle fünf Jahre, spätestens 2017 wird der Konsumbedarf so groß sein wie heute in China. Um ihn mit lokaler Fertigung zu bedienen, stampfen Investoren aus dem Ausland neue Fabriken entlang der Küsten aus dem Boden.

Die **neue Mittelschicht** lebt freier als frühere Generationen, die wirtschaftliche Öffnung hat die indische Gesellschaft grundlegend verändert. Liebesheiraten, obwohl immer noch die Ausnahme, nehmen deutlich zu, ebenso wie Scheidungen und Ein-Kind-Familien. Man schaut „Sex and the City", junge Frauen tragen wie selbstverständlich Jeans statt Sari, gehen mit Freundinnen in die Disco und wollen zunächst Beruf und finanzielle Unabhängigkeit, bevor sie sich für einen Mann entscheiden.

Der eigentliche revolutionäre Wandel, der das ganze Land und somit auch die Unterschichten erreicht hat liegt hierin: Man ergibt sich nicht mehr lethargisch dem eigenen Schicksal, sondern fordert lautstark Verbesserungen. Die größte **Demokratie** der Welt ist politisch gefestigt, trotz ihrer religiösen, ethnischen und sprachlichen Vielfalt. Indien ist ein Rechtsstaat mit verlässlichen Institutionen, seine offene Gesellschaft fördert Kreativität und privates Unternehmertum. Ein Ineinandergreifen von Kapitalismus, Demokratie, günstiger Demografie und Globalisierung verleiht Indiens Wirtschaft eine Dynamik, die von einem schwerfälligen politischen Apparat nicht zu stoppen ist.

keine Anstellung findet, versucht eventuell in Deutschland einen Job zu ergattern.

Motor der wirtschaftlichen Entwicklung

Die enormen Wachstumsraten des letzten Jahrzehnts haben dazu geführt, dass der Anteil der Software-Industrie am Bruttoinlandsprodukt inzwischen 7 % beträgt. Fast 3 Mio. Inder sind in der IT-Industrie beschäftigt. Damit ist die Software-Industrie endgültig die Wachstumslokomotive der indischen Wirtschaft. Mindestens ebenso bedeutend ist der mit dem wirtschaftlichen Aufschwung einhergehende **soziale Wandel,** der fast schon revolutionär zu nennende Veränderungen der traditionellen indischen Gesellschaft nach sich ziehen wird.

Armut

„Indien ist ein Skandal!" Was wie eine provokante These klingt, ist – leider – für Hunderte Millionen Inder täglich am eigenen Leibe erfahrene Wirklichkeit. Von dem seit dem Jahrtausendwechsel im westlichen Blätterwald große Aufmerksamkeit erregenden indischen Wirtschaftsboom mit seinen glitzernden, riesigen Einkaufszentren, die Straßen verstopfenden Privatautos und einer halben Milliarde Handys profitiert neben der alten Oberschicht vor allem die konsumorientierte Mittelschicht der Metropolen. Die unmittelbar daneben angrenzenden **Slums** mit einem Heer von Hoffnungslosen und das **Elend der Dörfer** zeichnen ein gänzlich anderes Bild.

Nach einer neuen Studie leben immer noch mehr als ein Drittel der weltweit als bitterarm eingestuften Menschen in Indien. Fast eine halbe Milliarde Inder leben in der täglichen Angst, nicht zu wissen, ob sie am nächsten Tag genügend zu essen haben. Sie müssen ihre Notdurft im Freien verrichten, hausen in **Behelfsunterkünften** ohne Wasseranschluss, müssen ihre Kinder in Schulen schicken, in

012in mb

denen diese in völlig überfüllten Klassenräumen auf dem Boden sitzend unterrichtet werden und verrichten entwürdigende Arbeiten für einen **Hungerlohn.** An den Anblick und den beißenden Gestank von Müllbergen, die von Ratten, Schweinen und Lumpensammlern durchstöbert werden, haben sie sich ebenso gewöhnt wie an korrupte Polizisten, Beamten und Politiker. Das fast völlige Versagen öffentlicher Einrichtungen und die alle staatlichen Institutionen zersetzende **Korruption** sind die offensichtlichsten Gründe für dieses Elend.

Die letztlich entscheidenden Ursachen liegen jedoch tiefer. Die alle Bevölkerungsschichten kennzeichnende **Akzeptanz sozialer Ungleichheit** geht im Kern auf das die indische Gesellschaft seit Jahrtausenden prägende **Kastensystem** zurück. Der Gedanke, dass das Schicksal jedes Hindus das Resultat seiner Taten im vorherigen Leben und somit gerecht ist, prägt bis heute die Weltsicht der Inder. Mitgefühl für die sozial Schwachen oder das Dringen auf eine gerechte Sozialpolitik haben in dieser Weltsicht keinen Platz. So ist es kein Wunder, dass es bisher fast ausschließlich nicht-indische Glaubensrichtungen wie der Katholizismus *(Mutter Teresa)* oder Ideologien wie der Marxismus waren, die soziale Gerechtigkeit auf ihre Fahnen geschrieben haben. Zwar finden sich auch unter westlich geprägten Indern vermehrt Stimmen, die die krassen Gegensätze anprangern, doch von einer größeren Protestbewegung kann keine Rede sein.

⌃ Indien ist im Bau – in Metropolen wie Ahmedabad ist das Wachstum überall sichtbar

Landwirtschaft

All dies ändert nichts daran, dass Indien trotz industrieorientierter Entwicklungsstrategie und Wirtschaftspolitik auch ein **Agrarland** ist, dessen Konjunktur mehr vom pünktlich eintreffenden Monsun und den davon abhängigen Ernten bestimmt wird als von industriellen Zyklen.

Hauptanbauprodukte sind Zuckerrohr, Reis, Weizen, Hülsenfrüchte und Baumwolle. Indien ist der weltgrößte Produzent von Jute, Hülsenfrüchten, Hirse und Sesam. Mit einer Gesamtproduktion von 700.000 Tonnen, wovon etwa 250.000 Tonnen exportiert werden, ist Indien der mit Abstand **führende Teeproduzent** der Erde. Bedeutende Exporterlöse werden auch mit Gewürzen, Cashewnüssen und Kaffee erwirtschaftet.

In der Besitzstruktur dominieren **kleine und kleinste Betriebe.** Über die Hälfte der landwirtschaftlichen Betriebe bewirtschaften weniger als einen Hektar Land. Rund ein Drittel der ländlichen Haushalte besitzt keinen Boden. Obwohl insgesamt 60 % aller Erwerbstätigen in der Landwirtschaft beschäftigt sind, erarbeiten sie nur 18 % des Sozialprodukts des Landes. Allein diese Zahlen verdeutlichen die mangelnde Rentabilität der Landwirtschaft.

Tourismus

Bis vor wenigen Jahren erlebte Indien einen **Tourismusboom.** Nachdem das Land lange Zeit südostasiatischen Konkurrenten wie Thailand, Myanmar und Vietnam weit hinterherhinkte, hatte es sich an die Spitze dieser Wachstumsbranche im asiatischen Raum gesetzt. Wachstumsraten von bis zu 15 % und Deviseneinnahmen von über 3 Mrd. US$ jährlich ließen die lange arg gebeutelte Tourismusbranche strahlen. Der Tourismus war der zweitgrößte Devisenbringer des Landes. Über fünf Millionen Inder waren in der „weißen“ Industrie tätig, indirekt abhängig 12 Mio.

Leider konnte diese positive Entwicklung nicht aufrecht erhalten werden. Zu viele negative Meldungen der letzten Jahre, etwa die weltweit Aufsehen erregenden Vergewaltigungsfälle, zunehmender Terrorismus und die inzwischen in manchen Großstädten gesundheitsbeeinträchtigende Umweltverschmutzung haben die Anstrengungen der letzten Jahre bei der **Verbesserung der Infrastruktur,** etwa im Unterkunftsbereich oder im Transportsektor, leider überlagert.

Heute ist ein halbes Dutzend privater Fluggesellschaften in Konkurrenz zur vorher allein den Markt beherrschenden Indian Airlines (heute Air India) getreten. Waren Inlandsflüge früher über Monate ausgebucht, hat das Angebot der Privaten dazu geführt, dass man, abgesehen von der Zeit um Weihnachten und Diwali, meist problemlos einen Platz bekommt. Auch die indische Eisenbahn trug mit der Einführung mehrerer vollklimatisierter Luxuszüge auf Hauptstrecken wie Delhi – Mumbai und Delhi – Kolkata und dem Bau völlig neuer Routen wie der Konkan-Railway von Mumbai nach Kerala zur positiven Entwicklung bei.

Nicht zuletzt in der **Hotelindustrie** ist ein deutlicher Trend zu mehr **Luxus** und **besserem Service** unübersehbar. Selbst in mittelgroßen Städten entstehen immer mehr First-Class-Hotels, die durchaus internationalen Standard erreichen.

Das enorme Potenzial Indiens für ausländische Besucher mit seiner landschaftlichen Vielfalt, einigen der großartigsten Baudenkmälern der Erde, einer jahrtausendealten, weitgehend intakten Kultur und seinen unvergleichlichen Festen wird so nun endlich auch von einer touristischen Infrastruktur getragen, die trotz abnehmender Zahlen westlicher Besucher vor allem wegen der **zunehmenden einheimischen Reiselust** optimistisch in die Zukunft blicken lässt.

Nach wie vor zieht es die meisten Touristen nach Rajasthan und in die klassischen Stätten des Nordens wie Khajuraho, Varanasi und Agra. Die mit Abstand höchsten Zuwachsraten verzeichnet jedoch der Süden des Landes. Besonders der Bundesstaat Kerala ist Anlaufpunkt Tausender westlicher Reisender. Neben seiner landschaftlichen Schönheit ist es besonders der Ajurveda-Boom, der Scharen von Touristen in dieses kleinste Bundesland Indiens im äußersten Südwesten zieht.

Bevölkerung

1951, im Einführungsjahr des großen Familienplanungsprogramms, lebten 351 Mio. Menschen in Indien. Heute sind es **1,3 Mrd.** Bei einem jährlichen Bevölkerungswachstum von 1,5 % wächst die indische Bevölkerung jährlich um etwa 18 Mio. Bei gleich bleibender Geburtenrate wird Indien im Jahre 2030 China als bevölkerungsreichstes Land der Erde ablösen. Zwar ist vor allem die sinkende Sterberate für diesen dramatischen Bevölkerungszuwachs verantwortlich (so stieg die durchschnittliche **Lebenserwartung** innerhalb von nur 50 Jahren von 30 auf heute ca. 70 Jahre), doch insgesamt ist es nicht gelungen, die **hohe Geburtenrate** den Erfordernissen entsprechend zu senken.

Tatsächlich ist Indien ein klassisches Beispiel dafür, dass **staatliche Familienpolitik** scheitern muss, solange die Ursachen des Übels – traditionelle Wertvorstellungen und soziale Ungerechtigkeit – nicht beseitigt sind. Hierzu gehört gerade in Indien das über Jahrtausende tradierte Bild der Frau als unterwürfige Dienerin des Mannes, die Anerkennung und Daseinsberechtigung erst dadurch erlangt, dass sie möglichst viele Kinder, vor allem aber Jungen, zur Welt bringt.

Diese einseitige **Bevorzugung von männlichen Nachkommen** und die damit einhergehende Benachteiligung der Mädchen hat dazu geführt, dass Indien eines der ganz wenigen Länder dieser Erde ist, in dem es einen deutlichen **Männerüberhang** gibt, wobei diese Diskrepanz in den letzten Jahrzehnten sogar deutlich zugenommen hat.

Überdies sind Kinder nicht nur billige Arbeitskräfte, sondern fungieren in Dritte-Welt-Ländern ohne bzw. mit nur sehr geringen staatlichen Sozialleistungen natürlicherweise als die beste, weil einzige Altersversorgung. So zeigt sich auch in Indien, dass die Bereitschaft zur **Geburtenkontrolle** mit einer Reihe von Entwicklungsindikatoren wie Einkommens- und Alterssicherung sowie Ausbildungsgrad eng zusammenhängt. Während zum Beispiel in Kerala, dem Staat mit der höchsten Alphabetisierungsrate, die Geburtenrate jährlich landesweit am niedrigsten liegt, ist sie in den zwei rückständigen Gebieten Rajasthan und dem östlichen Mizoram, wo kaum 10 % der Frauen lesen und schreiben können, extrem hoch.

Hier zeigt sich, dass die Verbesserung sozialer Rahmenbedingungen und die landes- und klassenübergreifende Anhebung des Bildungsstandes die langfristig aussichtsreichsten Mittel sind, um das bedrohliche Bevölkerungswachstum zumindest einzugrenzen. Dies bestätigen auch Untersuchungen unter Mitgliedern der indischen Mittel- und Oberschicht in westlich geprägten Städten wie Mumbai, Bangalore oder Chennai, bei denen der Slogan „Zwei Kinder sind genug“, mit dem auf Plakaten und in Schulen für die Familienplanung geworben wird, schon längst Allgemeingut ist.

Ähnlich wie in Kerala und im gesamten Küstenraum beeinflussten hier schon früh von außen kommende Normen und Ideen die traditionelle indische Gesellschaft. Insgesamt lässt sich ein **Nord-Süd-Gefälle** feststellen, welches ungefähr entlang einer Linie Mumbai – Kolkata verläuft. Die Bundesstaaten im Norden und Westen weisen gegenüber den südlichen Regionen schlechtere Werte auf. Die Unterschiede, insbesondere in der Alphabetisierungsquote der Frauen, verweisen auf gesellschaftlich bedingte Einstellungen und Verhaltensweisen, die einem nachhaltigen Geburtenrückgang entgegenstehen.

Auch heute noch gehören zwei Drittel der Bevölkerung der Unterschicht an und wohnen in den 638.000 Dörfern des Landes. Zwar prägt das von den Medien verbreitete Bild von den unter menschenunwürdigen Bedingungen zu Millionen in den Slums der Großstädte dahinvegetierenden Menschen das Indienbild im Ausland und tatsächlich hat das Land mit Delhi, Mumbai, Kolkata (Kalkutta), Chennai (Madras) und Bangalore die größte Anzahl sogenannter **Megastädte** mit über 5 Mio. Einwohnern (34 Städte haben über 1 Mio. Einwohner), insgesamt jedoch liegt es mit einer **Urbanisierungsquote** (Anteil der in Städten mit über 20.000 Einwohnern lebenden Bevölkerung) von 28 % im internationalen Maßstab am unteren Ende, sogar hinter Afrika (30 %).

Mit inzwischen 382 Menschen pro Quadratkilometer ist Indien eines der **am dichtesten bevölkerten Länder** dieser Erde, wobei es jedoch auffällige regionale Unterschiede gibt. Wie seit alters her, ist das fruchtbare Ganges-Tiefland zwischen Delhi und Kolkata am dichtesten besiedelt. Hier drängelt sich etwa ein Drittel der gesamten Bevölkerung, während sich in den abgelegenen Nordost-Provinzen gerade mal um die 20 Einwohner pro Quadratkilometer verlieren.

Besonders zukunftsweisend ist die **demografische Zusammensetzung** der indischen Gesellschaft. 50 % der Inder sind **unter 25,** 65 % sogar unter 35 Jahre alt. Bei der gerade unter den städtischen Jugendlichen zu beobachtenden zunehmenden Verwestlichung und der damit einhergehenden Auflösung traditioneller Werte, welche bisher die enormen kulturellen und sozialen Gegensätze der indischen Gesellschaft nur bedingt haben zum Ausbruch kommen lassen, steht die indische Gesellschaft vor einem tiefgreifenden sozialen, ökonomischen und kulturellen Umbruch.

Die wichtigsten Sprachen Indiens

Sprache	Gebiet	Anteil
Hindi	Nordindien	41 %
Bengali	Westbengalen	8,1 %
Telugu	Andhra Pradesh	7,2 %
Marathi	Maharashtra, Goa	7,0 %
Tamil	Tamil Nadu	5,9 %
Urdu	(Muslime u. Pakistani)	5,0 %
Gujarati	Gujarat	4,5 %
Kannada	Karnataka	3,7 %
Malayalam	Kerala	3,2 %
Oriya	Odisha	3,2 %
Punjabi	Punjab	2,8 %
Asamiya	Assam	1,3 %

Sprache

Ebenso wie es vor der Ankunft der Briten keinen geschlossenen Zentralstaat mit dem Namen Indien gab, existierte **keine einheitliche indische Sprache** und das ist bis heute so geblieben. Das Land ist sprachlich so zersplittert wie eh und je. Welche politische Bedeutung das Sprachproblem in Indien besitzt, zeigte sich bei der Grenzziehung der einzelnen Unionsstaaten, die weitgehend nach sprachlichen Gesichtspunkten vorgenommen wurde.

Indien hat **neben Englisch und Hindi 23 gleichberechtigte Amtssprachen.** Man schaue sich einmal einen beliebigen indischen Geldschein an. Da ist der Notenwert zunächst groß in Englisch und Hindi aufgedruckt. Daneben ist eine Kolumne zu sehen, auf der der Wert in den anderen Regionalsprachen steht.

Am ehesten könnte man noch **Hindi** als Nationalsprache bezeichnen, doch nur in den Kernstaaten Madhya Pradesh und Uttar Pradesh wird es von der Mehrheit der Bevölkerung gesprochen. Etwa 30 % der Bevölkerung Indiens haben Hindi als Muttersprache. Zwar sind wiederholt Versuche unternommen worden, Hindi als indische Nationalsprache einzuführen, doch scheiterte dies letztlich immer wieder am entschiedenen Widerstand des stark auf seine Eigenständigkeit bedachten Südens. Dort wehrt sich die mehrheitlich dravidische Bevölkerung gegen diesen nach ihrer Meinung sprachlichen Kolonisationsversuch durch den indogermanischen Norden.

Dies ist umso verständlicher, wenn man weiß, dass die **dravidischen Sprachen** gegenüber den vom Sanskrit abstammenden **indogermanischen Sprachen,** zu denen auch das Hindi gehört, einen eigenen, völlig unabhängigen Sprachstamm bilden, der schon lange vor der Ankunft der Arier in Indien beheimatet war.

Neben den vier großen dravidischen Sprachen Tamil, Malayalam, Kannada und Telugu, die in den Bundesstaaten Tamil Nadu, Kerala, Karnataka und Andhra Pradesh gesprochen

Mitgiftmord und andere Grausamkeiten – Frauen in Indien

„Ein Mädchen großzuziehen, ist etwa so, als würde man die Pflanzen im Garten des Nachbarn gießen." In konsequenter Umsetzung dieses indischen Sprichwortes beginnt in Indien die Geschlechterdiskriminierung bereits vor der Geburt. **Sex Determination** heißt die Zauberformel, mit der durch eine Fruchtwasseruntersuchung (Amniozentese) das Geschlecht des Fötus ermittelt werden kann. Eigentlich als eine Methode zur Früherkennung von Missbildungen gedacht, dient sie heute in erbarmungsloser Weise dazu, weibliche Embryos zu erkennen und abzutreiben. Die für die Untersuchung zu zahlende Summe von 100–200 US$ ist eine zukunftsträchtige Investition, sparen die Eltern doch so später das Vielfache für die Mitgift der Tochter. Die Regierung hat die Amniozentese bereits 1994 offiziell verboten und im Jahr 2002 wegen der alarmierenden Zunahme illegaler Abtreibungen die Strafen nochmals erhöht (bis zu drei Jahre Gefängnis und 10.000 Rs), doch hat dies kaum praktische Folgen gehabt.

Schätzungen gehen von 11 Mio. Abtreibungen in den letzten 20 Jahren aus, fast alle davon betrafen Mädchen. Diese grausame Praxis bleibt nicht ohne Auswirkung auf die Bevölkerungsstatistik. So ist Indien eines der ganz wenigen Länder der Erde mit einem deutlichen **Männerüberschuss** (933 Frauen auf 1.000 Männer).

Für die dennoch das Licht der Welt erblickenden Mädchen beginnt mit der Geburt ein Prozess **lebenslanger Benachteiligung.** Während die Söhne verwöhnt werden, müssen die Töchter schon von frühester Kindheit an die Lasten des Haushalts mittragen, können so viel seltener die Schule besuchen und werden nur im äußersten Notfall ärztlich versorgt. Die Folgen sind auch statistisch belegbar: Von Kindern bis neun Jahren sterben 60 % mehr Mädchen als Jungen, 71 % der Mädchen gegenüber 28 % der Jungen leiden an Unterernährung, und von den Sechs- bis Vierzehnjährigen besuchen 84 % der Jungen eine Schule, dagegen nur 54 % der Mädchen, sodass heute immer noch die Analphabetenrate unter Frauen fast doppelt so hoch ist wie bei den Männern.

Unter rein ökonomischen Gesichtspunkten betrachtet, stellen Mädchen tatsächlich eine enorme Belastung dar, denn während sich die Brauteltern bei der Verheiratung ihrer Tochter für die an ihren zukünftigen Mann zu zahlende **Mitgift** *(dowry)* oft lebenslang verschulden, steigert ein Sohn umgekehrt ihr Vermögen. Im Zuge des gerade in den letzten Jahren verstärkt um sich greifenden Konsumdenkens, vor allem in der indischen Mittel- und Oberschicht, ist die *dowry* zum Bereicherungsinstrument verkommen. Videorekorder, Motorroller, Waschmaschine und dazu noch ein ordentlicher Batzen Bares als Mitgift sind selbst in der unteren Mittelschicht schon die Regel.

Oft begnügt sich der Ehemann jedoch selbst damit nicht, fordert im Nachhinein Nachbesserungen und schreckt im Falle der Nichterfüllung auch vor **Mord** nicht zurück, kann er doch bei der angestrebten Wiederverheiratung mit einer neuen großzügigen Mitgiftzahlung rechnen. Beinahe täglich finden sich in den indischen Zeitungen Meldungen über vermeintlich tragische Küchenunfälle, bei denen die Frau am Kerosinkocher den Flammentod fand. Es ist ein offenes Geheimnis, dass sich hinter einer solchen Meldung einer der jährlich Tausenden von Mitgiftmorden verbirgt, doch da sich schlagkräftige Beweise so gut wie nie erbringen lassen, kommt der mordende Ehemann fast immer straffrei davon.

Die Mitgiftpraxis ist seit 1961 **verboten,** und das Mitte der 1980er Jahre von *Rajiv Gandhi* eingerichtete Ministerium für Frauenangelegenheiten stellt den staatlichen Versuch dar, der zunehmenden Diskriminierung der Frau einen Riegel vorzuschieben.

Demütige und klaglose Erfüllung ihrer Rolle als dienende, fürsorgliche Ehefrau prägt dann auch ihren Ehealltag, obwohl sie – gerade auf dem Lande – allzu oft als Arbeitstier missbraucht wird. Sie bekocht den Mann und isst, was er übrig lässt, besorgt auf oft stundenlangen Fußmärschen Wasser und Brennmaterial, hält Haus und Hof sauber und zieht die Kinder groß. Überdies verrichten Frauen als Tagelöhnerinnen in der Landwirtschaft und im Straßenbau die körperlich schwersten Arbeiten. Ihr Lohn ist dabei bis zur Hälfte niedriger als der der Männer, bei gleicher Arbeit.

Mit dem Tod ihres Mannes scheint auch die Existenzberechtigung der Ehefrau erloschen zu sein. Die meisten **Witwen** führen ein bemitleidenswertes Leben am Rande der Gesellschaft, da die Familie ihres Ehemannes sie nur noch als Last empfindet.

Erste Auflösungserscheinungen dieses seit Jahrtausenden unveränderten Frauenbildes sind allerdings in den großen Metropolen unverkennbar. Selbstbewusst auftretende junge Frauen, gekleidet in Jeans und T-Shirts, die auf feschen Bajaj-Motorrollern zur Arbeitsstelle fahren, wo sie als Sekretärin, Hotelangestellte oder Stewardess, aber zunehmend auch als Ärztin oder Jungunternehmerin tätig sind, finden sich immer öfter im Straßenbild. Und wer die zahlreichen Nachrichtensender im Fernsehen einschaltet, stellt fest, dass Reporterinnen und Moderatorinnen dort schon fast die Mehrzahl stellen. In dieses hoffnungsvolle Bild passt auch, dass in Delhi im Jahre 2010 das erste Mal mehr Mädchen als Jungen geboren wurden.

031is tb

So fotogen es auch aussieht – das Wassertragen ist mit viel Mühe und Anstrengung verbunden

Ein paar Worte Hindi

Guten Tag, hallo	*namaste*
Danke!	*shukriya, dhanyawad*
ja/nein	*hañ/nahi*
Wie teuer?	*kitne paise?*
Das ist teuer	*Yeh bahut mehnga hai*
Wo ist ein Hotel	*hotal kahañ hai?*
Wie weit ist ...?	*... kitne dur hai?*
Wie komme ich nach ...?	*... ko kaise jana parega?*
Wie heißen Sie?	*apka shubh nam?*
Medizin	*dawa*
Früchte	*phal*
Gemüse	*sabzi*
Wasser	*pani*
Tee	*chai*
Zucker	*chini*
klein/groß	*chota/bara*
eins	*ek*
zwei	*do*
drei	*tin*
vier	*char*
fünf	*pañch*
sechs	*chhe*
sieben	*sat*
acht	*ath*
neun	*nau*
zehn	*das*
hundert	*san*

werden, gibt es noch eine ganze Reihe von Stammesidiomen (Gondi, Parji, Kurukh, Toda u.a.), die vor allem auf abgelegene Gegenden konzentriert sind.

Schriftsysteme

Hindi, Marathi und Sanskrit (sowie Nepali) werden gleichermaßen im Devanagari-Alphabet geschrieben, alle anderen Sprachen benutzen ihr eigenes Schriftsystem. Einige Lokalsprachen benutzen je nach Gebiet gar mehrere Alphabete gleichzeitig. So wird z.B. das Konkani in Goa in lateinischem Alphabet geschrieben, in Maharashtra im Devanagari und in Karnataka im Kannada-Alphabet.

Englisch als Verkehrssprache

Die gerade im sprachlichen Bereich sehr auf ihre Unabhängigkeit bedachten Südinder und speziell die Menschen in Tamil Nadu weigern sich entschieden gegen die Einführung des von der Regierung in Delhi seit Jahrzehnten vorangetriebenen Versuches, **Hindi als Landessprache** durchzusetzen. Da jedoch auch sie darauf angewiesen sind, sich mit ihren Landsleuten im Norden unterhalten zu können, hat sich im Süden noch weit mehr als im Norden **Englisch als zweite Hauptsprache** neben der jeweiligen Regionalsprache durchgesetzt. Dies gilt insbesondere für Goa und Kerala, die seit Jahrhunderten rege Handelsbeziehungen mit dem Ausland pflegen und zudem über eines der höchsten Bildungsniveaus in ganz Indien verfügen.

Diese im Grunde paradoxe Situation, in der sich die Bürger über die Grenzen ihrer jeweiligen Unionsstaaten hinaus vornehmlich in der Sprache ihrer früheren Kolonialherren unterhalten, wird sich in Zukunft mit dem zunehmenden Bildungsniveau noch verstärken. Dies gilt umso mehr, als die Beherrschung der englischen Sprache im Kasten- und Klassenbewusstsein Indiens heute mehr denn je zu einem **Statussymbol** geworden ist, mit dem sich die Mittel- und Oberschicht gegenüber der ungebildeten Unterschicht abzuheben versucht. In vielen Familien der Oberschicht wachsen die Kinder bereits mit Englisch als erster Sprache auf. Dies ist ein weiteres Zeichen dafür, wie sehr sich diese die zukünftige Entwicklung entscheidend mitgestaltende Bevölkerungsgruppe von den traditionellen Wurzeln der indischen Gesellschaft entfremdet hat. Für Touristen hat die Entwicklung natürlich den ungemeinen Vorteil, dass man sich mit Englisch landesweit gut verständigen kann. Leider ist es in weniger gebildeten Kreisen, zu denen z.B. Taxi- und Rikshafahrer zählen, wenig verbreitet.

Literaturtipps

Weitergehende praktische Hilfe leisten die **Sprachführer** „Hindi – Wort für Wort", „Gujarati – Wort für Wort", „Marathi – Wort für Wort" und „Bengali – Wort für Wort" aus der **Kauderwelsch-Reihe.** Die handlichen Bücher aus dem Reise Know-How Verlag bieten eine auf das Wesentliche reduzierte Grammatik und viele Beispielsätze für den Reisealltag. Ebenfalls nützlich ist der in der gleichen Reihe erschienene Band „Englisch für Indien". Mit der Sprache der Bollywood-Filme macht der Titel „Hindi für Bollywoodfans" vertraut. Begleitende Audio-CDs – die **AusspracheTrainer** – sind zu fast allen Büchern der Reihe erhältlich, auch als mp3-Download.

Religionen

Für kaum eine andere Region der Erde gilt der Grundsatz, dass die Religion den Schlüssel zum Verständnis des Landes bildet, mit der gleichen Ausschließlichkeit wie für Indien. Der Glaube durchdringt nach wie vor fast jeden Aspekt des indischen Lebens. Dies gilt insbesondere für die Hindus, die mehr als 80 % der Bevölkerung stellen.

Die Muslime bilden mit 13,5 % den zweitgrößten Bevölkerungsanteil, gefolgt von 2,3 % Christen. Etwa 2 % der Inder sind Anhänger des Sikhismus, sie leben vorwiegend im nordindischen Punjab. 0,8 % der Gesamtbevölkerung Indiens bekennen sich zum Buddhismus. Die 4,5 Mio. (0,5 %) Jains sind vorwiegend im nordwestlichen Bundesstaat Gujarat zu Hause. Mit 60.000 Anhängern die kleinste indische Religionsgemeinschaft sind die Parsen.

Hinduismus

Von den Reinigungsvorschriften über die Ernährungsweise, Heiratsgebote und Bestattungszeremonien bis hin zur Wiedergeburt im nächsten Leben – im wahrsten Sinne des Wortes von der Wiege bis zur Bahre wird das Leben jedes einzelnen Hindus von seiner Religion bestimmt. Bei der Suche nach den Wurzeln der indischen Gesellschaft straucheln die meisten westlichen Besucher recht bald im undurchsichtigen Dschungel des Hinduismus. Tatsächlich muss sich der Europäer angesichts eines Glaubens, der weder einen Stifter noch einen Propheten, weder eine Organisation noch einen Missionsanspruch, weder allgemeinverbindliche Dogmen noch eine heilige Schrift, dafür jedoch das Nebeneinander vieler verschiedener Lehrbücher und Hunderttausender Götter kennt, ziemlich verloren vorkommen.

Ein „ismus" im Sinne einer einheitlichen Lehre oder Ideologie ist der Hinduismus nicht. Vielmehr verbirgt sich hinter dem Begriff ein äußerst vielschichtiges und **komplexes Gedankengebäude** philosophischer, religiöser und sozialer Normen, welches sich im Laufe von Jahrtausenden durch die Entstehung und Verschmelzung unterschiedlicher Strömungen herausgebildet hat.

Allein das Wort Hinduismus ist bereits eine irreführende Bezeichnung. *Hindu* ist das persische Wort für die Menschen jenseits des Sindhu, dem Indus – also die Bezeichnung der muslimischen Eroberer für die Inder. Erst viel später gingen die Inder dazu über, sich selbst als Hindus zu bezeichnen.

Arische und dravidische Ursprünge

Die Ursprünge dessen, was man heute Hinduismus nennt, gehen über drei Jahrtausende zurück, als die aus Zentralasien nach Indien eindringenden **Arier** die **dravidische Urbevölkerung** unterwarfen. Während die Arier militärisch eindeutig die Oberhand gewonnen hatten, wurde die indoarische Religion in den

032is tb

folgenden Jahrhunderten in hohem Maße von den Glaubensvorstellungen der besiegten Ureinwohner durchdrungen.

Besonders deutlich zeigt sich diese Synthese bei der Herausbildung des hinduistischen **Götterhimmels.** Standen zunächst die arischen Naturgottheiten wie etwa *Surya* (Sonne), *Candra* (Mond) und *Indra* (Gewitter) im Mittelpunkt der Verehrung, so wurden diese in der Folgezeit mit den bereits in der vorarischen Zeit in Indien verehrten Göttern vermischt. So ist etwa die mit dem Shivaismus in Verbindung stehende Lingam-Verehrung eine Weiterentwicklung des bereits im 3. Jahrtausend v. Chr. in Harappa nachgewiesenen Phalluskults.

Durch das Singen von Hymnen, Opferungen und magische Rituale versuchten die Menschen, ihre Götter für die Erfüllung ihrer Wünsche zu gewinnen. Die Hymnenliteratur ist in heiligen Schriften, den **Veden,** zusammengefasst. Nach diesen frühesten, im 2. Jahrtausend v. Chr. verfassten Schriften wurde diese erste Phase des Hinduismus, die etwa von 1500 bis 1000 v. Chr. reichte, als Vedismus bezeichnet.

Entstehung des Kastensystems

Auf den Vedismus folgte der **Brahmanismus** (ca. 1000–500 v. Chr.). Diese Phase ist gekennzeichnet durch die Ausbildung aller zentralen, im Kern bis heute gültigen Glaubensprinzipien des Hinduismus. Mit dem Aufkommen des allumfassenden Schöpfergottes *Brahma* verloren die alten Naturgottheiten mehr und mehr an Bedeutung. Gleichzeitig wuchs mit den immer komplizierter werdenden **Opferritualen,** die allmählich die zentrale Rolle in der Religionsausübung einnahmen, die Macht des Priesterstandes.

Die **Brahmanen** standen aufgrund ihres Wissensmonopols an der Spitze der hierarchisch geordneten Gesellschaft. Ihnen folgten die **Kshatriyas** (Krieger und Adel) und **Vaishyas** (Bauern, Viehzüchter, Händler), denen die unterworfenen nicht-arischen **Shudras** (Handwerker, Tagelöhner) untergeordnet waren. Aus diesen vier Gruppen entstand das heute noch immer gültige Kastensystem.

Die Andacht vor dem Tempel – für die allermeisten Inder ein tägliches Ritual

Herausbildung des Hinduismus

Doch je weniger die große Masse des Volkes Zugang zu den für sie kaum noch nachzuvollziehenden Opferritualen der elitären Priesterkaste fand, desto empfänglicher wurden die Menschen für andere Glaubensrichtungen. So ist es kein Zufall, dass gerade zu jener Zeit mit dem **Jainismus** und dem **Buddhismus** zwei neu entstandene Religionen großen Zulauf fanden, die vom Priestertum unabhängige Wege zur Erlösung aufzeigten. Unter der Patronage des großen Maurya-Königs *Ashoka* (274–232 v. Chr.) entwickelte sich der Buddhismus sogar zur führenden Religion des Landes. Wiederum als Reaktion hierauf erfolgte im Hinduismus eine Rückbesinnung auf die Ursprünge der Veden, die in der Verschmelzung mit den Erkenntnissen des Brahmanismus zur Herausbildung des bis heute praktizierten **Hinduismus** führte.

Grundprinzipien

Kerngedanke des Hinduismus und das Herzstück traditionellen indischen Lebens ist der Glaube an einen ewigen Schöpfergeist oder eine **Weltseele** *(brahman)*, aus der alles Leben und die gesamte Weltordnung hervorgeht. Den zweiten Grundpfeiler bildet die Vorstellung von der Reinkarnation, d.h. der **Wiedergeburt** der unsterblichen Seele in einem neuen Körper. Danach durchläuft jeder Mensch, oder richtiger jede Seele, unzählige Wiedergeburten, sodass der Tod nur eine Zwischenstation auf dem Weg zu einer neuen Existenz darstellt. Hieraus erklärt sich auch, warum für den Hindu der Tod ein weit weniger einschneidendes Erlebnis ist als für einen Menschen aus dem westlichen Kulturkreis, der von der Endlichkeit und Einzigartigkeit seiner Existenz überzeugt ist.

Ziel jedes Lebewesens oder jeder Einzelseele *(atman)* ist *moksha*, die **Erlösung aus dem Geburtenkreislauf** und die Vereinigung mit dem *brahman*. Den Weg zu diesem Ziel kann jeder Einzelne selbst bestimmen, indem er sich in jedem seiner Leben so weit wie möglich an die Regeln der göttlichen Ordnung *(dharma)* hält. Wer diesen Dharma-Gesetzen entsprechend lebt, rückt mit jeder Wiedergeburt auf einer höheren Stufe der Erlösung jeweils einen Schritt näher. Fällt die Gesamtbilanz am Lebensende jedoch negativ aus, so wird dies mit einer niederen Wiedergeburt im nächsten Leben bestraft.

Dieses **Karma** genannte Vergeltungsprinzip bildet auch die Erklärung für das Kastenwesen, das jedem Menschen entsprechend seinen Verdiensten bzw. Verfehlungen im vorigen Leben einen festen Platz in der sozialen Rangordnung zuweist. Jede der insgesamt über 3000 Kasten- und Unterkasten hat ihr eigenes *dharma*, dementsprechend sich das jeweilige Kastenmitglied zu verhalten hat.

Welche Pflichten im einzelnen zu erfüllen sind, beschreiben die **Dharma-Bücher**, unter denen das Gesetzbuch des Manu das bekannteste ist. Hindus sehen in diesem ab dem 2. vorchristlichen Jahrhundert entstandenen Werk eine Offenbarung des Schöpfergottes an den Urvater des Menschengeschlechts Manu. Bis ins kleinste Detail wird dort dharma-gerechtes Verhalten aufgelistet. Als Haupttugenden gelten die Heirat innerhalb der eigenen Kaste, die Ausübung eines nur für die eigene Kaste erlaubten Berufs und das Einnehmen der Mahlzeiten nur mit Mitgliedern der eigenen Kaste.

Entsprechend der Vergeltungskausalität des Karma, nach der jeder durch seine Taten im vorherigen Leben für sein jetziges Schicksal selbst verantwortlich ist, gehört die klaglose Akzeptanz dieser Vorschriften zu einem der Grundmerkmale hinduistischen Glaubensverständnisses. So heißt es im **Mahabharata,** einem aus 18 Büchern mit insgesamt 100.000 Doppelversen bestehenden Hindu-Epos aus dem 2. Jh. v. Chr.: „Tu deshalb ohne Hinneigung immer das, was deine Pflicht dir vorschreibt, denn indem der Mensch so handelt, erreicht er das Höchste". Das sich klaglose Fügen in sein Schicksal schließt individuelle Selbstentfaltung außerhalb der eng begrenzten Schranken des Kastensystems aus, würde

330.000 Möglichkeiten – die indische Götterwelt

Du sollst keine anderen Götter neben mir dulden – dieses für Juden, Christen und Muslime gültige Gebot des Monotheismus steht im krassen Gegensatz zur hinduistischen Götterwelt. Nicht weniger als 330.000 Götter stehen den Hindus angeblich zur Auswahl! Tatsächlich symbolisiert der hinduistische Götterhimmel die einzigartige Vielschichtigkeit des Phänomens Indien auf geradezu klassische Weise.

Für Außenstehende ist es nur sehr schwer nachvollziehbar, dass die Götter im Hinduismus, ebenso wie die Menschen, zahlreiche Reinkarnationen durchlaufen, die dann wiederum als eigenständige Gottheiten verehrt werden. Hinzu kommt, dass viele von ihnen heiraten und Kinder bekommen, welche dann ebenfalls Aufnahme in den hinduistischen Pantheon finden. Schließlich gibt es auch noch unzählige lokale Gottheiten. So gelingt es nicht einmal den Indern selbst, all ihre Götter zu identifizieren.

An der Spitze des Pantheons steht die als **Trimurti** bezeichnete Dreieinigkeit der Götter Brahma, Vishnu und Shiva. **Brahma** wird als Schöpfer der Welt und aller Wesen angesehen, bleibt jedoch im Schatten Vishnus und Shivas, denn anders als diese wurzelt er nicht im Volksglauben. Nur ganz wenige Tempel Indiens, wie etwa in Pushkar, sind ihm direkt geweiht, doch als einer unter vielen Göttern ist er in fast jedem Heiligtum anzutreffen. Dabei wird er meist mit vier in die verschiedenen Himmelsrichtungen blickenden Köpfen und seinem Tragtier, dem Schwan, dargestellt. Brahmas Gattin **Sarasvati** gilt als die Göttin der Künste; ihr werden die Erfindung des Sanskrit und des indischen Alphabets zugeschrieben. Zwei immer wiederkehrende Attribute Sarasvatis sind ein Buch und eine Gebetskette.

Vishnu, der neben Shiva bedeutendste Gott im Hinduismus, gilt als der Erhalter der Welt, der in seinen bisher insgesamt neun Inkarnationen *(avataras)* immer dann auftritt, wenn es gilt, die Erde vor dämonischen Gewalten zu schützen. Seine bekanntesten Inkarnationen sind die als Rama, Krishna und Buddha. Vishnus Tragtiere sind entweder eine Schlange oder ein Garuda. Seine Gattin **Lakshmi** verkörpert Schönheit und Reichtum und ist oft Mittelpunkt der vielen indischen Tempel, die von der Industriellenfamilie Birla gestiftet wurden.

Shiva wird oftmals als das Gegenstück Vishnus bezeichnet, was jedoch nur zum Teil stimmt, da sich in ihm verschiedene, äußerst widersprüchliche Wesenselemente vereinen. Laut der indischen Mythologie soll er unter nicht weniger als 1.008 verschiedenen Erscheinungsformen und Namen die Erde betreten haben. Einerseits verkörpert er die Kräfte der Zerstörung, andererseits gilt er auch als Erneuerer aller Dinge. Besonders augenfällig zeigt sich diese Vereinigung von Gegensätzen in seiner Manifestation als kosmischer Tänzer Nataraja, der in einem ekstatischen Tanz inmitten des Feuerkranzes einer untergehenden Welt zu sehen ist, womit er jedoch bereits die Energien für ein neu zu errichtendes Universum schafft.

Ebenso widersprüchlich (zumindest nach westlichen Vorstellungen) wie er selbst ist die ihm zur Seite gestellte Göttin **Parvati,** die auch in ihren Inkarnationen als Annapurna, Sati, Durga und Kali bekannt ist und unter diesen Namen ganz verschiedene Wesenszüge aufweist. Ihre zerstörerische Seele spiegelt sich am offenkundigsten in der blutrünstigen, vor allem in Bengalen verehrten Kali, während sie als Sati die ihrem Mann bis in den Tod ergebene Gattin verkörpert, die sich nach dem Tod Shivas auf dem Scheiterhaufen verbrennen lässt. In Shiva-Tempeln steht das *lingam* (Phallus), das Shiva als kraftvollen Schöpfer symbolisiert, aufrecht auf der *yoni* (Vulva), dem Symbol der Gattin. Wie auch bei den anderen Göttern gibt es eine ganze Reihe von Emblemen, an denen man Shiva und Parvati erkennen kann. Bei Shiva sind dies der Dreizack, ein Schädel oder die ascheverschmierte, grau-blaue Haut, bei Parvati in ihrer Form als **Kali** die um ihren Hals hängende Totenkopfkette. Wichtigstes Erkennungsmerkmal sind jedoch auch hier die Tragtiere, bei Shiva der Nandi-Bulle und bei Parvati ein Löwe.

Einer der populärsten Götter ist der dickbäuchige, elefantenköpfige **Ganesha,** Sohn von Shiva und Parvati. Eine Legende besagt, dass Shiva – nach langer Abwesenheit zurückgekehrt – seinem Sohn im Zorn den Kopf abgeschlagen haben soll, nachdem er diesen fälschlicherweise für einen Liebhaber Parvatis hielt. Voller Trauer ob seines Missgeschicks und im Bemühen, dieses so schnell als möglich zu beheben, beschloss er, seinem Sohn den Kopf jenes Lebewesens aufzusetzen, das ihm als Erstes begegnen würde. Seither ziert Ganesha jener charakteristische Elefantenkopf. Sein rundlicher Bauch lässt darauf schließen, dass er schon in vorarischer Zeit ein Fruchtbarkeitsidol verkörperte. Dass nun ausgerechnet eine Ratte für das Schwergewicht als Tragtier herhalten muss, passt zu dieser drolligen und liebenswerten Götterfigur. Als Glücksbringer und Beseitiger von Hindernissen jeglicher Art ziert er praktischerweise das Armaturenbrett vieler Busse und LKW.

Neben Ganesha ist **Krishna,** die achte Inkarnation Vishnus, die beliebteste Gottheit des Hinduismus und zudem auf Bildern die am meisten dargestellte. Die schelmischen und erotischen Abenteuer des jugendlichen Hirtengottes boten den Miniaturmalern reichlich Stoff, um ihren Fantasien freien Lauf zu lassen. Die bekannteste Szene zeigt Krishna, wie er den im Yamuna-Fluss bei Vrindaban badenden Hirtenmädchen *(gopis)* die Kleider stiehlt. Mit seiner Hirtenflöte und der charakteristischen blauen Hautfarbe ist er einer der am einfachsten zu identifizierenden Götter.

Wie keine andere Heiligenfigur symbolisiert **Rama,** die siebte Inkarnation Vishnus, die ungebrochene Verehrung, welche die jahrtausendealten hinduistischen Götter im heutigen Indien immer noch genießen. Der meist dunkelhäutig und mit Pfeil und Bogen dargestellte Rama ist die Hauptfigur des großen hinduistischen Heldenepos Ramayana, das aus 24.000 Doppelversen besteht.

In ganz Südindien und hier speziell in Tamil Nadu finden sich auf freien Feldern Gruppen von Pferdeskulpturen. Sie gehören zum Kult des **Aiyanar,** des Schutzgottes der Tamilen, der nachts mit seinen Pferden über die Felder reitet und die bösen Geister verscheucht. Die Pferdefiguren können bis zu zwei Meter hoch sein, meist sind sie aus Ton geformt. Während ihr Körper weiß gehalten ist, werden Sattelzeug, Mähne, Geschirr und Zaumzeug oft farbig hervorgehoben. In Kerala ist der Sohn Shivas und Mohinis (der weiblichen Form Vishnus) auch unter dem Namen *Ayappa* bekannt.

krishna

[<] Krishna mit seiner Hirtenflöte

diese doch das oberste Gebot, die Aufrechterhaltung der göttlichen Ordnung, bedrohen.

„Fatalistische" Grundstimmung

Diese Sicht der Welt schlägt sich in einer allgemeinen Grundstimmung nieder, die oftmals allzu undifferenziert als **fatalistisch** bezeichnet wird. Nach hinduistischer Philosophie ist die Welt wie ein riesiger Strom, der seit alters träge dahinfließt. Jeder Mensch hat seinen Platz in diesem Strom, in dem die scharfen Konturen der Vergangenheit, der Gegenwart und der Zukunft verschwimmen, da das Leben des einzelnen nicht durch Geburt und Tod fest umgrenzt ist. Die Welt ist, wie sie ist, ihre Gesetze sind vom Menschen nicht zu beeinflussen. Der auf die Zukunft gerichtete Wille zur Veränderung und zur Mehrung irdischer Güter konnte sich in dieser gesellschaftlichen Atmosphäre nicht so durchsetzen wie im neuzeitlichen Europa. Hieraus erklärt sich auch der auffällige wirtschaftliche Erfolg kleiner Religionsgemeinschaften wie der **Jains,** der **Sikhs** und der **Parsen,** die mit ihren mehr diesseits orientierten Glaubensvorstellungen einen **ökonomischen Wertevorsprung** gegenüber den Hindus besitzen.

Ganzheitliche Weltsicht

Die Wiedergeburt in eine der vielen Tausend Kasten stellt jedoch nur eine Möglichkeit der Reinkarnation dar. Da für die Hindus alles Leben auf Erden Ausdruck der göttlichen Ordnung ist, kann der Mensch durch Fehlverhalten auch als Tier oder Pflanze wiedergeboren werden, wie es das Gesetzbuch des Manu höchst drastisch veranschaulicht: „Wenn man Korn stiehlt, wird man eine Ratte, Wasser ein Wassertier, Honig eine Mücke, Milch eine Krähe und Süßigkeiten ein Hund".

Mag dies zunächst auch eher belustigen, so verbirgt sich dahinter mit der Vorstellung, dass letztlich alle Lebewesen gleichwertig sind, eine ganzheitliche Weltsicht, welche kaum unterschiedlicher zum christlichen Glauben sein könnte, in dem der Mensch als Krönung der Schöpfung gilt. Die universelle Auffassung von der **Einheit allen Lebens,** in der der Mensch nur ein Teil des Ganzen ist, hat in Indien zu einem grundsätzlich **behutsameren Umgang mit der Natur** geführt, die nicht als Um-, sondern als Mitwelt verstanden und erfahren wird. In solch einer ganzheitlichen Weltsicht stehen Mikro- und Makrokosmos, Himmel und Erde, Gott und Mensch in unmittelbarem Bezug zueinander.

Religiöses Alltagsleben

Dementsprechend gehört es für jeden Hindu zu den Selbstverständlichkeiten des Lebens, dass er durch tägliche **Kult- und Opferhandlungen** *(puja)* die Götter gnädig zu stimmen versucht. So befindet sich in jedem Hindu-Haus ein kleiner Altar mit dem Bild der verehrten Gottheit. Mindestens einmal täglich wird ihm mit dem Umhängen von Blumengirlanden, dem Entzünden von Räucherstäbchen und einer kleinen Andacht gehuldigt. Das gleiche Ritual vollzieht sich in größerem Rahmen in den Dorftempeln, in denen an speziellen Feiertagen aufwendige *pujas* abgehalten werden. Zu diesen Anlässen werden den Götterbildern liebevoll zubereitete Opfergaben wie Kokosnüsse, Süßigkeiten und Blumen dargeboten. Dadurch, dass die Gottheit die Essensgaben symbolisch isst, werden sie zu *prasad,* d.h. heiligen Speisen, die danach wieder an die Pilger verteilt werden.

Die Offenheit der hinduistischen Religion bringt es mit sich, dass dem Gläubigen viele weitere Möglichkeiten offenstehen, um sich dem Göttlichen zu nähern. Dazu gehören u.a. verschiedene Arten der **Meditation,** das Leben als wandernder Asket oder Einsiedler *(sadhu)* oder die Teilnahme an oftmals langwierigen und kräftezehrenden **Pilgerreisen** zu bedeutenden Plätzen der indischen Mythologie.

Hinduistische Toleranz in Gefahr

Die Annahme der Einheit aller Lebewesen gilt für die Hindus auch gegenüber Mitgliedern anderer Religionsgemeinschaften wie Buddhisten, Christen, Sikhs, Parsen oder Muslime. Alle Religionen werden als legitime Wege zum ewigen Schöpfergott angesehen. Für Hindus gibt es dementsprechend so viele Wege zu Gott, wie es Gläubige gibt. Inquisitionen oder Kreuzzüge im Namen des Hinduismus hat es nie gegeben. Diese Toleranz ist allerdings in letzter Zeit vor allem gegenüber den **Muslimen** durch die Wunden jahrhundertealter Fremdherrschaft und die Zunahme **sozialer Spannungen,** die zudem von skrupellosen Politikern noch geschürt werden, stark gefährdet. Hier bleibt nur zu hoffen, dass sich die Hindus zurückbesinnen auf jene vier Haupttugenden, die in den hinduistischen Lehrbüchern zur Erlangung der *moksha* gefordert werden: **Wohlwollen, Mitleid, Mitfreude und Gleichmut.**

Islam

Mahmud-e-Ghazni, ein Heerführer aus dem heutigen Afghanistan, der im Jahre 1001 den ersten seiner insgesamt 17 Raubzüge durch Nordindien durchführte, wurde für die Hindus zum Prototyp des **islamischen Eroberers,** der mordend und brandschatzend durchs Land zieht und im Namen der Religion die heiligen Stätten zerstört. Seither ist die indische Geschichte von blutigen **Glaubenskriegen zwischen Hindus und Muslimen** geprägt, wobei die Teilung des Subkontinents 1947 in das islamische Pakistan und das hinduistische Indien nur den vorläufigen traurigen Höhepunkt darstellt.

Auch zu Beginn des dritten Jahrtausends stehen sich die Anhänger der beiden Religionen unversöhnlicher denn je gegenüber. Die in Indien lebenden Muslime stehen gerade im Zeichen eines immer radikaler und intoleranter werdenden Hindu-Fundamentalismus vor einer mehr als unsicheren Zukunft. Tatsächlich lässt sich ein größerer Gegensatz als zwischen dem strikt monotheistischen und bilderfeindlichen Islam und den Millionen von Göttern, die die hinduistischen Tempel voll üppiger Erzähl- und Darstellungsfreude zieren, kaum denken.

Indische Ausprägung: Sufismus

Keine Abspaltung vom eigentlichen Glauben, sondern eine Antwort auf die zunehmende Ritualisierung der religiösen Zeremonien war der Sufismus, der gerade unter den indischen Muslimen viele Anhänger fand. Durch eine strenge **Askese,** tiefe **Meditation** und Rückzug aus der Welt wollte man die im orthodoxen Glauben verloren gegangene Einheit mit Gott wiederherstellen. Ähnlich wie den Gurus im Hinduismus wurden auch hier spirituellen Lehrmeistern magische Kräfte zugesprochen. Die Grabstätten dieser Sufis genannten Heiligen wurden später zu **Pilgerorten.** Das bedeutendste Beispiel in Nordindien findet sich mit dem Grabmal Khwaja-ud-din-Chistis in Ajmer.

Sikhismus

Obwohl sie nur wenig mehr als 1 % der indischen Bevölkerung ausmachen, haben die Sikhs unser Bild des Inders mehr geprägt als alle anderen Volks- und Religionsgruppen. Frisch gebügeltes weißes Hemd, silberner Armreif, gepflegter Vollbart und kunstvoll gebundene Turbane, so sah Hollywoods Vorzeigeinder aus, und er war immer ein *Sikh* (wörtl.: Schüler) aus dem fruchtbaren Punjab (Fünfstromland) im Nordwesten. Das ist im Grunde paradox, legen doch die Sikhs selbst großen Wert darauf, sich vom Rest der indischen Bevölkerung zu unterscheiden. Die Männer dokumentieren dies traditionell durch die sogenannten **Fünf K:** das nicht geschnittene, unter einem Turban getragenen Haar *(kes)*, ein Kamm aus Holz oder Elfenbein *(kangha)*, ein Dolch *(kirpan)*, ein stählerner Armreif *(kara)* und eine kurze Kniehose *(kaccha)*. Allerdings sind auch an den stolzen Sikhs die Zeichen der Zeit nicht spurlos vorbeigegangen, und so verschwindet die *Kaccha* heute meist unter langen Hosen, der Kamm ist aus Plastik und der Dolch wird fast nur noch zu Festlichkeiten getragen. Alle Tugenden, die gemeinhin gerade nicht mit Indern in Verbindung gebracht werden – er schien sie zu verkörpern: Disziplin, Fleiß, Stolz, Pragmatismus.

Doch spätestens seit 1984 zwei Sikhs aus der Leibwache Indira Gandhis die damalige Ministerpräsidentin ermordeten, hat dieses makellose Bild erhebliche Risse erhalten. Seither verbindet man eher den von Terror und Mord gekennzeichneten Kampf der Sikhs um einen eigenen unabhängigen Staat *Khalistan* mit ihrem Namen.

Dabei wird jedoch übersehen, dass der Konflikt in seiner jetzigen Form erst Ende des 20. Jh. entbrannte und Sikhs und Hindus bis dahin über fünf Jahrhunderte friedlich nebeneinander lebten. An sich sind die Glaubensgrundsätze beider Völker durchaus miteinander vereinbar, und so war es auch kein religiöser Antagonismus, sondern ihre von ständigen Abwehrkräften gegen die Zentralregierung in Delhi geprägte Geschichte, die die Sikhs ihre Eigenständigkeit immer mehr betonen ließ.

Die Ursprünge des Sikhismus gehen auf den Hinduprediger *Guru Nanak* (1469–1539) zurück, der aus einer Kaufmannnskaste aus dem Punjab stammte und eine **Synthese von Hinduismus und Islam** anstrebte. Er übernahm zwar vom Hinduismus die Lehre vom Weltschöpfer *(Brahman)*, von der Seelenwanderung und vom *Karma*, lehnte jedoch mit der Vielgötterei, dem Ritualismus und vor allen Dingen mit dem Kastenwesen drei seiner Kernelemente ab. Ebenso wie der Islam ist der Sikhismus streng monotheistisch und glaubt an einen unsichtbaren Gott. Als Ausdruck ihrer aufgehobenen Kastenzugehörigkeit tragen alle männlichen Sikhs den gleichen Namen – *Singh* (Löwe).

Ferner geht der Sikhismus von der Möglichkeit der Erlösung durch moralisches Handeln und weltliche Pflichterfüllung aus. Bedingt durch diese egalitären und diesseits orientierten Wertvorstellungen zeichnen sich die Sikhs im Gegensatz zu den oft zum Fatalismus neigenden Hindus durch eine pragmatische und dynamische Lebenseinstellung aus.

Nanaks vierter Nachfolger *Guru Arjun Dif* ließ 1577 den **Goldenen Tempel** erbauen, der von nun an das spirituelle Zentrum der Sikhs bildete. Hier befindet sich auch das heilige Buch des Sikhismus, der *Adi Granth* (wörtl. „Urbuch“, auch als *Guru Granth Sahib*, „das hochverehrte Buch“, bekannt), welches *Arjun Dif* aus den Schriften und Lehren seiner Vorgänger zuammenfasste.

Im Verlauf der **zunehmenden Verfolgung** der Sikhs durch die muslimischen Machthaber in Delhi wurden sowohl *Arjun Dif* als auch der neunte Guru *Tik Bahadur* hingerichtet, worauf dessen Sohn die Reformsekte zu einem religiösen Kampfbund, *Khalsa* genannt, umformte. Ferner verfügte er, dass nach seinem Tode niemand seine Nachfolge antreten sollte und dafür die heilige Schrift *Adi Granth* als oberste Autorität des Glaubens die Position der Gurus einnehmen sollte.

Mit dem Zerfall des Mogulreiches erstarkten die Sikhs und konnten 1801 unter *Ranjit Singh* als Maharaja ihr **eigenes Königreich** im Punjab errichten, welches jedoch nach zwei erbitterten Schlachten 1849 von den Briten erobert wurde.

Als mit der Unabhängigkeit Indiens am 15. August 1947 gleichzeitig auch die Abtrennung Pakistans in Kraft trat und die neue Grenzlinie der beiden Staaten mitten durch den Punjab lief, kam es hier zu den schlimmsten Massakern zwischen Sikhs, Hindus und Moslems im ganzen Land. Von nun an wurden die Stimmen für einen von Hindus und

> Weißes Hemd und Turban – Sikhs beim Gebet

788ra tb

Moslems gleichermaßen **unabhängigen Staat** immer lauter. Noch jedoch wurden die Forderungen durch die 1921 gegründete Sikh-Partei *Akali Dal* (Bund der Unsterblichen) auf demokratische Weise vorgebracht.

Als sich die ökonomische Situation im bis dahin als Wirtschaftswunderland geltenden Punjab, das einen bedeutenden Anteil zu Indiens wirtschaftlicher Entwicklung beigetragen hatte, in den 1960er Jahren radikal verschlechterte und die Zahl der landlosen Arbeiter verdoppelte, fanden die fundamentalistischen Parolen des Sektenführers *Bhindranwale,* der zur Errichtung eines unabhängigen Staates **Khalistan** (Land der Reinen) aufrief, vor allem unter den desillusionierten Jugendlichen schnellen Zulauf. Seine Anhänger verbreiteten unter der Hindu-Bevölkerung im Punjab durch terroristische Gewalttaten Angst und Schrecken.

Als Bhindranwale schließlich seinen eigenen Staat Khalistan ausrief und sich 1982 mit seinen Anhängern im Goldenen Tempel von Amritsar verschanzte, waren die Türen für eine friedliche Lösung des Punjab-Konfliktes endgültig zugeschlagen.

Versuchte Indira Gandhi zunächst noch vergeblich, durch die Ernennung eines Sikhs als Staatsoberhaupt den Konflikt zu entschärfen, geriet sie von den Hardlinern in ihrem Kabinett unter immer stärkeren politischen Druck und entschloss sich schließlich zur **Operation Blue Star.** Nach generalstabsmäßiger Planung wurde der Goldene Tempel am 30. Mai 1984 von 15.000 Soldaten erstürmt, wobei die meisten der über 3.000 Besetzer getötet wurden, unter ihnen auch Bhindranwale.

Diese Schändung ihres Heiligtums war ein Fanal für die strenggläubigen Sikhs. Befanden sich die **Fundamentalisten** bis dahin innerhalb der Sikh-Gemeinde noch deutlich in der Minderheit, so radikalisierten sich jetzt auch jene, die bisher nur für eine größere politische wie wirtschaftliche Autonomie gegenüber Delhi eingetreten waren.

Von nun an beherrschte eine Spirale von **Gewalt und Gegengewalt** die Lage in Punjab. Die Ermordung *Indira Gandhis* und die sich anschließenden Massaker an Sikhs in Delhi, Terroraktionen verschiedener Untergrundorganisationen gegen hinduistische Politiker, brutales Vorgehen der indischen Polizeitruppen in Amritsar, erneute Erstürmung des Goldenen Tempels 1988, fehlgeschlagener Anschlag auf *Rajiv Gandhi* aus seiner Sikh-Leibgarde, die Unterstellung des Punjab unter direkte Kontrolle Delhis – die Liste der Gewaltakte zwischen Hindus und Sikhs seit 1980 ließe sich noch endlos verlängern.

Die Gefahr vor Augen, die Abspaltung des Punjabs könnte weiteren, schon lange schwelenden Unabhängigkeitsbestrebungen in Assam, Tamil Nadu und vor allem in Kashmir neuen Auftrieb geben und damit den Bestand der indischen Union gefährden, ließ die indische Zentralregierung lange Zeit keinen Millimeter von ihrer kompromisslosen Haltung abgehen, während die Sikhs wegen des brutalen Vorgehens der indischen Truppen weiterhin auf ihre Unabhängigkeit pochten.

Anfang der 1990er Jahre entspannte sich die Lage jedoch auf beiden Seiten. Im Gegensatz zu Kashmir, wo eine friedliche Konfliktlösung in den nächsten Jahren nur schwerlich vorstellbar ist, scheint der Wunsch vieler Punjabis, statt politischem Extremismus wirtschaftlichem Aufschwung Priorität einzuräumen, langfristig die Lage im Punjab zu beruhigen.

Buddhismus

Bei der Frage nach dem Ursprungsland des Buddhismus würde wohl kaum jemand auf das klassische Land des Hinduismus – Indien – tippen. Tatsächlich jedoch verbrachte **Buddha,** der vor über zweieinhalb Jahrtausenden auf dem Indischen Subkontinent geboren wurde, den größten Teil seines Lebens in der nordindischen Tiefebene. Zudem war die nach ihm benannte Lehre für fast ein Jahrtausend die Staatsreligion des Landes. Das sieht heute ganz anders aus, bekennen sich doch nur gerade mal 0,8 % der Gesamtbevölkerung zum buddhistischen Glauben.

Siddharta Gautama

Zu den Heiligtümern des Buddhismus zählt das im heutigen Südnepal gelegene Lumbini, jener Ort, wo Buddha als Prinzensohn *Siddharta Gautama* wahrscheinlich 560 v. Chr. geboren wurde. Entsprechend seiner adeligen Herkunft führte der spätere Religionsstifter in seinen jungen Jahren ein sorgenfreies, ja luxuriöses Leben und wurde im Alter von 16 Jahren standesgemäß mit seiner Kusine *Jashudara* verheiratet.

Zunehmend stellte sich der tiefsinnige Prinz jedoch die Frage nach der wahren Bedeutung des Lebens, wobei ihm die Sinnlosigkeit eines an materiellen Werten orientierten Lebens immer bewusster wurde. Diese Überlegungen verstärkten sich, als er bei drei heimlichen Ausflügen aus dem väterlichen Schloss seine realitätsferne Welt verließ und menschlichem Leid in Gestalt eines Greises, eines Kranken und eines Verstorbenen begegnete. Den letzten Anstoß, sein bisheriges Leben im Überfluss aufzugeben, gab ihm die Begegnung mit einem wandernden Asketen.

So verließ er im Alter von 29 Jahren in der Nacht der großen Entsagung heimlich Eltern, Frau und Kind und vertauschte das luxuriöse Bett in seinem Palast mit einer Lagerstätte unter freiem Himmel. Als er nach insgesamt sieben Jahren unter strengster Askese, die ihn an den Rand des physischen Zusammenbruchs führte, seinem Ziel der Erkenntnis nicht näher gekommen war, wählte er als dritte Möglichkeit zwischen extremem Überfluss und Askese den mittleren Weg: **meditative Versenkung** als Loslösung von den Begierden der materiellen Welt.

Grundprinzipien

Schließlich gelangte Siddharta Gautama nach sieben Tagen ununterbrochener Meditationssitzung unter einem Feigenbaum im kleinen Ort Gaya, im heutigen Bihar, zur Erleuchtung, indem er die **vier edlen Wahrheiten,** die zum Nirvana führen, erkannte:

- Alles Leben ist Leiden.
- Alles Leiden wird durch Begierden hervorgerufen.
- Alles Leiden kann durch die Auslöschung der Begierden vernichtet werden.
- Leid und Begierden können durch die Praktizierung des achtfachen Pfades überwunden werden.

Wer hiernach sein Leben an den **Prinzipien des achtfachen Pfades,** also der rechten Anschauung, Gesinnung, des rechten Redens, Tuns, der rechten Lebensführung, des rechten Strebens, Überdenkens und der rechten Versenkung ausrichtet, wird im nächsten Leben auf einer höheren Daseinsstufe wiedergeboren. Geht man diesen Pfad konsequent, d.h. unter strenger Selbstdisziplin, zu Ende, durchbricht man schließlich den Kreislauf der Wiedergeburten und tritt in einen **Zustand ewiger Seligkeit** ein und wird somit zum Buddha. So übernimmt auch der Buddhismus die Vorstellung von **Karma und Wiedergeburt,** lehnt jedoch das Kastenwesen entschieden ab, da er die individuelle Selbsterlösung zum obersten Prinzip erklärt.

Buddhismus wird indische Staatsreligion

Gaya, der Ort, an dem aus dem Prinzensohn Siddharta Gautama der Buddha, d.h. der Erleuchtete, wurde, heißt seitdem **Bodhgaya** und zählt zu den vier heiligsten Orten des Buddhismus. Die folgenden 45 Jahre seines Lebens zog Buddha als Wanderprediger durchs Land, wobei seine Anhängerschaft stetig zunahm. Als er schließlich im Alter von 80 Jahren bei Kushinagar in Uttar Pradesh mit den Worten „Wohlan ihr Mönche, ich sage euch, alles geht dahin und stirbt, aber die Wahrheit bleibt, strebt nach eurem Heil" verstarb, hatte er die Grundlagen für eine landesweite Ausdehnung seiner Lehre gelegt.

Entscheidender weltlicher Wegbereiter nach seinem Tode wurde **Kaiser Ashoka** (272–232 v. Chr.), der einzige Herrscher bis zum Aufkommen der Moguln, der einen Großteil des Indischen Subkontinents unter einer zentralen Herrschaft vereinigen konnte. Nachdem er selbst zum Buddhismus konvertiert war, erklärte er die Lehre zur Staatsreligion und förderte ihre Verbreitung durch großzügige Spenden für Klöster und heilige Stätten. Zudem entsandte er Mitglieder des Königshauses in benachbarte asiatische Länder, die dort die buddhistische Lehre verbreiteten. So war es sein Sohn *Mahinda,* der als Begründer des Buddhismus auf Ceylon (Sri Lanka) gilt. Zur schnellen Verbreitung des Buddhismus trug sicherlich bei, dass der Hinduismus gerade zu jener Zeit durch die alles beherrschende Rolle der Brahmanenkaste in einem Ritualismus erstarrt war, der vom einfachen Volk kaum nachzuvollziehen war.

Hinayana-Buddhismus

Ähnlich wie der Islam oder Jainismus spaltete sich auch der Buddhismus nach dem Tode seines Stifters in verschiedene Glaubensrichtungen. Der Hinayana-Buddhismus („Kleines Fahrzeug") gilt als die ursprüngliche Form, weil sie den von Buddha gewiesenen Weg jedes Einzelnen unter strenger Beachtung der vorgegebenen Prinzipien betonte. Diese ältere Form des Buddhismus betont die mönchische Lebensordnung und wird auch **Theravada** genannt, was soviel wie „Weg der Älteren" bedeutet. Die konservative Richtung wird heute vor allem in Myanmar, Sri Lanka, Thailand und Kambodscha gelehrt.

Mahayana-Buddhismus

Der Mahayana-Buddhismus („Großes Fahrzeug") schließt, wie es der Name schon andeutet, alle Gläubigen ein, weil hier Mönche und Laien das Nirvana erlangen können. Die im 5. Jh. gegründete und 1197 n. Chr. durch die Muslime zerstörte Universität Nalanda im heutigen Bundesstaat Bihar war einst die Hauptlehrstätte dieser Glaubensinterpretation. Eine zentrale Rolle im Mahayana-Buddhismus spielen die sogenannten **Bodhi-**

sattvas, erleuchtete Wesen, welche selbstlos auf den Eingang ins Nirvana verzichten, um anderen auf deren Weg dorthin zu helfen. Die Lehre vom Großen Fahrzeug hat heute Vorrang in China, Japan, Korea und Vietnam.

Vitchuayana-Buddhismus

Die dritte große Schulrichtung des Buddhismus bildet der Vitchuayana-Buddhismus („Diamantenes Fahrzeug"), welcher im 7. Jh. entstand. Bekannter ist sie im Westen unter dem Namen **Tantrismus.** Nach dieser esoterischen Auslegung kann man mit Hilfe von Riten *(tantras),* dem wiederholten Rezitieren heiliger Sprüche und Formeln *(mantras)* und der Ausführung ritueller Gebete zur Erlösung gelangen. Diese Form des Buddhismus hat heute in China, Japan und vor allem in Tibet eine große Anhängerschaft.

Hinduismus gewinnt die Oberhand

Zwar überdauerte der Buddhismus auch den Tod seines unermüdlichen Protegés König Ashoka, doch schließlich erstarkte der Hinduismus, zumal er von den nachfolgenden Herrschern unterstützt wurde. Hier rächte sich jetzt auch eine Entwicklung, die einst dem Hinduismus zum Nachteil geriet. Während zu Beginn die Botschaft der buddhistischen Göttermönche über den Pomp der großen brahmanischen Opferrituale gesiegt hatte, war die Zahl der buddhistischen Klöster im Laufe der Zeit mächtig angewachsen und den Gläubigen zu einer Last geworden, während der Unterhalt der Brahmanenfamilien weit weniger Aufwand erforderte. Spätestens im 9. Jh. hatte der Hinduismus die Oberhand gewonnen, während die Lehre des Mittleren Weges nur noch in ihrem Heimatgebiet, in Bihar und Bengalen, von der Mehrheit der Gläubigen befolgt wurde. Letztlich waren es jedoch nicht die Hindus, sondern die Muslime, die im 12. Jh. mit der **Zerstörung buddhistischer Klöster und Heiligtümer** die Religionsphilosophie des ehemaligen Prinzensohns Gautama Siddharta in Indien fast gänzlich zur Bedeutungslosigkeit degradierten.

Jainismus

Ebenso wie der Buddhismus entstand auch der Jainismus im 6. Jh. v. Chr. als **Reformbewegung** gegen die autoritären Strukturen des Brahmanismus. Während jedoch der Buddhismus später zu einer der bedeutendsten Religionen der Erde aufstieg, konnte sich der Jainismus nicht über die Grenzen seines Ursprungslandes ausdehnen. Von den etwa 4,5 Mio. Anhängern dieser Religionsgemeinschaft (0,5 % der Gesamtbevölkerung) leben die meisten im Nordwesten des Landes, hier speziell im Bundesstaat Gujarat.

Askese

Der Stifter *Varda Mana,* später *Mahavira* (Großer Held) genannt, verließ im Alter von 28 Jahren Frau und Kinder, um das Wanderleben eines nackten Asketen zu führen. Schon zwei Jahre später erlangte er vollkommene Einsicht in die Gesetzmäßigkeit des Lebens und verbreitete von nun an als Wanderprediger seine Lehre, deren letztendliches Ziel der **Austritt aus dem ewigen Kreislauf des Lebens** ist. Auch hier wieder zeigen sich deutliche Paralellen zum Buddhismus.

Jina (Weltüberwinder), wie er von seinen Jüngern nun genannt wird, gilt jedoch nur als letzter von insgesamt 24 *tirthankaras* (Furtbereiter) des Jainismus, die einen Weg aus dem Kreislauf des Lebens gefunden haben. Die 24 *tirthankaras* verkörpern die Götter des Jainismus und ihnen zu Ehren wurden die Tempel meistens an Orten erbaut, wo einer von ihnen geboren, erleuchtet oder ins Nirvana eingegangen ist. Die bekanntesten Tempelanlagen befinden sich auf den als heilig angesehenen Bergen in Gujarat und Rajasthan, doch auch in Südindien liegen einige bedeutende Jain-Kultstätten wie z.B. Sravanabelgola.

Erhaltung jeglichen Lebens

Oberstes von den Gläubigen einzuhaltendes Gebot auf dem von den Tirthankaras gewiesenen Weg aus dem Kreislauf der Wiedergeburten ist *ahimsa,* die unbedingte Schonung jeglichen Lebens. Dieses Gebot resultiert aus der vom Hinduismus übernommenen Idee der Einheit allen Lebens. So liegt es im ureigensten Interesse jedes Lebewesens, anderen kein Leid zuzufügen, schadet es sich dadurch doch letztlich nur selbst. Einige Gläubige verfolgen dieses Gebot derart strikt, dass sie einen Mundschutz tragen, um nicht versehentlich ein Insekt zu verschlucken.

Wohlstand und Konsumentsagung

Diese uneingeschränkte Achtung vor dem Leben hat bis heute tief greifende Auswirkungen auf die Lebens- und Arbeitsbedingungen der Jains. Selbstverständlich sind alle **strikte Vegetarier** (manche essen sogar nichts, was in der Erde gewachsen ist, weil beim Herausziehen Kleinlebewesen getötet werden könnten), doch darüber hinaus verbietet ihnen ihr Glaube die Ausübung von Tätigkeiten wie etwa in der Landwirtschaft oder im Militär, die das Tötungsverbot missachten.

So finden sich Jains heute vor allem in **kaufmännischen und akademischen Berufen,** was zur Folge hat, dass sie zu den wohlhabendsten und bestausgebildeten Schichten der Gesellschaft zählen. Die im Jainismus geforderte innerweltliche Askese hat dazu geführt, dass sie ihren materiellen Wohlstand nur in geringem Maße zum persönlichen Konsum verwenden, dafür jedoch umso großzügiger den Bau bzw. die Erhaltung ihrer Heiligtümer unterstützen. Hieraus erklärt sich auch, dass die Marmortempel von Palitana, Dilwara und Ranakpur zu den schönsten Heiligtümern Indiens zählen.

729ra tb

Jain-Pilger in Ranakpur. Einige Gläubige tragen Mundschutz, um nicht versehentlich ein Insekt zu verschlucken, denn die unbedingte Schonung jeglichen Lebens ist oberstes Gebot der Jains

Parsismus

Die Lehre Zarathustras

Die Ursprünge der zahlenmäßig sehr kleinen Glaubensgemeinde der Parsen gehen auf den altiranischen Propheten **Zoroaster** (lat.: *Zarathustra*) zurück, der mit seinen Lehren Mitte des 7. Jh. v. Chr. eine der ältesten Religionen der Erde begründete. Mit Parsismus im engeren Sinne bezeichnet man die zweite Entwicklungsphase des Zoroastrismus, als die Anhänger auf der Flucht vor den Persien erobernden Muslimen im 7. Jh. nach Nordwestindien auswanderten, wo sie sich nach ihrem Ursprungsland Parsen nannten.

Im Mittelpunkt der Lehre steht dabei eine streng dualistische Weltsicht, wonach die Geschichte ein ständiger Kampf zwischen dem **Reich des Guten** und dem **Reich des Bösen** ist. Während *Ahura Mazda* (auch *Ormazd* genannt) als der allwissende höchste Gott, umgeben von seinen sechs Erzengeln *(A mesha Spentas)*, unermüdlich für den Erhalt und die Förderung des Lebens streitet, steht ihm in *Angra Mainyu* (auch *Ahriman* genannt) der Anführer des Reichs der Finsternis gegenüber. Die prinzipielle Entscheidung jedes einzelnen Gläubigen für das Gute und die Forderung, all sein Handeln an lebensfördernden sittlichen Werten wie Friedfertigkeit, Gewaltfreiheit, Wahrhaftigkeit und Fleiß zu orientieren, bildet die Voraussetzung für den Eingang ins Paradies.

Bestattungstürme und Feuertempel

Alle Elemente wie Luft, Wasser, Erde und Feuer gelten den Parsen als heilig und eine Verunreinigung auch nur eines dieser Elemente wird mit der Hölle bestraft. Hieraus leitet sich auch die eigentümliche **Bestattungszeremonie** der Parsen ab. Da eine Feuer- bzw. eine Erdbestattung diese heiligen Elemente verunreinigen würde, legen sie ihre Verstorbenen auf den sogenannten **Türmen des Schweigens** *(dakhma)* den Geiern zum Fraß vor.

Ein weiteres charakteristisches Bauwerk der Parsen sind die **Feuertempel,** niedrige, fensterlose Gebäude, in deren Innern auf einem Stein in einem metallenen Gefäß das heilige Feuer brennt, welches sie als göttliches Symbol verehren.

Wirtschaftlicher Erfolg und Sozialleistungen

Obwohl sie mit nur noch knapp 60.000 Anhängern nicht einmal 0,01 % der Gesamtbevölkerung Indiens ausmachen, gehören die Parsen in **Mumbai,** wo fast alle von ihnen beheimatet sind, zu den wirtschaftlich erfolgreichsten Gruppen. Bestes Beispiel hierfür ist die Familie *Tata,* die mit ihrem weitverzweigten Industrieimperium mit Hunderttausenden von Beschäftigten das größte Familienunternehmen des Landes besitzt. Der Grund für den ökonomischen Erfolg der Parsen ist ihre wirtschaftsfreundliche Religionsphilosophie, wonach zum Gedeihen des Reichs des Guten auch eine florierende Wirtschaft gehört und somit der **persönliche Wohlstand** als Beweis der Gottgefälligkeit angesehen wird.

Außerdem hatten sich die Parsen den Grundstein zum Erfolg schon zu britischen Zeiten gelegt. Da die Hindus mit den Briten aufgrund deren Vorliebe für Rindfleisch keinen Handel treiben wollten und die Muslime den Kolonialisten wegen deren Schweinefleisch- und Alkoholkonsum fernblieben, traten die Parsen auf den Plan. Sie trieben fleißig Handel mit den Briten und wurden reich.

Doch die Parsen scheffeln nicht nur, sie geben auch. „Ahura gibt demjenigen das Reich, der die Armen unterstützt", besagt eine Passage in einer heiligen Parsen-Schrift und folglich tun die Parsen sich als generöse Philanthropen hervor. Sie unterhalten das mit Abstand **beste Kranken- und Sozialwesen** aller Glaubensgemeinschaften; Arme und Gebrechliche werden unterstützt, heiratswillige Paare erhalten Wohnungszuschüsse.

Insgesamt zeigen sich in ihrer Wirtschafts- und Sozialphilosophie zahlreiche Parallelen zum europäischen Calvinismus, der den Grundstein für den modernen Kapitalismus setzte. In Kleidung und Lebensstil sehr **westlich orientiert,** finden sich unter den Parsen viele konfessionsübergreifende Ehen, wodurch die kleine Gemeinde vom Aussterben bedroht ist. Der Parsenklerus erkennt nur solche Kinder als Parsen an, bei denen zumindest der Vater Parse ist – eine in der Glaubensgemeinschaft nicht unumstrittene Auslegung der Schriften. Gemäß dieser Regel hätte auch *Rajiv Gandhi* Parse werden können: Seine Mutter *Indira Gandhi* war zwar eine Hindu, sein Vater *Feroze Gandhi* aber Parse. *Rajiv* hatte aber nie die Initiation vollführen lassen.

Christentum

Missionierung durch die Kolonialherren

Die Ursprünge der Christianisierung in Indien gehen zurück auf das Wirken des **Apostels Thomas,** dessen Martyriumsstätte in der Hafenstadt Chennai (Madras) noch heute verehrt wird. Den größten Einfluss hatten jedoch die westlichen Missionare, die mit den **portugiesischen** und später **britischen** Kolonialherren nach Indien gelangten. Hierin liegt auch der Grund, warum selbst heute noch mehr als die Hälfte der 27 Mio. Christen (2,3 % der Bevölkerung) im Süden leben, also dort, wo die „weißen Männer" zuerst anlandeten. So bekennen sich im südwestlichen Bundesstaat **Kerala** gut 20 % und im Tropenparadies **Goa** ca. 35 % zum christlichen Glauben, während es in klassischen Hindu-Gebieten wie Uttar Pradesh oder Rajasthan nicht einmal jeder Tausendste ist.

Eine Ausnahme von dieser Regel bilden jedoch die Nordost-Provinzen und hier vor allem Nagaland und Mizoram, wo knapp 80 % der Gesamtbevölkerung Christen sind. Der Grund liegt in dem dort extrem hohen Anteil von Ureinwohnern, die traditionell zu den untersten Schichten der hinduistischen Gesellschaft gehören. Die christliche Botschaft von Gleichheit, Menschenwürde, Nächstenliebe und Befreiung von Kastenwesen und Leibeigenschaft fiel hier naturgemäß auf besonders fruchtbaren Boden.

Besonders auffällig ist der Zusammenhang von Christentum und **Bildungsniveau.** So liegen z.B. Goa und Kerala mit 84 % bzw. 94 % Alphabetisierungsrate an der Spitze aller indischen Bundesstaaten, was auch statistisch die herausragende Bildungstätigkeit der christlichen Mission belegt.

Integration

Mit dem Ende der britischen Herrschaft verlor das Christentum in Indien sowohl den Vorzug als auch das Stigma der Verbundenheit mit den fremden Machthabern. Eine bemerkenswerte Wandlung im Selbstverständnis vieler Christen war die Folge. Der Wunsch, die Folgen der Kolonialgeschichte zu überwinden und nicht länger als Ausländer im eigenen Land zu gelten, führte dazu, dass sich die christlichen Gemeinden **wie Kastengruppen** in die vielfältig gegliederte indische Gesellschaft einfügten.

Soziale Spannungen

Gleichzeitig blieb bei vielen Hindus angesichts der gerade bei Mitgliedern der Unterschichten und Kastenlosen nicht unerheblichen Missionierungserfolge der Christen ein latentes Misstrauen bestehen. In den 1990er Jahren brandmarkten die **Hindu-Fundamentalisten** die Christen mit dem Vorwurf, durch ihre Aufklärungskampagnen das von ihnen als heilig angesehene Kastensystem zu unterminieren. Der auf diese Weise gesäte Hass entlud sich auf erschreckende Weise in zahlreichen **Attentaten.** Auch wenn sich die Situation inzwischen beruhigt hat, zeigen diese erschreckenden Vorfälle, wie Politiker religiöse Ressentiments als politisches Mittel missbrauchen.

Feste und Feierlichkeiten

Indische Feste sind so bunt und ungestüm wie das Land selbst. Zwar haben die meisten Feierlichkeiten religiöse Ursprünge, doch gerade die für Indien so typische Einheit von Religion und Alltagsleben macht ihre eigentliche Faszination aus. Prozessionen und Feuerwerk, Theatervorführungen auf öffentlichen Bühnen und farbenfrohe Tänze, nächtliche Jahrmärkte mit Karussels, Akrobaten und verführerischen Essensständen sowie infernalische Lautsprechermusik sind die typischen Bestandteile. Ein Augenschmaus sind sie immer, dafür auch allzu oft eine Pein für unsere Ohren.

Die Vielfalt der Religionen beschert dem Land eine unübersehbare Anzahl von Festen und Feiertagen. Neben den landesweiten existieren noch unzählige, nicht minder beeindruckende Regionalfeste. Jeder Reisende, der auch nur wenige Wochen im Land unterwegs ist, wird wahrscheinlich Augen- und Ohrenzeuge einer solchen Feierlichkeit werden.

Feste bringen nicht nur Abwechslung in das gerade von der Landbevölkerung oftmals als relativ ereignisarm angesehene Leben, sondern besitzen in einer derart reglementierten Gesellschaft wie der indischen, in der die meisten Entscheidungen des Alltags durch die Kastenordnung vorgegeben werden, eine wichtige Ventilfunktion. Man darf sich gehen lassen und Dinge tun, die sonst verpönt sind.

Indischer Festkalender

Von den vielen Hundert indischen Festen kann hier nur eine kleine Auswahl aufgeführt werden. Da sich die meisten religiösen Feste nach dem **Mondkalender** richten und regional oftmals leicht variieren, kann auch nur eine ungefähre Zeitangabe gemacht werden.

Januar/Februar

- 1. Januar; **Neujahr** – Gesetzlicher Feiertag
- 26. Januar; **Tag der Republik** – Gesetzlicher Feiertag. Wer es irgend einrichten kann, sollte sich die große Parade zum Tag der Republik in Delhi nicht entgehen lassen. Das ganze unvergleichliche Kaleidoskop der Völker und Stämme diese kontinentalen Landes zieht in ihren bunten Trachten, begleitet von Musikkapellen, geschmückten Elefanten und Kamelen über den Raj Path, die Prachtstraße vor dem Parlament. Indiens ehemalige Größe scheint hier unter dem Motto „Einheit in der Vielfalt" wieder lebendig zu werden.
- **Vasant Panchami** – Zu Ehren von Saraswati, der Göttin der Gelehrsamkeit, werden im ganzen Land, vornehmlich jedoch in den intellektuellen Hochburgen Westbengalens, Prozessionen durchgeführt (im Januar/Februar).
- **Maha Shivaratri** – Nächtliche Tempelprozessionen, vor allem in Varanasi, Khajuraho und Delhi, stehen im Mittelpunkt dieses dem Gott Shiva gewidmeten Festes (im Februar).

Februar/März

- **Holi** – Gesetzlicher Feiertag. Eines der fröhlichsten, ausgelassensten und vor allem farbenfrohsten Feste ganz Indiens. Zur Begrüßung des Frühlings wirft man ausgelassen mit Farbpulver um sich, wobei Touristen die begehrtesten Opfer abgeben. Ist gerade keine Farbe mehr vorhanden, begnügt man sich auch mit Schlamm. Leider wird das Fest vielerorts immer rowdyhafter, siehe daher das Kapitel „Sicherheit".

März/April

- **Mahavir Jayanti** – Gesetzlicher Feiertag. Das bedeutendste Fest der Jains zu Ehren des 24. und letzten Furtbereiters Avira wird vor allen Dingen in den Jain-Hochburgen Gujarat und hier speziell auf den heiligen Bergen bei Girnar und Palitana mit prächtigen Umzügen gefeiert.
- **Ramanawami** – Gesetzlicher Feiertag. Der Geburtstag Ramas, der siebten Inkarnation Vishnus, der gerade in

Beim Elefantenfest in Jaipur

den letzten Jahren als Symbolfigur des Hindu-Fundamentalismus besondere Verehrung erlangte, wird in Großstädten sowie Ayodhya, seinem Geburtsort, und Rameshwaram gefeiert.

- **Karfreitag** – Gesetzlicher Feiertag.

Mai/Juni

- **Buddha Purnima** – Gesetzlicher Feiertag. Buddhas Geburtstag wird vor allem in Bodhgaya gedacht, einem kleinen Ort in Bihar, an dem der Prinz Gautama Siddharta unter dem Bodhi-Baum seine Erleuchtung erlangte.

Juli/August

- **Naga Panchami** – Typisch indisch, könnte man sagen. Ein Fest zu Ehren der Schlangen, welche nach hinduistischem Glauben Feinde von Haus und Hof fernhalten. Es wird vor allem in Mathura, Delhi, Agra und Rajasthan begangen.
- **Muharram** – Dieses bedeutendste muslimische Fest erinnern an eine Schlacht im Jahre 680 v. Chr., bei der der Enkel des Propheten Mohammed getötet wurde. Es wird vor allem in Lucknow, Delhi, Bhopal, Kashmir und Mumbai gefeiert und bietet leider oft Anlass zu Ausschreitungen zwischen Schiiten und Sunniten.
- 15. August; **Unabhängigkeitstag** – Gesetzlicher Feiertag.

439in mb

- **Janmashtami** – Gesetzlicher Feiertag. Der Geburtstag Krishnas, einer der beliebtesten Götter des hinduistischen Pantheons, wird landesweit, vor allem an seinem Geburtsort Mathura sowie in Dwarka, Delhi und Varanasi, gefeiert (im August).

September/Oktober

- **Ganesh Chaturthi** – Dem volkstümlichen Elefantengott Ganesha, Sohn Shivas und Parvatis, gewidmet. Im ganzen Land, vornehmlich jedoch in Mumbai und Westbengalen, werden Tonfiguren des Gottes des Wohlstandes und der Weisheit auf Umzügen durch die Stadt gefahren, bevor sie im Meer bzw. im Fluss versenkt werden (im September).
- **Dussehra** – Dauer 10 Tage, davon 2 gesetzliche Feiertage. Das bedeutendste aller indischen Feste bezieht sich auf das Ramayana-Epos, in dem Sita, die Gattin Ramas, vom Dämon Ravana nach Sri Lanka entführt, am Ende jedoch von Rama wieder befreit wird. In Delhi wird das Epos abends als Ramlila auf vielen Freilichtbühnen aufgeführt. Daneben überall kirmesähnliche Vergnügungsangebote mit Musik, Essensständen und Schaustellern. Ravanas Figur aus Papier und Holz wird am eigentlichen Festtag gegen Abend in Brand gesteckt. In Westbengalen, speziell in Kolkata, wird das Fest als Durga Puja gefeiert. Besonders schön und farbenfroh mit Umzügen ist das Fest im schönen Kulu-Tal in Himachal Pradesh. Hier steht jedoch nicht Rama, sondern seine Reinkarnation Ragunatji im Mittelpunkt.
- 2. Oktober; **Geburtstag Mahatma Gandhis** – Gesetzlicher Feiertag.

Oktober/November

- **Diwali** – 5 Tage, davon ein Feiertag. Eigentlich *Depavali* genannt (Lichterkette), ist es eher ein ruhiges, beschauliches Fest, vergleichbar mit unserem Weihnachtsfest. Auch in Indien ist es in den letzten Jahren zu einem reinen Konsumfest verkommen, wobei der eigentliche Anlass, nämlich die symbolische Heimleuchtung Ramas bei seiner Rückkehr aus dem Exil, völlig in den Hintergrund getreten ist.

November/Dezember

- **Govardhan Puja** – Gesetzlicher Feiertag. Das gibt es nur in Indien: Alle öffentlichen Institutionen haben geschlossen zu Ehren der Kuh, dem heiligen Tier im Hinduismus.
- 25. Dezember; **Weihnachten** – Gesetzlicher Feiertag.

Architektur

Hinduistische Architektur

Wie die anderen Kunstformen war auch die Architektur in ihren Anfängen **reine Sakralkunst** und ist dies zum großen Teil bis heute auch geblieben. So waren es Priesterarchitekten, die bereits im 1. Jahrtausend v. Chr. in speziellen Architekturlehrbüchern genaue Bauvorschriften vorgaben, deren Ziel es war, einzelne Gebäude, aber auch ganze Städte als steinerne Abbilder der göttlichen Weltordnung zu planen. Dabei stößt man auf ganz einfache Gesetzmäßigkeiten, vor allem das Quadrat und das rechtwinklige Dreieck. Hieraus ergibt sich ein strenges Muster, das fast allen Sakralbauwerken zugrunde liegt.

Im Zentrum der hinduistischen Architektur steht der **Tempel,** der als Sitz der Götter verehrt wird. Die ältesten frei stehenden Hindu-Tempel stammen aus dem 7. Jh. n. Chr., wobei die einzelnen Steinblöcke ineinander verzahnt und aufgeschichtet wurden. Die größeren unter ihnen bestehen aus mehreren Gebäudeteilen, deren Zuordnung genauestens festgelegt ist. An den nach Osten, Richtung aufgehender Sonne ausgerichteten Eingang schließen sich entlang einer Längsachse je eine Versammlungs-, Tanz- und Opferhalle an.

Die Cella

Abschluss und **Zentrum** jedes Tempels bildet die Cella *(garbhagriha),* in deren Mitte sich das **Kultbild** des dem Tempel geweihten Gottes befindet. Im Gegensatz zu den dem Turmbau vorgelagerten Hallen ist die Cella ein schlichter, unbeleuchteter Raum. Die Bewegung vom Licht ins Dunkel, von der Vielfalt der Erscheinungen zum Einfachen, versinnbildlicht den stufenweisen Weg zur Befreiung. Der Grundriss der Cella entwickelt sich in der Regel über einem Quadrat. In der klassischen Zeit (nach 800 n. Chr.) wird diese Grundform langsam aufgelöst. Äußere Nischen werden axial angefügt, um Kultbilder und Wächter der Himmelsrichtungen aufzunehmen. Weitere vertikale Vorsprünge *(ratha)* lösen die Kanten so weit auf, dass nahezu kreisförmige Grundrisse entstehen.

Der Tempelturm

Die von der Cella ausstrahlende göttliche Kraft und Energie versinnbildlicht der über ihr aufsteigende, weithin sichtbare Tempelturm *(shikhara),* der als Verkörperung des heiligen Berges Meru gilt. Seine Außenwände sind oftmals mit zahlreichen **Skulpturen** verziert. Die Anordnung der Götterplastiken erfolgt dabei entsprechend der Hierarchie im hinduistischen Pantheon, in dem jede einzelne Gottheit ihren genau zugewiesenen Platz einnimmt.

In der Gestaltung der einzelnen Skulpturen konnten die ansonsten von strengen Regeln eingeschränkten Künstler ihrer Fantasie und ihrem Schaffensdrang freien Lauf lassen. Als Quelle dienten ihnen dabei die Erzählungen der großen hinduistischen Epen wie **Ramayana** und **Mahabharatha.** Die bunte, zum Teil geradezu ausschweifende Lebensfreude, die von vielen der gänzlich mit Götter- und Fabelwesen ausgeschmückten Tempeltürme ausgeht, steht dabei in einem spannungsreichen Kontrast zur meditativen Ruhe, welche die darunter befindliche Cella kennzeichnet.

An frühen Höhlen- und frei stehenden Tempeln ist der Themenkreis figürlicher Darstellung auf die Glorie der Hochgötter in ihren verschiedenen Aspekten und die Verherrlichung göttlich inspirierter Seher und Weiser *(rishis und munis)* bezogen. Diese verstehen sich als Ahnherren der Priester-(Brahmanen-) Geschlechter, als Götter in Menschengestalt, als Hüter des heiligen Wissens *(veda)* und Rituals sowie als unentbehrliche Mittler zwischen Mensch und Gott.

Im Laufe der Jahrhunderte führten die Auseinandersetzungen der verschiedenen theologischen Systeme zur Erfindung neuer

Mythen und Legenden und damit zur Erweiterung des Götterhimmels. Als Zugeständnis an die breiten Volksmassen wurden auch Gottheiten niederer Stände, Lokal- und Volksgötter sowie Dämonen, vielfach als schreckliche Abwandlungen der Hochgötter, ins Pantheon aufgenommen und an den Tempelbauten abgebildet.

Figürliche Ausschmückungen

Da der Hinduismus zwischen sakral und profan nicht scharf trennt, wird besonders in der Sockelzone großer Tempel der Darstellung des weltlichen und religiösen Lebens der Gottkönige *(devarajas)* und ihrer göttlichen Ahnen breiter Raum gewidmet. Außer Götterfiguren überziehen Ornamente, Tiere, Fabelwesen und Dämonenmasken als Glückszeichen, Sinnbilder oder Schmuck und zur dekorativen Unterteilung alle Bauglieder eines Tempels.

Zu den beliebtesten Glücks- und Heilszeichen gehören Hakenkreuz, Vase, Spiegel, Fische und andere Tiere sowie Fabelwesen. Das **Hakenkreuz,** welches erstmals auf Siegeln und Terrakotten der vorarischen Induskultur (2800–1500 v. Chr.) auftaucht, steht wie in vielen anderen Kulturen in Verbindung mit Feuer und Sonne und verheißt Glück und Heil. Die **Vase** *(kalasha)* birgt den Trunk der Unsterblichkeit *(amrita).* Das Motiv des vollen **Kruges** *(purnakumbha)* bildet vor allem an Säulen und Pfeilern ein wichtiges Bauglied und steht für Lebensfülle, Fruchtbarkeit und Überfluss. **Fische** *(mina und matsya)* versinnbildlichen das Entgleiten der Seelen aus den Fesseln der Wiedergeburten. Der **Spiegel** *(darpana)* gilt als Zeichen der Schönheit und wird häufig in Verbindung mit anmutigen Tänzerinnen und himmlischen Nymphen dargestellt. Gleichzeitig symbolisiert er die Welt als Illusion *(maya)* und die Notwendigkeit zu deren Überwindung auf dem Weg zum *moksha,* der Erlösung aus dem Geburtenkreislauf.

Bei den Tieren gelten Elefanten, Pferde und Löwen als besonders kraft- und machtvoll und dementsprechend glücksverheißend. Der majestätische **Elefant,** traditionell das Tragtier der Könige bei großen Umzügen, wird im gesamten asiatischen Kulturkreis als Sinnbild für die Beständigkeit einer Dynastie und des Reiches angesehen. **Pferde** stehen für die Dynamik und den damit einhergehenden Expansionswillen einer Dynastie. Der ebenso furchteinflößende wie majestätische **Löwe** wird als eine Art Tempelwächter zur Abwehr äußerer Feinde eingesetzt und symbolisiert gleichzeitig die Macht und militärische Stärke des Königs. Weitere glücksverheißende Tiersymbole sind die *makaras.* Dabei handelt es sich um Fabelwesen, die Elemente von Fischen, Delfinen und Krokodilen aufweisen und wegen ihrer Verbindung mit dem lebensspendenden Element des Wassers auch als Fruchtbarkeitssymbole verehrt werden.

Ähnliches gilt für **Schlangen** und **Lotosblumen,** die besonders häufig zur Ausschmückung von Decken, Türrahmen und Friesen sowie bei der Untergliederung figürlicher Darstellungen verwendet werden. Sie symbolisieren die Entstehung der materiellen Welt aus dem Urozean. **Blüten, Girlanden und Zweige,** ebenfalls beliebte Motive zur Ausschmückung von Tempeln, versinnbildlichen üppige Lebensfülle und die sich im Reichtum der Natur spiegelnde Größe des göttlichen Schöpfungsaktes.

Zwei der am häufigsten bei der Ausschmückung von Tempelschwellen verwendeten Stilelemente sind der Lotos und das Muschelhorn. Besonders der **Lotos** ist eine im gesamten asiatischen Kulturkreis hoch verehrte Blume, die vor allem im Hinduismus und Buddhismus mit einer vielfältigen Symbolik behaftet ist. Da er sich kerzengerade und in „unschuldigem" Weiß über Schlamm und Schmutz aus den Wassern erhebt und seine Knospe zur Sonne öffnet, gilt er als **Sinnbild der Reinheit** und geistigen Erleuchtung. Im Mahabharata entsprießt der Lotos als erste Gestaltwerdung des Absoluten dem Nabel des im kosmischen Schlaf ruhenden Vishnu-Na-

rayana. Der Ton des **Muschelhornes** gilt als erste und zarteste Manifestation des Absoluten in der empirischen Welt. Dementsprechend führen sowohl der Lotos als auch das Muschelhorn dem Gläubigen beim Betreten des Tempels vor Augen, dass er von der profanen Welt in die sakrale Sphäre der Götter eintritt.

Unterschiedliche Stile

Bei der Gestaltung der Tempelanlagen haben sich im Laufe der Jahrhunderte drei verschiedene Formen herausgebildet. Beim **nordindischen Nagara-Stil** wird die Cella von einem sich konisch verjüngenden Turm überragt, mit einem runden Stein in Form der Myroblan-Frucht *(amalka)* als Abschluss. Darauf steht eine Amrita- oder Nektar-Vase *(kalasha)*, die Unsterblichkeit verheißt und in die Transzendenz weist. Beim **südindischen Vimana-Stil** erheben sich die Türme terrassenförmig über dem Allerheiligsten bis zur Spitze, die von einem halbkugelförmigen Schlussstein *(stupika)* gebildet wird. In Südindien wird der Tempelbezirk von einer großen Tempelmauer umgeben, die mit ihren riesigen Eingangstoren oftmals noch den Tempelturm überragt. Der südindische Stil wurde in zahlreichen südostasiatischen Kulturen aufgenommen und weiterentwickelt.

Beide Bautypen erreichten ihre Blütezeit zwischen 1100 und 1300, wobei im Norden die mit erotischen Skulpturen geradezu übersäten Tempel von Khajuraho sowie der Sonnentempel von Konark in Odisha die herausragendsten Beispiele sind, während im Süden Madurai und Tiruchirapalli zwei der bedeutendsten Tempelanlagen beherbergen. Der

440in mb

südindische Stil wurde in zahlreichen südostasiatischen Kulturen aufgenommen und weiterentwickelt.

Indoislamische Architektur

Der Einfall der muslimischen Eroberer bedeutete für die hinduistische Kultur im Allgemeinen und die Architektur im Speziellen einen tiefgreifenden Einschnitt. Den von religiöser Intoleranz getragenen Eroberungsfeldzügen der neuen Herrscher fielen unzählige hinduistische Bauwerke zum Opfer.

⌃ Ein Beispiel für die grandiosen Palastbauten der Moguln: der Jehangir Mahal von Orchha in Madhya Pradesh

Gleichzeitig jedoch brachten die Eroberer neue Ideen und Architekturformen mit, welche dem Land einzigartige Prunkbauten bescherten.

Mausoleen

Zu den schönsten islamischen Bauwerken zählen die Mausoleen, allen voran natürlich das Taj Mahal, die Krönung der Mogularchitektur. Mausoleen waren den Hindus bis dahin völlig unbekannt, da einer ihrer Glaubensgrundsätze die Wiedergeburt ist und sie so ihren Toten keine Denkmäler errichteten. Die kunstvolle Einbeziehung der vor dem eigentlichen Grabmal gelegenen, viergeteilten **Gartenanlage** *(garbagh)* ist ein weiteres typisch islamisches Bauelement, durch das man versucht hat, Architektur und Landschaft zu einer harmonischen Gesamtkomposition zu vereinigen.

Moscheen

Das zweite hervorstechende architektonische Monument islamischer Herrschaft in Indien sind die übers ganze Land verteilten Moscheen. Im Gegensatz zu hinduistischen Tempeln dienten die größeren, **Jami Masjid** (Große oder Freitags-Moschee) genannten Gotteshäuser jedoch nicht nur als Kultstätte, sondern auch als Ort **politischer Kundgebungen.** Wie bei allen Moscheen war auch bei der Jami Masjid die Ausrichtung der Gebetsrichtung *(kibla)* nach Mekka das oberste Gebot bei der architektonischen Planung.

Minarette finden sich in Indien vor allem in Form zweier Rundtürme, die den Haupteingang flankieren. Arabische Schriftzeichen und stilisierte Arabesken zieren dabei häufig die Fassaden, während die Säulen des Umgangs vielfach aus geschleiften Hindu- oder Jain-Tempeln stammen und deshalb naturalistische Motive und Menschendarstellungen aufweisen, die in der islamischen Ikonografie eigentlich verboten sind.

Palastbauten

Schließlich errichteten die muslimischen Eroberer im Laufe ihrer jahrhundertelangen Herrschaft riesige Festungs- und Palastanlagen. Die beeindruckendsten Beispiele stehen in Gulbarga und Bijapur im Norden von Karnataka. Besonders gelungen und heute noch zu sehen bei diesen Monumentalbauten ist die harmonische Synthese aus wehrhafter Trutzburg und romantischen Privatgemächern.

Nirgendwo sonst ließen sich die Hindu-Fürsten von den fremden Eroberern derart beeinflussen wie im Palastbau. Hatten sie ihre Macht und ihr Prestige bis dahin vornehmlich durch den Bau großer Tempelanlagen dokumentiert, so ließen auch sie sich nun großzügige Palastburgen bauen. Typisch für diese Paläste ist der festungsartige Charakter der unteren Stockwerke, die nur wenige Fenster aufweisen. Dieser schmucklose, lediglich zu Verteidigungszwecken dienende Unterbau wird durch einen verschwenderisch gestalteten Überbau ergänzt, der mit seinen Terrassen, Balkonen, Pavillons, kleinen, künstlich angelegten Gartenanlagen und riesigen, mit Gold und Silber verzierten Empfangs- und Gästesälen den Ruf vom märchenhaften Reichtum der Maharajas mitbegründete.

Bauhütten

Den größten Einfluss auf die Durchdringung zweier im Grunde so gegensätzlicher Architekturrichtungen wie der hinduistischen und der islamischen hatten die sogenannten Bauhütten. In diesen von islamischen Herrschern betriebenen **Handwerksstätten** arbeiteten über Generationen hinweg muslimische und hinduistische Handwerker Seite an Seite, was eine höchst fruchtbare Synthese zur Folge hatte. Islamische Stilelemente wie das Gitterfenster, Spitzbögen und florale Ornamentik wurden mit hinduistischen zusammengeführt. Beispiele für den sich hieraus entwickelnden indosarazenischen bzw. indoislamischen Baustil finden sich nicht nur in den Metropolen, sondern auch in der Provinz und hier vor allem in Gujarat mit der Bundeshauptstadt Ahmedabad.

Moderne Architektur

Die Schwierigkeiten des nachkolonialen Indien bei der Identitätssuche spiegeln sich nicht zuletzt in seinen Bauwerken, bei deren Gestaltung die Architekten scheinbar orientierungslos zwischen Postmoderne und der Rückbesinnung auf Traditionen schwanken. Ein besonders krasses Beispiel liefert dabei Chandigarh, die in den 1960er Jahren aus dem Boden gestampfte neue Hauptstadt des Punjab. Die vom französischen Star-Architekten **Le Corbusier** entworfene Stadt sollte ein architektonisches Symbol für ein neues, an westlichen Idealen orientiertes Indien sein. Mit ihrer gnadenlosen Zweckarchitektur hinterlässt die Stadt heute jedoch nur noch einen trostlosen Eindruck.

Eine perfekte Synthese aus Tradition und Moderne gelang hingegen dem indischen Architekten **Charles Correa** mit dem Bharat Bhawan, einem Museumsbau im zentralindischen Bhopal. Bleibt zu hoffen, dass sich der an den Traditionen des Landes orientierende Stil des einheimischen Correa gegenüber westlichen Erneuerungsversuchen im Sinne eines Le Corbusier durchsetzen wird.

Film

Nicht, wie allgemein angenommen, die USA, sondern Indien und hier vor allem der Süden des Landes stellt die **produktivste Filmindustrie der Welt.** Indiens Traumfabriken in Chennai, Bangalore, Hyderabad, Trivandrum und vor allem Mumbai produzieren die unglaubliche Zahl von etwa 1.300 abendfüllenden Spielfilmen pro Jahr, das heißt mehr als drei pro Tag. Die Filmindustrie ist so nicht nur im Inland ein bedeutender Wirtschaftsfaktor, sondern mit einem Export in inzwischen über 100 Länder auch ein gern gesehener Devisenbringer.

Der schöne Schein des Zelluloid ist zu einer **Massendroge** vieler Inder geworden. Täglich strömen über 15 Mio. Menschen in die 12.000 Kinos des Landes, um wenigstens für durchschnittlich 230 Minuten pro Film die Mühsal des Alltags zu vergessen. Ihre Sehnsucht nach einer heilen Welt wird, das ist von Anfang an gewiss, nicht enttäuscht. Indien im Kommerzfilm – das ist eine Welt aus Luxus und Macht, riesigen Villen, romantischen Tälern, verführerischen Frauen, glitzernden Kostümen, opulenten Mahlzeiten, europäischen Sportwagen und strahlenden Helden.

Die Strickmuster all dieser Filme wiederholen sich ständig; es scheint, als gäbe es nur etwa 20 Standardhandlungen, die in leicht abweichenden Varianten immer wieder durchgespielt werden. Das Ganze wird melodramatisch mit einer Mischung aus Liedern, Tanzeinlagen, Verfolgungsjagden und Intrigen gewürzt. Wegen dieser „bunten Mischung" wird diese Filmart auch **Masala-Film** genannt – *masala* heißen die indischen Gewürzmischungen. Die Parallelen zum Ramayana-Epos sind dabei unübersehbar, und im Grunde ist der indische Kommerzfilm nichts anderes als die ständige Wiederholung der **alten Mythen** in neuen Kleidern. Genau dies ist ein Hauptgrund für seinen einzigartigen Erfolg. Die Verquickung von Mythos und Realität mit ihren höchst ritualisierten Handlungs- und Gefühlsmomenten sowie die klare Unterteilung in Gut und Böse entspricht so sehr dem kollektiven Verständnis des Vielvölkerstaates, dass sie über alle Kultur- und Sprachgrenzen hinweg verständlich ist.

So hat der Masala-Film eine ganz eigene, charakteristische Ästhetik entwickelt. Seine Erzählstruktur ist nicht auf psychologisch stimmige Charaktere, plausible Handlungen oder kompositorische Geschlossenheit angewiesen. Von der Gewissheit ihres Wertesystems ausgehend, ist der indische Film unter westlichen Filmkritikern als wirklichkeitsfremd, kitschig und ausufernd verpönt – eine herablassende Beurteilung, die auf einer sehr beschränkten Sicht der Realität beruht und das Reich des psychologisch Realen – dessen, was man als Innenleben empfindet – ausschließt.

Einen **Kinobesuch** sollte sich kein Indienreisender entgehen lassen. Das Maß der Identifikation mit ihren Helden lässt sie all deren Höhen und Tiefen mitfeiern bzw. miterleiden.

Buchtipp: Mit der Sprache der Bollywood-Filme macht der Titel **Hindi für Bollywoodfans** aus der Sprachführer-Reihe Kauderwelsch vertraut (erschienen im Reise Know-How Verlag, Bielefeld).

Karriere in Showbiz und Politik

Allein in Mumbai erscheinen jede Woche zwölf verschiedene Filmmagazine, die zur Glorifizierung von **Stars und Sternchen** kräftig beitragen. In Tausenden von Fanclubs wird der Starkult gepflegt. Die großen Stars, wie etwa *Aamir Khan, Shah Rukh Khan* oder *Amitabh Bachchan,* sind nicht nur vielfache Millionäre (Dollar-Millionäre wohlgemerkt), sondern werden von ihren Anhängern geradezu abgöttisch verehrt – und das ist durchaus wörtlich zu verstehen.

Selbst wer auf seiner Indienreise kein Bollywood-Movie schaut, wird den Stars des indischen Kinos auf Schritt und Tritt begegnen. An fast jeder Straßenecke lächeln sie auf riesigen Reklametafeln Göttern gleich dem einfachen Volk entgegen und verdienen sich als Werbe-Ikonen für Satellitenfernsehen, Autos, Banken, Versicherungen und IT-Firmen eine goldene Nase. Welche astronomischen Summen sich damit verdienen lassen, offenbart ein Blick in die Steuererklärung von *Shah Rukh Khan.* Danach hat er in manchem Jahr fast 40 Mio. US$ verdient, wovon nur ein geringer Teil aus Filmhonoraren stammt.

Die **schauspielerische Qualität** vieler Mimen lässt allein schon deshalb zu wünschen übrig, weil sie gleichzeitig bei einem Dutzend Filmen im Einsatz sind. So rasen sie von einem Filmset zum nächsten, wechseln Kostüme und Launen im Laufschritt. Das ist gut fürs Portemonnaie; der Auseinandersetzung mit der gerade verkörperten Rolle ist es sicherlich nicht förderlich. Kein Wunder, dass ihre schauspielerischen Leistungen oft von einer müden Eintönigkeit geprägt sind, ganz egal, welche Rolle sie spielen.

Viele Mimen nutzen ihre ungeheure Popularität für eine **politische Karriere.** Bekanntestes Beispiel ist *M.G. Ramachandran,* der seine Beliebtheit als Helfer der Armen, Beschützer der Frauen und Rächer der Entrechteten auf der Leinwand begründete und schließlich 1977 zum Chefminister Tamil Nadus aufstieg. Nach seinem Tod übernahm seine Muse, die ehemalige Filmgröße *Jayalitha,* die Macht im südlichsten Bundesstaat Indiens. *N.T. Rama Rao* war Chefminister von Andhra Pradesh.

Die schmutzige Seite der Glitzerwelt

Allerdings hat die scheinbar so heile Glitzerwelt des indischen Kinos in den letzten Jahren erhebliche Risse bekommen. Es ist ein offenes Geheimnis, dass ein Teil der Filme mit **Geldern aus der Unterwelt** finanziert wird, die dadurch ihr mit Drogenhandel, Prostitution und illegalen Grundstücksgeschäften verdientes Geld reinwäscht. Die Verstrickung in die Unterwelt hat in den letzten Jahren einige namhafte Regisseure das Leben gekostet. Hinzu kommt, dass – nicht zuletzt wegen der enormen Gagen für die Superstars – die wenigsten Filme ihre hohen Produktionskosten einspielen. Hierzu trägt auch die Konkurrenz des privaten Fernsehens bei, welches durch die **Ausstrahlung westlicher Serien** und Hollywoodfilme für viele Inder eine ganz neue Welt eröffnet.

Um dem Konkurrenzdruck standhalten zu können, werden im indischen Kino zwei Aspekte immer offener zur Schau gestellt, die noch bis vor wenigen Jahren absolute Tabuthemen waren: **Sex und Gewalt.** Noch bis vor wenigen Jahren verbannten die sittenstrengen Zensoren sogar Kussszenen von der Leinwand. Die einfallsreichen Drehbuchautoren umschifften das Problem, indem sie Szenen schrieben, in denen Äpfel schmachtend von einem Mund zum nächsten gereicht oder Eistüten zu zweit gelutscht wurden. Ständig fielen Hauptdarstellerinnen in einen See oder liefen durch einen Monsunregen, damit sich die durchnässten Saris möglichst durchsichtig an den Körper schmiegten. 1997 schrieb die Schauspielerin *Rekha* in dem Kinohit „Aastha" mit dem ersten Orgasmus auf einer indischen Leinwand Kinogeschichte – dabei musste sie allerdings nicht einmal ihren Sari lüften.

Autorenfilm

Neben der Glitzerwelt des Kommerzkinos hat sich ein **Alternativkino** entwickelt. Die Anfänge dieser dem europäischen Autorenfilm vergleichbaren Kunstform gehen bereits auf die 1950er und 1960er Jahre zurück, die auch als das „Goldene Zeitalter" des indischen Films bezeichnet werden. Der bekannteste dieser ambitionierten Filmemacher war der bengalische Regisseur *Satyajit Ray,* der mit seiner Apu-Trilogie viele Preise bei den Filmfestspielen in Venedig, Berlin und Cannes gewann. Letztlich kam er jedoch in Indien selbst nie über den Status eines bei der intellektuellen Oberschicht beliebten Stars hinaus und blieb der breiten Masse unbekannt. Seine „Enkel" heißen heute *Rahul Bose, Mrinal Sen, Deepa Mehta, Rituparno Ghosh* und *Anurag Basu* und haben unter den Begriffen **Art Cinema** oder *Parallel Cinema* den aufklärerischen Ansatz Rays aufgenommen.

Nicht Verklärung, Wirklichkeitsflucht und strahlende Helden, sondern das **Engagement gegen soziale Missstände** sowie komplizierte, widerspruchsvolle Charaktere stehen im Mittelpunkt ihrer Filme. Themen wie Korruption, Umweltzerstörung, Unterdrückung der Frau oder Verlust traditioneller Werte versuchen die Regisseure einem breiteren Publikum näherzubringen. In den letzten Jahren erfreuen sich diese Autorenfilme bei der zahlenmäßig immer bedeutender werden jungen Mittelschicht in den Großstädten wachsender Beliebtheit.

Literatur

Indische Romane sind in Mode. Der indische Subkontinent wird zum Zentrum von Bücherwochen, Diskussionen und literarischen Zirkeln. Autoren wie **Arundhati Roy, Rohinton Mistry, Sashi Taroor, MG Vassanji, Aravind Adiga** oder **Amitav Ghosh** erobern die Bestsellerlisten in Europa und den USA mit sprachgewaltigen Büchern voll bildhafter Exotik. Sie treten damit in die Fußstapfen von **Salman Rushdie,** der mit seinem Roman „Mitternachtskinder" die Bresche schlug für die Wiederentdeckung der indischen Literatur im Westen.

Augenfällig ist, dass bis auf Arundhati Roy fast ausschließlich im Westen lebende Schriftsteller internationale Anerkennung finden. Dabei stehen die Bücher der indischen Autorin **Sashi Deshpande** jener ihrer berühmten Kollegen um nichts nach, sind aber in Europa bestenfalls einem kleinen Kreis von Lesern bekannt. So beklagen denn auch viele in Indien lebende Schriftsteller, dass die in englischer Sprache schreibenden Kollegen Themen behandeln, die ihr Mutterland nur verzerrt widerspiegeln. Hierin zeigt sich, dass der indische Subkontinent gerade in Zeiten der wirtschaftlichen und kulturellen Öffnung nach seiner literarischen Identität sucht.

So wird die Sprache zu einem zentralen Streitpunkt, was denn eigentlich „indisch" ist. Ist Shalman Rusdie, der Inder im Exil, weniger indisch als Shashi Deshpande? Und der Nobelpreisträger und britische Staatsbürger **V.S. Naipaul** mit seiner indischen Familiengeschichte und seiner Vorliebe für indische Themen überhaupt indisch? Nicht zu Unrecht wird gerade von einheimischen Schriftstellern behauptet, dass die in englischer Sprache geschriebenen Bücher im Ausland lebender Inder vornehmlich moderne Themen behandeln, während die in indischen Sprachen verfassten Werke meist traditionelle Geschichten erzählen. Andererseits zeichnen sich gerade die Werke von Roy und Ghosht durch ihre detailgenauen Schilderungen indischer Familiengeschichten aus.

So verbirgt sich hinter dem vordergründigen Sprachenstreit (neben unausgesprochenen materiellen Neidgefühlen) ein Konflikt der Generationen. Es fällt auf, dass vornehmlich jüngere unter den international gerühmten indischen Autoren vertreten sind.

Bei allem Streit um Sprache und Identität wird gänzlich übersehen, dass sowohl die „zuhause Gebliebenen" als auch die Exilschriftsteller aus der **jahrtausendealten Literaturtradition** Indiens schöpfen. Wohl kein anderes Volk ist in seinen Denk- und Verhaltensweisen derart stark von seiner Literatur geprägt worden wie die Inder. Schon vor drei Jahrtausenden begann mit der Formierung der Kastengesellschaft die Niederschrift der **Veden,** meist religiöse Schriften anonymer Autoren. Neben Hymnen an die Götter und Beschreibungen der hochkomplizierten priesterlichen Opferrituale finden sich detaillierte Anweisungen zu den der jeweiligen Kaste entsprechenden Verhaltensweisen. Noch heute bestimmen die penibel ausgeführten Vorschriften über Berufsausübung, Heirat, Essverhalten und Reinigungszeremonien, Opferhandlungen und Beerdigungsrituale den Alltag der allermeisten Inder.

Die beiden Klassiker der altindischen Literaturgeschichte sind jedoch die ausufernden Helden- und Göttersagen **Mahabharata** und **Ramayana.** Mit seinen über 100.000 Versen gilt das Mahabharata als das umfangreichste Werk der Weltliteratur. Vor dem Hintergrund des Kampfes zwischen den mythischen Völkern der Pandawas und Kausawas wird eine verschachtelte Handlungsstruktur aufgebaut, in deren Verlauf die verschiedenen Götter in ihren zahlreichen Inkarnationen auftreten. Die im Kampf zwischen Gut und Böse entwickelten Glaubens- und Moralvorstellungen prägen bis heute das Leben der Inder. „Wir verdanken ihnen“, sagt der Schriftsteller *Gangada Gangije*, „all unsere Inspirationen. Sie sind tief in unser Leben eingedrungen.“

Malerei

Keine andere Kunstform Indiens wurde derart intensiv durch den Einfluss der muslimischen Invasoren aus dem Norden geprägt wie die Malerei. Jene oft nur wenige Quadratzentimeter großen **Miniaturmalereien,** die dem Touristen in fast jedem Maharaja-Palast und Souvenirladen begegnen, gab es allerdings schon vor der Ankunft der Moguln. Bei den ältesten erhaltenen Miniaturmalereien handelt es sich um Illustrationen von Jain-Schriften aus dem 12. Jh., die auf Palmblättern gemalt wurden. Doch erst mit dem Machtantritt der Großmoguln, die mehrere berühmte persische Miniaturmaler mit an ihren Hof nach Delhi brachten, erwachte diese Kunstrichtung zur vollen Blüte. Entscheidend hierzu trug sicherlich die auch von ihnen in Indien eingeführte Kunst der **Papierherstellung** bei. Hierdurch öffneten sich nicht nur neue Möglichkeiten für das Bildformat, sondern auch für die Farbgebung, denn nicht alle Farben hafteten auf der Palmblattunterlage.

Während die Bilder früher als reine Textillustrationen gedient hatten, erhielten sie nun ein immer größeres Eigengewicht. Als Motive dienten vielfach Szenen aus der indischen Literatur, die immer wieder den verspielten Krishna zum Mittelpunkt hatten. Besonders beliebt war die Badeszene am Fluss Yamuna in Vrindavan, bei dem Krishna die Kleider der gerade badenden Hirtinnen versteckt.

Neben hinduistischen Szenen traten jedoch mehr und mehr Landschaftsmotive und höfische Szenen in den Vordergrund. Besonders bei der figürlichen Darstellung zeigte sich ein deutlicher Wandel. Wurde zunächst darauf geachtet, dass die Figuren keine Ähnlichkeiten mit lebenden Personen aufwiesen, wurde dieser unpersönliche, die Idealvorstellungen jener Epoche nachzeichnende Stil zunehmend abgelöst von Personendarstellungen, die erste Ansätze einer **Porträtmalerei** erkennen lassen. Besonders die beiden kunstsinnigen Herrscher *Akbar* und *Jehangir* ließen auch europäische Einflüsse in der Hofmalerei zu. So lässt sich die Verwendung von Körperschatten und Perspektive erkennen, die den Miniaturen Plastizität verleihen.

Themenauswahl, Farbgebung und andere Details bestimmten fast immer die jeweiligen Auftraggeber, oft sogar der Großmogul selbst. Die meisten Maler gehörten niederen Kasten an und hatten so gut wie gar keinen Einfluss auf die individuelle Ausgestaltung ihrer Werke. Oft entstanden die Malereien sogar in Teamarbeit: Ein erster Künstler entwarf die Komposition, ein anderer trug die Farben auf und ein dritter kümmerte sich um die Feinarbeiten.

Aber nicht nur die Mogulherrscher, sondern auch die Potentaten der unzähligen Fürstentümer fanden Gefallen an der Miniaturmalerei. Besonders die Herrscherhäuser in Rajasthan und Punjab wurden zu großzügigen Gönnern, wobei sie die Mogultraditionen aufnahmen, sie jedoch gleichzeitig mit eigenen Traditionen ergänzten. Eine besondere Blütezeit erlebte die Miniaturmalerei noch einmal Anfang des 19. Jh., als die neugewonnene Unabhängigkeit gegenüber den Moguln ihren Ausdruck in besonders farbenfrohen und heiteren Bildern fand.

Mit dem Aufkommen **moderner europäischer Techniken,** vor allem der Fotografie, erlahmte jedoch bei vielen Maharajas das Interesse an der Miniaturmalerei. Nun zierten die Wände ihrer neuerbauten Paläste nicht mehr Szenen aus dem mittelalterlichen Hofleben, sondern Fotos von solch faszinierenden Erfindungen wie dem Auto und dem Telefon. Erst die vor den Errungenschaften der Moderne in den sechziger Jahren nach Indien fliehenden Europäer entdeckten die auf wenige Quadratzentimeter komprimierte Romantik des mittelalterlichen Indien auf den Miniaturmalereien neu und erweckten die Kunstgattung zu neuem Leben.

Musik

„Die Chinesen und die Inder würden eine der unseren ähnliche Musik haben, wenn sie überhaupt eine besäßen, aber diesbezüglich stecken sie noch in der tiefsten Finsternis der Barbarei und sind in einer geradezu kindlichen Unwissenheit befangen, in der sich kaum vage Ansätze zu einem Gestaltungswillen entdecken lassen. Außerdem sprechen die Orientalen von Musik da, wo wir höchstens von Katzenmusik sprechen ..." Der französische Komponist *Hector Berlioz* stand mit dieser 1851 geäußerten Meinung über indische Musik durchaus nicht allein da. Für die meisten Europäer war die klassische indische Musik nie viel mehr als ein stechender Grundton, ein monotoner Klang ohne polyphone Elemente und Harmonie – „Katzenmusik" eben.

Das sollte sich erst ändern, als Mitte der 1960er Jahre im Zuge der Flower-Power-Bewegung viele westliche Musiker wie die Beatles und Rolling Stones nach Indien pilgerten. Von nun an ergoss sich eine Welle von Räucherstäbchen, Meditationskursen und indischen Klängen auf den von der Sinnkrise gebeutelten Westen. Der globale Siegeszug indischer Musik hatte begonnen, kein Musikfestival mehr ohne Sitar und Tabla. Wer mit indischer Musik im Ohr und dem Joint in der Hand in mysthische Sphären entschwebte, war allemal in und modern. Da machte es auch nichts, wenn das begeisterte Publikum versehentlich schon mal das Stimmen der Instrumente beklatschte – so geschehen beim Auftritt *Ravi Shankars* im „Concert for Bangladesh".

So unterschiedlich *Hector Berlioz'* schon fast physische Abneigung gegen indische Musik und deren Huldigung durch die Blumenkinder auch war, so verband sie doch eine Gemeinsamkeit: Beide hatten das Wesen indischer Musik nicht verstanden. Verwunderlich ist das nicht, äußert sich doch in der klassischen indischen Musik, deren Wurzeln bis ins 5. Jh. v. Chr. zurückgehen, sehr viel von den religiösen Vorstellungen der Hindus. Ursprung und Ziel indischer Musik ist es, Musiker wie Zuhörer in den Zustand geistig-seelischer Harmonie zu versetzen, in eine **meditative Versenkung in Gott.** So ist die Musik nichts anderes als eine Art Gottesdienst.

Raga und Tala – Melodie und Rhythmus

Raga und *tala* bilden den Rahmen indischer Musik. *Tala* könnte man dabei mit Rhythmus, *raga* mit Melodie gleichsetzen. Bei *ragas* handelt es sich um genau festgelegte **Tonskalen,** innerhalb welcher der Musiker unter Beachtung bestimmter Regeln ein Thema improvisiert. Diese Tonskalen, von denen es über 1.000 geben soll, sind jeweils bestimmten Stimmungen zugeordnet. So gibt es *ragas* für spezielle Tages- oder Jahreszeiten, Frühlings-Ragas oder Nacht-Ragas ebenso wie solche für das Wetter oder für menschliche Gefühle.

Die eigentliche Kunst des Musikers besteht darin, die *ragas* so zu spielen, dass die beabsichtigte **Stimmung** dem Zuhörer perfekt vermittelt wird. Nicht umsonst umschreibt der Begriff *raga* eine ganze Palette menschlicher Gefühle: Begierde, Leidenschaft, Sorge, Schmerz, Ärger, Boshaftigkeit, Feindschaft, Hass und Liebe. Nebenbei bedeutet das Wort auch Farbe, Farbschattierung, Farbmittel oder Einfärben – tatsächlich soll sich der Musiker bei seinem Spiel auch wie in einer Meditation mit dem Göttlichen „einfärben", mit ihm eins werden.

Als klassisches Raga-Instrument gilt gewöhnlich der **Sitar,** das im Westen wohl bekannteste indische Instrument. Genauso kann ein *raga* jedoch von einer Flöte oder Violine gespielt werden.

Der rhythmische Kontrapunkt zum *raga* ist **tala,** gewöhnlich von Handtrommeln, den **Tablas,** gespielt. Wie bei den *ragas,* so gibt es auch von den *talas* Hunderte.

Der besondere Reiz eines Konzerts besteht im **Dialog zwischen Raga- und Tala-Interpreten.** Jeder interpretiert und improvisiert im Rahmen der ihm vorgegebenen Regeln sein Thema und immer dann, wenn die beiden Virtuosen es schaffen, sich im rhythmischen Zyklus zu treffen, erheben sich begeisterte Wah-Wah-Rufe aus der mitgehenden Zuhörerschaft.

Unterlegt wird das Spiel von einem **Grundton,** der meist von einer Tambura gespielt wird. Genau dies ist die für indische Musik so typische Klangkomponente, die für westliche Ohren stechend, ja penetrant klingt. Dieser Grundton dient vornehmlich zur Wahrnehmung kleiner und kleinster Intervalle. Immerhin muss der indische Musiker innerhalb einer Oktave **22 Haupttöne** und **30 Mikrotöne** unterscheiden. Nur durch den unveränderlichen Bezugspunkt des Grundtons wird es möglich, solch geringe Intervallunterschiede zu erkennen und präzise zu setzen.

Aufführungen und Alltagsklänge

Ein weiterer signifikanter Unterschied zu westlichen Aufführungen liegt in der scheinbar nicht enden wollenden Dauer indischer Konzerte. Fünf Stunden und mehr sind keine Seltenheit. Zeit hat in Indien eine ganz andere

Indische Musikinstrumente

Indische Instrumente sind oft reich verziert und stellen für sich schon kleine Kunstwerke dar.

- Der **Sitar,** das bedeutendste Musikinstrument Südasiens, erlangte erst im 19. Jh. seine heutige Form. Auf dem rund einen Meter langen Hals sitzen insgesamt siebzehn verschiebbare Messingbünde. Darüber verlaufen zwei bis vier Spielsaiten. Ihre Schwingungen werden von einem Steg aus Knochen auf den Resonanzkörper übertragen, einen ausgehöhlten Kürbis mit Holzdecke. Neben den Spielsaiten verlaufen vier weitere Bordunsaiten, die nicht abgegrifffen, sondern zwischen dem Greifen der Spielsaiten angeschlagen werden. Ein separates System von elf Resonanzsaiten verläuft unter den Bünden. Auf dem Sitar lassen sich alle Feinheiten der indischen Musik zur Geltung bringen. Eine Veränderung der Tonhöhe kann nicht nur durch das Abgreifen der Bünde, sondern auch durch seitliches Wegziehen der Spielsaiten erzielt werden.
- Der **Tambura** ist eine Art bundlose, meist mit vier Saiten bespannte Langhalslaute. Auf ihm wird ein Halteton als Grundton und unveränderlicher Bezugspunkt des Raga gespielt.
- Die **Tabla** besteht aus einer zylindrischen Holztrommel für die rechte Hand, die meist auf den Grundton gestimmt ist, sowie einer halbkugelförmigen, in verschiedenen Tonhöhen gestimmten Metalltrommel für die linke Hand. Mit Hilfe der Blöckchen, die unter den Haltebändern angebracht sind, wird sie exakt gestimmt. Die Tabla repräsentiert im raga das durch die verschiedenen Anschlagtechniken außerordentlich differenzierte rhythmische Element.
- Der **Sarod** hat einen halbkugelförmigen, mit einer Decke aus Tierhaut bespannten Klangkörper aus Holz. Das bundlose Griffbrett auf dem breiten Hals besteht aus einer polierten Metallplatte. Die vier Spielsaiten werden mit einem Plektron gezupft. Daneben erklingen ein doppelchöriges Saitenpaar mit dem Grundton sowie siebzehn Resonanzsaiten.
- Die **Santur** (wörtl.: Einhundert Saiten), ein Hackbrettinstrument, fand erst recht spät Eingang in die klassische indische Musik. Sie besteht aus einem hölzernen, trapezförmigen Resonanzkasten, über dessen Decke mittels zweier Stegreihen 18 bis 25 Metallsaitenchöre geführt werden, die mit zwei an der Spitze aufwärts gebogenen Klöppeln angeschlagen werden.
- Die **Shahnai,** ein oboenartiges Instrument mit vollem, stark näselndem Klang, fand erst in den 1950er Jahren volle Anerkennung in der klassischen Musik. Ursprünglich von islamischen Eroberern und später in hinduistischen Tempeln gespielt, verdankt sie ihre Aufwertung zum Konzertinstrument der Ragamusik, vor allem dem großen Virtuosen *Ustad Bismillah Khan.* Die Shahnai ist ein Doppelrohrblattinstrument. Der konische Holzkörper ist mit einem Metallschalltrichter und sieben Löchern ausgestattet und kann sämtliche Verzierungen der indischen Musik entfalten.

Dimension als im Westen und so gibt es kein dynamisches Voranschreiten im Andante oder Allegro, dafür umso häufiger ein meditatives Verweilen bei einem einzigen Ton. Sich nie von der Uhr versklaven lassen: ebenfalls ein Stück asiatischer Lebensphilosophie.

Indische Musik findet jedoch nicht nur im Konzertsaal statt und so sollte sich der nicht grämen, der keine Aufführung besuchen konnte. Der einmalige Reichtum des **Klangkörpers Indien** ist überall zu erfahren. Wer sich die Zeit nimmt (immer eine entscheidende Voraussetzung, um das Phänomen Indien kennenzulernen) und an einem beliebigen Ort in Indien – die Augen geschlossen – auf die Geräusche der Umgebung achtet, wird die akustische Vielfalt des Landes unmittelbarer denn je erfahren. Nur ein Beispiel: Überall in Indien findet man die *dhobis,* Wäscher, die morgens an den Ufern der Flüsse stehen und rhythmisch den Schmutz aus der Wäsche schlagen. Oder das Gemurmel einer Tempelzeremonie, das Vorbeifahren eines Ochsenkarrens, das Stimmengewirr auf dem Marktplatz. Im Vergleich dazu ist unsere eigene Klangsphäre arm, reduziert fast nur noch auf diffuse Motorengeräusche.

Tanz

Ob Jesus jemals getanzt hat? Wir wissen es nicht. Die Bibel jedenfalls gibt keinerlei Auskunft darüber und überhaupt ist dies im körperfeindlichen Christentum schwerlich vorstellbar, schrieb doch schon Anfang des 5. Jh. *Augustinus:* „Der Tanz ist ein Kreis, dessen Mittelpunkt der Teufel ist".

Ganz anders in Indien. Tanz war von Anfang an integraler Bestandteil der **religiösen Kulthandlungen** und so sind viele Hindu-Tempel nicht nur mit einem speziellen Raum für die Abhaltung der rituellen Tänze ausgestattet, sondern von außen geradezu übersät mit Skulpturen graziler, kaum bekleideter Tänzerinnen in schwungvollen Posen – *devadasis* wurden diese Tempeltänzerinnen früher genannt. Sie wohnten wie die Brahmanen-Priester im Tempel und lebten von den Gaben der Gläubigen.

441in mb

Traditioneller Tanz in Rajasthan

Indischer Tanz ist **Göttertanz.** Die Menschen tanzen für die Götter und als Götter, imitieren sie oder werden von ihnen besessen, mehr noch: selbst die Götter tanzen. Shiva, einer der Hauptgötter des hinduistischen Pantheon, ist zugleich Nataraja, der König der Tänzer. In wildem Tanz inmitten eines Feuerkreises, zu Füßen der Zwerg Asmara, der für die Ich-Befangenheit des weltlichen Menschen steht, tanzt der vielarmige Shiva den Tanz der Zerstörung und gleichzeitigen Erneuerung *(tandava).* Die hinduistische Vorstellung vom Tanz als spirituelle Vereinigung mit dem Kosmos findet hier ihren Ausdruck. Keine andere Kunstform Indiens ist derart innig mit der Religion verwoben wie die Tanzkunst, in der die indische Hochkultur ihre wohl reifste Ausdrucksform gefunden hat.

Angesichts dieser uralten Tradition verwundert es nicht, dass Indien die umfangreichste **Tanzliteratur** der Welt vorzuweisen hat. Als Vater nahezu aller nachfolgenden Tanztheoretiker gilt *Bharata*, vermutlich der legendäre Verfasser des indischen Lehrbuchs des Tanzes *(Narashastra)* aus dem 2. Jh. n. Chr. Minutiös werden dort alle wesentlichen Aspekte der indischen Tanzkunst behandelt, wobei die Kernelemente bis heute den indischen Tanz prägen.

Von besonderer Bedeutung sind dabei die vier Darstellungsmittel, derer sich die Tänzer bedienen sollten, nämlich körperlicher *(angika)*, akustischer *(barika)*, dekorativer *(aharja)* und ästhetisch-psychischer *(satrika)* Ausdrucksformen. Angika umfasst alle **Bewegungen** von Kopf, Hals, Armen, Händen, Beinen und Füßen, aber auch **Gebärden und Mimik.** Insgesamt werden 13 verschiedene Kopfdrehungen, 64 Fußbewegungen, 108 Körperhaltungen, 64 Handgesten und 36 verschiedene Blicke ausgeführt. Vieler Jahre intensiven Trainings bedarf es, um diese hochkomplizierte Ausdruckssprache zu beherrschen. Dafür kann der Tänzer dann nicht nur Objekte wie Tiere, Musikinstrumente oder Waffen darstellen, sondern auch Gefühle, Situationen und sogar abstrakte Begriffe wie zum Beispiel Unwissenheit und Zukunft ausdrücken. Wohl wissend, dass selbst erfahrene Zuschauer bei einer derartigen Vielzahl von Symbolen unmöglich den Sinn aller Zeichen erkennen können, werden besonders dort, wo ausländische Zuschauer anwesend sind, vor Beginn der Veranstaltung der Inhalt des Stückes und die Bedeutung zentraler Gesten und Körperhaltungen erklärt.

Fast kein indischer Tanz kommt ohne **Musikinstrumente** aus, wobei das Harmonium, die beidseitig zu schlagene Mrindanga-Trommel und vor allen Dingen Fuß- und Armglöckchen Verwendung finden. Die innige Verbindung von Musik und Tanz zeigt sich auch darin, dass im Narashastra für Gesang, Tanz und Instrumentalmusik eine gemeinsame Bezeichnung verwendet wird: *sangita*, ein Wort, das heute nur noch Musik bedeutet.

Kennzeichnend für die Tanzvorführung ist die extreme Überzeichnung der Charaktere: Die Guten sind besonders gut, die Bösen besonders böse und niederträchtig. Hierzu eignen sich besonders die **dekorativen Elemente:** Kostüme, Masken, Bühnenbilder und Re-

Indische Tänze

Heute unterscheidet man mehrere klassische Tänze bzw. Tanzstile, die sich im Laufe der Jahrhunderte in verschiedenen Landesteilen entwickelt haben.

- Der bekannteste ist wohl der ursprünglich aus Tamil Nadu stammende **Bharat Natyam.** Da dieser Stil besonders präzise Bewegungsabläufe erfordert, bedarf es einer jahrelangen Ausbildung, bis man ihn beherrscht. Getanzt wird er ausschließlich von Frauen, wobei die Szenen zumeist aus dem legendären Leben Krishnas stammen.
- Der **Kathakali** aus Kerala ist vor allem wegen seiner äußerst farbenfrohen Masken bekannt. Die aufwendige Schminkprozedur der Tänzer – er wird nur von Männern getanzt – nimmt oftmals mehrere Stunden in Anspruch. Der Kathakali gilt als der dramatischste indische Ausdruckstanz.
- Aus dem Zentrum Nordindiens stammt der **Kathak.** Da hier für viele Jahrhunderte das Zentrum der Mogulherrschaft lag, sind persische und islamische Einflüsse nicht zu übersehen und vor allem nicht zu überhören – der Kathak ist für seine ausgefeilte Fußarbeit bekannt, und eine dementsprechend große Rolle spielen die Fußglöckchen.
- Der **Manipuri** ist ein farbenfroher Gruppentanz aus dem Nordosten des Landes.
- Eine Art getanzte Liebeserklärung an Krishna ist der äußerst gefühlsbetonte **Odissi.** Wie es der Name schon vermuten lässt, stammt dieser weibliche Solotanz aus Odisha und wurde angeblich schon vor Jahrtausenden im Jaganath-Tempel von Puri getanzt.

quisiten. Im Narashastra finden sich genaueste Anweisungen, wie etwa ein Gott oder ein Dämon auszusehen hat. So werden etwa Götter- und Heldendarsteller bevorzugt in weiße oder orangefarbene Kostüme gekleidet, Böse hingegen meistens in schwarz oder tiefblau.

Wichtigstes aller vier vorgeschriebenen Darstellungsmittel sind jedoch die ästhetisch-psychologischen. Im Unterschied zu unserer abendländischen Auffassung von darstellender Kunst, nach der künstlerische Artikulation fast immer als direkte mimische und körperliche Vermittlung individueller Gefühle und Erlebnisse aufgefasst wird, sucht der indische Künstler sich in **emotionale Haltungen** *(baras)* zu versetzen und diese so „echt" hervorzubringen, dass sie beim **Zuschauer** entsprechende Gefühlszustände *(rasas)* auslösen. Auch hier wird also wieder die Vereinigung von Künstler und Publikum als überindividuelle Einheit angestrebt. Dann erst stellt sich jenes höhere religiöse Erlebnis ein, das letztlich das Ziel aller Kunst in Indien ist.

An Themen besteht kein Mangel, bietet doch die überreiche **indische Mythologie** eine schier unerschöpfliche Quelle an Heldengeschichten. Szenen aus dem Ramayana oder Mahabharata bilden heute wie zu alten Zeiten die Grundlagen der Aufführungen, wobei Krishna, Rama, Hanuman und Sita die strahlenden Helden verkörpern.

Episch wie die Sagen sind auch die Aufführungen selbst, nehmen sie doch oft mehrere Nächte in Anspruch. Wie bei indischen Musikkonzerten, so äußert sich auch hier das gänzlich andere Zeitverständnis der Inder. So dramatisch die Handlung auch immer wieder zwischen Gut und Böse hin und her zu schwanken scheint, auf eines kann sich der Zuschauer letztlich verlassen – ein Happy End.

318ra tb

⌃ Der kunstvoll geschlungene Sari ist das klassische Kleidungsstück indischer Frauen

Traditionelle Kleidung und Schmuck

Sari

Kaum ein anderes Kleidungsstück wird derart eng mit seinem Ursprungsland identifiziert wie der Sari, das klassische Kleid der indischen Frauen. Er ist mit Indien so untrennbar verbunden wie das Taj Mahal und die heilige Kuh. Das farbenfrohe Bild des elegant um den Körper geschlungenen Tuches gehört zu den eindrucksvollsten Erinnerungen jedes Indien-Reisenden. Der Sari verleiht der indischen Frau eine immer wieder beeindruckende Würde und Grazie.

Länge, Tragart, Farbe, Stoff und Muster dieses äußerst wandelbaren Kleides variieren von Region zu Region. So misst die gewöhnlich sechs Meter lange Stoffbahn in Maharashtra 8,20 m und wird von hinten durch die Beine gezogen. Die Gujarati-Frauen legen das Sari-Ende über die rechte anstatt, wie üblich, die linke Schulter. In Kerala und Assam besteht der Sari aus zwei Teilen. Als besonders graziös gilt der Bengal-Stil, bei dem das auffallend lange Sari-Ende *(pallu)* zunächst über die linke Schulter geworfen wird, um danach über den Rücken, wieder unter dem rechten Arm nach vorne und schließlich erneut über die linke Schulter geführt zu werden. In Rajasthan wird mit einem weiten, bis zu den Knöcheln reichenden Faltenrock *(ghagra)*, einer eng anliegenden Bluse *(choli)* und dem das Gesicht bedeckenden *ghunghat* ein dreiteiliges Ensemble getragen, welches nur noch vage an den klassischen Sari erinnert.

Bei den Farben kann die Frau ihrem persönlichen Geschmack folgen. Allerdings gibt es gewisse Anlässe wie Tod (weiß) und Heirat (rot), bei denen die Sarifarbe vorgegeben ist. Ebenso groß wie die Vielfalt der Farben und Muster ist die der Materialien. Ein Sari kann aus Seide, Baumwolle, Chiffon oder den immer größere Verbreitung findenden synthetischen Materialien gefertigt werden. Dementsprechend unterschiedlich sind auch die Preise, die von 300 bis 30.000 Rs pro Stück reichen können.

Wie Erwähnungen in alten Epen und Skulpturen an den Tempeln von Khajuraho und Konark belegen, gehen die Ursprünge des Sari mehrere Tausend Jahre zurück. Man geht davon aus, dass er sich aus dem auch heute noch von vielen Männern getragenen Beinkleid, dem *dhoti*, entwickelt hat, welcher ursprünglich von Männern wie Frauen gleichermaßen getragen wurde. Das Wort Sari leitet sich ab von dem Sanskrit-Wort *sati*, welches soviel wie „Stück Stoff“ bedeutet.

Der seit dem 15. Jh. mit der Ankunft der Moguln in ganz Indien zu verzeichnende, tief greifende kulturelle Wandel ließ auch den Sari nicht unberührt. Das ursprünglich wesentlich kürzere Kleidungsstück wurde unter den strengeren Moralvorschriften der neuen Herrscher verlängert, sodass das schleierartige, zunächst über die Schulter gezogene Sari-Ende das Gesicht der Frau bedeckte.

Statt des Sari tragen immer mehr junge Frauen den *salwar kameez*, eine ursprünglich aus dem Punjab stammende Kombination, bei der ein knielanges, an den Seiten eingeschlitztes Hemd über eine leichte, an den Versen gebundene Hose fällt.

Turban

Verglichen mit den Frauen wirkt die entsprechende männliche Bekleidung eher nüchtern. Neben dem traditionellen, in Falten gelegten, rockartigen Beinkleid **(dhoti)**, seit *Mahatma Gandhi* der Inbegriff des traditionellen indischen Beinkleides der Männer, und dem kragenlosen Hemd **(kurtha)** finden immer mehr synthetische Hemden und Hosen westlicher Prägung Verbreitung.

Dennoch verfügen die Männer Rajasthans mit dem Turban über ein Kleidungsstück, welches ebenso wie der Sari zu einem Sinnbild Indiens geworden ist. Die schillernden Farben und geschwungenen Formen verschmelzen mit den scharfkantigen Gesichtern der Rajputen zu einem eindrucksvollen Bild stolz zur Schau getragenen Selbstbewusstseins. Der Turban hat sich wegen seiner für die wüstenartige Region äußerst funktionalen Aspekte zur meistgetragenen Kopfbedeckung entwickelt. Er schützt vor der sengenden Sommersonne ebenso wie vor der Kälte der Winternächte und dient als Gesichtsschutz bei Wüstenstürmen. Gleichzeitig kann er als Kopfkissen, Decke, Handtuch und im Notfall als Seil genutzt werden.

Während die Turbanformen ebenso wie beim Sari regionale Varianten aufweisen, ist die Wahl der Farbe abhängig von der Jahreszeit und dem jeweiligen Anlass, zu dem er getragen wird. Orangefarbene Turbane werden vor allem von Wandermönchen, Sadhus und

Brahmanen getragen. Gelb, orange und rot gelten als glücksverheißend, dementsprechend häufig sind sie bei Heiraten anzutreffen. Blau, grünblau, khaki und weiß sind die Trauerfarben, schwarz die Farbe des Protestes.

Generell wird der vom Turban vermittelte Ausdruck von Respekt und Ehre mit dem des Trägers gleichgesetzt. So kommt es einer schweren Beleidigung gleich, den Turban eines anderen mit Füßen zu treten; ein Austausch von Turbanen jedoch besiegelt eine lebenslange Freundschaft. So ist es auch heute noch üblich, dass die Brauteltern bei der Verlobung den Bräutigam und seine unmittelbaren Verwandten mit Turbanen beschenken.

Der weit über seine Funktion als Kleidungsstück hinausgehende Symbolcharakter des Turbans zeigt sich in letzter Zeit jedoch auch in einer Form, die die zunehmende **Verwestlichung** des Landes widerspiegelt. Galt es noch vor wenigen Jahren als unschicklich, in der Öffentlichkeit ohne Turban zu erscheinen, so ist es in den vergangenen Jahren vor allem in städtischer Umgebung üblich geworden, ohne Kopfbedeckung aufzutreten. Kunstvoll gebundene und reichhaltig geschmückte Turbane findet man fast nur noch auf Festlichkeiten. Bei den Jugendlichen ist dieser Prozess der Verwestlichung bereits so weit fortgeschritten, dass das Tragen eines Turbans als Ausdruck von Rückständigkeit angesehen und belächelt wird. Eine Entwicklung, die angesichts der in Jeans und engen T-Shirts durch die Straßen Mumbais und Delhis fahrenden jungen, selbstbewussten Inderinnen auch den Sari in den nächsten Jahren zunehmend aus dem Straßenbild verdrängen wird.

Alltagsschmuck

So weit verbreitet die Armut in Indien auch heute noch ist – ohne Schmuck, fast immer aus **Gold** – würde eine Inderin nie ihr Haus verlassen. Dabei sind es vielmehr soziale als modische Gründe, die sich dahinter verbergen: Da nur die Söhne alles Land vererbt bekamen, wurde den Frauen traditionell bei der Heirat Schmuck geschenkt, sozusagen als Absicherung.

Entgegen einer weit verbreiteten Meinung handelt es sich bei dem *Bindi* genannten **Punkt auf der Stirn** nicht um ein Zeichen der Kastenzugehörigkeit, sondern im modernen Indien um ein reines Schmuckelement, das quer durch alle sozialen Schichten getragen wird. So gibt es die Punkte denn auch in verschiedensten Varianten (rund, länglich, waagerecht, rot, braun oder vielfarbig) ganz praktisch selbstklebend an fast jedem Kiosk zu kaufen.

Ursprünglich war es ein von Tempelpriestern den Gläubigen **auf die Stirn getupftes Segenszeichen,** welches das an dieser Stelle gelegene Energiezentrum, das „dritte Auge", schützt. Dieses spirituelle, *Tilaka* genannte Stirnzeichen ist bis heute integraler Bestandteil jedes Tempelbesuches. Wesentlich aufwendiger sind jene Tilakas, welche die Angehörigen der zwei Hauptrichtungen des Hinduismus unterscheiden. Während die Anhänger Shivas drei waagerechte, meist aschgraue Striche tragen, malen Vishnu-Pilger ein U-ähnliches Zeichen auf die Stirn, das bis zur Nasenwurzel reicht.

Das in den letzten Jahren auch im Westen immer beliebtere **Bemalen von Händen und Füßen** wird in Indien *Mehndi* genannt. Diese Kunstform stammt aus Persien und gelangte mit den islamischen Eroberern nach Indien. Die speziell zu Hochzeiten und Feiertagen aufgetragenen Glückssymbole aus Henna verblassen, anders als echte Tätowierungen innerhalb von zwei bis drei Wochen.

Ein weit verbreitetes Modeaccessoire jung verheirateter Frauen sind die oftmals sehr detailreich verzierten **Armreifen** *(Bangles),* **Nasenringe** und **Nasenstecker,** Symbole für die Reinheit und die Heirat der Frau. Ein roter, **den Mittelscheitel zierender Strich** *(Sindur)* kennzeichnet die frisch verheiratete Frau und entspricht dem hierzulande getragenen Ehering.

901ra mb

12 Anhang

◁ Die Pushkar Mela in Rajasthan ist zugleich Pilgerziel, Viehmarkt, Volksfest und Heiratsmarkt – bis zu 20.000 Kamele nehmen teil

Glossar

Geografische Begriffe finden sich im Kap. „Land und Leute: Geografie", Bezeichnungen für Speisen und Getränke unter „Praktische Reisetipps A–Z: Essen und Trinken".

Adivasi: Bezeichnung für die ca. 60 Mio. Ureinwohner Indiens, die z.T. noch in Stammesgemeinschaften leben, trotz staatlicher Fördermaßnahmen zu den unterpriviligierten Schichten der Gesellschaft gehörend
Alu Dum: Kartoffel-Curry
Amalaka: rad- oder scheibenförmiger Stein mit seitlichen Rippen, der den ⇨Shikhara nordindischer Tempel bekrönt
Apsaras: himmlische Nymphen, die häufig als Tempelausschmückung verwandt werden
Ashram: religiös fundierte Lebensgemeinschaft, in der eine als heilig verehrte Persönlichkeit ihre Schüler unterrichtet
Antarala: Raum zwischen Sanktuarium und Mandapa
Ardha-mandapa: kleiner Pfeilersaal vor dem ⇨Mandapa, der Vorhalle eines Tempels
Arya: Arier, indoeuropäisches Volk, das im zweiten vorchristlichen Jahrtausend in Nordindien einwanderte
Atman: individuelle Seele, Urprinzip des Universums, steht im Gegensatz zum ⇨Brahman
Ayurveda: wörtl. „Wissenschaft vom langen Leben"; indische Medizin, eine alte Heilkunde, die sich nur pflanzlicher und mineralischer Produkte bedient. Besonders bei der Landbevölkerung beliebt, da die Medikamente äußerst billig sind.
Baba: ehrende Anrede, die in in Hindi soviel wie „Väterchen" bedeutet und vor allem gegenüber Amtspersonen, Älteren und Fremden verwandt wird
Bada: Sockel des ⇨Shikhara eines Tempels
Bagh: Park
Baithak: Empfangsraum in einem ⇨Haveli
Bakshish: Trinkgeld, Almosen
Beedi: dünne Zigarette, die aus einem zusammengerollten und getrockneten Blatt eines Strauches besteht, mit einer Füllung aus kleingehacktem Tabak im Inneren
Betel: Kaumixtur, die aus dem Blatt des Betelbaumes, dem kleingehackten Samen der Areka-Palme, einer Kalkpaste aus Kalkstein und Muscheln sowie Gewürzen und anderen Zutaten besteht. Der beim Kauen entstehende tiefrote Saft verfärbt Zähne und Mund und hinterlässt die überall in Indien zu „bewundernden" Spuckflecken auf Gehwegen und Häuserwänden.
Bhagavadgita: wörtl. „Das göttliche Lied"; religiöses Lehrbuch, welches in das Mahabharata-Epos eingefügt ist. Held dieses wichtigsten Lehrbuches des Hinduismus ist ⇨Krishna, der in einem langen Monolog gegenüber seinem Schüler Arjuna die zentrale Lehre vertritt, dass jeder Mensch genau dort seine Pflicht zu erfüllen habe, wo ihn das Schicksal, welches er selbst durch seine Taten im vorherigen Leben bestimmt hat, hingestellt hat. Damit war die theoretische Grundlage des Kastensystems gelegt.
Bhakti: Gottesliebe, vertrauensvolle Hingabe an die Erlösergabe eines Gottes, Erlösungsweg der ⇨Bhagavadgita
Bhawan: Haus, Palast
Bhoga mandir: für die Darbietung von Opfergaben bestimmter Saal vor einem Heiligtum im ⇨Nagara-Stil
Bodhi-Baum: der Pipal-Baum, unter dem der Fürstensohn *Siddharta Gautama* im 6. Jh. v. Chr. nach siebentägiger Meditation in Bodhgaya im heutigen Bihar zum ⇨Buddha wurde und der deshalb in allen buddhistischen Ländern religiöse Verehrung genießt
Bowry, Baori: Brunnen
Brahma: eine der drei Hauptgottheiten des Hinduismus
Brahman: bezeichnet im ⇨Vedismus das Gebet, später die Weltseele, das höchste Prinzip; aus dem Gegensatz zum ⇨Atman entsteht der philosophische Diskurs.
Brahmane: Mitglied der höchsten hinduistischen Kaste; der für die Rituale und die Darbietung der Opfer zuständige Priester
Buddha: der „Erleuchtete", Beiname des Siddharta Gautama, der in der zweiten Hälfte

des 6. Jahrhunderts v. Chr. die buddhistische Lehre verkündete

Burj: Turm

Caitya: buddhistischer Betsaal mit Apsis

Cakra: wörtl. „Scheibe, Rad". In der hinduistischen Mythologie Symbol für die göttliche Weltordnung (⇨Dharma), deren Hüter ⇨Vishnu ist. Dementsprechend ist das Cakra auch eines seiner Attribute.

Candella: mittelalterl. Herrscherdynastie im nördlichen Dekhan, Hauptstadt: Khajuraho

Candrashala: nordindische Bezeichnung für ⇨Kudu

Cella: das Allerheiligste eines Tempels; ⇨Garbhagriha, Sanktum

Chapati: Fladenbrot

Chattri: Totengedenkstätte in Form eines offenen Schreins, pfeilertragender Baldachin

Chowk: Prachtstraße

Claustra: kunstvoll durchbrochene Steinplatten, die eine Fensteröffnung schmücken; ⇨Jali

Dalai Lama: Oberhaupt des buddhistischen Gelbmützenordens, Oberhaupt Tibets; der jetzige Dalai Lama lebt seit 1959 im indischen Exil

Dargarh: Schrein eines Muslimheiligen

Darwaza: Tor, Torweg

Devadasi: Tempeltänzerin

Devanagari: Schrift der Hindu-Sprache

Dhal: Linsenbrei, indisches Standardgericht

Dharamsala: Pilgerherberge

Dharma: Weltgesetz, allgemeinverbindliche kosmisch-ethische Ordnung, an die sich jedes Lebewesen zu halten hat

Dhobi: Wäscher

Dhoti: traditionelles Beinkleid der Männer aus Baumwolle, welches etwas oberhalb der Knie endet

Diwan-i-Am: öffentliche Audienzhalle am Moghul-Hof

Diwan-i-Khas: private Empfangshalle des Moghul-Kaisers

Dooli: Tragestuhl zur Beförderung von Pilgern zu abgelegenen Tempeln

Dowry: Mitgift

Dravida-, dravidischer Stil: Stil der südindischen Architektur

Drawiden: die nicht indoarische Urbevölkerung des indischen Subkontinents

Durga: hinduistische Muttergottheit, entspricht ⇨Kali, eine Form der ⇨Parvati

Dvarapala: Torwächter eines hinduistischen oder buddhistischen Tempels

East India Company: britische Handelskompanie mit Monopol für den Indienhandel, gegr. 1600. Betrieb die Kolonialisierung Indiens, bevor das Land 1857 direkt der Herrschaft der britischen Krone unterstellt wurde.

Falsches Gewölbe: Gewölbe, das aus vorkragenden Steinen mit horizontalen Parallelfugen gemauert ist

Ganesha: hinduistischer Gott mit Elefantenkopf, Sohn ⇨Shivas

Garbhagriha: „Schoß-Haus"; die ⇨Cella, ⇨Sanktum, das Allerheiligste eines Tempels

Garh: Fort, Tempel

Garuda: Sonnenvogel, Reittier ⇨Vishnus

Gavaksha: nordindische Bezeichnung für ⇨Kudu

Ghat: Treppenstufen, die zu einem Fluss, Teich oder See hinabführen und an denen gewaschen wird oder Verbrennungszeremonien bzw. Kulthandlungen stattfinden. Außerdem die Bezeichnung für ein Gebirge, wie etwa die Ost- und Westghats im Süden Indiens

Ghee: flüssiges Butterschmalz

Gopi: Kuhhirtin, die ⇨Krishna in seiner Funktion als Seelenhüter begleitet. In der Miniaturmalerei ist eine gemeinsame Darstellung beider am beliebtesten.

Gopura: Torturm, der in den heiligen Bezirk eines dravidischen ⇨Tempels führt

Gumpha: Höhle

Guru: Das Wort bedeutet in ⇨Sanskrit soviel wie „Lehrmeister", womit jedoch nicht nur, wie im Westen oft angenommen spirituelle Lehrer gemeint sind, sondern Lehrmeister jedweder Art, also etwa auch Musik-, Tanz- oder Sprachlehrer.

Hadsch: Wallfahrt nach Mekka, eine der Grundpflichten im Islam

Hanuman: Affengeneral aus dem ⇨Ramayana, Verbündeter Ramas

Hari-Hara: gemeinsame Darstellung von ⇨Vishnu und ⇨Shiva in einer Figur

Harijan: Der Begriff bedeutet „Kinder Gottes" und wurde den Kastenlosen von Gandhi verliehen, um sie auch sprachlich aufzuwerten.
Hauda, Howdah: Elefantensitz
Haveli: meist reich geschmücktes und verziertes, um einen oder mehrere Innenhöfe angelegtes Handelshaus in Rajasthan
Hill Station: Bergort, der von den Briten als Sommerresidenz benutzt wurde
Imam: Vorbeter in der Moschee; religiöses Oberhaupt der Ulema (religiösen Gemeinschaft)
Inkarnation: „Herabstieg" (⇨Sanskrit: *avatara*) einer Gottheit in der Gestalt einer anderen Person
Jaya: Sieg
Jagamohan: Bezeichnung für den ⇨Mandapa, Versammlungs- oder Tanzsaal in den Hindu-Tempeln von Orissa
Jainismus: eine der drei Haupt-religionen Indiens, gegründet von ⇨Mahavira, der den Beinamen Jina, „der Siegreiche", erhielt
Jali: durchbrochen gearbeitete Steinplatte, die eine Wandöffnung schmückt und durch deren Öffnungen Licht (und Luft) in einen geschlossenen Raum fällt; ⇨Claustra
Jami Masjid: Große oder Freitags-Moschee
Jauhar: kollektiver Selbstmord des rajputischen Kriegeradels in Anbetracht einer sicheren militärischen Niederlage. Zentraler Bestandteil des rajputischen Ehrbegriffes.
Kailasa: heiliger Berg, der dem Gott ⇨Shiva und seiner Gemahlin ⇨Parvati als Wohnsitz dient; Weltenberg in der hinduistischen Kosmologie
Kalasha: Vase, die als Symbol der Fruchtbarkeit das Dach eines (nordindischen) Tempels bekrönt
Kali: furchterregende Erscheinungsform der ⇨Parvati, Ehefrau ⇨Shivas
Karma: einer der wichtigsten Glaubensgrundsätze des Hinduismus, wonach die Summe aller Taten im jetzigen Leben das Schicksal und die Kastenzugehörigkeit im nächsten Leben bestimmen
Kibla: Gebetsrichtung und -wand, bis zum Jahr 623 nach Jerusalem ausgerichtet, danach nach Mekka. Verstorbene werden mit dem Kopf nach Mekka beerdigt.
Konsole: ⇨Kragstein
Kragstein: vorkragender Stein, als Stütze für Bogen und Gesims, aber auch für Figuren
Krishna: achte Inkarnation ⇨Vishnus, meist als Kind oder flötenspielender Hirtengott
Kshatriya: zweite der vier vedischen Gesellschaftsgruppen; Krieger- und Herrscherklasse
Kudu: Fenster in Form eines Hufeisenbogens. In verkleinerter Form ist es Bestandteil des Dachaufbaus indischer Tempel; hier erscheinen im Kudu dann oft Menschen- und Tierköpfe und geometrische Motive.
Kuli: Tagelöhner, Gepäckträger
Kund: künstliches Wasserbecken
Lakh: Die Zahl 100.000
Lakshmi: hinduistische Göttin für Wohlstand und Glück
Lassi: Getränk aus Milch und Joghurt, salzig oder auch süß, z.T. mit Früchten
Linga: Phallussymbol ⇨Shivas, das gewöhnlich im ⇨Sanktum eines shivaitischen Tempels aufgestellt ist
Mahabharata: größtes indische Heldenepos mit über 100.000 Doppelversen, beschreibt den Kampf zweier befeindeter Stämme, mit vielen Erzählungen wie der ⇨Bhagavad Gita
Mahal: Palast
Maharaja: Herrscher über ein Fürstentum
Maharani: Gemahlin des ⇨Maharaja
Mahavira: Stifter der ⇨jinitischen Religion, der zur gleichen Zeit wie ⇨Buddha wirkte und dessen Lehre große Ähnlichkeiten mit dem Buddhismus aufweist
Mahout: Elefantenführer
Maidan: Grünfläche in einer Stadt
Makara: der Sage entsprungenes Ungeheuer, das Gliedmaßen des Krokodils, des Delphins und des Elefanten in sich vereint; Symbol des Wassers und der ungeordneten Natur
Mandala: „Kreis"; aus Kreisen und Rechtecken bestehendes symbolisches Diagramm, das die Welt in ihrer kosmischen Entwicklung darstellt
Mandapa: Pfeiler- oder Säulensaal eines hinduistischen Tempels, der Versammlungen und religiösen Tänzen diente

Mandir: Tempel
Mantra: mystische Silben und Formeln mit magischer Funktion, die den ⇨Veden entnommen sind
Masjid: Moschee
Mela: Fest, Messe, Jahrmarkt
Meru: mystischer Weltenberg, der, von Meeren und Gebirgen umgeben, den Mittelpunkt der Welt darstellt; Wohnsitz der hinduistischen Götter
Mihrab: in die Kiblawand eingelassene Gebetsnische
Mithuna: oft als erotisch empfundenes, eng umschlungenes Liebespaar, verkörpert alte kosmologische Gegensätze von Himmel und Erde, Licht und Dunkelheit, Yoni und Lingam. Ikonografisch personifiziert als ⇨Shiva/Parvati und ⇨Vishnu/Lakshmi.
Moksha: Erlösung
Nagara-Stil: Bezeichnung für den nordindischen Tempeltyp
Nandi: Stier, der ⇨Shiva als Reittier dient
Natraja: „König des Tanzes", Beiname des Gottes ⇨Shiva in seiner Funktion als Schöpfer und Zerstörer der Welt
Nat mandir: für den Tanz bestimmter Saal in ostindischen Tempeln des ⇨Negara-Stils
Navratan Korma: Gemüse und Fruchtmischung mit würziger Soße
Nilakantha: „blaue Kehle", Beiname ⇨Shivas, der das bei der Quirlung des Milchmeeres entstandene Gift schluckte und so die Welt rettete
Nawab: Herrschertitel eines muslimischen Fürsten, vergleichbar mit dem ⇨Maharaja
Niwas: Haus
Pakora: gebackene Teigtaschen mit einer scharfen Gemüsefüllung
Parvati: hinduistische Göttin, wohlwollende Erscheinungsform der Gattin ⇨Shivas
Pallava: mittelalterliche Herrscherdynastie in Südindien
Pancharatha: Tempel mit vertikal fünf Wandabschnitten
Pancayatana: Bezeichnung für eine Fünfer-Gruppe von Tempeln mit einem großen zentralen Tempel und vier kleineren, in einem Rechteck um den zentralen Tempel angeordneten Nebenschreinen
Pol: Tor
Puja: religiöse Zeremonie, verbunden mit Gebeten und Opfergaben
Rai: lokaler Herrscher niederen Ranges
Raj: Herrschaft
Raja: Titel der südindischen Herrscher
Ramayana: eines der beliebtesten und mit 24.000 Doppelversen umfangreichsten Heldenepen des Hinduismus, in dessen Mittelpunkt Rama, die siebte Inkarnation ⇨Vishnus steht, der seine Frau Sita aus den Klauen des Dämonen Ravana befreit
Ratha: 1.: Prozessionswagen für den Transport der Götterbilder; davon hergeleitet die Bezeichnung für die aus dem Fels gearbeiteten Schreine von Mahabilipuram, 2.: Vor- und Rücksprünge (⇨Paga) an den Außenfassaden eines Tempelturmes
Rupie: indische Währungseinheit. „Rupien" genannte Münzen wurden zum ersten mal 1542 unter der Herrschaft Sher Khans in Nordindien geprägt.
Sadhu: brahmanischer Asket, Einsiedler
Sagar: künstlich angelegter See
Samosa: frittierte Teigtaschen mit einer Kartoffelfüllung
Sanktum: das Allerheiligste eines Tempels; ⇨Cella und ⇨Garbhagriha
Sanskrit: die heute nur noch von wenigen Priestern und Gelehrten beherrschte Sprache erlebte ihre Blütezeit im 4. Jh. v. Chr. und bildet die Grundlage aller heute in Nordindien gesprochenen Sprachen. Alle wichtigen Hindu-Schriften sind in ⇨Sanskrit verfasst.
Sati: Gattin ⇨Shivas. Sie verbrannte sich selbst, weil ihr Vater es versäumt hatte, ihren Gatten einzuladen. Damit wurde sie zum Vorbild für ungezählte Frauen im Hinduismus, die sich nach dem Tod ihres Ehemannes auf dem Scheiterhaufen verbrennen ließen und so zur „Sati" wurden (Sati-Kult).
Sepoy: heute nicht mehr gebräuchlicher Begriff für indische Soldaten
Shikhara: „Gipfel"; stufenförmiger Tempelturm
Shiva: hinduistischer Gott der Zerstörung und Erneuerung, erkennbar an seinem Haarknoten

Shudra: vierte und niedrigste der vedischen Gesellschaftsgruppen; Klasse der Untergebenen, die nicht zum Studium der ⇨vedischen Texte zugelassen sind

Sthapaka: Architekt und Bautheoretiker, der den Plan eines Tempels entwirft

Sthapati: Baumeister, der das Gebäude nach den theoretischen Vorgaben und dem Plan des ⇨Sthapaka entwirft

Stupa: Grabhügel, der im Buddhismus das Gesetz des ⇨Buddha symbolisiert und Reliquien des Religionsstifters (oder anderer bedeutender Persönlichkeiten) enthalten kann

Sufi: islamischer Mystiker

Tambur: zylindrisches Zwischenstück zwischen Unterbau und Kuppel

Tamile: Bewohner Südindiens; Angehöriger eines dravidischen Volkes hinduistischen Glaubens, das immer weiter in den äußersten Süden der indischen Halbinsel und nach Sri Lanka zurückgedrängt wurde

Tantra: „Gewebe"; magisch-mystische Schriften Indiens, die sakrale Symbole und Riten zum Inhalt haben

Tantrismus: Geheimlehre von Ritualen im Hinduismus und in einigen buddhistischen Schulen; Lehre, die sich auf die Diagramme der ⇨Mandalas und der ⇨Yantras stützt, die Grundlage für bestimmte Körperübungen (⇨Yoga)

Thali: ein rundes Metallplatte mit mehreren Vertiefungen, in denen verschiedene, meist vegetarische Gerichte serviert werden, auch Begriff für diese Gerichte

Tilak, Tika: dieses zwischen den Augen mit Farbe aufgetragene Stirnmal kann ein Zeichen für Kasten- und Sektenzugehörigkeit sein, ist heute jedoch meist eher ein schmückendes Mal ohne weitere Bedeutung

Tiratha: Turmheiligtum mit drei ⇨Rathas

Tirbhanga: bei den meisten Götterskulpturen anzutreffender dreifacher Körperknick, Kontrapost

Tirthankara: „Furtbereiter", einer der insgesamt 24 Meister, die die Grundlagen des ⇨Jainismus geschaffen haben. Bekanntester und meistverehrter ist ⇨Mahavira, der Gründer der Glaubensgemeinschaft.

Tonga: zweirädrige Pferdedroschke zur Personenbeförderung

Trimurti: Bezeichnung für die Dreiergruppe von ⇨Brahma, ⇨Vishnu und ⇨Shiva, die die Schöpfung, Erhaltung und Zerstörung des Universums symbolisieren

Tympanon: Bogenfeld über einer Tür oder Giebelfeld eines Daches

Torana: wörtl. „Tor". Meint nicht nur das eigentliche Eingangstor, sondern den gesamten Eingangsbereich mit dem figürlichen und ornamentalen Schmuck

Vahana: Reit- bzw. Tragtier einer hinduistischen Gottheit.

Vaishya: dritte der vier ⇨vedischen Gruppen; Klasse der Bauern und Händler

Veden: wörtl. „Heiliges Wissen". Die ältesten heiligen Schriften Indiens unterteilen sich in vier Texte (wichtigster ist die Rigveda), die im ersten Jahrtausend von unbekannten Autoren verfasst wurden.

Vedika: Zaun, der ein Heiligtum umgibt

Vesara: Mischstil mit dravidischen und ⇨Nagara-Stilelementen

Vihara: Kloster, buddhistischer Versammlungsort

Vilas: Haus, Palast

Vina: Zither mit zwei Kalebassen als Klangkörper

Vishnu: Wichtiger hinduistischer Gott, Welterhalter. Wichtige Inkarnationen sind Rama und ⇨Krishna.

Vorkragung: durch übereinandergeschichtete und vorkragende Elemente wird ein falscher Bogen oder ein ⇨falsches Gewölbe errichtet

Yantra: symbolisches und mystisches Diagramm zur Bezeichnung einer Gottheit; im ⇨Tantrismus „Werkzeug" zur Stimulierung der Meditation

Yoga: „Anlegen des Joches"; körperliche Schulung, um den Geist durch die Beherrschung von Bewegung und Atmung zu erlösen

Yoni: weibliches Geschlechtsteil, Symbol ⇨Parvatis, der Frau ⇨Shivas und der weiblichen Energie

Zenana: den Frauen vorbehaltener Bereich eines Palastes (Harem)

Leben und Riten der Inder

Kastenwesen und Hinduglaube in Südindien um 1800

Abbé Jean Antoine Dubois

Auf Grundlage der französischen und englischen Ausgaben von 1825 und 1906 übersetzt und herausgegeben von

Thomas Kohl

978-3-8317-1111-6

672 Seiten

Hardcover | Fadenheftung
20 Bildtafeln | Lesebändchen

35,00 Euro [D]

Indien ist für den Europäer auch nach über 500 Jahren enger Kontakte immer noch ein Land mit sieben Siegeln: Traumstrände, eine tiefe und reiche Kultur, ein manchmal explosives, aber immer wieder integriertes Vielsprachen- und Religionengemisch, Architektur, Musik, Kastenwesen, Mystik und Rituale vom Erhabensten bis zum Trivialsten stellen für jeden Reisenden ein riesiges Puzzle dar, zu dem bisweilen auch den Indern selbst die Anleitung abhanden gekommen zu sein scheint. Nun erscheint zum ersten Mal auf Deutsch die Landesbeschreibung des Missionars und Abbé Dubois aus dem Jahr 1807, die in England, USA und den angelsächsischen Ländern von Anfang an bis auf den heutigen Tag als unübertroffener Klassiker gilt. Sie liefert noch immer den wohl anregendsten, informativsten und kenntnisreichsten Schlüssel zu einem Kulturraum, der weit über das eigentliche Indien hinaus ganz Südostasien, ja sogar noch Teile Ostasiens umfasst. Ob Kastengesellschaft, spirituelle und rituelle Welt der Hindus, Buddhismus, Jainismus oder die Welt des Animismus – alles wird pointiert, lesbar, oft mit Vorurteilen, aber immer wohlunterrichtet skizziert – kein Wunder, lebte der Verfasser doch 31 Jahre mitten in der indischen Gesellschaft, die er lebendig und farbig, stets anschaulich und konkret, freilich immer mit bissigen Randbemerkungen porträtierte.Die Europäer kommen bei dem erstaunlich „modernen" Abbé schlecht weg: Indien ist ihm in vielem Vorbild, zumindest aber ein verblüffendes Kontrastprogramm zu einer allzu selbstgewissen, selbstsicheren westlichen Welt. Ein lesenswertes Handbuch für zu Hause – eine Fundgrube zum Nachschlagen – ein Klassiker zum Schmökern unterwegs!

Reise-Gesundheits-Information Indien

Stand: 21.10.2016, © Centrum für Reisemedizin 2016

Die nachstehenden Angaben dienen der Orientierung, was für eine geplante Reise in das Land an Gesundheitsvorsorgemaßnahmen zu berücksichtigen ist. Die Informationen wurden uns freundlicherweise vom Centrum für Reisemedizin zur Verfügung gestellt. Auf der Homepage: www.crm.de werden diese Informationen stetig aktualisiert. Es lohnt sich, dort noch einmal nachzuschauen.

EINREISE-IMPFVORSCHRIFTEN

Bei Direktflug aus Europa: keine Impfungen vorgeschrieben. Bei einem vorherigen Zwischenaufenthalt (innerhalb der letzten 6 Tage vor Einreise) in einem der unten aufgeführten Länder (Gelbfieber-Endemiegebiete) wird bei Einreise eine gültige Gelbfieber-Impfbescheinigung verlangt (ausgenommen Kinder unter 6 Monaten). Gelbfieber-Impfung kann gelegentlich auch bei Einreise aus südafrikanischen Ländern (z.B. aus Sambia) verlangt werden.

Ab dem 01.03.2014 müssen Reisende bei Einreise aus Ländern in denen ein Infektionsrisiko besteht (Afghanistan, Äthiopien, Kenia, Nigeria, Pakistan, Somalia und Syrien) eine **orale Polio-Impfung** nachweisen. Die Impfung muss spätestens 6 Wochen vor Einreise erfolgen und ist für ein Jahr gültig.

Gelbfieber-Impfbescheinigung erforderlich bei Einreise aus:

Angola · Äquatorialguinea · Argentinien · Äthiopien · Benin · Bolivien · Brasilien · Burkina Faso · Burundi · Ecuador · Elfenbeinküste · Franz. Guayana · Gabun · Gambia · Ghana · Guinea · Guinea-Bissau · Guyana · Kamerun · Kenia · Kolumbien · Kongo, Rep. · Kongo, Dem. Rep. · Liberia · Mali · Mauretanien · Niger · Nigeria · Panama · Paraguay · Peru · Senegal · Sierra Leone · Sudan · Südsudan · Suriname · Togo · Trinidad & Tobago · Tschad · Uganda · Venezuela · Zentralafr. Republik

EMPFOHLENER IMPFSCHUTZ

Generell: Standardimpfungen nach dem deutschen Impfkalender. Je nach Reisestil und Aufenthaltsbedingungen im Lande außerdem zu erwägen:

Impfschutz	Reisebedingung 1	Reisebedingung 2	Reisebedingung 3
Hepatitis A	x	x	x
Polio	x	x	x
Typhus	x	x	x
Hepatitis B (a)	x	x	
Tollwut (b)	x	x	
Cholera	x	x	

Jap. Enzephalitis (c)	x
Meningokokken	x
Serotypen A, C, W135, Y (d)	

(a) bei Langzeitaufenthalten oder engerem Kontakt mit der einheimischen Bevölkerung
(b) bei vorhersehbarem Umgang mit Tieren
(c) bei besonderen Aufenthaltsbedingungen in bestimmten ländlichen Gebieten
(d) bei engerem Kontakt zur einheimischen Bevölkerung. In den letzten Jahren gab es im NO (Meghalaya, Tripura, Mizoram) vermehrt Ausbrüche (Serogruppe A).

Reisebedingung 1:
Reise durch das Landesinnere unter einfachen Bedingungen (Rucksack-/Trecking-/Individualreise) mit einfachen Quartieren/Hotels; Camping-Reisen, Langzeitaufenthalte, praktische Tätigkeit im Gesundheits- o. Sozialwesen, enger Kontakt zur einheimischen Bevölkerung wahrscheinlich

Reisebedingung 2:
Aufenthalt in Städten oder touristischen Zentren mit (organisierten) Ausflügen ins Landesinnere (Pauschalreise, Unterkunft und Verpflegung in Hotels bzw. Restaurants mittleren bis gehobenen Standards)

Reisebedingung 3:
Aufenthalt ausschließlich in Großstädten oder Touristikzentren (Unterkunft und Verpflegung in Hotels bzw. Restaurants gehobenen bzw. europäischen Standards)

Wichtiger Hinweis:
Welche Impfungen letztendlich vorzunehmen sind, ist abhängig vom aktuellen Infektionsrisiko vor Ort, von der Art und Dauer der geplanten Reise, vom Gesundheitszustand sowie dem eventuell noch vorhandenen Impfschutz des Reisenden. Da im Einzelfall unterschiedlichste Aspekte zu berücksichtigen sind, empfiehlt es sich immer, rechtzeitig (etwa 4 bis 6 Wochen) vor der Reise eine persönliche Reise-Gesundheits-Beratung bei einem reisemedizinisch erfahrenen Arzt oder Apotheker in Anspruch zu nehmen.

Unter **www.crm.de** finden Sie Adressen von:
- Apotheken mit qualifizierter Reise-Gesundheits-Beratung (nach Postleitzahlgebieten)
- Impfstellen und Ärzten mit Spezialsprechstunde Reisemedizin (nach Postleitzahlgebieten)
- Abruf eines persönlichen Gesundheitsvorsorge-Briefes für die geplante Reise.

MALARIA

Malaria-Risiko: ganzjährig mit saisonalen Schwankungen.

Übertragungsrisiko abhängig von Ökologie und Klima, speziell betroffen sind ländliche Regionen während und kurz nach Regenperioden. Der Monsunregen zieht zwischen Mai und November von SW nach NO über das Land und dauert jeweils 3–4 Monate; im S gibt es meist eine 2. Regenzeit zwischen Okt. und Dez. Nach dem Monsun kommt es regelmäßig zu Ausbrüchen in Großstädten, da der Hauptvektor A. stephensi seit eingen Jahren auch im urbanen Umfeld brütet.

- **mittleres Risiko** (höher in der Regenzeit, geringer in der Trockenzeit) in den zentralen Landesteile, im N im Regenwaldgürtel entlang der nepalesischen Grenze (Terai), relativ am höchsten mit hohem Anteil von P.falciparum ist das Risiko im Hügelland von Orissa und in den tiefer gelegenen Gebieten der Bundesstaaten im NO (nördlich und östlich von Bangladesh)
- **geringes Risiko** (höher in der Regenzeit, geringer in der Trockenzeit) im N entlang des Ganges (Teile von Uttar Pradesh, Bihar und östliches Westbengalen), im NW (Rajasthan), an der Westküste einschließlich Goa, im S südlich der Linie Chennai – Goa (gesamtes Kerala, Tamil Nadu, der W von Karnataka, der SO von Andhra Pradesh)
- In den Stadtgebieten ist mit einem geringen Risiko in der Regenzeit zu rechnen, 2009 und 2010 kam es zu Ausbrüchen von Malaria tropica u.a. in Mumbai und Hyderabad;
- Malariafrei sind die Höhenlagen oberhalb 2.000 m von Jammu und Kashmir, Himachal Pradesh, Sikkim, Arunchal Pradesh sowie die Lakkadiven

Vorbeugung

Ein konsequenter Mückenschutz in den Abend- und Nachtstunden verringert das Malariarisiko erheblich (Expositionsprophylaxe). Ergänzend ist die Mitnahme von Anti-Malaria-Medikamenten zur notfallmäßigen Selbstbehandlung (Stand-by-Behandlung) zu empfehlen. Zu Art und Dauer der Behandlung fragen Sie Ihren Arzt oder Apotheker bzw. informieren Sie sich in einer qualifizierten reisemedizinischen Beratungsstelle. Malariamittel sind verschreibungspflichtig.

Die wichtigsten Maßnahmen sind:

- In der Dämmerung und nachts Aufenthalt in mückengeschützten Räumen (Räume mit Aircondition, Mücken fliegen nicht vom Warmen ins Kalte).
- Beim Aufenthalt im Freien in Malariagebieten abends und nachts weitgehend körperbedeckende Kleidung (lange Ärmel, lange Hosen).
- Anwendung von insektenabwehrenden Mitteln an unbedeckten Hautstellen (Wade, Handgelenke, Nacken). Wirkungsdauer ca. 2–4 Std.
- Im Wohnbereich Anwendung von insektenabtötenden Mitteln in Form von Aerosolen, Verdampfern, Kerzen, Räucherspiralen.
- Schlafen unter dem Moskitonetz (vor allem in Hochrisikogebieten).

AKTUELLE MELDUNGEN (Indien gesamt)

Chikungunya: Nach starken Regenfällen steigen die Fallzahlen in der Hauptstadt Neu Delhi an. Bis Mitte Oktober wurden mehr als 7.400 Infektionen gemeldet. Seit Anfang des Jahres wurden landesweit 26.385 Fälle gemeldet. Am stärksten betroffen ist erneut der Bundesstaat Karnataka. Im vergangenen Jahr wurden landesweit ca. 27.550 Infektionen registriert. Schutz vor tagaktiven Überträgermücken (Aedes-Arten) beachten.
Darminfektionen: Risiko für Durchfallerkrankungen landesweit. Mit Cholera ist regional zu rechnen. Typhus, Paratyphus sowie die oral übertragenen Formen der Hepatitis sind in ganz Indien endemisch. Milzbrand kommt sowohl in der kutanen wie in der intestinalen Form immer wieder bei Einheimischen vor. Hygiene und Impfschutz beachten.
Dengue: Bis Anfang Oktober sind landesweit ca. 51.730 Menschen erkrankt, es gab 93 Todesfälle. Die meisten Fälle wurden in den Bundesstaaten Kerala, Orissa, West Bengal und Karnataka verzeichnet. Landesweit wurden im vergangenen Jahr ca. 99.900 Fälle gemeldet und 220 Todesfälle registriert. Mit 15.867 Infektionen und 60 Todesfällen war Delhi inkl. der Hauptstadt Neu Delhi am stärksten betroffen. Hier wurden in dieser Saison die höchsten Fallzahlen innerhalb

der letzten 20 Jahre registriert. Schutz vor tagaktiven Überträgermücken (Aedes-Arten) beachten.

Enzephalitis: Nach offiziellen Angaben sind im vergangenen Jahr ca. 1.730 Menschen in 17 Bundesstaaten an Japanischer Enzephalitis (JE) erkrankt. Es gab 291 Todesfälle. In diesem Jahr wurden bisher landesweit 974 Erkrankungen und 167 Todesfälle gemeldet. Seit Beginn der Regenzeit sind die Fallzahlen angestiegen. Die meisten Infektionen wurden aus Assam (NO), Uttar Pradesh (N) und West Bengal (NO) gemeldet. Expositionsprophylaxe und evtl. Impfung durchführen!

Malaria: Seit Anfang des Jahres wurden ca. 612.000 Infektionen gemeldet, 162 Menschen sind verstorben. Besonders betroffen sind die benachbarten Bundesstaaten Orissa und Chhattisgarh. Im vergangenen Jahr sind landesweit 1.169.261 Menschen erkrankt, 384 Menschen sind verstorben. Wie auch in den vorangegangenen zwei Jahren werden die höchsten Fallzahlen im Bundesstaat Orissa registriert. Für Reisende ist Indien – nach den Hochrisikoregionen in Afrika – das Land mit dem höchsten Infektionsrisiko, besonders in der Monsunzeit. Sehr guter Mückenschutz ist daher immer zu beachten, die Mitnahme einer Notfallmedikation in der Regel sinnvoll und je nach Ausbruchslage auch eine Chemoprophylaxe zu diskutieren.

Polio-Impfvorschrift: Um das Risiko eines Reimportes der Polio zu verringern hat die Regierung Indiens eine Impfvorschrift erlassen. Seit dem 1. März 2014 müssen alle Reisenden bei Einreise aus Ländern, in denen ein Infektionsrisiko besteht (Afghanistan, Äthiopien, Kenia, Nigeria, Pakistan, Somalia und Syrien), eine orale Polio-Impfung nachweisen. Die Impfung muss spätestens 4 Wochen vor Einreise erfolgen und ist für ein Jahr gültig. Die Regelung gilt nicht für Ausländer aus Regionen ohne Poliorisiko, die in den o.g. Ländern leben und von dort nach Indien reisen. Transitreisende sind ebenfalls von der Regelung ausgenommen.

Tollwut: Seit Januar sind im Bundesstaat Maharashtra bereits mehr als 14 Menschen an Tollwut verstorben. Mitte September gab es einen Todesfall im Bundesstaat Tamil Nadu. Indien gehört weltweit zu den Ländern mit den höchsten Fallzahlen bei Tieren und Menschen. Hauptüberträger ist der (streunende) Hund. Betroffen sind auch die Großstädte. Bei verdächtigen Tierkontakten sofort Arzt aufsuchen und auf Verwendung moderner Gewebekultur-Impfstoffe achten. Eine vorbeugende Impfung ist für alle Reisenden empfehlenswert.

Literaturtipps

- *Behr, Hans-Georg:* **Die Moguln.** Standardwerk zur Geschichte des aus Afghanistan stammenden Herrschergeschlechtes.
- *Berg, Hans Walter;* **Indien. Traum und Wirklichkeit.** Zwar trauert der langjährige Indienkorrespondent, der unter Journalistenkollegen als Maharaja von Whiskeypur einen legendären Ruf genoss, unverkennbar den kolonialen Zeiten hinterher, doch bietet sein Buch interessante Einblicke ins Indien der fünfziger und sechziger Jahre.
- *Clermont, Lothar:* **Jainismus.** Textlich wie fotografisch ausgezeichnetes Buch zum Jainismus und den Tempeln in Mount Abu und Ranakpur.
- *Collins, Larry/Lapiere, Dominique:* **Gandhi – Um Mitternacht die Freiheit.** Musterbeispiel eines gelungenen historischen Romans, in dem Indiens Weg in die Unabhängigkeit ebenso spannend wie kenntnisreich geschildert wird. Unter seinem Originaltitel „Freedom at Midnight" ist das Buch in den meisten Buchläden Indiens erhältlich.
- *Cooper, Illay:* **The painted towns of Shekawati.** Einer der ausführlichsten Führer über die Region der bemalten Havelis im Nordwesten Indiens.
- *Dubois, Abbé Jean Antoine:* **Leben und Riten der Inder,** Reise Know-How Verlag, Bielefeld. Eine Landesbeschreibung von 1807. Der Klassiker wurde erstmalig ins Deutsche übersetzt.
- *Hörig, Rainer:* **Indien ist anders** und **Selbst die Götter haben uns beraubt.** Zwei ebenso unausgewogene wie hervorragende politische Reisebücher, welche v.a. die Vergessenen und Entrechteten der Gesellschaft wie die Ureinwohner, Unberührbare und Frauen zu Wort kommen lassen.
- *Kade-Luthra, Veena* (Hrsg.): **Sehnsucht nach Indien.** Ein Lesebuch von Goethe bis Grass: Anhand von Textausschnitten geht die Herausgeberin den Gründen für die seit Jahrhunderten besonders bei deutschen Philosophen und Literaten zu konstatierende Indiensehnsucht nach.
- *Kantowsky, Detlev;* **Von Südasien lernen.** Der Konstanzer Soziologe beschreibt auf beeindruckende Weise seine Abkehr von dem Glauben, der „Dritten Welt" und speziell Indien mit Methoden westlicher, fortschrittsorientierter Wissenschaft und Technologie helfen zu können. Stattdessen sieht er in der ganzheitlichen hinduistischen und buddhistischen Weltsicht ein Beispiel, in dem der sinnentleerte Westen von den asiatischen Gesellschaften lernen kann.
- *Keilhauer, Anneliese* und *Peter:* **Die Bildsprache des Hinduismus.** Die indische Götterwelt und ihre Symbolik.
- *Kipling, Rudyard:* **Kim.** Der Roman des englischen Autors, der die meiste Zeit seines Lebens in Indien verbrachte, wurde lange Zeit von der Literaturkritik als Plädoyer zugunsten der englischen Kolonialherrschaft abgelehnt. Inzwischen gilt die Geschichte des irischen Waisen Kim und des tibetanischen Mönchsjungen Tashoo Lama als am besten gelungenes Werk Kiplings, welches die unterschiedlichen Lebensphilosophien der beiden Hauptdarsteller, die als Repräsentanten ihrer Kulturen agieren, zum Mittelpunkt hat.
- *Krack, Rainer:* **KulturSchock Indien** und **KulturSchock Mumbai,** Reise Know-How Verlag, Bielefeld. Die Bücher des Verfassers zahlreicher Reisehandbücher über asiatische Länder und jahrelangen Indienkenners empfehlen sich als handliche Reiselektüre für all jene, die mehr über das indische Alltagsleben erfahren möchten. Behandelt werden u.a. Themen wie die Bedeutung der Großfamilie, Aberglaube, Sexualität, der Gegensatz von Stadt- und Landleben oder Eunuchen in Indien.
- *Lutze, L.;* **Als wäre die Freiheit vom Himmel gefallen.** Hindilyrik der Gegenwart.
- *Naipaul, V.S.:* **Indien. Ein Land in Aufruhr.** Kein anderer Schriftsteller hat seine Hassliebe zu Indien in derart faszinierender und erhellender Weise zu Papier gebracht wie der in Trinidad geborene Sohn indischer Eltern. Auch dieses Buch Naipauls, welches eine Mischung zwischen einem politischen Reisebuch und einer unkonventionellen soziologischen Analyse ist, hat wieder die Frage nach der Identität Indiens zum Mittelpunkt. Seine Stärke liegt nicht zuletzt darin, dass Naipaul nicht der Versuchung erliegt, das chaotische Neben- und Durcheinander der politischen, kulturellen und religiösen Sub-Identitäten des Landes künstlich zu einem Ganzen zusammenzuschweißen.
- *Neumann-Denzau, Gertrud/Denzau, Helmut:* **Indien. Reiseführer Natur.** Detailgenaue Vorstellung der indischen Nationalparks.
- *Riemenschneider, Dieter:* **Shiva tanzt.** Das Indien-Lesebuch. Aufschlussreiche Texte indischer Autoren zu Geschichte, Kunst, Kultur und Alltagsleben.
- *Roberts, Gregory David:* **Shantaram.** Mit viel Leidenschaft, voller Wahrheit und Poesie erzählt der Roman in fiktionaler Form die Geschichte von *Roberts'* eigenem Le-

ben: Ein Australier, auf der Flucht vor Interpol, strandet in Mumbai.

■ *Rothermund, Dietmar:* **Indische Geschichte in Grundzügen.** Dem bekannten Heidelberger Indologen ist es gelungen, die überaus ereignisreiche und komplexe indische Geschichte auf 150 Seiten zusammenzufassen. Der Zwang zur Komprimierung geht allerdings zu Lasten der alten Geschichte während die Neuzeit, speziell die Kolonialgeschichte recht ausführlich analysiert wird.

■ *Roy, Arundhati:* **Der Gott der kleinen Dinge.** Aufsehenerregendes Erstlingswerk der jungen, aus Südindien stammenden Autorin, in dem sie das Kastensystem und die Unterdrückung der Frau in der indischen Gesellschaft anprangert.

■ dies: **Das Ende der Illusion.** Die weltberühmte Autorin als engagierte Kämpferin für die Unterdrückten und ausgebeuteten der indischen Atom- und Großmachtpolitik.

■ *Rushdie, Salman:* **Des Mauren letzter Seufzer.** Der vielschichtige Roman des ebenso berühmten wie umstrittenen Autors der „Satanischen Verse" verwebt auf faszinierende Weise mehrere Generationen einer in Indien lebenden jüdisch-christlichen Gemeinde mit der indischen Geschichte.

■ *Scott, Paul;* **Das Reich der Sahibs.** Niemand hat die Dekadenz und den Untergang des britischen Kolonialreiches überzeugender literarisch verarbeitet als Paul Scott in seinem vierbändigen Epos.

■ *Stierlin, Henri/Vohlwasen, Andreas:* **Indien. Bauten der Hindus, Buddhisten und Jains** und **Islamisches Indien.** Zwei Standardwerke zur Baugeschichte Indiens.

■ *Strasser, Robert;* **Rajasthan, Gujarat, Indien.** Obwohl inzwischen veraltet, ist dieser Band aus der verdienstvollen Reihe des Indoculture-Verlages immer noch ein Standardwerk für all jene, die sich ausführlich mit der Geschichte, Landeskunde und Kulturgeschichte Rajasthans beschäftigen möchten.

■ *Tharoor, Shashi:* **Der große Roman Indiens.** Der indisch-amerikanische Autor beschreibt in seinem Roman die vielschichtigen Probleme des Subkontinents. Die Bedeutung von Tradition und Religion im alltäglichen Leben werden auf unterhaltsame, manchmal parodistische Weise dargestellt.

■ *Tölle, Gisela;* **Kasturba Gandhi – Die Frau im Schatten des Mahatma.** Der Titel ist Inhalt und Hinweis zugleich für das Schicksal fast aller indischen Frauen.

■ *Tully, Mark;* **No fullstops in India.** Ein großartiges Buch in dem der langjährige BBC-Reporter in 10 Kapiteln so unterschiedliche Themen wie eine Dorfhochzeit, den Besuch bei einem südindischen Bildhauer, die Kumbh Mela in Allahabad oder die kommunistische Regierung in Kalkutta beschreibt. Wie ein roter Faden zieht sich dabei der Vorwurf durch seine brilliant geschriebenen Analysen, dass die indische Mittel- und Oberschicht, die Entscheidungsträger der indischen Gesellschaft dersrt verwestlicht seien, dass sie die Wünsche und Forderungen der Masse der Bevölkerung unberücksichtigt lasse und so das Land seiner kulturellen Wurzeln beraube.

Sprachführer

■ **Hindi – Wort für Wort,** Reise Know-How Verlag, Bielefeld, aus der Kauderwelsch-Reihe. Die handlichen Sprachführer bieten eine auf das Wesentliche reduzierte Grammatik und viele Beispielsätze für den Reisealltag. In der gleichen Reihe erschienen: **Gujarati** – Wort für Wort, **Marathi** – Wort für Wort, **Bengali** – Wort für Wort sowie **Englisch für Indien** und **Hindi für Bollywoodfans.** AusspracheTrainer sind zu allen Büchern erhältlich, auf Audio-CD oder als mp3-Download.

Wichtige Bahnverbindungen

Der **fett gedruckte Ort** ist jeweils der Abfahrtsort. Um eine Verbindung zwischen zwei Städten ausfindig zu machen, sollte man nicht nur den jeweiligen Ausgangs- und Zielbahnhof beachten, sondern auch bei den Bemerkungen nachschauen, wodurch sich weitere Zielorte zeigen oder möglicherweise eine für den jeweiligen Bedarf angenehmere und bessere Verbindung findet.

Abu Road	Abfahrt	Ankunft	Zugbezeichnung, Bemerkungen
Ahmedabad	11:43	15:35	19412 Intercity Exp., über Sabarmati (an 14:53)
Bikaner	4:43	15:35	14708 Ranakpur Exp., über Marwar (an 8:00), Jodhpur (9:45), Nagaur (13:12), Deshnok (14:35)
Delhi	22:10	10:10	12915 Ashram Exp., über Ajmer (an 2:20), Jaipur (4:30), Alwar (6:40)
Delhi	22:10	10:10	12915 Ashram Exp., über Ajmer (an 2:20), Jaipur (4:30), Alwar (6:40), viele weitere Verb.
Jaipur	15:43	23:20	19707 Gorakhpur Exp., über Ajmer (an 21:00), mehrere weitere Verb.
Jodhpur	15:30	20:00	19223 Adi Jat Exp., über Marwar (an 18:10), weiter nach Nagaur (an 22:41), Deshnok, (0:03), Bikaner (1:35), weiter bis Jammu Tawi
Mumbai	23:45	11:35	12479 Surya Nagri Exp., Ank. in Bandra, weitere Verb.

Agra	Abfahrt	Ankunft	Zugbezeichnung, Bemerkungen
Amritsar	8:40	20:20	12715 Sachkhand Exp., über Delhi (an 12:10)
Bhopal	12:10	19:30	12618 Mangla Lakshadweep Exp., über Gwalior (an 13:35), Jhansi (15:30), viele weitere Verb.
Bikaner	20:15	8:30	12307 Howrah Bikaner Exp., über Bharatpur (an 21:33), Jaipur (0:35), Kuchaman (2:33), Merta Rd. (4:03), Nagaur (5:51), Start in Agra Fort
Delhi	8:18	11:40	12192 Mahakaushal Exp., über Mathura (an 9.15 Uhr), viele weitere Verb.
Delhi	21:15	23:30	12001 Ndls Shatabdi Exp., über Mathura (an 21.49 Uhr)
Jaipur	7:15	12:50	12403 Ald Jp Exp., über Mathura (an 8:15), Alwar (10:33), viele weitere Verb.
Jodhpur	6:35	17:50	14853/63/65 Marudhar Exp., über Bharatpur (an 7:35), Jaipur (12:05), Kuchaman (14:12), Start in Agra Fort
Mumbai	12:10	9:35	12618 Mangla Lakshadweep Exp., über Gwalior (an 13:55), Jhansi (15:30), Bhopal (19:35), Jalgaon (0:08), Nasik (5:18)
Udaipur	18:05	6:45	19665 Kurj Udz Exp., über Bharatpur (an 18:58), Jaipur (22:50), Ajmer (1:15), Chittorgarh (4:05)

Ahmedabad	Abfahrt	Ankunft	Zugbezeichnung, Bemerkungen
Bhuj	23:59	7:25	19115 BDTS Bhuj Exp., Gandhidham (6:05)
Delhi	18:30	10:10	12915 Ashram Exp., über Sabarmati (an 18:45), Abu Rd. (21:55), Ajmer (2:20), Jaipur (4:30), Alwar (6:38)
Jaipur	17:45	2:45	12957 Swarna Rajdhani Exp., über Abu Rd. (an 20:50), Ajmer (0:55), weiter bis New Delhi (an 7:30)
Jammu Tawi	11:20	19:35	19223 Adi Jat Exp., über Sabarmati (an 11:35), Abu Rd. (15:20), Jodhpur (20:00), Nagaur (22:41), Deshnok (0:03) und Bikaner (1:35), Pathankot (für Dharamsala, 14:44)
Mumbai	7:00	16:25	19012 Gujarat Exp., über Vadodara (an 9:00), Bharuch (10:02)
Mumbai	22:00	6:25	12902 Gujarat Mail, über Vadodara (an 0:06), Bharuch (0:59), viele weitere Verb.

Okha	4:55	15:45	19005 Saurashtra Mail, über Rajkot (an 9:52), Jamnagar (12:19), Dwarka (14:54)
Porbandar	20:05	5:50	19215 Saurashtra Exp., über Rajkot (an 1:40 Uhr), Jamnagar (3:00 Uhr)
Udaipur	23:00	9:20	19944 Adi Udz Exp.

Ajmer	Abfahrt	Ankunft	Zugbezeichnung, Bemerkungen
Abu Rd.	11:15	16:40	19708 Aravali Exp., weiter über Vadodara und Ahmedabad bis Mumbai (Ank. in Bandra um 6:45)
Agra	12:50	19:00	12988 Aii Sdah Exp., über Jaipur (an 14:045), Bharatpur (17:18)
Ahmedabad	22:50	7:40	12916 Ashram Exp., über Abu Rd. (an 3:40), Sabarmati (7:04), viele weitere Verb.
Alwar	12:10	17:00	15013 Ranikhet Exp., über Jaipur (an 14:20), viele weitere Verb.
Delhi	6:30	13:20	19029 Bdts Dee Exp., mehrere weitere Verb.
Delhi	15:45	22:40	12016 Shatabdi Exp., über Jaipur (an 17:45), Alwar (19:36), Gurgaon (21:40)
Delhi	22:45	5:10	12982 Chetak Exp.
Jaipur	6:55	9:25	59307 Ind Aii Link Exp., viele weitere Verb.
Jaisalmer	13:40	23:15	15014 Ranikhet Exp., über Jodhpur (an 17:35)
Jodhpur	14:25	19:35	54802 Aii Ju Fast Passenger
Mumbai	16:40	8:10	12215 Dee Bdts G Rath, Mo, Di, Do, Sa, über (an 21.10), Ahmedabad (1.10), Ank. in Bandra
Udaipur	8:25	13:15	Jaipur Udaipur Superfast Special

Alwar	Abfahrt	Ankunft	Zugbezeichnung, Bemerkungen
Ahmedabad.	18:06	7:40	12916 Ashram Exp., über Jaipur (an 20:25), Ajmer (22:40), Abu Rd. (an 3:30)
Ajmer	18:40	22:40	12916 Ashram Exp., über Jaipur (an 20:30)
Delhi	10:19	13:20	09705 Jp De Ac Exp., Ank in Sarai Rohilla
Delhi	18:42	22:00	04042 Aii Jat Exp., viele weitere Verb., weiter bis Pathankot (Dharamsala)
Jaipur	9:27	11:35	04041 Dli Aii Superfast Exp.
Jodhpur	0:17	7:50	12461 Mandore Exp., über Jaipur (an 2:35), Kuchaman (4:17), Merta Rd. (5:55)

Amritsar	Abfahrt	Ankunft	Zugbezeichnung, Bemerkungen
Delhi	5:00	11:15	12014 Amritsar Shatabdi Exp., über Ludhiana (an 6:58)
Delhi	21:25	7:05	12904 Golden Temple Mail, weiter über Bharatpur und Kota, viele weitere Verb.
Jaipur	17:50	7:45	19614 Amritsar Ajmer Exp., nur Fr, So, über Alwar (an 4:37), weiter bis Ajmer
Pathankot (für Dharamsala)	8:20	11:00	18101 Tata Jat Exp.
Varanasi	18:45	16:40	13006 Amritsar Howrah Mail, über Moradabad (an 4:35), Lucknow (10:30), weiter über Patna bis Kolkata

Bharatpur	Abfahrt	Ankunft	Zugbezeichnung, Bemerkungen
Agra	11:57	13:05	25631 Bkn Ghy Exp.
Ajmer	6:06	11:50	12195 Af Alii Intercity über Jaipur (an 9:30), mehrere weitere Verb.
Delhi	6:22	10:40	12925 Paschim Exp., über Mathura (an 7:45), weiter bis Amritsar
Jaipur	19:00	22:50	12965 Kurj Udz Sup Exp., weiter über Ajmer (an 1:15), Chittorgarh (4:05) bis Udaipur (6:45)
Jodhpur	8:00	17:50	14863 Marudhar Exp., Di, Fr, So, über Jaipur (an 12:05), Kuchaman (14:12)
Khajuraho	9:44	19:50	19666 Udz Kurj Sup Exp., über Agra (an 10.55), Gwalior (13:01), Jhansi (15:20)
Ranthambore	14:48	18:15	54794 MTJ SWM Pass

Udaipur	21:37	7:20	12963 Mewar Exp., über Sawai Madhopur (an 23:56), Kota (an 1:10), Chittorgarh (4:45)
Varanasi	18:50	8:40	14854/14864/14866 Marudhar Exp., über Agra Fort (an 20:15)

Bhopal	Abfahrt	Ankunft	Zugbezeichnung, Bemerkungen
Agra	23:59	7:30	12192 Jabalpur New Delhi Sup Exp. Exp., über Jhansi (an 4:07), Gwalior (5:33), viele weitere Verb., weiter bis New Delhi (11:50)
Ahmedabad	18:45	8:00	11464 Jabalpur Somnath Exp., über Ujjain (an 22:45), weiter über Rajkot (13:10), Junagadh (15:51) nach Somnath (17:55)
Delhi	21:20	8:00	12155 Bhopal Exp., Ank. in Hazrat Nizamuddin, über Jhansi (an 1:20), Gwalior (2:55), Agra (4:47)
Delhi	9:40	21:15	12137 Punjab Mail, über Jhansi (an 14:20), Gwalior (16:00), Agra (17:50), Mathura (18:47), Delhi Hazrat Nizzamuddin (20:51)
Lucknow	21:05	8:40	12534 Pushpak Exp., über Jhansi (an 1:55)
Mumbai	6:05	20:05	12533 Pushpak Exp.
Mumbai	16:55	7:35	12138 Punjab Mail

Bhubaneshwar	Abfahrt	Ankunft	Zugbezeichnung, Bemerkungen
Kolkata	10:45	17:45	12704 Falaknuma Exp.
Kolkata	23:55	8:10	18410 Srijagannath Exp., viele weitere Verb.
Puri	11:35	12:35	18303 Sambalpur Puri Int Exp.

Bikaner	Abfahrt	Ankunft	Zugbezeichnung, Bemerkungen
Agra	18:45	5:55	22308 Bikaner Howrah Superfast Ank. in Agra Fort, über Deshnok (an 19:12), Nagaur (20:45), Kuchaman (23:45), Jaipur (an 1:50), Bharatpur (4:43), weiter über Allahabad, Mughal Sarai nach Kolkata
Ahmedabad	0:45	15:00	19224 Jammu Tawi Ahmed. Exp., über Jodhpur (an 5:35), Abu Rd. (10:37), Sabarmati (14:26)
Delhi	9:15	17:25	22471 Dee Intercity Exp., Ank. in Delhi Sarai Rohilla, über Churu (an 11:55), Loharu (13:50)
Jaipur	6:00	12:35	12467 Bikaner Jaipur Intercity Exp., über Deshnok (an 6:27), Nagaur (7:45), Marwar (7:58), Merta Rd. (8:40), Kuchaman (10:38)
Jaisalmer	23:35	4:30	14702 Bikaner Jaisalmer Exp.
Jodhpur	9:30	14:15	4707 Ranakpur Exp., über Deshnok (an 9:57), Nagaur (11:27), weiter nach Abu Rd. (an 19:23), Ahmedabad (0:35) und Mumbai Bandra (an 9:40)
Kota	23:00	9:45	09733 Hanumangarh Jaipur Special über Nagaur (an 0:50), Jaipur (5:30), Sawai Madhopur (7:45)

Chittorgarh	Abfahrt	Ankunft	Zugbezeichnung, Bemerkungen
Delhi	20:50	6:35	12964 Mewar Exp., Ank. in Nizamuddin, über Bundi (an 22:33), Kota (23:25), Sawai Madhopur (0:53), Bharatpur (3:18), Mathura (4:25)
Jaipur	8:20	13:30	12991 Udaipur Jaipur Exp., über Ajmer (an 11:25), weitere Morgenverb.
Khajuraho	0:35	19:50	19666 Udaipur Khajuraho Exp., über Ajmer (an 3:35), Jaipur (5:45), Bharatpur (9:42), Agra (10:55), Gwalior (13:35), Jhansi (15:20)
Mumbai	0:10	14:20	22996 Adi Bdts Superfast Exp., Mi, Fr, So, Ank. in Bandra
Udaipur	19:25	21:30	12992 Jp Udz Exp., weitere Verb.

Delhi	Abfahrt	Ankunft	Zugbezeichnung, Bemerkungen
Agra	7:05	9:47	12280 Taj Exp., über Mathura (an 9:04), weiter über Gwalior bis Jhansi
Agra	17:50	20:27	22182 Nizamuddin Jabalpur Superfast, über Mathura (an 20:50), weiter über Gwalior, Jhansi, viele weitere Verb.
Ahmedabad	15:20	7:40	12916 Ashram Exp., über Alwar (an 18:01), Jaipur (20:25), Ajmer (22:45), Abu Rd. (3:30)
Ajmer	6:05	12:45	12015 Ajmer Shatabdi Exp., über Alwar (an 8:40), Jaipur (10:30), mehrere weitere Verb. auch von Old Delhi
Amritsar	7:20	13:45	12029/12031 Swarna Shatabdi Exp.
Amritsar	19:15	5:45	12903 Golden Temple Mail, Start in Hazrat Nizamudin, viele weitere Verb.
Bhopal	9:15	19:35	12618 Lakshadweep Exp., über Agra (an 12:20), Gwalior (14:00), Jhansi (15:25), viele weitere Verb., weiter bis Goa
Chandigarh	5:35	10:25	14095 Himalayan Queen Exp., weiter nach Kalka (an 11.10 Uhr), mehrere weitere Verb.
Chittorgarh	19:40	5:13	12981 Chetak Exp., Start in Sarai Rohilla, weiter bis Udaipur
Haridwar	6:45	11:22	12017 Dehra Dun Shatabdi Exp., viele weitere Verb.
Jaipur	15:20	20:25	12916 Ashram Exp., über Alwar (an 20:53), weiter über Ajmer und Abu Rd. (an 3:40) bis Ahmedabad
Jodhpur	21:15	7:50	12461 Mandore Exp., über Alwar (an 0:15), Jaipur (2:35)
Kalka	7:40	11:40	12011 Kalka Shatabdi Exp., über Chandigarh (an 11:05)
Kolkata	16:55	9:55	12302 Kolkata Rajdhani Exp., tgl außer Fr, über Mughal Sarai (an 1:45), Gaya (4:01)
Kota	7:35	14:15	19020 Dehra Dun Exp., über Mathura (9:55), Bharatpur (10:28), Sawai Madhopur (12:55), Start in Delhi Hazrat Nizamuddin
Lucknow	21:40	7:20	13414/13484 Farakka Exp., weiter über Varanasi Richtung Nordosten, viele weitere Verb.
Mumbai	7:40	5:35	12904 Golden Temple Mail, über Bharatpur (an 10:43), Sawai Madhopur (13:03), Kota (14:30), Vadodara (23:20), viele weitere Verb.
Ramnagar (Corbett NP)	16:00	20:40	25035 Ramnagar Link Exp.
Udaipur	19:00	7:20	12963 Mewar Exp., Start Delhi Hazrat Nizamuddin, über Mathura (an 21:10), Bharatpur (21:40), Sawai Madhopur (23:48), Kota (1:10), Chittorgarh (4:45)
Varanasi	20:35	8:30	12562 Swantantrta S Exp., über Allahabad (an 3:35), viele weitere Verb.

Gaya	Abfahrt	Ankunft	Zugbezeichnung, Bemerkungen
Delhi	22:38	10:00	12301 Kolkata Rajdhani Exp.
Jaipur	6:20	23:45	12987 Sealdah Ajmer Exp., über Mughal Sarai (Varanasi, an 9:35), Agra Fort (19:10), Bharatpur (20:46)
Kolkata	23:25	7:55	12312 Kalka Mail, mehrere weitere Verb.
Puri	13:30	5:25	12802 Purushottam Exp., über Bhubaneshwar (an 3:40)
Satna (Khajuraho)	5:27	14:50	12321 Howrah Mumbai Mail, über Mughal Sarai (an 8:20), weiter über Jabalpur bis Mumbai

Gorakhpur	Abfahrt	Ankunft	Zugbezeichnung, Bemerkungen
Delhi	16:35	5:50	12555 Gorakdam Exp., über Lucknow (an 21:40), mehrere weitere Verb.
Haridwar	21:15	11:45	1500!/5 Muzafp/Gorakhpur Dehra Dun Exp., Mo, Mi, Fr, über Moradabad (8:30)
Lucknow	12:40	17:50	15707 Katiar Amritsar Exp., weiter bis Delhi (an 2:50) und Amritsar
Varanasi	16:00	21:22	15103 Muv Intercity Exp.

Gwalior	Abfahrt	Ankunft	Zugbezeichnung, Bemerkungen
Agra	5:55	8:10	12189 Mahakaushal Exp., viele weitere Verb., weiter über Mathura bis Delhi Hazrat Nizamuddin
Amritsar	6:26	20:20	12715 Sackhand Exp., über Agra (an 8:33), Mathura (9:30), Delhi Hazrat Nizamuddin (11:45), New Delhi (12:10)
Bhopal	10:35	16:50	12138 Punjab Mail, über Jhansi (an 12:25), weiter bis Mumbai, viele weitere Verb.
Delhi	15:20	20:45	11077 Jhelum Exp., über Agra (an 17:15), Mathura (18:15), viele weitere Verb.
Jhansi	8:50	11:25	51832 Agra Cannt Jhansi Pass
Khajuraho	13:40	19:50	19666 Udaipur Khajuraho Exp., über Jhansi (an 15:20)
Udaipur	15:45	6:45	19965 Khajuraho Udaipur Superfast, über Agra (an 178301, Bharatpur (18:58), Jaipur (22:50), Ajmer (0:40), Chittorgarh (4:05)
Varanasi	20:40	10:50	11107 Bundelkhand Exp., über Jhansi (an 22:25), Chitrakoot (3:51), Allahabad (6:45)

Jaipur	Abfahrt	Ankunft	Zugbezeichnung, Bemerkungen
Agra	14:55	19:00	12988 Ajmer Sealdah Exp., Halt in Agra Fort, weiter über Mughal Sarai (Varanasi) und Gaya bis Kolkata Sealdah
Ahmedabad	20:35	7:40	12916 Ashram Exp., über Ajmer (an 22:40), Abu Rd. (3:30)
Ajmer	8:45	11:05	19708 Aravalli Exp., weiter über Abu Rd. (an 17:00), Ahmedabad (22:10), nach Mumbai Bandra (6:45), viele weitere Verb.
Bikaner	16:15	22:50	12468 Leelan Exp., über Kuchaman (an 17:50), Merta Rd. (19:27), Nagaur (20:42), Deshnok (21:55),
Delhi	23:15	5:05	19105 Haridwar Mail weiter bis Haridwar (an 12:15)
Delhi	6:00	10:30	12985 Dee Double Dcke Exp., über Alwar (an 6:36)
Jaisalmer	23:45	11:30	14659 Delhi Jaisalmer Exp., über Jodhpur (an 4:50) Osian (6:23), gelegentlich stark verspätet
Jodhpur	17:00	22:15	12465 Ranthambore Exp.
Khajuraho	6:15	19:50	19666 Udaipur Khajuraho Exp., über Bharatpur (an 9:42), Agra (11:55), Gwalior (an 13.35), Jhansi (15.20)
Mumbai	14:00	7:40	12956 Jp Bct Superfast, über Sawai Madhopur (an 16:00), Kota (17:20), Halt in Mumbai Central
Udaipur	23:00	6:45	19665 Kurj Udz Exp., über Ajmer (an 1:15), Chittorgarh (an 4:05), mehrere weitere Verb.
Varanasi	14:55	4:55	12988 Aii Sadh Exp., über Agra Fort (an 19:00), Ank in Mughal Sarai

Jammu Tawi	Abfahrt	Ankunft	Zugbezeichnung, Bemerkungen
Amritsar	14:20	19:10	18110 Muri Exp., über Pathankot (an 16:25), weiter bis New Delhi (an 4:30)
Delhi	21:00	6:50	12446 Utar S Kranti Exp., mehrere weitere Verb.
Jaipur	18:10	10:00	12414 Jammu Ajmer Exp., über Delhi (an 3:55), Alwar (7:11)
Jodhpur	7:40	5:35	19224 Jammu Adi Exp., über Pathankot (an 10:25), Bikaner (0:25), Deshnok (1:02), weiter über Abu Rd. bis Ahmedabad
Rishikesh	18:30	8:00	14610 Hemkunt Exp., über Haridwar (an 6:40)

Jhansi	Abfahrt	Ankunft	Zugbezeichnung, Bemerkungen
Amritsar	5:05	20:20	12715 Sachkhand Exp., über Gwalior (an 6:25), Agra (8:35), Mathura (9:27), New Delhi (12:05)
Delhi	13:52	21:19	11077 Jhelum Exp., über Gwalior (an 15:15), Agra (17:05), Mathura (3:50)

Delhi	23:40	7:10	12615 Grand Trunk Exp., über Gwalior (0:57), Agra (2:45), viele weitere Verb.
Khajuraho	15:30	19:50	19666 Udz Kurj Exp.
Mumbai	15:40	9:25	12618 Mangla Lakshadweep Exp., über Bhopal (an 19:35), weiter über Madgaon (Goa) bis Kerala
Udaipur	13:40	6:45	19665 Kurj Udz Exp., über Gwalior (an 15:45), Agra (17:30), Bharatpur (18:58), Jaipur (22:20), Ajmer (0:40), Chittorgarh (3:50)
Varanasi	17:40	9:35	19167 Sabmarti Exp., über Ujjain (an 5:35)

Jodhpur	Abfahrt	Ankunft	Zugbezeichnung, Bemerkungen
Agra	20:30	5:55	12308 Jodhpur Howrah Superfast Exp., Ank. in Agra Fort, über Jaipur (an 4:50), Bharatpur (4:50), weiter über Allahabad (14:00), Mughal Sarai (16:50), Gaya (20:13) bis Kolkota
Abu Rd.	14:30	19:23	14707 Ranakpur Exp., über Marwar (an 17:45), weiter bis Mumbai Bandra (10:55)
Ahmedabad	6:10	15:00	19224 Jammu Adi Exp., über Marwar (an 7:55), Abu Rd. (10:37), Sabarmati (14:18)
Bikaner	10:00	15:35	14708 Ranakpur Exp., über Merta Rd (an 11:41), Nagaur (an 12:36), Deshnok (14:15)
Delhi	20:00	6:45	12462 Mandore Exp., über Merta Rd. (an 21:30), Jaipur (0:50), Alwar (3:04)
Jaipur	9:50	15:30	14854/14864/14866 Marudhar Exp., über Merta Rd. (an 11:21), Kuchaman (12:46), weiter über Bharatpur (an 18:48), Agra (21:00), Lucknow bis Varanasi (8:35)
Jaisalmer	7 :00	14:30	54820 Jodhpur Jaisalmer Pass, über Osian (an 9:24)
Jaisalmer	23.45	6 :00	14810 Jodhpur Jaisalmer Exp., über Osian (an 0:48)
Kota	6:10	14:45	12466 Intercity Exp., über Osian (an 7:16), Jaipur (8:35), Sawai Madhopur (an 13:15), weiter über Ujjain (20:35) bis Indore (22:35), mehrere weitere Verb.
Mumbai	18:45	11:35	12479 Suryanagari Exp., Ank. in Bandra, über Abu Rd. (23:33), Ahmedabad (3:30), Vadodara (5:35)
Varanasi	9:40	8:50	14854 Marudhar Exp., über Merta Rd. (an 11:26), Jaipur (an 15:30), Agra (22:55), Lucknow (2:50)

Kalka	Abfahrt	Ankunft	Zugbezeichnung, Bemerkungen
Delhi	23:55	6:30	12312 Kalka Mail, über Chandigarh (an 0:25), weiter über Allahabad, Gaya bis Kolkata
Bharatpur	10:20	16:25	22926 Paschim Exp., über Chandigarh (11:05), New Delhi (16:25), Mathura (19:10), weiter bis Mumbai
Jodhpur	21:45	15:45	14887 Kalka Barmer Exp., über Chandigarh (22:15), Bikaner (10:50), Deshnok (11:35), Nagaur (13:02)

Kolkata	Abfahrt	Ankunft	Zugbezeichnung, Bemerkungen
Agra	23:00	18:05	2307 Garbha Exp., über Gaya (an 6:02), Mughal Sarai (Varanasi, 9:02), Allahabad (11:30), weiter über Kota bis Ahmedabad
Bhubaneshwar	7:25	13:50	12703 Falaknuma Exp., weiter nach Balugaon (Chilika Lake)
Bhubaneshwar	23:45	6:10	12839 Howrah Chennai Mail, viele weitere Verb.
Delhi	16:55	9:55	12301 Rajdhani Exp., tgl. außer So, über Gaya (an 22:36), Mughal Sarai (0:50), Allahabad (2:45)
Delhi	19:40	21:44	12311 Howrah Kalka Mail, über Mughal Sarai (Varanasi, an 6:17), Allahabad (an 9:20), weier über Delhi, Chandigarh bis Kalka

New Jalpaiguri	22:55	9:05	12377 Padatik Exp., Start in Sealdah, über Malda (an 5:40), viele weitere Verb.
Lucknow	19:10	15:20	13005 Amritsar Mail, über Patna (an 4:10), Varanasi (9:12)
Patna	20:35	7:00	12351 Danapur Exp., tgl. außer So.
Puri	6:00	14:30	12821 Dhauli Exp., über Bhubaneshwar (an 12:40)
Varanasi	20:30	10:20	13009 Doon Exp., über Gaya (an 5:05), weiter nach Lucknow und Dehra Dun

Kota	Abfahrt	Ankunft	Zugbezeichnung, Bemerkungen
Agra	14:40	21:40	19037 Avadh Exp., Mo, Mi, Do, Sa, über Sawai Madhopur (an 16:15), weiter über Lucknow (an 6:25) bis Gorakhpur
Chittorgarh	8 :45	11 :35	29020 Dehradun Exp., über Bundi (an 9:36)
Delhi	22:50	6:10	12415 Nizzamuddin Exp., über Sawai Madhopur (an 0:02), Bharatpur 2:40), Ank. in Hazrat Nizamuddin
Jaipur	8:55	12:40	12955 Bombay Central Jaipur Exp., über Sawai Madhopur (an 10:30), mehrere weitere Verb.
Mumbai	17:30	7:00	12956 Jaipur Bombay Central Superfast, mehrere weitere Verb.
Udaipur	1:25	7:20	12963 Mewar Exp., über Bundi (an 2:02), Chittogarh (4.45)

Lucknow	Abfahrt	Ankunft	Zugbezeichnung, Bemerkungen
Agra	15:55	21:55	12179 Lucknow Agra Intercity
Bhopal	0:40	11:55	11016 Kushinagar Exp., über Jhansi (auch für Khajuraho, an 7:05), weiter bis Mumbai
Chandigarh	22:30	10:00	12231 Lucknow Chandigarh Exp., über Moradabad (an 3:45)
Delhi	6:10	13:55	12203 Garib Rath Exp.
Delhi	20:45	6:10	14257 KV Exp.
Jodhpur	0:30	17:20	14853/14863/14865 Marudhar Exp., über Agra Fort (an 5:55), Bharatpur (7:17), Jaipur (11:25), Kuchman (13:23), Merta Rd (15::01)
Kolkata	17:20	15:55	Kolkata Exp., über Varanasi (an 16:40), Patna (21:40)
Varanasi	7:20	12:40	12238 Begampura Exp.
Varanasi	21:50	4:45	14258 Kashi V Exp., viele weitere Verb.

Moradabad (Corbett NP)	Abfahrt	Ankunft	Zugbezeichnung, Bemerkungen
Lucknow	23:30	5:05	14512 Nauchandi Exp.
Amritsar	11:07	21:05	12203 Garib Rath Exp.
Delhi	11:40	14:40	14003 MLDT NDLS Exp., viele weitere Verb.
Jaipur	8:00	17:20	14311/14321 Bareilly Bhuj Exp., über Delhi (an 11:25), Alwar (14:50), weiter über Ajmer, Marwar, Abu Rd., Ahmedabad bis Bhuj

Mumbai	Abfahrt	Ankunft	Zugbezeichnung, Bemerkungen
Ahmedabad	13:40	21:15	12933 Karnavati Exp., über Surat (an 17:35), Vadodara (19:25), viele weitere Verb.
Delhi	17:00	8:35	12951 Mumbai Rajdhani Exp., über Vadodara (an 21:07), Kota (3:20), viele weitere Verb.
Delhi	21:30	18:45	12903 Golden Temple Mail, Ank. in Hazrat Nizamuddin, über Kota (an 11:05), Sawai Madhopur (12:25), Bharatpur (15:02), Mathura (16:20)
Indore	19:10	9:15	12691 Avantika Exp., über Bharuch (an 23:52), Vadodara (0:52), Ujjain (7:05)
Jaipur	18:50	12:40	12955 Bct Jaipur Exp., über Vadodara (an 0:30), Kota (8:40), Sawai Madhopur (10:30)

Jodhpur	13:30	6:35	12480 Suryanagari Exp., ab Bandra, über Vadodara (an19:20), Ahmedabad (21:15)

Siliguri/ New Jalpaiguri	Abfahrt	Ankunft	Zugbezeichnung, Bemerkungen
Delhi	13:15	10:15	12423 Rajdhani Exp., über Patna (an 21:40), Mughal Sarai (1:00)
Kolkata	20:00	8:20	12344 Darjeeling Mail, mehrere weitere Verb.
Kolkata	9:50	19:40	12364 Haldibari Kolkata Exp., Mi, Fr, So, über Malda Tn. (an 13:20)

Patna	Abfahrt	Ankunft	Zugbezeichnung, Bemerkungen
Delhi	18:00	7:50	12393 S Kranti Superfast Exp.
Gaya	8:30	12:15	63245 PNBE Gaya Memu, fährt weiter bis Ranchi (an 13:55)
Siliguri	22:20	8:20	12506 North East Exp., über New Jalpaiguri (an 13:30)
Kolkata	21:10	6:35	12352 Danapur Exp., mehrere weitere Verb.
Varanasi	10:50	15:02	12391 Shramjeevi Exp., fährt weiter über Lucknow (an 20:25) nach New Delhi (an 5:10)

Satna	Abfahrt	Ankunft	Zugbezeichnung, Bemerkungen
Bhopal	22:50	7:35	11072 Kamayani Exp., über Jalgaon (an 15:23), weiter bis Mumbai
Delhi	21:05	11:40	12189 Mahakaushal Exp., über Chitrakot (an 22:58), Jhansi (3:55), Gwalior (5:45), Agra (8:15), Mathura (9:15)
Jabalpur	8:25	11:20	12150 PPTA Pune Exp., fährt weiter bis Mumbai, viele weitere Verb.
Lucknow	23:35	9:30	15206 Chitrakut Exp.
Umaria (Bandhavgarh NP)	19:10	22:14	15159 Sarnath Exp.
Varanasi	7:15	14:25	12791 Secunderabad Patna Exp., über Allahabad (an 10:55), weiter bis Patna, mehrere weitere Verb.

Udaipur	Abfahrt	Ankunft	Zugbezeichnung, Bemerkungen
Ahmedabad	17:45	4:25	19943 Udaipur Ahmedabad Exp.
Chittorgarh	14:30	18:20	59836 UDZ NMH Pass, weiter über Ajmer bis Delhi, viele weitere Verb.
Delhi	18:15	6:35	12964 Mewar Exp., Ank. in Nizzamuddin, über Chittorgarh (an 20:30), Kota (23:40), Sawai Madhopur (1:06), Bharatpur (3:17), Mathura (4:25)
Khajuraho	22:20	19:50	19666 Udaipur Khajuraho Exp., über Chittorgarh (an 0:15), Ajmer (3:40), Jaipur (6:00), Bharatpur (9:11), Agra (11:00), Gwalior (12:45), Jhansi (14:25)
Mumbai	21:35	13:40	22902 Udaipur Bandra Superfast Exp., Mi, Fr, So, Ank. in Bandra, Zug 12996 an Di, Do, Sa

Ujjain	Abfahrt	Ankunft	Zugbezeichnung, Bemerkungen
Ahmedabad	0:30	8:45	19310 Indore Gandhinagar Exp., über Vadodara (an 6:20), viele weitere Verb.
Bhopal	7:40	11:25	19711 Jaipur Bhopal Exp., viele weitere Verb.
Delhi	17:35	6:10	12415 Nizzamuddin Exp., über Kota (an 22:55), Bharatpur (2:43)
Gwalior	14:10	23:20	12919 Malwa Exp., über Bhopal (17:25), Jhansi (21:47), weiter bis Agra und Delhi
Indore	8:05	10:20	59306 UJN INDB Pass. viele weitere Verb.
Jodhpur	7:45	22:15	12465 Ranthambore Exp., über Kota (an 12:25), Sawai Madhopur (14:25), Jaipur (16:45)
Mumbai	17:55	6:10	12962 Avantika Exp.

Varanasi	Abfahrt	Ankunft	Zugbezeichnung, Bemerkungen
Amritsar	9:27	8:55	13005 Amritsar Mail, über Lucknow (an 15:15), Moradabad (21:15)
Bhopal	15:50	7:35	11072 Kamayani Exp., über Allahabad (an 19:00), Satna (Khajuraho, 22:25)
Delhi	7:20	19 :20	12505 North East Exp., über Allahabad (an 3:25), Aligarh (10:00)
Delhi	19:30	8:10	12559 Shiv Ganga Exp., über Allahabad (an 22:05), viele weitere Verb.
Gwalior	17:45	9:05	11108 Bundelkhand Exp., über Allahabad (an 22:00), Chitrakoot (0:59), Jhansi (7:05)
Jodhpur	17:20	17:50	14853 Marudhar Exp., über Lucknow (an 0:05), Agra Fort (5:55), Bharatpur (7:14), Jaipiur (11:20), Kuchman (13:20), Merta Rd. (15:00)
Khajuraho	18:05	5:15	21108 Bsb Kurj Link Exp., Mo, Mi, Sa, über Allahabad (an 22:00), Chitrakoot (1:00)
Kolkata	16:10	6:55	13010 Doon Exp., über Gaya (an 21:17)
Kolkata	18:10	7:30	12334 Vibhuti Exp., über Patna (an 22:25)
New Jalpaiguri	5:45	21:05	15667/15635 Kamakhya/Guwahati Exp., Fr, Sa, über Patna (an 10:40)
Puri	20:10	17:00	12876 Neelachal Exp., Di, Fr, So, über Gaya (an 0:25), Bhubaneshwar (15:05), viele weitere Verb. von Mughal Sarai

Tja Mahal, Agra
Fotograf: Hauser-Reiseleiter Thomas Schenker

Chili Reisen
Entdecke die Welt

Wir bitten um Ihre Mithilfe

Dieser Reiseführer ist gespickt mit unzähligen Adressen, Preisen, Tipps und Infos. Nur vor Ort kann überprüft werden, was noch stimmt, was sich verändert hat, ob Preise gestiegen oder gefallen sind, ob ein Hotel, ein Restaurant immer noch empfehlenswert ist oder nicht, ob ein Ziel noch erreichbar ist oder nicht, ob es eine lohnende Alternative gibt usw.

Unsere Autoren sind zwar stetig unterwegs und erstellen ca. alle zwei Jahre eine komplette Aktualisierung, aber auf die Mithilfe von Reisenden können sie nicht verzichten.

Darum: Schreiben Sie uns, was sich geändert hat, was besser sein könnte, was gestrichen bzw. ergänzt werden soll. Nur so bleibt dieses Buch immer aktuell und zuverlässig. Wenn sich die Infos direkt auf das Buch beziehen, würde die Seitenangabe uns die Arbeit sehr erleichtern. Gut verwertbare Informationen belohnt der Verlag mit einem Sprachführer Ihrer Wahl aus der über 220 Bände umfassenden Reihe „Kauderwelsch". Bitte schreiben Sie an:

Reise Know-How Verlag
Peter Rump GmbH | Postfach 140666 | 33626 Bielefeld
oder per E-Mail an: info@reise-know-how.de

Danke!

Register

Die Autoren

Thomas Barkemeier (links) ist ein „Wanderer zwischen den Welten". Seit über 30 Jahren reist er zwischen Europa, Asien und Amerika hin und her. Reisen und Schreiben sind seither seine Passionen, die er als Reisebuchautor, Studienreiseleiter und Reiseveranstalter zu seinem Beruf gemacht hat. Von den insgesamt zwölf von ihm verfassten Büchern sind mehrere ausgezeichnet worden.

Nach ausgedehnten Reisen in nahezu alle asiatischen Länder führte ihn der Weg 1987 zum ersten Mal nach Indien. Seither hat er fast fünf Jahre in diesem faszinierenden Land verbracht.

Er lebt mit seiner Frau und seinen Kindern in Victoria, im äußersten Südwesten Kanadas.

Martin Barkemeier, Zwillingsbruder von Thomas, wohnt in Berlin. Er studierte Architektur und Philosophie, arbeitete bei Siemens-Nixdorf und war danach selbstständig im Bereich Marketing tätig. Seit fast eineinhalb Dekaden recherchiert er mehrere Monate jährlich für die Indien-Reiseführer des Reise Know-How Verlags in allen Regionen des faszinierenden Landes.

Im Reise Know-How Verlag erschienen von Thomas und Martin Barkemeier weiterhin die Reiseführer „Rajasthan mit Delhi und Agra", „Indien – der Süden", sowie „Kerala mit Mumbai und Madurai".

Danksagung

Danken möchten wir unserer Lektorin Caroline Tiemann, die mit ihrem Wissen und nimmermüden Einsatz viel zum Gelingen dieses Projektes beigetragen hat.

229is tb